Le fauvisme
ou « l'épreuve du feu »

Éruption de la modernité en Europe

Musée d'Art moderne de la Ville de Paris

29 octobre 1999 - 27 février 2000

PARIS musées

Comité d'honneur

Jean Tiberi
maire de Paris

Hélène Macé de Lépinay
adjoint au maire chargé des Affaires culturelles

Édouard de Ribes
président de Paris-Musées

Comité d'organisation

Jean Gautier
directeur des Affaires culturelles de la Ville de Paris

Aimée Fontaine
directeur de Paris-Musées

Cette exposition est organisée sous l'égide de la mission Paris 2000

Je suis heureux que le musée d'Art moderne de la Ville de Paris rassemble aujourd'hui en ses murs
«Le fauvisme ou l'épreuve du feu», pour mieux nous faire entrevoir le rôle essentiel que ce mouvement
a gravé dans l'histoire de l'art occidental du XXe siècle.

Une telle exposition internationale n'avait pas eu lieu en France depuis plus de trente ans.
Autour des figures centrales de Matisse et de Derain, «Le fauvisme ou l'épreuve du feu» présente
quelque deux cent vingt œuvres d'artistes français et étrangers, provenant de collections publiques
et privées du monde entier.

La réunion, ou plutôt la confrontation, de ces œuvres nous permet en effet de mieux apprécier
la vitalité, la liberté et l'audace qui présidèrent aux recherches picturales de leurs auteurs.

N'obéissant à aucun esprit d'école ou de système, «l'art des Fauves» est né d'une dynamique,
d'un accord commun à une bonne partie de l'avant-garde européenne des années 1905-1914.
De Matisse à Derain, de Braque à Van Dongen, de Mondrian aux Fauves de Munich ou encore
aux jeunes peintres novateurs de Moscou, l'exposition du musée d'Art moderne de la Ville de Paris
vous invite à retrouver des aspirations partagées : simplifications et accentuations des formes,
autonomie et intensité de la couleur qui prend ses distances vis-à-vis du motif, aplatissement
de l'espace, apparence d'improvisation.

Entre observation et transposition, figuration et abstraction, résistance et affranchissement,
cette expérience picturale aura été un moment d'équilibre instable où «quelque chose» finissait,
où «autre chose» commençait, autre chose, c'est-à-dire les diverses écoles picturales contemporaines.

«Le fauvisme a été pour nous l'épreuve du feu», avait coutume de dire Derain. La force de
cette peinture n'a rien perdu de son incandescence et je suis certain que les visiteurs de l'exposition,
que j'espère très nombreux, en seront éblouis.

Jean Tiberi
Maire de Paris

Remerciements

Que tous les **prêteurs**, directeurs d'institutions et responsables de collections ainsi que les collectionneurs privés qui ont permis, par leur générosité, la réalisation de cette exposition trouvent ici l'expression de notre gratitude :

les responsables des institutions et fondations

Aargauer Kunsthaus, Aarau, et Beat Wismer ;
Aberdeen Art Gallery et Jennifer Melville ;
Stedelijk Museum, Amsterdam, et Rudi H. Fuchs, Frits Keers ;
Fridart Foundation, Amsterdam, et David et Tanya Josefowitz ;
Van Gogh Museum, Amsterdam, et John Leighton ;
Koninklijk Museum voor Schone Kunsten, Anvers, et Paul Huvenne, Yolande Deckers ;
Musées de Bagnols-sur-Cèze, Conservation départementale des Musées du Gard, et Alain Girard ;
The Baltimore Museum of Art et Doreen Bolger, Jay M. Fisher ;
Brücke-Museum, Berlin, et Magdalena M. Moeller ;
Kunsthalle Bielefeld et Thomas Kellein, Jutta Hülsewig-Johnen ;
Galerie Morave, Brno, et Kaliopi Chamonikola ;
Brooklyn Museum of Art et Arnold L. Lehman ;
Galerie nationale hongroise, Budapest, et Lorand Bereczky, Anna Javo-, Mariann Gergely ;
Musée des Beaux-Arts de Chartres et Hervé Joubeaux ;
Musée d'Unterlinden, Colmar, Sylvie Lecoq-Ramond et Albert Raber ;
Colombus Museum of Art, Ohio, et Irvin M. Lippman, Nannette V. Maciejunes ;
Statens Museum for Kunst, Copenhague, et Allis Helleland, Vibeke Petersen ;
Kunstsammlung Nordrhein-Westfalen, Düsseldorf, et Armin Zweite, Volkmar Essers ;
City Art Centre : City of Edinburgh Museums and Galleries et Ian O'Riorcan ;
Scottish National Gallery of Modern Art, Édimbourg, et Timothy Clifford, Richard Ca vocoressi ;
Musée du Petit Palais, Genève, et Nicole Gnez ;
Hunterian Art Gallery, University of Glasgow, et Malcom McLeod, Pamela Robertson ;
Hannema-de Stuers Fundatie, Heino/Wijhe et Agnes C. M. Grondman
Ateneum, The Finish National Gallery, Helsinki, et Soili Sinisalo ;
Gemeentemuseum, La Haye, et J.-L. Locher, O. Mensink, Hans Janssen ;
Musée Matisse, Le Cateau-Cambrésis, et Dominique Szymusiak ;
Musée d'Art moderne et d'Art contemporain de la Ville de Liège et Francine Dawans ;
Tate Gallery, Londres, et Nicholas Serota, Jeremy Lewison ;
Estorick Collection of Modern Italian Art, Londres, the Trustees et Alexandra Noble ;
Los Angeles County Museum of Art, et Graham W.J. Beal ;
Musée d'État des Beaux-Arts de Lyon, et Philippe Durey ;
Fundacion Coleccion Thyssen-Bornemisza, Madrid, et Tomas Llorens Serra ;
Fondation Pierre Gianadda, Martigny, et Léonard Gianadda ;
Musée des Beaux-Arts Pouchkine, Moscou, et Irina Antonova ;
Galerie d'État Trétiakov, Moscou, et Valentin Rodionov, Lydia Iovléva ;
Bayerische Staatsgemälde-sammlungen, Staatsgalerie moderner Kunst, Munich, et Peter-Klaus Schuster, Carla Schulz-Hoffmann ;
Städtische Galerie im Lenbachhaus, Munich, et Helmut Friedel, Annegret Hoberg ;
Musée des Beaux-Arts de Nancy, et Béatrice Salmon ;
Musée des Beaux-Arts de Nantes et Jean Aubert ;
Stiftung Seebüll Ada und Emil Nolde, Neukirchen, et Manfred Reuther ;
New Orleans Museum of Art et E. John Bullard, William A. Fagaly ;
The Metropolitan Museum of Art, Robert Lehman Collection, New York, et Laurence B. Kanter ;
Musée Matisse, Nice, et Marie-Thérèse Pulvenis de Séligny ;
Musée des Beaux-Arts du Canada, Ottawa, et Pierre Théberge ;
Munch-museet, Oslo, et Arne Eggum ;
Centre Georges-Pompidou, Musée national d'Art moderne, Paris, et Jean-Jacques Aillagon, Werner Spies ;
Musée d'Orsay, Paris, et Henri Loyrette ;
Musée Picasso, Paris, et Gérard Régnier ;
Janus Pannonius Muzeum, Pécs, et Zoltan Huszar ;
Zapadoceska Galerie, Pilsen, et Jana Potuzakova ;
Narodni Galerie, Prague, et Milan Knizak, Dagmar Sefcikova, Katerina Rusnakova ;
Caldic Collectie, Rotterdam, et Annejet Philips-Paalman ;
Musée de l'Ermitage, Saint-Pétersbourg, et Mikhaïl Piotrovsky, Albert Kosténévitch ;
Musée d'État Russe, Saint-Pétersbourg, et Vladimir Goussev, Évguenia Pétrova ;
L'Annonciade, Musée de Saint-Tropez, et Jean-Paul Monery ;
San Francisco Museum of Modern Art et David A. Ross, Lori Fogarty ;
Hokkaido Museum of Modern Art, Sapporo, et Shigeo Okuoka ;
Kunstmuseum Solothurn, Soleure, et Christoph Vögele ;
Staatsgalerie, Stuttgart, et Christian von Holst ;

Bridgestone Museum of Art -
Ishibashi Foundation, Tokyo,
et Hideo Tomiyama;
Musée d'Art moderne de Troyes,
et Philippe Chabert;
Jawlensky Art Foundation, Vaduz,
et Cornelia Ritter;
Fondation Socindec, Vaduz,
et Walter Ryser;
Musée Paul Dini,
Villefranche-sur-Saône, et Paul Dini;
Musée d'Art moderne,
Villeneuve-d'Ascq, et Joëlle Pijaudier;
National Gallery of Art, Washington,
et Earl A. Powell III;
Villa Flora, collection Hahnloser,
Winterthur, et Verena
Steiner-Jaeggli;
Statni Galerie, Zlin, et
Ludvik Sevecek,

les directeurs de galeries
Ivor Braka, Ivor Braka Ltd, Londres;
Peyton Skipwith, The Fine Art
Society Plc, Londres;
Barbara Divver, Barbara Divver
Fine Art, New York;
Ingrid Hutton, Leonard Hutton
Galleries, New York;
Philippe Cazeau et Jacques
de la Béraudière, Galerie Cazeau-
Béraudière, Paris;
Marc Larock, Galerie Larock-Granoff,
Paris;
Daniel Malingue, Galerie Daniel
Malingue, Paris;
Bob Albricht, Kunstgalerij Albricht,
Velp,

ainsi que:
G. J. Beijer;
Lord and Lady Irvine of Lairg;
Mrs Herbert Klapper;
Werner et Gabrielle Merzbacher;
K. G. Smit-Schulting;
Baronne Carmen Thyssen-
Bornemisza, Madrid.

**et tous ceux qui ont préféré
garder l'anonymat.**

**Nous tenons à exprimer notre
vive reconnaissance à tous ceux
qui, à des titres divers, nous ont
apporté leur concours**
Dita Amory, Jean-Louis Andral,
Leena Ahtola-Moorhouse,
Jean-Pierre Angremy, Jean-Paul Avice,
Natasha Avtonomova,
Antonia Bacchetti, Ida Balboul,
Réjane Bargiel, Elena Basner,
Felix Baumann, Laszlo Beke,
Olivier Bertrand, Ernst Beyeler,
Therese Bhattacharya, Ann
Blokland, Patrick Bongers, Christian
Briend, Odile Burluraux-Blanchard,
Françoise Cachin, Laurence Camous,
Olivier Chabaud, Marina Chiriak,
Jana Claverie, Christophe Cuzin,
Liza Daum, Nathalie Dayreaux,
Jean Dérens, Emmanuel Di Donna,
Amélie Dubarry, Dominique
Dupuis-Labbé, Claudine Dupré,
Claude et Barbara Duthuit,
John Elderfield, Gladys Fabre,
Mathias Fels, Marina Ferretti,
Jack Flam, Dominique Fourcade,
Bernadette Fournier, Erich Franz,
Georges Fréchet, Judi Freeman,
Renault Fuchs, Dominique Gagneux,
Françoise Garcia, Marcel Giry,
Serge Goyens de Heusch,
Claudine Grammont,
Anne-Marie Grammont-Camoin,
Jiri Gregor, Wanda de Guébriant,
Fanny Guillon-Lafaille, Réka Gyôrfi,
Alec Henriquet, Anita Hopmans,
Christian Huvé, Olga Ilmenkova,
Angelica Jawlensky Bianconi,
Henriette Joël, Paul et Ellen Josefowitz,
Eve Kovacs, Esther Kolvenbach,
Stanislav Kolibal,
Andreï Koutcha, Sophie Krebs,
Jan Krugier, Jean Labatut,
Rémi Labrusse, Quentin Laurens,
Irmeline Lebeer, Henri Lebreton,
Nathalie Leleu, Anne Claude Lelieur,
Isabelle Le Masne de Charmont,
Françoise Lemelle,
William S. Lieberman,
Suzanne Limouzi, Jane Lindsey,
Dominique Lobstein, Philip Long,
Alla Lukanova, Aude Lux-Pessey,
Frédéric Lyons, Jean-Pierre
et Arlette Manguin,
Jean-Claude Marcadé,
Karin von Maur, Jean-Cédric Michel,
Katsumi Miyazaki, David Monkhous,
Jacqueline Monnier-Matisse,
Isabelle Monod-Fontaine,
Christian Müller, Paul Müller,
Sandy Nairne, Gisèle Ollinger-Zinque,
Petra Pettersen, Martina Pachmanova,
Ursula Perucchi, Alena Pomajzlova,
S.E. Monsieur l'Ambassadeur de
France en Hongrie, Paul Poudade,
Emke Raassen, Jacqueline
Rapmund, Marc Restellini,
Dominique Revellino,
Lydia Romachkova, Agnès Rosolen,
Salon des Indépendants:
Jean Monneret et Suzanne Vincent,
Jozsef Sarkany, Marianne Sarkari,
Josiane Sartre, Katharina Schmidt,
Pierre Schneider, Sabine Schulze,
Dieter Schwarz, Philippe Ségalot,
Ekaterina Semenova,
Katia Selezneva, Lowery S. Sims,
Marcela Spackova, Mariuccia
Sprenger, Irène Stehr, Tony Stooss,
Gyorgy Szücs, Geneviève Taillade,
Javotte Taillade, Zelfira Trégoulova,
Gérard Turpin, Robert Upston,
Olga Urhova, Maïthé Vallès-Bled,
Louis-André Valtat,
György Varkonyi, Aline Vidal,
Guy Vidal, Brigitte Vincens,
Godeliève de Vlaminck, Petr Witlich,
Jeffrey Weiss, Judith Weisseling,
Éliane De Wilde, Anastasia
Yourtchenko, Bernard Zurcher,

ainsi que l'association Paris-Musées
Pascale Brun d'Arre, objets dérivés
Denis Caget, expositions
Sophie Kuntz, administration -
finances
Virginie Perreau, diffusion
Arnauld Pontier, éditions
Nathalie Radeuil, communication,
et leurs collaborateurs.

Cette exposition est réalisée grâce au soutien de

Commissariat de l'exposition
catalogue

Suzanne Pagé

Juliette Laffon

Gérard Audinet, Jacqueline Munck
(Europe)   (France)

avec

Jessica Castex

Architecture

Jean-François Bodin

Administration

Annick Chemama

Jean-Christophe Paolini

Coordination technique

Guilaine Germain

Secrétariat général du musée

Frédéric Triail

Documentation

Bernadette Pordoy

Communication - Presse

Dagmar Frégnac

Véronique Prest, Aurélie Gevrey

Installation

Christian Anglionin et l'équipe technique

du musée avec les ateliers d'Ivry

Régie des œuvres

François Blard, Bernard Leroy

Alain Linthal

Sommaire

104 «L'épreuve du feu»

Préface

Suzanne Pagé

«C'est le point de départ du fauvisme: le courage de retrouver la pureté des moyens [1]», confie Matisse à Tériade. Derain fait écho: «Le fauvisme a été pour nous l'épreuve du feu [2].»

Élective ici, la tutelle de Matisse et Derain, les complices de Collioure qui, comme tous les peintres associés au fauvisme, n'ont cessé de contester l'usage même d'un mot inventé par la critique dont l'évidence mordante masque le flou alors que la flamboyante sérénité des œuvres occulte les questions qui les ont suscitées et qu'elles ont déclenchées.

«Qu'est-ce que je veux? Telle fut l'anxiété dominante du fauvisme [3]», dit aussi Matisse. Cette interrogation et cette curiosité en alerte guident la quête empirique proposée ici à travers les seuls faits qui donnent sens au mot: les tableaux eux-mêmes et les connivences plus ou moins souterraines qu'ils répercutent ou provoquent dans leur éclatante diversité à travers l'Europe. À l'aube du siècle, l'éruption de la modernité à travers le fauvisme se fait enchantement du regard par la couleur, éblouissant une réalité transfigurée par son incandescence même, de l'immédiate «sensation» à la «vision intérieure» [4] (Matisse), dans l'invention paradoxale d'une autre réalité purement plastique.

«Donatello parmi les fauves»: Vauxcelles, dans son compte rendu [5] du Salon d'Automne de 1905 et de sa fameuse salle VII [6], baptise dès lors, de façon d'ailleurs ambiguë, des œuvres et des artistes et déclenche passions et sarcasmes contre ces «oseurs», ces «outranciers», «incohérents», «sauvages» [7], conférant à ce qui n'était alors ni un mouvement ni même un groupe précis, tout au plus un réseau mouvant d'amitiés, une publicité immédiate en même temps que la dimension héroïque propre aux avant-gardes. L'embrasement subjectif de couleurs arbitraires affranchies du dessin était, il est vrai, un violent défi au réel et à la représentation dont les artistes avaient bien pressenti le résultat «déconcertant pour la critique» (Derain) [8].

Pour autant, le déchaînement des réactions est difficile à concevoir, tant les tableaux séduisent l'œil aujourd'hui, renvoyant plutôt à un «bonheur de vivre», et non à l'«épreuve», dans tous les sens du terme, vécue ici et ailleurs par les principaux acteurs.

La virulence de la critique et la surprise du public étaient à la mesure de l'attente de l'un et de l'autre, sans parler de celle des artistes révélée par l'«Enquête sur les tendances actuelles des arts plastiques» de Charles Morice [9], cette même année, pressentant, face à l'épuisement des formules académiques et même modernistes (naturalisme, impressionnisme), que l'on était «à la veille de quelque chose», dans l'impatience du «coloriste triomphant» dont Signac escomptait la venue [10]. Seul le

---

1 Matisse, « Propos rapportés par Tériade », *Minotaure*, vol. 2, n° 9, 1936, repris dans *Écrits et propos sur l'art* (EPA), Paris, Hermann, 1992, p. 128.
2 Georges Duthuit, « Le Fauvisme (II) », *Cahiers d'art*, n° 6, 1929.
3 « Matisse speaks », *Art News Annual*, n° 21, 1952 (EPA, p. 116).

4 Entretien avec Charles Estienne, in «Des tendances de la peinture moderne», *Les Nouvelles*, cité dans le catalogue *Matisse*, Paris, Éditions du Centre Georges-Pompidou, 1993, p. 90.
5 Louis Vauxcelles, «Le Salon d'Automne», in *Gil Bas*, supplément du mardi 17 octobre 1905.

6 Matisse, Derain, Manguin, Marquet, Camoin, Vlaminck… ainsi que, dans les salles voisines, Jean Puy, Valtat, Jawlensky, Kandinsky, Czóbel, Van Dongen…
7 Voir dans le présent catalogue l'«Anthologie critique du Salon d'Automne», p. 415.
8 André Derain, *Lettres à Vlaminck*, texte établi et présenté par Philippe Dagen, Paris, Flammarion, 1994, p. 170.

9 À laquelle participent Camoin, Dufy, Van Dongen…
10 Paul Signac, «D'Eugène Delacroix au néo-impressionnisme», introduction et notes de Françoise Cachin, Paris, Hermann, 1978.

caractère exorbitant des œuvres, en l'absence de toute théorie, de tout concept, de toute stratégie intellectuelle affichée, tint alors lieu de manifeste.

Il est généralement entendu que, à la suite de ce Salon d'Automne de 1905, un «mouvement», apparu dès le Salon des Indépendants de cette même année, se serait développé, et cela jusqu'en 1907, s'achevant un peu plus tôt chez certains – Derain –, plus tard chez d'autres – Matisse –, pour s'évanouir au moment de l'émergence du cubisme, selon un enchaînement de causalités – notamment à travers les influences supposées successives de Signac, Van Gogh, Gauguin, Cézanne –, nécessairement approximatif dans sa mécanique simplificatrice. Les historiens pointent parfois aussi les antécédents – «préfauves» – conduisant, depuis les années de leur formation, aux artistes (Matisse, Marquet, Camoin, Manguin) liés par le même maître, Gustave Moreau, et partageant l'utilisation de couleurs fortes et d'un dessin elliptique, désignant ainsi, après le couple Matisse-Marquet, et comme autant d'«écoles», Derain-Vlaminck, l'«école de Chatou», Dufy-Braque-Friesz, celle «du Havre», etc. Si cela renvoie, au-delà des amitiés, aux itinérances, aux discussions, hésitations, enthousiasmes, révélations et crises partagés, la logique de ce déroulement résiste mal à l'avancée toute rhizomatique de la création artistique et à l'inattendu de son surgissement. Relativiseraient aussi l'artifice d'un développement sans faille à travers un choix supposé idéal – que l'organisateur d'expositions, aujourd'hui, ne peut plus prétendre réunir – les approximations, notamment dans les datations d'œuvres, qu'il s'agisse de Vlaminck, mais aussi de Derain ou Matisse, et, par ailleurs, de Van Dongen, Kirchner, Jawlensky, etc.

Si l'on ouvre l'investigation au champ européen, les lacunes ou informations erronées au niveau des biographies et déplacements des artistes, souvent reconduites sans vérification, n'autorisent pas non plus les déductions et spéculations opérées au nom d'influences ou de rencontres non avérées, quand elles ne sont pas occultées ou reniées, comme l'élaboration de cette exposition nous en a fourni des exemples. Cela nous conforte dans la volonté de recourir ici à une histoire de l'art non linéaire, proche des artistes dans le tâtonnement chaotique de leur création et son embrasement, faisant feu de tout, y compris de la tutelle des «influences» dont on sait qu'elles sont, en matière d'art, aussi opérantes que relatives.

Selon l'approche privilégiée dans ce Musée visant à relire sans a priori critique les étapes de la modernité européenne au-delà des entendus et malentendus (*cf.* «L'Expressionnisme en Allemagne», 1992), nous proposons donc de suivre les artistes eux-mêmes à travers des étapes significatives de leurs trajectoires. De les suivre, aussi, dans leur intuition immédiate du défi que constituaient des œuvres novatrices d'emblée repérées, ici et ailleurs, à travers l'agressivité ou la frilosité mêmes d'une critique curieusement uniforme dans ses rejets et retrouvant partout les mêmes condamnations, indignations et qualificatifs («barbarie», «sauvagerie», cruauté, crudité des coloris, art insensé, puéril, primitif...), face à l'engagement déterminé d'une communauté artistique alors très informée qui – de Paris à Moscou, de Dresde ou Munich à Amsterdam, d'Helsinki à Prague, etc. – voit, selon la formulation de Franz Marc, «moquerie et incompréhension» comme autant de «roses sur le chemin» [11].

11 «Les Fauves d'Allemagne»,
par Franz Marc, in *Almanach
du Blaue Reiter*, édition française
par Klaus Lankheit, Paris, Klincksieck,
p. 87.

C'est le moment où, pour nombre d'artistes européens – et les biographies le montrent clairement à travers les voyages et séjours –, Paris et la France sont l'étape obligée de l'art contemporain et de l'apprentissage d'une liberté qui autorise «l'éruption d'une modernité» – largement assimilée alors au fauvisme – conçue comme «libération [12]». Comme la majorité des peintres présentés ici, à maintes occasions, on vient à Paris pour visiter les salons, y voir les expositions, les galeries, travailler dans les ateliers…, mais aussi en Bretagne (dans le sillage nabi), dans le Midi… [13]. On peut noter d'ailleurs qu'à cette époque, hormis leurs séjours méditerranéens déterminants, les artistes français se déplacent moins et, quand ce n'est pas un pèlerinage en Italie pour se replonger dans l'art ancien ou encore, comme Matisse, un voyage en Algérie ou même en Allemagne, pour l'art islamique, c'est, le plus souvent, pour accompagner leurs propres œuvres et rendre visite à leurs collectionneurs (Suisse, Allemagne, Russie…).

La dernière exposition consacrée au fauvisme à Paris [14] – voici plus de trente ans – tentait une confrontation devenue classique avec l'expressionnisme allemand dans une démonstration qui cherchait à repérer les ascendances. Aujourd'hui, cette exposition vise un horizon européen élargi et voudrait, sans nier les filiations avérées, les convergences patentes et les concomitances, faire découvrir et préserver les écarts, les altérités, les singularités, sur le mode de ce que nous avons tenté, ici même, dans les monographies consacrées à diverses scènes européennes. Cette perspective impose de préférer, aux travaux d'apprentissage «sous influence», les œuvres affranchies de la maturité, tout

en relevant les effets de capillarité dont triomphent partout, comme on le verra, les vraies individualités. Nous avons, par ailleurs, tenu à nous maintenir dans une chronologie resserrée autour de 1905 à 1907 (1910 pour Matisse), en ce qui concerne le fauvisme proprement dit, et 1912-1913, pour les «Fauves d'Europe», d'où l'absence d'un certain «fauvisme anglais», ou même «brabançon», plus tardifs. «Épreuve du feu», le fauvisme a été, en effet, un moment de fulgurance et, s'il a durablement suscité et dessiné les contours de la modernité, il s'est confronté, sans s'y fondre toujours, à l'effervescence des révolutions sensibles et formelles du début du siècle.

C'est à l'initiative des artistes qui, dans l'*Almanach du Blaue Reiter*, sous la responsabilité de Franz Marc et de David Bourliouk, évoquaient les «Fauves d'Allemagne» et les «Fauves de Russie», que nous nous autorisons le label «Fauves d'Europe», regroupant ces peintres qui, à partir des mêmes figures de référence – Van Gogh, Gauguin, Cézanne – et du néo-impressionnisme de Seurat-Signac, procèdent un peu partout, au nom de la «sensation» et de «l'expression», à la liquidation de l'impressionnisme ou d'un naturalisme impressionniste. Au «Ce que je poursuis par-dessus tout, c'est l'expression» de Matisse, dans ses «Notes d'un peintre», Kirchner répond, avec un clivage caractéristique, dans le Programme de la Brücke: «Est des nôtres celui qui traduit avec spontanéité et authenticité ce qui le pousse à créer.» Cela passe par l'explosion de la couleur jusqu'à «l'outrance» et l'arbitraire, la simplification du dessin jusqu'à la déformation et la mise à plat d'un espace complexe multipliant ou niant l'effet perspectif, le tout

12 *Ibid.*
13 Voir la « Chronologie » dans le présent catalogue.
14 *Le Fauvisme français et les débuts de l'expressionnisme allemand,* Musée national d'Art moderne, 1966.

concourant, dans le meilleur des cas, à une autonomie du fait pictural libéré de son rôle descriptif. Généralisés, aussi, dans les débuts tout au moins, une facture et un ton d'emportement, de jubilation. Ferveur, allégresse, la brûlure est là, «épreuve du feu».

C'est donc à travers les réseaux d'artistes, tels qu'ils se sont d'emblée reconnus, que nous tramerons, à travers l'Europe, le filet des complicités qui amène partout à enfreindre les limites plastiques autorisées, dans la poursuite d'une adéquation à la perception subjective et à l'émotion. De la pulsion immédiate au «jaillissement intérieur» (Marc), elle devait conduire, ici ou là, dans une articulation complexe avec le cubisme, à la frontière de l'abstraction. Cette évolution passera, un peu partout encore, par une régulation où la palette et la touche se font moins véhémentes, le dessin plus tenu, l'agencement spatial structuré accompagnant un certain ordonnancement «synthétique», assagissement et intériorisation.

Si Matisse, l'aîné, s'impose en France, pour Vauxcelles, comme «chef d'école» (1905) ou «Fauve-chef» (1907), c'est aussi par lui que le fauvisme se diffuse à l'étranger. Cela tient à l'autorité de l'homme et de l'œuvre, mais aussi aux éclats scandalisés de ses contributions toujours déroutantes aux Salons parisiens, lui assurant une aura renforcée par sa dimension théorique essentielle visant, notamment, l'ajustement de la couleur et du dessin à la sensation transposée. En témoigneront les familiers de l'atelier qu'il ouvre dès 1908: l'audience est d'emblée internationale parmi les artistes, et ses «Notes d'un peintre» parues en France, la même année, sont aussitôt publiées en Russie comme en Allemagne.

Matisse apparaît bien alors emblématique du fauvisme, mû par une intrépidité toujours aventureuse, osant les plus grands écarts, du divisionnisme à l'expressionnisme, des «inharmonies intentionnelles», selon Derain, aux déformations brutales jusqu'à la «laideur» dénoncée par une critique désorientée; celle-là même qui, à l'inverse et continûment depuis 1904, avait pu lui reprocher le trop d'intellectualisme ou d'«abstraction» de ses œuvres. Secouant toutes les tyrannies, il évolue vers une «synthèse expressive [15]», selon une quête partout récurrente.

Cet éventail de «styles» est à l'image, dans son sillage même, de la diversité de la création en Europe à cette période, avec des variantes dans l'articulation des tempéraments à des cultures et à des contextes propres. Il fait la saveur du panorama si diversifié proposé aujourd'hui.

Comme Gabriele Münter et Kandinsky, partout les artistes cherchent à donner «la sensation de l'essence des choses [16]» (Münter), ruinant les conventions du réalisme dans une fête de la couleur lavée des boues académiques pour plus d'expressivité d'abord, de «vérité» aussi, dans l'affranchissement du motif au profit d'un espace-couleur. Sur un fond vitaliste d'obédience nietzschéenne largement répandu – «la force-artiste» –, deux caractères essentiels rassemblent ces créateurs, la dynamique des échanges en constituant un troisième.

D'abord, séduction incontestable de cet art «fauve», partout en Europe à l'aube d'un siècle, l'impulsion de cœurs et de corps jeunes. «Nous appelons la jeunesse à se rassembler en tant que porteuse d'avenir», dit le Programme de la Brücke en 1906. Si le collectivisme

[15] « Visite à Henri Matisse »,
L'Intransigeant, 14 et 22 janvier 1929
(EPA, p. 96).
[16] Johannes Eichner, cité dans
le catalogue *Figures du moderne,
L'expressionnisme en Allemagne
1905-1914*, Musée d'Art moderne
de la Ville de Paris, p. 205, note 7.

joyeux des jeunes gens de la Brücke au bord du lac de Moritzburg est bien connu, on retrouve cet allant dans les œuvres et les correspondances des artistes fauves français découvrant les loisirs (Dufy, Marquet), les plaisirs urbains (Van Dongen), le bien-être du Midi (Manguin, Camoin, etc.), la bicyclette (Vlaminck) ; et l'on devine l'allégresse légère des départs matinaux pour les séances de nu de Madame Matisse dans les bois de Collioure [17]. « Oui, c'était bien une peinture enthousiaste et elle convenait à leur âge… », une « peinture physique », dit Braque [18]. Le sensualisme d'un Van Dongen, d'un Sallinen ou d'un Sluijters, celui de Kirchner, Pechstein ou Nolde, rejoignent le bouillonnement des jeunes artistes du Valet de Carreau évoqué par Jean-Claude Marcadé et leur enthousiasme pour la boxe, la lutte… C'est bien ce plein d'énergie qu'ils communiquent à leurs œuvres.

Second trait déterminant de la « modernité » fauve, son ouverture aux cultures « autres », avec une curiosité universelle : on connaît l'intérêt de Matisse pour l'art islamique et, partagé avec Derain et Vlaminck, pour l'art africain ; celui des artistes de la Brücke pour l'art océanien et des îles Palaos ; celui de Kandinsky pour les icônes et l'art populaire russe ; celui de Münter et Kandinsky pour l'art populaire de Bavière et les dessins d'enfants ; celui de Vlaminck, Derain, Dufy, pour les images d'Épinal ; celui du Blaue Reiter pour l'ensemble des arts dits primitifs, ou encore la passion des artistes du Valet de Carreau pour les *loubki*, les enseignes, la photographie populaire, etc. Cela rejoint l'intérêt d'un Dufy ou d'un Marquet, d'un Van Dongen ou d'un Chabaud pour la rue : affiches, drapeaux, enseignes de cabaret… Partout, on retrouve la même avidité à se nourrir à de nouvelles sources et la volonté de sortir des références académiques, mettant sur le même plan l'art cultivé, l'art primitif, l'art populaire et non savant : comme une autre « épreuve du feu [19] » à la recherche de quelque chose de plus « pur », plus « vrai », plus « humain », dans la fusion très moderne du pop et de l'« archaïque ».

*

L'exposition elle-même ouvre avec *Luxe, calme et volupté* de Matisse, tentative décisive de réaliser le difficile accord entre « plastique linéaire » et « plastique colorée ». Son éblouissante luminosité et son ardeur contenue constituent une sorte de manifeste de l'hédonisme maîtrisé « à la française » dont on s'étonne aujourd'hui qu'il ait déclenché d'aussi vives et contradictoires critiques. Il marque le terme de la « tyrannie divisionniste » chez l'artiste qui bientôt s'affranchit, avec Derain, de toute régulation extérieure.

À ce même Salon des Indépendants de 1905 où cette toile fut exposée, figuraient, à l'invitation de Matisse, Derain et Vlaminck regroupés ici avec lui comme les trois principaux protagonistes du fauvisme et qui introduisent, à ce titre, le parcours.

Celui-ci s'organise ensuite, à partir de la naissance du fauvisme (salles **I**, **II**, **III**), selon une progression chronologique et thématique avec des croisements géographiques d'influences.

Les deux premières salles, fondatrices, sont consacrées à Matisse et Derain (1905-1906) à Collioure et Londres.

La salle **I** – Collioure 1905 – témoigne du fauvisme historique, celui de la fameuse « Cage aux Fauves », non dans son impossible reconstitution [20] mais par

17 Voir le catalogue *Matisse, op. cit.*,
p. 76.
18 Dora Vallier, « Braque - La peinture et nous. Propos de l'artiste recueillis »,
in *Cahiers d'art*, octobre 1954,
p. 13-24.

19 Franz Marc, « Deux Tableaux »,
in *Almanach du Blaue Reiter, op. cit.*,
p. 89.
20 Voir dans le présent catalogue les notes 18 et 21 de l'article de Claudine Grammont, « Le Salon d'Automne de 1905 ».

des œuvres strictement contemporaines de celles qui ont été révélées par le Salon d'Automne de 1905. Elles correspondent au séjour de Matisse et Derain à Collioure, ce même été 1905, découvrant dans les ombres mêmes «tout un monde de clarté et de luminosité» (Derain, lettre à Vlaminck du 28 juillet 1905 [21]) qui les amène à «exalter toutes les couleurs ensemble» et aller directement à «leur besoin d'expression…» écartant «tout souci de vraisemblance» (Matisse) [22], sans volonté descriptive. L'éclat triomphant des couleurs pures et leur intensité due à une touche libérée ne laissent rien paraître des interrogations fébriles qui les ont fait éclore [23]. De fait, leur fraîcheur toute spontanée correspond moins à un effet d'improvisation qu'à la concertation dans l'atelier à la recherche d'une «condensation des sensations [24]» voulue par Matisse à travers l'«accord» de la couleur et de l'espace. Faisant «hurler» les coloris sans tenir compte des règles mimétiques, les deux artistes, alors liés par un dialogue quotidien, prennent conscience d'une étape importante dans l'avènement d'une unité plastique autonome. Citons ici, parmi les œuvres de Matisse significativement centrées sur le paysage [25], mais aussi les scènes d'intérieur, *Les Toits de Collioure, Intérieur à Collioure, La Plage rouge, La Moulade. La Gitane*, exposée en 1906, fait preuve d'une formidable audace, en s'attaquant au genre noble de la «figure» dont la «barbarie» expressionniste déclenche à nouveau les polémiques: outrage au goût, c'était «le premier pas au pays inexploré du laid [26]».

Étrangement aussi déroutants alors pour les visiteurs, les paysages de Derain réalisés également à Collioure, en 1905, aux côtés de Matisse. L'accord, libre jusqu'à la discordance, de couleurs vives jusqu'à la stridence, la fluidité légère de la touche – tantôt points, tantôt aplats –, le dessin sommaire et l'impertinent usage du grain même de la toile, donnent lieu à des œuvres d'une plénitude solaire dont l'éclat ne laisse pas deviner la crise dont l'artiste «affolé par trop de couleur» répercute les assauts lancinants dans sa correspondance avec Vlaminck. Parmi les tableaux présentés, citons notamment *Le Séchage des voiles* acheté, dès 1907, par Morosov après avoir figuré dans la salle VII du Salon d'Automne. Suivent – salle **II** – datant de 1906 (et peut-être 1907), ses *Vues de Londres* qui constituent un autre sommet du fauvisme par l'alliance de l'audace chromatique et d'une composition fondée sur les seuls «rapports de couleur», fussent-ils dissonants. À côté de peintures librement divisionnistes, allant jusqu'à la dissolution dans une lumière de mirage, d'autres, structurées par de larges aplats, confirment une aspiration «à du fixe, de l'éternel» (lettre de Derain à Vlaminck [27]).

De son côté, évoquant *Bonheur de vivre* de Matisse, représenté ici par une esquisse, sur le même thème, *La Pastorale* fait place à une fluidité apaisée dans la fusion du dessin et de la couleur.

Dans la salle **III**, Vlaminck, le complice nordique de Derain, est présent, essentiellement, par une série de paysages de Chatou et de Bougival des années 1905-1906 – moment où il se rapproche aussi de Matisse –, œuvres pleinement «fauves» comme celles qu'il expose pour la première fois au Salon des Indépendants (mai 1905). Depuis le premier *Portrait de Guillaume Apollinaire* dont la raideur naïve rappelle le caractère autodidacte du peintre, elles donnent la mesure, par

21 André Derain, *Lettres à Vlaminck*, *op. cit.*, p. 161.
22 EPA, p. 116 et p. 132.
23 Voir le *Portrait d'Henri Matisse* d'André Derain, 1905 (cat., n° 24).
24 Matisse, « Notes d'un peintre » (EPA, p. 43).

25 Voir Judi Freeman, *The Fauve Landscape*, Los Angeles Country Museum of art, 1990.
26 Voir Gelett Burgess, «The Wild Men of Paris», *Architectural Record*, mai 1910.

27 André Derain, *Lettres à Vlaminck*, *op. cit.*, p. 175.

l'exubérance des couleurs fortes, la puissante simplification des volumes et la liberté dynamique des perspectives, de l'ardeur du tempérament anarchique de celui qui voulait « brûler avec ses cobalts et ses vermillons l'École des Beaux-Arts [28] ». Avec un emportement que les historiens d'art aimeront rapprocher de celui des artistes de Dresde, visant comme eux à « détruire de vieilles conventions… afin de créer un monde sensible, vivant et libéré [29] ».

À travers ces trois fulgurantes prestations de Matisse, Derain et Vlaminck des années 1905-1906, une nouvelle expressivité s'impose par la couleur, souvent pure, et « loin des couleurs d'imitation ». Avec éclat et fureur, elle allait se répandre par les réseaux informels d'amitiés et traverser largement les frontières. Cette explosion fait figure de mouvement entraînant, en France même, de nombreux artistes, notamment sous l'impulsion plus ou moins directe de Matisse, en 1906, Braque et Friesz rejoignant Dufy, ainsi que Camoin et Manguin, grâce aux migrations vers le Midi. Elle s'opère électivement par les peintres, mais aussi leurs marchands (Vollard, surtout) et leurs collectionneurs. L'effet du fauvisme se dissémine alors, rencontrant, dans une Europe très perméable, l'écho d'aspirations voisines dont il sert l'éveil, favorise le développement ou simplement qu'il côtoie, les expositions opérant, quant à elles, un peu partout, un rôle d'incitation essentielle. La réalité de ces échanges concerne d'abord les salons parisiens, notablement ouverts aux artistes étrangers : c'est ainsi que Jawlensky et Kandinsky, Czóbel et Van Dongen figuraient au Salon d'Automne de 1905 et qu'on y retrouvera plus tard régulièrement Munch, Gontcharova, Perlrott Csaba, Kontchalovski, Fergusson, Ziffer, Pechstein, etc.; de même, au Salon des Indépendants, très œcuménique, figuraient beaucoup d'artistes de tous les pays, sans grand écho critique cependant. Par ailleurs, à travers les expositions d'artistes français à l'étranger, les œuvres fauves étaient régulièrement montrées aussi bien à Bruxelles qu'à Dresde, Munich, Berlin, Moscou ou Amsterdam, Prague ou Budapest, Londres même, la mobilité et la force des réseaux étant un des traits d'une époque où les échanges nombreux sont vrais et profonds. Déterminante, aussi, sera l'ouverture publique de certaines collections privées riches en œuvres fauves, notamment la collection Chtchoukine à Moscou, la collection Osthaus à Hagen…

Évidemment, il n'est pas possible, quelles que soient les affinités des sources et des enjeux, d'aborder de façon univoque l'explosion de la scène européenne au début du siècle à travers le seul fauvisme « français ». Non seulement – et on ne saurait trop insister – l'articulation avec des données culturelles spécifiques est essentielle, mais d'autres composantes entrent en scène qui trouvent ainsi leur place dès la salle **IV**. Tel est le cas de Munch, figure marquante de la scène européenne.

À ce carrefour, le rapport de Munch avec le fauvisme et la France, où il réside et expose régulièrement, est ambigu [30] et s'évalue à l'aune de l'appréciation de Charles Morice qui, en 1905 [31], évoquait au Salon des Indépendants cet « inquiétant Allemand [*sic*] » et « ses tableaux homicides ». L'enjeu émotionnel et une écriture d'urgence ont scandalisé mais devaient marquer durablement les pays scandinaves, l'Allemagne – où il expose, à l'invitation des artistes, notamment à Berlin en 1902, Dresde en 1906 – et la Tchécoslovaquie. Sa présentation

28 Vlaminck, dans Florent Fels,
Vlaminck, Paris, Marcel Seheur,
1928, p.29.
29 Maurice Vlaminck,*Portraits avant
décès*, Paris, Flammarion, 1943.

30 Comme l'ont montré l'exposition
« Munch et la France » au Musée
d'Orsay en 1992 et, ici même, l'exposition « Visions du Nord » en 1998.
31 *Mercure de France*, 15 avril 1905.

à Prague en 1905 fit l'effet d'une bombe au moment même où les peintres tchèques venaient à Paris rechercher le déclic de la modernité «fauve». On a pu évoquer son «matissisme» et une influence supposée sur Matisse qui se serait ensuite inversée (voir dans le présent catalogue l'article de Jean-Louis Andral). Les quatre tableaux figurant ici montrent, de fait, une évolution dans l'accentuation des zones colorées et une nouvelle liberté dans l'économie de la couleur continûment expressive.

C'est dans un contexte d'éveil à la modernité d'artistes longtemps sous la coupe germanique, plutôt munichoise et conventionnelle, cette influence croisée du fauvisme et de l'expressionnisme que l'on rencontre chez les artistes tchèques et hongrois – salle **V** –, les uns et les autres soucieux de trouver à Paris la stimulation nécessaire au renouvellement de leur art et à leur propre affranchissement.

Dominante pour Prague, la figure de Kupka, dont la période dite fauve manifeste à la fois clairement son appartenance au mouvement parisien et l'originalité d'un art qui sait donner à la couleur, par une distanciation consciente – «je peins… seulement des conceptions, des synthèses, des accords [32]» –, une dimension quasi hallucinatoire. Membres fondateurs du groupe des Huit, Kubista et Filla se libèrent d'un réalisme de convention par l'utilisation de coloris subjectifs et intenses, avec une volonté d'expression émotive non sans un caractère dramatique particulier.

En Hongrie, où l'effet de voisinage est incontestable, les nombreux voyages et séjours parisiens des artistes – et d'abord de leur aîné Czóbel, assimilé par Gelett Burgess [33] aux «Sauvages de Paris» et qui participe régulièrement aux salons comme son confrère Perlrott Csaba (élève de Matisse et bientôt sociétaire du Salon d'Automne), ou encore Ziffer (également un proche de Matisse) – ont opéré une prise de conscience libératoire par rapport à la scène naturalo-impressionniste de Nagybánya. Sans remettre en cause fondamentalement les rapports spatiaux, cela donne lieu à des œuvres d'une sensibilité un peu rude dont la vivacité chromatique, greffée sur la tradition locale, fait figure de modernité.

L'éclatante personnalité de la double scène germanique – salle **VI** – de Dresde et Munich a été démontrée ici même en 1992-1993 dans une exposition qui autorise aujourd'hui la limitation ciblée des choix opérés. Les affinités et les écarts sont explicités à travers le point de vue affirmé de Carla Schulz-Hoffmann dans ce catalogue.

Pour la Brücke, ces choix correspondent, quatre ans après la création du groupe autour d'un manifeste d'esprit fauve, à un moment d'épanouissement, d'ouverture et d'échanges. Sortant de l'emprise patente de Van Gogh et du divisionnisme, les artistes s'ouvrent à une influence internationale marquée, non seulement par la présence ponctuelle de Kandinsky, lui-même grand voyageur et passeur idéal, mais surtout par le retour de Pechstein de Paris (1908), tandis que le Suisse Amiet, lui aussi familier d'un certain art français (nabi), et Van Dongen, alors à Paris, avaient été invités à participer à la Brücke; Matisse semble avoir décliné l'invitation. Les occasions d'échanges avec la France étaient alors nombreuses. En témoigne, après l'exposition des peintres français à la galerie Arnold en novembre 1906, la double confrontation, organisée avec Pechstein en

32 Lettre de Kupka à Machar, 1905,
citée dans le catalogue *Kupka*,
Musée d'Art moderne de la Ville
de Paris, 1990.
33 Gelett Burgess, *op. cit.*

septembre 1908 au Salon Richter, de la scène fauve et de la Brücke ; sans parler de l'exposition Matisse en janvier 1909, à Berlin, sûrement visitée par Kirchner sinon Pechstein. Le choix porte ici sur les années 1909-1910, moment de maturité où la touche apaisée laisse place à l'empire vigoureux des couleurs, avant le départ des artistes pour Berlin où devaient jouer d'autres influences et les œuvres y perdre leur plénitude, au profit d'une nouvelle tension. Si l'on peut repérer des affinités, tantôt avec Derain, tantôt avec Matisse ou même Van Dongen, il y a ici une frontalité et une puissance sensorielle particulières avec, chez Nolde, une force émotionnelle très prégnante.

De façon à maintenir un parallélisme avec les Fauves français, le choix effectué pour Munich est essentiellement concentré sur les années «Murnau» qui précèdent le Blaue Reiter autour de Jawlensky, Kandinsky et Münter. Jawlensky est le vecteur privilégié des échanges avec le fauvisme. Il a, comme Kandinsky et Münter, résidé à Paris au moment même de l'éclosion du fauvisme et participé comme eux aux salons (Indépendants et Salon d'Automne, dont Kandinsky est sociétaire). Dès 1905-1906, il se félicite d'avoir traduit non ce qu'il voit mais ce qu'il «ressent» avec des «couleurs conformes à l'ardeur de [son] âme [34]». L'influence combinée des Nabis et de Gauguin, dont Jawlensky fait l'expérience à Carantec, l'utilisation de larges touches et d'un coloris éclatant, sont, à l'évidence, présentes dans la série des paysages de Murnau (1908-1910). Pour ces trois artistes, au confluent des trois cultures, russe, allemande, française, Murnau est un peu leur Collioure : moment de libération (notamment du divisionnisme) et de recentrement où, dans un contexte amical et fusionnel avec le paysage, ils échappent aux

influences pour inventer des développements lyriques propres. Kandinsky abandonne alors les traitements mosaïqués sur fond de folklore, libérant la couleur de tout effet descriptif au profit d'harmonies très colorées où le paysage se dilue à la limite de l'abstraction. De même, chez Münter et Jawlensky, l'intensification chromatique contrastée accuse la planéité des surfaces qui s'affranchissent de la représentation dans une «synthèse», soit à travers des aplats au rythme décoratif, dans les paysages, soit, dans les figures de Jawlensky, par une économie très iconique de la ligne et du dessin.

Bientôt invité par les artistes de la Brücke, Van Dongen – salle **VII** –, à Paris depuis 1899, joue, un rôle déterminant dans les relations de la France et de la Hollande comme pont avec les amis de Mondrian, notamment Sluijters. Depuis le *Torse* de 1905 (très probablement celui du Salon d'Automne) jusqu'à l'explosive *Danseuse rouge*, immédiatement achetée par Riabouchinsky, l'organisateur du Salon de la Toison d'Or [35] où elle fit sensation en 1909 à Moscou, il témoigne de la capillarité de la scène artistique du moment, mais aussi de l'indépendance d'un tempérament original puissamment sensuel. Autour de lui sont réunis des portraits majoritairement féminins qui valent par leurs fards et atours autant que par leur charge érotique.

La salle **VIII** – correspondant aux années 1906-1908 en France – illustre, autour de Marquet et Dufy notamment, l'intérêt des artistes fauves pour la vie moderne, les loisirs, la rue, la fête, les bains de mer… Ces camarades du Havre – autre pôle du fauvisme – se rallient, dès 1906, à la nouvelle esthétique, le premier, par

34 Clemens Weiler, cité par Andrea Witte, dans *Signac et la libération de la couleur…*, Éditions de la réunion des musées nationaux, 1997, p. 248.

35 Riabouchinsky est également éditeur de la revue du même nom.

l'économie expressive d'un dessin simplifié qui accuse la distance avec une vision naturaliste, tandis que Dufy, redevable à Matisse d'une «révélation»…, laisse cours à une fantaisie qui se joue d'une réalité inventée par sa palette. En cette année 1906, après un séjour commun à Anvers illustré ici par deux peintures, les amis du Cercle de l'art moderne du Havre – Friesz et Braque – travaillent ensemble dans le Midi à des œuvres dans le plus pur style fauve dont une série aussi éblouissante que brève est présentée dans la salle **X**.

Ce choix de toiles de L'Estaque de Braque, exposées avec succès au Salon des Indépendants, traduit l'exaltation alors ressentie par l'artiste, avec un rare bonheur dans le lyrisme lumineux d'une harmonique audacieuse de couleurs. Il devait très vite évoluer, dès l'automne 1907, vers une sobriété constructive tout autre.

Dans la mouvance de Braque, les paysages de La Ciotat de Friesz témoignent d'une poétique onirique de la ligne et des tons, loin du réalisme, à la limite de l'abstraction. Cette salle rassemble des œuvres de même époque, nées dans ce voisinage amical où Dufy gagne une pertinence plastique neuve; la maîtrise d'un espace réinventé par la dynamique structurante de couleurs éclatantes, comme dans *L'Apéritif*, en fait un des moments forts de son œuvre. C'est dans leur entourage, mais, clairement, déjà à l'écart («Les Friesz, les Braque sont heureux. Leur idée est jeune», écrit-il à Vlaminck [36]), que Derain, à Cassis, «se sent perdu» et évolue vers une synthèse cubisante. Ainsi des *Trois personnages assis dans l'herbe* où la hardiesse des coloris est fermement contenue dans un cadrage comme décalé par la dissociation forme/couleur des ombres. Très singulière déjà par son

format, *La Danse* apparaît alors par son étrange thématique, à la fois culturelle et primitive, l'emportement de sa rythmique et de ses coloris, sa liberté syncrétique, comme un sommet et un point de non-retour.

Ces artistes forment le premier «Cercle» des Fauves tel qu'il est constitué en 1906 et s'élargit à un groupe d'amis, Camoin, Manguin, Puy et, plus isolés, Chabaud ou Le Fauconnier. Leur présentation – salle **IX** –, obligatoirement limitée ici, est à la mesure de démarches qui représentent un fauvisme tempéré, usant de couleurs fortes sans remettre en cause l'espace lui-même. Y est associé, d'abord Valtat, le plus âgé, dont la palette haute en couleurs et la vigueur des paysages lui valent de figurer aux expositions historiques du fauvisme, l'œuvre exposée au Salon d'Automne étant même reproduite dans la sélection de *L'Illustration*.

Camoin et Manguin, réunis, eux aussi, dans la «Cage aux Fauves» du Salon d'automne de 1905, sont liés à Matisse depuis l'atelier Moreau et se retrouvent à Saint-Tropez. Par une interprétation modérée, centrée sur des effets de palette lumineuse d'un fauvisme de surface dont ils récusaient d'ailleurs l'affiliation, ils sont un lien privilégié avec la critique, plus indulgente à leur endroit, et les collectionneurs français et étrangers (en Suisse, en Allemagne, en Russie… notamment). Tel est le cas de Puy, lui aussi de l'«écurie» Vollard et vieux compagnon de Matisse depuis les années 1899, même si le tableau choisi ici, pour avoir figuré au Salon d'Automne (reproduction dans *L'Illustration*), n'apparaît intrépide ni dans son traitement formel ni dans sa sensibilité. Sont associés dans cette salle les «passagers» du fauvisme que sont les grandes figures Metzinger et Delaunay, pour

36 André Derain, *Lettres à Vlaminck*,
op. cit., p. 189.

qui le fauvisme n'a été qu'une très courte «épreuve du feu», marquante pour ce dernier, à bien des égards. Le Fauconnier, avec une œuvre matissienne aussitôt achetée par Riabouchinsky, témoigne des liens établis par les artistes français avec les grandes scènes européennes du moment, invité qu'il est à participer aussi bien en Allemagne à l'*Almanach du Blaue Reiter* qu'à Moscou au Salon de la Toison d'Or. Tel aussi, très à part, Chabaud qui dit avoir «hurlé avec les Fauves» en 1907 et dont la verve violente et les déformations dramatiques trouvent écho chez Van Dongen comme, différemment, chez l'Écossais Fergusson.

Installé à Paris dès 1907, celui-ci était au centre, avec son ami Peploe et Anne Estelle Rice, du groupe fauve anglo-américain «Rhythm» (hommage à Henri Bergson) que Roger Fry exclura de ses fameuses expositions londoniennes où il avait réuni, à côté des Fauves français, des artistes qui développeront plus tard une influence matissienne hors des limites chronologiques retenues. Le choix du portrait, la suavité propre des coloris, une affirmation du dessin et des plans de couleur constituent un apport d'une singularité sophistiquée.

De même, ne figurent pas ici les nombreux artistes scandinaves, élèves de Matisse, qui pourraient faire l'objet d'une exposition à part. A été privilégiée, outre Munch, la figure indépendante de Sallinen qui, après son voyage à Paris, peint des œuvres fustigées comme «fauves» dans son pays, au point de subir les plus sévères critiques et une polémique qui l'exclut de l'Association des artistes finnois, ouvrant alors un débat qui force l'introduction de la modernité en Finlande.

C'est moins par Matisse, jugé parfois un peu trop français, que par Hodler et Amiet, dont on apprécie l'usage retenu de la couleur, que passent certaines influences dans la Hollande de Mondrian.

Cuno Amiet et Giovanni Giacometti, d'un an les aînés de Matisse, sont représentés – salle **XI** – avec des œuvres de 1907. Après son expérience à Pont-Aven auprès d'Émile Bernard, Amiet s'engage avec Giacometti dans un travail personnel dont la couleur forte mais mate et la touche appuyée qui structure la surface lui valent une invitation à Dresde en 1905 et son adhésion à la Brücke. Il jouera un rôle particulier dans le rapport entre la France et l'Allemagne à travers la Suisse et, par Giacometti, avec l'Italie alors marquée par le symbolisme divisionniste de Segantini.

Notre collègue Hans Janssen montre bien, redressant une lecture un peu complaisante à ses yeux, le rôle important de Cuno Amiet sur la scène hollandaise à travers Jan Toorop, contre-point aux relations directes avec la France opérées par Van Dongen, alors parisien, et son compatriote Sluijters en raison de ses fréquents séjours à Paris. Pour les Hollandais, la peinture française était suspecte, comme Van Dongen lui-même, à cause de ses succès parisiens. Dans son intense vibration lumineuse, *Arbres au bord du Gein* de Mondrian apparaît comme une œuvre de transition entre l'École de la Haye et le «luminisme» proprement dit. La série des *Dunes*, dont sont présentés deux exemples, semble renvoyer directement à une influence fauve, libérant Mondrian de la servitude du sujet dans une harmonique purement plastique et pré-abstraite. Avec Mondrian, Sluijters témoigne ici, comme Gestel, du

« luminisme », mouvement centré sur la lumière dans la mouvance croisée du divisionnisme et du fauvisme. L'éblouïssement de ses coloris et la « fougue immodérée » de portraits proches de Van Dongen lui valent d'être condamné par l'Académie d'Amsterdam qui lui reproche de « rendre hommage au faux génie de la nouvelle tendance française [37] ».

C'est plus tardivement, malgré les nombreuses expositions organisées à Bruxelles par la Libre esthétique, notamment en 1906, que le fauvisme va trouver un écho en Belgique. Cézanne sera, pour Wouters, le déclencheur déterminant durant une période limitée par sa courte carrière, l'introduisant à une influence matissienne dans des œuvres dont la discrète flamboyance aura une vraie postérité chez les « Fauves brabançons ».

La salle **XII** est centrée autour du *Nu bleu : « souvenir de Biskra »* de Matisse (1907). Ses distorsions expressionnistes heurtèrent violemment les sensibilités. Le même caractère « primitif » se retrouve dans le *Nu debout* qui dénote une parenté affirmée avec la sculpture africaine que Matisse collectionne alors. La confrontation du *Nu bleu* à *Deux nus roses au bord du lac* de Kirchner, d'une provocante sensualité dans ses outrances colorées, renvoie, d'un côté, à une certaine esthétique du « laid », et, de l'autre, à une certaine philosophie de l'état de nature. À moins que, dans les deux cas, il ne s'agisse d'une provocation propre à la peinture : violence du corps ou violence du peintre, par la couleur chez Kirchner, le dessin chez Matisse ; peinture du corps ou corps de la peinture ?

La participation russe – salle **XIII** – témoigne d'une vitalité particulière et d'une puissante personnalité. Elle regroupe des œuvres datées pour l'essentiel de 1909 à 1911 que Jean-Claude Marcadé analyse autour de l'idée de « bagarre des couleurs ». En exergue, Maliavine, étranger aux « Fauves russes », articule, avec une vraie originalité, une disposition naturelle à la couleur liée à un thème folklorique, dans un contexte d'héritage national fort. À l'autre extrémité, les œuvres de Sonia Delaunay-Terk, peintes à Paris où elle réside depuis 1905, témoignent d'un fauvisme expressionniste sophistiqué dans la synthèse des cultures russe, allemande et française.

Sont regroupés ensuite les artistes qui « ont révélé dans leurs œuvres de nouveaux principes de beauté et une nouvelle définition du beau comme le firent les grands maîtres français [38] » et qui devaient constituer le Valet de Carreau (1910-1913). Les contacts avec le fauvisme s'exercent à travers l'ouverture de la collection Chtchoukine en 1909, concomitante aux salons de la Toison d'Or en 1908 et 1909, à un moment où la revue du même nom publie les « Notes d'un peintre » de Matisse, bientôt en visite à Moscou. Si l'influence française est perceptible chez Machkov et Kontchalovski, elle s'articule à des sensibilités et des tempéraments particuliers et surtout une culture spécifique très riche, religieuse et populaire, qui confèrent à tous ces artistes un ton et une saveur tout à fait originaux. Ces données propres seront revendiquées clairement par Larionov et Gontcharova pour qui le recours « primitiviste » à l'art populaire autorise la distance avec l'internationalisme. Si, malgré son irréductible étrangeté, le *Baigneur* de Malévitch peut être

---

37 Cité par Cor Block, *Signac et la libération des couleurs…, op. cit.*, p. 311.

38 David Bourliouk, « Les Fauves de Russie », in *Almanach du Blaue Reiter, op. cit.*, p. 104.

confronté aux figures de *La Danse* de Matisse, singulière, la présence du *Jardinier* ou de l'*Homme portant un sac* renvoie à un tempérament excessif ancré dans une culture populaire et projetant sur l'homme démesuré un regard visionnaire.

La dernière salle constitue une «synthèse» selon e mot alors partout récurrent et une ouverture sur l'après-fauvisme. Elle réunit des œuvres qui témoignent de a permanence du fauvisme et celles qui, dans la logique même de son affranchissement, marquent le passage au cubisme et à l'abstraction. On y retrouve, d'abord, les deux figures tutélaires de Matisse et Derain. En réponse à *Luxe, calme et volupté* qui introduit l'exposition, *Le Luxe I*[39] et *Le Luxe II* (1907-1908) de Matisse, dans leur monumentalité simplifiée du dessin et de la couleur, offrent une synthèse «idéale» du travail «d'abstraction» de l'artiste tandis que, dans sa fougue, sa rythmique spatiale et la radicalité de ses couleurs arbitraires, *La Danse II*[40] (1910) – immédiatement installée chez Chtchoukine à Moscou – constitue une sorte d'apogée emblématique de l'esprit et du style fauves. La rupture est manifeste avec Derain dont les *Baigneuses* (1908) s'inscrivent désormais dans l'aventure d'un cézannisme primitif clairement précubiste. Quand Tatline invente dans une splendide simplicité la synthèse de l'icône fauve-cubiste, Boccioni impose – explosante-f xe – celle de la modernité, brûlante synthèse de la couleur dans une vision futuriste, et Franz Marc, dans une fusion orphique sublimant la matérialité de la couleur, livre «l'image» toute «intérieure» d'une communion sprirituelle. Par ailleurs, dans la ligne des œuvres de Murnau et la progressive dissolution de l'objet dans la

couleur, Kandinsky, préservant lointainement le motif, comme Kupka, amorce le passage à une peinture abstraite dans la logique d'un langage pictural affranchi du réel dont le fauvisme ne serait qu'une étape.

Ainsi, à travers l'impulsion essentielle et flamboyante de Matisse-Derain et de leurs complices des années 1905-1907, l'éruption de la couleur partout en Europe vaut comme éruption de la modernité dont la «pureté des moyens» comme «épreuve du feu» est le gage. Si le fauvisme a bien été «le fondement de tout[41]» (Matisse), il intronise la modernité du XXe siècle, accélérant un processus qu'il a initié sans théorie mais avec des œuvres qui ont bouleversé profondément la conception même de la peinture.

Car tel est bien le fauvisme dans ses expressions les plus radicales, non la simple «teinture» dont se désintéressera Derain, mais la décisive mise en place d'un espace par la couleur devenue autonome. Tout au moins, le fauvisme aura t-il, partout, autorisé l'affranchissement de la couleur et du dessin de la fonction traditionnelle de représentation au profit de l'«expression», depuis la simple «sensation» jusqu'à quelque chose de plus mental, voire de visionnaire, où la couleur est celle du «cerveau de l'artiste» (Matisse) quand ce n'est pas de son âme, comme chez Marc ou Kandinsky.

Russe d'Allemagne, alors admirateur de Matisse et emblématique du mélange symptomatique des cultures, celui-ci «invente» l'abstraction au moment où Kupka, le Parisien de Prague, amorce la même révolution : telle est la complexité que cette exposition a voulu préserver avec un double parti, celui des faits et celui d'un regard européen inédit, laissant un terrain encore largement ouvert à l'étude.

39 Le prêt de cette œuvre comme celui de *La Danse II* n'a pu être consenti pour toute la durée de l'exposition.
40 Voir la note précédente.

41 EPA, p 55, d'après Duthuit, 1949.

Déterminant, dès lors, l'apport critique des auteurs du catalogue dont les participations constituent un complément essentiel à l'exposition. Nous tenons à leur exprimer notre très grande reconnaissance.

La couleur, paramètre fondateur du fauvisme, est étudiée à travers le vocabulaire qui lui est appliqué par Georges Roque, tandis que Philippe Dagen analyse ce qu'elle véhicule esthétiquement et idéologiquement dans son rapport au goût et à la rue, avec une ouverture particulièrement neuve sur la photographie. Jacques Flam voit le fauvisme comme antithèse en même temps que voie d'accès au cubisme sur la base de l'héritage cézannien tandis que John Elderfield recherche la spécificité du fauvisme, au-delà de la couleur, dans le rapport du tableau au spectateur, à travers la particularité de l'espace mis en place, induisant une relation d'indécision renforcée par un certain sentiment d'inachevé et dont l'instabilité même renforce l'attraction. Jean-Claude Lebensztejn, pour sa part, dans la suite de sa contribution fondamentale à l'analyse de l'expressionnisme ici même [42], opère une synthèse inscrivant le fauvisme comme «phénomène européen» dans la grande voie de l'abstraction qui aspirerait l'art au début du siècle.

L'établissement des faits et l'obtention des prêts a réclamé de très nombreux concours.

Le travail scientifique lui-même a été mené ici avec Juliette Laffon, auteur du texte sur «l'héritage des Fauves», Gérard Audinet – pour l'Europe – qui présente ici la Suisse, l'Écosse, la Finlande et la Belgique et Jacqueline Munck – pour la France – qui s'exprime sur «l'impossible barbarie de Matisse-Derain». Nous nous sommes appuyés sur les échanges et discussions avec nos collègues de musées et historiens d'art qui ont apporté une contribution légitimée par leur connaissance intime d'un terrain sur lequel ils ont bien voulu s'exprimer dans ce catalogue. J'aimerais citer, pour la Russie, la collaboration de Jean-Claude Marcadé ainsi que celle d'Evguénia Pétrova, vice-directeur du musée Russe de Saint-Pétersbourg, tandis qu'Albert Kosténévitch, conservateur du XXe siècle occidental au musée de l'Ermitage, fait le point sur les relations des Fauves français avec les collectionneurs russes ; pour la Hongrie, celle du conservateur de la Galerie nationale hongroise de Budapest, Mariann Gergely ; pour la République tchèque, Jana Claverie, notre collègue du Centre Georges-Pompidou, ainsi que l'artiste Stanislav Kolibal de Prague ; pour les Pays-Bas, le conservateur des collections du XXe siècle du musée de La Haye, Hans Janssen ; pour l'Allemagne, Carla Schulz-Hoffmann, directeur de la Staatgalerie Moderner Kunst, ainsi que, pour Munch, Jean-Louis Andral, conservateur au musée d'Art moderne de la Ville de Paris.

Cette manifestation est extrêmement redevable aux collectionneurs privés et publics pour leurs contributions essentielles.

Si l'on doit regretter l'absence de quelques toiles majeures : *La Femme au chapeau* (San Francisco) et *Bonheur de vivre* (Fondation Barnes, Philadelphie) de Matisse, ainsi que *La Route tournante* à L'Estaque de Derain (Houston), en raison de clauses juridiques, et *Les Baigneuses* de Derain (MoMA, New York) ou encore *Le Moulin au soleil* de Mondrian (La Haye), requis par d'impérieuses obligations, nous avons bénéficié de prêts tout à fait exceptionnels à la mesure de la générosité des collectionneurs.

42 Catalogue *Figures du moderne. L'Expressionnisme en Allemagne 1905-1914, op. cit*.

J'aimerais dire notre particulière gratitude à Irina Antonova, directeur du musée des Beaux-Arts Pouchkine, à Moscou ; Lorand Berenczky, directeur général de la Galerie nationale hongroise, à Budapest ; Doreen Bolger, directeur du Baltimore Museum of Art, à Baltimore ; Philippe Chabert, conservateur du musée d'Art moderne de Troyes ; Rudi H. Fuchs, directeur du Stedelijk Museum, à Amsterdam ; Helmut Friedel, directeur de la Städtische Galerie im Lenbachhaus, à Munich ; Vladimir Goussev, directeur du musée d'État Russe, à Saint-Pétersbourg ; Allis Helleland, directeur du Statens Museum for Kunst, à Copenhague ; Henri Loyrette, directeur du Musée d'Orsay, à Paris ; Jean-Paul Monery, conservateur du musée de l'Annonciade, à Saint-Tropez ; Milan Knizak, directeur général de la Narodni Galerie, à Prague, ainsi que Dagmar Sefcikova ; Mikhaïl Piotrovsky, directeur du musée de l'Ermitage, à Saint-Pétersbourg ; Earl A. Powell III, directeur de la National Gallery of Art, à Washington ; Nicholas Serota, directeur de la Tate Gallery à Londres, et Jeremy Lewison, conservateur en chef des collections d'art moderne ; ainsi qu'à Valentin Rodionov, directeur général de la galerie d'État Trétiakov, à Moscou, et Lydia Iovléva, vice-directeur.

Faisant preuve d'une remarquable connaissance des œuvres et d'une égale bienveillance, David et Tania Josefowitz, pour la Fondation Fridart, ainsi que Werner et Gabrielle Merzbacher, ont été ici d'un apport inestimable et nous tenons à saluer chaleureusement leur si fidèle et amical soutien.

La réalisation même de l'exposition a requis de très nombreuses collaborations de la part de Paris-Musées, producteur de la manifestation, et de notre Musée. Nous leur sommes à tous très redevables. Nous tenons à mentionner particulièrement, pour la réalisation technique du catalogue, la compétence amicale de Sandrine Bailly ainsi que de Sabine Brismontier et Catherine Ojalvo. Parmi les collaborateurs du musée d'Art moderne largement sollicités, il convient de citer tout spécialement le travail rigoureux de Jessica Castex, assistante d'exposition, et de Bernadette Pordoy, documentaliste.

L'architecte Jean-François Bodin, selon son habitude, a apporté à la présentation des œuvres la clarté et la pertinence d'un parti remarquablement ajusté dans des volumes redéfinis avec l'économie qui le caractérise.

Enfin, très nombreux sont ceux qui ont bien voulu accorder leur concours à des titres divers et auxquels nous adressons notre plus vive gratitude.

Déterminant à cet égard, l'apport – aux côtés de la Direction des Affaires culturelles de la Ville de Paris et de Paris-Musées – du mécénat privé et nous savons particulièrement gré à M. Bernard Arnault, Président de LVMH, et à M. Henri Moulard, Président du Directoire d'ABN AMRO France, ainsi qu'à M. Jean-Paul Claverie et à Mme Anne Samson d'avoir rendu possible aujourd'hui cette manifestation.

Tournant

Jean-Claude Lebensztejn

« Il n'y a pas d'école fauve *», déclarait en 1939 Louis Vauxcelles, l'inventeur du mot[1]. De fait, la plupart des spécialistes du fauvisme, lorsque l'envie les prend de le définir, ont noté l'impossibilité d'en saisir les contours. Le fauvisme, dit Jean Leymarie, «n'est ni une école ni un système, mais un accord momentané de tendance entre de jeunes artistes indépendants soumis au même climat d'époque et portés par la fatalité des échanges et des rencontres». «Ce ne fut jamais un mouvement autonome comme la plupart des mouvements modernes qui ont suivi», écrit John Elderfield, qui parle encore de «manque d'autonomie et d'identité clairement définie», et précise que le fauvisme n'avait ni de théories, comme le futurisme, ni un style unitaire, comme le cubisme. Il semblerait donc raisonnable d'abandonner ce concept purement et simplement ; et pourtant ces remarques s'inscrivent dans des livres et des catalogues consacrés au fauvisme. Le «manque d'autonomie» n'empêche pas Elderfield de parler de «la vraie peinture fauve», d'«un fauvisme plus vrai»[2].

Pour ma part, à la suite d'une exposition consacrée en 1966 au fauvisme français et aux débuts de l'expressionnisme allemand[3], j'ai vivement critiqué cet illogisme et tâché d'en comprendre les raisons ; j'ai proposé d'associer l'art des peintres français qualifiés de fauves et celui des premières années de la Brücke[4]. Aujourd'hui,

j'irais plus loin, et considérerais le fauvisme comme un phénomène européen, voire occidental, qui s'est manifesté en France (principalement), mais aussi en Allemagne, en Hollande, à Prague, en Russie, en Suisse, en Finlande (avec un marquage symboliste plus ou moins fort), et jusqu'au Canada[5]. C'est ainsi qu'il fut compris en son temps. En 1912, cinq ans après la consécration en France du terme de fauves[6], l'Almanach du *Blaue Reiter* parlait des fauves de l'Allemagne (Franz Marc, «Die "Wilden" Deutschlands») et des fauves de Russie (David Bourliouk, «Die "Wilden" Rußlands»)[7]. Lorsqu'en 1910 Gelett Burgess publiait aux États-Unis son enquête sur les Sauvages de Paris[8], à la suite de visites faites dans les ateliers parisiens en 1908, il comprenait sous l'appellation de fauves ou de *Wild Beasts* toute l'avant-garde, de Matisse à Metzinger en passant par Picasso («Picasso se saoule de vermillon et de cadmium») et le Braque cubiste de 1908, celui du grand *Nu* multiface (détruit) qu'il avait exposé aux Indépendants. Aux Pays-Bas, Mondrian et Sluijters, ainsi que Gestel, Weijand et Jacoba van Heemskerck[9], furent commentés en des termes analogues : l'écrivain et psychiatre Frederik van Eeden, en 1909, les traita de décadents graves et de psychopathes ; le critique Albert Plasschaert les qualifia de barbares. On ne parla pas de fauves, mais les artistes eux-mêmes s'étaient donné le nom de luministes, et les critiques

* Nous avons rigoureusement respecté dans les citations les orthographes et ponctuations d'origine. Par ailleurs, les références indiquées dans les notes renvoient à la bibliographie placée en fin d'essai.
1 Louis Vauxcelles, *Le Fauvisme*, Genève, P. Cailler, 1958, p. 9.
2 LEYMARIE, p. 7 ; ELDERFIELD, p. 145, 15, 62. Seul GIRY estime que «le fauvisme est quelque chose de bien particulier, de bien circonscrit» (p. 247) ; il le limite aux années 1904-1907 et aux peintres généralement associés au groupe fauve, à l'exclusion de Manguin, Puy et Valtat.
3 *Le Fauvisme français et les débuts de l'expressionnisme allemand*, Paris et Munich, 1966 (préfaces de Bernard Dorival et Leopold Reidemeister).
4 Jean-Claude Lebensztejn, «Sol» (1967), *Scolies*, n° 1 et n° 2, 1971, 1972 ; repris dans *Annexes – de l'œuvre d'art*, Bruxelles, La Part de l'Œil, 1999.
5 Gaston Diehl (*Les Fauves*, Paris, Nouvelles Éditions Françaises, 1971, p. 29-38) parle d'un «déferlement du Fauvisme» en divers pays d'Europe, de la Grande-Bretagne à la Russie.
6 Le nom de «fauves» s'impose à partir de 1907 pour désigner ceux qu'on appelait plutôt jusque-là les incohérents. (G.-Jean Aubry, dans *Le Havre* du 31 décembre 1905 parle de «ceux que je ne sais qui a appelé les "Jeunes Fauves"».) Contrairement à cubisme, fauvisme est très rare avant la guerre ; on préfère alors parler de l'«école des fauves», comme Apollinaire en 1912. En octobre 1911 pourtant, il mentionne les «épigones du fauvisme» au Salon d'Automne. Voir APOLLINAIRE, p. 342, 259.
7 *ABR*, p. 84, 97.
8 BURGESS, p. 400-414 (trad. fr. partielle – et défectueuse – dans *PCF*, p. 185-194). L'auteur reproduit *Les Demoiselles d'Avignon* sous le titre : *Study by Picasso* (p. 408).
9 *Cf.* les catalogues *La Vibration des couleurs : Mondriaan, Sluijters,*

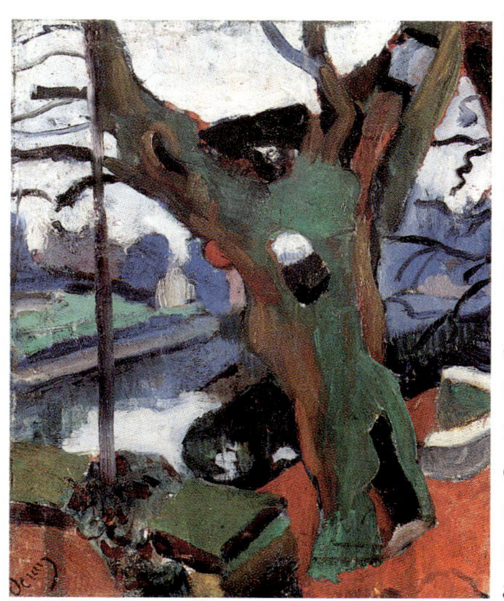

(ill. 1) **André Derain**
Le Vieil Arbre, 1904-1905
Huile sur toile, 41 x 31 cm
Musée national d'Art moderne, Paris

hollandais utilisèrent aussi ce terme pour qualifier des artistes français, post-impressionnistes ou fauves[10]. Certaines œuvres sont parfois étonnamment proches, en toute ignorance mutuelle : ainsi le *Vieux Saule* de Mondrian (v. 1900)[11] et *Le Vieil Arbre* de Derain (1904-1905; ill. 1) au musée national d'Art moderne.

Que les artistes étrangers aient subi l'influence de l'avant-garde française ou qu'ils soient arrivés indépendamment à des résultats analogues est un problème complexe, mais secondaire. Durant ces années 1904-1914, années de transformation rapide (aucune autre décennie de l'histoire de l'art n'en a jamais connu de pareille), la dynamique artistique était partout similaire, et les idées, ainsi que les réalisations, circulaient très vite. Kandinsky, par exemple, exposait régulièrement au Salon d'Automne, en particulier pendant les années fauves. Et les fauves français, sauf Matisse, furent présents à la première exposition du Moderne Kunstkring à Amsterdam en 1911, comme ils l'étaient un peu partout. Mondrian n'était pas allé à Paris quand il peignait en 1908 son *Moulin* fauve, mais il savait ce qui s'y passait par son ami Sluijters, qui y avait séjourné en 1906-1907, ainsi que par Van Dongen et Van Rees; dans son autobiographie tardive, il disait son admiration pour Matisse, Van Dongen et les autres fauves, tout en déclarant que seuls les cubistes, selon lui, avaient découvert la vraie voie[12]. De même ailleurs. Pourquoi accepter Le Havre comme un lieu du fauvisme, et pas Amsterdam, Dresde, Munich, ou Moscou? Le fauvisme est une nébuleuse, et Paris n'est pas en 1906 le centre du monde, ni de la peinture, mais un catalyseur, un creuset de la modernité artistique, un peu (mais différemment) comme l'était Rome à la fin du XVIIIe siècle.

À partir de l'époque où fut lancé le mot « expressionnisme », vers 1910-1911[13], fauvisme et expressionnisme demeurèrent longtemps, pour un certain nombre de leurs acteurs, des termes à peu près synonymes. Delaunay vers 1924 parlait de « l'école dite des fauves ou des expressionnistes[14] »; Kandinsky écrivait en 1938 : « Il n'existe plus de problème de l'impressionnisme, ni de l'expressionnisme (les Fauves), ni du cubisme[15]. » Matisse, dans ses « Notes d'un peintre » (1908), déclarait poursuivre par-dessus tout l'expression, et Kahnweiler, dans « La montée du cubisme » (1915), écrivait : « C'était en 1906. De même que Derain, Matisse et bien d'autres, Braque visait encore à l'expression par la couleur[16]. »

Si l'on tient à maintenir l'hypothèse fauve (car elle est une hypothèse, comme toutes les catégories artistiques), c'est-à-dire l'idée d'un *art* des fauves, il convient de la définir : d'aller au-delà des groupes et des associations individuelles, et de commencer au moins par relever quelques traits formels minimaux : pas nécessairement la couleur pure et l'aplat, qui ne caractérisent qu'une partie de la peinture des artistes reconnus comme fauves, mais plutôt la simplification et l'accentuation des formes, l'autonomisation relative de la couleur, l'aplatissement (plutôt que la platitude) de l'espace, l'apparence d'improvisation rapide (d'un tableau de Derain vu en 1908, Burgess écrivait : « Cela fait deux ans qu'il y travaille. Je pourrais le faire en deux jours. Vous aussi, j'en suis sûr[17] »), la texture brutalement visible (« la grossièreté matérielle de leur torchis de palette[18] »), une immédiateté agressive, rejetant à la fois le modelé traditionnel et la sophistication décorative ainsi que la thématique littéraire du symbolisme. Ces traits caractérisent une bonne partie de l'avant-garde européenne à un moment ou à un autre au début du XXe siècle, de Nolde à Malévitch, de

Gestel, Winterswijk, Galerie 't Mondriaanhuis, 1985-1986. – *La Beauté exacte. De Van Gogh à Mondrian*, Musée d'Art moderne de la Ville de Paris, éd. Paris-Musées, 1994. – *Aufbruch zur Farbe. Luministische Malerei in Holland und Deutschland*, Ahlen, Neuss et Bonn, 1996 (éd. hollandaise : *Meesters van het licht. Luministische schilderkunst in Nederland en Duitsland*, Rotterdam et Zwolle, 1996).

10 Voir BLOTKAMP, p. 32 ; A. B. Loosjes-Terpstra, *Moderne kunst in Nederland 1900-1914*, Utrecht, Haentjens Dekker & Gumbert, 1959 (rééd. 1987), en particulier p. 80, 103, 105. Je remercie Carel Blotkamp pour ses indications.
11 Localisation inconnue ; *PMCR*, I, 42 ; reproduit aussi dans le catalogue *Piet Mondrian Centennial Exhibition*, New York, Guggenheim Museum, 1971, n° 11, et dans *Tout l'œuvre peint de Mondrian*, Paris, Flammarion, 1976, pl. I.
12 « Towards the True Vision of Reality », 1941, dans MONDRIAN, p. 338.
13 Rappelons que ce terme désigna d'abord les peintres de l'avant-garde parisienne; *cf.* J.-C. Lebensztejn, « Douane-Zoll », dans *EA*, p. 50.
14 DELAUNAY, p. 54.
15 Wassili Kandinsky, « Art concret », 1938, dans *Écrits complets*, Paris, Denoël, 1970, t. II, p. 372-373.
16 D. H. Kahnweiler, *Confessions esthétiques*, Paris, Gallimard, 1963, p. 21.
17 BURGESS, p. 406; *PCF*, p. 191; *AD*, p. 421.
18 Camille Mauclair, *La Farce de l'art vivant*, Paris, La Nouvelle Revue Critique, 1929, p. 165.

Kupka à Tom Thomson, dans toutes les directions de la boussole.

Un mot sur le mot «fauves». On sait qu'il fut estampillé par Louis Vauxcelles, le critique du *Gil Blas* qui trois ans plus tard inventa aussi les «cubes» que Matisse lui avait soufflés – ils devaient donner lieu au cubisme, comme les fauves au fauvisme. Dans sa critique du Salon d'Automne de 1905, Vauxcelles décrit l'envoi de Matisse (*Femme au chapeau*, *Fenêtre ouverte*, etc.) comme «une vierge chrétienne livrée aux fauves du cirque», avant de lancer un peu plus loin la formule qui devait nommer la nouvelle tendance : «Donatello chez les fauves… [19].» Comme on l'a observé [20], les fauves dans l'affaire sont le public avant d'être les artistes. Les fauves, c'est les autres : la violence appelle la violence.

La réception immédiate du fauvisme se partage en deux tendances. La critique moyenne insiste sur l'anarchisme, la violence hurlante, l'outrance impitoyable, l'incohérence, la démence ou la mystification. «Je croyais être le jouet d'un cauchemar», dit le critique du *Salut public* le 20 octobre 1905 devant les Vlaminck et les Derain du Salon. Un an plus tard, dans *Le Petit Dauphinois*, Étienne Charles se demandait si Matisse, Derain et Vlaminck étaient «des pince-sans-rire admirables» ou «des déments caractérisés» [21]. Mais pour la partie la plus sophistiquée de la critique, ce désordre apparent cache un ordre, qu'on juge parfois excessif, un abus de raisonnement et de théorie. Le poète symboliste André Fontainas, rendant compte du Salon d'Automne de 1906, écrivait de ce «groupe de nouveaux venus» : «Outranciers, violents, au-delà de toute nécessité, tout d'abord tels ils se présentent. […] des taches ici, là, comme jetées au hasard, confusément. Voilà l'impression première ; arrêtons-nous et regardons. Il est bien certain que, après un temps, toute cette violence nous apparaîtra apaisée, les tons s'établissent et s'équilibrent […].» Et Gide, en 1905, tout en estimant qu'au Salon d'Automne «l'anarchie règne», parle ainsi de la salle aux fauves : «Je suis resté longtemps dans cette salle. J'écoutais les gens qui passaient, et lorsque j'entendais crier devant Matisse : "C'est de la folie !", j'avais envie de répliquer : "Mais non, Monsieur ; tout au contraire. C'est un produit de théories." – Tout s'y peut déduire, expliquer ; l'intuition n'y a que faire. Sans doute, quand M. Matisse peint le front de cette femme couleur pomme et ce tronc d'arbre rouge franc, il peut nous dire : "C'est parce que…" Oui, raisonnable cette peinture, et raisonneuse même plutôt. Combien loin de la lyrique outrance d'un van Gogh [22] !» Gide, qui aux Indépendants de 1906 n'aura «rien pu voir que de médiocre [23]» (mais il y avait là, selon Vauxcelles, cinq mille toiles), est alors probablement sous l'influence de son ami Maurice Denis : celui-ci est affolé par ce qu'il diagnostique comme «l'esprit de système» de Matisse, «les vertiges du raisonnement», «l'excès des théories», qui le conduisent «en plein dans le domaine de l'abstraction [24]». On y reviendra.

Cette dualité n'est que l'une des tensions contradictoires qui caractérisent l'art des fauves. Ainsi leur rapport aux styles de la génération précédente. Ils ont pris à l'impressionnisme sa palette spectrale, mais pour la détourner de ce pour quoi les impressionnistes l'avaient élaborée, reproduire la lumière. «Chaque génération d'artistes voit différemment la production de la génération précédente. Les tableaux des Impressionnistes, construits avec des couleurs pures, ont fait voir à la génération suivante que ces couleurs, si elles peuvent servir à la description des choses ou des phénomènes de la nature, ont en elles-mêmes, indépendamment des objets qu'elles

19 *PCF*, p. 28, 30.
20 OPPLER, p. 15-16 ; ELDERFIELD, p. 44 ; BENJAMIN 1990, p. 252-253. Le rapprochement fait par Benjamin avec la *Martyre* de Suzanne Bethemont laisse sceptique.
21 Coupures de journaux citées dans VLAMINCK, 1943, p. 81 ; *PCF*, p. 214, 215. Voir aussi la critique du *Journal de Rouen* (20 novembre 1905) reproduite dans *PCF*, p. 62.

22 *PCF*, p. 92, 66, 68.
23 André Gide, *Journal*, 20 mars 1906.
24 *PCF*, p. 60, 59.

servent à exprimer, une action importante sur le sentiment de celui qui les regarde [25]. »

C'est avec le symbolisme que les rapports sont le plus ambigus, nourris de toute la duplicité des relations du fils au père. Entre Matisse et Gustave Moreau, on peut déceler la même ambivalence qu'entre Kirchner ou Schmidt-Rottluff et Munch par exemple, entre Mondrian et Toorop, entre Schiele et Klimt. Matisse, comme Moreau qui dessinait dans la couleur, inverse le rapport traditionnel entre couleur et dessin, mais écarte le bric-à-brac littéraire, simplifie les masses, développe en tableaux les esquisses abstraites de son maître. La remarque de Moreau à Matisse : « Vous allez simplifier la peinture [26] », sonne comme la prédiction d'un parricide, mais l'héritage symboliste reparaît, surtout à partir de 1906, dans les aplats, l'arabesque décorative, la thématique arcadienne.

La grande nouveauté du fauvisme (et de l'expressionnisme en général), celle qui lui donne son aspect de violence inouïe, n'est pourtant pas si neuve, et se remarque dans le symbolisme ; elle est ce qu'on pourra t appeler représentation par traduction, équivalence ou transposition. Gauguin écrivait à Alfred Vallette, en juillet 1896 : « Yes n'est point une faute d'orthographe du mot Oui [27]. » C'est cette idée que les fauves français vont d'abord appliquer à l'impressionnisme. Tout en conservant sa palette spectrale, ils ne lui demanderont plus de représenter la lumière. Dans le fauvisme, dit Matisse, « la lumière n'est pas supprimée, mais elle se trouve exprimée par un accord des surfaces colorées intensément [28] ». Dans *Le Port de Collioure : le cheval blanc* (cat., n° 27), que Derain peint au voisinage de Matisse pendant l'été 1905, la luminosité du soleil méditerranéen sur le port est traduite conjointement par la saturation des couleurs

et par l'usage abondant de réserves. En combinant la touche divisée mais allongée, les aplats, et la toile non peinte, Derain exploite simultanément les techniques de Signac, de Van Gogh, de Gauguin et de Cézanne dans la nouvelle optique expressionniste de la transposition passionnelle qu'en 1929 Othon Friesz formula ainsi : « donner l'équivalent de la lumière solaire par une technique faite d'orchestrations colorées – transpositions passionnelles (ayant pour point de départ l'émotion sur nature) dont les vérités et les théories s'édifièrent par des recherches ardentes et dans l'enthousiasme [29] ». Une autre forme de transposition passionnelle se rend visible dans la *Partie de campagne* de Vlaminck : l'homme et la femme assis au pied d'un arbre paraissent échauffés par le vin et le soleil, mais le désir qui semble monter en eux se projette surtout hors d'eux, dans l'herbe qui les entoure, tournoyante et rougeoyante comme des flammes.

Pour Maurice Denis, une telle conception a son origine chez le Gauguin de 1888 et dans l'épisode du Talisman de Sérusier : « Ainsi nous connûmes que toute œuvre était une transposition, une caricature, l'équivalent passionné d'une sensation reçue [30]. » Mais une douzaine d'années plus tôt, un savant comme Helmholtz, le metteur en œuvre de la théorie physiologique des couleurs, était revenu à plusieurs reprises sur un tel principe dans sa conférence « L'optique et la peinture » (1876) : « Ce qu'il [le peintre] doit nous donner n'est donc plus une simple copie de l'objet, mais une traduction de son impression en une autre échelle de sensation [...] » ; « J'ai déjà désigné la représentation que le peintre doit donner des lumières et des couleurs de ses objets comme une traduction [...] » ; « L'artiste ne peut pas copier la nature, il doit la traduire [...] ». Cette théorie repose sur des bases scientifiques (l'intensité lumineuse et colorée n'est pas la même dans la nature et dans

25 MATISSE (1951), p. 258.
26 MATISSE, p. 81.
27 Paul Gauguin, *Lettres à sa femme et à ses amis*, éd. M. Malingue, Paris, Grasset, 1946, p. 326.

28 MATISSE (1929), p. 96. Klee, de même, dans son journal de 1910 : « Représenter la lumière par de la clarté n'est que neige d'antan. La lumière comme mouvement chromatique [*Farbbewegung*] serait du nouveau » (n° 885 ; trad. Klossowski, Paris, Grasset, 1959, p. 244).

29 Déclaration publiée dans DUTHUIT, 1929, p. 260. Cité dans LEYMARIE, p. 14.
30 Maurice Denis, « L'influence de Paul Gauguin » (1903), dans *Du symbolisme au classicisme. Théories*, éd. Revault d'Allonnes, Paris, Hermann, 1964, p. 51. Je remercie Éric Michaud de m'avoir rappelé ce passage.

la peinture) et esthétiques : pour contenter un spectateur «dont le goût a été développé par l'étude des œuvres d'art [...], il faut un choix, un ordre artistique et même une idéalisation des objets représentés [31]». Ce principe d'idéalisation avait déjà été développé dans la théorie de l'art néoclassique ; aussi y retrouve-t-on ces termes de transformation, de transposition ou de traduction. Quatremère de Quincy, par exemple, intitule deux des chapitres de son essai sur l'imitation «De l'action de transformer ou de transposer, considérée comme moyen de l'imitation idéale soit dans les inventions de la poésie, soit dans les formes de son langage» (III, 7), et «De l'action de transformer et de transposer considérée comme moyen d'imitation idéale dans les arts du dessin» (III, 9) [32].

En France, une bonne partie des fauves ont vite incliné au néo-néoclassicisme caractéristique des années vingt. C'était dans l'ordre des choses, et, dès 1908, Othon Friesz décrivait le fauvisme comme «un mouvement néoclassique, qui tend vers le style architectural de l'art égyptien, ou plutôt est en parallèle avec lui dans son développement [33]».

On pourra s'étonner de cette connivence entre expressionnisme et néoclassicisme. C'est qu'elle n'est pas d'ordre stylistique ou formel, mais sémiotique. Rien n'est plus éloigné en apparence du fini, de la subordination au dessin qui caractérisent l'art néoclassique que ces peintures violemment colorées et d'aspect sommaire. Mais ce qui les rapproche, c'est le principe d'un écart imitatif, d'un rapport à la nature indirect, distant, peu soucieux de copier le détail de la représentation. Une cohérence interne à la peinture exige une telle transposition afin que de nouveaux rapports se mettent en place. «Il faut que les signes divers que j'emploie soient équilibrés de telle sorte qu'ils ne se détruisent pas les uns les

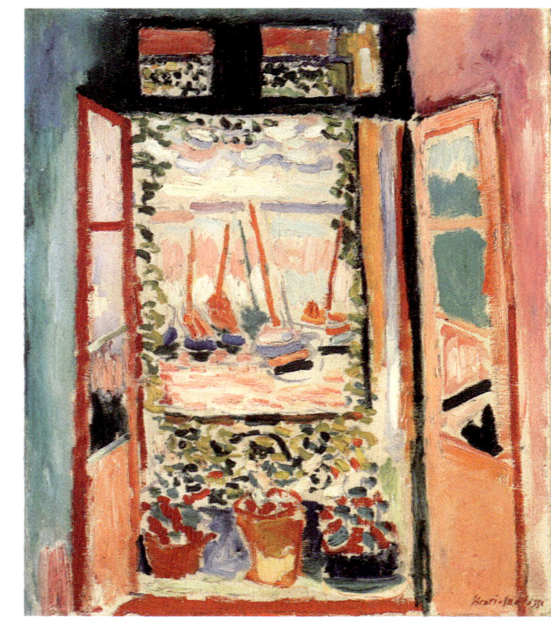

(ill. 2) **Henri Matisse**
La Fenêtre ouverte, été 1905
Huile sur toile, 55,2 x 46 cm
National Gallery of Art, Collection
of Mr and Mrs John Hay Whitney, Washington

autres. Pour cela, je dois mettre de l'ordre dans mes idées : la relation entre les tons s'établira de telle sorte qu'elle les soutiendra au lieu de les abattre. Une nouvelle combinaison de couleurs succédera à la première et donnera la totalité de ma représentation. Je suis obligé de transposer, et c'est pour cela qu'on se figure que mon tableau a totalement changé lorsque, après des modifications successives, le rouge y a remplacé le vert comme dominante. Il ne m'est pas possible de copier servilement la nature, que je suis forcé d'interpréter et de soumettre à l'esprit du tableau [34].» On pense aux formules de Cézanne adressées à Gasquet et à Camoin, lien vivant entre Cézanne et les fauves : «L'art est une harmonie parallèle à la nature, – que penser des imbéciles, qui vous disent l'artiste est toujours inférieur à la nature ? –» «Tout est en ART SURTOUT théorie développée et appliquée au contact de la nature [35].» Au reste, la critique constate, aux Indépendants de 1905, une «réelle tyrannie» de Cézanne : «Toute l'école de Gustave Moreau, en bloc, renie, de fait au moins, son chef pour passer à Cézanne [36].»

31 Hermann von Helmholtz, «L'optique et la peinture», dans Brücke et Helmholtz, *Principes scientifiques des beaux-arts*, trad. fr., Paris, Germer Baillière et Cie, 1878, p. 191, 209-210, 221, 172 (la conférence de Helmholtz a été rééditée à l'ENSB-A en 1994).

32 Antoine Chrysostome Quatremère de Quincy, *Essai sur la nature, le but et les moyens de l'imitation dans les beaux-arts* (1823), rééd. Bruxelles, AAM, 1980, p. 323, 342.
33 Othon Friesz, dans BURGESS, p. 410 ; *PCF*, p. 193 (trad. légèrement modifiée).

34 MATISSE («Notes d'un peintre», 1908), p. 46. Matisse songe peut-être à la grande *Desserte* qu'il venait de faire passer du bleu au rouge, parce qu'il la jugeait «insuffisamment décorative» (brouillon de lettre à Chtchoukine, 6 août 1908, cité dans *HM, 1904-1917*, p. 449).

35 Cézanne à Joachim Gasquet, 26 septembre 1897 ; à Charles Camoin, 22 février 1903, dans *Correspondance*, éd. Rewald, nouvelle éd., Paris, Grasset, 1978, p. 262, 293 (textes revus sur les autographes).
36 Charles Morice, 15 avril 1905, dans *PCF*, p. 33. *Cf.* OPPLER, p. 314-322 ; GIRY, p. 40-44.

Matisse détailla dans son enseignement le principe de transposition établi dans son texte. Les notes prises par Sarah Stein à l'Académie Matisse cette même année 1908 nous en donnent un peu la monnaie :

> Construisez avec des rapports de couleurs, proches et éloignées – équivalents aux rapports que vous voyez sur le modèle.
> Il s'agit de représenter le modèle, ou tout autre sujet, et non de le copier ; et il ne peut y avoir de rapports de couleurs entre lui et votre tableau ; il ne faut considérer que l'équivalence des rapports de couleurs de votre tableau avec les rapports de couleurs du modèle.
> J'ai toujours cherché à copier le modèle ; des considérations très importantes m'en ont souvent empêché. […]
> Lorsque les yeux se fatiguent et que les rapports semblent tous faux, regardez simplement l'un des objets. «Mais ce cuivre est jaune !» Mettez franchement de l'ocre jaune, par exemple en un point clair, et recommencez tout frais à partir de là pour réconcilier les différentes parties.
> […]
> Dans votre schéma de couleurs, la jupe noire et le jupon blanc trouvent leur équivalent dans du bleu outremer et du violet de cobalt foncé (pour le noir, et du vert émeraude et du blanc. Or le modèle est tout entier d'une couleur nacrée, opalescente. Je prendrai du vermillon et du blanc pour le bas de cette cuisse, et pour ce mollet – plus froid mais du même ton – du garance et du blanc. Pour la saillie de la partie externe de l'avant-bras, froide mais très lumineuse, du blanc teinté de vert émeraude, que, une fo s [en] place, vous ne percevez plus comme une couleur spéciale.
> La jupe noire et la blouse rouge du modèle ce l'estrade deviennent un vert émeraude (pur) et un vermillon – non parce que le vert est la complémentaire du rouge, mais parce qu'il est suffisamment éloigné du rouge pour donner e rapport voulu. Les cheveux aussi doivent être vert émeraude, mais ce vert semble tout à fait différent du précédent [37].

Ces recommandations sont à l'œuvre dans la peinture de Matisse dès 1900, mais surtout à partir de 1905 (*La Raie verte* ; *Fenêtre ouverte* ; *Portrait de Derain* (cat., n° 5) [38]. *La Fenêtre ouverte* (ill. 2) de la cage aux fauves, par exemple, repose sur un principe général d'antisymétrie qu'on observe au long de l'histoire de l'art (la *Vierge enceinte* de Piero della Francesca, les *Joueurs de cartes* de Cézanne au musée d'Orsay, les *Annonciations* de Brice Marden), mais qui se développe ici sous une forme complexe. Dans une composition globalement symétrique, les deux moitiés inversent leurs couleurs le mur est vert à gauche, rose-mauve à droite ; les deux carreaux du haut sont mauves à gauche, verts à droite ; celui du bas a une petite zone rose en haut, une plus grande zone verte en bas ; celui de droite est aussi rose et vert, mais au lieu d'inverser leur emplacement (vert en haut, rose en bas), il inverse les quantités : une grande zone de rose en haut, et en bas une petite zone de vert subdivisée, formant une séquence quadripartite rose-vert-rose-vert. Dans la vue du port à travers la fenêtre ouverte, les couples rose-vert sont répercutés en s'éclaircissant progressivement. Cette construction est facile à observer, si facile qu'on serait tenté de donner raison au «C'est parce que…» de Gide, malgré la primauté que le peintre accordait à l'instinct. (Matisse, raconte Leo Stein, mit Denis devant un de ses tableaux et lui demanda si le calcul de tous ces rapports ne serait pas plus étonnant qu'un travail d'intuition. Denis dut en convenir [39].) Une logique semble s'improviser, se mettre en place en cours d'exécution, et se justifier après coup. Cette logique de la couleur, qui distingue Matisse parmi les fauves, renvoie à une logique plus vaste des rapports, que Matisse partage avec Mondrian. Aussi n'est-il pas étonnant de la retrouver chez le Mondrian luministe, celui du *Moulin au soleil* de 1908 (ill. 3), un des chefs-d'œuvre du fauvisme toutes catégories, et qui fit sensation à la gigantesque exposition luministe d'Amsterdam, en janvier 1909 [40]. La couleur n'y est pas seulement saturée, mais d'une intensité

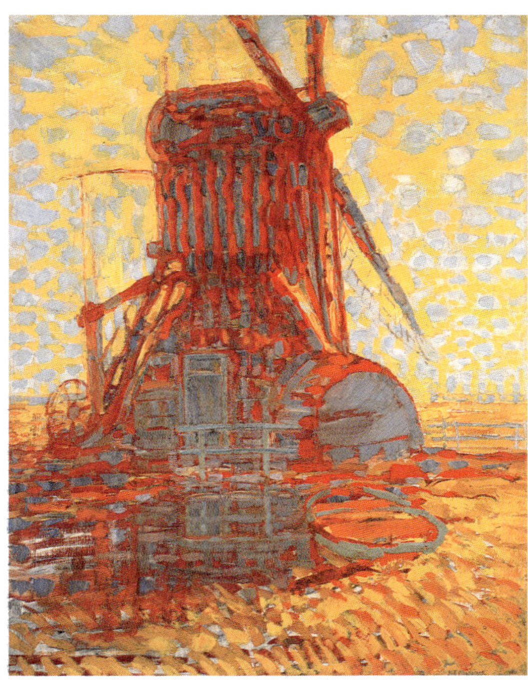

(ill. 3) **Piet Mondrian**
Moulin au soleil, 1908
Huile sur toile, 114 x 87 cm
Gemeentemuseum, La Haye

---

37 Reproduit dans BARR, p. 552 ; MATISSE (trad. fr. P. Vielhomme), p. 72-73.

38 J'ai tâché sommairement de le fa re à propos de *La Raie verte* et de la *Fenêtre ouverte* : J.-C. Lebensztejn, «Les textes du peintre», *Zigzag*, Paris, Flammarion, 1981, p. 182, 187, et «Mumū – autour de cinq *Annonciations* de Marden», *Écrits sur l'art récent. Marden, Morley, Sharits*, Paris, Éditions Aldines, 1995, p. 17.

39 Leo Stein, *Appreciation : Painting, Poetry, and Prose*, New York, Crown, 1947, p. 16 ; cité dans BARR, p. 81.
40 Voir PMCR, I, 427-428. Mondrian exposait environ 250 œuvres, encadrées pour la plupart de «grossiers cadres en bois blanc», en accord avec la «crudité» de ses «paysages hallucinatoires» (*ibid.*, I, 128). Il est intéressant de comparer l'harmonie violente du *Moulin* à celle de la petite version ocre conservée au musée de Dallas (*ibid.*, I, 89 et 90, et catalogue *Piet Mondriaan, The Amsterdam Years. 1892/1912*, Amsterdam, Gemeentearchief, 1994, p. 149).

flamboyante que sa compression formelle porte à sa plus extrême puissance. Cette incandescence chromatique s'organise en trois paires de couleurs primaires : bleu et jaune pour le ciel, bleu et rouge pour le moulin, jaune et rouge pour la terre. La diversification des bleus (du bleu-vert au violet) et des rouges (avec une dominance orangée) enrichit et intensifie encore cette structure. Trois ans plus tard, Mondrian peignit un autre *Moulin* rouge – un rouge et trois bleus –, fortement marqué par la théosophie. En 1919, dans son «Trialogue», il commentait son style luministe en termes de transposition colorée assez proches de Matisse (X le peintre naturaliste et Z le peintre abstrait-réel – Mondrian – contemplent un moulin sombre qui se détache sur le ciel d'une nuit claire) :

X. Comme le bleu du ciel est pur à côté du sombre moulin ! Z. Oui, le ciel est pur, mais le moulin aussi ! Celui-ci nous apparaît *visuellement* très sombre et sans couleur. Mais des couleurs claires et sombres ne permettent pas de rendre toute l'impression du ciel et du moulin : j'en ai fait souvent l'expérience. Pour un dessin le clair et l'obscur peuvent suffire, mais la couleur – cela exige beaucoup plus. La couleur bleue appelle une *couleur* qui s'oppose à elle. Déjà les Impressionnistes exagérèrent la couleur – les Néo-Impressionnistes et les Luministes sont allés plus loin. Pour parler de mes propres expériences : j'ai trouvé satisfaisant de peindre le moulin en rouge contre le bleu [41].

On peut trouver d'autres traits communs à Matisse et à Mondrian, pratiques et théoriques : dans la plus grande version du *Phare à Westkapelle* (1909), Mondrian a gratté les bandes de peinture bleue qui définissent les formes du motif et recouvert certaines de ces bandes d'une fine couche rose, anticipant une pratique courante chez Matisse dans les années 1910 ; et à la fin de sa vie, Mondrian maintenait encore une conception du rapport art-nature assez proche de Matisse : «La *beauté vivante de la nature* ne peut pas être copiée : elle peut seulement être *exprimée* [42]. » Ce qui en 1908 le distingue de Matisse

et le rapproche de Kandinsky, c'est le rôle plus franchement dématérialisant, c'est-à-dire spéculatif, qu'il assigne à la couleur. Décrivant son tableau *Dévotion*, il écrit : «en donnant aux cheveux ce rouge particulier [*dat soort rood*], je voulais atténuer le côté matériel des choses, supprimer les associations avec les "cheveux", le "costume", etc., et mettre en avant le spirituel [43] ». Inutile de rappeler le rôle catalytique qu'ont pu avoir les idéologies spiritualistes dans les commencements de l'art abstrait.

Le procédé de Matisse, qu'on retrouve chez Delaunay et le Dufy presque abstrait de 1907-1908, consiste donc dans un arrangement interne des rapports colorés. Matisse, qui faisait alors grand usage de métaphores (dans son enseignement, il comparait des sourcils aux ailes d'un papillon, un pied à un pont, les bras à des rouleaux d'argile, un bassin à une amphore, un modèle noir à une cathédrale et à un homard [44]), fit plus tard le rapprochement entre une toile en cours d'exécution et une partie d'échecs [45]. Cette comparaison fut reprise par le vieux Derain qui, devenu son ennemi, caricaturait ainsi son procédé : «Il fait ses toiles comme une partie d'échecs : le fond est un tapis d'Orient avec du rouge et du bleu ; le bras est près du rouge, je le fais vert, la bouche orange. Et puis le lendemain il s'aperçoit que les cheveux doivent être orange, alors il fait la bouche violette, etc. Je connais ça, c'est moi qui l'ai inventé, mais j'ai trouvé ça trop bête après [46]. »

Il est remarquable que l'esthétique fauve de la transposition ne trouve à se définir que métaphoriquement. Une métaphore affecte l'objet naturel par le sujet artistique. Le noir est-il cathédrale et homard dans son être objectif, ou dans le regard du peintre ? Du coup, le procès métaphorique ne s'arrête pas là : le modèle est un réseau de métaphores, mais sa réalisation plastique l'est aussi. Matisse la rapporte aux échecs, plus souvent à la musique – le motif

41 «Réalité naturelle et réalité abstraite», scène 4, dans *De Stijl*, III, 2 (1919), p. 484 ; MONDRIAN, p. 100 ; trad. Seuphor (modifiée) dans Michel Seuphor, *Piet Mondrian. Sa vie, son œuvre*, Paris, Flammarion, 1956, p. 322.

42 «Liberation from Oppression in Art and Life» (1939-1940) : MONDRIAN, p. 326.

43 Piet Mondrian, lettre à Israel Querido, 1909, dans MONDRIAN, p. 13 ; BLOTKAMP, p. 35.
44 Notes de Sarah Stein, 1908, dans MATISSE, p. 64-66.
45 MATISSE, p. 132, 137.
46 André Derain à Denise Lévy, 1951, dans LÉVY, p. 78.

de la transposition est encore un motif musical –, et aussi au langage : qu'est-ce que cela veut dire en peinture, traduire? Non seulement que la peinture est une langue, mais que la nature en est une autre. Le romantisme a développé cette théorie que la nature et l'art sont deux langages, l'un de Dieu, l'autre de l'homme [47]; elle implique un rapport, c'est-à-dire un écart et une analogie à la fois. C'est cette double postulation que Matisse, dans ses «Notes d'un peintre», appelait expression et traduction: «Je ne puis pas distinguer entre le sentiment que j'ai de la vie et la façon dont je le traduis [48].» Et c'est ainsi qu'en 1923 Walter Benjamin comprenait le but de la traduction: «Ainsi la traduction a finalement pour but d'exprimer le rapport le plus intime entre des langues. Il est impossible qu'elle puisse révéler ce rapport caché lui-même, qu'elle puisse le restituer; mais elle peut le représenter en l'actualisant dans son germe ou dans son intensité. [...] Mais le rapport auquel nous pensons, ce rapport très intime entre les langues, est celui d'une convergence singulière [*einer eigentümlichen Konvergenz*]. Elle consiste en ce que les langues ne sont pas étrangères l'une à l'autre, mais, a priori et abstraction faite de toutes relations historiques, sont apparentées l'une à l'autre en ce qu'elles veulent dire [49].»

Le fauvisme reprend sous une forme nouvelle, plus tendue, le débat du symbolisme et de l'impressionnisme: celui d'un art de conception et d'un art d'observation. Ce problème n'était pas nouveau: toute la tradition classique combinait l'un et l'autre; mais dans les années 1830 il devint particulièrement aigu. Van Gogh, par exemple, se débattait entre l'étude sur nature et ce qu'il appelait travail de tête. Au commencement d'octobre 1888, commentant une étude d'un maquereau et d'une putain qu'il avait vus une nuit à Arles, il écrivait à Émile Bernard:

Je m'étais mis à peindre de tête, pour toi, sur une petite toile de 4 ou de 6. [...] Je ne veux pas signer cette étude, car je ne travaille jamais de tête. [...] Et je ne peux pas travailler sans modèle. Je ne dis pas que je ne tourne carrément le dos à la nature pour transformer une étude en tableau, en arrangeant la couleur, en agrandissant, en simplifiant; mais j'ai tant peur de m'écarter du possible et du juste en tant que quant à la forme.
Plus tard, après encore dix ans d'études, je ne dis pas. [...] D'autres peuvent avoir pour les études abstraites plus de lucidité que moi, et certes tu pourrais être du nombre ainsi que Gauguin… Et peut-être moi-même, quand je serai vieux. Mais en attendant je mange toujours de la nature.

Mais un mois plus tard, peut-être sous l'influence de Gauguin qui l'a rejoint entre-temps, il écrit à son frère Théo: «Je vais me mettre à travailler souvent de tête, et les toiles de tête sont toujours moins gauches et ont un air plus artistique que les études sur nature, surtout lorsqu'on travaille par un temps de mistral [50].»

Quand on commence – très tôt – à discuter l'expressionnisme, c'est entre autres sur cette alternative qu'on va l'opposer à l'impressionnisme. En 1912, Paul Klee, rendant compte d'une exposition d'art moderne à Zurich, compare ainsi ces deux mouvements, «les plus importants de tous les nouveaux ismes»:

Ils désignent un moment décisif dans la genèse de l'œuvre: l'impressionnisme, le moment de la réception de l'impression naturelle [*Der Moment der Empfängnis des Eindrucks von der Natur*]; l'expressionnisme, le moment ultérieur de la restitution [...] Dans l'expressionnisme il peut s'écouler des années entre réception et restitution, des fragments d'impressions diverses peuvent être redonnés dans une combinaison modifiée, ou de vieilles impressions peuvent être réveillées par des impressions plus récentes après une longue période de latence [51].

L'expressionnisme est donc la mise en œuvre de la différance dans son double aspect, retard de représentation, et différence entre l'image et son modèle: «Différance comme temporisation, différance comme espacement. Comment s'ajointent-elles [52]?» Comme

47 W. H. Wackenroder, «De deux langages merveilleux de leur puissance mystérieuse» (1797), dans *Fantaisies sur l'art* (texte et trad. J. Boyer), Paris, Aubier, 1945, p. 171-179.
48 MATISSE (1908), p. 42.
49 Walter Benjamin, «La tâche du traducteur»: *Œuvres*, I: *Mythe et violence* (trad. Gandillac, légèrement modifiée), Paris, Denoël, 1971, p. 264.

(Une première traduction par Gandillac, très différente, avait paru dans Walter Benjamin, *Œuvres choisies*, Paris, Julliard, 1959 – texte cité p. 61.)
50 Vincent Van Gogh, lettres B 19 et 561, dans *Correspondance générale*, nouvelle éd., Paris, Gallimard, 1990, t. III, p. 348-349, 401.

51 Paul Klee, «Die Ausstellung des Modernen Bundes im Kunsthaus Zürich», *Die Alpen*, août 1912; repris dans KLEE, p. 106; trad. fr. partielle (ici modifiée) dans *Théorie de l'art moderne*, Genève, Gonthier, 1964, sous le titre «Approches de l'art moderne», p. 9.

52 Jacques Derrida, «La différance», *Marges – de la philosophie*, Paris, Éditions de Minuit, 1972, p. 9. Je renvoie à toute cette conférence de 1968.

souvent chez Klee, pour lequel «l'espace aussi est une notion temporelle [53]», c'est le temps qui est ici déterminant : le retard représentatif est la cause occasionnelle de l'écart par lequel l'œuvre diffère de son modèle – même si la spatialisation de la distance temporelle ne saurait être à sens unique. En séparant perception et restitution, le temps produit chez l'artiste ce que Matisse, en 1908, appelle «cet état de condensation des sensations qui fait le tableau [54]». On retourne donc à la peinture d'atelier, à la construction comme moyen d'expression, à la peinture de mémoire (*die Wiederaufnahme des Auswendigsmalens*). La nature redevient ce dictionnaire dont parlait Delacroix à Baudelaire : «Pour E. Delacroix, la nature est un vaste dictionnaire dont il roule et consulte les feuillets avec un œil sûr et profond, et cette peinture, qui procède surtout du souvenir, parle surtout au souvenir.» «"La nature n'est qu'un dictionnaire", répétait-il fréquemment. […] On y cherche le sens des mots, la génération des mots, l'étymologie des mots ; enfin on en extrait tous les éléments qui composent une phrase ou un récit ; mais personne n'a jamais considéré le dictionnaire comme une composition dans le sens poétique du mot. Les peintres qui obéissent à l'imagination cherchent dans leur dictionnaire les éléments qui s'accommodent à leur conception ; encore, en les ajustant avec un certain art, leur donnent-ils une physionomie toute nouvelle. Ceux qui n'ont pas d'imagination copient le dictionnaire [55].» Les fauves connaissaient la formule, et l'exploitaient à leur usage. Derain, commentant ses *Baigneuses* exposées aux Indépendants de 1907, écrivait à Vlaminck : «Le mot de Delacroix est vrai : "La nature est un dictionnaire ; on y puise des mots." Mais il y a, au-dessus du dictionnaire, la volonté d'écrire, l'unité de notre propre pensée. Et ce n'est la traduction dans l'espace que

de notre virilité, de notre lâcheté, de notre sensualité et de notre intelligence. Ce tout, amalgamé, constitue cette personnalité qui se réalise plastiquement [56].»

Bien entendu, il n'existe pas d'expressionnisme pur, pas plus qu'il n'y a d'impressionnisme pur ; on sait aujourd'hui que Monet élaborait longuement ses impressions, les terminait à l'atelier, et se plaignait de sa lenteur désespérante à rendre l'instantanéité [57]. Mais la polarité mise en place par Klee garde toute sa valeur didactique. Elle est pour les peintres fauves au cœur des problèmes qu'ils se posent, et ils évoluent avec plus ou moins de malaise le long de l'axe qui va d'un pôle à l'autre, de l'immédiateté impressionniste à l'écart expressionniste. «Pour moi, dit Matisse en 1908, tout est dans la conception [58]» ; pourtant, il reste largement un peintre du motif. En 1910, sa relation à l'impressionnisme était jugée contradictoirement. Pour Kandinsky, «longtemps, il n'a pas su se libérer de la beauté conventionnelle : il a l'impressionnisme dans le sang. Ainsi trouve-t-on chez Matisse, parmi des images d'une grande vie intérieure, créées sous l'impulsion d'une nécessité intérieure, des toiles exécutées essentiellement à la suite d'une excitation extérieure ou d'un stimulant extérieur […] [59].» Mais Apollinaire, à la même date, reprenant la métaphore du dictionnaire, décrit Matisse comme «un des rares artistes qui se soient complètement dégagés de l'impressionnisme. Il s'efforce non pas d'imiter la nature mais d'exprimer ce qu'il voit et ce qu'il sent par la matière même du tableau, ainsi qu'un poète se sert des mots du dictionnaire pour exprimer la même nature et les même sentiments [60]». Matisse, dans ces années-là, alternait volontiers vues de nature et compositions conceptuelles. Celles-ci reposaient sur des pochades faites d'après nature ; elles étaient, surtout au début, exposées aux Indépendants (*Luxe, calme et volupté* en 1905, cat., n° 1 ; *Le Bonheur de*

53 Paul Klee, texte écrit pour le recueil collectif *Schöpferische Konfession* (1920) ; *Théorie de l'art moderne*, p. 37.
54 MATISSE, p. 43.
55 Charles Baudelaire, «Salon de 1846», IV ; «Salon de 1859», IV (repris dans «L'œuvre et la vie d'Eugène Delacroix», III). Baudelaire ajoute ceci, qui aura un demi-siècle plus tard un écho cataclysmique dans les *Regards en arrière* de Kandinsky : «Un bon tableau,

fidèle et égal au rêve qui l'a enfanté, doit être produit comme un monde.» Voir aussi dans *Le Peintre de la vie moderne* de Baudelaire le chapitre V, «L'art mnémonique» (que Richard Shiff m'a pour l'occasion remis en mémoire).
56 DERAIN, p. 184.
57 *Cf.* Robert Herbert, «Method and Meaning in Monet», *Art in America*, septembre 1979, p. 90-108 ; Monet à Geffroy, lettre du 7 octobre 1890,

dans Gustave Geffroy, *Claude Monet*, Paris, Crès, 1924, t. II, p. 48.
58 MATISSE, p. 47.
59 W. Kandinsky, *Du spirituel dans l'art*, III, trad. N. Debrand (modifiée), Denoël, 1989, p. 92. (Selon Nadia Podzemskaia – «Note sur la genèse et la datation de *Du Spirituel dans l'art* de V. Kandinsky», *Histoire de l'art*, n° 39, oct. 1997, p. 110 –, la rédaction du texte était terminée en 1909, mais le chapitre III

a été retravaillé après cette date.)
60 APOLLINAIRE (18 mars 1910), p. 94. Cette divergence d'opinion s'est poursuivie jusqu'à nos jours. OPPLER (p. 82) voit les fauves, et même les cubistes, comme des peintres du motif dans la tradition impressionniste, tandis que Y.-A. Bois estime que «Matisse n'avait pas l'impressionnisme dans le sang, voilà tout» («L'aveuglement» ; *HM, 1904-1917*, p. 56).

vivre en 1906); au Salon d'Automne, jusqu'en 1906, il montrait plutôt ses impressions ou improvisations de l'été, si l'on peut lui appliquer le vocabulaire de Kandinsky, et les critiques poussaient alors un léger ouf. «M. Matisse. Eh bien! il s'est ressaisi […]. Il revient au profond et laineux chatoiement de ses toiles d'il y a quatre ans. Plus d'abstraction, plus de peinture "en soi", dans l'absolu, de "tableaux-noumènes" [61].»

Cette dualité était vivement ressentie par les artistes. Dans la lettre de 1907 où il commente ses *Baigneuses*, Derain écrit, juste avant de citer Delacroix: «Il est difficile de bien posséder un paysage. / Mais il est plus facile de créer une harmonie que l'on tire de son propre fond, avec les affections que l'on porte dans le monde physique [62].» Et Simon Bussy, ami de Matisse et qui fut son condisciple à l'atelier Moreau, fait dans *La Grande Revue*, un an avant Matisse, une brève déclaration de principe:

> Je ne suis pas réaliste, car je crois que la copie de la nature n'est pas intéressante, je vais plus loin encore, je pense que même sans le secours de la nature il est possible de produire des œuvres plastiques; les merveilleuses décorations arabes ne sont que des combinaisons de lignes et de couleurs inventées entièrement par l'imagination des hommes. […] Néanmoins je considère que la nature est comme une mine dont les ressources sont variées et inépuisables; c'est s'enrichir et se renouveler que d'en extraire le minerai précieux, de le dégager de ses impuretés, de le façonner à sa guise avec toute la fantaisie dont on est capable. Quant à moi, je puise dans la nature les éléments nécessaires à ma composition, je les rassemble, je les simplifie, je les allie, je les transforme, je les plie jusqu'à ce qu'ils s'enferment dans ma pensée. Je ne m'occupe pas spécialement de rendre les effets lumineux et atmosphériques, ni la perspective aérienne, je recherche surtout l'équilibre des volumes, le rythme des lignes, la beauté de la forme et de l'expression. Par ma volonté, en coordonnant les nuances et les couleurs, j'impose l'harmonie [63].

La mémoire est un des moteurs de la condensation expressionniste; à la fin de la période fauve, elle s'associe à la construction pour libérer l'artiste de cette copie littérale que Matisse voulait fuir. Et les déformations du *Nu bleu* de

1907 (cat., n° 120), élaboré à partir d'un nu modelé, tiennent au souvenir comme à la construction. À partir de 1931, le tableau reçut le sous-titre de *Souvenir de Biskra* [64], mais quand il fut montré aux Indépendants en 1907, il s'appelait *Tableau n° III*, désignation que Charles Morice jugeait «inquiétante: prétentieuse, qui ne signifie rien». De ce tableau, Vauxcelles écrivait: «J'avoue ne pas comprendre. Une femme nue, laide, étendue dans l'herbe d'un bleu opaque, sous des palmiers. Je ne voudrais, en quoi que ce fût, froisser un artiste dont je sais l'ardeur, la conviction; mais le dessin ici m'apparaît rudimentaire et le coloris cruel; le bras droit de la nymphe hommasse est plat et pesant; le hanchement du corps déformé détermine une arabesque de feuillage à moins que ce ne soit l'incurvation du feuillage qui motive la courbe de la femme. Il y a là un effort d'art tendant vers l'abstrait, qui m'échappe totalement. M. Matisse, d'autre part, a gravé sur bois des dessins de nus difformes et anguleux. Et je me souviens de profonds et veloutés tableaux de Matisse, de délicats et savants dessins de Matisse... [65].» La rime plastique entre la hanche et la palme est à la fois cézannienne, métaphorique et constructive: elle fit hurler les critiques, parisiens, puis américains, lorsque le tableau fut exposé à l'Armory Show en 1913. Elle est comme la formation-déformation métaphorique du souvenir. «Souvenez-vous qu'un pied est un pont», rappelait-il à ses élèves: c'est dans le souvenir que les termes de la métaphore se rapprochent. Moment critique où à l'expressionnisme de la couleur, caractéristique du premier fauvisme, va s'adjoindre un expressionnisme de la forme. Ce nu et les *Baigneuses* de Derain exposées dans la même salle aux Indépendants de 1907 parurent la limite du tolérable en peinture.

Le souvenir va jouer un rôle capital dans cette période de crise qui va mener au cubisme. Gertrude Stein

61 Louis Vauxcelles, 5 octobre 1906, dans *PCF*, p. 78. Voir aussi son compte rendu de l'exposition fauve à la galerie Weill en octobre 1905, juste après le choc du Salon d'Automne: «M. Matisse, qui s'égare parfois en recherches d'une outrance difficile à pénétrer, s'avère dans ses envois de la galerie Weill, analyste de la vie des objets, peintre d'intimités, de natures mortes, de fleurs» (*PCF*, p. 30-31).

62 DERAIN, p. 184.
63 «Au Salon d'Automne», *La Grande Revue*, 10 octobre 1907, p. 743-744 (coquille probable dans *La Grande Revue*, où la première phrase se lit: «je vois plus loin encore»); cité en partie dans BENJAMIN, 1993 (p. 297) qui fait le rapprochement avec le «dictionnaire» de Delacroix (il date de 1909 la lettre de Derain, qui semble être de 1907).

64 *HM, 1904-1917*, p. 206.
65 *PCF*, p. 112, 107. Le *Gil Blas* du 20 mars 1907 porte la coquille: «le hauchement du corps», reprise dans *PCF*.

a rappelé l'histoire de son portrait par Picasso, avec ses quatre-vingts ou quatre-vingt-dix séances de pose (le Vollard de Cézanne est évidemment à l'esprit de Picasso) au début de 1906. «Le printemps arrivait, et les séances de pose touchaient à leur fin. Un beau jour, brusquement, Picasso effaça toute la tête. Je ne peux plus vous voir quand je regarde, dit-il en colère. Et ainsi on laissa le portrait comme ça [66].» En août, à son retour de Gósol, Picasso refait la tête de mémoire.

Chercher un début au cubisme est une entreprise illusoire; mais si l'on y tenait absolument, on pourrait le trouver dans cette absentification du modèle. Les premiers critiques caractérisèrent le cubisme comme un art idéaliste, à la manière des primitifs: il est «la peinture de conception substituée à celle de la vision [67]», «l'art de peindre de nouvelles compositions avec des éléments formels empruntés non à la réalité de la vision mais à celle de la conception [68]». Sur ce point, le fauvisme dans sa dernière phase préparait le terrain du cubisme, et il est compréhensible que les principes de celui-ci aient surtout été mis en place par des fauves, Derain, Braque, Friesz et Dufy. Vauxcelles reconnaissait dès 1909 le lien entre les deux mouvements: «De régression en régression, Matisse remonte à l'art des cavernes, au balbutiement du petit enfant qui crayonne d'une pointe de silex le tracé de l'ombre d'une tête de renne, sur le mur… Il schématise, il synthétise. Résultat direct: les cubes canaques de M. Braque [69].»

Les fauves de 1905, en mettant la couleur en avant avec tant d'agressivité, rendaient le motif naturel invisible aux spectateurs. Où est la maison? Où est la femme? Chacun se retrouvait semblable à Porbus écarquillant les yeux devant la toile de Frenhofer. «Fénelon niait qu'en

mélangeant des lettres, au hasard, on puisse obtenir un vers de l'*Iliade*. M. Vlaminck n'est pas de cet avis. C'est ainsi qu'ayant préparé de petites boules de couleur, il les jette sur une toile et cela s'appelle: "La Maison de mon père"! Que représentent, au juste, ces petits pavés rouges? Où est la maison? Mystère [70]!» C'est à peu près ainsi que, d'après le témoignage de Malévitch, les visiteurs de la collection Chtchoukine à Moscou cherchaient la cathédrale dans le tableau de Monet. Le mystère tient au fait que la couleur a chassé la maison; il ne faut pas plus la chercher si on ne la voit pas, qu'il ne faut chez Monet chercher la cathédrale: «En réalité, tout le support de Monet était ramené à ceci: faire pousser la peinture qui pousse sur les murs de la cathédrale. Ce n'était pas la lumière et les ombres qui étaient sa tâche principale, mais la peinture qui se trouvait dans l'ombre et dans la lumière [71].»

Ce qui s'annonce à l'effroi de la critique est ce qu'Apollinaire appellera la peinture pure, et Kandinsky l'abstraction. Ce dernier mot était employé en France surtout depuis les années 1880 (Gauguin, Van Gogh, puis Cézanne, dans ses lettres à Émile Bernard du 23 décembre 1904 et du 23 octobre 1905), mais pas dans le sens qui s'est imposé depuis. Fin 1901, une lettre de Derain à Vlaminck pose le problème ainsi: «Pour la peinture, j'ai la conscience que la période réaliste est finie. On ne fait que commencer, en tant que peinture. Sans toucher à l'abstraction des toiles de Van Gogh, abstraction que je ne conteste [pas], je crois que les lignes, les couleurs, ont des rapports assez puissants dans leur parallélisme à la base vitale pour permettre de chercher dans leur existence réciproque et infinie, de trouver un champ pas nouveau, mais plus réel et surtout plus simple dans sa synthèse [72].»

Que veut dire abstraction ici? En France, le mot remonte au XIIIe siècle, avec le sens d'extraction (d'une

66 Gertrude Stein, *Autobiographie d'Alice Toklas* (trad. B. Faÿ), Paris, Gallimard, 1934, p. 72. Traduction modifiée, le traducteur ayant rendu «painted out the whole head» par «peignit toute la tête», et «I can't see you any longer when I look» par «je ne vous vois plus quand je vous regarde».
67 Maurice Raynal, «L'exposition de "La Section d'Or"» (1912): FRY, p. 98.

Raynal reprend cette idée dans «Conception et vision» (1912) et dans «Qu'est-ce que… le "cubisme"?» (1913); il rapproche sur ce point le cubisme de l'art des primitifs. Voir FRY, p. 94, 128.
68 APOLLINAIRE (1913), p. 353.
69 Charles Estienne, entretien avec Vauxcelles, *Les Nouvelles*, 20 juillet 1909, p. 4; cité dans BENJAMIN, 1990, p. 254.

70 *La Correspondance Havas*, 22 octobre 1905, dans VLAMINCK 1943, p. 80; *PCF*, p. 214. *La maison de mon père* (deuxième version, 1905) est reproduite dans Sarah Whitfield, *Le Fauvisme* (1991), trad. fr., Paris, Thames and Hudson, 1997, p. 60.

71 Kazimir Malévitch, «Des nouveaux systèmes dans l'art» (1919), trad. V. Schiltz, dans *Écrits*, t. I, Lausanne, L'Âge d'homme, 1974, p. 102.
72 DERAIN, p. 52-53.

flèche, etc.), puis d'enlèvement. Assez vite, il prend lu-même une signification abstraite (Oresme, au XIVe siècle: «Les choses de mathematiques sont cogneues par abstrattion, imagination et phantasie»). Il désigne donc un processus mental, qui isole les choses de leur environnement concret. Au XIXe siècle, on commence à l'employer dans le vocabulaire artistique pour désigner péjorativement un style artificiel, dans lequel la chaleur de la vie est absente. C'est ainsi que Charles Clément, en 1867, caractérise l'école de David: «un style tendu, une recherche de la forme prise en elle-même qui l'amène à n'être plus qu'une sorte d'abstraction, une froideur inévitable dans des conceptions dictées par des idées pittoresques très-fausses et pourtant très-arrêtées[73]». Mais à la fin du siècle, il va changer, sinon de sens, du moins de valeur. On peut suivre ce glissement chez Odilon Redon: en 1889, il reproche à Degas sa recherche, qui «a pu le conduire à cette idole scolastique […], le comble de l'art abstrait et faux». Mais vingt ans plus tard il écrit: «tout mon art […] doit aussi beaucoup aux effets de la ligne abstraite, cet agent de source profonde, agissant directement sur l'esprit[74]».

Si quelqu'un est responsable de cette valorisation de l'abstraction en art, c'est Gauguin. Le 14 août 1888, il écrit à Schuffenecker: «Un conseil, ne copiez pas trop d'après nature – L'art est une abstraction; tirez-la de la nature en rêvant devant et pensez plus à la création qu'au résultat c'est le seul moyen de monter vers Dieu en faisant comme notre divin maître créer –[75]»

Comme on a pu le lire plus haut, Van Gogh deux mois plus tard disait sa réticence devant les «études abstraites». Il est donc doublement étonnant de voir en 1901 Derain proclamer la fin de la période réaliste sans vouloir aller jusqu'à l'abstraction de Van Gogh. Ce qu'il entend par ce mot, c'est le pouvoir isolant des lignes et des couleurs, «dans leur parallélisme à la base vitale». L'objet n'est pas éliminé, il est tenu à l'écart des moyens plastiques qui l'expriment. C'est en ce sens que les critiques parlent (négativement) de l'abstraction des fauves. Le plus éloquent est Maurice Denis; quinze ans après sa célèbre définition des couleurs en un certain ordre assemblées, il est tout troublé en visitant la salle des fauves en 1905:

> […] on se sent en plein dans le domaine de l'abstraction. Sans doute, comme dans les plus ardentes divagations de Van Gogh, quelque chose subsiste de l'émotion initiale de nature. Mais ce qu'on trouve surtout en particulier chez Matisse, c'est de l'artificiel non pas de l'artificiel littéraire, comme serait une recherche d'expression idéaliste; ni de l'artificiel décoratif, comme en ont imaginé les tapissiers turcs et persans; non, c'est quelque chose de plus abstrait encore, c'est la peinture hors de toute contingence, la peinture en soi, l'acte pur de peindre. Toutes les qualités du tableau autres que celles du contraste des tons et des lignes, tout ce que la raison du peintre n'a pas déterminé, tout ce qui vient de notre instinct et de la nature, enfin toutes les qualités de représentation et de sensibilité sont exclues de l'œuvre d'art. C'est proprement la recherche de l'absolu.
> Or, ce que vous faites, Matisse, c'est de la *dialectique*: vous partez de l'individuel et du multiple: et par la *définition*, comme disaient les néo-platoniciens, c'est-à-dire par l'abstraction et la généralisation, vous arrivez à des idées, à des noumènes de tableaux. […] Il faut se fier davantage à la sensibilité, à l'instinct […]. Le recours à la tradition est notre meilleure sauvegarde contre les vertiges du raisonnement, contre l'excès des théories. […] C'est le matérialisme de nos professeurs qui nous a conduits, par réaction, à chercher la Beauté hors de la Nature, la Nature par la Science, et l'art dans les théories. Ah! tout de même, Matisse, soyons objectifs[76]!

Cette idée sera vite reprise par la critique. Vauxcelles, parlant des Indépendants de 1906, lance à Matisse, qui expose *Le Bonheur de vivre*: «Il faut, en art, se méfier comme peste des théories, du système et de l'abstrait», et il ajoute: «Le cas de M. Derain n'est pas moins grave […]. Cet artiste se précipite dans une impasse. […] Il s'enfonce dans l'abstrait et s'élance hors de la nature.» Du

---

73 Charles Clément, *Géricault*, Paris, Didier, 1868, p. 5.
74 Odilon Redon, *À soi-même*, Paris, Corti, 1961, p. 95, 25.
75 GAUGUIN, p. 210.

76 Maurice Denis, 15 novembre 1905, dans *PCF*, p. 59-61. Déjà, dans son compte rendu des Indépendants (15 mai 1905), Denis appelait *Luxe, calme et volupté* «le schéma d'une théorie», estimant que cette «première expérience […] l'avertira des dangers de l'abstraction. […] Il retrouvera, dans la tradition française, le sentiment du possible» («La réaction nationaliste», repris dans *Théories*, 1920, p. 196-197; non repris dans *PCF*; voir BENJAMIN, 1990, p. 246).

Bonheur de vivre, Charles Morice écrit: «Le tableau […] de M. Henri-Matisse dénonce l'abus de l'abstraction systématique. Il semble avoir moins pensé à l'objet même de sa composition qu'aux moyens d'exécution[77].» L'année suivante, Vauxcelles constate encore dans le *Nu bleu* «un effort d'art tendant vers l'abstrait», et six mois plus tard, il invective Matisse: «Vous professez que la peinture, dont la fin serait d'enclore des volumes rythmés dans un cadre doit s'écarter résolument de l'objet. Non, mille fois non; tous les maîtres, de Greco à Manet, de Poussin à Cézanne et Van Gogh, vos patrons, ont voulu représenter l'objet. Dépouiller la peinture de ses éléments vitaux, pour la réduire à une abstraction, c'est faire œuvre de théoricien, de symboliste, de tout ce qu'on voudra, mais de peintre, non pas[78].»

Abstraction ne désigne donc pas en 1905-1907 l'absence de l'objet, mais plutôt, comme dit Vauxcelles, un écart résolu entre la peinture et l'objet. Cependant, il est clair que la critique et le public du temps, surtout les adversaires[79], voyaient ces toiles plus abstraites que nous. L'objet – nu, pastorale, paysage – a repris place à nos yeux dans ces surfaces où les contemporains ne le trouvaient pas. L'abstraction pure hante ces tableaux sous forme de menace; tout se passe comme si au regard non accoutumé elle était déjà là. Elle n'allait donc plus tarder. Une bonne partie de l'abstraction de 1912, Kupka ou Kandinsky, semble être logiquement le terme de cet effort. C'est ainsi que Leymarie déclare que l'expression non figurative est «l'aboutissement normal de l'impressionnisme et du fauvisme[80]».

Pourtant, ce qui nous frappe aujourd'hui dans ces peintures, ce n'est pas tant leur abstraction (à moins de laisser à ce mot le sens qu'il avait au tournant du siècle) que la double lecture qu'ils induisent. Chez Derain en particulier, le fauve français le plus proche des peintres de la Brücke (dans ses bois gravés ou dans *La Danse* de 1906), ou du Cavalier bleu (dans *L'Estaque: route tournante*, et certains portraits), on est frappé par la manière dont les taches de couleurs se dissocient de la figure[81]. Derain est ici (malgré la différence de leurs palettes) proche des paysages peints par Kandinsky entre 1901 et 1909 – sans aller cependant jusqu'à tendre l'écart entre couleurs et motif au point où le pousse Kandinsky dans la *Vache* de 1910, obligeant le regard à une gymnastique sans repos entre la vache et la tache. L'entremonde où nous plonge la figuration expressionniste avait de quoi inquiéter des regards habitués à plus de fusion entre la couleur et le motif.

En pratique, le procédé du dernier Cézanne est responsable de cette scission. Mais le principe d'une qualité directement expressive des lignes et des couleurs, en l'absence de toute fonction figurative, était proclamé très tôt par Gauguin, avant même ses premières œuvres synthétistes. Le 14 janvier 1885, il écrivait à Schuffenecker une lettre aux accents baudelairiens: «Et pour moi le grand artiste est la formule de la plus grande intelligence, à lui arrivent les sentiments les traductions les plus délicates et par suite les plus invisibles du cerveau. […] Tous nos 5 sens arrivent *directement au cerveau* impressionés par une infinité de choses et qu'aucune éducation ne peut détruire. J'en conclus qu'il y a des lignes nobles menteuses etc... la ligne droite donne l'infini la courbe limite la création sans compter la fatalité dans les nombres – Les chiffres 3 et 7 ont-ils été assez discutés – les couleurs sont encore plus explicatives quoique moins multiples que les lignes par suite de leur puissance sur l'œil.» Et comparant Cézanne à Virgile: «*Écriture* séparée mystique, *dessin* de même – Plus je vais plus j'abonde dans ce sens de

---

77 L. Vauxcelles, 20 mars 1906; Charles Morice, 15 avril 1906, dans *PCF*, p. 74, 83.
78 L. Vauxcelles, 30 septembre 1907, dans *PCF*, p. 108-109.
79 Rappelons entre autres la phrase de Camille Mauclair paraphrasant Ruskin: «Or, un pot de peinture vient d'être jeté à la figure du public» (*Trois crises de l'art actuel*, Paris, Fasquelle, 1906, p. 291; passage non retenu dans l'extrait de ce texte reproduit dans *PCF*). Elle est souvent mal citée («un pot de couleurs») et mal datée (1905), considérée comme une réaction immédiate à la cage aux fauves de 1905 (cf. *HM 1904-1917*, p. 70). Sauf erreur, elle est postérieure à avril 1906 (date d'un article cité en note du texte). La phrase de Ruskin avait déjà été évoquée en mars 1906 par Vauxcelles à propos des Indépendants, salon sans jury, mais non pas à propos des fauves (voir *PCF*, p. 72).
80 LEYMARIE, p. 100.
81 Voir par exemple le petit *Buste de femme* (v. 1905) reproduit dans Bernard Zürcher, *Les Fauves*, Paris, Hazan, 1995, p. 108.

traductions de la pensée par toute autre chose qu'une littérature, nous verrons qui a raison – [82]. »

Dans les œuvres fauves de 1905, le dessin s'efface devant la violence de la couleur, au point que l'œuvre n'apparaît plus à certains que comme une reproduction de la palette du peintre. Le jeune critique G.-Jean Aubry écrit des envois de Matisse au Salon d'Automne de 1905 : « … pourquoi n'expose-t-il pas tout simplement sa palette plutôt que ce casse-tête chinois qui s'appelle, contrairement à son apparence : *Jeune femme en robe japonaise* ou cette *Fenêtre ouverte* qui me demeure fermée [83]. » À l'inverse de Pissarro, qui peignit un paysage sur sa palette à partir des six couleurs de base posées sur les bords [84], la femme ou le port semblent aux yeux du critique régresser vers la palette. Or, c'est le moment où celle-ci devient pour les artistes d'avant-garde un objet de fascination et d'inspiration. « Au milieu de la palette est un monde étrange, les restes des couleurs déjà utilisées qui, loin de cette source, vagabondent en incarnations nécessaires sur les toiles. Il y a là un monde venu à l'existence de par la volonté du peintre, pour les tableaux déjà peints, mais qui fut aussi déterminé et créé par des causes accidentelles, par le jeu énigmatique des forces étrangères à l'artiste. Et je leur dois beaucoup à ces hasards : ils m'en ont bien plus appris que n'importe quel professeur ou n'importe quel maître. Avec amour et admiration, je les ai étudiés au cours de nombreuses heures. La palette, qui est constituée de ces éléments, qui est elle-même une "œuvre", et souvent plus belle que n'importe quelle œuvre, doit être appréciée pour les joies qu'elle procure. Il me semblait parfois que le pinceau, qui avec une volonté inflexible arrache des fragments de cet être vivant des couleurs, faisait naître à chaque arrachement une tonalité musicale [85]. » Un peu

plus tôt – dans le temps de l'histoire et celui du peintre préparant ses couleurs – Klee remonte plus haut que la palette : « Et voici encore une découverte tout à fait révolutionnaire : plus important que ne le sont la nature et les études d'après nature est l'accord de l'artiste avec le contenu de sa boîte à couleurs [86]. »

L'abstraction, toujours. Mais pas à cent pour cent : Kandinsky dans ses années d'apprentissage dosait ainsi les proportions de la toile, de la palette et du modèle : « Plus tard, j'entendis dire à un artiste très connu (je ne sais plus qui c'était) : "En peignant, un coup d'œil sur la toile, un demi sur la palette, et dix sur le modèle." Cela sonnait très bien, mais je découvris bientôt que pour moi ce devait être l'inverse : dix coups d'œil sur la toile, un sur la palette et un demi sur la nature [87]. »

Mais tous les fauves ne sont pas Kandinsky, et la proportion de ses coups d'œil ne vaut pas pour tous. Nolde, par exemple, disait en 1899 : « Plus on s'éloigne de la nature tout en restant naturel, plus l'art est grand [88]. » Ici nous retrouvons cette ambivalence si caractéristique du fauvisme : il se trouve entre figuration et abstraction, ou plutôt entre une tendance pulsionnelle à l'abstraction et une résistance à cette tendance. On rencontre une idée analogue chez Matisse en 1908 : « Un artiste doit se rendre compte, quand il raisonne, que son tableau est factice, mais quand il peint, il doit avoir ce sentiment qu'il a copié la nature [89]. »

C'est pourquoi le fauvisme a pu mener à tout : au cubisme, à l'abstraction, au néoclassicisme, à la déroute pure et simple. Il est en équilibre instable ; de là vient sa brièveté, autant que du paroxysme où selon Braque on ne pouvait pas demeurer [90]. Rares sont ceux, comme Nolde, qui ont poursuivi longtemps et sans défaillir dans la même voie. Matisse lui-même a dû radicaliser les données du fauvisme pour pouvoir le continuer.

82 GAUGUIN, p. 87-88.
83 G.-Jean Aubry, « Salon d'Automne », *Le Havre*, n° 11.578, 31 décembre 1905 : cité sans référence dans GIRY, p. 103.

84 *Cf.* Richard Shiff, *Cézanne et la fin de l'impressionnisme* (1984), trad. fr., Paris, Flammarion, 1995, p. 177. La palette (v. 1878), conservée au Clark Institute de Williamstown est reproduite en couleurs dans John Gage, *Colour and Culture*, Londres, Thames and Hudson, 1993, p. 184.

85 KANDINSKY, 1913, p. 114-115.
86 Paul Klee, *Journal*, n° 873 (mars 1910), trad. Klossowski, p. 239.
87 KANDINSKY, 1913, p. 115.
88 Emil Nolde, *Das eigene Leben*, Berlin, J. Bard, 1931, p. 207. *Cf.* « Douane-Zoll » : *EA*, p. 53.
89 MATISSE, p. 52.

90 DUTHUIT, 1929, p. 266 ; Dora Vallier, *L'Intérieur de l'art. Entretiens avec Braque, Léger, Villon, Miró, Brancusi (1954-1960)*, Paris, Éditions du Seuil, 1982, p. 32.

C'est au nom du «réel» et de l'«humain» que la majorité des fauves, Derain et Vlaminck en tête, vont battre en retraite, non sans coqueter un temps avec le cubisme commençant. Déjà en 1906, Derain écrit à Vlaminck de Londres que Turner est comme Manet «avec quelque chose en plus, l'humanisme. La peinture est une trop belle chose pour qu'on l'abaisse à des visions comparables à celle d'un chien ou d'un cheval [91]». Matisse lui-même

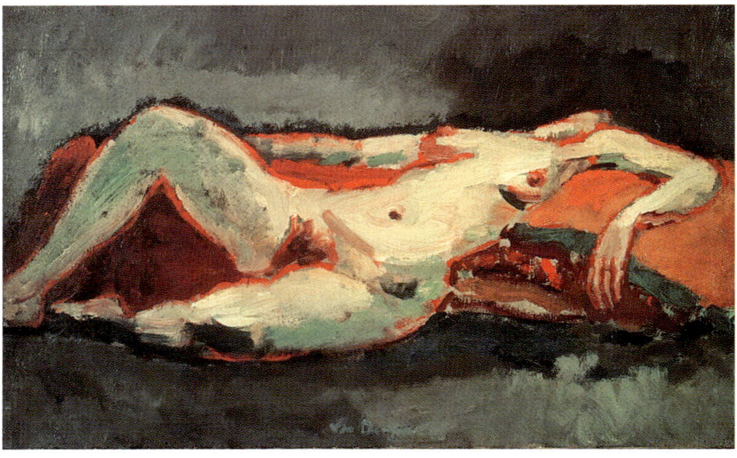

(ill. 4) **Kees Van Dongen**
Nu couché, 1904-1905
Huile sur toile, 40 x 65 cm
Collection particulière

disait à ses élèves de son modèle noir: «Vous pouvez considérer ce modèle Nègre comme une cathédrale […] – et vous pouvez le considérer comme un homard […]. Mais il sera très nécessaire que vous vous souveniez de temps à autre que ce modèle est un Nègre, sous peine de le perdre et de vous perdre vous-même dans votre construction [92].» Comme si un «Nègre» n'était pas aussi une construction…

Derain, qui était un néoclassique de cœur (à côté de ceux de Matisse, ses tableaux fauves, si intenses soient-ils, ont souvent quelque chose de contraint), et qui fut dès 1910 à l'avant-garde de la réaction, déclara en 1929 à Duthuit, en parlant de ses débuts fauves: «C'était joli, cette idée, dans sa fraîcheur, qu'on pouvait tout transporter au-dessus du réel. […] Ce qu'il y avait de faux dans notre point de départ, c'était comme une crainte d'imiter la vie qui nous faisait prendre les choses trop loin […] [93]». Derain avait en lui quelque chose de résigné, peut-être sous l'effet d'une peur profonde. Dès 1901, à l'armée, dans la même lettre où il discute l'abstraction de Van Gogh, il écrivait à Vlaminck, s'avouant «trop abruti pour

être révolté»: «*Le soldat qui tirera sur les mineurs* n'est pas coupable [94]»; et en 1948, après son voyage de 1941 en Allemagne, il commentait l'attitude de Segonzac: «Il a pris ça trop à cœur. Puisqu'on ne peut rien contre l'imbécillité, il faut s'en foutre [95].»

Quant à Vlaminck, pour qui le fauvisme était une forme d'anarchisme, un dynamitage chromatique – une manière, dit-il, de jeter une bombe sans risquer l'échafaud [96] –, son évolution artistique alla de pair avec son évolution personnelle et politique. Très anarchiste et «dreyfusard enragé [97]» dans sa jeunesse, il conserva sa violence, mais s'installa dans la réaction artistique, politique et morale. Son obsession du cubisme lui faisait dire en 1925: «J'ai toujours considéré la guerre comme un accident cubiste. Quand on est capable de supporter une œuvre cubiste, on est prêt à admettre la guerre [98].» Sous l'occupation nazie, il attaqua violemment Picasso, qualifiant le cubisme d'art pédérastique, et fit le voyage en Allemagne organisé par Arno Breker avec Derain, Friesz, Van Dongen, Dunoyer de Segonzac, et les sculpteurs Charles Despiau, Paul Belmondo et Paul Landowski [99]. Il est par consé-

---

91 DERAIN, p. 173. À la fin de sa vie, il trouvait Vermeer «trop parfait, il faut que cela reste dans l'humain» (LÉVY, p. 70).
92 Notes de Sarah Stein, dans MATISSE, p. 66.
93 DUTHUIT, 1929, p. 268.

94 DERAIN, p. 52.
95 Derain à Denise Lévy, dans LÉVY, p. 69.
96 VLAMINCK, 1943, p. 110.
97 VLAMINCK, 1929, p. 63.
98 Florent Fels, *Propos d'artistes*, Paris, La Renaissance du Livre, 1925, p. 200.

99 *Cf.* Laurence Bertrand-Dorléac, «Le voyage en Allemagne», *AD*, p. 79-83. Voir les commentaires quelque peu sarcastiques de Matisse dans ses lettres de 1944 à Camoin (*Correspondance entre Charles Camoin et Henri Matisse*, Lausanne, La Bibliothèque des Arts, 1997, p. 197, 209, 212). Camoin désapprouvait le voyage et s'était fâché avec Segonzac, tout en professant des opinions

antisémites; en 1941, à Saint-Tropez, il se félicitait de l'expulsion de quelques juifs, et décrivait le cubisme comme le résultat d'un complot juif (*ibid.*, p. 152-153, 163-164).

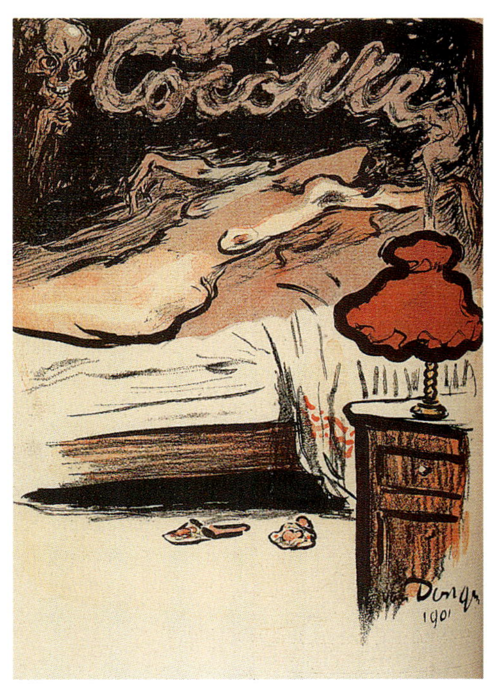

(ill. 5) **Kees Van Dongen**
Cocotte, «Petite histoire pour petits et
grands nenfants», *L'Assiette au beurre*
26 octobre 1901

quent difficile de suivre John Elderfield lorsqu'il affirme que des fauves «seul Vlaminck conserva ses sympathies de gauche jusqu'au bout [100]».

Le fauvisme rencontre sa limite quand il commence à se poser la question de la forme. Bien sûr, il y a toujours eu un dessin fauve, même quand il restait sous-jacent, comme dans la *Japonaise* de Matisse (ill. 1, p. 92). On ne le trouvait pas parce qu'on cherchait un dessin qui limite visiblement une forme. Mais le dessin fauve existe : c'est lui qui est à la base du fauvisme. Il se caractérise dès avant 1900 par la simplification des masses ; Matisse, Marquet, Van Dongen, mais aussi Mondrian, très vite, voient les formes en masses privées de détails. Matisse déclarait en 1909 : «L'ensemble est notre seul idéal. Les détails diminuent la pureté des lignes, ils nuisent à l'intensité émotive, nous les rejetons [101].» Les tableaux les plus caractéristiques à cet égard sont, de Matisse, le *Luxembourg* et la *Notre-Dame* de 1902 au musée de Buffalo, celle de Marquet au musée de Pau, l'*Autoportrait en bleu* de Van Dongen (1895), les vues du Gein de Mondrian (cat., n° 171). Celui-ci déclara que, dès ses débuts, il préférait «peindre des paysages et des maisons vus par temps gris et sombre ou dans une lumière très forte, quand la densité de l'atmosphère obscurcit les détails et accentue les grands contours des objets [102]». C'est comme une généralisation synthétiste de la tache impressionniste. (La surface de Matisse pourrait être décrite comme une globalisation de celle de Cézanne.) Du coup, le dessin fauve va devenir un lieu d'accueil propice pour un travail de la couleur. En 1904, Élie Faure écrivait : «Cet art est peu expressif encore, il semble constituer seulement les cadres puissants et sommaires de recherches plastiques plus profondes [103].»

Un autre aspect du dessin fauve est l'accentuation presque caricaturale des formes ; on pourrait le décrire comme une caricature sérieuse et monumentalisée. Le rôle de l'image populaire et de la caricature, qui connaît alors un moment heureux, est partout visible. Dans *Tournant dangereux*, Vlaminck nous dit que tout enfant il collectionnait les chromos des paquets de chicorée, puis les images d'Épinal [104]. Vauxcelles constatait leur influence : «M. Devlaminck épinalise», écrit-il en 1905 lors du Salon d'Automne ; quant à Derain, il le croit «plus affichiste que peintre», et estime qu'il pourra sembler «d'un art volontiers puéril» ; il reconnaît que ses *Bateaux* «décoreraient heureusement le mur d'une chambre d'enfant [105]». Plusieurs artistes d'avant-garde ont fait des caricatures dans des journaux de gauche, comme *L'Assiette au beurre* où s'illustrèrent, entre autres, Vallotton, Van Dongen, Kupka et Juan Gris. Un *Nu couché* (ill. 4) peint par Van Dongen (1904-1905) [106] dérive de son dessin *Cocotte* (ill. 5) publié dans *L'Assiette au beurre* du 26 octobre 1901 : celui-ci, concluant la vie d'une prostituée intitulée «Petite histoire pour petits et grands nenfants», la montre morte et convoitée par un squelette. À l'inverse, Malévitch, influencé vers 1910 par l'art populaire russe, lithographia en 1914 des affiches patriotiques dans le style des loubki [107]. L'illustration transplantée en peinture favorisait la simplification des formes et l'aplatissement de l'espace. Matisse, cependant, évite un espace trop simplement décoratif en y faisant jouer des perspectives contradictoires, des traverses de la *Fenêtre ouverte* aux lignes de fuite de *L'Atelier rouge*.

100 ELDERFIELD, p. 152. Elderfield reprend en la faussant une opinion d'OPPLER (p. 194) : «Seul Vlaminck, que Mauclair appelait un insoumis professionnel, conserva des sympathies anarchistes presque toute sa vie» («*through much of his life*»).

101 MATISSE, p. 60.
102 MONDRIAN, 1941, p. 338.
103 Élie Faure, «Le Salon d'Automne», *Les Arts de la vie*, n° 11, novembre 1904, p. 295.
104 VLAMINCK, 1929, p. 86.

105 L. Vauxcelles, 17 octobre 1905, dans *PCF*, p. 28 (texte revu sur le supplément à *Gil Blas* du 17 octobre 1905).
106 Reproduit dans ELDERFIELD, p. 67.
107 Voir le catalogue *Kazimir Malevich*, Leningrad-Moscou-Amsterdam, 1988-1989, p. 276-277.

En 1905, un critique du Salon d'Automne se plaignait de «M. Matisse avec ses perspectives-tobogan [108]».

Quand les fauves vont vouloir appliquer au dessin leur principe de transposition colorée, ce sera une nouvelle inflexion de leur art, mais aussi le commencement de la fin. De L'Estaque, Derain écrit à Vlaminck en 1906 :

> Vraiment, nous sommes à un degré du problème qui est bien ardu. Je suis tellement perdu que je me demande par quels mots je vais te l'expliquer. Si l'on ne fait des applications décoratives, la tendance que l'on peut, seule, avoir, est de purifier de plus en plus cette transposition de la nature. Or, nous [ne] l'avons fait intentionnellement, jusqu'ici, que pour la couleur. Il est un dessin parallèle. Il y a bien des choses qui nous manquent dans la conception générale de notre art.

Et de Cassis, l'année suivante, pour lui une année de crise : «Il y a beaucoup à faire en procédant en peinture, pour le dessin, comme nous avons procédé jusqu'ici pour la couleur. Il y a beaucoup à faire, je t'assure [109].» On connaît la suite : elle a nom cubisme, et les tableaux que Derain peignit cette année 1907 jouèrent un rôle important dans le formation de celui-ci. Or, presque partout on retrouve ce déplacement d'intérêt, de la couleur vers la forme. À la fin de sa vie, Schmidt-Rottluff parlait ainsi de ses débuts à la Brücke :

> On pouvait voir la sculpture africaine au département ethnographique du Zwinger. Je dois malheureusement admettre qu'à l'époque je ne la comprenais pas bien. Comme peintre je venais à l'époque de reconnaître que la nature ne connaît pas de contour, pas de forme plastique – seulement la couleur. Cela changea plus tard [110].

Même évolution chez Mondrian : «La première chose à changer dans ma peinture fut la couleur. J'abandonnai la couleur naturelle pour la couleur pure. J'en étais arrivé à sentir que les couleurs de la nature ne peuvent pas être reproduites sur la toile. Instinctivement, je sentais que la peinture devait trouver une nouvelle voie pour exprimer la beauté de la nature [111].»

J'ai tenté de montrer ailleurs [112] que si en Europe l'expressionnisme passe d'abord par la couleur, c'est que celle-ci, dans l'esthétique traditionnelle, n'est pas aussi ancrée dans l'imitation que le dessin. Kant, par exemple, inclut dans la peinture l'art des jardins (parce qu'il ressortit à l'imitation de la nature), mais non la couleur, qui n'en fait pas partie, et est associée à la musique sous le chapeau des arts du jeu des sensations [113]. Pour en finir définitivement et classiquement avec l'imitation classique, la couleur ne suffit pas ; c'est pourquoi Mondrian ne put rester luministe. Lorsque X le peintre naturaliste lui demande pour quelle raison il n'a pas continué dans la ligne de son *Moulin* rouge, pourquoi il a éliminé toute forme, il répond : «Parce que, sans cela, dans la plastique [dans l'image : *in de beelding*] l'objet comme *objet en lui-même* se serait maintenu. S'il se maintient comme tel dans la plastique, elle n'est pas *exclusivement plastique* [114].» La décomposition de la forme devient donc le passage obligé pour la plupart des peintres non figuratifs : rares sont ceux qui comme Kandinsky vont à l'abstraction sans emprunter la voie du cubisme.

Tout se passe comme si le fauvisme et le cubisme, et les écoles apparentées, s'étaient partagé l'attaque de la figuration classique. D'où la formule de Kandinsky, concluant le tableau qu'il fait du «tournant spirituel» qui caractérise son époque : «Matisse – couleur. Picasso – forme. Deux grands signaux vers un grand but [115].»

C'est pourquoi certains (par exemple Klee en 1912 [116]) pouvaient envisager le cubisme comme une branche de l'expressionnisme : un expressionnisme de la forme, comme le fauvisme est un expressionnisme de la cou-

108 Cité dans VLAMINCK, 1943, p. 80 ; *PCF*, p. 214.
109 DERAIN, p. 178, 188.
110 Karl Schmidt-Rottluff, lettre à Peter Selz, 11 juillet 1952, dans Peter Selz, *German Expressionist Painting*, University of California Press, 1957, p. 83.

111 MONDRIAN, 1941, p. 338.
112 «Douane-Zoll», dans *EA*, p. 54.
113 Emmanuel Kant, *Critique de la faculté de juger* (1790), § 51.

114 «Réalité naturelle et réalité abstraite» (1919) : MONDRIAN, p. 100 ; trad. Seuphor (modifiée) dans Michel Seuphor, *Piet Mondrian. Sa vie, son œuvre*, p. 323. Je remercie Carel Blotkamp de m'avoir aidé à traduire la formulation complexe de cette réponse.
115 W. Kandinsky, *Du spirituel dans l'art*, III (trad. Debrand, modifiée).

116 «Une branche particulière de l'expressionnisme est le cubisme.» (KLEE, p. 107 ; *Théorie de l'art moderne*, p. 11 – trad. modifiée).

leur. L'expressionnisme peut se définir par cette confrontation *partielle* avec la tradition figurative. Il en va de même dans l'expressionnisme musical, comme l'a fortement montré Pierre Boulez : Schönberg et ses disciples attaquent la forme musicale par les hauteurs, Stravinsky par le rythme, chacun laissant à peu près intact ce qui est l'objet du travail de l'autre [117].

C'est une des raisons pour lesquelles et le fauvisme et le cubisme étaient retenus au bord de l'abstraction : la forme restait plus ou moins naturaliste dans le fauvisme, et la couleur (teintes et clair-obscur) jouait un rôle de frein dans le cubisme. Delaunay, qui cherchait alors, comme Franz Marc et Malévitch (et dans une moindre mesure Campendonk), à combiner la couleur fauve et la forme cubiste, était donc presque fondé à écrire à Kandinsky en 1912 : «Cette recherche de la peinture pure, c'est le problème actuel. Je ne connais pas à Paris ce peintres qui soient réellement à la recherche de ce monde idéal. Le groupe cubiste dont vous parlez ne cherche que dans la ligne, réservant à la couleur une place secondaire et non constructive [118].»

Le fauvisme doit être dès lors envisagé dans son rapport dynamique et systématique avec le cubisme au sein d'une époque charnière, celle de l'expressionnisme. Il est donc vain de se demander s'il finit en 1907 ou en 1908. Il ne s'achève pas d'un coup, et sa poursuite en France ou ailleurs mérite d'être considérée comme autre chose qu'un «prolongement». Mondrian est toujours fauve en 1909 ; Kandinsky, Kupka, Marc, Duchamp et Jawlensky en 1910 ; Malévitch et Schmidt-Rottluff en 1911. Les grands monochromes de Matisse en 1911, plats ou rythmés d'arabesques, sont une conséquence extrême de sa conception fauve, où la couleur déborde la forme. Lui-même expliquait que son voyage au Maroc en 1912 visait

à le faire sortir de la position limite où le fauvisme l'avait mené [119]. Il était donc logique que Derain, qui protestait à l'époque du fauvisme contre la «théorie de teinturiers» que lui proposait Vlaminck [120], fît plus tard le même reproche à Matisse. Dans des notes écrites lors de la réaction néoclassique, il écrivait :

> On peut dire que la couleur du prisme est la couleur du teinturier. Matisse Le Teinturier [121].

À la fin de sa vie, il se déchaînait contre Matisse : «C'est un couillon. Il connaît la peinture, les proportions, les couleurs, mais en dehors de ça c'est un couillon. […] Et encore ce n'est pas ça la couleur, la vraie couleur elle est discrète, on ne la voit pas. Lui ce n'est pas des couleurs, c'est des teintes, on l'appelait le teinturier. On ne pouvait pas avoir une conversation avec lui ; il ne parlait bien que de peinture, et encore, il ne sortait plus de ses théories et il finissait généralement par dire : "il faut s'exprimer". ça faisait bien rigoler Apollinaire [122].»

Entre innovation et synthèse des traditions récentes, entre passion et raison, transposition conceptuelle et observation directe, tendance à l'abstraction et réaction à cette tendance, le fauvisme est un remarquable concentré de contradictions. Celles-ci reflètent peut-être la situation charnière du fauvisme dans l'histoire, situation que Marc dans l'*Almanach* caractérisait ainsi : «nous sommes aujourd'hui au tournant de deux longues époques […]. Et nous vivons également dans la conviction de pouvoir dès maintenant annoncer les premiers signes de cette nouvelle période [123].»

Cette conscience était générale. Charles Morice, dans son compte rendu des Indépendants de 1905, voyait son temps «à la fin de "quelque chose"» et «au commence-

117 Pierre Boulez, *Relevés d'apprenti*, Paris, Éd. du Seuil, 1966, p. 78, 141, 143, 151, 22. *Cf.* Lebensztejn, «Douane-Zoll», dans *EA*, p. 54-55.

118 DELAUNAY, p. 178. Pascal Rousseau m'a communiqué la date de cette lettre, 5 avril 1912 ; Delaunay ne dit mot de Kupka, qui exposa au Salon d'Automne quelques mois plus tard *Amorpha, Fugue à deux couleurs*, la première grande composition abstraite publique.

119 MATISSE, 1951, p. 117.
120 VLAMINCK, 1943, p. 72.
121 A. Derain, «Notes sur la peinture» (vers 1920), *Cahiers du musée national d'Art moderne*, n° 5, 1980, p. 356.
122 Derain à Denise Lévy, 1949, dans LÉVY, p. 74-75.
123 Franz Marc, «Deux tableaux» ; *ABR*, p. 94.

ment d'"autre chose"» [124]. En Allemagne, les expression-nistes «voyaient leur art comme un art de transition entre les grands styles du passé et ceux qui étaient à venir [125]». Kandinsky parlait de «tournant spirituel» (c'est le titre du chapitre III du *Spirituel*), et Matisse en 1909, déclarait à Charles Estienne: «Nous sortons du mouvement réaliste. Il a amassé des matériaux. Ils sont là. Il faut, maintenant, commencer un énorme travail d'organisation [126].» Position identique, à ceci près que les Français, peut-être en réaction contre le bric-à-brac nabi, n'interprètent pas volontiers cette position transitoire comme le reflet d'un combat spirituel. C'est une vraie différence. Elle se fait jour dans les pages mêmes de l'*Almanach* du Blaue Reiter: Roger Allard y situe le cubisme, qui, dit-il, travaille consciemment, au-dessus de l'irrationalité fauve: «Le cubisme n'est pas une nouvelle fantasmagorie de "fauves" [*Der Kubismus ist keine neue Phantasmagorie der "Wilden"*], ni une danse du scalp autour des autels de l'art "officiel", mais le cri du cœur [*ehrliche Schrei*] pour une nouvelle discipline [127].» Mais dans le même *Almanach,* Franz Marc, qui traduisit le texte d'Allard, se fait des fauves un concept qui dépasse l'idée formelle d'un art de la couleur ou de la décomposition visuelle:

> Les jeunes Français et Russes invités à exposer chez eux [les artistes de la *Neue Vereinigung* de Munich] apportèrent une sorte de libé-ration. Ils incitèrent à réfléchir et l'on comprit que dans l'art il s'agit de choses très profondes, que le renouvellement ne doit pas être purement formel, mais qu'il est une renaissance de la pensée. […] Il est impossible de vouloir expliquer les dernières œuvres de ces «fauves» à partir d'un développement formel et d'une autre interprétation de l'impressionnisme […]. Les plus belles couleurs du prisme et le fameux cubisme sont, en tant qu'ob-jectifs pour ces «fauves», devenus insignifiants [*sind als Ziel diesen "Wilden" bedeutungslos geworden*] [128].

L'interprétation que Marc donne ici en 1911 des fauves français et russes va au-delà de ce qui a pu s'écrire en France. C'est qu'il conçoit la forme comme une enve-loppe, et applique à l'art sa manière de voir le monde: pour lui, l'art actuel vise à «dépouiller l'enveloppe exté-rieure [129]». Non seulement de la nature, mais de l'art lui-même.

Malgré la différence de langage, Matisse n'était pas si éloigné quand il rappelait le point de départ du fau-visme: «le courage de retrouver la pureté des moyens [130]». «Le fauvisme a été pour nous l'épreuve du feu», disait encore Derain [131]. Il est force autant que forme, et s'il a repris aujourd'hui une sorte d'actualité, c'est aussi par son acharnement. Tout feu finit en cendres, écrivait Kandinsky dans l'*Almanach* [132] – ou plus exactement: pour chaque incandescence il y a un refroidissement, *für jedes Glühen gibt es ein Abkühlen*. L'épreuve du feu est sans cesse à recommencer, car le transitoire est – plus ou moins – définitif. Spirituel ou non, dangereux ou non, le tournant risque de durer: à vouloir aller droit on a des chances de finir contre un mur.

124 Charles Morice, «Le XXIᵉ Salon des Indépendants», *Mercure de France*, 15 avril 1905, p. 550; OPPLER, p. 35 (ce passage n'est pas inclus dans les extraits reproduits dans *PCF*). Ellen Oppler a étudié mieux que personne la position transitoire et contradictoire du fauvisme; autant dire que depuis trente ans sa caractérisation du fauvisme demeure insurpassée.

125 Donald E. Gordon, *Expressionism: Art and Idea*, New Haven-Londres, Yale University Press, 1987, p. 69.
126 MATISSE, p. 59.
127 Roger Allard, «Les signes du renouveau en peinture», *ABR* (original perdu; retrad. fr. de E. Dieckenherr, ici modifiée), p. 142-143; voir aussi FRY, p. 72.

128 Franz Marc, «Les "fauves" d'Allemagne» (trad. modifiée), *ABR*, p. 87-88.
129 Franz Marc, «Les idées constructives de la nouvelle peinture» (*Pan*, 1912); trad. fr. dans *EA*, p. 361.
130 MATISSE, 1936, p. 128.
131 DUTHUIT, 1929, p. 268.
132 W. Kandinsky, «Sur la question de la forme» (trad. C. Heim), *ABR*, p. 227.

Références

ABR: *L'Almanach du «Blaue Reiter»* (1912), trad. fr., Paris, Klincksieck, 1981.

AD: *André Derain. Le peintre du «trouble moderne»*, catalogue du musée d'Art moderne de la Ville de Paris, 1994-1995.

EA: *Figures du moderne, 1905-1914. L'expressionnisme en Allemagne*, catalogue du musée d'Art moderne de la Ville de Paris, 1992-1993.

HM, 1904-1917: *Henri Matisse, 1904-1917*, catalogue d'exposition, Paris, Centre Georges-Pompidou, 1993.

PCF: *Pour ou contre le fauvisme*, éd. P. Dagen, Paris, Somogy, 1994.

PMCR: *Piet Mondrian. Catalogue raisonné* (Robert Welsh et Joop Joosten), Blaricum, V+K/Inmerc, Paris, Cercle d'Art, 1998.

Apollinaire: Apollinaire, Guillaume, *Chroniques d'art, 1902-1913* (éd. L.-C. Breunig), Paris, Gallimard, nouvelle éd., 1981.

Barr: Barr, Alfred H. Jr., *Matisse. His Art and His Public*, New York, The Museum of Modern Art, 1951.

Benjamin, 1990: Benjamin, Roger, «Les fauves dans le paysage de la critique. Métaphore et scandale au Salon», dans *Le Paysage fauve* (1990; éd. J. Freeman), trad. fr., Abbeville, 1991, p. 246-266.

Benjamin, 1993: Benjamin, Roger, «The Decorative Landscape, Fauvism, and the Arabesque of Observation», *Art Bulletin*, juin 1993, p. 295-316.

Blotkamp: Blotkamp, Carel, *Mondrian. The Art of Destruction*, trad. angl., Londres, Reaktion Books, 1994.

Burgess: Burgess, Gelett, «The Wild Men of Paris», *The Architectural Record*, mai 1910, p. 400-414.

Delaunay: Robert Delaunay, *Du cubisme à l'art abstrait*, éd. P. Francastel, Paris, SEVPEN, 1957.

Derain: Derain, André, *Lettres à Vlaminck*, Paris, Flammarion, 1955; nouvelle édition revue par P. Dagen, Flammarion, 1994.

Duthuit, 1929: Duthuit, Georges, «Le fauvisme» (II), *Cahiers d'Art*, IV, 6, 1929, p. 258-268.

Elderfield: Elderfield, John, *The «Wild Beasts»: Fauvism and Its Affinities*, catalogue d'exposition, New York, MoMA, 1976.

Fry: Fry, Edward, *Le Cubisme*, Bruxelles, La Connaissance, 1966.

Gauguin: Gauguin, Paul, *Correspondance*, éd. V. Merlhès, t. I (1873-1888), Paris, Fondation Singer-Polignac, 1984.

Giry: Giry, Marcel, *Le Fauvisme*, Neuchâtel, Ides et Calendes, 1981.

Kandinsky, 1913: Kandinsky, Wassily, *Regards sur le passé* (1913), trad. J.-P. et E. Bouillon, Paris, Hermann, 1974.

Klee: Klee, Paul, *Schriften, Rezensionen und Aufsätze*, éd. C. Geelhaar, Cologne, DuMont, 1976.

Lévy: Lévy, Pierre, *Des artistes et un collectionneur*, Paris, Flammarion, 1976.

Leymarie: Leymarie, Jean, *Le Fauvisme* (1959), rééd. Genève, Skira, 1987.

Matisse: Matisse, Henri, *Écrits et propos sur l'art*, éd. D. Fourcade, Paris, Hermann, 1972.

Mondrian: *The New Art – The New Life. The Collected Writings of Piet Mondrian*, éd. H. Holtzman et M. James, Boston, Hall, 1986.

Oppler: Oppler, Ellen C., *Fauvism Reexamined* (1969), New York-Londres, Garland, 1976.

Vlaminck, 1929: Vlaminck, Maurice de, *Tournant dangereux. Souvenirs de ma vie*, Paris, Stock, 1929.

Vlaminck, 1943: Vlaminck, Maurice de, *Portraits avant décès*, Paris, Flammarion, 1943.

Je remercie Jacqueline Munck pour son aide documentaire.

Des couleurs crues, cruelles, criardes

Georges Roque

Des Peaux-Rouges criards les avaient pris pour cibles
Les ayant cloués nus aux poteaux de couleurs

A. RIMBAUD, «Le bateau ivre»

L'usage intense des couleurs est souvent considéré, non sans raisons, comme une caractéristique du mouvement fauve. Mais en quoi a consisté une telle «explosion» chromatique? Pour tenter d'y répondre, j'interrogerai non les œuvres, mais leur réception, qui fut particulièrement critique, les toiles fauves ayant souvent été perçues comme une forme aiguë de dissonance. Cependant, l'exercice n'est guère aisé, dans la mesure où il suppose en effet que l'on sache déjà dans quel registre de «l'imaginaire de la couleur» a puisé la critique du fauvisme, laquelle, au reste, n'est pas complètement homogène. Aussi est-ce à une double démarche qu'il convient de se livrer simultanément: analyser brièvement, d'un côté, comment l'usage des couleurs par les Fauves a été perçu par la critique de l'époque; de l'autre, cerner dans ses grandes lignes la conception (souvent implicite) de ce qu'est l'harmonie chromatique, au nom de laquelle la critique d'alors jugeait les œuvres. Cette analyse devrait mettre en évidence l'existence d'une analogie profonde entre la critique des couleurs et l'épithète de Fauves dont les peintres furent affublés.

Commençons par un des termes les plus utilisés, celui de «couleurs crues». La notion de crudité, employée en art depuis le XVIIIe siècle pour qualifier une lumière trop vive, était également appliquée aux couleurs, «lorsqu'elles sont trop entières et trop fortes[1]». Le terme était donc parfaitement justifié pour décrire les couleurs vives et saturées des Fauves, lesquelles, en outre, étaient bien souvent des couleurs pures, c'est-à-dire utilisées telles qu'elles sortent du tube. Le qualificatif de «cru» prend ici une nuance plus forte, celle qui renvoie à la nature et signale l'absence d'un intermédiaire culturel (comme «monter à cru», c'est-à-dire sans selle).

Cette connotation de «cru», comme emprunté directement à la nature, sans aucune transformation, a été mise à profit par Gelett Burgess, pour qui les Fauves «ont volé les couchers de soleil et les arcs-en-ciel, les ont découpés en carrés et en cercles et les ont projetés, crus et saignants, sur leurs toiles» (p. 186)[2]. On croirait presque lire ici le mythe d'origine du fauvisme, dont les couleurs résulteraient d'un vol, d'une capture d'éléments naturels, soleil et arcs-en-ciel, dépecés et sacrifiés sur l'autel de la toile; l'évocation du saignant en rajoute évidemment sur le cru comme non cuisiné[3]. Cependant, il est rare de trouver l'idée que les couleurs crues sont transposées directement de la nature à la toile, dans la mesure où les couleurs de la nature ne sont justement pas crues. Aussi les deux exemples proposés (couchers de soleil et arcs-en-ciel) sont-ils d'autant plus malheureux que l'un et l'autre sont souvent donnés comme modèles d'harmonie chromatique naturelle!

---

1 Diderot et d Alembert, *Encyclopédie*, article «Cru, crudité», vol. 4, p. 517.
2 Pour alléger l'appareil de notes, j'indique dans le corps du texte la pagination qu renvoie à l'anthologie de textes réunis et présentés par Philippe Dagen, *Pour ou contre le fauvisme*, Paris, Somogy, 1994.

3 Dans le même esprit, F. Fagus avait écrit de la couleur chez Van Gogh qu'il l'«arracha, lui, toute saignante, à toute la nature», «Gazette d'art: l'art de demain», *Revue blanche*, n° 2, 1er décembre 1902, p. 544.

En réalité, les couleurs crues se rencontrent généralement non dans la nature, mais… dans l'industrie. Ainsi, l'œuvre de Derain est-elle comparée aux «affiches polychromes» (p. 79); on évoquera également le «coloriage des joujoux» (p. 99) ou les «bariolages de foire» (p. 101), ou encore, à propos d'un motif fréquent chez les Fauves, «les couleurs crues, simples et vives des drapeaux flottant au vent dans une rue pavoisée[4]». Il peut sembler contradictoire que le champ sémantique de la crudité chromatique emprunte à la fois à la nature et à l'industrie. En fait, il existe un signifié commun, celui de non-élaboration par l'artiste: les couleurs crues désignent (et critiquent) les couleurs «pures», dont certains peintres – Vlaminck (p. 218)[5], en particulier – revendiquaient l'usage telles qu'elles sortent du tube, sans mélange donc.

À partir de l'impressionnisme, l'utilisation des couleurs pures a en effet posé à la critique une question redoutable, celle de savoir si l'on a encore affaire à de l'art. C'est en ce sens que la catégorie générale du «cru» est surdéterminée, en tant qu'elle est prise dans une opposition universelle avec le «cuit», comme Lévi-Strauss l'avait jadis brillamment montré. Qualifier des couleurs de «crues» ou de «saignantes», c'est donc reprocher aux peintres d'être trop du côté de la nature, en se servant de couleurs qui ne sont pas «cuisinées». De fait, la métaphore du travail artistique comme cuisine est souvent attestée, ainsi que, parfois, celle qui l'assimile à une «cuisson»[6]. Ainsi, l'art de la peinture suppose une élaboration culturelle, une «cuisine» de l'artiste travaillant ses couleurs, les mélangeant pour produire des effets harmonieux.

Cela permet de mieux comprendre la virulence de la critique[7]. Non seulement les couleurs pures ou crues étaient considérées comme blessant la vue[8], mais, plus fondamentalement, l'absence de mélange, de médiation, était ressentie comme un péril, non seulement pour l'art de la peinture, mais pour la culture et la société. Les critiques ressentaient confusément que la culture au sens large, comme médiation, était directement menacée dès lors que les peintres, utilisant des couleurs crues, retournaient en quelque sorte à l'état de nature. Juste avant le passage cité concernant les couchers de soleil et les arcs-en-ciel volés à la nature, le même auteur écrivait: «Vous devez croire que de tels artistes qui peignent de pareils tableaux oseront toute discorde» (p. 186). J'aimerais suggérer ici que l'harmonie chromatique n'est pas dissociable de l'harmonie sociale, de sorte qu'en deçà des tons discordants, c'est la discorde qui est en question.

On trouvera confirmation de cela dans l'usage fréquent d'une autre catégorie, elle aussi déjà présente dans le vocabulaire de la critique du XIXe siècle, mais utilisée ici avec une grande fréquence, le «criard». Le recours au registre sonore s'explique de différentes manières. Tout d'abord, le fait que les couleurs crues se rencontrent non dans la nature mais dans l'industrie a sans doute défavorisé l'extension du cru dans une opposition nature/culture, alors que le registre du sonore s'y prêtait d'autant mieux que le modèle de l'harmonie est par excellence musical. Ainsi le chant (comme élaboration culturelle des sons) s'oppose au cri qui est comme l'expression sauvage et non élaborée du bruit. Et de même qu'un peintre coloriste fait «chanter» ses couleurs, celui qui prône la dissonance fait crier, voire hurler les siennes. L'opposition figure explicitement – et sert justement de contraste – pour opposer Vuillard aux Fauves, dans un des comptes rendus du Salon d'Automne de 1905: en effet, les couleurs de Vuillard «forment la plus *chantante* harmonie.

---

4 P. Jamot, *Gazette des Beaux-Arts,* décembre 1906, p. 480.
5 Voir aussi G. Duthuit, *Les Fauves,* Genève, Éditions des Trois Collines, 1949, p. 72.
6 Voir E. Zola, *Salon de 1866,* extrait repris dans *Le Bon Combat: De Courbet aux impressionnistes,* éd. J.-P. Bouillon, Paris, Hermann, 1974, p. 59; voir aussi, p. 125, n. 4.

7 E. Oppler a eu raison de nuancer le «mythe» suivant lequel le fauvisme aurait fait l'objet d'un scandale unanime (*Fauvism Reexamined,* New York-Londres, Garland Publishing, 1976, p. 21 et suiv.). Cependant, du point de vue de l'usage de la couleur, force est de constater l'hostilité de la majorité des critiques.

8 «Une couleur très saturée peut fatiguer comme le ferait une clarté excessive: il y a des rouges aveuglants, des violets qui épuisent la rétine, des verts crus sur lesquels la vue ne se pose qu'avec une sorte de répugnance» (P. Souriau, *Esthétique de la lumière*, Paris, Hachette, 1913, p. 118).

Par contraste, allez voir cette curieuse et *criarde* petite salle dont on dirait que la peinture exposée y est obtenue par un mélange de cires à bouteilles et de plumes de perroquet» (P.-J. Toulet, p. 50 ; c'est moi qui souligne). Ce texte est instructif à un double titre : non seulement, il oppose le chant comme harmonie au criard comme dissonance, mais il redouble en quelque sorte l'opposition nature/culture en faisant du criard une conjonction entre les éléments les plus disjoints qui soient, c'est-à-dire précisément la nature et la culture, puisque la peinture criarde y est définie par l'association, crue, pourrait-on dire, des deux pôles extrêmes que constituent les couleurs vives de la nature (plumes de perroquet) [9] et les couleurs vives de la culture (cires colorées d'un rouge vif).

Par ailleurs, il convient de noter que le «criard» appartient à la catégorie du bruit ; or, comme Lévi-Strauss l'a fait remarquer, le rôle véritable assigné au bruit «consiste à signaler une anomalie dans le déroulement d'une chaîne syntagmatique [...], le bruit s'impose chaque fois que deux termes en paire (qu'il s'agisse du ciel et de la terre, ou d'époux virtuels) sont disjoints» [10] Dissonance par rapport au chant harmonieux, le «criard» est donc surdéterminé par le fait que les couleurs des Fauves étaient considérées par la critique comme un vacarme, parce que disjointes de la médiation culinaire du travail pictural. D'où l'importance de la métaphore du cri et du hurlement, à laquelle de nombreux critiques auront eu recours. Ainsi Camille Mauclair, par exemple un des plus féroces d'entre eux : «Le pot de peinture ainsi jeté était d'une couleur hurlante» (p. 102) [11]. On notera que la catégorie du hurlement voisine ici avec celle de la

crudité, comme non-élaboration culturelle, puisque les couleurs sont celles du pot de peinture directement jeté sur la toile [12], l'antithèse donc du travail pictural, s'agissant de «choses qui n'étaient ni faites ni à faire» (*ibid.*). Dans le même paragraphe, il est aussi question des «couleurs criardes», de la «cacophonie» qui en résulte et, enfin, des «sauvageries de couleurs», le tout associé dans un vaste tumulte de mots.

Le cru et le criard se complètent donc fort bien, puisque les deux puisent dans le registre de la non-culture, du monde de l'enfance [13], des primitifs et de l'animalité. D'où l'évocation des «sauvageries de couleurs» et l'assimilation fréquente des Fauves aux barbares. Du point de vue du bon goût chromatique, il faut en effet préférer les teintes moyennes, en laissant les teintes vives et saturées aux primitifs, aux enfants et aux ignorants [14]. Seuls ceux-ci aiment les couleurs crues ; seuls les animaux mangent de la viande crue. Et tous crient ou hurlent au lieu de parler.

Cela explique le succès de la formule de Vauxcelles, qui donna au mouvement son nom de baptême. On connaît l'anecdote, tant de fois commentée. Le critique, entrant dans la salle où étaient exposés Matisse et ses amis, fut étonné par le contraste entre leurs toiles et deux bustes classiques d'Albert Marque : «La candeur de ces bustes surprend au milieu de l'orgie des tons purs : Donatello chez les fauves» (p. 30). L'anecdote n'est cependant pas aussi arbitraire qu'on le laisse entendre. D'un côté, l'association de la salle d'exposition à la «cage aux fauves» avait déjà été utilisée par Vauxcelles plus haut dans le même article, mais dans un sens exactement opposé [15] Ensuite, c'est «l'orgie des tons purs» qui appelle

---

9 Il est intéressant de noter cette image, quand on sait l'importance des plumes de perroquet dans la mythologie amérindienne, dont différents fils associent l'origine des couleurs, l'arc-en-ciel, le cru, et les fauves (les jaguars en particulier) ; voir Cl. Lévi-Strauss, *Mythologiques 1 Le Cru et le Cuit*, Paris, Plon, 1964, *passim*.
10 *Ibid.*, p. 295 et 300. J'ai déjà signalé ailleurs que l'image de couleurs «charivariques» (attestée notamment chez Baudelaire) pour qualifier la dissonance devait être mise en parallèle avec le charivari comme sanction des unions répréhensibles ; voir *Art et science de la couleur.*

Chevreul et les peintres de Delacroix à l'abstraction, Nîmes, Éditions Jacqueline Chambon, 1997, p. 183.
11 Ailleurs (*L'Art décoratif*, novembre 1907, p. 166), Mauclair parle également, à propos des «tableaux de "fauves"», de «leurs hurlements».
12 Sur cette image, cf. E. Oppler, *Fauvism Reexamined, op. cit.*, p. 21, n° 3.
13 Ainsi se trouvent directement associés «des taches de colorations crues juxtaposées au petit bonheur ; les jeux barbares et naïfs d'un enfant qui s'exerce avec la boîte à couleurs dont on lui fit don pour ses étrennes» (M. Nicolle, p. 62).

14 «Les premières admirations de l'enfant, du primitif, de l'homme sans culture d'art, sont pour les couleurs très vives. Le coloriste a la rétine plus délicate. Les couleurs voyantes le choquent comme un effet brutal. Sa prédilection va aux nuances discrètes, tendres, caressantes, joie et repos des yeux. Pour lui l'optimum est dans les teintes moyennes» (P. Souriau, *Esthétique de la lumière, op. cit.*, p. 119). Sociologiquement, on a pu considérer que le bon goût veut des couleurs sobres, le mauvais goût des couleurs criardes, et le bon goût du mauvais goût, le fauvisme en l'occurrence, des couleurs *trop* criardes

(voir J.-P. Keller, «Bon goût, mauvais goût : la frontière des couleurs», dans *La Couleur : Regards croisés sur la couleur du Moyen Âge au XXe siècle*, *Cahiers du Léopard d'Or*, 1994, n° 4, p. 98).
15 L'envoi de Matisse au Salon d'Automne y est qualifié de courageux, car il «aura le sort d'une Vierge chrétienne livrée aux fauves du Cirque» (p. 28). Dans ce cas, les fauves sont le public et, faudrait-il ajouter, les critiques féroces.

la comparaison avec les fauves. Or le terme «fauve» – est-il besoin de le rappeler? – fut d'abord un terme de couleur, avant d'être appliqué par synecdoque aux animaux sauvages ayant un pelage fauve. Depuis le XIXe siècle, le fauve est par excellence l'animal non domestiqué, à l'état de nature, un animal violent, dangereux et cruel comme ces peintres dont les couleurs crues sont aussi, faut-il s'en étonner, fréquemment qualifiées de violentes [16]. Autrement dit, si l'expression de «Fauves» a fait fortune [17], c'est qu'elle permettait de cristalliser toute cette métaphoricité du cru et du criard dans le registre du sauvage et du barbare. Même un des rares critiques favorables au mouvement, Michel Puy, ne pourra s'empêcher d'en rajouter en affirmant que «leurs harmonies ne chantent plus, elles rugissent» (p. 144). L'assimilation est telle que plusieurs des meilleurs commentateurs actuels se sont sentis obligés de montrer que les Fauves n'étaient pas des fauves [18]. J'ajouterai que le rapport des Fauves au primitivisme étant encore surdéterminé par leur intérêt précoce pour les masques africains [19], on a pensé voir dans leur travail de la couleur une simplification primitivisante [20].

Au registre du cru et du criard, il faut d'ailleurs ajouter celui du cruel. En effet, si la cruauté évoque l'effet que produisent sur la rétine des combinaisons de couleurs qui la «blessent», elle est aussi une caractéristique des fauves, animaux considérés comme particulièrement cruels, ce qui renforce encore le champ sémantique dégagé autour du «primitivisme». Ainsi, Vauxcelles, par exemple, faisait-il état d'un «coloris cruel» (p. 107). Cependant, ce qui frappe est la parenté presque paronomastique du cru et du cruel, à tel point que l'on peut se demander si la catégorie du «cru» n'a pas en quelque

sorte appelé celle du «cruel», les deux étant d'ailleurs parfois directement associées: «bleu cru et cruel» (p. 164); «crudité d'éclairage et [...] cruauté de couleur» (p. 94). De plus, la combinaison des phonèmes /kr/ est particulièrement dure, surtout suivie du [u].

Quoi qu'il en soit des raisons qui ont favorisé l'émergence de la catégorie des couleurs «cruelles», elle va de pair avec celle des couleurs violentes, non seulement pour leur commune association avec l'animalité fauve, mais aussi parce qu'elles qualifient toutes deux la distorsion et la déformation des formes et des couleurs. La violence de la couleur a été explicitée comme suit: «C'était comme si une mère affectueuse, après une description pleine d'adoration de son dernier-né, venait à lever une étoffe et vous dévoiler un enfant malade et déformé, sur le point de mourir» (Burgess, p. 190). Cette image qualifie non seulement un contraste maximal (comme les contrastes chromatiques de complémentaires) mais aussi une violence exercée sur l'objet. Pareillement, Vauxcelles qualifiait de «coloris cruel» le *Nu bleu : Souvenir de Biskra* (cat., n° 120) de Matisse, en insistant également sur les déformations du corps.

Il serait tentant de ramener ces couleurs crues, cruelles et criardes à une des modalités de l'opposition entre nature et culture: celle entre continu et discontinu, petits et grands intervalles, ou encore chromatique et diatonique, opposition qui joue un si grand rôle dans la pensée amérindienne, laquelle, «diatonique par son orientation, prêtait au chromatisme une sorte de malfaisance originelle [21]». D'autant plus tentant que Maurice Denis fait explicitement appel à cette dernière opposition dans le même paragraphe où il condamne la «crudité d'éclairage» et la «cruauté de couleur» des Fauves: «C'est le chromatisme avec toutes ses nuances, ses sautes

16 Voir notamment p. 44, p. 92 (quatre occurrences en deux paragraphes), p. 150, etc.; l'allitération est aussi de mise avec les «violets violents», p. 186.
17 Sur l'histoire de l'épithète, l'analyse la plus détaillée reste celle de E. Oppler, *Fauvism Reexamined, op. cit.*, p. 14 et suiv.
18 Voir notamment J. Elderfield, *The "Wild Beasts": Fauvism and Its*

Affinities, New York, The Museum of Modern Art, 1976, p. 13.
19 Voir la mise au point de J. D. Flam, «Matisse and the Fauves», dans *"Primitivism" in 20th Century Art: Affinity of the Tribal and The Modern*, sous la direction de W. Rubin, New York, The Museum of Modern Art, 1984, vol. 1, p. 211-239.

20 Voir R. Goldwater, *Primitivism in Modern Art*, éd. revue, New York, Vintage Books, 1967, p. 95 et suiv.; la première édition du livre date, il est vrai, de 1938.
21 Cl. Lévi-Strauss, *Le Cru et le Cuit, op. cit.*, p. 286.

de tonalités, ses dissonances, ses oppositions de couleurs pures et de gris neutres qui se substituent à l'emploi de la vieille gamme diatonique de Chevreul» (p. 94).

Les choses sont cependant plus complexes, car, comme l'a noté Michel Puy, «chez eux, plus de teintes discrètes, plus de tons fondus, mais de violents appels à l'œil» (p. 144). Cette violence, en effet, est plutôt celle du discontinu : contre la continuité de la nature (dont l'arc-en-ciel est le paradigme chromatique), domine la discontinuité, de la touche comme de la couleur [22], particulièrement frappante dans les œuvres du tandem Matisse-Derain durant l'été 1905 à Collioure. Car, en définitive, du point de vue du tableau, les Fauves s'éloignent du continu de (l'imitation de) la nature pour affirmer la discontinuité de la surface picturale. Cet éloignement vis-à-vis des couleurs d'imitation constitue, selon les peintres, une des principales caractéristiques du mouvement [23]. À cela s'ajoute l'emploi des teintes plates, et surtout la «construction par surfaces colorées [24]». Rien d'étonnant si, dès lors, Vauxcelles dénonce «un parti pris de poser des jolis tons pour le plaisir de poser ces tons, sans souci de ce que suggère la nature» (p. 79). Un tel parti pris sera vivement critiqué comme «théorie» et comme «abstraction» par Maurice Denis, Vauxcelles, et Charles Morice. Non sans raisons. Car ils ont profondément vu – en refusant de l'entériner – la modernité du fauvisme qui est tout autant dans la couleur comme énoncé que dans la couleur comme force énonciative, celle qui faisait dire à Vlaminck : «brûler avec mes cobalts et mes vermillons l'École des Beaux-Arts [25]», celle qui faisait déclarer à Matisse : «"Qu'est-ce que je veux?" Telle fut l'anxiété dominante du Fauvisme. En partant de l'intérieur de lui-même, et en posant simplement trois taches de couleur, l'artiste commence à se libérer… [26].»

22 Voir sur ce point J. Elderfield, *The "Wild Beasts": Fauvism and Its Affinities, op. cit.*, p. 56.
23 Ainsi que l'ont noté Matisse et Derain ; voir G. Duthuit, *Les Fauves, op. cit.*, respectivement p. 119 et 79.
24 H. Matisse, *Écrits et propos sur l'art* (éd. D. Fourcade), Paris, Hermann, 1972, p. 94.

25 G. Duthuit, *Les Fauves, op. cit.*, p. 71.
26 H. Matisse, *Écrits et propos sur l'art, op. cit.*, p. 116.

Trois hypothèses sur la couleur

Philippe Dagen

Pour définir le fauvisme, le mot couleur s'impose avant toute réflexion. Le fauvisme est le mouvement pictural qui emploie sur la toile le chromatisme le plus intense et prend avec l'imitation les libertés nécessaires au plein usage de toutes les couleurs que l'industrie chimique et le commerce de ses produits placent à la disposition des peintres.

Cette définition, exclusivement visuelle, ne s'enferme dans aucune limitation chronologique ou géographique. Elle n'explique rien de la genèse du mouvement. Elle ne dit rien des influences et des références artistiques. Sa pauvreté n'est pas sans mérite pour autant. Tenir la question de la violence chromatique pour centrale, c'est rendre au fauvisme ce qu'il perd de sens quand l'analyse historique le tient pour un moment dans une évolution qu'il conviendrait de supposer logique et quand elle accoutume le regard au point qu'il ne perçoit plus qu'avec peine ce qui exaspéra et blessa les visiteurs du Salon d'Automne. Scandale il y eut en 1905, parce que les tableaux exposés offusquaient le goût moyen de l'époque.

Les critiques l'ont assez répété: ils ne pouvaient admettre ces tons. Leurs insultes avouent le malaise suscité par le sacrilège – «barbouillages fulgurants et aveuglants», «la plus verte atteinte au goût et au bon sens», «mélange de cires à bouteilles et de plumes de perroquet», «des bariolages informes; du bleu, du rouge, du jaune, du vert, des taches de coloration crue juxtaposées

au petit bonheur.» L'auteur de ce dernier éreintement, Marcel Nicolle, du *Journal de Rouen*, continue: «les jeux barbares et naïfs d'un enfant qui s'exerce avec la boîte à couleurs dont on lui fit don pour les étrennes[1]». Autrement dit: les couleurs pures relèvent de la barbarie, de la naïveté, de l'enfance, du hasard, du jeu avec une «boîte à couleurs». À l'inverse, la bonne peinture serait affaire de savoir, de culture, de maturité, de raison et d'intelligence des moyens. D'une part, la sauvagerie des couleurs trop fortes, de l'autre, la maîtrise des nuances.

Encore faut-il comprendre pourquoi ces rouges, ces jaunes, ces verts sont inacceptables en 1905 – encore inacceptables – et pourquoi ils font irruption à cette date. Les deux questions se confondent. La réprobation que suscitent les toiles fauves est si forte que resurgissent les insultes qui avaient servi pour les impressionnistes et les exposants du Salon des Indépendants, des décennies auparavant. Mais ce vocabulaire péjoratif lui-même suggère des hypothèses d'interprétation, du côté de la barbarie, du bariolage, de la crudité. Il sera ici question de trois d'entre elles.

Sauvagerie

«Barbare», «sauvage», «primitif»: ces qualificatifs reviennent jusqu'à la lassitude. En quoi des couleurs, en 1905, peuvent-elles être sauvages? Faut-il prendre ces griefs au sérieux? Il le faut parce que la question de la

1 Marcel Nicolle, *Journal de Rouen*, 20 novembre 1905; repris dans *Pour ou contre le fauvisme*, Paris, Somogy, 1994, p. 62.

couleur barbare est décisive dans le processus de détachement et de réfutation qui sépare expressionnisme et fauvisme du post-impressionnisme. Telle est la première hypothèse que l'on veut avancer.

Premier point: il convient de rappeler que les œuvres qui, par leur chromatisme, anticipent les expériences de Matisse ou de Kirchner demeurent, en 1905, peu connues ou violemment critiquées. La première exposition Van Gogh se tient chez Bernheim durant une semaine en mars 1901. Si importante soit-elle rétrospectivement, ne serait-ce que parce que Matisse, Derain et Vlaminck s'y rencontrent, elle passe inaperçue de la critique – à l'exception de Mirbeau – et du public parisien. «La peinture extraordinaire d'intensité [2]» qui bouleverse alors Derain n'est, à cette date, que la référence d'un cercle très étroit. Gauguin est moins reconnu. Sa mort en 1903 et les efforts de Charles Morice dans le *Mercure de France* ont attiré sur lui quelque attention, de la curiosité à défaut d'admiration. Ses toiles d'Océanie ne se voient cependant que chez Vollard et dans de rares collections privées. Si Matisse, Derain ou Picasso – grâce à Duri dans ce dernier cas – sont familiers de ses sujets, de son syncrétisme symboliste, de son chromatisme transposé, les amateurs et bien des peintres restent réticents ou indifférents. Il faut la rétrospective réunie au Salon d'Automne de 1906 pour que la référence gauguinienne s'impose – au moment où elle perd de son autorité auprès de Derain ou de Braque, supplantée par le cézannisme. Il serait donc imprudent de supposer que les œuvres de Van Gogh et de Gauguin auraient accoutumé les regards à l'intensité d'un chromatisme plus subjectif qu'imitatif: avant 1905, elles n'ont été ni assez montrées, ni assez vues pour le pouvoir. L'audience d'écrits tels ceux de Signac est tout aussi réduite et leur influence tout aussi faible.

Que montre-t-on dans les salons et les galeries? D'une part, les productions d'un réalisme illusionniste qui fournit annuellement tableaux religieux, tableaux d'histoire et portraits et se vante de sa maîtrise technique. D'autre part, une peinture qui se veut «moderne» et croit tirer les conséquences de l'impressionnisme en appliquant les procédés qui garantissent une luminosité de plein air – son apparence du moins. En 1896, Zola déplore «l'abus de la note claire qui fait de certaines œuvres des linges décolorés par de longues lessives» et dit son horreur d'un Salon «délavé, passé à la chaux, d'une fadeur crayeuse désagréable», «file continue de tableaux exsangues, d'une pâleur de rêve, d'une chlorose préméditée» [3]. D'un côté, ce qu'il dénomme la «note noire» – Bonnat, Henner, leurs élèves –. de l'autre la «note claire», des expositions en noir et blanc pourrait-on dire. Le néo-impressionnisme, quand il est interprété par un Lebourg, n'échappe pas au reproche, pour ne rien dire des paysagistes qui acclimatent en les affadissant les solutions de Monet et dont Francis Picabia, à ses débuts d'enfant prodige, est brièvement l'archétype. En Allemagne, Leibl, Rohlfs, Lierbermann ou Slevogt pratiquent jusqu'à la Première Guerre mondiale une même peinture claire, prudemment animée par la touche et ennemie des contrastes de tons trop accentués. En 1914 encore, dans les toiles qu'il rapporte d'un voyage en Égypte, Slevogt se montre d'une prudence qu'il ne serait que trop aisée d'opposer aux violences de Matisse au Maroc, de Van Dongen en Égypte ou de Klee en Tunisie.

Cet art qui pousse la clarté jusqu'à la décoloration provoque, dès qu'il domine, une opposition qui se réclame d'une couleur première, primitive et charnelle contre les harmonies impressionnisantes, savantes, subtiles et désincarnées. D'un extrême à l'autre: négation

2 André Derain, *Lettres à Vlaminck
suivies de la correspondance de guerre*,
Flammarion, 1994, p. 41.

3 Émile Zola, «Peinture», *Le Figaro*,
2 mai 1896, dans *Écrits sur l'art*, Paris,
Gallimard, 1991, p. 469.

radicale qu'expriment en France les critiques – Élie Faure, Marius-Ary Leblond – qui font l'apologie d'un chromatisme rudimentaire et brutal débarrassé des afféteries d'atelier. En 1904, dans un article intitulé «L'art sauvage» les Leblond affirment leur thèse: «Par l'abondante facilité même, la rapidité avec lesquelles les artistes contemporains captent les couleurs de l'univers, on arrive à tenir la couleur pour quelque chose d'assez futile et superficiel dans sa légèreté aérienne. On pourrait croire qu'elle est une charmante mais vaine poussière de l'atmosphère quand, millénaire comme la vie même, elle monte en sève puissante de la terre. C'est la peinture primitive qui, inhabile à fouetter les tons et à faire mousser les nuances, doit rendre à nos yeux le sens de l'épaisseur substantielle de la couleur [4].»

À partir de tels arguments se développe une doctrine qui demande de rompre avec les subtilités, fussent-elles impressionnistes, et d'en revenir à des chromatismes plus simples et plus forts. Les peintures pariétales préhistoriques dont l'authenticité et l'antiquité sont reconnues en 1903, les icônes byzantines et russes, les mosaïques ravennates, les Primitifs italiens et français – ces derniers montrés à Paris en 1904 – font tour à tour ou ensemble office de preuves et d'exemples. Maurice Denis, si prudent dans ses œuvres, s'en réclame dans ses chroniques, avec une préférence marquée pour le roman contre le gothique et pour les Primitifs florentins et siennois contre les maîtres de la Renaissance.

Au cours de la même année 1904, Élie Faure écrit *L'Archaïsme scientifique* afin d'expliquer pourquoi il faut aller «vers les sources premières d'où les eaux mélangées de terre sortent des profondeurs du sol [5]». Il le faut afin d'accéder aux «grandes intuitions panthéistes de l'homme aux prises avec les apparences multiformes de la vie» et

parce que «la biologie tend à réaliser la démonstration de l'unité substantielle de la matière et de la force et à nous procurer la base, peut-être cette fois solide, où nous édifierons l'harmonie causale et effective de la conscience et de l'instinct, de l'individu et de l'espèce, du réel et de l'idéal [6]». Parmi les prophètes de l'archaïsme salvateur, Faure cite Gauguin, qui «voit sous les arbres lourds, près de la mer, dans une ivresse sensuelle qu'appesantit le parfum des fleurs tropicales et la flamme rouge de l'air, errer des jeunes filles nues, raides et pures, sorte de Tanagras barbares dont la grâce est en germe dans la bestialité [7]». La justesse de la description importe moins que la présence de quelques mots, que les sensations physiques, que la «flamme rouge» et les «Tanagras barbares» – évidemment barbares. Or, ces pages sont précédées d'une critique appuyée de l'impressionnisme, lequel «prit le moyen qui est l'analyse, pour le but qui est la synthèse» et «exprima la vie changeante des surfaces sans songer à saisir sous l'accident la loi de continuité structurale où la conscience humaine épouse l'ordre naturel [8]».

L'opposition entre l'art qu'attendent Faure et les Leblond et l'impressionnisme tel qu'il se survit et se vend autour de 1900 se décline en heurts terme à terme, notion contre notion. Les nuances légères s'opposent aux couleurs «substantielles», la surface à la profondeur, l'actuel à l'archaïque, le décadent au primitif, l'urbain au sauvage, l'impureté de la civilisation à la pureté de la nudité. Il n'est besoin pour le vérifier que d'esquisser une iconologie sommaire des œuvres fauves et expressionnistes. La nudité dans la nature – une nudité d'ordinaire féminine dans une nature vierge de civilisation – est l'un des motifs de Matisse, Derain, Kirchner, Heckel et Schmidt-Rottluff après l'avoir été de Gauguin et Cézanne. Auparavant, chez Degas comme chez Manet, le corps n'est nu, le plus souvent, que

4 Marius-Ary Leblond, «L'art sauvage», *Les Arts de la vie*, 1904, p. 90.
5 Élie Faure, «L'archaïsme scientifique», *Les Arts de la vie*, 1904, p. 272.

6 *Ibid.*, p. 275.
7 *Ibid.*
8 *Ibid.*, p. 274.

dans une chambre ou une salle de bains – hors les nus mythologiques et celui, énigmatique, du *Déjeuner sur l'herbe*. Il en va de même pour Bonnard, comme pour Toulouse-Lautrec.

À l'inverse, les peintres du groupe Die Brücke peuplent de nus des prairies, des bords de lacs, des lisières de forêts, comme s'il importait que soient liés esthétique nouvelle et naturisme – deux retours à l'état primordial. L'adresse, l'élégance, la discrétion seraient ici déplacées, inadmissibles même. Kirchner se risque donc jusqu'à des sujets érotiques et à des sculptures délibérément sommaires, taillées dans le bois comme autant de fétiches pour un renouveau du paganisme et des magies. Dans les collections ethnographiques de Dresde et de Berlin, il découvre de quoi le stimuler et le convaincre de renoncer sans retour à tout compromis avec le « bon goût ». En 1914, Pechstein voyage dans le Pacifique sud jusqu'aux îles Palaos, cependant que Nolde visite les îles de l'Amirauté et la Nouvelle-Guinée. Autant d'indices convergents, pour peu qu'ils soient rapprochés des toiles, des dessins et des gravures sur bois de l'expressionnisme, « sauvage » dès son irruption.

Du côté français, même obsession de l'état de nature. *De Luxe, calme et volupté* (cat., n° 1) au *Bonheur de Vivre* et aux deux versions du *Luxe* (cat., n° 123, et n° 124), Matisse compose des visions d'un paradis perdu qui est paradis du corps amoureux et paradis de la couleur, alors que *L'Âge d'or* de Derain inverse ironiquement le motif et place au premier plan des pleureuses désespérées. Mais sa *Danse* (cat., n° 114) est d'une autre tonalité, « barbare » sans réserve, et les nus y sont rouge sang. Le serpent probablement symbolique et l'oiseau chamarré accentuent l'air d'exotisme gauguinien tel qu'Élie Faure l'a compris – grâce naissante

dans la bestialité. Analyser les connivences de la couleur et du corps féminin dans leurs tableaux contraindrait à énumérer la plupart des Fauves, tant il est clair que chromatisme et nudité vont de pair, sous le signe du primitif et du sexuel. Van Dongen lui-même, bien que chroniqueur des immoralités parisiennes, choisit des carmins et des écarlates pour ses danseuses indiennes et ses jeunes Égyptiens.

Le corps primitif apparaît en effet comme un corps coloré, à la différence de celui de l'Occidental et cela littéralement – non point en raison des pigmentations différentes selon les peuples et les continents mais parce que l'un des sujets d'étude préférés des anthropologues du temps se trouve être la peinture corporelle. La traduction française des *Débuts de l'art* d'Ernest Grosse paraît en 1902. Son chapitre le plus développé et le plus riche en exemples pris aux explorateurs et aux ethnologues traite de la parure et on y apprend que « le rouge, surtout le rouge jaunâtre, est la couleur favorite des primitifs, comme de presque tous les peuples. Nous n'avons qu'à observer nos enfants pour nous convaincre que le goût a peu changé de ce point de vue. C'est le rouge qui s'use le plus vite dans leurs boîtes à couleurs […]. Les adultes eux-mêmes résistent rarement au charme du rouge malgré l'affaiblissement de notre sentiment des couleurs [9]. »

Aborigènes australiens, indigènes océaniens, Boschimans, Botocudos : Grosse cite ses sources, non sans y ajouter des allusions au rouge dont se drapaient les généraux romains. Il le rappelle : « le rouge est la couleur du sang, qu'en règle générale l'homme voit justement au cours des plus grandes excitations, pendant le combat ou la chasse [10] ».

Un peu plus loin, ayant examiné parures et tatouages, il avance un deuxième argument, en faveur

[9] Ernest Grosse, *Les Débuts de l'art*, traduction E. Dirr, Alcan, 1902, p. 45-46.
[10] *Ibid.*, p. 46.

de la nudité complète : «tout ce que nous savons de ces peuples nous fait croire que la nudité est l'état normal et que le vêtement est l'exception. [...] Le tablier, le pagne, les feuilles, etc. ne sont presque partout que des ornements fixés à la ceinture ; ce ne sont pas des vêtements, ce sont des parures. Quel besoin l'homme primitif éprouverait-il de cacher ses parties génitales [11] ?» Là encore, comme à propos du rouge, il invoque la preuve par les enfants «qui montrent leurs organes génitaux sans nulle honte et qui ne comprennent pas tout d'abord pourquoi on le leur défend». Une brève analyse anthropologique et historique de la notion de pudeur lui permet de décrire une inversion, et comment la nudité, ordinaire chez les primitifs, est devenue, dans la civilisation occidentale ce «qui excite» – charge érotique dont Kirchner n'est pas moins conscient que Matisse.

À ce dernier, il revient de condenser ces considérations sur couleur, corps et désir en une phrase : «les tableaux qui sont des raffinements, des dégradations subtiles, des fondus sans énergie, appellent des beaux bleus, des beaux rouges, des beaux jaunes, des matières qui remuent le fond sensuel des hommes». Matisse conclut : «C'est le point de départ du Fauvisme : le courage de retrouver la pureté des moyens [12].» Il faut comprendre ici : le courage d'en finir avec les suites de l'impressionnisme et de rendre à la couleur sa sauvagerie et sa sensualité originelles [13].

Vulgarité

Or, cette sauvagerie originelle, la civilisation y revient non par régression, mais par modernité, non par un retour à la rusticité, mais par un progrès de l'industrie. Le primitif enduit son corps de rouge et d'ocre. Le moderne va par des villes bariolées d'affiches et éclairées à l'électricité, violemment, sans nuances. Les femmes des tribus exotiques s'enduisent de terres et de sucs végétaux. Les belles Européennes se maquillent et se parent d'étoffes chamarrées. Le but est identique : se faire voir, attirer l'œil, démontrer la puissance et affirmer la beauté par la couleur. La discrétion, les nuances ne sont pas de mise, au point que ces ornements trop intenses sont souvent tenus pour vulgaires.

Or la ville polychrome – qui est la ville contemporaine – est celle des Fauves. Quelques œuvres célèbrent explicitement le bariolage urbain. Après des rues pavoisées de bleu-blanc-rouge – motif inventé par Manet et Monet –, Dufy et Marquet peignent en 1906 *Les Affiches à Trouville* (ill. 1) – bandes obliques, ovales, rectangles, tons heurtés. En 1906, à Londres, Derain signale les enseignes rutilantes aux vitrines de *Regent Street* et, sur la rive sud de la Tamise, des majuscules bleues annoncent de loin que l'entreprise Lee & E… vend de quoi construire, plâtre et ciment – l'inscription se déchiffre dans la partie droite du *Pont de Blackfriars* [14]. En 1906 encore, à Anvers, Braque et Friesz mentionnent les drapeaux et pavillons dans le port.

Entre 1908 et 1910, Kupka peint une rue, quatre boutiques : celle qui vend des cycles est bleue, celle du cordonnier rouge vif, un troisième commerce vert pomme avec un store à bandes rouges et blanches et un café orange, avec le même store éclatant. Ces aplats s'opposent au gris des pavés et du trottoir. La toile a pour titre *Couleurs comme adjectifs, les boutiques* [15]. Elle s'inscrit dans une description de la ville et de ses mœurs nocturnes

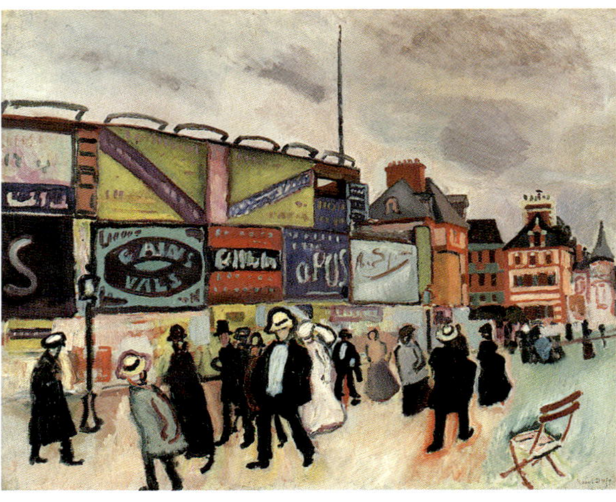

(ill. 1) **Raoul Dufy**
Les Affiches à Trouville, 1906
Huile sur toile, 65 x 81 cm
Musée national d'Art moderne, Paris

---

11 *Ibid.*, p. 72
12 Henri Matisse, *Écrits et propos sur l'art*, Paris, Hermann, 1972, p. 128.
13 Sur ces questions, on prendra la liberté de renvoyer le lecteur à notre essai *Le Peintre, le Poète, le Sauvage*, Paris, Flammarion, 1998, p. 111-128.

14 Sur ce point, voir Judi Freeman, «Loin de la terre de France ; les fauves à l'étranger», dans *Le Paysage fauve*, Abbeville Press, 1991, p. 197.
15 D'après le catalogue de la rétrospective Kupka au musée d'Art moderne de la Ville de Paris (1990), ce titre aurait été décidé «bien après 1910».

qui a pour héroïne la «gigolette». Celle-ci provoque le passant, debout devant une devanture badigeonnée de rouge dans la toile dénommée plus tard *Le Goût de Gallien* ou *La Chanteuse de cabaret* (1908; cat., n° 158).

En 1912 et 1913, Delaunay accorde aux affiches une place déterminante dans les différentes versions de son *Équipe de Cardiff* (ill. 2). Les placards publicitaires légitiment l'introduction des tons crus, au même titre que les maillots des joueurs de rugby. Ils célèbrent le monde nouveau, la construction aéronautique, les voyages, la modernité et Delaunay lui-même, dont le patronyme s'inscrit,

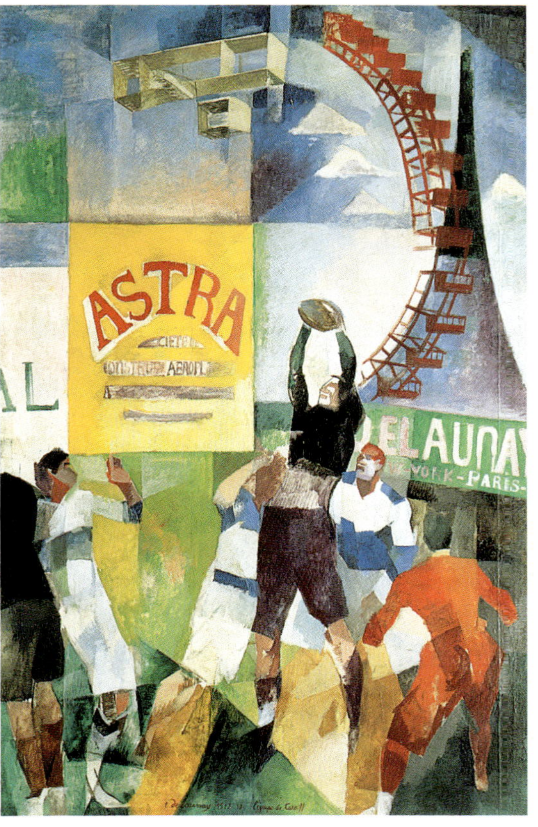

(ill. 2) **Robert Delaunay**
L'Équipe de Cardiff, 1912-1913
Huile sur toile, 326 x 208 cm
Musée d'Art moderne de la Ville de Paris

signature et «réclame» associées – attitude normale pour un artiste qui, peu après, tente d'appliquer les contrastes simultanés à la publicité, suivi en cela par Sonia. Dans les versions du musée d'Art moderne de la Ville de Paris et de la Staatsgalerie de Munich, Delaunay se lit aisément, tout comme Astra, alors que la version du Van Abbemuseum d'Eindhoven, si elle célèbre à nouveau Astra, vante, au lieu du peintre, une firme ou un produit nommé Magic. Substitution suggestive: rien de plus «magic» que l'art de Delaunay, qui associe aviation, sport, tour Eiffel, affiches et couleurs pures.

À l'été 1912 enfin, Picasso compose un *Paysage aux affiches* où des constructions évoquées géométriquement sont associées à trois citations de la publicité, pour les firmes Kub, Pernod et Léon. L'affiche Kub reprend un calembour du temps, qui affectait de confondre cubisme et «kubisme», étant entendu que le cubisme aurait été une invention allemande, donc pernicieuse [16]. Encore est-elle d'un ocre proche des tonalités du paysage. À l'inverse, la réclame pour l'apéritif Pernod se distingue par sa forme et son vert, et l'affiche Léon rompt de son rose vif l'harmonie neutre qui est de règle dans le cubisme depuis 1909. Cette toile entretient des rapports étroits avec les premiers papiers collés, dans la mesure où Picasso y mentionne comme des emprunts au monde quotidien des réclames qu'il reproduit telles quelles peu de temps avant de les découper et de les coller sur le papier. Le vert et le rose, couleurs incongrues, troublent l'unité grise et ocre du tableau comme l'affiche trouble le paysage, avec ses aplats et ses majuscules.

De ces œuvres, il faut rapprocher des écrits esthétiques et, moins attendues, des décisions juridiques des années 1900. Les uns et les autres autorisent à affirmer que le monde moderne proclame sa nouveauté par sa polychromie. En 1901, l'essayiste et poète Gustave Kahn

16 Citant Jean-Jacques Becker, Anne Baldessari rappelle à ce propos qu'en 1914 «les maires de France seront enjoints de détruire les panneaux émaillés de la marque Kub, accusés de servir de repères codés à la progression de l'ennemi» (*Art & Pub*, Centre Georges Pompidou, 1990, p. 44-45).

publie *L'Esthétique de la rue*. L'un de ses chapitres s'intitule «La rue actuelle, la polychromie de la rue par les couleurs des façades, les affiches et la lumière». Le raisonnement oppose un passé jugé détestable à une évolution que Kahn voudrait audacieuse. Auparavant, «tout se courbait sous [un] idéal blanc et noir, noir poli et blanc mat, dont un clubman en tenue de soirée donnait le thème et la synthèse [17]». Seul le costume féminin maintenait la polychromie, stimulé par le japonisme, les «dessins florés des robes japonaises [18]».

Kahn décrit ensuite les progrès de la couleur dans la rue, grâce aux affiches: «Aujourd'hui, l'affiche polychrome, l'affiche à la Chéret a vaincu. Il n'est si mince Music-Hall, il n'est de tapioca, ni de liqueur, il n'est de friandises, d'alimentations, de machines roulantes ou imprimantes qui ne veulent intéresser le passant par un joli dessin, ou une amusante devinette peinte [19]». À l'appui de sa thèse, il cite Roger Marx, auteur en 1896 des *Maîtres de l'affiche*, qui définit cet art comme celui du «tableau mobile éphémère que réclamait une époque éprise de vulgarisation et avide de changement [20]». Après l'invention de la technique chromolithographique en Grande-Bretagne, son introduction en France par Jules Chéret à la fin du Second Empire détermine la prolifération des feuilles colorées, à laquelle s'ajoute celle des plaques émaillées, plus durables et d'un éclat plus vif.

Protestant contre la suprématie que la pierre de taille blanche conserve à Paris, Kahn évoque les maisons hollandaises et leurs «portes vertes ou d'un bleu très vif», les façades anglaises en brique «rose tendre». «Mais sauf en des écoles que la Ville de Paris construisit brique et pierre, le blanc règne encore dans notre enceinte, le blanc Haussmann des grands boulevards, apparenté avec la blancheur des vieilles places louis quatorzièmes et du XVIIIe siècle [21]».

L'ouvrage finit sur la vision de la ville future où «les façades seront claires, polychromes», puisque «l'art de l'affiche retrouvant les principes de la décoration, indique ce que pourront être les joyeuses féeries des murailles [22]».

La question revient en 1905 dans *Le Mercure de France*, où paraît «L'esthétique de la rue» d'Émile Magne. Il dépeint la cité moderne telle que la changent les progrès de la science, l'électricité, la vitesse et l'affiche. L'électricité introduit la lumière et la couleur quand «aux lugubres réverbères, aux sinistres candélabres, succèdent les lampes à arc, les globes dépolis, petites lunes remuées d'un feu intérieur; les lampes à incandescence, les tulipes et les ampoules [23]». Suivent des visions de la nuit transfigurée par l'électricité, apologies qui préfigurent la poétique futuriste et Apollinaire. Aux peintres qui les liraient, elles suggéreraient des sujets – on ne peut exclure que ce soit le cas du *Paysage nocturne* (1906) de Delaunay. La toile répond à Magne, quand il écrit: «Et parmi l'égide phosphorescente qui borde les maisons, circulent, faisant leur trouée, le fiacre indolent et sa terne bougie, l'omnibus aux lanternes vertes et rouges, les bicyclettes et leurs lampes à acétylène, les automobiles et leurs puissants réflecteurs. La vie circulante suit le progrès et bientôt la terre éclairera le ciel nocturne [24].»

Le thème de l'affiche polychrome apparaît aussitôt. «Les murs sont égayés par une profusion de tableaux amusants ou grotesques, mélancoliques ou satiriques […] [25]», observe Magne. Il lie ces métamorphoses urbaines aux révolutions économiques et sociales. «Les magasins, écrit-il, concourent également à cette polychromie. […] La foule ne s'arrête plus que devant les échafaudages prestigieux. Les autres l'indiffèrent [26].» Sans doute ignore-t-il que Van Dongen a peint en 1901 une *Boutique de mode* en rose et vert.

17 Gustave Kahn, *L'Esthétique de la rue*, Paris, Charpentier, 1901, p. 209. L'importance de cet ouvrage a été justement soulignée par Pascal Rousseau, «La Parisienne de Robert Delaunay. La mode simultaniste ou les couleurs de la modernité», *Robert Delaunay*, Musée de l'Annonciade, Saint-Tropez, 1997, p. 88-89.

18 *Ibid.*, p. 210. Il suffit de rappeler de quelles conséquences fut pour le fauvisme le regain de japonisme qui s'observe aux alentours de 1905 et dont témoignent des œuvres de Matisse et de Derain, prenant une robe japonaise pour motif. Manet, Van Gogh et Bonnard ne sont pas pour rien dans ce bref retour aux estampes dont Matisse a dit qu'il avait été d'autant plus déterminant qu'il s'agissait alors de retirages de qualité médiocre, mais plus vivement colorés et violemment contrastés que les tirages qui avaient circulé à partir du Second Empire (Henri Matisse, *Écrits et propos sur l'art, op. cit.*, p. 83, n. 17).

19 *Ibid.*, p. 221-222.
20 *Ibid.*, p. 219.
21 *Ibid.*, p. 244.
22 *Ibid.*, p. 303.
23 Émile Magne, «L'esthétique de la rue», *Le Mercure de France*, 15 juillet 1905, p. 175.
24 *Ibid.*, p. 176. Suivent d'autres tableaux parisiens, qui contiennent en puissance *La Chanson du mal-aimé* et font l'inventaire des nouveautés mécaniques qui inventent une nouvelle beauté, simple et efficace. Les tramways «excitent par leur extrême harmonie d'allures la divination de leur prochaine beauté.»

Que l'affiche soit ce signe de la modernité, d'autres s'en avisent. «L'affiche illustrée, de couleur batailleuse, de dessin fou, de caractère fantastique et annonçant partout, dans des milliers de papiers que d'autres milliers de papiers auront recouverts le lendemain, une huile, un bouillon, un pétrole, un cirage, un chocolat nouveau : rien n'est en effet d'une modernité plus violente, rien n'indique aussi insolemment un âge [27]. » L'affirmation est signée Maurice Thalmeyr, pseudonyme du sénateur Henry Béranger, l'un des pourfendeurs de l'affiche, qu'il dénonce dans plusieurs textes autour de 1900 [23]. Il a des imitateurs, à l'instar de Gérard Harry qui vitupère «la lèpre des villes [29]» ou du vicomte d'Avenel qui détaille et déplore *Le Mécanisme de la vie moderne*. Il trouve dans le député Charles Beauquier un allié, qui non seulement polémique mais légifère contre l'affiche, devenue objet de débats politiques.

Depuis la loi du 29 juillet 1881, l'affichage est libre en France, hors les exceptions qui ont trait aux affichages administratifs et électoraux que la loi restreint et protège tout à la fois. N'importe quel annonceur peut procéder à un affichage public tant qu'il n'offusque pas la moralité publique. D'innombrables témoignages, jusqu'aux photographies d'Atget, montrent combien cette décision affecte l'aspect des villes. Des lois restrictives sont alors promulguées [30]. Le 27 janvier 1902, une loi permet aux maires et aux préfets «d'interdire l'affichage, même en temps d'élection, sur les édifices et monuments ayant un caractère artistique». La loi du 21-24 avril 1906 organise «la protection des sites et monuments ayant un caractère artistique». Votée à l'initiative de Beauquier, elle institue les commissions départementales des sites et crée la notion d'un patrimoine artistique et historique.

La loi du 20 avril 1910 en tire les conséquences : «L'affichage est interdit sur les immeubles et monuments

historiques […]. Il peut être également interdit autour desdits immeubles, monuments et sites, dans un périmètre qui sera pour chaque cas particulier déterminé par arrêté préfectoral, sur avis conforme de la commission des sites et monuments naturels de caractère artistique.» La loi du 12 juillet 1912, dite des «panneaux-réclames», ajoute une mesure financière, la taxation de l'affichage. Il en est de même dans les principaux pays industrialisés. Dans l'Empire allemand, la loi du 2 juin 1902 protège les sites naturels de l'affichage et celle du 15 juillet 1907 étend la protection aux villes. En Grande-Bretagne, un *bill* du 28 août 1907 donne pouvoir aux autorités locales de lutter contre les abus d'affichage ; en Suisse, une loi équivalente est édictée la même année. Cette réglementation répond à un refus, comme si un seuil avait été franchi, celui de l'intolérable. Intolérable pour qui ? Dans son essai, Magne discute «des théories générales dont quelques-unes sont inscrites au programme des sociétés La Fédération régionaliste française, La Protection des paysages, L'Art pour tous, Le Vieux et le Nouveau Paris [31]». Il les discute vivement : «La légende qui pare les vieilles choses nous les fait aimer. Nous accordons, même avec une âme se targuant d'athéisme, une religion aux splendeurs disparues. Nous nous agenouillons sur le mausolée de nos devanciers.

En vérité, nous détesterions le Paris de Villon et de Gringoire, ses truandailles et ses horizons noirs [32].» Et, plus général, il ajoute ceci : «C'est en vérité un devoir de garder et d'entretenir avec vénération les ruines. Elles sont le témoignage muet de notre histoire. Mais encore faut-il choisir parmi elles et ne pas montrer un fétichisme superflu [33].» Tel est l'enjeu du débat, qui dépasse le problème de l'affichage abusif. Dans cette période, la conservation du passé devient un impératif, pour la première fois défini

25 *Ibid.*, p. 179.
26 *Ibid.*, p. 180.
27 Maurice Thalmeyr, «L'âge de l'affiche», *Revue des Deux-Mondes*, 1er septembre 1896, p. 216. Ce texte symptomatique a été retrouvé par Pascal Rousseau, «La morale des murs», *Aux Bons-Enfants*, Paris, Éditions du Regard, 1997.
28 Particulièrement dans sa *Cité du sang*, Paris, Perrin, 1901. «Affiches!

Absurdes, monstrueuses et somptueuses affiches! Ce sont les mêmes violences fantasques, les mêmes effets de cauchemars folâtres et multicolores, aboutissant aux mêmes excitations à boire, à manger, à aimer, à danser, à se divertir, à se parer, à s'habiller et à se déshabiller» (p. 274).
29 Gérard Harry, «La lèpre des villes», *L'Art public*, n° 3-4, décembre 1908.

30 Sur ce point, voir P. Anca, *L'Affiche privée devant la législation et la jurisprudence française*, Jouve et Cie Éditeurs, 1924.

31 Magne, *op. cit.*, p. 161.
32 *Ibid.*, p. 167-168.
33 *Ibid.*, p. 168.

comme tel. Jean Lahor crée la Société pour la protection des paysages de France, présidée par Beauquier. Des ouvrages paraissent, dont il suffit de citer les titres : *De la protection des monuments historiques, des sites et des paysages* de F. Cros-Mayrevielle paraît en 1907, *Pour le visage aimé de la patrie* de G. de Montenacle en 1908 et *Pour la défense du paysage français* de L. Griveau en 1910.

Deux partis pris esthétiques s'affrontent. La question de l'affiche sépare les tenants de la modernité des nostalgiques d'un passé perdu – opposition politique autant qu'artistique. Roger Marx, en un passage que Kahn reprend, déclare : «Comprise par tous les âges, aimée du peuple, l'affiche s'adresse à l'âme universelle. Elle est venue satisfaire des aspirations nouvelles et cet amour de la beauté que l'éducation du goût répand et développe sans arrêts [34]. » Thalmeyr rétorque : «Le résultat de cet art mobile et dégénéré est, comme on le conçoit facilement, une démoralisation spéciale, mécanique, et comme à coups d'images du cinématographe. Feuilletez bien les affiches des collections, examinez bien celles des rues, et vous ne trouverez jamais, ni sur un mur, ni chez un amateur, une belle affiche "morale", dont l'effet soit l'exaltation d'un sentiment noble [35]. »

Positions sans équivoque : l'affiche se trouve placée dans un camp, pêle-mêle celui de l'industrie, de la nouveauté, du peuple et de la couleur. Thalmeyr observe qu'elle appelle à «des réunions révolutionnaires, des meetings de revendication ou d'indignation ». Révolution : le mot, haï ou exalté, est lâché. Or, le fauvisme, au-delà de ses relations avec l'affiche, est révolution de la couleur, contre des traditions à respecter : sacrilège aussi grave qu'une affiche polychrome collée sur un monument historique. Vauxcelles frappe juste, en 1905 : «M. Derain effarouchera [...]. Je le crois plus affichiste que peintre. Le

parti pris de son imagerie virulente, la juxtaposition facile des complémentaires sembleront à certains volontiers puérils ; reconnaissons, cependant, que ses *Bateaux* décoreraient heureusement le mur d'une chambre d'enfant. M. de Vlaminck épinalise [36]. » Il recommence en 1906 : «M. Derain ou le terrible parmi les terribles. De ses affiches polychromes il émane de la joie [37]. » Critique prévisible.

Il n'est pas plus surprenant que ce soit Kahn qui défende le fauvisme en octobre 1906. À un «exposant au Salon d'Automne» dont l'envoi aurait été «un arbre résolument rouge» aux feuillages bleus – Derain ? Vlaminck ? – Kahn adresse ses encouragements : «Affirmez votre volonté d'art neuf ; et si vous vous êtes trompé, votre effort sera plus glorieux que celui des lèche-palettes qui obtiennent les commandes et les portraits des belles madames ; votre place sera aussi considérable dans les musées de l'avenir, malgré les lourds sommeils des bureaux qui marmottent en dormant que Seurat est un maître puissant et fixent aux calendes grecques son entrée dans les halls triomphaux [38]. »

Bariolage

La troisième hypothèse ne se fonde que sur des indices indirects. Elle touche aux habitudes de vision et de représentation. Les toiles fauves et expressionnistes offusquent parce que des couleurs subjectives y sont employées à la transcription de visages, de corps et de paysages urbains ou bucoliques. Or, en 1905 – depuis des années –, ces motifs n'appartiennent plus au seul peintre, réaliste, académique ou impressionniste. Autant qu'à lui, sinon plus, ils appartiennent au photographe, qui tire le portrait, diffuse des nus «artistiques» ou «érotiques» et fait l'inventaire des paysages contemporains en cartes postales et illustrations pour livres de géographie et fas-

34 Kahn, *op. cit.*, p. 219.
35 Thalmeyr, *op. cit.*, p. 274.

36 Louis Vauxcelles, «Le Salon d'Automne», *Gil Blas*, 17 octobre 1905 ; repris dans *Pour ou contre…*, *op. cit.*, p. 28.
37 Louis Vauxcelles, «Le Salon d'Automne», *Gil Blas*, 5 octobre 1906 ; repris dans *Pour ou contre…*, *op. cit.*, p. 79.

38 Gustave Kahn, «Lettre à un exposant du Salon d'Automne», *La Phalange*, octobre 1906 ; repris dans *Pour ou contre le fauvisme*, Paris, Somogy, 1994, p. 88.

cicules touristiques. La diffusion des photographies et des appareils d'usage aisé s'amplifie régulièrement, accélérée à chaque amélioration technique, temps de pose, optique, tirage ou impression. La représentation du visible, en 1905, a cessé d'être la propriété exclusive d'un art d'autant plus puissant qu'il peut, à tout moment, invoquer la splendeur de son histoire. Il se trouve contraint de supporter la présence d'un savoir-faire – que bien peu tiennent pour un art – presque sans passé, mais universellement répandu, la photo.

Il ne servirait à rien d'en contester les capacités en un temps où il est déjà devenu banal de se faire portraiturer en habits neufs devant la toile peinte d'un studio et tout aussi banal de correspondre au dos d'images de côtes, d'églises, de villages ou de travaux des champs. Les historiens du fauvisme le savent, qui comparent à l'occasion ces vues anonymes aux Braque ou aux Derain peints dans le même lieu et, parfois, selon le même point de vue. Ils peuvent aussi comparer les portraits dessinés ou peints aux clichés du temps. Ils se livrent à ces exercices avec un plaisir d'autant plus vif que, pour des périodes antérieures de quelques décennies, ils ne pourraient y réussir faute de photographies assez nombreuses. Pour le début du siècle, elles abondent.

Un exemple peut suffire. En 1901, dans sa collection «Sites et Monuments», le Touring club de France publie un volume consacré à la Provence, entièrement illustré de photographies, œuvres de sociétaires. On y trouve, six ans avant Braque, le panorama du port de La Ciotat, avec ses barques et ses vapeurs, et, avant Friesz, le Bec-de-l'Aigle et les calanques entre Marseille et Cassis. Tel Friesz de 1907[39] donné pour une vue de L'Estaque figure plus probablement la calanque de Port-Miou, reconnaissable à ces deux îlots et sa grève vierge de toute construction.

C'est dire que ces peintres n'inventent pas des sites inconnus. Leur regard ne peut se prétendre le premier, loin de là. Il pourrait, à l'inverse, n'être guère plus que celui du touriste en quête des curiosités locales que désignent et décrivent les guides et les cartes postales.

Qu'ont à voir ces remarques avec la couleur? Ceci d'abord qui confine à l'évidence: la couleur est ce qui fait défaut au paysage devenu photographie, donc image en noir et blanc. La métamorphose mécanique a pour elle l'objectivité supposée de ces optiques et la toute-puissance de la multiplication. Mais, en 1905, en dépit des expériences d'autochromie, elle ne sait que convertir les nuances des tons en gradation de gris. Du monde et des êtres, elle produit des représentations innombrables – incomplètes cependant. Le chromatisme du motif n'y est qu'indiqué abstraitement par des différences de valeur. Au peintre, dans pareille situation, il appartient de rendre la couleur aux sujets – ce qui ne signifie pas imiter les couleurs locales, mais, selon un processus d'intensification opposé à la disparition qui s'accomplit dans le cliché, «monter» les tons, faire mieux que les ressusciter: les exalter.

L'hypothèse exigerait, afin d'être vérifiée, un examen complet des relations entre peinture et photographie depuis les années 1850, depuis que, de manières opposées, Ingres, Delacroix et Courbet ont pris position face à l'irruption d'images nouvelles. La question de la couleur absente et retrouvée se pose avant 1905 quand bien même le flux des photos et leur consommation courante ne cessent alors de croître. Il conviendrait de la poser à propos de l'impressionnisme – et l'analyse du cas Degas ne suffirait pas à la régler – et du post-impressionnisme, de Gauguin et de Toulouse-Lautrec, auxquels il est arrivé de copier des clichés. Il faut néanmoins se borner ici au fauvisme. Les éléments matériels sont rares. Les rappro-

---

39 Freeman, *op. cit.*, p. 232, n° 247

chements qui s'établissent d'eux-mêmes entre clichés et tableaux de paysages méditerranéens n'autorisent aucune déduction du type: Friesz ou Braque ont peint tel motif selon tel angle parce qu'ils avaient vu telle photo auparavant. *Le Bal à Suresnes* de Derain fait exception dans la mesure où il paraît établi que la toile reproduit – avec des tons vifs – un cliché, qui a les apparences d'un instantané bien que l'on puisse douter de sa spontanéité.

Faute d'œuvres, restent les propos. Derain, en 1929, répond à Duthuit. Après la phrase demeurée fameuse «Le fauvisme a été pour nous l'épreuve du feu», il poursuit: «Il y avait certainement des causes obscures à notre inquiétude d'alors, à notre besoin de faire autre chose que ce que tout le monde voyait. C'était l'époque de la photographie. Cela peut être une cause d'influence et qui comptait dans notre réaction contre tout ce qui ressemblait aux clichés pris sur le vif[40].» Phrases elliptiques. Mais le «c'était l'époque de la photographie» caractérise l'époque en des termes que l'histoire des techniques et de la diffusion ratifie. Quant au «besoin de faire autre chose», il serait tentant d'en déduire que la couleur était cet «autre chose» que le noir et blanc régnant – mais la formule, si elle permet l'hypothèse, ne la confirme pas.

La confirmation, doublée d'une analyse moins allusive, se trouve chez Matisse. En 1909, il répartit les fonctions: «Les détails, le peintre n'a plus à s'en préoccuper, la photographie est là pour rendre cent fois mieux et plus vite la multitude des détails. La plastique donnera l'émotion le plus directement possible et par les moyens les plus simples[41].» L'année suivante, dans un entretien avec Georges Besson, lui-même photographe pictorialiste, Matisse précise sa pensée. La photographie «peut fournir les documents les plus précieux», à condition qu'elle se garde d'ambitions artistiques trop élevées. Du reste,

«le style des photographies est sans importance. […] Le photographe doit en conséquence intervenir aussi peu que possible, en sorte de ne pas faire perdre à la photographie le charme objectif qu'elle possède naturellement, en dépit de ses imperfections[42].»

L'absence de toute couleur pourrait être la principale de ces insuffisances. Matisse ne considère le cliché que comme une image pauvre, la réduction d'un motif à peu de chose, trop peu à son goût. En Océanie, en 1930, il dit avoir renoncé à se servir de l'appareil qu'il avait acheté à l'occasion de son voyage et présente l'épisode en ces termes: «Mais quand j'ai vu toute cette beauté, je me suis dit: je ne vais tout de même pas réduire toute cette beauté à cette petite image. Ça ne serait pas la peine[43].» Pour contenir «toute cette beauté», il faudra les gouaches découpées, ultime période fauve de Matisse, parce que la sensation personnelle, que le peintre appelle «émotion» ou «sentiment», ne s'exprime que dans la couleur. Aussi est-il logique avec lui-même quand il affirme à Tériade que «la photographie a beaucoup dérangé l'imagination, parce qu'on a vu les choses en dehors du sentiment[44]». Qu'une image mécanique en noir et blanc puisse ne pas être objective, documentaire, neutre, ce doute lui demeure étranger, à tel point qu'il copie des clichés pour se «débarrasser de toutes les influences qui empêchent de voir la nature d'une façon personnelle». En ce sens, et en celui-ci seulement, l'image mécanique peut être de quelque utilité au peintre: en lui présentant le motif tel qu'en lui-même, ni interprété, ni déformé, la nature à l'état de nature. L'artiste fait alors l'expérience de la réalité brute et mesure ce qu'il y a de subjectivité dans toute vision picturale – avant de pouvoir donner forme à la sienne. Rappelé aux vérités élémentaires grâce à un instrument inhumain, il peut ensuite se mettre au

40 Propos rapportés par
Georges Duthuit, «Le fauvisme»,
Cahiers d'Art, 1929, n° 6, p. 268.
41 Matisse, *Écrits et propos sur l'art*,
op. cit., p. 60-61.

42 *Ibid.*, p. 60. Ces lignes ont paru
dans *Camera Work* en octobre 1908.
43 *Ibid.*, p. 126.
44 *Ibid.*

travail sans craindre de peindre dans l'ombre d'un pré-
décesseur. Ce raisonnement ne tient que dans la mesure
où Matisse a posé comme un principe premier indiscu-
table qu'une photographie n'est qu'un document neutre
et anonyme – alors que la peinture doit être expressive
et subjective.

Or, elle l'est parce qu'elle est couleur – couleur expressive et subjective, fauve autrement dit. Il ne serait pas abusif d'en déduire que le fauvisme est le contraire de la
photographie, dans un système esthétique qui les définit
tous deux et détermine leurs champs et leurs moyens d'action respectifs. À la question «pourquoi peignez-vous?»
Matisse rétorque en 1942 : «Pour traduire mes émotions
mes sentiments et les réactions de ma sensibilité en termes
de couleur et de forme, ce que ne peuvent faire ni l'appareil photographique le plus perfectionné, même en
couleurs, ni le cinéma.» Le questionneur insiste : «Dans
ces conditions, qu'en est-il des artistes? À quoi servent-
ils?» Réponse : «Ils sont utiles en ce qu'ils peuvent ajouter à la couleur et à la forme par la richesse de leur
imagination intensifiée par l'émotion et en réfléchissant
les beautés de la nature tout comme les poètes et les
musiciens. Par conséquent nous n'avons besoin que de
ceux des peintres qui ont le don de traduire leurs sentiments intimes en termes de couleur et de forme [45].» Ce
pourrait être, à nouveau, une définition du fauvisme.
plus précise et restrictive celle-ci.

45 *Ibid.*, p. 189-190.

Le fauvisme et le *faux départ*

John Elderfield*

«Quelle est cette uniformité, dans laquelle les choses ne sont ni près ni loin, où tout est pour ainsi dire sans distance? Dans le flot de l'uniformité sans distance, tout est emporté et confondu. Eh quoi? Ce rapprochement dans le sans-distance n'est-il pas encore plus inquiétant qu'un éclatement de toutes choses[1]?»

MARTIN HEIDEGGER

1

«Matisse m'assure continuer à ne pas comprendre ce que cela peut bien vouloir dire: fauvisme[2].» Ces propos rapportés longtemps après par Georges Duthuit ne sont pas à prendre au pied de la lettre. L'artiste a sans doute avoué qu'il avait encore du mal à définir ses peintures «fauves» et, plus encore, leur lien avec ce que l'on entend effectivement par «fauvisme»[3]. Nous allons donc commencer par nous demander ce que signifie, en définitive, d'accoler l'épithète «fauve» à un groupe d'artistes français? Une manière insolite et néanmoins éclairante d'aborder la question consisterait à la reformuler dans les termes d'un débat qui agite les intellectuels français depuis les Lumières: en quoi les fauves se distinguent-ils des hommes?

Trois réponses célèbres viennent à l'esprit. La première, dans le *Discours de la méthode,* concerne tous les animaux. Ils se distinguent des hommes, observe Descartes, en ce qu'ils ne pourraient jamais «user de paroles ni d'autres signes en les composant, comme nous faisons pour déclarer aux autres nos pensées». De plus, les animaux «n'agissent pas par connaissance, mais seulement par la disposition de leurs organes; […] c'est la nature qui agit en eux[4]». Les animaux sont des êtres dénués de raison, mus par leur instinct, dépourvus d'un langage capable de communiquer des contenus abstraits. Dans ces conditions, donner (et accepter) l'appellation de Fauves revient à affirmer que le langage pictural de ces artistes ne constitue pas un système de communication rationnel. C'est ce que l'on a affirmé à l'époque. Les Fauves, souvent qualifiés d'«incohérents», n'ont pas manqué de souligner eux-mêmes, ainsi que leurs critiques, l'importance accordée à l'instinct et au prérationnel dans leur démarche peu soucieuse de logique et d'intelligibilité[5]. Mais le langage humain n'est pas seulement un système de communication raisonné, il communique en nommant les choses[6]. D'où il découle apparemment que donner (et accepter) l'appellation de Fauves revient à affirmer que le langage pictural de ces artistes ne nomme pas, refuse de nommer. Ne pas nommer, dans un langage pictural, c'est contrarier l'identification des choses qui sont incluses dans le champ visuel.

La deuxième réponse à notre question vient de *La Pensée sauvage* de Claude Lévi-Strauss. Selon sa classification des rapports de l'homme aux animaux[7], les fauves appartiendraient à une catégorie non métonymique, puisqu'ils n'ont pas de contiguïté physique avec les êtres

* Chief Curator at Large, The Museum of Modern Art, New York

1 Martin Heidegger, «La chose» (1950), dans *Essais et conférences,* traduit de l'allemand par André Préau, Paris, Gallimard, 1958, réédition Tel, 1980, p. 195. Je remercie Terence Riley de m'avoir signalé ce passage de Heidegger. Je tiens également à exprimer ma gratitude à Sarah Ganz qui m'a aidé à préparer ces notes.

2 Georges Duthuit, *Les Fauves,* Genève, Editions des Trois Collines, 1949, p. 95.
3 Sur le fauvisme comme groupe, mouvement et styles, voir John Elderfield, *The «Wild Beasts»: Fauvism and Its Affinities,* New York, The Museum of Modern Art, 1976.
4 René Descartes, *Discours de la méthode* (1637), commenté et annoté par Jean-Marie Beyssade, avec une préface de Jean-François Revel, Paris,

LGF, Le Livre de poche, 1973, p. 156-159.
5 Voir John Elderfield, *Henri Matisse: A Retrospective,* New York, The Museum of Modern Art, 1992, p. 52.
6 Voir Walter Benjamin, «Sur le langage humain et le langage en général», dans *Mythe et violence,* traduit de l'allemand par Maurice de Gandillac, Paris, Denoël, 1971, p. 79-98.
7 Claude Lévi-Strauss, *La Pensée sauvage,* Paris, Plon, 1962, réédition Pocket,

1990, p. 246-251. Voir également S. J. Tambiah, «Classification of Animals in Thailand», dans *Rules and Meanings: The Anthropology of Everyday Knowledge,* sous la direction de Mary Douglas, Harmondsworth, Penguin, 1973; et Edmund Leach, «Anthropological Aspects of Language: Animal Categories and Verbal Abuse», dans *Mythology,* sous la direction de Pierre Maranda, Harmondsworth, Penguin, 1972.

humains. Ils possèdent en revanche une valeur métaphorique forte, fournissant une série d'images employées pour décrire des personnes hors du commun, aussi bien héros de la société que de l'anti-société, y compris ceux qui sont considérés comme exotiques ou dangereux. Cette analyse s'applique aisément aux artistes fauves, souvent assimilés à des «anarchistes» dans l'opinion publique[8]. Mais donner l'appellation de Fauves revient aussi à affirmer une perception analogue du langage pictural de ces artistes, censé manifester la distance et la différence, et le pouvoir que donnent l'une et l'autre. On en trouve trace dans les archives de la critique, à travers les allusions au désir exprimé par les Fauves de revenir aux principes de l'expression en prenant exemple sur les «primitifs» et les enfants[9]. Cette manifestation de la distance et de la différence (et du pouvoir que donnent l'une et l'autre) se traduit apparemment par une élimination de tout ce qui est proche et connu, au profit de ce qui est lointain, à part, autre et des plus bizarres.

J'en viendrai plus tard à la troisième réponse. Il est déjà évident que, dans la mesure où le fauvisme correspond à l'innommé et au lointain, on peut l'associer à l'art symboliste et Nabi des deux décennies précédentes, qui élude la réalité immédiate ou lui ôte ce caractère, et qui a donné le jour au premier tableau (proto-) fauve. *Le Talisman* de Paul Sérusier, en 1888. Le message du *Talisman* – qu'un tableau est fait de couleurs sur une toile – va constituer le programme même du fauvisme visant à «quelque chose dont seule la peinture est capable[10]»: ôter toute familiarité de l'objet représenté jusqu'à le rendre innommable, créant une distance implicite par rapport à la réalité quotidienne, ou encore représenter des réalités explicitement éloignées, soit dans l'espace, soit dans l'imaginaire. Il y a divorce entre la peinture et

la banalité environnante. «Pour la matière des œuvres, las du quotidien, du coudoyé et de l'obligatoirement contemporain […][11]» : ainsi commence un texte célèbre de Gustave Kahn en 1886. Une hypothèse courante voudrait que, dans les vingt années suivantes, l'avant-garde parisienne se soit complue dans l'évasion, fuyant la confusion d'une époque troublée pour se réfugier dans des sujets éloignés par une distance géographique ou imaginaire, puis dans des scènes domestiques ou intimes, trouvant chaque fois dans l'intériorité et la subjectivité un refuge contre la réalité sociale[12]. La peinture fauve confirme cette hypothèse. On pourrait même y voir une véritable apothéose de l'antipublic – «anticoudoyé» – à travers ses thèmes participant de cet éloignement, d'autant plus qu'elle revendique très haut sa subjectivité. Apparu à un moment de crise et de dissension, peu après l'affaire Dreyfus, le fauvisme traduirait un recours à l'évasion et au subjectivisme face à l'agitation déroutante de la vie publique, d'autant que son protagoniste Matisse venait tout juste de se remettre du krach de l'Union générale, un scandale financier, très public celui-là[13]. Cette version présente toutefois le défaut de caractériser la situation prétendument refoulée par les Fauves, avec des qualificatifs – *confuse, troublée, agitée* – que précisément l'on a appliqués à leur peinture.

Un moyen de contourner la difficulté consisterait à voir dans les tableaux fauves, non pas des fenêtres sur un univers autre mais des miroirs de la société. On pourrait ajouter, que la triple opposition – vie privée / vie publique, proche / lointain, lisible / illisible – n'est pas aussi tranchée qu'il y paraît. Les tableaux fauves feraient planer une incertitude sur ces catégories[14].

Cela nous amène à la troisième réponse à notre question ; celle proposée par Baudelaire qui ressortit

8 Voir Elderfield, *op. cit.*, 1976, p. 39-40.
9 Gaston Diehl reproduit dans *Henri Matisse*, Paris, Pierre Tisné, 1954, p. 32, une lettre où l'artiste écrit : «Nous étions alors devant la nature comme des enfants et laissions parler notre tempérament, quitte à peindre de chic quand on ne se servait pas de la nature elle-même.»

10 Sarah Whitfield, *Fauvism*, Londres et New York, Thames and Hudson, 1991, p. 9.
11 Gustave Kahn, «Réponse des symbolistes», *L'Événement*, 28 septembre 1886, p. 3.

12 Voir Stephan Eisenman, *Nineteenth Century Art: A Critical History*, Londres, Thames and Hudson, 1994, en particulier le chapitre «Symbolism and the Dialectics of Retreat».
13 Voir Hilary Spurling, *The Unknown Matisse: A Life of Henri Matisse – The Early Years, 1369-1908*, New York, Knopf, 1998, p. 240-257.
14 On trouvera une présentation nuancée de l'opposition entre sphères publique et privée, ou entre extériorité et intériorité, dans les études de Deborah Silverman, *Art Nouveau in Fin-de-Siècle France: Politics, Psychology and Style*, Berkeley, University of California Press, 1989 ; et Susan Sidlauskas, *A «Perspective of Feeling»: The Expressive Interior in Nineteenth-Century Realist Painting*, thèse de doctorat, University of Pennsylvania, 1989.

directement au proche et au lointain et qui consiste à faire valoir que les fauves ne se distinguent en fait pas des hommes. L'être humain est un fauve. Le citadin moderne en est un, par sa prudence inquiète qui l'apparente à la bête de proie. Pour Baudelaire, la magie des lointains vaporeux se dérobe à la modernité, l'œil du citadin étant trop occupé à assurer sa protection. La prostituée est exemplaire à cet égard : «Elle porte le regard à l'horizon, comme la bête de proie ; même égarement, même distraction indolente, et aussi, parfois, même fixité d'attention[15].» Walter Benjamin ajoute, dans son analyse de ce thème baudelairien : «Le regard prudent échappe au rêve qui se perd dans les lointains. Il peut même, en fin de compte, trouver une sorte de plaisir à dévaloriser le rêve[16].» Dans cette troisième perspective, donner l'appellation de Fauves revient à affirmer que les tableaux de ces artistes, loin de se borner à rechercher l'évasion et la subjectivité, prennent acte de la rupture de la relation panoramique entre le spectateur et l'objet, de l'insistance sur la priorité visuelle de l'objet le plus proche, qui joue un rôle cardinal dans la culture visuelle de la modernité selon Walter Benjamin : «De jour en jour, le besoin s'impose davantage de posséder de l'objet la plus grande proximité possible dans l'image et surtout dans la reproduction[17].» Les Fauves, ces enfants de Baudelaire, sensibles à la «magie des lointains», entendent bel et bien «voir disparaître l'enchantement des lointains, comme il arrive nécessairement lorsque le spectateur s'approche trop».

Les questions de lisibilité ou d'illisibilité, de distance ou de proximité, de vie publique ou de vie intime, trouvent leur traduction dans la dimension perceptuelle de la peinture fauve. Pour paraître crédible, la démonstration doit porter en premier lieu sur les œuvres majeures du panthéon fauve, celles de Matisse, et plus particulièrement ses tableaux de 1905-1906, même si ma thèse ne s'y limite pas. Dans l'optique adoptée ici, la nouveauté de ces tableaux, et de tous les tableaux «fauves», ne tient pas (seulement) à l'introduction de la couleur «dessinée», ni à la nouvelle façon d'architecturer la surface au moyen de la couleur, ni à l'alliance d'artifices décoratifs et d'un retour aux principes fondamentaux de la peinture. La nouveauté du fauvisme réside dans une redéfinition du rapport du spectateur au tableau, rendue possible par les particularités du style (ou plutôt de la technique) énoncées ci-dessus. Certes, les Fauves ne sont pas les seuls modernes à prendre en compte l'ancrage de la vision dans la subjectivité du spectateur et, par là même, à placer ce dernier dans un nouveau rapport au tableau, qui est celui d'une interprétation active aujourd'hui reconnue[18]. Mais chez eux, l'ajustement perceptif, instrument d'une appréhension narrative, devient, de manière inédite, un thème et la relation entre récit visuel et proximité visuelle joue un rôle capital dans sa mise en œuvre.

2

Appréhender sur un mode narratif, c'est prendre les choses dans un certain ordre. Le récit visuel peut s'entendre comme un agencement ordonné des données plastiques. Son schéma se dégage de façon additive et récursive dans la succession de regards constituant l'interprétation active de la narration visuelle[19]. Cette suite d'opérations se décompose en trois temps : d'abord le premier coup d'œil au tableau dans son champ visuel environnant, puis l'ajustement – ou les ajustements – de la distance d'observation, qui s'avère nécessaire pour amorcer enfin le temps de la narration se déployant latéralement dans le champ visuel du tableau et aux

15 Charles Baudelaire, *Œuvres*, texte établi et annoté par Yves-Gérard Le Dantec, 2 vol., Paris, Gallimard, Pléiade, 1931-1932, t. II, 1932, p. 359. Cité par Walter Benjamin, «Sur quelques thèmes baudelairiens» (1939), dans *Charles Baudelaire, un poète lyrique à l'apogée du capitalisme*, traduit de l'allemand et préfacé par Jean Lacoste, Paris, Payot, 1982, p. 203-205.

16 Benjamin, *op. cit.*, 1982, p. 204.
17 Walter Benjamin, «Petite histoire de la photographie» (1931), dans *Œuvres II. Poésie et révolution*, traduit de l'allemand par Maurice de Gandillac, Paris, Les Lettres nouvelles, Denoël, 1971, p. 27.
18 À mon sens, les peintures de Bonnard placent aussi le spectateur dans une situation d'interprétation active. Voir John Elderfield, «Seeing Bonnard», dans *Pierre Bonnard*, New York, The Museum of Modern Art, 1998, p. 33-52.
19 Whitney Davis, *Replications: Archeology, Art History, Psychoanalysis*, University Park, Pennsylvania State University Press, 1996, p. 16. Parmi les nombreuses études de narratologie, plusieurs proposent une réflexion qui concerne également le domaine des arts plastiques :

Mieke Bal, *Narratologie, essais sur la signification narrative dans quatre romans modernes*, Utrecht, Hes, 1984 ; Seymour Chatman, *Story and Discourse: Narrative Discourse in Fiction and Film*, Ithaca et Londres, Cornell University Press, 1978 ; et Wallace Martin, *Recent Theories of Narrative*, Ithaca et Londres, Cornell University Press, 1986.

alentours. Dans l'espace aussi, la suite d'opérations commence d'abord par le passage d'un plan parallèle au tableau à un plan perpendiculaire situé dans l'axe, puis par des mouvements d'avancée et de recul dans ce plan perpendiculaire afin d'assurer la netteté de la vision, pour s'achever par des déplacements du corps, ou peut-être simplement des yeux, sur un plan parallèle au tableau et à son voisinage immédiat. Dans la pratique, évidemment, il arrive que l'on répète ou que l'on saute une partie de la suite d'opérations, ou encore qu'elles apparaissent indissociées, mais, en théorie, la séquence comprend ces trois temps de l'interprétation. Le premier est préparatoire : le spectateur s'arrête puis se tourne vers le tableau. Le deuxième est un déplacement par rapport au tableau dans le sens de la profondeur, pendant lequel s'effectue une prise de connaissance. Le troisième est un balayage oculaire horizontal permettant d'approfondir cette connaissance et de la vérifier. La netteté de la perception visuelle dans la profondeur – correspondant à l'accommodation – intervient donc dans la séquence narrative avant la netteté de la perception des différents points du champ visuel – correspondant à l'acuité.

On pourrait penser que les deux premiers temps de la narration n'appartiennent pas vraiment au récit proprement dit, censé commencer et s'achever dans le troisième temps, le balayage horizontal du champ visuel du tableau : on a pu évoquer un «faux départ[20]» du récit à propos de ces deux premiers temps, formule que je reprends volontiers à mon compte, et sur laquelle je reviendrai. Le spectateur se sert de l'accommodation afin d'atteindre l'image, puis de son acuité visuelle pour la scruter et reconstituer le récit à partir des éléments narratifs que le peintre a mis en place. Il est courant de caractériser la peinture fauve d'abord par ses coloris, ensuite

par sa facture, enfin par ses sujets. À ma connaissance, personne n'évoque une caractéristique pourtant notable, qui est le petit ou le moyen format. Cela va de la pochade minuscule, format 4 points figure (33 x 24 cm) dans le système de «mesures standard des toiles et cadres», aux tableaux dont les dimensions restent comprises entre le 6 points figure (41 x 33 cm, utilisé à l'horizontale pour la *Vue de Collioure, l'église* de Matisse ; cat., n° 19) et le 10 points figure (55 x 46 cm, pour la *Pastorale* ; cat., n° 32). On n'évoque généralement pas le format de la toile (ni les autres paramètres préalables à la mise en peinture) parce que c'est apparemment un facteur extrinsèque, alors même qu'il conditionne indéniablement la façon dont l'artiste élabore la composition du tableau, et l'effet produit par ce tableau sur le spectateur. Le format a une influence décisive sur le déroulement des deux premiers temps de la narration visuelle, ce qui prouve qu'ils en font bien partie : le premier coup d'œil qui saisit l'image du tableau et (plus encore) la série de déplacements par rapport à cette image dans le sens de la profondeur, permettant une prise de connaissance.

Ces deux temps de la narration visuelle, surtout le second, passent par la détermination de ce que Thomas Puttfarken appelle une «position récompensée», celle où il semble y avoir adéquation entre le tableau et l'endroit d'où on le regarde, permettant d'englober notre orientation physique dans notre façon d'envisager son sujet[21], et située le plus souvent dans la proximité visuelle du tableau. Cela est presque inévitable avec un tableau fauve, à telle enseigne qu'il serait permis d'en déduire qu'un tableau ne peut être fauve tant qu'il ne va pas de pair avec une *position récompensée* maintenue dans les limites de la proximité visuelle. Cela ne veut pas dire simplement qu'un tableau fauve est une toile de petit ou de moyen

20 Mieke Bal parle d'un «faux départ» à propos de «l'épisode initial de rebond [qui] n'est que la première étape dans le récit de la vision», dans *David Reed Paintings: Motion Pictures*, San Diego, Museum of Contemporary Art, 1999, p. 48.

21 Voir Michael Podro, *Depiction*, Londres et New York, Yale University Press, 1998, p. 64.

format (puisque la *position récompensée* peut sortir des limites de la proximité visuelle pour certaines toiles de ce type de format). Cela veut dire, plutôt, qu'un tableau fauve *récompense* des positions comprises dans le périmètre de proximité visuelle, en provoquant un déplacement (qui se traduit par du récit visuel) à l'intérieur de ce périmètre.

La proximité visuelle désigne ici une zone d'accommodation oculaire, où l'œil est, en principe, capable de parvenir à une vision nette. Cette zone va approximativement de treize centimètres à un maximum d'environ six mètres de distance chez les personnes qui ont une vue normale. Le muscle ciliaire responsable de l'accommodation – qui désigne l'aptitude du cristallin à modifier sa courbure afin de mettre au point sur des objets placés à différentes distances – se relâche au-delà de cette zone de proximité visuelle et la vision se règle en fait sur l'infini. Cela dit, la netteté de la vision ne dépend pas seulement de l'accommodation, ni du sujet regardant, mais aussi de la nature de l'objet regardé. Plus précisément, elle est subordonnée au degré objectif de dégradation visuelle, qui varie en fonction des particularités de forme et de surface de l'objet considéré, et de l'intensité de la lumière. Sous un fort éclairage, la zone d'accommodation peut dépasser sensiblement le maximum de six mètres, pour tous les objets aux formes et surfaces aisément identifiables [22]. Dans ce cas, l'objet n'appartient plus à la proximité visuelle du sujet dont on peut estimer qu'elle commence là où l'œil devient capable d'accommoder sur à peu près six mètres de distance. C'est seulement à partir de ce point que les signaux visuels déclenchent l'activité musculaire d'accommodation qui introduit la corporéité dans le champ visuel.

Nombreuses sont les *positions récompensées* dès que l'objet n'est pas proche, dès qu'il sort de la zone d'accommodation, tant il est vrai que «c'est l'éloignement qui fait l'enchantement de la vue, et qui vêt d'azur les montagnes», comme l'écrivait le poète Thomas Campbell. Ces vers de mirliton rappellent Diogène Laërce: «Les monts aussi, au loin, semblent des masses fluides éthérées, mais de près, ils sont rocheux [23].» Autrement dit, la distance gomme les aspérités, ce qui leur confère tout le charme agréablement irréel d'un pur spectacle délectable. La magie vaporeuse des lointains enchante. Baudelaire et Walter Benjamin le confirment tous les deux. Mais, dans la culture visuelle de la modernité, le regard prudent échappe à ce rêve. Il exige une proximité, soit «dans la reproduction» si l'objet reste au loin, soit dans un rapprochement physique qui place l'objet à l'intérieur de la zone de proximité visuelle.

Arrêtons-nous un instant sur deux tableaux de Matisse, *La Danse* de 1910 (cat., n° 125), une grande toile postérieure au fauvisme (390 x 260 cm), dont les dimensions excèdent les formats de châssis normalisés, et *Rue à Collioure* de 1905 (cat., n° 10), tableau fauve de petit-moyen format (46 x 55 cm) correspondant à un 10 points figure basculé à l'horizontale. *La Danse* n'est guère visible en entier dans la zone des six mètres de l'accommodation oculaire. La voir de plus loin dans sa globalité, c'est imaginer le sujet figé dans son mouvement, comme une représentation plaquée sur le fond bicolore, véritable représentation de la représentation. Il existe une *position récompensée* plus proche, qui aurait tendance à dériver sur la droite du centre, vers un point situé un peu en contrebas, en face de la danseuse de dos penchée vers l'intérieur du tableau. C'est l'angle sous lequel cette œuvre devait se présenter à son emplacement initial [24]. Cette *position récompensée* plus proche donne à imaginer un sujet corporel emporté dans un mouvement qui s'étend

22 Sur ces questions de perception visuelle, voir les indications bibliographiques données dans le catalogue *Bonnard* cité à la note 18, *supra*.

23 Le rapprochement entre les auteurs est emprunté à John Bartlett, *Familiar Quotations*, Boston, Toronto et Londres, Little, Brown & Company, 15ᵉ édition revue et augmentée, 1980, p. 443, qui renvoie à: Thomas Campbell, *Pleasures of Hope*, 1799, I, 7; et Diogène Laërce, «Vie de Pyrrhon», dans *Vies, doctrines et sentences des philosophes illustres*, livre IX.

24 Un dessin d'Ivan Saveliev reconstitue la disposition de *La Danse* et *La Musique* dans l'escalier du domicile de Serguei Chtchoukine. Voir Albert Kosténévitch et Natalia Semionova, *Matisse en Russie*, Paris, Flammarion, 1993, p. 23.

jusqu'au fond du tableau. Malgré tout, elle ne permet pas d'appréhender de près *La Danse* dans son intégralité. *La Danse* ne peut entrer dans la catégorie des objets proches qu'à condition d'être vue de loin, de ce point où le tableau se condense mentalement «dans l'image et surtout dans la reproduction». Ainsi disparaît l'enchantement des lointains.

Le rapport entre le spectateur et le tableau est en raison inverse de la relation entre le peintre-spectateur et l'objet qu'il a représenté, dans la mesure où les peintures figurant des objets éloignés demandent à être regardées de près, tandis que celles qui les montrent rapprochés exigent d'être contemplées de loin[25]. Mais nous allons trop vite. Qu'en est-il de *Rue à Collioure,* ce tableau fauve bien plus petit? Selon la loi de la raison inverse, le petit objet deviendra grand aux yeux du sujet dans le premier temps de la narration visuelle, dont le but premier est la proximité avec l'objet. Or, contrairement à *La Danse,* ce petit objet ne peut s'imposer réellement au spectateur que dans la zone de proximité visuelle. De loin, il reste pratiquement sans effet[26]. On n'obtient donc pas une *position récompensée* en entrant dans la zone de proximité visuelle du tableau pour éprouver un commencement de corporéité dans la vision. Ce tableau ne va pas non plus se condenser «dans l'image et dans la reproduction» en rétrécissant sous l'effet de la distance.

Où se trouve la *position récompensée,* la plus à même de gratifier le spectateur, pour cette peinture fauve? Elle doit se situer dans la zone de proximité visuelle, mais, au sein de cette zone, je ne suis pas sûr qu'il y ait une position plus gratifiante que toutes les autres. Si la plupart des tableaux possèdent leur *position récompensée,* celle où ils produisent le plus pleinement leur effet singulier, certains en possèdent deux: ainsi, pour *La Danse* de 1910 –

l'une proche et l'autre lointaine – et pour les *Ambassadeurs,* où Hans Holbein le Jeune nous offre un exemple évident de deux *positions récompensées* dans la zone de proximité, qui obligent le spectateur à passer de l'une à l'autre en restant tout près de la peinture. Les tableaux fauves, à mon avis, obligent le spectateur à bouger beaucoup plus, dans l'espoir d'atteindre une (seule) *position récompensée.* Mais, en pratique, qu'est-ce qui incite le spectateur à bouger?

3

La réponse à cette question est la narration visuelle. Le spectateur bouge parce qu'il veut faire avancer le récit, dépasser l'étape du *faux départ* pour aller à l'essentiel, le balayage horizontal de la surface du tableau. Je voudrais (sans entrer dans le détail des mécanismes d'acuité visuelle mis en jeu par le troisième temps de la narration[27]) me pencher plutôt sur le rôle capital, et régulièrement sous-estimé, du *faux départ.* Toutefois, si celui-ci répond au désir de trouver une position qui permettra d'aller plus loin, il faudrait connaître les critères de satisfaction de ce désir. À quoi vise le *faux départ?* Quelles sortes de données visuelles vont convaincre le spectateur que le point de vue adopté constitue une *position récompensée* y mettant fin? On supposerait logiquement que le spectateur se laissera convaincre par des données visuelles susceptibles d'assouvir la curiosité ressentie au premier coup d'œil, par des données dont la configuration confirme, voire dépasse, l'attente suscitée par le premier coup d'œil. On s'est aperçu depuis longtemps que voir un tableau dans son ensemble (d'assez loin pour le voir intégralement), c'est percevoir son unité[28]. D'où la convention qui voudrait qu'un tableau doive capter le regard au premier coup d'œil. De fait, une amorce efficace du premier temps de la narration va retenir l'attention du

25 Jacqueline Lichtenstein, *La Couleur éloquente, rhétorique et peinture à l'âge classique,* Paris, Flammarion, 1989, p. 179.

26 La *Rue à Collioure* peut être placée en dehors de la zone de proximité proprement dite dans certaines circonstances, bien entendu, mais comme elle est à peine visible au-delà de cette distance, elle ne s'imposera jamais au spectateur de la même manière que *La Danse.*

27 Sur les mécanismes d'acuité visuelle mis en jeu par les tableaux de Bonnard, voir Elderfield, *loc. cit.,* 1998.

28 Roger de Piles, *Cours de peinture par principes* (1706), avec une préface de Jacques Thuillier, Paris, Gallimard, 1989, p. 66-67. Voir Thomas Puttfarken, *Roger de Piles' Theory of Art,* New Haven et Londres, Yale University Press, 1985, p. 98.

spectateur[29]. Dans cette hypothèse, le balayage oculaire viserait à rétablir l'unité aperçue d'emblée. Une hypothèse plus large considérerait le rétablissement d'une désunion première et la réintroduction de l'inattendu.

Si les divers épisodes du tableau se présentent ensemble au spectateur de prime abord, celui-ci ne peut espérer voir tous les épisodes tant qu'il n'a pas parcouru et reparcouru du regard, dans un certain ordre, le champ visuel délimité par le tableau. On s'est aperçu depuis longtemps que, dans ce balayage oculaire, la perception du tableau pourrait être guidée par l'agencement même des épisodes. Autrement dit, le spectateur appréhende le tableau dans un ordre présumé équivalent à celui des épisodes représentés ou, du moins, à celui des stimuli visuels qui représentent les épisodes[30]. En réalité, la perception successive de tous les épisodes réunis dans un même tableau les transforme et les agence dans un ordre temporel, celui du récit. Je propose de considérer le *faux départ* comme une composante du récit, car les épisodes qui jalonnent le trajet vers le tableau en font partie au même titre que les épisodes du champ visuel délimité par le tableau. Mais laissons de côté, pour l'instant, les épisodes du *faux départ* pour nous intéresser à ceux qui composent le troisième temps de la narration.

Selon la vieille théorie d'Aristote, les épisodes sont des éléments constitutifs de l'action, et celle-ci est vraisemblable et nécessaire – auquel cas les épisodes se conforment aux règles d'unité – ou bien n'a aucune vraisemblance ni nécessité – auquel cas les épisodes ne sont que cela, «épisodiques[31].» La pensée académique française estime que, plus il y a d'épisodes, plus il importe de les ordonner et de les architecturer pour composer une œuvre d'art unifiée. Les tableaux de petit ou de moyen format sont censés exiger davantage d'épisodes que les

grandes toiles, davantage de diversité et de luxuriance afin de susciter la curiosité du spectateur puis de retenir son attention pour pouvoir enclencher la phase narrative du balayage horizontal. Ainsi, Félibien discerne une corrélation entre la variété des détails dans les tableaux de Poussin et leur petit ou moyen format[32]. Les tableaux fauves restent dans le droit fil de la tradition à cet égard. Là où ils s'en écartent, c'est quand ils abandonnent l'équation : plus il y a d'épisodes, plus il faut unifier. Dans la peinture académique, le récit intégré au sein d'une composition unifiée doit fournir ce que Diderot appelle une «ligne de liaison[33]» qui va guider le cheminement du spectateur. Cet ordre linéaire limpide reflète en somme la clarté de la langue française, où le sens de chaque phrase est communiqué logiquement dans une suite ordonnée d'éléments grammaticaux déployée dans le temps et régie par les conventions. Ce déroulement laisse anticiper l'unité de l'ensemble, et cette attente est satisfaite à la conclusion de la séquence. En latin, au contraire, l'anticipation n'est pas possible : il faut avoir lu ou entendu toute la phrase avant de pouvoir la comprendre, l'unité ne devient perceptible qu'à la conclusion de la séquence. Cela a pour effet de retarder la compréhension. Alors qu'une ligne de liaison préserve, prolonge et rappelle pendant le déroulement narratif la perception unifiée de l'image au premier coup d'œil, une séquence «latine» malmène, interrompt et oublie cette unité antérieure, dont le rappel interviendra seulement en conclusion. La nostalgie de l'unité perdure jusqu'au moment où la cohérence interne sera restituée par le déroulement du récit, moment impossible à ignorer car il se signale par une sensation qui rappelle le premier coup d'œil. Matisse disait vouloir rendre l'émotion qui était à l'origine du tableau[34]. Ici, le tableau est jugé à même d'engendrer un récit qui rejoindra soudain son

29 De Piles, *op. cit.*, 1989, p. 67-69 ; Puttfarken, *op. cit.*, 1985, p. 40 et suiv. et p. 55.
30 De Piles, *op. cit.*, 1989, p. 50-51 ; Puttfarken, *op. cit.*, 1985, p. 8-12.
31 Aristote, *La Poétique*, traduit par M. Magnien, Paris, LGF, Le Livre de poche, 1990 ; Puttfarken, *op. cit.*, 1985, p. 16.
32 «Il se contentait de son travail ordinaire et trouvait dans des tableaux d'une médiocre grandeur un champ assez vaste pour faire paraître son savoir ; aussi n'en a-t-il point fait où l'on ne puisse remarquer une infinité de différentes beautés.» André Félibien, «Vie de Poussin» (1605), dans *Entretiens sur les vies et sur les ouvrages des plus excellents peintres anciens et modernes,* Londres, David Mortier, 1705, reproduit dans Bellori, Félibien, Passeri, Sandrart, *Vies de Poussin,* édition présentée et annotée par Stefan Germer, Paris, Macula, 1994, p. 235. Cité par Puttfarken, *op. cit.*, 1985, p. 22.
33 Denis Diderot, «Salon de 1767», dans *Salons,* édition établie et présentée par Jean Seznec et Jean Adhémar, Oxford, 4 vol., 1957-1967, t. III, p. 186 et suiv. Voir Puttfarken, *op. cit.*, 1985, p. 10 et 133.
34 «Mon but est de rendre mon émotion. [...] Je ne pense qu'à rendre mon émotion.» Propos rapportés par Tériade, «Visite à Henri Matisse», *L'Intransigeant,* 14 et 22 janvier 1929. Voir également Henri Matisse, *Écrits et propos sur l'art,* présentés par Dominique Fourcade, nouvelle édition, Paris, Hermann, 1972, la rubrique «émotion» dans l'index, p. 344.

point de départ *in fine*, au lieu de se développer en laissant sans cesse anticiper le retour au point de départ par lequel il s'achèvera. Inutile de préciser que l'on ne trouve aucune ligne de liaison dans un tableau fauve, ce qui semblerait aller à l'encontre de la logique de la langue française. Il faut préciser que l'on attendrait en vain une quelconque unité en «conclusion» de la séquence narrative fauve. Aussi bien celle-ci ne saurait-elle jamais se conclure. En outre, le tableau fauve semble conçu tout exprès pour retarder indéfiniment l'unité. Les peintures écrit Michael Podro, retiennent notre attention, entre autres, «en créant une incertitude; notre relation aux œuvres passe par des ajustements continuels, à mesure que nous y cherchons des indications sur la conduite à tenir et la confirmation ou l'infirmation de notre impression[35]». Les tableaux fauves continuent à retenir l'attention du spectateur et entretiennent une incertitude, en confirmant et infirmant tout à la fois l'impression première. À y regarder de près, ils fonctionnent ainsi en jouant sur le principe de l'inachevé ou du pas tout à fait fini[36].

Je m'attacherai à montrer ici qu'ils créent une incertitude dès le stade du *faux départ*. À ce stade se produit la quête d'une *position récompensée,* motivée par le désir de parvenir à une adéquation entre la position du spectateur et le tableau considéré, de trouver l'emplacement où le spectateur pourra englober son orientation physique dans sa façon d'envisager le sujet du tableau. Affirmer que la peinture fauve contrecarre la quête d'une position récompensée, c'est donc affirmer aussi qu'elle

fait durer la recherche d'un emplacement et d'un angle de vue privilégiés. À quoi l'on pourrait ajouter que c'est une de ses manières à elle de récompenser.

Il existe une longue tradition de textes critiques sur la «juste distance» du spectateur par rapport au tableau. La question, abordée par Platon et par Horace, a connu d'amples développements au XVIIe siècle, sur le plan de l'épistémologie comme dans l'analyse de la représentation, surtout en France[37], et elle est restée depuis lors un important sujet de débat. Les Fauves y sont sensibilisés par le livre de Paul Signac, *D'Eugène Delacroix au néo-impressionnisme,* sinon par les écrits de Baudelaire sur Delacroix et par l'accueil réservé à la peinture impressionniste et néo-impressionniste. Dans la période qui commence en 1824, année où Delacroix repeint *Le Massacre de Scio* sous l'influence de Constable, remplaçant les teintes plates par de petites touches juxtaposées, on observe une prise de conscience grandissante des effets de la distance sur la lisibilité et la beauté des tableaux. Dès lors, les critiques soulignent de plus en plus la nécessité de commencer par rester à une distance suffisante du tableau pour que sa lisibilité et sa beauté apparaissent pleinement, avant de s'avancer pour en goûter les charmes plus rapprochés[38].

La lisibilité et la beauté peuvent toutefois répondre à des préoccupations différentes, au point même d'éveiller des sentiments antinomiques dans l'appréhension d'un tableau donné. Ainsi, Diderot pense qu'il faut garder une certaine distance pour que le tableau soit lisible[39],

35 Podro, *op. cit.,* 1998, p. VII.
36 Voir Elderfield, *Henri Matisse: A Retrospective, op. cit.,* 1992, p. 52.
37 Jacqueline Lichtenstein, *La Couleur éloquente, op. cit.,* 1989, p. 245, note 21.
38 On en trouve de nombreux exemples dans Paul Signac, *D'Eugène Delacroix au néo-impressionnisme,* Paris, La Revue blanche, 1899, 2e, 3e et 4e éditions, Paris, Floury, 1911, 1921 et 1939, nouvelle édition présentée et annotée par Françoise Cachin, Paris, Hermann, 1978.
39 Diderot écrit à propos de *La Raie* de Chardin: «Approchez-vous, tout se brouille, s'aplatit et disparaît; éloignez-vous, tout se crée et se reproduit.» Denis Diderot, *Salons de 1759, 1761, 1763,* texte établi par Jean Seznec, Oxford, The Clarendon Press, et Paris, Flammarion, 1967,

p. 139-140. Les réflexions de Diderot sur les procédés qui font pénétrer le spectateur dans le tableau sont longuement analysées par Michael Fried, *Absorption and Theatricality: Painting and Beholder in the Age of Diderot,* Chicago, University of Chicago Press, 1980; traduction française: *La Place du spectateur, esthétique et origines de la peinture moderne,* Paris, Gallimard, 1990. Voir également Elderfield, «Seeing Bonnard», *loc. cit.,* 1998, p. 44; et Norman Bryson, *Word and Image: French Painting of the Ancien Régime,* Cambridge, Harvard University Press, 1981, p. 100-102.
40 D'après Delacroix, «il y a une impression qui résulte de tel arrangement de couleurs, de lumières, d'ombres, etc. C'est ce qu'on

appellerait la musique du tableau. [...] Vous vous trouvez placé à une distance trop grande cu tableau pour savoir ce qu'il représente, et souvent vous êtes pris par cet accord magique.» Eugène Delacroix, *Œuvres littéraires,* Paris, G. Crès et Cie, 1923, p. 63. Cité par Puttfarken, *op. cit.,* 1985, p. 121. Baudelaire écrit de son côté: «Un tableau de Delacroix, placé à une trop grande distance pour que vous puissiez juger de l'agrément des contours ou de la qualité plus ou moins dramatique du sujet, vous pénètre déjà d'une volupté surnaturelle. Il vous semble qu'une atmosphère magique a marché vers vous et vous enveloppe. [...] Et l'analyse du sujet, quand vous vous approchez, n'enlèvera rien et n'ajoutera rien à ce plaisir primitif,

dont la source est ailleurs et loin de toute pensée concrète.» Charles Baudelaire, «Lettre au rédacteur de *L'Opinion nationale.* L'œuvre et la vie d'Eugène Delacroix», *L'Opinion nationale,* 22 septembre, 14 novembre et 22 novembre 1863; reproduit dans Charles Baudelaire, *Écrits esthétiques,* Paris, UGE, 10/18, 1986, p. 432. De même, Fénéon évoque, à propos du *Dimanche à la Grande Jatte* de Seurat, la situation où le spectateur «perçoit, par de très rapides alternats, et les éléments colorés dissociés et leur résultante». Félix Fénéon, «VIIIe exposition impressionniste», *La Vogue,* 13-20 juin 1886, reproduit dans Félix Fénéon, *Œuvres plus que complètes,* textes réunis et présentés par Joan U. Halperin, 2 vol., Genève et Paris, Droz, 1970, t. I, p. 37.

tandis que Delacroix estime qu'un tableau ne peut révéler sa beauté singulière que vu d'assez loin pour devenir illisible[40]. Chaque fois, le spectateur participe activement à la création même de l'image rétinienne, avec sa lisibilité et sa beauté qui sont, par conséquent, des paramètres instables, variant en fonction de l'endroit d'où l'on regarde. Quand on a affaire à la peinture fauve, qui fait durer les mouvements devant le tableau, l'instabilité de ces paramètres dure plus longtemps elle aussi. L'instabilité de leur lisibilité se traduit par un effet d'incertitude épistémologique, et l'instabilité de leur beauté par un effet qui s'apparente à une turbulence érotique.

4

Devant un tableau pointilliste, remarque Signac, il convient «de se placer d'abord assez loin pour percevoir l'impression d'ensemble, quitte à s'approcher ensuite pour étudier les jeux des éléments colorés[41]». Des tableaux comme ceux de Signac ou ceux des Fauves, où la touche revêt une valeur éminemment thématique, se prêtent à des lectures antinomiques que l'on peut associer à des positions proche et lointaine adoptées par le spectateur: deux *positions récompensées* distinctes. Cependant, la distance étant chose relative, et l'appréhension d'un tableau n'étant pas forcément transposable à un autre, même de style analogue, la double possibilité de lecture risque de plonger le spectateur dans une incertitude épistémologique. On pourrait citer l'exemple de ce critique qui contemple avec perplexité une accumulation de touches obliques dans le ciel de *Luxe, calme et volupté* de Matisse (cat., n° 1), sans pouvoir décider s'il s'agit vraiment de la pluie[42]. La remarque de Signac citée plus haut suppose que la distance crée un contexte où les aspects «récognitifs» et «configuratifs» du tableau,

pour employer la terminologie de Richard Wollheim[43], se renforcent mutuellement, si bien même que les actes de perception cumulatifs du spectateur visant à constituer une image reconnaissable élaborent aussi une «impression d'ensemble» de la composition. Dans la peinture néo-impressionniste, la lisibilité récognitive-configurative et la cohésion à distance sont en total contraste avec l'illisibilité et la dispersion de près. On pourrait en dire autant de toutes les peintures dont la touche divisée – «digitale» – à forte valeur thématique ne remplit une fonction figurative que dans les motifs développés en continu qui composent en même temps le tableau «comme un tout». Réciproquement, lorsque le spectateur examine de près la surface d'une peinture néo-impressionniste, il a du mal à voir les images sous forme de motifs en continu, tout comme il a du mal à saisir le tableau dans son ensemble.

Les tableaux fauves se distinguent des tableaux néo-impressionnistes dans la mesure où la *récompense* de la cohésion et de la lisibilité récognitive-configurative n'est pas forcément procurée par l'éloignement. Ils ne sont pas systématiquement calculés pour produire de loin les mélanges optiques qui transforment la mosaïque des touches divisées en surface iconique lissée. Certaines touches de couleur constituent en soi des images, tels les coups de pinceau, dans *Les Toits de Collioure* de Matisse (cat., n° 8), dont la forme rappelle, et désigne sans doute, des tuiles sur un toit ou de petites vagues à la surface de la mer. La touche se présente alors comme un élément en partie tributaire et en partie dissocié de l'identification perceptuelle à une chose réelle. Elle est aussi en partie tributaire et en partie dissociée de l'identification aux autres touches analogues, qui sont à leur tour globalement tributaires et dissociées de l'identification avec

41 Signac, *op. cit.*, 1978, p. 125.
42 Édouard Sarradin parle d'un «effet de pluie bleu et or sur la mer» à propos de *Luxe, calme et volupté*, dans sa critique du Salon des Indépendants, publiée par *Le Journal des débats*, 26 mars 1905, p. 3. Cité par Alastair Ian Wright, «Identity Trouble: The Deconstructive Drive in Henri Matisse's Painting, 1905-1914», thèse de doctorat, New York, Columbia University, 1996, p. 131.
43 Richard Wollheim, *Painting as an Art*, Princeton, Princeton University Press, The A. Mellon Lectures in the Fine Arts, Bollingen Series XXXV, n° 33, 1987, p. 73.

une (plus grande) chose réelle, toiture ou surface de la mer[44]. En fait, les touches divisées n'ont pas besoin de se souder à leurs semblables pour jouer leur rôle d'image, parce qu'elles ont déjà un caractère iconique. Aujourd'hui, on peut emprunter un modèle d'analyse dans la technique digitale – la numérisation – qui produit des images où les *unités discrètes* – divisées – ne se donnent pas à percevoir séparément, mais au sein d'un motif homogène appréhendé en bloc. Dans certaines portions des *Toits de Collioure,* l'*unité discrète* – la touche – joue séparément son rôle d'image, indépendamment de son appartenance à un motif structuré, même si cette appartenance est peut-être indispensable pour rendre visible sa fonction d'image.

Dans cet exemple, l'*unité discrète,* isolée – la touche en forme de tuile ou de vague –, constitue une image par un mécanisme de *sêmiosis* iconique, tandis que dans la plupart des peintures où la touche est fortement thématisée, les *unités discrètes* constituent des images collectivement, par un mécanisme de *sêmiosis* symbolique. Je reprends ici la distinction énoncée par Wendy Steiner, qui observe que les coups de pinceau clairement thématisés dans les tableaux néo-impressionnistes servent, soit à la représentation iconique de tout ou partie d'objets (par exemple, des points qui désignent des cailloux), soit à l'introduction symbolique de quelque portion d'espace purement arbitraire (par exemple des points qui désignent des échappées de ciel)[45]. Ce qui a perturbé le critique dans *Luxe, calme et volupté,* c'est évidemment l'incertitude engendrée par le tableau : fallait-il déchiffrer telle ou telle portion de surface en particulier sur un mode iconique ou symbolique? La distance permet une lecture symbolique des peintures néo-impressionnistes. Mais *Luxe, calme et volupté* n'est pas une peinture néo-

impressionniste ordinaire. Plusieurs parties du tableau se prêtent effectivement à une lecture symbolique de loin, alors que d'autres se prêtent à une lecture iconique de près, notamment la nature morte du pique-nique (mais pas l'étendue de ciel, pour la plus grande confusion de notre critique). Basculer entre *sêmiosis* iconique et symbolique, comme Matisse le fait ici et, encore plus, dans ses peintures fauves proprement dites, c'est obliger le spectateur à passer d'une stratégie à l'autre devant le tableau. Car le spectateur voit des *unités discrètes* dont certaines peuvent recevoir un nom et d'autres pas, dont certaines se conforment à un réel ordonné comme un langage et d'autres pas, dont certaines confirment la stabilité d'un univers divisé en parties dénommées et d'autres divisent le même univers en parties instables parce que innommées. Beaucoup de ces unités discontinues se ressemblent entre elles. Le spectateur a beau ignorer la présence d'une opposition duelle entre iconique et symbolique, il n'arrive pas à savoir en toute confiance quelle unité est iconique et laquelle est symbolique.

Une *unité discrète* peut signifier (sur le mode iconique) tout ou partie d'un objet à condition d'avoir une forme analogue. Sinon, elle signifiera (sur le mode symbolique) non pas une partie de l'objet, mais un fragment, dans une configuration d'unités symbolisantes. On suppose que la touche en forme de tuile dans *Les Toits de Collioure* désigne iconiquement une tuile. Pourtant, comme on n'a aucun moyen de reconnaître la forme d'une tuile dans la touche censée la désigner, rien ne permet de savoir vraiment si, oui ou non, le coup de pinceau désigne iconiquement une tuile. Peut-être ressemble-t-il simplement à une tuile, tout en désignant symboliquement un fragment d'un toit qui n'est pas

44 Davis, *Replications, op. cit.,* 1996, p. 59-69.
45 Wendy Steiner, *Pictures of Romance: Form against Context in Painting and Literature,* Chicago et Londres, University of Chicago Press, 1991, p. 145-153.

couvert de tuiles en réalité. Il faut admettre cette possibilité pour trois raisons: 1. Parce que des touches analogues à d'autres endroits du tableau ont manifestement un mode de signification symbolique, et non pas iconique (par exemple, la succession de touches en forme de tuiles sur le rivage dans le fond); 2. Parce que des touches analogues désignent iconiquement des choses différentes à divers endroits du tableau (celles du premier plan ne peuvent guère désigner des tuiles tombées[46]); 3. Parce que des touches analogues désignent symboliquement des portions d'espace différentes à divers endroits du tableau. (Ainsi, la succession de touches en forme de «tuiles» sur le «rivage» ressemble à l'«avant-toit» dans le haut.)

Chacun des éléments peints est ambigu et instable, bien sûr, en raison de sa double identité de trace et d'image de tout ou partie de quelque chose. Ne voir que l'image dans la trace est manifestement une erreur d'interprétation perceptuelle. En tout cas, l'interprétation erronée sera involontairement rectifiée en levant l'ambiguïté, ce qui fera comprendre que l'élément peint en question possède effectivement une double identité de trace et d'image[47]. En s'approchant du tableau, on lève l'ambiguïté, on gomme l'aspect récognifif de l'œuvre. Avec la plupart des peintures figuratives, en s'approchant d'assez près pour obtenir ce résultat, on gomme aussi l'aspect configuratif, parce que les deux aspects se renforcent (la deuxième *position récompensée* dont parle Signac dans le passage cité plus haut se situe donc tout près du tableau, et c'est celle qui est traditionnellement réservée à l'œil du connaisseur[48]). Dans un tableau fauve, le récognitif et le configuratif ont tendance à se neutraliser. L'accès au premier suppose que l'on interrompe l'interprétation du second sur un tableau conçu,

selon Leo Steinberg, comme «un appareil circulatoire […] où un arrêt à n'importe quel endroit dénote un état pathologique[49]».

5

Nous ne saurions laisser de côté la dimension sociale de l'épistémologie fauve, tant elle paraît évidente. Les oppositions évoquées, entre proximité et distance, immobilité et mouvement, individu et foule, reconnaissance et méconnaissance, relèvent de la culture de la ville moderne grouillante, soucieuse de mesurer les distances sociales et de connaître les «principes du regard»[50]. Le fait que les tableaux fauves traitent rarement des thèmes urbains ne change rien à l'affaire. Le fourmillement et la mer avaient déjà fourni des analogies pour désigner l'effet des peintures fauves[51]: les courants, remous et marées dans un flot moléculaire, collectivement anonyme de loin et individuellement identifiable de près, qui provoque des regards étrangement fixes avec un phénomène de résonance ou de ricochet[52].

Il serait absurde d'imaginer que ces tableaux représentent véritablement la foule. Or, ils ne représentent pas vraiment non plus des paysages (ou des objets, ou des personnes), mais plutôt les vibrations de la lumière sur ces paysages (ou ces objets, ou ces personnes), vibrations liées à une époque bien plus qu'à un lieu précis. C'est là, me semble-t-il, le paramètre le plus important pour allonger la liste des artistes considérés comme Fauves. Les tableaux fauves sont des tableaux réalisés par des artistes qui ont connu personnellement la bousculade des foules et le contraste avec les distances rétablies par les perspectives haussmanniennes, à Paris ou ailleurs, par des travaux de rénovation urbaine. Ces peintres ont reçu en

46 Il serait amusant de voir comment on interpréterait ces coups de pinceau si le tableau s'intitulait, disons, *Collioure; après l'orage.*
47 Mais le battement entre interprétation et levée de l'ambiguïté ne doit pas se comprendre comme un flottement entre la perception visuelle d'une image et la perception visuelle d'une surface couverte de traces picturales, car il n'y a rien d'autre à voir concrètement que la surface (Michael Podro, «Depiction and the Golden Calf», dans *Visual Theory*, sous la direction de Norman Bryson, Michael Ann Holly et Keith Moxey, Cambridge, Polity, 1991, p. 163-189; Wollheim, *op. cit.*, 1987, chap. II), mais comme un flottement dans la perception visuelle d'une surface couverte de traces picturales, qui sera capable de désigner ou de rappeler quelque chose de plus qu'elle-même. Dans un tableau fauve, cette surface sera toujours plus ou moins capable de renvoyer à elle-même par des effets de signification et de ressemblance. Elle sera toujours thématisée et renverra toujours à quelque chose de supplémentaire en étant toujours figurative d'autre chose.
48 Lichtenstein, *op. cit.*, 1989, p. 177.
49 Leo Steinberg, *Other Criteria: Confrontations with Twentieth Century Art*, Londres, Oxford et New York, Oxford University Press, 1972, p. 7, «Contemporary Art and the Plight of its Public».
50 Benjamin, *Charles Baudelaire, op. cit.*, 1982, p. 176-178.
51 Voir les réflexions de Meyer Schapiro sur «La foule, le flâneur et la perspective comme forme sociale» dans son livre *Impressionism: Reflections and Perception*, New York, George Braziller, 1988. Voir également, en traduction française, Meyer Schapiro, *Style, artiste et société*, Paris, Gallimard, 1990.
52 Schapiro, *op. cit.*, 1988, p. 148.

héritage les retombées esthétiques de l'expérience (décisive, selon Walter Benjamin) vécue par Baudelaire, habitué à se frayer la voie dans la masse compacte de piétons, où il devient le flâneur qui «cherche les espaces libres[53]». Ils ont donc peint des paysages lointains. Mais on aura t tort, je crois, d'essayer de faire coïncider les œuvres des Fauves avec des lieux précis, dans le but de faire passer ces artistes pour des touristes ou des colonialistes[54]. Leur sujet n'est pas tel ou tel endroit lointain, mais la distance en tant que telle, qui ne va pas sans son contraire, la proximité. Du moins leur sujet serait-il la distance sociale en tant que telle, qui a pour corrélatif socio-artistique la concrétisation de la distance d'observation élaborée par l'artiste pour le spectateur. Bien entendu, la distance sociale n'existe pas seulement «dehors», dans l'espace public, mais «dedans», dans l'intimité, où elle sous-tend les relations interpersonnelles du sujet et de l'objet. Il n'est donc pas étonnant que, dans l'interprétation active de la peinture fauve, la mobilité exigée du spectateur n'engendre pas seulement une incertitude épistémologique, mais produise en outre ce que j'appelle une turbulence érotique. J'entends pas là une turbulence provoquée par l'intermittence de son pouvoir d'attraction.

Dans tous ces tableaux, on est tiraillé entre désir et représentation, le premier cherchant à éliminer la distance entre sujet et objet, la seconde conservant la distance qui préserve le plaisir de voir, sans posséder donc, l'objet de la délectation[55]. Nous savons que, pour Diderot, la distance apporte le plaisir de voir ce que l'objet représente : en prenant du recul, le spectateur peut se transporter mentalement dans la représentation. De fait le spectateur doit quitter la proximité de l'objet pour s'y absorber par l'imagination[56]. Selon Delacroix, en revanche,

«il y a un genre d'émotion qui est tout particulier à la peinture [...]. C'est ce que l'on appellerait la musique du tableau. [...] Vous vous trouvez placé à une distance trop grande du tableau pour savoir ce qu'il représente, et souvent vous êtes pris par cet accord magique[57]». Dans les deux cas. la distance implique le renoncement au toucher ou, plus exactement, implique «une manière caressante de toucher à l'objet sans le toucher[58]» : toucher avec les yeux, sans contact physique.

Nous savons aussi que les tableaux assez petits pour être vus en entier dans les limites concrètes de l'accommodation optique inscrivent la corporéité dans la totalité du champ visuel. Des tableaux assez petits pour être vus en entier, à portée de la main, comme le sont les peintures fauves[59], introduisent en outre une sensation de matérialité tangible du champ visuel. Le spectateur mobile du tableau fauve doit en tenir compte dans sa quête d'une *position récompensée*[60]. Faute de découvrir une *position récompensée* unique, ce spectateur devra continuer à tenir compte de ces facteurs pendant son exploration du champ des possibilités perceptives offertes dès le *faux départ*. La mobilité du spectateur, provoquée et prolongée par l'instabilité des données visuelles, le tient à l'écart de la matérialité tangible pendant toute sa durée. Plus cette mobilité dure, plus le mouvement devient lui-même une interprétation active ayant pour sujet le désir impossible à assouvir : retard de la possession, plaisir dans l'accomplissement encore inachevé du désir.

Le va-et-vient devant un tableau fauve au stade du *faux départ* est provoqué et prolongé par trois caractéristiques du style (ou plutôt de la technique) fauve dont j'ai parlé au début : la couleur dessinée, la surface architecturée par la couleur, et l'alliance des artifices décoratifs, avec un retour aux principes fondamentaux de la peinture.

53 Benjamin, *op. cit.*, 1982, p. 176.
54 Le livre qui défend le plus vigoureusement l'idée souvent formulée d'un fauvisme colonialiste et touristique est peut-être celui de James Herbert, *Fauve Painting: The Making of Cultural Politics*, New Haven, Yale University Press, 1982.
55 Lichtenstein, *op. cit.*, 1989, p. 177.
56 Voir la note 39 *supra*.

57 Delacroix, *Œuvres littéraires, op. cit.*, 1923, p. 63.
58 Lichtenstein, *op. cit.*, 1989, p. 179.
59 Si l'on admet qu'il est possible de toucher des objets dans un rayon d'un mètre autour de soi, et que la distance d'observation doit être au moins égale à la diagonale du tableau, on en déduit qu'un tableau assez petit pour être vu en entier dans les limites de la portée de la main devrait avoir une diagonale qui ne dépasse pas un mètre. Cela nous laisse tous les formats inférieurs à 25 points figure, donc un très grand nombre de tableaux. Toutefois, si l'on table sur une distance d'observation égale à deux fois la diagonale, il ne reste que les tableaux dont la diagonale n'excède pas cinquante centimètres, c'est-à-dire les formats inférieurs à 6 points figure.

60 Un examen des distances d'observation repérables pour ces tableaux fauves pourrait éclairer l'analyse comparée des dimensions optique et matérielle dans les peintures de Jackson Pollock (voir Michael Fried, «Optical Illusions», *Artforum*, vol. 37, n° 8, avril 1999, p. 97-101, 143 et 146).

Traditionnellement, le dessin est fait pour être regardé de près, étant donné la finesse des détails, tandis que la couleur exige une distance parce qu'elle se brouille de près. En éloignant les objets à l'intérieur du tableau, le peintre dessinateur incite le spectateur à avancer vers l'œuvre pour pouvoir juger de sa beauté. Au contraire, le peintre coloriste rapproche les objets à l'intérieur du tableau, si bien que le spectateur doit reculer pour ne pas se laisser éblouir[61]. Le peintre fauve, qui dessine avec la couleur, perturbe le spectateur, qui ne sait plus s'il doit avancer ou reculer. La couleur dessinée du fauvisme est donc une technique – visant un résultat – bien plus qu'un style – visant à l'effet. C'est la mobilité de la contemplation qui assure l'effet.

Matisse disait que le fauvisme est la «construction par surfaces colorées[62]». Comme le remarque Lawrence Gowing, cette construction s'articule autour des deux pôles rouge et vert[63]. Alors que les oppositions violet-jaune et bleu-orange de l'impressionnisme donnent l'illusion de l'ombre et de la lumière, tout en suggérant l'atmosphère, la bipolarité rouge-vert du fauvisme souligne la surface peinte et engendre un effet de vibration éblouissant. Là encore, on peut estimer qu'il s'agit d'une technique destinée à attirer le spectateur vers la surface – en la soulignant – et à éloigner ce même spectateur – en l'éblouissant. Cela étant, le coloris fauve ne se contente pas de souligner la surface plutôt que la lumière et l'atmosphère. L'opposition rouge/vert répartie sur un fond peint en blanc souligne en outre une surface qui rappelle la carnation des hommes et des femmes à peau blanche. Et la vibration éblouissante produit un effet assez comparable à «l'émotion soulevée par l'imitation réussie des chairs [qui] fait vaciller la perception entre la surprise et la caresse, donnant au regard

une sensibilité en quelque sorte hallucinatoire: la vue devient alors comme un toucher[64]».

Jacqueline Lichtenstein, qui écrit ces lignes, se penche ensuite sur «l'insistance avec laquelle on a toujours tenu à distinguer le fard de l'ornement[65]», insistance que l'on mettra en relation avec la troisième technique du fauvisme évoquée plus haut, l'alliance des artifices décoratifs avec le retour aux principes fondamentaux de la peinture. Le fard, c'est l'artifice qui signale sa présence, qui a pour seule fonction de se donner à voir, qui vise au pur effet. Aussi l'assimile-t-on souvent à la débauche et au dévergondage. L'ornement, au contraire, a une noblesse de propos, c'est un artifice qui a une fonction, à savoir créer de la beauté. Pendant tout le XIXe siècle, l'opposition entre vision rapprochée et éloignée des peintures d'avant-garde repose indirectement sur ce clivage[66]. La peinture fauve refuse d'opposer l'ornement vu de loin au fard vu de près, pour placer au cœur même de leur art ce qui passe pour un maquillage hideux. Mais, ajoute Jacqueline Lichtenstein, «lorsque sur un tableau l'ornement se transforme en fard, c'est la peinture qui devient femme. Et de l'espèce la plus dangereuse. Illégitime comme le plaisir qu'elle sert à métaphoriser[67]». Les attaques contre les représentations de femmes (surtout les portraits) chez Matisse et les autres Fauves semblent dès lors entièrement prévisibles, de même que les allusions au caractère féminin de l'art de Matisse[68]. Le tableau reste pour le spectateur un champ visuel éblouissant et turbulent, que la distance ne parviendra pas à convertir en ornement.

Elle ne le fera pas parce que le «récit à la première personne» présenté par la surface couverte de traces «autographes», qui relate l'histoire de sa réalisation par l'artiste, ne se transposera pas dans un mode de narration

61 Voir le chapitre sur «Le conflit du coloris et du dessin», dans Lichtenstein, *op. cit.*, 1989, p. 153-182, en particulier p. 179.
62 Matisse, *Écrits et propos sur l'art*, *op. cit.*, 1972, p. 94.
63 Lawrence Gowing, *Henri Matisse*, New York et Toronto, Oxford University Press, 1979, p. 50-51.
64 Lichtenstein, *op. cit.*, 1989, p. 182.

65 Lichtenstein, *op. cit.*, 1989, p. 204.
66 Deux exemples entre mille: un commentaire sur Delacroix, dans le *Journal des artistes et des amateurs*, en 1829: «De loin, effet à la manière des décorations. De près, barbouillage informe» (reproduit dans Signac, *op. cit.*, 1978, p. 61); une boutade de Léon de Lora dans *Le Gaulois* du 10 avril 1877, à propos des paysages de Pissarro: «Vus de près, ils sont incompréhensibles et affreux; vus de loin, ils sont affreux et incompréhensibles.»
67 Lichtenstein, *op. cit.*, 1989, p. 205.
68 Voir John Elderfield, *Pleasuring Painting: Matisse's Feminine Representations*, Londres, Thames and Hudson, 1995.

impersonnel et distancé, «à la troisième personne»
Pourtant le mode à la première personne ne saurait se
réduire à cela dans un tableau fauve, et pas seulement
à cause de ce que le récit fauve révèle sur le «fard» de la
surface. Le plus important, c'est l'enchevêtrement inex-
tricable du sujet et de l'objet en raison de la mobilité que
le tableau fauve exige du spectateur. Les événements
inclus dans la représentation sont des faits de perception,
relatifs à l'histoire de la réalisation, au fard de la surface,
à tout ce que la représentation peut raconter d'autre.
Mais ce qui est narré sur la perception se redouble dans
le rapport au spectateur et s'accomplit dans sa mobilité
qui maintient le fil du récit[69]. Le tableau et son spectateur collaborent. Le maintien du fil du récit va de pair
avec la poursuite du réglage de la distance durant la
phase du *faux départ*. Le fauvisme suppose donc une pro-
longation du *faux départ,* puisque, à la fin du *faux départ*
– la fin du récit et de la mobilité –, «l'ornement» se
constitue de loin aussi sûrement qu'il se constitue historiquement à la fin du fauvisme. C'est un «ornement»
inconnu jusque-là, grandiose, décoratif et singulièrement
abstrait. Il comporte un nouveau danger que signale l'instabilité sauvagement chaotique du fauvisme. «Ce rapprochement dans le sans-distance n'est-il pas encore plus
inquiétant qu'un éclatement de toutes choses[70]?»

Traduit de l'anglais par Jeanne Bouniort

---

69 Voir Ernest van Alphen,
Francis Bacon and the Loss of Self,
Londres, Reaktion, 1992, p. 56.
Mieke Bal le cite à propos du fil du
récit, dans «Second Person Narrative»,
Paragraph, vol. 19, n° 3,
novembre 1996, p. 199-200.

70 Voir la note 1, *supra*. Heidegger
s'inquiète de la façon dont la diffusion
électronique des mots et des images
modifie notre relation fondamentale,
notre distance avec les événements
et les choses.

L'héritage des Fauves

Juliette Laffon

Influencés par l'impressionnisme à leurs débuts, les Fauves sont animés du même désir de s'en démarquer. Ce mouvement encore dominant en 1900 paraît toutefois à bout de souffle, devenu entre les mains de ses nombreux épigones, application d'un procédé. « Cet embrasement de couleurs, cet incendie qu'ont allumé les impressionnistes nous laissent éblouis, et cependant que s'éteint le feu d'artifice, nous sommes frappés de cécité[1]. » À l'instar des impressionnistes, les Fauves s'insurgent contre l'académisme et l'ordre établi, revendiquant l'indépendance de l'artiste. Tributaires de leur liberté d'expression et de leur palette claire aux couleurs vives, ils se refusent cependant à rendre la nature sous le signe de l'instable, à fixer des impressions fugitives[2]. Prenant appui sur l'imagination et la mémoire, ils visent, selon les termes de Derain, « ce qui au contraire [des impressionnistes] a du fixe, de l'éternel, du complexe[3] », et Matisse explique : « Une traduction rapide du paysage ne donne de lui qu'un moment de sa durée. […] Il ne m'est pas possible de copier servilement la nature, que je suis forcé d'interpréter et de soumettre à l'esprit du tableau[4]. »

Ils voient en Van Gogh l'instaurateur de ce nouveau rapport de l'artiste à la nature[5] et tous reconnaissent leur dette à son égard pour avoir anticipé la libération des couleurs. Van Gogh recommandait pour une meilleure expression de les employer « hardiment », « trop crues »,

même « arbitrairement » et préconisait « des endroits de toile pas couverts par-ci, par-là, des coins laissés totalement inachevés, des reprises, des brutalités[6] ». À propos de *Café de nuit à Arles,* il écrit à Théo, le 8 septembre 1888 : « J'ai cherché à exprimer avec le rouge et le vert les terribles passions humaines. La salle est rouge sang et jaune sourd ; un billard vert au milieu, quatre lampes jaune citron à rayonnement orangé et vert. C'est partout un combat et une antithèse des rouges et des verts les plus différents dans les personnages de voyous dormeurs petits dans la salle vide et triste, du violet et du bleu...[7]. » Les Fauves retiennent sa passion pour la couleur, la véhémence des tons et les contrastes heurtés mais ils n'attribuent aucune signification symbolique à la couleur comme pouvait le faire Van Gogh, convaincu de son pouvoir suggestif.

Une première rétrospective de Van Gogh avait été organisée par Signac au Salon des Indépendants en 1891, l'année suivant la mort de l'artiste, mais c'est en mars 1901, à la galerie Bernheim-Jeune, que Vlaminck et Derain le découvrent. Vlaminck en sort « l'âme bouleversée », retrouvant chez lui certaines de ses aspirations « en même temps qu'un sens révolutionnaire, un sentiment presque religieux de l'interprétation de la nature[8] ». Derain, dans une lettre adressée à Vlaminck en 1902, se dit hanté par le souvenir de Van Gogh et à l'occasion de la rétrospective du Salon des Indépendants de 1905

1 Charles Morice in Philippe Dagen, *La Peinture en 1905, l'« Enquête sur les tendances actuelles des arts en France »,* Paris, Lettres modernes, 1986, p. 48.
2 « La tentative des impressionnistes devait se solder par un échec plein de promesses. […] on s'imaginait travailler d'arrache-pied, sous le parasol de Giverny, à reproduire les ébats de la goutte de rosée et de l'astre invincible, en s'appuyant sur la sensation éprouvée voilà quelques centièmes de seconde. Elle était déjà loin, la sensation, basculée, engloutie dans le point noir de la mémoire, et le présent avec elle. Elle ne revenait que durcie. opaque, congelée dans les fixatifs du bain des souvenirs » (Georges Duthuit, *Les Fauves,* Genève, 1949, p. 47-48).
3 André Derain, *Lettres à Vlaminck,* Flammarion, 1955, p. 155.

4 Henri Matisse, « Notes d'un peintre », dans *La Grande Revue*, 1908, in EPA, p. 46.
En 1905-1906, Raoul Dufy posait le problème en ces termes : « Comment avec cela [mes tubes de couleurs, mes pinceaux] parvenir à rendre non pas ce que je vois, mais ce qui est, ce qui existe pour moi : 'ma réalité' » (interview de Raoul Dufy par Pierre Courthion, *Gazette de Lausanne,*

10 juin 1951, cité dans Jean-Paul Crespelle, *Les Fauves,* p. 155.
5 Van Gogh : « Il ne faut pas être l'esclave de la nature, ce qui briderait l'imagination ». Pascal Bonafoux, *Van Gogh par Vincent,* Denoël, 1986, lettre 238 NI 489, septembre-octobre 1982.
6 *Ibid.*, lettre B3F III, avril 1888.
7 *In* Charles Chassé, *Les Fauves et leur temps,* La Bibliothèque des Arts, Paris, 1962, p. 39-40.

précise : « Le fauvisme était dans l'air, dans les mœurs, l'exposition de Van Gogh l'avait authentifié [9] ». Marquet pourra affirmer : « C'est du Hollandais que vient la plus forte impression [10]. » Octave Maus constate que les tableaux de Derain exposés aux Indépendants de 1906 paraissent « avoir hérité du coloris exaspéré de Van Gogh [11] ». En effet, le souvenir des paysages exécutés à Saint-Rémy est sensible dans *Les Montagnes à Collioure* (cat., n° 29) tandis que *La Raie verte* de Matisse [12] évoque *l'Autoportrait à la pipe* de Van Gogh. Toutefois, ce sont les toiles de Vlaminck, qui, à partir de la fin de 1905, accusent le plus nettement l'influence de Van Gogh, par leur intensité, leurs dissonances, la touche divisée, posée en coups de pinceau très apparents (points, hachures, virgules) et leur violence expressive. Comme Van Gogh, Vlaminck peut étaler la couleur directement du tube sur la toile et dessiner au moyen du pinceau [13].

Les artistes ayant contribué, au XIXe siècle, à affranchir la peinture d'une tradition périmée ont, à la manière de Van Gogh, ouvert la voie au fauvisme. Parmi eux Eugène Delacroix, considéré comme le créateur incontesté de l'expression par la couleur, retrouve une actualité, par la publication, de 1893 à 1895, de son *Journal* jusqu'alors inédit et de l'ouvrage de Signac *D'Eugène Delacroix au néo-impressionnisme*, en 1899.

Chef de file des néo-impressionnistes depuis la mort de Seurat en 1891, Signac s'emploie dans son traité [14] à défendre les théories de l'inventeur du divisionnisme invoquant l'autorité de Delacroix qui, selon lui, en aurait promulgué les principes. À la recherche d'une intensité lumineuse plus grande, Seurat, en rupture avec l'empirisme des impressionnistes, voulait associer l'art et la science et soumettre les couleurs à des règles objectives qui puissent s'enseigner. À partir des écrits de Chevreul,

de Rood et de Charles Henry, il prônait le mélange optique des couleurs par la juxtaposition de petites touches de couleurs distinctes limitées par Signac et Cross aux seules couleurs du prisme. Signac, à qui la galerie Druet consacre une exposition en décembre 1904, connaît la plupart des Fauves. Derain et Vlaminck le rencontrent au Salon des Indépendants de 1904, Marquet, Manguin et Camoin ne manquent pas de lui rendre visite à l'occasion de leurs séjours sur la Côte d'Azur. Sur l'invitation de Signac, Matisse passe l'été 1904 à Saint-Tropez, où il exécute, aux côtés de Cross, des études pour *Luxe, calme et volupté*, peint à son retour à Paris. Il adopte ainsi la méthode de Cross séparant la conception de la réalisation, alliant étude sur le motif et travail à l'atelier, les notes prises dans la nature servant à retrouver les sensations éprouvées initialement. Dans ce tableau, il applique les principes divisionnistes, qu'il avait déjà expérimentés en 1899 (*Nu dans l'atelier*, cat., n° 2), utilisant la couleur pure selon les lois du contraste simultané. Sa thématique, des figures nues et vêtues dans un paysage idyllique, traduisant l'harmonieuse relation de l'homme et de la nature s'inscrit dans la tradition classique [15].

À Collioure, l'été suivant, probablement au contact de Derain venu le rejoindre, Matisse se dégage de la technique divisionniste trop contraignante. « Le morcellement de la couleur y amena le morcellement de la forme, du contour. Résultat une surface sautillante [16]. » Le choix des couleurs lui sera dicté désormais par l'observation et la sensibilité. « J'abîmais tout par principe et travaillais comme je sentais, rien que par la couleur [17]. » À Vlaminck, Derain écrit à propos de la méthode divisionniste : « [...] J'en suis complètement revenu et je ne l'emploie presque plus les mêmes. [...] C'est logique dans un panneau lumineux et harmonieux. Mais cela nuit à ces choses

Des extraits de la correspondance de Van Gogh à son frère Théo sont à nouveau publiés à l'occasion de la rétrospective de l'artiste au Salon ces Indépendants de 1905. Yves-Alain Bois, « Matisse and Arch-Drawing », *Painting in Model*, Londres, The Mit Press, 1990, p. 362.
8 Maurice de Vlaminck, *Portraits avant décès*, Flammarion, Paris, 1943, p. 31.
9 André Derain, *Lettres à Vlaminck*, op. cit., p. 60. André Derain, « Quelques souvenirs », *Comoedia*, 20 juin 1942, p. 6, cité par Judi Freeman dans le catalogue de l'exposition *André Derain, le peintre du « trouble moderne »*, Paris, Musée d'Art moderne de la Ville de Paris, Paris-Musées, 1994.
10 Georges Duthuit, « Le Fauvisme II », *Les Cahiers d'art*, 1929, n° 6.
11 Octave Maus, « Le Salon des Indépendants », *L'Art moderne*, 29 avril 1906.
12 Matisse avait acquis trois dessins de Van Gogh qu'il prêta au Salon des Indépendants de 1905, Marcel Giry, « Van Gogh, and the Fauves », *in Vincent Van Gogh and Early Modern Art, 1890-1914*, Essen Museum Folkwang, 1990.
13 « Il faut attaquer le dessin avec la couleur pour bien dessiner », Van Gogh à son frère Théo (Arles, septembre 1888, n° 539), cité par John Rewald, *Le Post-impressionnisme de Van Gogh à Gauguin*, Albin Michel, 1961, p. 209.
14 Cet ouvrage fut immédiatement traduit en allemand et aura un grand succès auprès de toute une génération de peintres.
15 *Luxe, calme et volupté* évoque *Au temps d'harmonie* de Signac et *L'Air du*

qui tirent leur expression des inharmonies intentionnelles. C'est en somme un monde qui se détruit lui-même quant on le pousse à l'absolu [18]. » Toutefois, il s'y soumet encore dans *L'Âge d'or,* au pointillisme exceptionnel, et l'utilise dans certaines vues de Londres mais en la simplifiant à l'extrême (*Effets de soleil sur l'eau,* cat., n° 39). La touche en mosaïque employée par Vlaminck et la gamme chromatique de Braque révèlent aussi l'influence de Signac. Tous les Fauves traversent le divisionnisme, étape obligée vers le fauvisme, l'atomisation de la couleur préconisée par le divisionnisme engageant déjà l'autonomie potentielle de la couleur qui sera pleinement affirmée par le fauvisme.

L'œuvre de Gauguin joue également un rôle déterminant dans l'élaboration du fauvisme. L'hommage du Salon d'Automne en 1903 au peintre récemment disparu et l'exposition, en novembre, de quarante tableaux chez Vollard eurent un grand retentissement avant même la rétrospective du Salon d'Automne en 1906 [19]. Il ne faut pas négliger la visite, en février 1905, de Matisse [20] chez Gustave Fayet, collectionneur d'œuvres de Gauguin et celle, en juin 1905, depuis Collioure, chez Daniel de Monfreid à Saint-Clément, où il découvre les sculptures sur bois envoyées de Tahiti.

Pour Gauguin, comme pour les Fauves, la peinture doit abandonner la vision naturaliste à la photographie, qui devrait parvenir dans un proche avenir à rendre les couleurs : « […] ne peignez pas trop d'après nature, l'art est une observation, tirez-la de la nature en rêvant devant elle et pensez plus à la création qui en résultera [21] », conseil qui peut être rapproché du propos de Matisse selon lequel le secret de son art consistait « en une méditation d'après nature, en l'expression d'un rêve toujours inspiré par la réalité [22] ». Dès 1892, Gauguin apparaît l'initiateur d'un art ayant pour objet l'expression des idées et des sentiments traduits par des équivalences plastiques. À propos d'un portrait de Van Gogh, Gauguin écrit : « c'est je crois une de mes meilleures choses : absolument incompréhensible par exemple, tellement il est abstrait […]. Le dessin est tout à fait spécial (abstraction complète). Les yeux, la bouche, le nez sont comme des fleurs de tapis persans personnifiant ainsi le côté symbolique. La couleur est une couleur assez loin de la nature : figurez-vous un vague souvenir de ma poterie tordue par le grand feu [23] ». Les Fauves souscrivent à cette volonté de transposition, à ces partis pris simplificateurs, à cette tendance à l'abstraction, accordant un rôle privilégié à l'imagination. Par ailleurs, Gauguin qui pressent la force de la couleur, remet en question le mélange des tons. « Un vert à côté d'un rouge ne donne pas du brun-rouge comme le mélange, mais deux notes vibrantes. À côté du rouge, mettez-y du jaune de chrome, vous avez trois notes s'enrichissant l'une par l'autre et augmentant l'intensité du premier ton, le vert. À la place du jaune, mettez un bleu vous retrouverez trois tons différents, mais vibrants les uns par les autres […] les combinaisons sont illimitées [24] ».

Sous son influence, l'art de Matisse et de Derain s'infléchit, en 1905-1906, dans une nouvelle direction. Matisse abandonne la touche divisionniste au profit d'aplats contenus dans un cerne plus ou moins épais : *La Moulade* (cat., n° 15), *Intérieur à Collioure* (*La Sieste*) (cat., n° 18), *Le Luxe II* (cat., n° 124). « Je désirais un art d'expression et d'équivalence, au fond Gauguin était plus indiqué que les néo-impressionnistes pour me faire faire un pas dans ce sens [25]. » Il précise toutefois que, « pour que Gauguin puisse être mis avec les fauves, il lui manque une construction d'espace par la couleur qu'il emploie comme expression de sentiment [26] ». On pourrait ajouter que la

soir de Cross. Acquis par Signac, ce dernier tableau était accroché dans la salle à manger de sa villa La Hune à Saint-Tropez.
16 Entretien avec Tériade, extrait de « Visite à Henri Matisse », *L'Intransigeant,* 14 et 24 janvier 1929, cité *in* EPA, p. 93.
17 Henri Matisse dans Gaston Diehl, *Henri Matisse,* Paris, Pierre Tisné, 1954, cité in EPA, p. 98.

18 André Derain, *Lettres à Vlaminck, op. cit.,* p. 155, lettre datée du 28 juillet 1905.
19 « … les simplifications décoratives de Paul Gauguin hantent jusqu'à l'obsession quelques jeunes cervelles » (Louis Vauxelles dans son compte rendu du Salon d'Automne, Supplément au *Gil Blas* du 17 octobre 1905).

20 Matisse avait acquis une toile de Gauguin, *Jeune Homme à la fleur,* en 1899.
21 Gauguin, *Oviri, écrits d'un sauvage,* Paris, Gallimard, 1989, p. 40.
22 « Entretien avec Henri Matisse », *L'Art vivant,* n° 18, 15 septembre 1925.
23 Claude Roger-Marx, « Ce que lui doit la peinture contemporaine », dans *Gauguin,* coll. « Génies et Réalités », Hachette, 1961, p. 177-178.

24 Gauguin, *Oviri, écrits d'un sauvage,* Paris, *op. cit.,* p. 24.
25 Matisse cité par Bernard Zürcher dans *Les Fauves,* Hazan, Paris, 1995, p. 94.
26 Georges Duthuit, *Les Fauves, op. cit.,* p. 128.

conscience propre à Matisse d'une corrélation entre le degré d'intensité de la couleur et l'importance de la surface colorée lui fait également défaut. Plusieurs vues de Londres par Derain témoignent aussi de l'influence de Gauguin : *Le Pont de Charing Cross, Londres* (cat., n° 43), *Les Remorqueurs* (cat., n° 45), *La Tamise et Tower Bridge* (cat., n° 44) ; symptomatiques également *La Route tournante à L'Estaque* (Houston) et *Trois personnages assis dans l'herbe* (cat., n° 115). Dans ce dernier tableau, les valeurs claires sont placées au premier plan et les sombres au second, selon un procédé fréquent chez Gauguin. La référence aux œuvres océaniennes est encore plus explicite dans *La Danse* (cat., n° 114), où l'attitude de la femme assise à l'arrière reprend, en l'inversant, celle d'un des personnages de *Qui sommes-nous ? D'où venons-nous ? Où allons-nous*[27].

Si les Fauves se tournent vers les œuvres de Van Gogh et de Gauguin et s'autorisent de leur exemple, c'est aussi parce que tous deux personnifient par leur lutte solitaire le destin de l'artiste se sacrifiant pour son art. Autre figure respectée pour son travail mené dans un complet isolement, Cézanne représente pour la jeune génération de la fin du XIXe siècle le peintre qui compte, la référence à laquelle ils doivent se confronter. Le tableau de Maurice Denis, *Hommage à Cézanne,* exposé au Salon de la Société nationale des Beaux-Arts en 1901, l'illustre clairement[28]. À partir de 1895, date de sa première exposition personnelle chez Vollard, le public a l'occasion de voir des œuvres de Cézanne, de façon régulière : chez Vollard, à nouveau en 1898, puis en 1899 ; à la vente, cette même année, de la collection de la veuve Choquet, riche de plus de trente tableaux ; au Salon des Indépendants de 1899, 1901 et 1902. Des ensembles importants sont présentés au Salon d'Automne en 1904, où une salle entière lui est consacrée, en 1905 et en 1906 ; dans le cadre du Salon de 1907 une rétrospective posthume est organisée et succède à une exposition d'aquarelles à la galerie Bernheim-Jeune.

Les réponses de certains artistes à l'*Enquête sur les tendances actuelles des arts plastiques* de Charles Morice, publiée dans le *Mercure de France* en 1905, témoignent de l'autorité de Cézanne auprès des artistes[29]. L'acquisition dès 1899 par Matisse de la peinture *Trois baigneuses* (1879-1882) à un prix élevé, représentant une somme non négligeable pour l'artiste alors peu fortuné, prouve le grand intérêt qu'il lui porte et qui ne faiblira pas. « Depuis trente- sept ans que je la possède, je connais assez bien cette toile, pas entièrement je l'espère ; elle m'a soutenu moralement dans les moments critiques de mon existence ; j'y ai puisé ma foi et ma persévérance[30]. » Cézanne retient tout autant l'attention de Derain, comme l'atteste la photographie de l'artiste, prise dans son atelier en 1908 par Gelett Burgess pour illustrer son article « The Wild Men in Paris »[31], montrant, accrochée au mur, une reproduction de *Cinq baigneuses* (Bâle, Kunstmuseum).

La dette des Fauves à l'égard de Cézanne n'échappe pas à certains critiques de l'époque. Vauxcelles, dans son compte rendu du Salon des Indépendants de 1905, qualifie le cercle de Matisse de « disciples de Cézanne » et Charles Morice voit en ce Salon « un vaste hommage à Cézanne » tandis que Camille Mauclair tient Cézanne pour l'artiste le plus copié du Salon d'Automne de 1905[32]. Michel Puy, auteur de la première étude sur « Les Fauves » publiée dans *La Phalange* en 1907, constate que plusieurs des peintres qui se sont révélés depuis six ou sept ans ont été déterminés par Matisse « à prendre Cézanne comme point de départ ».

27 1897, Boston Museum of Fine Art.
28 Autour d'une nature morte caractéristique du maître d'Aix, sont réunis les peintres Redon, Vuillard, K. X. Roussel, Denis, Sérusier, Ranson et Bonnard, le marchand de Cézanne, Vollard et l'un de ses amateurs, Mellerio.
29 Sont notamment significatives, celles de Raoul Dufy : « Cézanne, au contraire [des peintres littéraires] se plaît à affirmer très fortement des préoccupations exclusives de techniques », et de Charles Camoin, qui entretenait une correspondance avec Cézanne et lui avait récemment rendu visite : « Il déchiffre la nature lentement, par l'ombre et la lumière, qu'il exprime en des sensations de couleur. Cependant, il n'a pas d'autre but que celui de "faire image" ».

30 Lettre de Matisse le 16 novembre 1936 à Raymond Escholier, à l'occasion du don par l'artiste des *Trois baigneuses* au musée du Petit Palais, publiée par Raymond Escholier dans *Henri Matisse*, Paris, Librairie Floury, 1937, cité *in* EPA, p. 134.
31 Paru dans *Architectural Record*, New York, mai 1910.
32 Charles Morice, « Le XXIe Salon des Indépendants », *Mercure de France*, 15 avril 1905, et Camille Mauclair « Salon d'Automne », *Revue politique et littéraire*, n° 21, octobre 1905.

Matisse et Derain, bien que n'ayant pas rencontré Cézanne, ont très tôt une connaissance approfondie de son art. Ses propos et des extraits de ses lettres, publiés par Émile Bernard, en juillet 1904, dans *L'Occident* ne pouvaient que les encourager à s'écarter de la vraisemblance au profit d'une transcription à partir des sensations. « Peindre d'après nature ce n'est pas copier l'objectif, c'est réaliser ses sensations […]. Lire la nature, c'est la voir sous le voile de l'interprétation par taches colorées se succédant selon une loi d'harmonie. […] Peindre c'est enregistrer ses sensations colorées. » L'autonomie du tableau, ce nouveau statut revendiqué par les Fauves, se trouve déjà en germe chez Cézanne. Pour lui, seul compte l'effet pictural, la peinture n'est plus au service du sujet, le motif étant assujetti à la recherche plastique. Les Fauves, dans leur tentative pour concilier la couleur et le dessin, rejoignent Cézanne pour lequel, contrairement à la tradition, le dessin ne prime pas sur le couleur. « Le dessin et la couleur ne sont point distincts, au fur et à mesure que l'on peint l'on dessine, plus la couleur s'harmonise, plus le dessin se précise. Quand la couleur est à sa richesse, la forme est à sa plénitude, les contrastes et les rapports de tons, voilà le secret du dessin et du modèle[33] », précepte que Matisse met en pratique à Collioure : « Je composais dès lors avec mon dessin de façon à entrer directement dans l'arabesque avec la couleur[34]. »

La leçon de Cézanne transparaît dans la construction de nombreux paysages fauves où, la ligne d'horizon relevée, la composition se déploie en hauteur et semble parfois basculer vers le spectateur : *Le Port de Collioure* (cat., n° 27), *Bateaux dans le port, Collioure* (cat., n° 26), *Pêcheurs à Collioure* (cat., n° 21) de Derain ou, de Matisse, *La Plage rouge* (cat., n° 7). Les vues plongeantes

dérivent de celles exécutées à L'Estaque par Cézanne, notamment les versions du *Port de L'Estaque* par Braque ainsi que *Les Toits de Collioure* de Matisse (cat., n° 8), et *Vue de Collioure* de Derain (cat., n° 30). La reprise du thème cézannien des figures nues dans un paysage est également significative : *Luxe, calme et volupté* (cat., n° 1), *La Pastorale* (cat., n° 32), *Baigneuses* (cat., n° 116). L'influence de Cézanne peut se traduire par des emprunts directs, comme dans *Le Bonheur de vivre* de Matisse où la femme debout à gauche est reprise de la femme debout de face, au centre de la peinture, *Quatre baigneuses* 1888-1890 (Copenhague, Ny Carlsberg Glyptotek). Les simplifications et les marbrures vertes des torses des *Baigneuses* de Derain (Museum of Modern Art, New York), leur monumentalité, le cerne bleu soulignant les formes sculpturales du *Nu bleu : souvenir de Biskra* de Matisse (cat., n° 120) ainsi que les déformations délibérées du modèle et celles des *Trois personnages assis dans l'herbe* de Derain sont autant de témoignages de l'interprétation de l'œuvre de Cézanne.

Par ailleurs, l'utilisation de la toile laissée vierge, afin de ménager des pauses entre les touches – *Vue de Collioure, l'église* (cat., n° 19), *Les Toits de Collioure* (cat., n° 8), *Le Port de Collioure* (cat., n° 27), *Le Phare de Collioure* (cat., n° 20) –, ou pour dessiner en réserve – *Le Séchage des voiles* (cat., n° 28), *Portrait d'Henri Matisse* (cat., n° 24) –, évoque les œuvres tardives de Cézanne, où, ce qui passait alors pour inachevé participe en fait à la construction du tableau.

Les apports de Puvis de Chavannes et d'Odilon Redon au fauvisme doivent être également pris en considération. Les grandes fresques décoratives de Puvis de Chavannes renouvellent des allégories anciennes avec une grande économie de moyens manifestant un sens

33 À la demande de Matisse, dans une lettre du 15 août 1905, Signac lui communique cette citation de l'article d'Émile Bernard.

34 Gaston Diehl, *Henri Matisse*, Paris, Pierre Tisné, 1954, cité *in* EPA, p. 93.

de la simplification dans le coloris et le dessin, dont certaines œuvres de Matisse se feront l'écho (*Le Luxe I*, cat., n° 123). Odilon Redon, qui s'impose dans les années 1890, se veut « expressif, suggestif, indéterminé ». Il souhaite unir la réalité observée et la « réalité sentie » par l'invention, à partir du réel, d'un monde étrange et poétique[35]. Sa démarche, à l'encontre de celles des naturalistes et ses pastels aux couleurs rutilantes, incandescentes parfois éveillent l'intérêt des Fauves.

Doit être également évoquée l'influence exercée par Gustave Moreau sur ses élèves Matisse, Marquet et Manguin à l'École des beaux-arts, à travers son enseignement très libéral les incitant à négliger la nature au profit de l'étude des maîtres anciens et « de l'expression du sentiment intérieur ». Ses aquarelles, à la grande liberté d'exécution, aux couleurs franches se dissociant du dessin, furent certainement remarquées par les futurs Fauves. « Il faut penser la couleur, en avoir l'imagination. Si vous n'avez pas d'imagination, vous ne ferez jamais de la belle couleur. Il faut copier l'imagination, c'est cela qui fait l'artiste[36]. »

Les Fauves interrogent avec acuité les œuvres de Van Gogh, Gauguin, Cézanne et celles des néo-impressionnistes dans la mesure où elles les confortent dans leur recherche d'un nouveau mode de représentation. Celui-ci, fondé sur l'abandon de la vision mimétique et la primauté accordée à la sensation, fait de la couleur magnifiée et dissociée de sa référence au réel un moyen d'expression. Par l'affirmation de l'autonomie du tableau et de la réalité fictionnelle de la peinture ainsi que par la mise en évidence du processus à l'œuvre dans sa réalisation, les Fauves introduisent avec éclat à la modernité. Maurice Denis dans son commentaire perspicace du Salon d'Automne de 1905 écrit : « Mais ce qu'on trouve surtout en particulier chez Matisse, c'est de l'artificiel ; non pas de l'artificiel littéraire, comme serait une recherche d'expression idéaliste ; ni de l'artificiel décoratif, comme en ont imaginé les tapissiers turcs et persans ; non, c'est quelque chose de plus abstrait encore ; c'est la peinture hors de toute contingence, la peinture en soi, l'acte pur de peindre[37]. » Derain, quelques années plus tard confie à Georges Duthuit : « le grand mérite de cette épreuve fut d'affranchir le tableau de tout contact imitatif et conventionnel. [...] Nous allions, nous, directement à la couleur[38] ».

35 « Toute mon originalité consiste donc à faire vivre humainement des êtres invraisemblables selon les lois du vraisemblable, en mettant, autant que possible, la logique du visible au service de l'invisible » (Odilon Redon, *À soi-même (Journal 1867-1945)*, Librairie José Corti, 1985, p. 116).

36 Moreau cité par Matisse dans Sarah Whitfield, *Le Fauvisme*, Paris, Thames and Hudson, coll. « L'univers de l'art », 1997.

37 Maurice Denis, « De Gauguin, de Whistler et de l'excès des théories », *L'Ermitage*, 15 novembre 1905.

38 Derain cité par Georges Duthuit, « Le Fauvisme », *Les Cahiers d'art*, n° 6, 1929.

Matisse et Derain : l'impossible barbarie

Jacqueline Munck

En 1949, Matisse écrivait à Jean Puy : «Clignez des yeux pour ne voir que *les valeurs*, quel crime ! C'est le coup de la glace noire – quelle cave ! Ne croyez-vous pas? après en avoir usé, comme moi[1].» Il se souvenait qu'en 1899 il visait un dessein sans doute trop modeste : « si notre peinture parvenait à rendre l'équivalent de cette image assombrie, ce serait encore très beau[2]».

L'épreuve du miroir noir (Pline l'Ancien) révoquée par Matisse rappelle d'emblée qu'un des modes traditionnels d'approche de la réalité en peinture procéderait du mensonge : « ce n'est pas une image vraie. C'est une représentation obscure de l'objet[3] ». Le tableau tiendrait d'une «vérité» inventée, qui serait efficace pour le spectateur par l'architecture des seules valeurs, serait prouvée par l'opacité de la glace noire, pondérante de la perception : face à face, un créateur et un reflet d'ombres, paradoxalement, une distance voilée du peintre à la peinture elle-même.

Après cinquante ans de pratique artistique, la prise de conscience par Matisse de la «délinquance» de ses propres origines est d'autant plus vive qu'il « exécute une chapelle des Dominicaines de 15 m sur 5 et 5 m de hauteur avec vitraux et décorations en noir (au trait) sur faïence stannifère[4] ». Son aventure esthétique, du tableau de chevalet (*Nu dans l'atelier*, 1899, n° 2) à la monumentalité du *Saint Dominique* et du *Chemin de Croix* de la chapelle de Vence s'exprime dans un espace

de conversion où l'image, par la pureté de ses principes, se réifie pour et par le regard, non pour qu'il « l'imite à son tour » ou l'agrège dans une commotion lente mais l'éprouve, évidente. À Vence, chacun des moyens du peintre est délégué au visiteur qui, à son tour, se confronte aux éléments du réel : le mur, l'intensité variable de la lumière, la vitesse du déplacement, le temps de sa présence. Guidé par la synopie préparée par l'artiste, il est convié à s'y projeter librement puis à emporter des significations : récepteur, observateur, narrateur, créateur du jeu coloré et toujours inédit de la lumière diffractée par les vitraux qui brode chasuble au saint, anime les surfaces.

Au «mensonge naturaliste» (Maurice Denis, 1896), Matisse oppose la vérité «naturante», la virginité du support, le toucher à distance d'une palette lumineuse, l'expansion libérée des sens, la manifestation du sensible par le pur redéploiement des moyens dans une stratégie minimale des effets. La création de cet espace trouve son élan dans l'invention du fauvisme[5] : «épreuve du feu» selon Derain, «épreuve des moyens», selon Matisse; ce «quoi?» et ce «comment?» peindre constituent, entre 1905 et 1907, la première épreuve du moderne par l'affirmation d'un acte «pur» de peindre, par la remise en cause, inquiète, exigeante, vitale, de l'image elle-même, en projetant une autre dimension de la peinture.

1 Lettre de Henri Matisse à Jean Puy, Nice, 7 avril 1949, coll. part.
2 Selon Puy, « Matisse, amoureux de la couleur ne pouvait pas penser longtemps ainsi car cette image, […] rendait la couleur si renfrognée et "spleenétique" que ça en devenait macabre » (lettre de J. Puy à Marius Mermillon – critique d'art lyonnais –, 19 novembre 1953, coll. part.).

3 Cité dans le catalogue *Le Miroir noir*, Paris, Musée Picasso, 1997, p. 16-17; en référence au «jugement du miroir» albertien d'«une image par les ombres» se rapprochant du procédé des épreuves photographiques.
4 Lettre à Jean Puy, *cf.* note 1.

5 « qui n'est pas tout mais le fondement de tout », Matisse, *Écrits et propos sur l'art* (EPA, p. 55).

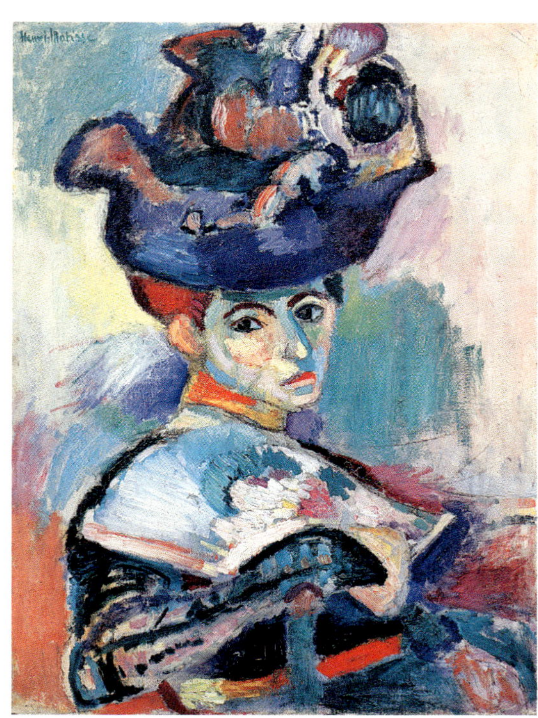

(ill. 1) **Henri Matisse**
La Femme au chapeau, 1905
Huile sur toile, 80,6 x 59,7 cm
San Francisco, Museum of Art

Le fauvisme, en sollicitant la couleur, la « partie animale de l'art » selon Ingres[6], risquait d'être réduit à la seule propriété de la matière couleur à transposer, grâce à la spontanéité de son éclat et de ses rapports, l'instinct de ses créateurs, la puissance des passions, l'intensité des tensions. Le territoire des Fauves aurait étendu la parcelle en un seul tenant d'un espace agraire et primitif : un ensemencement de l'art par lequel *Le Semeur* de Van Gogh, inquiété par les vahinés de Gauguin, féconderait la « terre, notre animalité » (Gauguin). L'épreuve rituelle de la purification de la couleur par le feu, brûlure et transmutation de la matière, a réveillé des interprétations occultes de pratiques primitives ; la couleur séminale se dote alors d'une puissance incantatoire doublée de vertus cathartiques, d'un pouvoir hallucinogène en même temps que divinatoire. Ainsi se serait élevée dans l'art une voix avec ses stridences, ses cris, une manifestation de l'instinct de survie dans et par la peinture, un choc provoqué pour suspendre l'angoisse devant l'impossible représentation en acte de la réalité, fût-ce par les voies naturaliste, scientifique, idéaliste, symboliste, dont les Fauves semblent pourtant les hybrides génétiques.

Entre animalité retrouvée, élan vital et faillite des formes disciplinaires et des traditions convoquées pour pacifier et éduquer, dès 1905, Matisse et Derain se posent en inquisiteurs critiques des moyens de la peinture pour en annoncer la mission : en faire le véritable foyer du rayonnement humain. Ils aspirent à sa renaissance en s'écartant, non sans contradictions, des formules existantes, notamment de l'impressionnisme et du divisionnisme. La relation des deux peintres avec le premier est plus ambiguë que ne l'expriment leurs propos[7] et ignorant la vision lyrique de Claude Monet, qui, de paysage en paysage, laisse émerger la qualité lumineuse et fusionner les formes et les couleurs en donnant un rôle essentiel au traitement chromatique : un engendrement « organique » du tableau par la matière[8]. Les œuvres peintes par Matisse et Derain, conjointement, à Collioure pendant l'été 1905, sont pour la plupart des paysages, une thématique qui perdure mais moins comme support de la réalité que moyen de transgression ouvert aux dérives de l'imagination et du sentiment. Ainsi, bien que régi par différents traités de peinture, le paysage, entre décor et réel, où le détail est subordonné à l'ensemble du tableau, présente-t-il déjà une « fragilité mimétique[9] » apte à l'expérimention plus libre de leur conception de la transposition du réel à partir de la couleur. Et, primordiale dans leur effort pour échapper au réalisme, la question du « comment peindre ? » était devenue plus conflictuelle, alors que la variable de « la nature vue à travers un tempérament », « la déformation subjective[10] », en modifiait l'équation.

Dès 1905, Matisse semble soumettre[11] le tableau à deux impératifs : d'une part, trouver le moyen plastique capable de traduire la perception dans toute son intensité, l'œuvre devant établir des « rapports analogiques constants avec les sensations », d'autre part, bâtir une intellection entre impression et expression pour rendre « la peinture plus humaine » en distillant l'essence de la réalité dans les vibrations de l'œuvre elle-même : « synthèse vivante et suggestive ». Il est contraint

6 Cité par M. Denis, « Les élèves d'Ingres », *L'Occident*, 1902, repris dans *Théories, op. cit.*, p. 99.
7 Voir le catalogue *Derain, Le peintre du « trouble moderne »*, Musée d'Art moderne de la Ville de Paris, 1994, p. 102 ; on voit combien Derain et Matisse restent dans l'orthodoxie d'une pensée critique conventionnelle voyant dans l'impressionnisme le dernier avatar du réalisme, même s'ils voient en Monet un « grand › peintre.
8 La critique, elle (Geffroy, Mirbeau), rendant sa relativité au réalisme impressionniste, avait gommé les frontières de celui-ci avec les formes des symbolismes pour souligner la capacité de cette peinture à suggérer la vie, à exprimer les émotions et les hésitations de son auteur. Sur ce sujet, voir notamment Richard Shiff, *La Revue de l'art*, n° 96, 1992, p. 24-30. Matisse et Derain ne peuvent rejeter entièrement cet aspect qui, stimulé par un même attachement à la nature et à ses impulsions, s'avérera prépondérant, tout comme, de manière avouée cette fois, la conception cézannienne des deux plastiques (*cf.* le texte de J. Flam dans le présent catalogue).
9 *Cf.* Itzhak Goldberg, *Jawlensky ou le visage promis*, L'Harmattan, 1998, p. 66-70.
10 Maurice Denis, *L'Occident*, février 1904, repris dans *Théories, op. cit.*, p. 23.
11 Pour une analyse du fondement de la théorie matissienne, *cf.* Rémi Labrusse, *Matisse. La condition de l'image*, Gallimard, 1999.

d'expérimenter d'autres voies après le constat de l'éva-
nouissement de la forme où le conduit inévitablement
le divisionnisme. L'opposition du dessin et de la couleur
n'est qu'une des phases de l'inquiétude qui l'agite depuis
plusieurs mois, après les discussions critiquant son «adhésion» à cette esthétique aux Indépendants de 1905, et
qu'accentue la dualité de ses intentions : la vérité de
l'émotion et son expression, et la distanciation conceptuelle et analytique imposée à sa propre sensibilité.
Derain, lui, bien que préoccupé de la logique et de l'unité
que lui garantissait le divisionnisme, n'y souscrit que brièvement. Déçu par le résultat final et craignant la froideur et
la monotonie, il ouvre une autre perspective: «augmenter
la logique des relations de la valeur et de la couleur, c'est
affirmer cette tendance qui fait de la couleur une nouvelle
matière dans laquelle on transpose comme dans du
marbre ou du bois qui se recompose en différentes
logiques[12]». Fondamentalement, il s'oppose à l'harmonie
« grise » d'une surface unie, «lisse sans brusques écarts»,
pour rechercher une harmonie expressive de rapports de
tons dont «la somme est un ensemble absolu ordonné».
Hors de toute contrainte théorique, il expérimente durant
l'été un principe de « disharmonies intentionnelles »
fondées sur la mixité des techniques (voir p. 115, « Collioure,
1905-1906 ») et des accords plastiques de surfaces, recher-
chant l'homogénéisation d'éléments contradictoires par
l'équilibre des énergies colorées (tantôt par la touche,
tantôt par la couleur en aplat), s'acharnant à contrarier
les conventions de la vision tout autant que celles de la
peinture.

À Collioure, Matisse, dont les qualités de coloriste ont
été remarquées bien avant 1905, opère un renversement
radical de l'utilisation de la couleur, désactivant ses effets
tels que Van Gogh, par exemple, les avait initiés : « Mettez

du rouge à côté du vert, vous exprimerez la passion » ;
dans *La Sieste* (cat., n° 18), il contredit volontairement
cette allégation, établissant le pôle d'équilibre du tableau
dans les rapports d'intensité lumineuse et de surfaces de
rouge et de vert, libérés de présupposés psychologiques.
Ainsi appréhende-t-il en peignant une relation de quantité et de densité de la matière picturale qui construit
l'espace où sujet et fond sont plastiquement interdé-
pendants : la modification d'un élément du tableau per-
turbant la perception de l'ensemble. Le principe
harmonique, pressenti alors par Matisse, reposerait non
pas exclusivement sur l'expressivité du sujet et de la
matière mais sur l'expression plastique dans son
ensemble[13].

Leur saison de peinture à Collioure, admise comme
une période « de transition entre les valeurs et les couleurs[14]», stigmatise davantage encore le «doute moderne»
(Derain, 1904) dans lequel bascule la notion d'« invention » du tableau (Émile Bernard), du rapport de celui-
ci au spectateur, comme le bouleversement de la relation
du peintre au réel. L'insistance sur la figure, le portrait et
le retour, à l'automne, au paysage décoratif et allégorique
montrent désormais Matisse prêt à relever le défi lancé
par Louis Vauxcelles quelques mois plus tôt : « c'est d'une
luminosité, d'une vibration éblouissante [à propos du
Bouquet présenté au Salon des Indépendants de 1905].
Mais obtiendrez-vous les mêmes effets avec des figures?[15]».
Dans les portraits d'*André Derain* (cat., n° 5), de Mme
Matisse, *La Femme au chapeau* (San Francisco Museum
of Art), ou *La Raie verte* (Statens Museum for Kunst,
Copenhague), il spécule à l'écart des formules (figure
d'expression, allégorie ou portrait réaliste) et, comprenant «la signification du modèle», atteint la ressemblance
par l'usage exclusif de surfaces brossées irrégulièrement

12 Lettre de Derain à Matisse, écrite
de Chatou, début juin (?) 1905, avant
son arrivée à Collioure. Archives
Matisse.

13 Ce qu'il clarifiera, *a posteriori*, dans
ses « Notes d'un peintre », en 1908,
qu'ont préparé ses entretiens avec
Mecislas Golberg et Apollinaire, en
1907 et ses discussions avec Derain,
en mars 1906 : « l'expression n'est pas
dans l'objet mais dans le moyen.
La véritable idée, c'est la façon de
profiter du moyen ». Lettre de Derain
à Matisse, Archives Matisse.

14 Pierre Schneider, *Matisse*,
Flammarion, 1984, p. 213.
15 Lettre de L. Vauxcelles à Matisse,
27 juin 1905, Archives Matisse.
Au Salon d'Automne de 1905, il voit
l'artiste «errer dans des recherches
passionnées. [...] Le souci de la forme
souffre».

de jaune, de rose, de vert, jusqu'à l'arbitraire de leur choix instinctif dès lors qu'elles en renforcent la vraisemblance empreinte de son émotion. En même temps qu'il agit sur le sujet et sur le genre, il invente son « moyen ». Abandonnant le divisionnisme et le « chatoiement de la moindre partie de la toile[16] », il peint *Le Bonheur de vivre* (Fondation Barnes, Merion) en posant, avec la couleur en aplat, un principe d'unité et d'intensité lumineuse et agence par masses colorées les groupes de figures aux inflexions linéaires et aux multiples références. Cependant, il ne peut que reconnaître une discordance dans cette composition de grand format, précisément due à l'ajout de motifs (*Paysage de Collioure, Esquisse pour le Bonheur de vivre*, cat., n° 34, *La Pastorale*, cat., n° 32). remarquant la nécessité pour « en conserver l'expression, [de] la concevoir à nouveau […] et non pas simplement la mettre au carreau[17] ». Il mesure aussi le risque d'accumuler de manière conventionnelle les références formelles et culturelles qui ne peuvent délivrer leurs significations par la surface colorée sans agir sur la linéarité. Par l'intermédiaire des autres « écritures plastiques », « les Égyptiens hiératiques, les Grecs raffinés, les Cambodgiens voluptueux […] , les statuettes des nègres africains proportionnées selon les passions qui les ont inspirées […] », il poursuit son évolution « en confrontant son art avec les autres conceptions artistiques […][18] ». Pendant l'année 1906, bois gravés, céramique et sculpture sur bois et pierre (Derain), modelage en terre (Matisse) permettent aux deux peintres d'opérer la translation dans leur monde méditerranéen de l'exotisme et du primitivisme de Gauguin, de l'art africain (*Trois personnages assis dans l'herbe*, cat., n° 115), hindou ou oriental (*Vaisselle et fruits sur un tapis rouge et noir*, cat., n° 37, *Portrait de Marguerite*, cat., n° 35).

Dans *Tableau n° III, Nu bleu, souvenir de Biskra* (cat., n° 120), peint à Collioure pendant l'hiver 1906-1907, Matisse, à l'encontre du Beau, affirme ce charme différé de la figure aux formes sculpturales – écho de *L'Aurore* de Michel-Ange, sous-titre de la sculpture modelée antérieurement par le peintre –, forçant la ligne par des distorsions expressives d'une sensualité crue, ou, dans le *Nu debout* (cat., n° 119), par la synthèse toute primitive du caractère du modèle marqué par la disproportion brutale entre la tête et le reste du corps et dans l'alourdissement du ton, en accord avec le poids du trait.

La question d'une vie des formes dans l'art devient essentielle dans les discussions passionnées entre Matisse et Derain[19], ce dont témoigne une série de lettres de Derain, de 1906 à 1907, où, à travers l'enthousiasme de ses découvertes, se révèle une véritable esthétique fauve élevée à la dimension de peinture « pure ». En mars 1906, à Londres, Derain saisit au British Museum toutes les qualités expressives de la matière dans sa coïncidence avec la lumière[20] et écrit avoir « agrandi sa conscience par autre chose que des mots. Des sensations seules définies avec, par des formes, des couleurs », en dehors de ce qu'elles représentent, ajoutant dans une autre lettre « poussé à bout ce que nous disions, c'est-à-dire ne plus rien faire qui représente quelque chose, c'est Nietchs [*sic*], c'est l'art pour l'art, l'égoïsme absolu » (lettre du 15 mars). Tous deux, conscients de la virginité requise du regard – Matisse y ajoutant la double nécessité de comprendre et de résister[21] –, en soulignent l'impossible barbarie. Étrangers au rêve sauvage de Gauguin, les deux peintres ne s'interrogent pas sur un « d'où venons-nous ? » existentiel mais, lucides, ils sondent le passé, explorent la mémoire de l'art, Derain voit se retranscrire, en creux,

16 Signac, *D'Eugène Delacroix au néo-impressionnisme*, 1898.
17 Matisse, EPA, p. 43.
18 « Matisse interrogé par Apollinaire », *La Phalange*, n° 2, 15 décembre 1907, EPA, p. 57.

19 Sur ce point et proposant une révision de la chronologie des lettres de Derain écrites, de Londres, à Matisse – en concordance avec celle du présent catalogue – *cf.* Rémi Labrusse, *op. cit.*, chapitre 3.
20 Des tissus coptes à la statuaire égyptienne et hindoue, Lettre à Matisse, mars 1906, Archives Matisse.

21 « Il importe que je me garde intact au fond de moi-même et mon bonheur est la genèse de l'univers que j'acquiers » (lettre de Derain à Vlaminck, mars 1906). Pour Matisse, il s'agit aussi des luttes que la personnalité de l'artiste, EPA, *op. cit.*, p. 56.

une langue « commune » à toute l'humanité : « j'ai vu le monde entier, même plus que si j'y avais vécu, car chaque forme, dans son langage universel, m'a enseigné les aspirations, les idées d'autres races, d'autres temps[22] ».

En écho aux discussions avec Matisse, Derain, au printemps 1906, tente de résumer ses conceptions dans « Le peintre et la peinture[23] » où il développe la condition de la renaissance de l'art qui, dès lors qu'il échappe au réalisme et à ses lois de représentation, « cessera d'être objectif pour devenir pur[24] ». L'objet, la forme de cette «peinture pure», de portée universelle, seraient consubstantiels aux moyens de la manifester et à l'acte de peindre : «équilibre des lignes», «accords des sensations», beauté des « espaces avec *et en dehors de* ce qu'ils représentent », « au sens de la musique, des couleurs des lignes se composant simultanément pour la joie de nos yeux et par conséquent de notre âme[25] ». Matisse et Derain suivaient peut-être le programme dont M. Denis avait jeté le manifeste en 1896[26] : « le triomphe universel de l'imagination des esthètes que les efforts de bête imitation, triomphe de l'émotion du Beau sur le mensonge naturaliste », en projetant l'œuvre, l'artiste, le spectateur dans un «ici» de la peinture : « une surface plane, des couleurs en un certain ordre assemblées » (*ibid.*).

S'interroger, en 1906, sur une sémantique abstraite du tableau tout en ne la posant jamais comme objectif en soi, suppose l'existence d'un langage commun pour que le spectateur puisse communiquer, « l'imiter » de manière analogique. Or, tout un ensemble de phénomènes relayés par un solide discours théorique et scientifique la préparait, discréditant l'objet, le sujet, les modes de représentation. En 1892, Albert Aurier, le théoricien du symbolisme, affirmait : « les objets, c'est-à-dire abstraitement, les diverses combinaisons de lignes, de

plans, d'ombres, de couleurs, constituent le vocabulaire d'une langue mystérieuse [… qui] a son écriture […], sa syntaxe, sa rhétorique même qui est le style[27]. » La couleur, subtile incarnation de l'artiste, révèle sa spontanéité, sa «sincérité», et, dans l'inachèvement même de son traitement, sa signature. Parallèlement discutés, les arts réaliste et naturaliste butaient sur une opposition, la peinture n'est pas à même d'imiter la nature, ce que confirmait le caractère subjectif de la perception des couleurs (Chevreul, Helmholtz) : «la couleur est en nous[28] ».

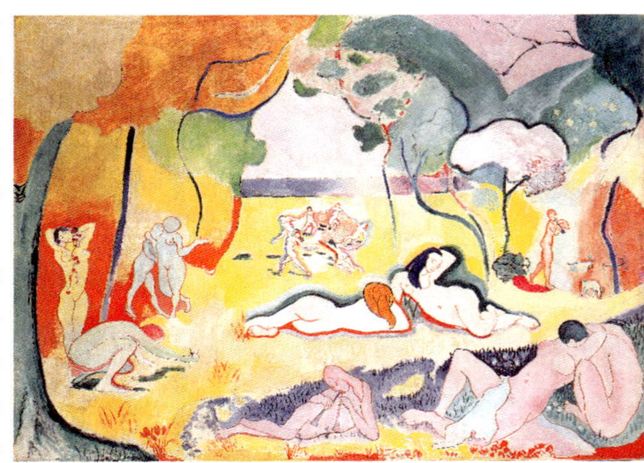

(ill. 2) **Henri Matisse**
Le Bonheur de vivre, 1905-1906
Huile sur toile, 174 x 238 cm
Fondation Barnes, Merion

Matisse, Derain et toute leur génération ont hérité de données fondamentalement bouleversées de la couleur, le post-impressionnisme ayant transféré sur celle-ci toutes les fonctions traditionnellement dévolues au sujet et au symbole : les uns s'appuyaient sur sa valeur expressive (Van Gogh, Gauguin, Munch, Picasso, etc.), la couleur devenant symbole de l'idée et «signe élémentaire abstrait», les autres (Seurat, Signac et les divisionnistes), sur sa valeur impressive, en revivifiant l'ancienne théorie des «effets» pour rendre la couleur « l'égale du trait » qui produit « le chaud, le froid, la passion, la dépression, la gaîté », par « affectation de la surface sensible, en s'adressant aux sens plutôt qu'au raisonnement[29] ».

En s'appuyant sur la couleur, les Fauves s'obligeaient à traverser, ailleurs que dans le spectre lumineux qu'avaient balayé les impressionnistes et les divisionnistes, ses multiples dimensions, dans un spectre parallèle, matériel, physiologique, psychologique, culturel et spirituel. De plus, ils connaissaient probablement les phénomènes culturels de la couleur, le travail de la

22 *Ibid.*, lettre de Derain à Matisse, 15 mars 1906, Archives Matisse. Apollinaire, confortant sa foi dans le pouvoir médiumnique de l'artiste, enchanteur traversant le passé et l'avenir, entendait lui aussi le formidable potentiel de nouveauté plastique de Matisse comme «le résultat de connaissance des autres consciences artistiques» donnant vie à des combinaisons de lignes et de couleurs construisant le tableau (Matisse, EPA, *op. cit.*, p. 58).
23 Le manuscrit (coll. part.) est adressé, en vue de le faire publier, à Bartolomeo Savona, un étudiant italien rencontré à Londres.
24 « L'art n'est certainement pas mort pour cela mais il cessera d'être objectif pour devenir pur et non plus être l'image d'objets mais l'image de sentiments qui se communiqueront dans le monde au travers des races des peuples des langages, remplissant un but plus sacré unissant les peuples dans les mêmes états de la pensée » (*ibid.*), « Le peintre et la peinture ».
25 *Ibid.* On trouve des réminiscences directes de ces mots dans les « Notes d'un peintre » : « Tous mes rapports de tons retrouvés, il doit en résulter un accord de couleurs vivant, une harmonie analogue à celle d'une composition musicale.» Matisse, EPA, p. 47.
26 *Théories, op. cit.*, p.12
27 Au service d'un rêve, d'une pensée, d'une idée, cité par Georges Roque, *Revue de l'art, Symbolisme*, n° 96, CNRS, 1992, p. 74).
28 *Ibid.* Le texte de G. Roque souligne l'importance capitale du symbolisme dans la genèse d'une sémiologie abstraite de la couleur.
29 *Cf.* Éric Michaud, *La Fin du salut par l'image, critiques d'art*, Éditions

mémoire perceptive dans l'éducation collective du regard et les mécanismes du savoir lié à la vision, au centre du débat intellectuel et scientifique. Conséquence immédiate, il ne s'agissait plus de produire un simple écart mimétique avec le réel pour créer une forme vivante de la peinture, mais de se distancier de tous ses modèles, l'artiste inventant un mode personnel d'expression, un style suffisamment dynamogène pour l'établir en nouveau code de perception. C'était, pour Matisse et Derain peut-être rejoindre la tradition de la vision «artificielle[30]» d'une propédeutique à la vie par l'art, admirablement pressentie par Balzac, « l'artiste façonne le monde[31] », confirmée par Mallarmé à Claude Monet, « je me surprends à regarder les champs à travers le souvenir de votre peinture ; ou plutôt, ils s'imposent à moi comme tels[32] » et par Maurice Denis en 1896, « ceux qui voient ne voient qu'à travers les formes qu'ont créées les peintres[33]».

Ainsi s'explique peut-être le trouble pour définir aujourd'hui encore une position totalement spontanée et barbare du fauvisme, hésitant entre le virage et le choc frontal, tant est perceptible le doute qui tantôt entraîne les peintres vers la recherche spéculative, tantôt les ramène à l'interrogation presque archéologique des traditions et à une véritable instrumentalisation des cultures.

L'Âge d'or[34] et *La Danse* (cat., n° 114), deux tableaux de grand format probablement peints par Derain entre fin 1905 et début 1907, illustrent cette polarité. Avec la déploration ironique et théâtrale de *L'Âge d'or*, il exposait l'aporie originelle du «doute moderne»: « Y a-t-il une réalité ? Y a-t-il un rêve ? […] n'est-ce pas en somme être moderne que de se poser cette question[35]?» dressant, dos à dos, deux réalités[36]. Avec *La Danse*, le peintre impose sa vision désormais unitaire – de temps, de lieu, d'action – par l'harmonie rythmique de la sarabande et projette dans l'uchronie[37] les mystères du Moyen Âge, le mythe païen et la Bible, colorant ce syncrétisme mystérieux par un jaune lumineux posé en aplat, rompu d'arabesques rutilantes de rouge, de bleu, de vert. Même, un serpent s'enroule aux pieds des trois « Èves exotiques » pour rapprocher l'éternité perdue et le temporel. Par l'entrelacs des formes se référant à la nature et à la culture, Derain ranime les significations et réalise son humanisme pictural, suscitant notre propre mémoire «artificielle» pour donner, à son tour, matière à la possible expansion de la concience : « nous manions la lumière […], l'infini dans nos mains[38] ».

Dépassant le conflit des deux réalités, Matisse devait résoudre une autre aporie, propre à l'économie de l'image, la stricte «condensation des émotions» et sa diffusion sans déperdition d'intensité et de sens, dans « l'ici de la peinture, sa vibration immédiate » (P. Schneider), et le maintien de sa capacité initiale d'ébranlement : confirmer sa présence pour déployer son éloquence. Au double processus de création autogène de l'œuvre, l'un, à partir d'une répétition (*Le Luxe I* et *II*, *Le Jeune marin I* et *II*, *La Danse I* et *II*), un premier tableau servant de matrice au second, au profit d'une synthèse décorative, et l'autre, à partir de l'expansion du motif (la sardane du *Bonheur de vivre* et *La Danse I*), répondrait la réalité plastique d'une double projection dans l'espace. Par le jeu des mémoires, l'une, rétrospective, construirait l'unité de l'œuvre par le déplacement des significations, l'autre, prospective, provoquerait, par rémanence de l'énergie primitive et de la pulsion créatrice originelle, la conversion toujours inachevée de l'œuvre et du spectateur.

Chambon, 1992. L'auteur y voit une manipulation : « un nouveau savoir s'élabore par affectation de la surface sensible » qui a pour objet le bonheur de l'homme pour son «engendrement à distance».
30 Cela se rapprocherait du sens donné par Alain Roger (*Petit traité du paysage*) d'«artialisation», le processus de codification des perceptions s'imposant par l'œuvre d'art.

31 Honoré de Balzac, « Des artistes », *La Silhouette*, 1830 (25 février-11 mars-5 juin).
32 Lettre de Mallarmé à Claude Monet du 9 juillet 1890, Gustave Geffroy, Claude Monet, Crès, 1924, et *Correspondance de Mallarmé*, 1973 t. IV, p. 119.
33 M. Denis, *Théories, op. cit.*, p. 32.
34 Musée de Téhéran, *cf.* cat. *Derain*, 1994, *op. cit.*, p. 124-125.

35 Lettre à Vlaminck, 1904, *op. cit.*
36 Il s'inspire peut-être de la *Vision après le sermon*, 1888, de Gauguin et utilise une partition lumineuse pour séparer la «réalité» du «rêve» qui apparaît dans une lumière artificielle, l'ensemble du tableau étant traité, à la manière des mosaïques paléochrétiennes, en tessères de couleurs pures.
37 Le temps de la fiction.

38 Lettre à Matisse, mars 1906, Archives Matisse.

Le fauvisme, le cubisme et la modernité de la peinture moderne

Jack Flam*

1

La vie brève du fauvisme et ses rapports avec le cubisme soulèvent une série de questions concernant la peinture française d'avant-garde dans les premières années du XXᵉ siècle. D'abord, on peut se demander pourquoi l'art fauve, qui a duré si peu de temps, est resté si vivace dans l'imagination des historiens de l'art. Kahnweiler, par exemple, croit pouvoir constater en 1915 que la dénomination fauve, «absurde» à ses yeux, a «heureusement disparu[1]», et pourtant, elle s'implantera solidement après la Première Guerre mondiale. Une autre question tiendrait à la nature exacte des relations entre arts fauve et cubiste, à ce que la montée du cubisme nous apprend sur les idées qui sous-tendent le fauvisme. Il semblerait aussi que certaines des interrogations suscitées par les relations entre fauvisme et cubisme aient pris une acuité nouvelle en cette fin de siècle, car elles restent apparemment sans réponse, et c'est peut-être le signe d'un conflit insoluble qui serait au cœur même de l'art moderne en général.

L'histoire de l'art moderne considère le fauvisme comme le premier mouvement notable du XXᵉ siècle, alors même que ses membres présumés n'ont jamais présenté un front uni, et que plusieurs d'entre eux sont allés jusqu'à nier l'existence d'un pareil mouvement. Vers 1905, nous dit-on, un groupe de jeunes artistes conduit par Henri Matisse a commencé à révolutionner la peinture européenne en employant un coloris criard, une touche hardie et un dessin lâche. L'épithète «fauves» inventée à ce moment par Louis Vauxcelles n'est usitée qu'à partir de 1907, lorsque le fauvisme est plus ou moins terminé[2].

Ce n'est peut-être pas un pur hasard si le même Vauxcelles est généralement (mais faussement) crédité de l'invention du mot «cubisme», qui est également entré dans l'usage après la transformation radicale du style correspondant. Le fauvisme et le cubisme font une paire bien séduisante, en début de liste des grandes tendances picturales du XXᵉ siècle, avec leur façon d'évoquer l'opposition nietzschéenne entre dionysiaque et apollinien si chère à la pensée d'avant-guerre. En réalité, ce sont deux dénominations stylistiques imprécises, qui induisent une simplification excessive de la situation de la peinture française dans les dix premières années du XXᵉ siècle. Ce que j'entends par «situation» se comprend aisément à la lumière d'un examen des tableaux et d'une analyse de la genèse des termes utilisés pour les désigner.

Le mot «fauve», par exemple, nous en dit moins long sur le style ainsi dénommé que sur les attitudes de l'époque à l'égard d'une forme de peinture qui semble s'écarter des normes sociales et éthiques. Les qualificatifs

---

* Distinguished Professor of Art History, Brooklyn College and The Graduate School, City University of New York.

1 Daniel Henry Kahnweiler, *Der Weg zum Kubismus* (1915), Munich, Delphin Verlag, 1920; traduction française d'après une réédition de 1958, «La montée du cubisme», dans *Confessions esthétiques*, Paris, Gallimard, 1963, p. 19.

2 Ce serait le journaliste Louis Vauxcelles, assez tiède partisan de la peinture d'avant-garde, qui aurait baptisé le mouvement dans son compte rendu du Salon d'Automne de 1905. Voir Louis Vauxcelles, «Le Salon d'automne», supplément du *Gil Blas*, 17 octobre 1905. Contrairement à une croyance répandue, le qualificatif n'est pas entré tout de suite dans l'usage. Il faut attendre près de deux ans pour voir l'épithète «fauve» directement appliquée à Matisse et à ses pairs, dans l'article de Vauxcelles sur le Salon des Indépendants de 1907 (*Gil Blas*, 20 mars 1907): «Les Fauves! [...] M. Matisse, Fauve-chef; M. Derain, Fauve-sous-chef; MM. Othon Friesz et Dufy, Fauves à la suite; M. Girieud, Fauve indécis, distingué, italianisant [...]» Lorsque le terme s'officialise, en 1907, les peintres qu'il désigne se sont déjà orientés sur des voies assez divergentes.

d'«invertébrés», «incohérents» ou autres, appliqués auparavant aux jeunes peintres[3], signalaient autant l'outrage au bon goût que l'apparence déstructurée des peintures. À vrai dire, Vauxcelles emploie le mot «fauve» de deux manières fort différentes dans son célèbre compte rendu du Salon de 1905. La première fois, le terme lui sert à décrire la réaction prévisible des philistins et des académiques, qui vont certainement bondir sur les tableaux de Matisse comme des bêtes de proie. Vauxcelles trouve en effet que Matisse a bien du courage, «car son envoi – il le sait, du reste – aura le sort d'une vierge chrétienne livrée aux fauves du Cirque». Un peu plus loin, dans le même article, il reprend la même comparaison pour décrire cette fois l'effet produit par les tableaux de Matisse et de ses amis. Il observe que les deux sculptures relativement traditionnelles exposées par Albert Marque offrent un spectacle surprenant «au milieu de l'orgie des tons purs: Donatello chez les fauves[4]».

Les mots «fauve» et «fauvisme» sont restés par habitude et par commodité, car ils permettaient de recouvrir dans un raccourci tous ces tableaux aux coloris vifs et à la facture vigoureuse que Matisse, Derain, Vlaminck et plusieurs autres artistes ont exécutés vers 1905-1906. De fait, ces œuvres s'avèrent assez difficiles à définir collectivement, sauf à noter qu'elles emploient souvent des tons saturés agencés autour du contraste rouge-vert, et qu'elles semblent généralement réalisées d'après nature, selon une méthode d'observation directe et d'improvisation immédiate. Ce que l'on appelle couramment la peinture fauve relève plus d'une attitude que d'un style bien déterminé, car les particularités de style varient sensiblement d'un artiste à l'autre, mais aussi au sein même de leur production individuelle. Il y a toutefois une caractéristique commune à la plupart des tableaux fauves: contrairement aux peintures impressionnistes, ils représentent la nature sans faire de naturalisme. Ainsi, les harmonies de rouge et vert spécifiques du fauvisme prennent le contrepied des accords de tons impressionnistes, empruntés au spectre de la lumière naturelle (jaune-violet ou orange-bleu). On a souvent dit que les Fauves avaient créé une nouvelle sorte de lumière par la couleur, et c'est exact, mais il s'agit d'une lumière agressivement contre nature, perçue en 1905 comme une provocation du même ordre que la ligne déformée à laquelle elle était souvent associée. «Leurs harmonies ne chantent plus, elles rugissent, remarque Michel Puy en 1907; elles ne vous caressent pas, elles vous sautent à la gorge[5].»

La peinture fauve cesse de différencier les divers objets et matières pour faire valoir l'idée que la substance concrète du tableau – c'est-à-dire l'ensemble des touches de couleur qui se présentent comme telles et prétendent représenter autre chose – fusionne la forme et le fond en un tout original. Ce tout, que l'on pourrait appeler le «fait figural», restitue et dépasse en même temps les objets qu'il figure. Le motif se trouve donc proprement transformé par sa transcription. Les objets représentés ne gardent ni leur aspect réel ni leurs couleurs locales ou leur brillance et leurs contours subissent souvent de sérieuses déformations. Les tableaux fauves se présentent dans toute leur subjectivité, mais sur un mode très particulier. Le fait figural serait un peu comparable à un paysage intérieur, où se projettent les sentiments de l'artiste à propos de ce qu'il voit. S'il est très personnel, il ne traduit pas pour autant des émotions précises, mais plutôt l'adhésion d'un individu à une notion idéale de sentiment universel, à une réalité extérieure parcourue par des flux d'énergie continus. Cette vision du réel n'est pas très éloignée des conceptions énoncées par Jacques

3 *Cf.* Michel Puy, «Les Fauves», *La Phalange*, 15 novembre 1907, reproduit dans *L'Effort des peintres modernes*, Paris, Albert Messein, 1933, p. 62.
4 Vauxcelles, «Le Salon d'Automne», *loc. cit.*, 1905.

5 Puy, «Les Fauves» (1907), *loc. cit.*, 1933, p. 62.

Rivière dans son essai de 1907 sur la poésie de Paul Claudel : «Le monde n'est que mouvement, l'essence de toute chose et de tout être est mouvement, ce que nous appelons matière n'est point la cause ou le lieu du mouvement, mais simplement les "divers arrangements", les formes que produit le mouvement. L'homme même est une vibration, son esprit un mouvement[6].»

Cette idée d'une substance unifiée du fait figural dans les tableaux fauves débouche sur la possibilité de créer des métaphores picturales d'un genre nouveau, fondées sur les rapports entre des éléments du motif, distincts les uns des autres mais susceptibles de se fondre dans un tout homogène par le biais du style. Dans des tableaux de Matisse comme *La Japonaise au bord de l'eau* de 1905 (ill. 1) ou le *Nu dans la forêt* de 1906 (cat., n° 33), le corps de la femme ne se différencie pas du paysage par un tracé qui cerne les contours, mais par la couleur et, surtout, par les modulations du rythme des coups de pinceau. Le spectateur perçoit instantanément la relation réciproque entre la femme et le paysage. L'énergie intérieure du personnage irradie dans la nature environnante et, inversement, le personnage reçoit l'énergie rayonnée par la nature. Dans *La Japonaise au bord de l'eau,* Matisse attire l'attention sur cette façon d'utiliser les variations de la touche et les contrastes de couleurs pour tisser des liens métaphoriques entre des ordres de choses différents. Par une figure de style remarquable, les dessins tournoyants sur la robe de la Japonaise deviennent une transposition de l'eau qui l'entoure.

La même sorte d'échange dynamique entre divers éléments du tableau traverse encore bien des œuvres ultérieures de Matisse, notamment le *Nu bleu* de 1907 (cat., n° 120), où un système de figures de style très différent instaure un dialogue comparable entre la femme

et le paysage. Plusieurs de ces figures de style étaient déjà en germe chez Cézanne, en raison de la fluidité de l'espace dans ses tableaux de la maturité, mais aussi parce qu'il était parvenu à donner l'impression que les objets pouvaient s'inscrire sur deux plans du réel à la fois. Bien entendu, tous ces procédés reposent sur l'idée que le langage plastique évoque et englobe en même temps le sujet de la peinture. Comme nous allons le voir, les cubistes ont repris à leur compte cette idée et le type de métaphore qui en découlait, mais pour les utiliser de manière tout autre.

2

En 1905, les Fauves réagissaient à une «situation» historique qui mettait à profit les innovations léguées par les artistes qualifiés aujourd'hui de postimpressionnistes. Cette génération précédente semble avoir barré la route aux jeunes artistes, comme devait le rappeler Matisse, et conduit la peinture dans une impasse. On a un bon aperçu de la situation grâce au questionnaire que le critique et poète symboliste Charles Morice a fait parvenir à toute une série d'artistes en juin 1905. Cinquante-sept ont répondu, et les résultats de l'enquête sont parus dans les numéros d'août et de septembre du *Mercure de France*[7]. Ces témoignages sont donc recueillis au moment où les premières toiles fauves, qui semblent répondre à leur façon au questionnaire, voient le jour.

L'enquête de Charles Morice présente un très grand intérêt, car elle fournit la preuve tangible que, chez les artistes, on se préparait vers 1905 à quelque changement fondamental. Le critique déclare dans sa présentation :

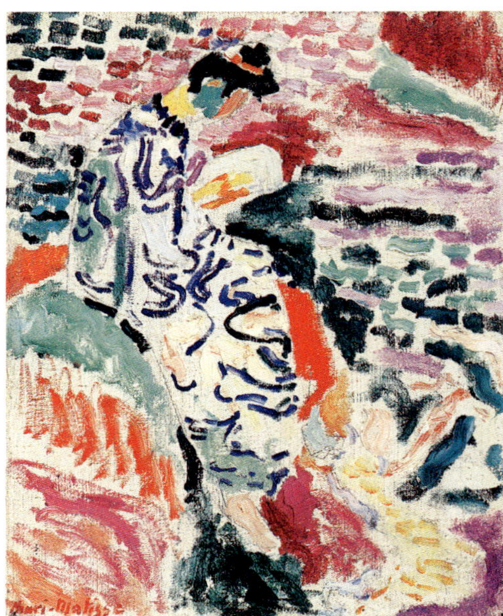

(ill. 1) **Henri Matisse**
*Femme au bord de l'eau
(La Japonaise)*, 1905
Huile et crayon sur toile, 35,2 x 28,2 cm
Museum of Modern Art, New York

6 Jacques Rivière, *Études*, Paris, NRF, 1911, p. 89.

7 Charles Morice, «Enquête sur les tendances actuelles des arts plastiques», *Mercure de France*, août et septembre 1905, p. 346-349, 538-555, et p. 61-85. Morice avait posé cinq questions : «1) Avez-vous le sentiment qu'aujourd'hui l'art tende à prendre des directions nouvelles ? 2) L'impressionnisme est-il fini ? Peut-il se renouveler ? 3) Whistler, Gauguin, Fantin-Latour... qu'emportent ces morts ? Que nous laissent-ils ? 4) Quel état faites-vous de Cézanne ? 5) Selon vous, l'artiste doit-il tout attendre de la nature ou seulement lui demander les moyens plastiques de réaliser la pensée qui est en lui ?» Charles Camoin, Georges Desvallières, Kees Van Dongen, Raoul Dufy, Pierre Girieud, René Pot, Jean Puy, Georges Rouault et Paul Signac, entre autres, ont envoyé leurs réponses, mais ni Derain, ni Matisse, ni Vlaminck. Matisse a assisté apparemment à l'un des «dîners du 14» donnés par Morice au cours du printemps 1905, et il a peut-être eu un exemplaire du questionnaire. Rien ne semble indiquer qu'il ait répondu. Voir Paul Delsemme, *Un théoricien du symbolisme, Charles Morice*, Paris, librairie Nizet, 1958, p. 94.

«Il est manifeste qu'à l'époque présente les arts plastiques hésitent entre les souvenirs et les désirs[8].» Constatant que l'on est «au lendemain de *quelque chose*», il se demande si l'on ne serait pas aussi «à la veille de *quelque chose*». Il trouve pour sa part que «la possibilité d'une *nouveauté* en art […] timbre et colore étrangement l'heure qui sonne». Les réponses au questionnaire lui laissent supposer que la prochaine révolution dans l'art se fondera sur un retour aux principes et que, dès lors, «l'espèce affirmera plastiquement sa pleine réalisation spirituelle et sensible[9]».

Parmi les artistes interrogés, beaucoup se disent persuadés de se trouver, effectivement, à une période charnière, où l'art pourrait bien s'orienter dans une autre direction. La plupart estiment que l'impressionnisme, peinture des sensations optiques par excellence, a fait son temps. Gauguin et Cézanne sont souvent invoqués et les artistes s'accordent à penser que, sans nier le besoin d'un contact avec la nature, il convient de faire primer l'émotion sur l'imitation pure et simple. Georges Rouault souligne ainsi que le peintre doit «dominer la nature et ne pas être asservi par elle[10]». Georges Desvallières va dans le même sens quand il affirme: «La nature n'a jamais été qu'un moyen de réaliser une pensée; j'entends par pensée un mouvement de l'âme[11].» Beaucoup aspirent à un art qui fasse plus de place à l'intellect, sans trop savoir comment parvenir à ce résultat.

De l'avis général, les postimpressionnistes indiquent la voie de la spiritualité et du sérieux. Desvallières, par exemple, suppose que la nouvelle peinture reflétera «un effort vers la Gravité et le Style, dont l'école des Beaux-Arts nous éloigne et dont les Daumier, les Gauguin, les Cézanne, les Lautrec, les Van Gogh et les Seurat nous rapprochent[12]». Antoine de La Rochefoucauld n'hésite pas

à écrire que «l'impressionnisme a vécu de la vie instinctive des animaux ou des plantes. Aucun souffle divin ne l'ayant animé, il ne peut se survivre, car l'âme seule est immortelle et cette forme de l'art n'eut point d'âme[13].»

Un autre thème qui revient souvent est l'idée que l'artiste doit être capable de déjouer les attentes traditionnelles du spectateur pour l'obliger à regarder les choses d'un œil neuf. En octobre 1905, peu après avoir publié son enquête, Charles Morice cite élogieusement un passage d'une conférence sur Van Gogh, où la fidélité aux perceptions visuelles est assimilée au conformisme esthétique: «Il méprisa nos jouissances optiques, se railla de la médiocrité, de l'indigence de notre vision. […] Il détruisit notre idéal moyen, l'esthétique consentie[14].» Deux ans plus tard, Michel Puy rappelle que les Fauves «ont mis une certaine rage à présenter des œuvres qui exigeaient du spectateur la compréhension la plus large de la peinture, et à négliger de s'accommoder aux habitudes des yeux de la multitude[15]». Car, au lieu de faire des concessions, l'artiste doit obéir à son instinct: «Mais avant de penser à plaire, et surtout à plaire au grand nombre, il faut satisfaire chez soi-même le besoin de saisir une vérité qui se dérobe et qu'on entrevoit au lointain. L'artiste obéit moins au raisonnement qu'aux suggestions de sa propre nature. Il est dirigé par une force intérieure qu'il connaît mal, qui l'égare souvent, mais qui le ramène toujours dans sa voie[16]» Cette théorie va de pair avec la volonté de transposer la nature dans un langage spécifiquement pictural, souvent associé à l'art de Cézanne. Michel Puy explique que Matisse, peu convaincu par Monet, a proposé à ses confrères «une recherche purement picturale de traduction directe de la nature. Il éclaira pour eux la manière de Cézanne dans ce qu'elle avait de plus solide et les aida à donner une orientation à leurs efforts[17].»

8 Morice, «Enquête», *loc. cit.*, p. 346.
9 *Ibid.*, p. 347.
10 *Ibid.*, p. 538.
11 *Ibid.*, p. 352.
12 *Ibid.*, p. 352.

13 *Ibid.*, p. 541.
14 Charles Morice, «Art moderne», *Mercure de France*, 1er octobre 1905, p. 443-444. L'auteur cite une conférence sur Van Gogh, prononcée au Salon des indépendants de 1905 par M. A. Van Bever.

15 Puy, «Les Fauves» (1907), *loc. cit.*, 1933, p. 76.
16 *Ibid.*, p. 66-67.
17 Puy, «Les Fauves» (1907), *loc. cit.*, 1933, p. 70.

Après les Fauves, les cubistes eux aussi partiront du principe que l'art n'a pas pour vocation de représenter la réalité extérieure, mais de porter en lui un univers qui lui est propre. Pratiquement toute la peinture d'avant-garde à l'époque s'attache à affirmer l'indépendance du tableau par rapport à la réalité représentée, et la spécificité du langage pictural. Bien sûr, cette préoccupation commune revêt des formes toutes différentes chez les Fauves et chez les cubistes. Les Fauves s'en remettent à leur instinct, et semblent rejoindre en cela les impressionnistes puisant leur énergie à «la vie instinctive des animaux ou des plantes», pour reprendre la formule d'Antoine de La Rochefoucauld. Les cubistes, de leur côté, arguent de l'indépendance du tableau pour rompre plus résolument avec la nature. Quand Guillaume Apollinaire écrit, à propos des paysages de Braque en 1908 (ill. 2), que «chaque œuvre devient un univers nouveau avec ses lois particulières [18]», il ne fait que réaffirmer une vérité déjà passée au rang des évidences pour l'avant-garde, mais avec une vigueur nouvelle assortie à la forme extrême prise par les peintures.

L'évolution, en 1907-1908, vers ce qui s'appellera le cubisme coïncide avec plusieurs changements de la situation par rapport à 1905. Le plus notable est une sensibilité accrue à l'œuvre de Cézanne, favorisée par les grandes expositions de 1906 et 1907, surtout la présentation des aquarelles chez Bernheim-Jeune en juin 1907 et la rétrospective posthume organisée au Salon d'Automne de 1907. En 1905, Matisse était le seul peintre fauve à avoir une profonde intelligence de l'art de Cézanne, alors qu'en 1907 l'œuvre du maître commence à susciter une admiration assez générale. Une autre donnée capitale réside dans la position occupée par Georges Seurat, en qui les peintres et les critiques perçoivent

désormais un précurseur du cubisme : la rétrospective inaugurée en décembre 1908 à la galerie Bernheim-Jeune ne fera que consolider cette réputation.

En 1905, Matisse et Derain ont utilisé des techniques néo-impressionnistes afin d'obtenir un maximum de couleur et de lumière sans trop se soucier de la solidité ou de la stabilité des formes. Quand ils commencent à faire varier la taille et la direction des touches, ils cassent la syntaxe néo-impressionniste en introduisant une subjectivité subversive. Il faut bien comprendre que nous ne parlons pas simplement de procédés matériels, mais bien d'une intention réalisée par le recours à la rhétorique picturale. Un examen attentif des tableaux exécutés par Matisse et Derain au cours de l'été 1905 révèle qu'ils ont souvent noté des repères au crayon avant de peindre, même si les œuvres achevées produisent une forte impression de spontanéité. Pour *Les Toits de Collioure* (cat., n° 8), Matisse a même tracé des traits à la règle.

Cette sorte de contradiction est assez caractéristique des objectifs poursuivis par la peinture moderne en général, sans doute parce que les divers aspects de la structure plastique tiennent une place grandissante à mesure que le sujet du tableau perd de son importance. Certaines particularités de style deviennent des «indices visuels», souvent arbitraires, mais néanmoins chargés d'une valeur symbolique et idéologique. La facture d'un tableau impressionniste, par exemple, est censée dénoter la spontanéité, et pourtant nous savons aujourd'hui que, bien souvent, ces peintures étaient soigneusement méditées.

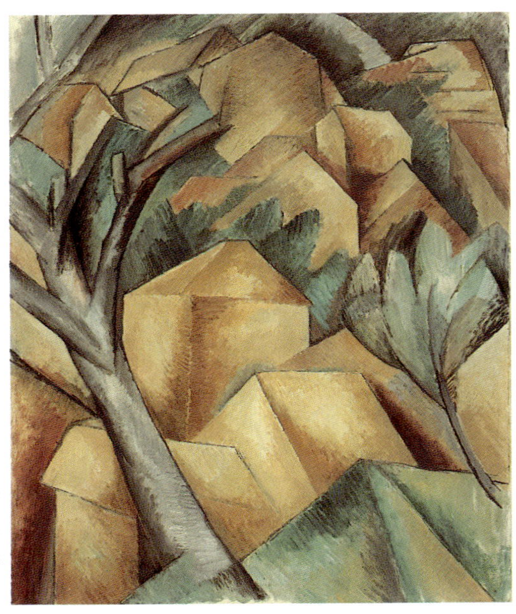

(ill. 2) **Georges Braque**
Maisons à L'Estaque, 1908
Huile sur toile, 73 x 60 cm
Kunstmuseum,
Collection Hermann et Margrit Rupf, Berne

18 Guillaume Apollinaire, préface au catalogue de l'exposition Braque, présentée du 9 au 28 novembre 1908 à la galerie Kahnweiler, reproduite dans *Chroniques d'art 1902-1918*, textes réunis et présentés par Leroy C. Breunig, Paris, Gallimard, 1960, réédition, 1981, p. 77.

La facture du tableau impressionniste «incarne» ou «joue» la spontanéité dans le cadre d'une sorte de rhétorique de la représentation. De même, la facture des tableaux de Seurat, que l'on croyait d'une objectivité toute scientifique, n'a qu'un très lointain rapport avec la pensée scientifique en question [19].

Dans la peinture fauve, la spontanéité manifestée par la hardiesse de la touche passe pour un gage d'authenticité et, sur ce point, l'esthétique du fauvisme reste assez proche de l'impressionnisme. L'authenticité est la forme de vérité que les Fauves revendiquent hautement, contre celle de la science. À l'été 1905, Derain s'avoue partagé entre une certaine façon de peindre «un monde qui se détruit de lui-même quand on le pousse à l'absolu [20]» et le désir d'introduire une plus grande part d'humanité dans ses compositions. Cette manière de penser accorde plus de prix à la vérité intérieure de l'esprit éclairé qu'à la prétendue objectivité de la science. C'est l'un des postulats les plus énergiques du fauvisme en général, et celui que les cubistes et leur entourage contesteront le plus vigoureusement dans leur réévaluation de l'apport de Seurat et de Cézanne.

Le Seurat des cubistes n'est plus l'inventeur du «chromo-luminarisme» que les Fauves voyaient en lui vers 1905. Il est l'artiste qu'André Salmon qualifie de «reconstructeur», dont les œuvres tardives relativement austères, tel *Le Chahut*, figurent en bonne place dans leurs ateliers. Salmon envisage l'art de Seurat sous un angle qui laisse presque entièrement de côté la couleur, pour privilégier son aspect «construit et composé [21]» dans l'esprit d'une recherche scientifique. Apollinaire salue également le soin méticuleux avec lequel Seurat compose ses tableaux [22]. André Lhote souligne l'attirance des cubistes pour des peintures comme *Le Cirque* et ajoute

qu'elle permet de «déterminer les rapports qui unissent cet art systématique au cubisme débutant en 1910 [23]». Les cubistes, écrira Lhote un peu plus tard, ont emprunté directement au néo-impressionnisme, mais sans se préoccuper des couleurs prismatiques si chères à Seurat [24] (et aux Fauves).

Ces changements de perspective reflètent la nouvelle inflexion prise en 1907-1908, lorsque les peintres d'avant-garde, dont les anciens Fauves, abandonnent les formes organiques imprécises et les coloris éclatants au profit d'une palette sobre et de configurations géométriques stables. C'est une évolution étroitement liée aux divergences d'analyse à l'égard des tableaux de Seurat et de Cézanne, mais aussi aux composantes systématiques apparemment communes à ces deux artistes.

La syntaxe de la peinture nouvelle repose en grande partie sur les réseaux de petits points créés par Seurat, et sur l'historique de sa méthode retracé par Signac dans *D'Eugène Delacroix au néo-impressionnisme*. Signac énonce en fait l'idée d'un langage pictural considéré comme un système de signes régi par une syntaxe à peu près cohérente, dont les principes directeurs peuvent s'appréhender séparément du contenu sémantique. La plus grande innovation venue du néo-impressionnisme a consisté à utiliser la touche divisée comme élément constitutif d'une trame de petites applications de couleur répétitives qui se distinguent nettement et systématiquement de ce qu'elles sont en train de figurer : l'image est perçue à travers une sorte d'écran en quelque sorte indépendant de la chose représentée.

Il est à noter que, aux yeux de Signac, Cézanne est le seul de ses contemporains à avoir adopté une démarche comparable à celle des néo-impressionnistes : «Cézanne, en juxtaposant, par touches carrées et nettes, sans souci

19 Voir par exemple l'introduction de Robert L. Herbert, dans le catalogue *Seurat*, Paris, Réunion des musées nationaux, 1991, p. 22-25 en particulier.
20 André Derain, *Lettres à Vlaminck*, présentées par Philippe Dagen, Paris, Flammarion, 1994, p. 161-162 et 165-166, lettres des 28 juillet et 5 août 1905.

21 André Salmon, «La révélation de Seurat», dans *Propos d'atelier*, Paris, Crès, 1922, p. 42-48. Delaunay, qui apprécie surtout chez Seurat le maniement de la couleur et de la lumière, est l'un des rares à ne pas souscrire à cette interprétation de Seurat parmi les cubistes et leur entourage.

22 *Cf.* les remarques d'Apollinaire dans ses comptes rendus du 23 décembre 1910 et du 28 janvier 1911 (*Chroniques d'art, op. cit.*, p. 170-171 et 183).
23 André Lhote, *Georges Seurat*, Paris, 1922, cité dans Henri Dorra et John Rewald, *Seurat*, Paris, Les Beaux-Arts, 1959, p. 279
24 André Lhote, *Traité du paysage*, Paris, Grasset, 1949.

d'imitation ni d'adresse, les éléments divers des teintes décomposées, approcha davantage de la *division* méthodique des néo-impressionnistes[25].» Signac, qui s'applique à reconstituer la genèse du réseau de petites touches méthodiques, croit retrouver chez Cézanne des procédés analogues. Si l'on s'en tient à la surface des choses, pour ainsi dire, il y a effectivement des similitudes, mais en réalité, Cézanne poursuit un projet profondément différent, bien plus complexe et ardu aussi. C'est sans doute pourquoi la plupart des peintres d'avant-garde arrivés sur la scène artistique dans la première décennie du XXᵉ siècle sont passés par une phase plus ou moins néo-impressionniste avant de pouvoir comprendre vraiment Cézanne.

Dans les tableaux de Cézanne, les touches répétitives ne servent pas seulement à tisser un écran. Elles ne cessent d'interférer avec la surface picturale figurative où elles s'insèrent. Ces interférences brisent la continuité de la surface figurative et attirent l'attention sur les relations internes qui s'instaurent au sein du tableau. Les diverses figures de style employées dans ces peintures fournissent une sorte d'équivalent plastique de la poésie symboliste telle que la décrit Jean Moréas : «Un style archétype et complexe; d'impollués vocables, la période qui s'arc-boute alternant avec la période aux défaillances ondulées, les pléonasmes significatifs, les mystérieuses ellipses, l'anacoluthe en suspens, tout trope hardi et multiforme[26].»

Les parentés entre l'écriture mallarméenne et la peinture cézannienne n'échappent pas à Morice, poète lui-même, qui compare un ensemble d'aquarelles de Cézanne, en 1908, au «livre d'un écrivain moins occupé du sens des mots que de leurs belles sonorités; il n'achève pas toujours sa phrase ou bien, tout à son exclusive recherche, à cette perpétuelle observation de la "copulation des syllabes" (ce mot est de Mallarmé), il oublie le verbe de la proposition principale, ou le sujet, mais il ne manque jamais l'accord[27]». La mise en avant des rouages internes du langage pictural autorise des moments d'ambiguïté figurative, qui seraient les équivalents des ruptures sémantiques de la poésie symboliste. Dans ce contexte, la rupture sémantique ne se conçoit pas seulement comme un effet secondaire de certains procédés de langue, mais comme un ingrédient utile, voire nécessaire, de la production de sens.

Il ne faut peut-être pas s'étonner de constater que c'est Charles Morice, et non Louis Vauxcelles, qui, le premier, a utilisé le mot «cubisme», dans un compte rendu du Salon des Indépendants de 1909. Après quelques considérations sur la versatilité stylistique de Matisse, «le chemin dangereux et divers qu'il a choisi», Morice observe que des artistes comme Braque (le «chef des audacieux») renoncent à cette sorte de diversité. Il a tout de même quelques réticences. Aussi ajoute-t-il : «Et je crois bien voir que M. Braque est victime, en somme, "cubisme" à part, d'une admiration trop exclusive, ou mal réfléchie, pour Cézanne[28].» La formule «"cubisme" à part» semble indiquer que Morice désapprouve autant les procédés réducteurs ainsi désignés que la sujétion de Braque à l'influence puissante de Cézanne, ou que la part de subjectivité des tableaux de Matisse. Sa remarque résume donc l'un des principaux enjeux auxquels sont confrontés les peintres de l'époque : le sentiment d'un dualisme entre une subjectivité excessive, voire futile, et l'application excessivement rigide de procédés réducteurs.

3

Comme on l'a noté à plusieurs reprises, les frontières sont souvent très floues entre la catégorie des peintres dits «Fauves» et celle des artistes que l'on qualifiera plus

25 Paul Signac, *D'Eugène Delacroix au néo-impressionnisme*, Paris, La Revue blanche, 1899, 2ᵉ, 3ᵉ et 4ᵉ édition Paris, Floury, 1911, 1921 et 1939, nouvelle édition présentée et annotée par Françoise Cachin, Paris, Hermann, 1978, p. 117-118.

26 Jean Moréas, «Le symbolisme», *Le Figaro*, septembre 1886; reproduit dans Bonner Mitchel, *Les Manifestes littéraires de la Belle Époque, 1886-1914. Anthologie critique*, Paris, Seghers, 1966, p. 29.

27 Charles Morice, «Les aquarelles de Cézanne», *Mercure de France*, 1ᵉʳ juillet 1907, p. 134.
28 Charles Morice, «La vingt-cinquième exposition des Indépendants», *Mercure de France*, 16 avril 1909, p. 729. Louis Vauxcelles, à qui l'on attribue d'habitude l'invention du terme «cubisme», écrit dans son article sur l'exposition Braque chez Kahnweiler (*Gil Blas*,

14 novembre 1908): «Il construit des bonhommes métalliques et déformés qui sont d'une simplification terrible. Il méprise la forme, réduit tout, sites et figures et maisons, à des schémas géométriques, à des cubes.» Quand il parle de cubes, c'est simplement pour décrire des formes dans quelques tableaux en particulier, sans renvoyer à aucun «isme» de l'art.

tard de cubistes, surtout si l'on prend les exemples de Derain et de Braque. De plus, dès 1905, la tendance à la dématérialisation dans la peinture de Matisse préfigure évidemment certains aspects du cubisme. Avec le recul, plusieurs de ses tableaux du début 1907, tels que le *Nu bleu*, pourraient aisément passer pour des œuvres protocubistes. Ils ont même une apparence plus «cubiste» que toutes les créations de Braque et de Picasso dans la même période. C'est une tendance qui persiste jusqu'en 1909, comme en témoigne le *Nu à l'écharpe blanche* (cat., n° 122).

Bien des questions qui préoccupent les peintres français entre 1905 et 1910 environ concernent aussi bien les Fauves que les cubistes. Là où l'on distingue couramment deux mouvements complètement séparés, il serait peut-être judicieux de voir deux manifestations d'une même réflexion sur la «situation» de la peinture à l'époque, d'où se dégagent des idées allant à l'encontre de la tradition de la Renaissance classique, les artistes visant à atteindre à une forme d'art plus spirituelle et plus autonome, et une peinture capable de coexister avec la réalité, voire de s'y substituer, au lieu de la représenter tout bonnement. Cela ne va pas sans quelques contradictions inhérentes. La première tient au conflit entre ce que l'on pourrait appeler les dimensions linguistique et musicale de la peinture, entre le désir de limpidité dans la syntaxe picturale (comme dans la langue) et le désir tout aussi fort d'explorer les aspects purement abstraits de ce moyen d'expression (comme dans la musique). C'est le clivage entre la simplicité logique et l'improvisation spontanée. Une autre contradiction tient à la valeur relative attribuée aux deux notions de vérité instinctive et scientifique. Une troisième encore tient à la question de savoir si la peinture

doit s'occuper de l'Absolu avec un grand «A» ou rester axée sur l'humain.

À ce moment-là, Matisse s'efforce surtout d'assimiler les conceptions novatrices de la forme et de l'espace proposées par Cézanne, qui le tracassent et l'inspirent depuis le tournant du siècle. Matisse s'intéresse tout particulièrement à la façon dont Cézanne redéfinit la surface picturale et transforme les coups de pinceau en autant d'éléments abstraits dynamiques, capables d'enjamber et de fondre les unes dans les autres les limites de l'objet et du milieu environnant. Par là, il s'écarte non seulement de la peinture descriptive, mais aussi de la figuration, pour aller dans le sens de l'abstraction. Dans ses tableaux de 1905-1906, Matisse s'est attaché à déployer la surface picturale de manière à la rendre pratiquement indépendante de la représentation dont elle est porteuse, et à élaborer un langage plastique qui se suffise à lui-même, sans aucune corrélation, ou presque, avec ce qu'il est censé figurer. Cette période dans la peinture de Matisse se caractérise par une ambivalence marquée entre deux options : traiter la toile soit comme une sorte de fenêtre ouverte sur un fragment de réalité, soit comme une surface picturale dynamique qui jouerait plutôt le rôle d'un mur. Il hésite aussi entre les exemples de Seurat et de Cézanne. En outre, le recours à ces exemples se complique du fait que chacun des deux maîtres se prête à des interprétations assez antinomiques, insistant sur la lumière, la couleur et la fluidité, ou sur la ligne, l'équilibre et la solidité des formes.

Quand Matisse prend ses distances avec la spontanéité et la subjectivité intenses du fauvisme, à partir du milieu de l'année 1906, il commence à se concentrer sur l'armature géométrique et schématique de l'art de Cézanne. Dès 1907, sa peinture est aussi éloignée du fauvisme que peut l'être celle de Derain à la même date. Il se méfie tout particulièrement du risque de trop ressembler à Cézanne et de se laisser écraser par son influence[29]. Et puis, malgré sa profonde intelligence de Cézanne, il continue à utiliser avec une certaine prudence les éléments empruntés à son aîné. Matisse semble trouver très important de se garder de commettre un contresens au sujet de Cézanne, et de poursuivre dans la voie frayée par son aîné, en essayant d'aller dans le sens où il serait probablement allé lui-même.

C'est là, je crois, que réside l'explication du comportement de Matisse au jury du Salon d'Automne de 1908, où il a très mal réagi, dit-on, devant les paysages de L'Estaque envoyés par Braque, parlant de «petits cubes» et votant le refus[30]. Étant donné la sympathie de Matisse pour l'avant-garde en général et pour la peinture cézannienne en particulier, on peut s'interroger sur les raisons d'une telle hostilité envers des paysages que Braque avait conçus comme des hommages à Cézanne[31]. Deux facteurs ont dû entrer en jeu, à mon avis. D'abord, Matisse était un peu déconcerté par ces toiles qu'il percevait comme autant de contresens volontaires et ostensibles au sujet de Cézanne (impression encore exacerbée par sa connaissance des œuvres de Picasso, déformant aussi violemment le style du maître). Matisse, fort de son sentiment d'avoir bien compris Cézanne, estime que les tableaux de Braque lui infligent un désaveu, à commencer par leur façon de réduire la démarche du maître à des schémas géométriques. Le deuxième facteur touche à une bataille déjà engagée, qui allait durer plusieurs années encore, sur la question: à qui appartient Cézanne?

C'est l'un des litiges qui dominent la période 1907-1911, et que Gleizes et Metzinger finiront par trancher haut la main en faveur des cubistes dans leur livre

Du cubisme. Les deux artistes reprochent à Courbet d'être resté, comme les impressionnistes, «l'esclave des pires conventions visuelles». N'ayant pas su voir que, «pour découvrir un rapport vrai, il faut sacrifier mille apparences, il accepta sans nul contrôle intellectuel tout ce que sa rétine communiquait». Gleizes et Metzinger lui opposent l'exemple de Cézanne, qui légitime à leurs yeux la suprématie du cubisme:

> Cézanne est l'un des plus grands parmi ceux qui orientent l'histoire. […] Il nous apprend à dominer le dynamisme universel. Il nous révèle les modifications que s'infligent réciproquement des objets crus inanimés. […] Son œuvre prouve irrécusablement que la peinture n'est pas – ou n'est plus – l'art d'imiter un objet par des lignes et des couleurs, mais de donner une conscience plastique à notre instinct.
> Qui comprend Cézanne pressent le cubisme. Dès maintenant nous sommes fondés à dire qu'il n'est entre cette école et les manifestations précédentes qu'une différence d'intensité et que, pour s'en assurer, il suffit d'envisager attentivement le processus de ce réalisme qui, parti de la réalité superficielle de Courbet, s'enfonce avec Cézanne dans la réalité profonde et s'illumine en obligeant l'inconnaissable à reculer. […]
> Sous peine de condamner toute la peinture moderne, nous devons tenir pour légitime le cubisme qui la continue et, partant, voir en lui la seule conception possible actuelle de l'art pictural. Autrement dit, dans le présent, le cubisme est la peinture même[32].

Bien entendu, il ne s'agit pas seulement de dire à qui appartient Cézanne, mais aussi de savoir sous quel angle l'appréhender. Comme pour l'art de Seurat, interprété tantôt en termes de couleur et de luminosité, tantôt sous le rapport de la stabilité des formes, la peinture de Cézanne se prête à deux lectures divergentes. Si l'on regarde les tableaux que Braque a peints en 1906-1907, on voit tout de suite que les paysages exécutés à L'Estaque en 1908 marquent un tournant radical dans son œuvre. Dans ses premières toiles fauves, rapportées de son séjour de l'été 1906 à Anvers, Braque a surtout privilégié la

29 On songe à cette remarque de Kees Van Dongen: «Cézanne est le plus beau peintre de son époque. Mais combien de mouches se brûlent les ailes à cette lumière!». Morice, «Enquête», *loc. cit.*, p. 352.
30 On ne sait pas au juste qui a dit quoi et dans quel contexte. C'est une question largement débattue. Voir par exemple la chronologie documentaire établie par Judith Cousins, dans

William Rubin, *Picasso et Braque, l'invention du cubisme*, Paris, Flammarion, 1990, en particulier p. 405-406, note 62.
31 Braque devait déclarer par la suite que l'exemple de Cézanne durant le séjour à L'Estaque «fut plus qu'une influence, une initiation». Propos rapporté par Jacques Lassaigne, «Un entretien avec Georges Braque», *XXᵉ siècle*, n° 41, 1973, p. 3.

32 Albert Gleizes et Jean Metzinger, *Du cubisme* (1912), réédition, Paris, Présence, 1980, p. 41-42. Juste après ce passage, Gleizes et Metzinger ravalent la peinture fauve au rang de «décoration picturale». Et de se récrier: «Assez de confusions et d'équivoques!» D'après eux, cette peinture n'est finalement qu'un «artifice bon à cacher une impuissance» (*ibid.*, p. 43-44).

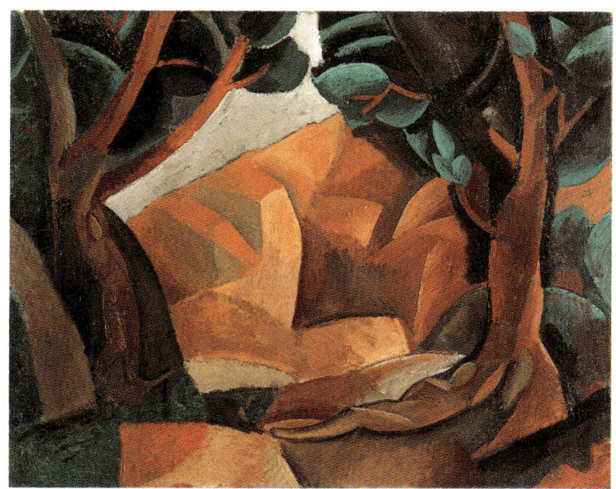

(ill. 3) **Pablo Picasso**
Paysage aux deux figures, 1908
Huile sur toile, 60 x 73 cm
Musée Picasso, Paris

luminosité et les formes organiques. Ce dernier point, l'emploi de formes organiques, est particulièrement important. Car dans tous ses paysages de 1906 et dans ceux qu'il a peints à La Ciotat en 1907, même les rochers ont des contours curvilignes et une apparence organique. Dans les paysages de 1908, en revanche, les constantes biomorphes cèdent soudain la place à ce que l'on pourrait appeler une conception cristalline du paysage. Tout, y compris des objets normalement représentés par des éléments biomorphes, se retrouve transposé sur un mode géométrique anguleux qui produit un effet inorganique. On dirait que tout s'inscrit dans un espace-temps extraordinairement lointain. Du point de vue du style, la conception cristalline provient des œuvres tardives de Cézanne, où les formes deviennent de plus en plus transparentes, tandis que les objets représentés se transmuent en zones de facettage quasi impalpables. Bien sûr, les tableaux de Cézanne comportent aussi des courbes et arabesques qui désignent l'univers organique et qui les ancrent d'une certaine façon dans un espace et un temps plus humains. La géométrie des peintures de Braque constitue un tout autre indice référentiel, qui se place du côté de la stabilité, de la gravité et de l'objectivité, au lieu d'évoquer la fluidité, la spontanéité et la subjectivité.

Cela ne veut pas dire que ces toiles exécutées par Braque en 1908, ni d'ailleurs n'importe quelles peintures cubistes, soient en fait moins subjectives que les tableaux peints par Matisse à Collioure en 1905, ou que ceux du même Braque en 1907. Mais leur utilisation de la géométrie s'appuie sur une rhétorique de l'objectivité. En outre, la forme et le fond y fusionnent plus intimement, et plus audacieusement, que dans les œuvres antérieures de Braque. Disons que ces premières toiles cubistes poussent plus loin l'idée d'une globalité du tableau comme « fait figural », présentant à la vue une substance unifiée apparemment dotée de propriétés particulières, indépendantes du sujet. Les critiques du temps leur ont parfois trouvé un aspect minéral ou pierreux. Charles Morice écrit que, dans ses paysages de 1908, Braque a secoué le joug de « la plausibilité générale des formes ». À présent, « il procède d'un *a priori* géométrique auquel il soumet tout le champ de sa vision, et il pense traduire la nature entière par les combinaisons d'un petit nombre de formes absolues. [...] Personne n'est moins occupé que lui de psychologie et, je pense, une pierre l'émeut autant qu'un visage[33] ». Le cheminement qui mène à cette transformation de la substance retient aussi l'attention du critique américain Arthur Jerome Eddy : « La théorie du cubisme [...] prône la présentation de la *substance* et de la nature mêmes des personnes et des objets, au moyen d'une *technique* dont l'élément essentiel est le plan[34]. »

Le nouveau langage pictural modifie également le mode de création de certaines métaphores. Dans son *Paysage avec deux figures* de 1908 (ill. 3), Picasso emploie des procédés de style qui lui permettent de fondre la femme de gauche dans la nature environnante, tandis que celle de droite semble quasi faire partie intégrante de l'arbre. Mais il parvient à ce résultat par des moyens presque diamétralement opposés à ceux que Matisse a utilisés dans *La Japonaise au bord de l'eau*. Au lieu de jouer sur les dialogues entre des touches de différentes sortes et d'exploiter les contrastes de couleurs, Picasso instaure une unité plastique qui repose précisément sur les similitudes. Peu

33 Charles Morice, dans le *Mercure de France*, 16 décembre 1908, p. 736-737.

34 Arthur Jerome Eddy, *Cubists and Post-Impressionism*, Chicago, A. C. McClurg & Cᵒ, 1914, p. 73. On retrouve un point de vue analogue dans le numéro du *Literary Digest* new-yorkais daté du 18 novembre 1911 : « Les cubistes prennent les pavés en guise de truchement pour l'interprétation de la réalité extérieure. » Cité dans l'*Oxford English Dictionary*, 2ᵉ édition.

après, Matisse va infléchir son répertoire symbolique en réaction aux nouveaux procédés cubistes, comme l'atteste son *Nu au bord de la mer* de 1909 (collection particulière). Là, Matisse s'interdit les options proprement picturales qui s'offraient à lui en 1905-1906, et commence à recourir aux méthodes de fusions linéaires que Picasso a plus ou moins élaborées, justement, en réponse aux tableaux exécutés par Matisse en 1907.

Les paysages que Braque a peints à L'Estaque en 1908 prétendent à une vérité toute différente de celle que visaient ses peintures fauves. Ils témoignent d'une attention nouvelle portée à la charpente géométrique (plutôt qu'à la touche frémissante) des œuvres tardives de Cézanne, et aux composantes linéaires stables (plutôt qu'à la dimension chromatique) des œuvres de Seurat. Ces tableaux donnent d'autant plus l'impression d'obéir à un schéma normatif que l'on sent l'armature sous-jacente, dont la présence tire l'image vers une forme d'abstraction cérébrale. Le spectateur pressent vaguement qu'il ne regarde pas un simple paysage, mais aussi des *idées*. Cet effet découle en partie de l'aspect géométrique et, plus encore, de la sensation qu'une syntaxe plaquée s'interpose systématiquement entre les choses et nous. Le langage pictural ne correspond pas tant à notre perception de la réalité matérielle, qu'à nos mécanismes de pensée.

Nous avons là, à mon sens, l'une des divergences fondamentales entre les attitudes fauve et cubiste à l'égard des relations entre peinture et nature. Alors que les Fauves s'intéressent à une réalité organique à l'échelle humaine, les peintres que l'on dira bientôt cubistes mettent l'accent sur les aspects mécaniques dépersonnalisés. Ils le font par le biais visible de la géométrie et par le biais extrême du modèle cristallin qu'ils commencent à mettre en place. Les paysages que Braque rapporte de L'Estaque

en 1908 semblent réfuter non seulement l'impressionnisme et le naturalisme photographique, mais aussi la variante fauve de l'expression personnelle, la notion même d'individualité subjective.

Par bien des côtés, le cubisme reprend la place occupée autrefois par le néo-impressionnisme. Il fournit un langage conventionnel, une sorte de langue universelle de la peinture, et fait primer l'intellectuel sur le sensuel. Par là, il procure aussi un moyen crédible d'échapper à ce que beaucoup d'auteurs tiennent alors pour le caractère «décoratif» de la peinture fauve. Le cubisme s'interprète à cette époque comme un phénomène culturel «masculin», dans toute l'acception du terme, par rapport à la peinture décorative «féminine» de Matisse[35], mais cette question nous emmènerait trop loin de notre propos. Le langage pictural systématique introduit par le cubisme va devenir un support d'expression utilisable par des artistes aux tempéraments et aux talents fort divers, qui l'adapteront à volonté. D'une certaine façon, on peut dire que le livre de Gleizes et Metzinger se situe dans une perspective finaliste, de même que celui de Signac, car il envisage le cubisme comme la conclusion logique de tout ce qui a précédé : la «peinture même».

Par ailleurs, la syntaxe systématique des cubistes a pour fonction, entre autres, de nier l'émotion brute, comme le faisait le néo-impressionnisme, et contrairement au fauvisme. C'est un moyen d'éviter le sentimentalisme, certes, mais aussi la banalité du banal. On observe un phénomène analogue dans la littérature, chez Mallarmé, par exemple, ou chez Joyce, qui emploient des structures syntaxiques destinées à remplir la même fonction. Dans leurs œuvres, le fractionnement du récit et l'intrusion de la syntaxe dans la trame narrative transforment la nature même des images. Il ne faut pas s'éton-

35 Voir par exemple André Salmon,
«Histoire anecdotique du cubisme»,
dans *La Jeune Peinture française*, Paris,
Albert Messein, 1912, p. 53.

ner que les partisans du cubisme se soient souvent montrés attentifs aux parentés entre la peinture et la langue, puisqu'ils comptaient dans leurs rangs beaucoup de poètes de la mouvance symboliste. Certains s'étaient enthousiasmés auparavant pour la peinture fauve, mais cette ardeur a considérablement diminué après l'invention du style plus franchement linguistique que le cubisme allait incarner, avec son système de signes. L'absence du sujet matériel, de plus en plus sensible dans la peinture cubiste après 1909, devait certainement entrer en résonance avec leur perception d'une absence tout aussi prégnante dans la poésie de Mallarmé.

« Les jeunes artistes peintres des écoles extrêmes ont pour but secret de faire de la peinture pure, explique Apollinaire dans *Les Peintres cubistes*. On a vivement reproché aux artistes peintres nouveaux des préoccupations géométriques [...]. Mais on peut dire que la géométrie est aux arts plastiques ce que la grammaire est à l'art de l'écrivain. » Il évoque ensuite « de nouvelles mesures possibles de l'étendue », que les cubistes désignent « par le terme de quatrième dimension ». Cette notion, affirme Apollinaire, « figure l'immensité de l'espace s'éternisant dans toutes les directions à un moment déterminé. Elle est l'espace même, la dimension de l'infini ; c'est elle qui doue de plasticité les objets. [...] Voulant atteindre aux proportions de l'idéal, ne se bornant pas à l'humanité, les jeunes peintres nous offrent des œuvres plus cérébrales que sensuelles. Ils s'éloignent de plus en plus de l'ancien art des illusions d'optique et des proportions locales pour exprimer la grandeur des formes métaphysiques. C'est pourquoi l'art actuel, s'il n'est pas l'émanation directe de croyances religieuses déterminées, présente cependant plusieurs caractères du grand art, c'est-à-dire de l'art religieux[36]. »

Les connotations religieuses imprègnent aussi les idées sur la vérité et l'anonymat qui parcourent les analyses critiques du cubisme. Elles se reflètent dans le mythe selon lequel Braque et Picasso ne pouvaient distinguer leurs toiles cubistes respectives. On les retrouve encore dans une certaine façon d'ériger l'impersonnel en garant de la vérité. L'impression que ces toiles sont « comme anonymes », en quelque sorte, vient étayer le sentiment qu'elles ne proposent pas une vision subjective du réel, mais une méditation profonde sur la « réalité pure ».

4

Historiquement, l'épisode fauve a subi les répercussions de la révolution cubiste qui l'a suivi. À l'origine, la peinture fauve avait pris le contre-pied des méthodes impressionnistes, comme on l'a vu. Dès 1912, elle est devenue synonyme de spontanéité, de formes organiques, de couleur, de lumière et de transcription directe des perceptions, si bien que les sympathisants du cubisme ont pu la reléguer dans le prolongement de l'impressionnisme. Ou la ravaler au rang de décoration, ce qui ne vaut guère mieux. En fait, après l'essor du cubisme, la forme d'expressivité que représente le fauvisme joue un rôle de plus en plus problématique dans l'histoire de l'art moderne. Aussi va-t-elle rester un peu en marge de l'avant-garde, comme toutes les peintures de type perceptuel, pendant une grande partie du XXe siècle.

Paradoxalement, cette marginalisation même n'a fait qu'amplifier son importance dans l'imaginaire des historiens de l'art. En un siècle dominé par l'art géométrique, conceptuel et « déshumanisé », le fauvisme a concentré sur lui les regrets de l'humanisme perdu, de l'individualisme perdu, et la nostalgie du contact direct avec la nature. C'est pourquoi, me semble-t-il, le fauvisme en est arrivé avec le

36 Guillaume Apollinaire, *Les Peintres cubistes, méditations esthétiques* (1913), présenté par Leroy C. Breunig et Jean-Claude Chevalier, Paris, Hermann, 1965, réédition, 1980, p. 60-63. J'ai, évidemment, abrégé le texte d'Apollinaire, mais je ne crois pas avoir déformé son propos.

recul à occuper une place si grande dans l'art du XXe siècle. Il incarne bien des aspects de l'art moderne que l'on croyait périmés, et qui n'en continuent pas moins à affirmer fortement leur présence, voire à suggérer quelques possibilités futures. Par un curieux retour des choses, le fauvisme, qui scella l'indépendance de la peinture du XXe siècle à l'égard du naturalisme traditionnel, atteste la validité d'une éventuelle orientation naturaliste nouvelle. Pour les divers autres mouvements auxquels on a pu l'associer au fil du siècle, il est resté la référence, la pierre de touche et le point de repère de l'individualisme, de la peinture d'expression, de l'improvisation, de la primauté du geste et de la touche. Il reste donc vivace à travers toute une série de rapprochements, indirects peut-être, mais liés les uns aux autres, qu'il s'agisse des effets de matière dans la peinture abstraite de Kandinsky entre 1911 et 1913 ou de l'expressionnisme abstrait américain.

Le fauvisme aujourd'hui, c'est un peu la peinture-peinture face à tout ce qui relève de la non-peinture, et qui semble si souvent issu, en droite ligne ou non, du cubisme. L'une des tendances les plus notables vers 1910 réside dans la montée d'une forme d'idéalisme qui méprise l'humanisme, jugé oiseux ou contraire au progrès. Elle se fait sentir avec une force toute particulière en Russie, comme en témoignent les décors de Malévitch pour *La Victoire sur le soleil* de Kroutchenykh (1913), et en Italie, où les futuristes se répandent en injures grandiloquentes contre tous les humanismes. Elle se manifeste en France, de manière moins grandiloquente, mais tout aussi tenace. Et c'est le cubisme, bien sûr, qui a frayé la voie aux grands styles géométriques apparus au cours du XXe siècle, à l'art de Duchamp et à tout un éventail de démarches conceptuelles qui ont remis en question le projet pictural lui-même[37].

D'où, peut-être, l'importance actuelle de l'art de Matisse, toujours identifié au métier de peintre, et aussi à des thèmes humanistes, ainsi qu'à la synthèse du naturalisme et de l'intellect, car il a continué dans la période fauve à s'efforcer d'allier l'instinct à la raison. Dans ses «Notes d'un peintre» publiées à la veille de l'essor du cubisme, il confiait: «Ce qui m'intéresse le plus, c'est la figure. C'est elle qui me permet le mieux d'exprimer le sentiment pour ainsi dire religieux que je possède de la vie[38].»

Comme nous sommes loin d'Apollinaire évoquant l'absolu dans *Les Peintres cubistes*, où l'évolution qui mène du fauvisme au cubisme est mise en rapport avec l'idée surhumaine d'une vérité échappant au monde naturel: «La pureté et l'unité ne comptent pas sans la vérité qu'on ne peut comparer à la réalité, puisqu'elle est la même, hors de toutes les natures qui s'efforcent de nous retenir dans l'ordre fatal où nous ne sommes que des animaux. Avant tout, les artistes sont des hommes qui veulent devenir inhumains. Ils cherchent péniblement les traces de l'inhumanité, traces que l'on ne rencontre nulle part dans la nature. Elles sont la vérité et en dehors d'elles nous ne connaissons aucune réalité[39].»

Les courants perceptibles à l'état latent dans le fauvisme et le cubisme ont continué à s'affirmer au fil du siècle, et les clivages qu'ils mettent en évidence constituent probablement un aspect irréductible de la modernité en général, aussi insurmontable que les oppositions duelles entre la vérité subjective et celle de la science, entre l'humanisme laïque et la quête de l'absolu, entre l'improvisation et le calcul. Les Fauves sont peut-être les derniers à avoir vraiment tenté de réconcilier ces contraires pour créer un art à la fois intellectuel, au sens où l'entendaient les artistes interrogés par Charles Morice, et directement nourri de perceptions visuelles.

---

37 Ce n'est peut-être pas un pur hasard si le modèle cristallin élaboré par les cubistes trouve des correspondances directes dans un phénomène physique assez singulier, à savoir le cristal lui-même, apparemment inorganique mais capable de grandir, et dont la structure atomique est régie par des lois naturelles très strictes. On pourrait ajouter que le cristal parfait est le cube, tel le cristal de sel dont tous les atomes sont disposés à angle droit les uns par rapport aux autres. C'est peut-être la raison pour laquelle le sel a retenu l'attention d'un artiste comme Robert Smithson, qui allait utiliser l'image du cristallin pour illustrer l'exact contraire de l'humain. Dans les écrits de Smithson, l'idée du cristallin s'oppose directement à l'humaniste et à l'organique. Elle représente une conception glaciale et impersonnelle qui refuse orgueilleusement d'envisager l'existence sous un seul point de vue limité dans le temps et l'espace, pour renvoyer aux confins de l'espace et à un temps inaccessible.
38 Matisse, «Notes d'un peintre», *La Grande Revue*, 25 décembre 1908, p. 741.
39 Apollinaire, *Les Peintres cubistes, op. cit.*, 1980, p. 57.

Les peintres concernés eux-mêmes ne semblent pas avoir considéré le fauvisme comme une fin en soi, mais plutôt comme un passage obligé. Il s'agissait moins d'essayer d'inscrire ce mouvement dans la durée que de savoir ce que l'on allait faire ensuite. Matisse et Derain se sont écartés du style fauve dès 1907, et Braque n'a pas tardé à en faire autant. Ce qu'ils allaient faire ensuite s'est révélé très variable, en fin de compte. Après une courte période cézannienne et protocubiste, Derain a adopté une forme de réalisme plus proche de Courbet que de Cézanne. Braque a inventé avec Picasso le cubisme le plus radical. Matisse, sans conteste le plus convaincant de tous les peintres fauves, mais aussi l'éternel inclassable, est le seul à avoir continué à s'intéresser au «dynamisme universel» et aux «modifications que s'infligent réciproquement des objets crus inanimés», dont Gleizes et Metzinger allaient faire le domaine exclusif du cubisme. En s'efforçant de marier l'expressif au métaphysique, sans jamais tomber dans le convenu, Matisse a élaboré un art d'une diversité stylistique remarquable. À telle enseigne qu'André Salmon l'appelle «le plus incohérent des artistes modernes[40]».

Cette prétendue «incohérence», où l'on entend l'écho des accusations lancées contre les Fauves en 1905, devait nous livrer finalement l'une des œuvres les plus somptueuses et les plus influentes que le XXe siècle ait enfantées. Au terme d'un siècle où l'idéalisme doctrinaire a provoqué des catastrophes incalculables, l'humanisme brouillon des Fauves donne ample matière à réflexion.

Traduit de l'anglais par Jeanne Bouniort

40 André Salmon, «Les Fauves», dans *La Jeune Peinture française*, *op. cit.*, p. 19.

« L'épreuve du feu »

Prologue : Matisse, Derain

Matisse entreprend *Luxe, calme et volupté* (cat., n° **1**) durant l'été 1904 à Saint-Tropez, où il peint aux côtés de Signac et de Cross, et l'exécute en atelier à son retour à Paris, à l'automne-hiver 1905. Le tableau allie un paysage à figures, s'inscrivant dans la tradition classique, à une scène de genre : Madame Matisse vêtue d'une robe et d'un chapeau, assise au bord de la mer, son fils enroulé dans une serviette de bain et le pique-nique dressé au premier plan [1]. Comme le suggère le titre, emprunté au poème de Baudelaire, «L'invitation au voyage» [2], le mythe de l'Âge d'or est ici convoqué, ce paysage idyllique traduisant l'harmonieuse relation de l'homme et de la nature. Les figures nues renvoient aux *Baigneuses* de Cézanne [3], artiste que Matisse n'a de cesse d'interroger et auquel le Salon d'Automne de 1904 consacre une rétrospective, tandis que la femme debout séchant sa chevelure est inspirée de *L'Air du soir*, de Cross [4].

L'influence de Signac [5] semble manifeste dans l'application des principes divisionnistes comme si sa fréquentation avait conforté Matisse dans la veine néo-impressionniste, déjà expérimentée à la fin des années 1890 (*Nu dans l'atelier*, 1899 ; cat., n° **2**). À la recherche de la plus grande luminosité, le néo-impressionnisme proscrivait le mélange des couleurs, tant sur la palette que sur la toile, préconisant le mélange optique de couleurs pures et le contraste simultané de teintes complémentaires au moyen d'une touche proportionnée à la dimension du tableau. Matisse s'autorise une certaine liberté dans le traitement des figures : touches épousant les corps, cerne plus ou moins accusé ou encore effet de halo autour du garçon. «Avez-vous trouvé, dans mon tableau des *Baigneuses*, un accord parfait entre le caractère du dessin et le caractère de la peinture ? Selon moi, ils me paraissent totalement différents l'un de l'autre, et même absolument contradictoires. L'un, le dessin, dépend de la plastique linéaire ou sculpturale, et l'autre, la peinture, dépend de la plastique colorée [6]. » Au Salon des Indépendants de 1905, *Luxe, calme et volupté* suscita des réactions négatives, motivées par son néo-impressionnisme. Charles Morice le regrettait : «Le groupe des pointillistes et des confettistes ne se réduit pas, bien au contraire il lui vient de nouvelles adhésions [...]. M. Matisse a été mal inspiré d'apporter au groupe qui déjà en abondait son talent [7] » et Maurice Denis mettait en garde l'artiste contre les «dangers de l'abstraction», le tableau lui apparaissant comme le «schéma d'une théorie».

Ce tableau, étape décisive vers le fauvisme par sa maîtrise des couleurs pures amorce la mutation technique et chromatique de Collioure. Matisse allait s'éloigner du divisionnisme [8].

L'importance primordiale de la sensation, le rôle dévolu au cerne, le chromatisme fondé sur l'accord de teintes proches dont témoigne, dès 1901, *Le Jardin du Luxembourg* (cat., n° **3**) sont un écho de sa découverte de Gauguin. S'affirme alors une vision subjective soumise à des impératifs plastiques s'écartant de la représentation mimétique. «Pendant toute ma carrière, j'ai cherché des possibilités d'expression en dehors de la copie littérale, tels le divisionnisme et le fauvisme [9]. »

En exergue à l'exposition, les portraits de Derain par Matisse, et de Matisse et Vlaminck par Derain, peints en 1905, en même temps qu'ils affichent de manière explicite leurs différences témoignent des liens unissant les trois principaux protagonistes du fauvisme et de leurs discussions au moment de son émergence.

---

1 Scène reprise de *Le Goûter*, 1904, Kunstsammlung Nordsrhein-Westfalen, Düsseldorf.
2 «là tout n'est qu'ordre et beauté/calme luxe et volupté.»
3 Matisse avait acheté à Vollard en 1899 la peinture de Cézanne *Trois Baigneuses* (Paris, musée du Petit Palais).
4 Matisse put voir lors de son séjour à Saint-Tropez, *L'Air du soir*, 1894, (Paris, musée d'Orsay) offert par Cross à Signac, qui ornait la Villa la Hune, où *Luxe, calme et volupté*, achetée à la fin de l'été 1905, l'y rejoindra.
5 *Luxe, calme et volupté* évoque aussi la peinture de Signac *Au temps d'harmonie*, vision allégorique d'un monde utopique (Paris, Mairie de Montreuil).
6 Lettre à Signac datée du 14 juillet 1905, citée par Pierre Schneider, *Matisse*, Paris, Flammarion, 1984, p. 98.
7 Charles Morice, «Le XXIe Salon des Indépendants», *Le Mercure de France*, 15 avril 1905.
8 «Le morcellement de la couleur y amena le morcellement de la forme, du contour. Résultat : une surface sautillante», Matisse, *Écrits et propos sur l'art*, Dominique Fourcade, Paris, Hermann, 1972, p. 93. Extrait de «Visite à Henri Matisse», *L'Intransigeant*, 14 et 22 janvier 1920.
9 *Ibid*.

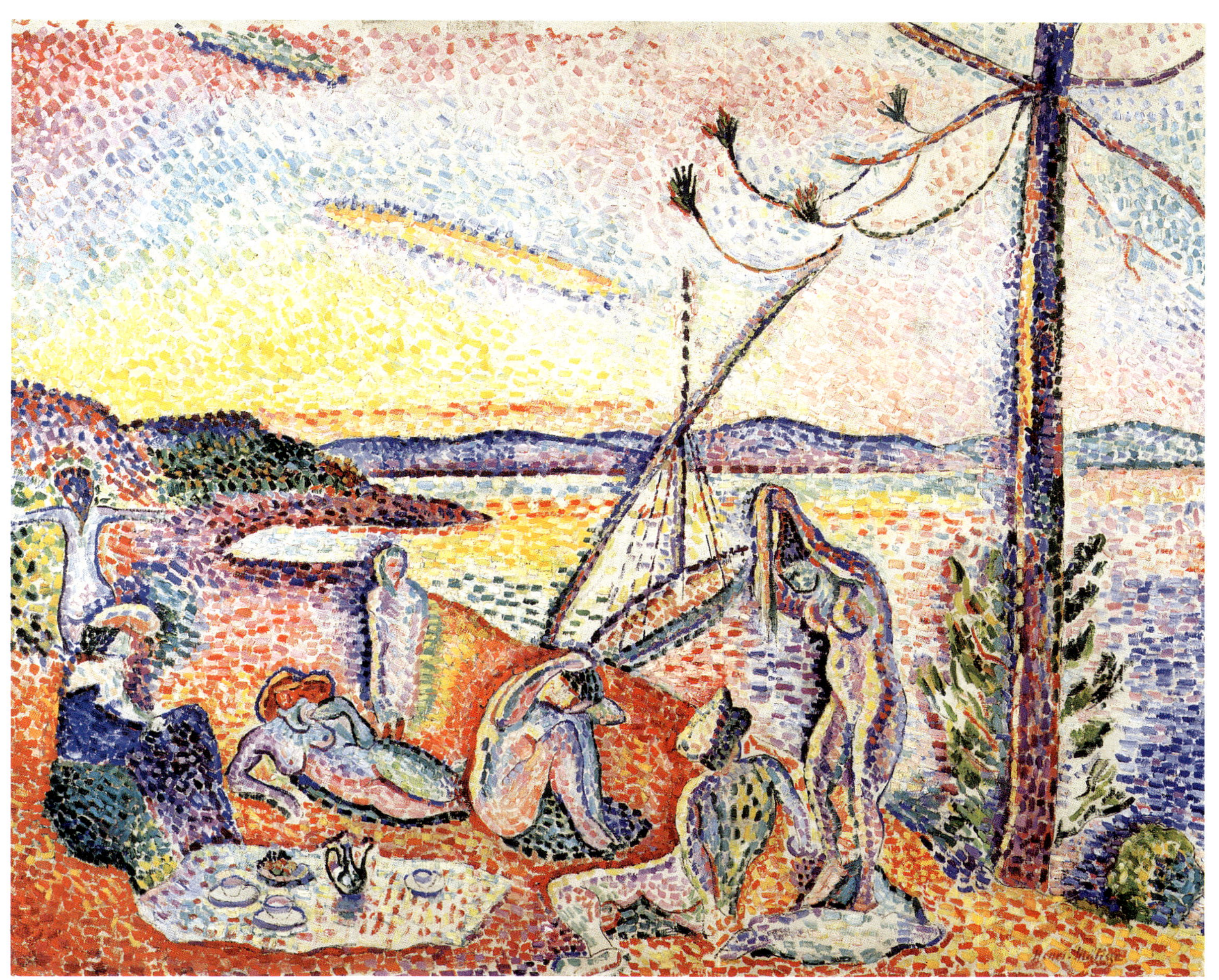

1 - Henri Matisse
Luxe, calme et volupté, Paris, automne-hiver 1904
Huile sur toile, 98,5 x 118,5 cm
Musée d'Orsay, Paris

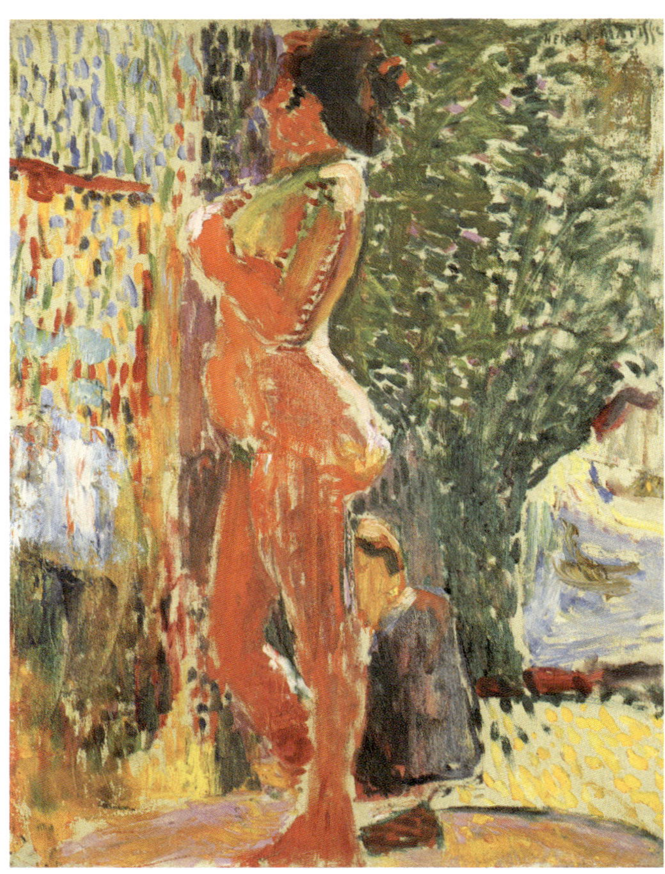

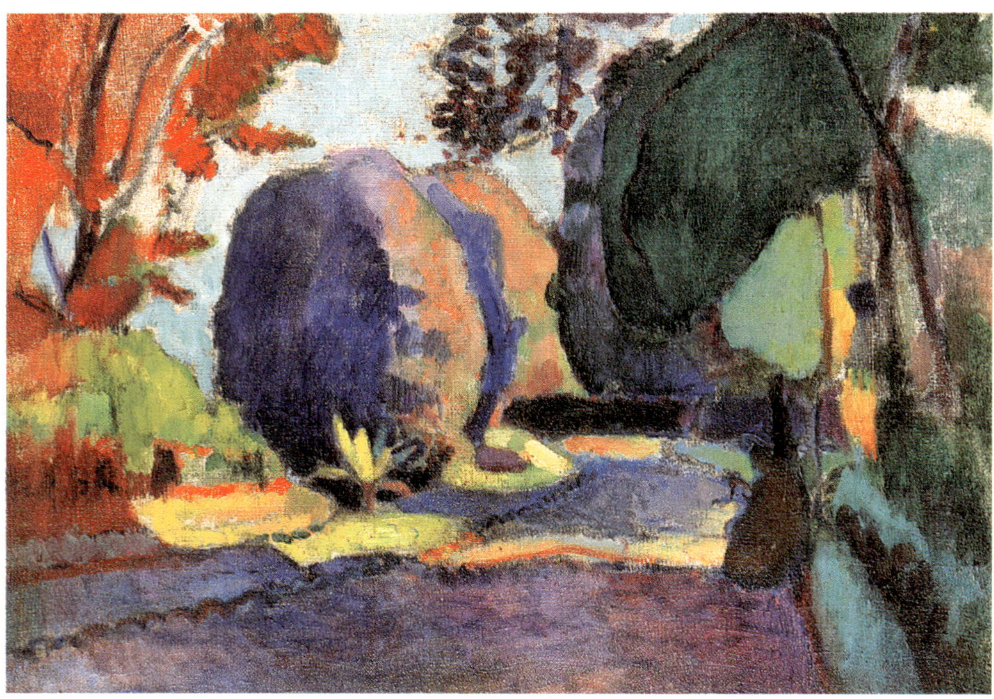

2 - Henri Matisse
Nu dans l'atelier, 1899
Huile sur papier marouflé sur toile, 65,5 x 50 cm
Bridgestone Museum of Art, Ishibashi Foundation, Tokyo

3 - Henri Matisse
Le Jardin du Luxembourg, c. 1901
Huile sur toile, 59,5 x 81,5 cm
Musée de l'Ermitage, Saint-Pétersbourg

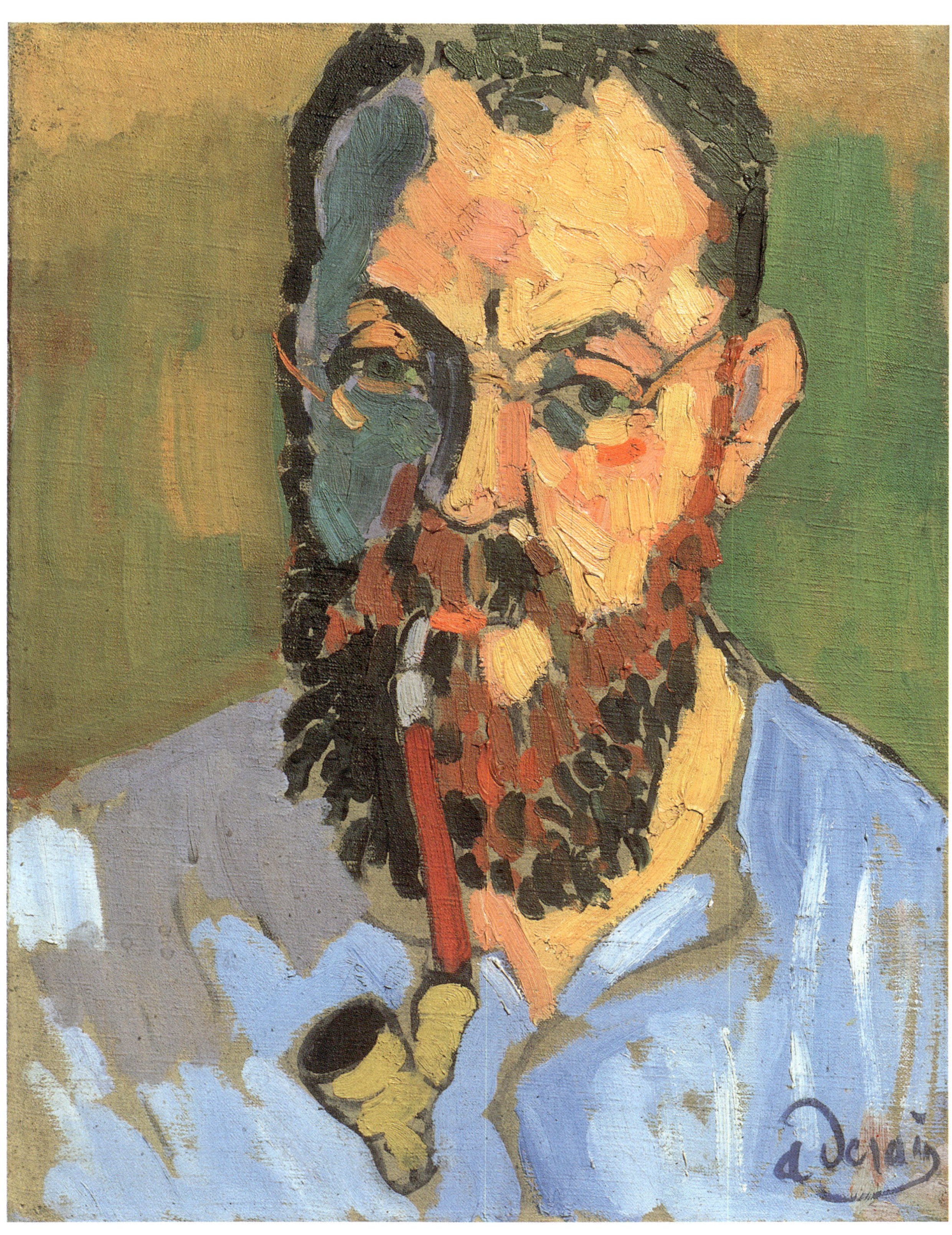

4 - André Derain
Portrait de Matisse, été 1905
Huile sur toile, 46 x 34,9 cm
Tate Gallery, Londres

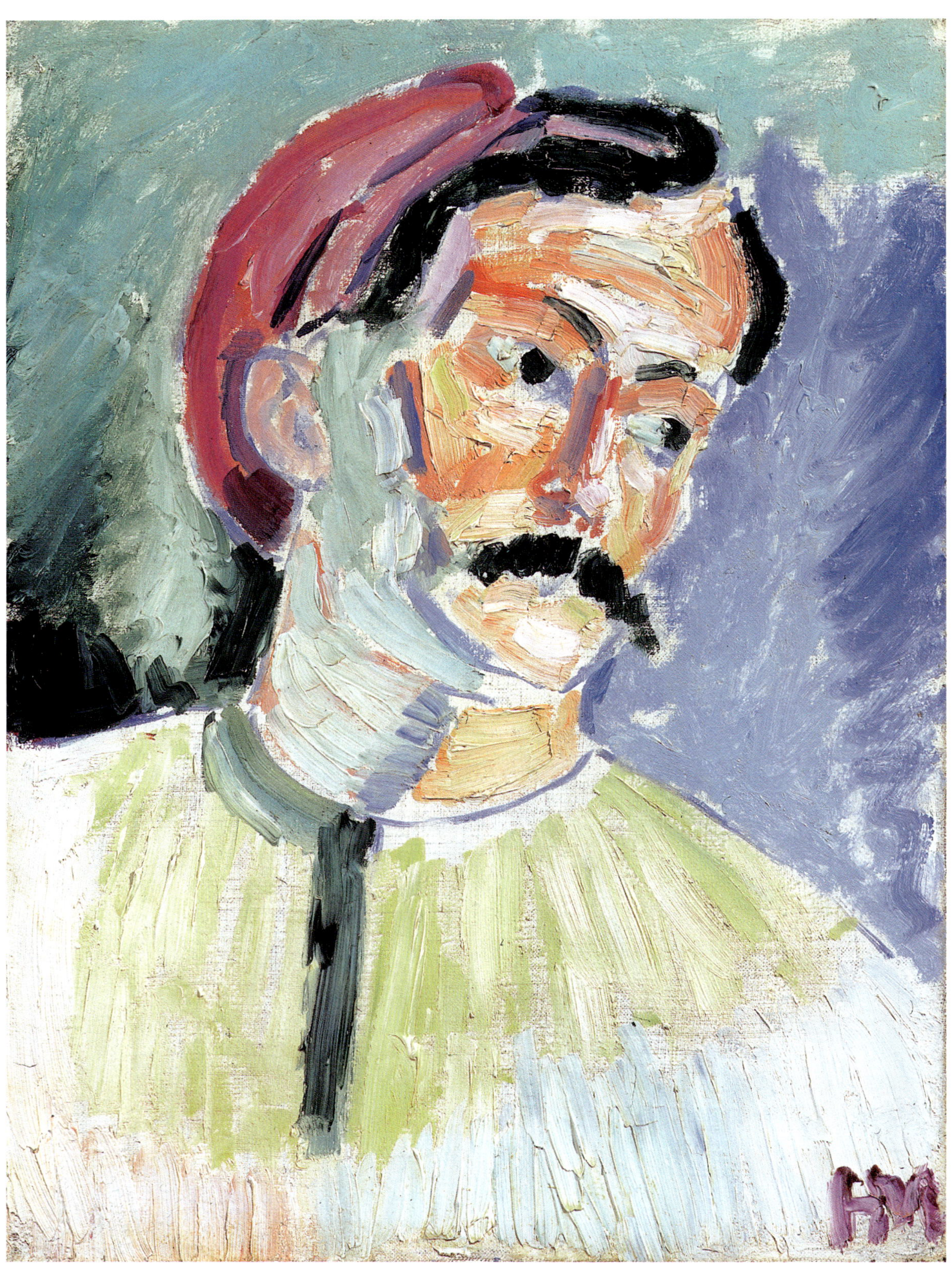

5 - Henri Matisse
André Derain, Collioure, été 1905
Huile sur toile, 39,5 x 29 cm
Tate Gallery, Londres

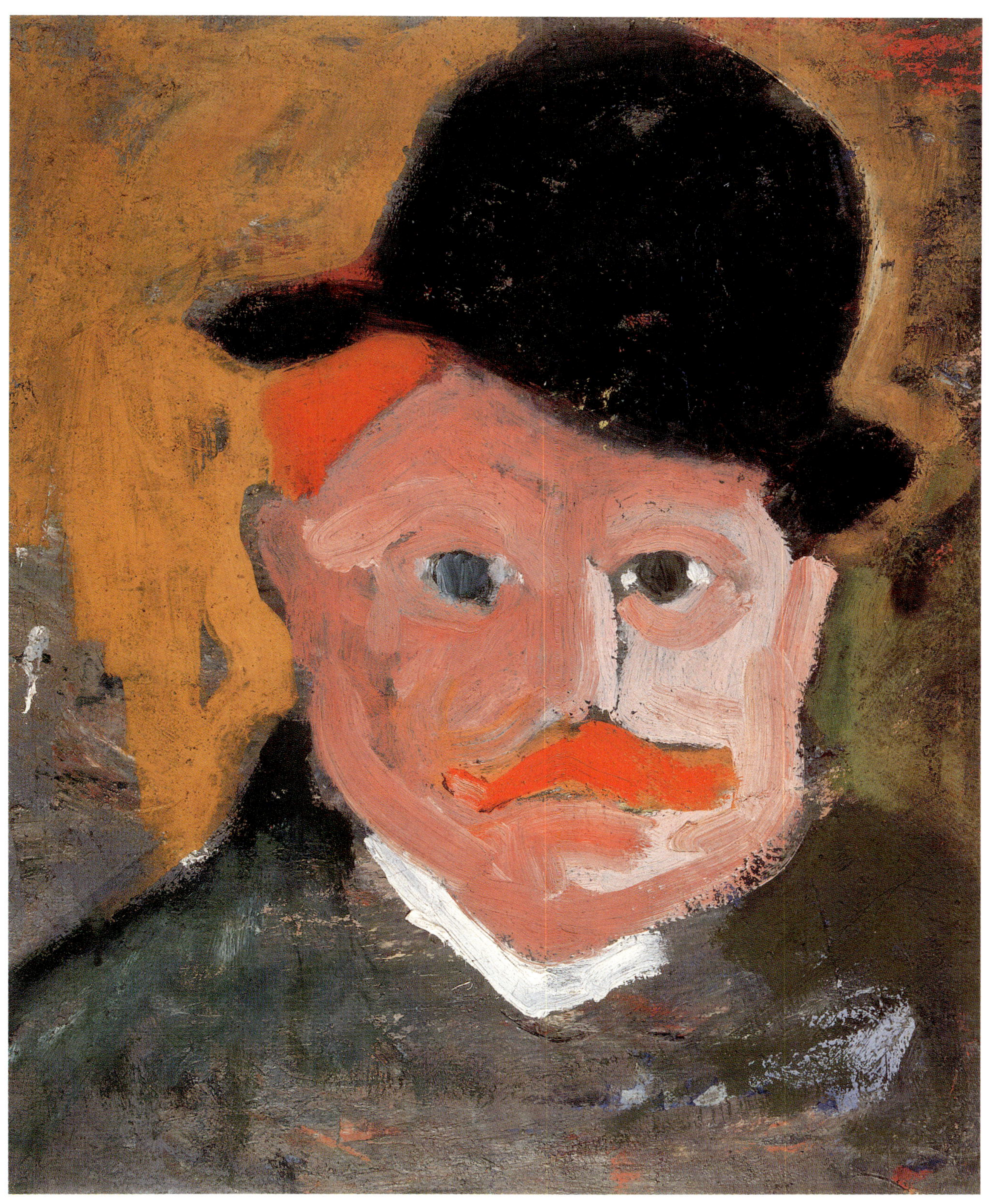

6 - André Derain
Portrait de Vlaminck, c. 1905
Huile sur papier, 41 x 33 cm
Collection particulière, en dépôt permanent au musée des Beaux-Arts de Chartres

Collioure, 1905-1906 :
Matisse, Derain

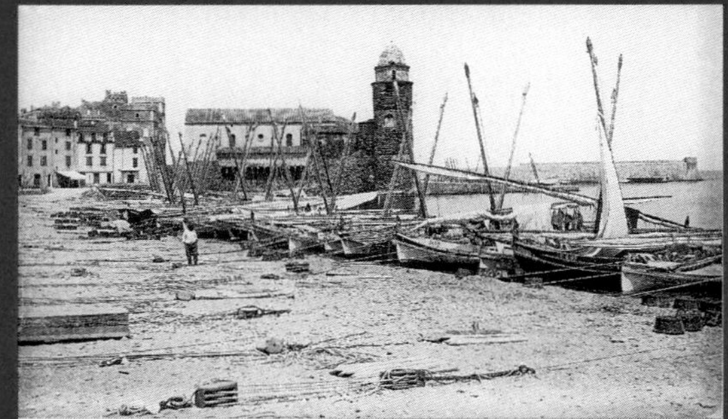

Collioure, la plage et l'église

Alors que ses amis Manguin et Marquet se sont installés en mai pour l'été non loin de Signac, à Saint-Tropez, où ils croisent aussi Luce, Van Rysselberghe et Cross, Matisse trouve à Collioure, où il s'installe du 16 mai jusqu'au début septembre, un site encore sauvage lui offrant une gamme renouvelée de sensations et l'avantage d'une vie quotidienne peu onéreuse. Il y rencontre le sculpteur Maillol, les peintres locaux, Terrus et Bausil, ainsi que Georges Daniel de Monfreid, ami de Gauguin et collectionneur de ses œuvres.

Derain, qui le rejoint à Collioure au début de juillet, découvre «des gens, la tête bronzée avec des couleurs de peau chrome, orange, culottée [...], des voiles blanches, des barques multicolores», surtout, les lumières méditerranéennes, «très fortes, les ombres très claires [...] tout un monde de clarté et de luminosité [1]».

C'est précisément là, en quelques semaines, que confrontant leurs recherches sur le motif Matisse et Derain posent les principes du fauvisme, dans une interrogation inquiète dont témoignent le *Portrait d'Henri Matisse* (cat., n° 24), surprenant l'artiste égaré dans la tension de la fièvre créatrice, et *Autoportrait à la casquette* (cat., n° 23) de Derain, dans un face à face songeur avec lui-même. Pour les deux artistes, la rénovation de la peinture passe par une remise en cause de la théorie divisionniste dont ils ont été les interprètes : «en somme on a jusqu'ici divisé le ton pour aviver séparément les teintes, ce n'est pas là je crois la vérité», avait écrit Derain, en juin, de Chatou, suggérant une autre orientation, faire de «la couleur une nouvelle matière» [2]. Tout l'été, Matisse recherche le moyen d'expression le plus apte à surmonter le conflit du dessin et de la couleur, tout en réalisant encore, en semis réguliers, *Jeune fille à l'ombrelle* (cat., n° 9) [3], et multiplie les compositions à l'aquarelle, les petits formats et les études sur le motif. Tantôt, il compose un rythme pur d'arabesques où s'invente une nouvelle unité plastique de la vision, du dessin et de la couleur, tantôt, renouvelant l'image, il substitue à la dissolution du contour et à une construction de contraste en contraste, un dispositif inédit de rouge et de bleu posés en de vibrants aplats (*La Moulade*, cat., n° 15).

Pour le peintre, l'objectif est d'«arriver à cet état de condensation des émotions qui fait le tableau [4]», au moyen d'un usage totalement novateur, pluriel et discontinu de la couleur tout à la fois constructive et expressive. *Vue de Collioure, l'église* (cat., n° 19) renvoie la spontanéité d'une «sensation de nature» (Maurice Denis), dont l'effet est privilégié à la représentation de l'objet qui l'a provoqué [5]. Dans *La Sieste* (cat., n° 18), le peintre joue du rouge, posé en aplat pour nier la profondeur entre le personnage à la fenêtre et le premier plan du tableau. À propos de l'écart mimétique dans *La Plage rouge* (cat., n° 7), Matisse explique au peintre Girieud : «vous vous étonnez sans doute de voir une plage de cette couleur, en réalité elle était de sable jaune, je me rendis compte que je l'avais peinte avec du rouge, le lendemain, j'essayais avec du jaune. Ça n'allait plus du tout, c'est pourquoi j'ai remis du rouge [6].»

Habité par le doute, Derain explore une voie de transposition expressive similaire. Elle s'affirme par des schémas rigoureux d'une grande efficacité chromatique et constructive, misant sur l'harmonie des rapports de tons complémentaires (*Le Phare de Collioure*, cat., n° 20) ou, au contraire, sur les «disharmonies intentionnelles [7]» (*Bateaux à Collioure*, cat., n° 25 ; *Bateaux dans le port, Collioure,* cat., n° 26). Le peintre utilise le grain de la toile, simplement préparée et laissée en réserve, pour suggérer d'un trait sinueux de couleur la croupe et les flancs

---

1 Archives Vlaminck ; Derain, *Lettres à Vlaminck*, p. 159, et lettre du 28 juillet, p. 161.
2 Lettre de Derain à Matisse, juin 1905. Archives Matisse et lettre à Vlaminck du 28 juillet 1905.

3 Il prépare aussi pour le peindre «au petit point», au cours de l'été, son *Port d'Abaill*, le peintre ne terminera ce tableau qu'à l'automne, ayant obtenu un délai pour le Salon d'Automne.
4 *Notes d'un peintre*, 1908, EPA, p. 43.
5 «Il faut faire une construction. C'est la vibration de l'individu qui compte plutôt que l'objet qui a produit cette émotion» (EPA, p. 61, note 32).

6 Catalogue *Matisse*, 1993, p. 73, catalogue *Girieud*, 1996, p. 102.
7 Lettre à Vlaminck, 28 juillet 1905, *op. cit.*

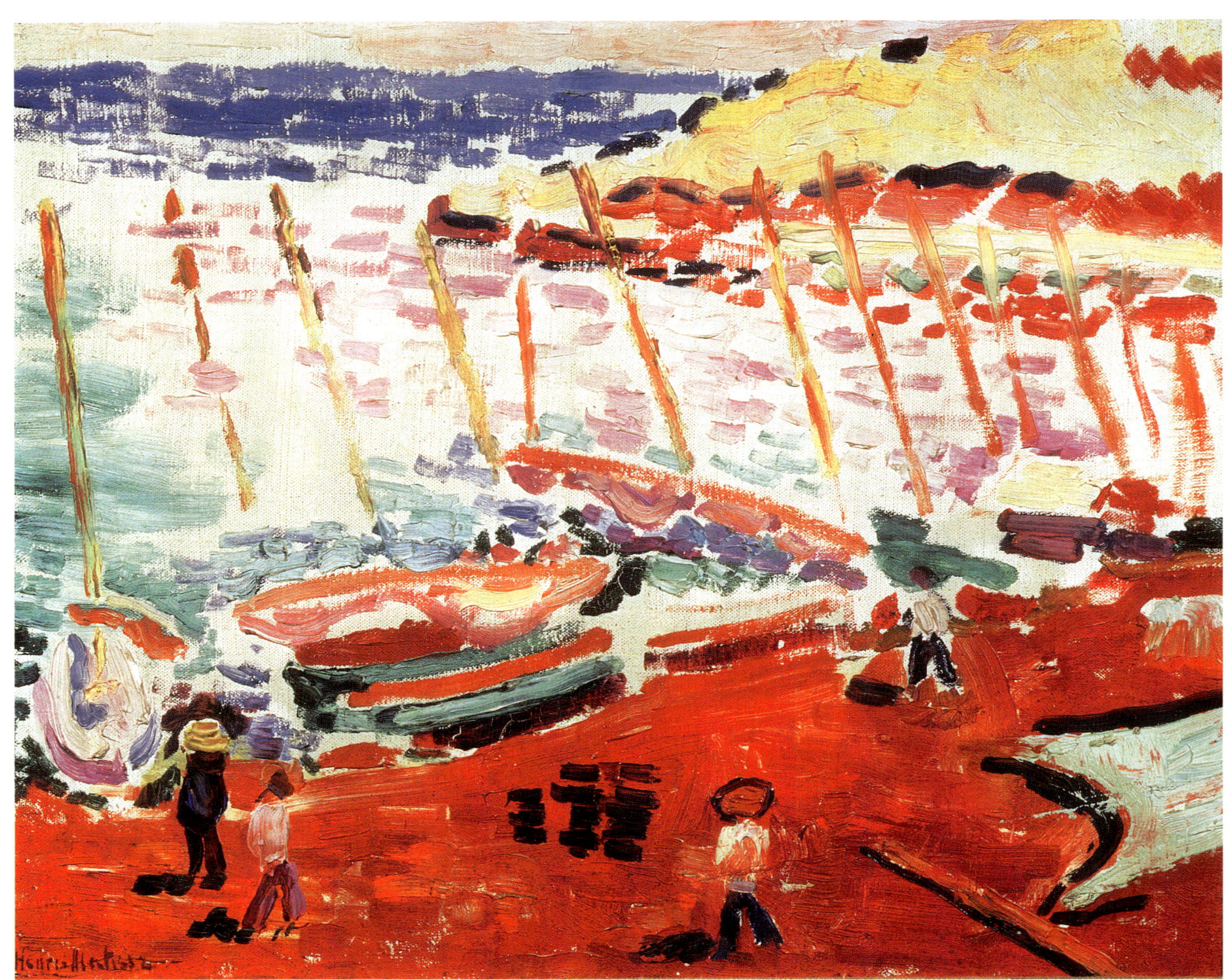

7 - Henri Matisse
La Plage rouge, Collioure, été 1905
Huile sur toile, 33 x 40,6 cm
Fondation Fridart

d'un cheval ou l'éblouissement de la lumière sur la mer (*Le Port de Collioure*, cat., n° 27). Il use avec brio de ce procédé pour définir la forme des voiles blanches hissées et flottant au vent, les habitations ou les reflets (*Le Séchage des voiles*, cat., n° 28). L'homogénéité de l'image est entretenue grâce à la variété opératoire d'une technique mixte, conjuguant aplat et touche divisée, en confettis, virgules, arabesques, etc. (*Les Montagnes à Collioure,* cat., n° 29). Conscient du risque de se laisser aller à la couleur pour la couleur, Derain écrit à Vlaminck vouloir revenir à des choses plus anciennes, en accord avec sa volonté d'expression [8].

À la fin de l'été, Matisse laisse entendre à Paul Signac qu'il n'a réalisé que « de petites choses, peut-être pas très importantes » mais qui « ont le mérite d'exprimer d'une façon très pure [s]es sensations » [9]. Derain, quant à lui, annonce à Vlaminck trente toiles, vingt dessins, une cinquantaine de croquis, et être satisfait de leur quantité mais doutant de leur qualité, conscient de n'avoir jamais fait un travail « aussi complexe, aussi différent », « quasi déconcertant pour la critique [10] », dont il anticipe l'accueil. Lors du Salon d'Automne de 1905, la critique oscille entre deux attaques contradictoires : l'excès de conception qui briderait la sensibilité de Matisse et son « étrange débauche de couleurs violentes qui semblent devoir au seul hasard ». Si on repère chez Matisse une « recherche d'absolu », on note chez Derain un « art puéril » marquant ainsi la confusion du champ critique et l'ébranlement provoqué par leur peinture.

Durant l'hiver 1905-1906, dans son nouvel atelier parisien du couvent des Oiseaux, Matisse revisite le mythe arcadien de la joie de vivre, préparant la grande toile *Le Bonheur de vivre* qui sera vivement discutée lors du Salon des Indépendants de 1906. *La Pastorale* (cat., n° 32).

l'esquisse pour *Le Bonheur de vivre* (cat., n° 34) ou *Nu dans la forêt* (peint en 1906, à Collioure, cat., n° 33) sont autant de transpositions lyriques de jaune, de rose, d'orangé et de vert, évoluant vers une recherche d'équilibre de la ligne et de la couleur où paysage et figures, nymphe et joueur de flûte composent une idylle picturale. Matisse, de retour à Collioure [11], après un voyage en Algérie, explore d'autres sujets, d'autres « moyens », agençant dans ses natures mortes au cadrage audacieux (*Vaisselle et fruits sur un tapis rouge et noir*, cat., n° 37) des aplats de couleur jouant de la variété de motifs orientaux inédits. Son *Autoportrait* (cat., n° 36) montre un visage marqué par une exigeante interrogation, tandis que *La Gitane* (cat., n° 38) renvoie, par la brutalité du traitement et le violent télescopage des couleurs, à un expressionnisme à la frontière de la laideur, rare chez Matisse, qu'on pourrait rapprocher de celui d'autres Fauves européens.

8 *Ibid.*
9 Lettre de Matisse à Paul Signac, 18 septembre 1905, Schneider, *op. cit.*, p. 85.
10 Derain, lettre à Vlaminck, 5 août 1905.

11 « J'ai revu Collioure avec plaisir. Avant de partir en Algérie je l'avais trouvé fade mais en revenant il m'a donné une envie de peindre à tout déchirer. [...] Je suis exclusivement pris par la peinture. » Lettre de Matisse à Manguin, Archives J.-P. Manguin.

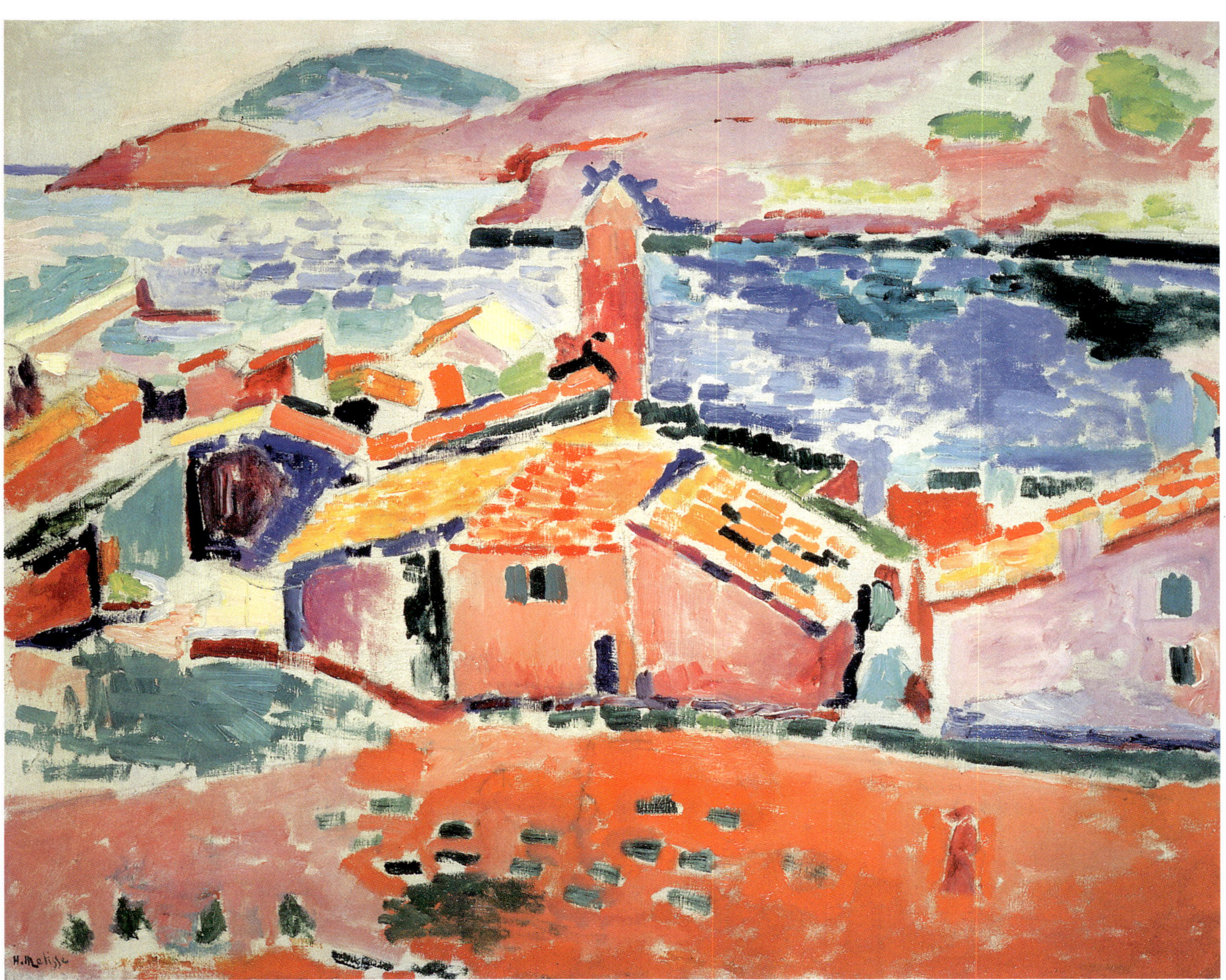

8 - Henri Matisse
Les Toits de Collioure (Vue de Collioure), c. 1905
Huile sur toile, 59,5 x 73 cm
Musée de l'Ermitage, Saint-Pétersbourg

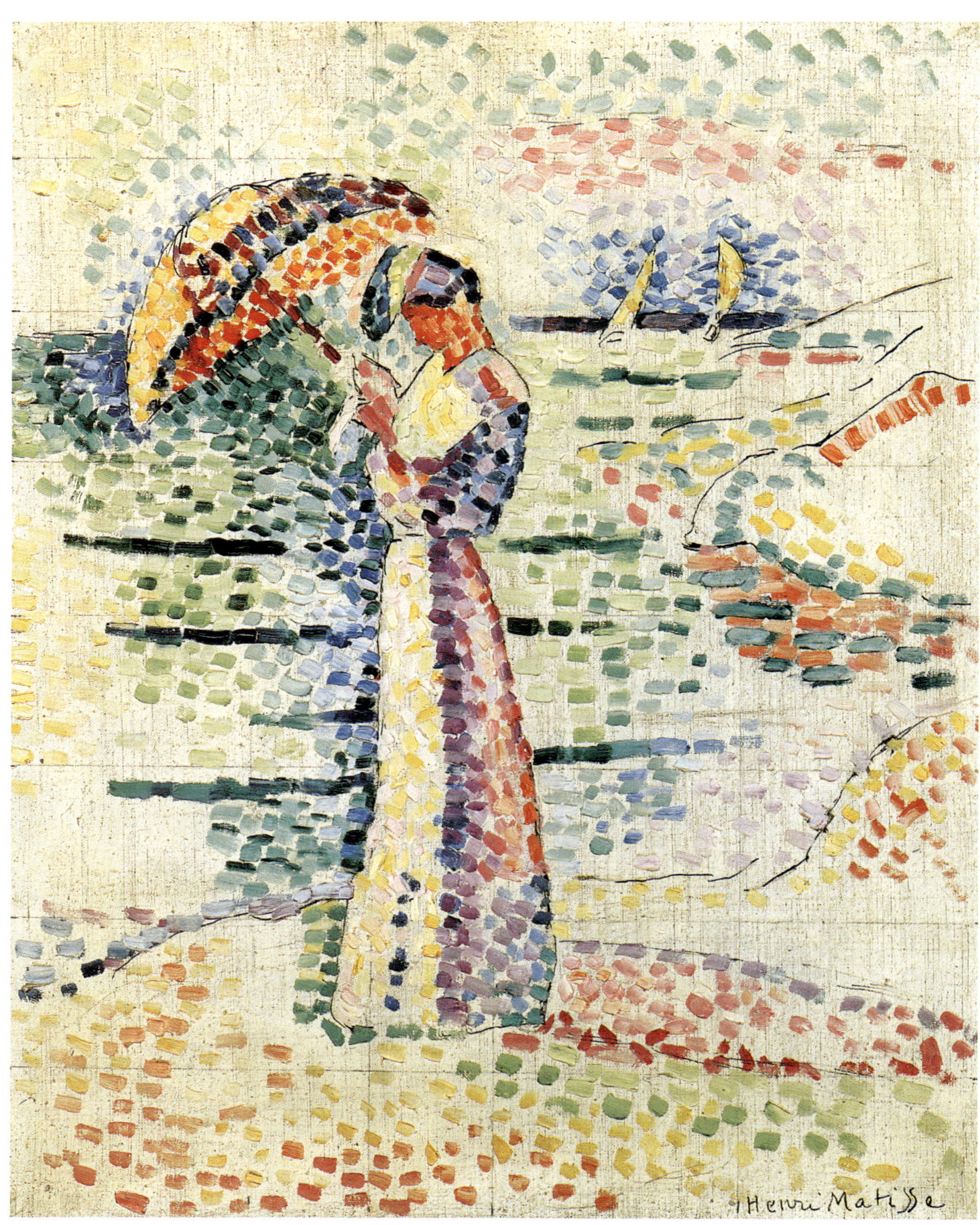

9 - Henri Matisse
Jeune fille à l'ombrelle, 1905
Huile sur toile, 46,2 x 37,3 cm
Musée Matisse, Nice

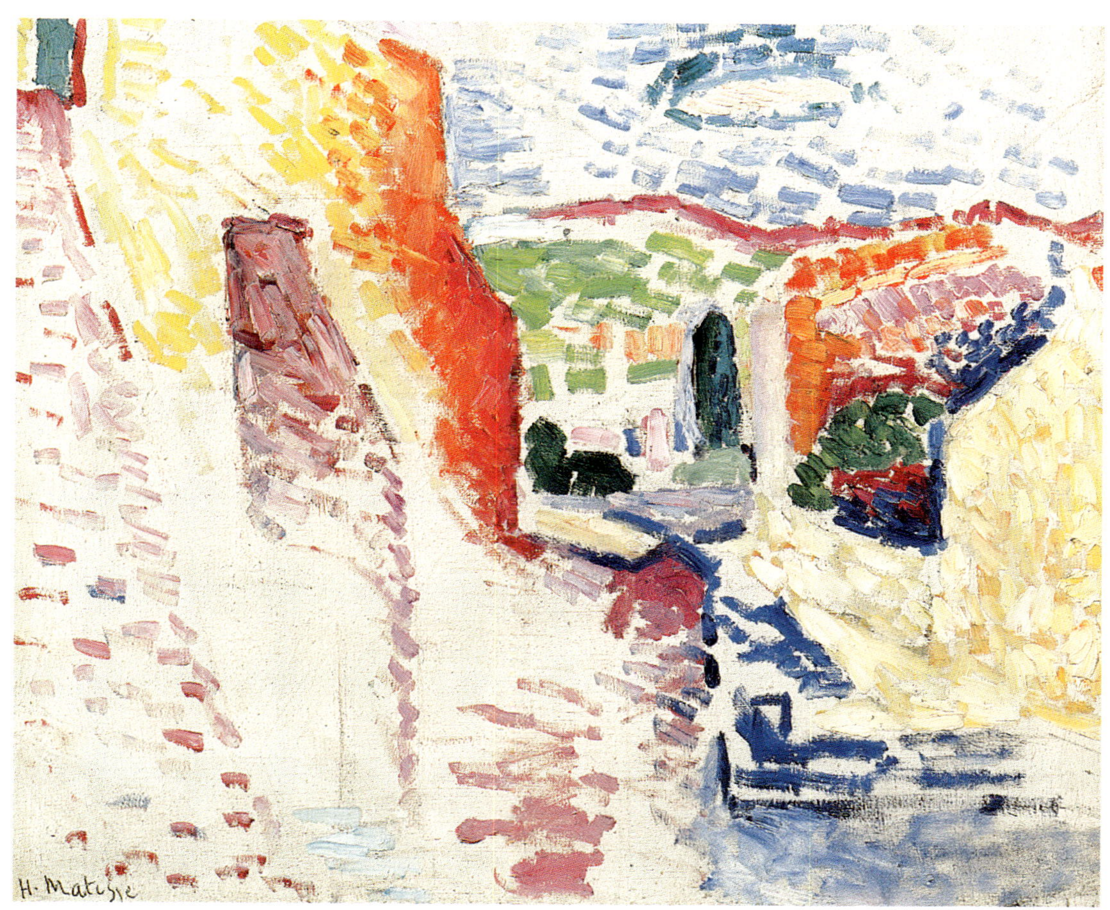

10 - Henri Matisse
Collioure, rue du Soleil, 1905
Huile sur toile, 46 x 55 cm
Musée Matisse, Le Cateau-Cambrésis

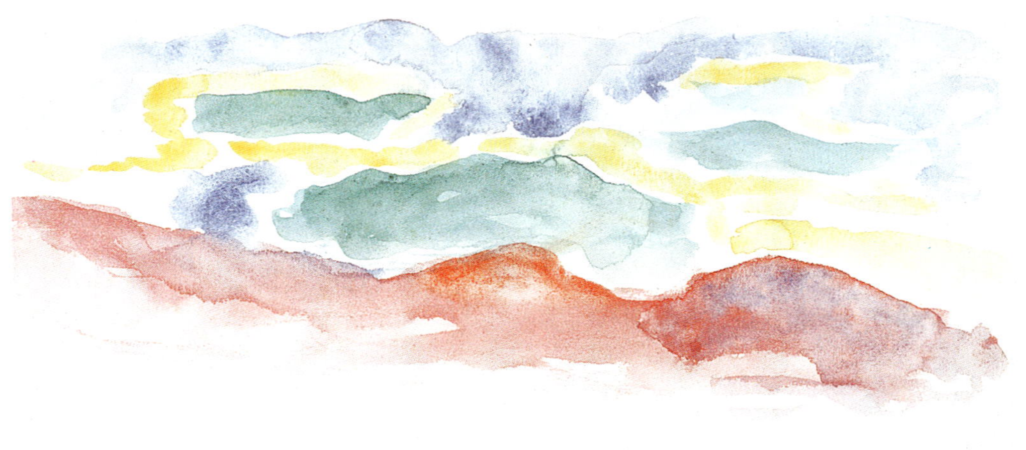

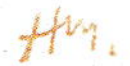

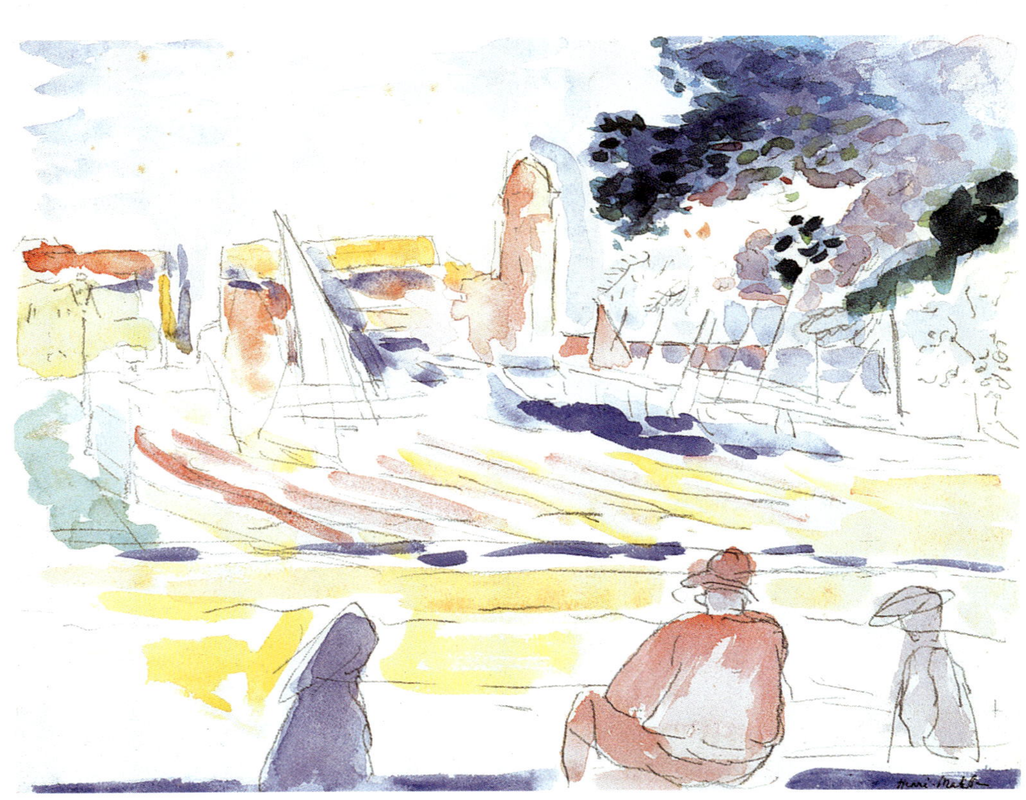

11 - Henri Matisse
Montagnes - Collioure, 1905
Aquarelle sur papier, 20,3 x 27 cm
Collection particulière

12 - Henri Matisse
Le Port de Collioure, 1905
Crayon et aquarelle sur papier, 20,7 x 27,1 cm
Collection particulière

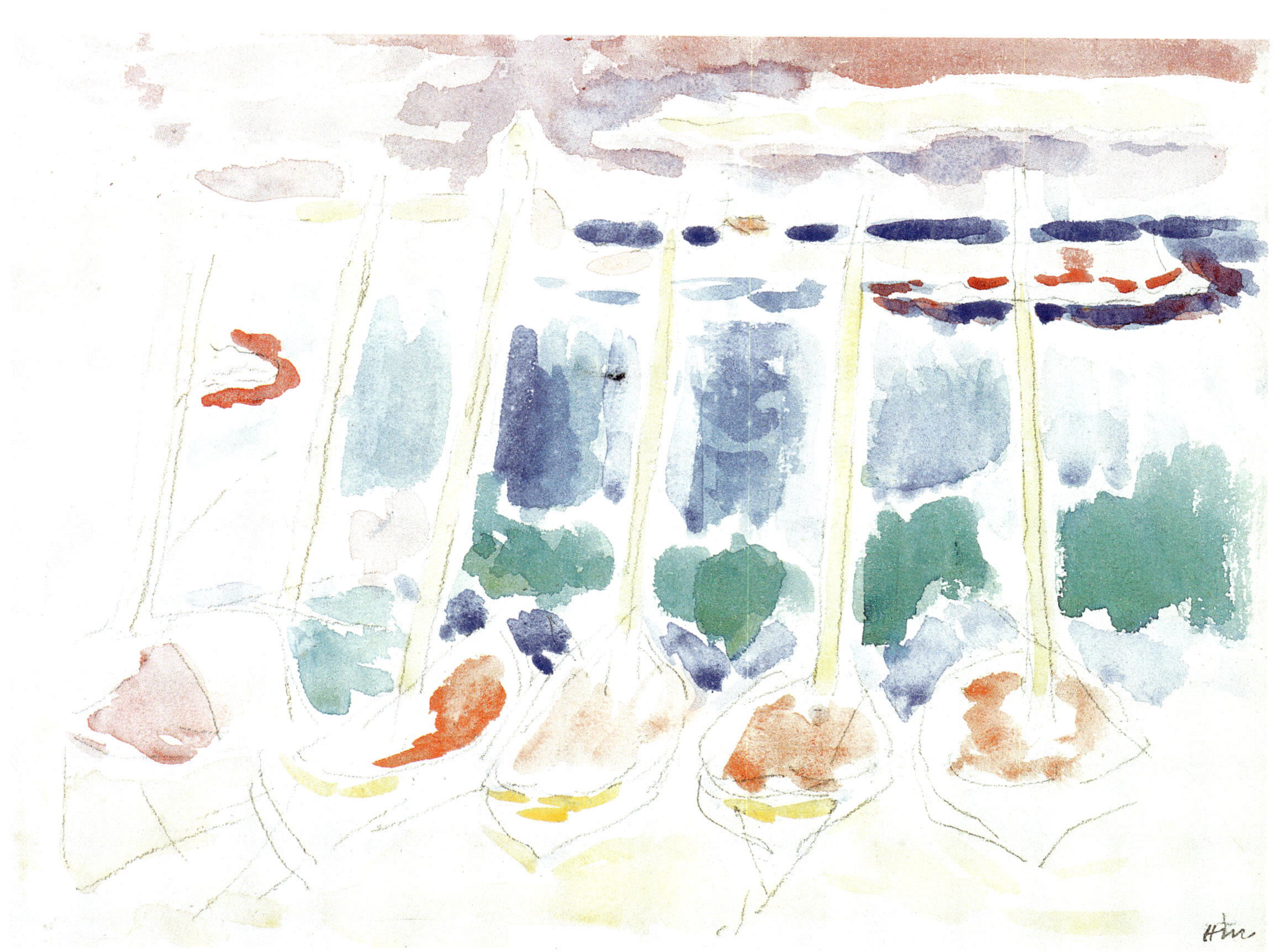

13 - Henri Matisse
Collioure, barques au Faubourg, 1905
Crayon et aquarelle sur papier, 20,2 x 28,8 cm
Collection particulière

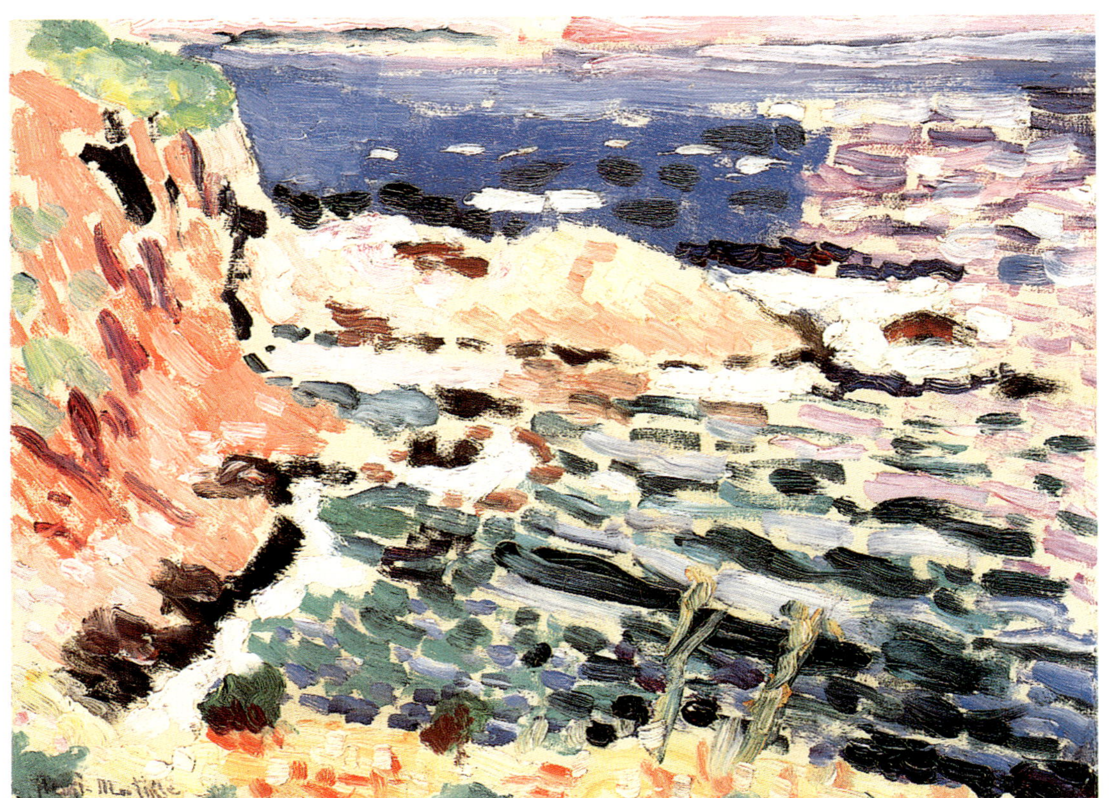

14 - Henri Matisse
La Moulade (La Côte, Collioure), Collioure, été 1905
Huile sur panneau, 24,2 x 32, 3 cm
Collection particulière, courtesy Barbara Divver Fine Art

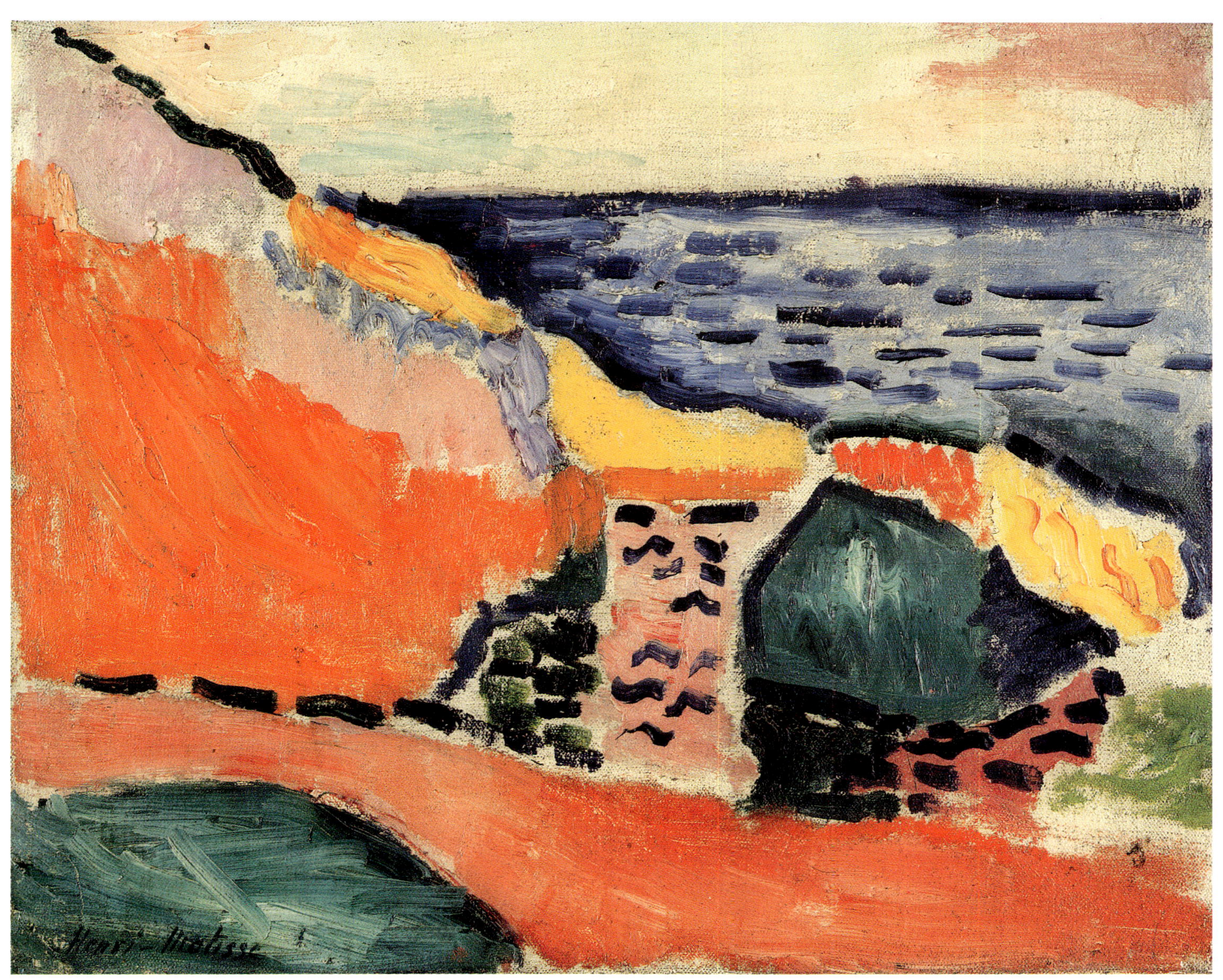

15 - Henri Matisse
La Moulade, Collioure, été 1905
Huile sur toile, 28,2 x 35,5 cm
Collection particulière

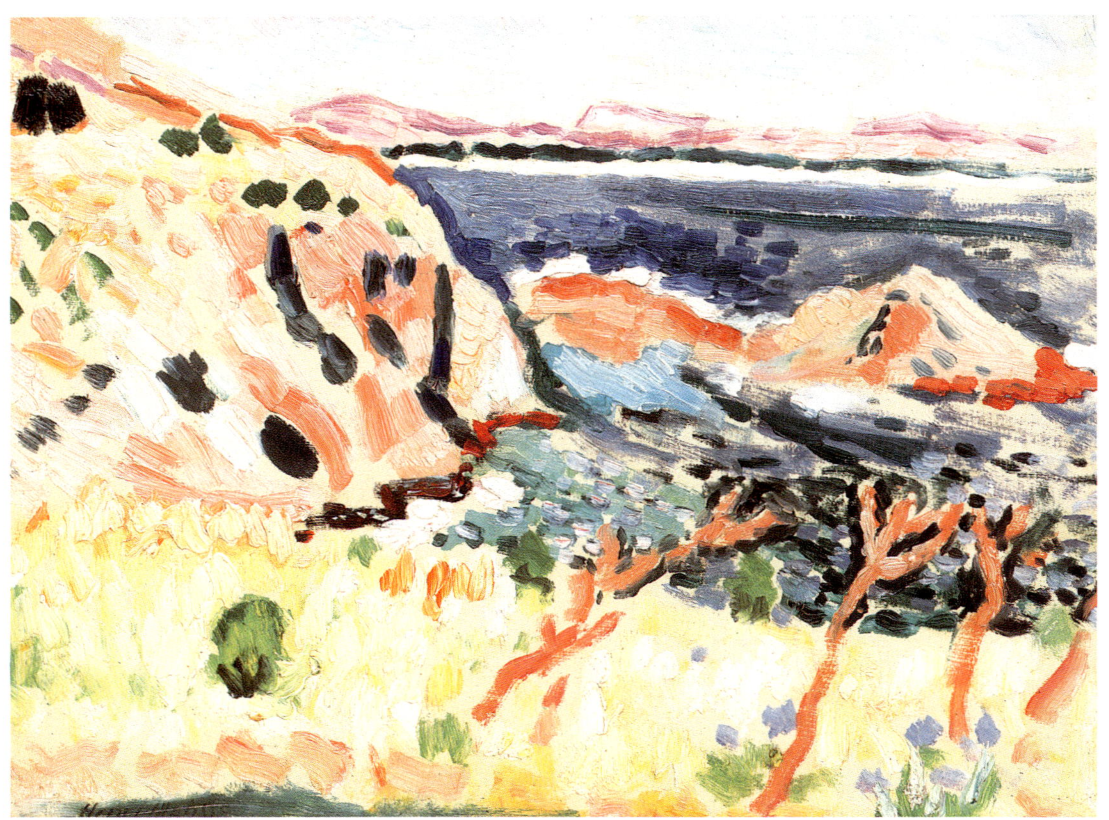

16 - Henri Matisse
Marine (La Moulade), Collioure, été 1905
Huile sur carton monté sur bois, 26,1 x 33,7 cm
San Francisco Museum of Modern Art, bequest of Mildred B. Bliss

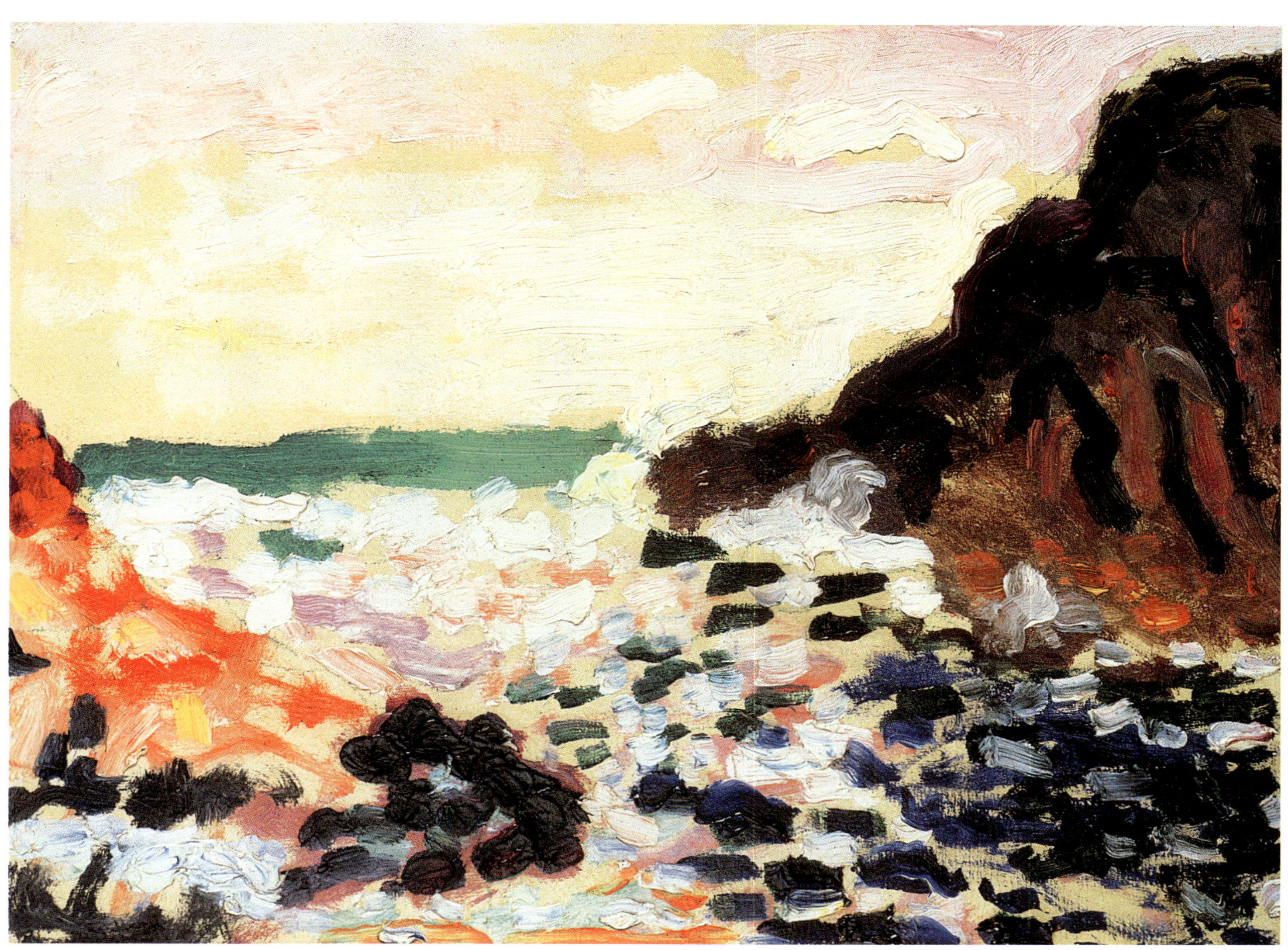

17 - Henri Matisse
Marine (Bord de mer), Collioure, été 1905
Huile sur carton monté sur bois, 24,5 x 32,4 cm
San Francisco Museum of Modern Art, bequest of Mildred B. Bliss

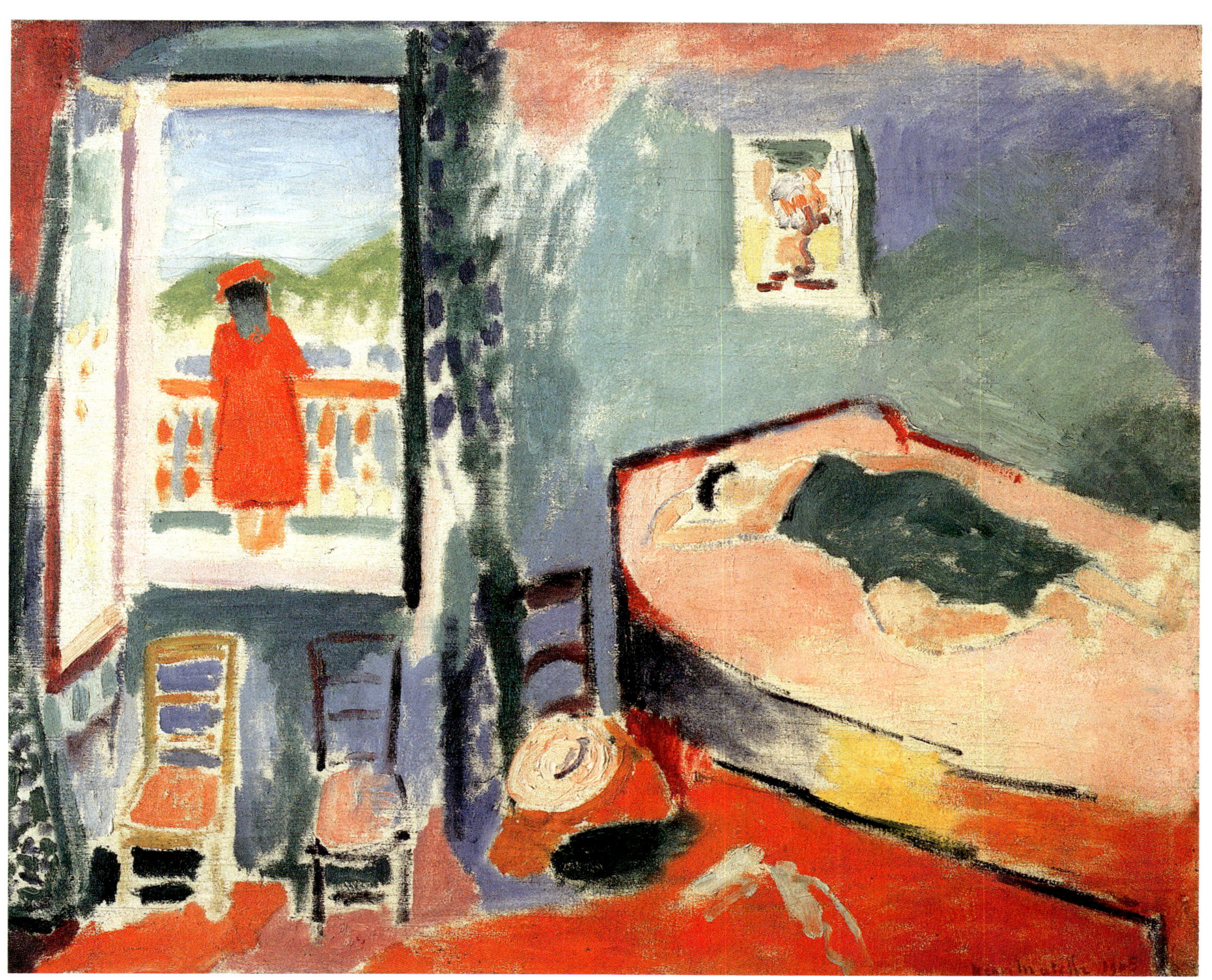

18 - Henri Matisse
Intérieur à Collioure (La Sieste), Collioure, 1905
Huile sur toile, 60 x 73 cm
Collection particulière, Suisse

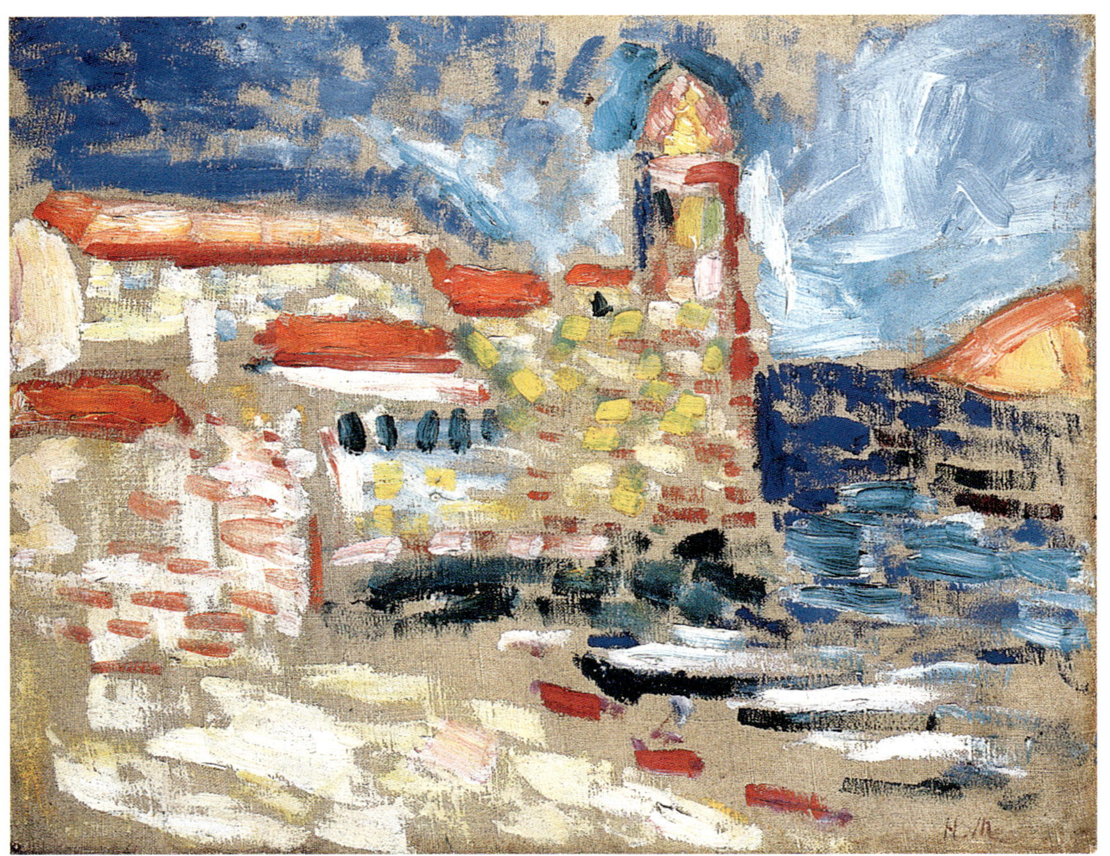

19 - Henri Matisse
Vue de Collioure, l'église, Collioure, été 1905
Huile sur toile, 33 x 41,2 cm
Collection particulière

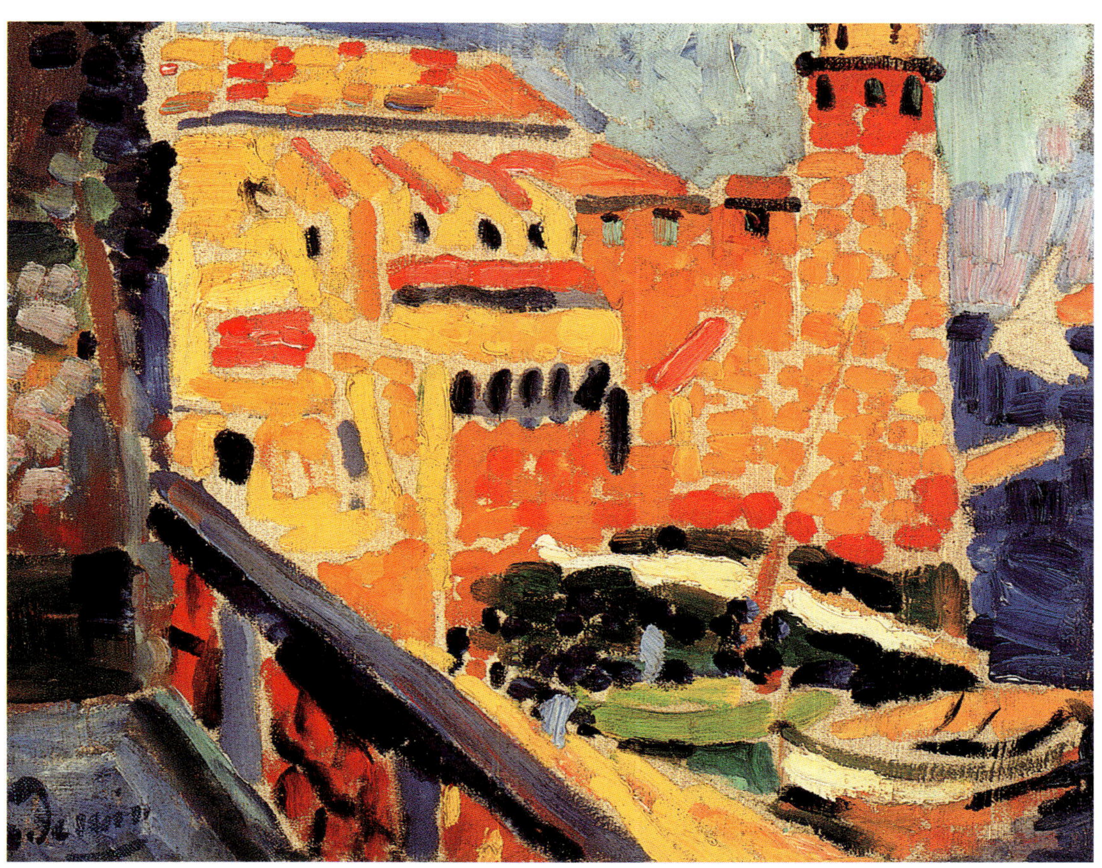

20 - André Derain
Le Phare de Collioure, 1905
Huile sur toile, 32,5 x 40,5 cm
Musée d'Art moderne de la Ville de Paris, donation Henry-Thomas

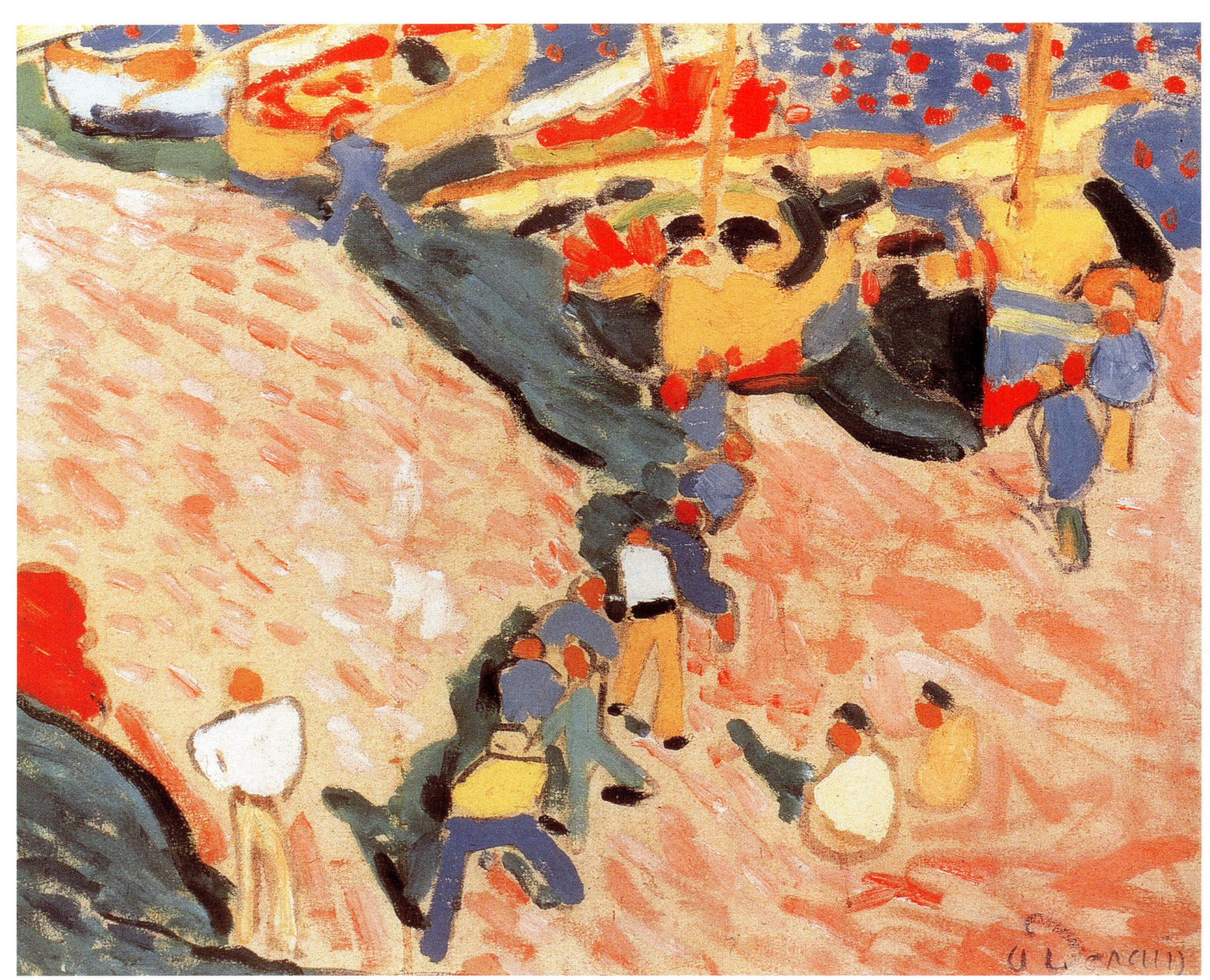

21 - André Derain
Pêcheurs à Collioure, 1905
Huile sur toile, 46 x 54 cm
Collection particulière

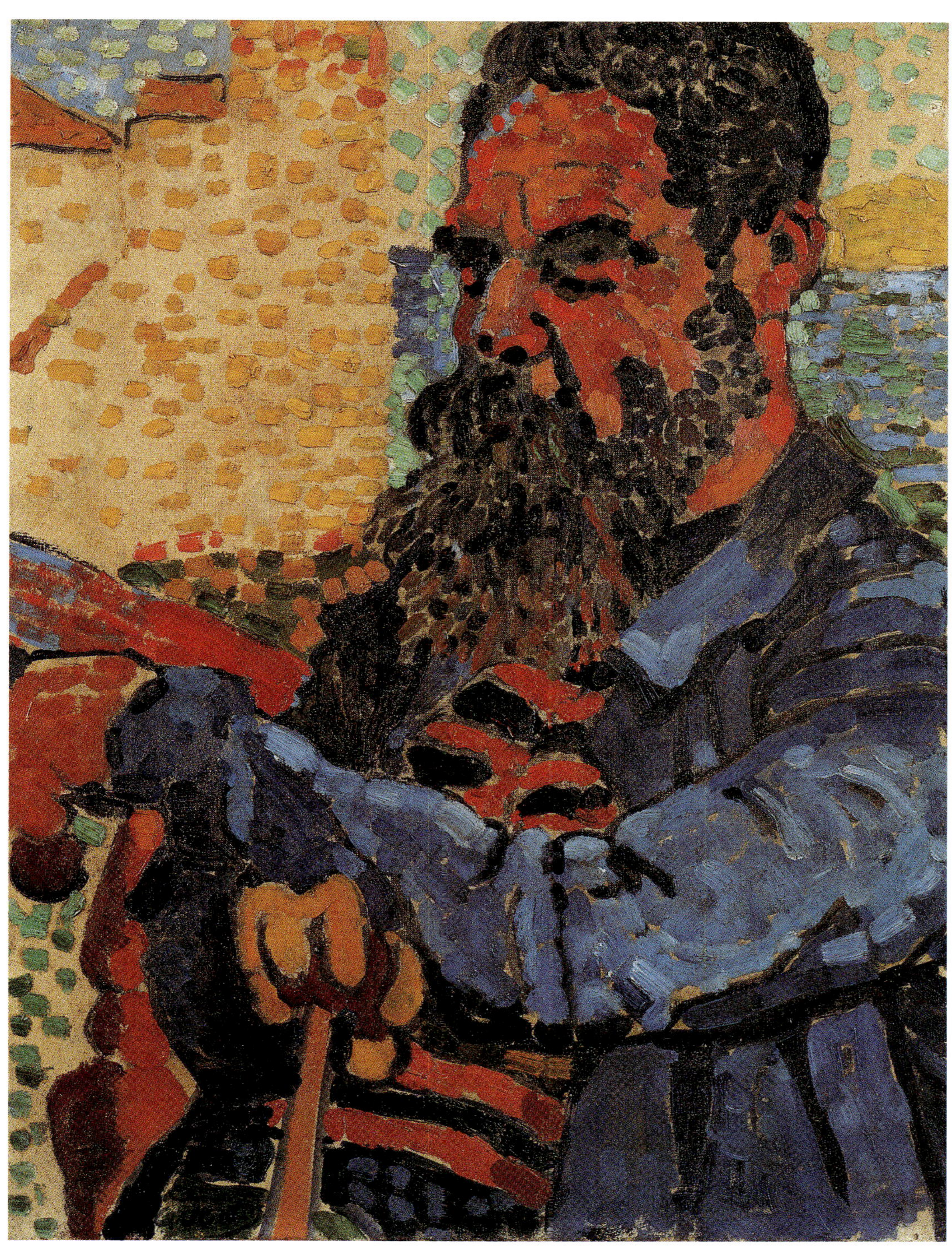

22 - André Derain
Portrait du peintre Étienne Terrus, été 1905
Huile sur toile, 65,4 x 49,5 cm
Columbus Museum of Art, gift of Howard D. & Babette L. Sirak,
the Donors to the Campaign for Enduring Excellence, and the Derby Fund, Colombus

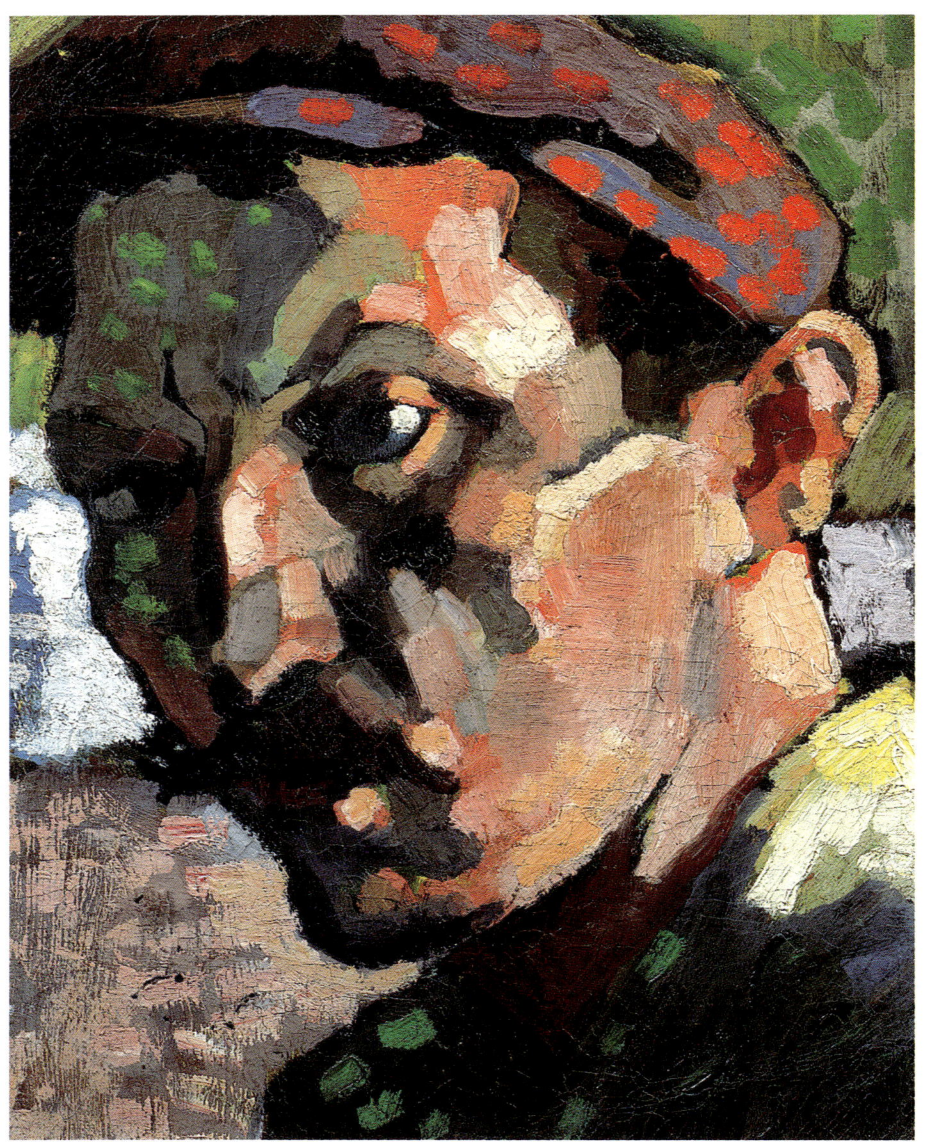

23 - André Derain
Autoportrait à la casquette, 1905
Huile sur toile, 33 x 25,5 cm
Collection particulière

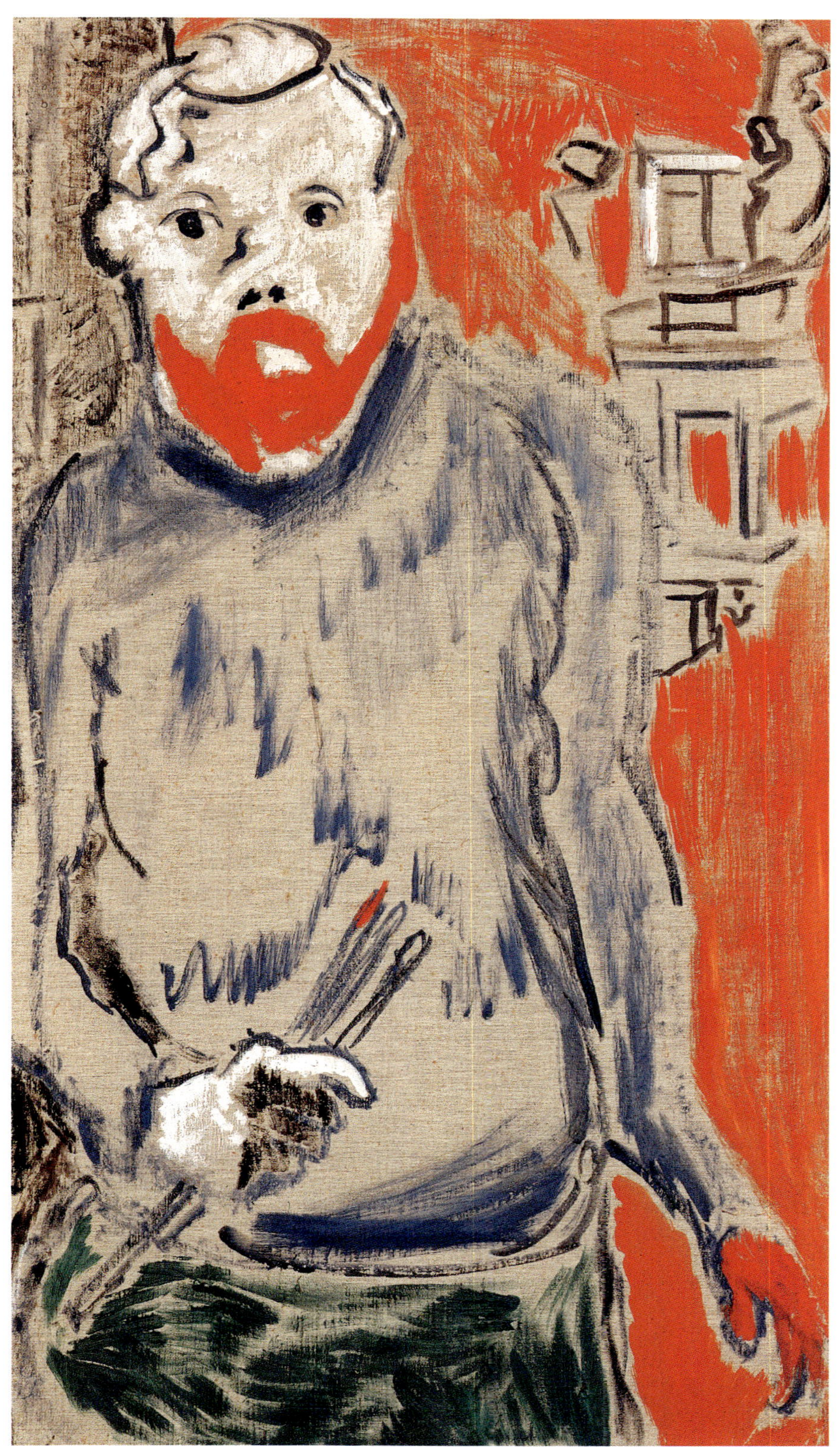

24 - André Derain
Portrait d'Henri Matisse (Matisse dans l'atelier), 1905
Huile sur toile, 93 x 52,5 cm
Musée Matisse, Nice

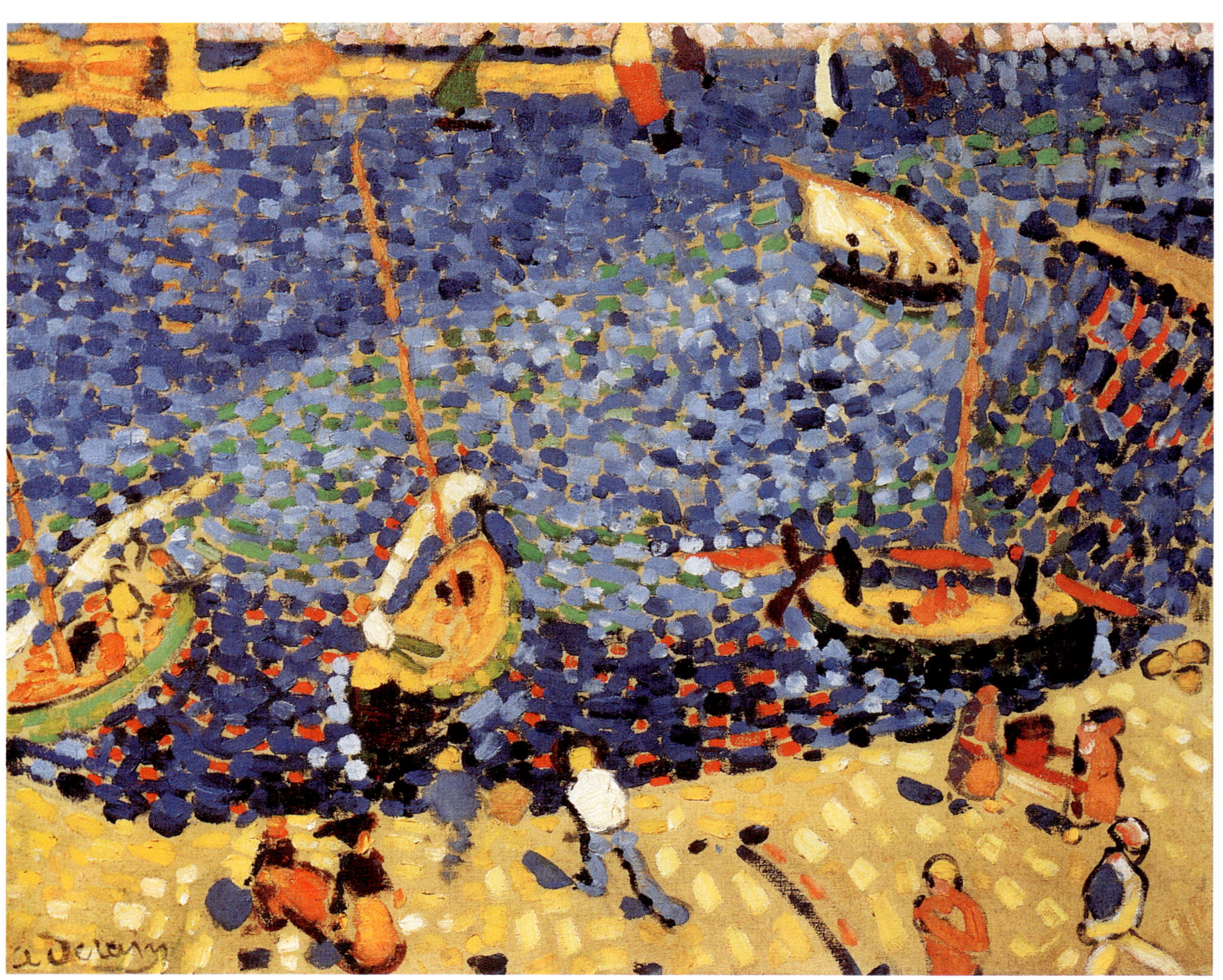

25 - André Derain
Bateaux à Collioure, 1905
Huile sur toile, 60 x 73 cm
Kunstsammlung Nordrhein-Westfalen, Düsseldorf

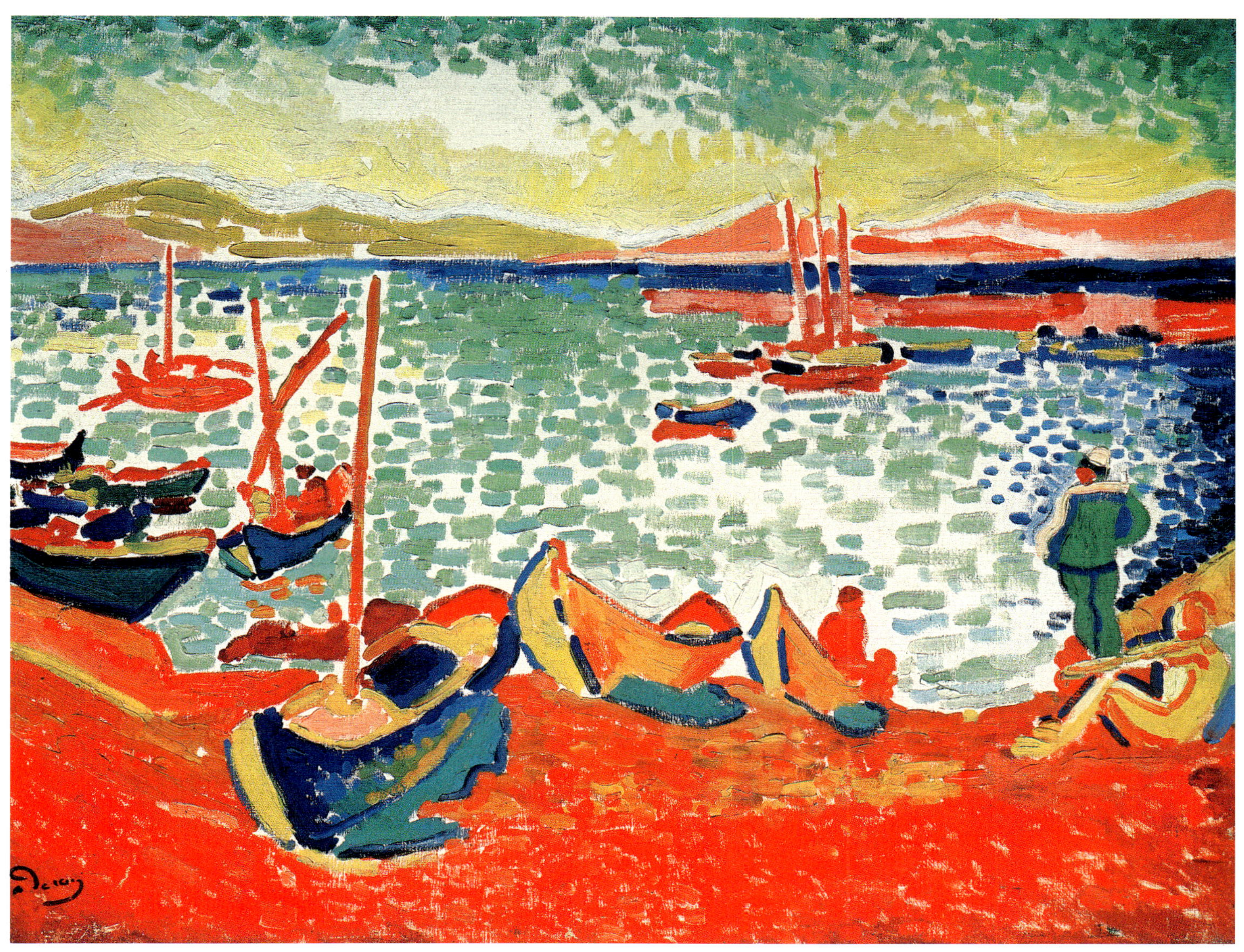

26 - André Derain
Bateaux dans le port, Collioure, 1905
Huile sur toile, 72 x 91 cm
Collection particulière, Suisse

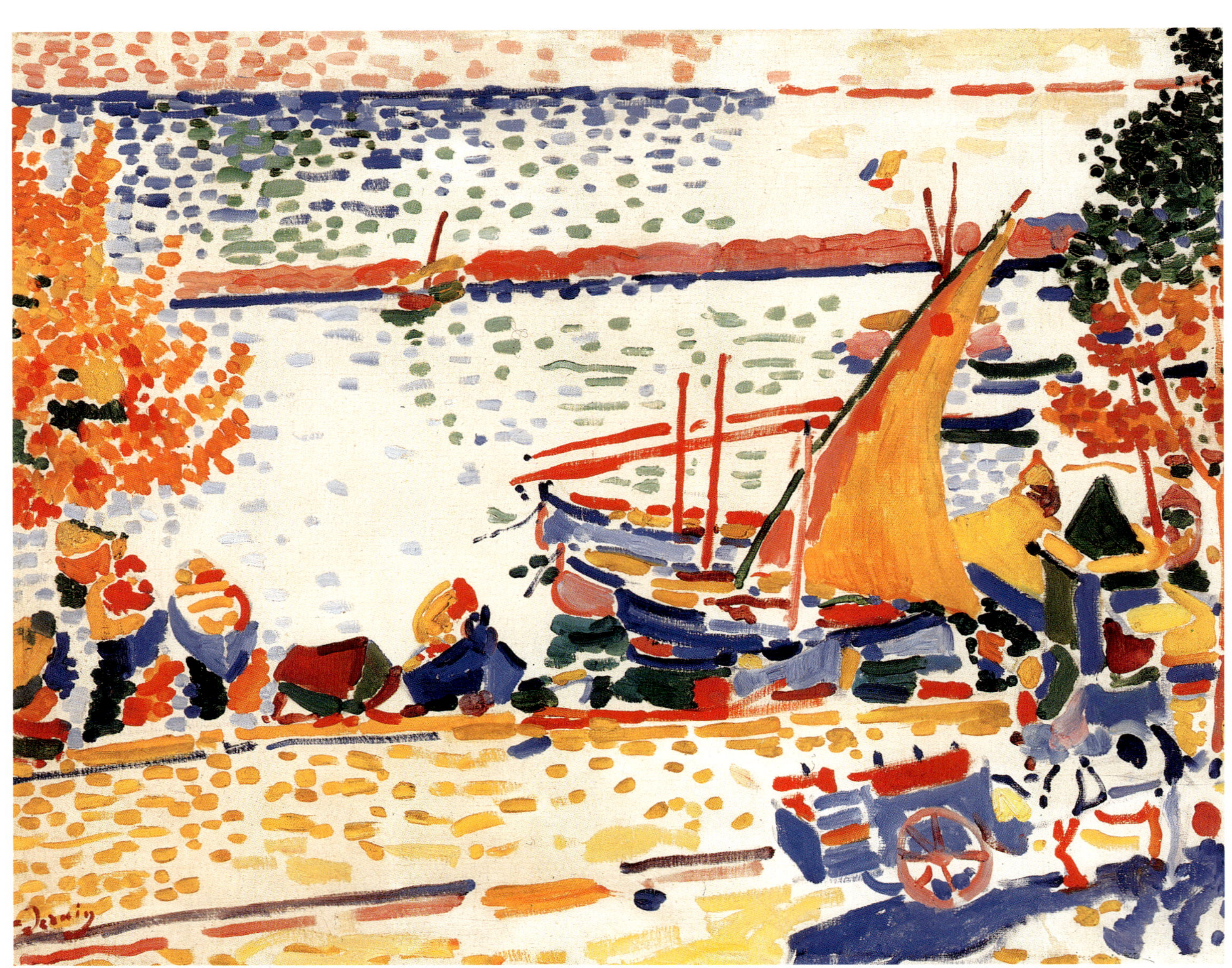

27 - André Derain
Le Port de Collioure (Port de Collioure, le cheval blanc), été 1905
Huile sur toile, 72 x 91 cm
Musée d'Art moderne, donation Pierre et Denise Lévy, Troyes

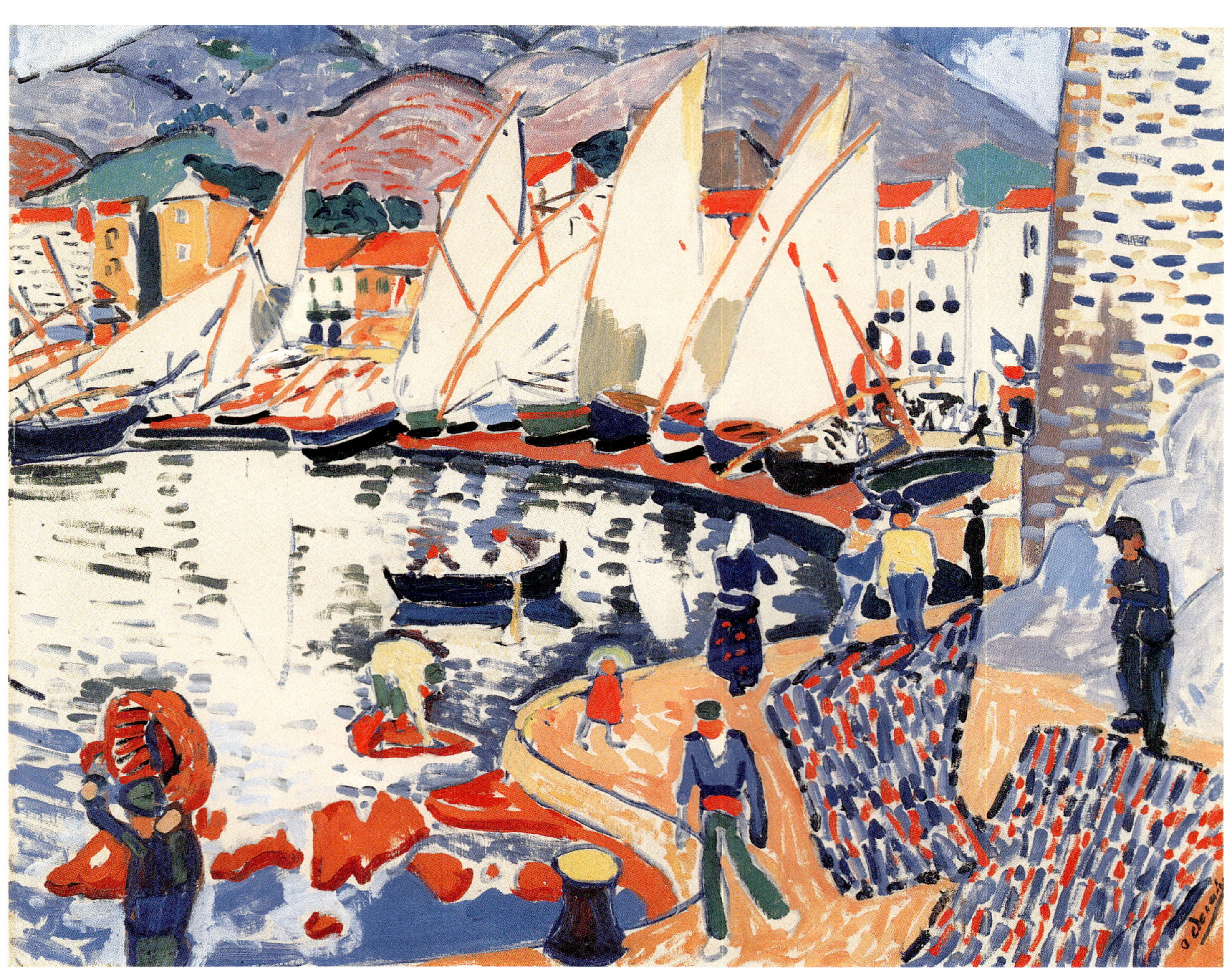

28 - André Derain
Le Séchage des voiles, 1905
Huile sur toile, 82 x 101 cm
Musée d'État des Beaux-Arts Pouchkine, Moscou

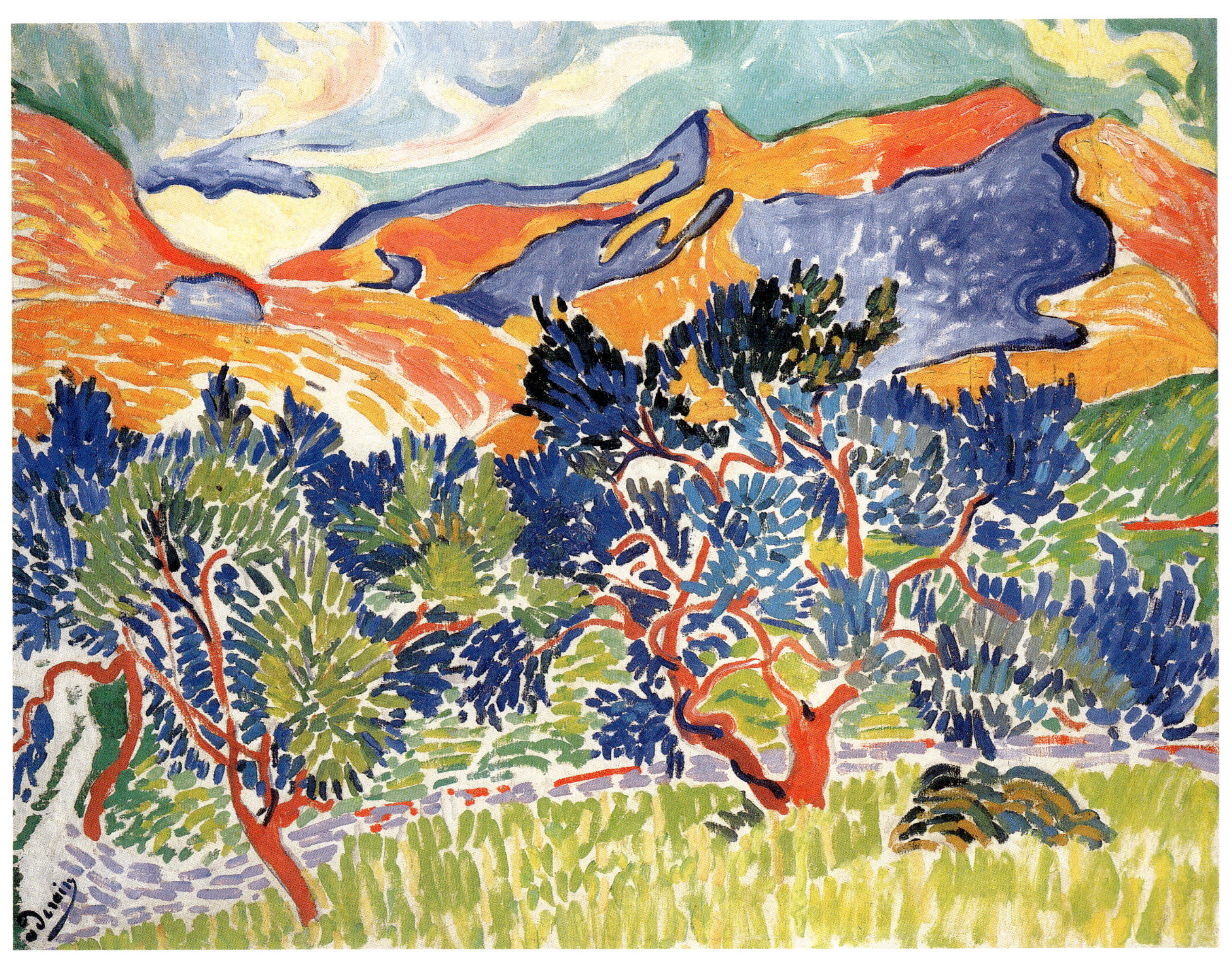

29 - André Derain
Les Montagnes à Collioure (Paysage de Collioure), 1905
Huile sur toile, 81,3 x 100,3 cm
National Gallery of Art, John Hay Whitney Collection, Washington

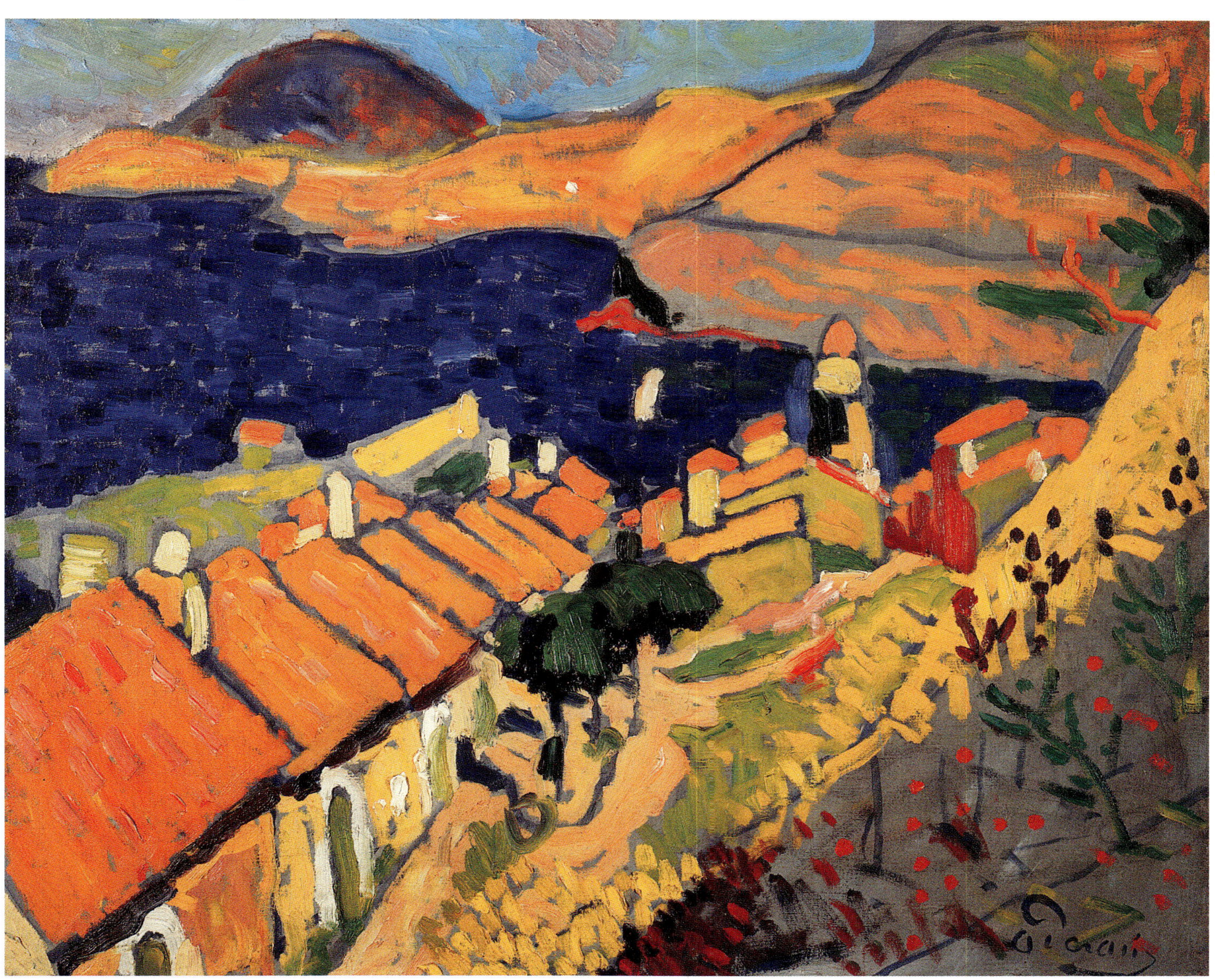

30 - André Derain
Vue de Collioure (Collioure, le village et la mer), 1905
Huile sur toile, 60,2 x 73,5 cm
Scottish National Gallery of Modern Art, Édimbourg

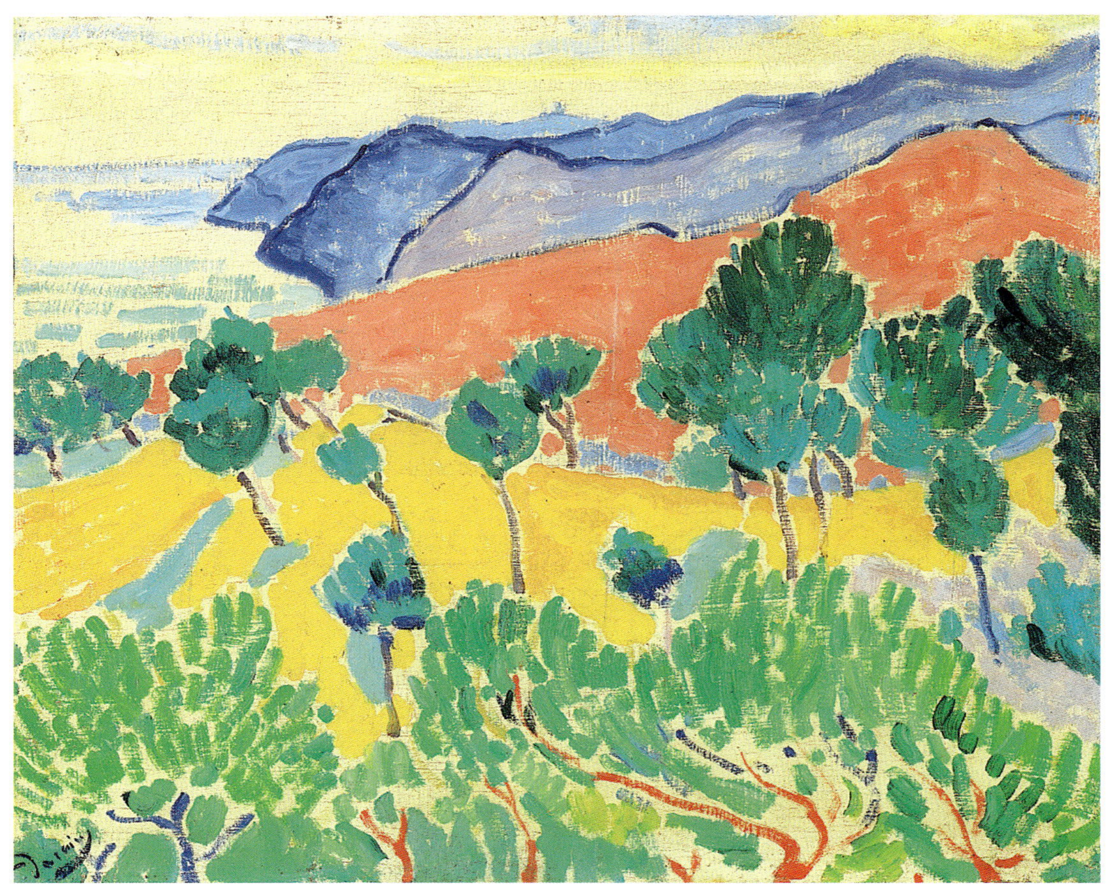

31 - André Derain
Paysage au bord de la mer: La Côte d'Azur près d'Agay, 1905
Huile sur toile, 54,6 x 65,2 cm
Musée des Beaux-Arts du Canada, Ottawa

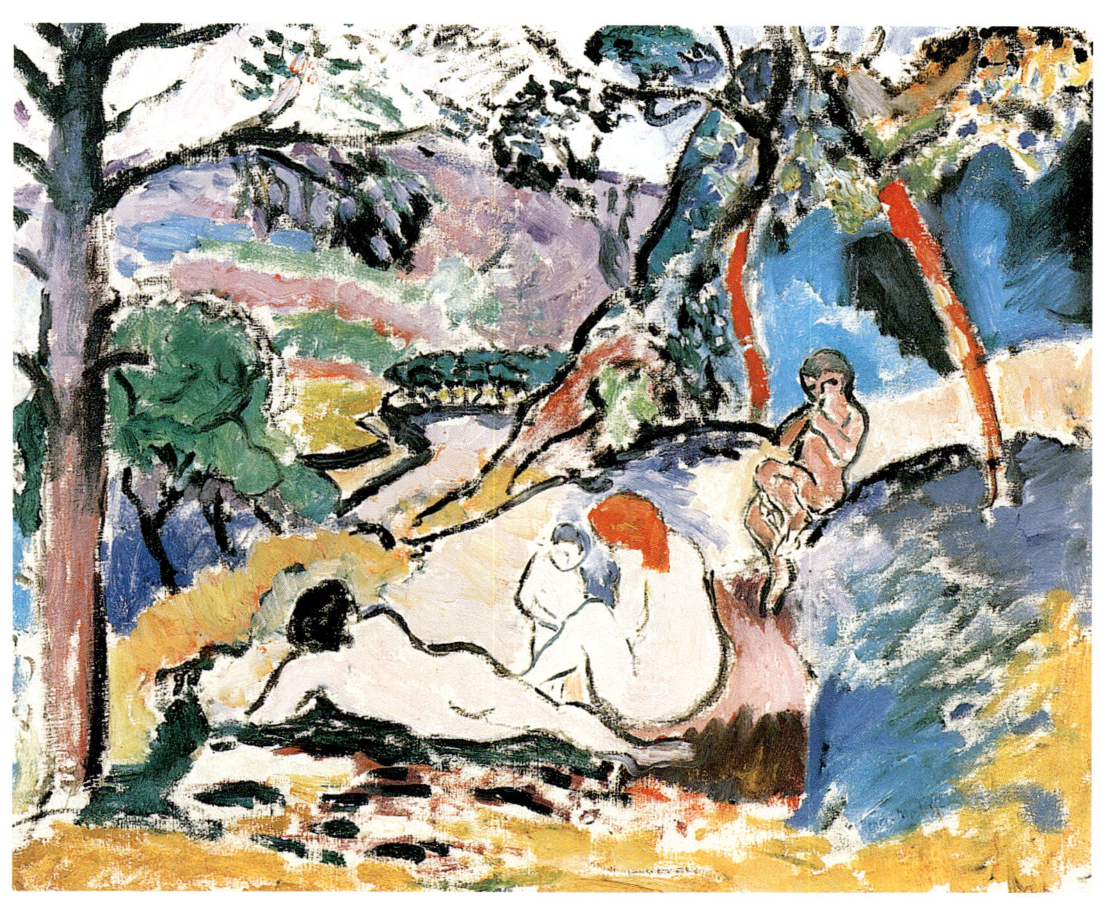

32 - Henri Matisse
La Pastorale, été 1906
Huile sur toile, 45,7 x 57,2 cm
Musée d'Art moderne de la Ville de Paris

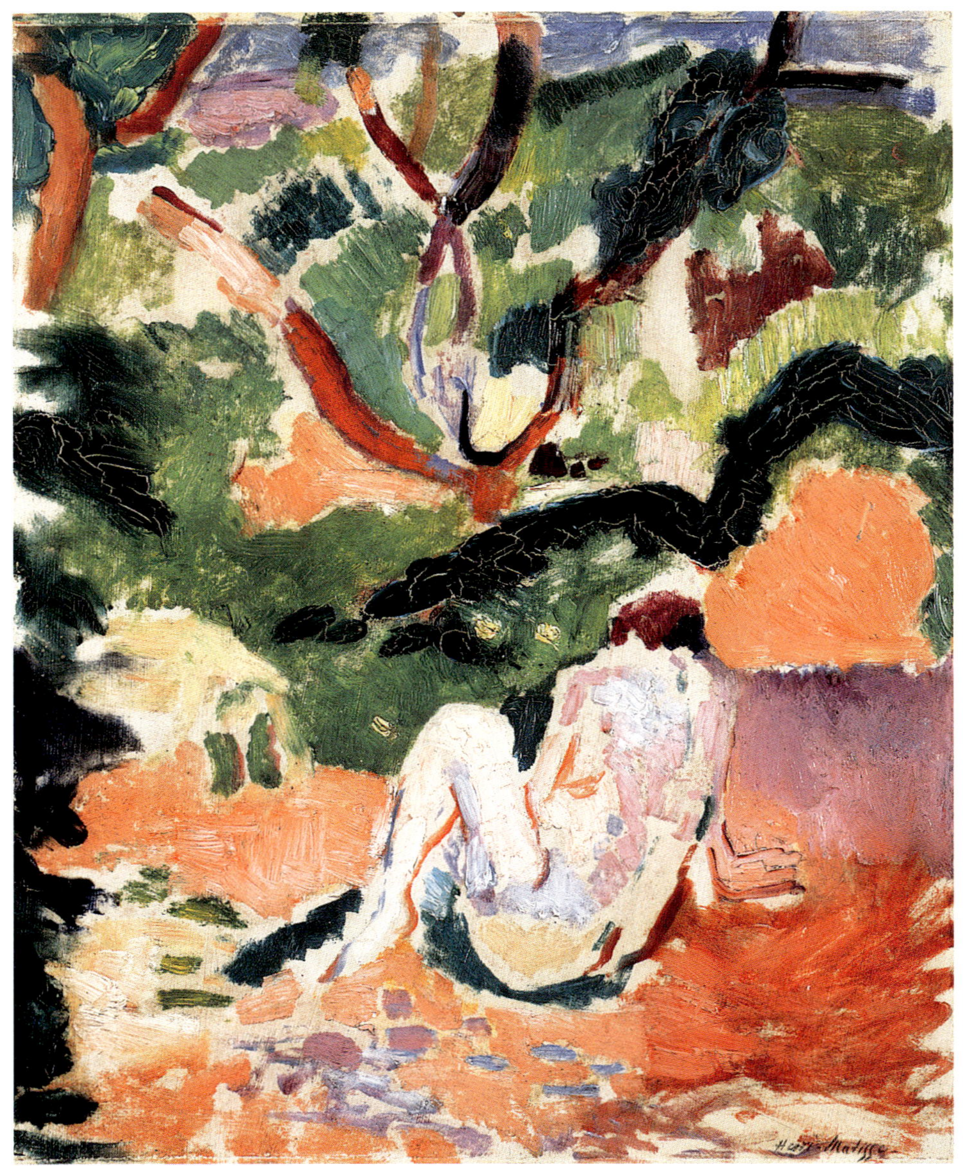

33 - Henri Matisse
Nu dans la forêt (Nu assis dans le bois), Collioure, été 1906
Huile sur bois, 40,5 x 32,5 cm
Brooklyn Museum of Art, gift of Mr George F. Of, Brooklyn

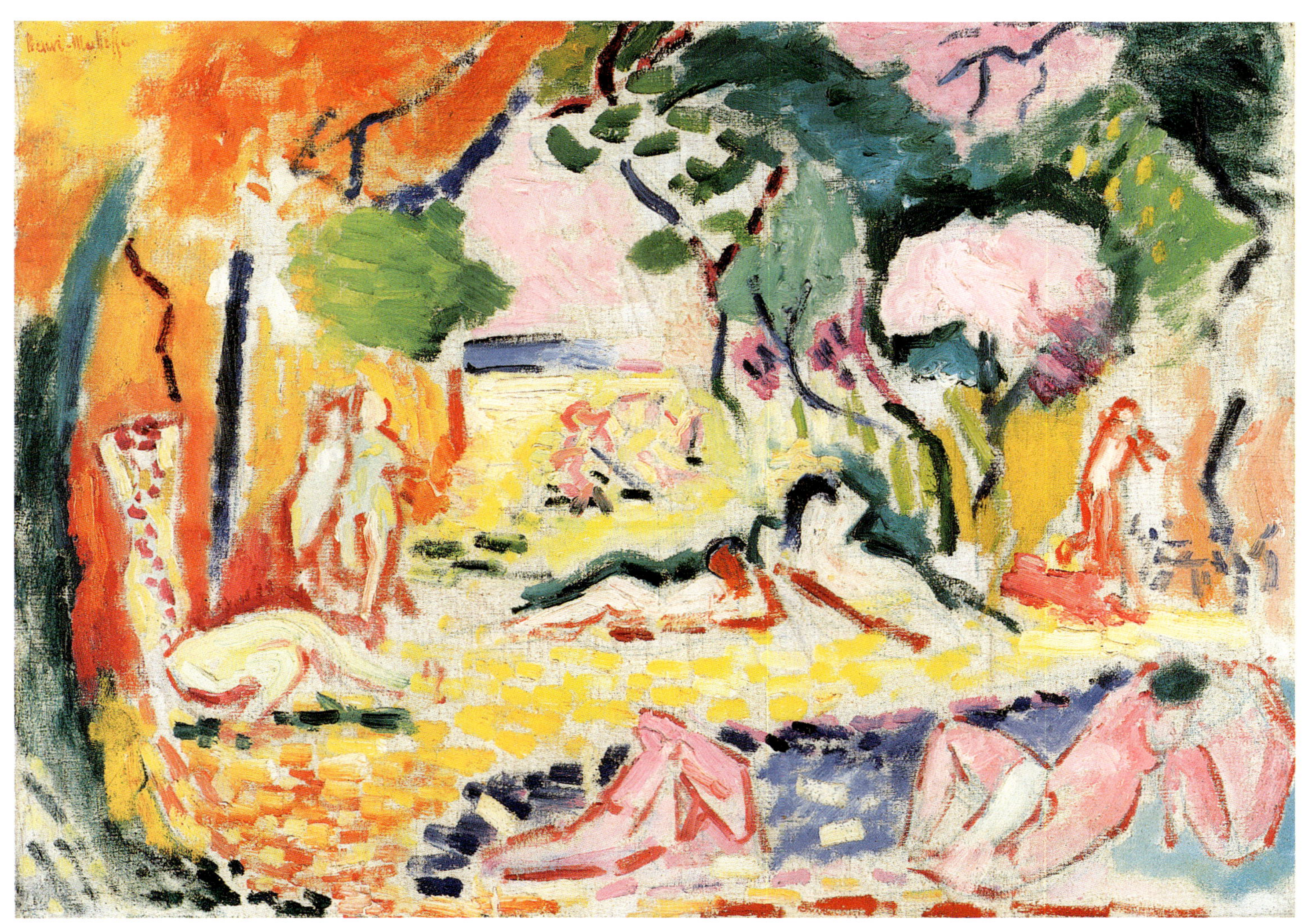

34 - Henri Matisse
Esquisse pour « Le Bonheur de vivre », Paris, automne-hiver 1905-1906
Huile sur toile, 40,6 x 54,6 cm
San Francisco Museum of Modern Art, bequest of Elise S. Haas, San Francisco

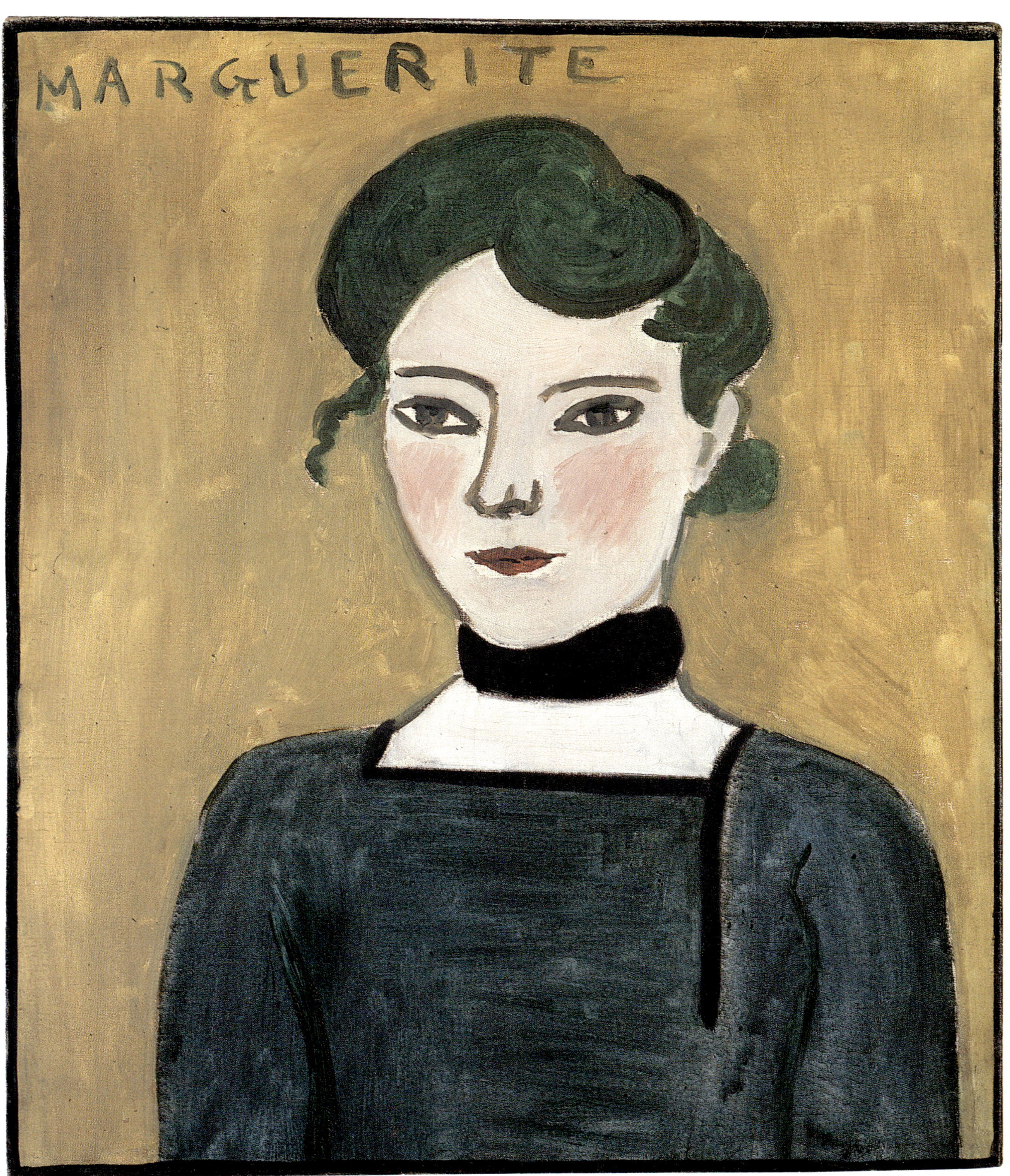

35 - Henri Matisse
Portrait de Marguerite, Collioure, hiver 1906-1907
Huile sur toile, 65 x 54 cm
Musée Picasso, Paris

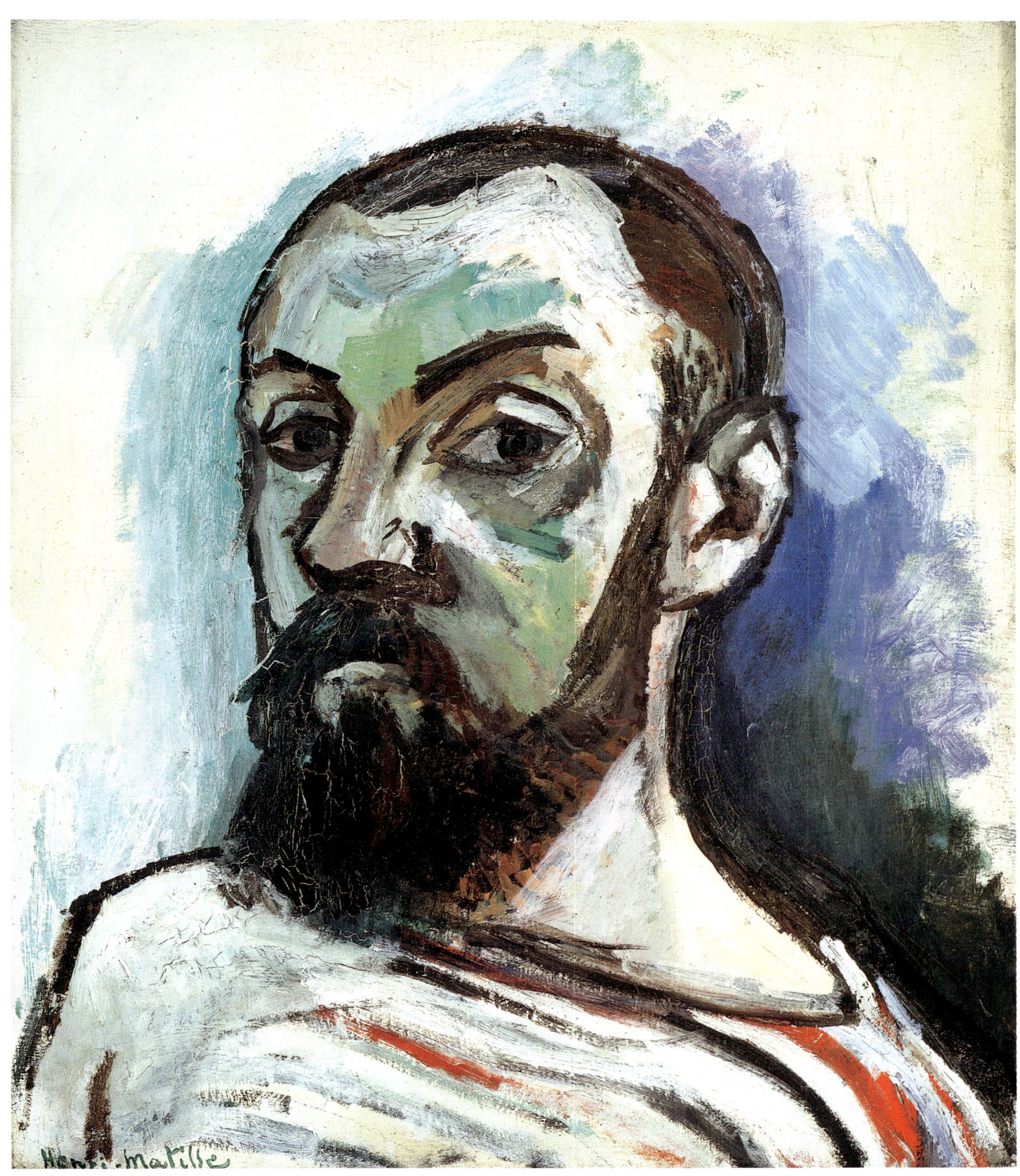

36 - Henri Matisse
Autoportrait, Collioure, 1906
Huile sur toile, 55 x 46 cm
Statens Museum for Kunst, collection J. Rump, Copenhague

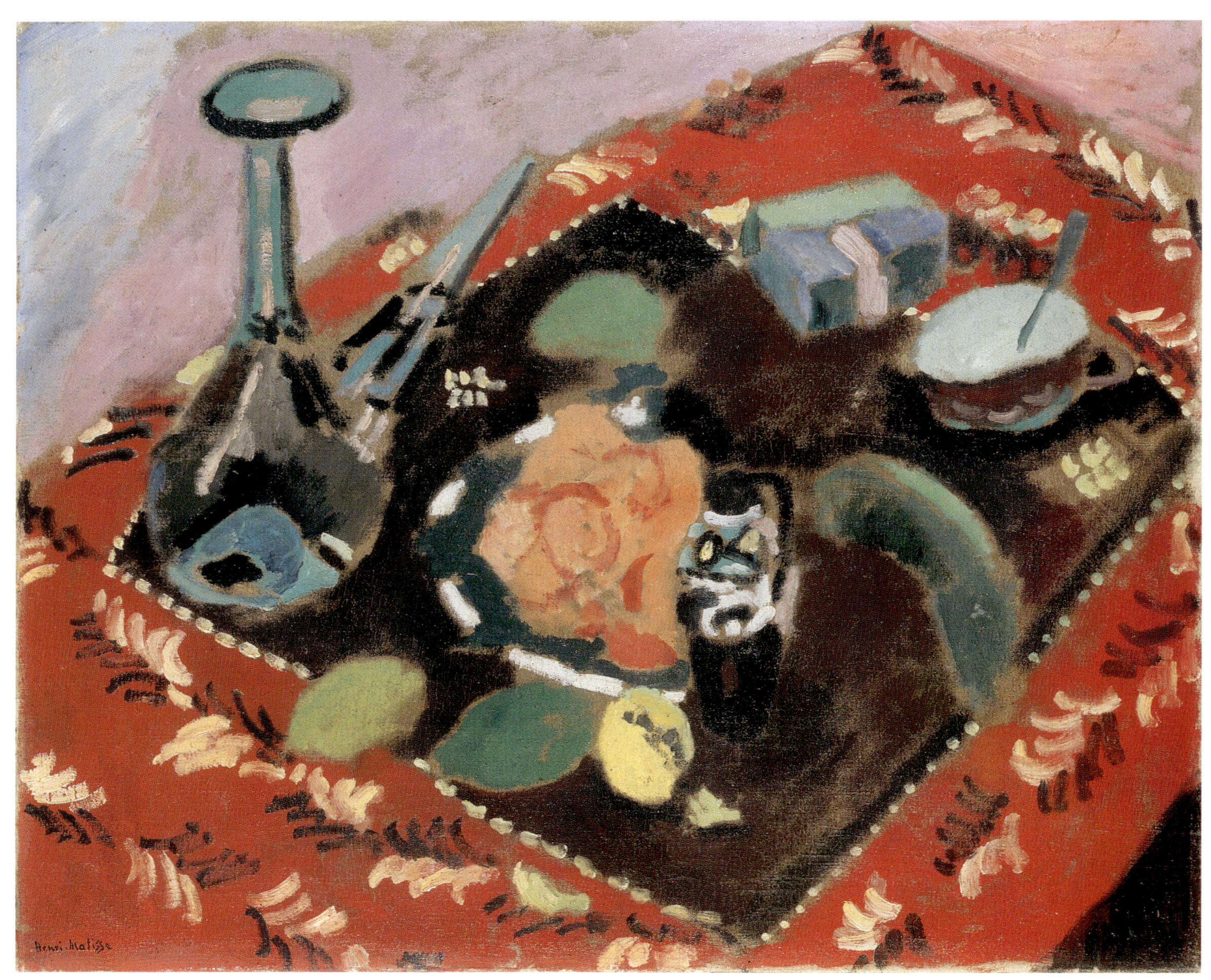

37 - Henri Matisse
Vaisselle et fruits sur un tapis rouge et noir, Collioure, été 1906
Huile sur toile, 61 x 73 cm
Musée de l'Ermitage, Saint-Pétersbourg

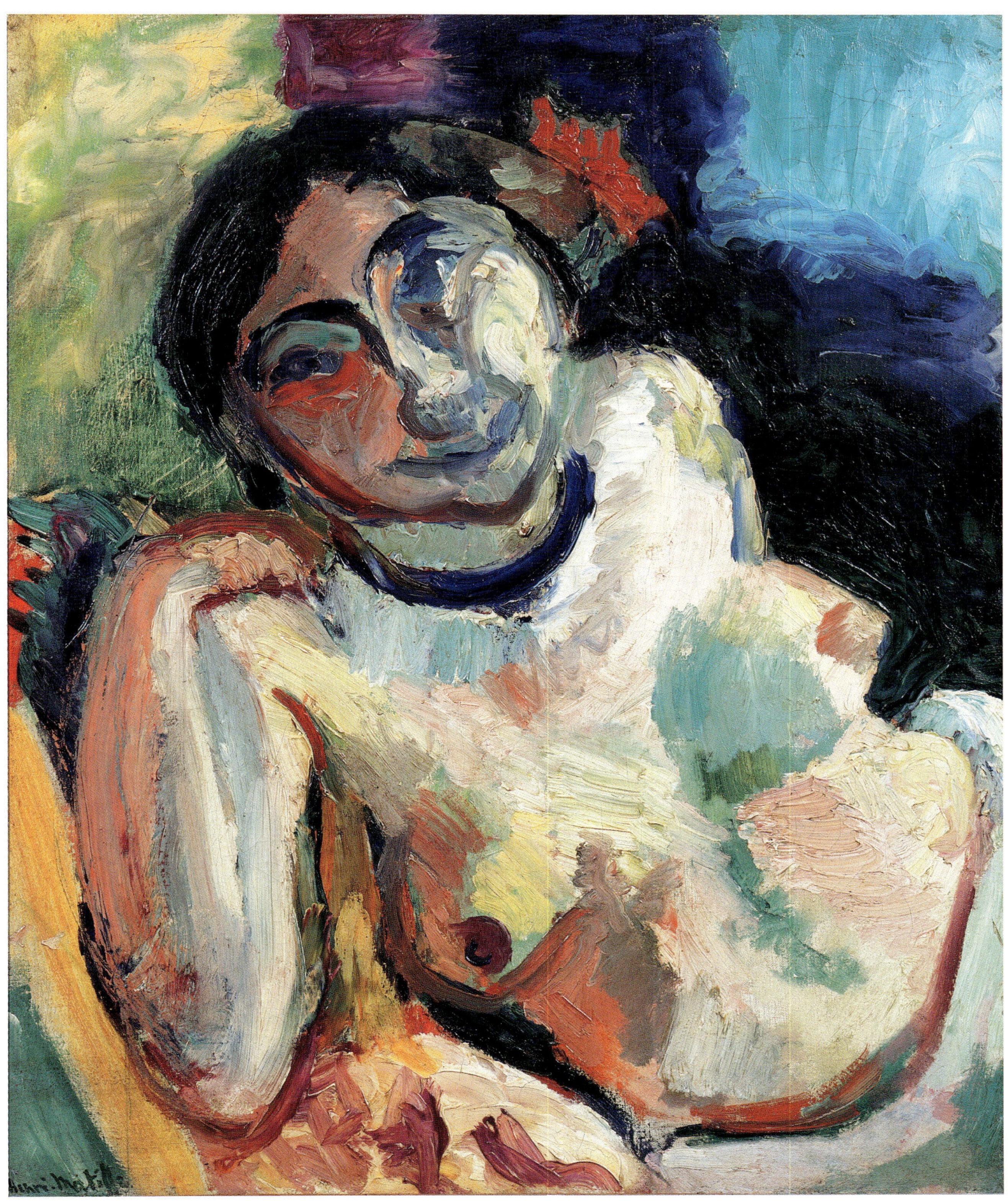

38 - Henri Matisse
La Gitane, Paris, début 1906
Huile sur toile, 55 x 46 cm
L'Annonciade, musée de Saint-Tropez

Londres, 1906-1907 : Derain

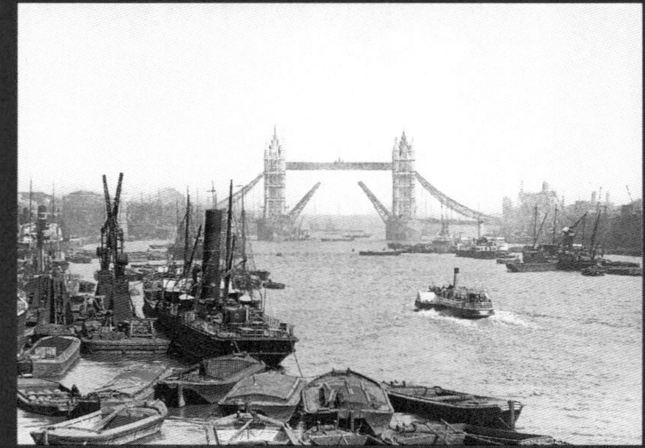

Le Bassin de Londres et Tower Bridge

En 1906, Derain se rend à Londres à la demande d'Ambroise Vollard, avec l'ambition de «renouveler complètement l'image si frappante que Claude Monet avait donnée» et «faire de la Tamise autre chose que des photographies en couleur»[1].

Deux courts séjours dans la capitale anglaise – du 6 au 17 mars 1906 et du 29 janvier au début février 1907 – cadrent les trente vues de Londres réalisées par le peintre[2]. Lors de son premier voyage, captivé par la ville, Derain court de musée en musée. Dans ses lettres à Matisse, il revit l'enthousiasme de ses découvertes : les Primitifs, les tissus coptes, Claude Lorrain, Rembrandt, Turner qui fortifie sa propre aspiration à une liberté d'interprétation et à la transposition lyrique du motif, aussi bien que les statues de Nouvelle-Zélande[3] ou hindoues qu'il mentionne avoir vues au British Museum.

Derain centre cette suite londonienne sur les édifices emblématiques bordant la Tamise et l'activité industrieuse de l'Étang, en offrant une infinie variété de points de vue sur la ville, le long du fleuve. Préoccupé par l'agencement expressif et purement plastique du tableau, il marque une distance grandissante à l'égard du motif, la majeure partie des vues de Londres ayant été réalisée à Paris, en atelier probablement à partir de notations, de croquis et d'esquisses, à l'exception de *Westminster* (cat., n° 41)[4]. Dans trois toiles proches de celle-ci, *Big Ben, Londres* (cat., n° 40), *Le Pont de Waterloo* (Fondation Thyssen Bornemisza, Madrid) et *Effets de soleil sur l'eau, Londres* (cat., n° 39), Derain revient au credo – pureté, contraste, dégradé[5] – du divisionnisme pour donner un surcroît d'énergie lumineuse à la matière, jusqu'à la dissolution des monuments et du fleuve en féeries colorées et visionnaires.

Ailleurs, le peintre varie le traitement des surfaces et leur rythme dans des rapports de couleurs audacieux et rutilants où de larges aplats se juxtaposent à des zones de couleurs fragmentées : du pavé de couleur jaune, matérialisant une route lumineuse, au découpage sinueux de remous sur le fleuve (*Les Remorqueurs*, cat., n° 45) et aux solarisations abstraites (*Le Pont de Charing Cross, Londres*, cat., n° 43), jouant des effets théâtraux du contre-jour et de la densité énergétique des masses. Simplifiant, découpant ou, au contraire, osant le détail expressif, zoomant ou prenant du champ, il ruine en trente tableaux les conventions du «cercle réaliste»[6].

L'élargissement des limites chronologiques de cette suite d'œuvres peinte tout au long de l'année 1906 et, peut-être, encore inachevée lors de son second voyage en 1907[7] permet de la replacer dans un contexte d'approfondissement par le peintre de conquêtes plastiques antérieures et d'élaboration, en 1906, d'une esthétique fauve, vivement discutée avec Matisse. Elle est aussi concomitante de l'ouverture de sa pratique artistique à d'autres techniques, comme Matisse au même moment : sculpture, céramique, gravure.

---

1 Lettre de Derain à Matisse, 15 mars 1906, Archives Matisse.
2 Cette nouvelle datation, différente de celle proposée en 1994 (catalogue Derain, 1994, p. 140-153) s'appuie sur l'examen de la correspondance entre Derain et Matisse ainsi que les agendas et les reçus des archives Vollard (*cf.* «Chronologie»).

3 «Pharamineux, affolant d'expression», lettre de Derain à Vlaminck, 7 mars 1906.
4 Cette toile provient d'un fournisseur anglais.
5 Lettre de Signac à Matisse, 18 juin 1905, Archives Matisse.

6 *Lettres à Vlaminck, op. cit.*, p. 173.
7 Derain n'expose qu'une toile de Londres au Salon d'Automne de 1906 ; en juillet 1907, il adresse à Vollard un récapitulatif de comptes où il facture, distinguant deux livraisons, l'ensemble des trente vues de Londres. Dans l'état actuel des connaissances, il est impossible d'être plus précis quant aux dates, notamment pour les œuvres qui auraient été peintes en 1907.

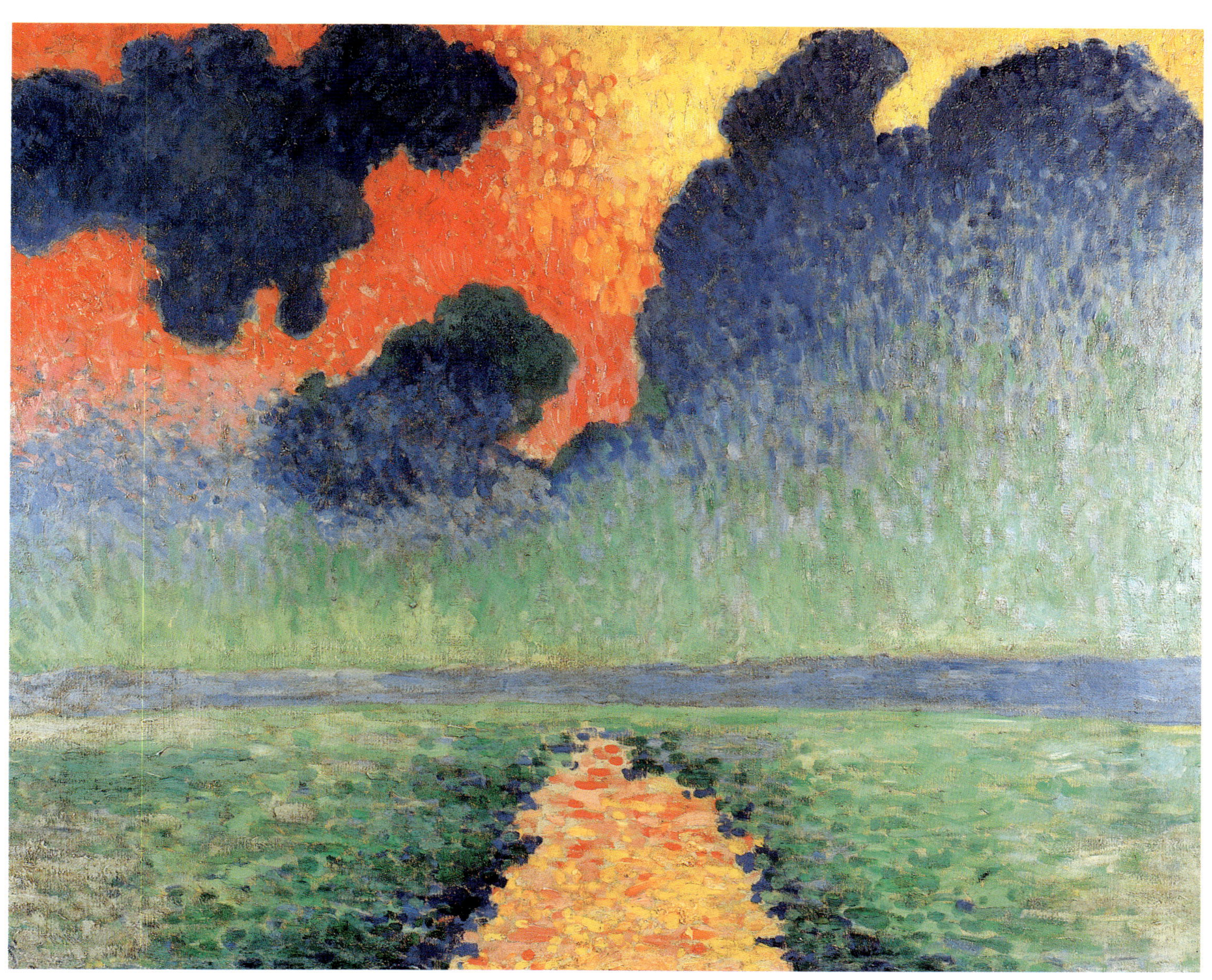

39 - André Derain
Effets de soleil sur l'eau, Londres, 1906
Huile sur toile, 80,5 x 100 cm
L'Annonciade, musée de Saint-Tropez

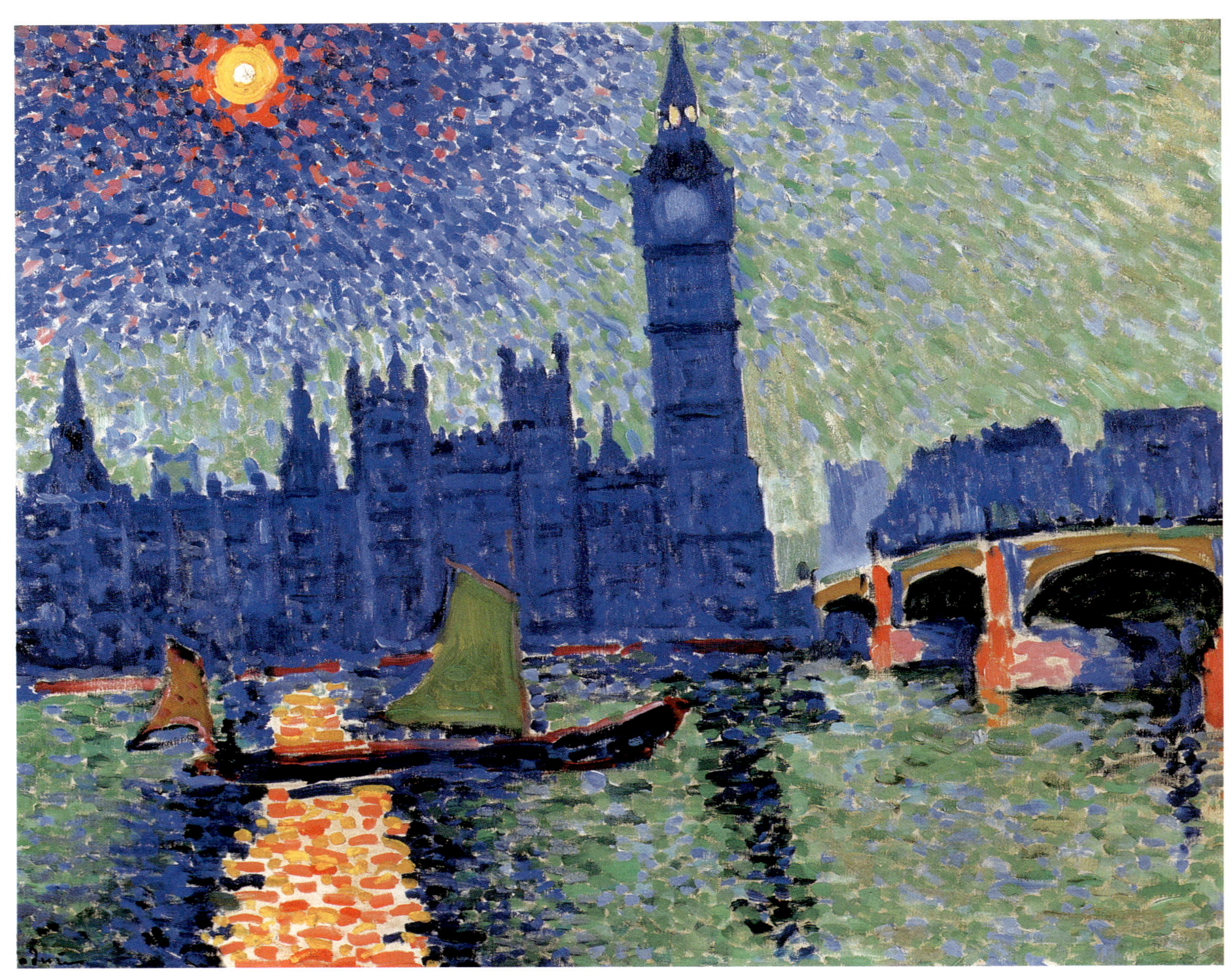

40 - André Derain
Big Ben, Londres, 1906
Huile sur toile, 79 x 98 cm
Musée d'Art moderne, donation Pierre et Denise Lévy, Troyes

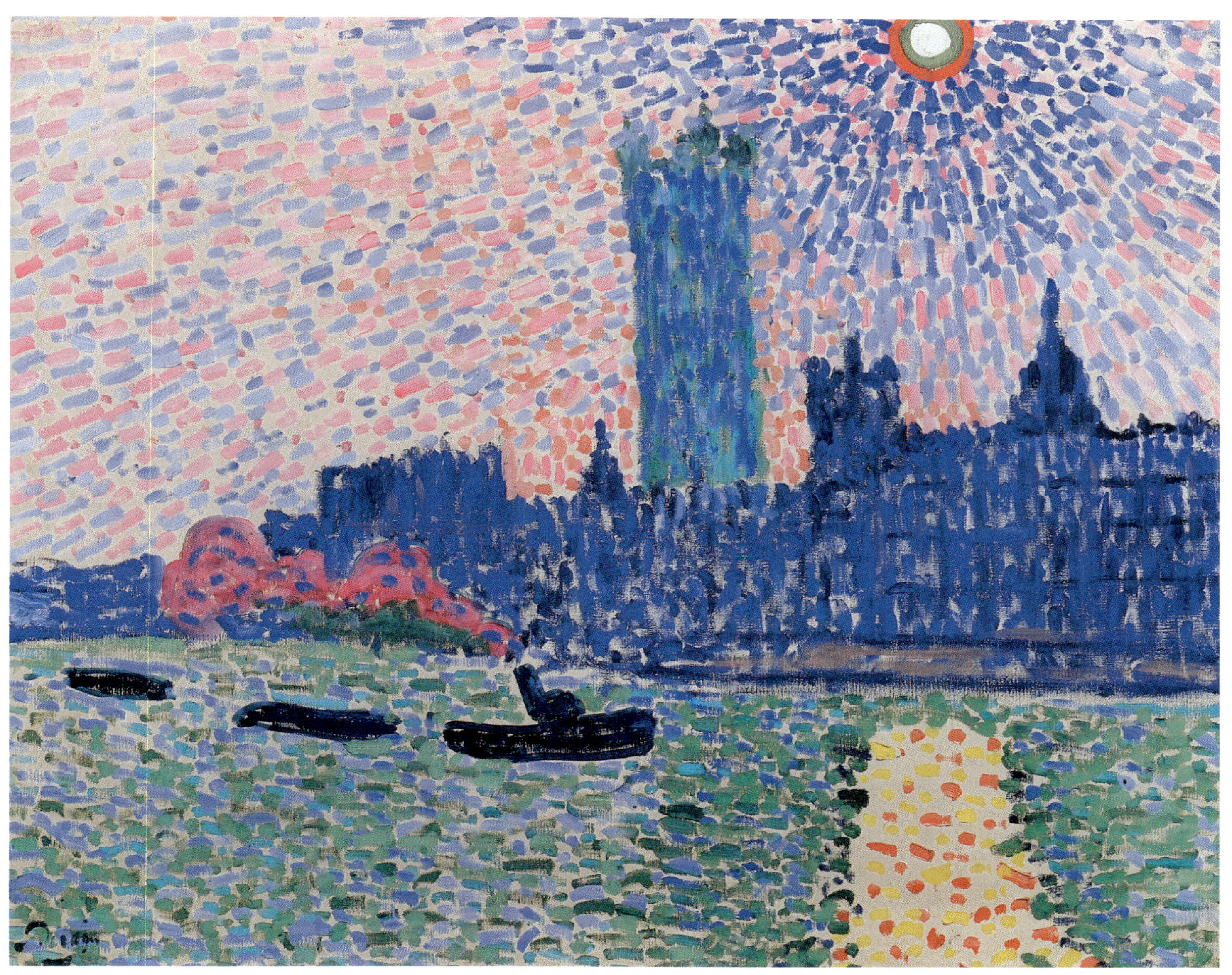

41 - André Derain
Westminster, 1906
Huile sur toile, 81,5 x 100 cm
L'Annonciade, musée de Saint-Tropez

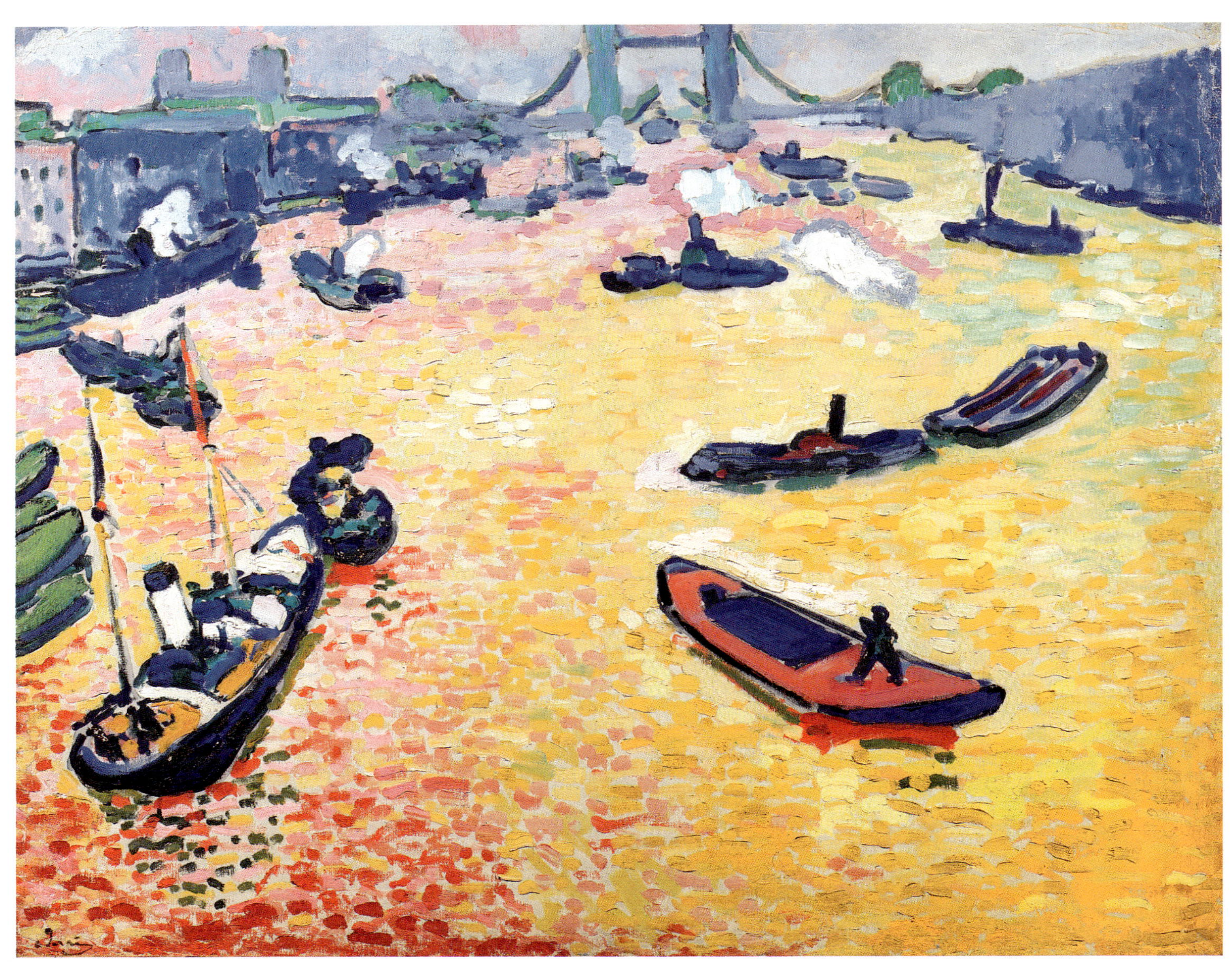

42 - André Derain
Le Port de Londres, 1906
Huile sur toile, 81 x 100 cm
Collection particulière

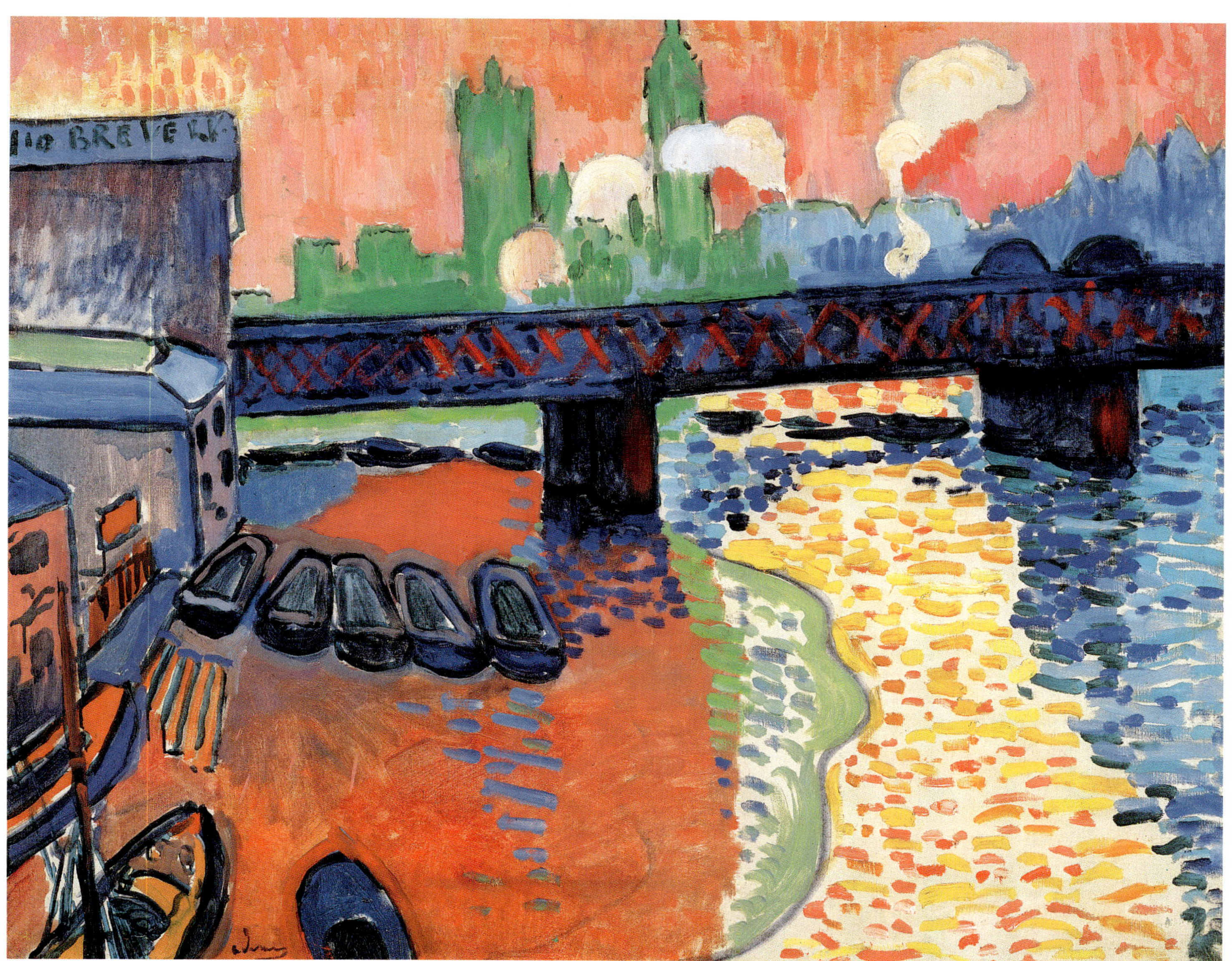

43 - André Derain
Le Pont de Charing Cross, Londres (Le Pont de Hungerford à Charing Cross), 1906
Huile sur toile, 81,3 x 100,3 cm
National Gallery of Art, John Hay Whitney Collection, Washington

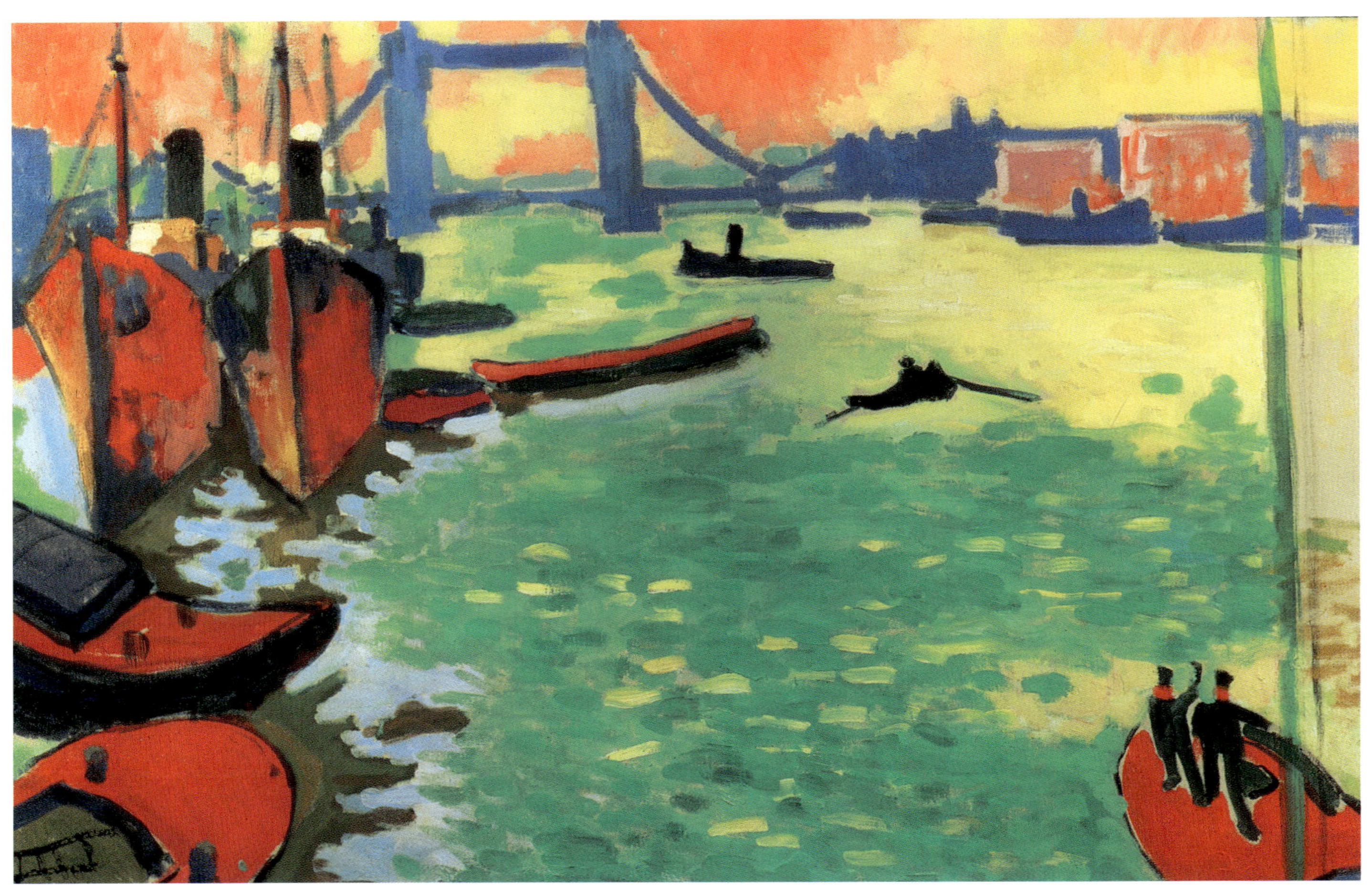

44 - André Derain
La Tamise et Tower Bridge, 1906
Huile sur toile, 66,5 x 99 cm
Fondation Fridart

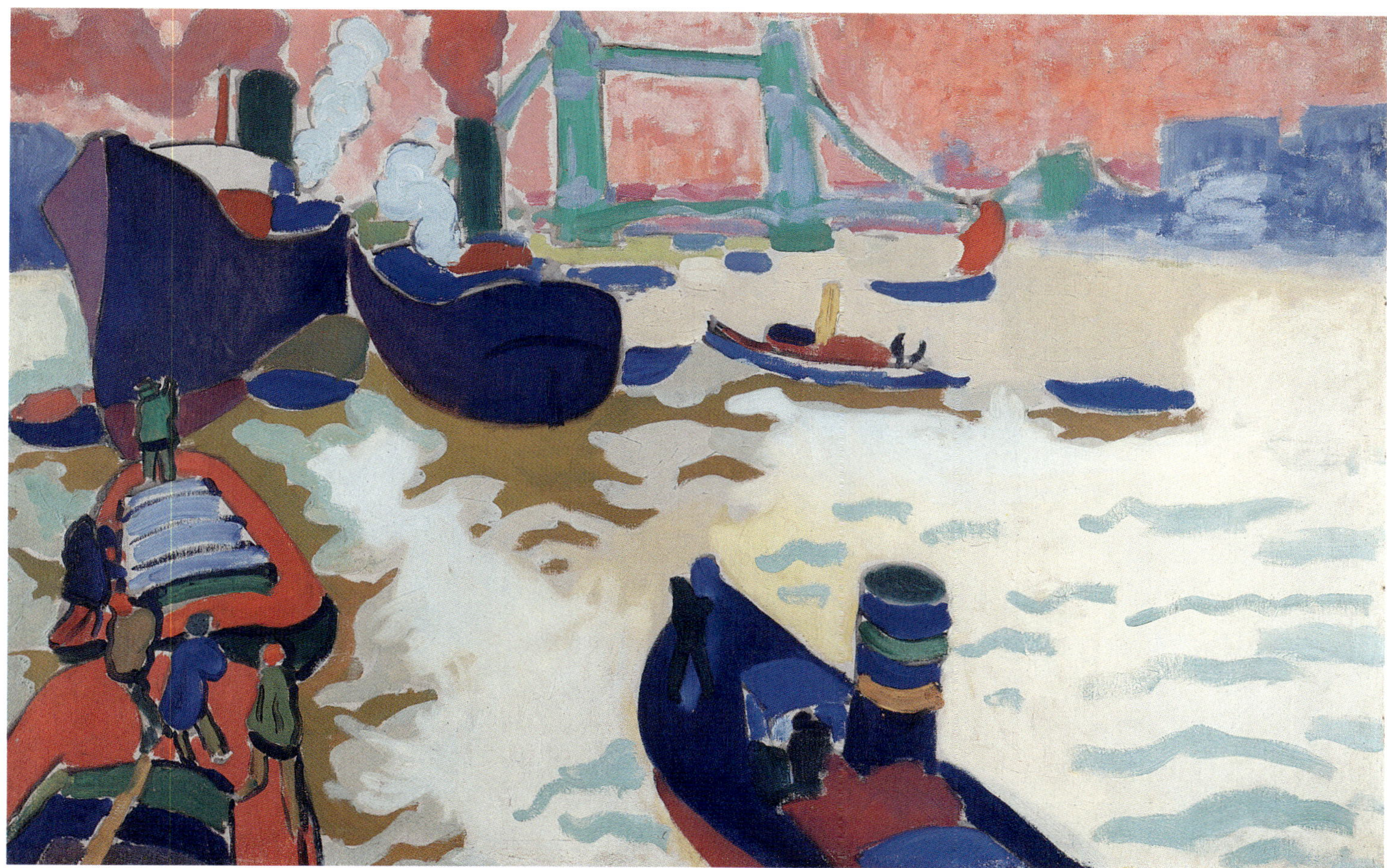

45 - André Derain
Les Remorqueurs (Bateaux sur la Tamise), 1906
Huile sur toile, 65 x 100 cm
Collection particulière

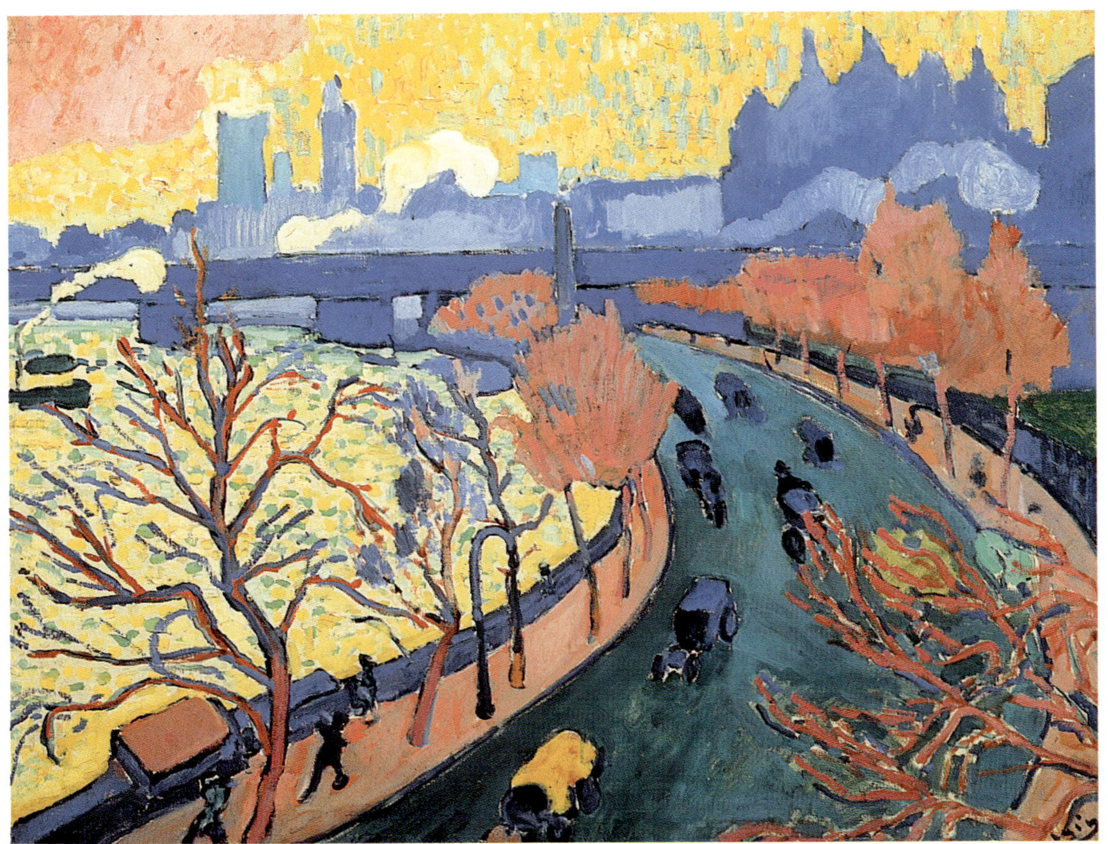

46 - André Derain
Pont de Charing Cross, 1906
Huile sur toile, 81 x 100 cm
Musée d'Orsay, donation Max et Rosy Kaganovitch, Paris

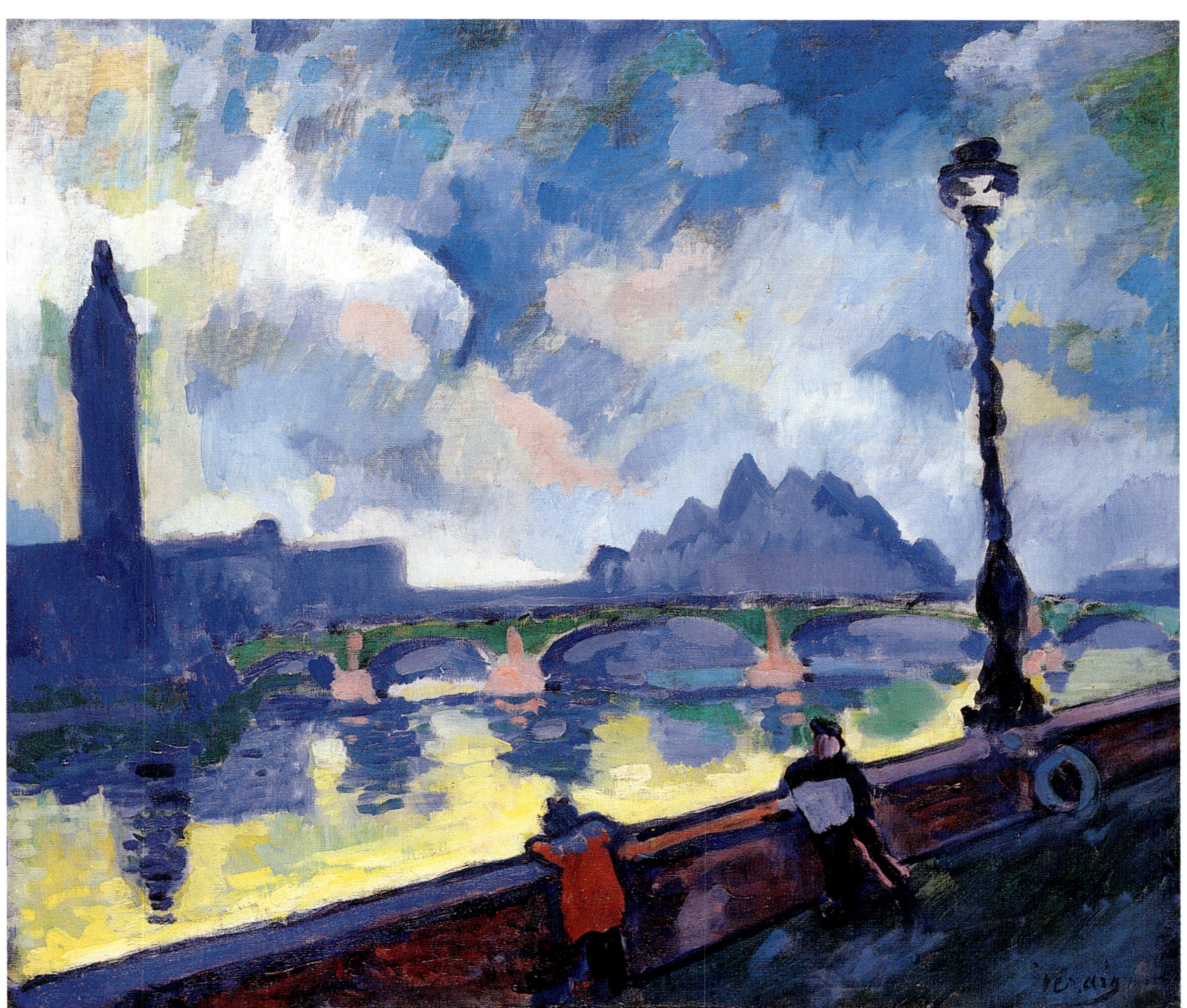

47 - André Derain
Londres: la Tamise au pont de Westminster, 1906
Huile sur toile, 65 x 75 cm
Collection particulière, courtesy Galerie Daniel Malingue, Paris

Chatou, 1905-1907 : Vlaminck

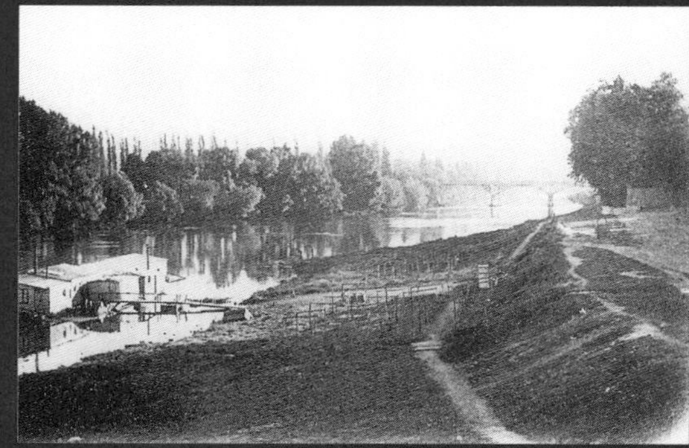

La Seine à Chatou

Sa rencontre avec Derain, en juillet 1900, confirme Vlaminck dans sa vocation de peintre. Dès lors ils peignent côte à côte sur le motif, à Chatou et dans les environs jusqu'au départ de Derain pour le service militaire, en septembre 1901, et après son retour, en septembre 1904. Leurs toiles[1], hautes en couleurs, se libèrent de l'emprise de l'impressionnisme et du divisionnisme et Matisse, en visite à Chatou au printemps 1905, constate qu'elles sont voisines de ses recherches[2].

La pratique autodidacte de Vlaminck participe de sa révolte contre les conventions et les institutions. « Je voulais brûler avec mes cobalts et mes vermillons l'École des beaux-arts, et je voulais traduire mes sentiments sans songer à ce qui avait été peint[3]. »

Contrairement à la plupart des Fauves, il ne s'éloigne pas des paysages qui lui sont familiers : la banlieue parisienne, chère aux impressionnistes – Le Pecq, Bougival (*Restaurant de la Machine à Bougival,* cat., n° 48), Chatou (*Le Pont de Chatou,* cat., n° 52), les berges de la Seine (cat., n° 50) –, remorqueurs, bateaux à voile, péniches, lavoirs (*Les Écluses à Bougival,* cat., n° 49 ; *Le Pont de Chatou,* cat., n° 52). Ces œuvres, où la figure humaine est le plus souvent absente, témoignent d'une exubérance et d'un lyrisme instinctifs. La raideur des premières toiles, (*Portrait de Guillaume Apollinaire,* cat., n° 61) cède la place à une robustesse de la construction et à une plus grande liberté d'interprétation : contrastes violents de teintes primaires avec une prédilection pour les vermillons, couleurs arbitraires montées jusqu'à l'incandescence et parfois pressées directement du tube sur la toile. « Je haussais tous les tons, je transposais dans une orchestration de couleurs pures tous les sentiments qui m'étaient perceptibles. J'étais un barbare tendre et plein de violence »[4].

La touche épaisse, nerveuse et emportée, posée en virgule, en tourbillon, ou en aplat, insuffle un dynamisme puissant à la composition retranscrivant l'émotion de l'artiste. L'influence de Van Gogh[5] est sensible dans la touche et dans les distorsions spatiales. Un mouvement giratoire anime parfois le premier plan, provoquant chez le spectateur une sorte de vertige comme si l'artiste s'efforçait de traduire la vitesse, représentant le paysage perçu par un individu se déplaçant (*Paysage près de Chatou,* cat., n° 56). Tantôt par la perspective raccourcie, tantôt par la ligne d'horizon relevée, le paysage s'aplatit et bascule (*Berges de la Seine à Chatou,* cat., n° 50).

Vlaminck prend ses distances avec le fauvisme en 1908, craignant de se laisser enfermer dans un procédé et de tomber dans la décoration. « Le jeu de la couleur pure, orchestration outrancière dans laquelle je m'étais jeté à corps perdu ne me contentait plus. Je souffrais de ne pouvoir frapper plus fort, d'être arrivé au maximum d'intensité, limité que je demeurais par le bleu et le rouge du marchand de couleurs[6] ».

1 Vlaminck, *L'Étang de Saint Cucufa,* c. 1904 ; Derain, *La Rivière,* c. 1904-1905 (musée d'Art moderne de la Ville de Paris).
2 Les commentateurs s'accordent aujourd'hui à voir en Matisse la figure tutélaire du fauvisme en dépit des déclarations de Vlaminck qui en revendiquait, au côté de Derain, la paternité. La chronologie des œuvres de Vlaminck reste problématique,

l'artiste les ayant rarement datées. Comme il n'a pas exposé avant 1905, sa production antérieure à cette date est difficile à identifier.
3 Vlaminck, dans Florent Fels, *Vlaminck,* Paris, Marcel Seheur, 1928, p. 29.
4 Vlaminck, *Tournant dangereux,* Paris, 1929, p. 94.

5 Les œuvres de Van Gogh présentées chez Bernheim-Jeune en 1901 puis la rétrospective que lui consacre le Salon des Indépendants en 1905 « bouleversent » Vlaminck. « Ce jour-là, j'aimais mieux Van Gogh que mon père » (*Cahiers d'aujourd'hui,* juillet-août 1922, p. 54).
6 Cité par Marcel Giry dans *Le Fauvisme, ses origines, son évolution,* Neuchâtel, Ides et Calendes, 1981, p. 222.

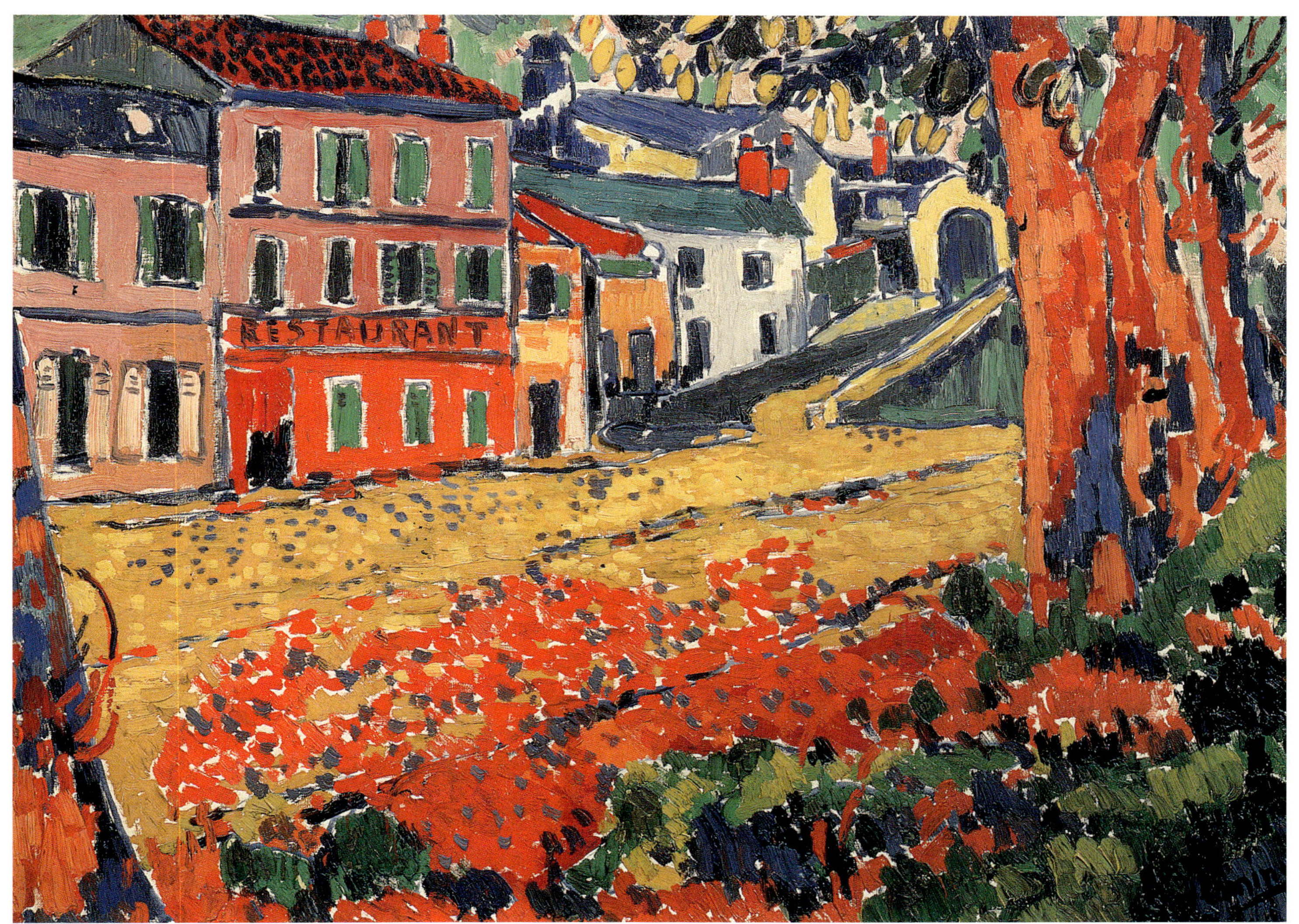

48 - Maurice de Vlaminck
Restaurant de la Machine à Bougival, c. 1905
Huile sur toile, 60 x 81,5 cm
Musée d'Orsay, donation Max et Rosy Kaganovitch, Paris

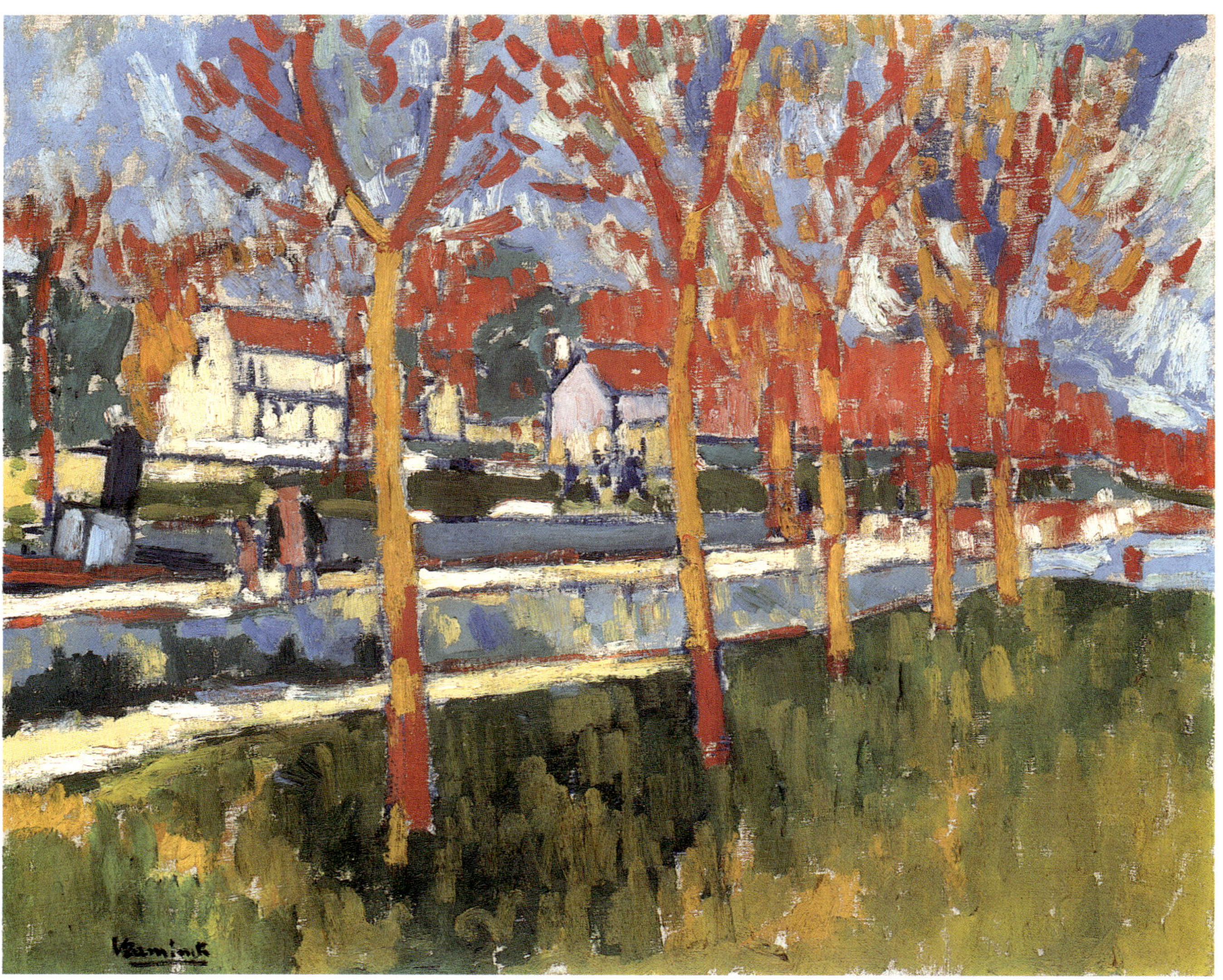

49 - Maurice de Vlaminck
Les Écluses à Bougival, 1908
Huile sur toile, 54 x 65 cm
Musée des Beaux-Arts du Canada, Ottawa

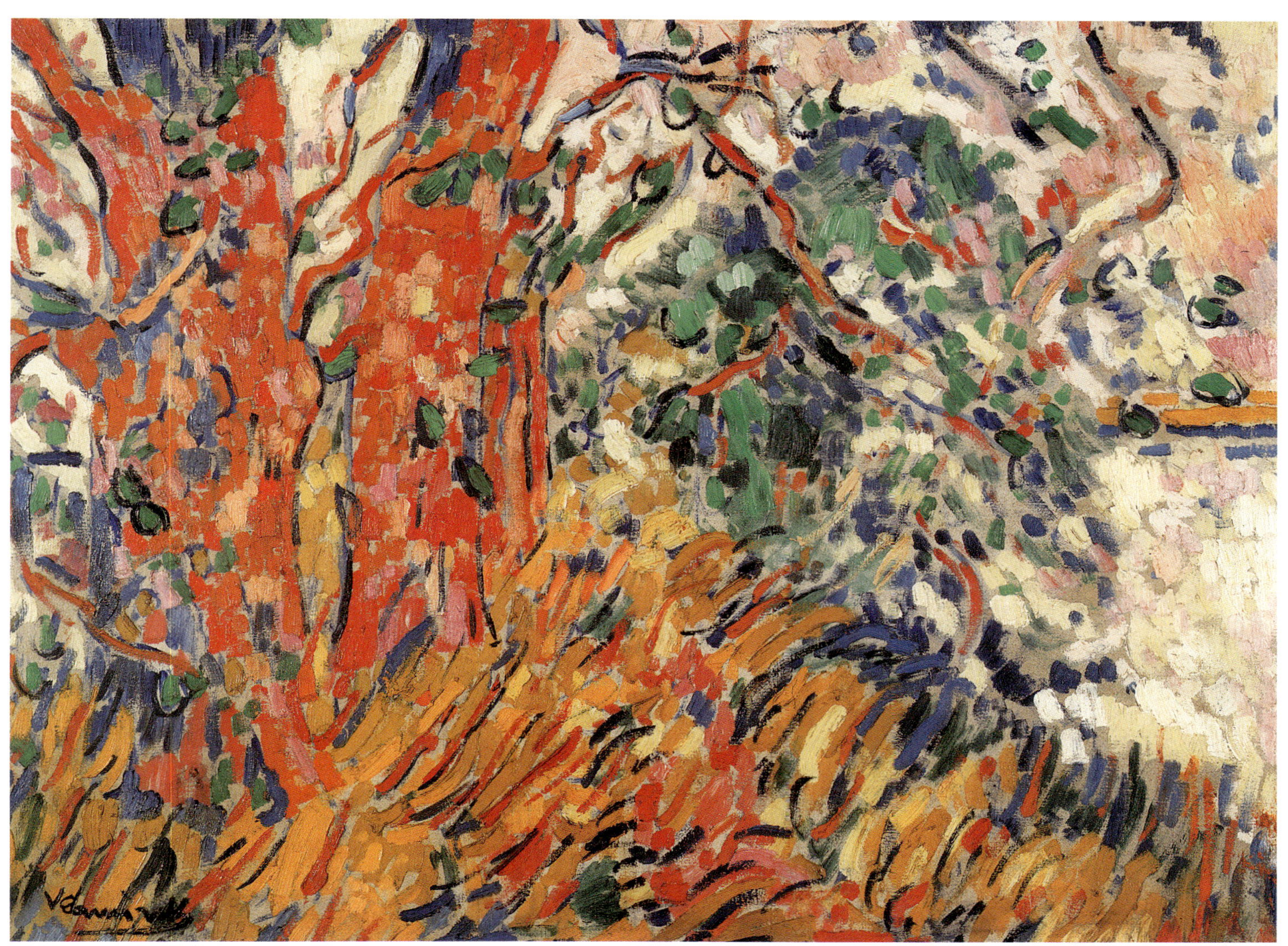

50 - Maurice de Vlaminck
Berges de la Seine à Chatou, c. 1905
Huile sur toile, 59 x 80 cm
Musée d'Art moderne de la Ville de Paris, donation Henry-Thomas

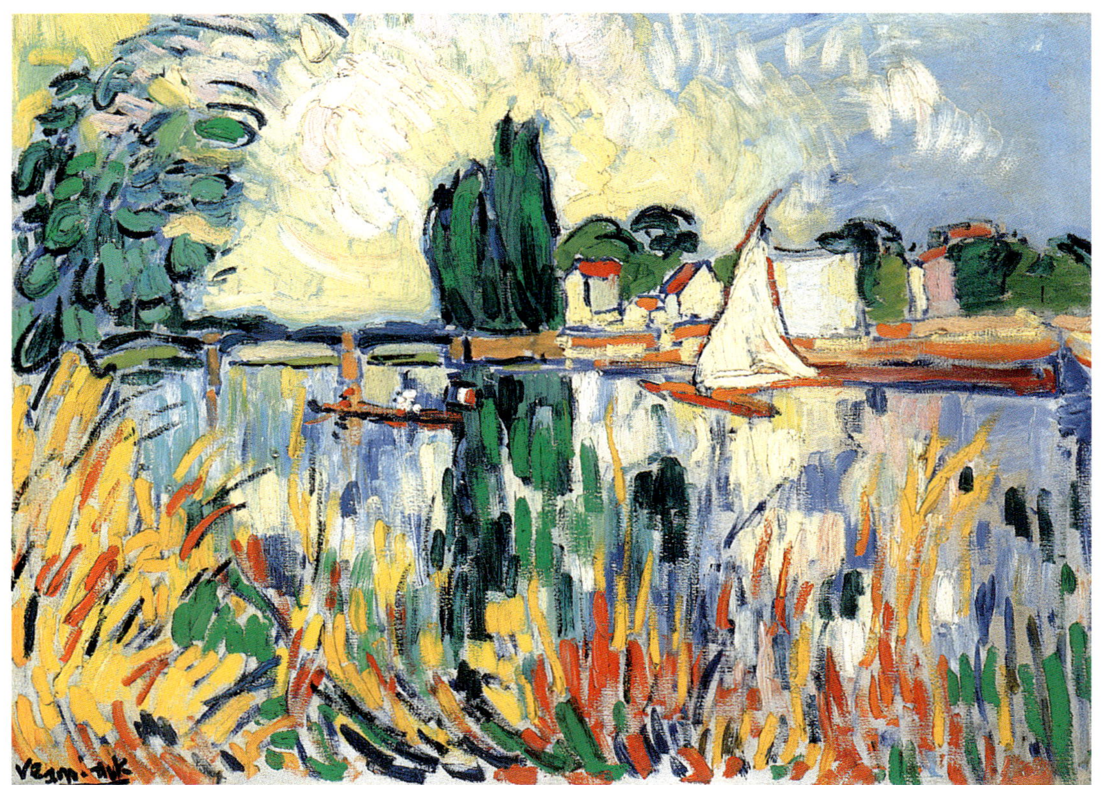

51 - **Maurice de Vlaminck**
Bateaux sur la Seine, 1906
Huile sur toile, 54,3 x 65,4 cm
The Metropolitan Museum of Art, The Robert Lehman Collection, New York

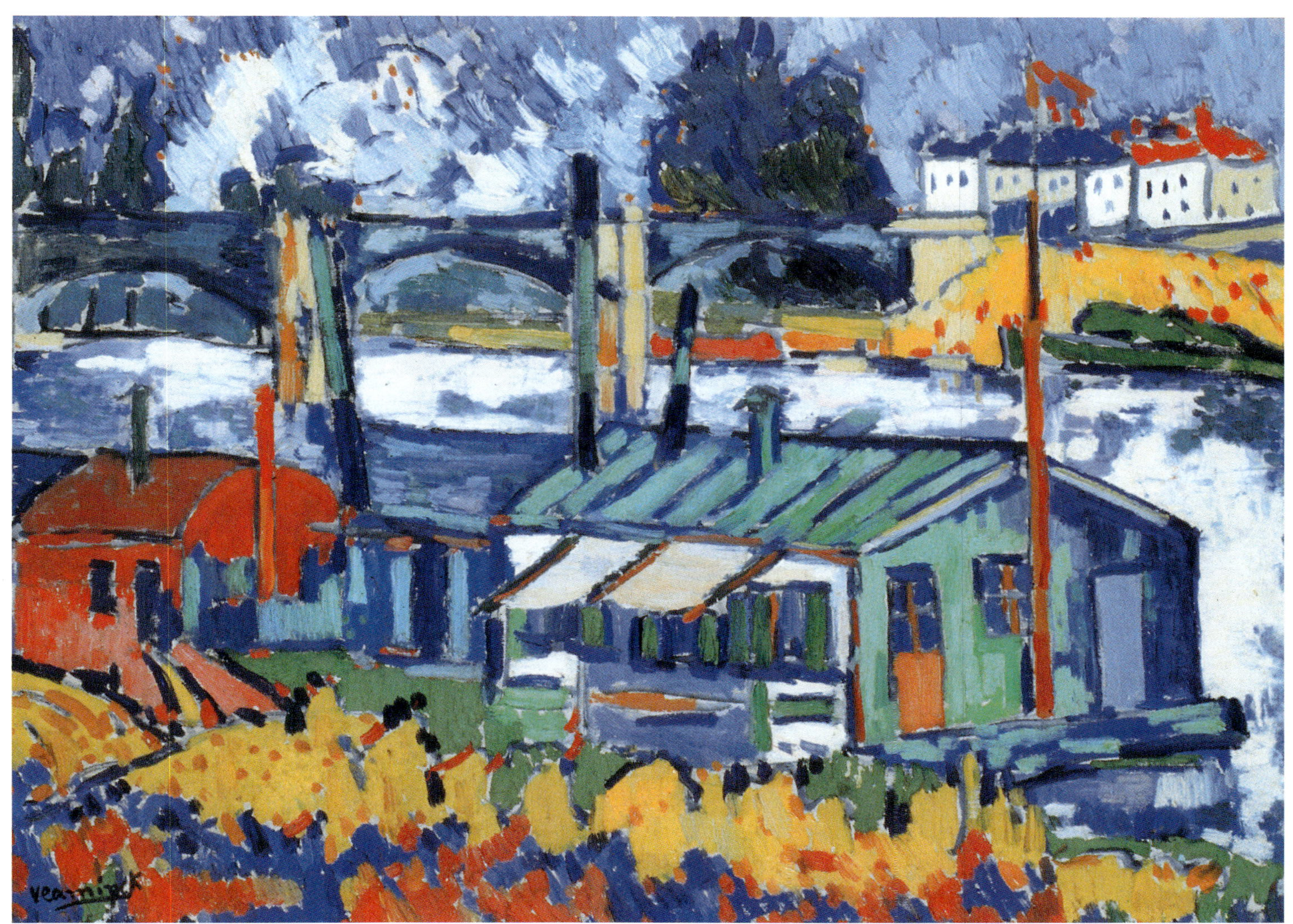

52 - Maurice de Vlaminck
Le Pont de Chatou, 1906
Huile sur toile, 54 x 73 cm
L'Annonciade, musée de Saint-Tropez

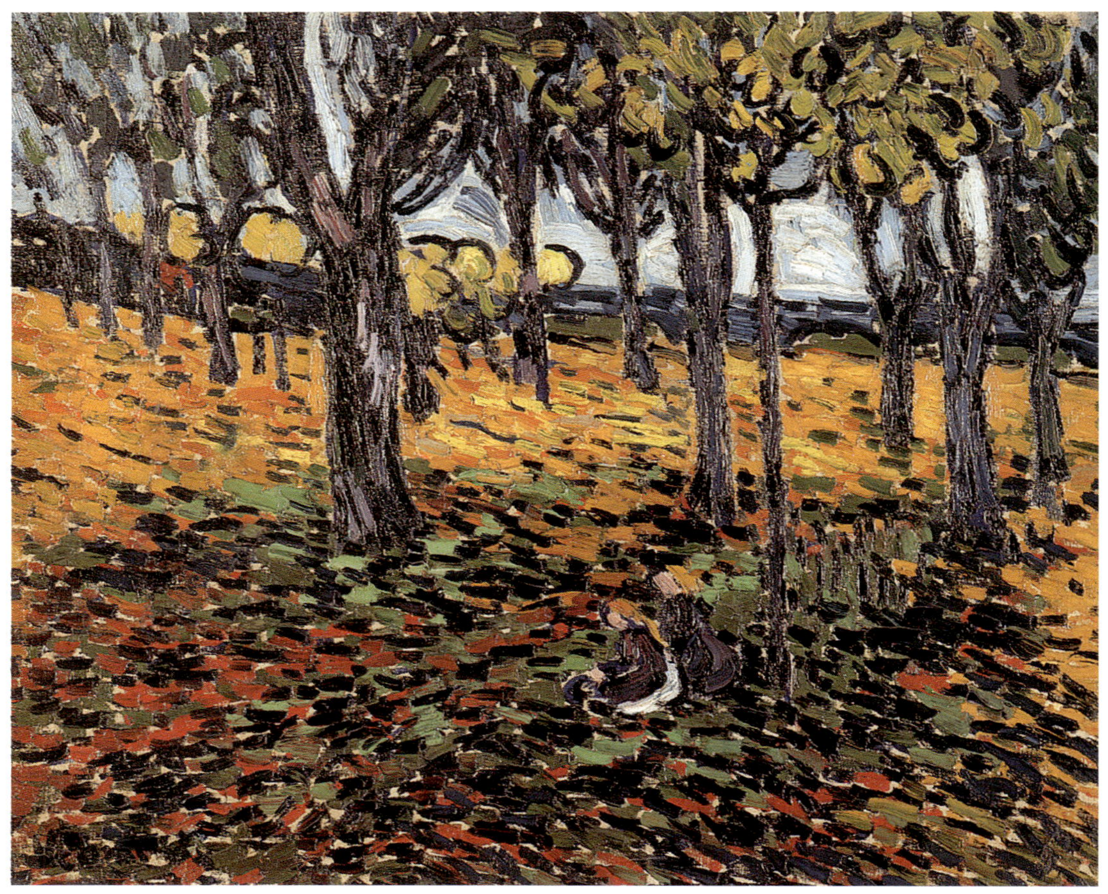

53 - Maurice de Vlaminck
Châtaigniers à Chatou, c. 1906
Huile sur toile, 60 x 73 cm
Musée d'Art moderne, donation Pierre et Denise Lévy, Troyes

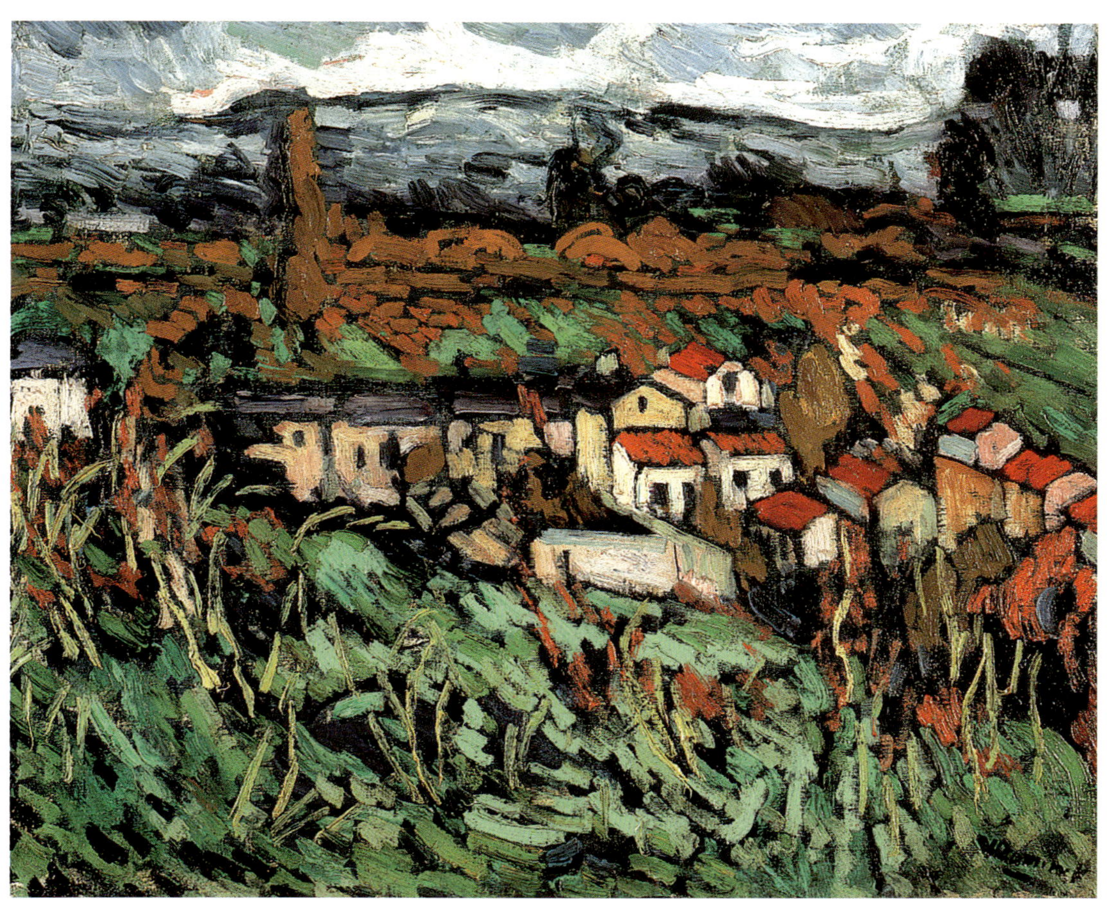

54 - Maurice de Vlaminck
La Vallée de la Seine à Carrière, 1906
Huile sur toile, 54,1 x 65,2 cm
Staatsgalerie, Stuttgart

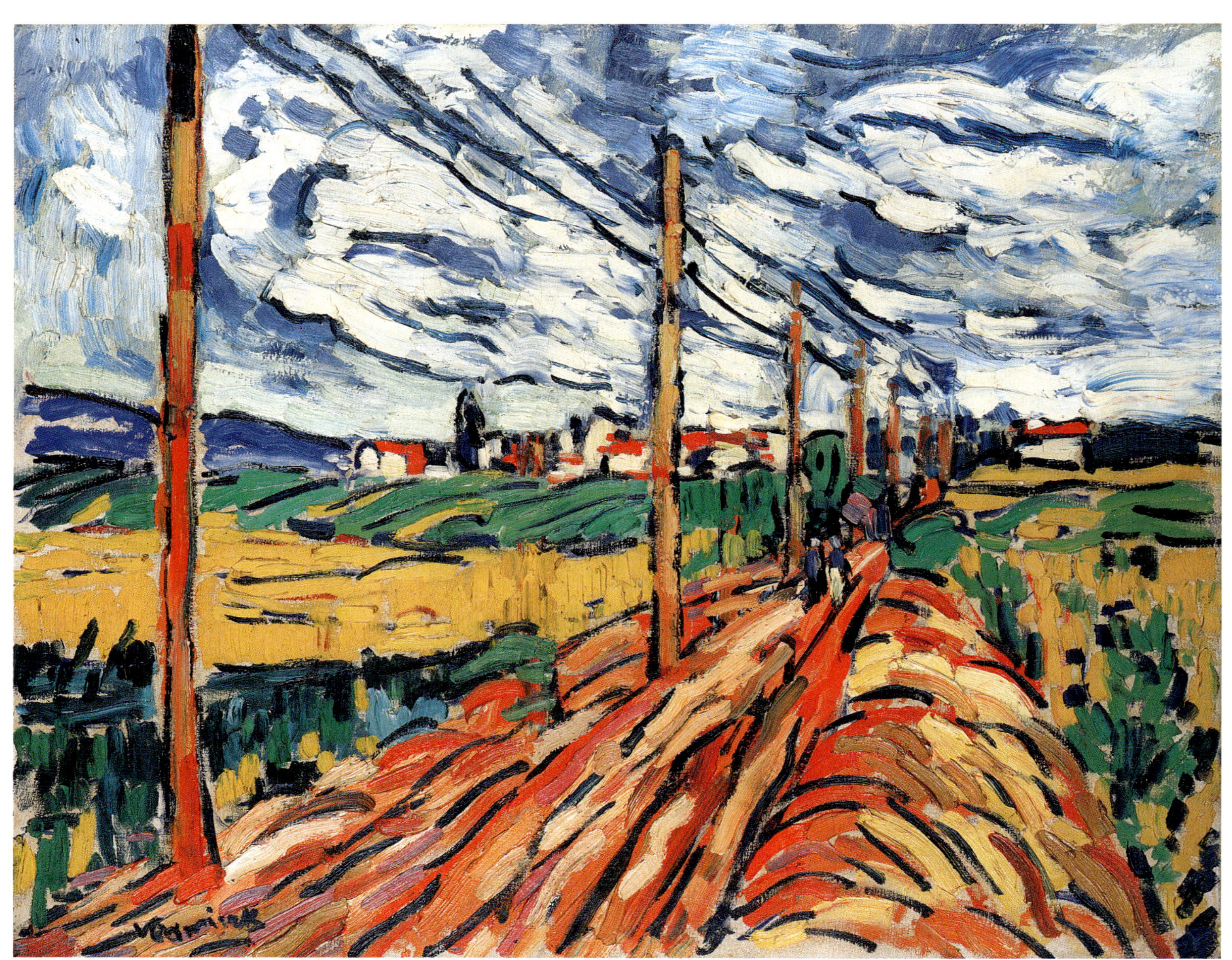

55 - Maurice de Vlaminck
La Route, c. 1906
Huile sur toile, 65 x 81 cm
Collection particulière, courtesy of Ivor Braka Ltd, Londres

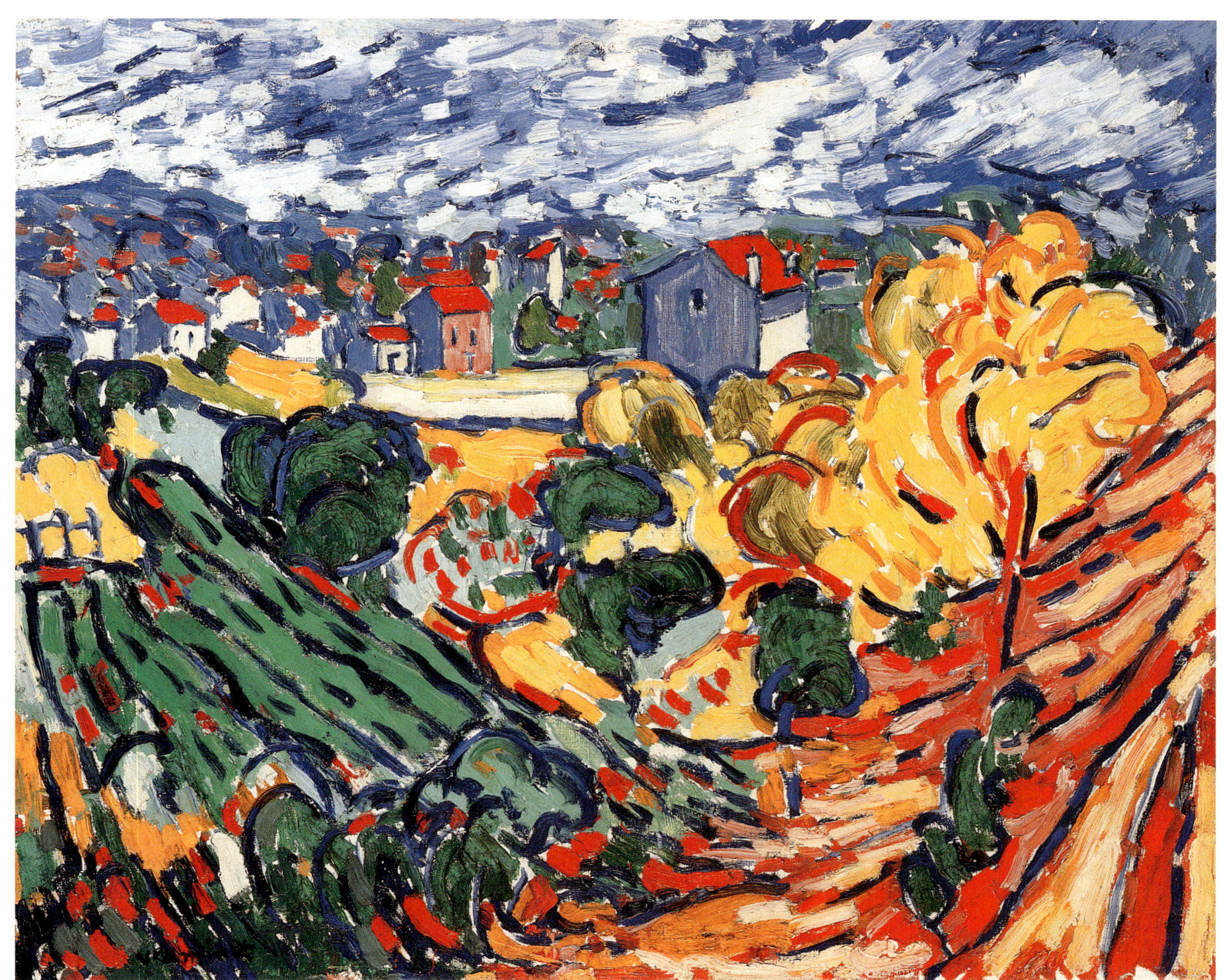

56 - Maurice de Vlaminck
Paysage près de Chatou, 1906
Huile sur toile, 60,5 x 73,5 cm
Stedelijk Museum, Amsterdam

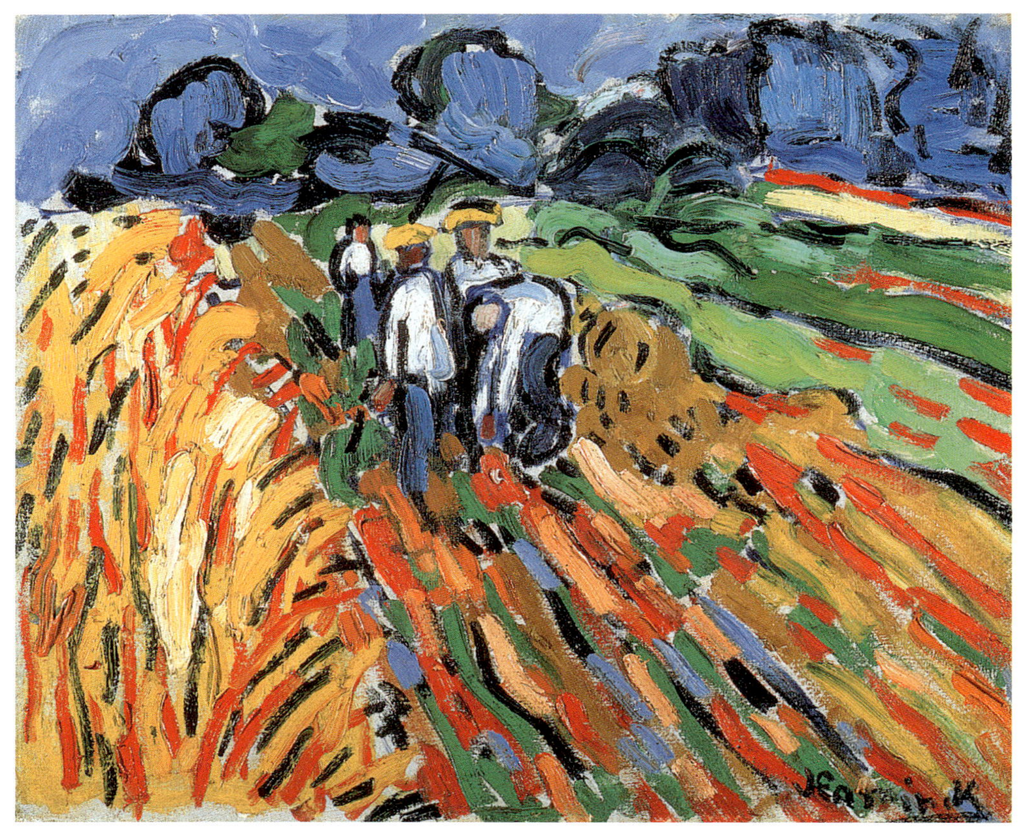

57 - Maurice de Vlaminck
Les Ramasseurs de pommes de terre, 1905-1907
Huile sur toile, 46 x 55,3 cm
Collection particulière, Suisse

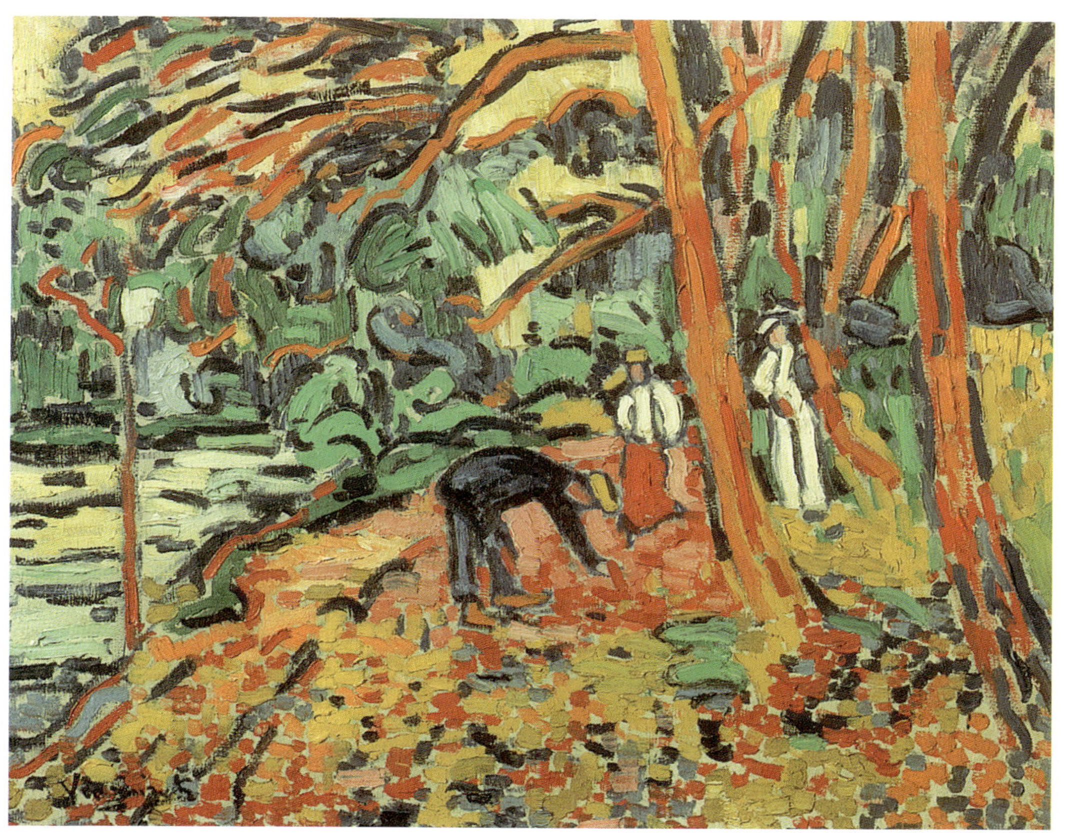

58 - Maurice de Vlaminck
Paysage au bois mort, c. 1906
Huile sur toile, 65 x 81 cm
Fondation Fridart

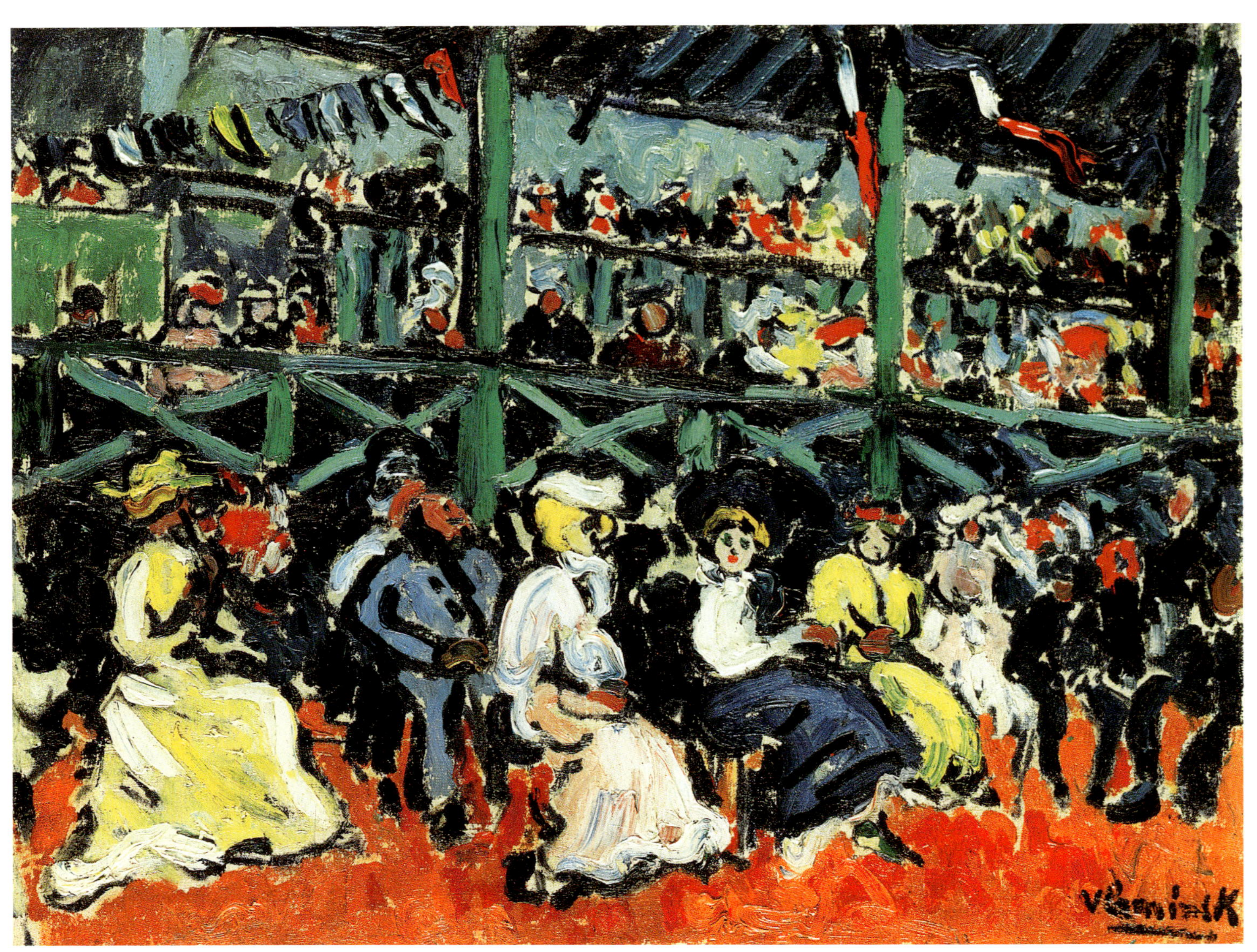

59 - Maurice de Vlaminck
Le Pesage, 1905-1907
Huile sur toile, 50 x 65 cm
Collection particulière

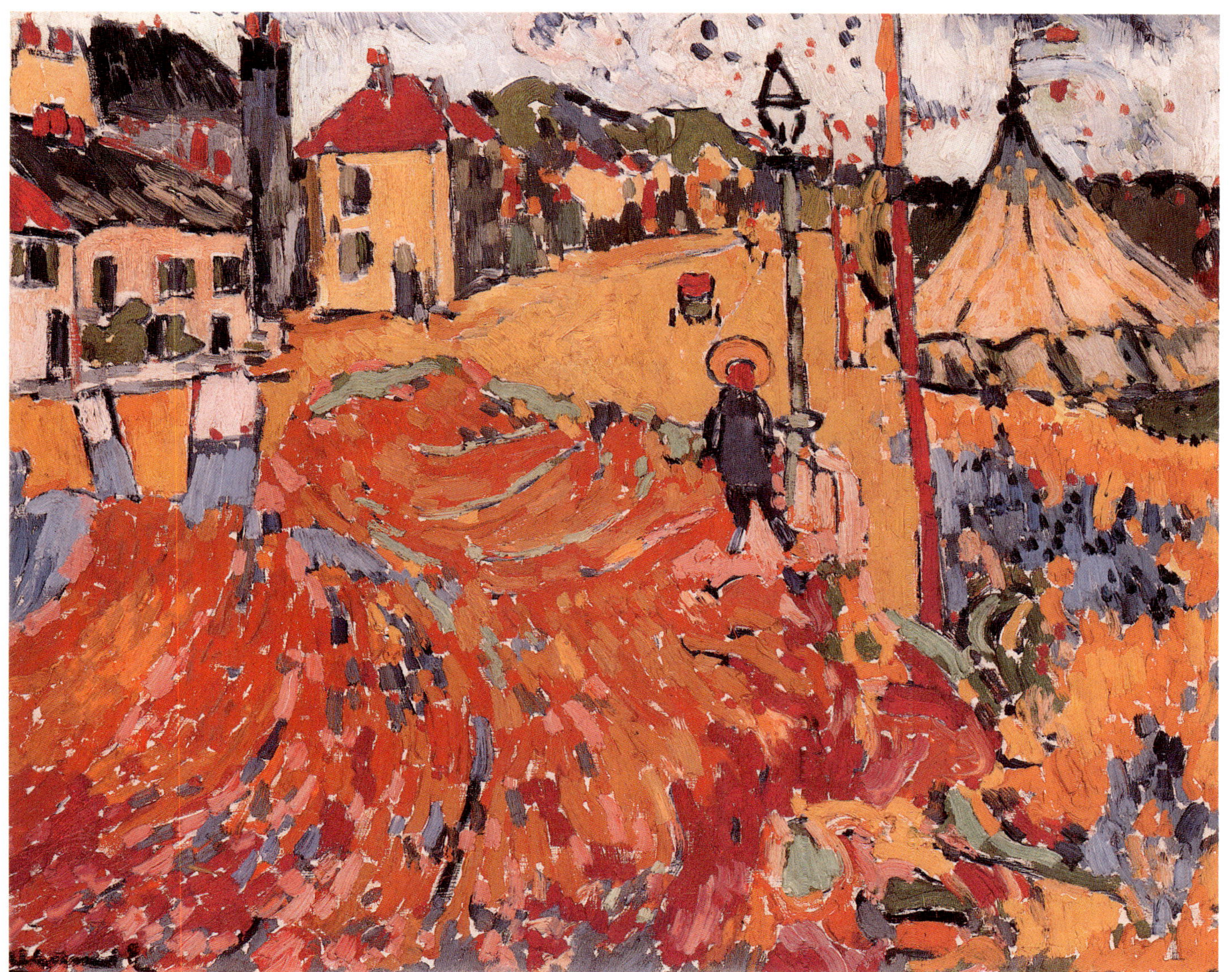

60 - Maurice de Vlaminck
Le Cirque, 1906
Huile sur toile, 60,3 x 73 cm
Collection particulière

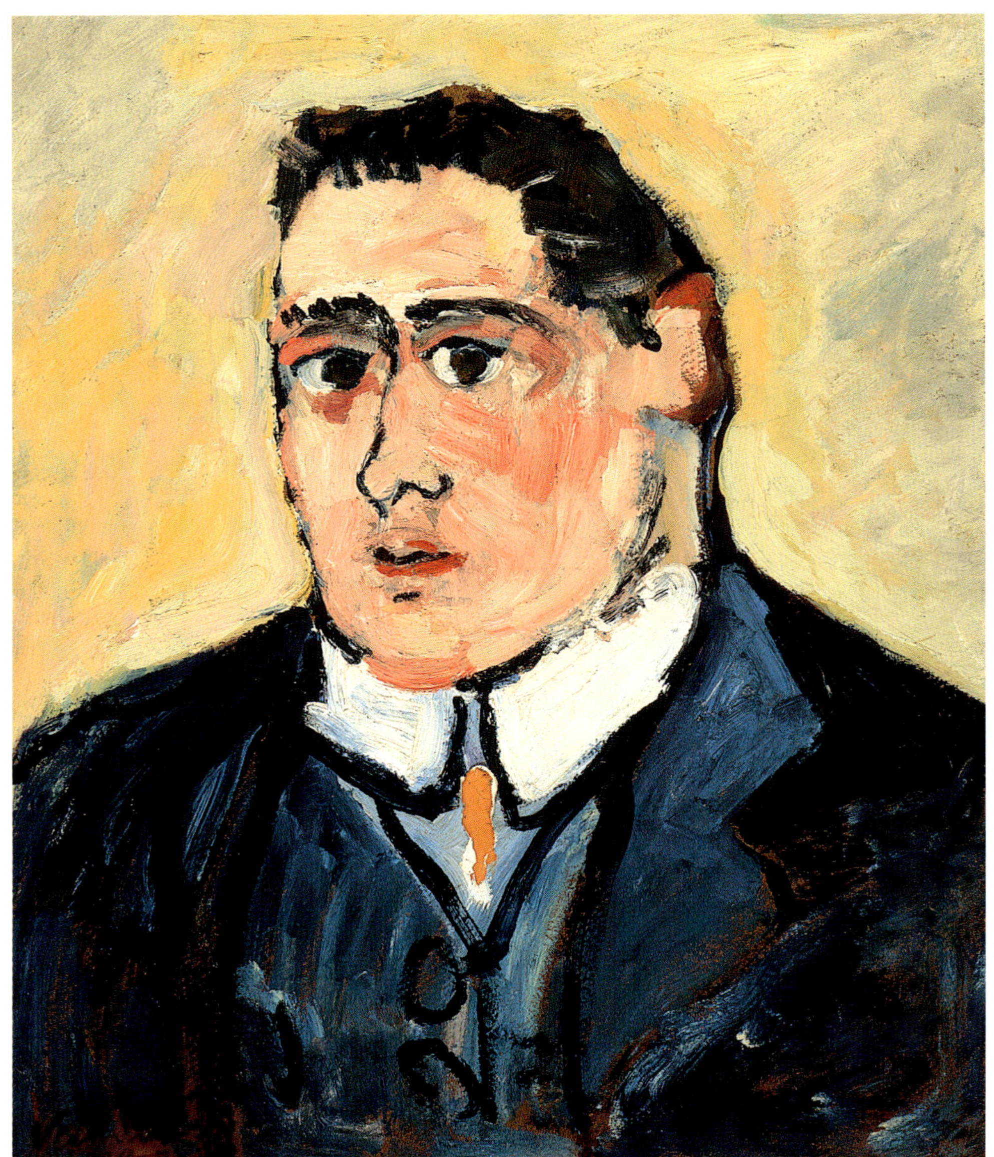

61 - Maurice de Vlaminck
Portrait de Guillaume Apollinaire, c. 1904-1905
Huile sur carton marouflé sur toile, 54 x 44,5 cm
County Museum of Art, gift of Marion Smooke in memory of Nathan Smooke, Los Angeles

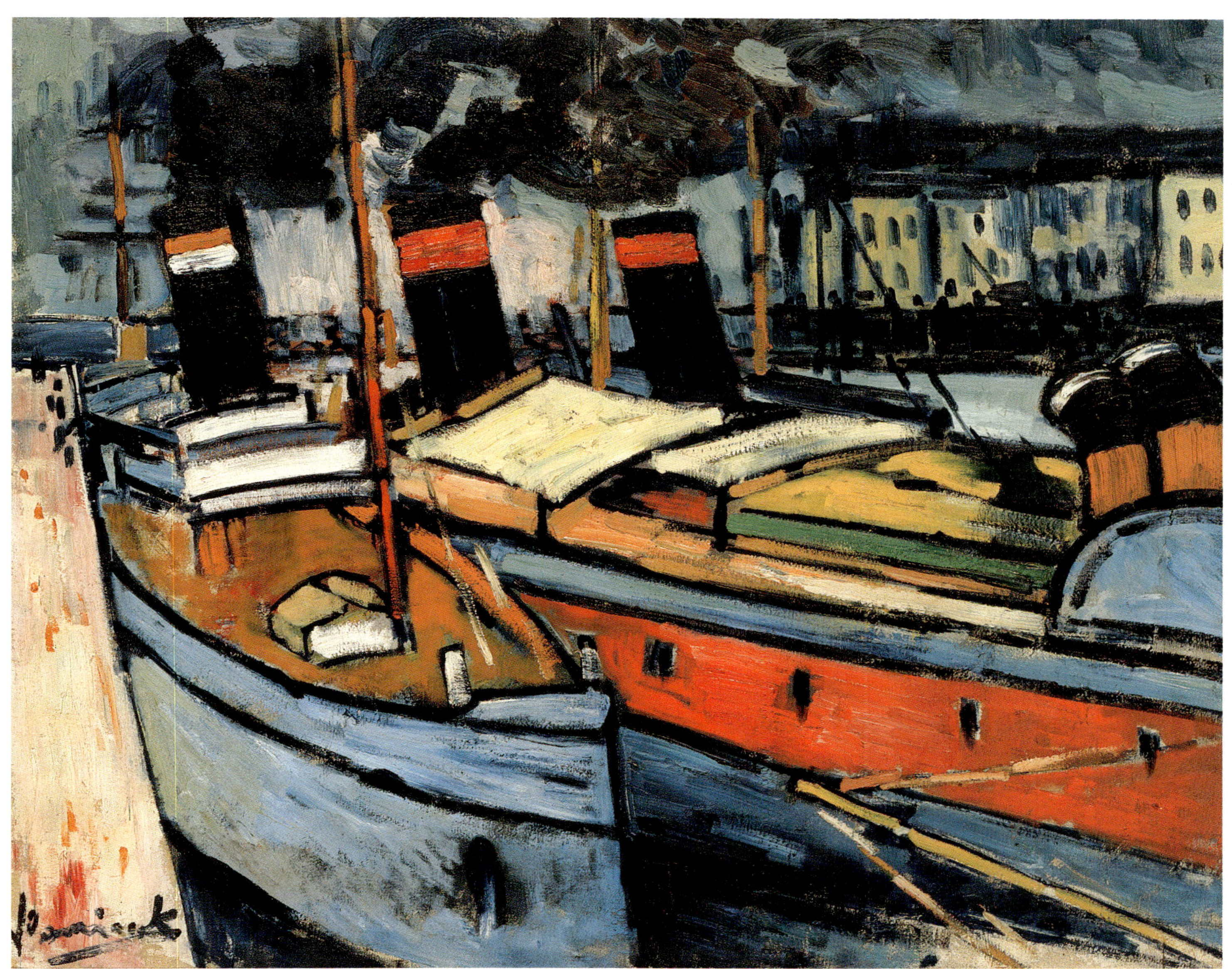

62 - Maurice de Vlaminck
Le Havre, les bassins, c. 1906
Huile sur toile, 78,7 x 97,7 cm
Mr and Mrs Herbert Klapper

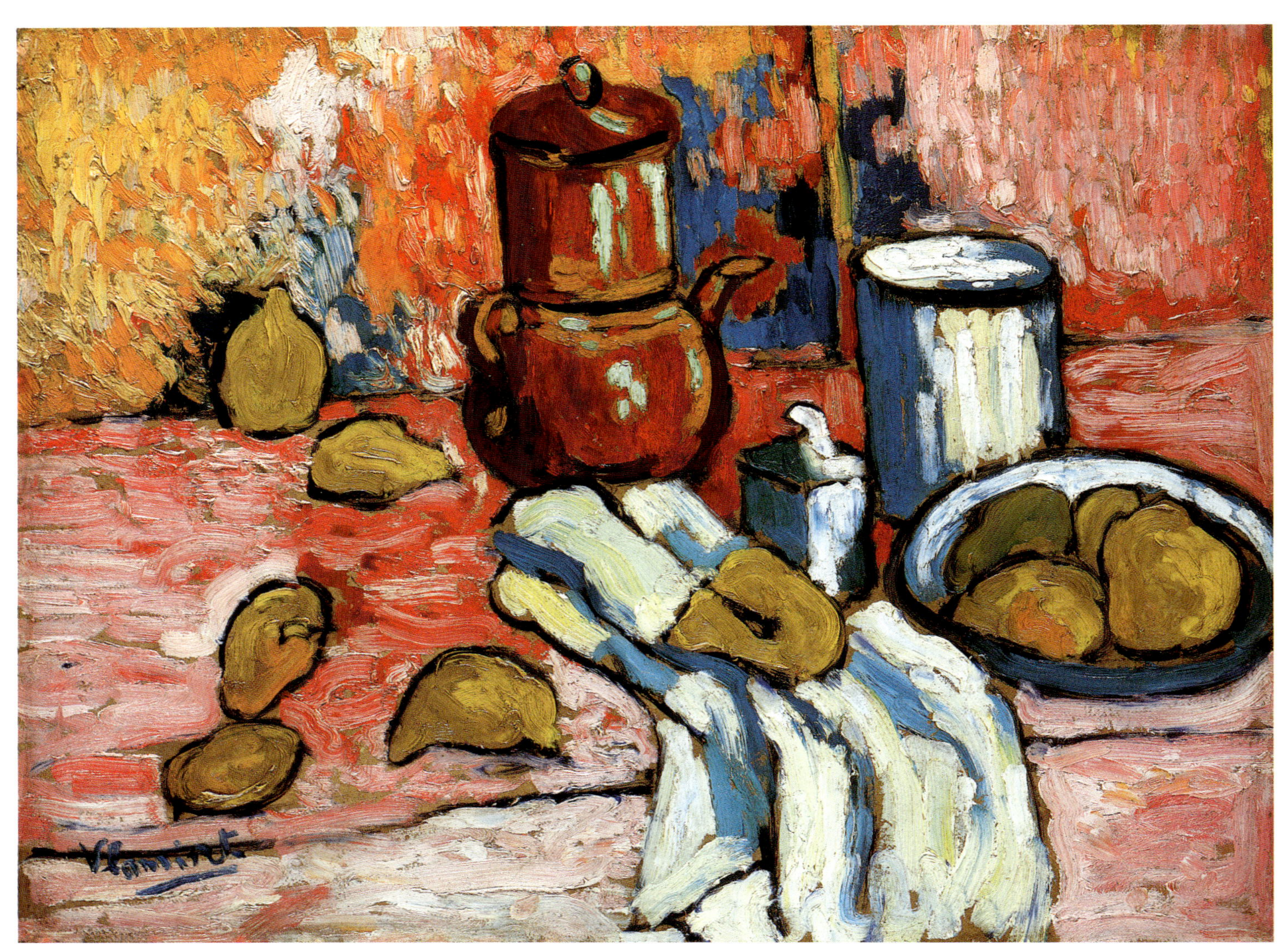

63 - Maurice de Vlaminck
Nature morte aux citrons, 1907
Huile sur bois, 50,5 x 65 cm
Collection particulière

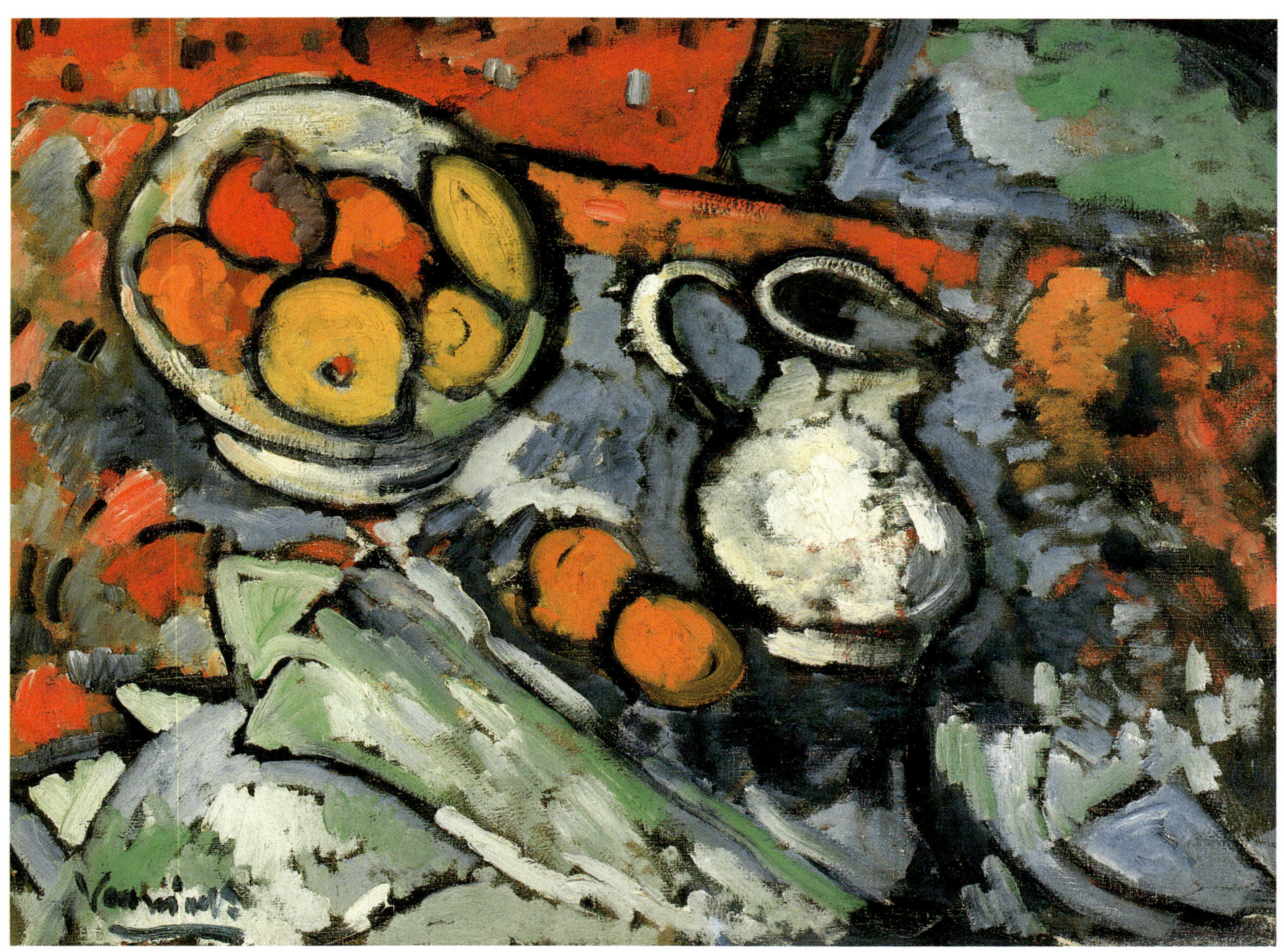

64 - Maurice de Vlaminck
Nature morte, 1905
Huile sur toile, 53 x 72 cm
Fondation Fridart

Paris, Rotterdam, 1905-1911 :
Van Dongen

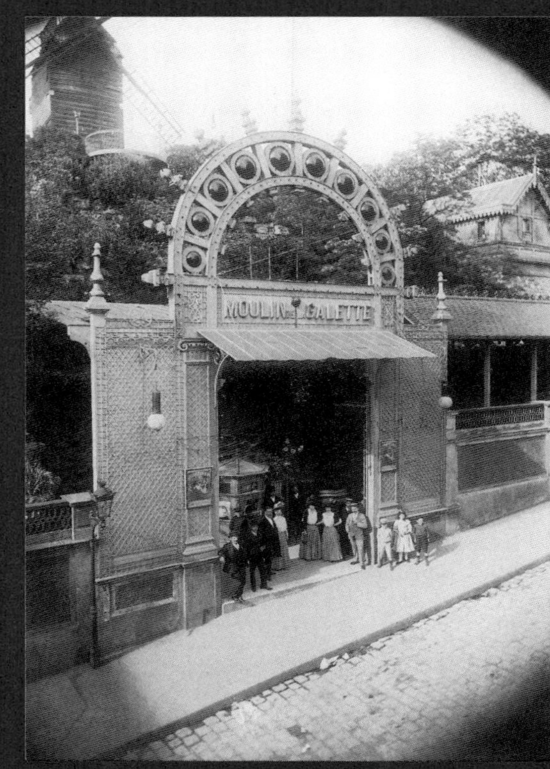

Le Moulin de la Galette à Montmartre

Kees Van Dongen occupe une place originale dans le fauvisme. Il ne rencontre qu'assez tard Matisse, Vlaminck et Derain, mais il est, parmi les Fauves, l'un des plus violents et flamboyants et l'un de ceux dont l'œuvre a une répercussion immédiate à l'étranger, aux Pays-Bas et en Allemagne, surtout. Le fauvisme répond chez lui à une évolution et à une logique personnelle.

Van Dongen quitte Rotterdam, en 1897, pour un premier séjour à Paris où il s'installe définitivement en 1899. Il s'y consacre entièrement aux dessins qu'il place dans *L'Assiette au beurre* ou d'autres journaux satiriques et ne revient à la peinture qu'en 1904, avec des paysages montrés en décembre chez Vollard et l'année suivante, avec succès, chez Druet.

Attentif aux sujets parisiens, il cherche à partir de 1905 une «nouvelle formule» appliquée à des «sujets modernes», dans ses *carrousels* et *manèges de cochons* où l'atmosphère trépidante et électrique des fêtes foraines est rendue par un coloris vif, des touches divisées et dynamiques qui doivent autant à Van Gogh qu'au néo-impressionnisme. Il obtient ainsi, au Salon des Indépendants de 1905, les éloges d'une critique pourtant réticente devant le divisionnisme de *Luxe, calme et volupté* de Matisse. Si les deux œuvres – dont *Torse* (cat., n° 66) – qu'il envoie au Salon d'Automne de 1905, ne sont pas accrochées parmi les «Fauves», elles témoignent pourtant d'une nouvelle orientation par laquelle Van Dongen va apporter une contribution majeure au fauvisme. La figure humaine, isolée sur un fond sans motif, saisie le plus souvent à mi-corps, retrouve une solidité qu'un cerne répété et vibratile souligne, le visage est fardé de quelques taches de couleurs qui le construisent.

À la fin de l'année, ou au début de 1906, il s'installe au Bateau-Lavoir. C'est là qu'il rencontre Vlaminck et Derain mais aussi se lie d'amitié avec Picasso dont la compagne, Fernande Olivier, posera pour lui. Dans le *Portrait de Fernande*

présenté ici (cat., n° 67), la frontalité brutale du modèle – comme autrefois la pose provocante du *Torse* – pourrait définir le nu fauve. En 1906, il expose, avec «les Fauves» au Salon des Indépendants et au Salon d'Automne et il a une exposition personnelle en Hollande où, régulièrement, la presse rend compte de sa carrière parisienne; ces liens ininterrompus expliquent que Van Dongen ait attiré l'attention de jeunes peintres néerlandais, comme Sluijters et Mondrian, sur le fauvisme. Pour sa part, Van Dongen passe aux Pays-Bas la moitié de l'année en 1907 – *Liverpool Light House* (cat., n° 68) en est le témoignage direct. Ce séjour – où il retrouve ses œuvres des années 1895-1898, au dessin déformé et simplifié – provoque une accentuation du caractère outré de sa figuration, que l'on peut suivre dans le portrait de *Kahnweiler* (cat., n° 65), *Femme au chapeau vert* (cat., n° 70) et qui atteint son apogée avec *La Danseuse rouge* (cat., n° 72), chef-d'œuvre de cette période. C'est ce Van Dongen-là que découvre Pechstein lors de son séjour à Paris (fin 1907-début 1908) et qu'il invite à exposer avec Die Brücke, à Dresde, en 1908. De même, l'invitation à la *Neue Künstlervereinigung* (NKVM) de Munich, en 1910, témoigne de l'intérêt qu'a pu lui porter Jawlensky. Van Dongen est aussi présent dans toutes les grandes expositions internationales en Russie (La Toison d'or, 1908 et 1909, le Salon Izdebsky, 1909, Valet de Carreau, 1912), en Allemagne (Sécession de Berlin, 1911, *Sonderbund*, Cologne, 1912, etc.), à Prague (*Indépendants*, SVU Mánes, 1910), à Budapest (*Nemzetkozi Impresszionista Kiallitas*, 1910) ou à Londres (*Second Post-Impressionist Exhibition*, 1912).

En France, l'intérêt pour Van Dongen va grandissant depuis les expositions, chez Kahnweiler et Bernheim-Jeune, en 1908, jusqu'à celles de 1911, redoublées pour cause de succès, chez Bernheim-Jeune, où, comme le montre *En la plaza* (cat., n° 71), se fait jour un langage plus décoratif.

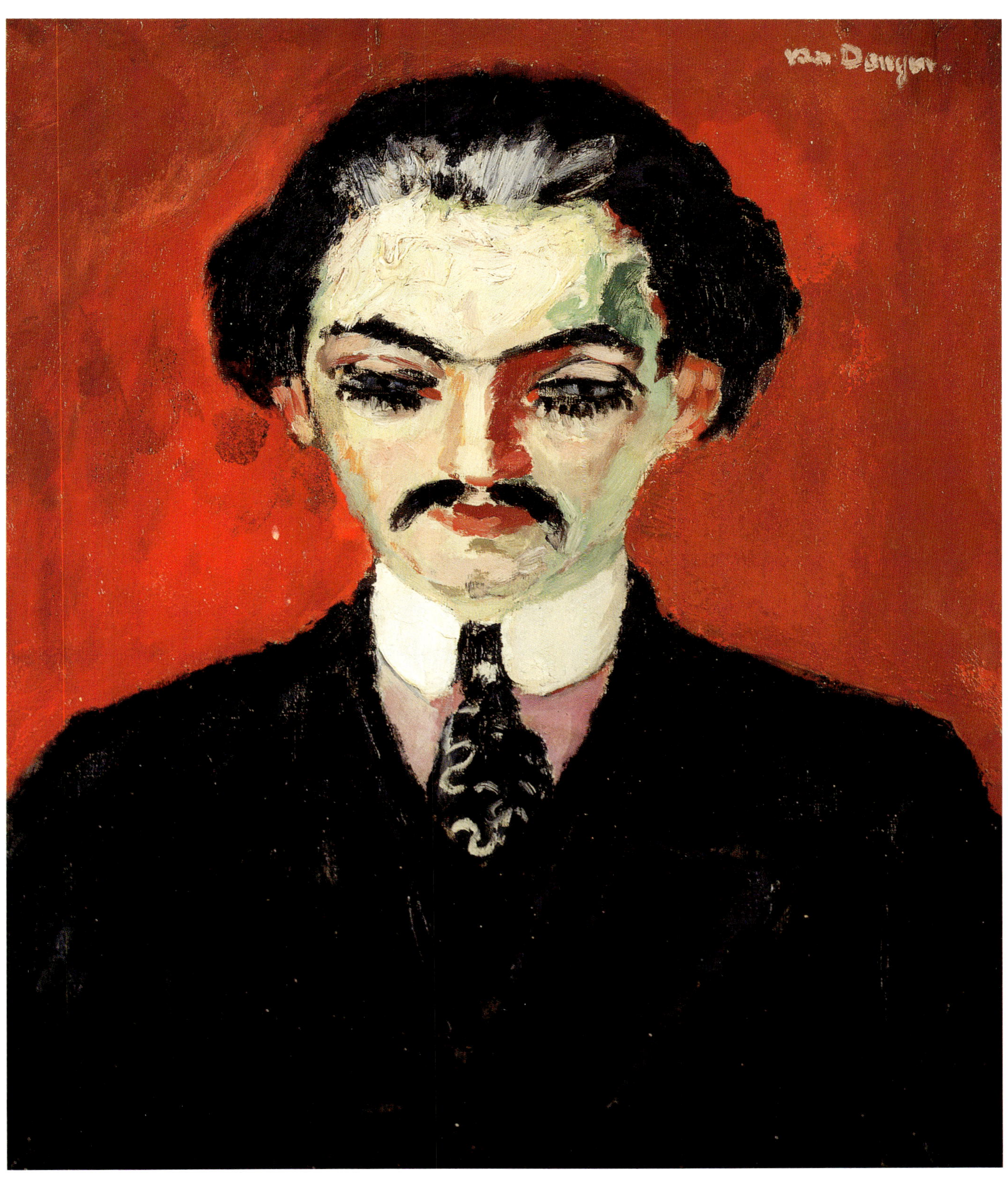

65 - Kees Van Dongen
Daniel Henry Kahnweiler, 1907
Huile sur toile, 65 x 54 cm
Musée du Petit Palais, Genève

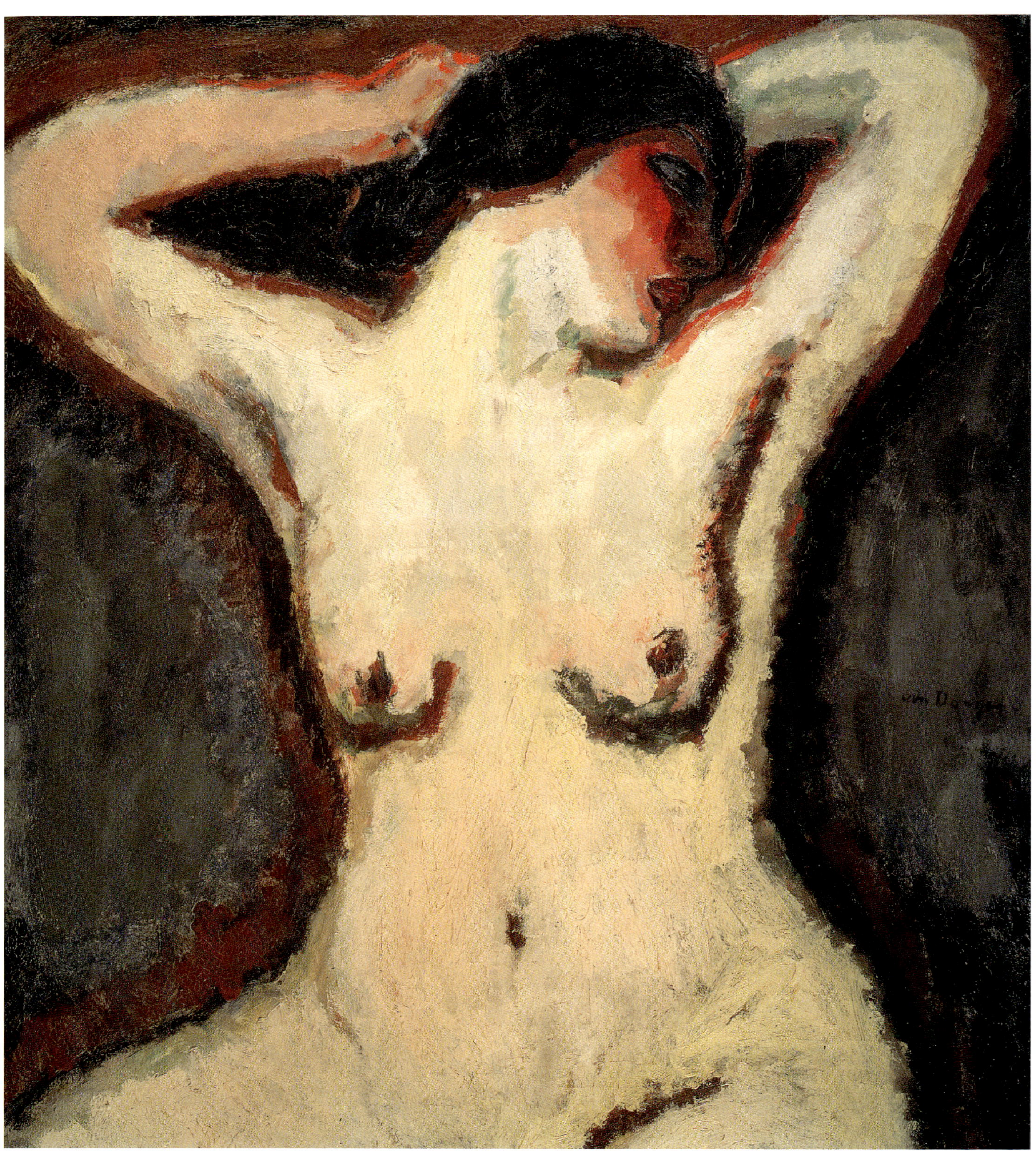

66 - Kees Van Dongen
Torse, 1905
Huile sur toile, 92 x 81 cm
Fondation Fridart

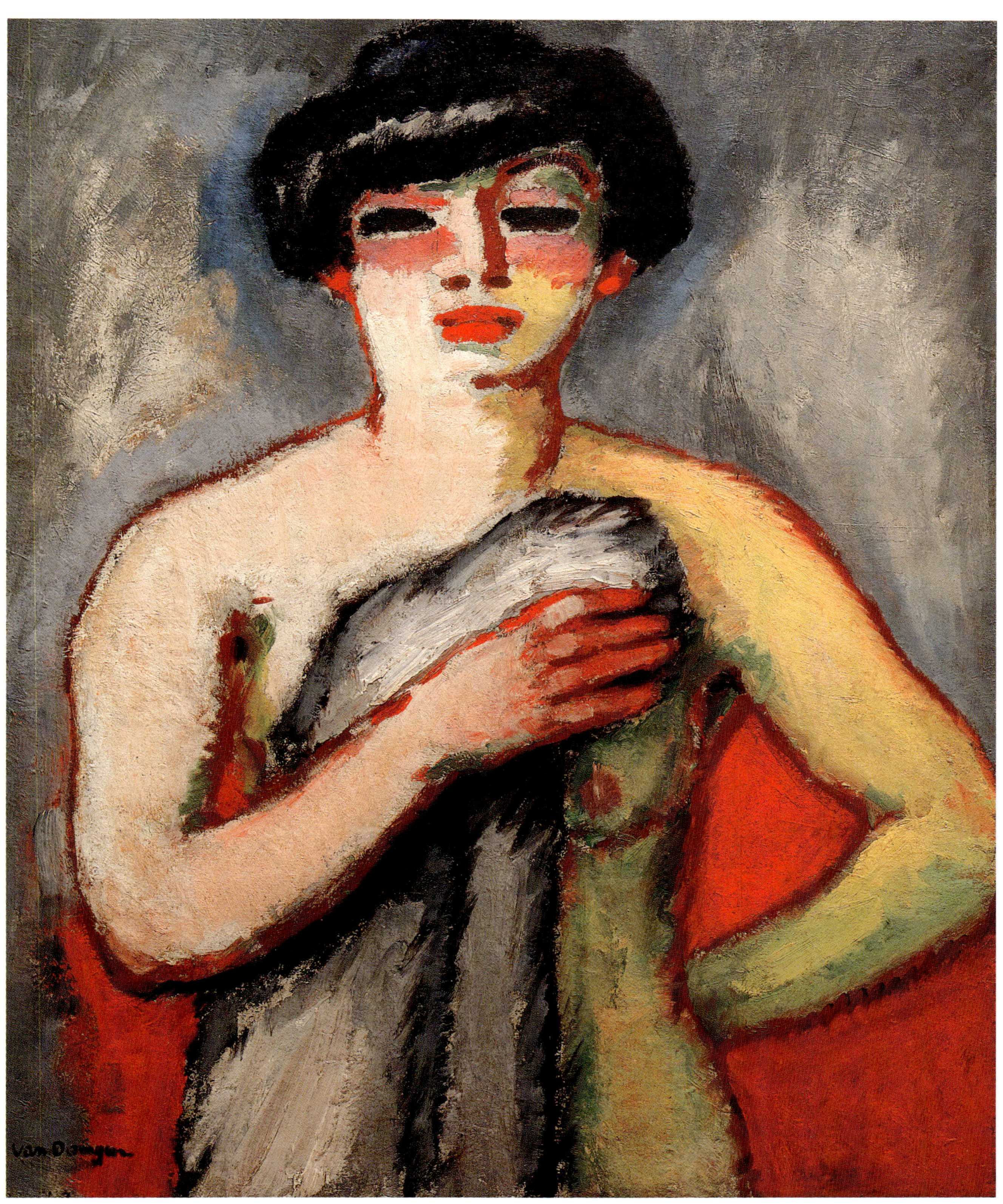

67 - Kees Van Dongen
Portrait de Fernande, 1905
Huile sur toile, 100 x 81 cm
Collection particulière

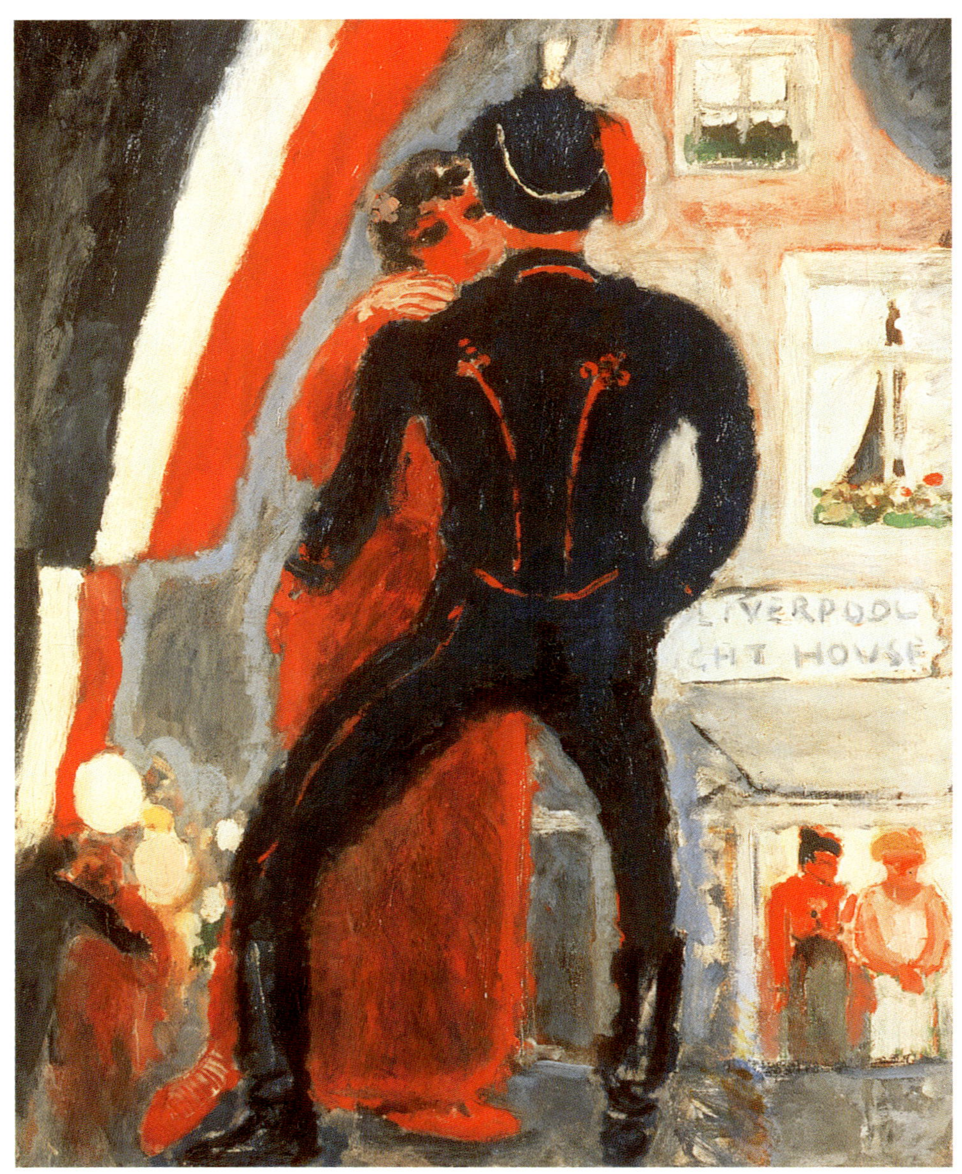

68 - Kees Van Dongen
Le Hussard (Liverpool Light House), c. 1907
Huile sur toile, 100 x 81 cm
Fondation Fridart

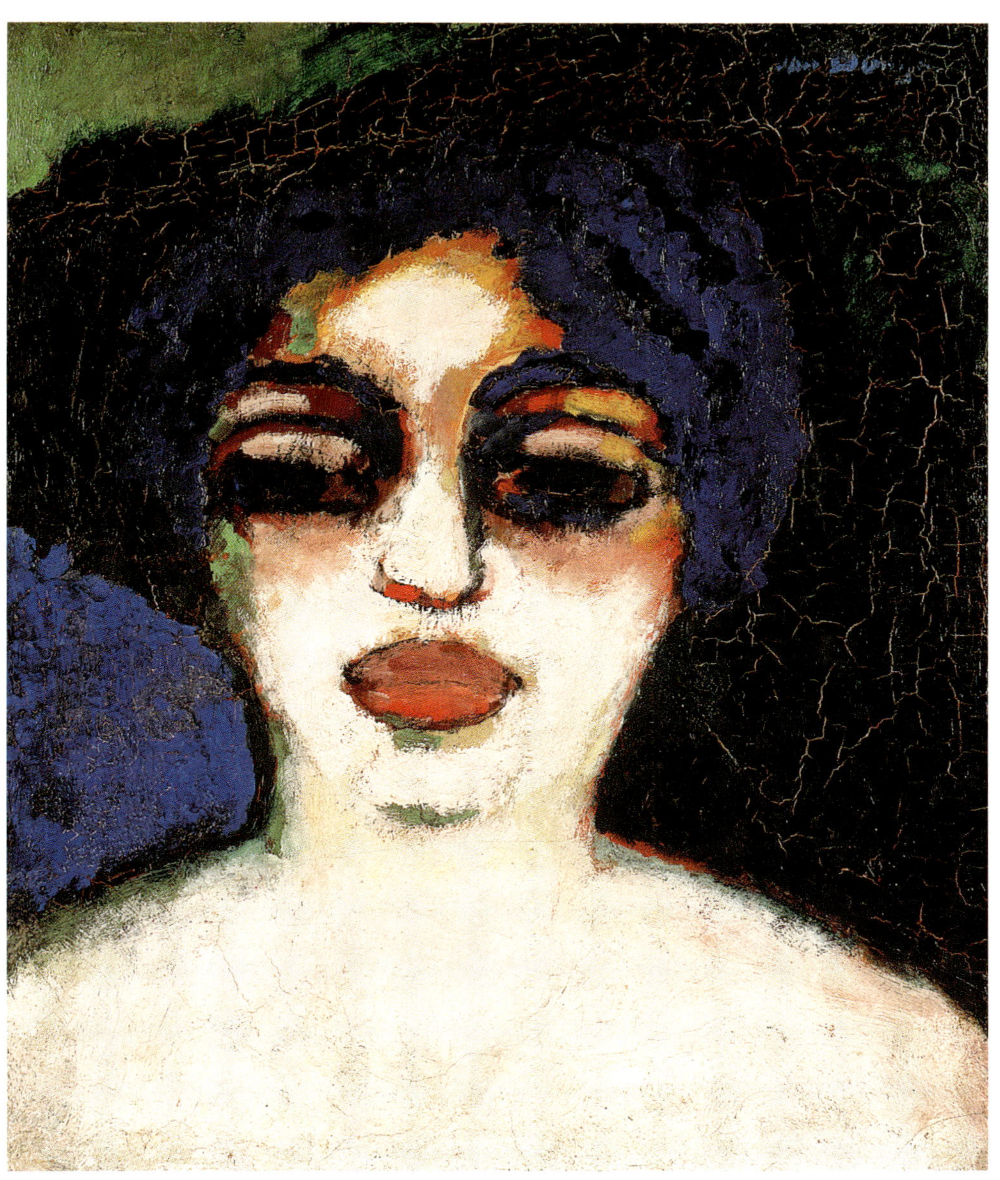

69 - Kees Van Dongen
Femme lippue, 1909
Huile sur toile, 55 x 46 cm
Musée d'Art moderne, Villeneuve-d'Ascq, donation Geneviève et Jean Masurel

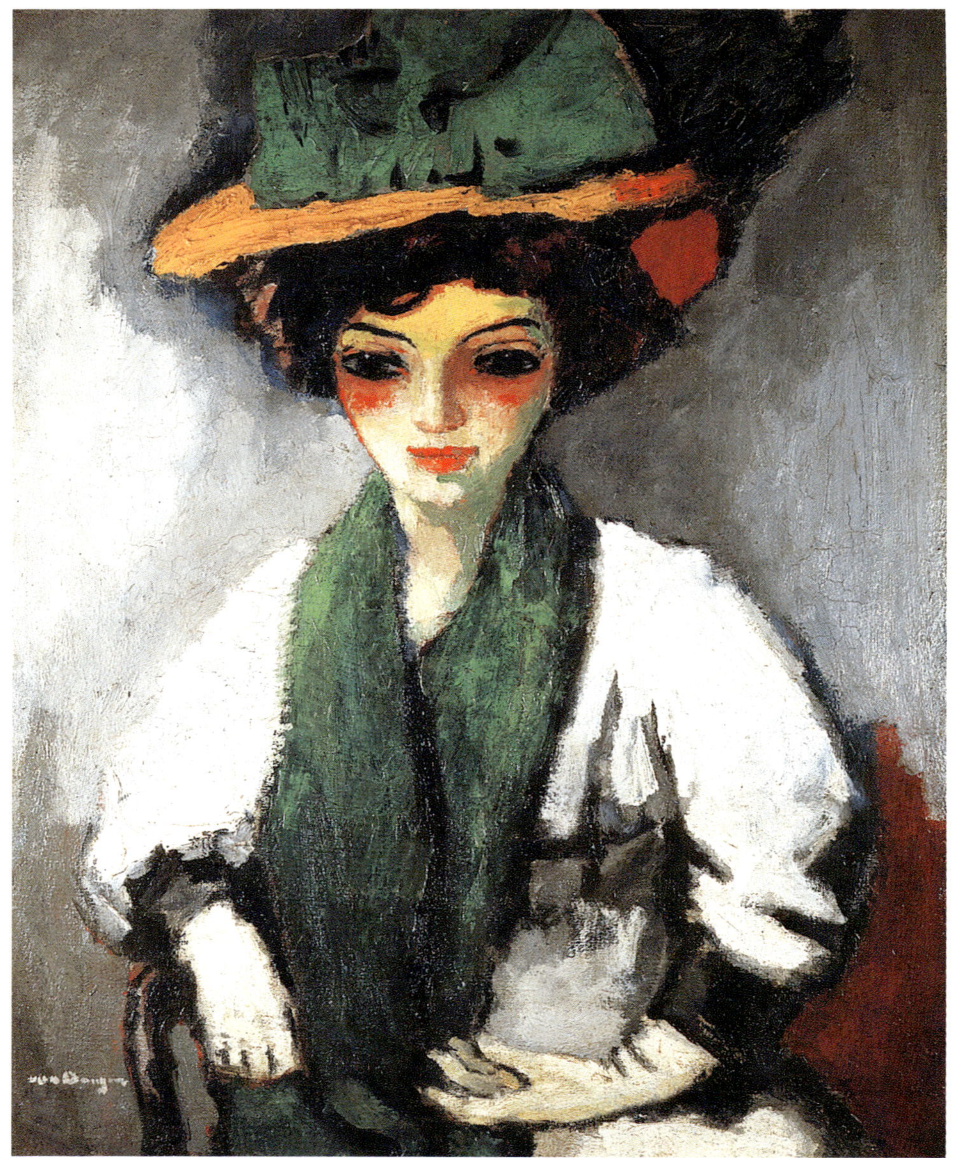

70 - Kees Van Dongen
Femme au chapeau vert, c. 1907
Huile sur toile, 91,5 x 72,5 cm
Fondation Socindec, courtesy Fondation Pierre Gianadda, Martigny

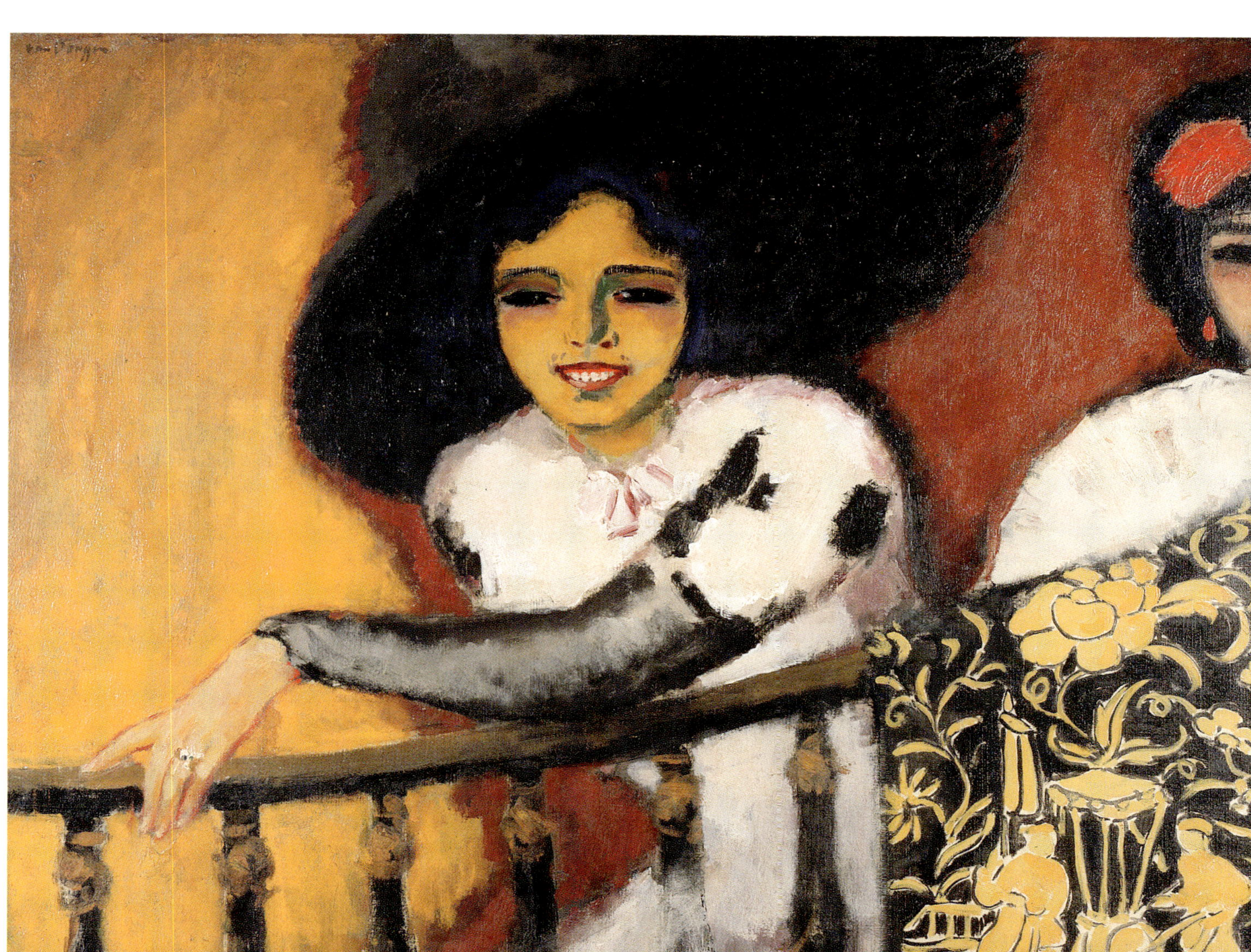

71 - Kees Van Dongen
En la Plaza, femmes à la balustrade, 1910-1911
Huile sur toile, 81 x 100 cm
L'Annonciade, musée de Saint-Tropez

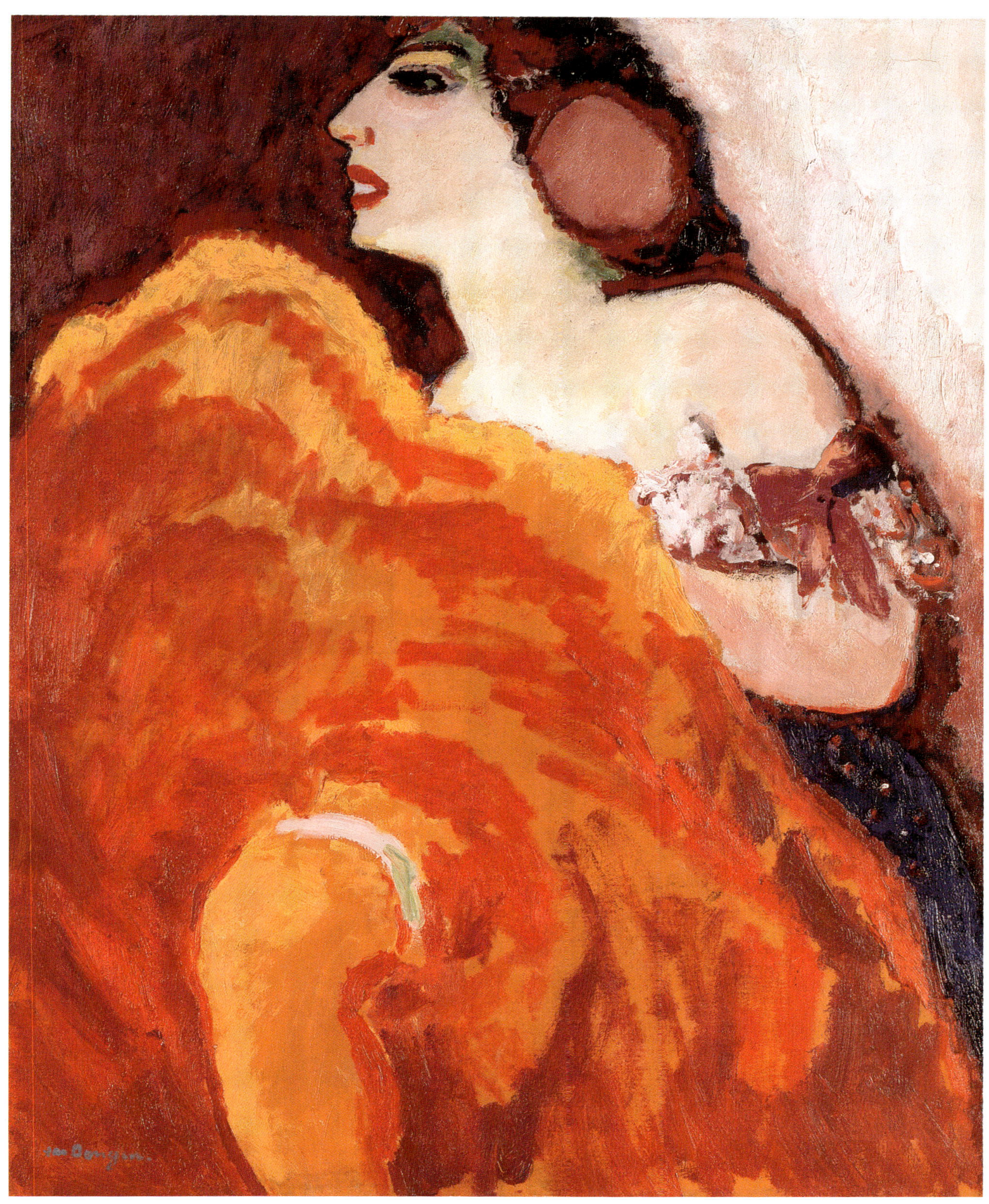

72 - Kees Van Dongen
Danseuse (La Danseuse rouge), 1907-1908
Huile sur toile, 98 x 80 cm
Musée de l'Ermitage, Saint-Pétersbourg

Le Havre, Anvers, Paris, 1905-1908 : Dufy, Friesz, Marquet

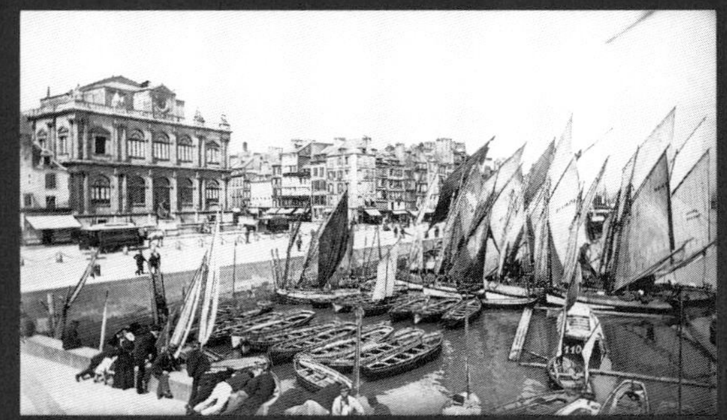

Le Havre

Regroupés sous l'appellation École du Havre, Friesz, Dufy et Braque – tous originaires de la ville dans laquelle ils exposent ensemble dès 1902 – seront reconnus comme Fauves en 1906, leur peinture en 1905 relevant encore de l'impressionnisme. La première exposition du Cercle de l'art moderne du Havre, créé à leur initiative au printemps 1906, leur donne l'occasion d'exposer avec Manguin, Derain et Matisse dont *Luxe, calme et volupté* avait été une révélation pour Dufy.

Le spectacle de la rue et de son animation, ses loisirs ou ses fêtes, ses acteurs et son public, constituent le motif de prédilection de Dufy et de Marquet pendant leur saison normande (juin-juillet 1906). Cette iconographie plus populaire et familière entraîne une traduction narrative du réel qui leur est propre, étrangère à Matisse et à Derain.

Les motifs naturellement colorés – drapeaux, vêtements, affiches publicitaires – sont utilisés pour affirmer la plasticité de l'espace, servie par leur pratique de la caricature, du dessin d'illustration et de l'affiche et préservant la variété et la fantaisie des notations lumineuses. Dans la suite des *14 Juillet* de 1906, Dufy utilise les drapeaux comme autant de plans colorés créant des ruptures chromatiques qui laissent parfois apparaître des personnages en transparence (*14 Juillet,* cat., n° 76). Chez Marquet, avec un chromatisme plus assourdi, ils flottent au vent, laissant s'échapper les perspectives (*Le 14 Juillet au Havre,* cat., n° 73).

Dans *La Fête nationale au Havre* (cat., n° 78), Marquet s'appuie sur les guirlandes colorées des fanions, les verticales des hampes de drapeaux et les diagonales du bassin, fortement soulignés par un cerne noir, pour architecturer puissamment l'image, stable malgré la variété des éléments qui animent la composition.

Dans *La Passerelle à Sainte-Adresse* (cat., n° 79), Marquet utilise l'effet du contre-jour accentuant le découpage synthétique de silhouettes sur la jetée de bois, la conjuguant à la couleur dont l'éclat contraste avec la géométrie du noir.

Dans les versions de *La Plage de Sainte-Adresse,* (cat., n° 80) ou de *Les Régates* (cat., n° 81), Dufy inscrit dans des registres superposés de couleurs des voiles et des bateaux, le tableau trouvant son assise dans l'insistance d'un premier plan plus sombre que traversent les figures de badauds. Des détails sont récurrents d'une œuvre à l'autre : les ombrelles découpées en étoiles, les chapeaux de paille circulaires, les figures de dos en redingote, etc., rappelant le style cursif de ses premiers essais fauves.

Friesz passe l'été 1906 à Anvers, accompagné de Braque. Il y peint le port en plusieurs vues qui témoignent d'une nouvelle liberté dans la couleur, posée tantôt en aplats, tantôt en touches légères et plus fondues. Il privilégie une construction en trois parties où les horizontales sont accusées à travers l'utilisation d'une balustrade en arabesques, soulignées de cernes colorés ou noirs (*Le Port d'Anvers,* cat., n° 83).

À Paris, Marquet s'écarte de la violence colorée du fauvisme tout en maintenant une construction simplifiée de l'espace et affirme son originalité par variations tonales de noir, de gris et de blanc, le dessin devenant de plus en plus elliptique (*Paris en hiver. Quai de Bourbon,* cat., n° 86). Les points de vue plongeants tirent partie des diagonales affirmées des rues et des ponts où quelques notations rapides suggèrent la présence de passants (*La Seine au Pont-Neuf. Effet de brouillard,* cat., n° 84).

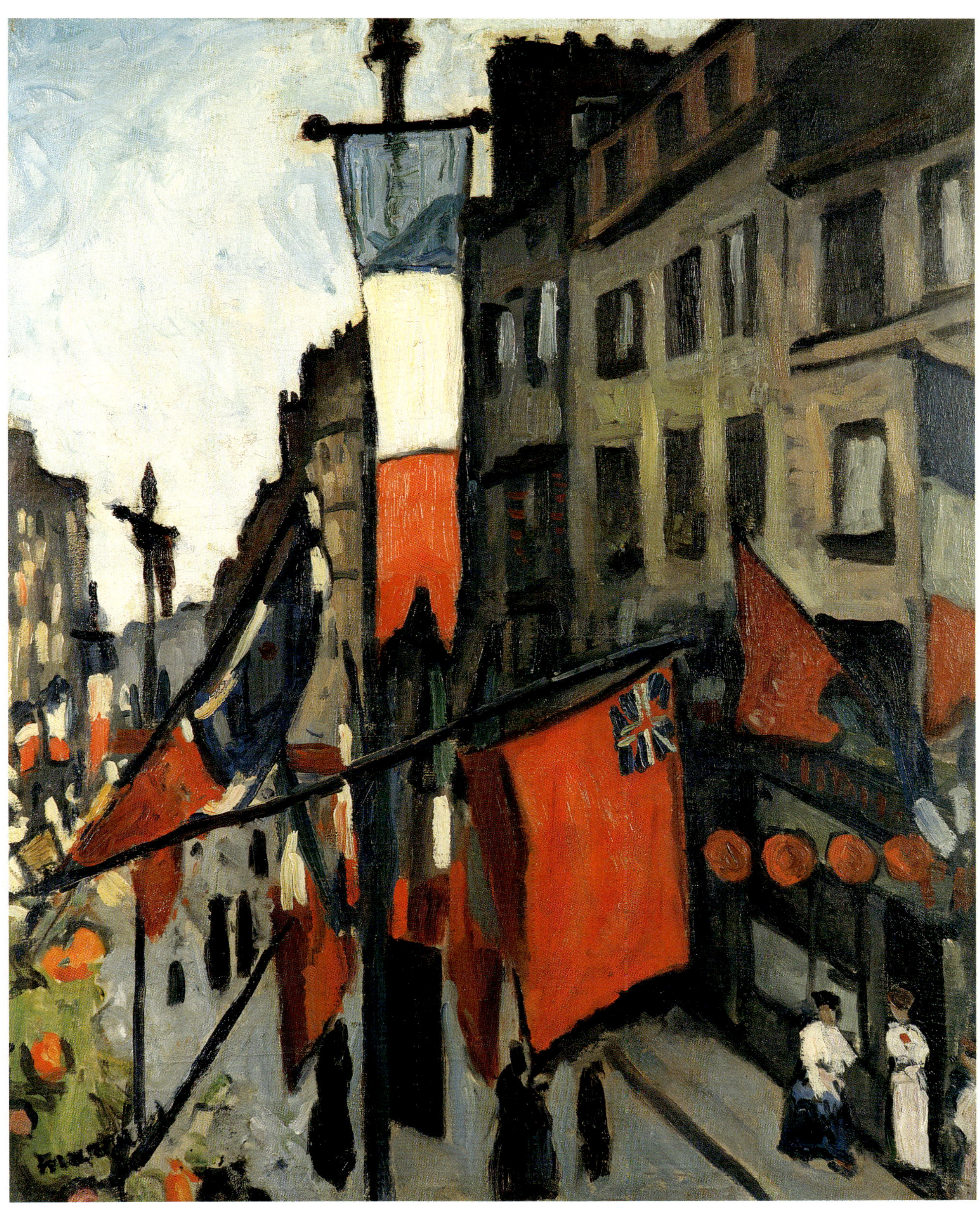

73 - Albert Marquet
Le 14 Juillet au Havre, 1906
Huile sur toile, 81 x 65 cm
Musée Albert-André, Bagnols-sur-Cèze

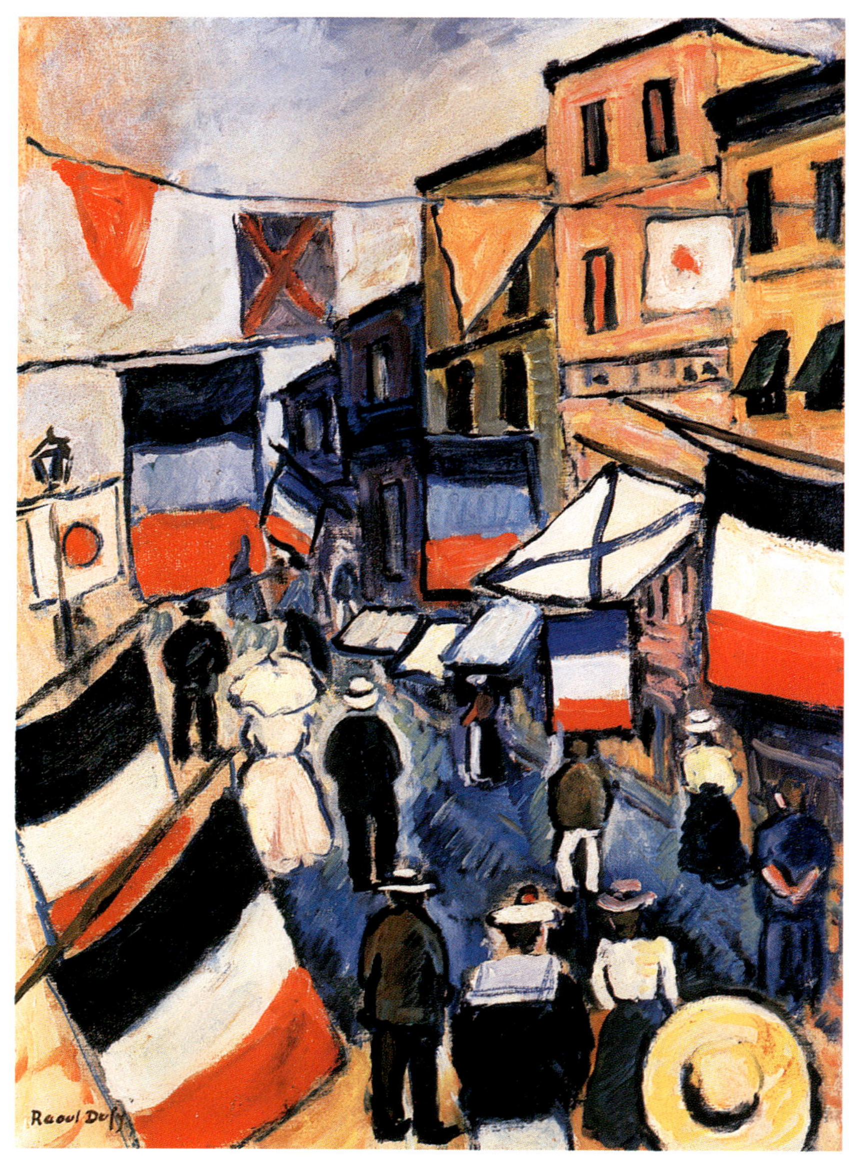

74 - Raoul Dufy
Rue pavoisée au Havre, c. 1906
Huile sur toile, 65 x 46 cm
Collection particulière, courtesy Barbara Divver Fine Art

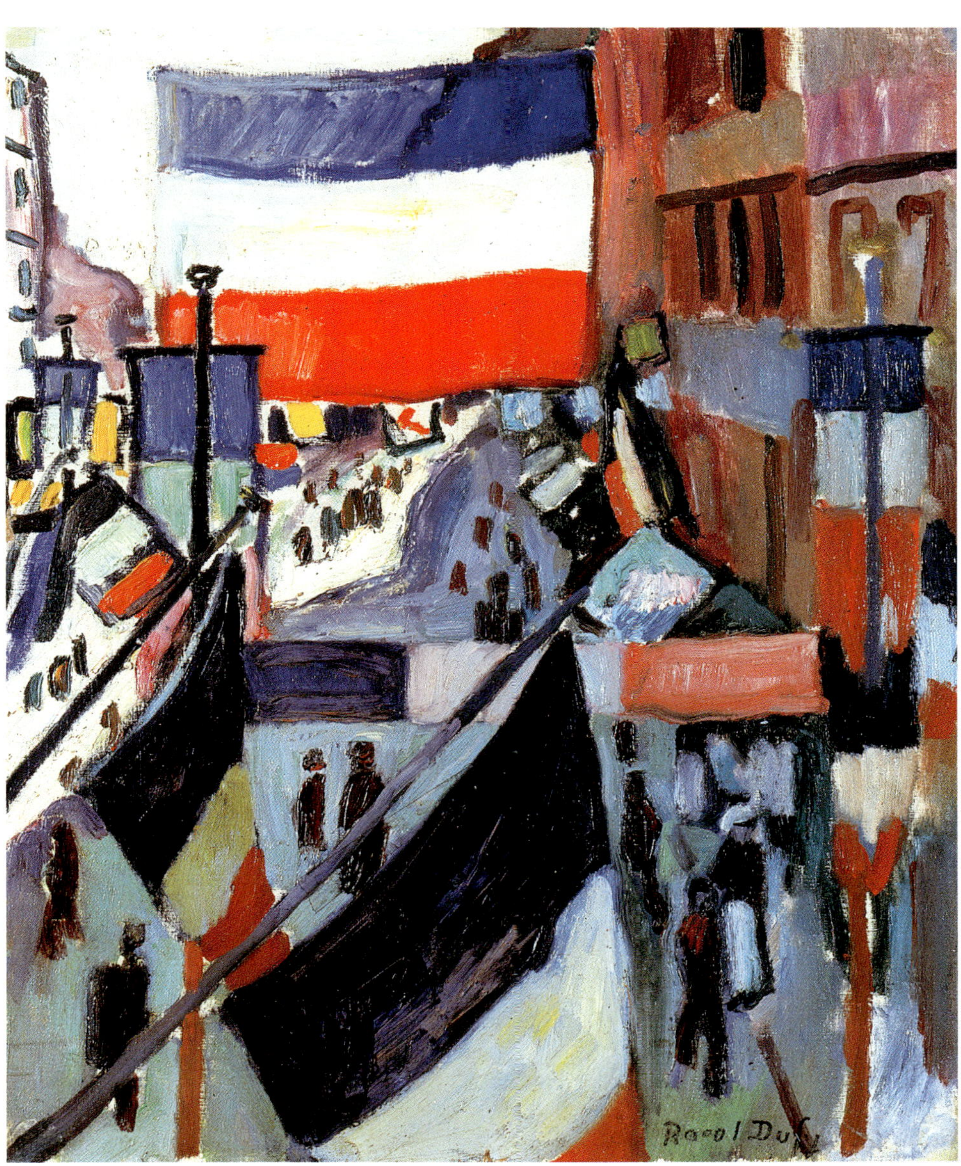

75 - Raoul Dufy
Le 14 Juillet au Havre, 1906
Huile sur toile, 46,5 x 38 cm
Collection particulière

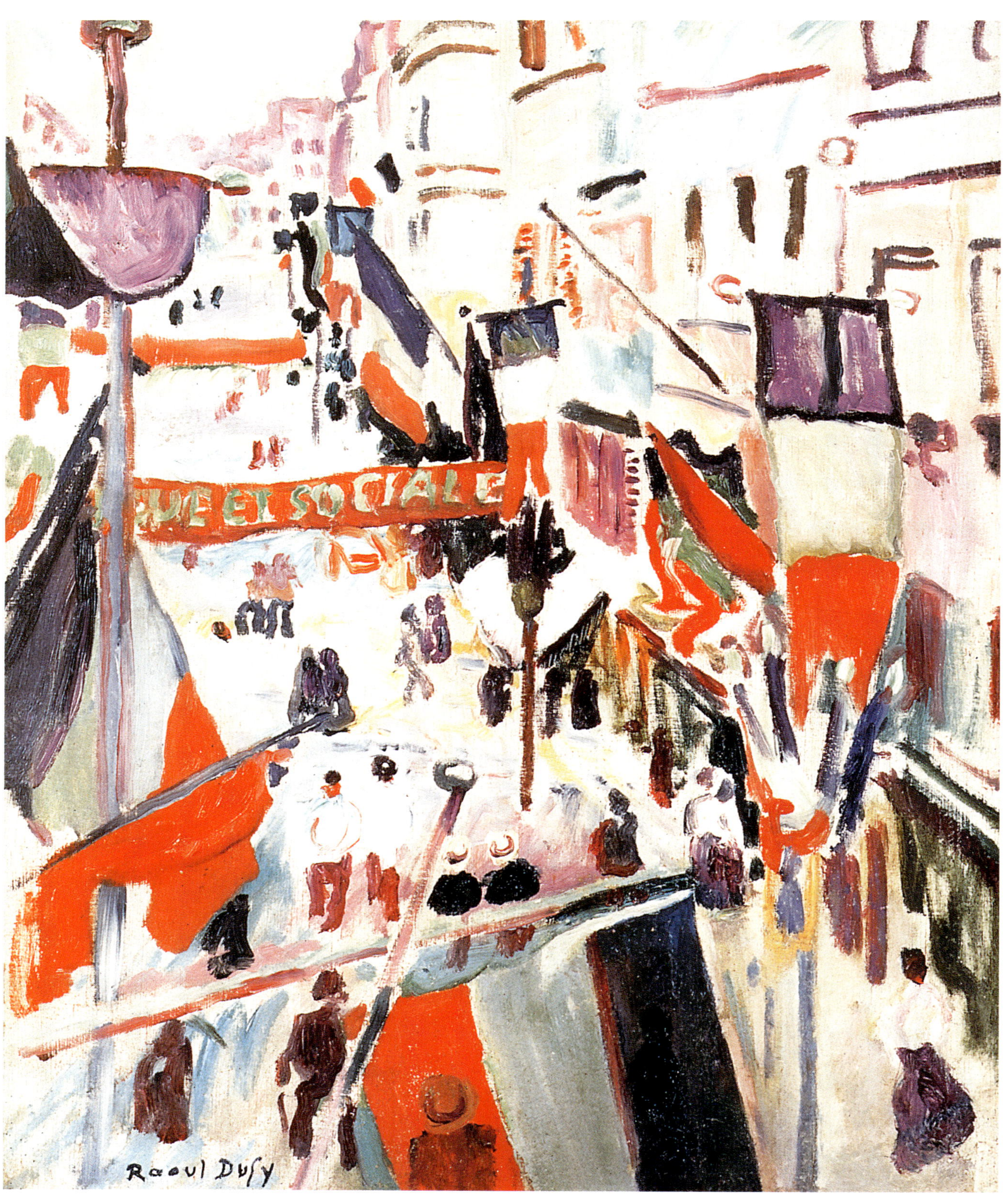

76 - Raoul Dufy
14 Juillet, 1906
Huile sur toile, 44 x 37 cm
Collection particulière, courtesy Fondation Pierre Gianadda, Martigny

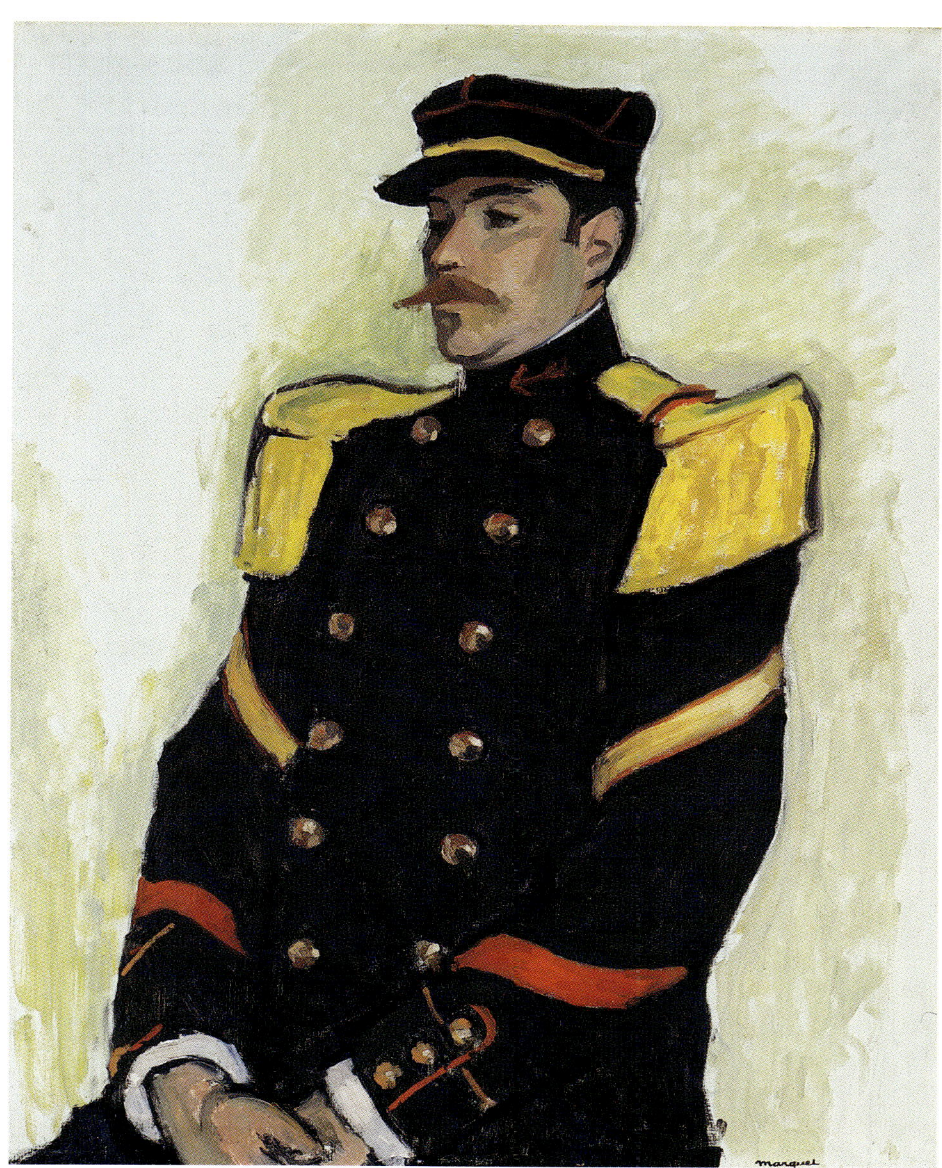

77 - Albert Marquet
Sergent de la Coloniale, c. 1906
Huile sur toile, 90 x 71 cm
The Metropolitan Museum of Art, collection Robert Lehman, New York

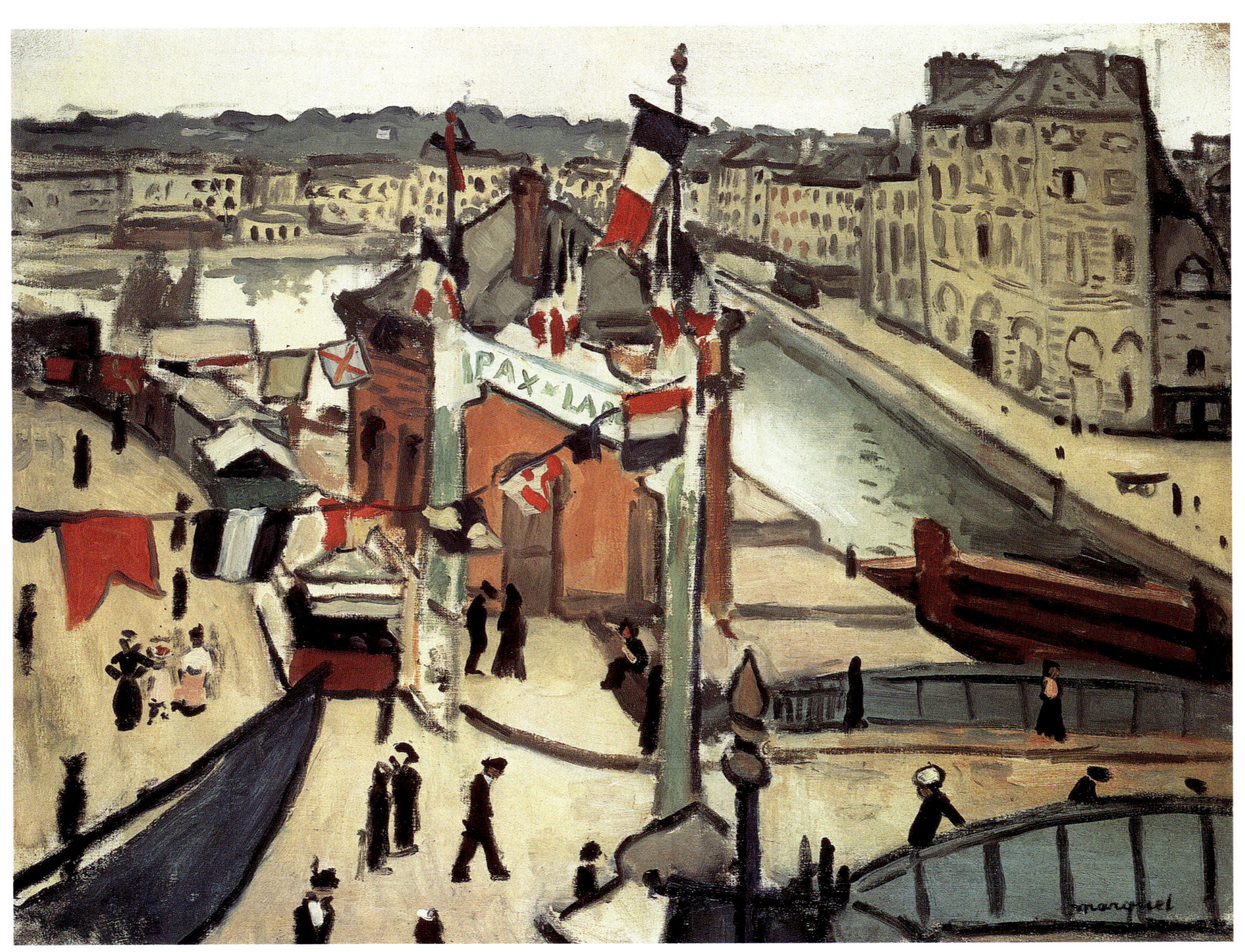

78 - Albert Marquet
La Fête nationale au Havre, 1906
Huile sur toile, 65 x 81 cm
Villa Flora, Winterthur

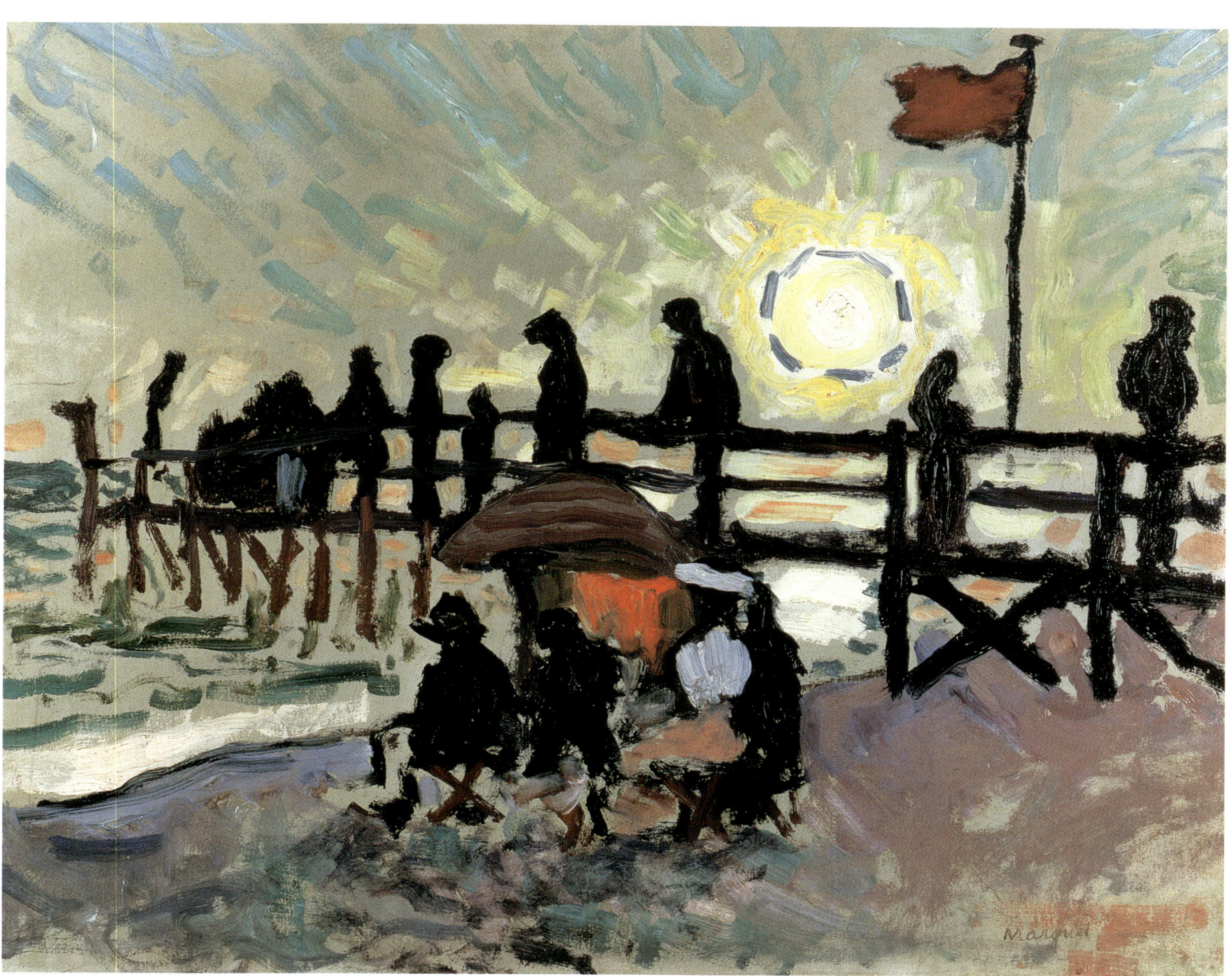

79 - Albert Marquet
La Passerelle à Sainte-Adresse, 1905
Huile sur papier marouflé sur toile, 50 x 61 cm
Fondation Fridart

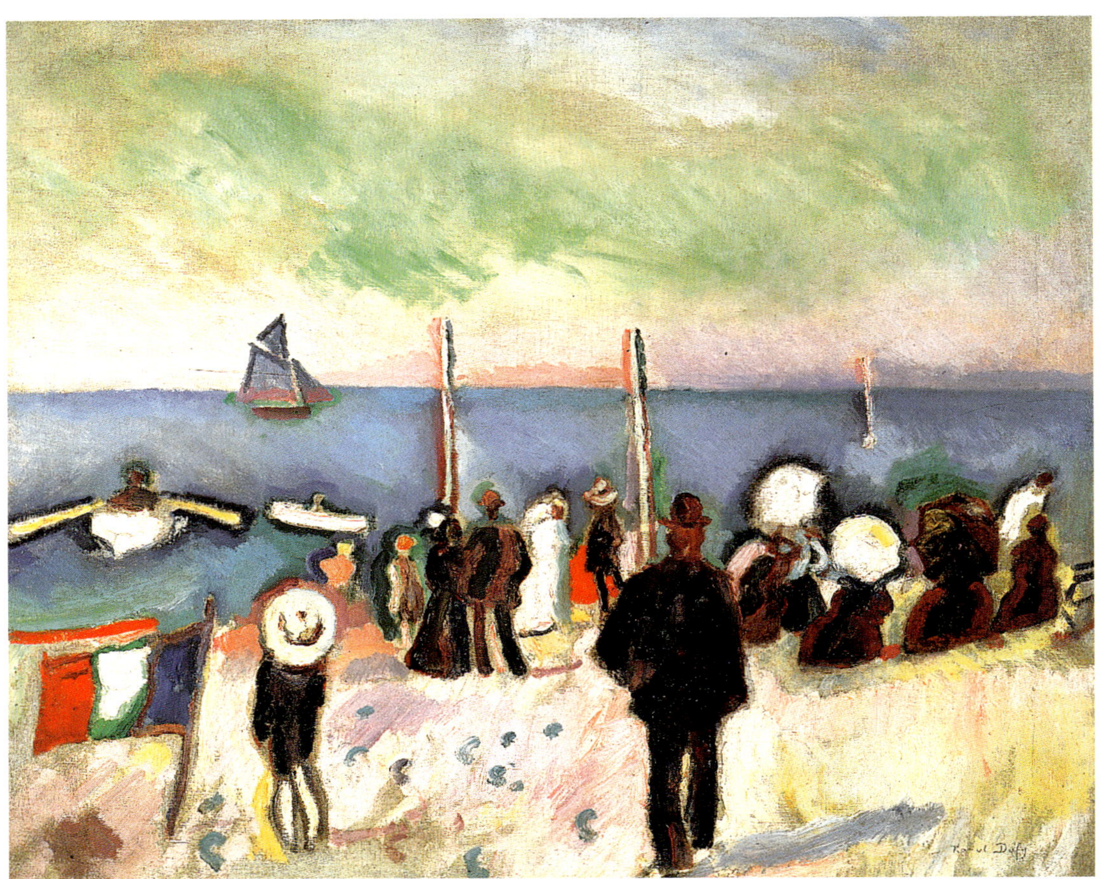

80 - Raoul Dufy
La Plage de Sainte-Adresse, 1906
Huile sur toile, 53,5 x 65 cm
Collection particulière, courtesy Galerie Cazeau-Béraudière

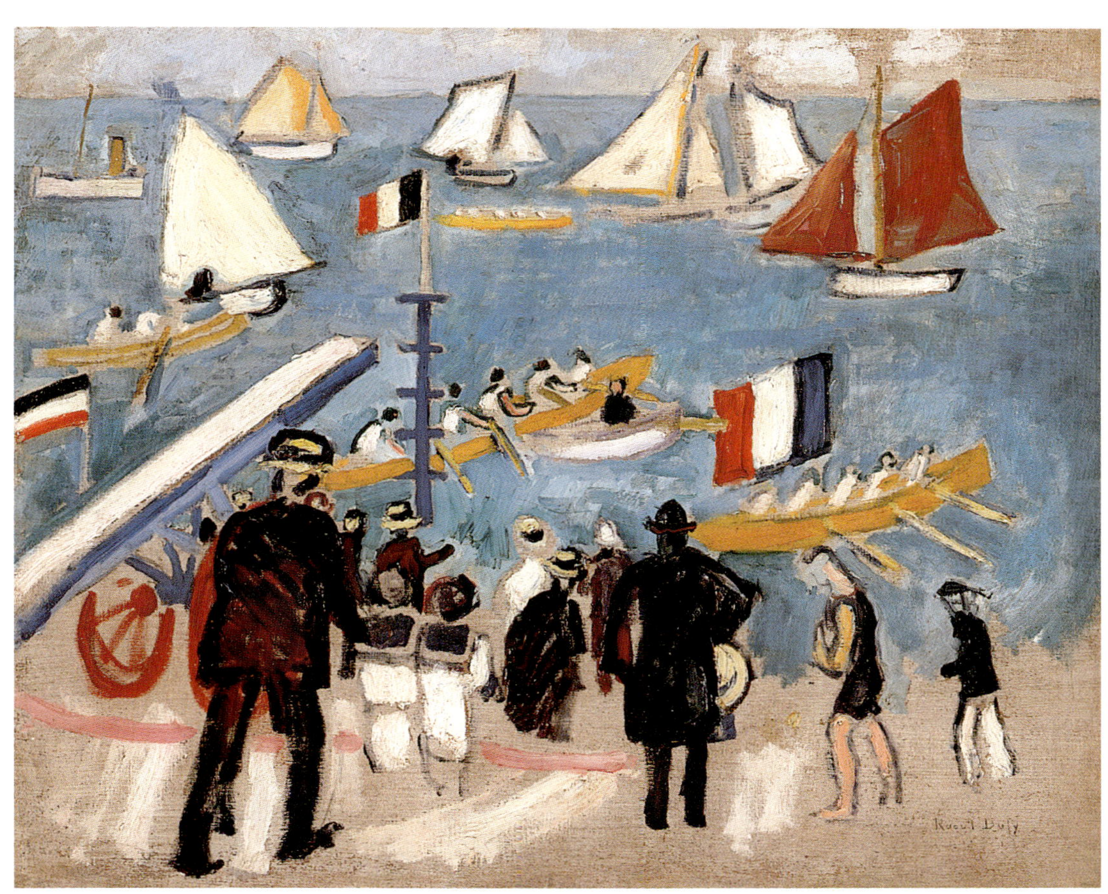

81 - Raoul Dufy
Les Régates, 1907-1908
Huile sur toile, 54 x 65 cm
Musée d'Art moderne de la Ville de Paris

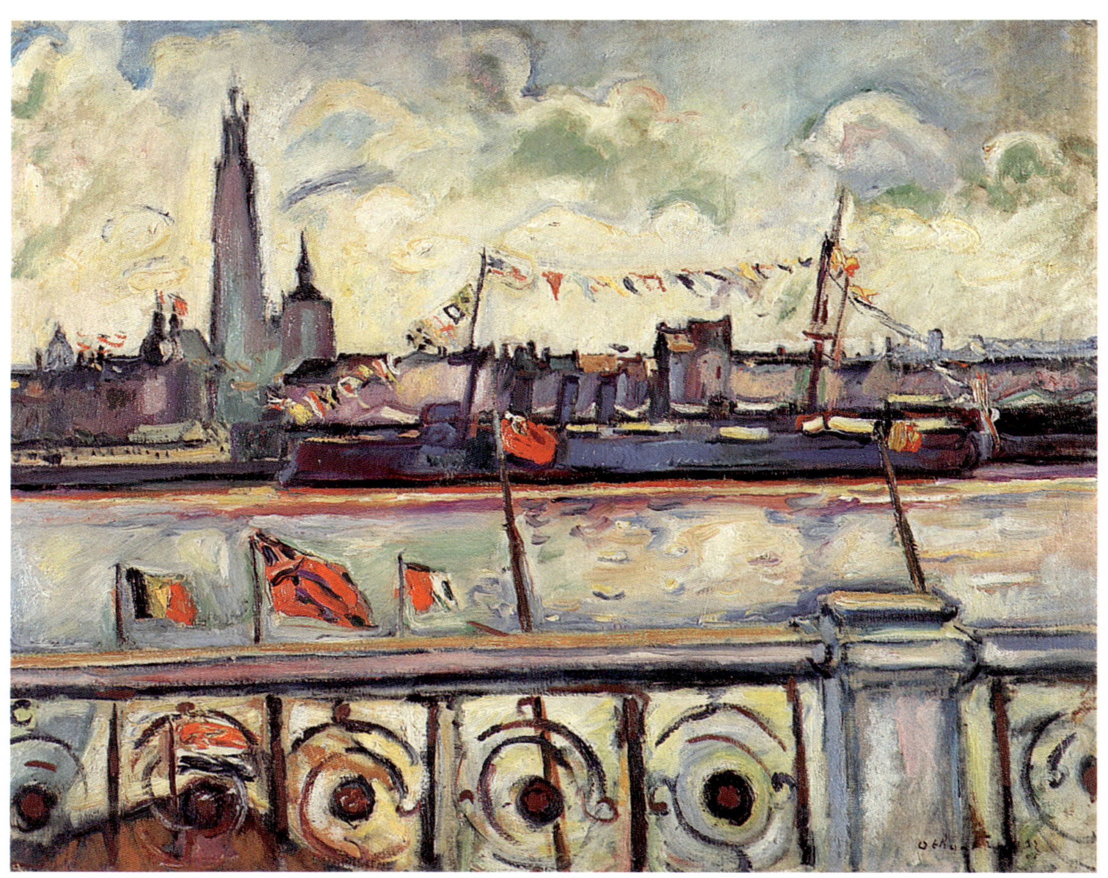

82 - Othon Friesz
Anvers - Le Port, été 1906
Huile sur toile, 60 x 73 cm
Collection Larock Granoff, Paris

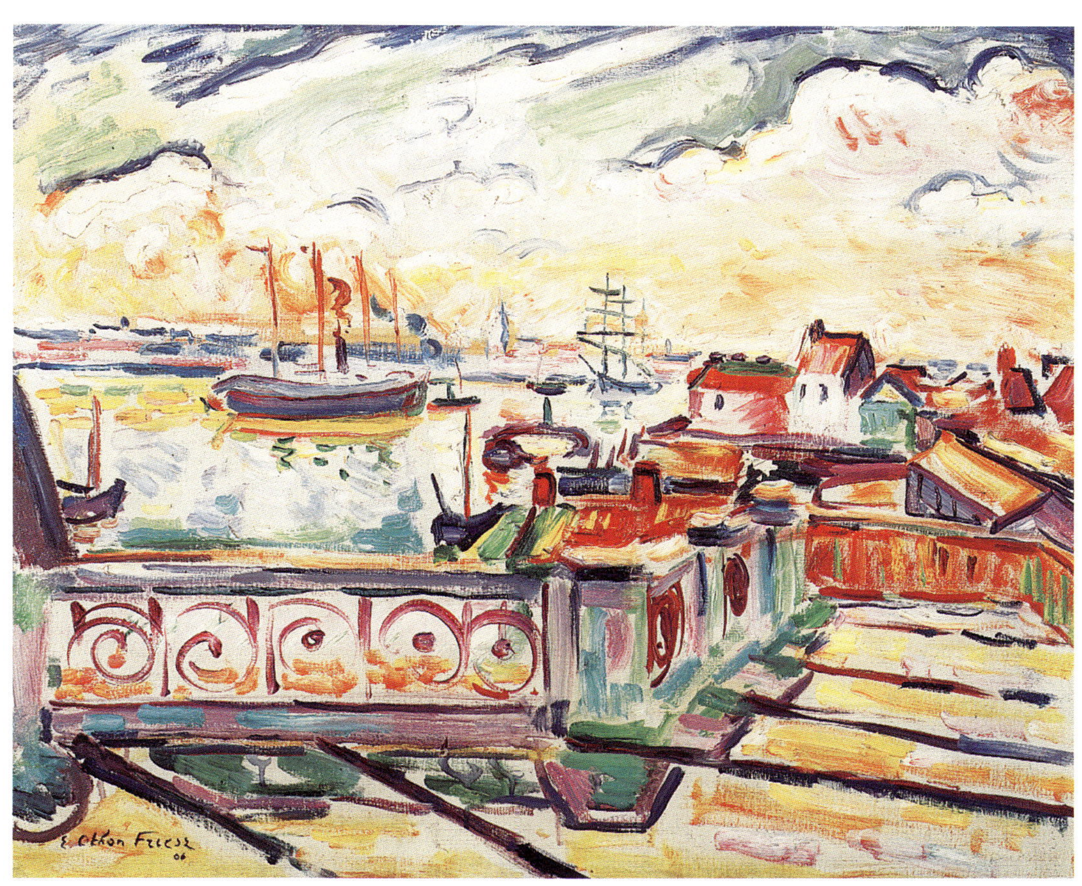

83 - Othon Friesz
Le Port d'Anvers, été 1906
Huile sur toile, 54 x 65 cm
Musée d'Art moderne et d'Art contemporain de la Ville de Liège

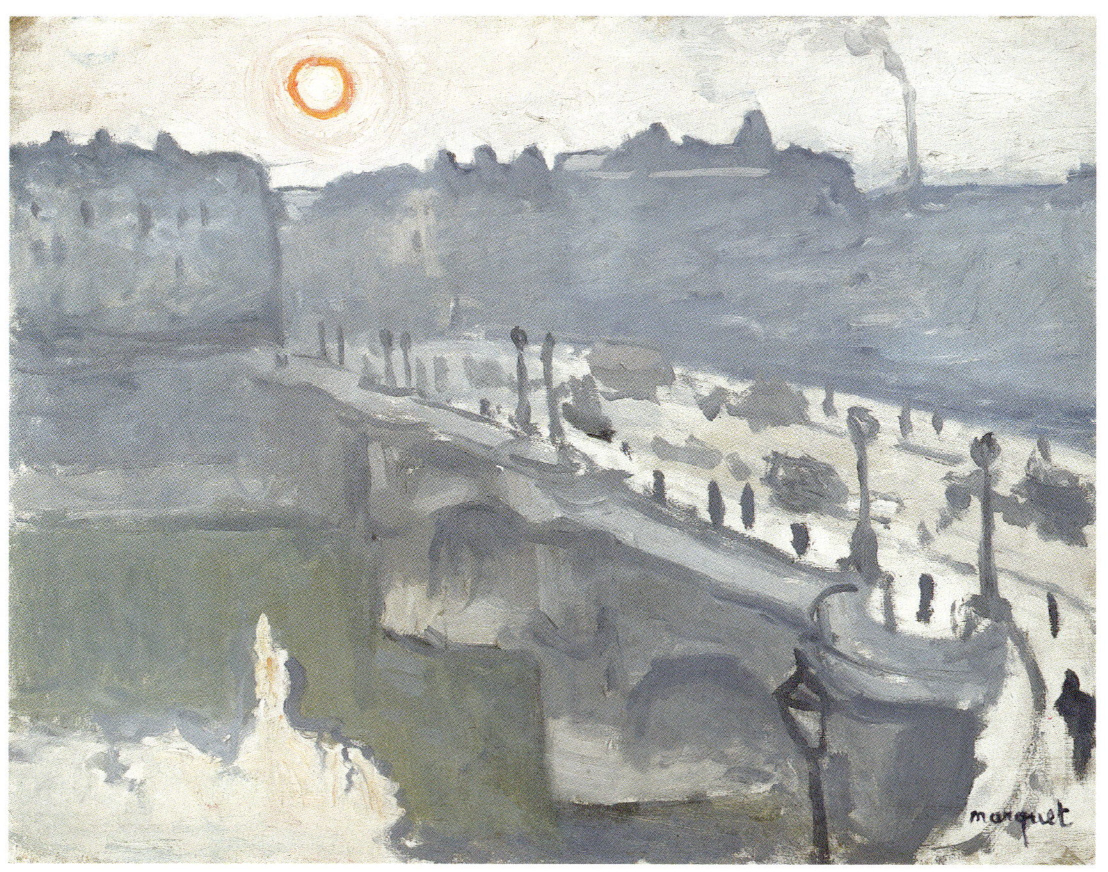

84 - Albert Marquet
La Seine au Pont-Neuf, effet de brouillard, 1907
Huile sur toile, 65 x 81 cm
Musée des Beaux-Arts, Nancy

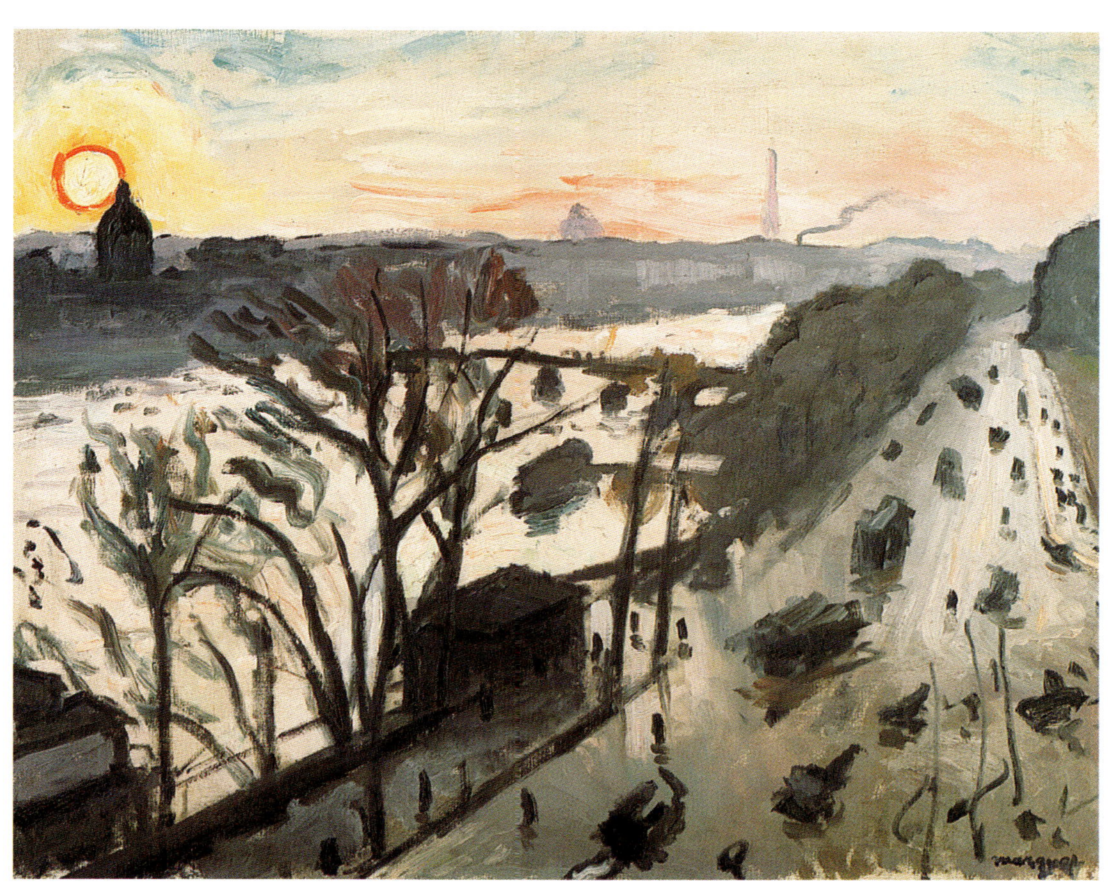

85 - Albert Marquet
Quai du Louvre, 1905
Huile sur toile, 65 x 80 cm
Fondation Fridart

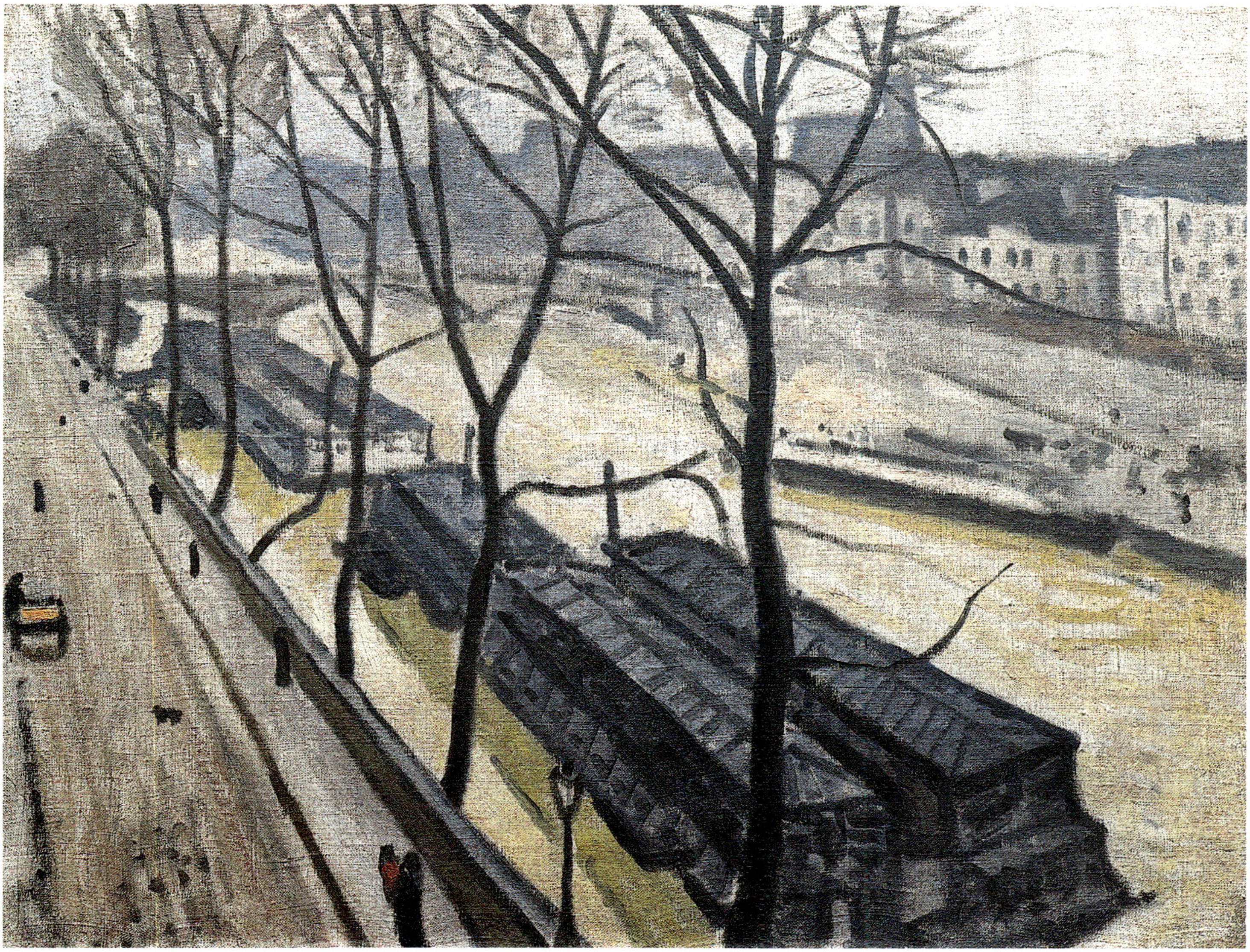

86 - Albert Marquet
Paris en hiver. Quai Bourbon, 1907
Huile sur toile, 65 x 81 cm
Musée d'État des Beaux-Arts Pouchkine, Moscou

L'Estaque, La Ciotat, 1906-1908 :
Braque, Derain, Dufy, Friesz

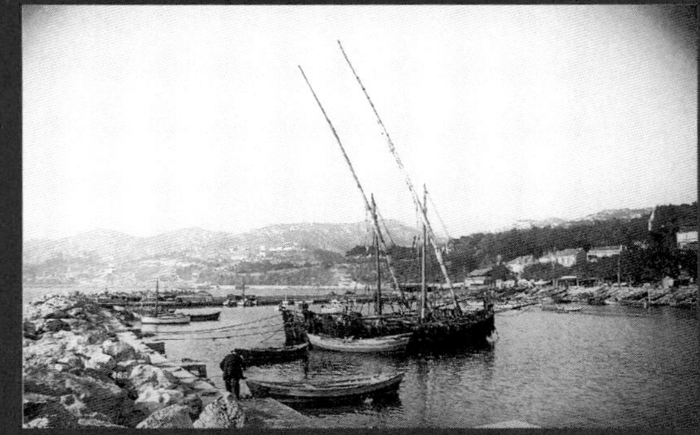

L'Estaque, bateaux de pêche

André Derain passe le mois d'août 1906 à L Estaque, petit port de villégiature aux environs de Marseille, sur les traces de Cézanne. Il traverse une période de crise : «Je ne vois pas du tout l'avenir en accord avec nos tendances : d'une part, nous cherchons à nous dégager de choses objectives et, d'autre part, nous les gardons comme cause et comme fin[1].» La sensation n'est plus prépondérante dans l'élaboration du tableau, l'artiste évoluant vers un traitement plus synthétique (*Bateaux de pêche à L'Estaque*, cat., n° 101 ; *Trois personnages assis dans l'herbe,* cat., n° 115).

Georges Braque, en compagnie d'Othon Friesz séjourne également à L'Estaque, d'octobre 1905 à février 1907. La lumière méditerranéenne agit comme un révélateur sur cet artiste originaire du Havre qui intensifie ses recherches expérimentées à Anvers. «C'est dans le Midi que j'ai senti monter en moi toute mon exaltation[2].» Les six peintures rapportées de L'Estaque, exposées au Salon des Indépendants, trouvent immédiatement acquéreur[3]. Ce succès l'incite à repartir pour le Midi, toujours avec Friesz, et il s'installe en mai 1907 à La Ciotat.

Les paysages rassemblés ici sont une transposition de la nature, la lumière étant traduite par son équivalent pictural. La fermeté de la construction alliée à une ligne fluide suggérant les plans et assurant une meilleure lisibilité, va de pair avec une touche frémissante : compositions encadrées ou lestées à gauche ou à droite par un arbre, une maison, une embarcation (*L'Olivier près de L'Estaque*, cat., n° 89 ; *L'Estaque,* cat., n° 87) ; vues plongeantes, panoramiques sur de larges baies. Braque ne se laisse pas emporter par l'ivresse des couleurs, jouant des teintes rapprochées d'une «violence contenue dans des harmories

précieuses», avec un goût marqué pour les gammes subtiles de rouge-rose, mauve-violet. Dernier rallié au fauvisme qu'il assimile très rapidement – «C'était une peinture très enthousiaste et elle convenait à mon âge, j'avais vingt-trois ans[4]» – il sera l'un des premiers, dès la fin 1907 à L'Estaque même, à s'éloigner de son «paroxysme».

Chez Othon Friesz, le fauvisme culmine dans les toiles exécutées à La Ciotat, en 1907, aux côtés de Braque et plus particulièrement dans les versions du Bec de l'Aigle (cat., n° 95) : vivacité sans agressivité du coloris, omniprésence de l'arabesque aux accents parfois fin de siècle, rythme modulé (*Paysage de La Ciotat*, cat., n° 94). Une tendance à l'abstraction apparaît dans *La Ciotat* (cat., n° 96), l'arbre, brièvement esquissé à droite permettant seul de l'identifier.

À L'Estaque de mai à octobre 1908, Raoul Dufy procède à une simplification des formes qui s'affirme dans le dynamisme des volumes colorés. Un mouvement centrifuge enlève la composition de *L'Apéritif* (cat., n° 97) où les buveurs, brossés en quelques traits, sont emportés dans une spirale. Dans *Les Barques aux Martigues* (cat., n° 98), la ligne d'horizon en forme d'ellipse renvoie aux barques elles-mêmes dans un dialogue très rythmé traduisant une synthèse nouvelle de la forme et de la couleur.

---

1 Lettre adressée à Vlaminck de L'Estaque à l'été 1906, dans André Derain, *Lettres à Vlaminck*, texte de Philippe Dagen, Paris, Flammarion, 1994, p. 177-178.
2 Cité dans le catalogue de l'exposition *Georges Braque*, Fondation Maeght, 1994, p. 42.

3 Un paysage est acheté par le jeune marchand allemand Daniel Henry Kahnweiler, nouvellement installé à Paris, les cinq autres par le critique d'art allemand Willem Uhde.

4 Cité par Dora Vallier, *Braque, la peinture et nous*, Verlag Poebus, Bâle, 1962.

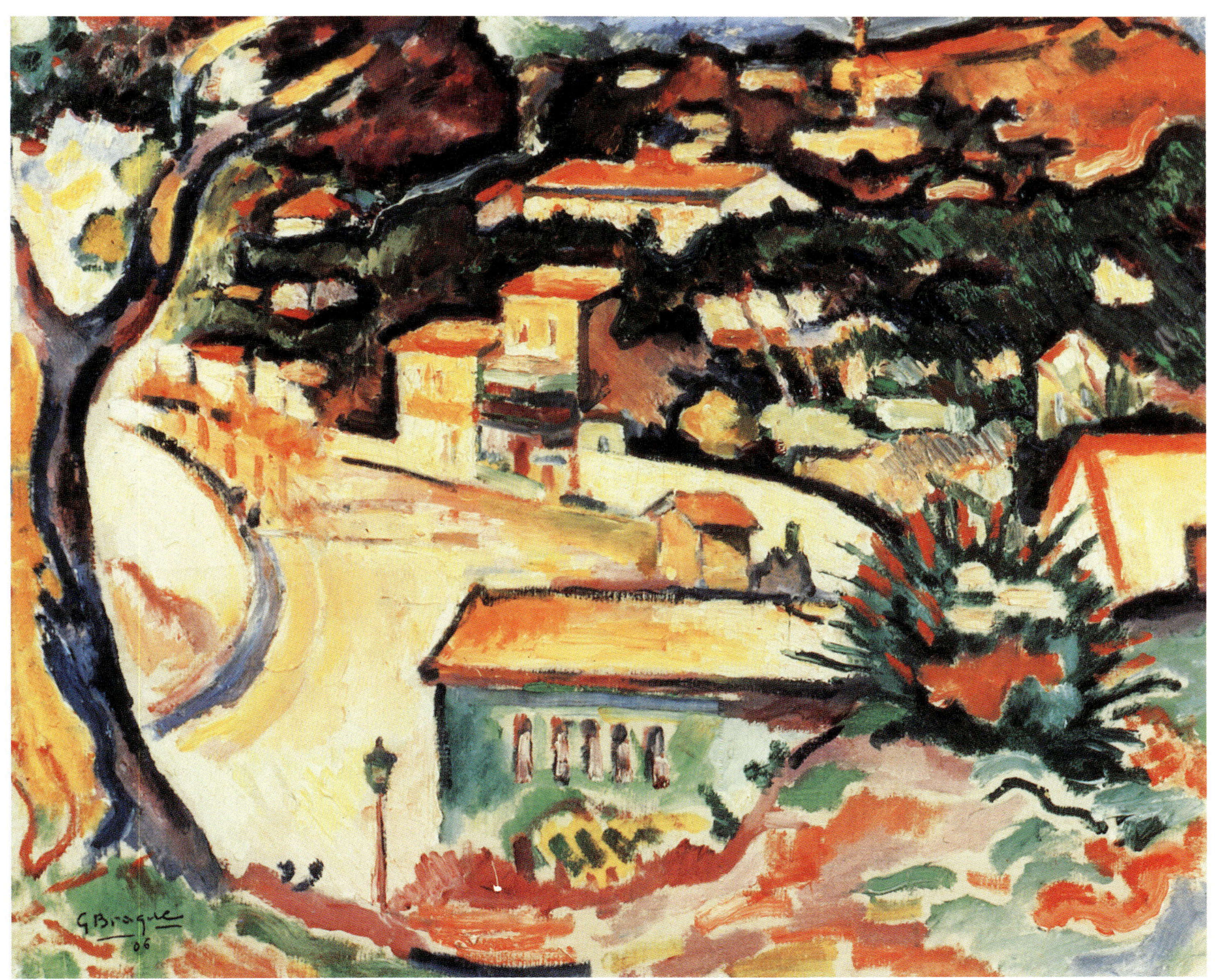

87 - Georges Braque
L'Estaque, automne, 1906
Huile sur toile, 46 x 55 cm
Collection particulière, Suisse

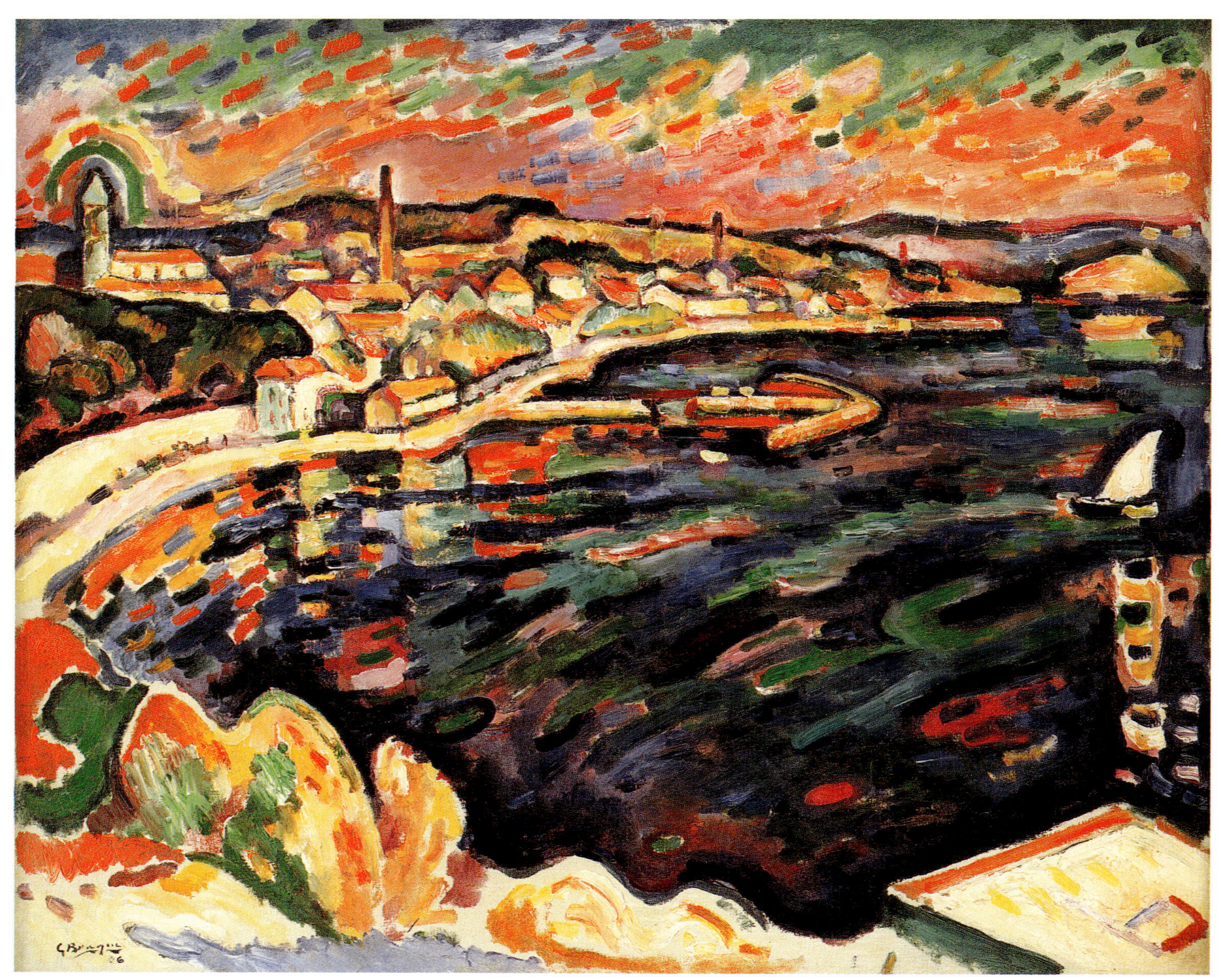

88 - Georges Braque
Le Port de L'Estaque, automne 1906
Huile sur toile, 60,5 x 73 cm
Statens Museum for Kunst, Copenhague

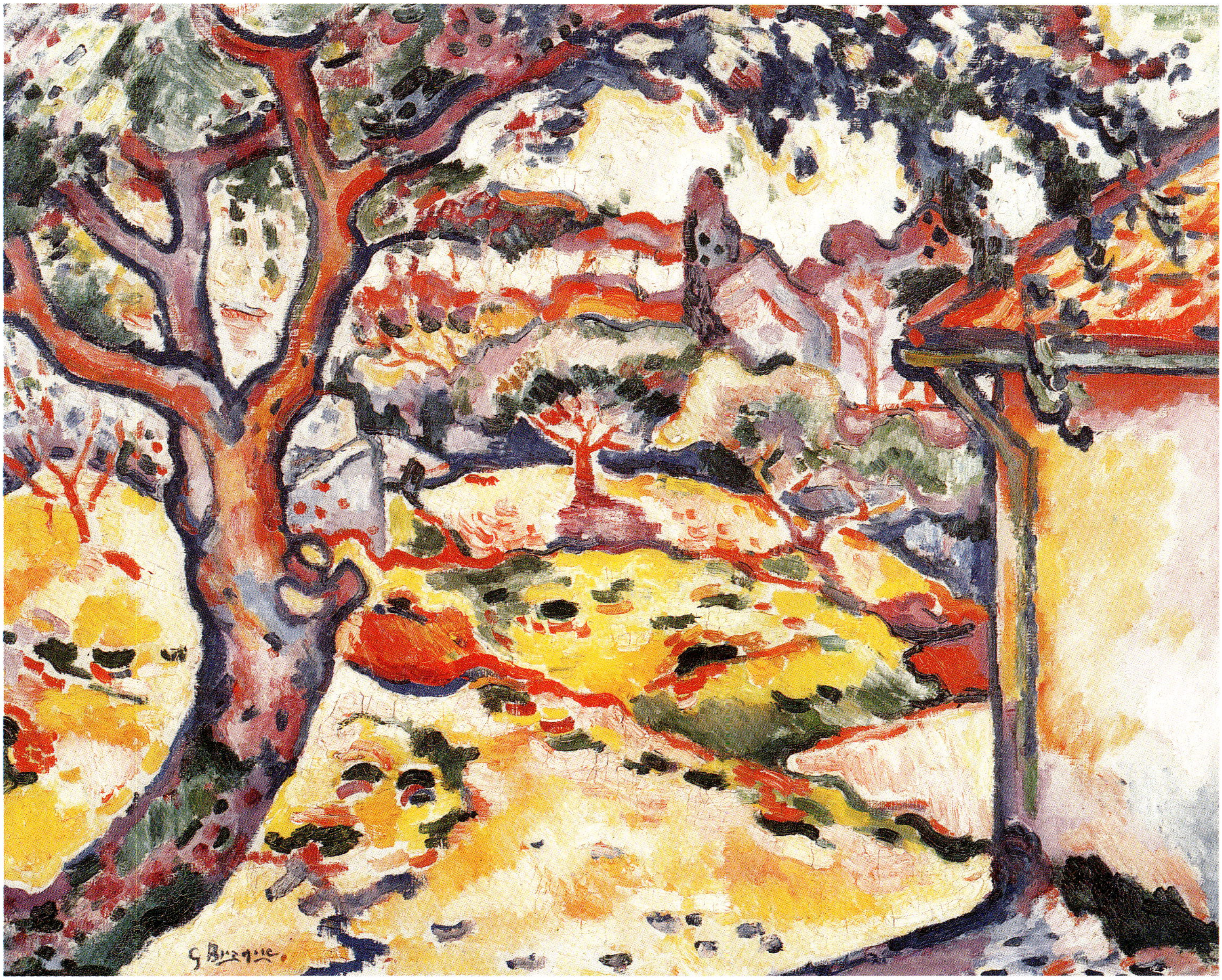

89 - Georges Braque
L'Olivier près de L'Estaque, c. 1906
Huile sur toile, 50 x 61 cm
Musée d'Art moderne de la Ville de Paris, donation Henry-Thomas

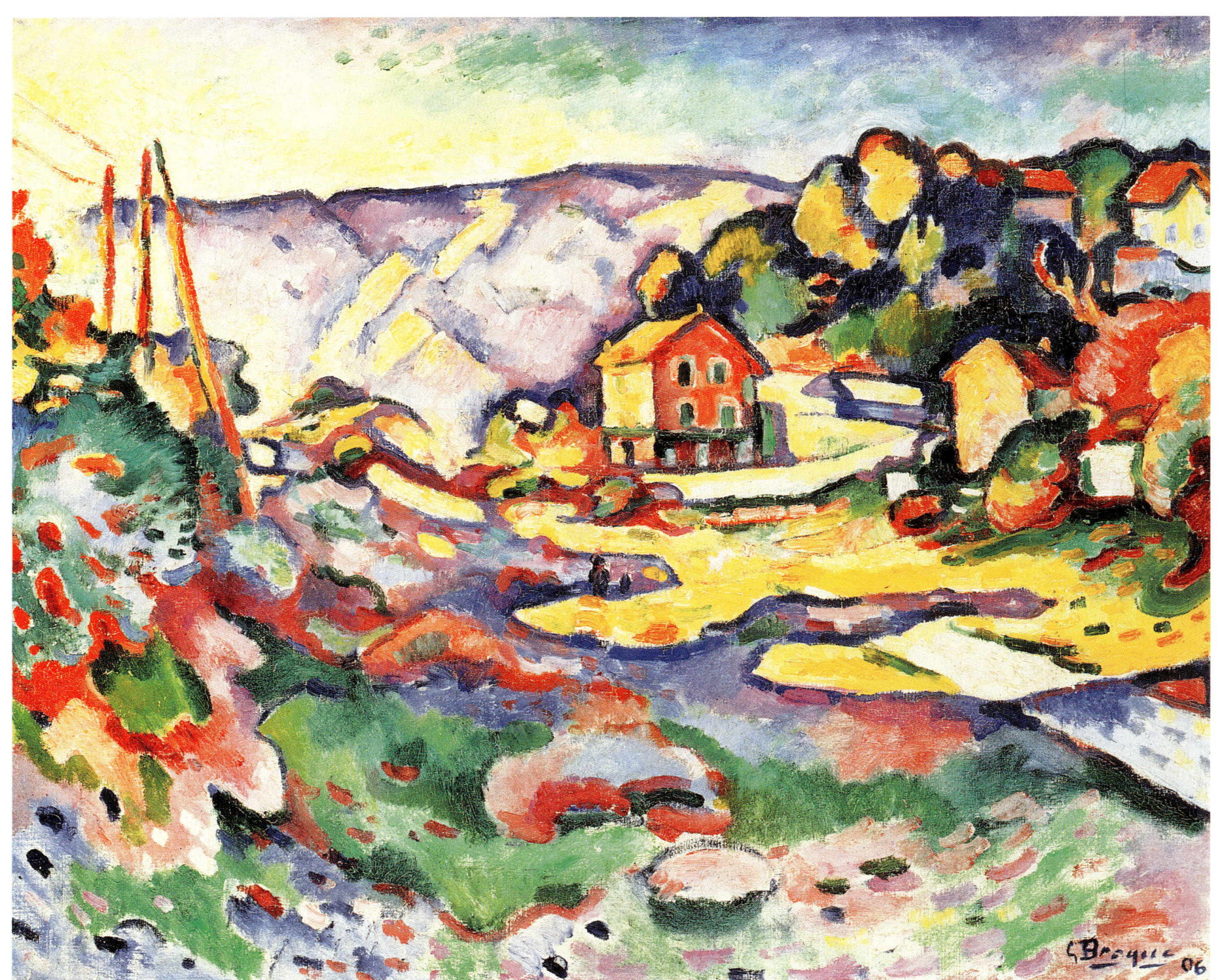

90 - Georges Braque
Paysage à L'Estaque, automne, 1906
Huile sur toile, 50,8 x 60,3 cm
New Orleans Museum of Art, bequest of Victor K. Kiam, La Nouvelle-Orléans

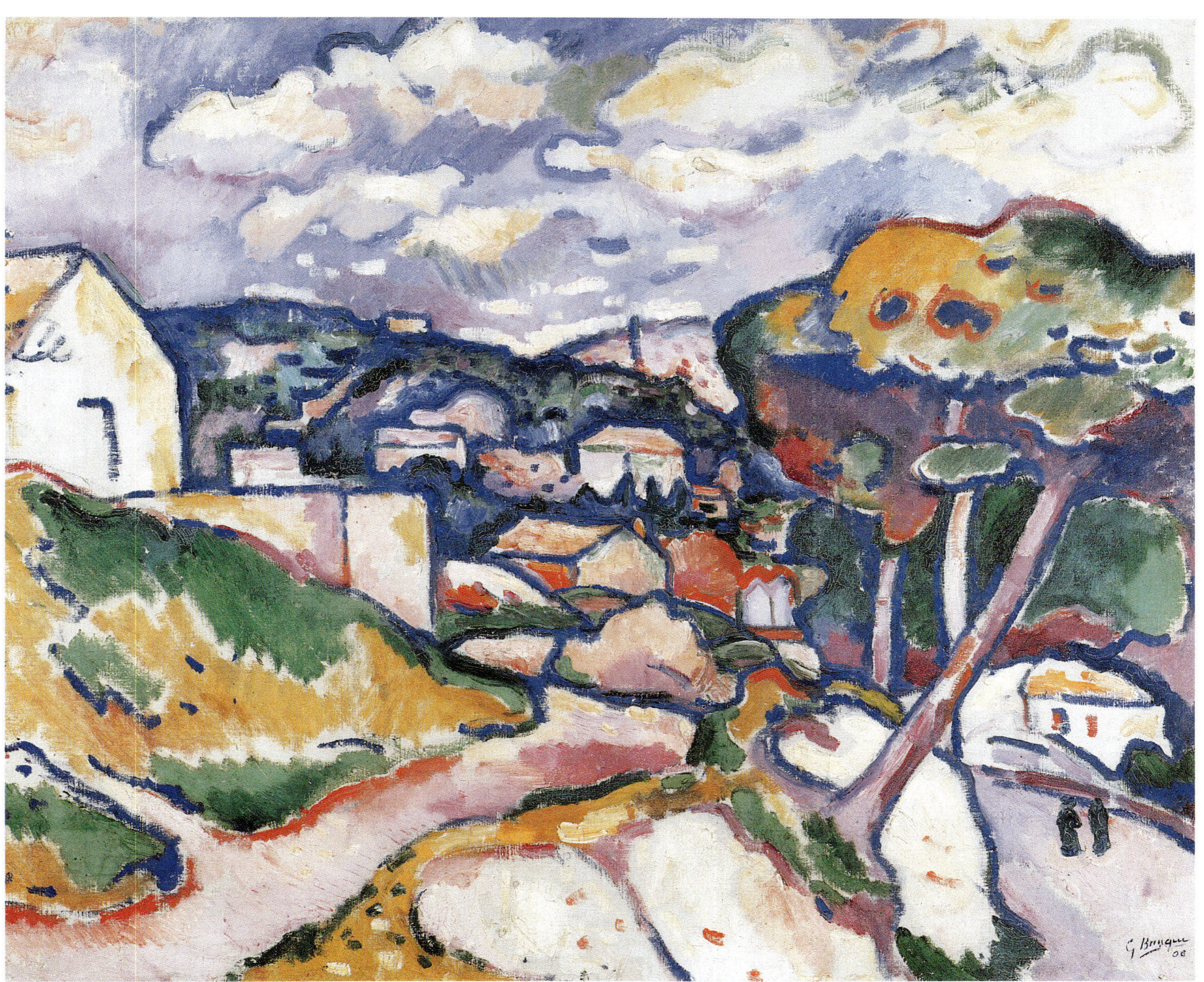

91 - Georges Braque
Paysage de L'Estaque, octobre 1906
Huile sur toile, 60,2 x 73,2 cm
L'Annonciade, musée de Saint-Tropez

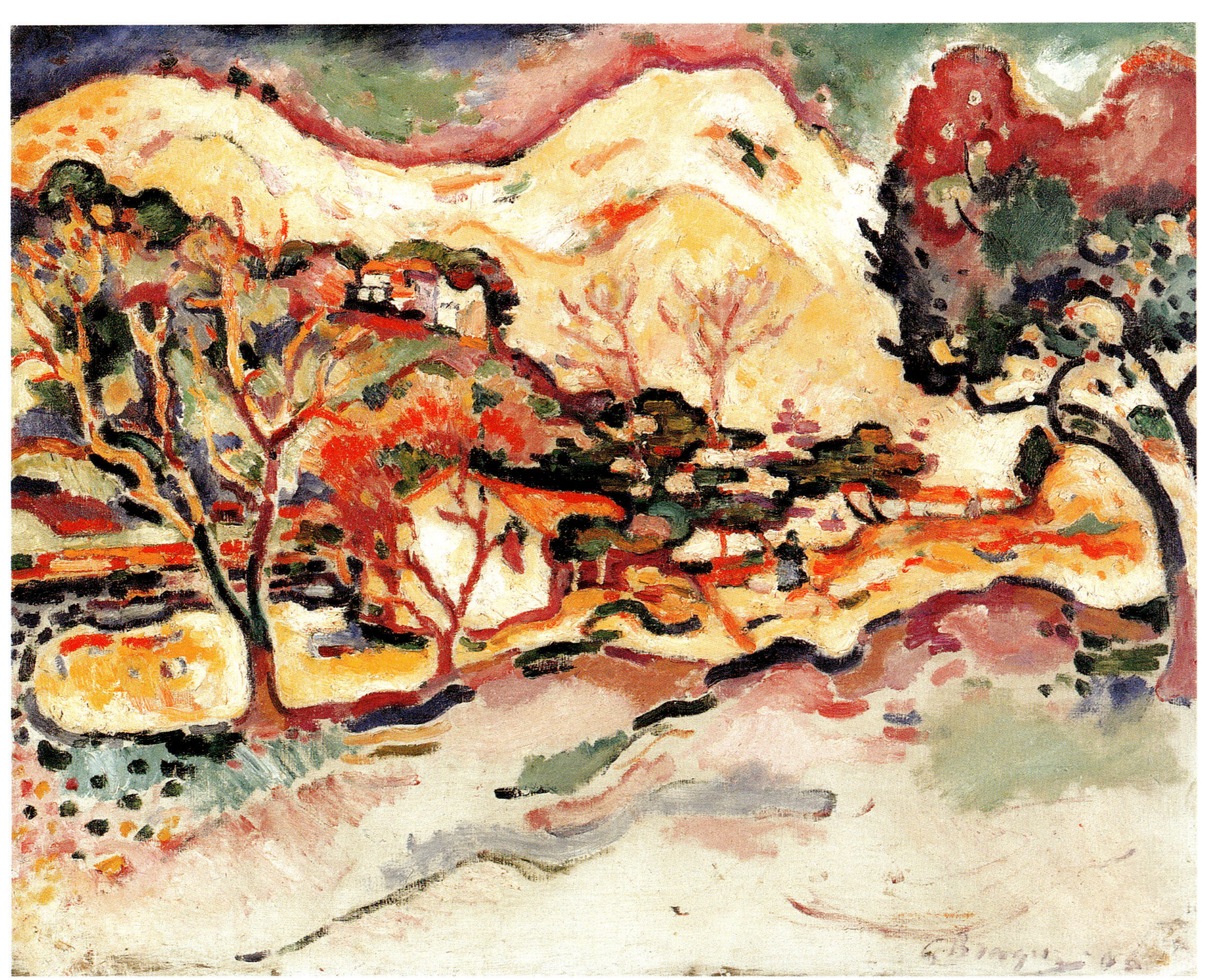

92 - Georges Braque
Paysage à La Ciotat, été 1907
Huile sur toile, 54 x 65,4 cm
Collection particulière, Suisse

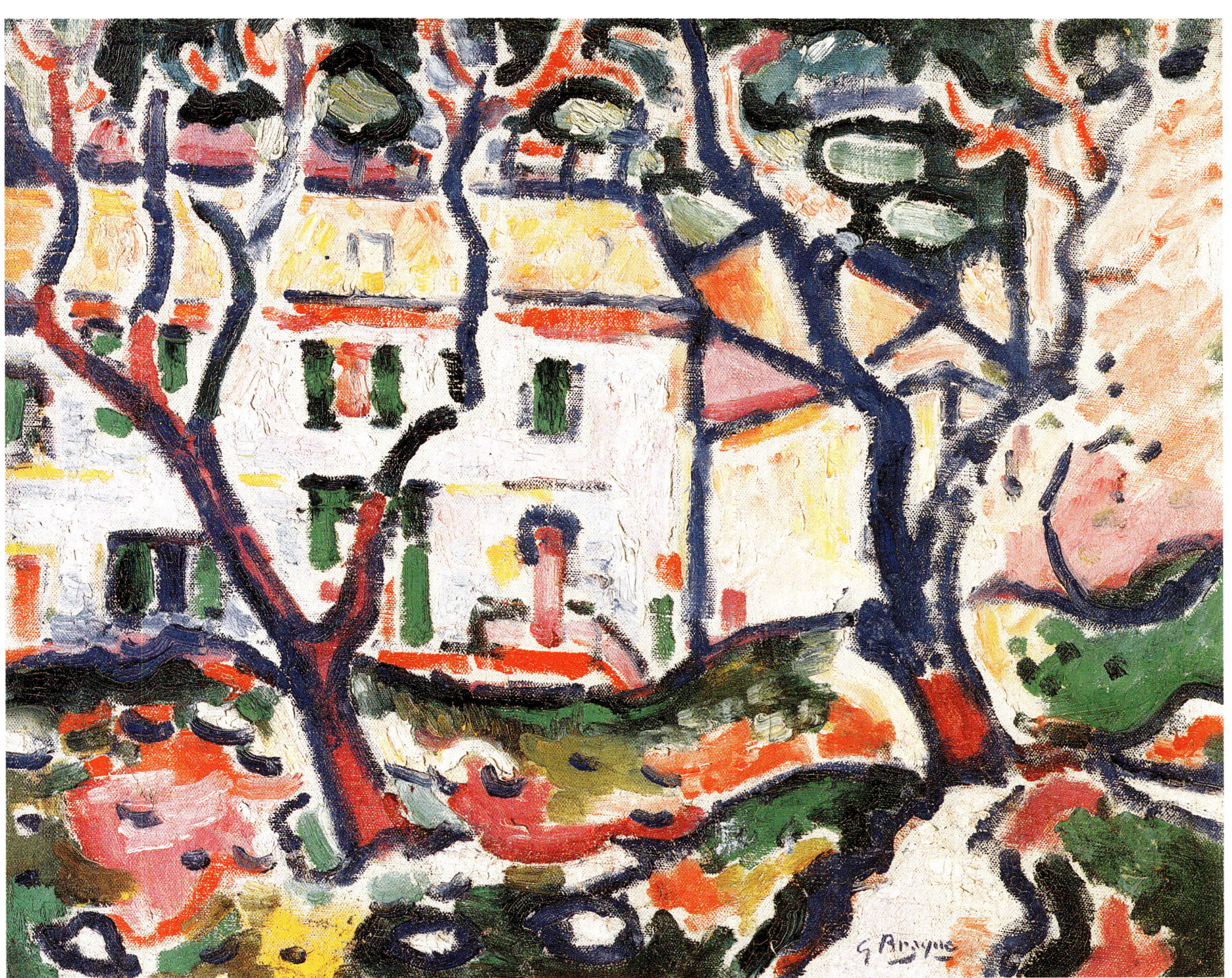

93 - Georges Braque
Maison derrière les arbres, 1906-1907
Huile sur toile, 37,5 x 45,7 cm
The Metropolitan Museum of Art, Robert Lehman Collection, New York

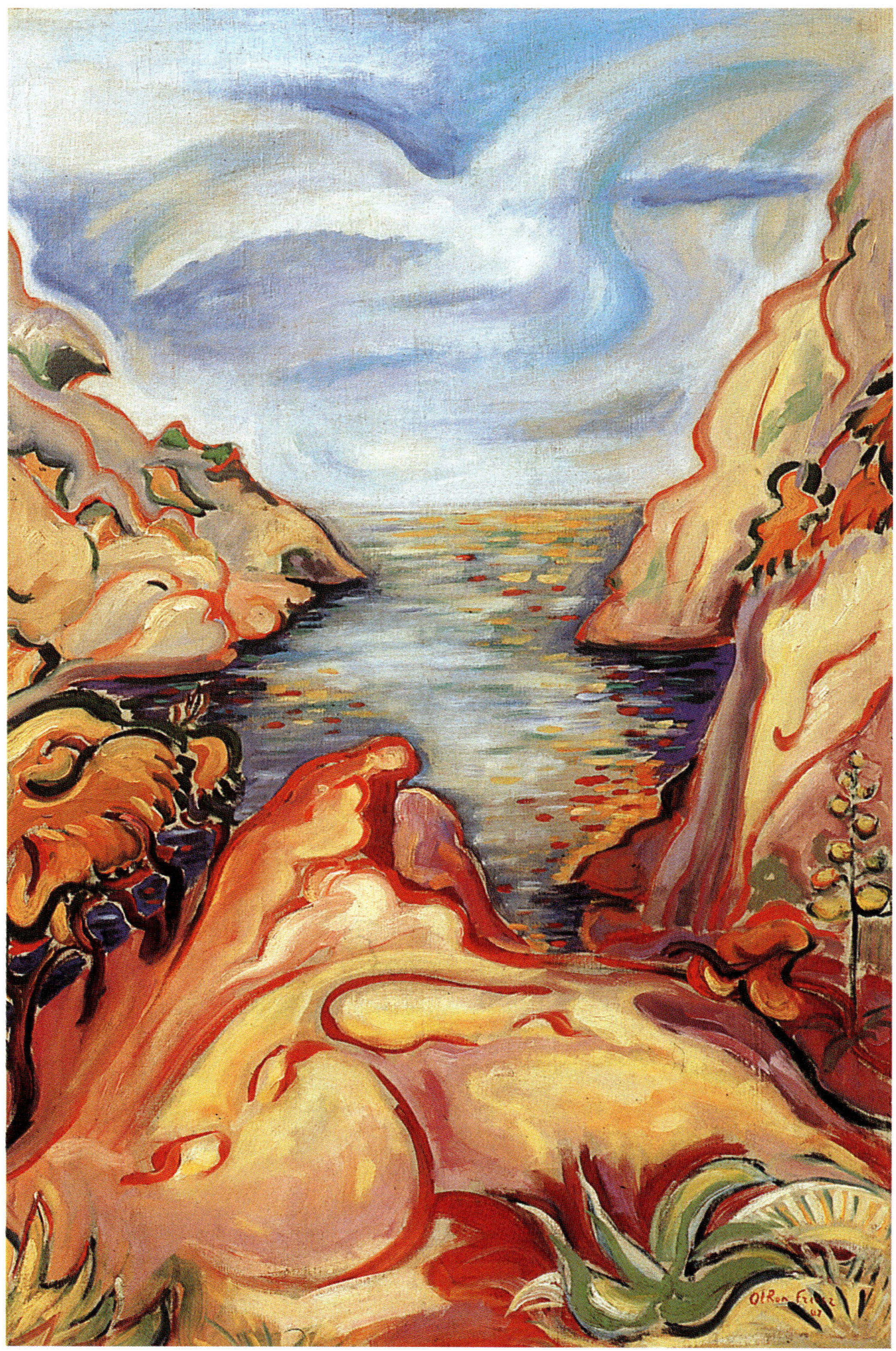

94 - Othon Friesz
Paysage de La Ciotat, 1907
Huile sur toile, 92,5 x 60,5 cm
Collection particulière

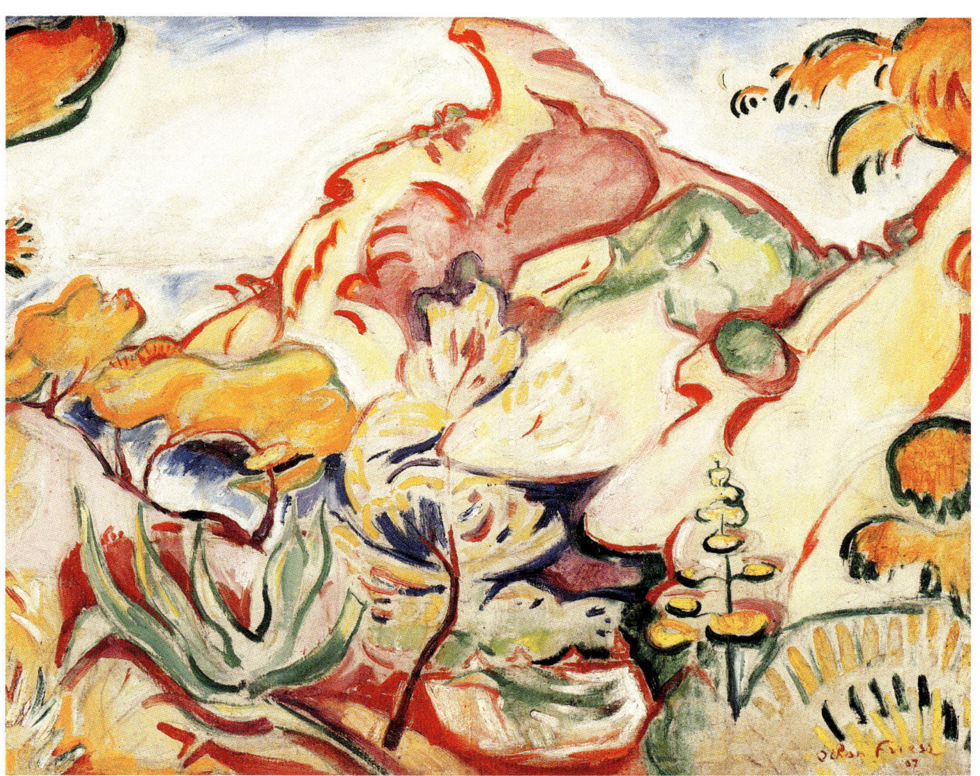

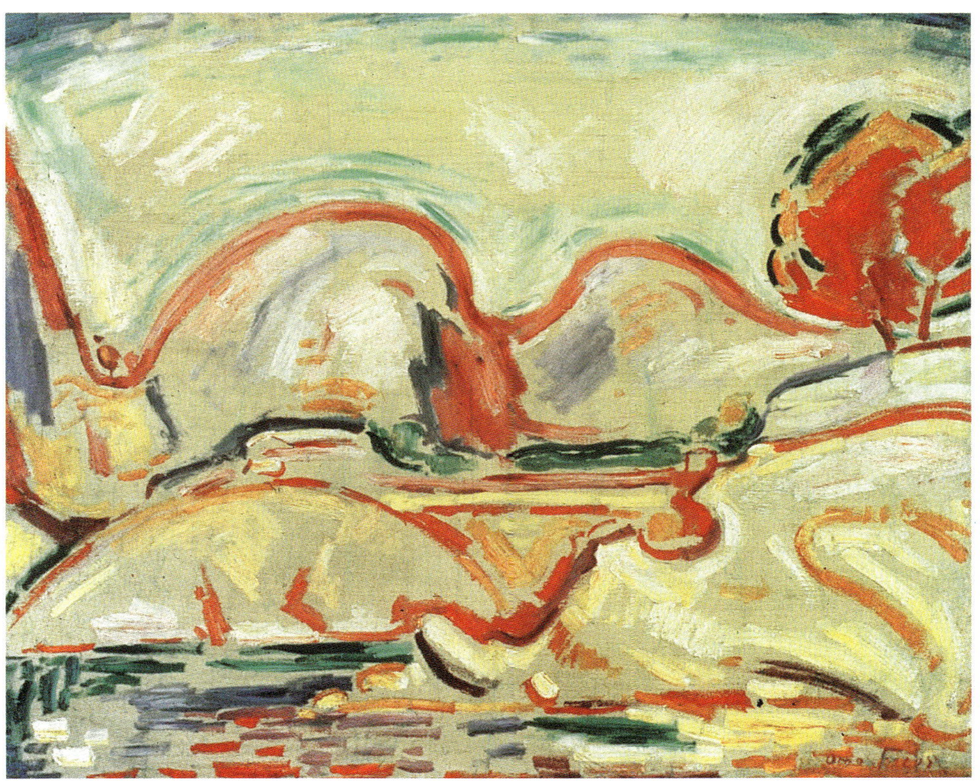

95 - Othon Friesz
Paysage à La Ciotat, 1907
Huile sur toile, 65 x 81 cm
Musée d'Art moderne, donation Pierre et Denise Lévy, Troyes

96 - Othon Friesz
La Ciotat, 1907
Huile sur toile, 65 x 80 cm
Collection particulière

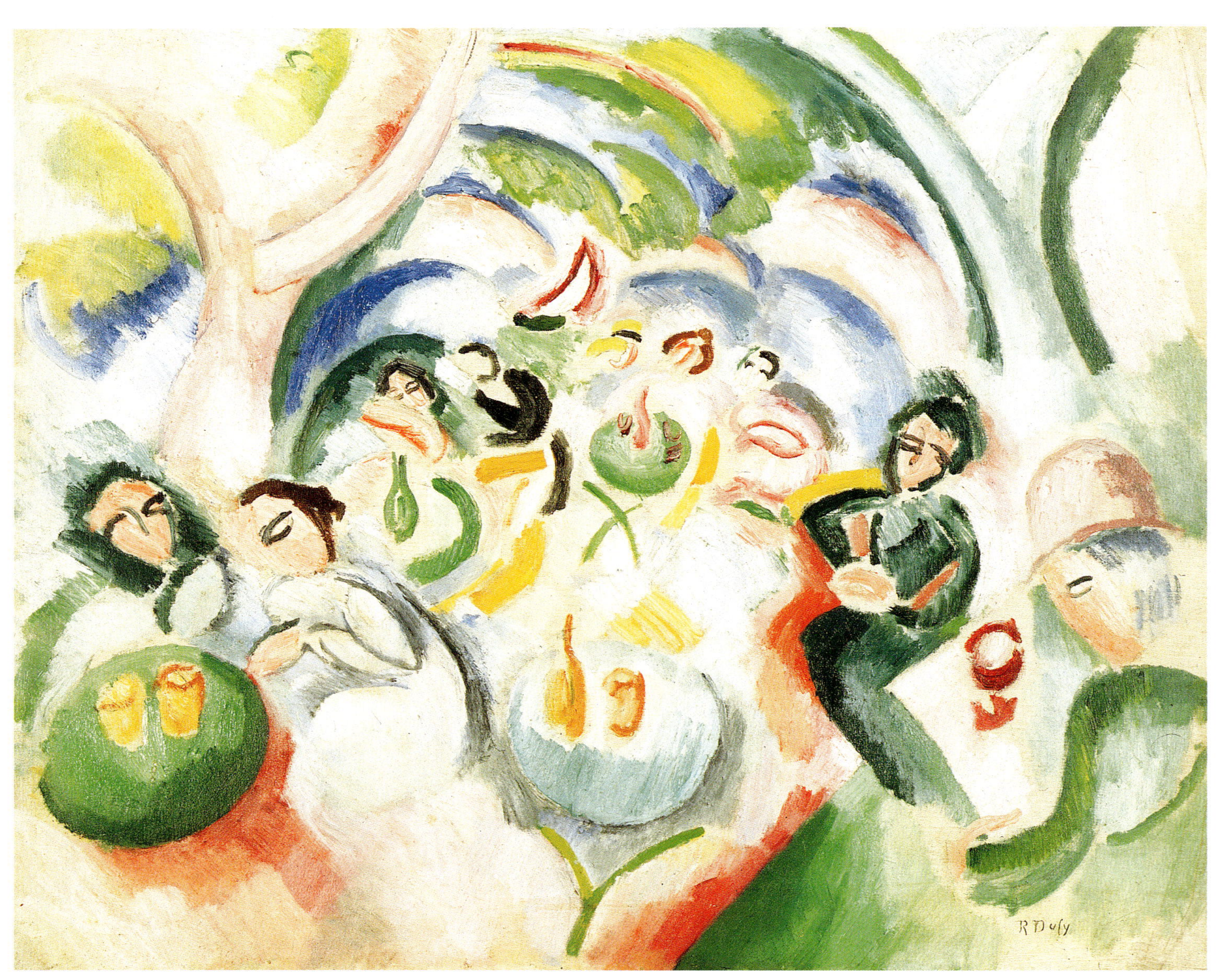

97 - Raoul Dufy
L'Apéritif, 1908
Huile sur toile, 59 x 72,5 cm
Musée d'Art moderne de la Ville de Paris

L'Estaque, La Ciotat, 1906-1908 : Braque, Derain, Dufy, Friesz

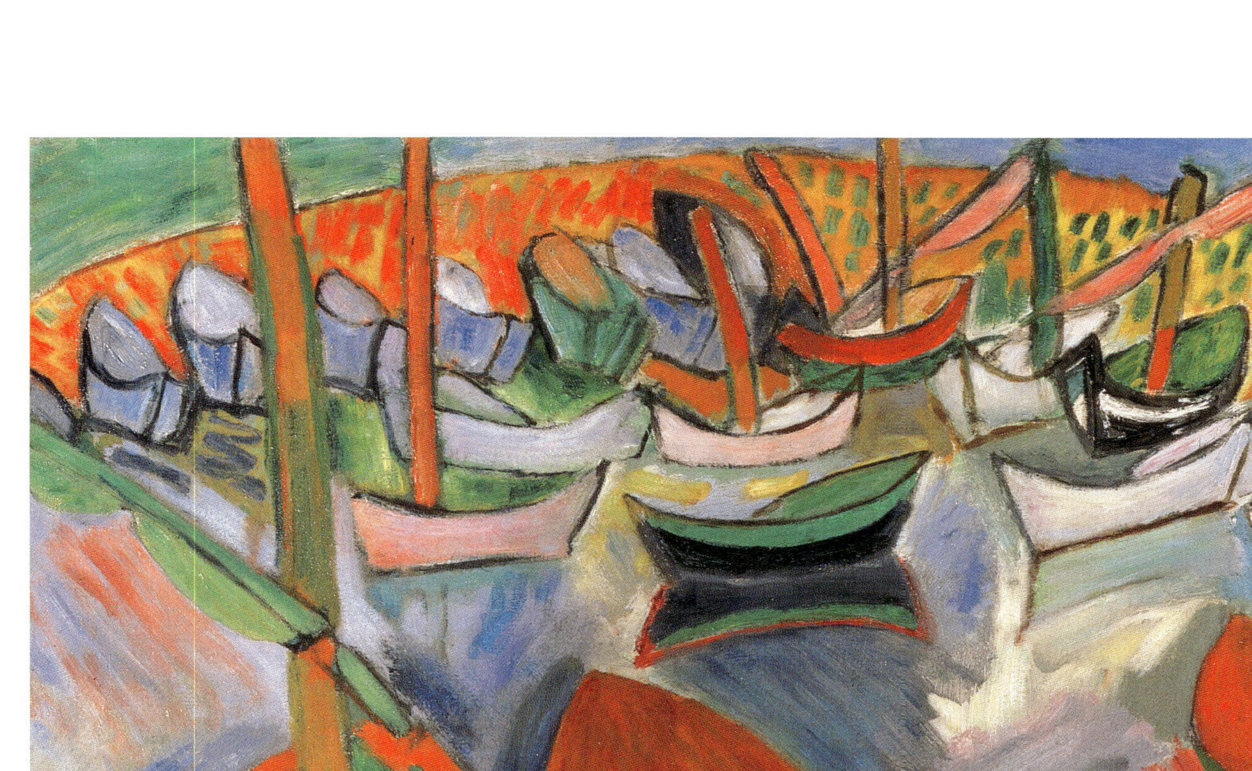

98 - Raoul Dufy
Les Barques aux Martigues, 1907
Huile sur toile, 54 x 65 cm
Collection particulière

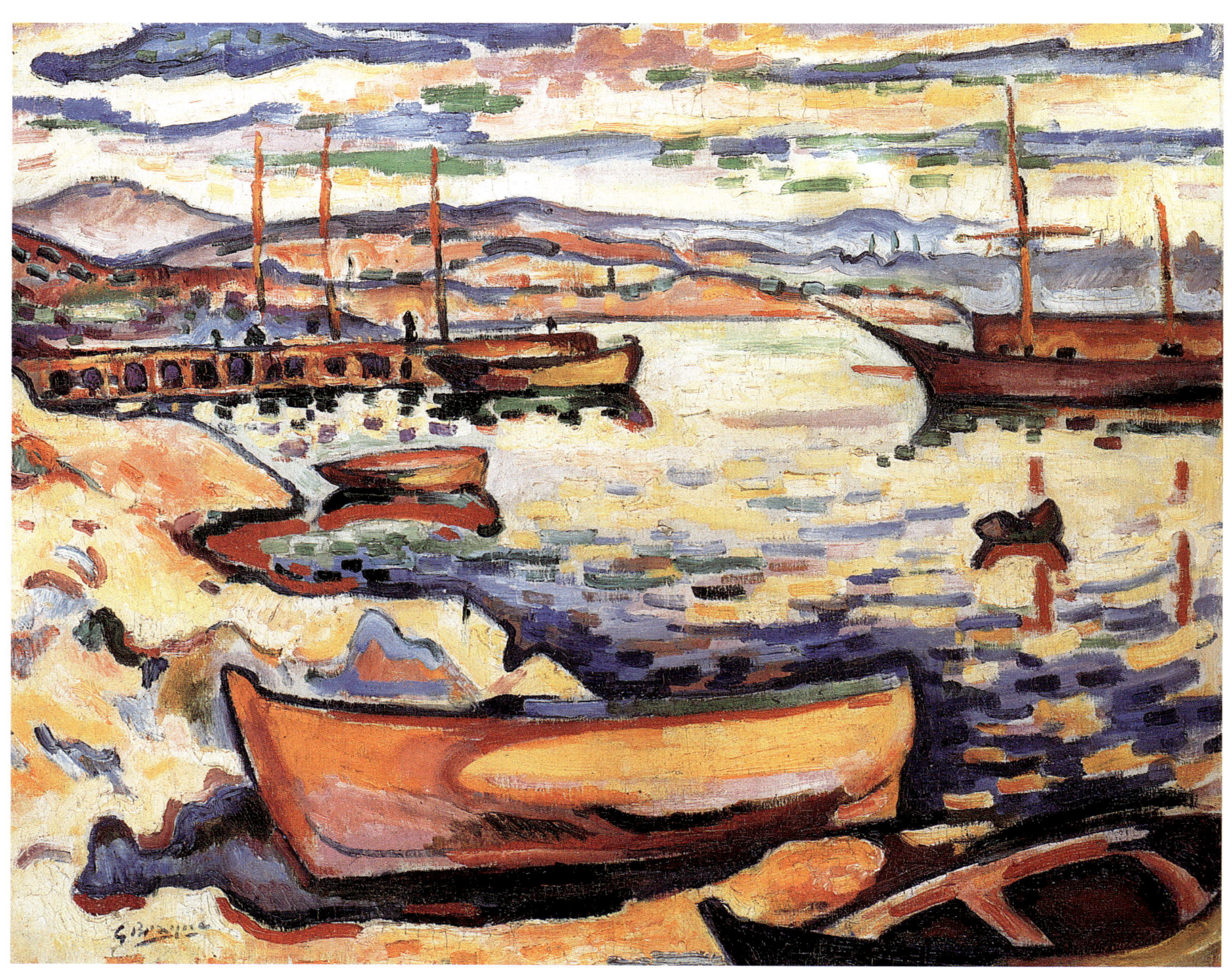

99 - Georges Braque
Port de L'Estaque, automne 1906
Huile sur toile, 50 x 61 cm
Fondation Fridart

L'Estaque, La Ciotat, 1906-1908 : Braque, Derain, Dufy, Friesz

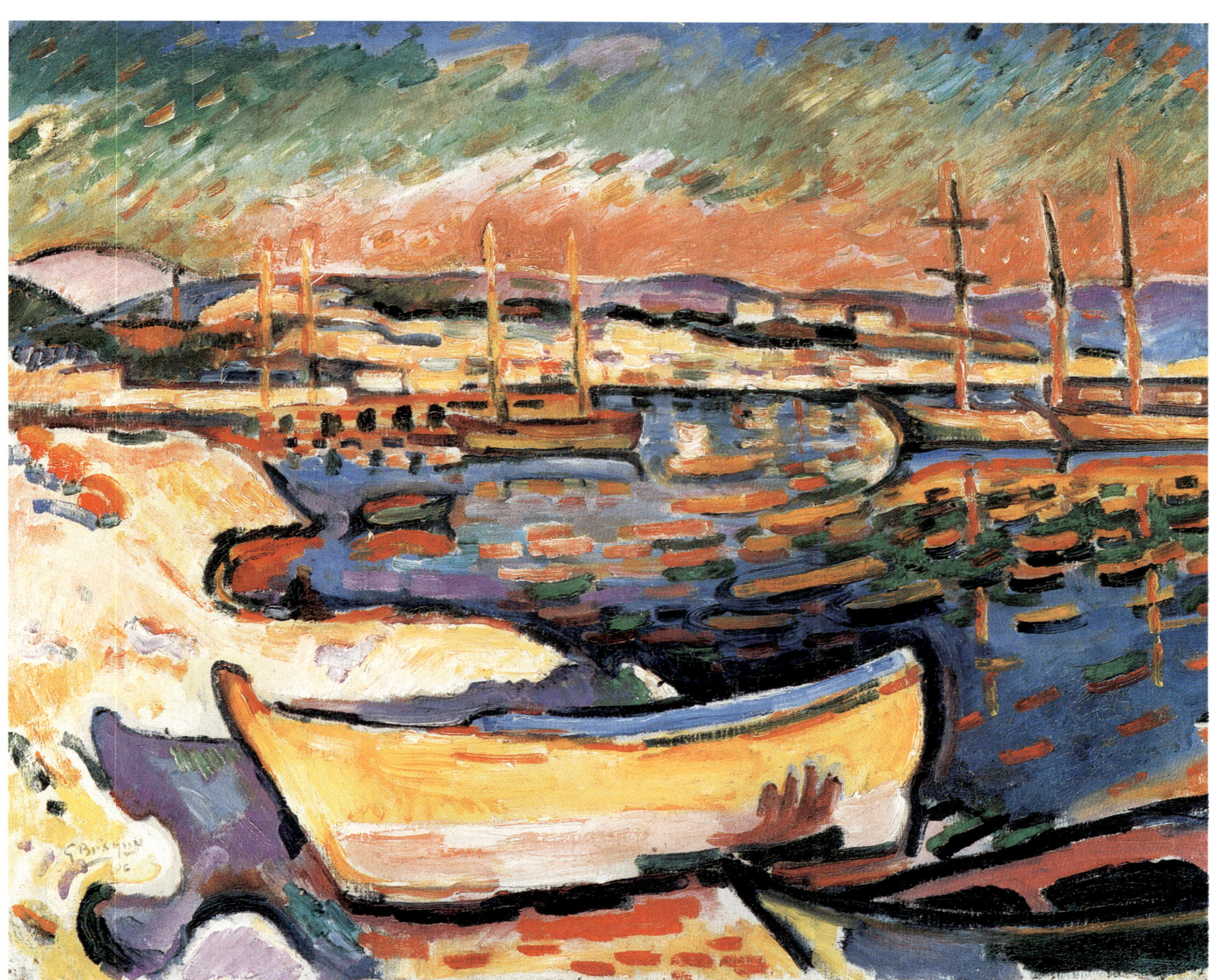

100 - Georges Braque
Bateaux sur la plage, L'Estaque, automne, 1906
Huile sur toile, 49,5 x 70 cm
County Museum of Art, gift of Anatole Litvak, Los Angeles

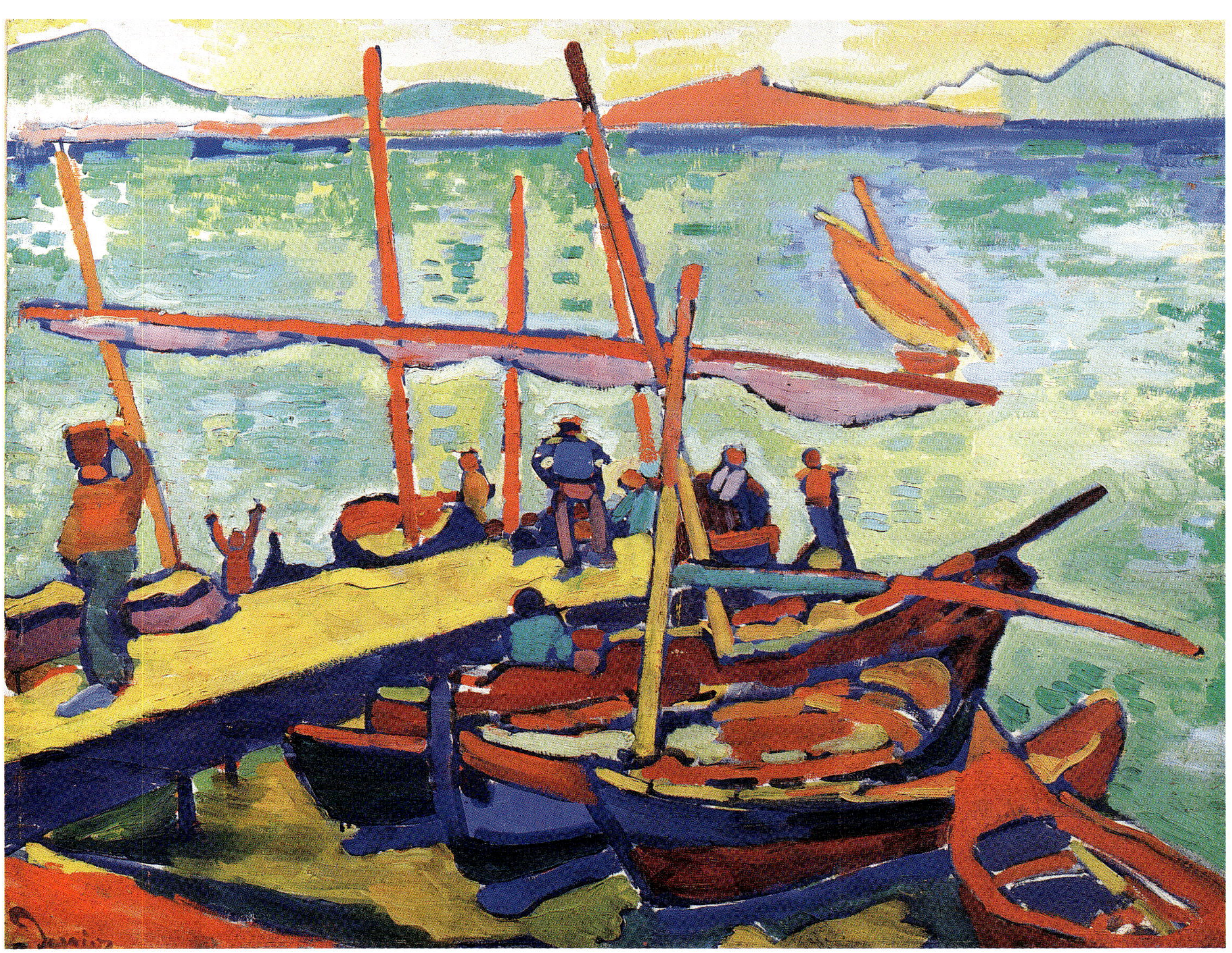

101 - André Derain
Bateaux de pêche à L'Estaque, 1906
Huile sur toile, 73 x 92 cm
Collection particulière

Le cercle des Fauves :
Valtat, Camoin, Manguin
Puy, Chabaud, Delaunay
Metzinger, Le Fauconnier

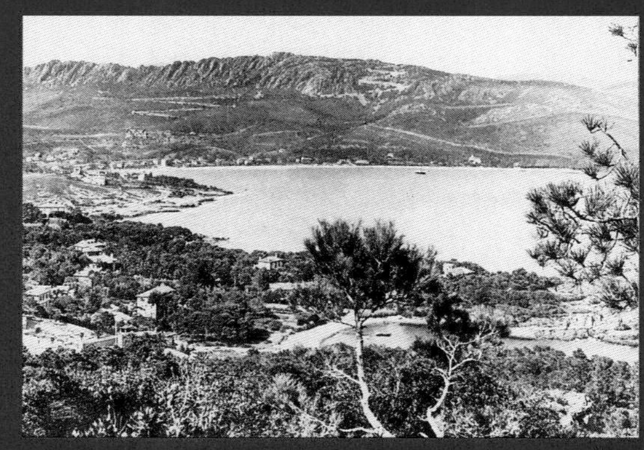

Agay

Valtat, le plus ancien parmi cette génération d'artistes dont Vollard est le marchand, est un proche des Nabis, de Renoir et de Signac. Il expose cependant régulièrement auprès des Fauves[1], à partir de 1905, du fait de son usage précocement libre de la couleur, souvent haussée par des accords de rouge, d'orangé et de vert (*Les Rochers rouges de l'Esterel,* cat., n° 104). Dans ses marines, encore naturalistes, il associe une touche à la fois dense et rapide à une matière grumeleuse pour traduire la sensualité drue des paysages qui lui sont familiers (*Les Rochers rouges d'Agay,* cat., n° 103).

Camoin, Manguin, anciens élèves de Gustave Moreau, et Puy, de l'atelier d'Eugène Carrière, bien que réticents à l'étiquette fauve – notamment à l'issue du Salon d'Automne de 1905, où tous, sauf Puy, figurent dans la salle VII –, ont contribué à diffuser (en Suisse, en Allemagne, en Russie[2]) les acquis du fauvisme. Ils les rendaient assimilables grâce à une thématique intimiste et un traitement mesuré de la couleur tout en gardant un rapport de proximité avec le réel. De nombreuses œuvres montrent leur travail en commun sur le modèle, de 1899 à 1905, aux côtés de Matisse et de Marquet, ou lors de leurs séjours fréquents sur la côte méditerranéenne (Saint-Tropez, Agay, Collioure, etc.).

Proche de Matisse dont il est, avec Marquet l'un des plus anciens compagnons, Manguin, à Saint-Tropez, s'est aussi rapproché des divisionnistes, Cross et surtout Signac. Interprétant librement sa théorie de la couleur, il privilégie les gammes chromatiques d'orangé et de jaune lumineux (*Saint-Tropez, le coucher de soleil,* cat., n° 102) et les jeux de complémentaires pacifiés de mauve et de vert pour distiller, à travers les figures dans des paysages, une joie de vivre paisible et harmonieuse (*Jeanne à l'ombrelle,* cat., n° 105).

Camoin, Marseillais d'origine, circule durant l'été 1905 sur la Côte d'Azur. C'est à Manet et non à Cézanne qu'il voit régulièrement à Aix que se réfèrent plusieurs peintures réalisées avec Marquet au Bar des roses à Saint-Tropez, surnommé le «Bon Bock». Dans *La Saltimbanque au repos* (cat., n° 111) se retrouve la même concision du dessin, le traitement de l'espace clos en aplats ranimé par les motifs de couleurs vives d'une couverture sur laquelle s'inscrit la diagonale du modèle impudique.

Jean Puy concilie travail sur le motif et recomposition en atelier. *Flânerie sous les pins* (cat., n° 107)[3], associe un paysage de la rivière de Bénodet à des figures (deux femmes au repos, le peintre et son modèle) agencées en registres. Plusieurs motifs de ce tableau se retrouvent en diverses versions jusqu'en 1911, attestant des recherches d'une voie nouvelle pour le paysage décoratif, sujet de discussions passionnées avec Matisse.

Trois artistes traversent brièvement le fauvisme, avec une interprétation personnelle de la couleur: Auguste Chabaud, rallié tardivement au cercle des Fauves (en 1907), dote ses portraits d'un caractère expressionniste affirmé, où dominent le rouge et le noir fortement charpentés par un cerne (*Yvette,* cat., n° 109). Il combine le paysage urbain nocturne et ses lumières artificielles à un espace frontal, sans ciel où la lettre, violemment colorée, prend valeur de motif (*Hôtel-Hôtel,* cat., n° 110).

Jean Metzinger et Robert Delaunay – entre divisionnisme et fauvisme qui constitue une étape courte mais décisive dans leur évolution – utilisent la couleur pure dans ses contrastes simultanés et la touche fragmentée pour des recherches ambitieuses de «versification chromatique[4]». La composition s'inspire d'un Orient ésotérique (*Méditation,* cat., n° 112), ou donne libre cours à la fantaisie expressive du motif exotique qui anime d'un même vibrato coloré et lumineux l'ensemble du tableau (*Nature morte au perroquet,* cat., n° 113).

1 Notamment au Salon des Indépendants, au Salon d'Automne (reproduction d'une de ses œuvres dans *L'Illustration* du 4 novembre 1905) et au Cercle de l'art moderne du Havre, en 1906.
2 Notamment grâce à la stratégie commerciale d'Ambroise Vollard et à son réseau de collectionneurs à l'étranger: les barons de Bodenhausen et Mutzenbecker, les Hahnloser, Karl Ernst Osthaus à Essen, Van de Velde à Weimar, Reinhart à Winterthur, Chtchoukine et Morosov à Moscou, etc. Ces derniers ont acquis des œuvres d'artistes post-impressionnistes (Maillol, Denis, Gauguin, Valtat, Cézanne, etc.), s'intéressant aux Fauves modérés (Manguin, Puy) comme aux plus audacieux (Matisse surtout et Derain).
3 Œuvre présentée au Salon d'Automne de 1905 et reproduite dans *L'Illustration* du 4 novembre 1905.
4 Jean Metzinger, cité par Georges Desvallières, «Aux serres du Cours la Reine», *La Grande Revue,* avril 1907, p. 141.

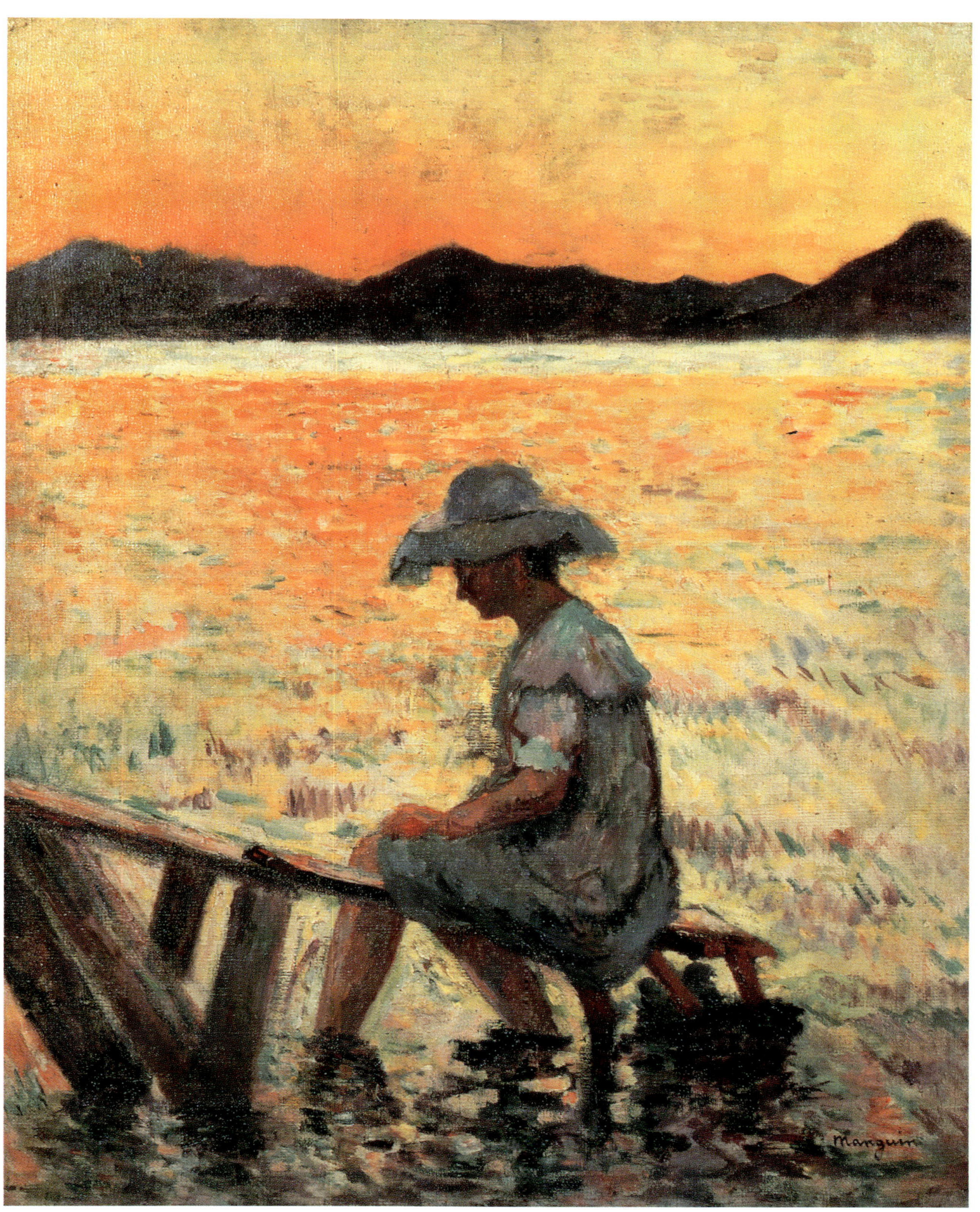

102 - Henri Manguin
Saint-Tropez, le coucher de soleil, automne 1904
Huile sur toile, 81 x 65 cm
Collection particulière, France

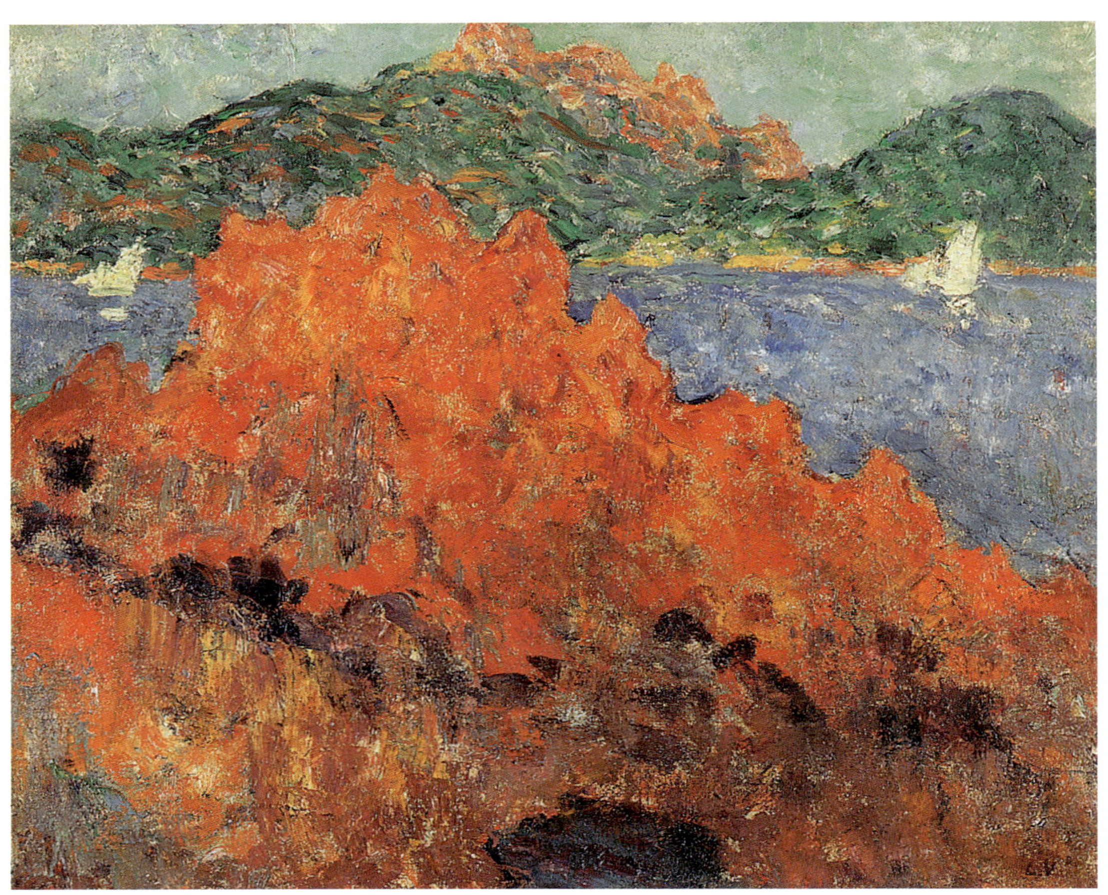

103 - Louis Valtat
Les Rochers rouges d'Agay, la pointe du Dramont, c. 1903
Huile sur toile, 54 x 65 cm
Drs G. J. Beijer, Belgique

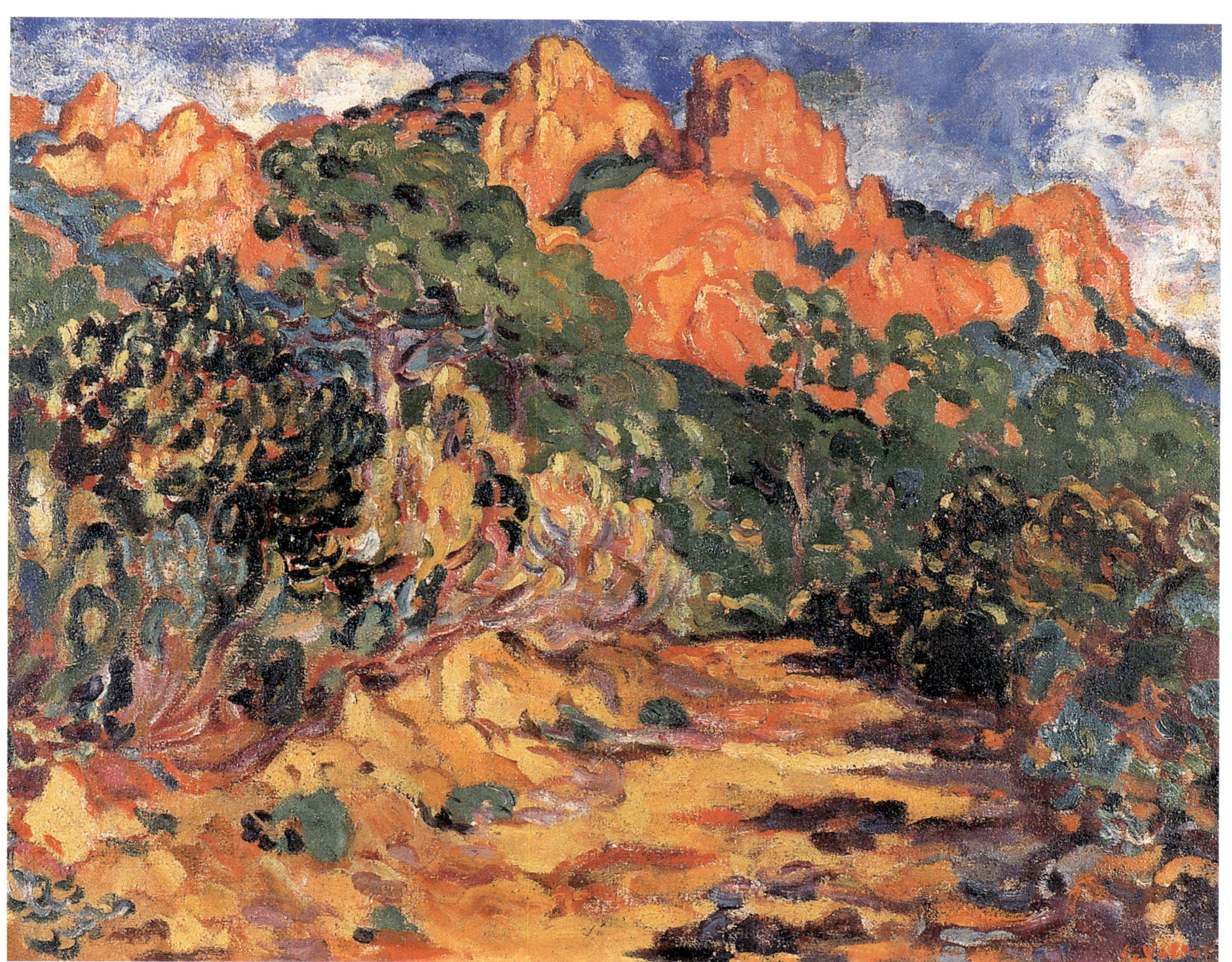

104 - Louis Valtat
Les Rochers rouges de l'Esterel, 1900-1901
Huile sur toile, 65 x 81, 5 cm
Collection particulière

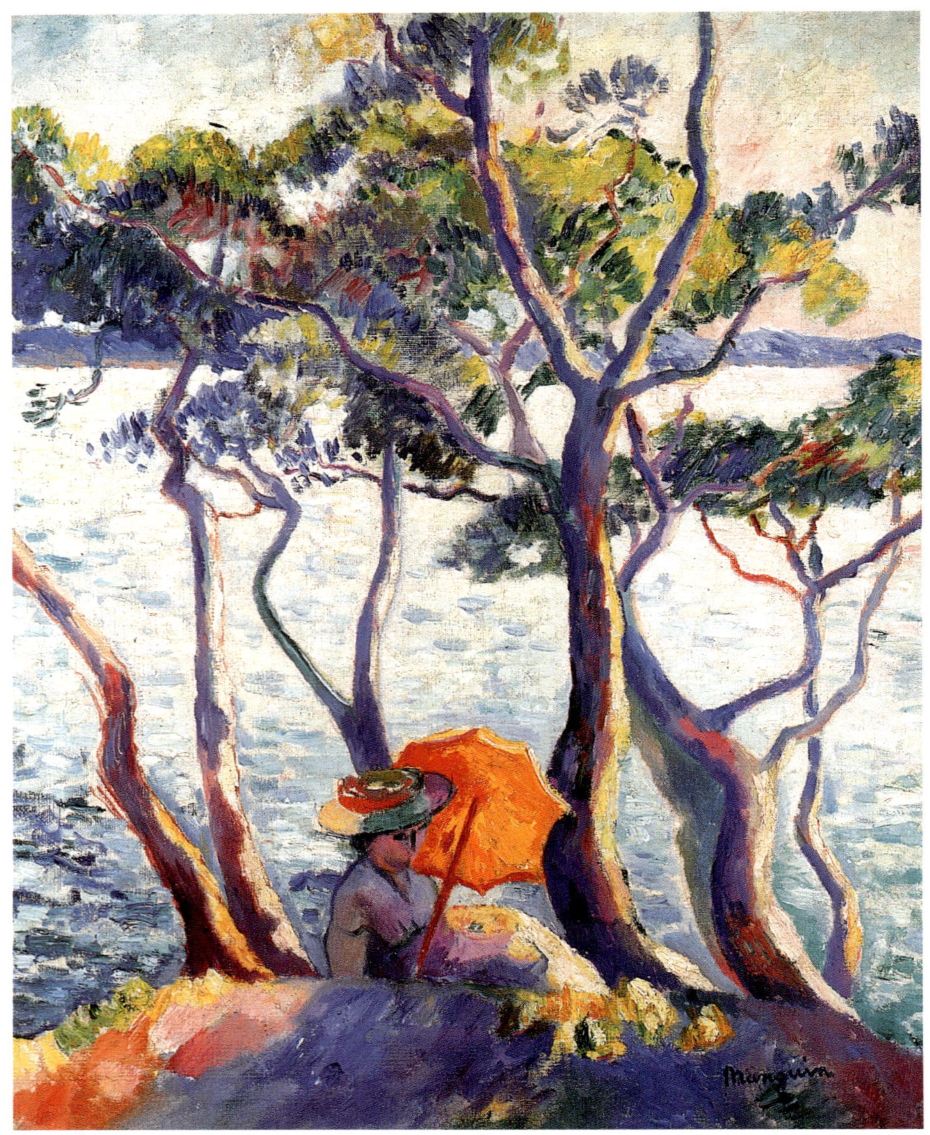

105 - Henri Manguin
Jeanne à l'ombrelle, Cavalière, printemps-été 1906
Huile sur toile, 61 x 50 cm
Kunsthalle, Bielefeld

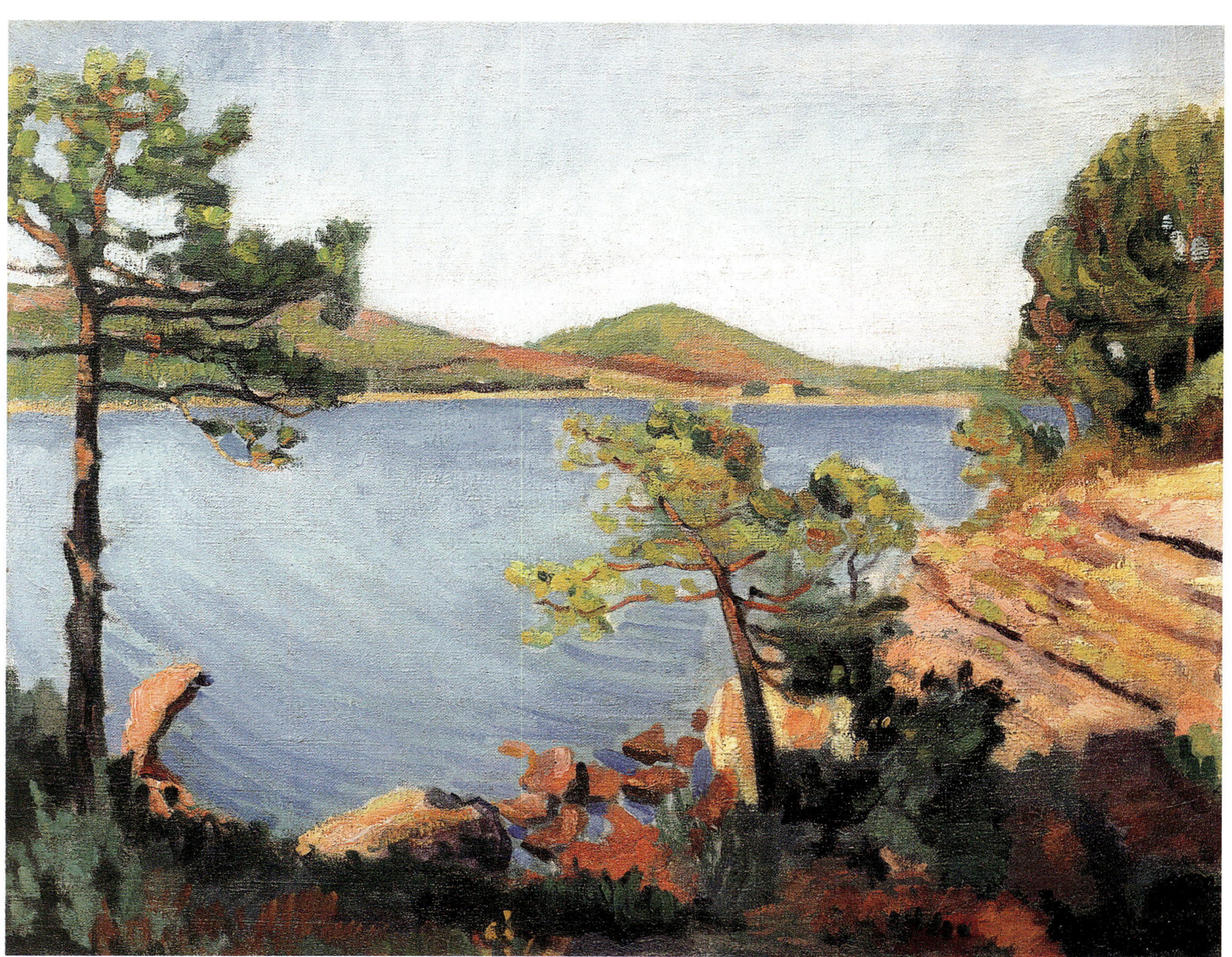

106 - Charles Camoin
Bord de mer à Agay, c. 1905
Huile sur toile, 65 x 81 cm
Collection particulière

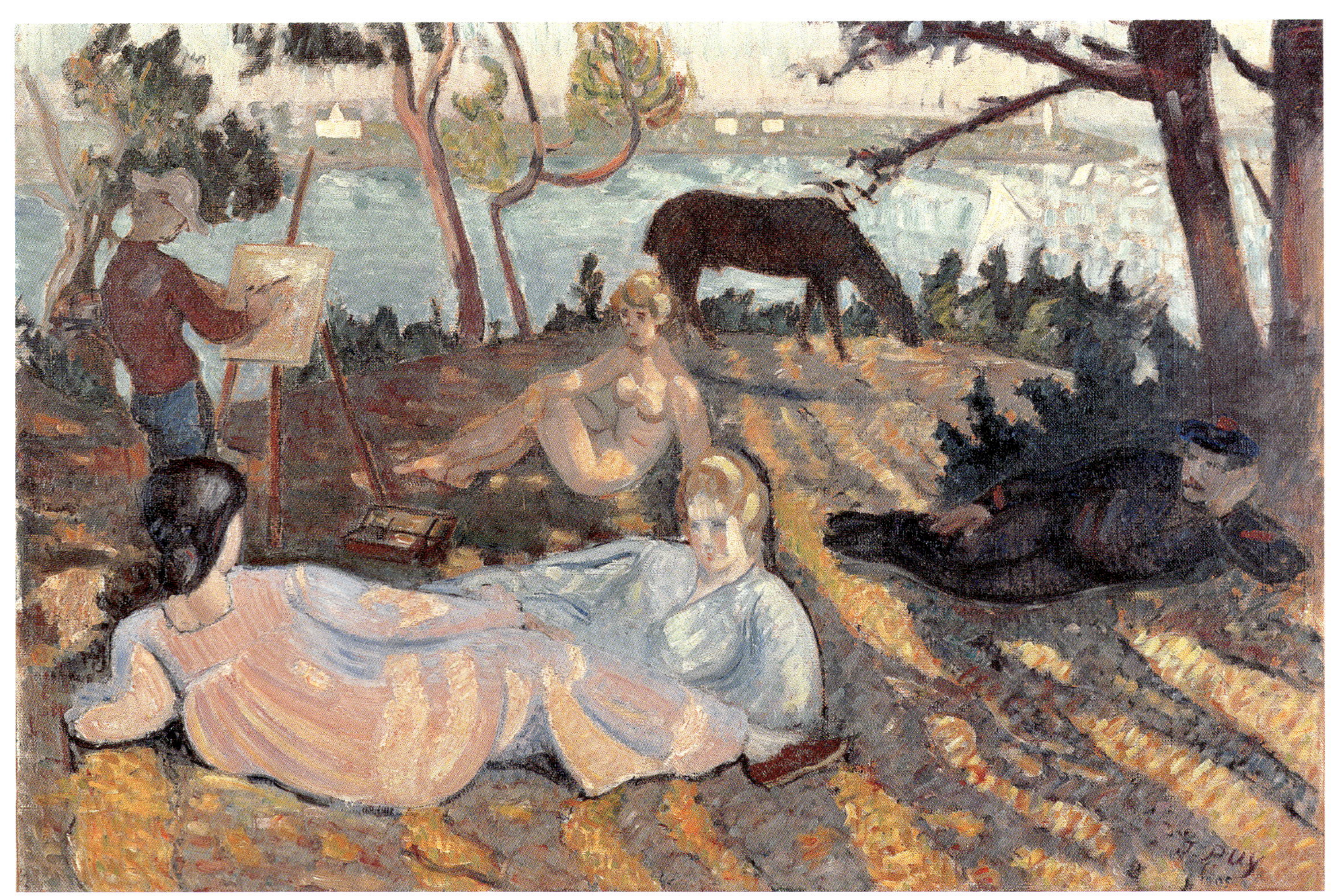

107 - Jean Puy
Flânerie sous les pins, 1905
Huile sur toile, 80 x 115 cm
Collection du musée Paul-Dini, Villefranche-sur-Saône

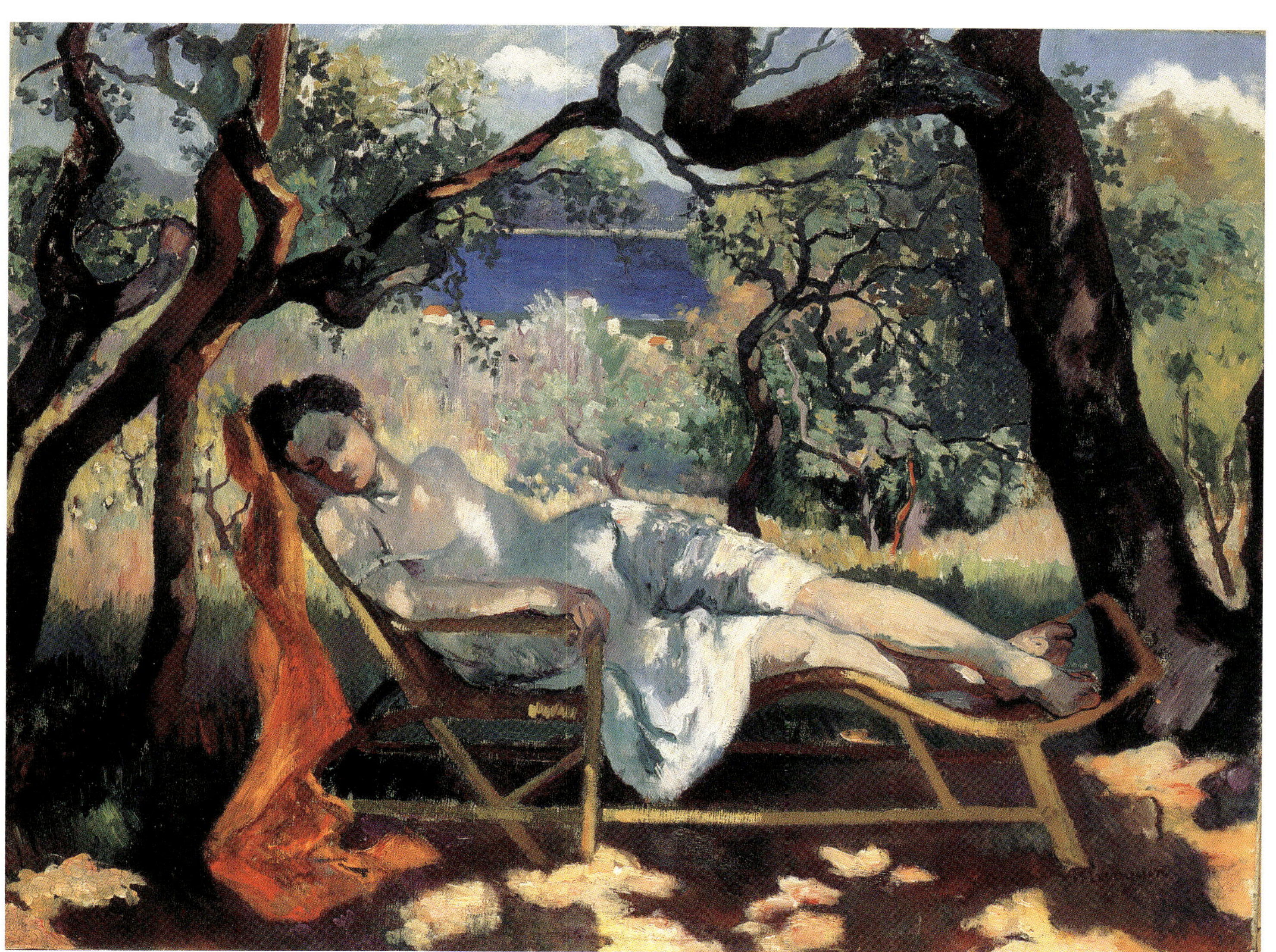

108 - Henri Manguin
La Sieste (Le Rocking-Chair, Jeanne), été 1905
Huile sur toile, 89 x 117 cm
Villa Flora, Winterthur

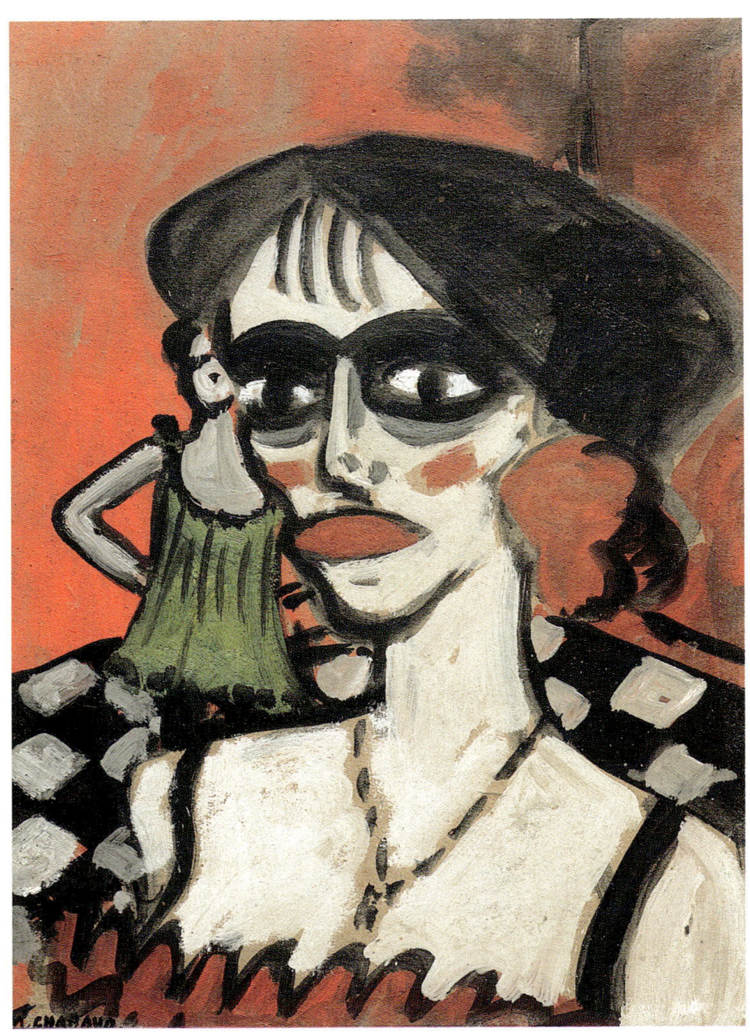

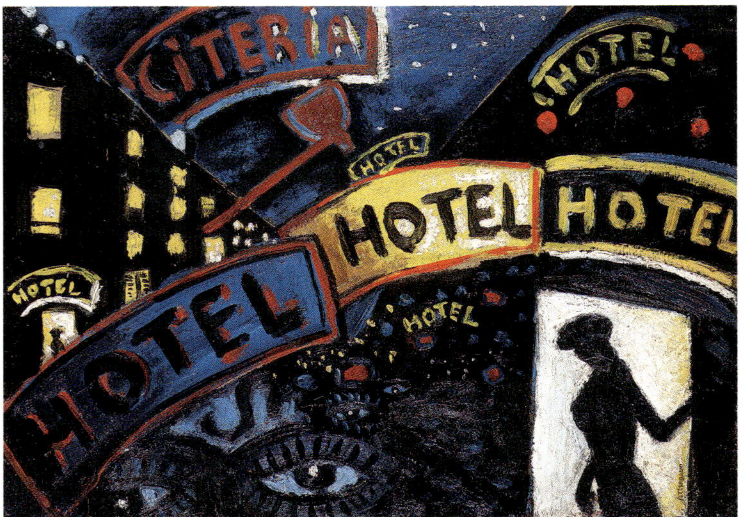

109 - Auguste Chabaud
Yvette, 1907-1908
Huile sur carton marouflé sur bois, 53,5 x 38,5 cm
Musée d'Art moderne, Troyes

110 - Auguste Chabaud
Hôtel-Hôtel, 1907-1908
Huile sur papier marouflé sur panneau, 38,5 x 53,5 cm
L'Annonciade, musée de Saint-Tropez

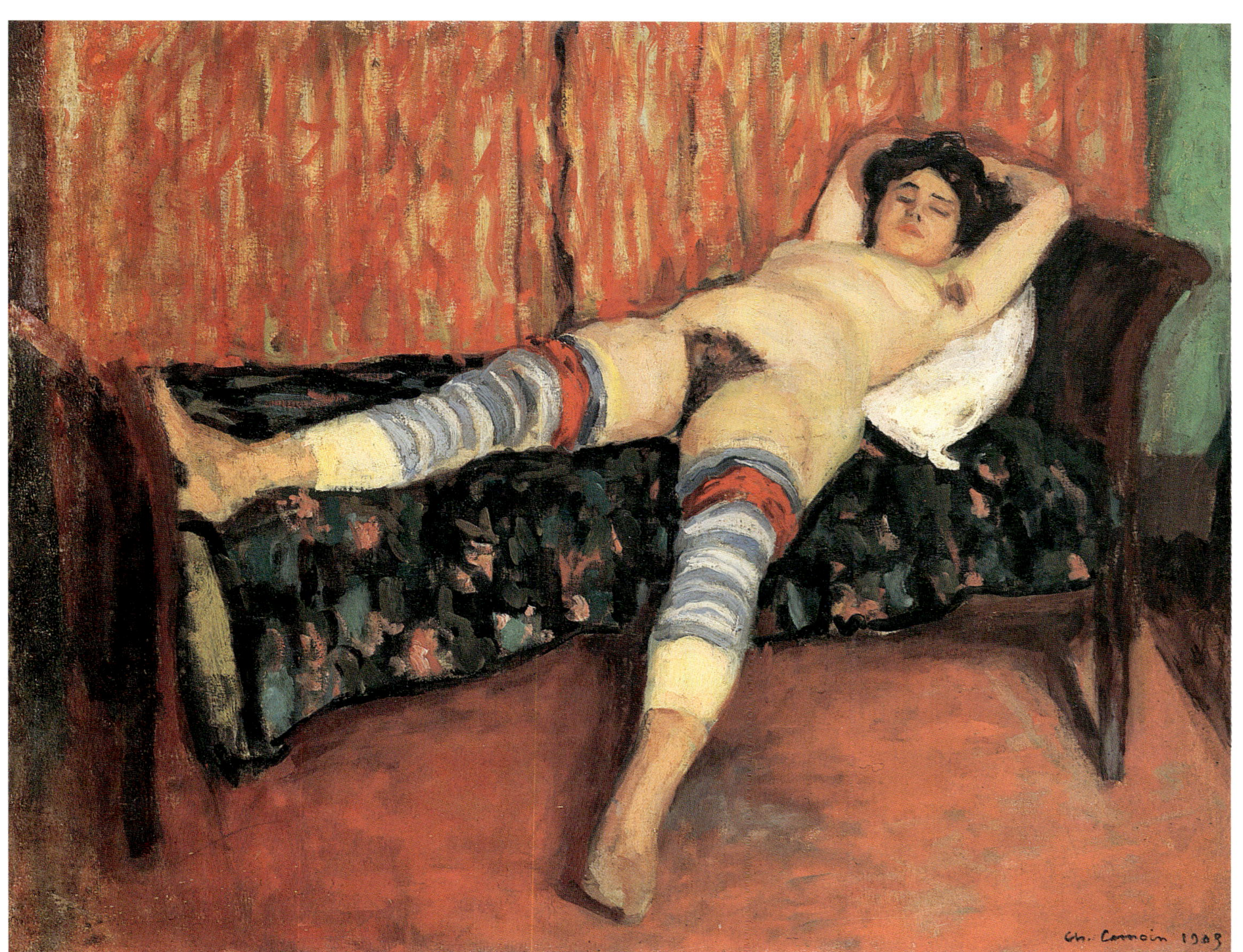

111 - Charles Camoin
La Fille endormie ou *La Saltimbanque au repos,* 1905
Huile sur toile, 65 x 81 cm
Musée d'Art moderne de la Ville de Paris

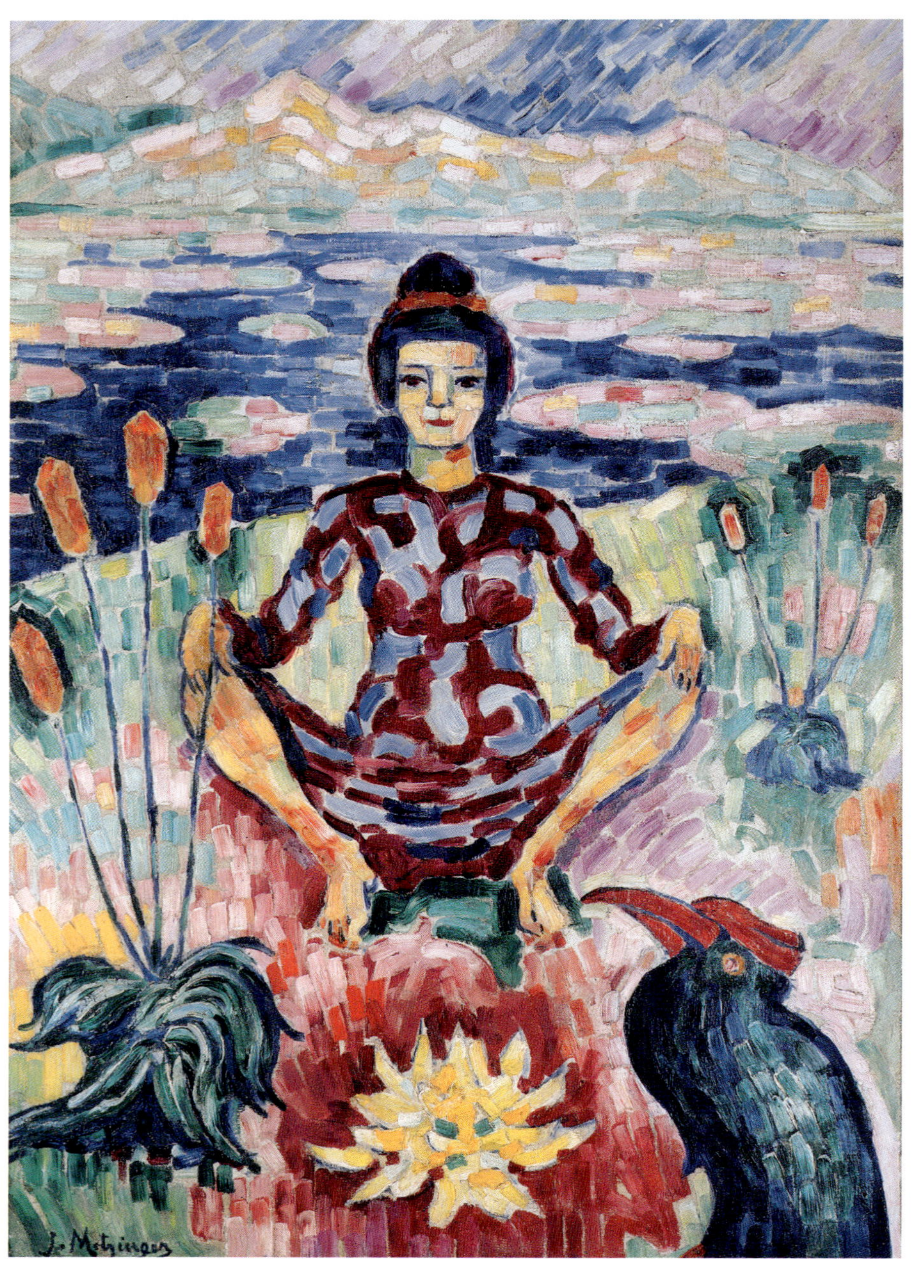

112 - Jean Metzinger
Méditation, c. 1907
Huile sur toile, 92 x 66 cm
Collection particulière

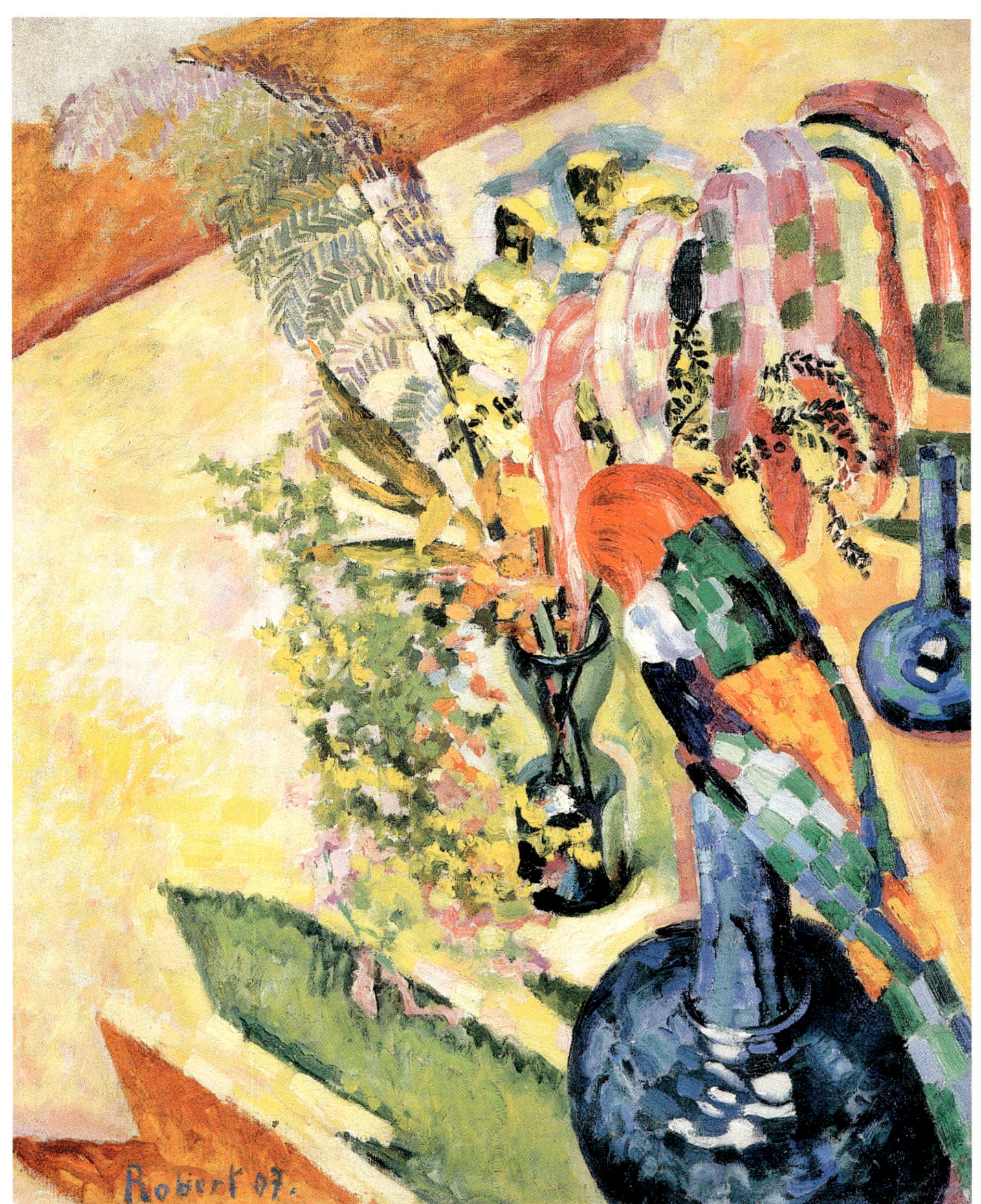

113 - Robert Delaunay
Nature morte au Perroquet, 1907
Huile sur toile marouflée sur panneau, 81 x 65 cm
Musée d'Unterlinden, Colmar

Épilogue, 1906-1910 :
Derain, Matisse

Quelques œuvres maîtresses permettent de suivre l'évolution de Derain et de Matisse, de l'apogée du fauvisme à son dépassement.

Avec *La Danse* ou *Fresque hindoue* (cat., n° 114), propablement de la fin de 1906[1], Derain projette trois personnages à taille humaine d'une origine iconographique complexe et syncrétique dans un paysage d'un exotisme luxuriant. Il y mêle un traitement coloré en aplats lumineux centré sur la vibration d'orange et de rouge de la danseuse nue au regard incandescent, les déformations expressives et la simplification des formes (mains, pieds grossiers) aux arabesques de couleurs des vêtements et de la végétation qui renforcent le dynamisme d'une mystérieuse sarabande.

Les figures et les nus regroupés ensuite coïncident avec une nouvelle orientation chez Matisse et Derain. Ils témoignent du regain d'intérêt pour la figure dans le paysage et de l'attention renouvelée pour Cézanne, l'année suivant sa mort[2]. *Trois personnages assis dans l'herbe*, 1906 (cat., n° 115), brillante synthèse de la maturité fauve de Derain, annonce son évolution vers plus de rigueur constructive : traitement allusif des visages, devenus masques, chromatisme intense des couleurs primaires et de leurs complémentaires en aplats, cerne accusé, construction sommaire du paysage en deux bandes horizontales vert et bleu.

Les paysages exécutés par Derain à Cassis (mai-fin août 1907) puis à Martigues (mai-fin novembre 1908) montrent une volonté de solidité structurelle et une nouvelle économie de moyens : palette plus sobre et moins intense – ocres orangés, verts sombres – construction par masses géométriques, contour noir épais.

Le même souci de simplification déjà précubiste se manifeste dans ses *Baigneuses*, 1908 (cat., n° 116) où l'influence de Cézanne se conjugue à celle de Gauguin, entre culture et barbarie : de composition énigmatique, évoquant un bas relief, huit baigneuses grandeur nature, puissamment sculpturales, aux chairs cuivrées, dans un paysage stylisé aux facettes anguleuses et au coloris assourdi s'éloignant du fauvisme.

Étapes importantes dans le développement du répertoire formel de Matisse, *Le Nu debout*, 1906-1907 (cat., n° 119) et *Le Nu bleu (souvenir de Biskra)*[3], 1907 (cat., n° 120) anticipent les nus ultérieurs (*Nu à l'écharpe blanche*, 1909, cat., n° 122) et les grandes compositions à figures. Issu de *Le Bonheur de vivre* et radicalement différent des nus académiques qui avaient la faveur du public, *Le Nu bleu* suscite, au Salon des Indépendants de 1907, les sarcasmes de la critique, choquée par sa «laideur»[4] et son «abstraction» : «Une horrible femme nue est couchée sous des palmiers. Le ballet

---

1 On sait que lors de son voyage à Londres en mars, l'art égyptien, hindou et les arts primitifs trouvent en lui une vive résonance alors qu'il songe (*cf.* lettre à Matisse) à faire de la sculpture; par ailleurs, il visite pendant l'été l'exposition coloniale de Marseille où il a pu voir des bas-reliefs d'Inde qui semblent l'avoir inspiré dans la figure centrale.
2 En 1907, exposition de Cézanne chez Bernheim-Jeune et rétrospective au Salon d'Automne.
3 Exposé au Salon des Indépendants de 1907 sous le titre *Tableau n° III*.
4 «C'est Matisse qui fit le premier pas au pays inexploré de la laideur», écrit Gelett Burgess, dans «The Wild Men of Paris», *The Architectural Record*, mai 1910.

artistique tendant vers l'abstraction m'échappe totalement [5]». Réalisé à partir du modèle original en terre de sa sculpture *Nu couché*, le *Nu bleu* dégage une force sauvage, le modelé au moyen de hachures et le cerne bleu rappelant Cézanne. L'éclairage arbitraire, le traitement du visage, l'inscription dans le paysage traité en aplats, les palmiers (évocation du récent voyage en Algérie) épousant les courbes du corps, ainsi que les déformations «forcées» (Gertrude Stein), comme la torsion des hanches sont autant de caractéristiques du fauvisme. On retrouve dans l'hypertrophie des mains de *L'Espagnole au tambourin,* 1909 (cat., n° 121) une même audace.

Un sens aigu de la synthèse caractérise les grandes compositions à figures de Matisse des années 1907-1910, nouvelles évocations de l'Âge d'Or. Les baigneuses de *Luxe I* (cat., n° 123) et de *Luxe II* (cat., n° 124) sont empruntées à *Luxe, calme et volupté,* première formulation du mythe. La monumentalité majestueuse des figures à l'échelle humaine résulte de la simplification extrême des moyens picturaux, encore plus flagrante dans *Luxe II*, réalisé à partir de *Luxe I* : primauté du contour, anatomie sommaire, palette restreinte, larges zones de couleurs.

Une même recherche des lignes essentielles et une palette réduite se retrouvent dans *La Danse II* (cat., n° 125)[6]. La ronde reprend, en l'agrandissant, la sardane de *Le Bonheur de vivre* en supprimant toutefois la sixième danseuse (d'où le geste tendu à l'extrême de la danseuse au premier plan pour attraper, sans y réussir, la main de la danseuse à gauche). «Mon premier et principal élément de construction était le rythme, le deuxième, une grande surface d'un bleu soutenu (allusion au ciel de la Méditerranée au mois d'août), le troisième un tertre vert (le vert des pins méditerranéens portant sur le ciel bleu). Avec ces données, mes personnages nus ne pouvaient être que vermillon pour obtenir un accord lumineux[7].» Ce «panneau décoratif», selon le titre du catalogue du Salon d'Automne de 1910, déchaîna les réactions et déconcerta une fois de plus la critique par sa fureur, «la brutalité extrême, les couleurs sans modelé posées en espèces d'étalages de pigments parfaitement plats», le dessin grossier, la «cacophonie démoniaque[8].» *La Danse II,* à la force primitive, marque par sa violence expressive l'aboutissement du fauvisme de Matisse.

---

[5] Louis Vauxcelles, *Gil Blas*, 20 mars 1907.
[6] Chtchoukine commande à Matisse, au début de l'année 1909 *La Danse* et *La Musique* pour la décoration de son hôtel particulier à Moscou. Une esquisse pour *La Danse*, est exécutée au début du mois de mars (*La Danse I*, Museum of Modern Art, New York).

[7] Cité dans EPA, p. 119.
[8] Les deux panneaux sont installés en décembre 1910. Chtchoukine écrit à Matisse le 20 décembre à l'occasion de leur arrivée : « …J'ai pleine confiance en vous. Le public est contre vous mais l'avenir est à vous» (Archives Matisse).

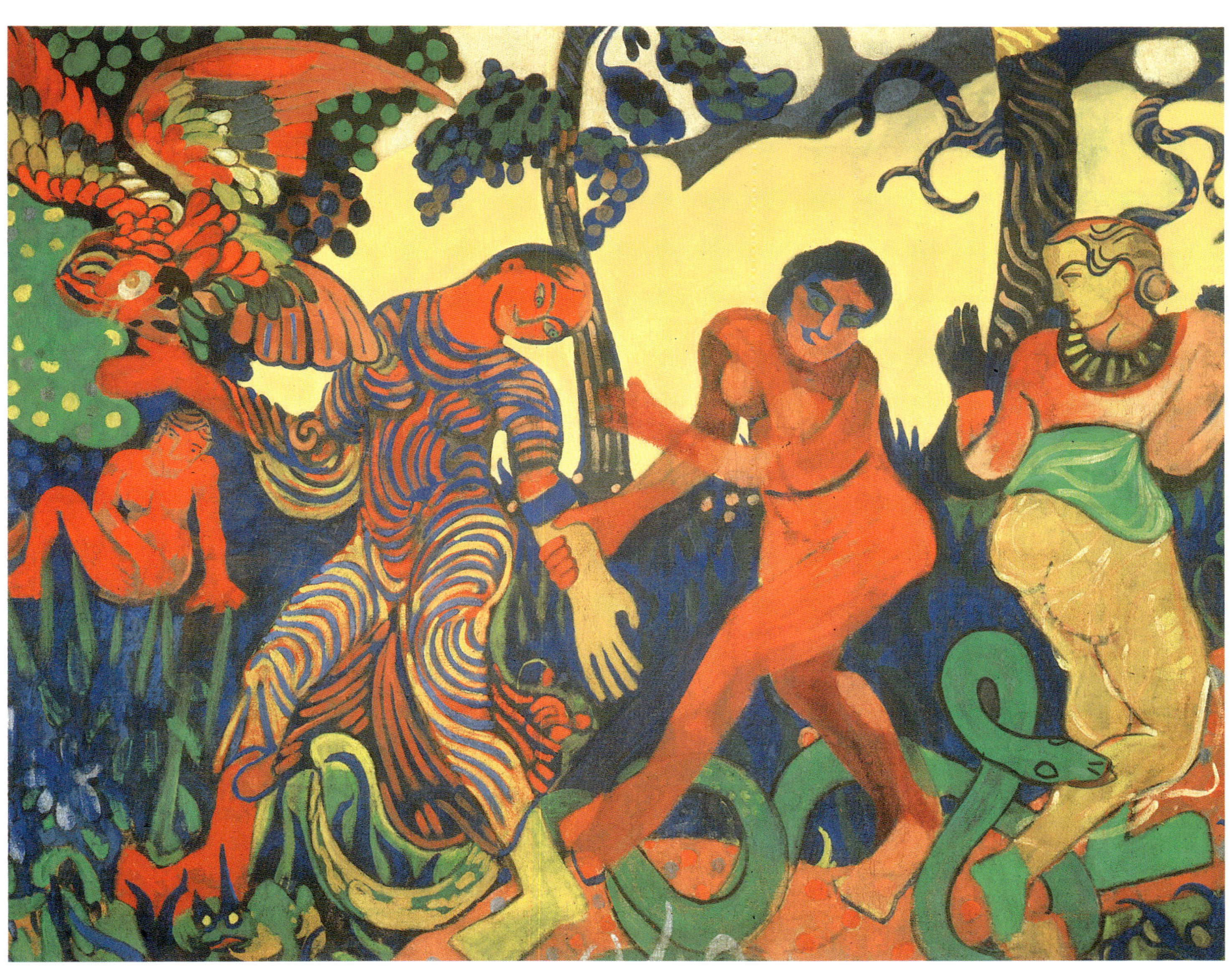

114 - André Derain
La Danse, c. 1906
Huile et détrempe sur toile, 185 x 228,5 cm
Fondation Fridart

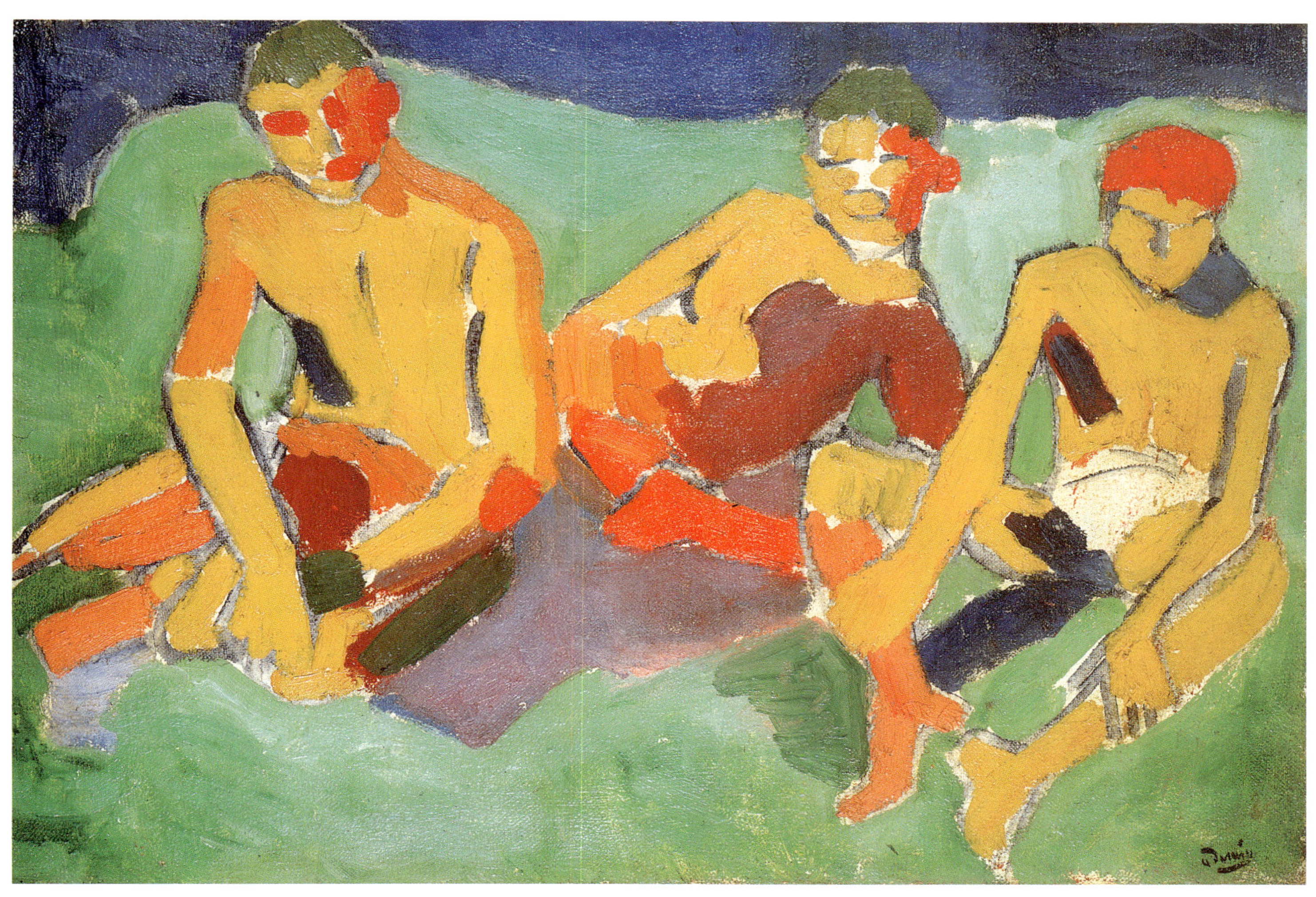

115 - André Derain
Trois personnages assis dans l'herbe, 1906
Huile sur toile, 38 x 55 cm
Musée d'Art moderne de la Ville de Paris

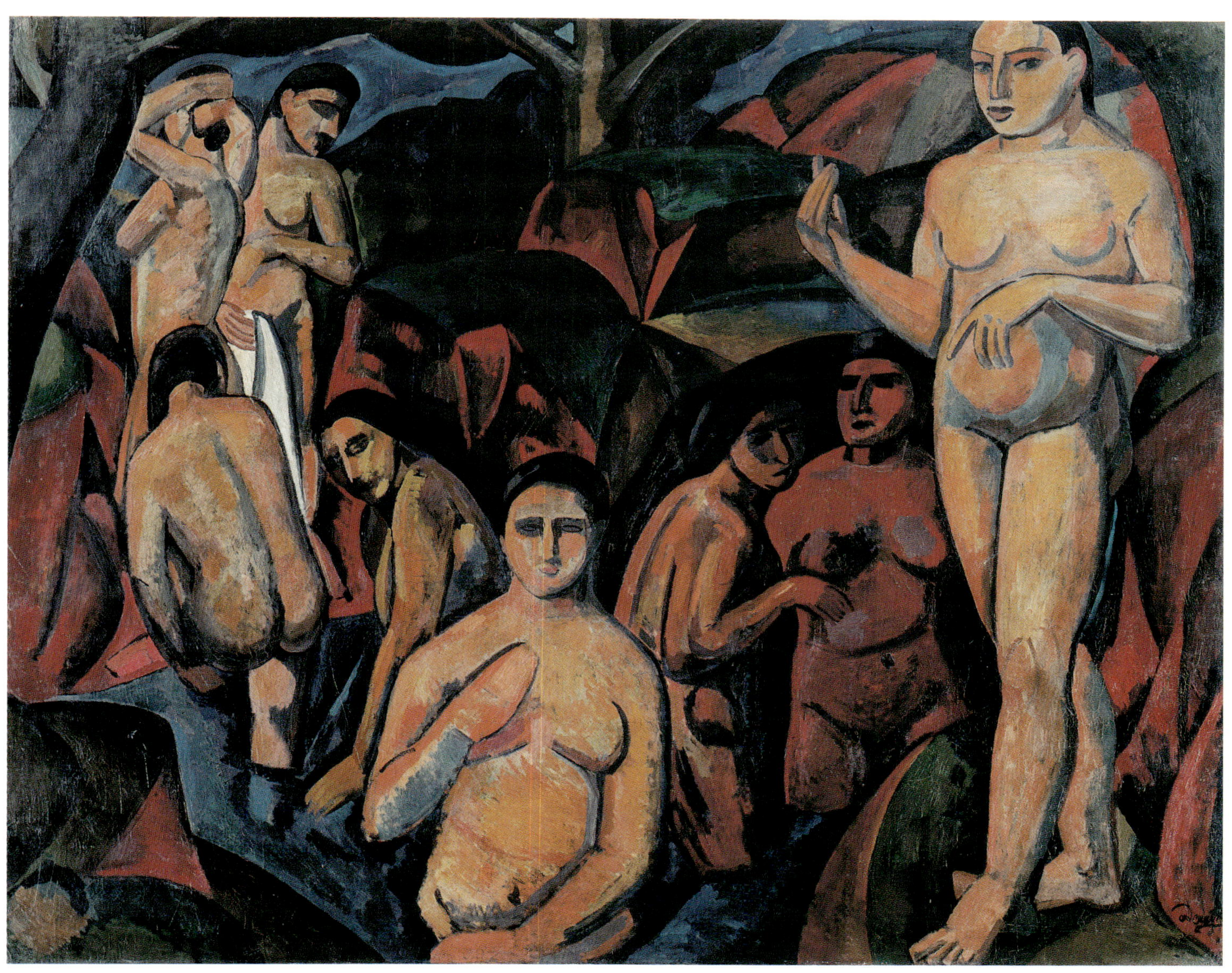

116 - André Derain
Baigneuses (Baignade), 1908
Huile sur toile, 180 x 225 cm
Collection particulière

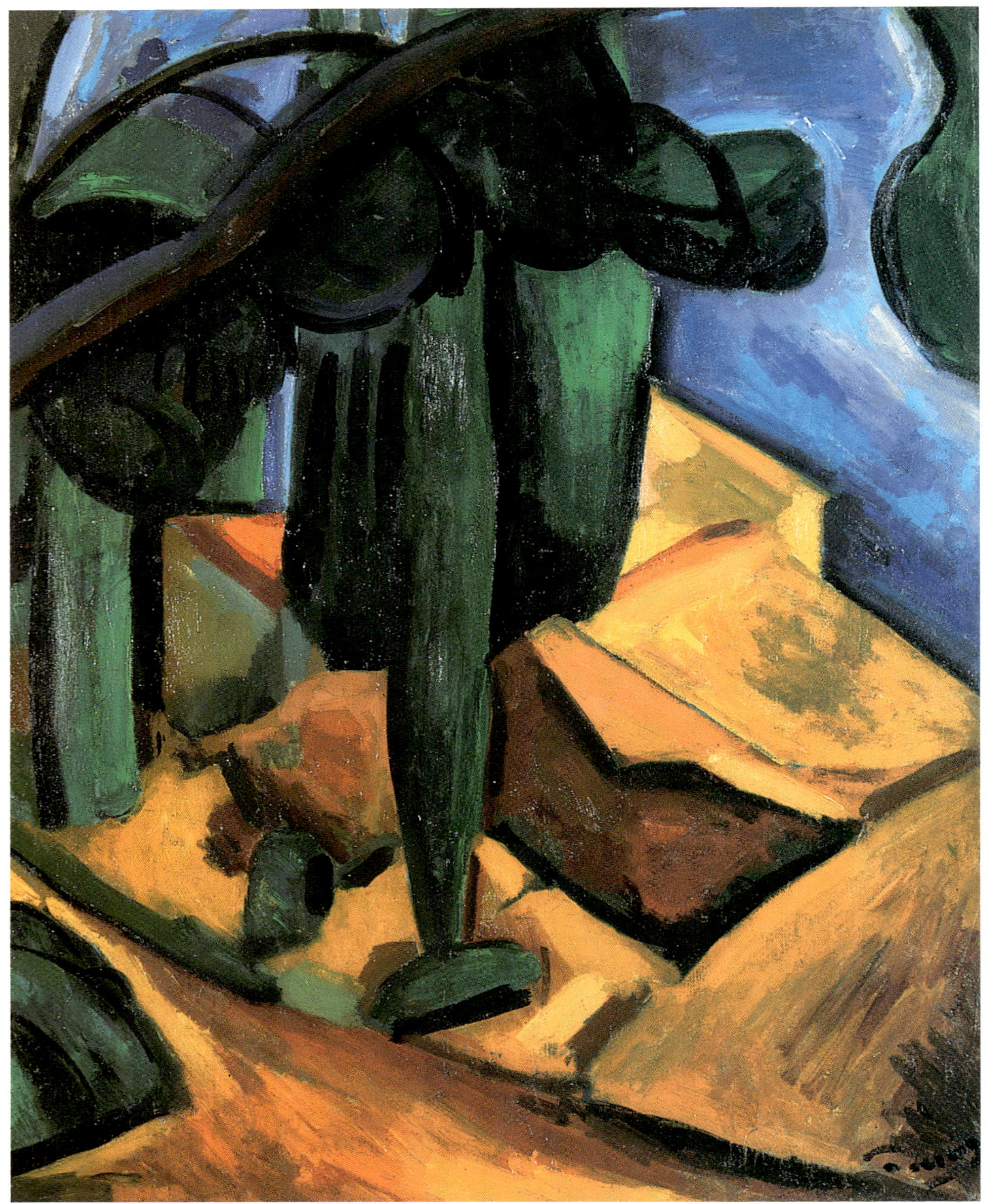

117 - André Derain
Paysage aux Martigues, 1908
Huile sur toile, 100 x 81 cm
Hokkaïdo Museum of Modern Art, Sapporo

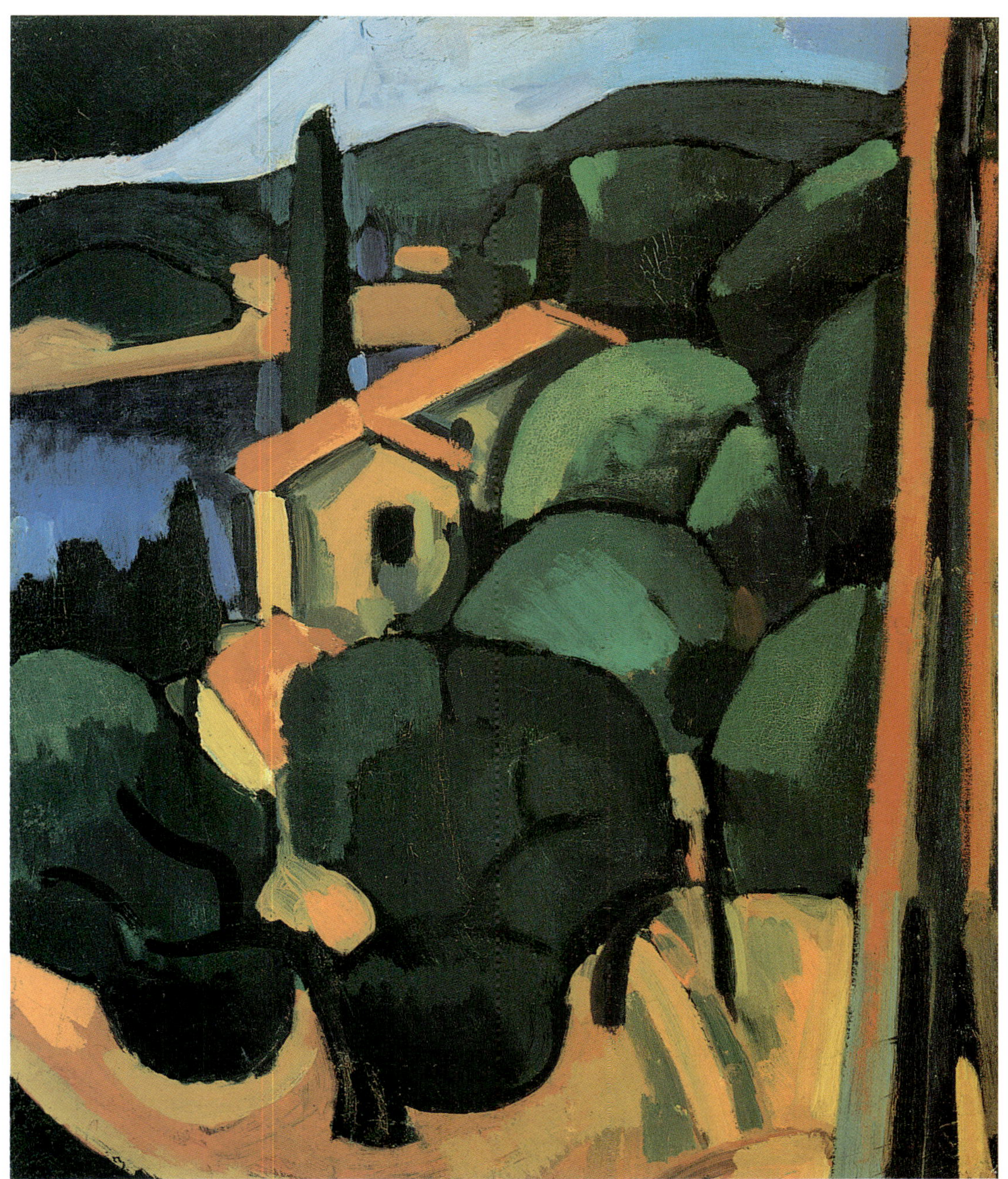

118 - André Derain
Paysage à Cassis (Paysage au lac), 1907
Huile sur toile, 60,9 x 50,8 cm
New Orleans Museum of Art, gift of William E. Campbell, La Nouvelle-Orléans

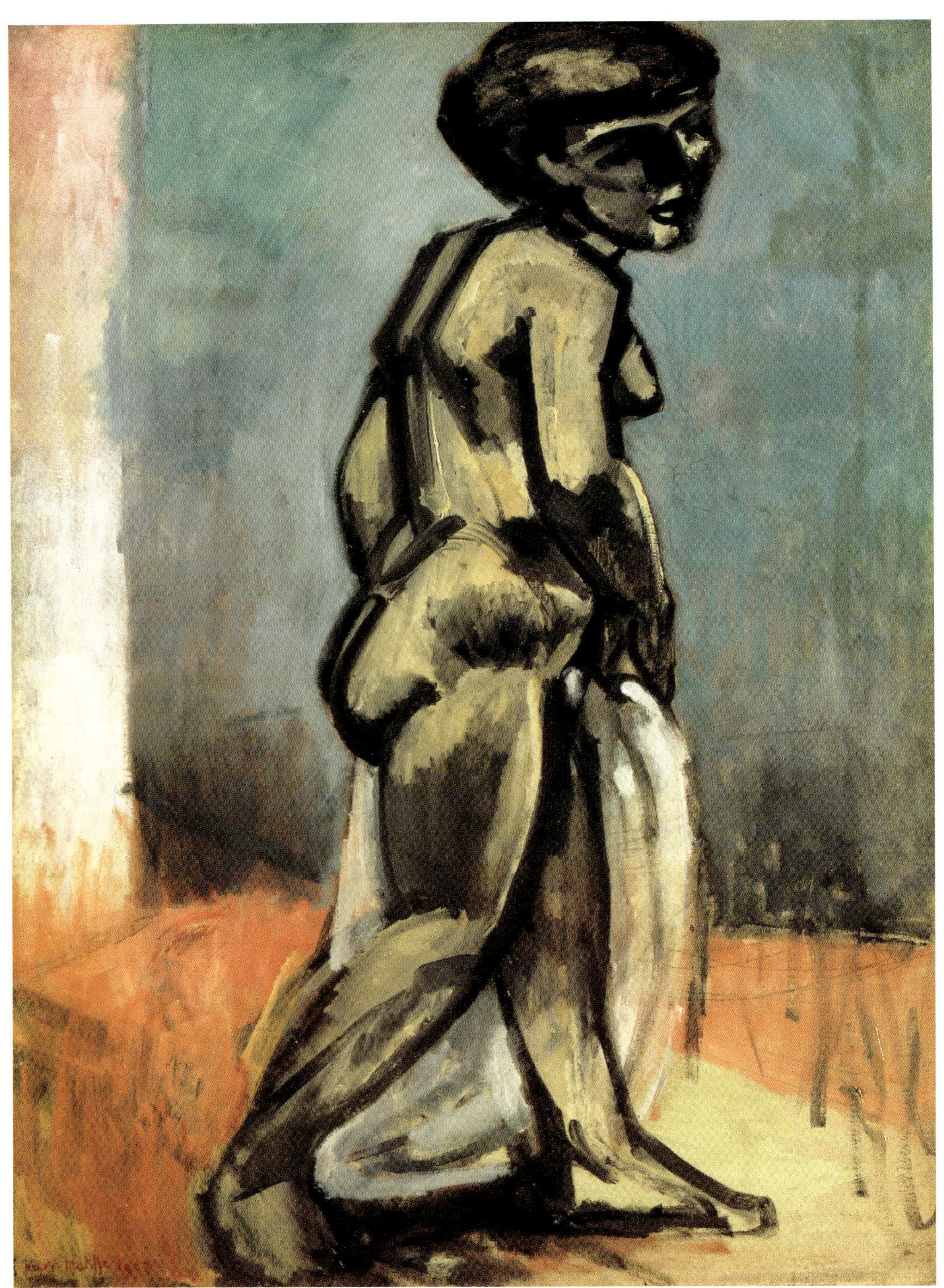

119 - Henri Matisse
Nu debout, Collioure, novembre 1906-1907
Huile sur toile, 92 x 65 cm
Tate Gallery, Londres

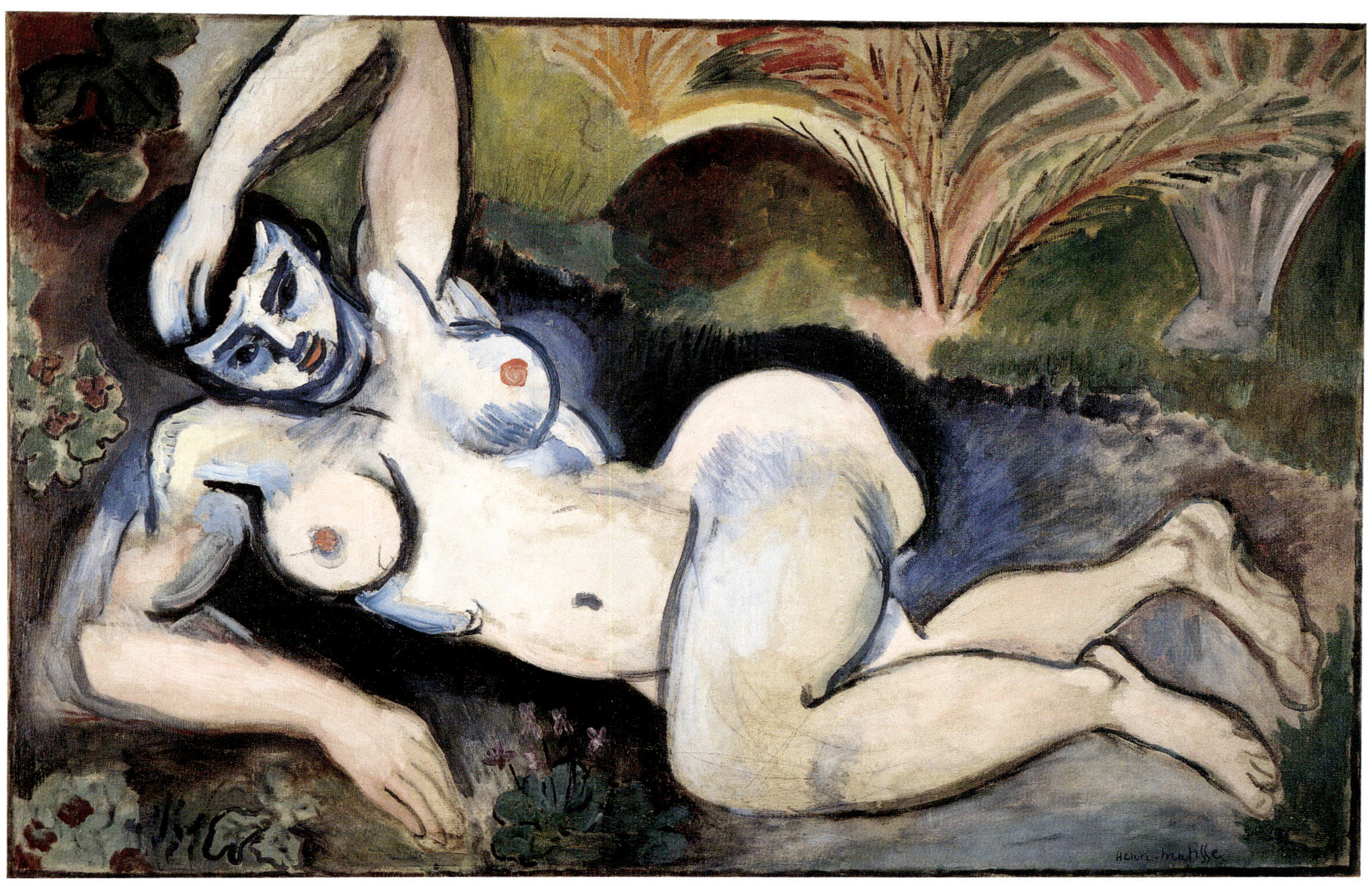

120 - Henri Matisse
Nu bleu : « souvenir de Biskra », Collioure, début 1907
Huile sur toile, 92 x 142,5 cm
The Baltimore Museum of Art, The Cone collection, formed by Dr Claribel Cone and Miss Etta Cone of Baltimore

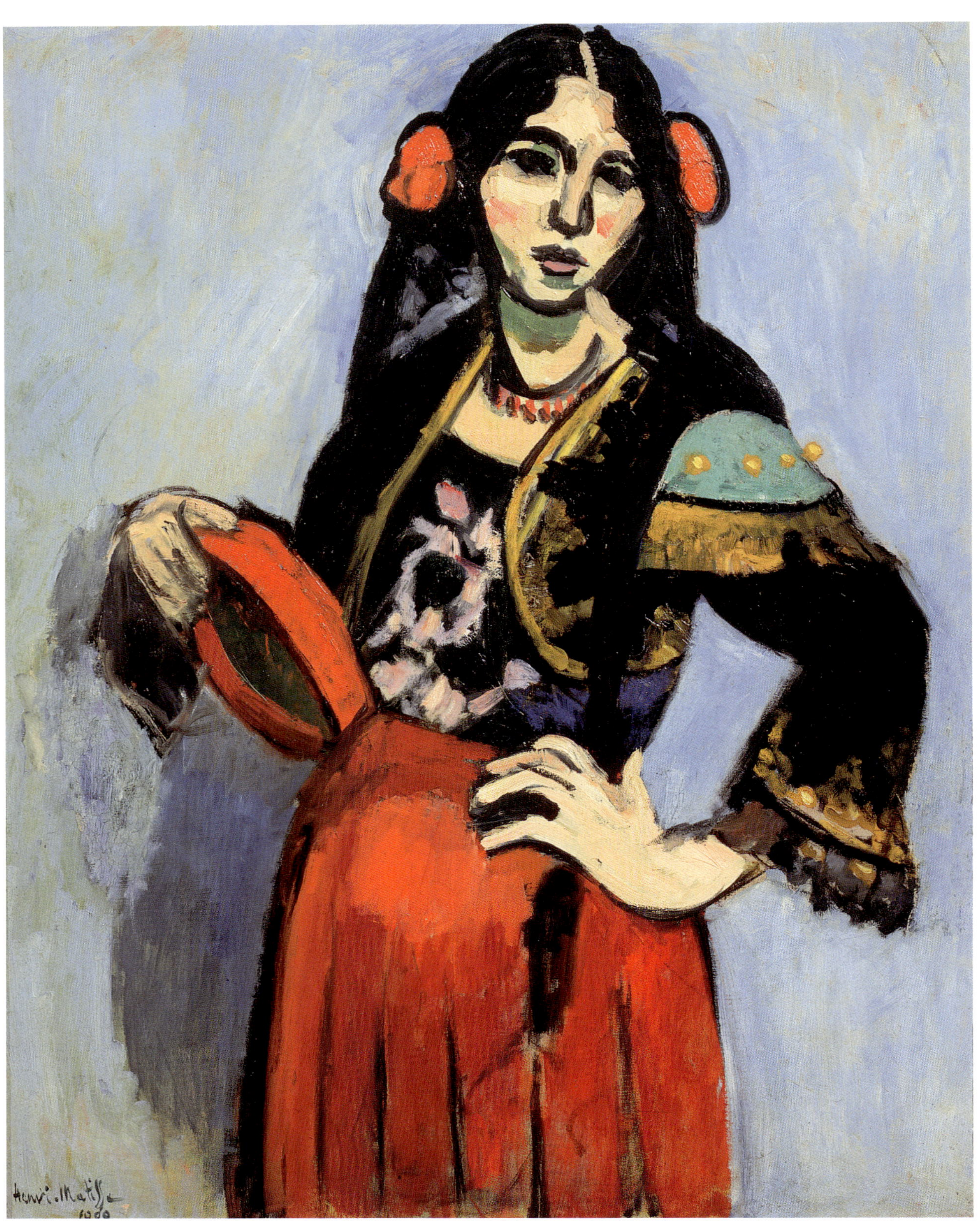

121 - Henri Matisse
L'Espagnole au tambourin, Paris, début 1909
Huile sur toile, 92 x 73 cm
Musée d'État des Beaux-Arts Pouchkine, Moscou

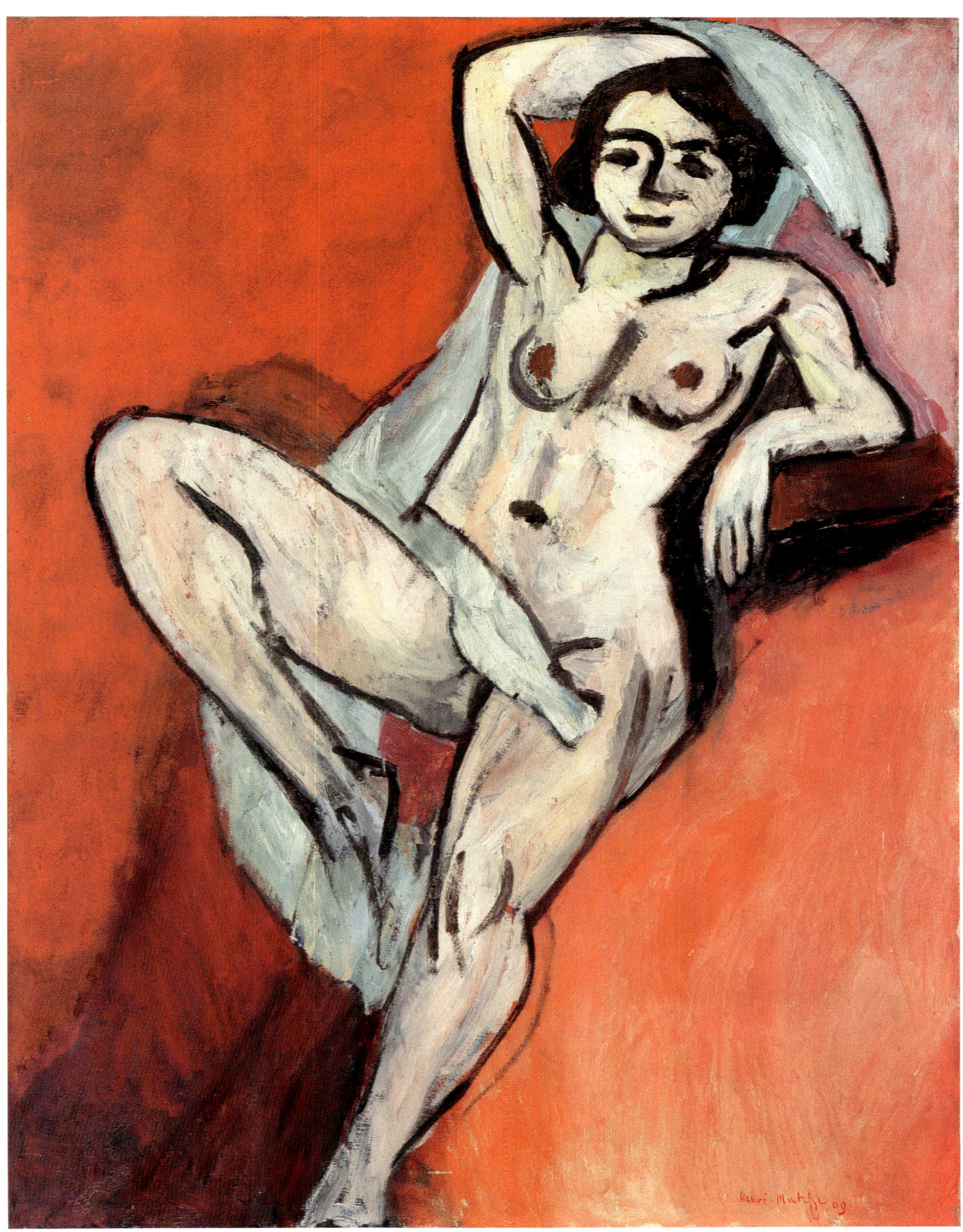

122 - Henri Matisse
Nu à l'écharpe blanche, Paris, 1909
Huile sur toile, 116,5 x 89 cm
Statens Museum for Kunst, collection J. Rump, Copenhague

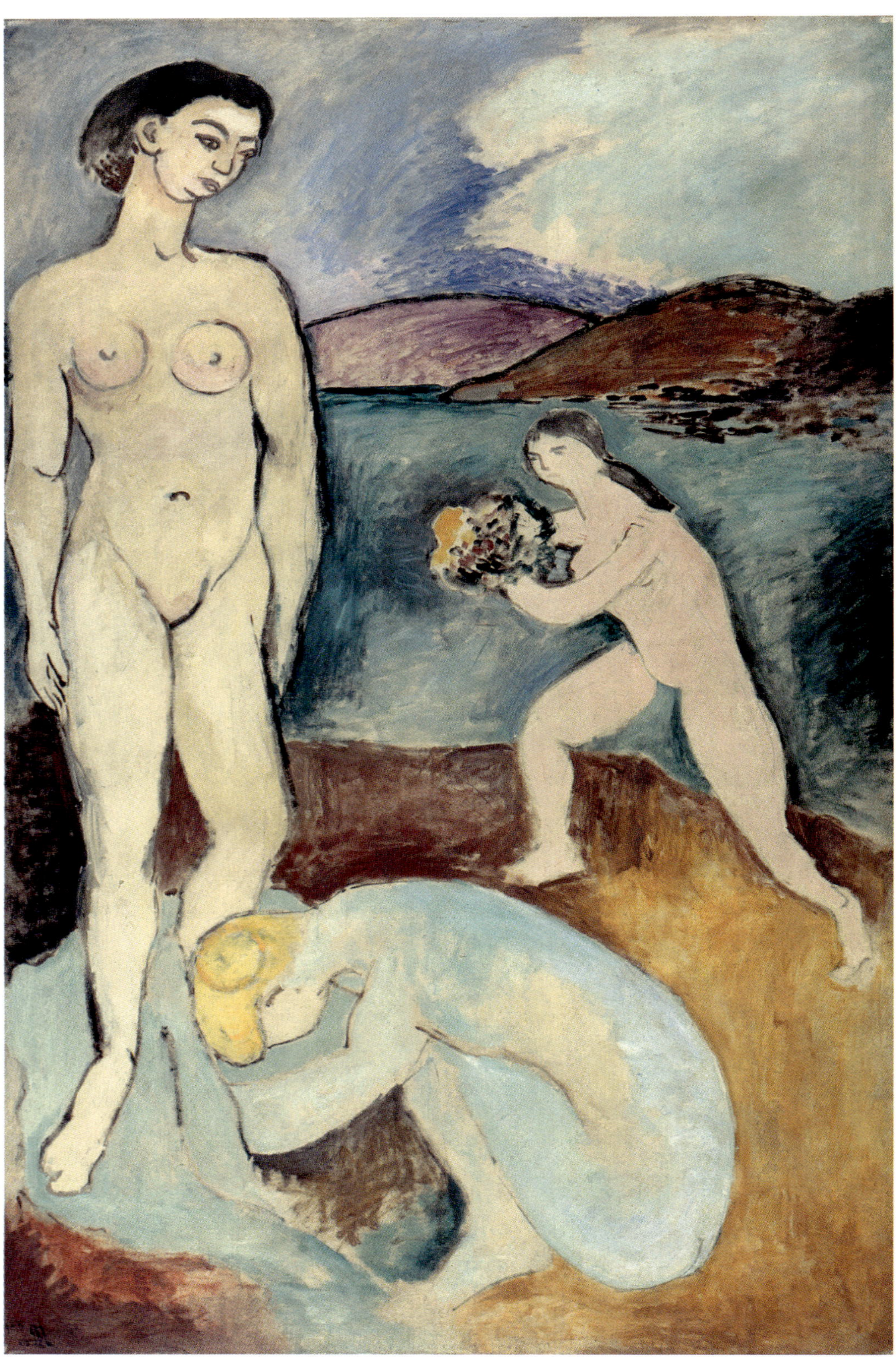

123 - Henri Matisse
Le Luxe I, Collioure, été 1907
Huile sur toile, 210 x 138 cm
Musée national d'Art moderne/Centre de création industrielle, Centre Georges-Pompidou, Paris

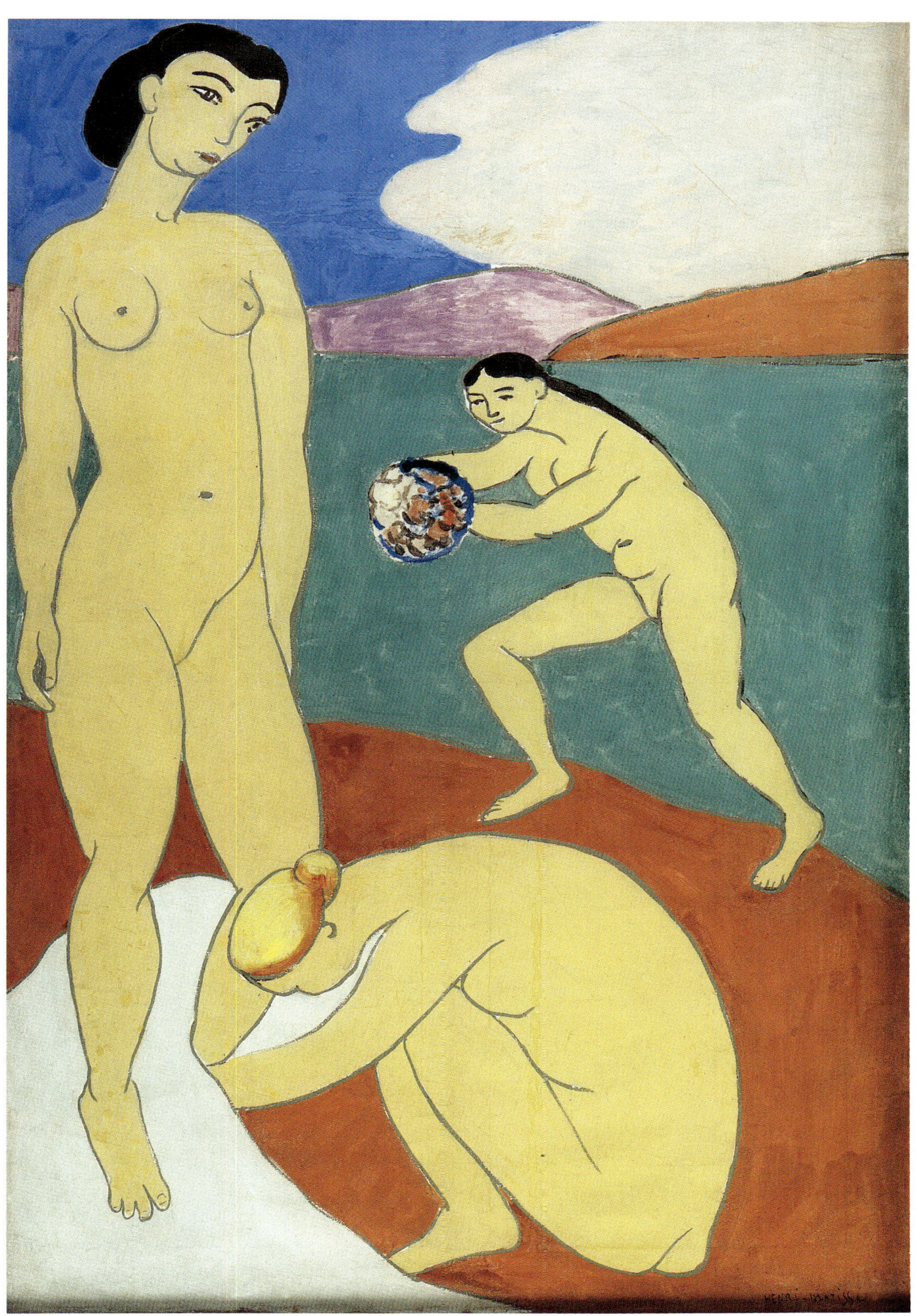

124 - Henri Matisse
Le Luxe II, 1907-1908
Caséine sur toile, 209,5 x 139 cm
Statens Museum for Kunst, collection J. Rump, Copenhague

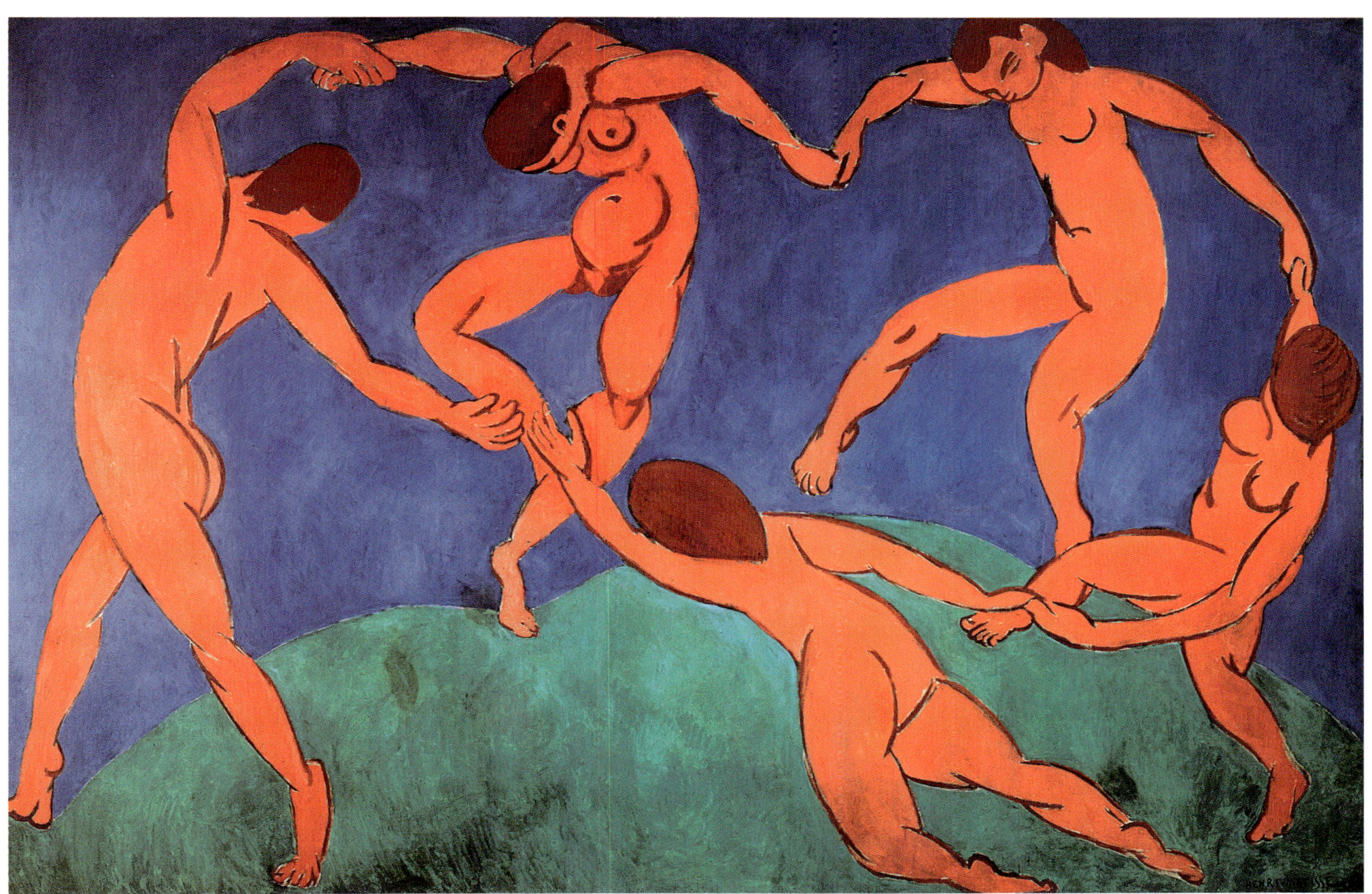

125 - Henri Matisse
La Danse II, fin 1909-été 1910
Huile sur toile, 260 x 391 cm
Musée de l'Ermitage, Saint-Pétersbourg

« Fauves d'Europe »

« Fauves d'Europe »

Sous un titre qui démarque ceux des articles de Franz Marc et de David Bourliouk, dans l'*Almanach* du Blaue Reiter – «Fauves d'Allemagne», «Fauves de Russie» – sont réunis ici les «Fauves d'Europe». La richesse et la diversité des artistes retenus renvoie à une communauté de recherches elles-mêmes issues de sources partagées et dont, à côté du néo-impressionnisme, les figures tutélaires seraient Gauguin, Van Gogh et aussi Cézanne. L'appartenance à des cultures et à des traditions locales conforte les singularités, à une époque où paradoxalement les échanges, autant qu'ils suscitent les filiations, les préservent. Ce n'est donc ni seulement ni toujours l'influence du fauvisme français qui justifie ce choix, guidé d'abord par l'usage expressif de la couleur, où l'on a souhaité faire ressortir les contributions originales d'un fauvisme qui se définit chaque fois selon des paramètres communs avec des équilibres différents.

Comptait tout d'abord, une carte supplémentaire dans ce jeu européen, celle de Munch, *autre* figure tutélaire déterminante pour l'Allemagne et l'Europe centrale, principalement. Si sa relation à la France est ambivalente, par ses séjours dans de nombreuses villes allemandes et ses expositions, la prégnance de Munch est incontestable et les jalons les plus marquants en sont la Sécession de Berlin, en 1902, les rétrospectives à Prague, en 1905, à Dresde, en 1906, et au sein du Sonderbund à Cologne, en 1912.

De façon privilégiée en France, les relations du fauvisme avec l'Allemagne ont été explorées depuis l'exposition de 1966 qui mettait en parallèle, non sans partialité, *Le Fauvisme français et les début de l'expressionnisme allemand,* celui-ci ayant été largement présenté ici même en 1992-1993, dans l'exposition *Figures du moderne, l'expressionnisme en Allemagne.*

À Dresde, le groupe Die Brücke naît la même année que le fauvisme, en 1905, créé par de très jeunes artistes, encore étudiants, dont les premières œuvres manifestent avant tout l'influence de Van Gogh. Ce n'est qu'à partir de 1909 qu'un traitement plus synthétique par aplats de couleurs et par un dessin d'une âpreté nerveuse traduisant l'urgence expressive, autorise le rapprochement avec les Fauves, et cela jusqu'en 1911, lorsque les membres de la Brücke s'installent à Berlin, donnant lieu à des œuvres plus sourdes et plus crispées. Tout autant que les Fauves «inventeurs de l'art africain», ils ont, à partir des collections du musée Ethnographique de Dresde, élaboré leur propre lecture du «primitivisme» d'une manière sans doute plus radicale et plus existentielle. Leur évolution pendant la période de Dresde ne saurait aujourd'hui être mise de manière univoque au compte du fauvisme. On sait qu'ils ont l'occasion de voir des œuvres fauves en Allemagne [1], que Pechstein séjourne à Paris en 1907-1908, invite Van Dongen à faire partie du groupe et surtout qu'il organise l'exposition des Fauves français, au Kunstsalon Richter de Dresde, en 1908, conjointement à la quatrième exposition de la Brücke. Cependant, les affinités revendiquées vont plutôt aux artistes du Nord, Munch, ou encore de Suisse avec Amiet, et de Munich à travers des échanges privilégiés avec Kandinsky et les artistes du Blaue Reiter [2].

1 Aux expositions de la Sécession de Berlin ou chez le collectionneur Karl Ernst Osthaus à Hagen, notamment (avant l'exposition de 1908 à Dresde).

2 C'est Marc qui en est à l'origine. Il rencontre les artistes de la Brücke, à Berlin, le 1er janvier 1912 et organise avec eux un échange d'expositions.

Munich est le second foyer des relations avec le fauvisme, à travers Jawlensky et Kandinsky ; relations plus nombreuses, régulières et élargies. Jawlensky peint en Bretagne, à Carantec, en 1905 et 1906 ; il est en contact à Munich, en 1908, avec un disciple de Gauguin, Verkade ; il expose et se rend souvent à Paris[3]. Kandinsky y participe lui aussi régulièrement aux salons et, surtout, y séjourne un an en 1906-1907. La connaissance qu'il a prise de l'œuvre des Fauves, leur avance sur ses recherches, aurait aggravé une crise dépressive dont il ne sortira vraiment qu'avec le premier été de travail commun à Murnau, en 1908 – avec Münter et Werefkin –, où l'apport de Jawlensky se révèle déterminant par sa pratique de la « synthèse » transmise par les anciens de Pont-Aven. Les années de Murnau, 1908-1909, sont un moment d'apogée et de cristalisation du groupe, à travers la formation de la NKVM[4], en 1909, puis du Blaue Reiter en 1911, et l'évolution qui mène Kandinsky à l'abstraction.

À Prague, l'épisode fauve des peintres tchèques est court, stimulé par la retentissante exposition Munch, en 1905, et la connaissance des Fauves que les artistes acquièrent à Paris. Il se développe entre 1907 – avec la formation du groupe des Huit – et 1910 dans un style qui synthétise fauvisme et expressionnisme. Dès 1910, les peintres du groupe des Huit, dont Filla et Kubista sont les principaux représentants, s'orientent vers le cubisme, mais ils conservent l'usage qu'il ont fait de la couleur sur un mode psychologique, voire pathétique. Personnalité marquante, fixé à Paris depuis 1896, Kupka fait une traversée flamboyante du fauvisme avec des œuvres qui marquent des jalons essentiels dans le passage de l'expressivité (*Le Goût de Gallien,* cat., n° 158) à l'abstraction (*Les Touches de piano,* cat., n° 164).

À Budapest comme à Prague, le fauvisme, se greffant sur une situation locale, est l'élément moteur qui provoque l'entrée dans la modernité et prépare le terrain aux mouvements suivants, cubisme, abstraction et activisme. Le lien avec le fauvisme français est ici direct avec Béla Czóbel qui expose aux côtés des Fauves au Salon de 1905. L'été suivant, il sert de relais auprès des jeunes peintres travaillant à Nagybánya, qui tous feront le voyage de Paris. Ce ferment vivifie la pratique du paysage où des couleurs plus vives et solidement cernées rompent avec le naturalisme impressionniste de l'École de Nagybánya.

Le luminisme d'Amsterdam, qui cherche à rendre la sensation de la lumière en faisant vibrer la couleur par le jeu des touches divisées, marque, autour de 1908-1909, surtout, une nouvelle étape de l'art néerlandais. Ses rapports avec le fauvisme sont sans doute plus complexes. Ils s'établissent à partir du divisionnisme qui a connu une large expansion en Belgique et aux Pays-Bas, en particulier à travers Jan Toorop. L'influence des œuvres pointillistes et montmartroises de Van Dongen (plus que celles de la période fauve) s'y ajoute chez Sluijters. C'est ce dernier, séjournant à Paris, qui appelle, à son retour, l'attention de Mondrian sur les Fauves. L'enjeu de la couleur arrache Mondrian à la tradition de l'École de La Haye et offre de nouvelles possibilités de construction du paysage, jouant son rôle, en amont du cubisme, sur le chemin de l'abstraction.

En Suisse, Amiet et Giovanni Giacometti font converger l'expérience de Pont-Aven et le divisionnisme du symboliste italien Segantini. À la suite de son exposition à Dresde, en 1905, Amiet est invité par les artistes de la Brücke à se joindre au groupe et Giacometti en fera brièvement partie en 1908. C'est dire que les liens entre le

3 Pour plus de détails, voir la biographie de Jawlensky en fin de volume.

4 Neuen Kunstlervereinigung, München (Nouvelle Association des Artistes de Munich).

post-impressionnisme et les artistes allemands ne partent pas seulement de France, mais transitent, non sans détours, au sein d'un réseau européen.

Les artistes écossais, Peploe et surtout Fergusson, sont eux très directement liés à Paris et au milieu de Montparnasse. Fergusson, qui peint tous les étés en France depuis les années quatre-vingt-dix, s'installe à Paris en 1907 et réunit autour de lui et d'Anne Estelle Rice un cercle fauve anglo-américain qui, en opposition avec les groupes d'artistes réunis par Roger Fry, exposera à Londres en octobre 1912. En dépit de leur ancrage parisien, leur prédilection pour le portrait, leur manière de le traiter et leurs harmonies chromatiques marquent l'appartenance à la tradition britannique.

La Scandinavie fournit un grand nombre d'élèves à l'Académie que Matisse dirige entre 1908 et 1910. Ces peintres relèvent plutôt du «matissisme» que du fauvisme. En Finlande, Tyko Sallinen affirme quant à lui une vraie indépendance, même s'il séjourne à Paris en 1909. L'exposition de ses œuvres à Helsinki en 1912, déclenchant de fortes critiques et une polémique dans la presse, marque l'apparition de la modernité à travers l'expressionnisme.

La Belgique est, étrangement, l'un des pays où la réception du fauvisme semble la plus tardive. Wouters, s'il atteste sa connaissance des Fauves, ne revendique que la paternité cézannienne. L'œuvre qu'il crée entre 1912 et le début de la guerre de 1914 aura, après celle-ci, une influence déterminante sur les peintres qui se rangeront plus tard sous la bannière du «fauvisme brabançon».

L'un des foyers les plus dynamiques des échanges avec le fauvisme est bien sûr la Russie qui sait préserver une éclatante originalité. Les collections de Chtchoukine et Morosov, les expositions en France et en Russie, mais aussi les liens maintenus avec les Russes de Munich, Kandinsky et Jawlensky, expliquent un foisonnement qui culmine dans le Valet de Carreau, créé en 1910 par Larionov et Gontcharova avec Kontchalovski, Lentoulov, Machkov… Le goût pour l'art populaire, qui rejoint celui des Français pour les arts primitifs, l'image d'Épinal ou l'affiche, est fortement revendiqué par des artistes comme Gontcharova et Larionov au point de devenir un facteur d'opposition à l'influence française qui amène la rupture avec le Valet de Carreau, fin 1911, et la création de La Queue d'Âne en 1912.

Deux œuvres méritent d'être placées en exergue de ce rassemblement européen, dont elles peuvent figurer les balises extrêmes. Elles marquent aussi la présence de deux pays qui par ailleurs donnaient peu matière à être représentés ici.

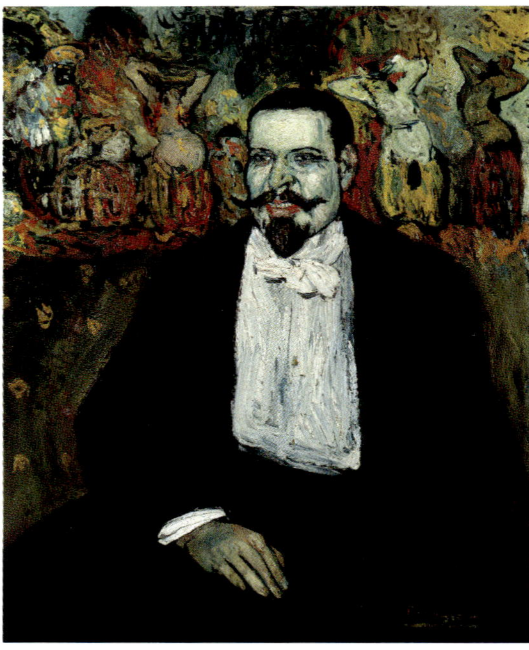

126 - Pablo Picasso
Gustave Coquiot, été 1901
Huile sur toile, 100 x 81 cm
Musée national d'Art moderne/
Centre de création industrielle,
Centre Georges-Pompidou,
en dépôt au Musée Picasso, Paris

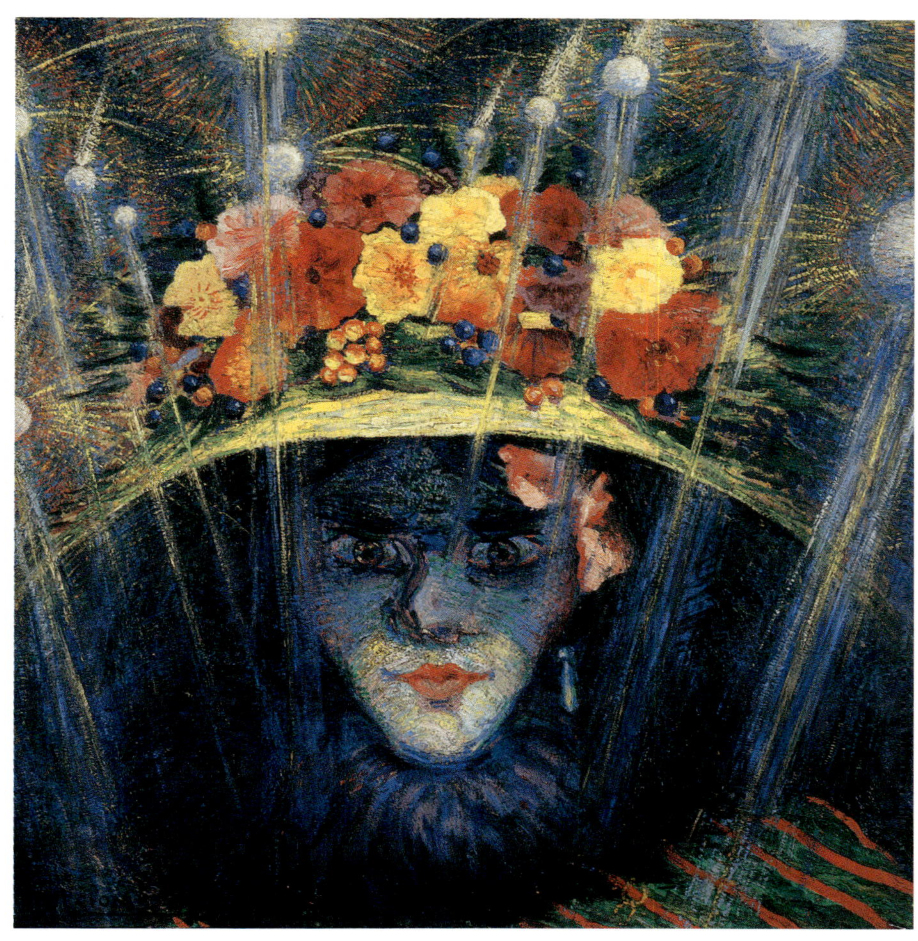

127 - Umberto Boccioni
Idole Moderne, 1911
Huile sur bois, 59,7 x 58,4 cm,
Estorick Collection of Modern Italian Art,
Londres

À l'autre extrémité, en 1911, dans la pleine lancée du futurisme, l'*Idole moderne* de Boccioni traduit aussi un usage véhément de la couleur dont le passage s'est fait depuis l'impressionnisme des Macchiaioli, à travers le divisionnisme mêlé de symbolisme des Previati et Segantini. Le futurisme, dans sa diffusion européenne, autant que le cubo-futurisme en Russie, le cubisme tchèque ou l'orphisme de Franz Marc par exemple, ont conservé un tel emploi de la couleur intense. C'est ainsi l'indice d'une des voies d'expansion de l'usage «fauve» de la couleur au sein de la modernité. Voie mal perçue en France par ceux qui opposent l'a-chromie du cubisme au fauvisme.

Avant la lettre même du fauvisme, autour de 1901, lors de son premier séjour parisien, Picasso donne voix à son tempérament expressionniste par un usage déjà violent de la couleur, renforcé par l'agressivité du dessin et du traitement du sujet, redevable à Lautrec, à l'art de l'affiche et à la pratique de la caricature. D'une certaine manière, cette expérience, dont témoigne ici le portrait de *Gustave Coquiot*, lui permettra, peut-être, de faire l'économie du fauvisme.

Munch : 1898-1910

Les couleurs homicides d'Edvard Munch

Jean-Louis Andral

«J'ai détesté vivre à Paris», notait au début de 1890 Edvard Munch dans une lettre qu'il n'adressa jamais à son destinataire[1]. À cette époque, il y avait passé – si l'on excepte les trois semaines de son premier séjour en avril-mai 1885 – quatre mois, depuis son arrivée début octobre 1889. Le pavillon norvégien de l'Exposition universelle avait abrité jusqu'au 6 novembre sa toile *Le Matin*, peinte en 1884 à Modum – où son maître et parent Frits Thaulow, qui devait acquérir le tableau, tenait une académie de plein air –, et très inspirée de l'œuvre de Christian Krogh, l'autre mentor de Munch. Ce dernier avait alors pu faire, en visitant l'exposition «Cent ans d'art français», l'expérience réelle de la peinture impressionniste, au contact de Manet, Pissarro et Monet. Mais, à en croire sa correspondance, ce qui l'intéressa le plus fut l'attraction constituée par la présence à Paris de Buffalo Bill[2]. D'une manière générale, la peinture de l'artiste norvégien ne trouva guère dans la capitale l'écho qu'il espérait, ni lors de ses séjours de 1889-1892, ni plus tard lorsqu'il exposera au Salon des Indépendants en 1896 – ou à la galerie L'Art nouveau de Siegfried Bing –, puis en 1897, en 1898, en 1903, 1904, 1905, 1906, 1908 et 1910. À cela, plusieurs explications pouvaient être données : par exemple, pour l'écrivain allemand Arthur Moeller van den Bruck, «il y avait longtemps que les Français avaient renoncé à leur imagination. [...] Ils n'appréciaient que ce qui était objectif, précis, réel [...] et se méfiaient de l'insondable, du mystérieux, de l'accessoire, même s'ils ne les rejetaient pas totalement. C'est encore l'apanage des germaniques d'avoir un regard intérieur sur les profondeurs de l'être, de comprendre l'univers non pas d'un œil critique mais en l'appréhendant viscéralement. Et ce pouvoir n'est nulle part plus solidement ancré que là où l'essence germanique est la mieux conservée, c'est-à-dire dans le Nord, en Scandinavie[3].» Même analyse chez Munch lui-même qui écrivait en 1903 à son mécène Max Linde : «Mon sentiment est que l'art ici à Paris me semble petit et intime – ce que l'on a déjà vu chez les néo-impressionnistes. Le plus souvent on voit des contrastes de couleurs pas méchants, mais on ne voit pas de grandes lignes», lequel lui répondait : «À propos des petites et flatteuses couleurs de la peinture contemporaine française, vous avez raison. On a peur d'avoir des impressions très fortes, et c'est un signe de notre temps[4].»

Au XIXe Salon des Indépendants de 1903, Munch montrait huit toiles dont *Hérédité* de 1897-1899 qui provoqua un petit scandale et la version des *Jeunes filles sur le pont* intitulée *Une nuit claire* (musée Pouchkine, Moscou), remarquée par Ivan Morosov et Raoul Dufy. Le collectionneur l'acheta en effet pour sa collection d'art occidental et l'artiste havrais, dont c'était la première participation aux Indépendants, s'inspira grandement de la

---

1 Brouillon d'une lettre à Aase Nørregaard, vers février 1890, Archives du musée Munch, Oslo. Cité par Reinhold Heller, *Munch*, Paris, Flammarion, 1991, p. 45.
2 Lettre à son père, 8 novembre 1889, Archives du musée Munch, Oslo.
3 Dans «Munch», *Die Zeitgenossen*, Munich, 1906, p. 217.
4 *Cf. Edvard Munch-Dr Max Linde, Briefwechsel 1902-1920*, édité par Gustav Lindtke, Lübeck, Senat der Hansestadt Lübeck, Amt für Kultur, Lübeck, 1974.

composition de ce tableau pour réaliser en 1906 ses *Trois ombrelles* (Houston, The Museum of Fine Arts)[5]. La critique française apprécia son envoi tout en restant très déconcertée. Ainsi Fagus notait-il : «Munch, parmi des gaucheries, des platitudes, et d'incroyables erreurs [...] avère toutes les qualités du vrai peintre dans *Une femme* (Madone), superbe platée de viande et de bestialité[6].» Marius-Ary Leblond était aussi sensible aux qualités de peintre, en particulier quant au traitement des couleurs dans ses paysages : «Les eaux s'arrondissent bleues comme les yeux de poupées [...], des maisons déteignent du vermillon des fermes-modèles, des arbustes sont arrosés d'un rouge-jaune de son. [...] C'est la nature un jour de Noël et tout s'y suspend en surprises de couleurs[7].»

Cette nouvelle manière d'appréhender la couleur, en lui conférant une bien plus grande autonomie par rapport au motif représenté, date chez l'artiste norvégien de la fin des années 1890, et coïncide avec son désir de se libérer de ses thèmes mélancoliques, très «fin de siècle», qui avaient été à l'origine du cycle de la «Frise de la vie». Ainsi la toile *La Vigne vierge rouge* (1898-1900, cat., n° 128) montre-t-elle bien cet usage plus prononcé du coloris, en particulier pour le rouge organique de la vigne sur les murs de la maison Kiøsterud, si caractéristique des motifs réalisés par Munch à Åsgårdstrand, telle une nappe de sang inondant tout le paysage environnant et le personnage au premier plan, comme à l'agonie. Cette hémorragie n'épargne que les fenêtres, dans lesquelles Curt Glaser, en 1917, voyait autant d'yeux et dont le traitement contrasté n'est pas sans rappeler celui effectué précédemment pour les façades des immeubles dans certaines vues de l'avenue Karl-Johan. Une telle perception de la couleur remonte en effet à 1889 et aux révélations sensorielles qui ont précédé la création du tableau

Musique avenue Karl-Johan : «Je fis cette observation alors que j'arpentais la rue Karl-Johan, que je voyais les maisons blanches se détacher sur un ciel bleu printanier [...], quand survint la musique [...], alors je vis les couleurs tout à fait différentes, vibrant dans l'air, les façades ocres qui vibraient, les couleurs dansant dans le flot humain, les ombrelles rouge vif et blanc. [...] La musique me faisait voir tout différemment. La musique divisait les couleurs. J'eus une impression de joie[8].»

Dix ans plus tard, au printemps 1899, alors que ce sentiment avait eu le temps de se dissiper dans les brumes de sa lypémanie et les vapeurs d'alcool, Munch alla en Toscane avec Tulla Larsen, et c'est au retour en Norvège de ces quelques semaines passées au contact de l'art de la Renaissance qu'il entreprit une série de grands tableaux, pour, d'une certaine manière, conclure son cycle, parmi lesquels, outre la *Vigne vierge rouge*, *Mélancolie*, *La Danse de la vie* et *La Danse sur la plage*. Cette dernière toile faisait partie de la quinzaine d'œuvres appartenant à la «Frise de la vie» que Munch réunit pour son exposition de soixante-quatorze peintures et quarante-six gravures, du 5 février au 12 mars 1905, au pavillon de la Société Mánes à Prague. Elle fut d'ailleurs immédiatement achetée par le sculpteur Stanislav Sucharda[9] et, depuis 1929, appartient à la Galerie nationale. Les artistes et les critiques tchèques furent en effet très impressionnés par ce qu'ils virent de l'art du peintre norvégien et nombre d'entre eux ne cachèrent jamais la dette qu'ils contractèrent à son égard à cette occasion, quant à une nouvelle vision du monde et de son rendu par une expression picturale où la couleur était totalement libérée du réel.

Ainsi le peintre Emil Filla, dont le *Lecteur de Dostoievski* de 1907 est un ardent hommage au Norvégien, avouait-

5 *Cf.* Arne Eggum, «Munch et le fauvisme», *Munch et la France*, Paris, Réunion des musées nationaux, 1991, p. 294. Cet article était paru auparavant sous une version légèrement différente, «Fauvismus a Edvard Munch», dans *Edvard Munch, A Ceské Umeni*, Prague, 1982, p. 9-17.
6 Fagus, «Les Indépendants», Paris, *La Revue blanche*, 1903, p. 543.

7 «Noël chinois : Ed. Munch», *La Grande France*, mai 1903, p. 18.

8 Archives du musée Munch, Oslo.
9 Stanislav Sucharda, mort en 1916, était professeur à l'Académie des beaux-arts de Prague, membre de l'Académie des lettres, sciences et arts, et, par ailleurs, président d'honneur de la Société Mánes.

il : «L'œuvre de Munch explosa dans nos cœurs comme une grenade[10].» Le critique littéraire F. X. Salda soulignait justement : «Munch est un coloriste : absolue, symbolique et irréelle, la couleur n'est pas pour lui un simple phénomène changeant du monde [...] ; mais plutôt l'essence même des choses – un domaine de connaissance absolue et intime, comme celui de la musique[11].»

Cette exposition trouva logiquement un écho particulier en Allemagne, où Munch était déjà très connu[12], à Dresde chez les membres de Die Brücke – notamment Kirchner et Nolde –, et aussi en France, grâce au compte rendu qu'en fit William Ritter dans la *Gazette des Beaux-Arts*[13]. L'auteur suisse y évoquait les «dissonances de couleurs fielleuses et vénéneuses» et les «colorations agressives et virulentes» dont se servait le peintre, retrouvant, quant à cet aspect brutal de l'œuvre, l'esprit d'un article publié en 1900 par Marcel Réja qui précisait : «C'est par des moyens d'une brutalité barbare qu'il [Munch] nous attaque, ce sont des coups droits qu'il nous porte. [...] Des hurlements de couleurs lui sont des auxiliaires efficaces, qui nous émeuvent à la façon de coups de bâtons vigoureusement assenés[14].» Ce portrait de l'artiste en lutteur sauvage, provoquant le spectateur sur un ring et anticipant la cage aux Fauves à venir, n'est pas sans rappeler la manière dont la critique rendra compte du Salon d'Automne de 1905 – évoquant, par exemple, des «bariolages informes», des «taches de colorations crues juxtaposées au petit bonheur», des «jeux barbares»[15], ou celle dont certains des artistes protagonistes du fauvisme pourront se souvenir de ces années – «J'étais un barbare tendre et plein de violence» (Vlaminck).

On le voit, les liens entre l'objectif des Fauves, tel qu'exprimé par Matisse – se placer loin des couleurs d'imitation pour obtenir avec les couleurs pures des réactions plus fortes –, et cette appréhension émotive et totalement subjective du réel envisagée dès 1891-1892 par Munch – «qu'un arbre peut être rouge ou bleu, qu'un visage peut être bleu ou vert[16]» – sont nombreux. Il était donc log que qu'au Salon des Indépendants de 1906, le placeur réunît dans une même salle les envois de Manguin, Marquet, Puy, Van Dongen et Vlaminck avec les trois gravures et les trois peintures proposées par Munch[17]. Parmi celles-ci figurait *Autour de la table* (cat., n° 130), où le traitement en aplats des couleurs peut faire penser à certaines œuvres contemporaines de Matisse, dont *Le Bonheur de vivre* était accroché à ce même Salon avec les œuvres de Derain et Czóbel. Même si les contacts entre les deux peintres ne sont pas réellement avérés, ils ont pu se rencontrer, soit par l'intermédiaire des peintres Ludvig Karsten ou Edvard Diriks – le premier était l'élève de Munch, le second son cousin – qui fréquentaient l'atelier du Français ou grâce à la violoniste Eva Mudocci avec laquelle Munch fut lié de 1903 à 1906, et dont Matisse fit le portrait. Les deux artistes connaissaient bien leurs œuvres respectives et, par ailleurs, de nombreux Norvégiens firent le voyage de Paris, lorsque Matisse ouvrit son académie, pour y suivre son enseignement. L'influence réelle de ce dernier sur la jeune génération de peintres fit écrire au maître de Munch, et, à ses débuts, le plus ardent défenseur, Christian Krogh, un article intitulé «Matissisme» où il étudiait les relations entre les deux artistes : «Le programme de Matisse est qu'on doit outrer tout ce qui peut être outré, à la fois dans la forme et dans les couleurs. Seulement les exagérations dans la forme doivent correspondre aux outrances chromatiques et dépendre d'elles – ou inversement – de manière à

---

10 Cité par Ragna Stang, *Edvard Munch, The Man and the Artist*, Londres, Gordon Fraser, 1979, p. 187. La grenade de Filla prolonge curieusement la métaphore contemporaine de Derain à Collioure pour qui les couleurs devenaient des «cartouches de dynamite». Le fauvisme : un art d'artificier.
11 «Le tyran des rêves», *Volné smery*, vol. IX, 1905. Cité par Jiri Kotalik, *Edvard Munch og den Tsjekkiske kunst*, Oslo, Musée Munch, 1971.

12 Rappelons que, de 1891 à 1905 – et en particulier à la suite de l'exposition de la fin 1892 à l'Union des artistes berlinois puis à l'Equitable-Palast de Berlin dont le succès de scandale du jour au lendemain propulsa le jeune artiste, alors âgé de 29 ans, au devant de la scène artistique européenne –, Munch put montrer son œuvre en Allemagne plus d'une quarantaine de fois avec des expositions dans la plupart des grandes villes chaque année, à l'exception de 1897.

13 «Correspondance de Bohème», *Gazette des Beaux-Arts*, avril 1905, p. 346.
14 «Symbolisme pictural. H. Héran, E. Munch, O. Redon», *La Critique*, 20 janvier 1900, n° 118.
15 Marcel Nicolle, *Le Journal de Rouen*, 20 novembre 1905.
16 Manuscrit T 2760, musée Munch, Oslo.
17 Curieusement la critique française resta muette quant à l'envoi de Munch, cette année-là : rien le concernant chez Louis Vauxcelles dans *Le Radical* du 16 mars, Georges Bal dans le *New York Herald* du 20 mars, Antoine Leduc dans *L'Énergie française* du 21 mars, A. Boisard dans *Le Monde illustré* du 31 mars ou Jean Tavernier dans *La Grande Revue* du 1er avril. Il faut aller à Bruxelles pour trouver sous une plume anonyme ces lignes : «[...] et saluons, par respect pour le passé, ce qui fut autrefois Edvard Munch» (*Le Samedi de Bruxelles*, 28 avril 1906).

faire naître une unité et l'harmonie. » Puis Krogh fait allusion au passage des «Notes d'un peintre» où Matisse affirme qu'il souhaite un art «qui soit, pour tout travailleur cérébral, pour l'homme d'affaires aussi bien que pour l'artiste des lettres, par exemple, un lénifiant, un calmant cérébral, quelque chose d'analogue à un bon fauteuil qui le délasse de ses fatigues physiques[18]. » Il poursuit : «S'il me fallait pour finir dire mon sentiment sur Matisse en tant que peintre, je dirai qu'il ressemble à Munch, mais sans avoir sa grandeur. Oui, qui sait si le matissisme n'est pas, d'une certaine manière, l'implantation en terre française d'un mouvement qui a vu le jour sur le sol norvégien et qui aujourd'hui revient chez nous. Qui sait si Matisse n'est pas influencé directement par Munch comme l'est toute la jeune génération norvégienne. [...] Je crois que Munch est le père du matissisme – même s'il lui arrive de renier son enfant[19]. »

On ne peut, certes, contester des similitudes avec les peintures de Munch dans quelques toiles de Matisse – ainsi de cette esquisse à l'huile pour un portrait de Marguerite[20] en 1906, dont l'inachèvement même accentue la ressemblance avec certaines figures de jeune fille du Norvégien, au semblable masque blafard – mais il faut aussi constater qu'après l'exposition à la galerie Cassirer à Berlin, en décembre 1908, où le marchand réunit six peintures de Matisse – soit, à peu près, le cinquième de son envoi – et trente-quatre toiles de Munch, l'œuvre du second retient les leçons de celle du premier. Cela est net avec les deux autres tableaux présents ici : déjà dans une des premières versions de la *Mort de Marat* de 1906 (cat., n° 129), où l'artiste renoue avec sa touche «impressionniste» – telle qu'elle vibrait sur la surface d'*En plein air* – pour rendre sensibles ses propres sensations, et, surtout, dans *Le Meurtrier* (cat., n° 31) peint en

1910. Face à cette extraordinaire toile à la force primitive intacte, on peut, en effet, rappeler ces propos de l'«impressionniste épileptique et fou», ainsi qu'avait pu le qualifier Henri Evenepoel, son condisciple belge de l'atelier Gustave Moreau : «Pour moi, le sujet d'un tableau et le fond de ce tableau ont la même valeur [...] ; seule compte la composition, le patron général. Le tableau est fait de la combinaison de surfaces différemment colorées, combinaison qui a pour résultat de créer une expression[21]. » Ici, la composition s'articule autour de cette ligne de fuite qui cadre, entre lumière et ténèbres, le personnage central, à la mine barbouillée de vert et aux mains dégoulinantes de rouge complémentaire, et crée une forte sensation de malaise. Charles Morice ne notait-il pas que Munch «se plaisait aux imaginations les plus sinistres», mais qu'il «témoignait dans ses tableaux homicides d'une extraordinaire puissance de réalisme jusqu'en la déformation même[22]»? Ce meurtrier, c'est bien sûr Munch, qui exposera pour la dernière fois de son vivant en France cette année 1910, l'auteur des tableaux homicides, tel que finalement le définit Louis Vauxcelles, «l'inventeur» des Fauves, dans son compte rendu du Salon des Indépendants[23], cet éternel «revenant scandinave».

---

18 «Notes d'un peintre», parue dans la *Grande Revue*, T-52, 25 décembre 1908, dans Henri Matisse, *Écrits et propos sur l'art*, texte, notes et index établis par Dominique Fourcade, Hermann, Paris, 1972, p.50.

19 Dans «Matissisimen», *Morgenposten* et *Dagens Nyt*, 18 octobre 1909, et non pas 14 octobre 1909, comme la bibliographie munchienne s'obstine à le répéter, en faisant parfois croire que le nom de l'artiste y est imprimé « Mathisse ». Nous avons ici rétabli l'orthographe originelle des deux publications dont les copies nous ont été fournies par la Bibliothèque Nationale de Norvège, à Oslo.

20 *Marguerite*, 1906, huile sur bois, 71,1 x 53,3 cm. Collection privée. Reproduit dans Pierre Schneider, *Matisse*, Paris, Flammarion, 1984, p. 310.
21 Henri Matisse, *Écrits et propos sur l'art*, op. cit., 1972, p. 131-132.

22 «Le XXIe Salon des Indépendants», *Mercure de France*, 15 avril 1905, p. 545.
23 *Gil Blas*, 20 mars 1910.

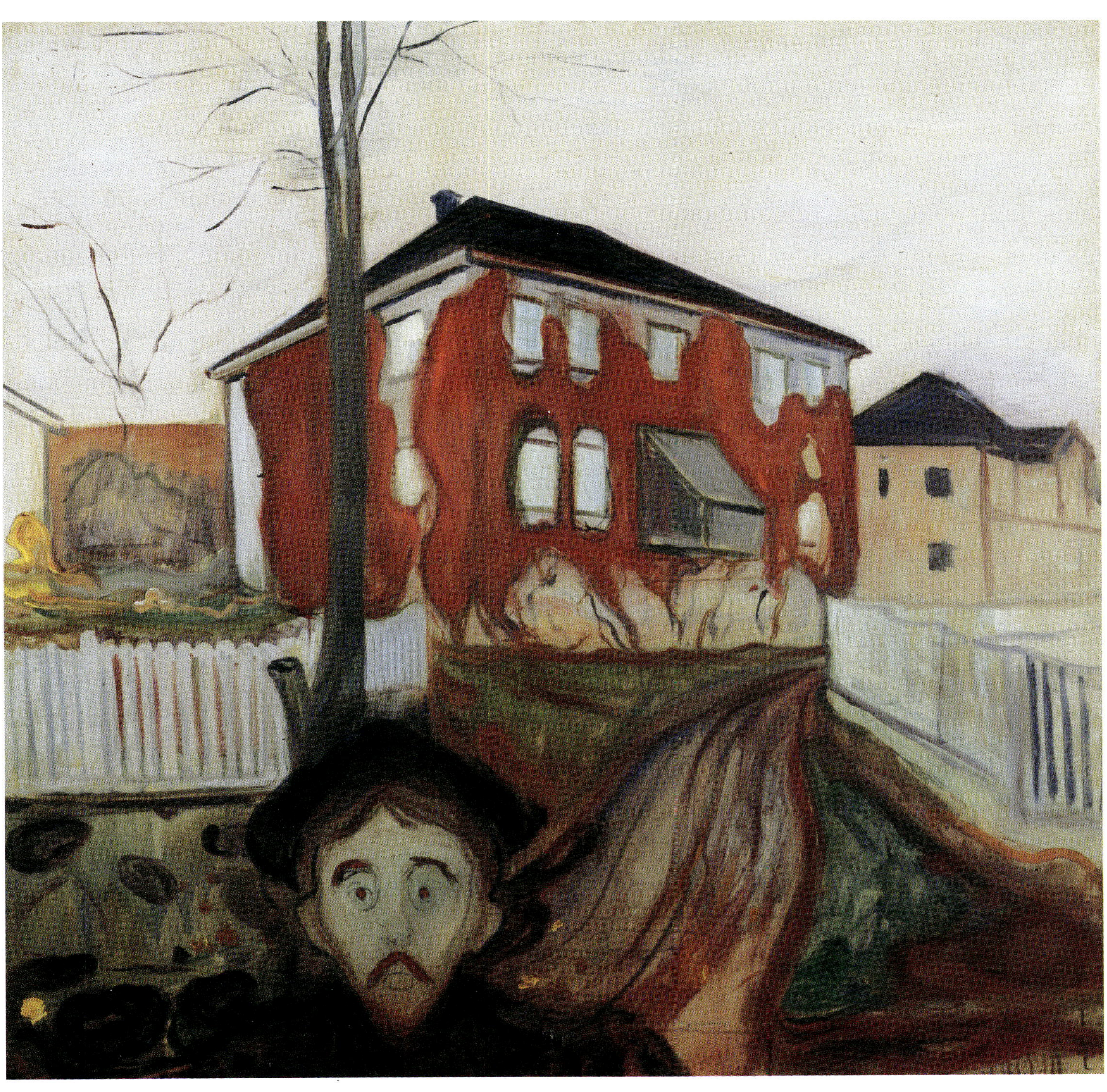

128 - Edvard Munch
La Vigne vierge rouge, 1898-1900
Huile sur toile, 119,5 x 121 cm
Munch-Museet, Oslo

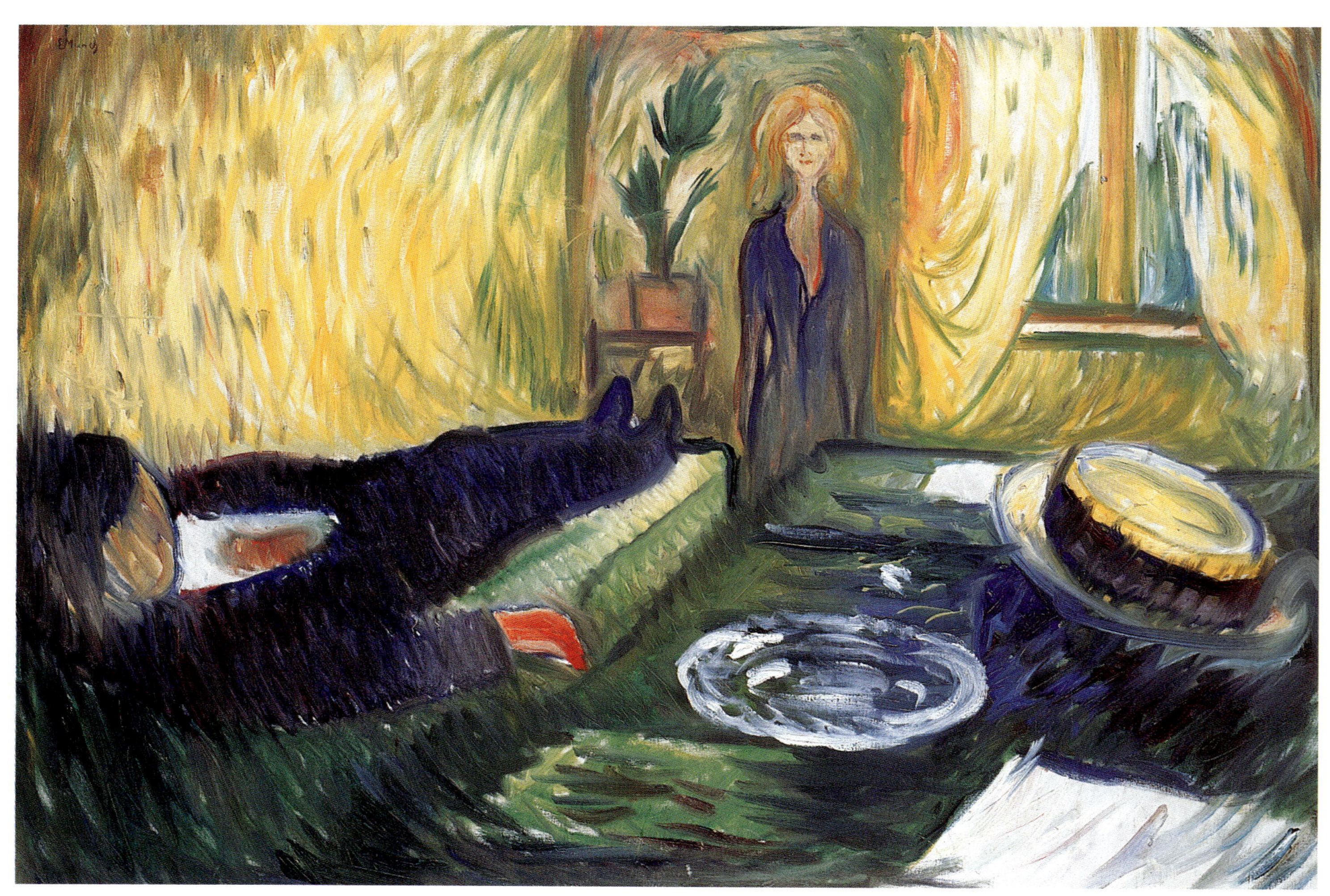

129 - Edvard Munch
La Mort de Marat, 1906
Huile sur toile, 70 x 100 cm
Munch-Museet, Oslo

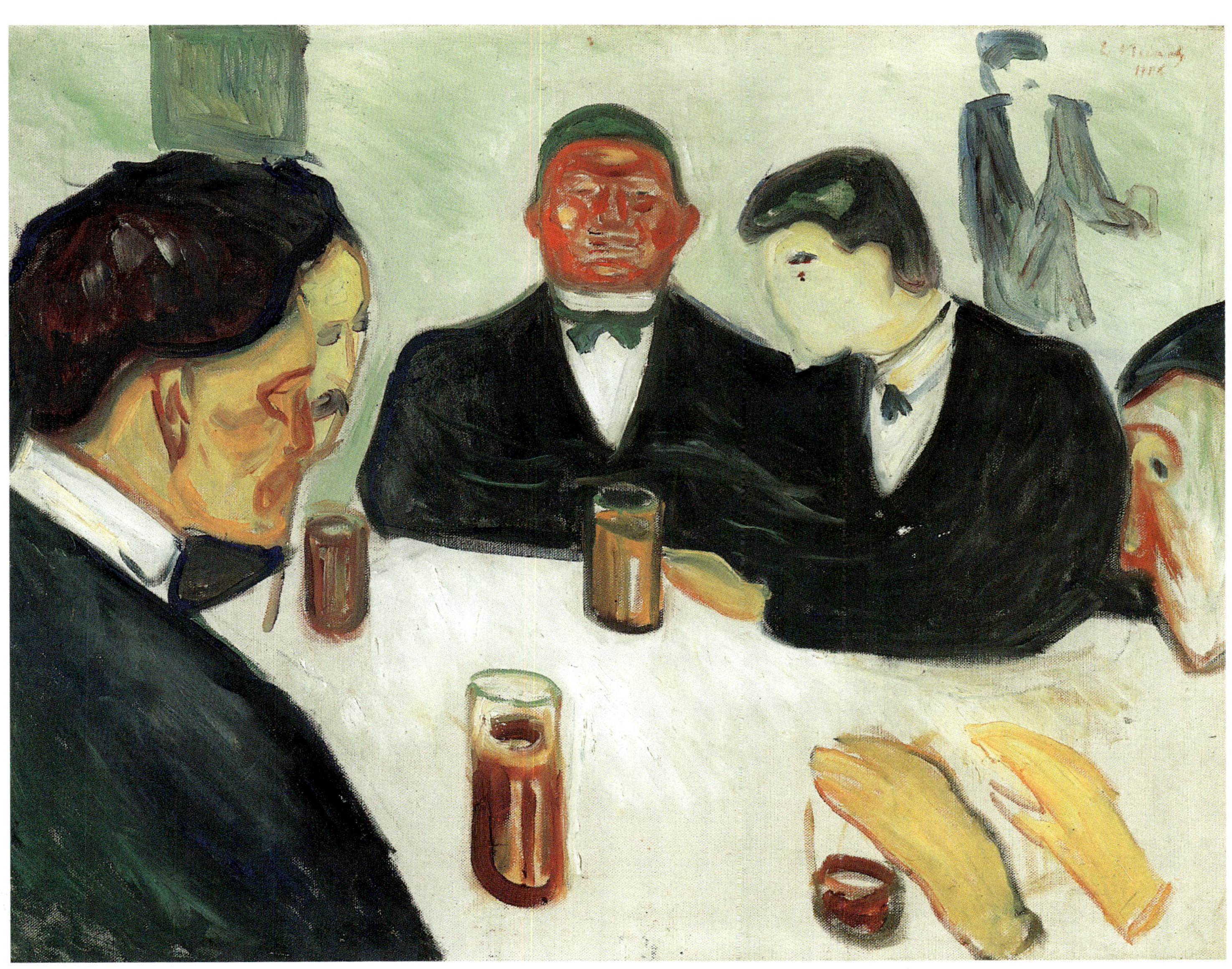

130 - Edvard Munch
Autour de la table, 1906
Huile sur toile, 76 x 96 cm
Munch-Museet, Oslo

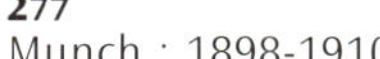

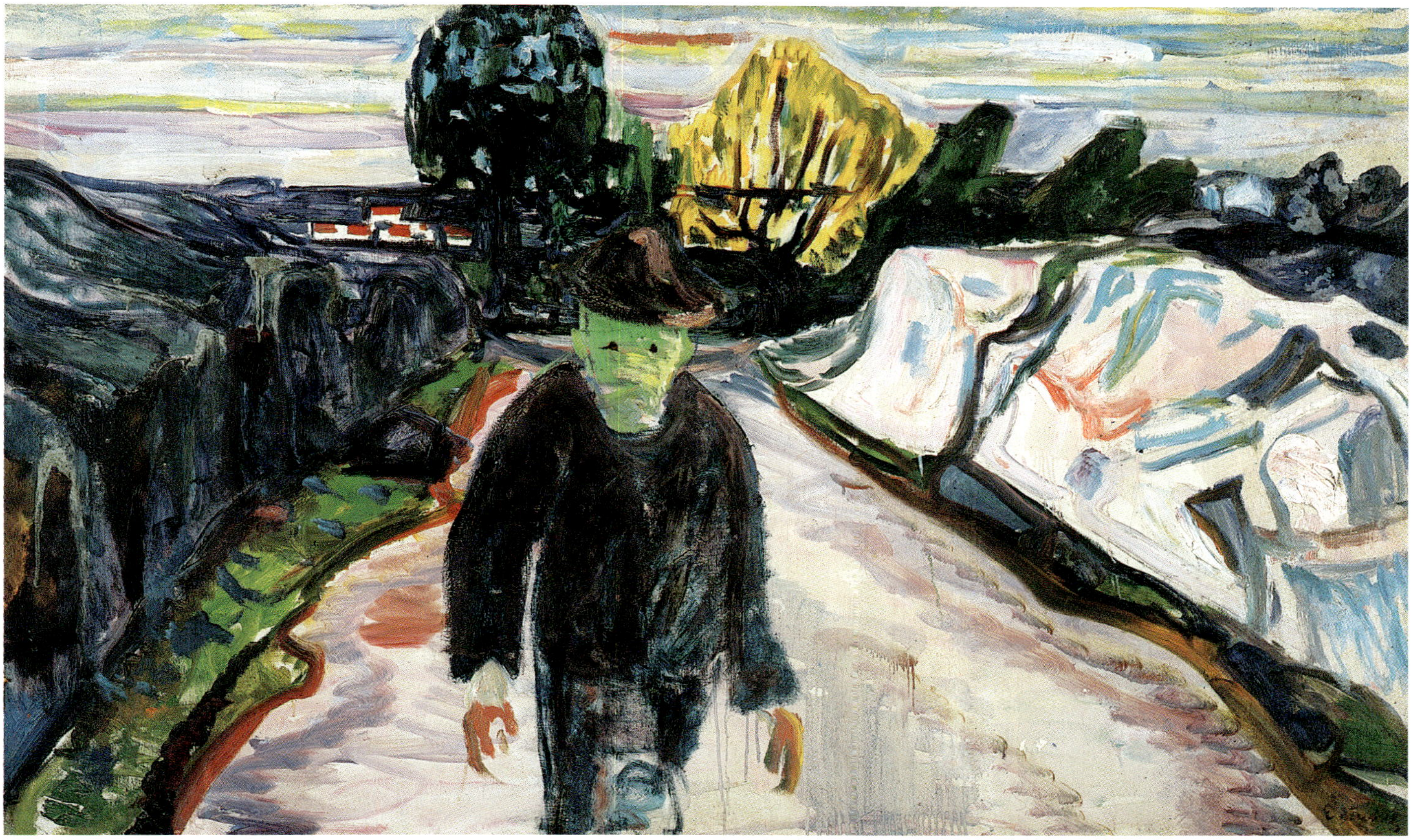

131 - Edvard Munch
Le Meurtrier, 1910
Huile sur toile, 94 x 154 cm
Munch-Museet, Oslo

Dresde, Munich : 1905-1912

« Tous, ils ne travaillent qu'une facette » [1]
Sur l'influence des Fauves en Allemagne

Carla Schulz-Hoffmann*

La réception du fauvisme en Allemagne se résume très largement à l'influence d'Henri Matisse, qu'il est quasi impossible d'appréhender et de mesurer dans toute son ampleur. Matisse fut à la fois ligne de partage et pôle d'orientation, éclipsant tous les autres Fauves. En tout état de cause, il fut important pour tous comme médiateur des aspects les plus novateurs du fauvisme [2]. Inversement, l'admiration pour Matisse ne put se développer pendant longtemps sans une bonne dose de scepticisme, voire de mauvaise conscience. Si Matisse fut considéré très tôt comme le grand représentant d'une culture picturale française inaccessible, comme l'inventeur d'harmonies chromatiques purement sensorielles, aussi modernes qu'intemporelles, il apparut en même temps et précisément pour cette raison comme le protagoniste un peu suspect d'un hédonisme presque inadmissible.

Tout cela esquisse le dilemme, voire le nœud de problèmes que soulève ce sujet. Dans le cadre d'un travail de recherche, il serait sans doute utile de dresser une liste exhaustive des rencontres sporadiques avec les Fauves et des références au fauvisme dans la scène artistique allemande, mais une telle démarche ne permettrait guère de nous renseigner sur les parentés et les différences réelles. On pourrait certes établir l'inventaire minutieux des contacts établis à l'occasion de voyages en France, ou encore énumérer les expositions organisées très tôt dans de grands centres artistiques comme Berlin, Dresde ou Munich. Pour autant, on ne saisira pas le caractère particulier de la perception du fauvisme en Allemagne, perception marquée par la recherche très ancienne d'une bienheureuse Arcadie comme par la défiance vis-à-vis d'une certaine « légèreté de l'être », ambivalence exacerbée par une situation historique qui favorisait les ressentiments nationaux [3]. En fait, la réaction aux harmonies chromatiques du fauvisme et à la vitalité qui s'y exprimait reflète une divergence plus fondamentale dans l'appréciation. Il convient de rappeler que Matisse n'est pas synonyme de fauvisme et que ce terme ne désigne pas plus un groupe qu'une période clairement déterminés. Il est en revanche très prisé par l'historien qui procède par étiquettes [4].

L'étude du fauvisme en Allemagne s'appuie donc – et c'est pour moi le point déterminant – sur Matisse, d'une part, et sur l'examen des différentes positions adoptées par les artistes, d'autre part. Dans le cadre de la présente exposition, il semble de ce fait judicieux d'examiner dans leur rapport avec le fauvisme les deux figures significatives pour l'art allemand de ces années que sont Ernst

---

1 Franz Marc s'exprimant sur les artistes français contemporains dans une lettre à August Macke, Sindelsdorf, 6 mai 1910, cité d'après : August Macke-Franz Marc, *Briefwechsel* [Correspondance], publiée sous la direction de Wolfgang Macke, Cologne, 1964, p. 15.
2 Pour des réflexions nouvelles et plus générales sur ce sujet, voir en particulier Marit Werenskiold, *The Concept of Expressionism, Origin and Metamorphoses* (translated by Ronald Walford), Universitetsforlaget, Oslo-Bergen-Stavanger-Tromsy, 1984 (avec une biographie exhaustive). Plus spécifiquement sur le Cavalier bleu, voir l'essai très documenté, plus poussé sur bien des points, de Peter Kropmanns, « Matisse und die Künstler des Blauen Reiters », dans le catalogue d'exposition *Der Blaue Reiter und seine Künstler*, Berlin-Tübingen, 1998-1999, p. 189-206.

3 Voir à ce sujet le recueil de textes né de ressentiments nationalistes et d'envies mesquines : « Ein Protest deutscher Künstler », avec une introduction de Carl Vinnen, Iéna, 1911. Cette protestation fut déclenchée par l'acquisition du tableau *Champ de coquelicots* de Van Gogh pour la Kunsthalle de Brême par Gustav Pauli. La controverse qui en résulta fut compilée du côté progressiste pro-Français dans l'écrit polémique *Im Kampf um die Kunst. Die Antwort auf den « Protest Deutscher Künstler »* [Dans la lutte pour l'art. Réponse à la « Protestation d'artistes allemands »] ; elle contenait des contributions d'artistes, de galeristes, de collectionneurs et d'écrivains et fut publiée en 1911 par Piper à Munich.
4 Comme on le sait, c'est le critique Louis Vauxcelles qui, voyant une sculpture de bronze conventionnelle du sculpteur Marquet exposée au Salon d'Automne parmi les œuvres de ces jeunes artistes, se serait écrié : « Donatello parmi les fauves ! »

Ludwig Kirchner, protagoniste de l'expressionnisme du groupe Die Brücke, et Franz Marc, représentant type du Cavalier bleu. Bien que peu de chose le lie au fauvisme classique, du moins formellement, et qu'il n'ait donc pas sa place ici, une brève digression sur Max Beckmann, en qui culminent les extrêmes évoqués ci-dessus, s'avérera intéressante.

Un violent chromatisme caractérise l'art moderne du début du XXe siècle, tant chez les Fauves que chez les expressionnistes allemands. À l'harmonie haute en couleurs et à la souplesse formelle des Fauves s'opposent cependant les formes brisées, tranchantes et les dissonances chromatiques des peintres de Die Brücke, tandis que les artistes du Cavalier bleu insèrent leurs compositions chromatiques dans un système plus construit, plus contrôlé, montrant ainsi très tôt une tendance à l'abstraction qui a son origine dans une conception de la peinture comme langage.

Kirchner résume à lui seul les positions du groupe Die Brücke. Il incarne à l'extrême les potentialités et les menaces qui pèsent sur le solitaire tourné vers lui-même et son environnement immédiat, et sur l'habitant des grandes villes pour qui la nature et le naturel sont des concepts entièrement élaborés et non tirés du vécu. Chez lui, la puissance de l'œuvre résulte de la tension entre le sentiment extatique et le contrôle de la raison. Cette dialectique apparaît avec une évidence toute particulière dans les nombreuses représentations de nus qui occupent une place déterminante dans son œuvre en tant que métaphores de la vie non dénaturée et de la liberté des rapports humains. Mais c'est précisément ici que se manifeste aussi l'indépendance de Kirchner, qu'on a souvent voulu confiner dans une dépendance unilatérale à l'égard

de la peinture française, surtout dans son œuvre de jeunesse. Même si – nonobstant ses déclarations contraires et l'antidatage ciblé de certaines œuvres – il bénéficia visiblement de la connaissance du fauvisme et en particulier de Matisse, cet enrichissement ne se fit pas sur le mode de l'adoption pure et simple de principes picturaux, mais plutôt sur celui de leur réinterprétation [5].

Fränzi à la chaise sculptée (cat., n° 132) en est une illustration éloquente. L'intégration de la figure dans un espace pictural dénué de repères concrets et l'utilisation des couleurs sont inconcevables sans la connaissance des « sauvages » français. Les Fauves s'étaient violemment opposés à l'utilisation illusionniste des couleurs : la couleur ne servait plus nécessairement à caractériser un objet, elle remplissait des fonctions liées à la composition. Au gré de ce qu'exige l'harmonie chromatique, une pomme peut alors être bleue, un nu vert et jaune. Les motifs figuratifs sont avant tout des données linéaires et chromatiques organisant la composition dans le plan plutôt que des corps plastiques revendiquant un espace défini. On remarque par ailleurs l'absence de source lumineuse précise ; les différentes surfaces colorées ont plutôt une luminosité propre et génèrent une lumière uniforme – mais non illusionniste – au sein d'une unité picturale cohérente.

Kirchner fait sienne cette conception, cherchant lui aussi à libérer la couleur du sujet, visant lui aussi à la simplification des formes et à la puissance lumineuse des tons purs. Le besoin d'harmonie des Fauves lui restait cependant étranger, comme le montre *Fränzi* dont l'expressivité est délibérément exacerbée en s'appuyant sur deux éléments étroitement liés : devant une chaise en bois sculptée par Kirchner d'après un modèle africain, et dont le dossier se termine en tête de femme stylisée, se

5 Il a été prouvé que Kirchner a daté après coup plusieurs tableaux plus tôt qu'ils n'avaient réellement été peints pour nourrir le sentiment d'une totale indépendance à l'égard des évolutions artistiques de son époque.

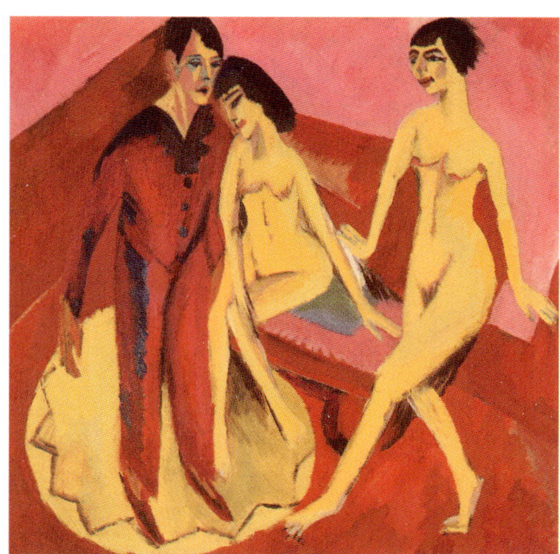

(ill. 1) **Ernst Ludwig Kirchner**
École de danse, 1914
Huile sur toile, 115 x 115 cm
Staatsgalerie moderner Kunst, Munich

détache en quelque sorte la contre-image de la jeune Fränzi, dont le visage paraît artificiel par ses contrastes stridents et forcés de vert, de bleu et de rouge. La figure réelle et l'image sculptée sont liées par un contour noir qui devient, en contrepoint, élément de composition. La femme adulte, schématiquement indiquée par la chaise peinte en couleur chair, et la fille étrange dont le visage s'apparente à un masque – image et contre-image – se complètent comme le positif et le négatif pour constituer le thème de la féminité selon Kirchner. Sensualité et sexualité sont évoquées non pas comme une réalité tangible, mais comme potentialités et semblent ainsi faire écho à la conception du naturel singulièrement troublée qui était celle de l'artiste.

En définitive, c'est seulement dans les nus en pleine nature, peints pour la plupart entre 1909 et 1911, lors des vacances passées avec Heckel et Pechstein dans la région des lacs de Moritzburg, près de Dresde, que Kirchner – tout comme ses amis – parviendra à l'immédiateté et à la sensualité naturelle des rapports humains, auxquelles aspirent les artistes de Die Brücke. Il est vrai que ces derniers n'obtiennent l'intégration de l'homme dans la nature, cet état arcadien des origines, qu'au prix d'une dépersonnalisation ; l'unité dans l'harmonie paradisiaque renvoie à une synthèse qui ignore les états subjectifs et toute nécessité d'affirmer la maîtrise de l'homme sur l'ordre naturel. Les figures sans visage constituent une unité formelle et chromatique avec la nature environnante. Là encore, on perçoit la nostalgie presque sentimentale d'une Arcadie perdue, définie ici comme inaccessible par la spontanéité et la fébrilité très marquées de la facture.

Ce désir d'une beauté intacte se suffisant à elle-même deviendra totalement obsolète après la rupture de Kirchner avec le groupe et son installation dans la métropole berlinoise. Plus encore que les autres membres, Kirchner coupe peu à peu les ponts avec toute instance de contrôle extérieure et s'impose l'isolement : « Mon travail découle du désir de solitude. J'ai toujours été seul, plus je me mêlais aux hommes, plus je ressentais ma solitude : rejeté même si personne ne me rejetait [6]. »

C'est cette ambivalence que reflète *L'École de danse* (ill. 1), qui nous montre Kirchner, sa compagne Erna Schilling et Gerda, la sœur de cette dernière : Kirchner y apparaît comme l'artiste solitaire souffrant de son époque, cherchant l'isolement pour consigner, avec la précision du sismographe, le traumatisme de l'appauvrissement des relations humaines. L'acteur principal, timide et embarrassé, dénote la même rigidité de marionnette maladroite que les deux femmes à la nudité gratuite, sans intimité et séparées alors même que la situation suggère une proximité physique. Le manque de vie et l'isolement émotionnel qui caractérisent les figures sont soulignés par les formes aiguës, les distorsions de la perspective, mais aussi par l'agencement de couleurs contre nature. Le jaune toxique du tapis et des femmes nues forme un contraste désagréablement dur avec le rouge chaleureux et le violet froid du costume de Kirchner, du sol et du fond. Enfin, le regroupement délibéré d'éléments iconographiques disparates en un tout difficilement identifiable paraît donner une dimension quasi programmatique au tableau. L'habit d'arlequin de Kirchner renvoie à l'univers des variétés ou du cirque et, partant, à une interprétation, courante dans l'expressionnisme, de l'artiste qui, fan-

6 Extrait des courts textes écrits
en 1919 par Kirchner sur
les fondements de son art.
Cité d'après *Ernst Ludwig Kirchner
1880-1938*, catalogue d'exposition,
Berlin, 1979, p. 79.

taisiste solo et génie du déguisement, se donne de nouveaux rôles pour ne pas être reconnu. En revanche, les deux femmes situent plutôt la scène dans une maison close et pourraient ainsi renvoyer à une autre métaphore visuelle de l'expressionnisme, la parabole biblique du fils prodigue chez les prostituées, qui symbolise souvent le désarroi de l'artiste et de l'individu dans la société moderne. Le caractère ouvert et naturel des relations humaines est irrémédiablement poussé jusqu'à l'absurde : il n'y a ici aucun espoir ni aucune échappatoire possible. Les figures sont sans rapport entre elles et pourtant indissolublement liées les unes aux autres, dans une atmosphère purement artificielle qui les dépossède de leur identité, même lorsqu'il s'agit de personnes clairement reconnaissables, comme c'est ici le cas.

Chez Franz Marc et les autres peintres du Cavalier bleu, le rôle de l'artiste comme instance morale et figure directrice, présent chez Kirchner, deviendra un critère pour se démarquer de l'art reposant sur la beauté pure et autonome, tel qu'il a été vécu par le fauvisme dans l'harmonie et l'évidence la plus totale. Dans l'entourage de Franz Marc, l'idée du spirituel ou du religieux se concentre de plus en plus sur des catégories plastiques qui s'éloignent de la figuration ou, formulé différemment : la peinture abstraite trouve sa justification dans un degré de spiritualité plus élevé, selon une conception qui renvoie à certains thèmes de l'idéalisme allemand.

C'est grâce à Alexej von Jawlensky, qui déjà exposait au Salon d'Automne à Paris en 1905 et avait fait la connaissance de Matisse la même année, que les peintres du Cavalier bleu assimilent la position des Fauves. Des tableaux comme *La Côte près de Carantec* (cat., n° 145) rendent compte de cette confrontation constructive,

notamment par l'exacerbation des contrastes de couleurs complémentaires bleu et jaune, vert et rouge, et par la réduction du paysage à des surfaces colorées qui, largement dissociées du motif paysager, génèrent une réalité picturale autonome.

Jawlensky lui-même considérait ses œuvres peintes en Bretagne comme une étape importante dans son évolution. C'est ainsi qu'en 1910 il se rappelle : «Pour la première fois, j'ai su peindre non pas ce que je voyais, mais ce que je sentais [7].» Ces tableaux annoncent l'expérience de la nature qui résulte pour Gabriele Münter du travail commun avec Jawlensky, Marianne von Werefkin et Kandinsky à Murnau, et qu'elle décrit de la manière suivante : «Après une courte période de souffrance, j'ai fait un grand bond en avant, de l'imitation plus ou moins impressionniste de la nature à la perception d'un contenu – à l'abstraction –, à l'extraction d'une essence… [8].» Un reflet de cette fructueuse collaboration nous apparaît dans les œuvres peintes à cette époque (cat., n° 146, n° 147, n° 148). Mais cette perception de la nature évoluera peu à peu vers un processus spirituel, intérieur, pour lequel le donné visible n'est plus qu'un souvenir de l'esprit. Et c'est cette évolution qui conduira Kandinsky à opter très tôt pour une abstraction radicale (cat., n° 155). Le cheminement de Franz Marc conduit aussi de la figuration concrète à une figuration abstraite dans laquelle s'exprime en même temps une empathie qui transforme la vision de la nature. Alors que Franz Marc avait cru pouvoir trouver le caractère originel – et donc la vérité – dans la nature «extérieure», il en

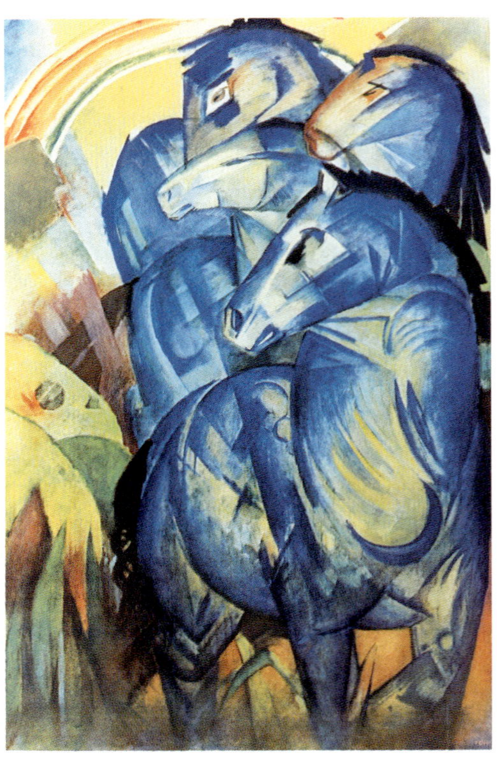

(ill. 2) **Franz Marc**
La Tour des chevaux bleus, 1913
(détruit)

7 A. von Jawlensky,
Lebenserinnerungen [Mémoires],
cité d'après C. Weiler, *Alexej Jawlensky,
Köpfe, Gesichter, Meditationen,*
Hanau, 1970, p. 95 et suiv.
8 Cité d'après J. Eicher, *Kandinsky
und Gabriele Münter. Von Ursprüngen
moderner Kunst*, Munich, 1957, p. 89.

exclut ensuite l'homme, les animaux restant seuls dépositaires de la pureté perdue (cat., n° 156), et considère pour finir que la «vraie» nature peut seulement être pensée par l'homme. La connaissance de la nature devient alors pure connaissance de soi – conception fondamentalement romantique – et l'artiste celui qui peut seul anticiper cette vérité et la communiquer.

Le tableau perdu *La Tour des chevaux bleus* de 1913 (ill. 2) fait partie d'une phase intermédiaire dans l'œuvre de l'artiste, phase dans laquelle la nature est nivelée au profit d'un anthropomorphisme croissant. Avec la fonction symbolique de la couleur «bleu», essence de la transcendance dans le romantisme, avec des chevaux enlevés vers une sphère cristalline et éthérée, avec l'évocation sentimentale de l'arc-en-ciel et d'un croissant de lune soulignant que la scène ne se situe déjà plus dans le monde d'ici-bas, le tableau devient icône, image de dévotion pour la contemplation méditative du spectateur. Dès lors, il est clair que nous sommes en présence non plus d'une objectivation de l'entité «animal», mais d'une projection subjective. L'apothéose des chevaux est alors glorification d'une vision totalement subjective du monde, dont l'animal n'est plus qu'un vecteur. La religiosité renvoie à un «sentiment» plus ou moins indéfinissable, globalement mystique, et qui ne s'appuie plus sur l'objet réel, mais sur une «idée» de la nature pensée par l'artiste.

Pour Franz Marc, cette appréciation résulte très logiquement de la vision d'une ère spirituelle à venir, que seul peut appréhender et contribuer à faire advenir un homme qui a fondé sa vie sur les principes spirituels et religieux, l'homme artiste et créateur au sens le plus large. Selon la formule fréquemment citée de Franz Marc, son but visait à «créer des symboles destinés aux autels de la religion spirituelle à venir[9]», et qui ramènent «le peuple [...] à Dieu [...] plutôt qu'au veau d'or[10]». L'artiste devient ainsi un «médecin transcendantal» et un «prêtre»[11] – au sens même où l'entend Novalis –, qui incarne en lui-même et dans son œuvre le désir de pureté et d'originalité.

Avec une rigueur et une intransigeance toute franciscaine, Franz Marc se coupe de toute possibilité de rédemption ici-bas; son œuvre est projection dans le désir d'un monde meilleur qui, purifié de toute perturbation triviale, n'est accessible à l'homme que par sa dimension spirituelle. Franz Marc s'interdit et nous interdit «la vraie vie», nourrissant l'espoir trompeur en un salut sous une forme immatérielle et dépersonnalisée. Bien que ce cosmos parfait se présente en des couleurs joyeuses, il ne peut être qu'une maigre consolation. C'est en cela que réside à mon sens la différence essentielle entre le monde bigarré du Cavalier bleu et celui des Fauves.

Bien des années plus tard, à un moment où en tant que style, le fauvisme est depuis longtemps tombé dans le domaine public, Max Beckmann suivra un parcours opposé, avec un résultat en définitive comparable. Dans *Femme à la mandoline* (ill. 3), achevé en 1950, année de sa mort, Beckmann réussit une fois encore la synthèse entre la sensualité de la peinture pure et l'intensité expressive, synthèse qui résume sa confrontation avec les positions centrales de l'avant-garde française, telles qu'elles culminent dans la maturité de Matisse, avec son concept d'harmonie. *Odalisque à la culotte rouge* (ill. 4)

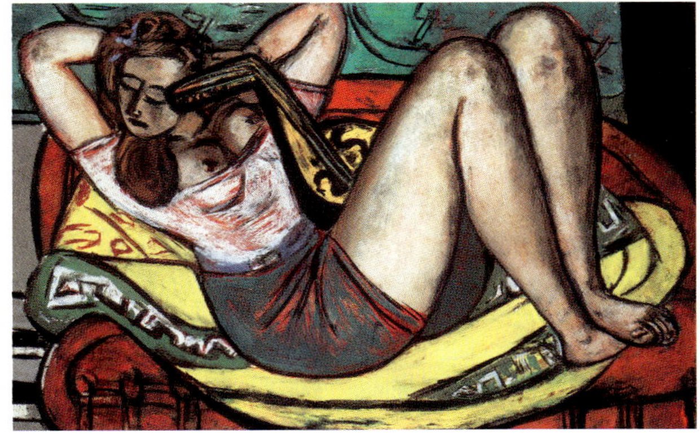

(ill. 3) **Max Beckmann**
Femme à la Mandoline, 1950
Huile sur toile, 92 x 140 cm
Staatsgalerie moderner Kunst, Munich

9 Klaus Lankheit (sous la direction de),
Franz Marc, Schriften, Cologne, 1978,
p. 143.
10 *Ibid.*, p. 114.
11 Paul Kluckhohn (sous la direction
de), *Deutsche Literatur, Reihe Romantik*,
ici: vol. 3, *Kunstanschauung
der Frühromantik, bearb. von Andreas
Müller*, Leipzig, 1931, p. 220 et 225.

permet de comprendre les parentés et les divergences de Beckmann par rapport à Matisse. Dans le tableau de Matisse comme dans celui de Beckmann, la composition est régie par une femme allongée, à demi dévêtue, qui crée l'espace dans un environnement où prédomine la planéité. Les différences d'atmosphère sont en revanche considérables. Alors que la Léda [12] de Beckmann équilibre présence sensuelle et tension, l'Odalisque de Matisse est parfaitement détendue et sûre d'elle. Le monde austère de Beckmann est à l'extrême opposé de l'apparente « légèreté de l'être » et de l'état arcadien du Français. Et là où Beckmann choisit « un fortifiant plutôt qu'un sédatif, de l'air frais plutôt qu'un fauteuil [13] », Matisse rêve d'un « art d'équilibre, de pureté, de calme [14] », dont le sujet ne suscite ni inquiétude ni anxiété.

Les deux positions devaient nécessairement entraîner des problèmes de compréhension mutuelle, comme l'attestent les difficultés qui accompagnèrent la réception des œuvres des deux côtés du Rhin. Si, en Allemagne, on tendait aisément à ne voir dans un art harmonieusement équilibré qu'une décoration facile, inversement, un art soulignant le contenu et ostensiblement chargé de sens tel que se présente l'art allemand devait se heurter à l'incompréhension des Français.

Cette divergence est déjà évoquée dans les critiques sans concession que Carl Einstein, le génial interprète de l'avant-garde, formule très tôt à l'égard de ces artistes [15]. Pour Einstein, les Fauves renoncent à leurs ambitions à cause de « moyens insuffisants » qui ne servent qu'à la réalisation d'affiches raffinées : « On tentait une synthèse, mais avec des moyens insuffisants. [...] Ce qu'on avait fait, c'était plutôt de grossir la sensation, d'appauvrir l'âme en développant le métier, et l'on était parvenu ainsi à une sorte de primitivisme décoratif [16]. » À propos du

Bonheur de vivre de Matisse, Einstein remarque : « mais tout ceci reste ornement. L'œil glisse, bien huilé, sans être incité à une plus grande densité de la perception spatiale [17] ». D'où il déduit : « Matisse retrouve la vieille position latine parfaitement positiviste. [...] On se contente dès lors d'harmoniser l'expérience ; ce qui compte avant tout, c'est la perfection technique. [...] De nouveau on recherche la porte du paradis par la perfection du métier [18] ». On perçoit là l'embarras de l'auteur face à un art qui permet, qui conseille même à l'individu de s'adonner à la pure jouissance esthétique. Si la critique d'Einstein porte sur un hédonisme qui, pour être parfaitement habillé, n'en est pas moins répréhensible, de tels doutes sont suscités chez la plupart des artistes allemands par le décalage entre le propos et la réalité.

Bien qu'il loue la dynamique de Kirchner, il critique vivement Die Brücke, dans lequel il voit un éclectisme petit-bourgeois constamment tiraillé entre l'ornement et le pathos [19]. Malgré quelques réserves, Einstein fait du Cavalier bleu, qu'il distingue nettement des Fauves, le pôle central de l'histoire de l'art moderne en Allemagne. « Les Allemands posent enfin le problème de l'autonomie de la peinture et du processus hallucinatoire librement développé. [...] Le peintre n'était plus acteur ou arrangeur, mais pur médium de l'histoire. [...] Ce qu'on exigeait était plus que de nouveaux tableaux, c'étaient de nouveaux états d'âme [20]. » Mais « Franz Marc comme Kandinsky manquent des nécessaires contrepoids à leur mystique et à son action érosive sur la forme. Dans le tableau, l'élan et l'extase creuse parviennent à faire oublier la lourdeur liée à la faiblesse de la forme, et l'abstraction métaphysique se perd un peu en ornements décoratifs [21] ». Einstein soulevait ainsi bien des questions qui seront déterminantes pendant de nombreuses années

12 Ce tableau est évoqué plusieurs fois par Beckmann entre le 31 janvier et le 20 mai 1950 sous le nom de *Léda*. Consulter à ce propos Max Beckmann, *Journal 1940-1950*, Munich, 1979 (éd. revue et augmentée), p. 329 et suiv.
13 Tiré des *Mémoires* de Stephan Lackner, consignation de réflexions orales faites par Beckmann entre 1934 et 1939, dans Stephan Lackner,

Ich erinnere mich gut an Max Beckmann, Mayence, 1967, p. 32.
14 Henri Matisse, « Notes d'un peintre », dans *Écrits et propos sur l'art*, Hermann, 1978 ; cité en allemand d'après Pierre Schneider, *Matisse*, Munich, 1984, p. 268.
15 Carl Einstein, *Die Kunst des 20. Jahrhunderts*, publié sous la direction et avec les commentaires de Uwe Fleckner et Thomas W. Gaethgens,

dans Carl Einstein, *Werke*, Éd. berlinoise, vol. 5, 1996 (publié pour la première fois en 1926 à Berlin sous la forme du 16e volume des « Propyläen Kunstgeschichte »).
16 *Ibid.*, p. 61 (60).
17 *Ibid.*, p. 64.
18 *Ibid.*, p. 70.

19 *Ibid.*, p. 206 et suiv.
20 *Ibid.*, p. 241-242.
21 *Ibid.*, p. 249-250.

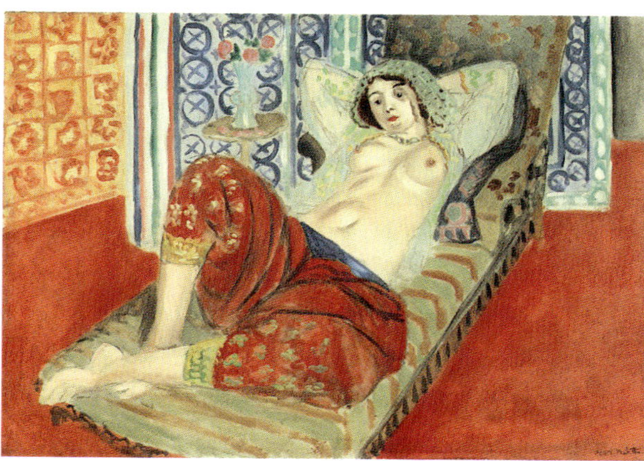

(ill. 4) **Henri Matisse**
Odalisque à la culotte rouge, 1921
Huile sur toile, 65 x 90 cm
Musée national d'Art Moderne, Paris

pour la réception réciproque de l'art français et allemand. Chargée de contenus sémantiques, la peinture allemande se heurtait, du côté français, à l'incompréhension générale, parfaitement résumée dans une remarque ambivalente sur Beckmann : « On reçoit le choc de Beckmann comme un *punch* dans l'estomac [22]. »

Ce choc longtemps produit par la peinture beckmannienne, qui ne s'embarrasse ni de scrupules formels ni de lourdeur sémantique, les artistes de Die Brücke et surtout ceux du Cavalier bleu l'avaient provoqué. Comparant Die Brücke avec les Fauves et en particulier avec Matisse, c'est le rythme effréné, la nervosité, voire la stridence, qui permettent d'appréhender leur différence, tandis que l'univers pictural du Cavalier bleu, avec ses visions d'avenir immatérielles, se situe à l'extrême opposé d'un art qui tente de fixer ces splendeurs dans un paradis terrestre. Franz Marc donne une formulation inverse et quelque peu réservée : « Tous, ils ne travaillent qu'une facette [23] », un point de vue qu'il n'était sans doute pas seul à partager et qui exprime un vieux malentendu, voire un préjugé interprétant comme une perfection creuse la pure peinture de la couleur, avec l'équilibre et l'évidente présence la caractérisant, que les Fauves ont haussée à un niveau de beauté inégalé.

Traduit de l'allemand par Wolf Fruhtrunk

22 Paul Viersen, *Trois peintres, Trois peintures, Chronique artistique, Nouvelles littéraires,* Paris-IV, 1931.
23 Voir note 1, *ibid.*

Les œuvres choisies ici couvrent une évolution qui va de la mouvance post-impressionniste aux prémisses de l'abstraction. Elles se répartissent selon les deux foyers de l'expressionnisme que sont Dresde et Munich.

Les premières œuvres en date sont celles réalisées par Jawlensky en Bretagne, à Carantec, en 1905 [*Le Bossu* (cat., n° 143), *Le Jardin d'Andreas* (cat., n° 144), *La Côte près de Carantec* (cat., n° 145)]. Elles témoignent de l'héritage gauguinien à travers un traitement déjà personnel des masses colorées, fermement structurées par des touches apparentes qui évoquent Van Gogh et le divisionnisme. Elles introduisent à la période «dite de Murnau» sur laquelle on a voulu mettre l'accent. Dans ce village bavarois les Russes de Munich, Jawlensky [1] et Kandinsky, se réunissent, avec Gabriele Münter, pour peindre durant l'été, à partir de 1908. Leur pratique qui, sous l'impulsion de Jawlensky, se fait alors plus synthétique, va bientôt dépasser toute référence post-impressionniste. À partir d'une construction encore précise du paysage en plans de couleurs intenses, ils vont évoluer vers un traitement plus lyrique (Jawlensky, *Soir d'été à Murnau,* 1908-1909, cat., n° 146; Kandinsky, *Paysage d'automne aux bateaux*, 1908, cat., n° 149, *Murnau Paysage avec arc-en-ciel*, 1909, cat., n° 148; Münter, *Coucher du soleil sur le Staffelsee*, 1908, cat., n° 147, où la dilution de l'objet dans l'explosion de la couleur va conduire Kandinsky jusqu'au passage à l'abstraction (Kandinsky, *Murnau – Le jardin II*, 1910, cat., n° 154; *Ange du Jugement dernier*, 1911, cat., n° 155). Dans le même temps, Jawlensky se concentre de plus en plus sur la figure féminine saisie en plan rapproché, insistant sur la face et contenant la violence des couleurs par une économie qui est celle de l'icône (*Tête inclinée*, 1909, cat., n° 150, et *Schokko*, c. 1910, cat., n° 151). Exposant au sein de la NKVM [2] fondée en 1909, ils rencontrent

Franz Marc qui va collaborer plus particulièrement avec Kandinsky à la création du Blaue Reiter. L'œuvre de Marc privilégie l'animal dans le paysage pour exprimer une émotivité mystique et un sentiment panthéiste à travers un usage de la couleur qui se combine très tôt à un cubisme de caractère fusionnel, à la frontière de l'orphisme (*Chevreuil dans la forêt II*, 1912, cat., n° 156).

Pour les artistes de la Brücke dont les acteurs principaux sont réunis ici, l'accent a été mis sur l'apogée de la période de Dresde, entre 1909 et 1911. Autant qu'une association artistique, la Brücke fut le partage d'un mode de vie dont la vitalité s'exprimait durant les étés passés en groupe, à peindre près des lacs de Moritzburg (Kirchner, *Deux Nus roses au bord du lac*, 1909-1920, cat., n° 133; Pechstein, *Dans la forêt de Moritzburg*, 1909, cat., n° 134, et *Au bord de la prairie, près de Moritzburg,* 1910, cat., n° 135) ou sur les bords de la Baltique. Cette aspiration à une existence libre, partagée avec leurs modèles – dont la toute jeune Fränzi (Kirchner, *Fränzi à la chaise sculptée*, 1910, cat., n° 132), où la communion avec la nature s'exprime par le naturisme et dont la sauvagerie se nourrit de références aux arts primitifs, génère une peinture tendue vers l'urgence expressive. On pourrait mettre en relation avec les peintures de Murnau la suite de paysages de Heckel (*Les Toits rouges*, 1909, cat., n° 139), Schmidt-Rottluff (*Coin de village*, 1910, cat., n° 137 et *Entrée*, 1910, cat., n° 138) ainsi que les mers de Nolde (*Bateaux à vapeur fumant*, 1910, cat., n° 142, *Mer d'automne VII*, 1910, cat., n° 140, et *Mer d'automne XIX*, 1911, cat., n° 141). Le lyrisme puissant du traitement – en dépit de ce que la sensualité d'un Nolde peut avoir de cosmique – traduit un plus fort ancrage dans le réel, un sensualisme qui les distingue de l'aspiration spirituelle des Munichois.

1 La présence, aux côtés de Jawlensky, de Marianne von Werefkin, dont l'œuvre par sa singularité et ses tendances symbolistes reste, ici, hors de propos, est évoquée à travers son portrait réalisé par Gabriele Münter. Sur Werefkin, voir le catalogue de l'exposition *Figures du Moderne, l'expressionnisme en Allemagne*, Musée d'Art moderne de la Ville de Paris, 1992-1993.

2 Voir note 4, p. 265.

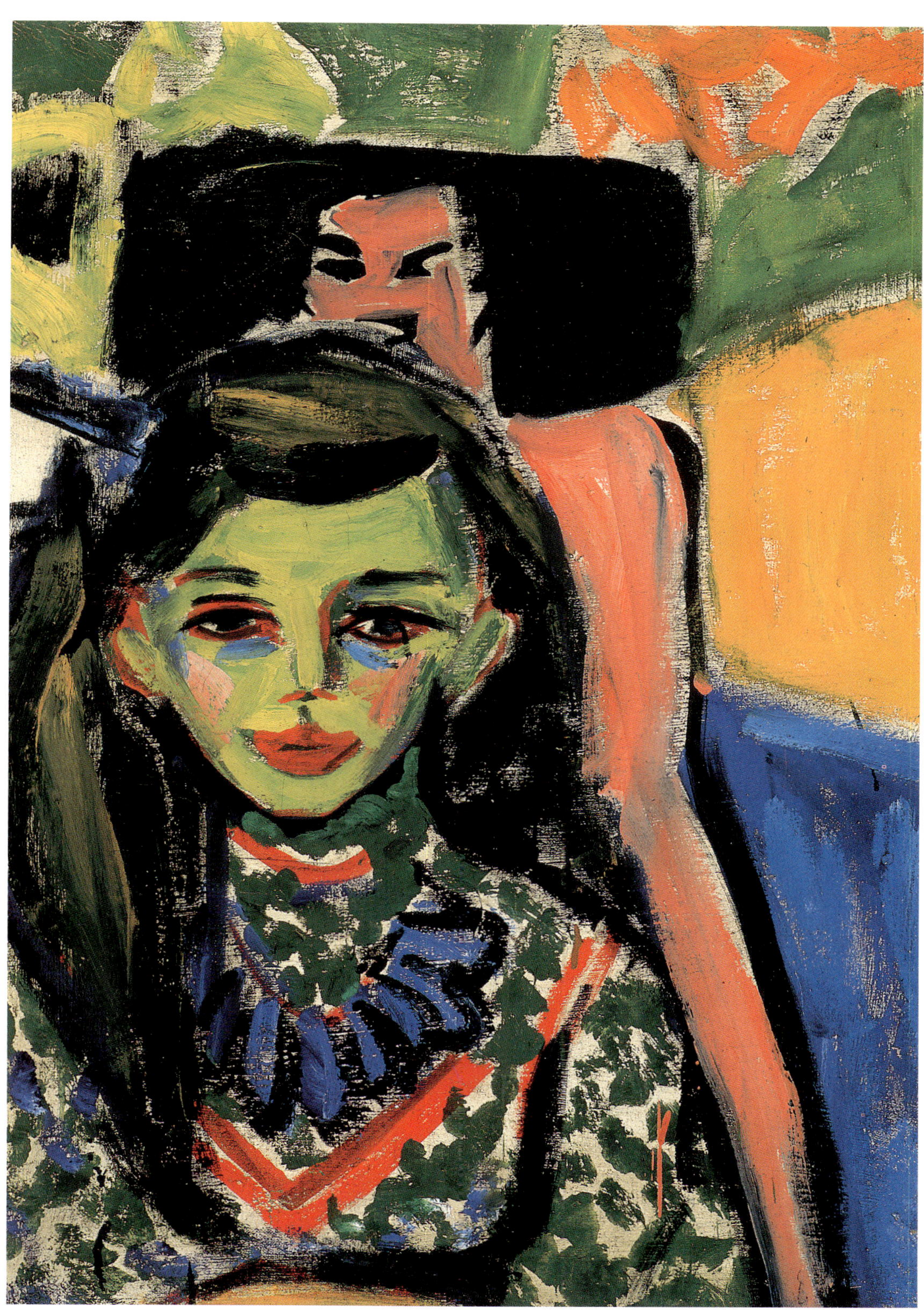

132 - Ernst Ludwig Kirchner
Fränzi à la chaise sculptée, 1910,
Huile sur toile, 71 x 49,5 cm
Fundación Colección Thyssen-Bornemisza, Madrid

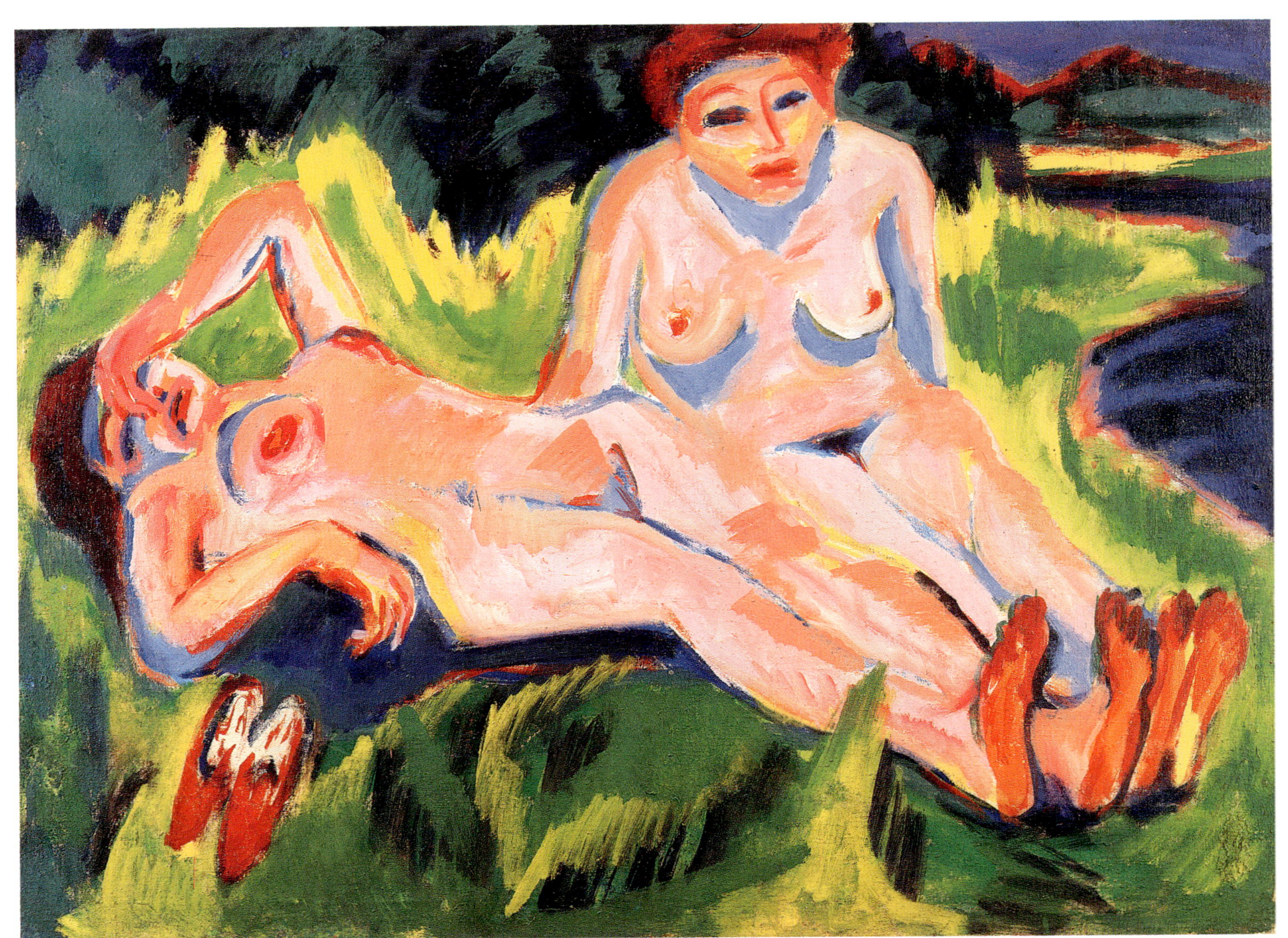

133 - Ernst Ludwig Kirchner
Deux nus roses au bord du lac - Nus de Moritzburg, 1909-1920
Huile sur toile, 90 x 120 cm
Collection particulière, Suisse

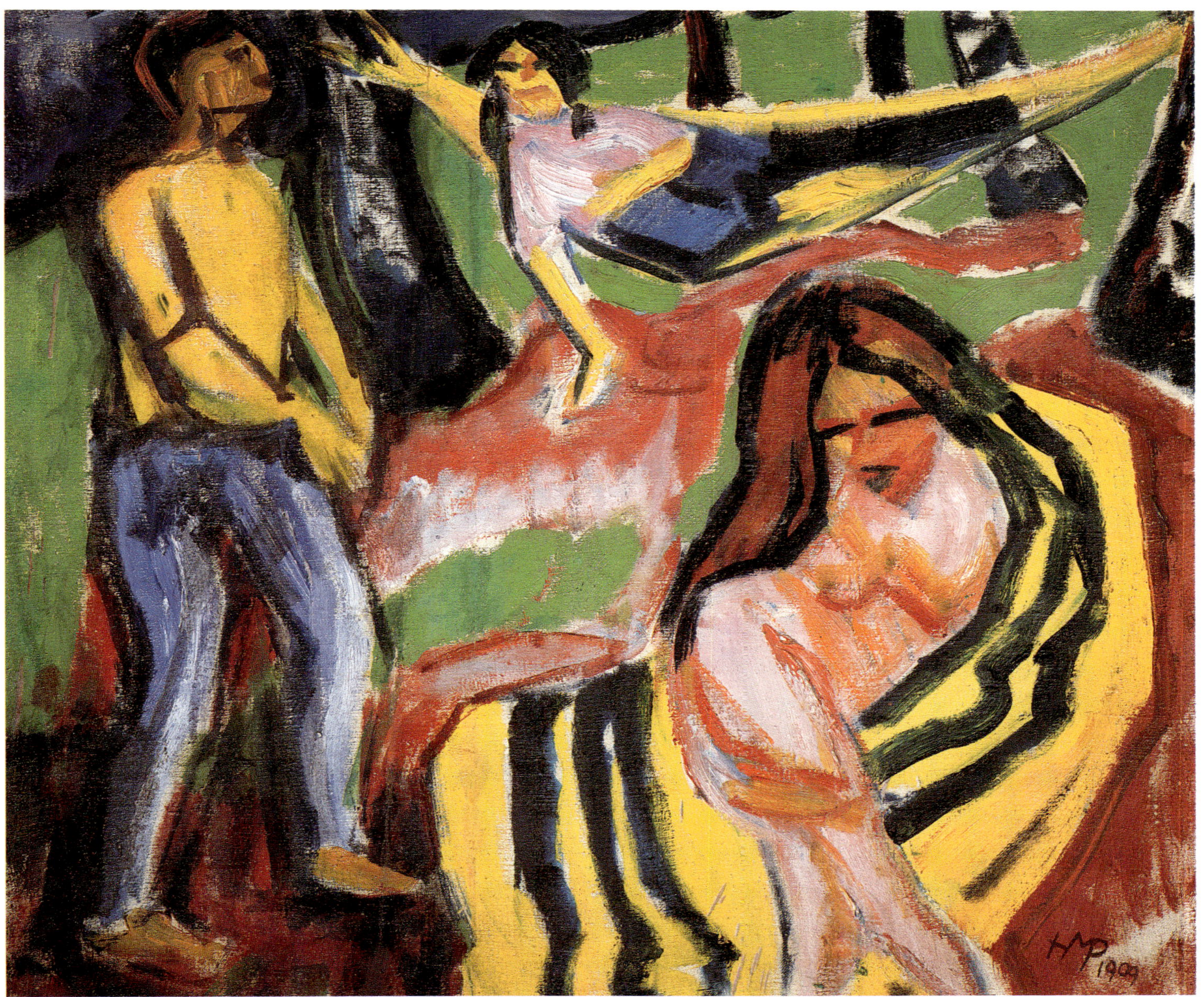

134 - Max Pechstein
Dans la forêt près de Moritzburg, 1909
Huile sur toile, 68 x 78 cm
Brücke-Museum, Berlin

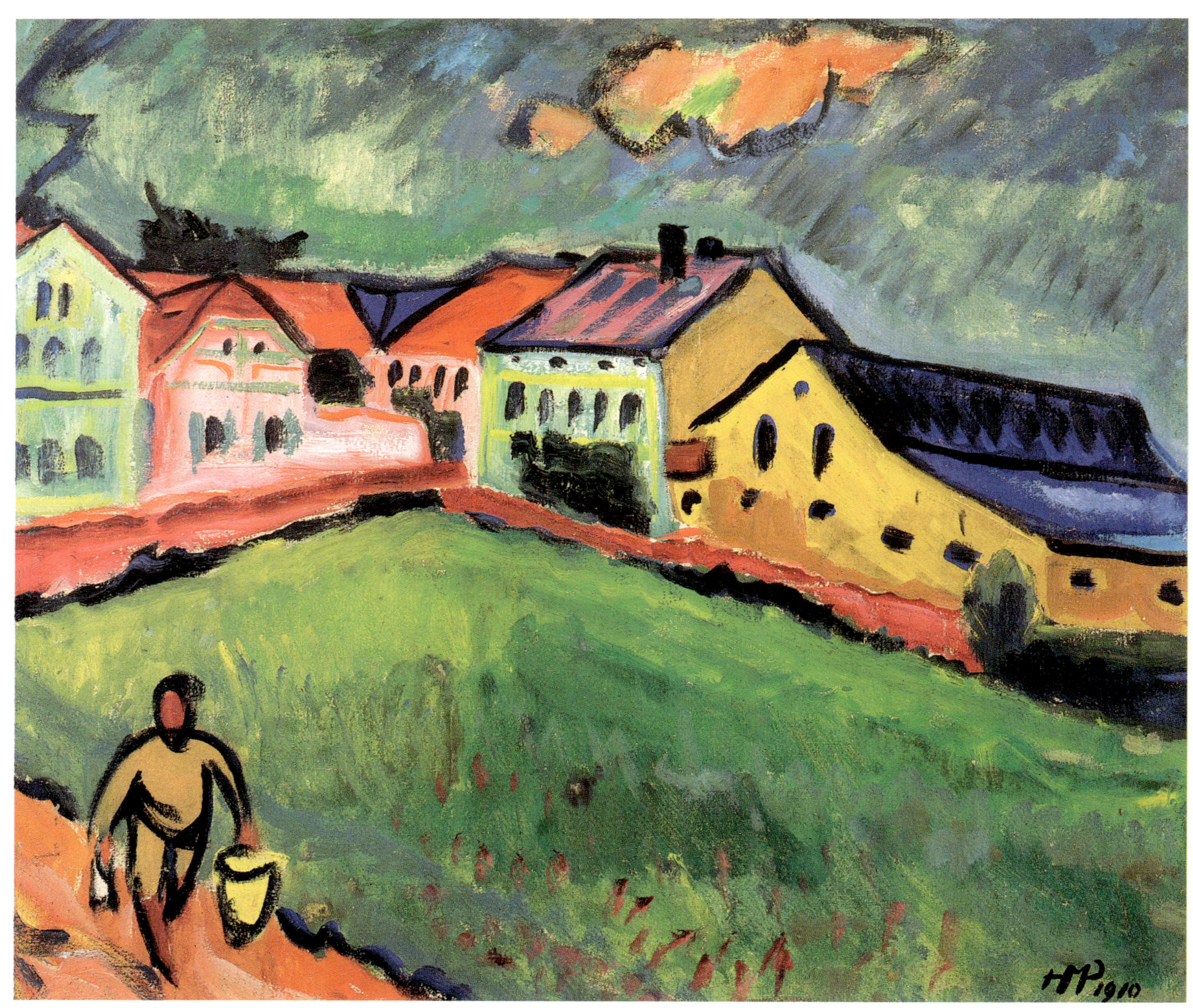

135 - Max Pechstein
Au bord de la prairie près de Moritzburg, 1910
Huile sur toile, 70,2 x 80,3 cm
Collection particulière, courtesy Ivor Braka Ltd, Londres

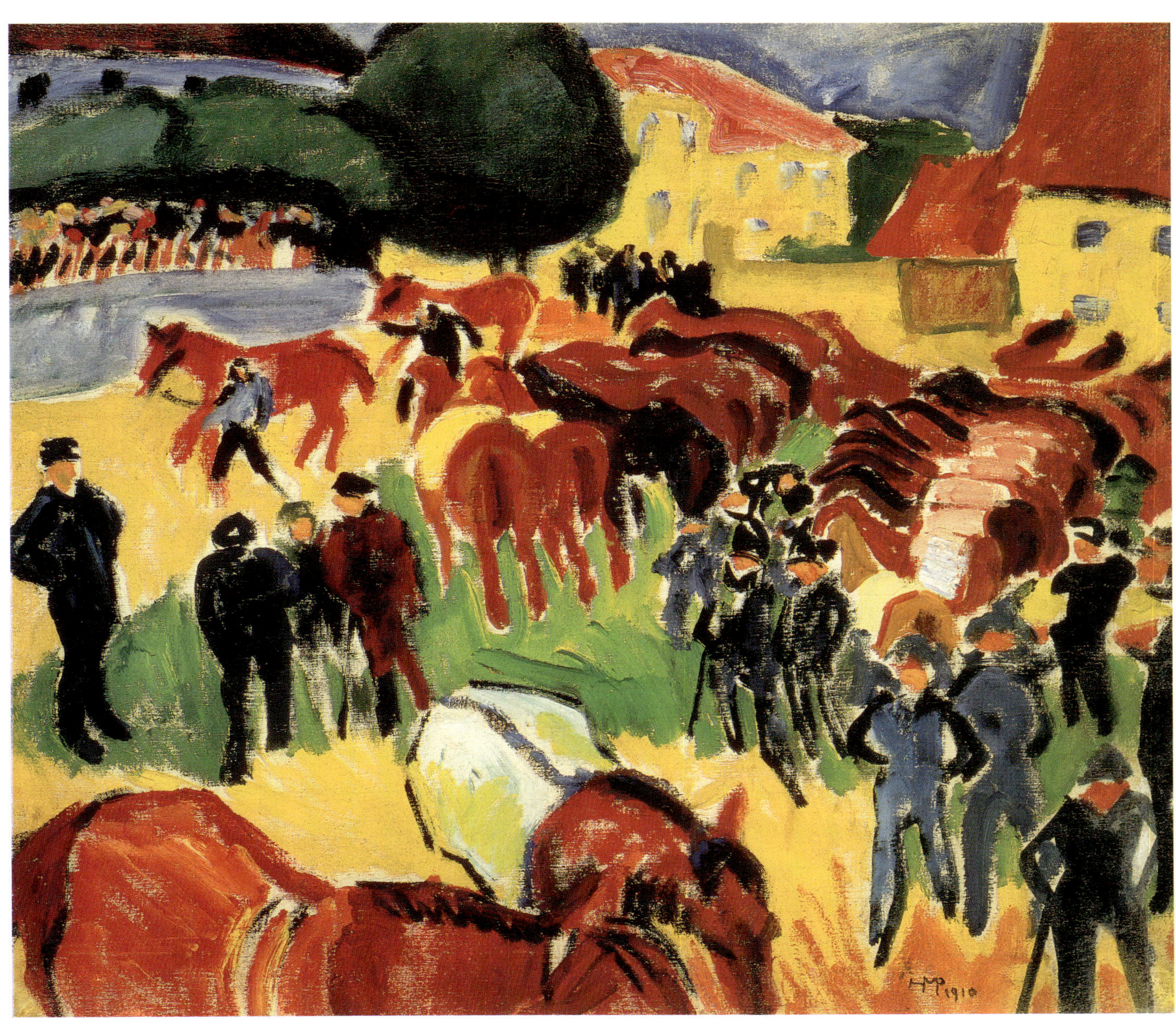

136 - Max Pechstein
Le Marché aux chevaux, 1910
Huile sur toile, 70 x 81 cm
Collection Carmen Thyssen-Bornemisza

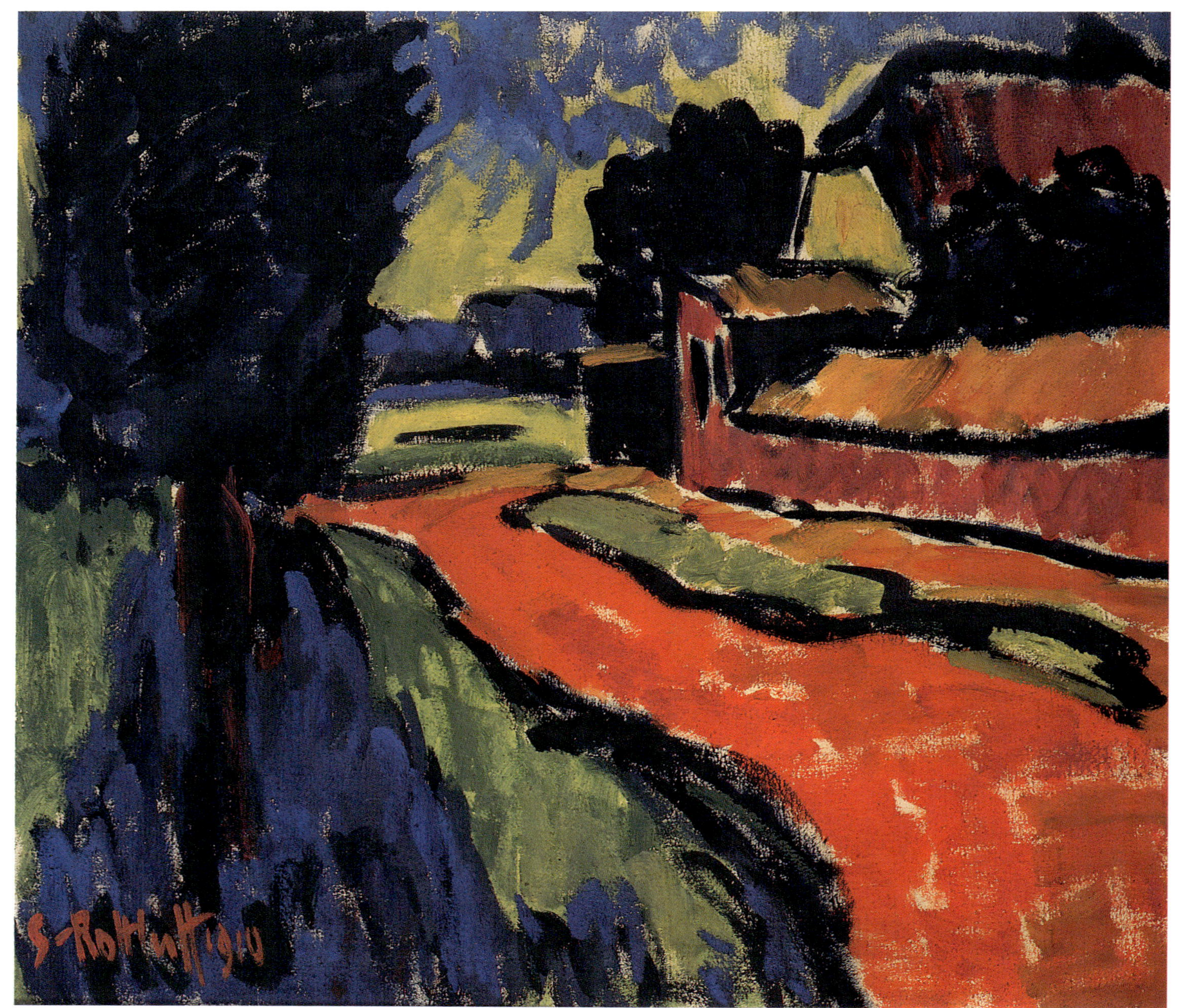

137 - Karl Schmidt-Rottluff
Coin de village, 1910
Huile sur toile, 87 x 95 cm
Brücke-Museum, Karl und Emy Schmidt-Rottluff-Stiftung, Berlin

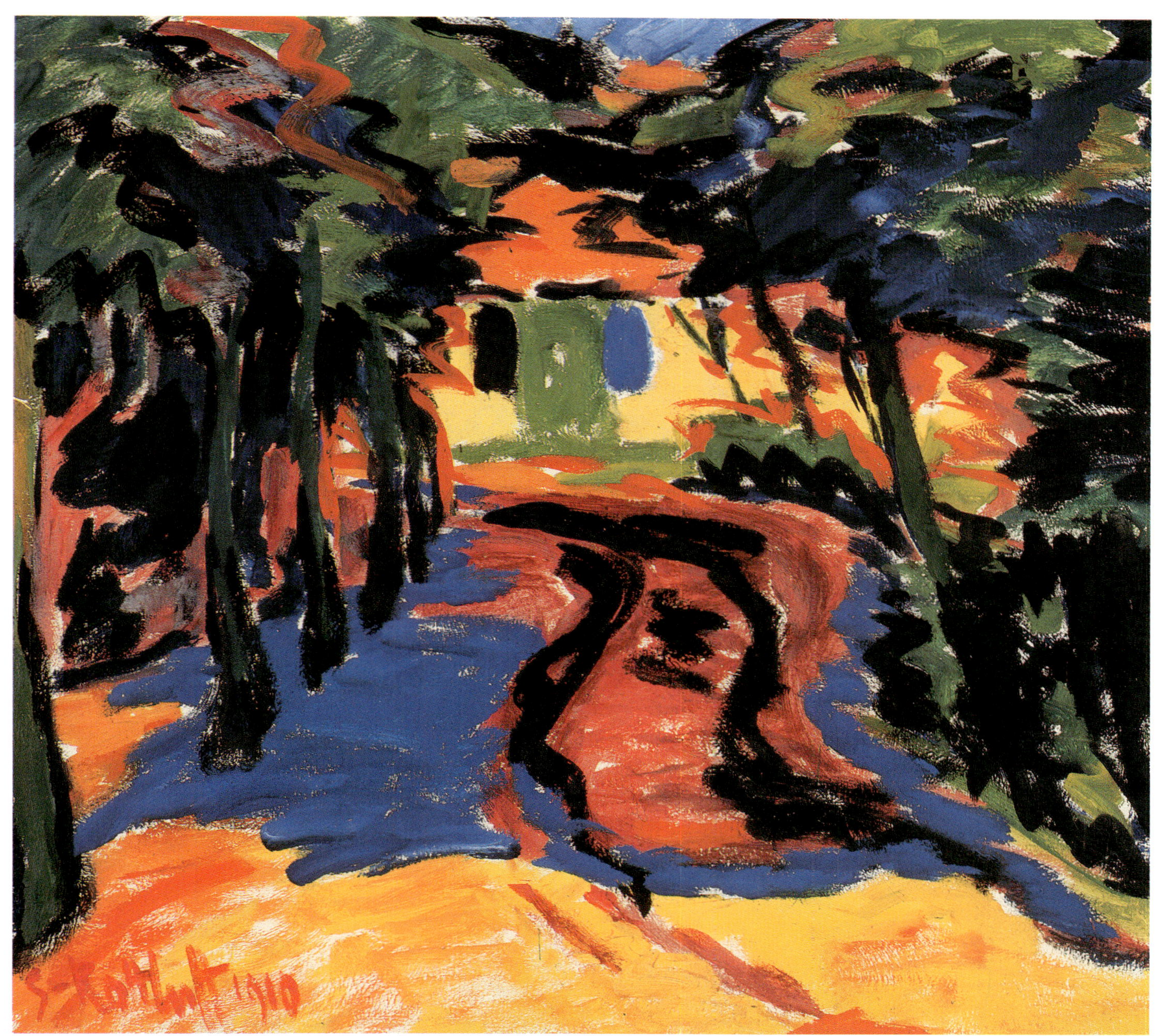

138 - Karl Schmidt-Rottluff
Entrée, 1910
Huile sur toile, 77 x 85,5 cm
Collection particulière, Suisse

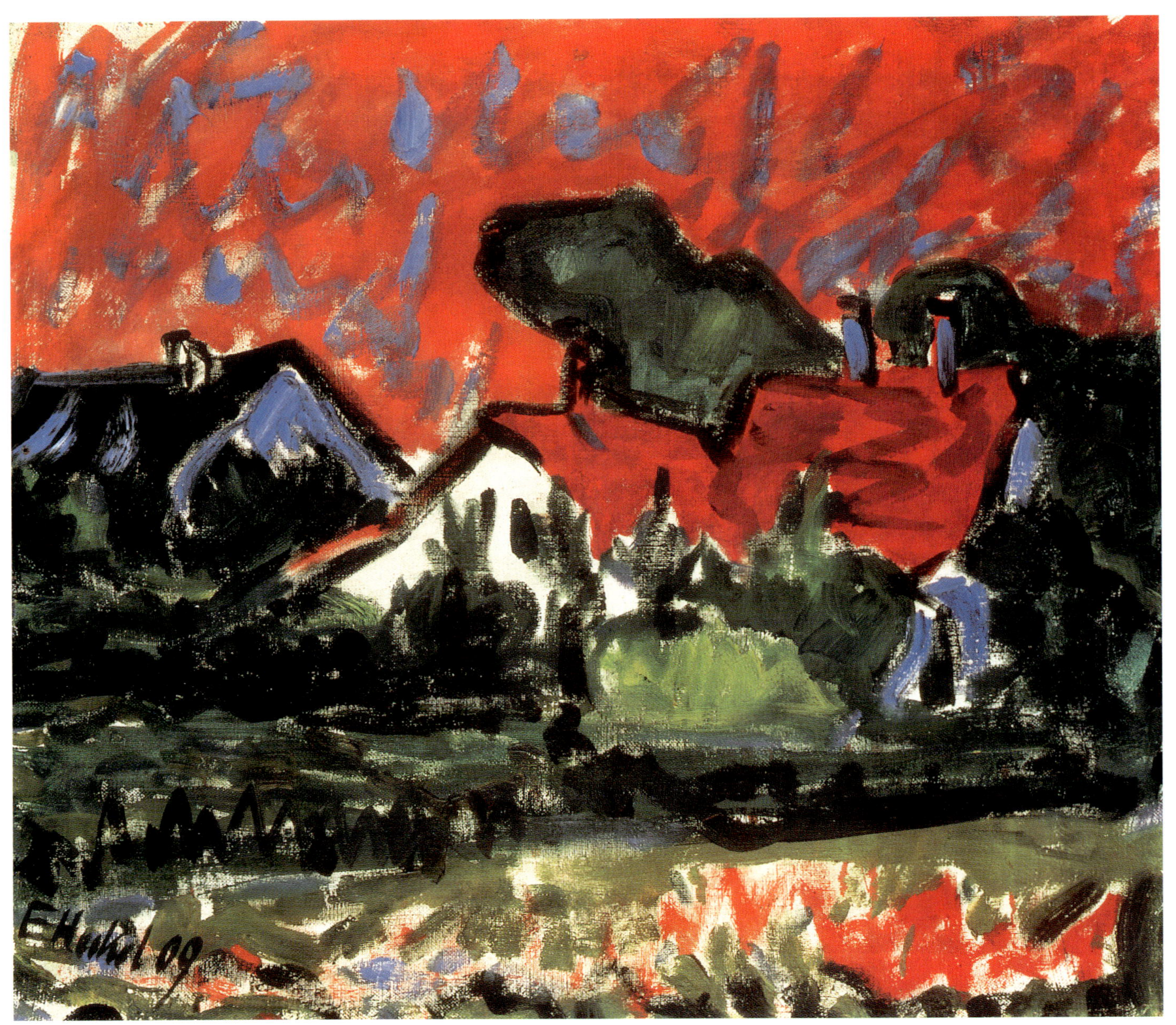

139 - Erich Heckel
Les Toits rouges, 1909
Huile sur toile, 67,5 x 75,5 cm
Collection particulière, Suisse

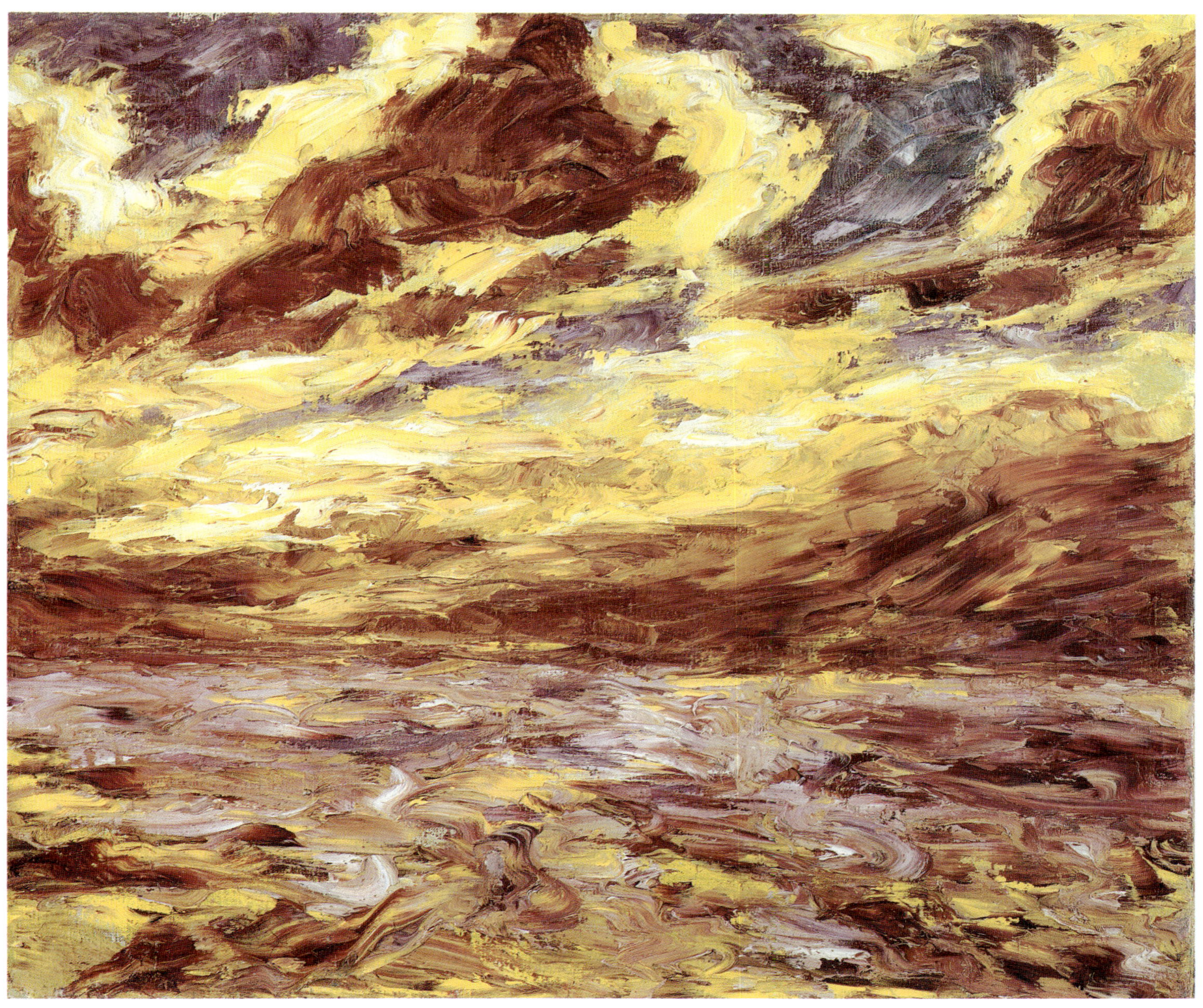

140 - Emil Nolde
Mer d'automne VII, 1910
Huile sur toile, 60 x 70 cm
Stiftung Seebül Ada und Emil Nolde, Neukirchen

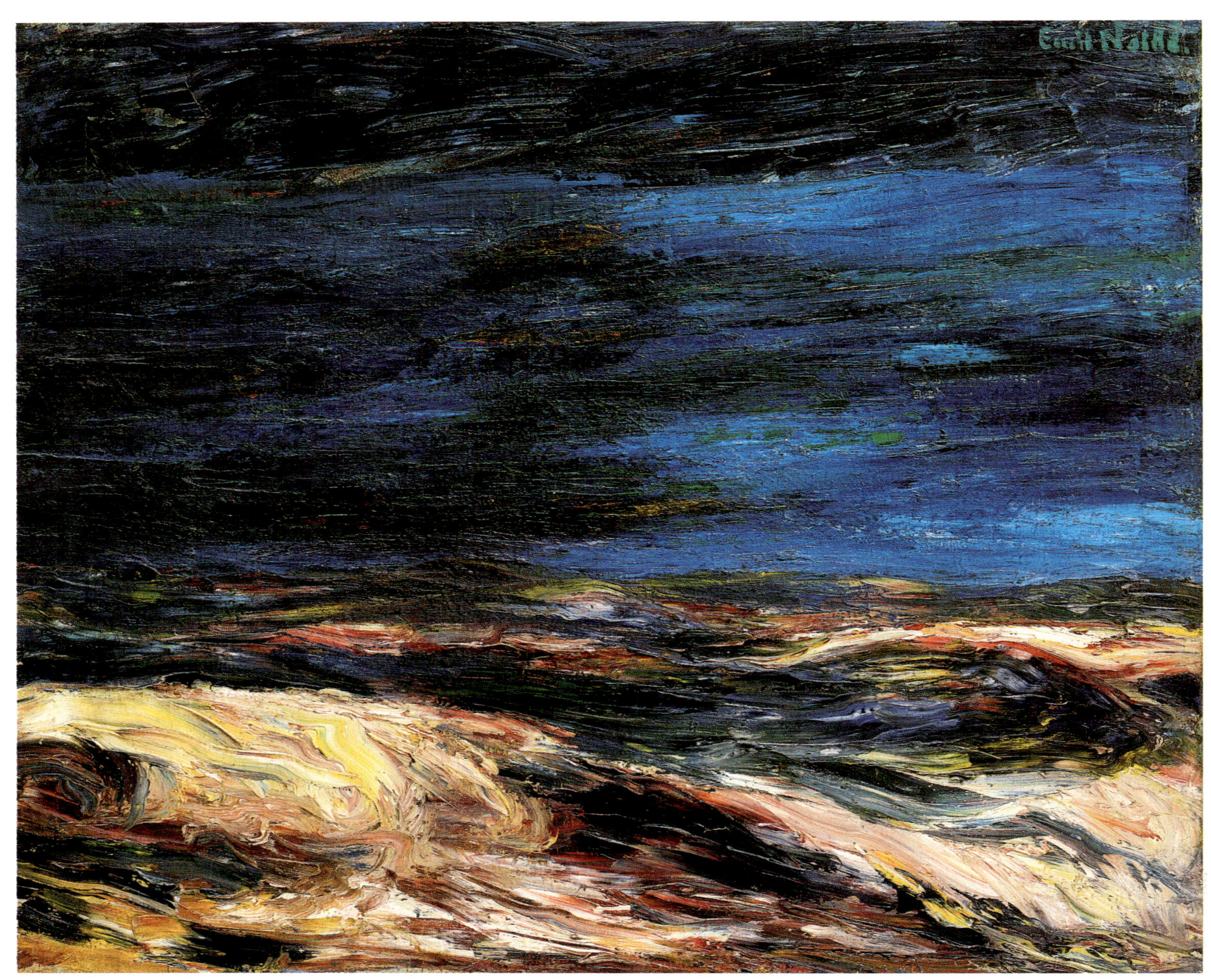

141 - Emil Nolde
Mer d'automne XIX, 1911
Huile sur toile, 72,5 x 86,5 cm
Stiftung Seebül Ada und Emil Nolde, Neukirchen

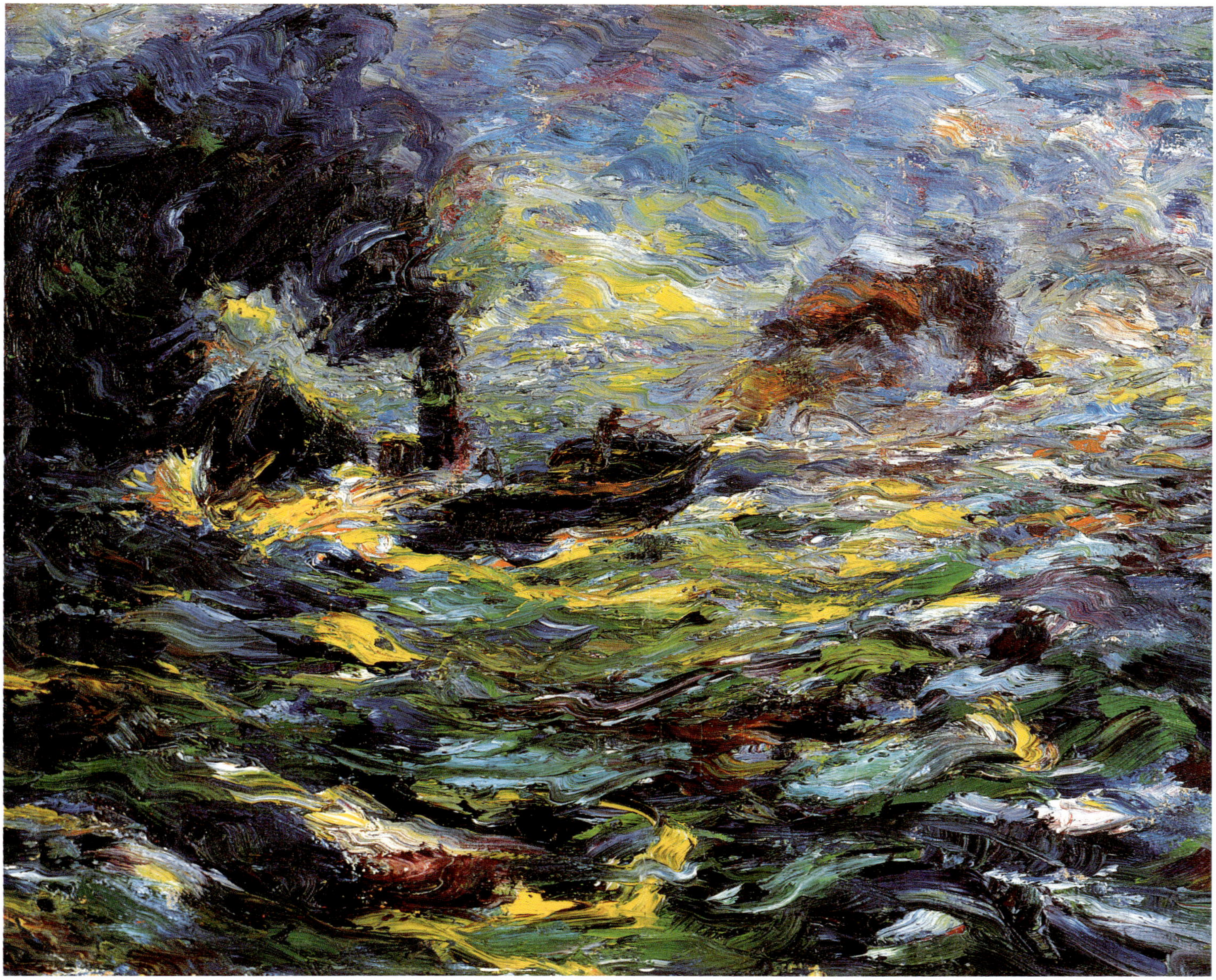

142 - Emil Nolde
Bateaux à vapeur fumant, 1910
Huile sur toile, 57,5 x 71 cm
Stiftung Seebül Ada und Emil Nolde, Neukirchen

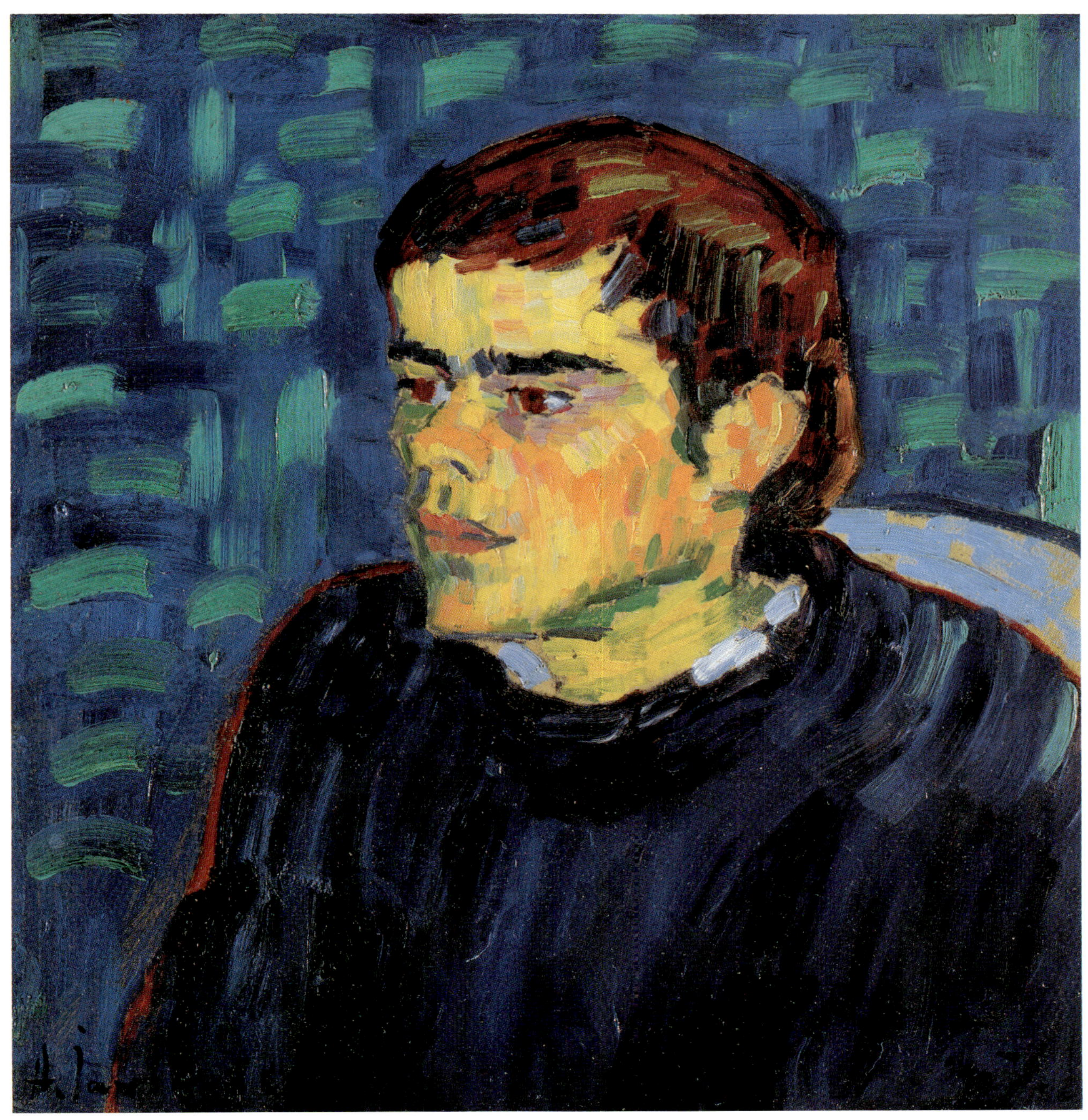

143 - Alexej von Jawlensky
Le Bossu, 1905
Huile sur carton, 52,5 x 49,5 cm
Städtische Galerie im Lenbachhaus, Munich

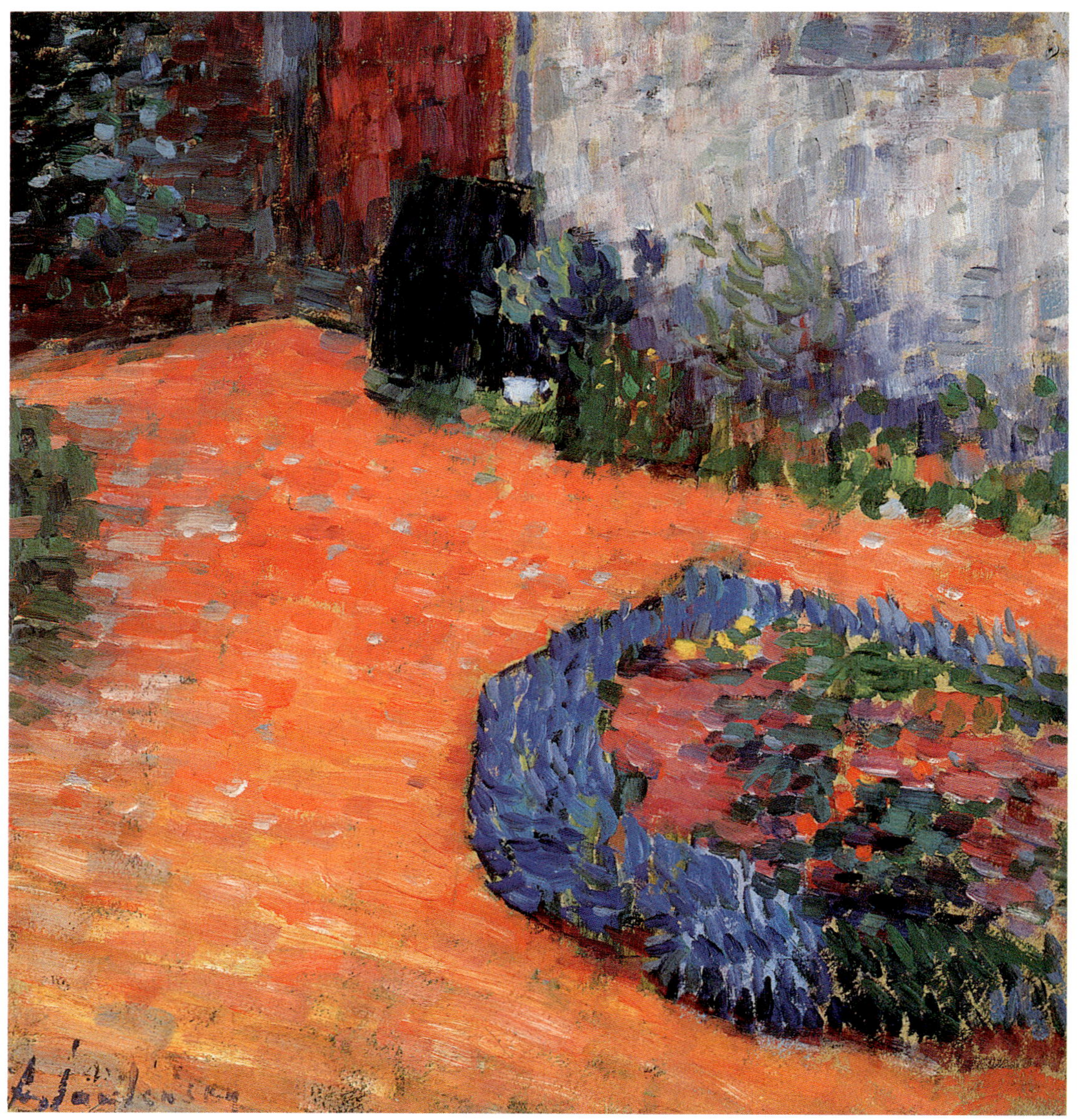

144 - Alexej von Jawlensky
Le Jardin d'Andreas - Carantec, 1905
Huile sur carton, 59 x 52 cm
Collection particulière

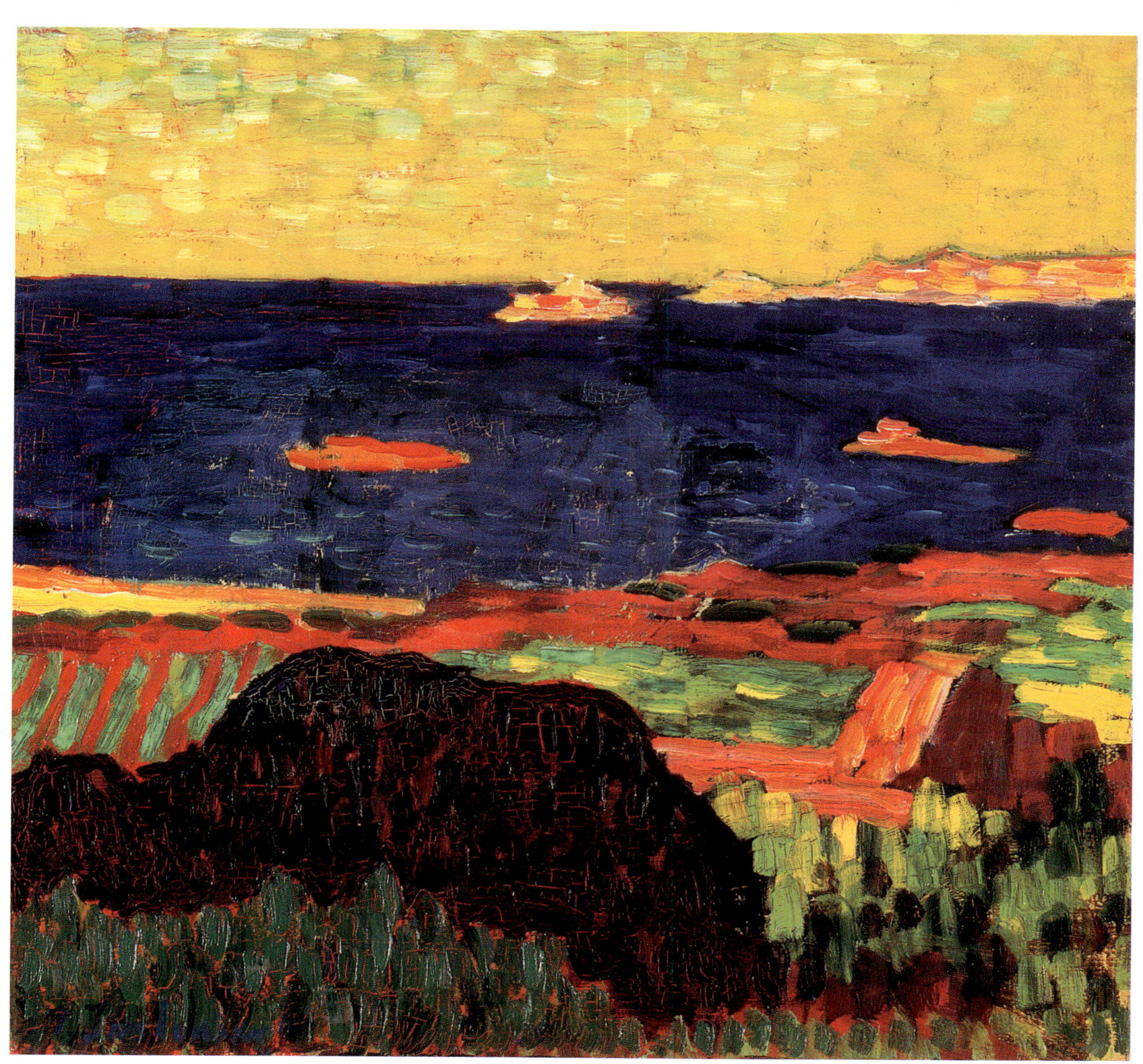

145 - Alexej von Jawlensky
La Côte près de Carantec, 1905-1906
Huile sur carton, 47,5 x 50,5 cm
Bayerische Staatsgemäldesammlungen, Staatsgalerie moderner Kunst, Munich

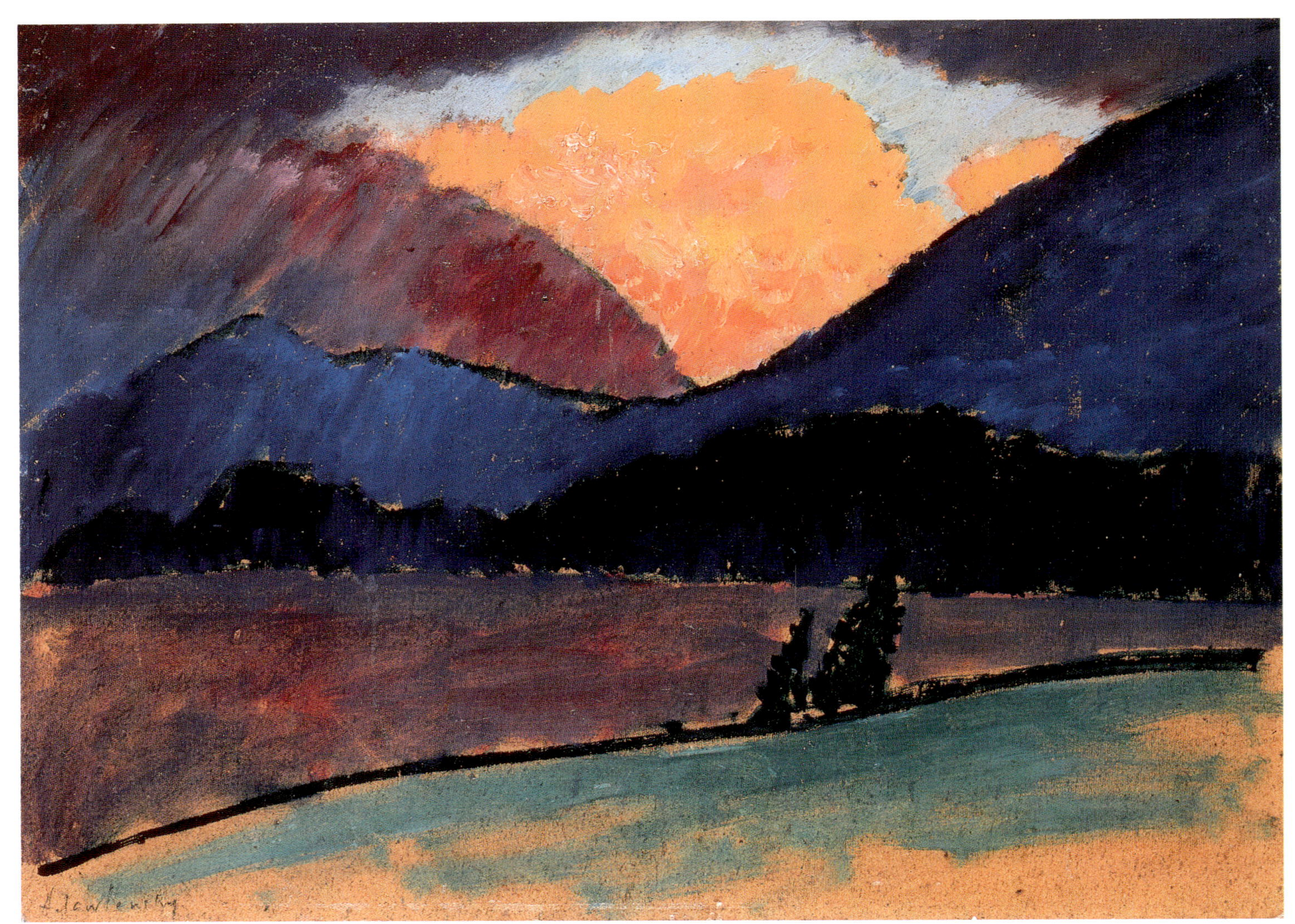

146 - Alexej von Jawlensky
Soir d'été à Murnau, 1908-1909
Huile sur carton, 33,2 x 45,1 cm
Städtische Galerie im Lenbachhaus, Munich

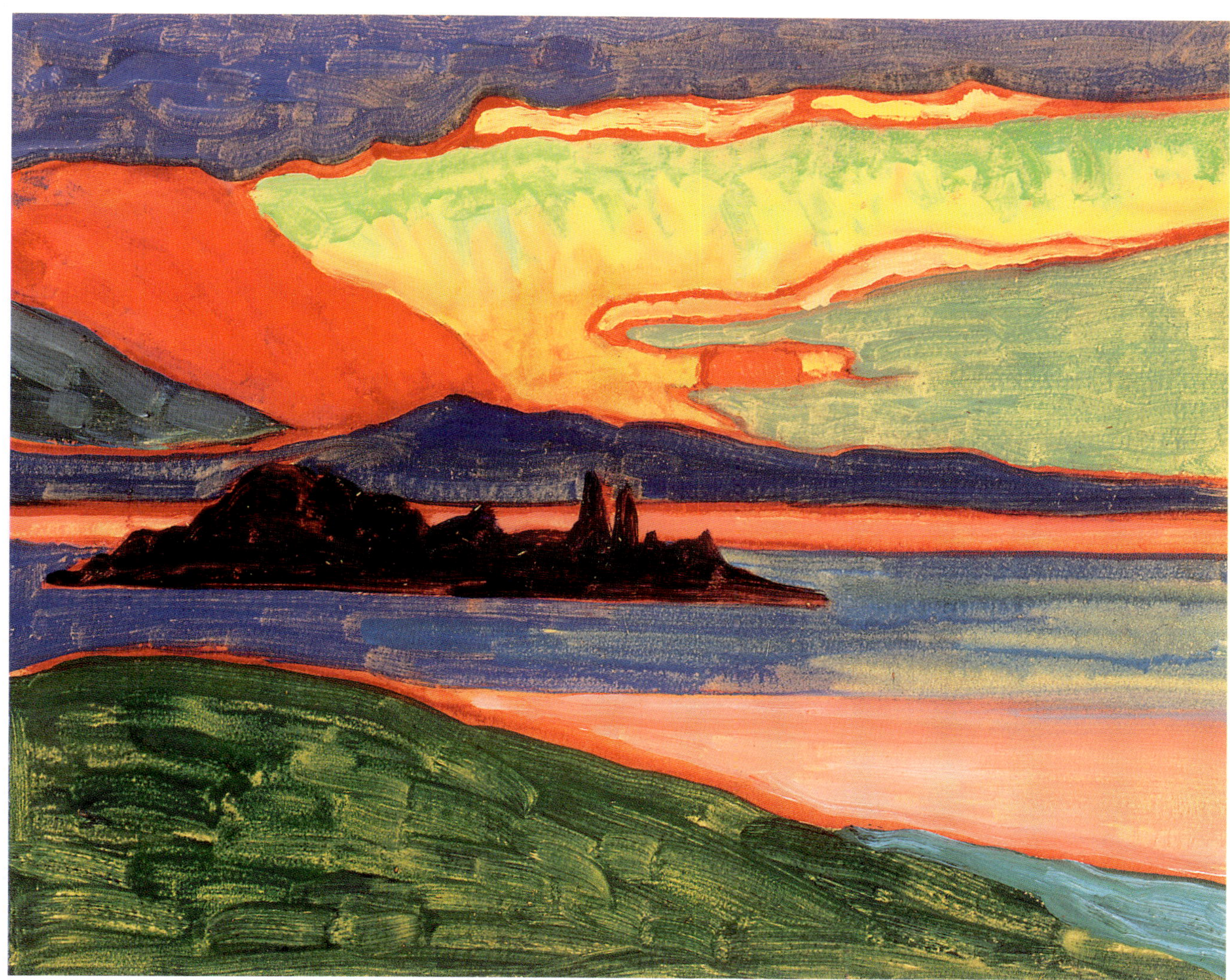

147 - Gabriele Münter
Paysage (Coucher de soleil sur le Staffelsee), 1908
Huile sur carton, 33 x 40,6 cm
Collection particulière, Suisse

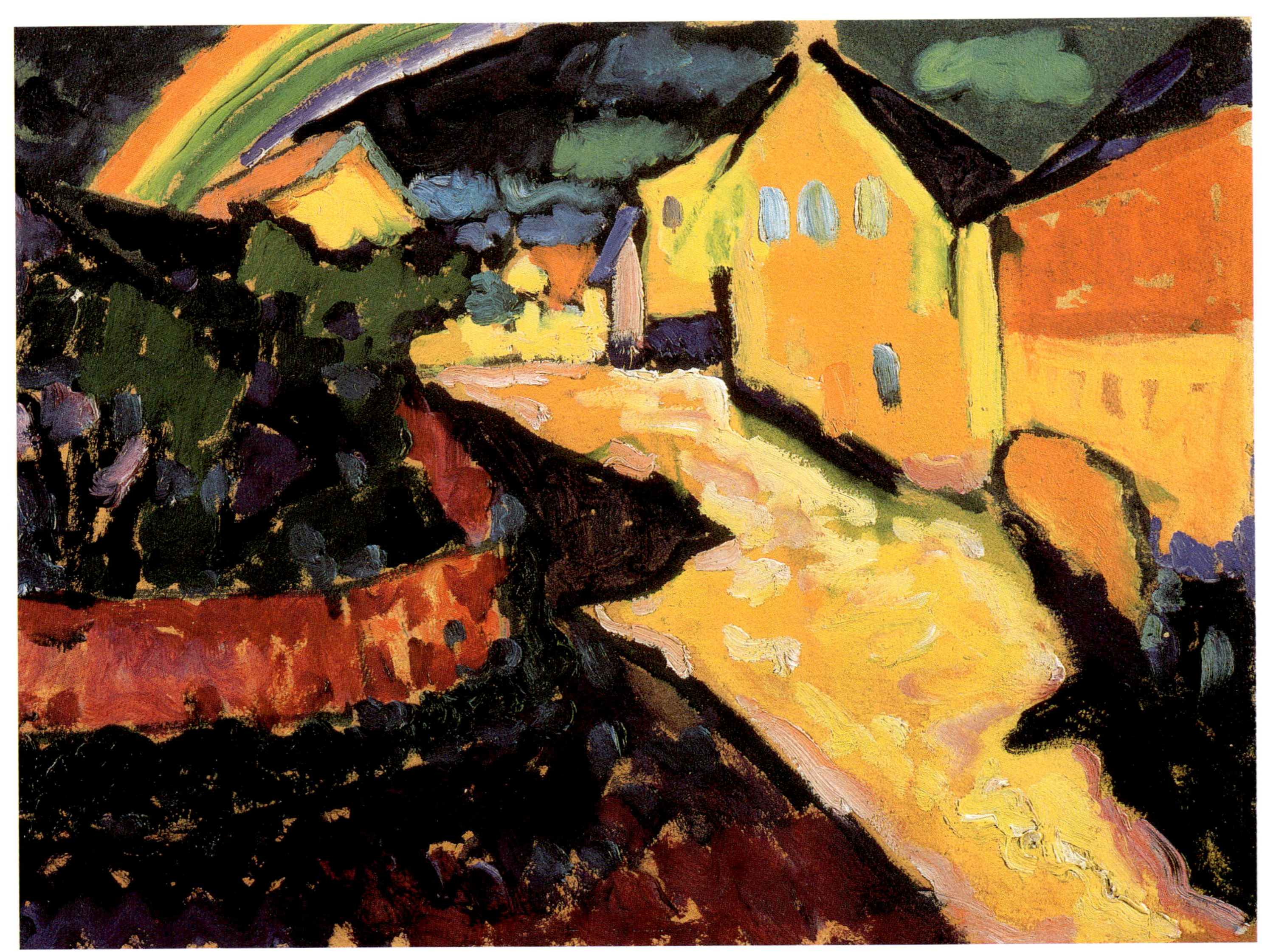

148 - Wassily Kandinsky
Murnau - Paysage avec arc-en-ciel, été 1909
Huile sur carton, 32,8 x 42,8 cm
Städtische Galerie im Lenbachhaus, Munich

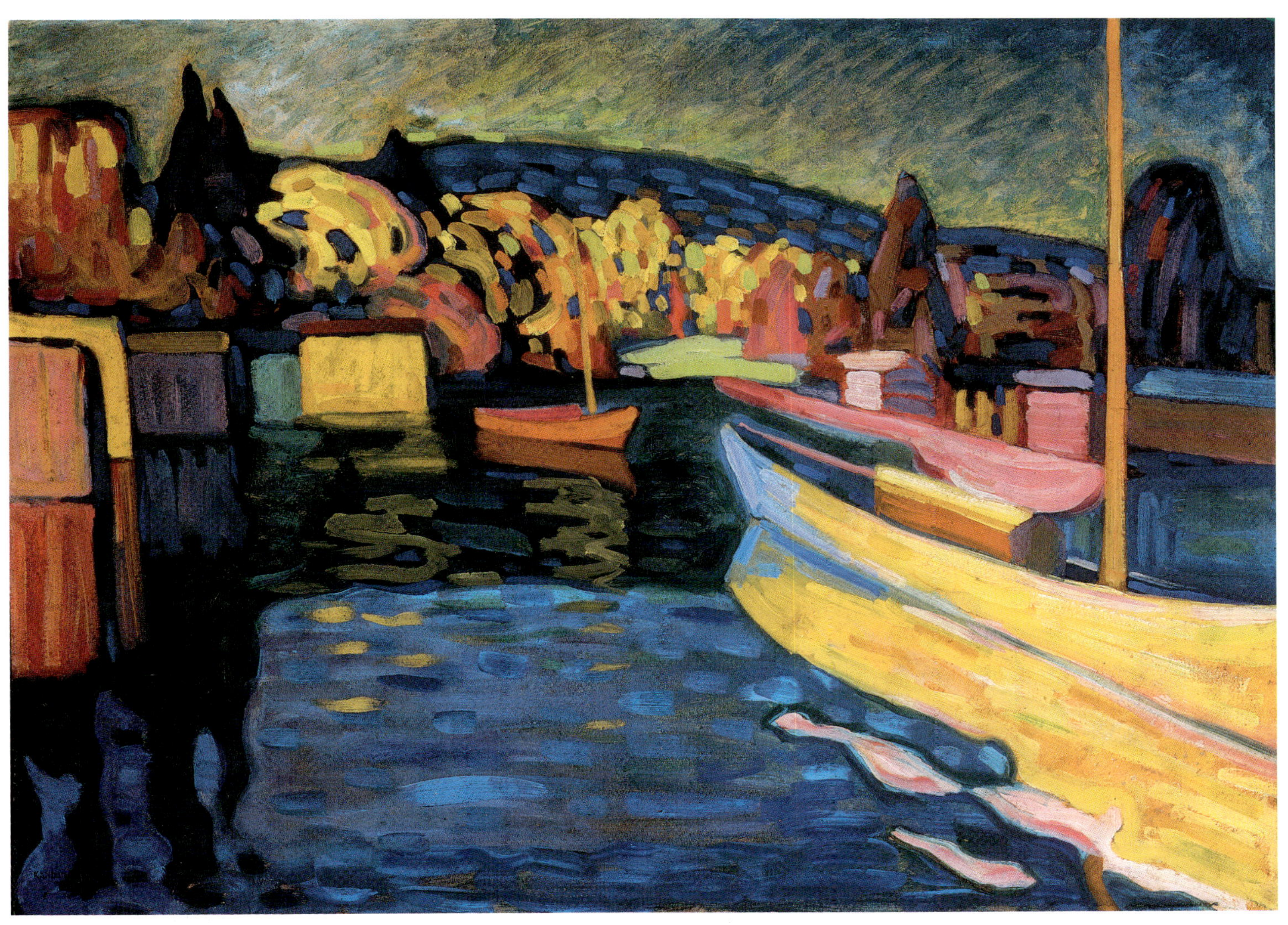

149 - Wassily Kandinsky
Paysage d'automne aux bateaux, 1908
Huile sur carton, 71,5 x 97,5 cm
Collection particulière, Suisse

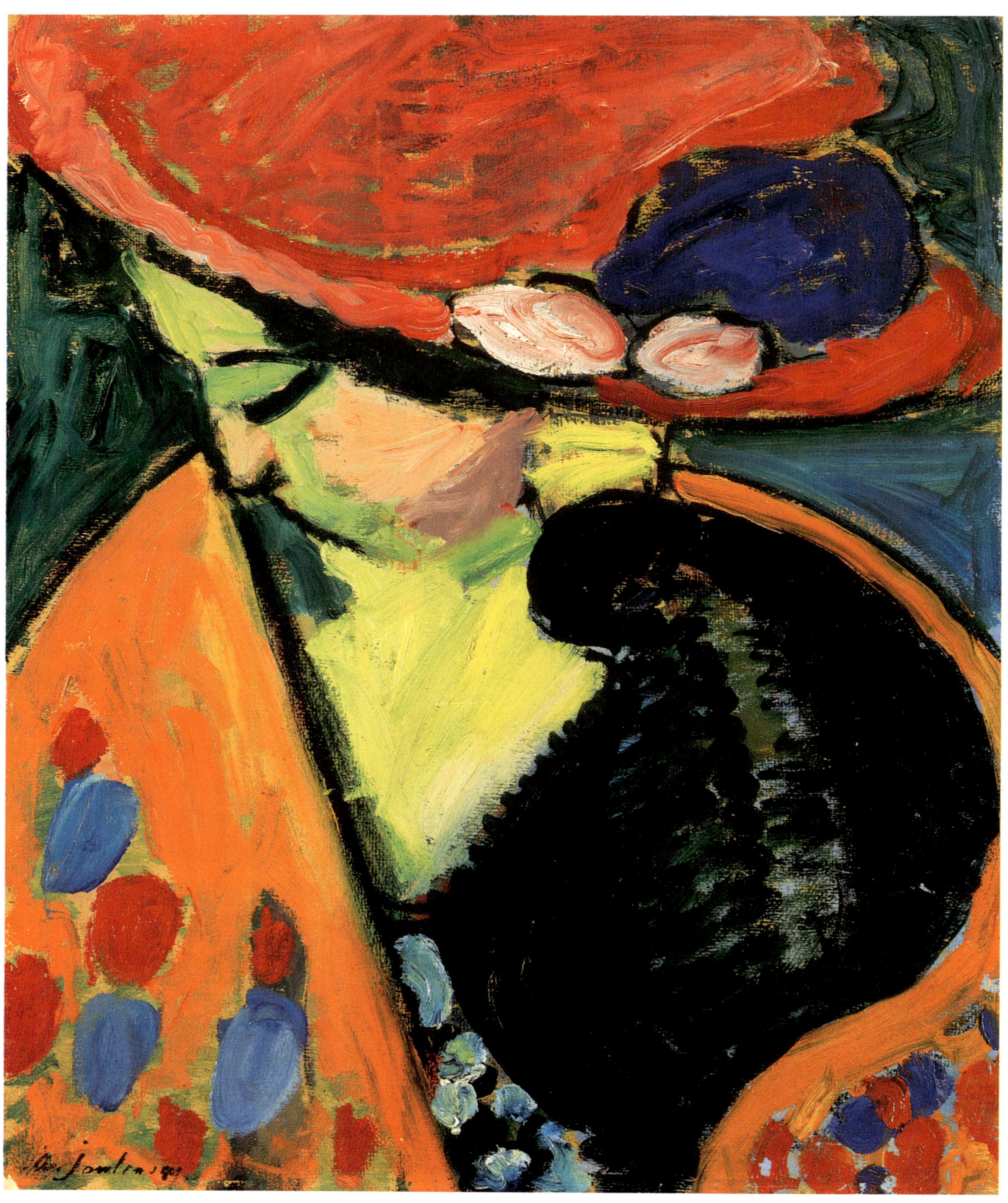

150 - Alexej von Jawlensky
Tête inclinée, 1909
Huile sur carton, 64,5 x 53,5 cm
Collection particulière, Allemagne

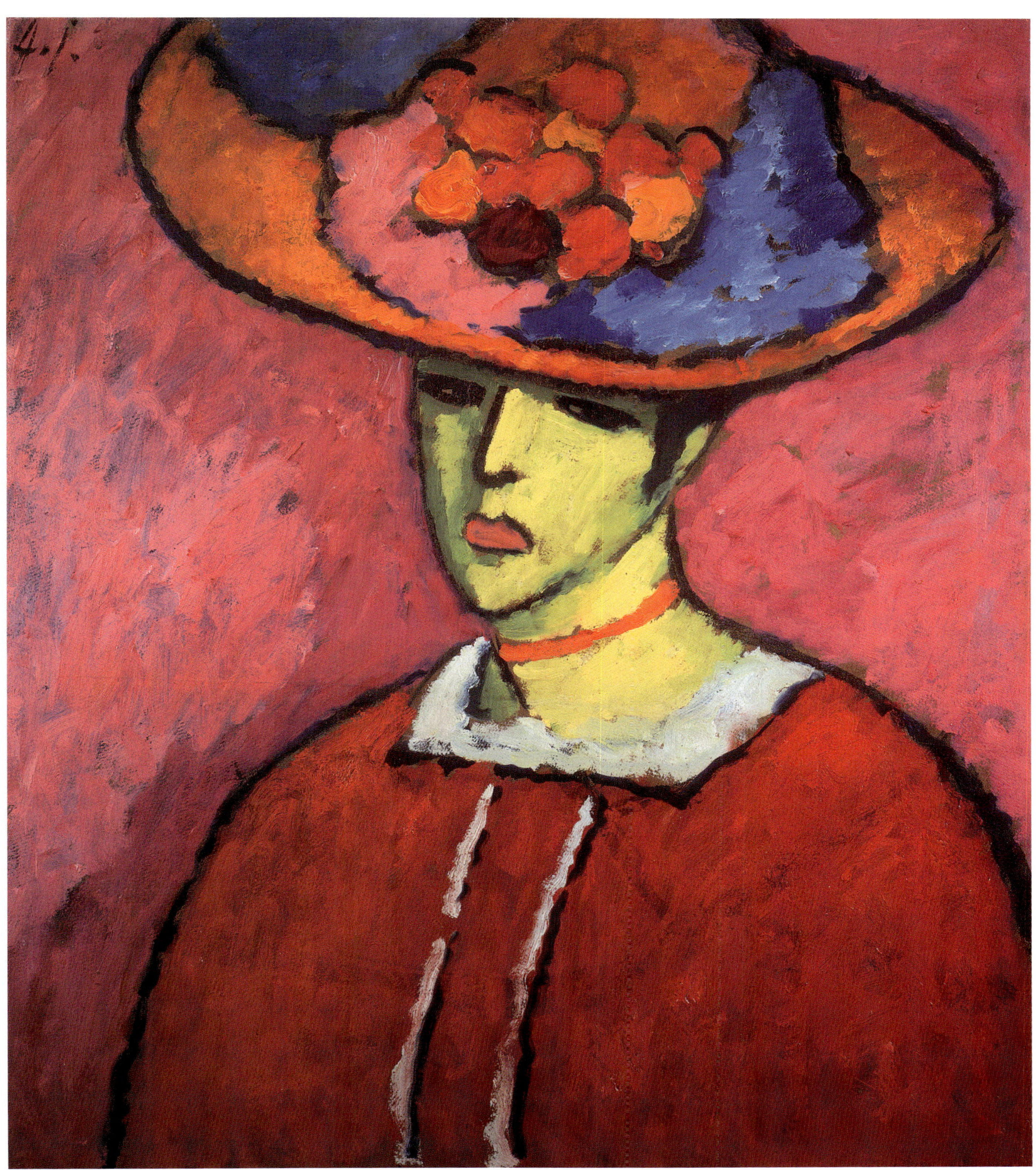

151 - Alexej von Jawlensky
Schokko, c. 1910
Huile sur carton contrecollé sur toile, 74,9 x 64,8 cm
Collection particulière

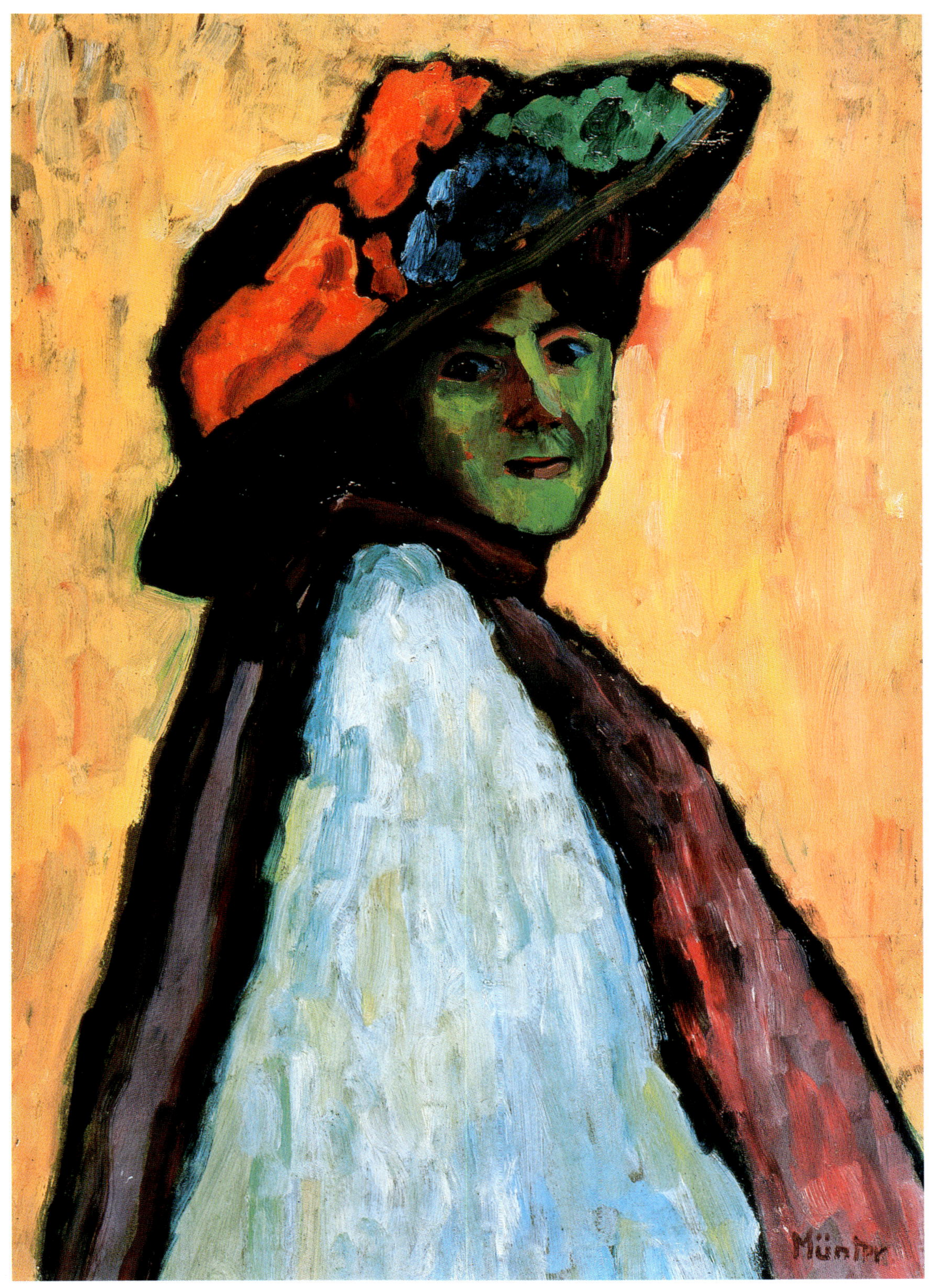

152 - Gabriele Münter
Portrait de Marianne von Werefkin, 1909
Huile sur carton, 81 x 55 cm
Städtische Galerie im Lenbachhaus, Munich

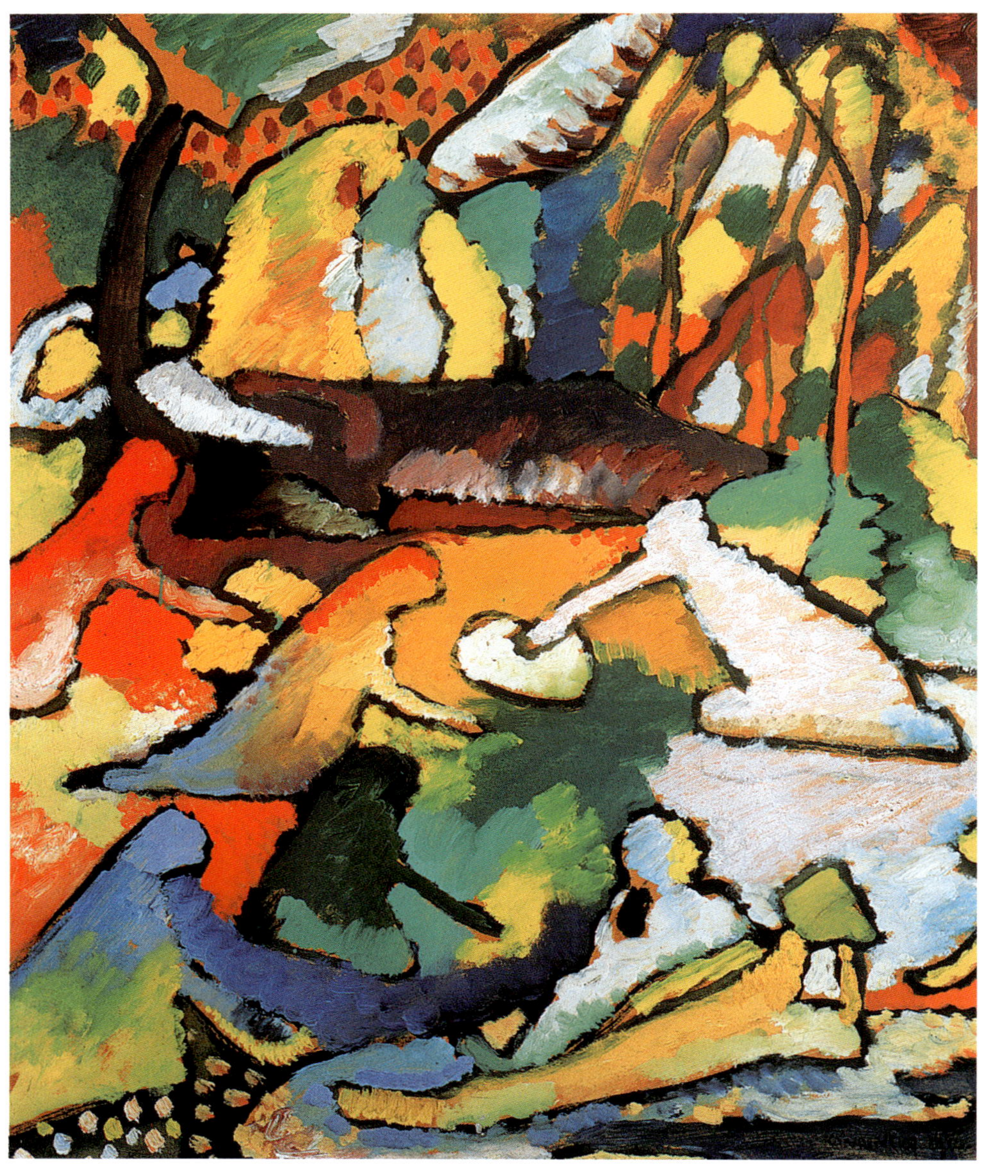

153 - Wassily Kandinsky
Détail de Composition II, 1910
Huile sur carton, 57 x 47,5 cm
Collection particulière, Suisse

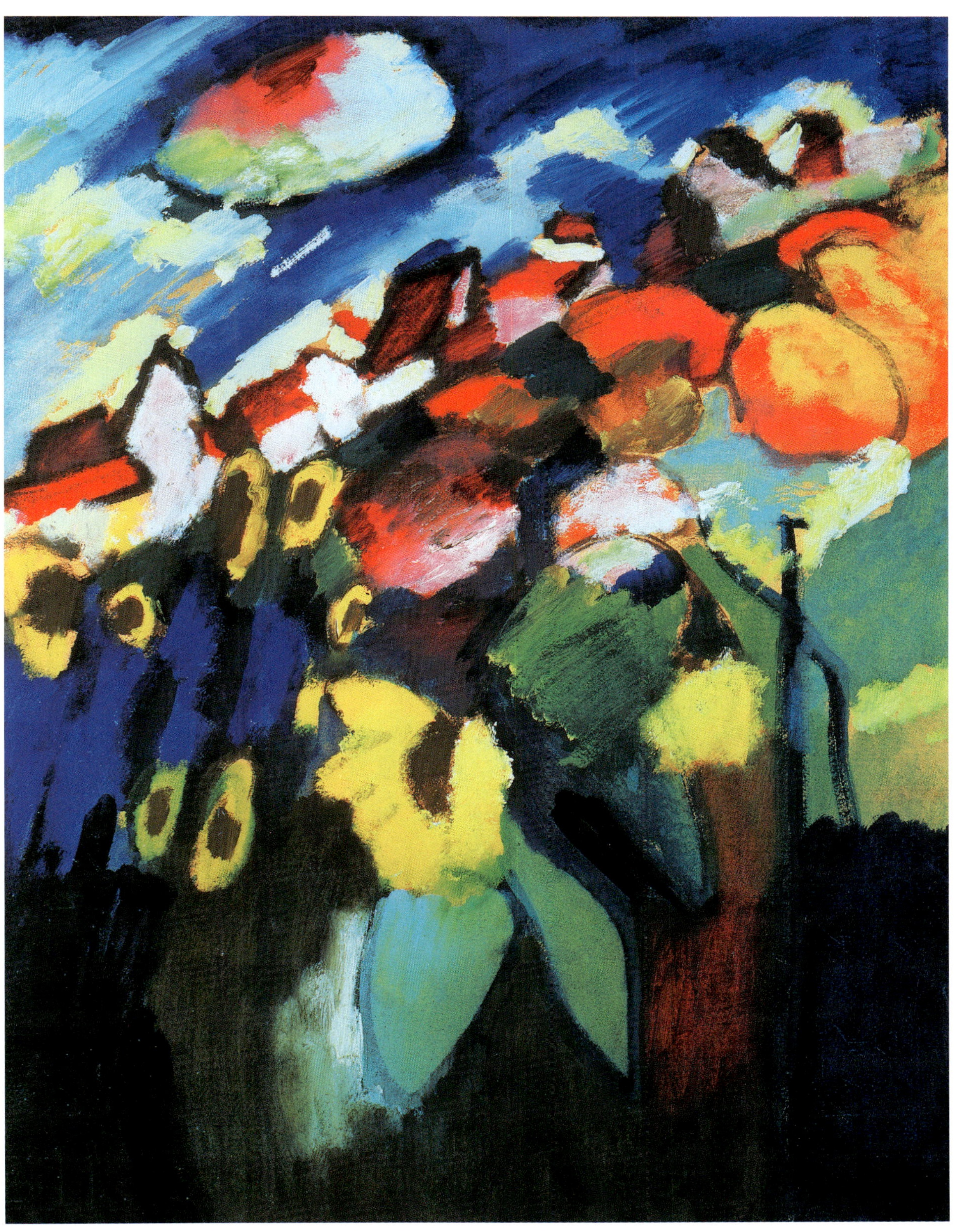

154 - Wassily Kandinsky
Murnau - Le jardin II, 1910
Huile sur carton, 67 x 51 cm
Collection particulière, Suisse

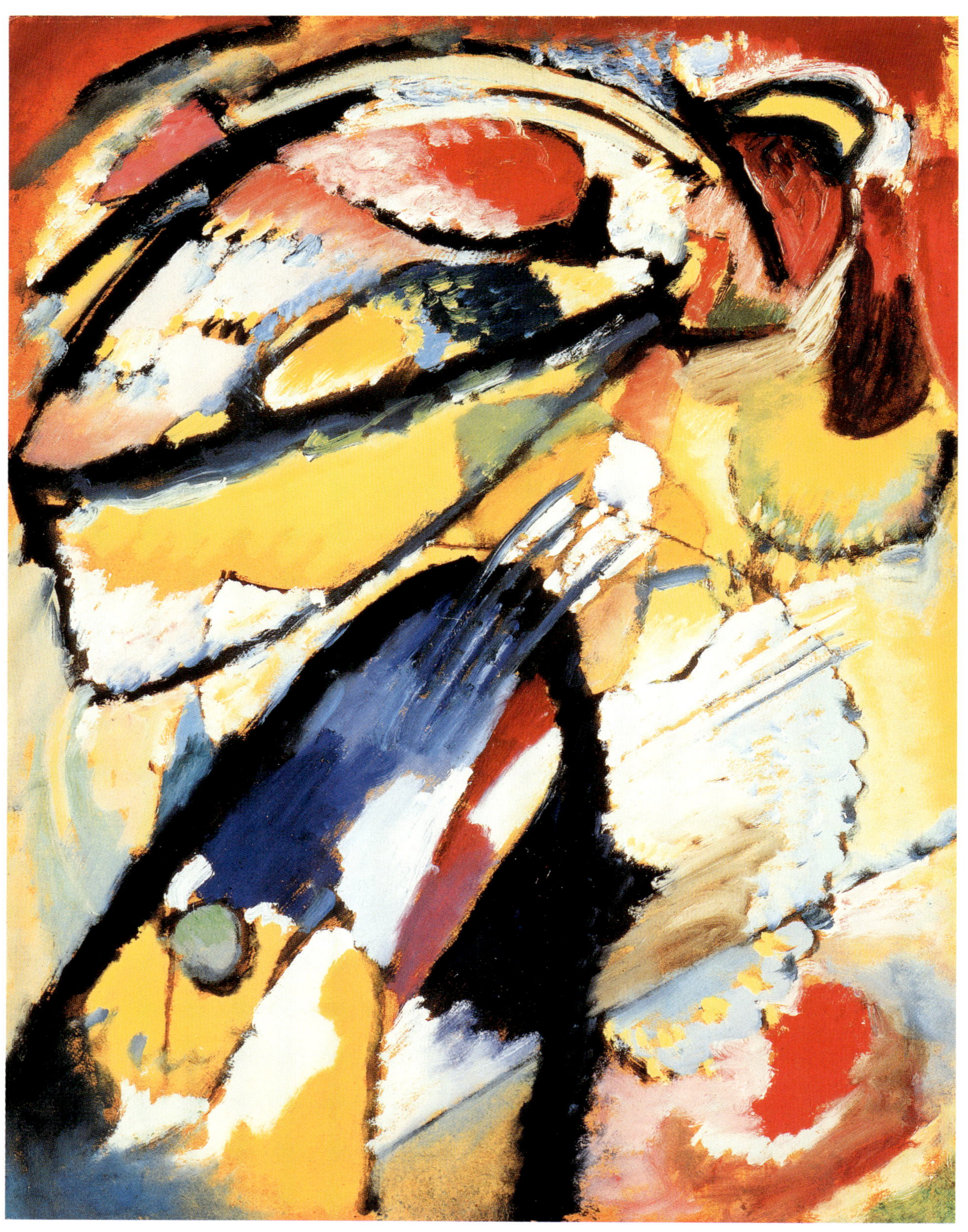

155 - Wassily Kandinsky
Ange du Jugement dernier, 1911
Huile sur carton, 64 x 50 cm
Collection particulière, Suisse

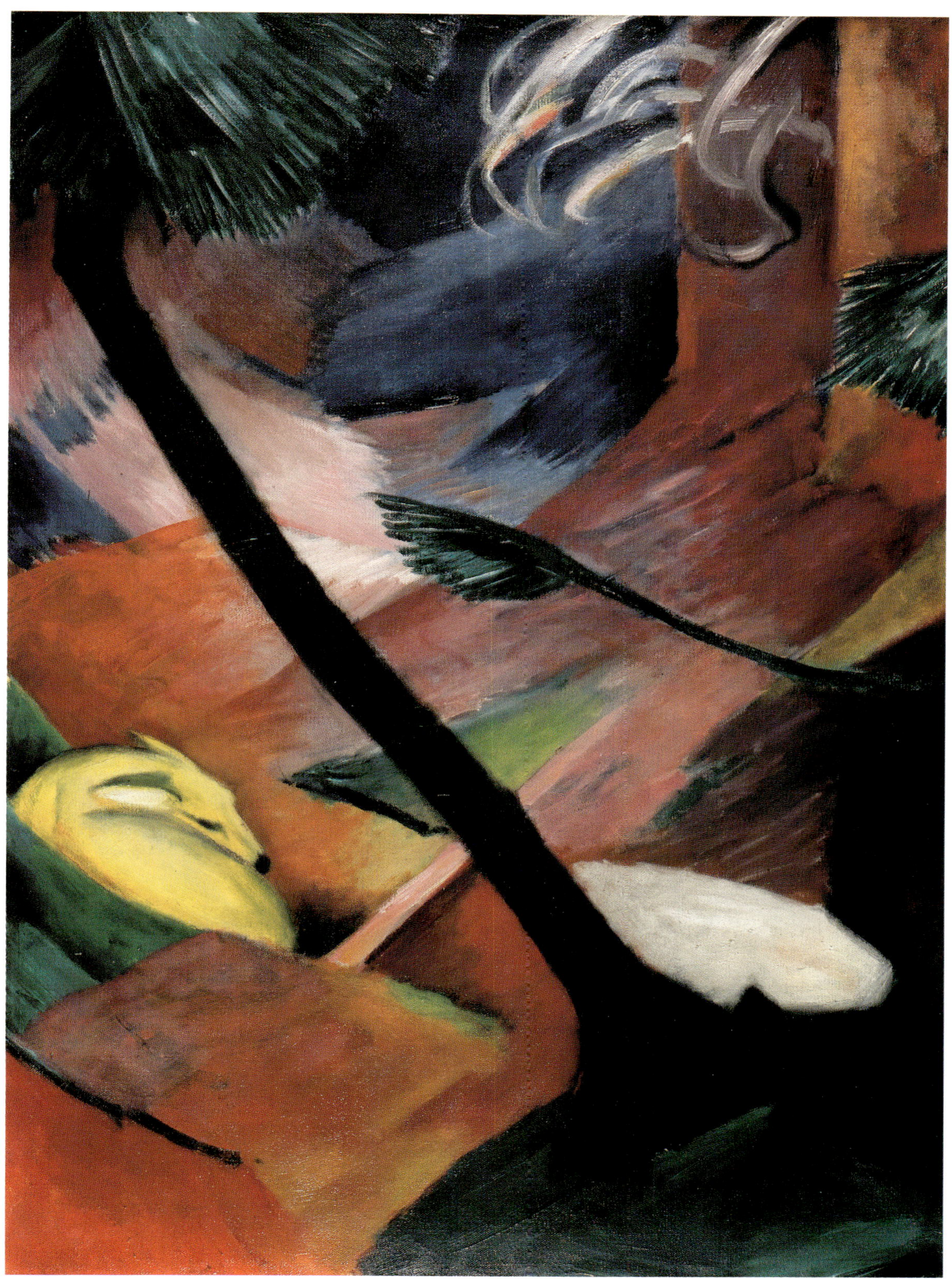

156 - Franz Marc
Chevreuil dans la forêt II, 1912
Huile sur toile, 110 x 81 cm
Städtische Galerie im Lenbachhaus, Munich

Prague : 1907-1912

Le fauvisme et la peinture tchèque
Un fauvisme introspectif

Jana Claverie

La fin du XIXe siècle marque un changement au sein de l'Empire austro-hongrois, qui vit alors une période tourmentée. En effet, la contestation du régime pèse lourdement sur les provinces et les émeutes se multiplient. La Bohême et la Moravie se mobilisent. Elles s'insurgent contre la censure, contre l'oppression, mais aussi contre l'usage obligatoire de la langue allemande, et se battent pour l'indépendance de leur culture. Sur le plan artistique, ces deux régions, à l'instar de toute l'Europe du XIXe siècle, sont marquées par le romantisme, puis par le réalisme. À partir des années 1880 et de la diffusion de l'impressionnisme, les artistes vont chercher leur inspiration en France, pays phare en Europe, dont la culture représente alors pour eux un contre-poids et une forme de résistance à la culture austro-hongroise, d'une part, à l'influence artistique des pays de langue allemande, d'autre part. Mais, il leur faut aussi échapper à la pression locale d'un milieu fermé et petit-bourgeois qui s'oppose à toute idée nouvelle et demeure en parfaite contradiction avec leurs aspirations à la modernité.

Ces artistes voyagent alors avec un immense désir de s'informer sur la création contemporaine et de multiplier les échanges. La société Mánes, fondée en 1887, où se regroupent peintres, sculpteurs et architectes, tient lieu de centre de coordination. En 1896, elle se dote d'une revue, *Volne smery* (« Tendances libres »), qui relate les

événements culturels de Bohême ou de l'étranger. Elle organise des expositions présentant les courants de l'art contemporain tchèque ou européen, mais également d'importantes rétrospectives. Deux d'entre elles ont marqué les esprits : celle d'Auguste Rodin, en 1902, et celle d'Edvard Munch, en 1905. Cette dernière est décisive pour nombre de jeunes peintres, pour ceux en particulier qui se sont rencontrés à l'Académie des Beaux-Arts entre 1903 et 1906, déjà unis par leur désir de renverser l'ordre établi. Dans ce contexte, la révélation de l'œuvre de Munch est reçue comme une bombe et leur ouvre de nouveaux horizons. Ils exploitent cette découverte au cours de leurs voyages : certains choisissent l'Italie, pour sa lumière et ses trésors, d'autres Munich et Nuremberg pour les nouvelles tendances, certains se rendent à Amsterdam où ils admirent Van Gogh, d'autres à Paris où ils rencontrent Matisse, Derain, Vlaminck, Bonnard, ou Picasso, voient les œuvres de Cézanne… Certains se contentent de séjours brefs, d'autres décident de rester plus longtemps, d'autres enfin s'installent définitivement loin de chez eux, tels Kupka et, plus tard, Kubin et Sima à Paris.

À Prague, où la vie artistique reste active, les peintres Filla, Kubista, Nowak, Prochazka, Pitterman, Feigl, Horb, Kubin, soucieux de se démarquer de leurs aînés liés à Mánes, forment en 1907 le groupe des « Huit », soutenu par le théoricien Frantisek Xaver Salda. À propos de l'une de leurs premières manifestations, l'exposition d'une soixantaine de tableaux dans une galerie pragoise, Miroslav Lamac remarque : « Par leur style de vie, leur façon de penser et leur foi en l'importance de nouvelles valeurs artistiques pour l'homme, ces jeunes artistes s'élèvent contre les conventions de l'art et de la société de leur temps. » Pour eux, le monde des impressionnistes relève d'un passé révolu, mais ils ne se réclament pas pour autant du symbolisme Modern Style. Dès 1905-1906, ils ont eu l'occasion de voir les toiles des Fauves à Paris, qu'ils saluent alors comme les œuvres abouties d'artistes mûrs, plus âgés. Leur peinture, moins lumineuse, moins éclatante, moins colorée et moins exaltée, exprime plus de tension, voire une certaine mélancolie. S'ils ont également connaissance des œuvres de Die Brücke en Allemagne, leur peinture n'a pas la même violence. Malgré l'influence si sensible de Munch et de Daumier, ils sont à la recherche de leur propre voie à travers une expression picturale qui ne se limite jamais au strict reflet des choses, mais, avides d'introspection, ils désirent « aller au fond de l'être », aspirent à en trouver la traduction en peinture et tentent, par la couleur, d'exprimer leur vécu et leurs états d'âme, en particulier dans les portraits et les autoportraits. Le groupe des Huit connaît son apogée entre 1908 et 1910, réalisant la synthèse du fauvisme et de l'expressionnisme et trouvant alors un écho auprès du public.

Leur chef de file, le peintre, sculpteur et théoricien Emil Filla (1882-1953), se distingue de ses congénères tant par sa maturité picturale et l'intensité de son expression que par son aisance technique. Pour lui, toute création trouve son origine dans une fidélité à soi-même et à sa conception de la vie, l'œuvre d'art étant « l'expression immédiate de l'être intime de l'artiste ». À ses débuts, Filla se situe entre la peinture fauve et expressionniste,

parfois à la lisière des deux comme dans son *Autoportrait à la cigarette* (1908 ; cat., n° 161). Dans ce tableau, l'intensité lumineuse et le jaillissement des couleurs (vert, bleu, jaune, blanc) en couches superposées font émerger de l'obscurité les formes du visage : celui-ci, selon qu'il est exposé ou non à la lumière, tend vers un bleu clair ou vers un rouge-bleu foncé. Miroslav Lamac commente ainsi cette manière de traiter ombre et lumière, qui rend le visage presque irréel : « L'emphase exaltée des moyens d'expression qui transforme un simple fragment de réalité est un étrange reflet de la vision romantique, dans laquelle le drame des couleurs et des lignes est multiplié par l'éruption de la fantaisie émotive. » Vers 1910, Emil Filla évolue vers le cubisme dont il est l'un des protagonistes tchèques, puis, à la fin des années trente, son œuvre est marquée par son engagement contre le franquisme et contre le fascisme.

Bohumil Kubista (1884-1918), le véritable guide spirituel du groupe des Huit, cherche à synthétiser plusieurs courants théoriques de l'époque et manifeste un souci de rationalité dans une peinture où l'influence de Cézanne, notamment pour ce qui concerne la composition, se fait sentir – ce qui lui facilitera plus tard la transition vers le cubisme. Tirant profit de la couleur libérée par les Fauves, Kubista ne se prive pas d'en utiliser pleinement la symbolique : tout en lui offrant les moyens d'une réflexion claire et précise, elle confère à ses tableaux un contenu spirituel. Il utilise aussi la couleur pour travailler ses volumes, comme le montre son *Autoportrait en bleu* (1909 ; cat., n° 160) : la couleur bleue (qui varie du clair au foncé) y modèle le visage, et l'ombre portée, tel un reflet, brun-rouille, est de même intensité que le fond, le relief étant accentué par l'éclairage qui émane du tableau. Dans *Le Fumeur* (cat., n° 163), le

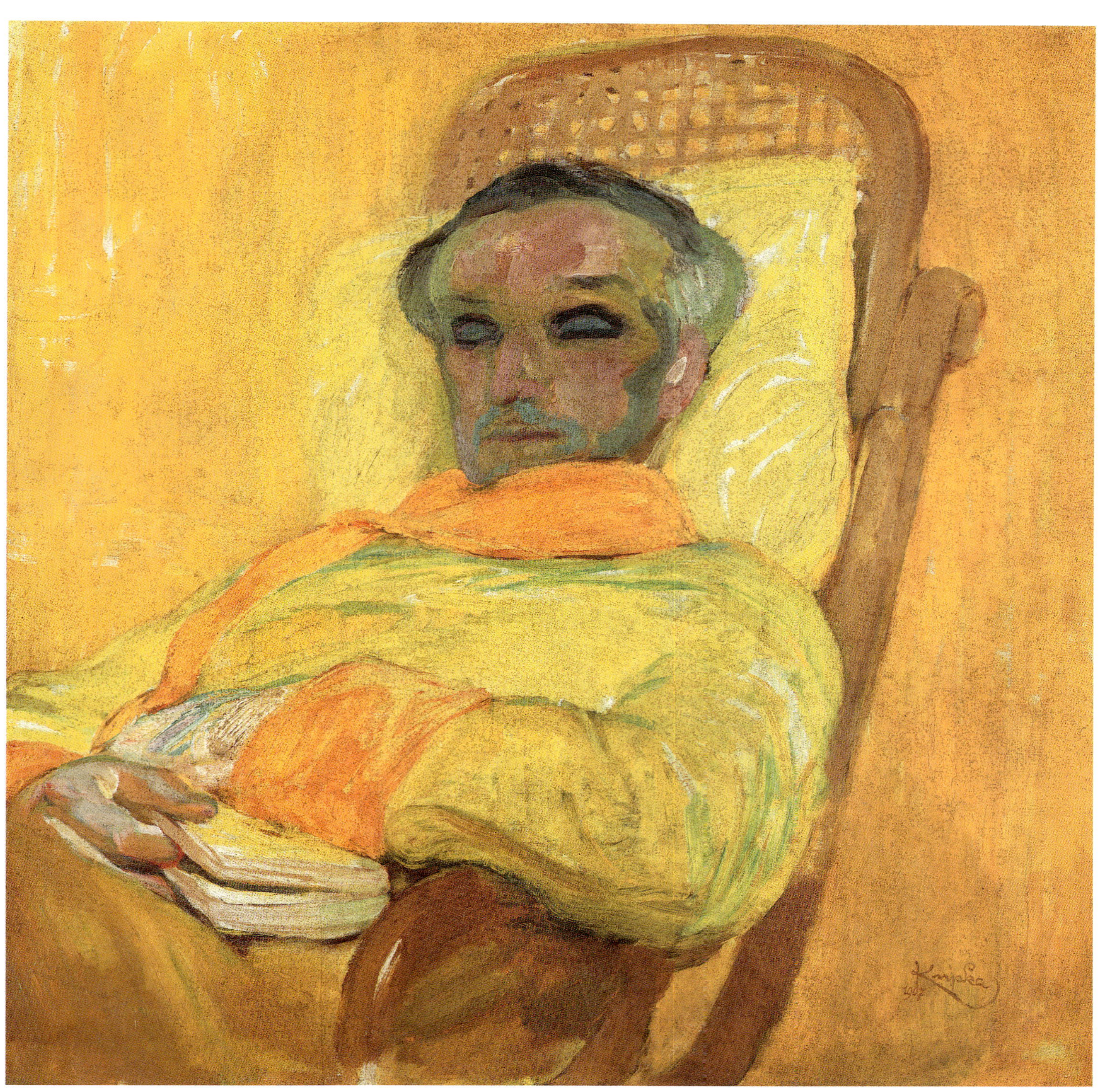

157 - Frantisek Kupka
La Gamme jaune, 1907
Huile sur toile, 79 x 79 cm
Musée national d'Art moderne / Centre de création industrielle, Centre Georges-Pompidou, Paris

visage, extrêmement simplifié, là aussi modelé par la lumière et l'ombre, est divisé en facettes géométriques par la couleur qui y tient cependant une place moins importante. Ce portrait clôt la période d'expérimentation de Kubista et marque son passage, en 1910, au cubisme ou «cubo-expressionnisme» tchèque.

C'est une tout autre voie que prend Frantisek Kupka (1871-1951), le plus connu parmi les peintres d'origine tchèque, ayant choisi de vivre à Paris où il devient l'un des fondateurs de la peinture abstraite. Par certains tableaux de sa période de transition vers l'abstraction, il s'inscrit aussi dans le courant du fauvisme expressionniste proche de celui des artistes pragois. Kupka peint, entre 1907 et 1910, quelques œuvres étonnantes, telle *La Gamme jaune* (1907 ; cat., n° 157), un portrait (autoportrait?) que la couleur jaune envahit tout entier depuis le fond, du jaune clair du coussin et des vêtements, aux ocres du fauteuil, de ce jaune dont il écrira : «jaune, c'est le citron, la paille, le blé mûr et doré ; jaune, c'est la couleur de la honte, l'emblème des maisons closes, l'emblème des lépreux ; aimée par les empereurs romains, c'est une couleur fragmentée, couleur des empereurs de Chine, du deuil en Égypte… ». Ici toutefois, le jaune est neutralisé par un regard vide, vert-bleu, qui occulte tout le reste (soulignés par un trait noir, les yeux dominent le visage dont les ombres portées reprennent leur teinte).

Ailleurs, c'est le rouge, couleur éclatante qui explose littéralement dans le tableau de la série des Gigolettes, *Le Goût de Gallien* (cat., n° 158), de 1909. Il s'agit sans doute là de l'œuvre la plus fauve de Kupka, qui s'inscrit dans la lignée de Van Dongen et de Matisse. Le visage de la femme, comme recouvert d'un masque statique avec ses trous noirs à la place des yeux, est séparé du corps par un ruban bleu. Visage figé et corps déhanché : le

contraste est total, sur le fond d'un rideau à motif japonisant (qui annonce déjà la composition abstraite *Compénétration,* de 1910-1911). En 1909 encore, Kupka peint *Les Touches de piano. Le lac* (cat., n° 164), tableau qui bénéficie pleinement des apports du fauvisme, ainsi qu'il le reconnaît lui-même : «La coloration des objets dans la peinture s'est libérée de sa fonction primitive descriptive, elle est devenue avant tout le médiateur afin de renforcer l'expression et de permettre la multiplication de la perception.» *Les Touches de piano. Le lac*, avec ses deux parties (en haut, à grands traits sommaires, un paysage très coloré avec un lac, une barque, des personnages ; en bas, les touches blanches et noires du piano, probablement les futurs *plans verticaux*), illustre parfaitement, chez Kupka, une période transitoire entre figuration et abstraction.

D'autres artistes tchèques, tels que Prochazka, Kubin, Prucha, Nejedly, Spala, sont aussi marqués par le fauvisme et se servent de la couleur pour exprimer des sentiments et rendre la profondeur de l'être comme vecteur électif de l'introspection. Cette utilisation de la couleur rapproche peinture fauve et peinture expressionniste, cette proximité étant certainement ce qui caractérise le mieux la peinture tchèque de cette période.

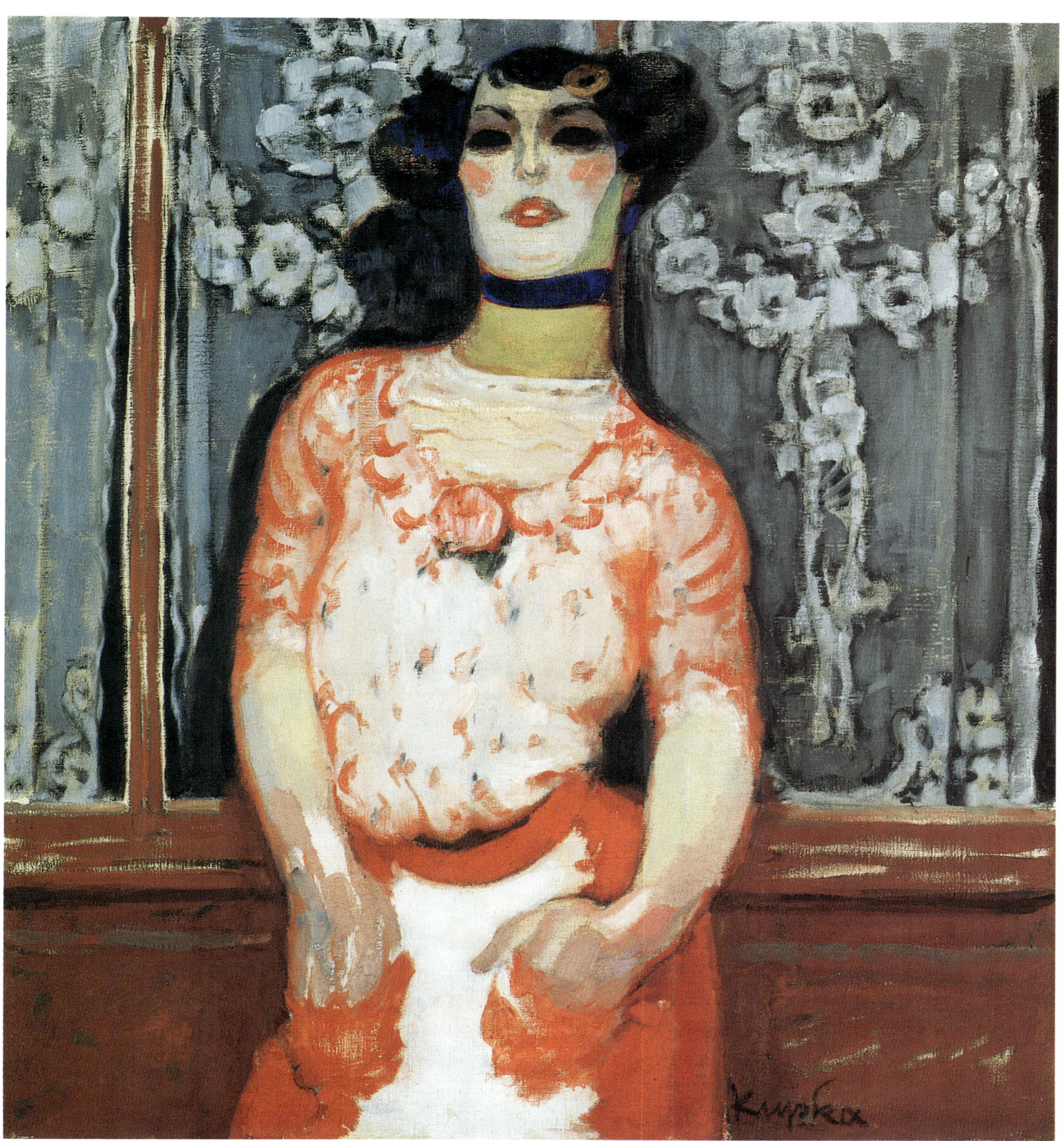

158 - Frantisek Kupka
Le Goût de Gallien, 1909
Huile sur toile, 108 x 100 cm
Národní galerie v Praze, Prague

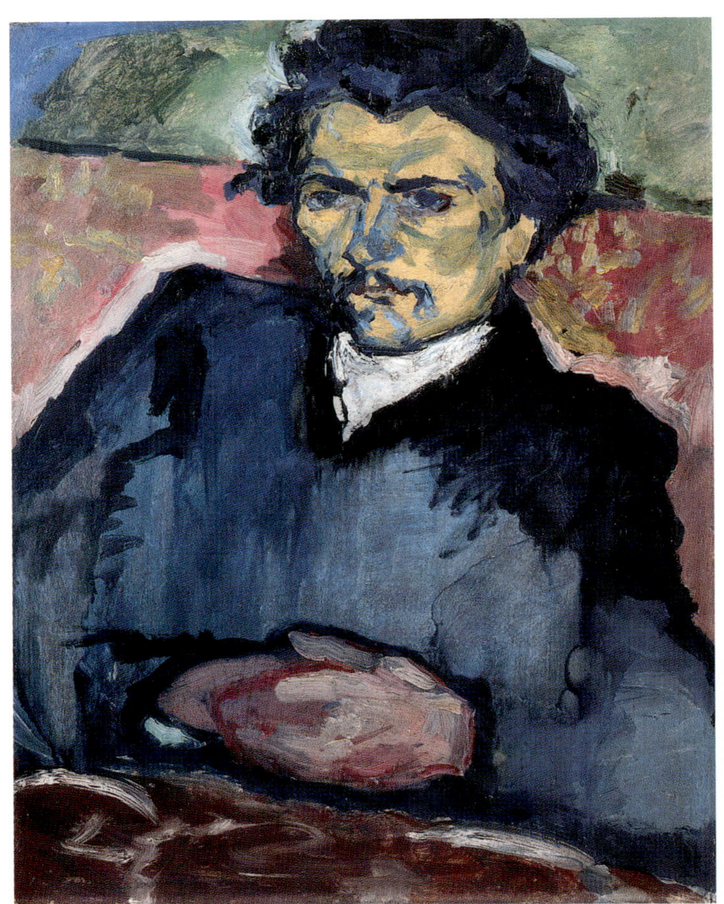

159 - Emil Filla
Portrait de l'écrivain Uher, 1908
Huile sur carton, 68,8 x 54,4 cm
Moravská galerie v Brne, Brno

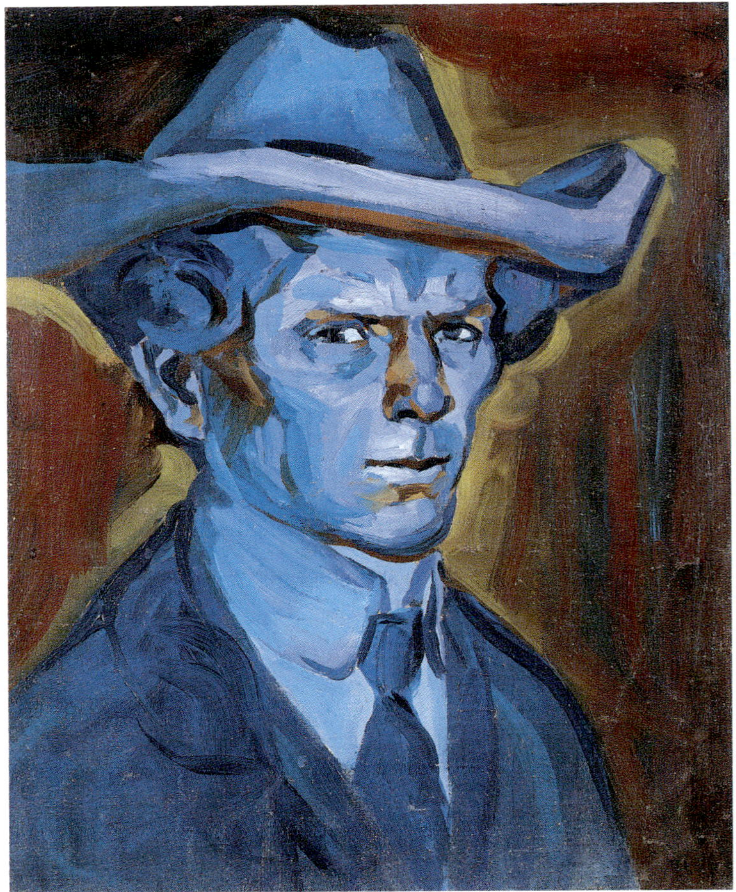

160 - Bohumil Kubista
Autoportrait en bleu, 1909
Huile sur toile, 51,5 x 43 cm
Západoceská galerie v Plzni, Pilsen

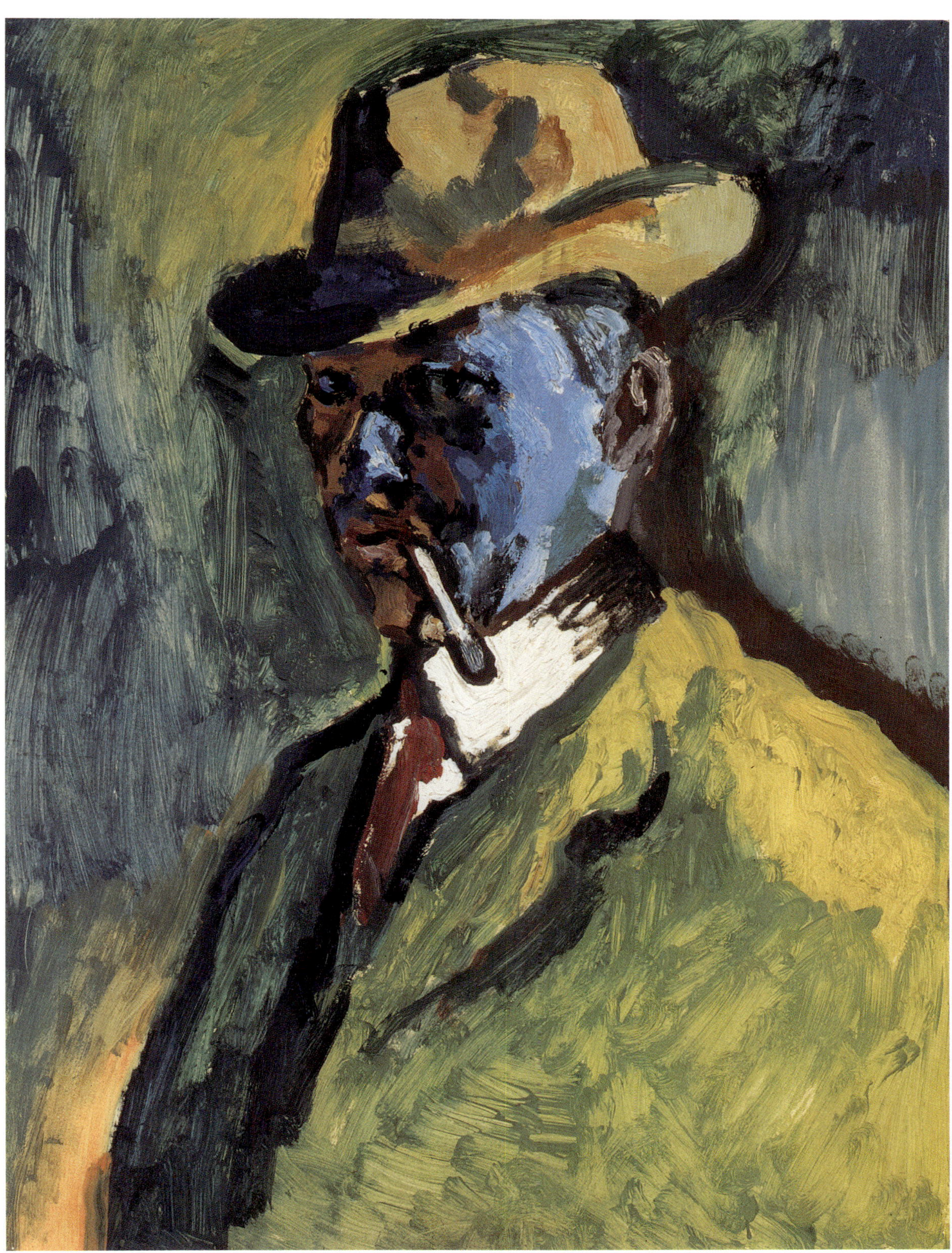

161 - Emil Filla
Autoportrait à la cigarette, 1908
Huile sur carton, 66 x 50 cm
Národní galerie v Praze, Prague

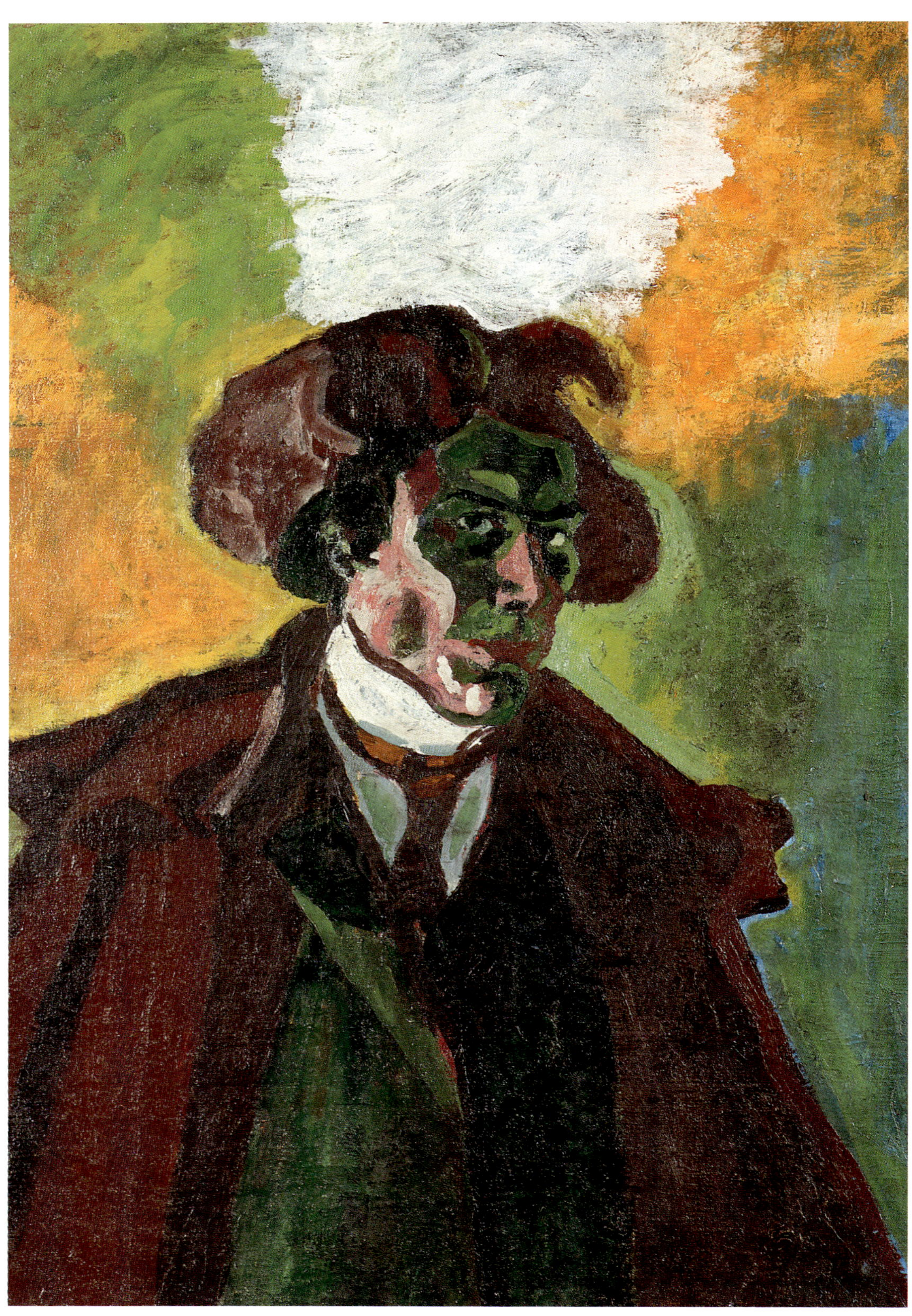

162 - Bohumil Kubista
Autoportrait avec pardessus, c. 1908
Huile sur toile, 92 x 66 cm
Státní galerie v Zline, Zlin

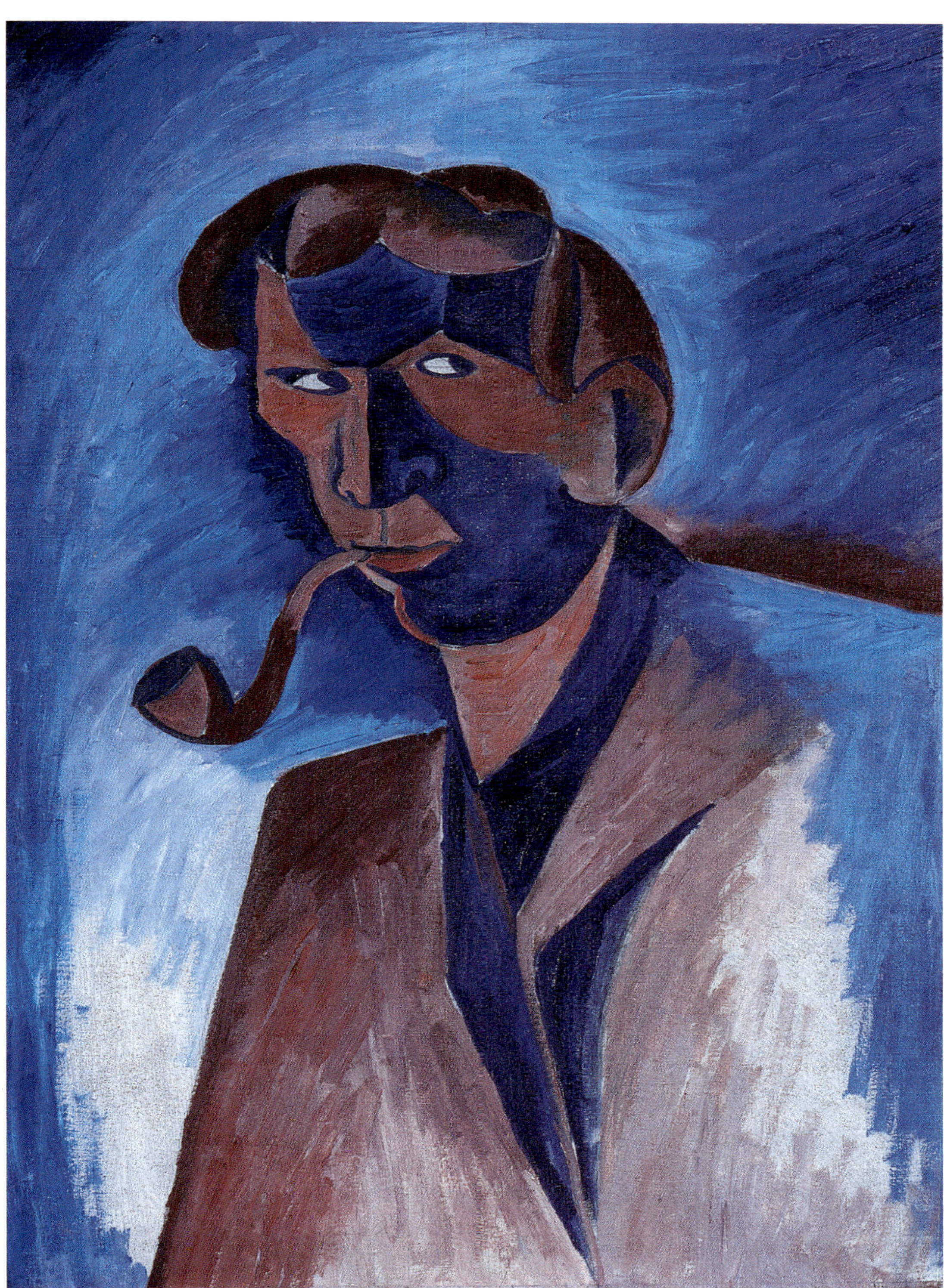

163 - Bohumil Kubista
Le Fumeur, autoportrait, 1910,
Huile sur toile, 69 x 51 cm
Národní galerie v Praze, Prague

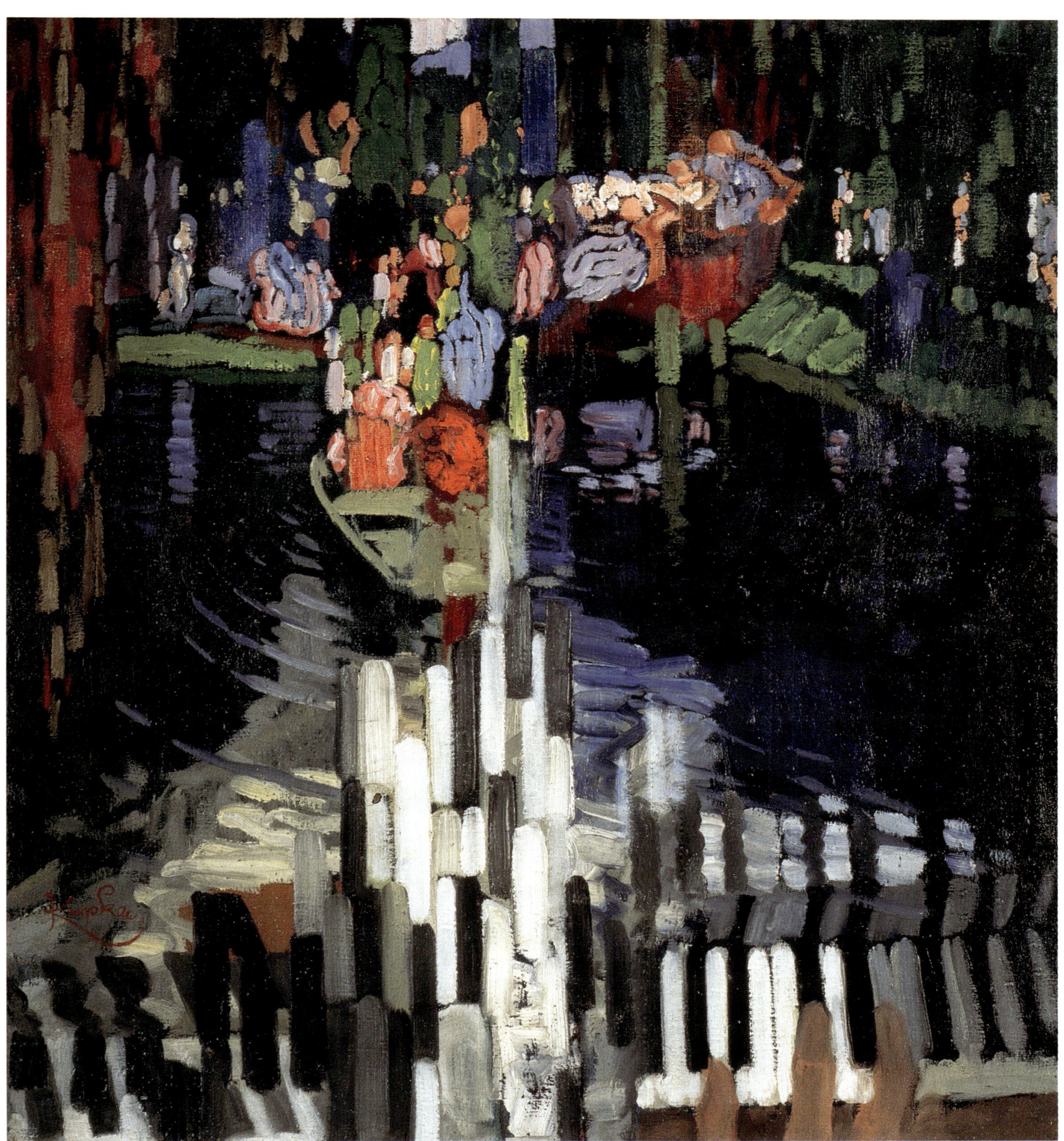

164 - Frantisek Kupka
Les Touches de piano. Le Lac, 1909
Huile sur toile, 79 x 72 cm
Národní galerie v Praze, Prague

Budapest : 1906-1911

L'influence de la peinture fauve en Hongrie

Mariann Gergely*

Lorsqu'en France, dans les années 1870, les impressionnistes font déjà leur «révolution» contre la peinture académique, s'ouvre à Budapest l'École de dessin (1871), première école supérieure d'enseignement de l'art ; auparavant, les artistes hongrois ne pouvaient étudier qu'auprès des académies étrangères, à Vienne ou à Munich. Alors que, au milieu des années 1880, les divisionnistes français proclament déjà la synthèse de l'impressionnisme, c'est un peintre d'histoire, Gyula Benczúr, professeur à l'Académie de Munich, qui devient le directeur honoraire de l'École des maîtres de Budapest, alors bastion de l'académisme. Lorsque, à Paris, le public initié découvre les maîtres du post-impressionnisme, Cézanne, Gauguin, Van Gogh, et que le groupe des Nabis accueille un artiste hongrois, József Rippl-Rónai [1], surgit, pour la première fois dans la culture officielle hongroise, l'idée de créer, à côté de la conservatrice École de dessin, une académie d'esprit plus libre qui encouragerait l'art national. On sollicite Simon Hollósy (1857-1918), peintre hongrois résidant à Munich, où il dirige depuis 1886 un atelier privé, afin d'en élaborer le programme. Son atelier libre passait pour une «contre-institution» de l'Académie de Munich, fréquentée par les jeunes de tous les pays, notamment des Hongrois. On y développait une vision intimiste, selon une conception naturaliste-symboliste, usant d'un voile gris argenté, typique du «naturalisme raffiné». À l'encontre de la peinture d'his-

toire académique et de la peinture de genre des ateliers, Hollósy voulait créer un art moderne national par une peinture de plein air. Son objectif avait peu de chance de se réaliser. Confiant dans son programme de renouveau, il installe en 1896 son école de peinture à Nagybánya (aujourd'hui Baia Mare, en Roumanie) et fonde ainsi la tradition hongroise des académies libres, avec des principes pédagogiques modernes. Grâce à l'enseignement de Károly Ferenczy (1862-1917) – plusieurs décennies après l'apparition de la peinture impressionniste frança se –, on insiste de plus en plus sur la représentation objective des impressions de la nature. Les couleurs deviennent plus claires et intenses, mais le sensualisme de l'impressionnisme ne se répand pas dans la peinture hongroise. On observe plutôt un style particulier à Nagybánya, qui mêle les traditions de la peinture de plein air au rendu des tons et des reflets, des éléments naturalistes et impressionnistes.

L'orientation antérieure, principalement tournée vers l'Allemagne, s'estompe et de plus en plus d'artistes se rendent à Paris. Cela est dû en partie au succès de József Rippl-Rónai après son retour de France. Ses œuvres de l'époque «noire» [2] révèlent au public hongrois l'élégance raffinée et décorative du symbolisme et de l'Art nouveau français. Le peintre hongrois Béla Czóbel (1883-1976) écrit dans ses *Mémoires* : «Je désirais aller à Paris dès mes années d'études, et Rippl-Rónai ne fit qu'augmenter ce

---

* Conservateur à la Galerie Nationale
Hongroise, Budapest.
1 Sur l'art de József Rippl-Rónai
(1861-1927) voir *József Rippl-Rónai.
Le Nabis hongrois.* Somogy Éditions
d'Art, Paris, 1999. Musée
départemental Maurice-Denis
«Le Prieuré», Saint-Germain-en-Laye,
1999.

2 Les œuvres de József Rippl-Rónai
peintes pendant son séjour en France
(1889-1901) se caractérisent par un
monde réduit en couleurs.

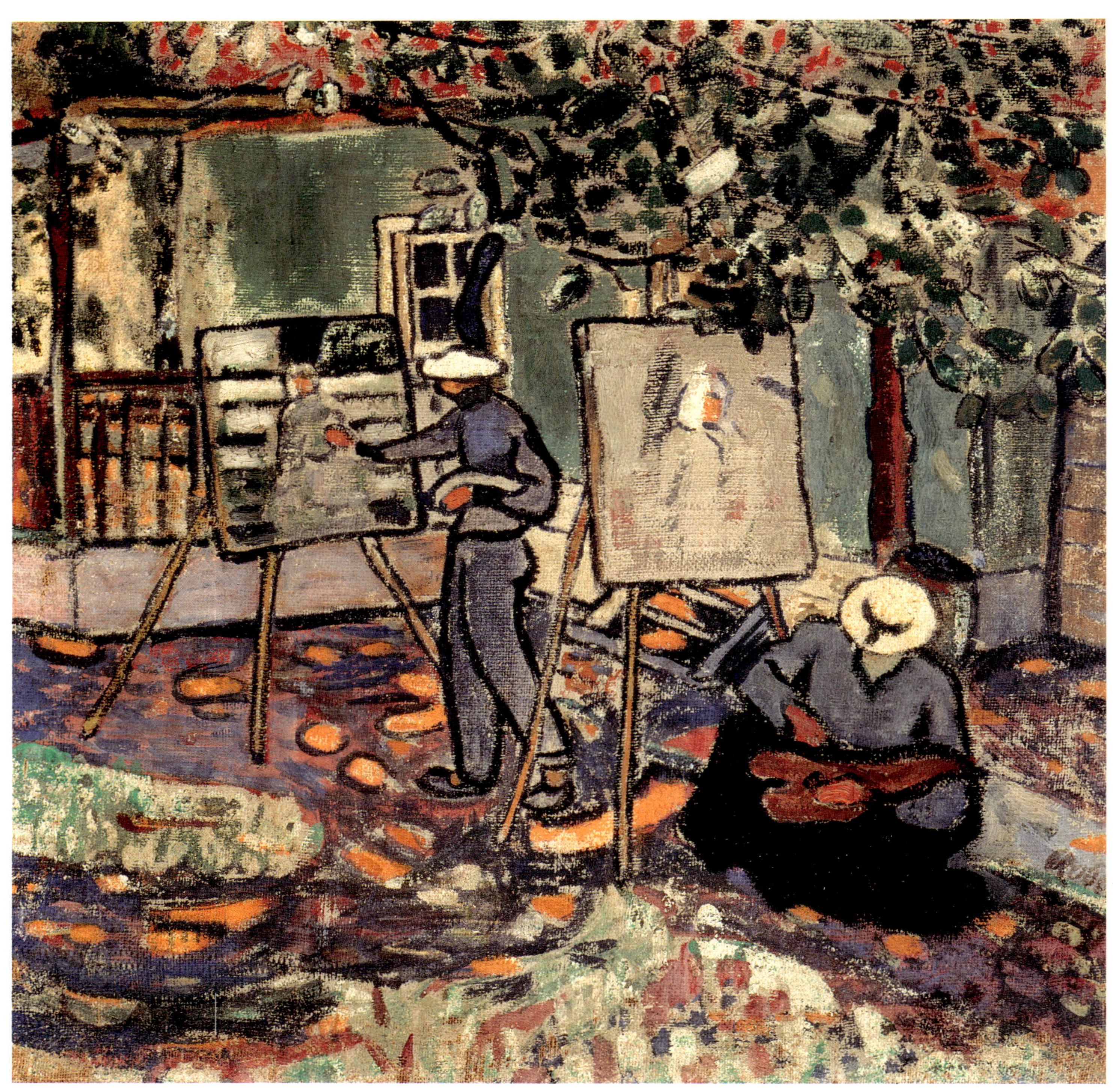

165 - Béla Czóbel
Peintres à la campagne, 1906
Huile sur toile, 79 x 79,5 cm
Musée national d'Art moderne / Centre de création industrielle, Centre Georges-Pompidou, Paris

désir. Je visitais presque chaque jour son exposition à l'*Hôtel Royal* [3]. Avec quelle simplicité et quelle facilité apparente il pouvait résoudre les problèmes les plus difficiles ! Il faisait bonne figure parmi les meilleurs peintres français [4]. » Dans les salles d'exposition, de plus en plus nombreuses à Budapest dès le début des années 1900, apparaissent les artistes français contemporains (Manet, Degas, Seurat, Signac, Maurice Denis, Gauguin, Cézanne, Van Gogh, Matisse, Marquet) [5]. L'un des premiers professeurs de l'école de Nagybánya, István Réti, auteur d'une histoire de cette colonie d'artistes, évoque le programme des jeunes de l'époque : « … aller chaque hiver à Paris, même si on doit vivre dans la misère, étudier et voir là-bas, puis en été peindre à Nagybánya, en automne exposer à Budapest et vendre aussi [6]. »

Et Czóbel se souvient : « Je suis allé à Paris en octobre 1903 et me suis inscrit à l'Académie Julian. Ce n'est pas là que j'ai trouvé mon inspiration, mais dans la salle des impressionnistes du musée du Luxembourg et dans les galeries d'art de Durand-Ruel et de Vollard, rue Laffitte. C'est là que j'ai vu l'exposition de Gauguin peu après sa mort, en 1904, là que j'ai vu l'exposition de Seurat et de Van Gogh au Salon des Indépendants [7]. » Czóbel expose pour la première fois à Paris, en 1903, au Salon du Champ-de-Mars, deux peintures, puis, en 1905, au Salon d'Automne, plusieurs œuvres dans une salle voisine des Fauves. Malheureusement, la plupart des tableaux de cette époque ont disparu. La douzaine de peintures rapportées de Paris provoqua une véritable « révolution » en été 1906 parmi les élèves de Nagybánya. D'après les souvenirs d'István Réti, il s'agissait « … d'une série de portraits, de natures mortes et de compositions de nus – des peintures style affiche, avec des touches pointillées de couleurs vives, délimitées par des contours épais de toutes les couleurs [8] ».

Pendant les deux années suivantes, se forme à Nagybánya un groupe de jeunes peintres qui adoptent les tendances modernes, venues de Paris. Ces peintres révoltés sont connus dans l'histoire de l'art hongrois sous le nom de « néo-impressionnistes » ou de « néos », selon un diminutif de dérision, d'ailleurs impropre, employé par la presse conservatrice de l'époque.

Vilmos Perlrott Csaba reçoit en 1905 une bourse pour Paris et, plus tard, il y est l'élève de Matisse [9]. Il se souvient ainsi du maître : « … Matisse exigeait de ses élèves qu'ils poursuivent leur propre chemin et expriment leur personnalité dans leurs tableaux. J'ai eu l'honneur de faire partie des favoris qu'il invitait chaque semaine dans son atelier où il expliquait la composition de ses natures mortes ; ces leçons étaient les plus utiles pour nous [10]. » En 1907, avec sept peintures accrochées aux côtés de celles des Fauves, il participe au Salon d'Automne dont il est élu sociétaire en 1911. Dès lors, il y devient un exposant permanent. Il est davantage influencé par les théories de Matisse que par ses œuvres. Sa palette n'étale pas de couleurs criardes et on ne trouve pas non plus dans ses tableaux la fraîcheur d'une composition spontanée. Il apprend plutôt auprès de Matisse la composition rigoureuse. Dans son *Portrait de Sándor Ziffer* (1908 ; cat., n° 167), il modèle le visage avec des traits verdâtres peints par empâtements. La plasticité un peu rude de ses formes et son intérêt pour l'analyse structurale de la vision – surtout dans son œuvre tardive – trahissent l'écho de la pensée de Cézanne.

Figure la plus conséquente des « Fauves hongrois », Sándor Ziffer (1880-1962) se rend à Nagybánya encouragé par Czóbel et c'est également à son invitation qu'il séjourne à Paris en 1906. La découverte de Gauguin lui fait une telle impression qu'il passe plusieurs mois près

3 Exposition à l'*Hôtel Royal* de Budapest en hiver 1900, organisée sous le titre « Impressions de J. R. R. 1890-1900 ».
4 Béla Czóbel, « *Önéletrajz levélben* » [Autobiographie en lettre], dans *Az Új Magyar Mûvészet Önarcképe*. Budapest, s. d., p. 14-16.
5 *Tavaszi Nemzetközi kiállítás* [Exposition internationale de printemps], OMKT, Mûcsarnok, 1903 ; *Gauguin és kortársai* [Gauguin et ses contemporains], Nemzeti Szalon, 1907 ; *Modern francia nagymesterek tárlata* [Salon des grands maîtres français contemporains], Nemzeti Szalon, 1907.
6 István Réti (1872-1945), *A Nagybányai mûvésztelep* [La colonie d'artistes de Nagybánya], Budapest, 1954, p. 70.
7 Czóbel, *op. cit.*, p. 14-16.

8 Réti, *op. cit.*, p. 69
9 Selon les propres notes de Vilmos Perlrott Csaba (1880-1955), il étudia à l'école de Matisse entre 1906 et 1911.
10 Vilmos Perlrott Csaba, *Magamról* [Sur moi], Szamos, le 6 septembre 1931.

de Pont-Aven, dans le village de pêcheurs de Moëlan. Il est saisi par les couleurs osées, la puissance décorative de Gauguin et par ses surfaces planes délimitées par des contours rehaussés. En 1906, il envoie au Salon des Indépendants son *Autoportrait,* fait en une seule pose et brossé en quelques touches vigoureuses posées d'une manière contrastée. Le portrait plaît à Matisse qui, membre du comité d'organisation, aurait dit trouver, enfin, une bonne œuvre parmi les rebuts [11] et aurait cherché lui-même un emplacement pour l'accrocher. Dans son *Paysage à la barrière* (cat., n° 168), exécuté à Nagybánya en 1910, Ziffer peint avec des couleurs expressives les maisons typiques de mineurs et la masse monumentale du mont de la Croix à l'arrière-plan. Les bleus froids du paysage d'hiver sont réchauffés par des rouges ensoleillés, et le violet sombre est contrebalancé par des touches jaunes, lumineuses. Les touches serrées confèrent leur plasticité aux couleurs vives, délimitées par des contours sombres, vigoureux. Les paysages réalisés dans le style fauve, avec les couleurs éclatantes des clochers, des maisons et des villages, deviennent le sujet préféré de ces artistes qui font la navette entre la capitale française et Nagybánya (comme Géza Bornemisza, Tibor Boromisza, Sándor Galimberti ou Valéria Dénes [12]).

József Nemes Lampérth (1891-1924) n'est pas membre fondateur de Nagybánya et n'a pas encore séjourné à Paris lorsqu'il peint, en 1911, son *Autoportrait* (cat., n° 170), si puissant. Son «fauvisme» résulte des luttes intérieures d'une personnalité inquiète. Les touches de couleurs vives sont appliquées avec une rudesse brutale. Le visage expressif au regard pénétrant est modelé par des empâtements épais aux tons criards posés avec énergie.

Béla Czóbel et ses compagnons, stimulés par la peinture des Fauves parisiens, ressentent pour la première fois la liberté d'esprit de la peinture moderne. Pour la plupart, il s'est agi d'un emprunt provisoire qui leur a permis de s'affranchir des contraintes naturalistes. Dans la pratique, ils ont su allier, d'une manière singulière, le pittoresque d'une interprétation lyrique de la nature à la synthèse décorative et vigoureuse d'une composition expressive. Fécondé par les impulsions de la peinture moderne française, l'art hongrois s'ouvrait à une nouvelle créativité.

Traduit du hongrois par Krisztina Horanyi

---

11 Cité par István Borghida, *Ziffer Sándor,* Kriterion, Bucarest, 1980, p. 22.
12 Sándor Galimberti (1883-1915) et sa femme Valéria Dénes (1877-1915) étaient les disciples de Matisse dès 1910.

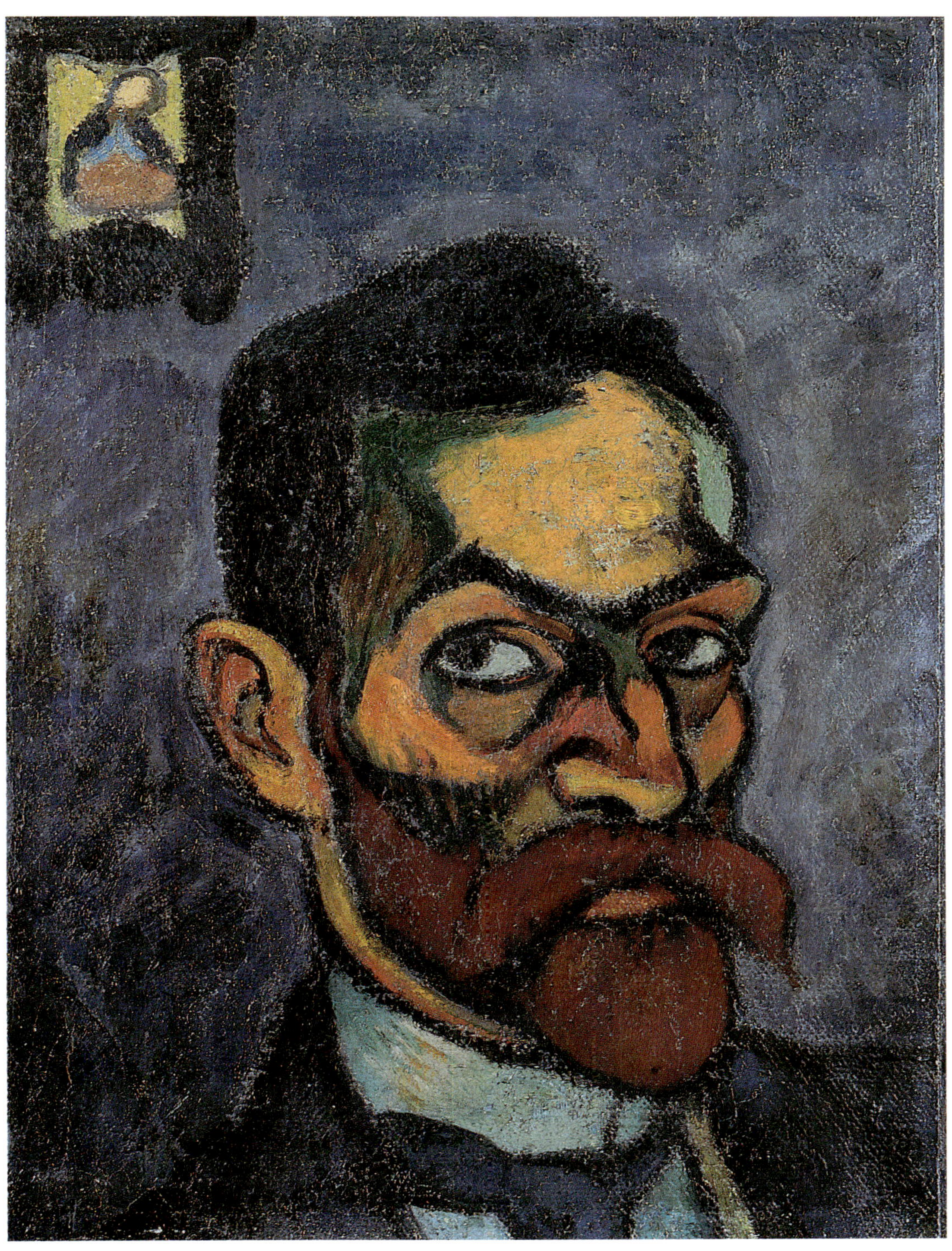

166 - Sandor Ziffer
Autoportrait, c. 1908
Huile sur toile, 41 x 30 cm
Janus Pannonius Múzeum, Pécs

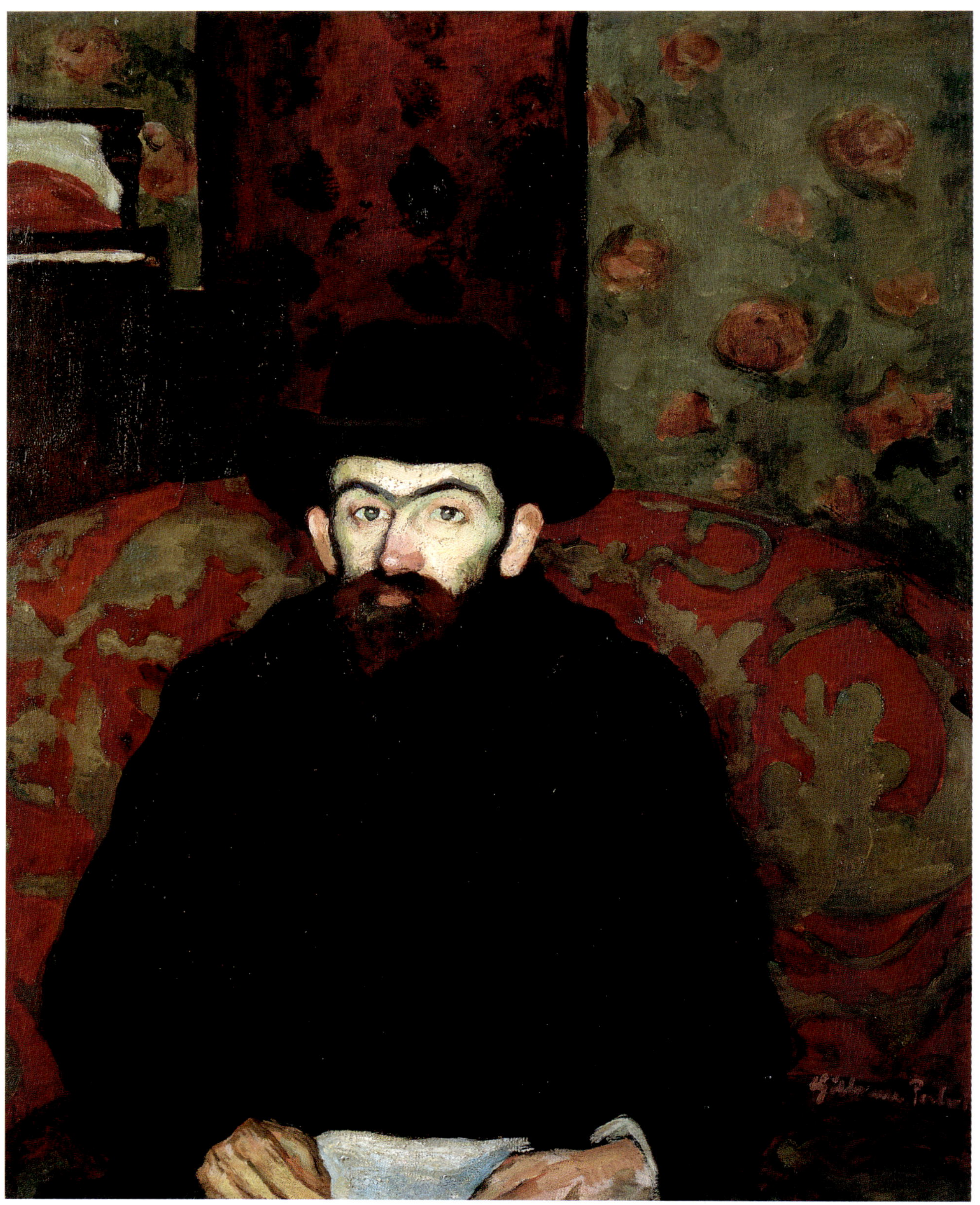

167 - Vilmos Perlrott Csaba
Portrait de Sandor Ziffer, c. 1908
Huile sur toile, 100,5 x 81 cm
Magyár Nemzeti Galéria, Budapest

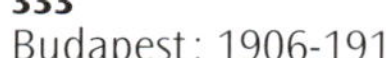

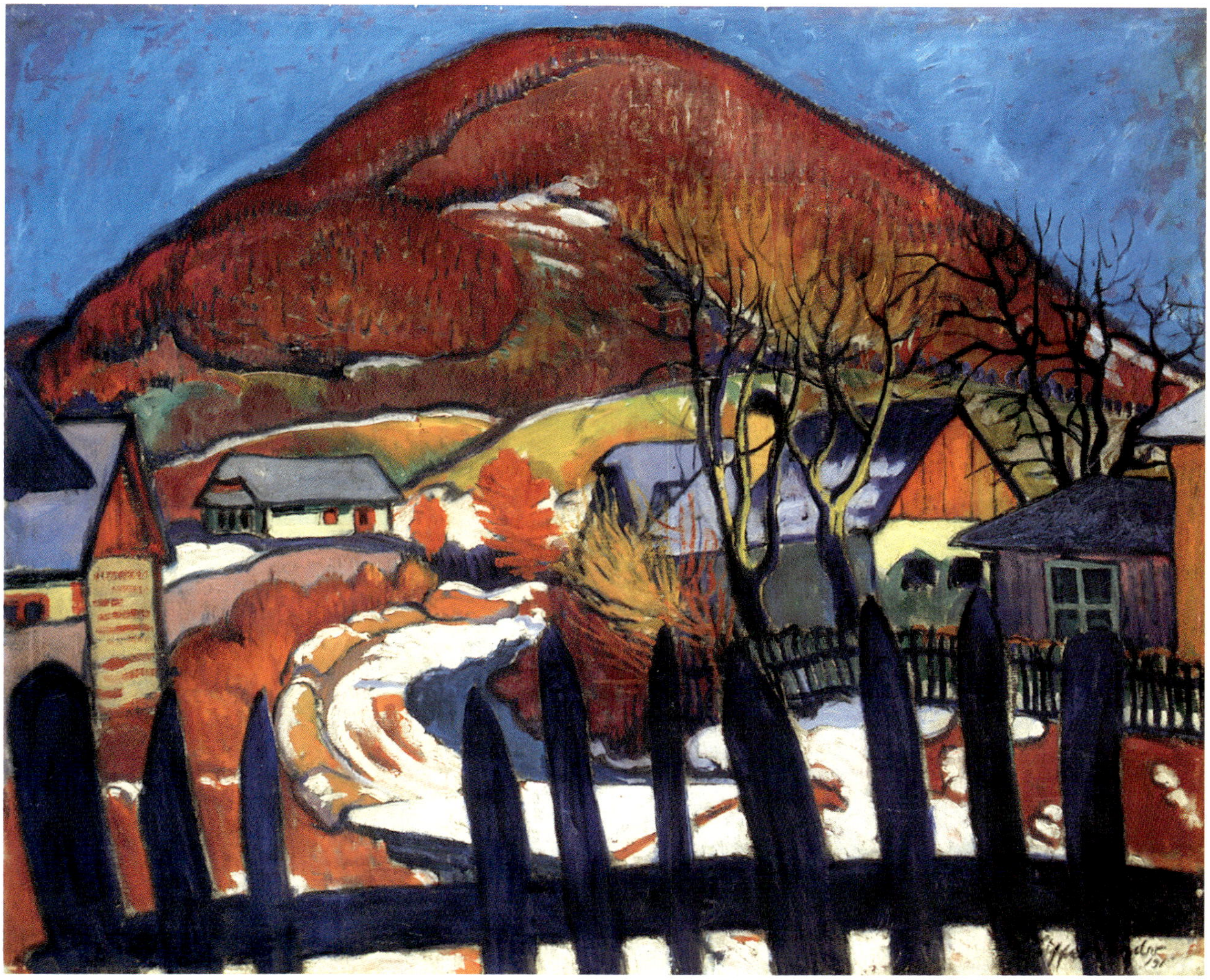

168 - Sandor Ziffer
Paysage à la barrière, 1910
Huile sur toile, 91,5 x 110 cm
Magyár Nemzeti Galéria, Budapest

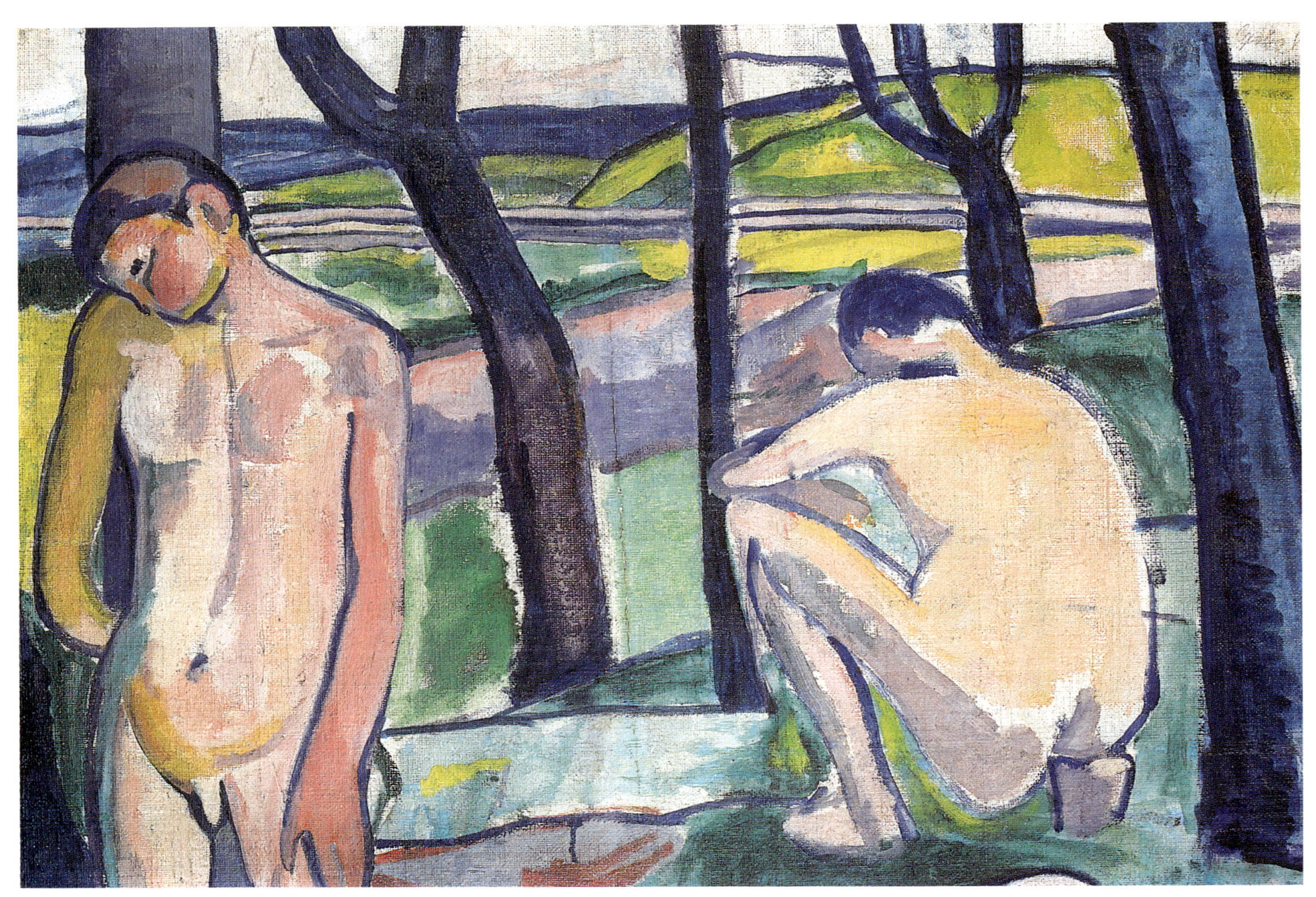

169 - Béla Czóbel
Garçons assis, c. 1906-1907
Huile sur toile, 67 x 97 cm,
Janus Pannonius Múzeum, Pécs

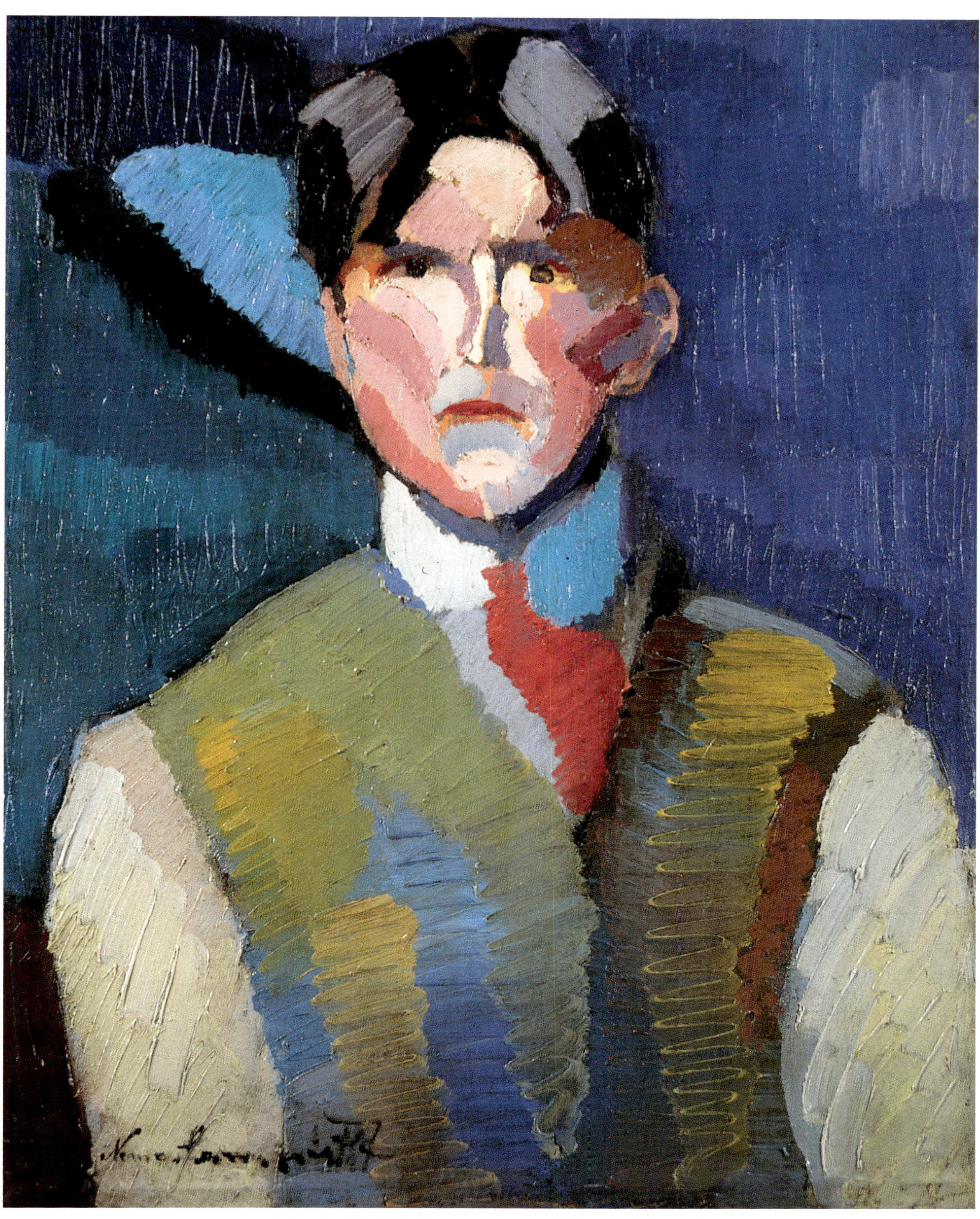

170 - József Nemes-Lamperth
Autoportrait, 1911
Huile sur toile, 74,5 x 59,2 cm
Magyár Nemzeti Galéria, Budapest

Amsterdam : 1907-1911

La lumière et la couleur chez Mondrian

Hans Janssen*

Selon certains, la conversion tardive de Mondrian au modernisme prend sa source à Paris. Jan Sluijters en a été l'instigateur : lors d'un séjour dans la ville lumière, il avait été impressionné par Van Dongen, puis l'œuvre de Van Gogh acheva de le convertir. La grande rétrospective, en 1905, à Amsterdam attira pour la première fois l'attention du public sur les peintures de la période française de Van Gogh et établit sa réputation mythique. Jan Toorop, très informé des mouvements artistiques à l'étranger, notamment en France, influença aussi Mondrian.

C'est du moins l'histoire telle qu'Aleid Loosjes-Terpstra l'a reconstituée. Elle proposa le terme de luminisme d'Amsterdam pour ce mouvement à part, décrit comme inspiré par l'impressionnisme français, et rassemblant Piet Mondrian, Jan Sluijters et Leo Gestel [1]. *Maisonnette au soleil*, de 1909-1910, est un bon exemple de la première et timide contribution de Mondrian à cette variante néerlandaise du modernisme. Tout comme *Arbres au bord du Gein* (cat., n° 171), cette vue frontale de la façade d'une ferme à Domburg montre une palette qui est à mi-chemin de ce que l'on peint à Paris. Pour la façade baignée de soleil de la ferme zélandaise, le peintre a utilisé de l'orange vif, du jaune, du rouge et du bleu, créant ainsi des contrastes complémentaires ; la végétation et l'ombre feuillue au premier plan conservent encore une palette naturaliste, tonale. Tout indique que Mondrian a travaillé à ces tableaux dans différents lieux et sur une période assez longue [2]. Mais tout

révèle aussi que, pour Mondrian, le luminisme n'était pas simplement un procédé. Il existait pour lui un lien étroit entre art et philosophie et l'art était porteur de profondes vérités. La technique devait se conformer à ce présupposé.

Il importe de souligner que le luminisme d'Amsterdam ne fut pas un mouvement fermé aux influences extérieures, ni au programme bien arrêté. Au début, Mondrian faisait peu de cas de Sluijters qui se perdait volontiers dans la couleur [3]. Le luminisme fut plutôt une rencontre de courte durée entre un certain nombre d'artistes expérimentés. Le jeune critique Conrad Kikkert (1880-1965) fut le premier à leur trouver des points communs. À l'occasion de l'exposition de l'association Saint-Luc en mai 1908 au Stedelijk Museum d'Amsterdam, il présenta les « touches rigoureuses de couleurs lumineuses » de Toorop, Sluijters et Mondrian comme un nouveau combat « pour une autre lumière, le plein air et une autre approche des atmosphères, pour un rendu plus libre, exubérant, passionné, lumineux, obtenu sur le plan technique par une décomposition des couleurs, des touches directes, rapides et un trait plein de caractère [4] ». Au cœur de l'exposition, une mini-rétrospective de Jan Toorop réunissait dix-sept œuvres principalement postérieures à 1904 et toutes d'un pointillé fougueux et d'une surface remarquablement mate.

Dans un récent article, j'ai souligné que, vers 1905, Toorop entretenait des contacts particulièrement intenses avec l'Allemagne et la Suisse. Ses tableaux ayant remporté

* Conservateur Responsable du département d'Art moderne, Gemeentemuseum, La Haye.

1 Aleid Loosjes-Terpstra, *Moderne kunst in Nederland, 1900-1914* [L'art moderne aux Pays-Bas, 1900-1914], Utrecht, 1987 (première édition en 1959).
2 *Arbres au bord du Gein*, par son sujet, se rattache à une série d'œuvres réalisées aux alentours de 1906-1907, tandis que le sujet de *Maisonnette au soleil* s'inspire de la première visite dont

on ait conservé des traces, de Mondrian à Domburg, à la fin de l'été 1908. Voir R. P. Welsh, *Piet Mondrian, Catalogue Raisonné, Part I, Catalogue of the Naturalistic Works* [Piet Mondrian, Catalogue Raisonné, Première partie, Catalogue des œuvres naturalistes], Blaricum, 1998, p. 439-448.
3 Voir les lettres de Jan Sluijters à Kees Spoor, dans L. Van Ginneken, « Kunstenaarsbrieven Kees Spoor » [Lettres d'artistes à Kees Spoor],

Museumjournaal, 15 (1970), 5 (novembre), p. 263-265, et les lettres de Mondrian à Simon Maris, dans P. Gorter et J. Joosten, « "Mies Maris" vergeten "Mondriana" (vervolg) » [« Mies Maris », « Mondriana » oubliée (suite)], 14 (1998) 3, p. 40-41.
4 Conrad Kikkert, « St Lucas, Werkende leden-tentoonste ling » [Saint-Luc, Exposition des membres de l'association Saint-Luc], *Onze kunst*, VII (1908), p. 239-240.

un grand succès à l'occasion de plusieurs expositions, il séjourna souvent après 1903, et pour de longues périodes, dans ces pays. Cette prédilection a eu des conséquences sur son style que, jusqu'à aujourd'hui, sans grande preuve d'ailleurs, on dit influencé par la France, et en particulier par les Fauves [5]. Vers 1904, il se mit à utiliser des émulsions, une peinture à l'huile qui, mélangée à des collagènes animaux, comme de la colle d'os ou des protéines, séchait très rapidement et donnait une belle surface mate. Il connaissait des artistes comme Giovanni Giacometti, Ferdinand Hodler et Ernst Würtenberger qui utilisaient ce type d'émulsions pour obtenir une couleur d'une clarté intense et faire ressortir la matière. Cette technique permettait de mieux rendre la dimension spirituelle, inspirée des «primitifs», tels Van Eyck, Dürer et Mantegna. Le recours aux émulsions fut explicitement opposé à la tradition française, qui donnait la préférence à la peinture à l'huile pure [6]. Mondrian a lui aussi commencé à utiliser ces émulsions, vers 1908-1909. Voilà qui porte un éclairage inattendu sur le passage fréquemment cité d'une lettre de Mondrian à Israël Querido en 1909, où il évoque le lien étroit entre «clarté de pensée» et «clarté de la technique». On pourrait avancer qu'il existe, par le biais de Toorop, un lien entre le procédé divisionniste et les aspirations de Mondrian, d'une part, et les développements et les positions suisses de ces années-là, d'autre part.

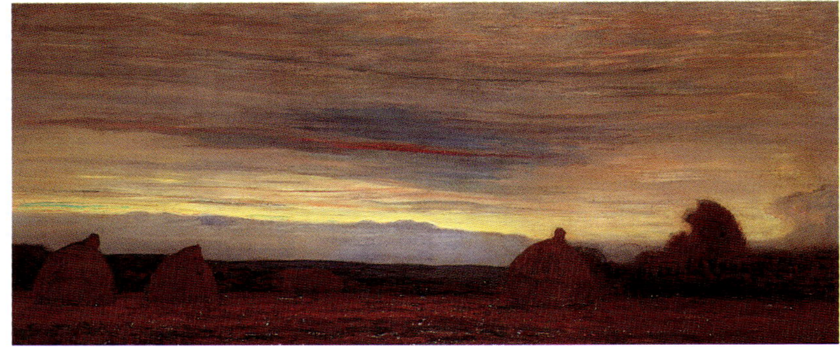

(ill. 1) **Piet Mondrian**
Soir, c. 1907
Huile sur toile, 83 x 190 cm
Collection particulière, Suisse

Par ailleurs, il ne faut pas oublier que Mondrian appartient à l'origine à une solide tradition. Plus que Jan Sluijters, qui jusqu'en 1907 s'enthousiasmait pour la tradition académique de Böcklin, de Stuck et des préraphaélites, Mondrian était enraciné dans la tradition du paysage hollandais. Dans la littérature spécialisée, on parle surtout de l'école de La Haye, mais les racines de Mondrian puisaient plus loin encore, dans le réalisme du XVIIe siècle hollandais [7]. Au cœur de ce concept se trouvait l'observation, l'étude concentrée sur la quête de ce qu'une scène spécifique a d'intemporel et d'immuable. À cet égard, la lumière est cruciale : elle crée l'espace et évoque une dimension divine [8]. Dans *Soir*, qui date de 1907 (ill. 1), Mondrian rend visible la lumière qui disparaît et suscite un sentiment d'intemporalité et de transcendance. Dans le ciel, le rouge, le jaune et le bleu dominent. Ce tableau

---

5 Voir Gertrud Wendermann, *Studien zur Rezeption des Neo-Impressionismus in den Niederlanden* [Étude sur l'accueil réservé au néo-impressionnisme aux Pays-Bas], Berlin, 1993, p. 237-239. L'auteur décrit pour la première fois l'importante rupture stylistique dans le travail de Toorop vers 1903 et 1906, qui se traduit par un renforcement de la valeur expressive du pointillé, au début placide, et une intensification des coloris dans ses peintures. Mme Wendermann établit cependant elle aussi un lien avec la rencontre de Toorop et des Fauves à l'occasion d'expositions telles que «La libre esthétique» à Bruxelles. Or, il ressort en fait de la correspondance du peintre avec Octave Maus, pendant la période de 1902 à 1908, une certaine distance vis-à-vis des milieux artistiques bruxellois, comme on le voit dans Phil Mertens, «De brieven van Jan Toorop aan Octave Maus» [Lettres de Jan Toorop à Octave Maus], *Bulletin van de Koninklijke Musea voor Schone Kunsten, Brussel* [Bulletin des Musées royaux des Beaux-Arts, Bruxelles],

Bruxelles, 1952, p. 169 et 199-206. Mme Loosjes-Terpstra soulignait déjà, d'ailleurs là encore sans grand fondement, les relations entre le fauvisme et Toorop, en particulier dans le *Portrait de Lucie van Dam van Isselt*, de la collection du Gemeentemuseum de La Haye.
6 G. Mauner, *Cuno Amiet, Hoffnung und Vergänglichkeit* [Cuno Amiet, Espoir et fugacité], Aarau-Baden, 1991, p. 20-22. Depuis les impressionnistes, les artistes français montraient aussi une préférence pour une substance sèche, mate, mais l'obtenaient surtout en utilisant une peinture maigre et en l'appliquant sur un support absorbant. Au sujet de la technique des impressionnistes, voir en particulier D. Bomford, J. Kirby, J. Leighton et A. Roy, *Art in the Making. Impressionism* [Art en devenir. Impressionnisme], catalogue d'exposition, Londres (National Gallery)-New Haven, 1990, p. 72-75, A. Callen, *Techniques of the Impressionnists* [Techniques des impressionnistes], Londres, 1988, p. 24, et H. Travers Newton, «Observations

on Gauguin's Painting Technique and Materials» [Observations sur la technique et les matériaux utilisés par Gauguin], dans C. Peres, M. Hoyle, L. van Tilborgh, *A Closer Look. Technical and Art-Historical Studies on Works by Van Gogh and Gauguin* [Un regard de près. Études des œuvres de Van Gogh et de Gauguin sur le plan technique et de l'histoire de l'art] (Cahier Vincent 3), Amsterdam (Musée Van Gogh)-Zwolle, 1991, p. 103-109.
7 Toos Streng, «Het "Realisme" van de oud-Nederlandse schilderschool. Opkomst en ontwikkeling van de term "realisme" in Nerderland tussen 1850 en 1875» [Le «Réalisme» de la vieille école de peinture néerlandaise. Naissance et évolution du terme «réalisme» aux Pays-Bas, entre 1850 et 1875], *Oud Holland 108*, 4 (1994), p. 236-250 et *id., Realisme in de kunst- en literatuurbeschouwing in Nederland tot 1875* [Réalisme dans la réflexion artistique et littéraire aux Pays-Bas jusqu'en 1875], Amsterdam, 1995.
8 Voir Boudewijn Bakker, «Levenspelgrimage of vrome wandeling? Claes

Jansz. Visscher en zijn serie "Plaisante Plaatsen"» [Pèlerinage ou promenade dévote? Claes Jansz. Visscher et sa série «Lieux plaisants»], *Oud Holland 107*, 1993, p. 97-115, et H. Leefland, «Het landschap in boek en prent. Perceptie en interpretatie van vroeg zeventiende eeuwse landschapsprenten» [Le paysage en livre et en image. Perception et interprétation des gravures de paysages du début du XVIIe siècle], dans B. Bakker et H. Leeflang, catalogue d'exposition, *Nederland naar het Leven; Landschapsprenten uit de Gouden Eeuw* [Les Pays-Bas au naturel; Gravures de paysages au XVIIe siècle], Amsterdam (Musée Het Rembrandthuis)-Zwolle, 1994, p. 18-32. Bakker et Leeflang défendent dans ces publications la thèse selon laquelle, au XVIIe siècle, le paysage néerlandais avait la signification d'un deuxième livre divin, parallèlement au premier livre (la Bible), source de la connaissance éthique. Rien n'autorise à penser que cette interprétation du paysage dans son sens général n'avait plus cours à la fin du XIXe siècle et durant la première moitié du XXe siècle aux Pays-Bas.

a toujours été considéré comme une tentative de Mondrian pour travailler de manière abstraite [9]. C'est un point de vue déconcertant. Le sujet – la lumière atténuée –, intime, est rendu perceptible par des procédés picturaux ; il est donc en ce sens abstrait. Pourtant, Mondrian se sert d'une technique traditionnelle, tonale, comme deux ans plus tard dans *Maisonnette au soleil*. Mais dans cette œuvre ultérieure, c'est aussi et surtout le fait de se concentrer sur les procédés artistiques qui a changé l'usage que le peintre fait de la couleur. « Au bout de plusieurs années, inconsciemment, mon travail a commencé à s'écarter de plus en plus des aspects naturels de la réalité. L'expérience était mon seul maître ; je savais peu de choses du mouvement d'art moderne. Quand j'ai vu pour la première fois les travaux des impressionnistes, de Van Gogh, de Van Dongen et des Fauves, je les ai admirés. Mais il me fallait trouver seul la vraie voie [10]. » L'expérience comme maître renvoie ici à la primauté de l'observation dans la tradition hollandaise. La manière inconsciente, ingénue, dont Mondrian, selon ses propres dires, se livrait à cet exercice implique – et cela a son importance dans le cas de Mondrian – l'absence salutaire du besoin de théoriser qui caractérise la tradition hollandaise du réalisme. Ce n'est d'ailleurs pas sans raison qu'à partir de l'impressionnisme, l'art français fut regardé avec méfiance aux Pays-Bas. Les touches libres de l'école de La Haye viennent plutôt de Rembrandt que de Manet. La puissante expression personnelle de Van Gogh et sa vie tragique étaient la preuve du danger que portait en elle la manière « lumineuse » des Français.

Pour un artiste qui aimait se promener, avant tout, le long du Gein, la France était le dernier endroit où trouver des motifs. Pour Jan Sluijters, la situation était différente. Il séjourna quelque temps, au printemps de 1906, à Paris et fut impressionné par le travail de Van Dongen. Récem-

ment, Anita Hopmans s'est intéressée de plus près, à plusieurs occasions, à la relation entre Sluijters et Van Dongen et à la position de Sluijters au sein du mouvement naissant du modernisme aux Pays-Bas [11]. En prenant exemple sur Van Dongen, Sluijters créa son propre « culte de la vie » et put utiliser cette stratégie du scandale qui s'était développée en France, mais ignora les principes anarchistes qui motivaient Van Dongen. Il est révélateur qu'au printemps de 1907, sous l'influence de Van Gogh, il ait abandonné la thématique des plaisirs de la grande ville pour chercher refuge dans le paysage. Dès lors, le luminisme fut pour Sluijters le moyen d'exprimer des sensations pures. Le cas de Mondrian est différent. Comme en témoigne sa remarque citée ci-dessus, il s'est aussi intéressé à Van Dongen. Cet intérêt était cependant indirect, fondé avant tout sur des articles de journaux qui présentaient le succès parisien de ce Néerlandais de façon alléchante.

Mondrian a longtemps dû se sentir en porte à faux, lui qui avait un regard analytique et constructif, dérivé de la tradition hollandaise du paysage. Sluijters formula avec précision cette différence : dans une lettre adressée à leur ami commun, Kees Spoor, il confie son impression selon laquelle la séparation des couleurs chez Mondrian n'est pas une émanation de l'âme ou d'un tempérament qui s'extériorise, mais une « tendance », ce qui pour Sluijters voulait dire : une tendance de nature empirique [12]. Les traits de pinceau verticaux dans les pans de ciel de *Paysage de mer* (cat., n° 173), datant de 1909, les longs méandres horizontaux de couleur que le sable et l'eau réfléchissent et les touches roses au premier plan indiquent une approche systématique aussi bien sur le plan du regard que de la pensée.

Traduit du néerlandais par Isabelle Rosselin

9 Voir par exemple G. Boehm dans le catalogue d'exposition *El Greco bis Mondrian. Bilder aus einer Schweizer Privatsammlung* [Du Greco à Mondrian. Tableaux d'une collection privée suisse], Aarau (Aargauer Kunsthaus), 1996, p. 132, et R. P. Welsh, *Catalogue Raisonné of the Naturalistic Works* [Catalogue raisonné des œuvres naturalistes], p. 381. On remarque d'ailleurs que cette confusion existait déjà en 1908, quand le tableau fut pour la première fois exposé, alors qu'on ignorait tout de l'évolution ultérieure des astuces de représentation dans l'œuvre de Mondrian. Voir N. H. Wolf, « Dix-huitième exposition annuelle à St Lucas », *Het Leven*, III (1908), n° 21, 22 mai 1908, p. 254-256.
10 Piet Mondrian, « Towards the True Vision of Reality » [Vers la vraie vision de la réalité], dans Harry Holtzman et Martin S. James, *The New Art – The New Life. The Collected writings of Piet Mondrian* [Un art nouveau – Une vie nouvelle. Collection des écrits de Piet Mondrian], Londres, 1986, p. 338.
11 Anita Hopmans, catalogue *Van Dongen retrouvé*, Rotterdam (Museum Boijmans Van Beuningen), 1991 ; Anita Hopmans, « Jan Sluijters en Kees Van Dongen. Een critische vergelijking » [Jan Sluijters et Kees Van Dongen. Comparaison critique], dans *Jan Sluijters, Schilder met verve* [Jan Sluijters, Peintre avec verve], catalogue d'exposition, Laren (Singer Museum)-Zwolle (Waanders), 1999, p. 63-97.
12 L. van Ginneken et J. Joosten, « Documentatie ; kunstenaarsbrieven Kees Spoor (vervolg) » [Documentation ; lettres d'artistes à Kees Spoor (suite)], *Museumjournaal*, 15 (1970), 5, p. 262-263.

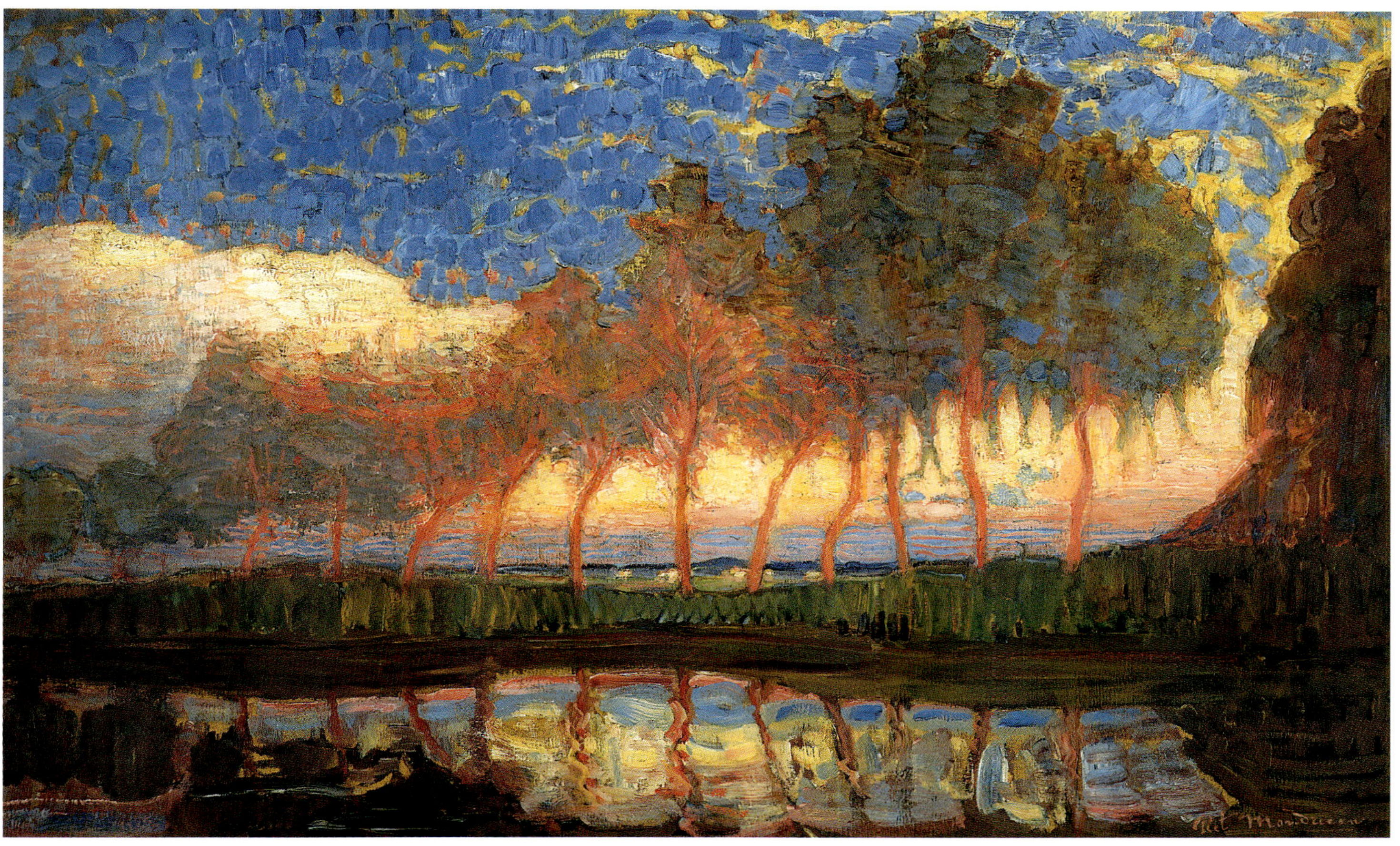

171 - Piet Mondrian
Arbres au bord du Gein, 1907-1908
Huile sur carton, 69 x 112 cm
Hannema-de Stuers Fundatie, Heino/Wijhe

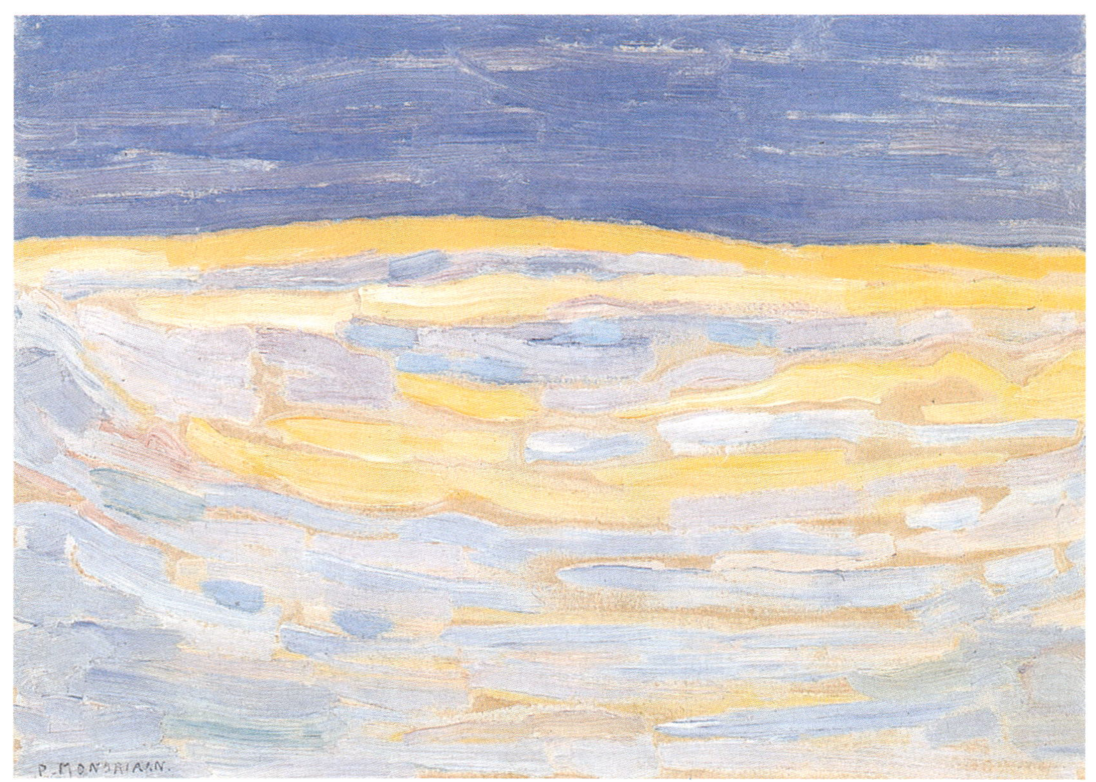

172 - Piet Mondrian
Dune I, 1909
Huile sur carton, 30 x 40 cm
Gemeentemuseum, La Haye

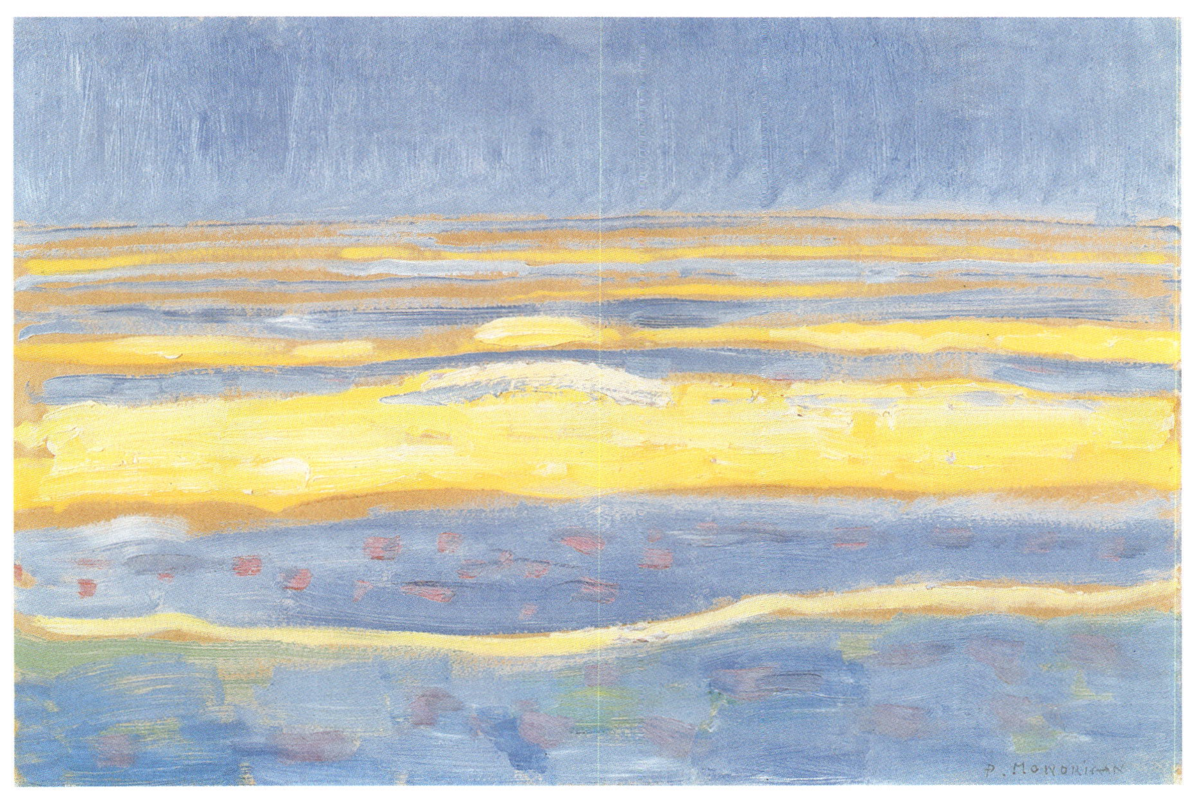

173 - Piet Mondrian
Paysage de mer, 1909-1910
Huile sur carton, 34,5 x 50,5 cm
Gemeentemuseum, La Haye

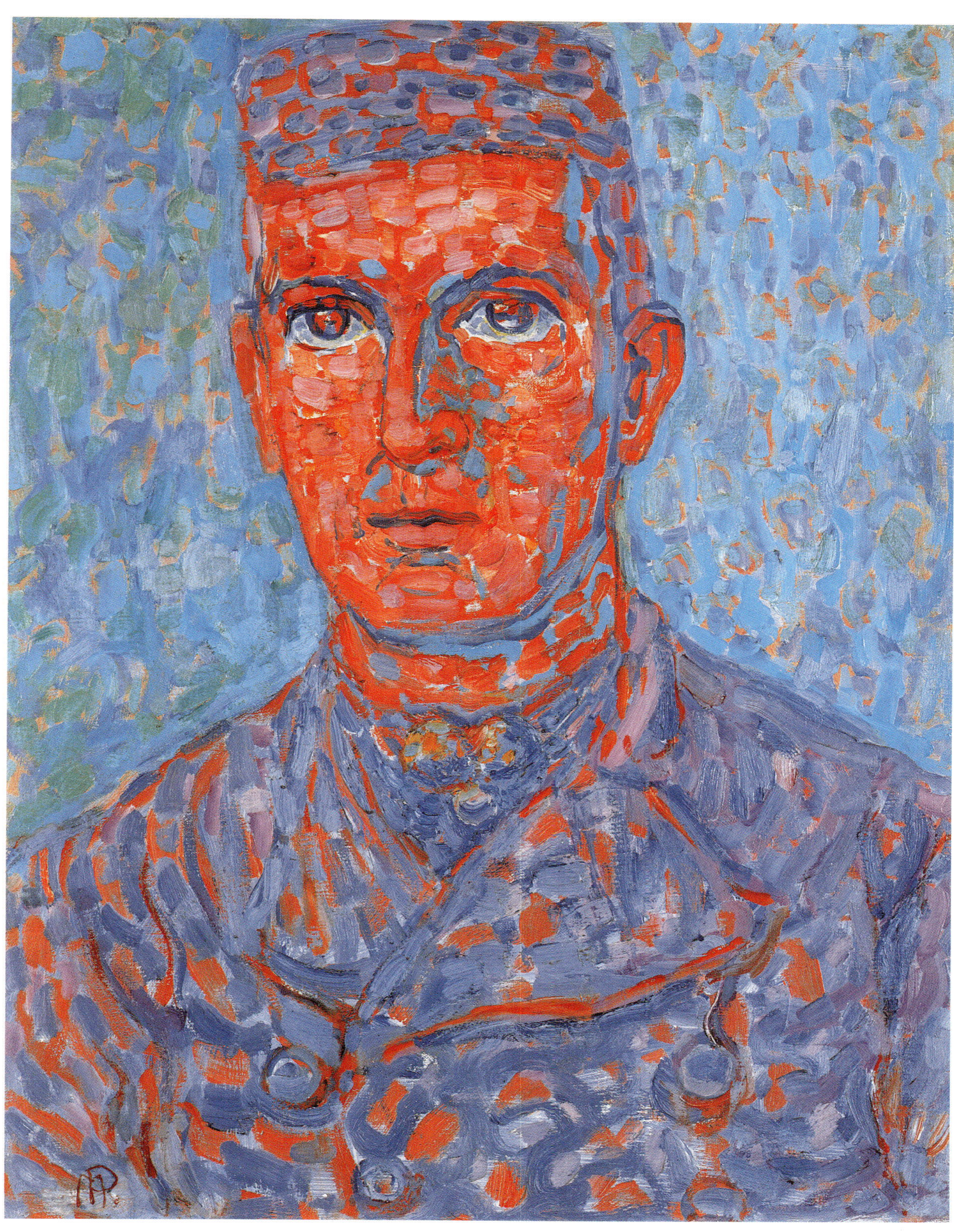

174 - Piet Mondrian
Fermier de Zélande, 1909-1910
Huile sur carton, 69 x 53 cm
Gemeentemuseum, La Haye

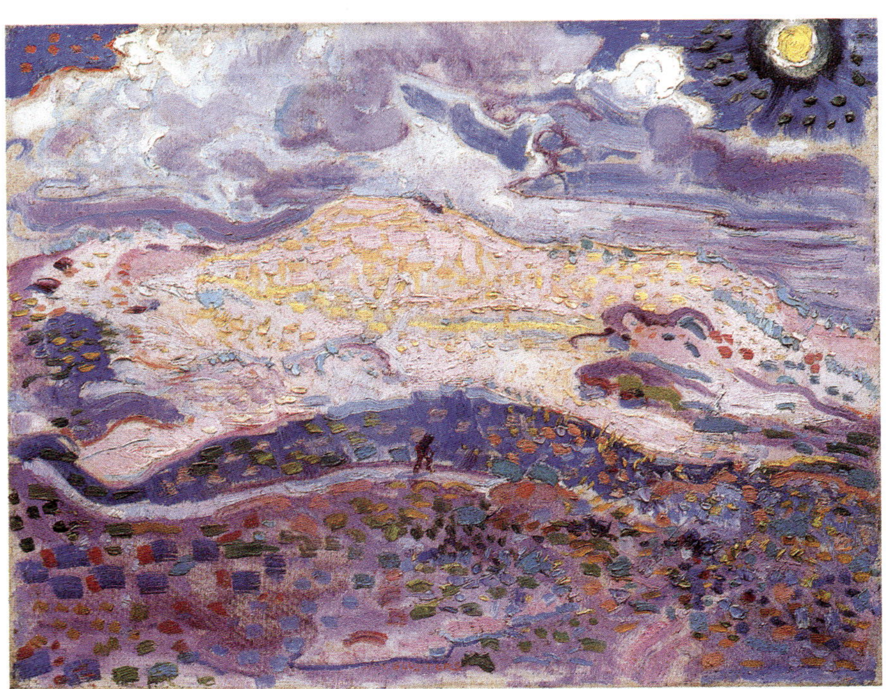

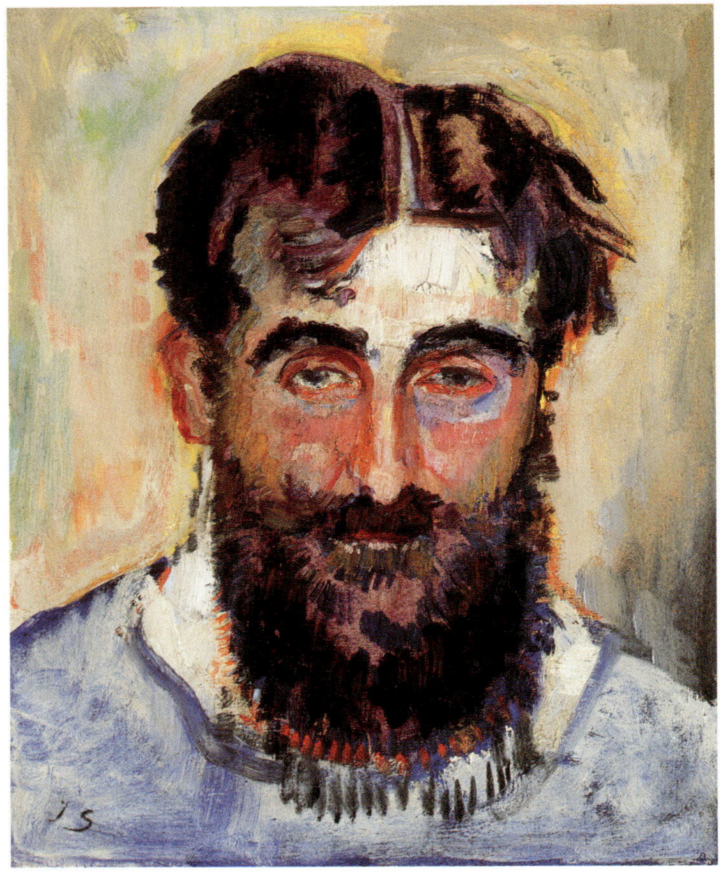

175 - Jan Sluijters
Paysage de Dune, 1909
Huile sur toile, 40,5 x 50 cm
Collection particulière

176 - Jan Sluijters
Autoportrait, 1911
Huile sur toile, 50 x 40 cm
Caldic Collectie, Rotterdam

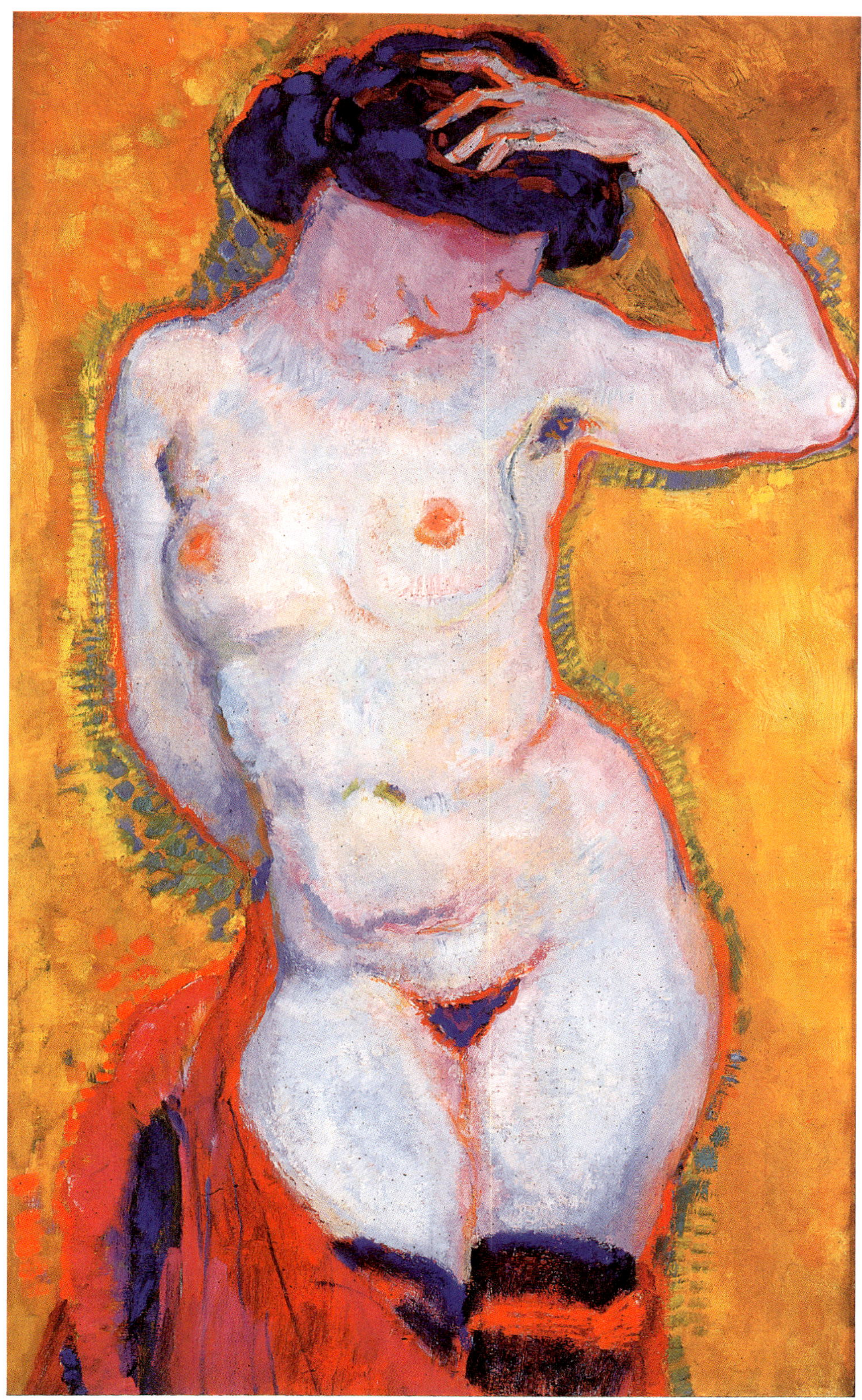

177 - Jan Sluijters
Nu debout devant un fond jaune, 1911
Huile sur toile, 105,5 x 63 cm
Collection particulière

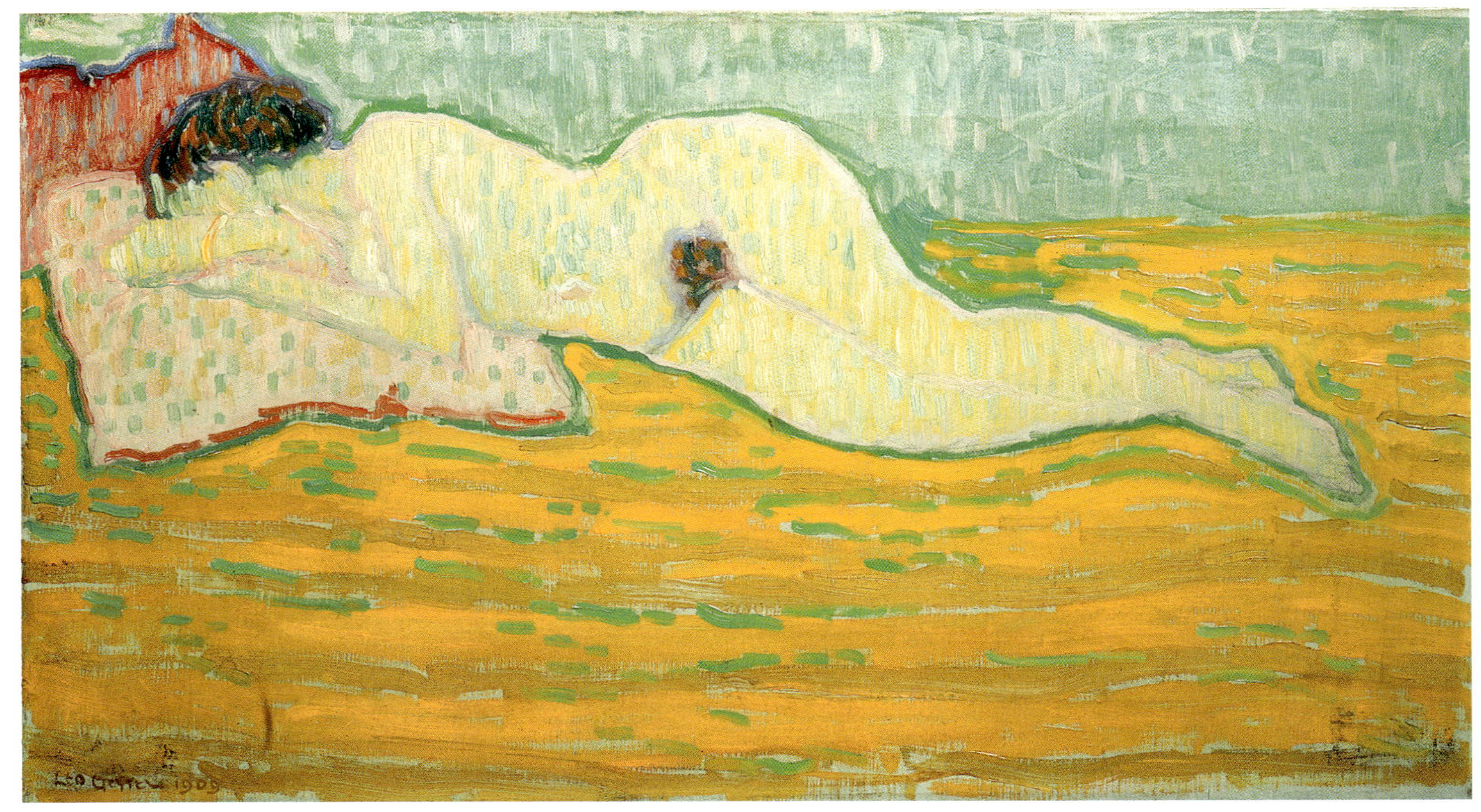

178 - Leo Gestel
Nu couché, 1908
Huile sur carton, 36 x 62 cm
Hannema-de Stuers Fundatie, Heino/Wijhe

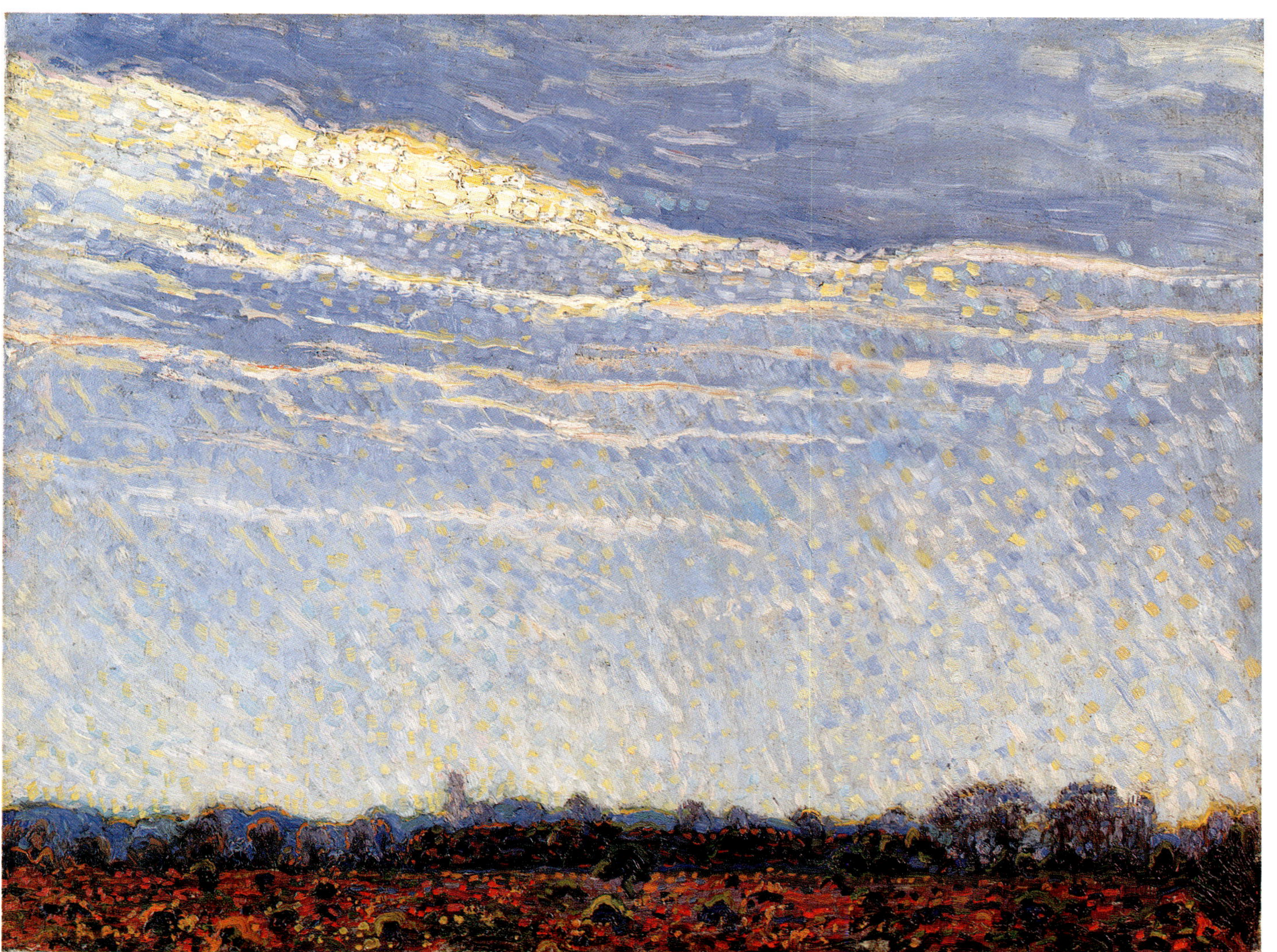

179 - Leo Gestel
Jour d'automne, 1909
Huile sur toile, 50 x 65 cm
Rijksdienst Beeldende Kunst, La Haye, en dépôt permanent au Rijksmuseum Vincent Van Gogh, Amsterdam

Suisse, Écosse, Finlande, Belgique :
1907-1913

Périphéries fauves

Gérard Audinet

Mouvement aux contours flous, le fauvisme s'appréhende de manière empirique et plus encore ce qui en Europe peut être mis en relation avec lui. C'est, à chaque fois, le mode même de cette relation qui doit être repensé comme doivent être mises en question les notions d'influence, de parallélisme ou d'antécédence, dont quatre parcours fauves, dans quatre pays différents, offrent autant de modalités différentes, autant de traverses.

Les Suisses Cuno Amiet et Giovanni Giacometti pourraient se prévaloir d'un droit d'aînesse. D'un an plus âgés que Matisse, ils ont, en 1905, déjà un passé. Ils ont été, entre 1886 et 1892, les condisciples à l'Académie Julian des futurs Nabis. Amiet a découvert l'œuvre de Gauguin, à Pont-Aven même, à la Pension Gloarec, dans cette communauté d'artistes que domine alors Émile Bernard[1] ; par lui et par O'Connor il a la révélation de Van Gogh, par Sérusier il connaît les prémisses du Nabisme. De retour en Suisse, il se lie à Hodler dès 1893, quand Giacometti, lui, se fait disciple de Segantini, dès 1894. Ils participent à des expositions en Suisse, en France, en Autriche, en Allemagne et, en 1905, Amiet montre une quarantaine d'œuvres à la galerie Richter de Dresde. Il attire l'attention des jeunes peintres de la Brücke qui, soucieux de s'attacher le soutien d'aînés reconnus, l'invitent à devenir membre du groupe et à participer à leurs expositions ainsi qu'à leurs publications d'estampes. En 1908, il rencontrera Jawlensky, puis plus tard, à l'occasion d'une exposition à Munich, Kandinsky et d'autres membres du Cavalier bleu.

La chronique simplifie l'itinéraire d'Amiet durant ces années, de Pont-Aven à la Brücke pour en faire l'essentiel de son rôle[2] ; entre les deux, perçue comme un retard ou un détour, l'amitié et l'influence de Hodler dont il va se détacher, dans les années 1904-1907, pour revenir sur l'acquis de l'ancien séjour breton.

De ce parcours, les contacts directs avec les Fauves français sont étrangement absents. Pourtant les critiques qui accueillent ses œuvres pourraient s'appliquer aux Fauves. Dès 1894, Hans Tog remarque : « La couleur est à ce jeune peintre la chose essentielle, l'élément premier ; chez lui la forme, c'est-à-dire les détails de la forme, vient en deuxième et troisième lieu. [...] Amiet tend d'abord, et de toutes ses forces, à l'effet décoratif : harmoniser des couleurs et des lignes simples de façon à ce que leur harmonie produise quelque chose de beau, voilà l'idée fondamentale de sa création[3]. » Plus tard, à l'occasion de la rétrospective de 1905, à Zurich et à Dresde, le même critique s'arrête sur le sentiment d'inachevé : « N'est-ce pas souvent précisément la promesse plus que la réalisation, ce qui est plus primitif, ce qui n'est pas arrivé à la perfection du cercle et à la clarification, qui exerce le charme le plus subtil sur tant de visiteurs ? ». Puis il cite Van Gogh : « Au lieu de reproduire exactement ce que j'ai devant moi, je fais un usage arbitraire de la couleur. Je veux justement viser avant tout la force d'expression.[4] »

Comme cette référence à Van Gogh en est l'indice, la relation au fauvisme s'établit plutôt sur le travail à partir d'un

---

1 « [...] je remarquai sur le buffet un petit rouleau et lus l'adresse : Monsieur Roderic O'Connor. D'autres peintres arrivèrent : de Chamaillard, qui avait dans sa maison beaucoup de Gauguin ; Émile Bernard, qui me montra les premiers Van Gogh et me parla de Cézanne. Arrivèrent Seguin, Moret et Sérusier. Il y eut de grandes discussions et des théories », cité d'après « Souvenirs de mes années parisiennes », dans *Cuno Amiet*, Musée Jenisch, Vevey, 11 mai-13 août 1995, p. 98. Sur ce séjour à Pont-Aven qui est pour Amiet l'école de la modernité, où il assimile impressionnisme et post-impressionnisme, synthétisme et nabisme, voir aussi, dans le même catalogue, l'article de Genviève Sandoz, p. 15-30, ainsi que le catalogue de l'exposition *Cuno Amiet et Pont-Aven*, Musée de Pont-Aven, 1994.

2 Pierre Vaisse a montré ce qu'avait de tendancieux et de réducteur cette vision. *Cf.* « Amiet tel que je le vois », dans *Cuno Amiet*, Vevey, 1995, *op. cit.*, p. 57-66.
3 Hans Tog, *National Zeitung*, n° 295, 16 décembre 1894. Cité par Paul Müller, « Cuno Amiet dans le miroir de la critique », dans *Cuno Amiet, op. cit.*, p. 81.
4 Hans Tog, *National Zeitung*, 19 février 1905. Cité par Paul Müller, *ibid*, p. 89. Dans le numéro du 25 février, il poursuit : « Dans ses créations, Amiet part toujours plus résolument de la couleur ; la couleur doit y éclater de toute sa force, le cas échéant s'y donner même libre cours. [...] Ses tableaux ne doivent pas être examinés sur la base d'une fidélité absolue à la nature, mais sur celle de la fonction décorative de leurs couleurs. »

héritage commun : Van Gogh (dont, avec Giacometti, il copie en 1907 une œuvre prêtée par le collectionneur Richard Kisling), Cézanne (dont la rétrospective de 1907 les attire de nouveau à Paris), Gauguin et le divisionnisme (moins celui de Seurat ou Signac que celui, mâtiné de symbolisme, de Segantini). Avec cette empreinte symboliste, se marque le syncrétisme mais peut-être aussi l'écart géographique ; la prédilection pour la forme contournée, le dessin sinueux, déjà acquise dans l'atmosphère symboliste-synthétique de Pont-Aven et auprès de Seguin ou Sérusier pour ce que les Nabis annoncent de l'Art Nouveau, à sa manière, l'influence de Hodler va l'accentuer chez Amiet, autant peut-être que la proximité munichoise et viennoise du Jugendstil.

Dans un portrait comme celui de la collectionneuse Gertrud Dübi-Müller, *Le Chapeau violet* (cat., n° 180), ou des paysages tels que *Ferme à Oschwand* et *Paysage d'été* (cat., n° 184 et n° 183), tous trois de 1907, ces caractéristiques du style d'Amiet sont manifestes : le cerne bleu cloisonne des formes aux contours ornementaux que la couleur emplit, posée en touches longilignes. Les tons séparés, que ces hachures juxtaposent, jouent sur une suite chromatique de couleurs voisines dans le cercle, allant d'une complémentaire à une autre (ici, du violet au jaune, principalement), où elles enserrent un contraste dominant (violet/jaune dans le portrait, bleu/jaune dans le *Paysage d'été*, violet/vert dans celui d'Oschwand).

On voit Giovanni Giacometti appliquer la même « manière zébrée », dans une série de paysages réalisée en 1906 et 1907, dont témoignent la *Vue de Capolago* (cat., n° 181) mais aussi le portrait de son épouse, Annetta, *Au bord du lac* (cat., n° 182). Cette série s'inscrit dans un temps de proximité particulière entre les deux artistes [5], à ce moment où ils copient Van Gogh, cherchant un exutoire : depuis la Sécession viennoise de 1904 où il a été blessé d'être perçu comme un suiveur de Hodler, Amiet veut se défaire de son influence ; depuis 1906, Giacometti cherche, lui, à se défaire de l'emprise de Segantini. Chez Giacometti, la technique est plus appuyée, la touche devient trait, presque motif (en particulier dans le ciel de la *Vue de Capolago*), le paysage est rigoureusement construit par une juxtaposition de bandes colorées qui semblent encore

marquer une prédilection pour les contrastes de couleurs froides (bleu/vert, ici), d'une clarté limpide [6]. Touches et couleurs tendent à cristalliser la lumière dans la géométrie des rais solaires et à la convertir en surface tonale.

En dépit de cette manière plus posée que spontanée, qui conserve quelque chose de la patience divisionniste face à l'urgence de l'expressionnisme, ces œuvres témoignent d'un moment de convergence avec d'autres tentatives [7] de construction du paysage par un espace pictural fondé sur la couleur.

Mettre en relation la scène artistique britannique avec le fauvisme est une tâche plus difficile. Les artistes anglais pourtant voyagent en France et viennent y peindre. Walter Sickert y a vécu de 1898 à 1905, exposant dans les Salons parisiens, peignant surtout à Dieppe où de jeunes peintres anglais le rejoignent. Lorsqu'il retourne à Londres où ses talents d'enseignant, de polémiste et d'organisateur en font un chef de file pour des jeunes artistes comme Spencer Gore ou Harold Gilman, s'il transmet effectivement un goût pour la peinture française qui va supplanter l'influence dominante de Whistler, c'est plutôt sur Bonnard et Vuillard, dont il fut l'ami, qu'il fait porter l'attention.

Le mouvement moderniste se développant, pour bonne part, autour du critique et peintre Roger Fry, va révéler un brassage de sources plus complexe dans la synthèse qu'il tente d'en faire à travers les deux expositions mémorables qu'il organise sous le vocable de *Post-impressionist*. Relativement tardives, ces lectures du post-impressionnisme (placé sous la paternité de Manet et largement conçu de Gauguin à Van Gogh [8] et Cézanne, sans oublier une place non négligeable accordée à Maurice Denis) se font en un temps où Matisse est plus pleinement Matisse que fauve, où le cubisme est déjà installé, où le futurisme éclôt [9]. Ces deux expositions de Fry, « Manet and the Post-Impressionist », en 1910-1911 et « Second Post-Impressionist Exhibition », en 1912-1913, ne donnent d'ailleurs qu'une image *a posteriori* et limitée du fauvisme : seule la première a montré un paysage de Collioure peint en 1906 par Matisse, les œuvres de Derain et de Vlaminck étant déjà postérieures à leur période fauve ; la seconde n'offre qu'une œuvre de Chabaud, de Friesz, de Marquet et des Matisse qui ne sont pas antérieurs à 1909, des Derain de 1911 ou 1912.

5 Sur cette longue amitié artistique, voir l'article de Paul Müller, « Giovanni Giacometti et Cuno Amiet », *Giovanni Giacometti*, Kunstmuseum, Winterthur, 1 septembre-24 novembre 1996, p. 230-250.
6 Comme l'a montré Paul Müller, ces rayures de couleurs sont très redevables à un paysage d'Amiet, *Arbre en fleurs*, 1905 (coll. part.), d'ailleurs exposé à Dresde en 1907.

Cf. Paul Müller, « Giovanni Giacometti et Cuno Amiet », *op. cit.*, p. 243.
7 Au-delà des relations avec la France et l'Allemagne, on renverra ici même, à l'article de Hans Janssen, « L'expression de la lumière et de la couleur chez Mondrian », pour celles qu'il suggère entre la Suisse et les Pays-Bas.
8 Rappelons que le premier Van Gogh exposé en Angleterre l'a été en 1908, à

l'*International Society Exhibition*. Sur l'éclosion de la modernité en Grande-Bretagne, voir le catalogue rédigé par Anna Gruetzner Robins, *Modern Art in Britain, 1910-1914*, Londres, Barbican Art Gallery, 1997.
9 En fait « la paternité du terme, Post-Impressionist » se dispute entre deux critiques rivaux, Roger Fry et Frank Rutter (fondateur de l'*Allied Artists' Association* en 1908, éditeur d'*Art News*

et critique au *Sunday Times*) qui en a fait la première mention dans un texte imprimé. Il critiquera la largesse du concept chez Fry, qui recouvre une demi-douzaine de mouvements : néo-impressionnistes, Fauves, cubistes, futuristes. Mais lui-même en proposera une vision alternative assez large, en 1913, à Leeds et à Londres avec quelques variantes, dans la « Post-Impressionist and Futurist Exhibition »

Ainsi, les artistes les plus proches de Fry, Vanessa Bell ou Duncan Grant, vont développer leur démarche, tout empreinte d'une réflexion sur le décoratif, dans un sens qui semble bien plutôt être une lecture de Matisse et encore cela se fera-t-il, pour l'essentiel, à partir de 1915. De même Matthew Smith, élève de Matisse, ne livrera une œuvre expressionniste qu'après 1916.

Dans ce contexte, il faut aller chercher en France les Fauves britanniques dont la personnalité centrale est John Duncan Fergusson, un artiste écossais. Trop impatient pour suivre de lentes études académiques à Édimbourg et préférant peindre en plein air, il acquiert seul une formation qu'il complète, en 1896[10], à Paris où il montre d'ailleurs tout aussi peu de goût pour l'Académie Colarossi dont le seul avantage est d'offrir le modèle vivant. Depuis lors, il a pris l'habitude de peindre en France chaque été, accompagné dès 1904 par un compatriote, Samuel John Peploe[11]. En 1907, Fergusson s'installe à Paris et y demeure jusqu'à la déclaration de guerre. Enseignant à l'Atelier de la Palette, il est bien intégré dans le milieu cosmopolite de Montparnasse où il rencontre une femme peintre américaine, Anne Estelle Rice. Ils deviennent les animateurs d'un groupe fauve britannico-américain rejoints entre autres par Peploe, qui s'installe à Paris de 1910 à 1912, et par une jeune élève de Fergusson à la Palette, Jessica Dismorr. Ce groupe trouvera le soutien de jeunes critiques, John Middleton-Murry et Michael Sadler qui offrent à Fergusson une revue dont il est le directeur artistique et qu'il baptise du titre d'une de ses peintures, en hommage à Bergson, *Rhythm*. Elle paraît de l'été 1911 à novembre 1913. En revanche, peu prisés par Roger Fry, les artistes de ce groupe seront exclus de ses expositions et contraints d'organiser leur propre manifestation concurrente qui ouvrira deux jours avant la «Second Post-Impressionist Exhibition», le 3 octobre 1912, à la Stafford Gallery de Londres.

À leurs débuts, Fergusson et Peploe ont partagé la même admiration pour deux peintres qui les marquent très profondément et durablement : Manet – la Salle Caillebotte du musée du Luxembourg fut la révélation de leurs premiers séjours parisiens – et Whistler – dont l'influence encore accrue par la grande rétrospective de 1905 explique peut-être que Fergusson ne s'en défasse, malgré ses contacts

réguliers avec la France, qu'avec son installation à Paris. Peploe, plus académique, jouissant dès 1903 d'une certaine notoriété à Édimbourg, évoluant plus lentement, suit la même transformation plus tard, lorsqu'il rejoint Fergusson à Paris. Vivre à Paris est donc décisif pour leur passage à une manière fauve au point que l'on est tenté de parler – avant la lettre – d'un fauvisme d'École de Paris.

Fergusson qui avait éclairci sa palette à partir de 1903, en Normandie, lorsqu'il s'exprime à propos de sa première exposition personnelle en 1905 s'inscrit toujours dans la tradition impressionniste par son souci de vérité, d'émotion, de lumière. Pour aussi prompte que soit sa conversion, lorsqu'il devient « Montparno », sociétaire des Indépendants et du Salon d'Automne, son fauvisme garde quelque chose de cette prédilection antérieure. Une des toiles les plus brillantes, peinte vers 1908, *Au soleil* (cat., n° 185), le traduit bien, dont le titre transcrit encore l'attrait pour la lumière mais qui semble désormais s'équilibrer avec le souci de la couleur. L'application des touches, si elle reste encore analytique, joue de manière quasi autonome ou abstraite. Les tons sont utilisés pratiquement purs et seul le travail dans la matière génère quelques mélanges. L'harmonie chromatique, si elle cherche un effet de clarté vive, reste cependant moins forcée que chez les Fauves français et affiche une prédilection pour les accords de verts et de bleus où interviennent des rouges assourdis. On les retrouve dans *Anne Estelle Rice* et *Le Chapeau bleu, Closerie des Lilas* (cat., n° 187 et n° 186) mais dans un usage bien plus synthétique et plus construit. Le recours à un fond décoratif, matissien, va se développer, comme *Le Voile persan* (cat., n° 191) en offre un exemple. Le cerne particulièrement noir et épais dont Fergusson souligne les formes est, par certains, mis au compte de son amitié avec Auguste Chabaud[12], amitié qui semble s'exprimer aussi dans le goût partagé pour les scènes de cafés, ces lieux d'une vie sociale et intellectuelle qui se poursuit dans les ateliers. Ces portraits ont tous en commun de restituer l'atmosphère des cafés de Montparnasse – si attrayante pour les peintres étrangers et qu'affiche la référence à la Closerie des Lilas dans *Le Chapeau bleu* – avec un certain air de mondanité et de mode perceptible à travers

---

dont la nouveauté essentielle sera l'introduction de Delaunay et des expressionnistes allemands avec Nolde, Pechstein, Marc et Münter (mais à l'exception, à Londres, de Kandinsky, pourtant membre de l'*Allied Artists' Association* depuis 1909). *Cf. Modern Art in Britain, 1910-1914, op. cit.*, p. 116-125.
10 Fergusson ne s'est jamais montré très soucieux des dates ; pour celles-ci

nous suivons Roger Billcliffe, *The Scottish Colourists*, Londres, John Murray, 1989 (réédité en 1998 .
11 Peploe a fréquenté les Académies Julian et Colarossi en 1894. Il semble qu'il se soit lié avec Fergusson aux alentours de 1900.

12 Il est bien sûr impossible de dater cette amitié. Billcliffe rapporte un témoignage qui place une influence de Chabaud sur Fergusson autour de 1911, mais lui-même pense que leurs relations sont sans doute antérieures et qu'on peut les faire remonter à 1907, *op. cit.*, p. 22-23.

coiffures et chapeaux, vêtements et poses, rendant une tonalité particulière, assez différente de celle de la plupart des Fauves français.

À l'été 1910, Fergusson et Peploe peignent ensemble à Royan. Peploe vient de s'installer en France et l'on enregistre immédiatement dans des œuvres comme *Royan* ou *Bateaux à Royan* (cat., n° 189 et n° 188) sa réaction au milieu parisien qui lui fait hausser sa couleur. Peploe surenchérit sur le plaisir qu'il prend aux notations rapides sur le motif, avec une touche alerte qui dynamise la composition en se balançant sur les obliques des gréements. La gamme chromatique reste cependant resserrée en des bleus et des verts que réchauffent rouges et orangés. Fergusson, dans une palette très proche (cat., n° 190), fait preuve, au contraire, de calme et de construction, insiste sur l'étagement et l'articulation de plans en aplats, sur des lignes nettes d'un tracé droit et ferme qui font du cerne sombre dont on l'a vu sertir ses portraits un tracé linéaire et géométrique. Cette nouvelle manière annonce déjà la recherche d'une rigueur du dessin, d'une fermeté plastique aux ambitions parfois monumentales qui sera sienne au moment de *Rhythm*[13] appliquée au nu féminin jusqu'alors rare chez lui. Inflexion qui traduit aussi l'évolution de la scène parisienne vers le cubisme auquel Fergusson se montre sensible par les dessins de Picasso, Derain, Gaudier-Brzeska qu'il demande pour sa revue.

Plusieurs routes se croisent en Scandinavie qui recoupent ou frôlent seulement les chemins du fauvisme. Il y a d'abord celle de Munch, qui sillonne largement l'Europe[14]. Il y a aussi celle de Gallen-Kallela qui passe par Dresde où elle croise celle de la Brücke dont il est membre un temps, en 1907. En fait cette affiliation semble répondre (comme pour Amiet) au désir de ces jeunes peintres de conforter leur action par le soutien de maîtres prestigieux et, plus profondément ici, de revendiquer l'identité germanique dont les glaces du Nord auraient conservé la pureté et dont les thèmes mythologiques trouvent leur mise en image chez Gallen-Kallela. Ses rapports avec la Brücke, cependant, restent à distance, ils ne traduisent pas une communauté stylistique et l'on ne doit pas s'étonner plus tard, lorsque de la

fin 1908 à mai 1909, à Paris, son chemin croise celui des Fauves, de la violence avec laquelle il réagit, les traitant dans sa correspondance de « perroquets[15] ». Autre route – presque un chemin de pèlerins – celle des élèves scandinaves de Matisse qui vont affluer auprès du maître à partir de l'ouverture de l'Académie au couvent des Oiseaux, en janvier 1908[16]. Mais l'Académie Matisse ne fut pas une école de fauvisme et c'est bien malgré le maître – si l'on en croit les témoignages des élèves – qu'elle fut l'école du « matissisme ».

Il y a donc un autre chemin de traverse, celui du Finlandais Tyko Sallinen. Fils de tailleur, exerçant lui-même cette profession, il partage avec des peintres comme Nolde ou Vlaminck une origine modeste, une formation artistique tardive, voire semi-autodidacte. Ce n'est qu'à vingt-trois ans qu'il commence des études artistiques à Helsinki et les poursuit à Copenhague en 1904-1905 puis, en 1908, qu'il obtient une bourse de la Société d'art finnoise lui permettant de se rendre à Paris, et d'y séjourner neuf mois, en 1909. Il s'y inscrit à l'Académie Vitty mais semble avoir préféré travailler de façon indépendante. À son retour, il s'installe à Helsinki et à Sortavala. Il est difficile de prendre la mesure de la formation et de l'évolution de Sallinen car la plupart de ses œuvres – surtout celles réalisées à son retour de Paris – sont détruites dans un incendie, en 1910. Il lui faut tout un travail acharné et intense à Sortavala pour être en mesure, en avril 1912, de donner une participation significative à la « Finska Konstföreningens Vårexposition » (Exposition de la Société d'art finnoise).

Ces deux dates, 1910-1912, marquent pour les historiens de l'art finlandais le moment de rupture et d'entrée dans la modernité dont la polémique provoquée par l'exposition des œuvres de Sallinen constitue l'événement le plus décisif et dramatique. Il survient dans un climat où s'est déjà développée une certaine opposition au romantisme national, donnant lieu à ce que l'on a appelé « l'âge de la palette pure[17] », apparition d'un usage lumineux et intense de la couleur initié par un néo-impressionniste anglo-belge, ami de Seurat et de Signac, fixé en Finlande, Alfred William Finch. Cette opposition est relayée par de jeunes peintres expressionnistes dont Sallinen fait figure

13 Rappelons que la revue porte le même titre qu'une peinture de Fergusson, tout à fait emblématique de ce nouveau style, *Rhythm*, 1911, University of Stirling, dont un dessin orne la couverture.
14 Voir ici même l'article de Jean-Louis Andral, « Les couleurs homicides d'Edvard Munch ».
15 Ailleurs il sanctionne : « rubbish, a faddish craze, "modern", banal and

unreal. Worse than anywhere else in Europe, probably ghastlier than anything in America », cité en anglais d'après le catalogue de l'exposition *Gallen-Kallela*, Helsinki, Ateneum ; Turku art Museum, 1996, p. 82. Cette année-là, il expose au Salon d'Automne, où il est accroché à côté de Maurice Denis, exemple lui aussi d'une union entre traditionalisme et expérimentation moderniste et de

l'usage d'une palette pure. Après son séjour en France, Gallen-Kallela part pour le Kenya où il peindra une série de petits paysages, d'une couleur intense, qui pourraient se rallier au fauvisme tant décrié mais qui restent en aparté dans son œuvre.
16 Carl Palme, le premier élève suédois de Matisse est aux côtés de Purrmann, de Bruce, des Stein et des Moll, à l'origine du projet de

l'Académie Matisse, fin 1907. Les élèves suédois arriveront en nombre à l'automne 1908, parmi les plus connus se trouvent Sigrid Hjertén et Isaac Grünewald.
17 L'expression est reprise d'Olli Valkonen, « The Breakthrough in Finland », *Scandinavian Modernism*, 1989-1990 (exposition itinérante), p. 35.

de chef de file, avant même d'avoir exposé, et dont la première apparition a lieu – en particulier avec Juho Mäkelä – lors de l'exposition annuelle de la Société d'art finnoise de 1911, cette année-là sans jury. En dépit de ces avant-courriers, les œuvres de Sallinen sont livrées, en 1912, à un public ignorant du fauvisme et des développements de l'art, à Paris, ou même dans la proche Saint-Pétersbourg. Sa réaction est violente. Pour la première fois en Finlande, la presse se livre à une telle polémique et discute avec autant d'ampleur les tendances internationales de l'art moderne. Sallinen n'est pas seulement en butte aux attaques des critiques et du public, mais, porte-parole des jeunes artistes, il se trouve aussi en conflit avec les peintres plus âgés de la Société d'art finnoise dont le président, Gallen-Kallela, le fait exclure. À l'automne, Sallinen quitte le pays et part aux États-Unis où il travaille un an comme illustrateur dans un journal d'émigrants finnois. Ce n'est qu'à son retour qu'il trouve l'aide lui permettant de poursuivre son œuvre, auprès de Gösta Stenman, le seul critique qui l'avait soutenu l'année précédente, devenu galeriste.

Deux peintures ont attiré les foudres de la critique en 1912 : *Les Lavandières* (cat., n° 193) et *Nu* (cat., n° 192). Ces œuvres, comme les portraits de sa femme Mirri qui ont aussi beaucoup choqué, n'offrent ni les séductions romantiques des sujets du *Kalevala,* ni celles des paysages où le sentiment de la nature se trempe dans la lumière d'une « palette pure ». Les figures féminines viennent au premier plan presque trop près et imposent leur présence. Le *Nu* retrouve l'indécente proximité – ou a même jouissance vitale – déjà mise en œuvre par Van Dongen dans son *Torse* de 1905 (cat., n° 66). *Les Lavandières* sont tout à leur travail et à leurs confidences, ignorantes de qui les regarde, expression d'une joie de vivre décidée et puissante comme leur geste de tordre le linge. La technique par longues touches nerveuses[18], verticales pour les fonds, dessinées sur les figures, dynamise une couleur dominée par les harmonies de verts, de bleus et de violacés traitées par zones . Cette couleur « tracée », aux hâtives superpositions, laissant parfois des vides, donne une impression d'empressement et d'inachevé choquante, comme elle l'avait été pour les Fauves.

Soutenu par cette technique, l'expressionnisme n'est ici en rien pathétique, mais seulement l'affirmation forte, un peu brutale – comme la violence joyeuse et insouciante des chahuts – d'une puissance vitale.

Octave Mirbeau, dans son voyage en automobile de 1905, dont il tirera *La 628-E-8*, est terrifié par le parisianisme des Bruxellois plus informés que les Parisiens eux-mêmes des nouveautés artistiques de Paris. Paradoxalement, sur la scène européenne, la Belgique ne donne qu'une tardive contribution au fauvisme comme si celui-ci ne trouvait pas sa place sur ce qui est pourtant une des terres d'élection du divisionnisme auquel le dispute l'expressionnisme singulier d'Ensor, entre ces deux pôles et le repoussoir du naturalisme social… Ce qui sera désigné comme le « fauvisme brabançon », avec des artistes comme Shirren, Dehoye, Brusselmans… n'apparaît guère avant 1914-1915. Seul son initiateur, Rik Wouters, produit une œuvre « fauve » avant la guerre, œuvre brève, accomplie en quatre années à peine, entre 1912 et 1915, interrompue par le début du conflit puis par la maladie qui l'emporte, à Amsterdam, en 1916.

Rik Wouters, formé à Malines puis à l'Académie de Bruxelles où il partage quelques années de bohème désargentée avec des peintres comme de Kat, Tytgat, Brusselmans, est d'abord sculpteur. Il peint aussi, dans l'admiration d'Ensor. C'est à Boitsfort où il est installé depuis 1907 avec Nell, femme et modèle, qu'il rencontre en 1909 un jeune peintre strasbourgeois, Simon Lévy, avec lequel se tisse aussitôt une amitié décisive. C'est Lévy, voyageur insassiable, très informé de l'art international, qui lui révèle Cézanne et aussi Van Gogh, dont les reproductions qu'il lui fait connaître ont un rôle déterminant pour l'évolution de Wouters. Cette passion insufflée se développe, après le départ de Lévy, dans la correspondance qu'ils échangent[19] ; elle éclôt en 1912.

Au début de cette année, il termine une de ses plus importantes sculptures, *Vierge Folle,* et prépare le Salon de l'art contemporain d'Anvers, en mars-avril. En mars toujours, il participe à l'exposition inaugurale de la galerie que le Français Georges Giroux ouvre à Bruxelles et le 15 avril il y signe un contrat qui lui assure, sinon l'aisance, les moyens de se consacrer désormais sans souci à la peinture. Surtout, il peut enfin faire le voyage de Paris qui lui permettra de voir les œuvres de Cézanne. Il part fin avril. Il visite le Salon des

---

18 Faut-il y voir un héritage du néo-impressionnisme de Finch ou des paysagistes de la « palette pure » ? Ces peintures restent très sensibles à la vibration de la lumière.

19 Ces lettres ont été publiées par Olivier Bertrand et Stefaan Hautekeete dans *Rik Wouters, jalons d'une vie,* Anvers, Pandora, 1994.

20 « De par ma nature, je dois le préférer à Van Gogh néanmoins sa poigne terrible » (lettre à Simon Lévy, 21 septembre 1912, *op. cit.*, p. 70).
21 Lettre à Simon Lévy, 29 juillet 1912, *op. cit.*, p. 67 (« fauves allemands » est souligné par Wouters).
22 Lettre à Simon Lévy, 21 septembre 1912, *op. cit.*, p. 71.
23 Lettre à Simon Lévy, 13 avril 1912, *op. cit.*, p. 55.

Indépendants, les expositions chez Vollard, Bernheim-Jeune, Durand-Ruel, Druet, voit l'importante collection du maître d'Aix réunie par Auguste Pellerin et sans doute va-t-il chez Gertrude Stein. Il revient à la mi-mai et travaille intensément, atteignant la maturité à travers un style qu'il ne va cesser d'approfondir. Il abandonne les lourdes pâtes écrasées au couteau pour une matière allégée, utilisant la toile en réserve pour donner plus de luminosité à une couleur décantée.

Un deuxième pôle va orienter cette recherche : l'Allemagne. En septembre, il se rend à Cologne pour voir l'exposition du Sonderbund au sein de laquelle est réunie une importante rétrospective Van Gogh, et revient par Düsseldorf où il visite l'exposition de la collection von Nemes. À ce moment c'est à Van Gogh, dont il ne cesse de demander à Lévy une édition de la correspondance, qu'il s'intéresse passionnément. C'est pour lui qu'il a fait le voyage et s'enthousiasme, même s'il continue de lui préférer Cézanne [20]. Ce même mois de septembre, ses œuvres figurent à la galerie Der Sturm, « dans une exposition belge à Berlin, organisée par la galerie Giroux en échange d'une exposition des *fauves allemands* à Bruxelles[21] ». Ces expressionnistes, il les a aussi remarqués à Cologne : « Les sculptures en bois de cet Allemand m'ont intéressé, les jeunes peintres allemands et autres sont évidemment plus intéressants que nous autres sales belges (pas moi belge !). Mais tout de même il y a peu de leur invention, ce qui me semble tout de même un peu facile[22]. »

Wouters, en revanche, ne mentionne jamais dans ses lettres les Fauves français. Ses rares jugements sur Matisse tiennent entre une formule fuyante (« Tu me parles de Matisse. Tu as raison, je crois il y a du bon et du beau là-dedans[23] ») et un rejet péremptoire (« Matisse, idiot et pas encadré[24] »). Même s'il faut prendre avec prudence sa réserve sur les peintres de sa génération au profit d'une apologie de la génération précédente[25], il est assez clair que Wouters fait montre d'une recherche partant de l'impressionnisme et de Cézanne plus que d'une réaction au fauvisme – d'ailleurs dépassé – qu'il a pu voir à Paris, comme s'il s'agissait pour lui de trouver à son tour – comme l'ont fait les Fauves – sa propre voie de sortie du post-impressionnisme. Il s'affirme soucieux d'une quête personnelle (au risque d'une originalité moins tapageuse et d'une modernité moins fracassante) dont la garantie est dans le travail d'après la nature, avec tout de que cela a de cézannien.

1913 est l'année fertile pendant laquelle, préparant l'exposition personnelle prévue chez Giroux[26], il radicalise son travail par rapport à ses œuvres de 1912 dont il se dit déçu. Dans son *Autoportrait au cigare* (cat., n° 194), autour de la quête d'expressivité, du costume noir de l'introspection, la couleur joue en zones imbriquées et contrastantes dont l'intensité est accentuée par la toile laissée apparente. *Les Rideaux rouges* (cat., n° 196) paraît rendre une sonorité matissienne par l'emphase de la figure féminine dans son motif de bandes rouges et blanches, par le ruissellement de ses vermillons incandescents qui encadrent un jour d'été fait d'harmonies mêlées de verts, de blancs et de jaunes. Mais la parenté n'est que d'atmosphère ; là où Matisse, où un autre Fauve aurait simplifié, Wouters fragmente, analyse encore. Peint à l'automne, *Le Ravin b* (cat., n° 195) permet de mieux saisir l'exigence cézannienne à laquelle Wouters reste fidèle (prisonnier ?), « très préoccupé des tons de profondeur de la couleur[27] », et qui est tout autant rejet de sa déclinaison cubiste, par sa surface, quasi abstraite, mouvante et incendiée de jaunes et de rouges, crevée par la fraîcheur des verts. « Et le soleil bougeant là-dessus, rien ne reste à [sa] place et cela gueule en rouge et jaune, vert, gris tendre, noir et rose. Rot rot, bien pourri et sentant le moisi humide[28] » ; l'odeur des couleurs et leur mortalité où le cancer conjugué à la guerre allait bientôt mener celles de Wouters.

C'est peut-être parce qu'elles furent moins radicales, ou qu'elles durent se défendre contre l'antériorité des Français, que les voies de certains Fauves d'Europe ont acquis et préservé leur originalité, comme autant de traverses coupant les routes du centre vers les périphéries, ailleurs.

24 Lettre à Simon Lévy, 23 décembre 1913, *op. cit.*, p. 104).

25 Dans une communication personnelle, Olivier Bertrand me rappelait que Wouters avait décrié Bourdelle tout en le démarquant dans une sculpture comme *Soucis domestiques*. Au moment de l'exposition d'Anvers en 1914, le critique Abel Gerbaud, après avoir jugé « désastreux » l'accrochage de Wouters aux côtés de Van Gogh, lançait l'anathème sur son parisianisme : « On ne saurait mieux comparer les toiles de Wouters qu'aux accoutrements tapageurs des pierreuses de boulevard. On sent la recherche préméditée, la volonté d'accrocher le regard, et cela obsède par la simplicité candide des moyens employés : accords hurleurs de complémentaires, interprétation simultanée des dernières nouveautés parisiennes. Tout cela fleure le "décrochez-moi ça" des grands faiseurs, Vollard ou Bernheim, ces deux puissants collecteurs de la peinture française », *En Marge*, n° 6-7, avril 1914, cité par O. Bertrand, *op. cit.*, p. 105. Comme souvent, cette critique d'époque laisse aujourd'hui songeur…

26 Elle aura lieu du 20 février au 4 mars 1914, puis sera présentée au Salon de l'art contemporain d'Anvers, du 7 mars au 5 avril.

27 Lettre à Simon Lévy [1913], *op. cit.*, p. 99.

28 Lettre à Simon Lévy, 31 octobre 1913, *op. cit.*, p. 97. En flamand « rot » signifie pourri.

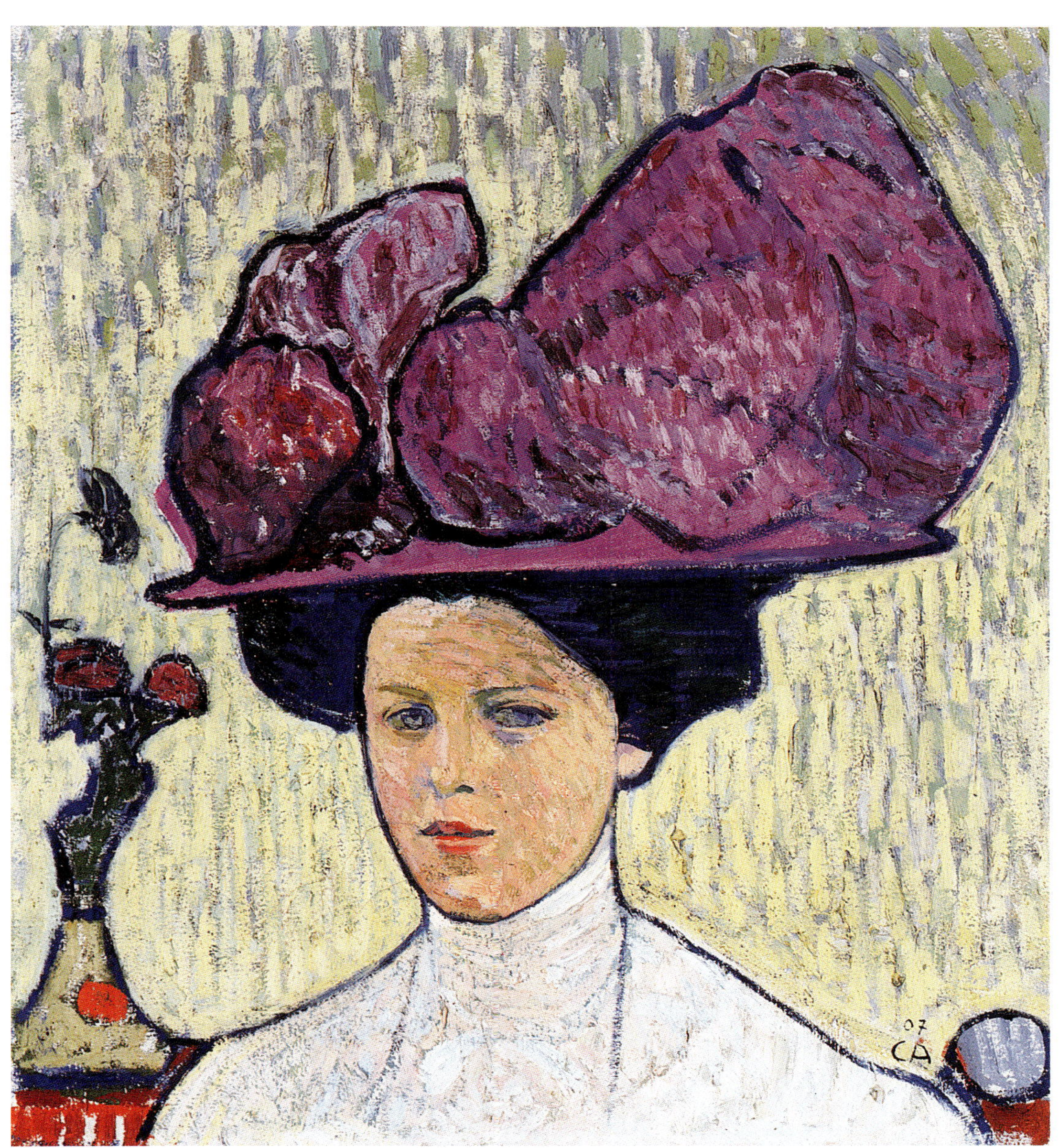

180 - Cuno Amiet
Le Chapeau violet (Portrait de Gertrud Müller), 1907
Huile sur toile, 60,5 x 54 cm
Kunstmuseum, Soleure, collection Dübi-Müller

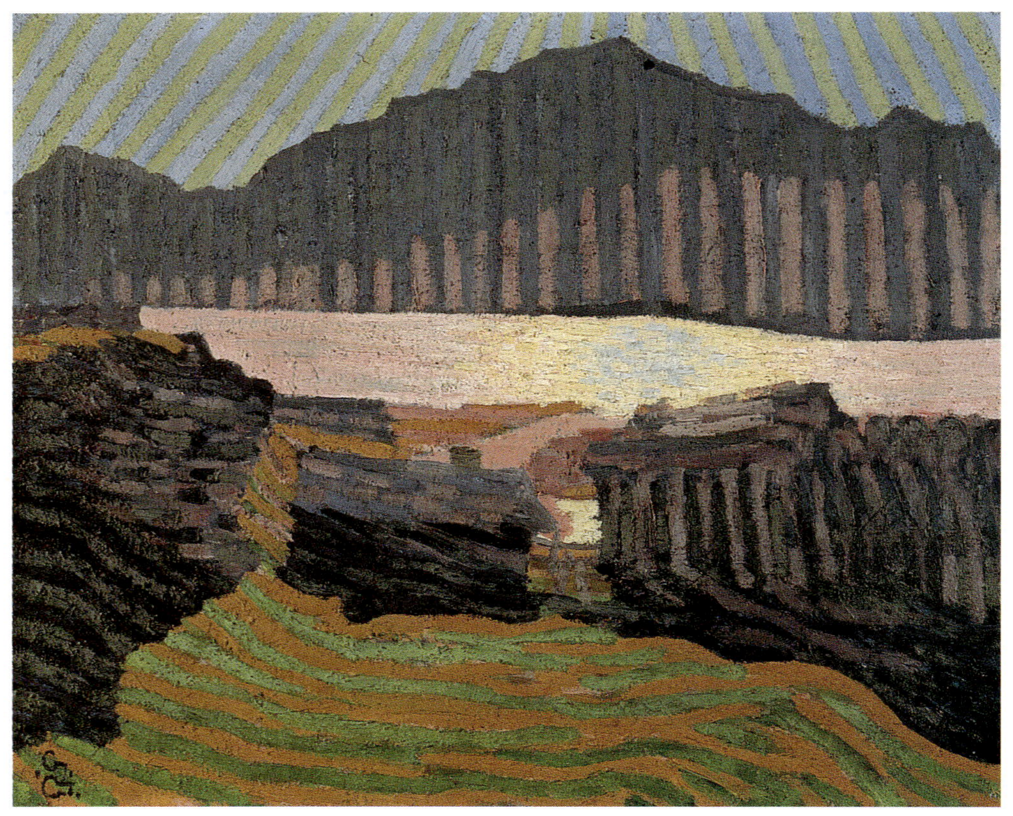

181 - Giovanni Giacometti
Vue de Capolago, c. 1907
Huile sur toile, 51,5 x 60 cm
Musée d'Orsay, Paris

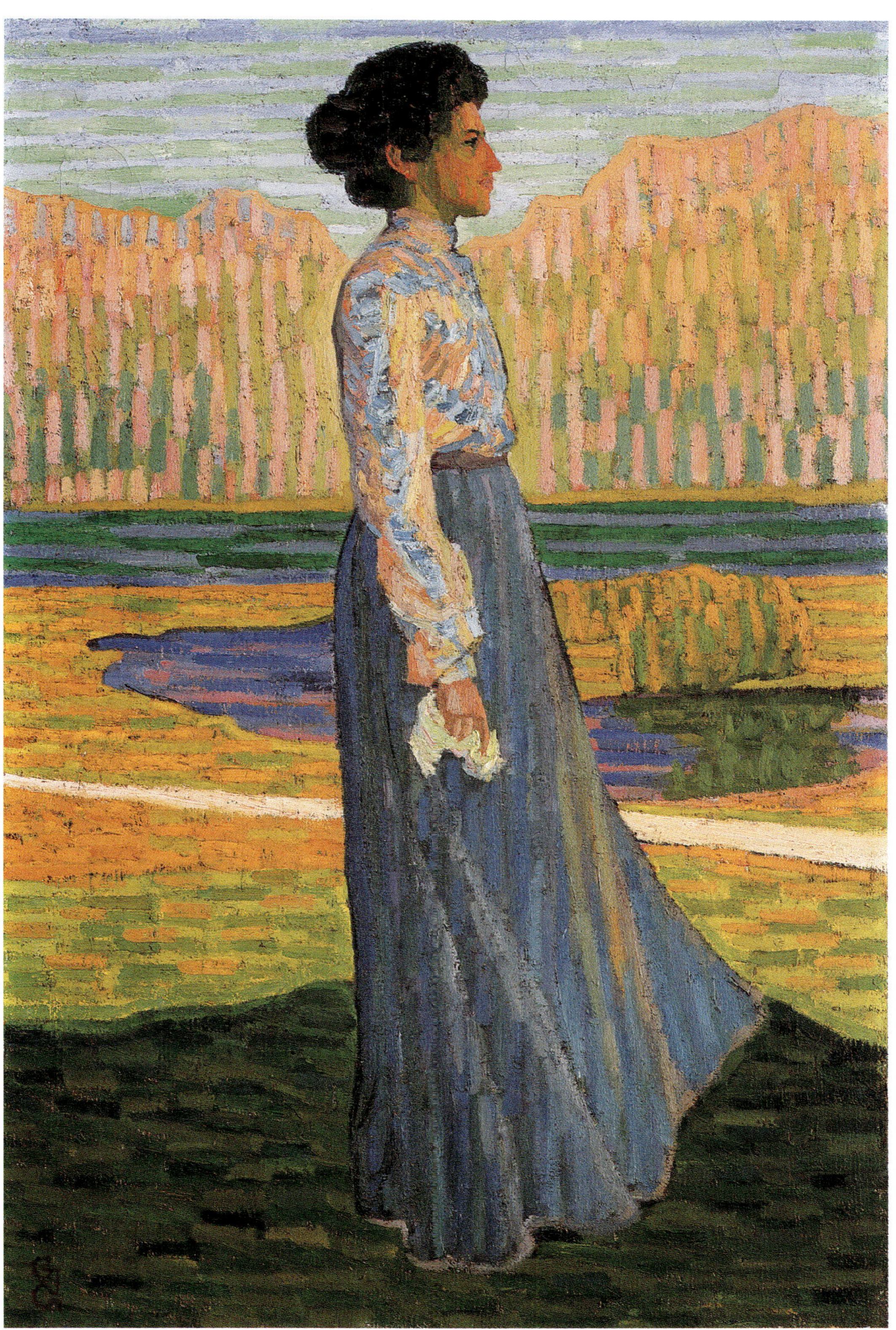

182 - Giovanni Giacometti
Au bord du lac, 1907
Huile sur toile, 101 x 65 cm
Collection particulière

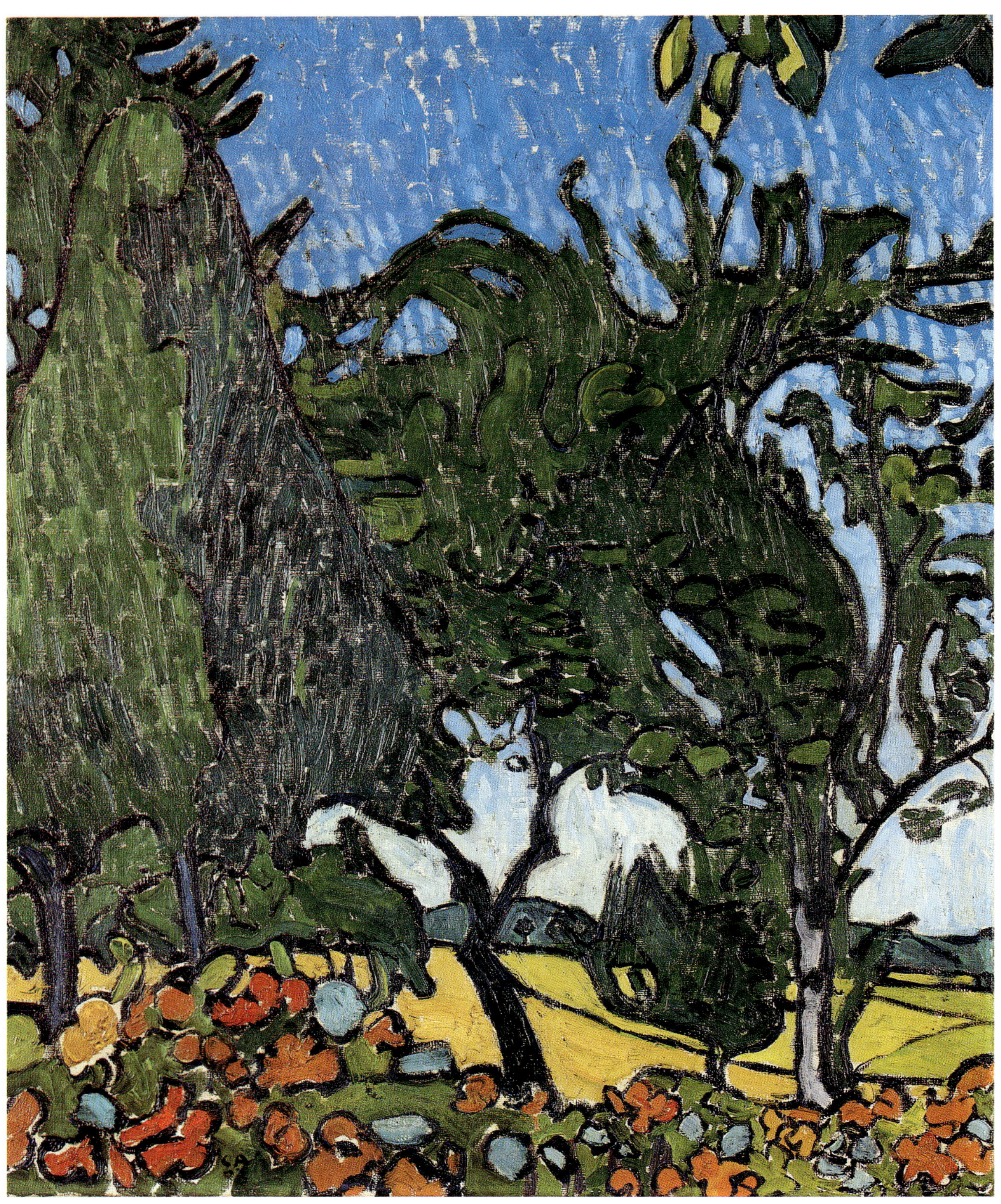

183 - Cuno Amiet
Paysage d'été, 1907
Huile sur toile, 60,5 x 49,5 cm
Aargauer Kunsthaus, Aarau

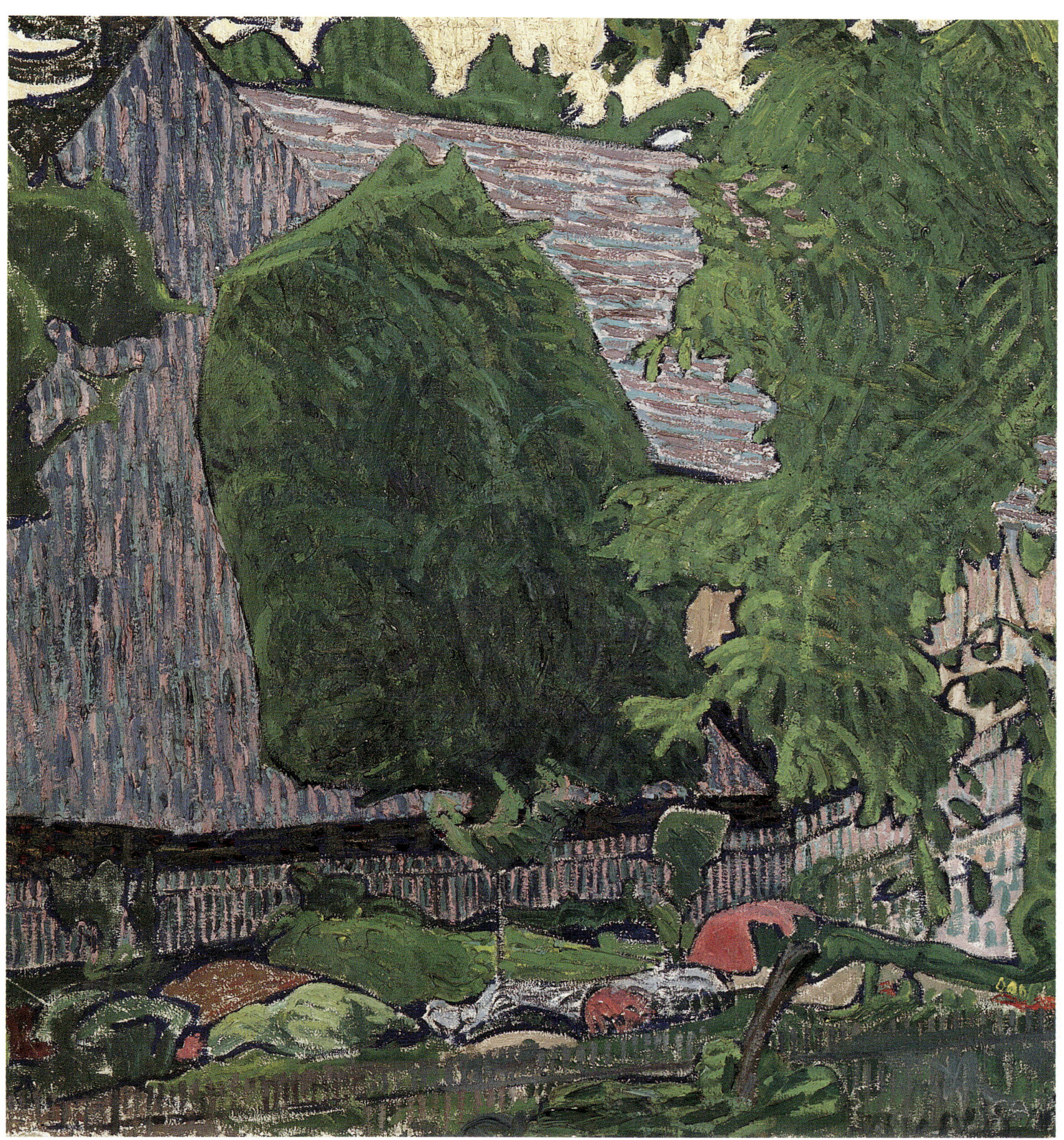

184 - Cuno Amiet
Ferme à Oschwand, 1907
Huile sur toile, 99 x 91 cm
Collection particulière

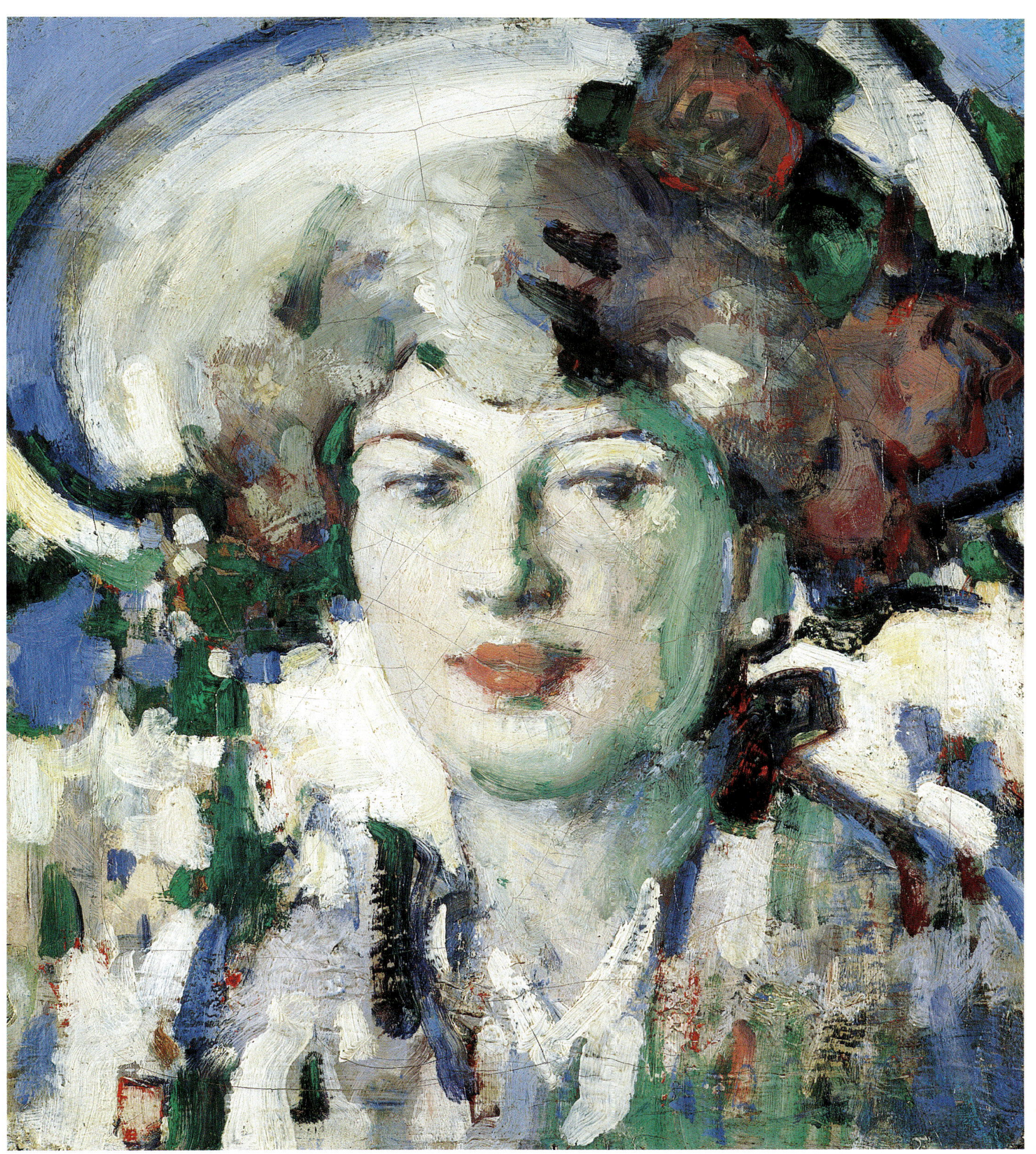

185 - John Duncan Fergusson
Au Soleil, 1907
Huile sur toile marouflée sur bois, 43,3 x 37,7 cm
City of Aberdeen Art Gallery & Museums, Aberdeen

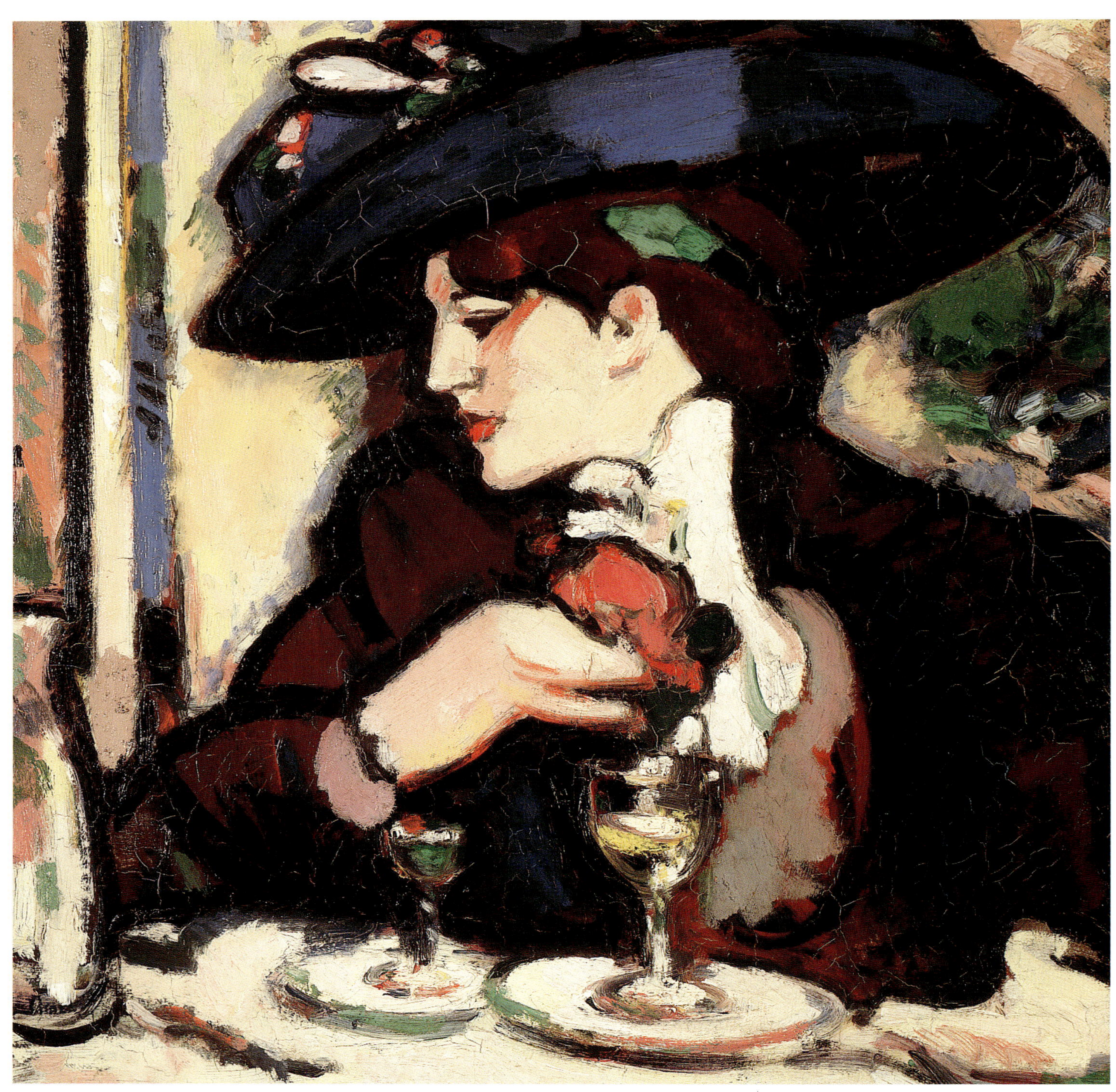

186 - John Duncan Fergusson
Le Chapeau bleu, Closerie des Lilas, 1909
Huile sur toile, 76,2 x 76,2 cm
City Art Centre : City of Edinburgh Museums and Galleries, Édimbourg

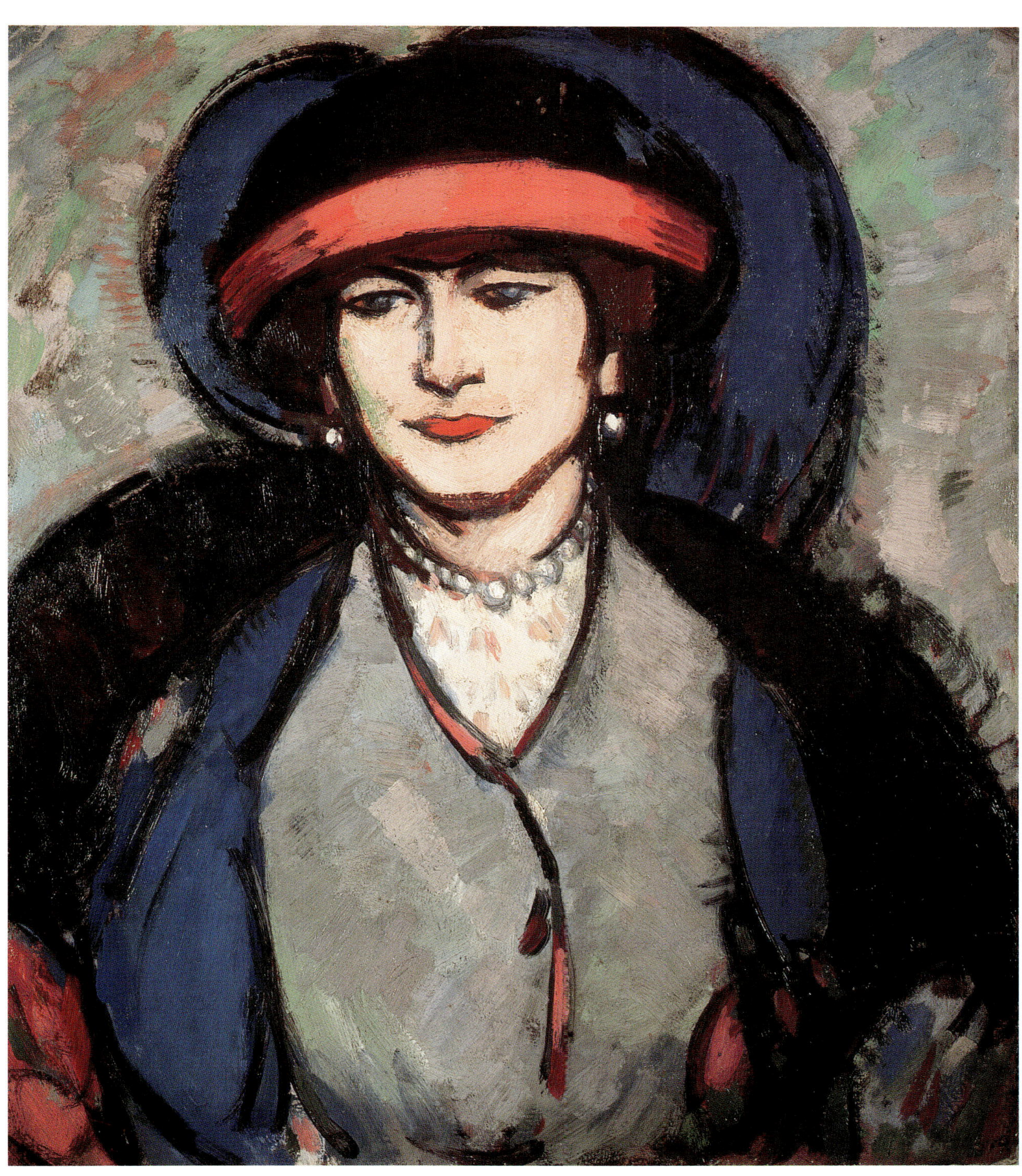

187 - John Duncan Fergusson
Portrait d'Anne Estelle Rice, 1908
Huile sur panneau, 65,5 x 57,5 cm
Scottish National Gallery of Modern Art, Édimbourg

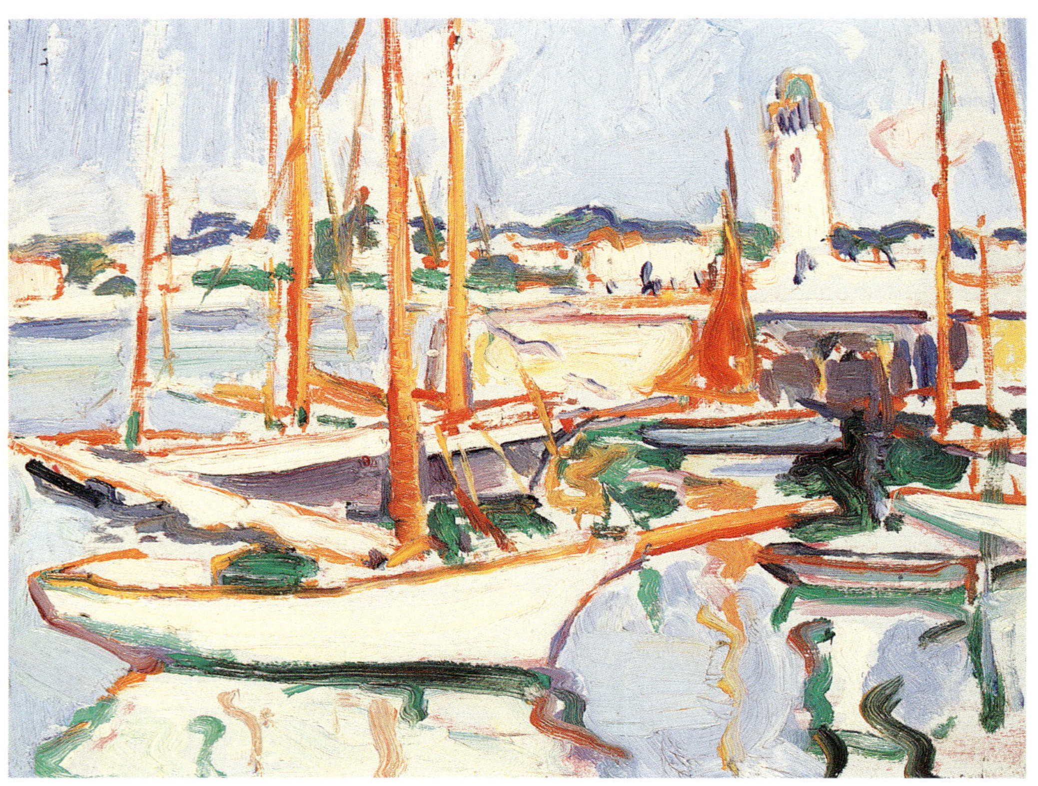

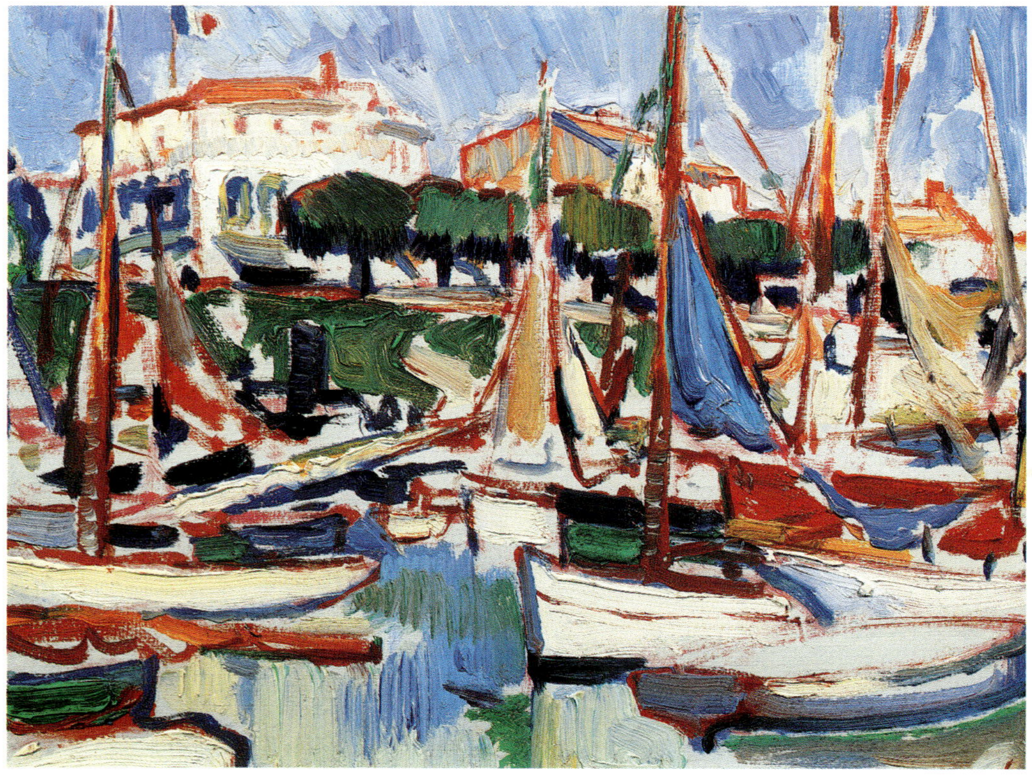

188 - Samuel John Peploe
Bateaux à Royan, 1910
Huile sur toile, 27 x 34,9 cm
Scottish National Gallery of Modern Art, Édimbourg

189 - Samuel John Peploe
Royan, 1910
Huile sur panneau, 29 x 35 cm
Lord and Lady Irvine of Lairg

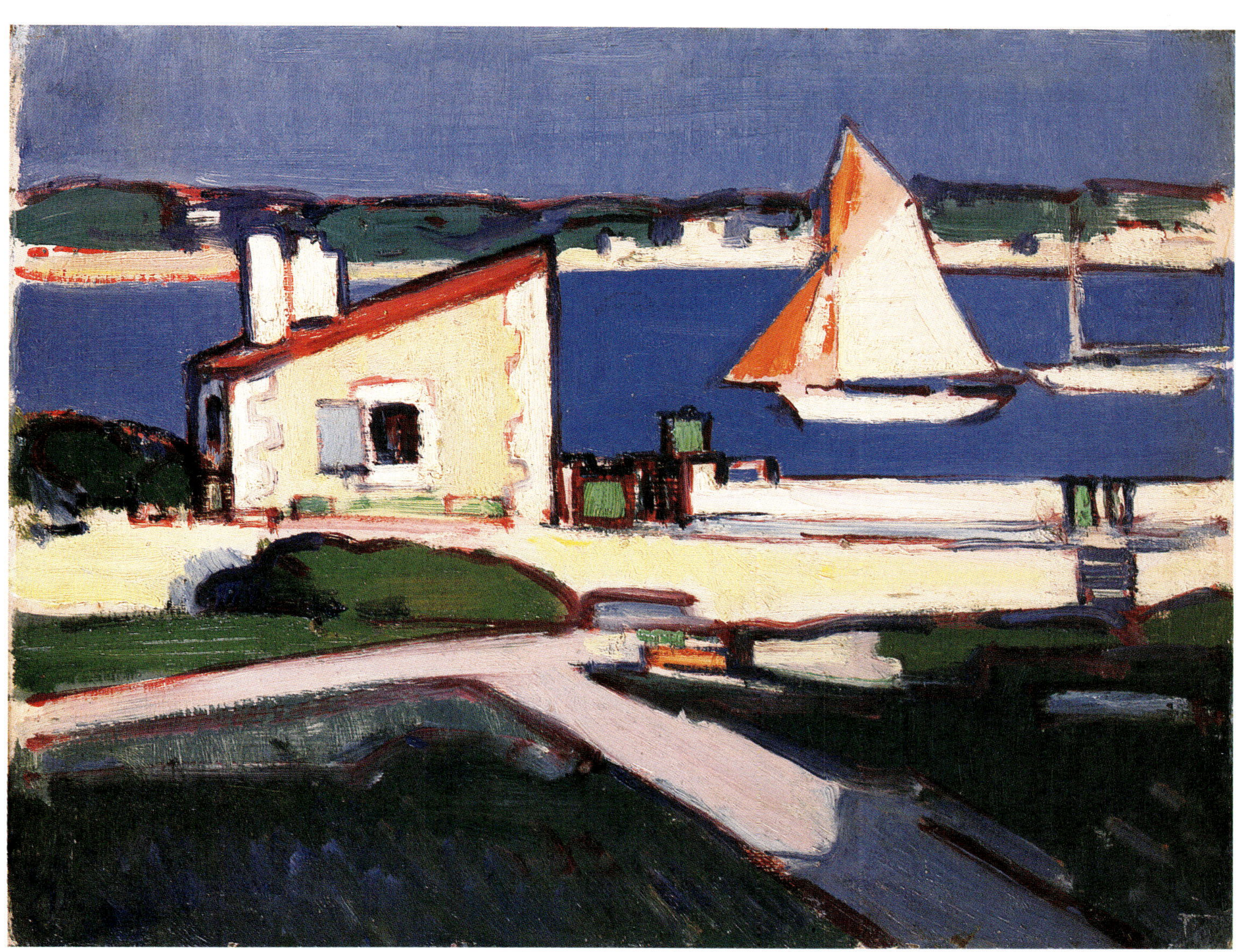

190 - John Duncan Fergusson
Royan, 1910
Huile sur toile, 27 x 35 cm
Hunterian Art Gallery, University of Glasgow

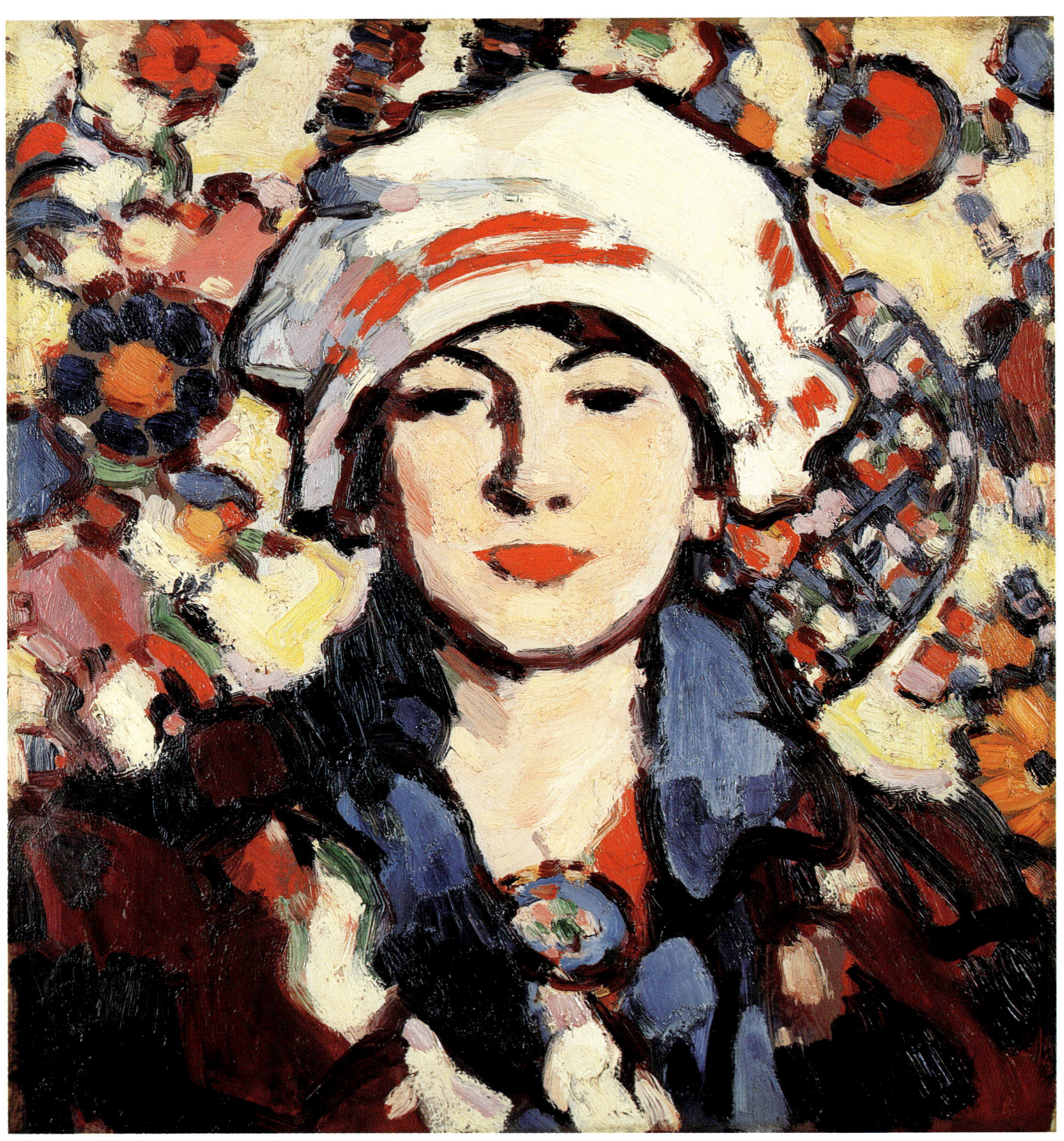

191 - John Duncan Fergusson
Le Voile persan, 1909
Huile sur bois, 51,2 x 45,9 cm
Hunterian Art Gallery, University of Glasgow

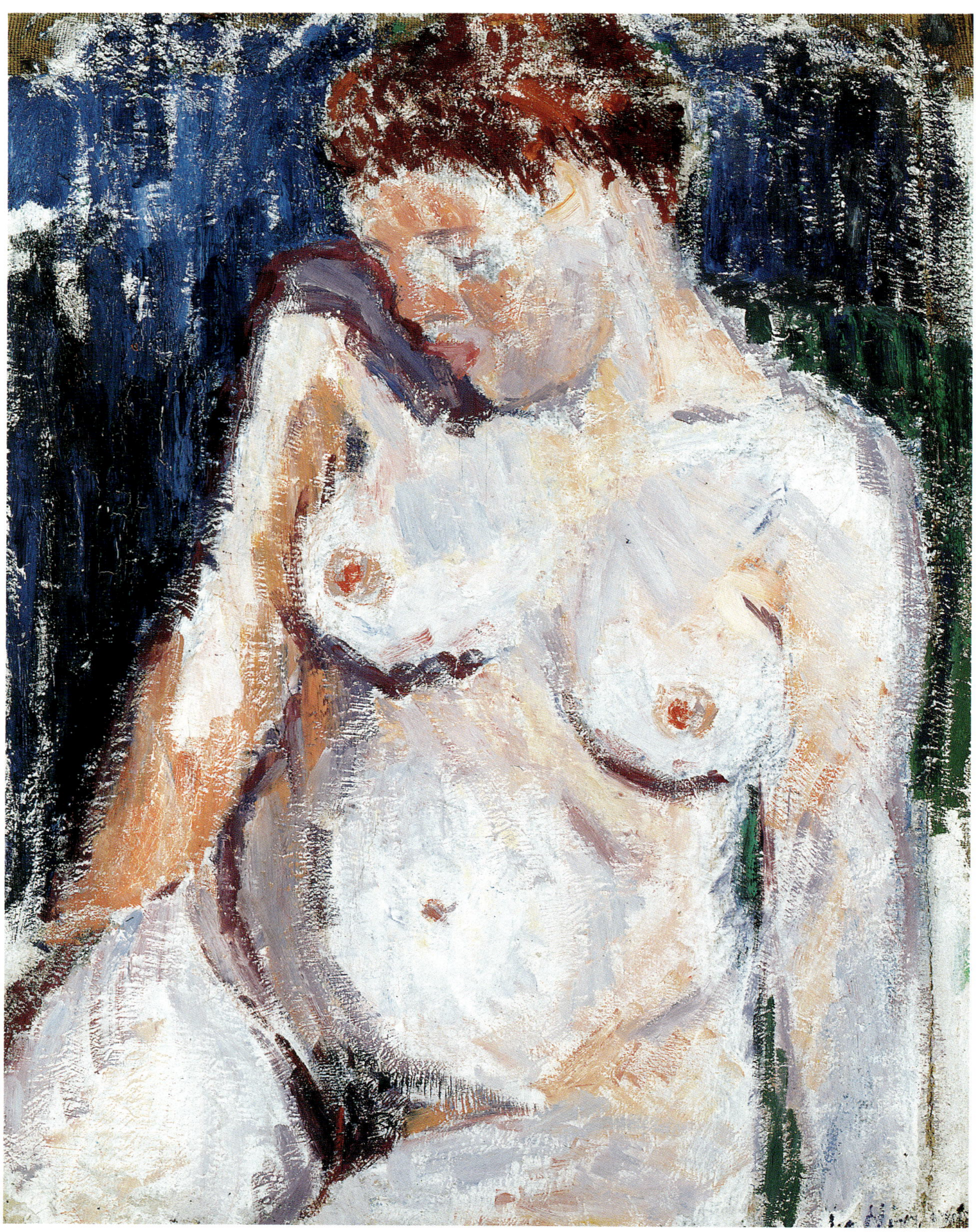

192 - Tyko Sallinen
Nu, 1911
Huile sur toile, 85 x 66,5 cm
The Finnish National Gallery/Ateneum, Helsinki

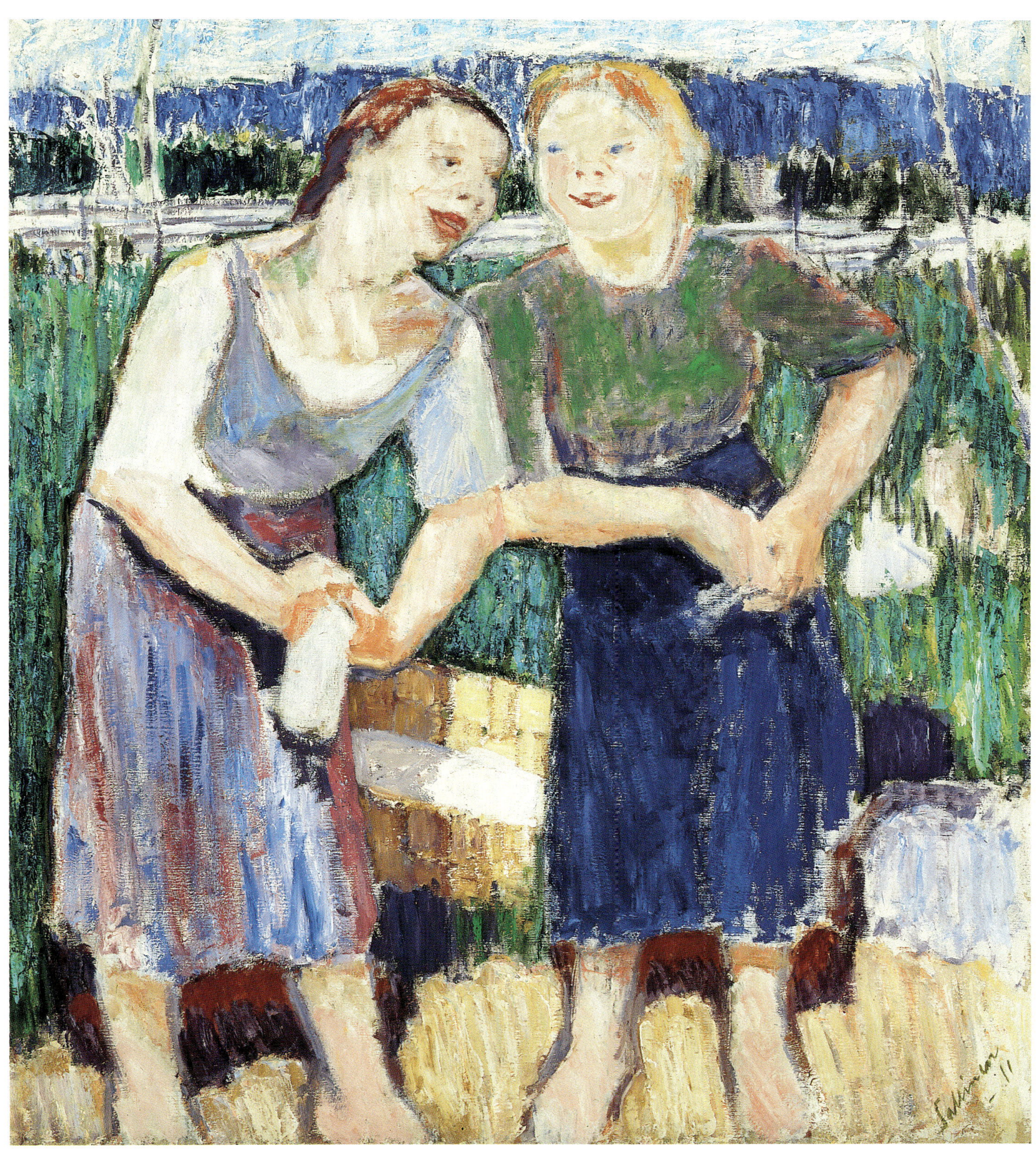

193 - Tyko Sallinen
Les Lavandières, 1911
Huile sur toile, 154 x 136 cm
The Finnish National Gallery/Ateneum, Helsinki

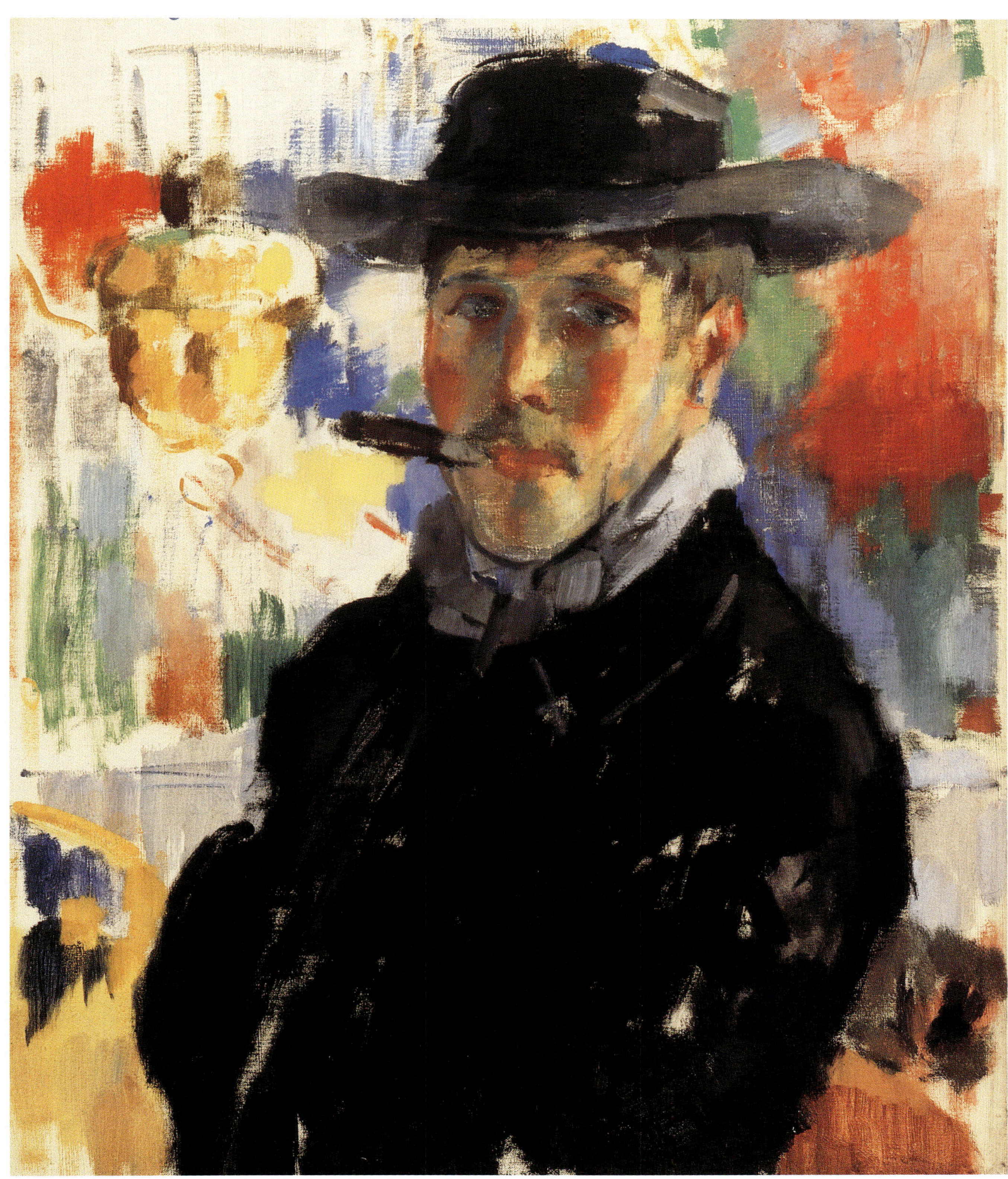

194 - Rik Wouters
Portrait de Rik Wouters au cigare, veste bleue, chapeau gris, 1913
Huile sur toile, 67 x 55,8 cm
Musée Royal des Beaux-Arts, Anvers

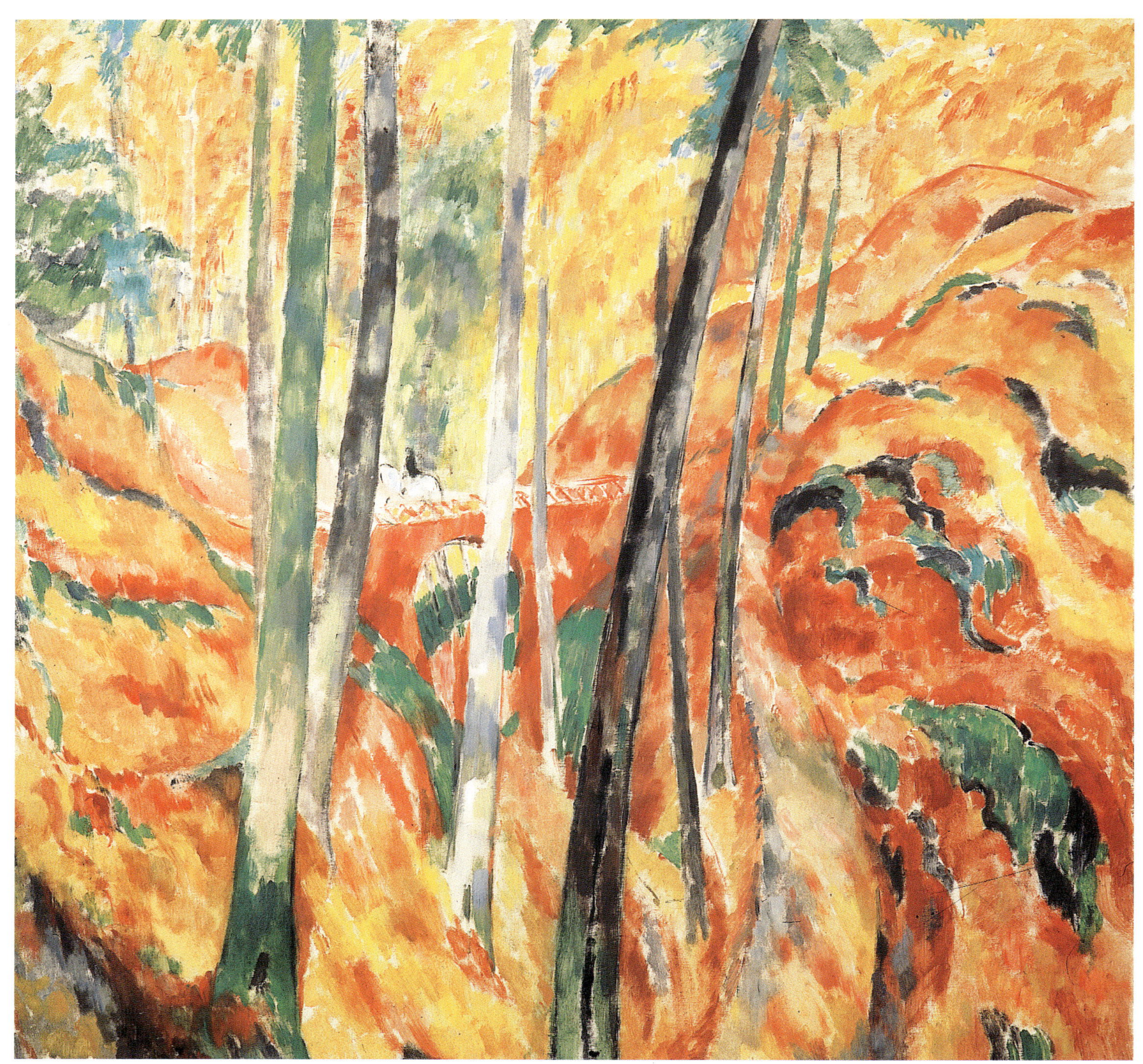

195 - Rik Wouters
Le Ravin B, 1913
Huile sur toile, 135,5 x 140,8 cm
Collection particulière

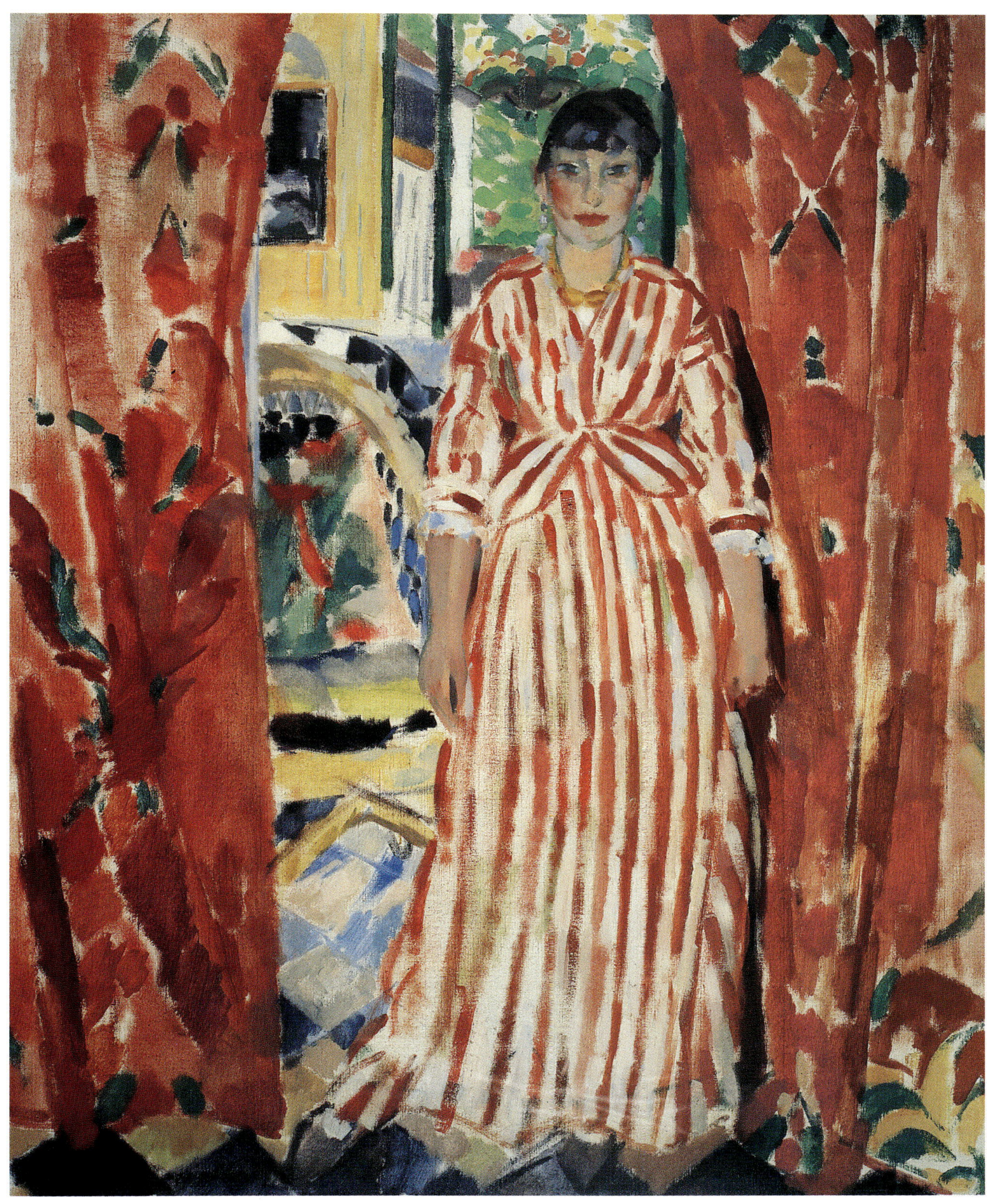

196 - Rik Wouters
Les Rideaux rouges, 1913
Huile sur toile, 100,5 x 80,7 cm
Collection particulière

Moscou, Saint-Pétersbourg : 1907-1913

La peinture comme bagarre de couleurs :
« Le Valet de Carreau » à Moscou
et environs, autour de 1910

Jean-Claude Marcadé*

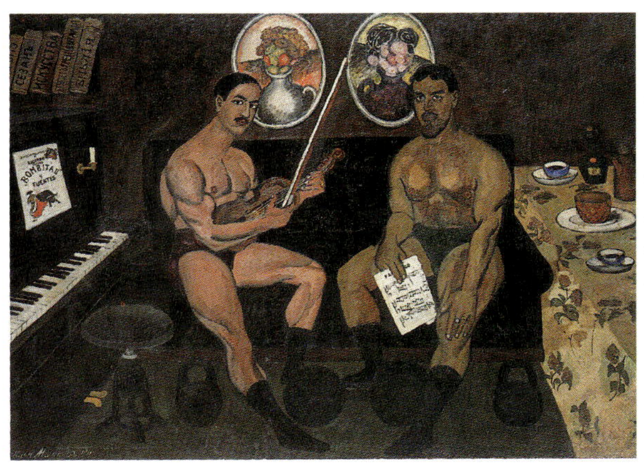

(ill. 1) **Ilia Machkov**
*Autoportrait et
portrait de Piotr Kontchalovski*, 1910
Huile sur toile, 208 x 270 cm.
Musée national Russe, Saint-Pétersbourg

Les rapports entre l'art russe et l'art français furent intenses au début du XXᵉ siècle. La guerre de 1914, puis la révolution d'Octobre en 1917 les interrompirent [1]. Les artistes russes, à cette époque-là, visitaient la France, parfois s'y installaient, fréquentaient les ateliers parisiens. Ils étaient au courant des dernières nouveautés venues des bords de la Seine non seulement par leurs séjours à Paris, ou par les revues qui circulaient [2] mais, en Russie même, par les expositions et surtout les collections d'Ivan Morosov et de Serguéï Chtchoukine qui jouèrent le rôle de véritables académies.

Quels étaient les courants dominants en Russie entre 1907 et 1910, au moment où beaucoup de jeunes artistes se préparaient à se risquer dans l'aventure de la « modernité », de la « contemporanéité » (en russe, *sovrémiennost*), c'est-à-dire au renversement de codes artistiques multiséculaires issus de la Renaissance ? Coexistaient plus ou moins pacifiquement le réalisme des « Ambulants », dominé par la personnalité d'Ilia Riépine, ennemi par principe des « novations venues de l'étranger » ; le « style moderne »,

rétrospectif du « Monde de l'art » qui avait fait pencher la balance du côté de l'art pour l'art, dont le porte-parole était Alexandre Benois, contempteur de l'« iconoclasme » des novateurs ; le symbolisme, marqué par le génie de Vroubel qui, chez ses suiveurs, relevait d'une esthétique musicaliste allusive ; enfin l'impressionnisme dans sa version imitatrice des Français, celle de Korovine.

Les choses avaient commencé à bouger avec des expositions comme « Stephanos » [*Viénok*] en 1907 et 1909 à Moscou et Saint-Pétersbourg, et « Le Maillon » [*Zviéno*] à Kiev en 1908 où perçaient déjà, à côté d'une esthétique sage – symbolico-impressionniste –, de nouvelles formes à la facture plus grossière, à la thématique triviale, qui feront dire au médiocre impressionniste Igor Grabar que ces artistes (les Bourliouk, Larionov, etc.) peignaient « l'un avec des carrés, l'autre avec des virgules et le troisième avec un balai [3] ». Les sarcasmes de la critique « passéiste » ne feront que s'accentuer contre le « délire sauvage [4] » (« sauvage » [*diki*] est le mot qui traduit en russe « fauve » au sens du fauvisme – comme d'ailleurs *wild* en allemand [5]), contre « le cynisme des nullités de l'Occident, de ses hooligans, de ses onagres débridés qui font des courbettes avec leurs couleurs sur les toiles » (éructations de Riépine visitant le Salon d'Izdebski en 1910 [6]).

---

* Directeur de recherche au CNRS Institut d'esthétique et des sciences de l'art, Université de Paris I-Sorbonne.
1 *Cf. Paris-Moscou*, Paris, RMN, 1978 ; J.-Cl. Marcadé, « L'avant-garde russe et Paris. Quelques faits méconnus ou inédits sur les rapports artistiques franco-russes avant 1914 », *Cahiers du Musée national d'Art moderne*, 1979, n° 2, p. 174-183.

2 On se souvient du passage célèbre des mémoires de Bénédikt Livchits (1933) à propos de la photographie de « la dernière œuvre de Picasso », qu'Alexandra Exter a rapportée de Paris en 1911 à ses amis Bourliouk : « Le dernier mot de la peinture française. Prononcé là-bas dans l'avant-garde, il sera transmis comme un mot d'ordre – on le transmet déjà – sur tout le front de gauche, il éveillera des milliers d'échos et d'imitations, il posera la base d'un nouveau courant », *L'Archer à un œil et demi*, Lausanne, L'Âge d'Homme, 1971, p. 43.
3 I. Grabar' « "Soiouz" i "Viénok" » [L'« Union » et « La Guirlande »], *Viessy* [La Balance], janvier 1908, p. 142.
4 N. B.-B., « Ou impressionistov » [Chez les impressionnistes], *Birjévyié viédomosti* [Les Nouvelles de la Bourse], 26 mars 1911.

5 Il est caractéristique que l'article de David Bourliouk « Die "Wilden" Russlands » dans *L'Almanach du Blaue Reiter* soit traduit par « "Sauvages" de Russie » dans les *Cahiers du MNAM*, 1979, n° 2, p. 282, alors qu'il s'agit bien des « Fauves », *cf.* Wassily Kandinsky, Franz Marc, *L'Almanach du Blaue Reiter. Le Cavalier Bleu* (présentation et notes de Klaus Lankheit), Paris, Klincksieck, 1981, p. 97.

Les premier et deuxième Salons organisés par la revue *Zolotoïé rouno* [La Toison d'Or] à Moscou en 1908 et 1909 confrontaient la peinture et la sculpture venues de Paris et les contemporains russes. Tous les Fauves sont là avec des œuvres de 1905-1907 : Braque (dont *Le Port de La Ciotat* et le fameux *Nu debout* – appelé « Baigneuse ») ; Derain (dont quatre *Vues de Londres* et *Môle de L'Estaque*) ; Friesz (dont un *Port d'Anvers*) ; Manguin ; Marquet (dont deux *Quais du Louvre*) ; Matisse (dont *La Terrasse (Saint-Tropez)* et *La Jetée de Collioure*) ; Vlaminck (dont *Le Pont de Chatou*). Il y avait là aussi des Van Dongen, des Bonnard et des Rouault, mais aussi les impressionnistes (Renoir, Pissarro), les post-impressionnistes (Van Gogh – dont *Le Café de nuit* –, Cézanne – dont *La Femme du peintre* et *Le Château noir* – et Signac) [7].

Si l'on ajoute les « Russes de Munich » (Kandinsky, Marianne Werefkin, Jawlensky) qui sont exposés çà et là, les jeunes artistes de l'Empire russe purent à juste titre s'engouer pour un art qui tranchait avec les évanescences symbolistes, le kitsch académique ou les frivolités du « Monde de l'Art ». Et cet engouement prit une forme spécifiquement russe, celle d'une « théâtralisation » et d'une « carnavalisation » de la vie artistique [8].

La vie des arts en Russie devint véritablement, dès ce moment, une scène artistique, transformant les actions provocatrices empruntées au futurisme italien par les procédés typiquement russes des tréteaux de foire, de ce « balagane » dont Alexandre Blok a fait le sujet d'une pièce en 1906, des bonimenteurs de rue et de marchés, des parades de cirque. Le primitivisme n'est pas seulement une esthétique empruntant aux arts archaïques, populaires, voire à l'art des enfants, c'est aussi une manière d'être, de se comporter, de se montrer. Cela se manifeste avec éclat lors de l'exposition du « Boubnovy valiet » [Le Valet de Carreau] qui ouvrit ses portes à Moscou le 10 décembre 1910. Les « Fauves de Russie [9] » firent une entrée tonitruante dans le paysage artistique russe. Matisse rappelle dans ses « Notes d'un peintre » que le Sar Péladan reprochait à un certain nombre de peintres français « de se faire appeler les "Fauves" et de s'habiller comme tout le monde, de telle sorte que leur prestance n'est pas au-dessus de celle des chefs de rayons des grands magasins [10] ». Les jeunes novateurs russes, quant à eux, mirent en accord la violence que représentait l'explosion coloriste de leurs tableaux face aux anémies civilisées dominant jusque-là avec des comportements ou des thèmes qui mettaient à mal les conventions petites-bourgeoises de la société. L'historien insurpassé du « Valet de Carreau », Glieb Pospiélov, intitule de façon significative un des chapitres de son livre consacré à ce mouvement « "Le Valet de Carreau" de 1910, image d'une "action picturale de place publique" [11] ».

L'appellation se présentait comme un défi à la société des philistins car ce nom de « Valet de Carreau » est polysémique, désignant à la fois la vigueur juvénile et audacieuse et la marginalité un peu louche. Le caractère carnavalesque du « Valet de Carreau » fut renforcé par certaines œuvres à la thématique totalement insolite

---

6 I. Riépine, « Iskousstvo i khoudojnik » [L'art et l'artiste], *Birjévyié viédomosti*, 20 mai 1910.

7 Pour le détail, voir les catalogues des Salons de La Toison d'Or dans Valentine Marcadé, *Le Renouveau de l'art pictural russe*. 1863-1914, Lausanne, L'Âge d'Homme, 1971, p. 288-296. Notons aussi que *La Toison d'Or* consacre son n° 6 de 1909 à Matisse avec la traduction en russe des « Notes d'un peintre », parues à Paris dans *La Grande Revue* du 25 décembre 1908.

8 Ce n'est pas un hasard que ces deux notions soient nées sous la plume de penseurs russes : la « théâtralisation » comme élément primordial de l'être humain « jeté dans le monde » – chez le metteur en scène et philosophe du théâtre Nikolaï Evreïnov – et la « carnavalisation » comme expression de la vitalité, des pulsions de mort exorcisées et de l'aspiration du peuple à la liberté chez Bakhtine.

9 L'article de David Bourliouk cité plus haut fut écrit en 1911 (la version originale russe n'a pas été jusqu'ici retrouvée – seule existe la traduction en allemand de Kandinsky dans *Der Blaue Reiter*). David Bourliouk fait le point de la situation artistique en Russie en nommant les représentants de l'art moderne qui luttent pour la révélation de nouveaux principes du Beau et une nouvelle définition de la beauté, « pareillement aux grands maîtres français (par exemple, Cézanne, Van Gogh, Picasso, Derain, Le Fauconnier, en partie Matisse et Rousseau) ». Ces représentants sont – selon David Bourliouk – Larionov, Pavel Kouznetsov, Sariane, Dénissov, Kontchalovski, Machkov, Natalia Gontcharova, Fonvizine, Vladimir et David Bourliouk, Knabe, Yakoulov et les artistes vivant à l'étranger – Jérebtsova (Paris), Kandinsky, Vériovkina [Werefkin] Jawlensky (Munich). Quatre courants novateurs principaux se trouvent derrière l'énumération de David Bourliouk : 1. les anciens protagonistes du groupe « La Rose Bleue » (1908) qui sont sortis du symbolisme anémié, alexandrin et évanescent – Pavel Kouznetosov et surtout Martiros Sariane que la vigueur colorée de ses toiles rapproche du fauvisme français ; 2. les coloristes « mystiques » de Munich ; 3. les cézannistes du Valet de Carreau moscovite ; 4. les primitivistes révélés par la troisième et dernière exposition de La Toison d'Or en 1909 et qui en 1911 étaient en train de se détacher de la tendance trop française du Valet de Carreau – Larionov et Natalia Gontcharova.

10 Henri Matisse, « Notes d'un peintre » [1908], dans *Écrits et propos sur l'art* (réunis par les soins de Dominique Fourcade), Paris, Hermann, 1972, p. 52.

11 Glieb Pospiélov, « "Boubnovy valiet" 1910 goda, obraz "plochtchadnovo jivopisnovo dieïstva" », dans *Boubnovy valiet. Primitiv i gorodskoï folklor v moskoskoï jivopissi* 1910–x godov [Le Valet de Carreau. Le primitif et le folklore urbain dans la peinture moscovite des années dix], Moscou, Sovietski khoudojnik, 1990, p. 98 et suiv. ; une version abrégée de ce travail magistral avait paru en allemand :

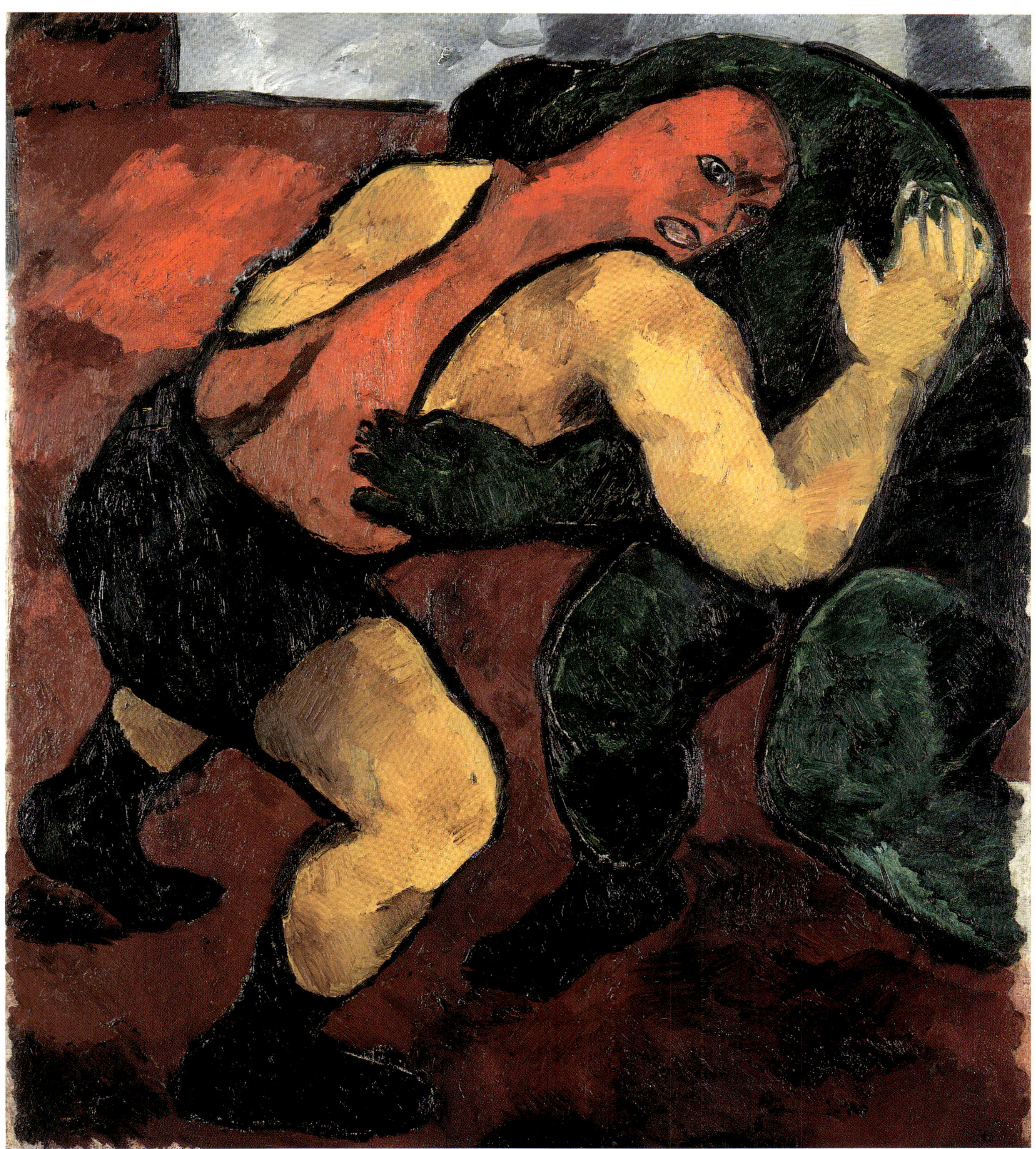

197 - Natalia Gontcharova
Les Lutteurs, 1909-1910
Huile sur toile, 118,5 x 103 cm
Musée national d'Art moderne / Centre de création industrielle, Centre Georges-Pompidou, Paris

comme l'*Autoportrait et portrait de Piotr Kontchalovski* d'Ilia Machkov (ill. 1) qui fut, comme l'écrit Glieb Pospiélov, l'«affiche plastique» de l'exposition [12]. Les deux piliers du «cézannisme fauve russe», Kontchalovski et Machkov, sont représentés comme deux gymnastes, nus, en slips violet et vert et chaussettes montantes, dont les muscles sont soulignés. Des haltères et des poids sont sur le sol. Rien ne pouvait mieux, exotériquement, exprimer que désormais l'art n'était plus un art de salon mais s'apparentait à l'exercice physique, au sport, manifestant toutes les potentialités du corps. Jamais auparavant l'art n'avait été de façon aussi évidente assimilé à la lutte, voire à la bagarre. Et ce ne sont pas seulement les sujets qui exprimaient cela : dans *Les Lutteurs* (cat., n° 197 et ill. 2) de Natalia Gontcharova, par exemple, ce sont les couleurs qui se bagarrent sur la toile, le vert contre le jaune, le rouge contre le noir, le jaune et le vert contre le rouge [13].

La période qui précède la Première Guerre mondiale voit un grand enthousiasme pour le sport de façon générale. La boxe, en particulier, connaît une fortune mondiale (entre 1910 et 1914, c'est l'époque de Jack Johnson, de Georges Carpentier ou de l'inénarrable Arthur Cravan [14]), popularisée en partie par le film de Max Linder *Max, boxeur par amour*. Glieb Pospiélov a mis en parallèle de façon convaincante une séquence du film de Max Linder et le tableau d'Ilia Machkov *Autoportrait et portrait de Piotr Kontchalovski*. Au même moment, Pougny peignait son *Autoportrait* (1912, musée national d'Art moderne) où il se représente avec une expression patibulaire du visage, un poing fermé énorme (prêt à frapper!) croisant, dans un contraste saisissant, son autre main ouverte dans une position de prière. Quand on connaît la complexion plutôt frêle et distinguée de Pougny, on comprend qu'il s'agit bien, non d'une reproduction du modèle, mais de

l'expression d'une projection de la vision intérieure. Notons un dialogue de l'*Autoportrait* de Pougny avec le *Portrait d'un homme inconnu* d'Ilia Machkov (Musée régional de Yaroslavl) et surtout avec le *Portrait d'un garçon à la chemise ornée* du même peintre (Musée national Russe ; cat., n° 201) où l'on observe le même contraste entre une main démesurément développée tandis que l'autre, qui tient la ceinture ceignant sa blouse russe, est plus frêle.

Le caractère massif ou athlétique des corps se retrouve dans les trois portraits que Larionov a exécutés des Bourliouk : Vladimir (musée des Beaux-Arts de Lyon ; cat., n° 209), Nikolaï (Cologne, Museum Ludwig) et David (Paris, coll. part.). Bénédikt Livchits a mentionné le «poing» des Bourliouk qui, «nourri des sucs de l'antique Hylée [la Tauride], ressemblait de plus, pour moi, à une arme destinée à détruire les citadelles indestructibles [15]». Vladimir est montré avec des poids de gymnastique à la main et Larionov avait donné à cette œuvre l'appellation de *Portrait d'un athlète* au «Valet de Carreau» de 1910. Ainsi, le «poing» primitiviste des Russiens put facilement annexer le «coup de poing», le «pas gymnastique» exaltés par Marinetti dans son manifeste fondateur de 1909 [16]. Il n'est pas étonnant de reconnaître dans l'*Autoportrait et portrait de Piotr Kontchalovski* d'Ilia Machkov, à côté des livres sur Cézanne, l'art égyptien, grec et italien, et la Bible, des références à l'Espagne, à sa musique populaire et, bien entendu, à sa tauromachie. *Le Matador Manuel Harta* ou *La Course de taureaux* (les deux de 1910 et à la Galerie nationale Trétiakov ; cat., n° 207) de Kontchalovski ne déroulent pas seulement le thème du combat archaïque de l'homme et de la bête, ils montrent dans leur pictu-

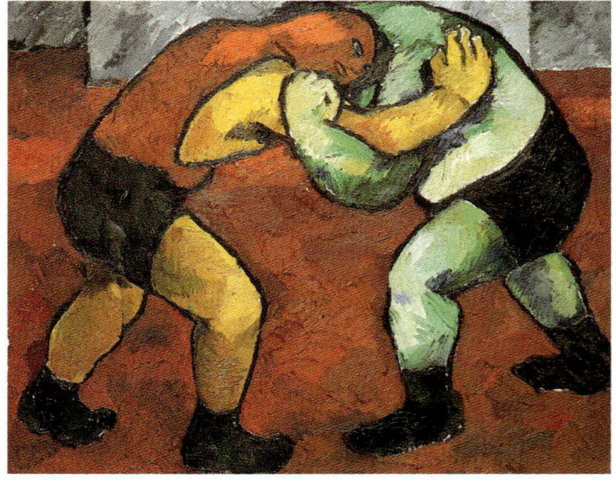

(ill. 2) **Natalia Gontcharova**
Les Lutteurs, 1909-1910
Huile sur toile, 100 x 122 cm
Musée national Russe, Saint-Pétersbourg

Gleb G. Pospelow, *Moderne russische Malerei. Die Künstlergruppe Karo-Bube*. Dresde, Kohlhammer, 1985.
12 Glieb Pospiélov, *op. cit.*, p. 106.
13 Notons la parenté iconographique des *Lutteurs* de Natalia Gontcharova (surtout de la version du musée national Russe) avec le tableau de Paul Sérusier *La Lutte bretonne* (musée d'Orsay, ill. 3). Pour un relevé du thème de la lutte, de Hokusaï

à Sérusier en passant par Delacroix, Gauguin ou Denis, voir *Le Chemin de Gauguin, genèse et rayonnement*, Saint-Germain-en-Laye, Musée départemental du Prieuré, 7 octobre-31 décembre 1985, p. 46-49.
14 Cf. *Arthur Cravan, poète et boxeur*, Paris, Edima-Galerie 1900-2000, 1992.
15 Bénédikt Livchits, *op. cit.*, p. 48. Souvenons-nous du passage de *L'Archer à un œil et demi* qui décrit

Vladimir Bourliouk comme «un grand escogriffe aux joues rouges [...], une énorme patte de tailleur de pierre [...], une surabondance de vigueur qui se déverse de façon incontrôlée [...], des poils rudes et roux au menton, au-dessus de la lèvre supérieure trop épaisse, un long nez busqué et charnu [...], Nemrod [...]» (p. 42). David, lui, aurait une «nature hermaphrodite de femelle

corpulente» (*ibid.*). Le «troisième fils, Nikolaï, bien bât. et à la fleur de l'âge, était poète. [...] Il roulait ses yeux, son nez busqué ce rapace tendu en avant» (*ibid.*, p. 48).
16 Marinetti, «Manifeste du futurisme», dans Giovanni Lista, *Futurisme. Manifestes. Documents. Proclamations*, Lausanne, L'Âge d'Homme, 1973, p. 87 : «Nous voulons exalter le mouvement agressif,

rologie même la brutalité de la pose de la couleur. La texture des œuvres des Fauves russes de 1910-1911 (Kontchalovski, Machkov, Lentoulov, Larionov, Natalia Gontcharova – par exemple, dans les quatre panneaux des *Évangélistes* du musée national Russe) est rugueuse, une terre labourée, avec des coups de pinceau heurtés et irréguliers [17].

Le caractère de parade de foire et le goût du déguisement fut le fait des peintres du «Valet de Carreau». Dans l'*Autoportrait* de Machkov de 1911 (Galerie nationale Trétiakov) ou dans son *Portrait d'un garçon à la chemise ornée*, dans l'*Autoportrait* de Kontchalovski de 1912 (ancienne collection M. P. Kontchalovski, Moscou) ou dans son célèbre *Portrait de Yakoulov*, 1910 (Galerie nationale Trétiakov), on trouve une propension au grotesque, à l'ironie, au travestissement. À travers la dérision même se fait voir une affirmation très énergique de robustesse.

Chez Malévitch, dans la série des portraits aux teintes multicolores fauves de 1910-1911 (les deux *Autoportraits* du Musée national Russe (cat., n° 202) et de la Galerie nationale Trétiakov, les «Têtes de paysans» du musée national d'Art moderne, de la collection Roald Dahl et de la galerie Gmurzynska), s'il y a bien «bagarre des couleurs», les yeux en amande tournés vers l'éternité qu'ils nous renvoient ont la gravité des icônes…

Si dans cet article j'ai tenu à considérer le mouvement cézanniste fauve du «Valet de Carreau» sous l'angle de la lutte, de la bagarre, d'une certaine brutalité des thèmes et des couleurs, cela pourrait faire penser que ces peintres sont plus proches de l'expressionnisme scandinavo-germanique que du fauvisme français. En

réalité, comme les «Russes de Munich» à cette époque (Kandinsky, Marianne Werefkin, Jawlensky, Bekhtéïev) ou les «Russes de Paris» (Baranoff-Rossiné, Sonia Delaunay ou Survage), les «Russes de Moscou» se distinguent de l'expressionnisme authentique, lequel se situe toujours, me semble-t-il, dans la suite de ce cri original, existentiel, qu'Edvard Munch lui a conféré initialement et est toujours aussi rejet des oripeaux civilisateurs, pour faire apparaître la chair des êtres et du monde dans leurs convulsions ou leur nudité essentielle.

La joyeuseté de la création des peintres du «Valet de Carreau», la profonde quête d'une harmonie spirituelle de l'univers chez un Kandinsky, l'éclat éblouissant du colorisme byzantin de Jawlensky ou l'iconicité de Malévitch, au-delà des spécificités «moscovites», nous entraînent plutôt du côté de ce fauvisme français, dont Bernard Dorival a souligné la «santé», la «carrure», l'«énergie» [18] et dont une des premières manifestations fut *Luxe, calme et volupté* (1904) de Matisse.

Je ne saurais mieux terminer cette brève enquête sur le caractère bagarreur d'un certain fauvisme russe que par cette analyse synthétique pacifiante de Dimitri Sarabianov sur l'apport de ce courant à la culture picturale du début du XXe siècle: «Utilisant les conquêtes de Cézanne, parfois de Matisse et de quelques autres peintres français, ils rendaient à l'objet toute sa masse, son volume, sa couleur, sa forme tridimensionnelle, visaient à une synthèse de la couleur et de la forme. D'où leur intérêt pour la nature morte qui a trouvé dans leur création un rôle d'une importance inconnue auparavant dans la peinture russe [19].»

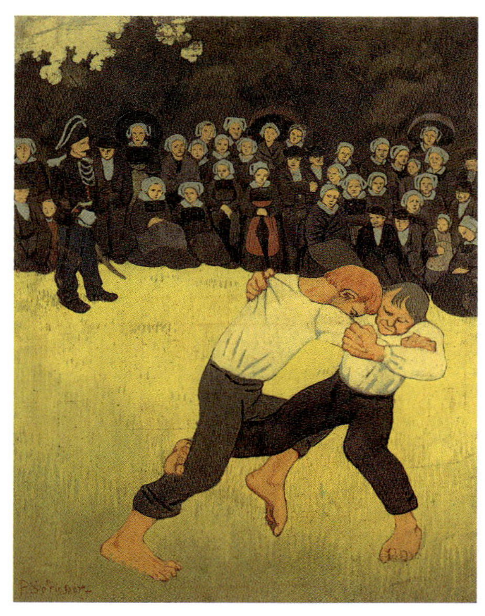

(ill. 3) **Paul Sérusier**
La Lutte bretonne, 1909-1910
Huile sur toile, 92 x 73 cm
Musée d'Orsay, Paris

l'insomnie fiévreuse, le pas gymnastique, le saut périlleux, la gifle et le coup de poing.»

17 Le thème du combat des couleurs se traduisant dans la picturologie même est relevé par Jean Grenier à propos de ce qu'il appelle la «guerre créatrice» chez Lanskoy, dont il cite l'aphorisme: «Une tache posée sur une toile cherche à prendre forme et lutte avec les autres taches posées sur la même toile… L'aboutissement de cette lutte est la naissance du tableau» (Jean Grenier, *Lanskoy*, Paris, Fernand Hazan, 1960) Ce n'est pas un hasard si Lanskoy peignit un *Hommage à Uccello*, l'auteur des *Batailles de San Romano*.

18 Bernard Dorival, «Préface» du catalogue *Le Fauvisme et les débuts de l'expressionnisme allemand*, Paris-Munich, 1966, p. 14.
19 D. Sarabyanov, *Russian Painters of the Early Twentieth Century (New Trends)*, Leningrad, Aurora, 1973, p. 141 (en anglais et en russe).

Le fauvisme et les sources folkloriques du primitivisme russe

Evguénia Pétrova[*]

La fin des années 1900-1910 et les années dix voient l'épanouissement de ce que l'on appelle le «primitivisme» dans l'art russe. On s'accorde à dire que l'une des raisons du caractère particulier de ce primitivisme tient à la connaissance que les artistes russes ont eu des Fauves, dès le milieu de la première décennie. On le sait, les œuvres de Matisse, Derain et Van Dongen ont pu être vues par les Russes non seulement à Paris mais également à Moscou dans les collections de Chtchoukine et de Morosov et, vers la fin de ces années 1900-1910, les artistes les plus talentueux et les plus sensibles se sont déjà approprié le langage des Fauves français dont les différentes composantes stylistiques sont perceptibles dans leur création.

Avant même ces dates, on trouve des traits semblables chez d'autres artistes russes[1]. Dans ce cercle de noms inattendus, il convient de détacher l'exemple de Philippe Maliavine. Il peint ses *Baby* [Bonnes femmes, paysannes] vêtues de sarafanes et de fichus aux couleurs vives vers 1905 (cat., n° 198). L'impétuosité du mouvement et de la couleur appelle bien entendu des associations avec l'esthétique des Fauves. Le motif, les accords émotionnels, la mosaïque colorée, dépourvus du moindre raffinement et de tout lien avec des orientations connues, sont peut-être encore plus «sauvages» que ce que l'on observe chez les Fauves eux-mêmes.

Ces aspects particuliers de l'art russe créent un climat favorable à la réception du fauvisme et il n'est donc pas si étrange de voir des artistes tels que Natalia Gontcharova, Mikhaïl Larionov, David Bourliouk, faire montre d'engouements et de tendances fauves dès la seconde moitié de la décennie. L'*Arbre*, qui croît et respire, de Larionov (ill. 1), son *Port,* font écho à ceux de Vlaminck. On peut trouver dans la *Nature morte au portrait et à la nappe* de Gontcharova (Musée national Russe) des analogies avec Matisse. L'*Autoportrait* (cat., n° 202) de Kazimir Malévitch, exécuté en 1907, rappelle également le système pictural des Fauves. On pourrait trouver beaucoup d'autres exemples d'une telle proximité, jusqu'au tableau de Kouzma Pétrov-Vodkine *Les Garçons,* de 1911 (Musée national Russe), qui transcrit de manière très directe l'influence de *La Danse* de Matisse.

Les artistes russes les plus novateurs n'allèrent pas plus loin dans leur admiration, leur compréhension et leur adoption des idées fauves[2]. Au début des années dix apparaît en Russie un mouvement totalement autonome pour lequel le fauvisme français et l'expressionnisme allemand ne sont plus que des sources d'inspiration et non des modèles à imiter.

(ill. 1) **Mikhaïl Larionov**
L'Arbre
Huile sur toile, 66,5 x 72 cm
Musée national Russe, Saint-Pétersbourg

[*] Vice-Directeur scientifique du Musée national Russe, Saint-Pétersbourg.
1 Au nombre des ces peintres intéressants mais aujourd'hui oubliés, il faut mettre Nicolaï Koulbine et surtout Ivan Larionov, le frère de Mikhaïl, l'initiateur et idéologue du primitivisme russe. Dans les travaux d'Ivan Larionov, datés de 1899, malgré la maladresse et le manque de métier, s'observe une tendance proche des Fauves: simplicité du motif, caractère franc et expressif de la couleur, qui deviendront, plus tard, des particularités du primitivisme russe. Ce n'est pas un hasard si Mikhaïl Larionov a inclus des travaux de son frère dans les expositions «La Queue d'âne» (Moscou, 1912), «La Cible» (Moscou, 1913) qu'il organise lui-même, ainsi qu'au «Salon d'Izdebski» (Odessa, 1909-1910, 1910-1911) et à «L'Union de la jeunesse» (Saint-Pétersbourg, 1910).
2 On remarque des traits fauves chez des maîtres de second rang comme S. Nagoubnikov (*La Tsigane,* années dix, musée national Russe), Nicolaï Koulbine (*Paysage marin, La Mosquée tatare,* milieu des années dix, musée national Russe), etc.

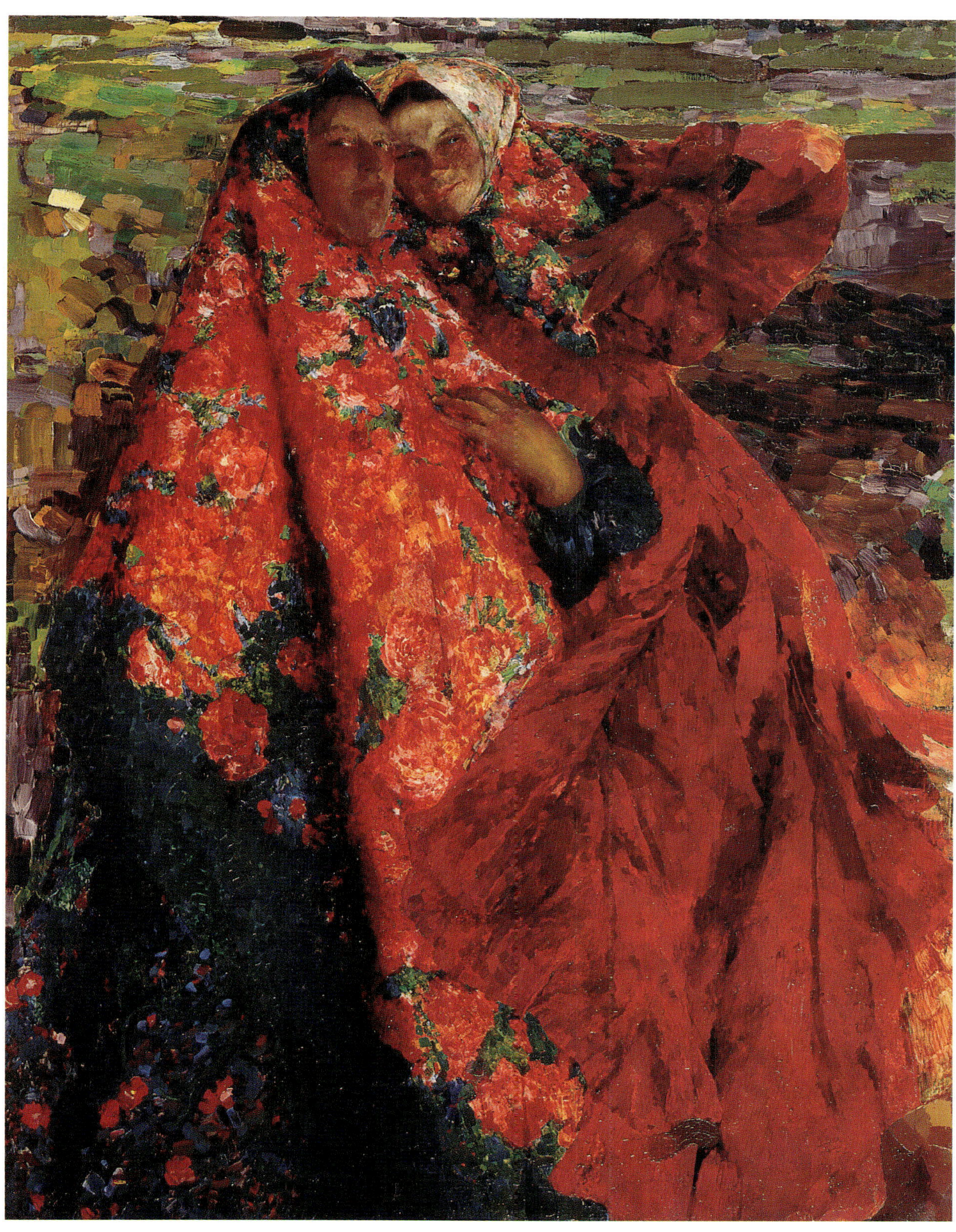

198 - Philip Maliavine
Paysannes, 1905
Huile sur toile, 205 x 159 cm
Musée national Russe, Saint-Pétersbourg

En 1910, s'ouvre l'exposition au nom curieux de «Valet de Carreau». Ce nom est choisi par Mikhaïl Larionov en réaction aux dénominations romantico-symbolistes telles que «La Rose bleue», «La Guirlande Stephanos». Dans la langue familière russe, comme en français, le «Valet de Carreau» désigne un homme indigne de confiance, un fripon, un filou, un coquin. Par la dénomination même de l'exposition, Larionov détermine donc le caractère ironique, épate-bourgeois, de son contenu. De plus, pour Larionov, qui collectionne alors non seulement les icônes et les jouets populaires, mais également les objets du folklore urbain (les *loubki,* les cartes peintes à la main), ce terme symbolise l'introduction dans le champ artistique des cartes à jouer comme l'une des données les plus populaires de la culture urbaine ludique. De même, un peu plus tard, baptisant l'exposition «La Cible» (1913), Larionov y introduira le *soldat.*

L'activité du Valet de Carreau, qui s'érige en association en 1911, se développe jusqu'en 1913. Malgré des différences, le credo des principaux membres du groupe – Larionov, Gontcharova, Machkov, Kontchalovski, Lentoulov, etc. – consiste dans le retour de l'art à ses fondements originels, à la «sauvagerie» des non-professionnels, enfants et peintres populaires. Les dessins d'enfants, les icônes, l'imagerie populaire du *loubok,* les rouets, les jouets en argile et en bois, les plateaux, les enseignes des magasins, les inscriptions et les représentations sur les murs des maisons et les barrières, les images des toiles cirées vendues sur les marchés, deviennent des sources d'inspiration. Le style brutal fait irruption dans l'art, hardiment, rapidement. Larionov se tourne vers la vie des classes moyennes (les coiffeurs, les militaires) et utilise ces images qu'aime le peuple. De là son cycle des *Vénus,* idéal populaire de la beauté auquel l'artiste donne corps (ill. 2). Larionov ne fait pas seulement figure de «sauvage» en regard des traditions du XIXe siècle mais, à la différence des Fauves français, il se montre aussi ironique et facétieux.

C'est une ironie un peu différente qui se glisse dans certaines œuvres d'Ilia Machkov. Son *Autoportrait et portrait de Kontchalovski* (1910) (ill. 1, p. 377) en témoigne. Y sont réunis leurs objets d'engouement (des livres mentionnant «Cézanne», «Art», «Impressionnisme», «La Bible» ou encore un violon, des partitions, des équipements sportifs), mêlés à un mobilier marquant le grotesque, l'humour ou la dérision par rapport à eux-mêmes et aux modes du moment. Les dimensions considérables de la toile (208 x 270 cm), l'outrance des figures, l'incongruité picturale deviendront par la suite des caractéristiques du Valet de Carreau.

Le goût des peintres pour l'art populaire, dans lequel s'affirme la revendication d'une spécificité russe, se retrouve dans de nombreuses œuvres, quel qu'en soit

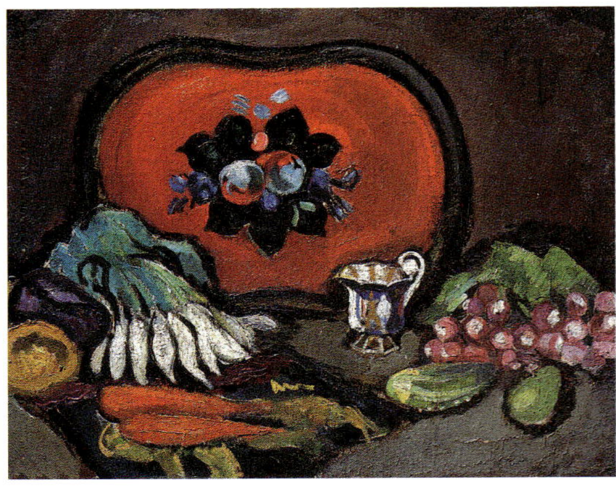

(ill. 3) **Piotr Kontchalovski**
Plateau et légumes
Huile sur toile, 73 x 92 cm
Musée national Russe, Saint-Pétersbourg

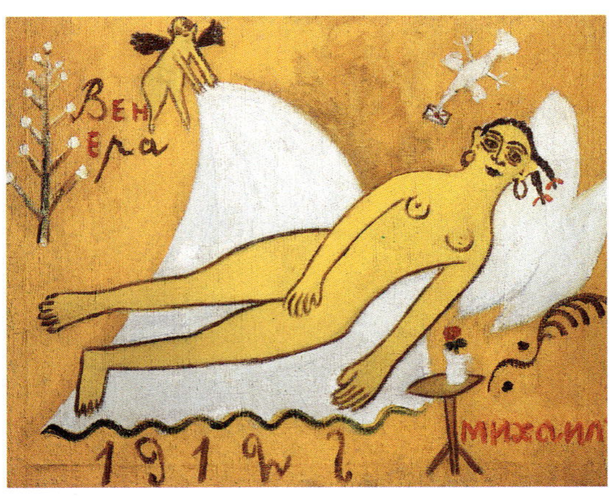

(ill. 2) **Mikhaïl Larionov**
Vénus
Huile sur toile, 68 x 85,5 cm
Musée national Russe, Saint-Pétersbourg

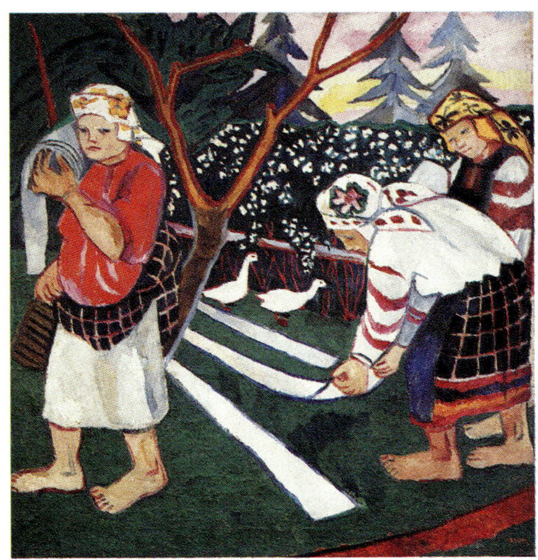

(ill. 4) **Natalia Gontcharova**
Le Blanchiment de la toile
Huile sur toile, 115 x 103,5 cm
Musée national Russe, Saint-Pétersbourg

le genre. Foires et kermesses donnent à nombre de peintures d'Aristarque Lentoulov le caractère festif propre au Valet de Carreau. Enseignes de rue, plateaux peints, fruits et légumes postiches inspirent les natures mortes d'Ilia Machkov (*Les Pains, Nature morte à l'ananas* – ces deux œuvres sont conservées au musée national Russe), comme celles de Piotr Kontchalovski (ill. 3) et d'Alexandre Kouprine.

De la même manière, un certain type de photographie très populaire à cette époque avec ses poses figées sur une toile de fond exotique est paraphrasé dans *Le Portrait de famille* ou l'*Autoportrait en gris* (cat., n° 204) de Piotr Kontchalovski ou encore *La Dame aux faisans* de Machkov (cat., n° 205). Cependant, l'esthétique de ces œuvres ne se limite pas au sourire de l'artiste observant la vie quotidienne et les goûts de ses contemporains. Machkov et Kontchalovski partent d'une approche fondamentalement nouvelle dans l'art russe du portrait. Ils fixent, plus que la ressemblance des personnages, leur comportement, le «moment temporel», la marque de l'époque, de son atmosphère, de son style. La couleur dynamique, «émotionnelle», commence, en ce sens, à prendre la place de la psychologie du modèle qu'exprime la pose, le mouvement de la tête, le regard. Dans les portraits de Machkov et de Kontchalovski, les êtres regardent un point comme s'il s'agissait d'un appareil photographique. Mais leurs grandes dimensions, leur gamme colorée intense semblent provoquer l'attention du spectateur et affirment sciemment, de façon obsessionnelle, a supériorité des représentations peintes sur la photographie.

Chez Natalia Gontcharova, on peut suivre une tout autre interprétation des idées du fauvisme. Après les natures mortes cézannistes-fauves de la fin des années 1900-1910, Gontcharova peint le cycle de la *Récolte des fruits* et *Le Blanchiment de la toile,* 1908 (ill. 4). Ces peintures conservent la douceur et le lyrisme du sujet et la représentation des figures de paysans ne présente pas encore la brutalité qui apparaîtra plus tard (cat., n° 197). Les solutions colorées et plastiques y sont plus proches de Matisse, Derain et Van Dongen que dans ses travaux ultérieurs, mais déjà s'y affirment les sources du primitivisme russe. L'artiste imite les représentations qui décorent les moules à pains d'épice et les rouets. Dans des toiles comme *Paysans* (du cycle de *La Récolte du raisin,* 1911) tous les détails du fond ont disparu. Les formes, simplifiées, se réduisent à un signe laconique et monumental et au seul contour des figures indiquant les mouvements. Le coloris, la composition et le graphisme révèlent nettement les traditions des icônes russes, de la sculpture sur bois et des fresques. L'audace colorée introduite par les Fauves se métamorphose alors en une nouvelle qualité, propre à cette artiste exemplaire parmi les primitivistes russes et la plus proche des œuvres des maîtres provinciaux de l'antique Rouss.

Matisse vient à Moscou en octobre 1911. On sait combien l'enthousiasme la découverte des monuments de l'ancienne Russie. Lui, l'un des inventeurs du fauvisme, s'adresse alors aux artistes russes en leur disant qu'ils n'ont aucune raison d'imiter l'Occident alors qu'ils peuvent trouver chez eux leurs propres sources d'inspiration. À cette époque, le primitivisme russe a pleinement fait la démonstration de son apport dans l'art du XXe siècle en créant sa propre variante du fauvisme, distincte du fauvisme occidental.

Traduit du russe par Jean-Claude Marcadé

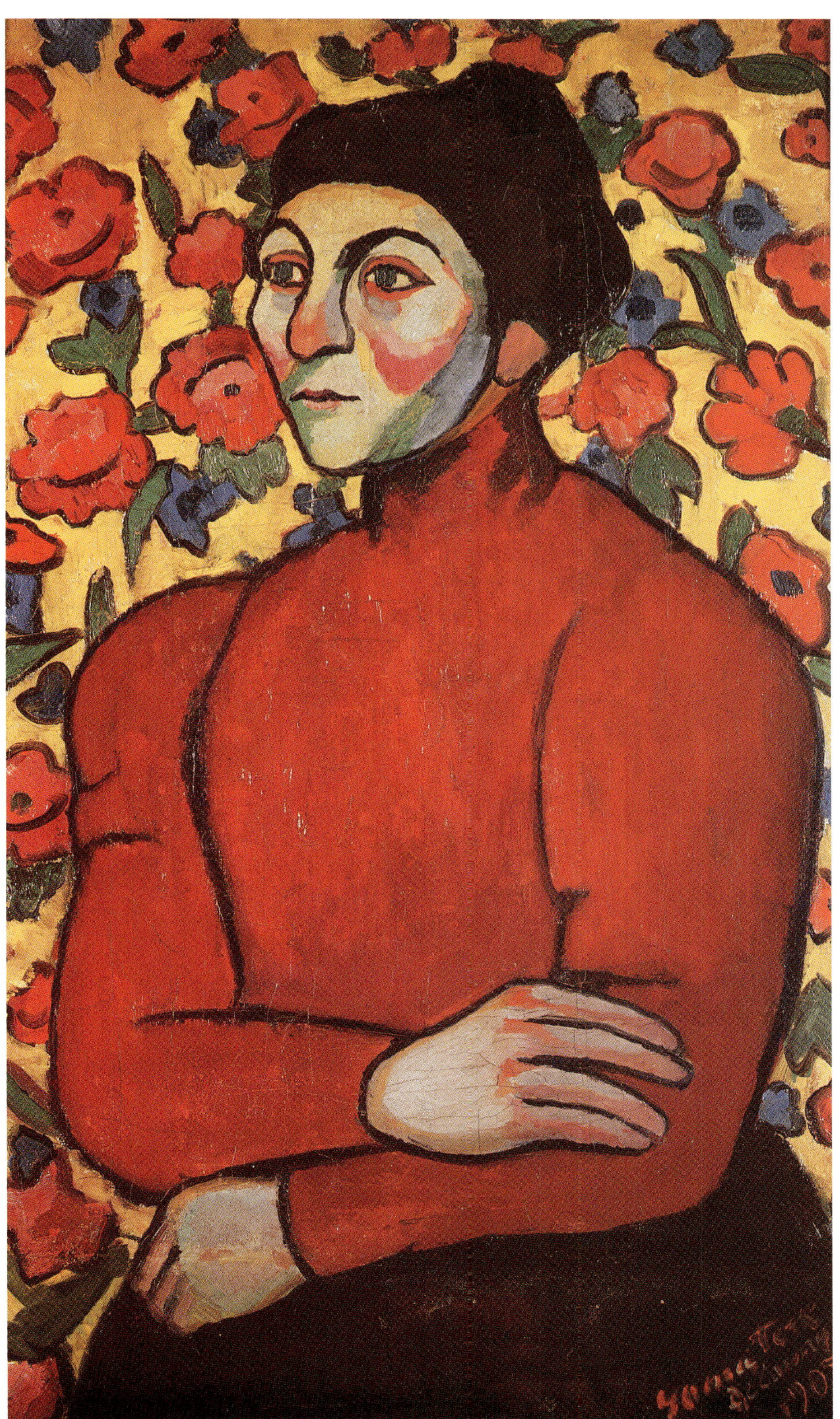

199 - Sonia Delaunay-Terk
Philomène, 1907
Huile sur toile, 92 x 54,5 cm
Musée national d'Art moderne/Centre de création industrielle, Centre Georges-Pompidou, Paris

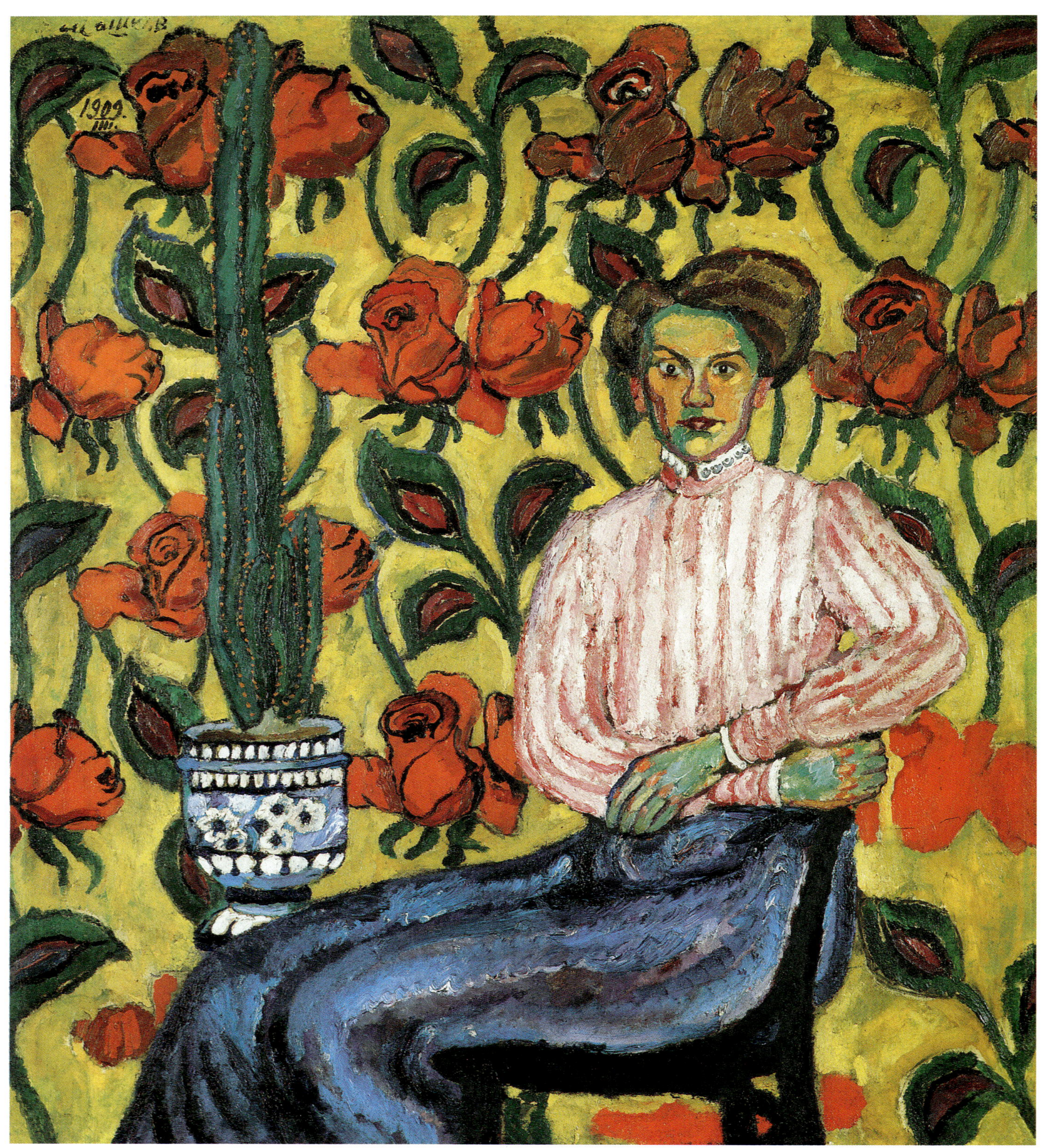

200 - Ilia Machkov
Portrait de Madame Varvana V'nogradova, 1909
Huile sur toile, 144 x 128 cm
Galerie d'État Trétiakov, Moscou

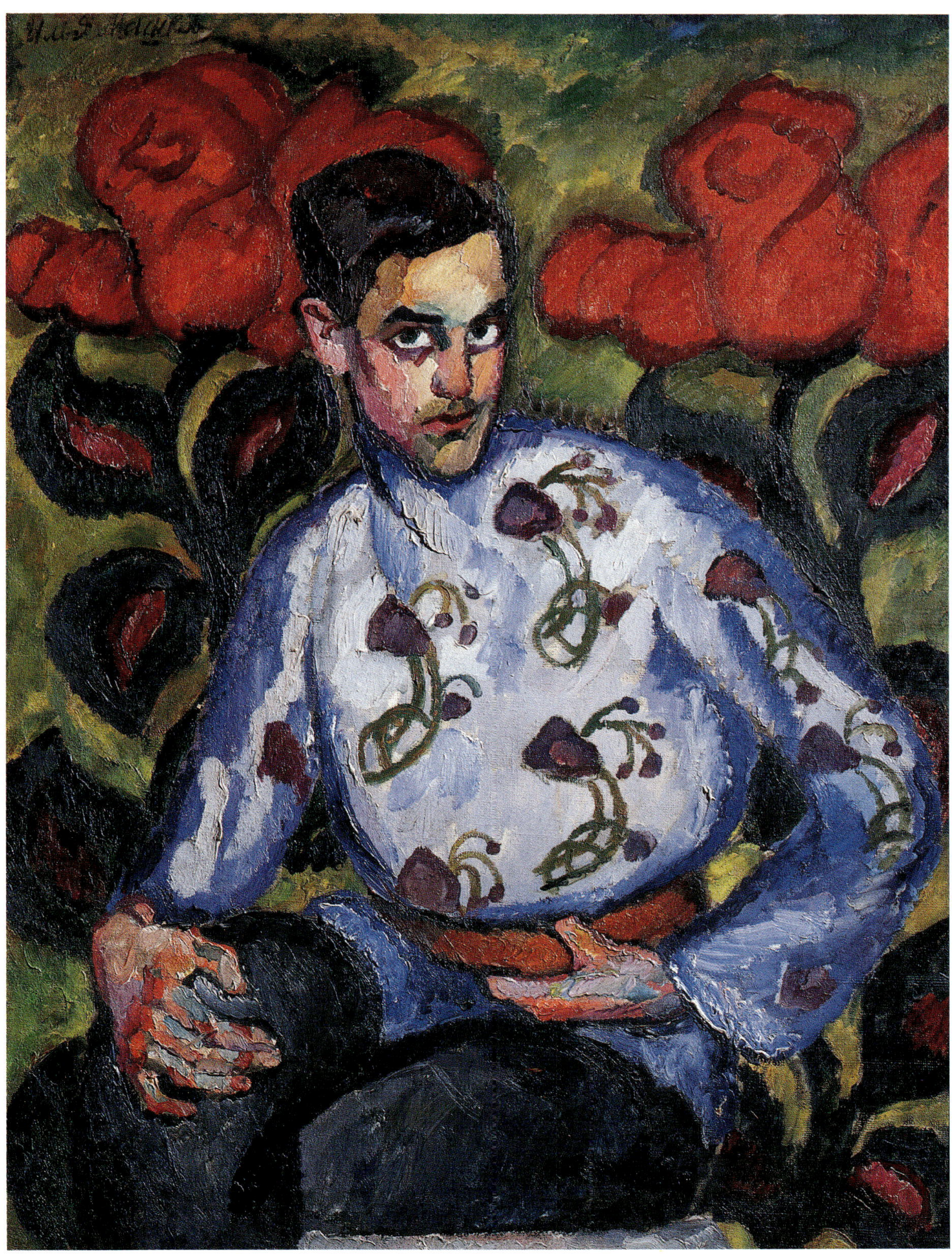

201 - Ilia Machkov
Portrait d'un garçon à la chemise ornée, 1909
Huile sur toile, 119,5 x 80 cm
Musée national Russe, Saint-Pétersbourg

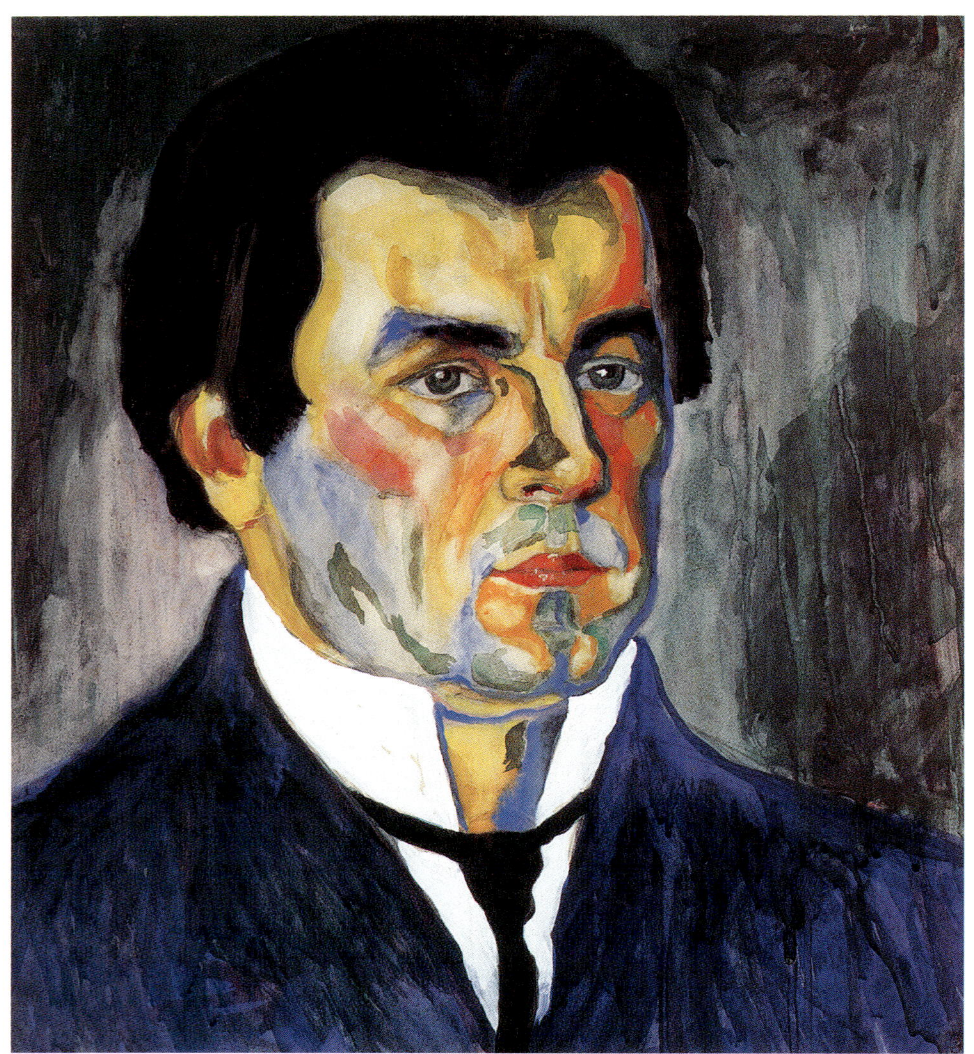

202 - Kazimir Malévitch
Autoportrait, 1910-1911
Détrempe, aquarelle, encre et lacue, 42,2 x 41,3 cm
Musée national Russe Saint-Pétersbourg

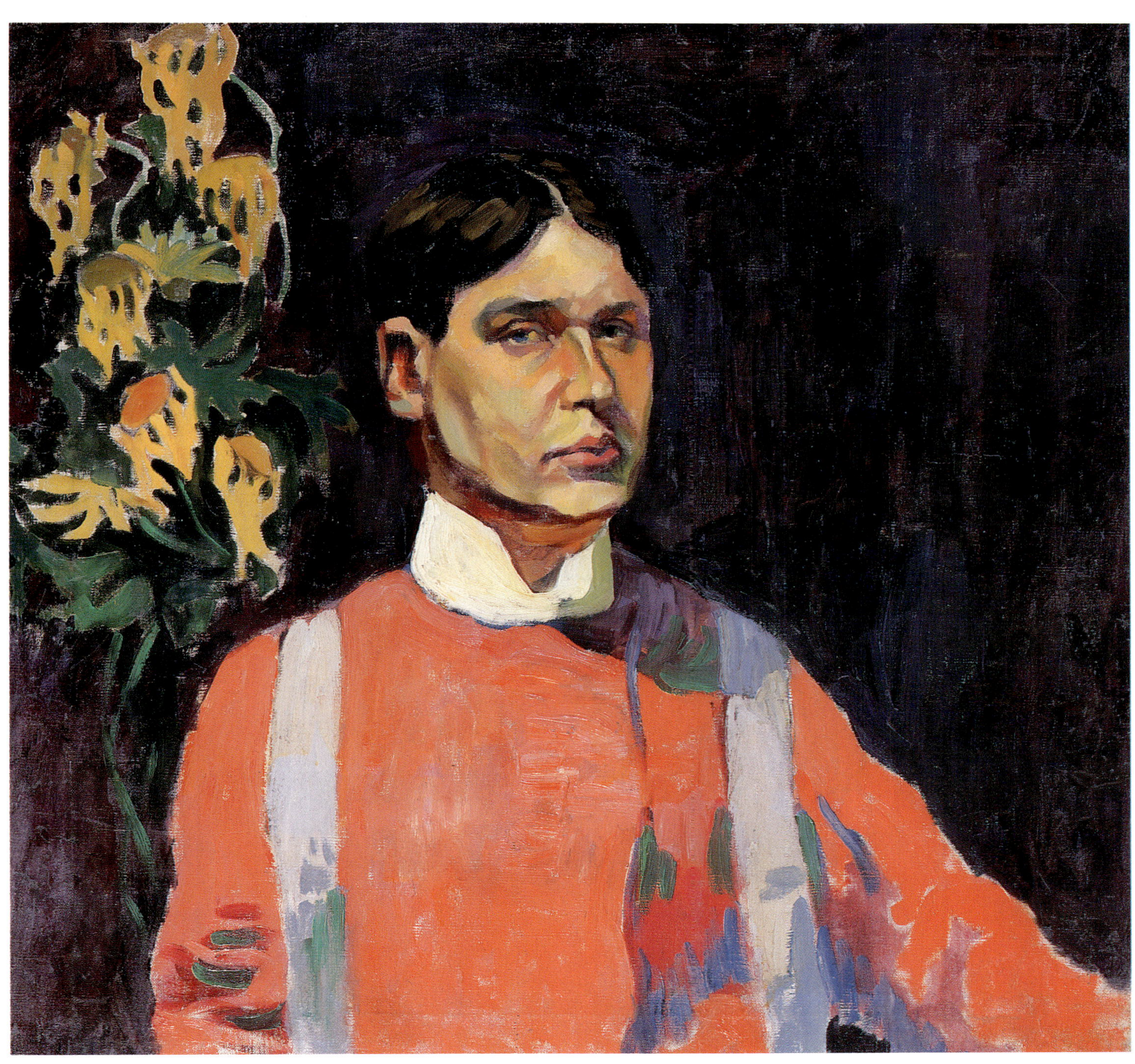

203 - Aristarkh Lentoulov
Autoportrait, 1909
Huile sur toile, 83 x 83 cm
Musée national Russe, Saint-Pétersbourg

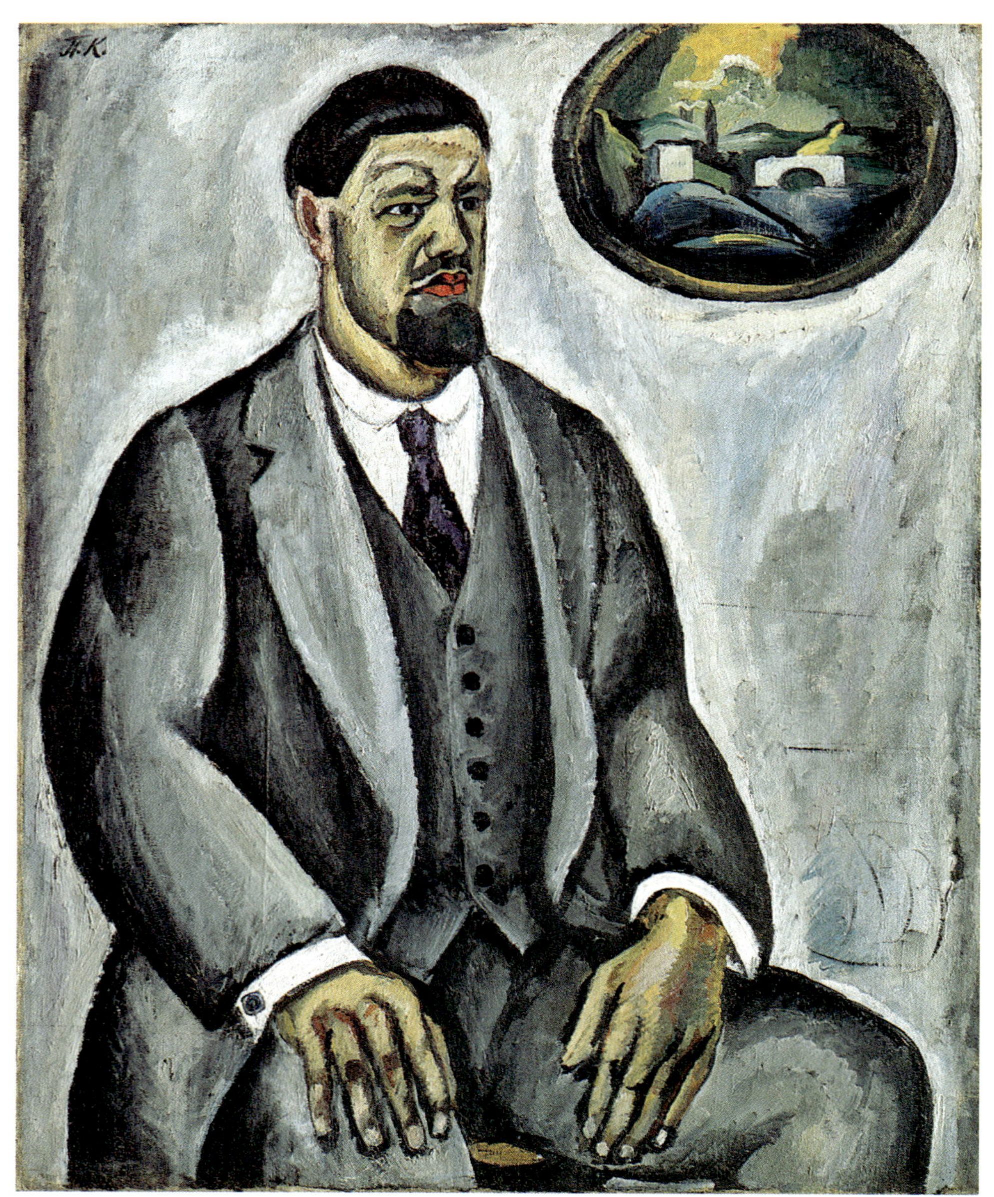

204 - Piotr Kontchalovski
Autoportrait en gris, 1911
Huile sur toile, 141,5 x 112,5 cm
Galerie d'État Trétiakov, Moscou

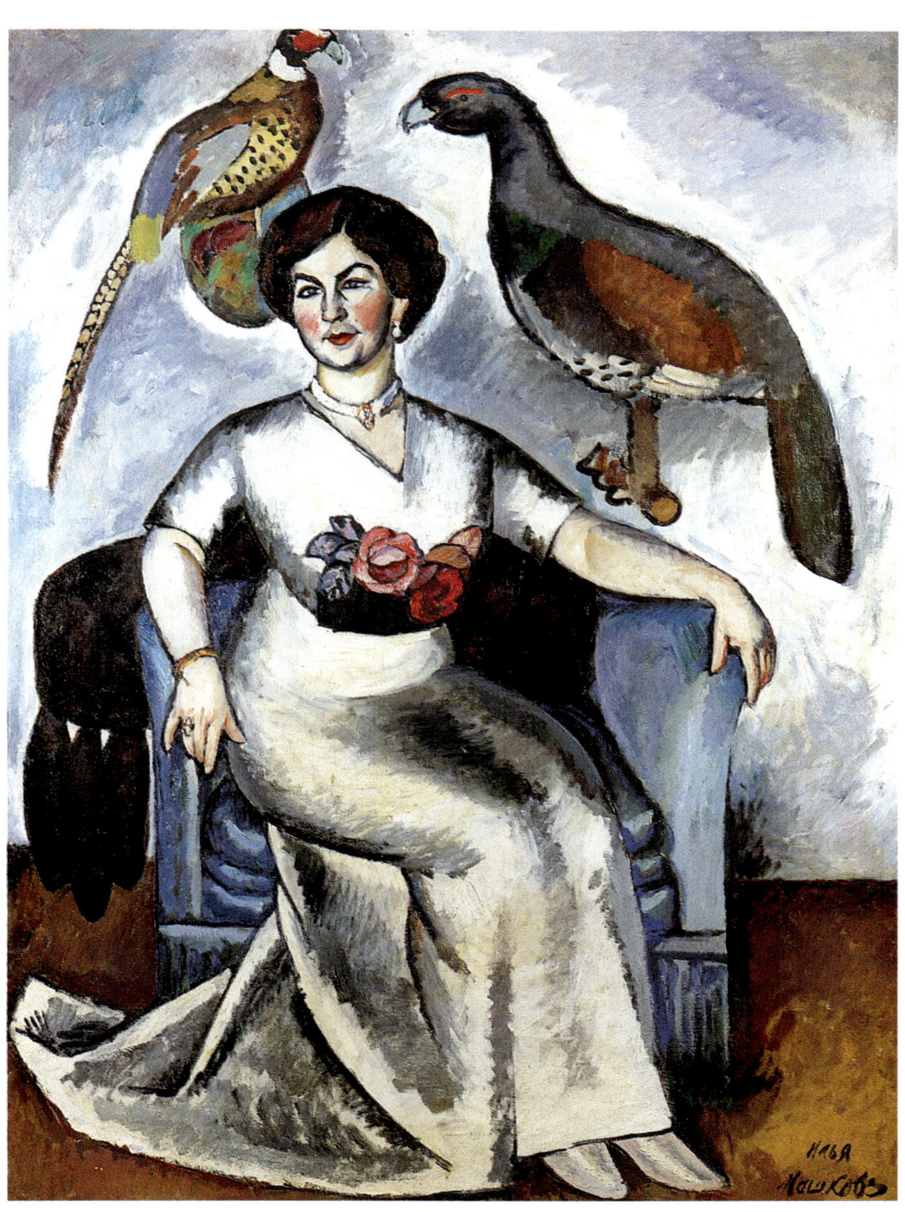

205 - Ilia Machkov
Portrait de femme avec des faisans, 1911
Huile sur toile, 177 x 133 cm
Musée national Russe, Saint-Pétersbourg

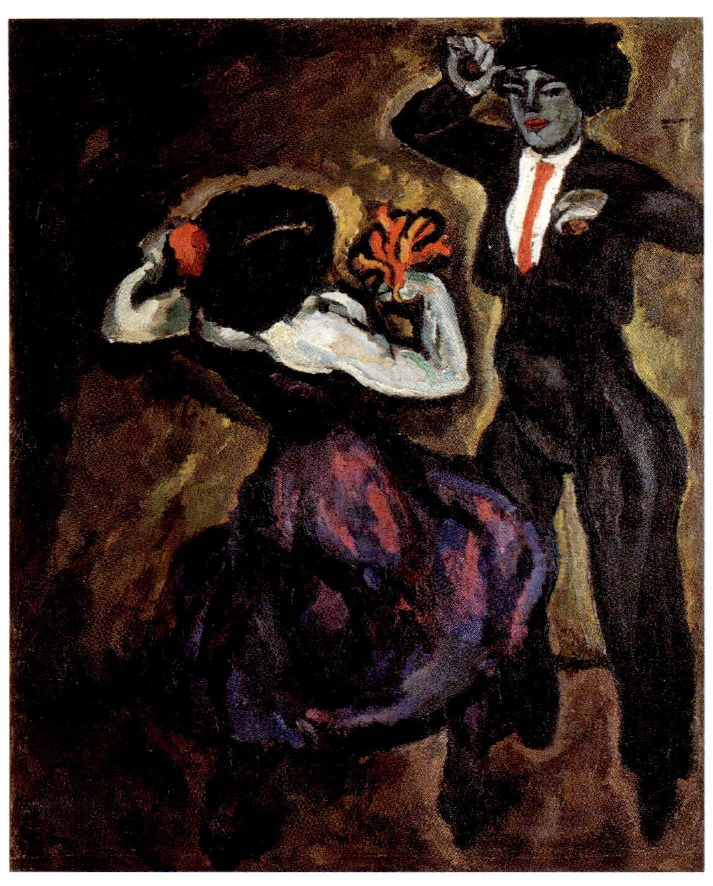

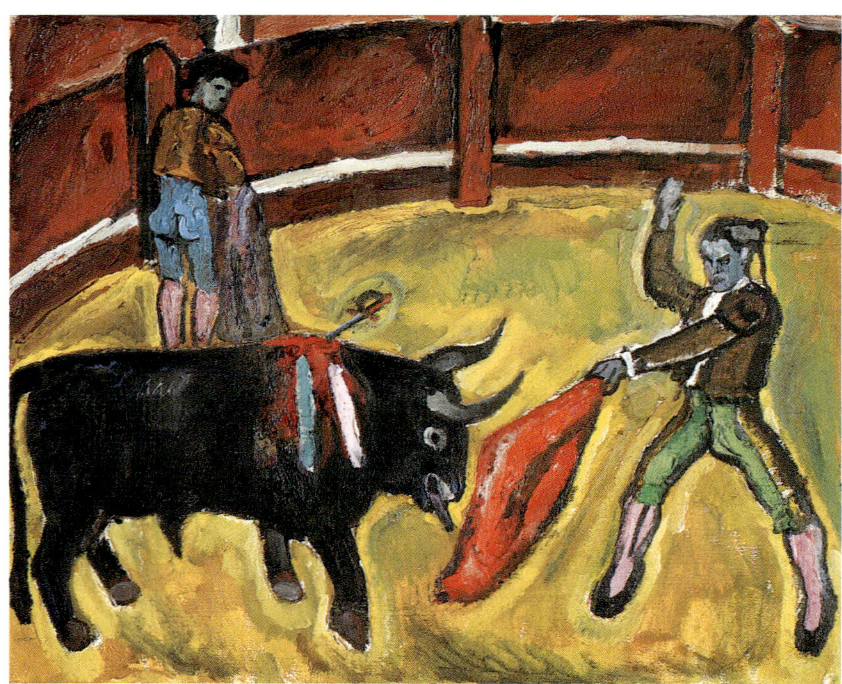

206 - Piotr Kontchalovski
La Danse espagnole, 1910
Huile sur toile, 138 x 108 cm
Musée national Russe, Saint-Pétersbourg

207 - Piotr Kontchalovski
Course de taureaux, 1910
Huile sur toile, 59,5 x 73,3 cm
Galerie d'État Trétiakov, Moscou

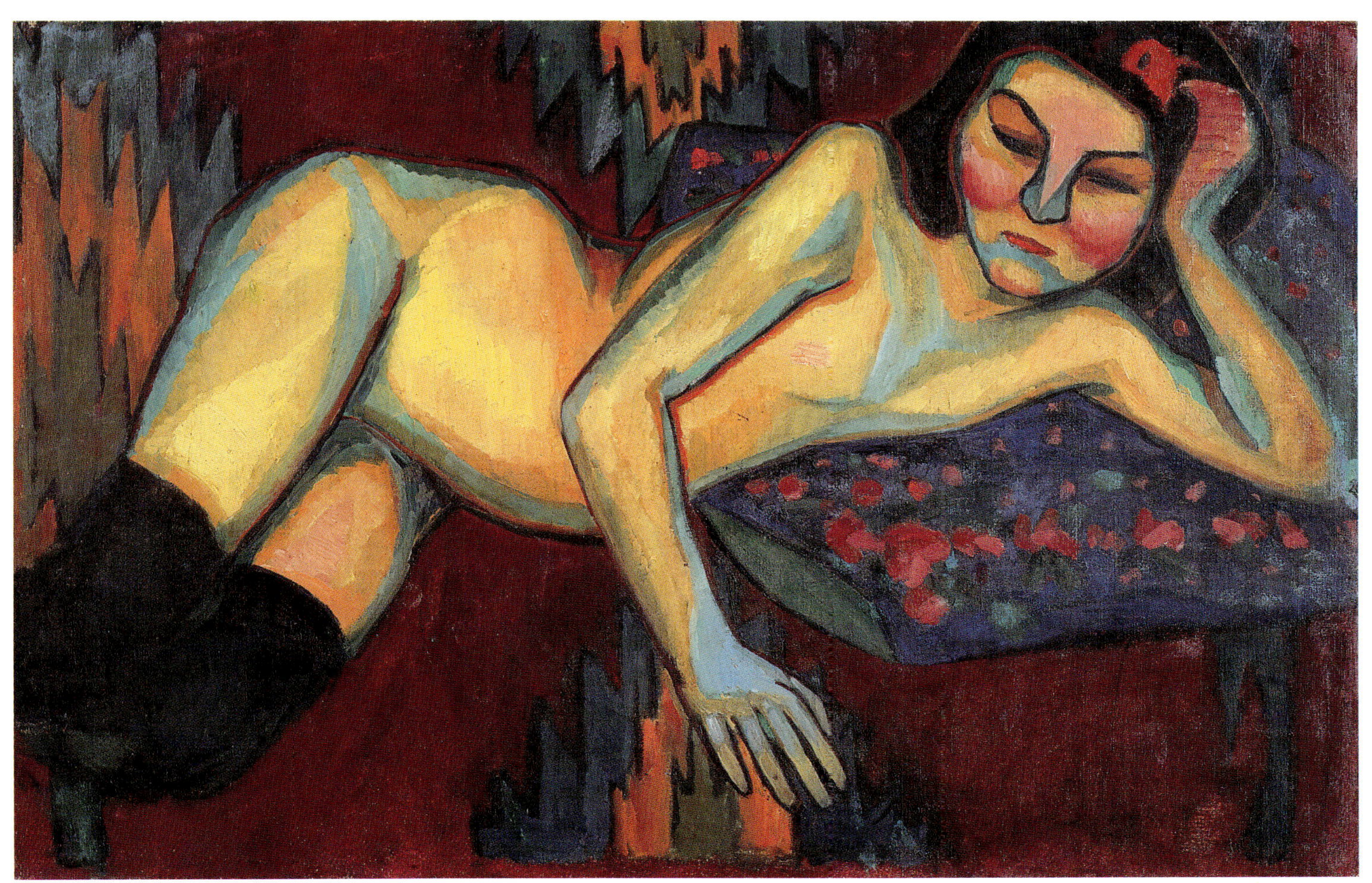

208 - Sonia Delaunay-Terk
Nu jaune, 1908
Huile sur toile, 65 x 98 cm
Musée des Beaux-Arts, Nantes

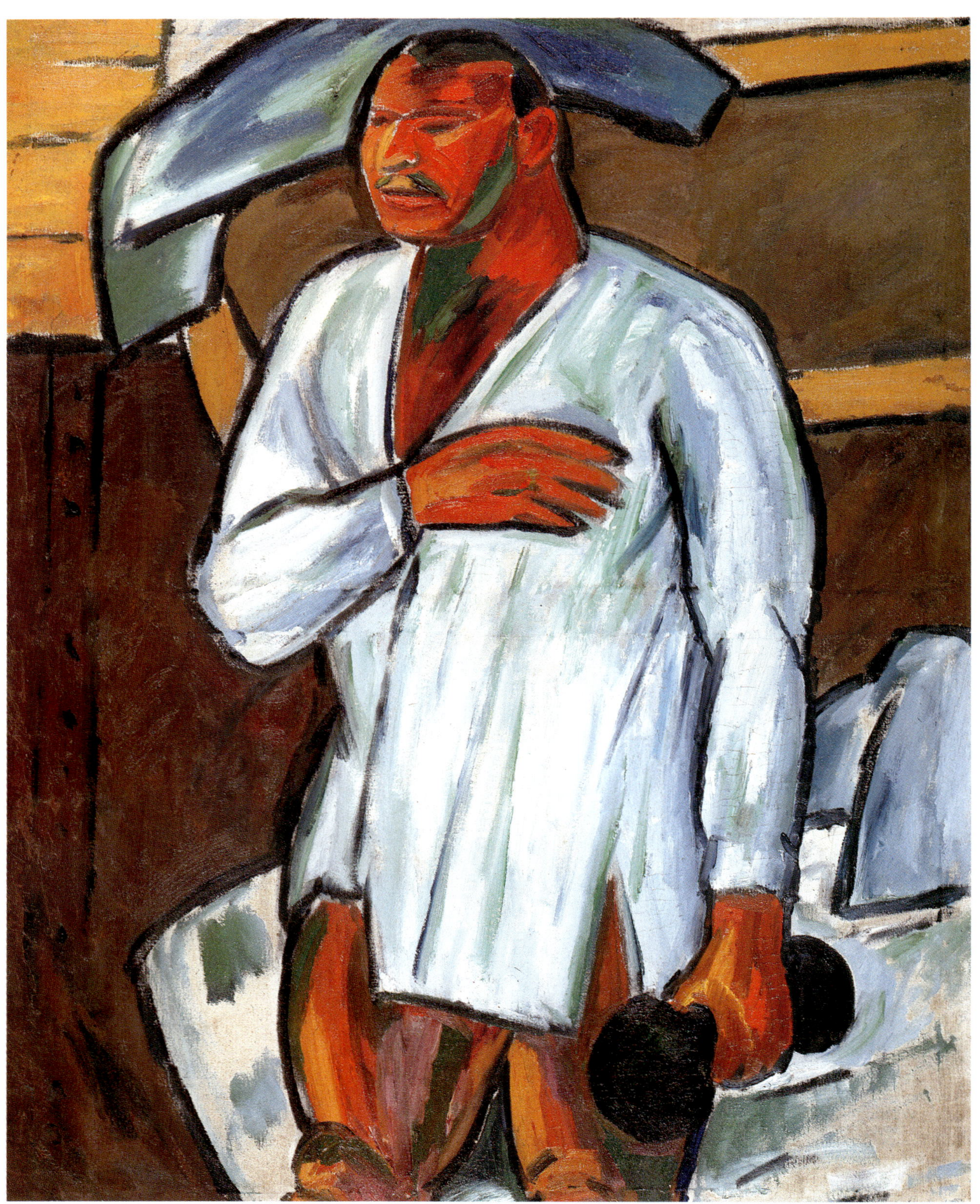

209 - Mikhaïl Larionov
Portrait d'un athlète (Vladimir Bourliouk), 1910
Huile sur toile, 132 x 104 cm
Musée des Beaux-Arts, Lyon

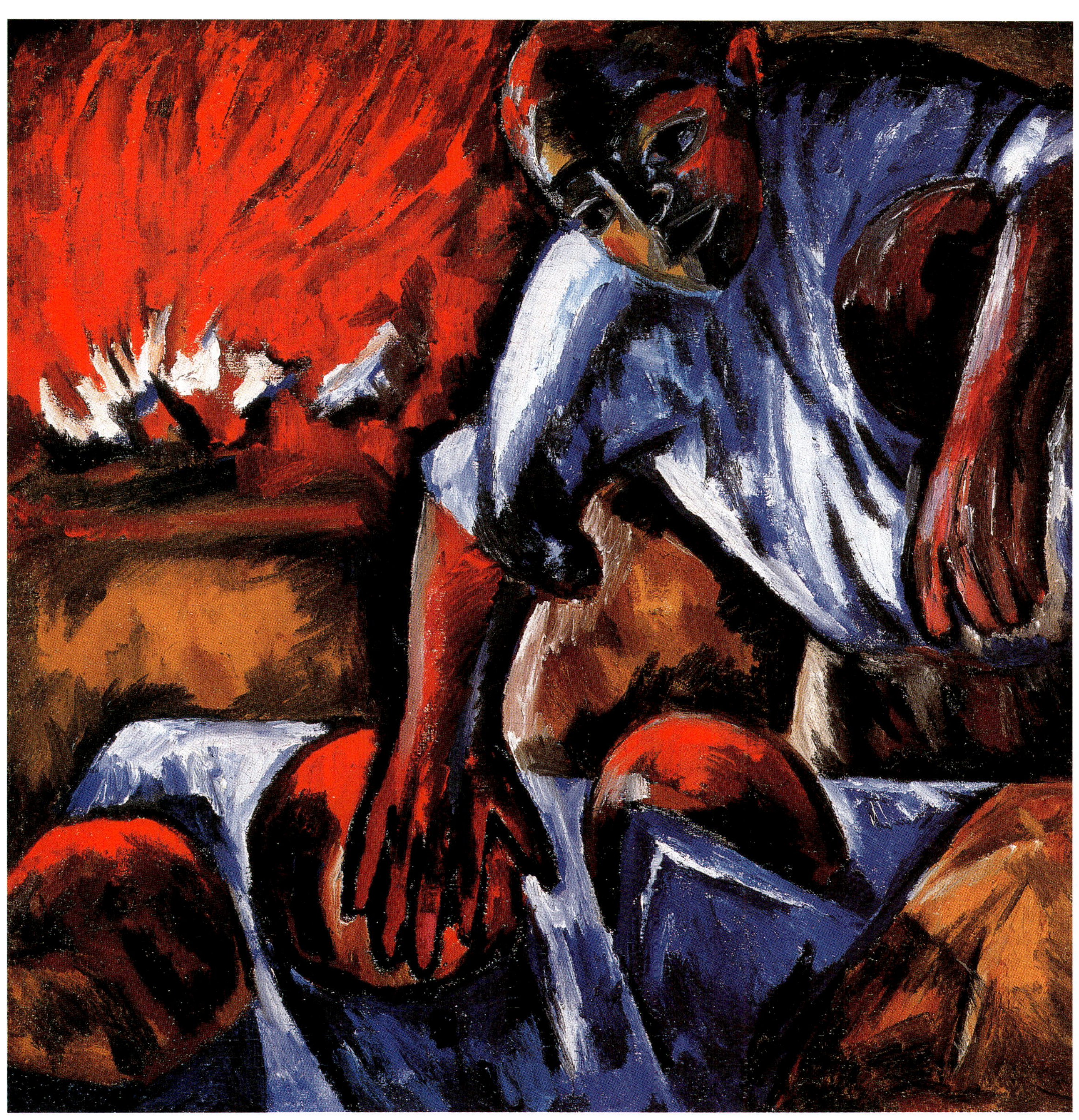

210 - Mikhaïl Larionov
Le Boulanger, 1909
Huile sur toile, 107 x 102 cm
Fundación Colección Thyssen-Bornemisza, Madrid

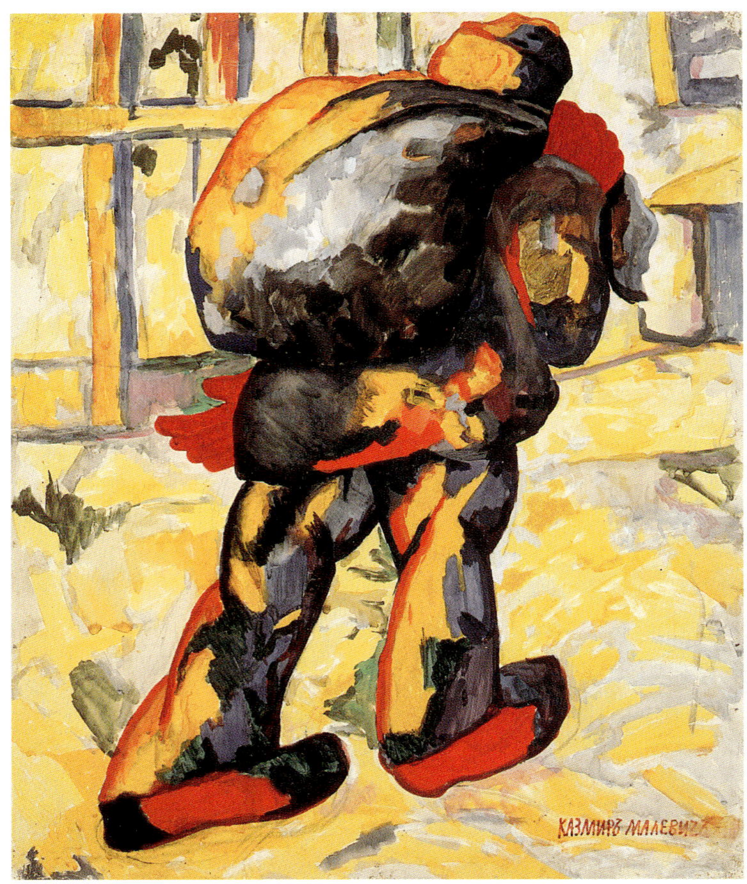

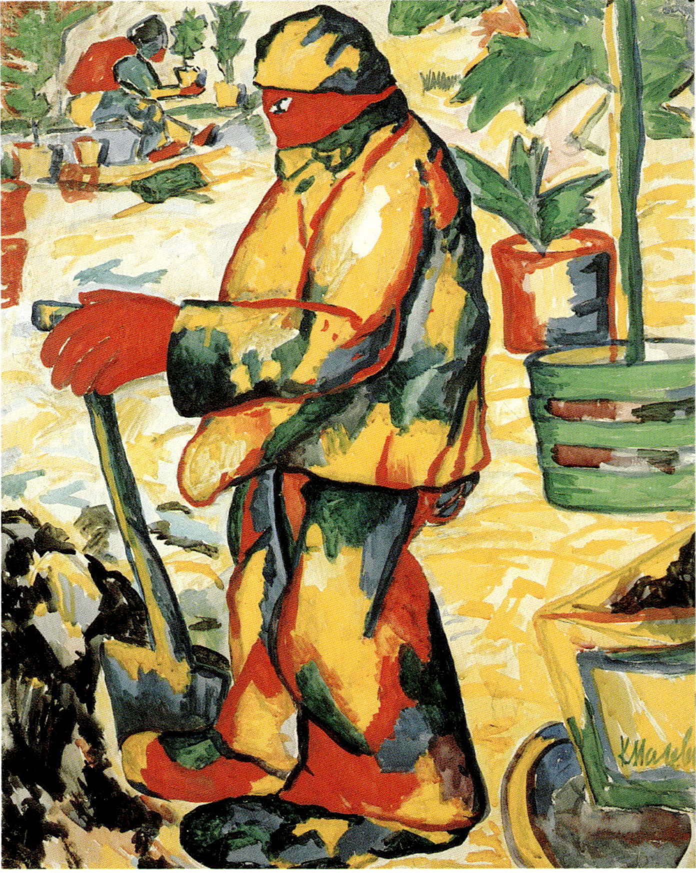

211 - Kazimir Malévitch
Homme portant un sac, 1911-1912
Gouache sur papier, 88 x 71 cm
Stedelijk Museum, Amsterdam

212 - Kazimir Malévitch
Le Jardinier, 1911-1912
Gouache sur papier, 91 x 70 cm
Stedelijk Museum, Amsterdam

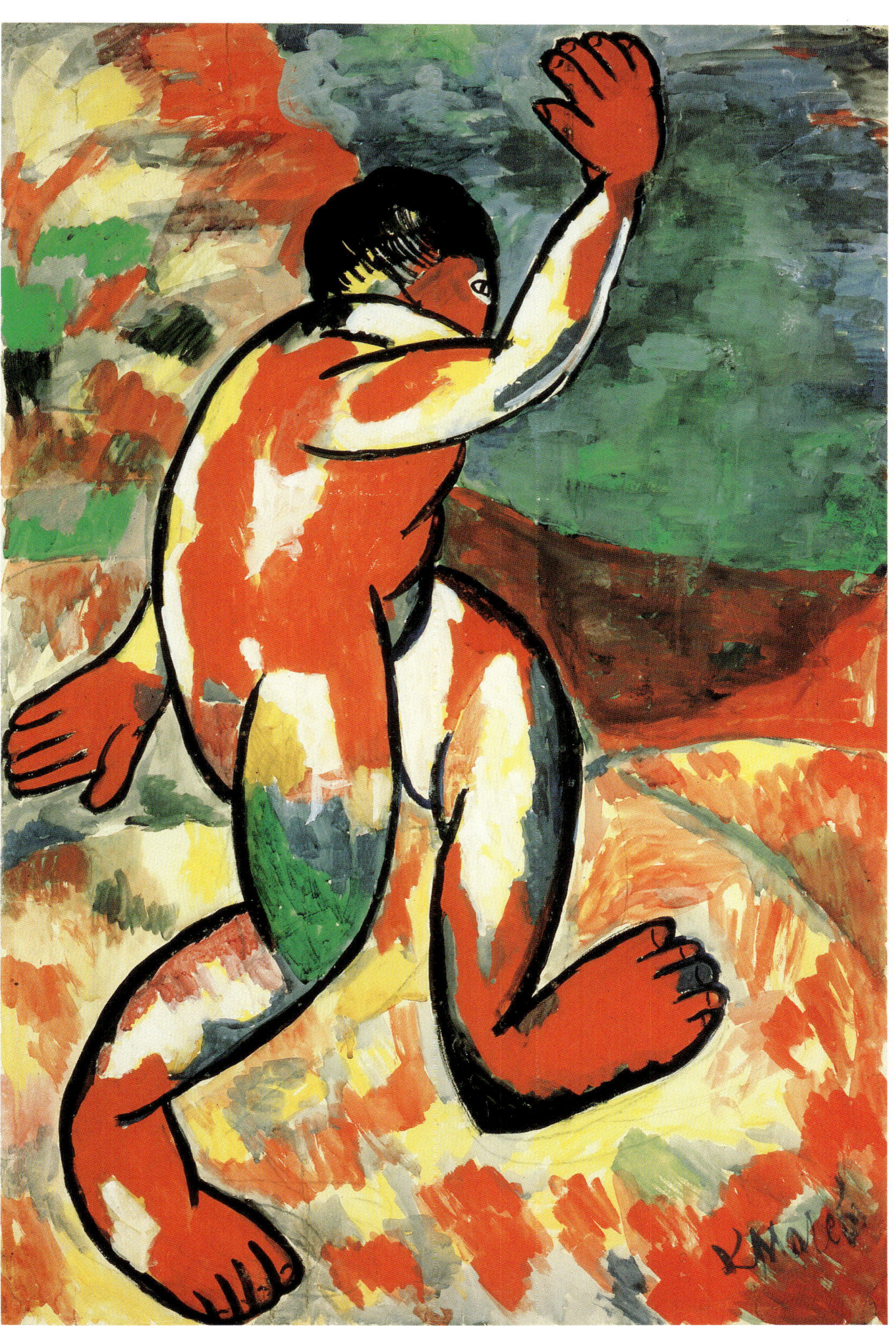

213 - Kazimir Malévitch
Baigneur, 1911
Gouache sur papier, 105 x 69 cm
Stedelijk Museum, Amsterdam

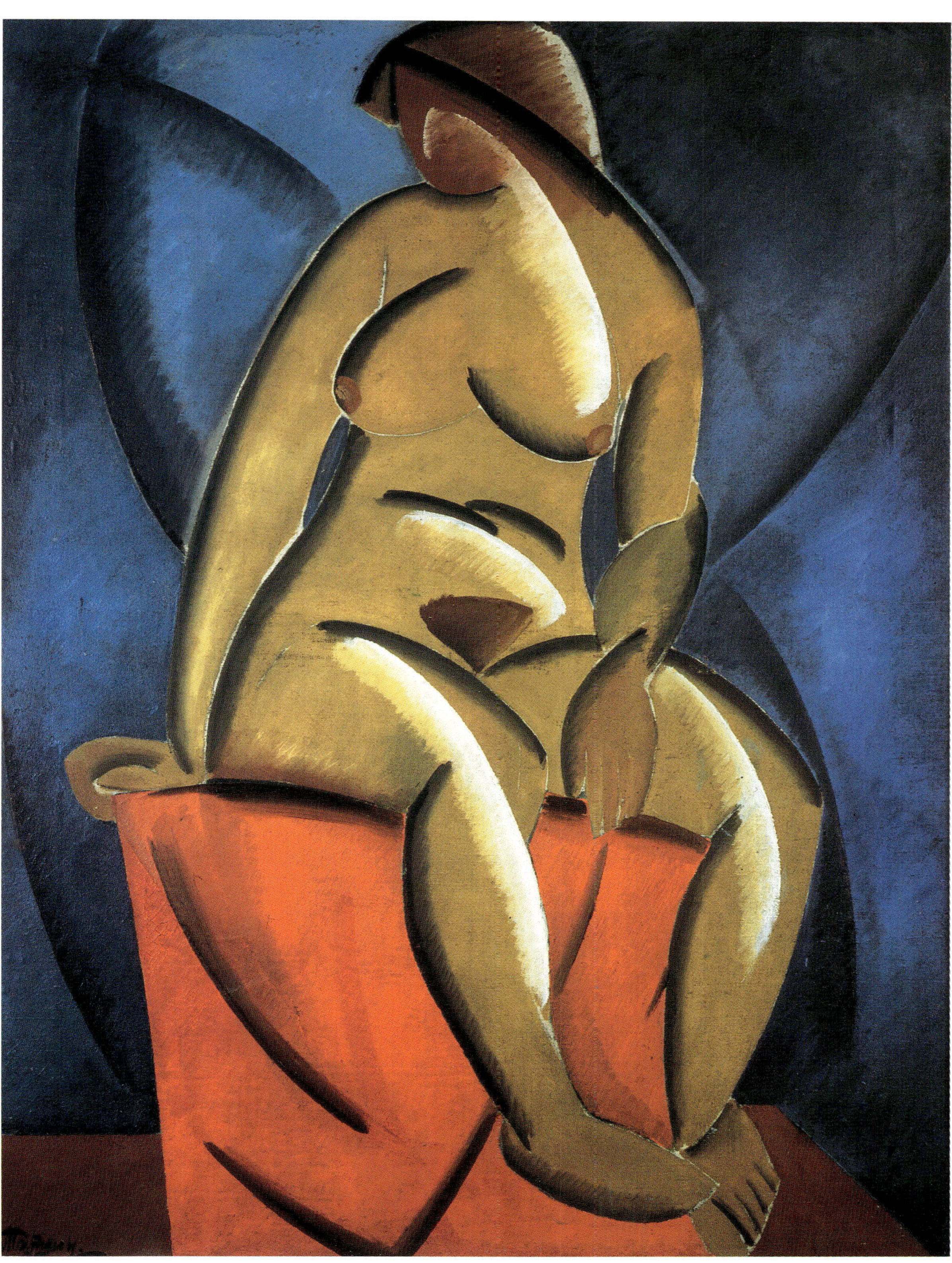

214 - Vladimir Tatline
Nu féminin, 1913
Huile sur toile, 143 x 108 cm
Galerie d'État Trétiakov, Moscou

Le fauvisme français et les collectionneurs russes

Albert Kosténévitch*

L'annonce de l'éclosion du fauvisme, première révolution dans l'art du XXe siècle, parvient en Russie au moment où se déchaîne une tout autre révolution, politique celle-là. C'est pourquoi elle passe d'abord inaperçue. Aussitôt la situation stabilisée, les cercles artistiques commentent cette nouvelle et provocante avant-garde. Traduction libre de l'appellation «Fauves», on parle des «sauvages», renvoyant non pas aux animaux de proie mais aux hommes. Les zélateurs des traditions réalistes, qui ne voient dans la peinture des Fauves qu'une énième provocation moderniste, tout comme les jeunes peintres avant-gardistes retiennent cette traduction. Larionov, Natalia Gontcharova, Machkov et leurs amis se veulent des primitifs, instigateurs d'une peinture nouvelle. Pas plus que Gauguin, devenu pour eux un modèle, ils ne se sentent offusqués par ces accusations de sauvagerie.

La rapidité des contacts des acteurs de la scène russe avec le fauvisme est inévitable. La Russie demeure, en Europe, le pays où se manifeste le plus grand intérêt pour la culture française. Rappelons qu'au XIXe siècle, l'usage de la langue française est un critère de distinction pour les couches supérieures de la société et que les nouveautés des belles-lettres parisiennes sont immédiatement relayées dans les salons de Saint-Pétersbourg.

Au tournant du siècle, les nouveaux bourgeois, enrichis par le commerce et l'industrie, commencent à jouer un rôle de plus en plus important dans la vie culturelle. Si, en règle générale, ces «kouptsy» (marchands) témoignent d'un cosmopolitisme moindre, certains possèdent une large culture, se distinguent par l'indépendance de leurs jugements en matière d'art et sont d'inconditionnels francophiles comme les Morosov et les Chtchoukine, éminents collectionneurs de la nouvelle peinture, qui parlent français et ne conçoivent pas la vie sans des séjours réguliers à Paris. Ces collectionneurs n'ont pas à compléter une collection familiale mais doivent en créer une de toute pièce; le fondateur du richissime clan des Morosov, qui tiennent un rôle considérable dans la culture russe à l'aube du XXe siècle, n'était qu'un serf au début du XIXe.

Malgré tout, l'opposition entre occidentalistes et slavophiles qui, dans la seconde moitié du XIXe siècle, a conditionné la vie spirituelle russe et ses tensions, favorise le développement d'une conscience nationale qui tempère, par un regard critique, les emprunts faits aux nouveautés de l'intelligensia parisienne.

Les stéréotypes culturels au début du XXe siècle ne favorisent pas la réception du fauvisme. Les Ambulants, adeptes du réalisme, règnent à l'Académie des Beaux-Arts et n'ont aucunement l'intention de céder leur place dans les expositions. Ils rejettent tout ce qui s'écarte de leur vision naturaliste, sans parvenir, pourtant, à maîtriser le bouillonnement qui anime la jeunesse.

* Conservateur en chef du
département d'Art moderne
occidental, Musée de l'Ermitage,
Saint-Pétersbourg.

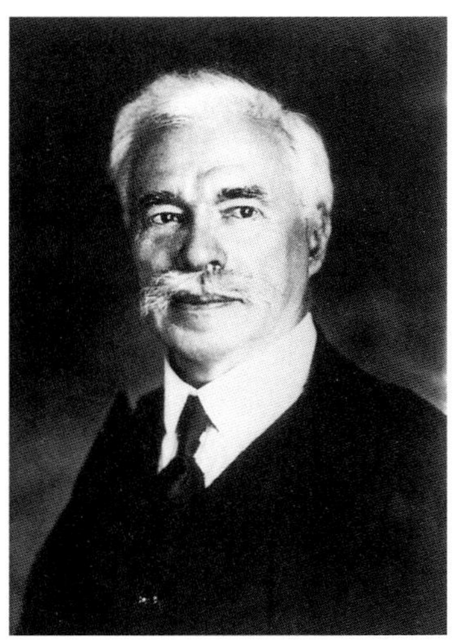

Sergueï Chtchoukine

Si la révolution de 1905 empêche, cette année-là, Chtchoukine et Morosov de voir le Salon d'Automne, dès le calme revenu, Sergueï Chtchoukine, qui possède en Russie la meilleure collection de maîtres de l'avant-garde française – Monet, Cézanne, Van Gogh et Gauguin – se rend à Paris, impatient de voir ces peintures qui ont fait scandale.

En avril 1906, au Salon des Indépendants [1], le collectionneur s'enthousiasme pour Matisse. Dérogeant à son habitude de n'acheter que dans les galeries, il demande à Vollard, avec qui il a déjà établi de solides contacts, l'adresse de l'artiste [2]. Peu après, Matisse fait part à Manguin de la vente à Chtchoukine d'une grande nature morte [3], *Vaisselle sur une table* (1900, Saint-Pétersbourg, Ermitage). Cette œuvre exprime davantage le culte de Cézanne que l'immersion dans le royaume de la couleur pure, qui avait initialement séduit Chtchoukine. Pourtant audacieux, le collectionneur moscovite n'a pas arrêté son choix sur une œuvre véritablement fauve. Il faut attendre deux ans pour qu'il acquière l'une des meilleures œuvres protofauves de Matisse, *Poterie et fruits* (1901, Ermitage) et encore la compréhension de cette toile n'est-elle pas immédiate. Prenant le tableau, Chtchoukine y met une condition dont les marchands qui le connaissent ont l'habitude: il gardera la toile quelques jours chez lui pour s'en imprégner avant de confirmer son achat [4].

Chtchoukine achète ensuite à Matisse *Le Jardin du Luxembourg* (1901; cat., n° 3). Rappelant Gauguin dont le collectionneur moscovite s'enorgueillit de posséder un ensemble exceptionnel, cette œuvre démontre comment l'exemple de Gauguin aide Matisse à atteindre un effet décoratif expressif en écartant les détails inutiles mais aussi comme il cherche déjà à atteindre une plus grande intensité de la couleur et prend le chemin qui mène au fauvisme. Cette toile, aussi bien que *Poterie et fruits,* initie à son tour Chtchoukine au fauvisme. Un an plus tard, il fait l'acquisition des *Toits de Collioure* (cat., n° 8), chef-d'œuvre incontestable de la peinture fauve. Il en apprécie l'énergie joyeuse et rebelle autant que l'extrême simplicité et la logique des procédés: les couleurs saturées et pures condensent le sentiment de l'artiste. Les couleurs de *Collioure* absorbent en elles l'éclat radieux et la somptuosité de l'été dans le Midi – non d'une manière littérale mais métaphorique.

Chtchoukine ne peut résister à la tentation d'acquérir *Vaisselle et fruits sur un tapis rouge et noir* (cat., n° 37), qui occupe une place essentielle parmi les œuvres de l'été 1906, à l'heure où le fauvisme s'affirme. Comme Matisse, il est attiré par la couleur écarlate qui, largement utilisée ici, donne au tableau son caractère insolite. Autre facteur de tentation pour Chtchoukine, importateur de textiles, toujours au contact de tissus: le tapis algérien n'y est pas qu'un détail du fond, mais règne sur tous les objets, appelés à mettre en valeur sa beauté souveraine. À plusieurs reprises, il acquiert des natures mortes de Matisse où les tissus tiennent ainsi les «premiers rôles».

Chtchoukine, à l'instar de la famille américaine des Stein, installée à Paris, et de l'Allemand Osthaus, de Hagen, croit immédiatement en Matisse. Grâce à lui, la Russie devient le premier pays à «importer» des œuvres du chef de file des Fauves. En 1908, il a déjà acquis ses œuvres les plus importantes: le *Jeu de boules* qui venait d'être peint et tout un groupe de natures mortes de différentes dates. Il a également réservé l'*Harmonie en bleu.*

Il faut de l'audace pour exposer en 1908, dans la Moscou patriarcale, le *Jeu de boules* et pour commander, dès qu'il a connaissance du projet de Matisse, le

1 Sur la visite du Salon des Indépendants par Chtchoukine et l'impression que fait sur lui *Le Bonheur de vivre* de Matisse, nous disposons du témoignage de son fils Ivan. Voir. B. W. Kean, *French Painters, Russian Collectors. The Merchant Patrons of Modern Art in Pre-Revolutionary Russia*, Londres, 1994, p. 161.

2 J. Freeman, *The Fauve Landscape,* Los Angeles, 1990, p. 83.
3 *Ibid.*, p. 92.
4 «J'eus la chance qu'il pût supporter cette première épreuve sans mal...», reconnut Matisse par la suite, voir *Henri Matisse, Écrits et propos sur l'art,* Paris, 1978, p. 118.

«panneau décoratif pour la salle à manger» que promet d'être l'*Harmonie en bleu*. Chtchoukine a besoin de cette «harmonie», dont le bleu doit se marier aux tons dorés de Gauguin, qui dominent dans sa salle à manger. L'*Harmonie en bleu* abandonnée, la place est prise par la *Conversation*, au bleu plus sombre. Passant de «l'harmonie bleu clair» à une harmonie «rouge», Matisse obtient un effet auquel lui-même ne s'attendait probablement pas. Il craint une réaction de rejet du collectionneur moscovite que pourrait choquer l'emploi, inédit dans la peinture européenne, de tant de rouge, couleur dynamique à l'extrême. Mais un familier des aplats écarlates des icônes de la Vieille Russie est préparé à accepter ce «nappage» monochrome. Le tableau défie toutes les conventions. Il n'est pas peint pour épater la galerie, seulement pour trouver une harmonie répondant à l'esprit du siècle naissant. La réussite est prodigieuse et l'œuvre devient le manifeste du nouvel art. C'est comme telle qu'elle exercera son influence sur les jeunes peintres russes.

À Moscou, *La Chambre rouge, Jeu de boules, La Nymphe et le Satyre* font de la collection Chtchoukine le poste avancé de l'avant-garde européenne. Mais Chtchoukine ne souhaite pas s'en tenir là et il commande à Matisse, pour l'escalier de son hôtel particulier, *La Danse* (cat., n° 125) et *La Musique*. C'est l'apogée de la collaboration entre l'artiste et le collectionneur qui joue ainsi son rôle dans la création de cet ensemble, jalon insigne de l'histoire de la peinture. «Et pour qui donc [5]?» Matisse aurait peint de si énormes toiles, répondit un jour Pierre Matisse, le fils du peintre, que l'on interrogeait à ce sujet.

Il est difficile aujourd'hui de comprendre l'audace d'une telle commande. Chtchoukine le laisse deviner lorsqu'il écrit à Matisse :

Je trouve votre panneau «la danse» d'une telle noblesse, que je pris la resolution de braver notre opinion bourjeoise et de mettre sur mon escalier un sujet avec le nu. En même temps il me faudra un deuxieme panneau, dont le sujet serait tres bien la musique.
J'etais tres content d'avoir votre reponse : accepte commande ferme panneau la danse quinze milles et panneau la musique douze milles prix confidentiel. Je vous remerci beaucoup et j'espere avoir bientot une esquisse de deuxieme panneau.
Dans ma maison on fait beaucoup de la musique. Chaque hiver il y a une 10 concerts classiques (Bach, Bethoven, Mozart). le panneau la musique doit un peu indiquer le caractere de la maison. J'ai pleine confiance en vous et je suis sur que la musique sera aussi reussie comme la danse [6].

Cette confiance explique l'entrée dans la collection Chtchoukine d'œuvres d'une importance fondamentale, parfois très personnelles pour Matisse comme *La Famille du peintre*, *La Conversation* (un autoportrait avec sa femme), le *Portrait de Madame Matisse*. Avoir cédé ces tableaux au collectionneur russe montre combien les deux hommes, pourtant si différents, entretenaient des rapports privilégiés. Acquérir ces toiles, si incroyablement éclatantes et si extraordinairement simples, c'était courir le risque, pour Chtchoukine, de passer pour fou aux yeux des marchands moscovites, très conservateurs. De son côté, grâce à ces commandes et à ces achats, Matisse peut louer en 1909, puis acheter quatre ans plus tard, une maison à Issy-les-Moulineaux. Dans le jardin, il édifie un vaste atelier qui lui permet de mener à bien de grandes toiles, dont le cycle des «intérieurs symphoniques» et des peintures marocaines. Protecteur de Matisse, Chtchoukine a acquis ses œuvres majeures, celles qui développent la thématique de «l'âge d'or» au-delà du fauvisme, dans la lignée de la *Joie de vivre* qui l'avait tellement frappé en 1906.

Rapporté par l'écrivain Ilia Ehrenburg, ce que le maître français dit du collectionneur russe témoigne de cette relation privilégiée :

5 «*When asked if this father would have painted the panels on such a scale whithout Stchukin, Pierre Matisse answered, "Why – for whom?"* »,
B. W. Kean, *op. cit.*, p. 298-299.

6 Lettre de S. I. Chtchoukine à Matisse du 31 mars 1909, publiée pour la première fois avec un découpage fautif du texte dans *A. Barr. His Art and His Public*, New York, 1951, p. 555.

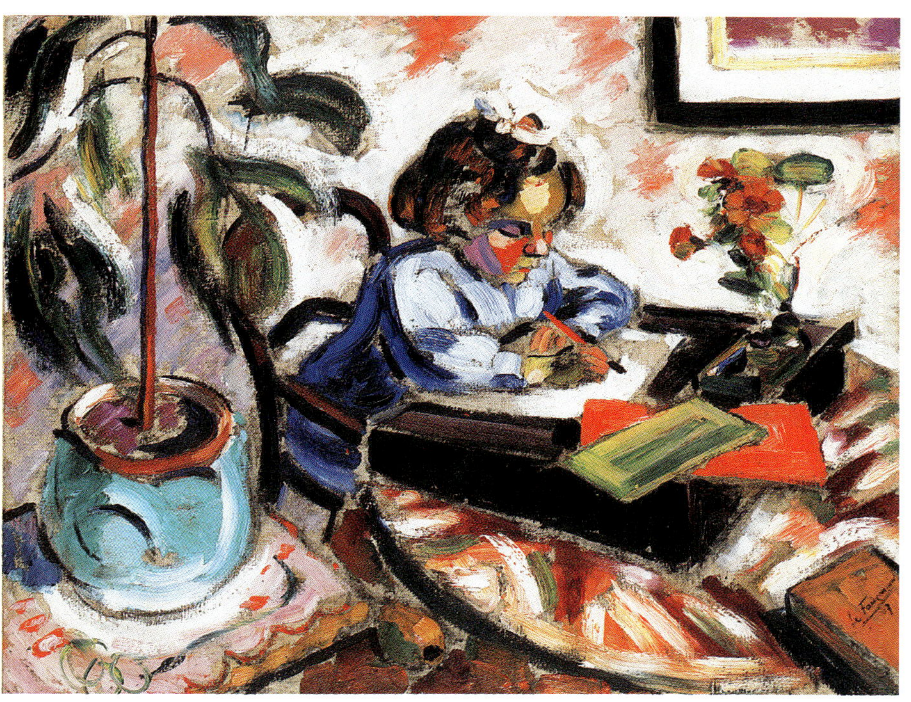

215 - Henri Le Fauconnier
La Petite écolière, 1907
Huile sur toile, 73 x 92 cm
Musée de l'Ermitage, Saint-Pétersbourg

Chtchoukine a commencé à acheter mes œuvres à partir de 1906. Peu de personnes en France me connaissaient à cette époque… On dit qu'il est des artistes dont les yeux ne se trompent jamais. C'est précisément de tels yeux que possédait Chtchoukine bien qu'il ne fût pas artiste mais marchand. Il choisissait toujours ce qu'il y avait de mieux. Parfois cela me faisait de la peine de me séparer d'une toile et je lui disais : « Ce n'est pas réussi, je vais tout de suite vous en montrer d'autres… » Il regardait et finalement disait : « Je prends ce le que vous n'avez pas réussie [7] ».

Les rapports de Chtchoukine avec le fauvisme ne se limitent pas à l'acquisition des toiles de Matisse. Au Salon d'Automne de 1906, son attention est attirée par un tableau de Manguin, *Matin (Au bord du golfe de Cavalière)* (Ermitage), qu'il retient sur-le-champ. Cette œuvre, exécutée pendant l'été, est l'une des meilleures créations de

l'artiste, mais en dépit de la pureté de ses couleurs, ce paysage harmonieux n'a pas le caractère de défi propre au fauvisme. Plus tard, jugeant la part prise par chacun dans ce mouvement et privilégiant Matisse, Chtchoukine apprécie Vlaminck et Friesz, mais n'achète que leurs œuvres où le culte de Cézanne a supplanté le fauvisme. Il place Derain, aux côtés de Matisse et de Picasso, au rang des plus grands peintres de l'époque, mais il acquiert son *Port* (1905, Ermitage) en 1913, alors que le fauvisme constitue déjà une page tournée de l'histoire de l'art et que lui-même s'attache davantage au cubisme de Picasso. Van Dongen l'attire par son coloris forcé à l'extrême et l'âpreté de sa thématique psychologique. Comparant ses œuvres aux tableaux de Forain, acquis au milieu des années 1890, Chtchoukine ne peut hésiter sur l'achat d'*Antonia la Coquinera* (1906, Ermitage) où les divertissements montmartrois sont représentés de façon si extravagante que les créations de Forain lui semblent en regard pâlottes et académiques. Chtchoukine a la chance d'obtenir *Le Printemps* (1908), sans aucun doute l'un des meilleurs paysages de Van Dongen, et *La Dame au chapeau noir* (1908, Ermitage), l'un des portraits les plus novateurs du début du siècle. Exilé après la Révolution de 1917, privé de sa fortune, Chtchoukine se voit proposer de l'argent par des marchands parisiens pour qu'il achète des tableaux auxquels son nom seul donnerait de la valeur. Il refuse ce rôle humiliant, « mais il dit que s'il pouvait collectionner, il collectionnerait Raoul Dufy [8] » ; visiblement, il regrette de l'avoir « manqué » en son temps.

Autre collectionneur exceptionnel du début du XXe siècle, Ivan Morosov, avec parfois moins d'audace que Chtchoukine, ordonne, en revanche, de manière extrêmement réfléchie la composition de sa collection. Morosov

7 I. G. Ehrenburg, *Lioudi, gody, jizn'* [Les gens, les années, la vie], livre 5, Moscou, 1966, p. 427.

8 Bourychkine, *Moskva koupiétcheskaia* [La Moscou des marchands], Moscou, 1991, p. 148.

ne s'intéresse pas qu'aux «Français» mais aussi aux Russes, symbolistes et impressionnistes (enfant, il a pris des leçons de peinture chez l'un d'eux, Constantin Korovine) et «Fauves»: Larionov, Gontcharova, Machkov, Sariane.

Dans son hôtel particulier, décoré de toiles des maîtres du fauvisme, Matisse est surtout représenté par des natures mortes (Morosov est moins sensible que Chtchoukine aux grandes toiles à programme). À l'exception de la *Nature morte à la cruche* (vers 1900, Moscou, musée Pouchkine), œuvre de jeunesse aux potentialités déjà fauves, ce sont *Bouquet (Vase à deux anses)* (1907, Ermitage) et plus encore *Fruits, fleurs, panneau «La Danse»* (1909, Ermitage) et *Fruits et bronze* (1910, musée Pouchkine) qui caractérisent le goût de Morosov, enclin à la mesure et à la réflexion. Le groupe d'œuvres le plus célèbre créées pour Morosov par Matisse, le *Triptyque marocain* (1912, musée Pouchkine), ne relève plus du fauvisme mais doit beaucoup à l'expérience des années précédant sa composition.

Si Mikhaïl Morosov, mort prématurément en 1903, a découvert Louis Valtat dont le *Ressac marin* [*Marine*] (1900, Ermitage) est annonciateur du fauvisme, Ivan Morosov, ayant à cœur de continuer l'œuvre de son frère aîné, rassemble neuf toiles de premier ordre de l'artiste. Valtat a recherché les possibilités expressives de la couleur pure et de la touche énergique bien avant le Salon d'Automne de 1905, mais il se sentait proche de la veine décorative de Bonnard ou de Vuillard. Morosov, qui a constitué la meilleure collection de toiles Nabis en Russie, ne pouvait ignorer cet artiste.

Les paysages attirent tout particulièrement Morosov. Il réunit un ensemble exceptionnel de vues de Paris de la période fauve de Marquet et deux toiles de Vlaminck, âpres et intérieurement tendues: une *Vue de la Seine*

(1906, Ermitage) [9] et *Barques sur la Seine* (1907, musée Pouchkine). En 1907, il règle à Vollard le *Séchage des voiles* (1905; cat., n° 28) de Derain, une des œuvres les plus marquantes de la «cage aux fauves», immortalisée par sa reproduction dans *L'Illustration* du 4 novembre 1905. Morosov est séduit par la magistrale simplicité de la décision picturale qui se passe des demi-tons, désigne chaque

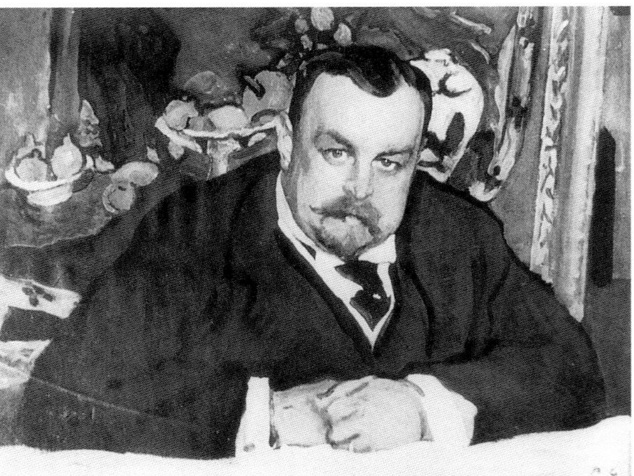
Ivan Morosov

détail par une tache de couleur pure sans même parfois recouvrir le fond de la toile, lequel apparaît telle une eau scintillante sous les rayons du soleil de midi et les voiles des barques traînées sur la rive.

Les collections de Chtchoukine et de Morosov ont eu une influence majeure sur l'évolution de l'avant-garde russe du début du XXe siècle [10]. Les «excursions chez Chtchoukine», dont la maison est ouverte chaque dimanche, apportent bien plus aux étudiants de l'École de peinture, sculpture et architecture de Moscou, que les cours des maîtres de l'école réaliste qui voient dans cette collection le principal foyer de la «contagion» moderniste. Ces jeunes artistes, lorsqu'ils créent le groupe du «Valet de Carreau», élisent Chtchoukine président d'honneur de leur association.

Très vite, l'attirance pour la peinture nouvelle – fauvisme en tête – se manifeste dans les expositions et les revues. Ainsi, dans *La Toison d'Or*, éditée à Moscou depuis 1906, défendant un art opposé à celui des Ambulants, trouvent très vite place des articles de personnalités de

9 Cette toile fut offerte par Ambroise Vollard, qui ne se distinguait pas par sa générosité, à son fidèle client Ivan Morosov, «au Russe qui ne marchande jamais», selon ses dires. Elle accompagnait l'achat de deux autres toiles.

10 Nationalisées en 1918, ces collections furent réunies dans le musée du Nouvel Art occidental à Moscou. En 1943, le musée fut supprimé et les collections partagées entre l'Ermitage et le musée des Beaux-Arts Pouchkine.

la critique française : «Les nouvelles tendances de l'art français» de Charles Morice, «De Gauguin et Van Gogh au classicisme» d'Henri Mercereau et surtout les «Notes d'un peintre» de Matisse lui-même, document-programme du fauvisme et de l'art moderne.

Les deux salons de «La Toison d'Or», en 1908 et en 1909, organisés par l'éditeur de cette revue, l'industriel et peintre amateur Nikolaï Riabouchinski, ont une grande importance. Dans la section française de l'exposition de 1908, aux côtés des classiques de l'avant-garde – Pissarro, Renoir, Degas, Van Gogh, Gauguin, Redon –, sont exposés des tableaux fauves ou proches du fauvisme, signés Matisse, Manguin, Marquet, Puy, Friesz, Braque, Derain, Van Dongen. Dans cet ensemble figurent notamment quatre toiles de Derain de la série londonienne ainsi que *Le Port de La Ciotat* et *L'Escaut (Anvers)* de Braque, le *Port d'Anvers* de Friesz, les vues des quais du Louvre de Marquet, *La Dame aux gants noirs* de Van Dongen, *La Petite écolière* de Le Fauconnier (cat., n° 215) et cinq toiles de Matisse dont *La Coiffure, La Terrasse (Saint-Tropez)* et *La Jetée de Collioure*. L'année suivante, Vlaminck rejoint ce groupe tandis que *La Danseuse rouge* de Van Dongen (cat., n° 72) fait sensation. À chacune de ces expositions, les jeunes peintres russes, Larionov, Gontcharova, Sariane, et quelques autres confrontent avec assurance leurs œuvres à celles des maîtres français de la couleur.

Les deux tableaux de Van Dongen vont rester en Russie. Nikolaï Riabouchinski a, un an auparavant, acquis *La Petite Écolière* de Le Fauconnier, exécutée sous l'influence des tableaux de Matisse *La Lecture* (1906, New York, Museum of Modern Art) et *La Jeune fille lisant* (1906, musée de Grenoble), et acquiert la *Danseuse rouge*. Sa collection n'atteint pas le niveau de celles de Chtchoukine et de Morosov, mais son aspiration à appartenir à son siècle

en fait le possesseur d'œuvres maîtresses qui ont une grande résonance chez les jeunes peintres moscovites.

Lors de la grande exposition itinérante organisée par Vladimir Izdebski (1909-1910) dans plusieurs grandes villes de l'Empire, les travaux des Russes voisinent avec ceux des Fauves français – Matisse, Manguin, Vlaminck, Van Dongen. Un peu plus tard, à Moscou, Matisse, Derain, Friesz et Van Dongen participent à l'exposition du «Valet de Carreau» (1912). Pareilles confrontations font apparaître les repères de l'avant-garde : à la fois, l'appropriation des postulats du fauvisme français et l'aspiration à ne pas lui être assimilé. Comme le souligne le critique russe Abram Efros : «... dans le "fauvisme" des Valets de Carreau l y avait une bonne dose d'esthétique propre à eux seuls [11]». Il se souvient aussi que pour répondre à l'accusation que leur peinture était «une pure marchandise d'importation», Machkov se référait à une autre source, non moins importante de leur inspiration, avec les enseignes de boutiques russes : «Voilà, disait-il, où est la véritable peinture, énergiquement expressive, lapidaire dans ses formes […], peinture authentiquement russe, de caractère national en ces composantes artistiques. Triomphant, il déclarait : "Est-il vraiment possible de confondre l'enseigne d'une boutique russe avec quelque autre enseigne étrangère ? Ceci nous est propre et nous l'avons introduit dans le Cézannisme". Dans la phase suivante, les membres du "Valet de Carreau" s'efforcèrent de faire passer à la manière de "l'enseigne" un dynamisme spécifiquement russe de la forme, une forte stratification de la texture, une haute rythmisation des contours et la déformation expressive de l'image de l'homme vivant [12]».

Traduit du russe par Jean-Claude Marcadé

11 A. M. Efros, *Soudby dorévolioutsionnykh khoudojestviennykh tetcheni v sovietskoï jivopissi* [1945] [Les destinées des courants artistiques prérévolutionnaires dans la peinture soviétique], dans A. M. Efros, *Mastiéra raznykh èpokh* [Maîtres de diverses époques], Moscou, 1979, p. 96.
12 *Ibid.*, p. 196-197.

Le Salon d'Automne de 1905
Chronologie
Biographies et notices des œuvres
Bibliographie

Le Salon d'Automne de 1905 : le combat d'avant-garde

Le mardi 18 octobre vers 15 heures, les salles du Grand Palais se remplissent d'une foule compacte où se retrouve le Tout-Paris. Le vernissage du Salon d'Automne de 1905 s'annonce comme une réussite. Déjà, la rumeur monte. Les esprits s'échauffent, car le Président Loubet a refusé d'honorer de sa présence l'inauguration du Salon. La veille, la presse a longuement rendu compte de l'exposition[1]. Dans son long article du Supplément au *Gil Blas*, Vauxcelles décrit ainsi la salle VII où sont réunis les tableaux de Matisse, Marquet, Manguin, Camoin, Vlaminck et Derain : «Au centre de la salle, un torse d'enfant et un petit buste en marbre, d'Albert Marque, qui modèle avec une science délicate. La candeur de ces bustes surprend au milieu de l'orgie des tons purs : Donatello chez les fauves…» Les trente-neuf tableaux ainsi réunis provoquent un vaste tapage. La critique s'indigne avec violence, ignore ou rejette en bloc ces artistes dans un mouvement d'hostilité compa-

rable à celui qui avait accueilli les impressionnistes quelque vingt années auparavant. Le public, quant à lui, se hâte dans la salle VII, pour découvrir le spectacle et se divertir[2] : l'on rit beaucoup, on crie au scandale suivant le rituel désormais établi lorsque apparaît une nouveauté que l'on ne comprend pas.

Ainsi à la surprise générale et dans la contestation, le fauvisme était né. Le Salon d'Automne révélait la nouvelle génération tant attendue de l'art français. L'épithète «Fauves» lancée par Vauxcelles en 1905, et reprise dès l'année suivante par l'ensemble de la critique, baptisait le mouvement qui accédait ainsi à la reconnaissance générale. Mais quel a été précisément le rôle du Salon d'Automne dans l'apparition du mouvement? Enfin, peut-on imaginer que ce scandale ait été si spontané?

Le Salon d'Automne est créé en 1903. Ses fondateurs, parmi lesquels Frantz Jourdain, l'architecte de la Samaritaine, président du syndicat

de la critique d'art, le peintre Georges Desvallières et, le décorateur Jansen, lui attribuent un «rôle social et moral» : il doit offrir un débouché aux jeunes artistes exclus des circuits officiels et permettre à un public populaire, de plus en plus nombreux, de découvrir l'impressionnisme et, surtout, ses prolongements.

Il s'est, en effet, très vite imposé comme le salon de l'actualité artistique. Les deux salons printaniers ont perdu de leur prestige, l'on s'y ennuie : la Nationale accueille «les pastiches des maîtres de la dernière vogue» et les Artistes français sont devenus le siège de «la déplorable coterie Julian»[3]. Afin de se distinguer du double salon annuel, il ouvre à l'automne proposant ainsi des peintures de petit format réalisées en extérieur. Seul le Salon des Indépendants résiste, mais on lui reproche la quantité excessive et la disparité des œuvres exposées, voulue par le principe fondateur du «ni jury, ni récompense». Pour s'en démarquer, le Salon d'Automne instaure un jury

de sélection offrant ainsi une garantie que son rival ne peut proposer à son public.

Le nouveau salon se singularise définitivement par sa pluridisciplinarité et la clarté de son agencement. Sans doute inspiré par les modèles de la Sécession[4] ou de La Libre Esthétique, le Salon d'Automne se veut une exposition conçue comme un tout artistique. Arts mineurs et arts majeurs sont mélangés, «la beauté plaçant sur le pied d'une égalité entière le talent de quelque genre qu'il soit[5]». On peut y découvrir tout à la fois peintures, sculptures, architecture, mais aussi dessins, gravures, arts appliqués, et photographies dès 1904. En outre, le salon consacre chaque année une section à l'art étranger[6] et ouvre ses portes à des artistes de toutes nationalités. Le critique belge Octave Maus (membre du comité) déclare ainsi dans son discours de clôture du Salon de 1906 : «Soyons internationalistes. Du concours de toutes les forces éparses dans l'univers naîtront des vérités nouvelles [7].» Ces différentes disciplines ou nationalités ne sont pas présentées distinctement, et suivant une conception additive de l'art, comme il est alors d'usage de le faire, mais mélangés par «tableaux d'atmosphère».

Au public dérouté par le grand nombre d'œuvres présentées, le salon offre un parcours et une lecture simple de ses salles en favorisant un placement par famille d'artistes. En 1905, les 1 625 numéros sont répartis dans dix-huit salles qui s'ordonnent suivant des temps forts. On pénètre d'abord dans un vestibule consacré à la sculpture de Rodin, puis on accède aux salles de peinture. La salle I, salle d'apparat, réunit les grands noms : Cézanne, Renoir, Guillaumin, Raffaëlli, Redon. Dans la salle III, sont rassemblés des artistes à la réputation établie, comme Carrière, Desvallières, et les Nabis, Vuillard, Bonnard, Vallotton, Roussel. Puis on arrive dans les salles IV et V consacrées aux rétrospectives Ingres et Manet, les organisateurs du salon mettant en place, comme leurs homologues des Indépendants, un système de rétrospectives [8]. Placer Ingres à côté de Manet a valeur de symbole. Il s'agit d'«affirmer doucement que le révolutionnaire d'aujourd'hui est le classique de demain [9]». Les étrangers sont nombreux, repartis au gré des salles ; parmi ceux-là, Jawlensky, Kandinsky (déjà sociétaire du salon) et le Hongrois Czóbel.

L'organisation même du salon explique son rapide succès. Ses membres se répartissent en membres fondateurs (Frantz Jourdain, Carrière, Rouault, Cézanne, Roger Marx…), membres sociétaires (nommés par les membres fondateurs) et membres d'honneur (en 1905, ce sont pour la plupart des critiques : Louis Vauxcelles, Théodore Duret, Gustave Geoffroy, Gustave Kahn, Arsène Alexandre ou Camille Mauclair). Un comité élu par l'assemblée générale pour deux ans administre le salon. Il est constitué de cinquante membres choisis parmi les artistes fondateurs, les sociétaires et les membres d'honneur ; il comprend six sections : peinture, sculpture, dessin, architecture, gravure, arts appliqués. Les membres du jury sont tirés au sort annuellement parmi les membres de la société et chaque section dispose d'un jury spécial. En outre, le placement est confié chaque année à un artiste différent désigné par le comité [10]. Ce roulement des principaux organes du salon (comité, jury et placement) garantit, selon le souhait des organisateurs, une plus grande équité.

Le salon est placé «sous le patronage effectif des meilleurs maîtres de ce temps [11]» : Frantz Jourdain en est le président, Georges Desvallières. le vice-président, Carrière, Albert Besnard et Renoir sont présidents d'honneur, Armand Guillaumin président de la section peinture. Parmi les membres du salon, deux courants principaux s'opposent : un part plutôt conservateur contre un parti avancé qui sera rapidement acquis aux Fauves. Vauxcelles distingue ainsi dans le jury «la droite, ceux qui préfèrent l'impressionnisme édulcoré ; et la gauche qui se plaît aux truculences polychromes des fauves [12]». Au début, «les fauves ont effrayé tout le parti conservateur [13] du salon, qui est en somme le plus nombreux [14]».

En 1905, le Salon d'Automne bascule vers la tendance moderniste. Un quart des sociétaires encore présents en 1904 sont éliminés [15] en faveur des artistes de «la classe Moreau», dont sont issus la plupart des exposants de la salle VII (sauf Derain et Vlaminck). Le comité réunit en effet Matisse, Desvallières, Rouault, René Piot (tous anciens de chez Moreau), ainsi que Vauxcelles et Roger Marx. Cette année, le jury, plus sévère à l'égard de «l'impressionnisme édulcoré», favorise l'originalité [16].

Matisse révèle au public des œuvres qu'il sait expérimentales : «c'était la première fois de ma vie que j'étais content d'exposer, car mes choses ne sont peut-être pas très importantes, mais elles ont le mérite d'exprimer de façon très pure mes sensations [17]». Il envoie huit peintures [18] et deux aquarelles, pour la plupart réalisées à Collioure [19]. Grâce au soutien de Desvallières, Piot et Rouault, Matisse parvient à faire accepter son envoi malgré les réticences de Jourdain et de Jansen, le bailleur de fonds [20]. Derain, qui a travaillé avec Matisse à Collioure durant l'été, montre lui aussi le produit de ses spéculations, soit cinq peintures et quatre pastels [21] dont *Le Séchage des voiles* et *Vue de Collioure*. Il sait par avance qu'ils seront difficiles à admettre : «J'aurai une trentaine d'études faites en revenant. Je n'aurai jamais fait un travail aussi complexe et aussi différent, aussi déconcertant pour la critique [22].»

Les artistes du «groupe Matisse» ont sans doute pu influencer le placement, attribué en 1905 à l'architecte Charles Plumet. Assisté de Desvallières, Guérin, Piot et Baignières [23] (encore des anciens de chez Gustave Moreau), Plumet réitère le groupement de l'année précédente [24] qui avait bien fonctionné et place stratégiquement la salle VII au centre du salon, juste à côté de celle du Douanier Rousseau. Quelques mois auparavant, au Salon des Indépendants, les mêmes artistes, dispersés, pouvaient difficilement être identifiés comme un groupe. La cohérence s'avère ici d'autant plus évidente que les tableaux réunis ont pratiquement tous été peints dans le Midi, à l'exception de ceux de Vlaminck [25] qui expose des paysages des environs de Paris. Matisse et Derain présentent des vues de Collioure. Manguin (5) [26], Camoin (5) [27] et Marquet (5) [28] des vues de Saint-Tropez ou de la Côte d'Azur. D'autres artistes, assimilés au fauvisme n'exposent pas dans la salle VII : Van Dongen [29] (5), Puy [30] (4), Valtat [31] (5), Friesz [32] (4).

Dès l'année suivante, on dénonce une possible manœuvre : «Au Salon d'Automne, avec la direction donnée par le comité actuel, il n'y a qu'un groupe qui ait droit à l'existence, c'est cette sorte de camorra qu'ont toujours formée les élèves de Gustave Moreau [33]», peut-on lire.

La critique devait largement contribuer à accréditer l'événement de 1905. Les dernières années ont été bien vides : l'impressionnisme s'épuise en de veines formules, et le foisonnement de tendances multiples cachait mal l'embarras d'une époque qui n'était pas parvenue à s'incarner dans un mouvement fort. On se trouve donc dans une position d'attente du nouveau. Elle l'est encore plus précisément à la veille du

salon de 1905, après la parution de l'enquête de Charles Morice [34] qui demande : «Nous sommes au lendemain de quelque chose. Sommes-nous à la veille de quelque chose?» D'abord s'est profilée une catégorie identifiée par Roger Marx, comme le «groupe Moreau [35]» qui désigne initialement l'ensemble des élèves de Gustave Moreau, puis sa branche la plus avancée, «l'école de Matisse [36]», justement celle qui se trouve réunie dans la salle VII.

La critique de la salle VII par Louis Vauxcelles, qui a été, avec «son maître et ami» Roger Marx, le principal artisan de cette réputation, ne peut pas totalement procéder d'une découverte ou d'une surprise. À la fois membre d'honneur et membre du jury, Vauxcelles assiste à la sélection et au placement des œuvres, comme l'année précédente [37]. Il connaît déjà ces artistes dont il a fait l'éloge lors de leurs expositions de groupe à la galerie Berthe Weill en 1904 et 1905 [38]. Dans son article, préliminaire à l'ouverture, il félicite Matisse pour son courage, «car son envoi – il le sait du reste – aura le sort d'une vierge chrétienne livrée aux fauves du cirque [39]». S'il soulève la polémique, Vauxcelles demeure de loin beaucoup plus compréhensif que le reste de la presse. Il exhorte le public à

réfléchir plutôt qu'à se moquer de cette peinture : «Salle archi-claire, des oseurs, des outranciers, de qui il faut déchiffrer les intentions, en laissant aux malins et aux sots, le droit de rire, critique trop aisée… [40].»

Enfin, sa boutade, devenue célèbre, concernait autant les œuvres que la disposition de la salle confrontant habilement deux sculptures d'Albert Marque en marbre blanc aux vifs éclats des trente-neuf tableaux. Très précise, sa description de l'espace s'inscrit dans un ensemble de commentaires exclusivement liés au placement : «On pratique le mélange des sections, point de salle de pastels, des dessins, de l'art décoratif. Comme dans le cabinet d'un amateur peinture et statuaire se marient, et on ne relègue pas dans la cave les arts mineurs [41]», précise-t-il. On pourrait voir dans le terme même de «fauves» le lien avec l'emplacement de la salle suivant directement dans le parcours celle où est accroché le tableau du Douanier Rousseau représentant un fauve : *Le Lion ayant faim dévore l'antilope…*, elle aussi en vedette. Le rapprochement est aisé et directement compréhensible pour le visiteur.

D'une manière générale, le Salon d'Automne est bien accueilli. On s'attarde longuement sur les rétrospectives

Ingres et Manet, sur la salle des Raffaëlli, on remarque Vuillard, et surtout le tableau du Douanier Rousseau. Certains même se plaignent «d'une monotonie bleue, violette, rouge et jaune [42]». Mais, les détracteurs sont nombreux et violents. Ils appartiennent à deux types d'organes : soit une presse quotidienne, plutôt conservatrice, qui s'adresse à un public large et conventionnel, (*L'Illustration*, *La Liberté*, *Le Figaro*), soit une presse spécialisée (*L'Art décoratif*, *L'Occident*, *La Gazette des Beaux-Arts*, *Le Mercure de France*) dont les tenants, pour la plupart issus de la génération symboliste, refusent l'accès à la génération montante.

La salle VII choque. La plupart des critiques qui lui sont consacrées soulignent, soit le manque de savoir-faire (involontaire ou non), soit au contraire, la présence trop évidente de la technique. L'absence de vocation et la perte du métier se traduisent principalement par la perte du fini, «on ne voit ici que de petites pochades, des embryons d'œuvres», remarque-t-on [43]. Cette caractéristique est doublement interprétée selon qu'elle est le résultat d'une négligence ou, au contraire, d'un parti pris. Dans le premier cas, elle est assimilée à de la gaucherie et on compare alors l'artiste à un sauvage (le «Noir qui ne construit pas sa phrase», «le Peau-

Rouge [44] » ou « le fauve »), un enfant (dont on remarque « les jeux barbares et naïfs [45] ») ou un aliéné mental (« des déments caractérisés [46] »). Dans le second cas, enfant, sauvage ou fou, cet artiste n'est-il pas plutôt un anarchiste, ou un charlatan qui manifeste sa haine du bourgeois par le langage provocant de la couleur « criarde », « violente » et « le système de la tache » ? D'insensé, le tableau devient agressif. L'on y voit « un défi au bon sens [47] » et « une atteinte au goût [48] », « des sans-culottides de la palette [49] » faits par « des pince-sans-rire admirables s'offrant notre tête [50] ». D'autres, plus clairvoyants, interprètent « ces bizarreries » comme la manifestation de la règle du nouveau dont ils refusent cependant la logique : « l'artiste d'aujourd'hui est amené à débuter dans le fracas [51] », remarque Denis. Fagus dénonce cette corruption qu'il qualifie « d'adroite témérité [52] », comme Mauclair qui constate « ce désir d'étonner, dogme de l'improvisation à outrance [53] ».

La notion de tableau, telle qu'on la conçoit alors, et en particulier l'illusion représentative, est également menacée chez ces artistes par « l'excès de théorie ». Maurice Denis [54], et à sa suite Gide [55], adresse ce reproche à ce qu'il nomme « l'école de Matisse », et plus spécifiquement à Matisse lui-même. Admis de longue date comme un peintre professionnel, on l'accuse avec ses suiveurs de peindre « laid » (G. Jean-Aubry [56], Étienne Charles).

Mais, dans la presse, la véritable cause du scandale est à trouver dans le numéro spécial que *L'Illustration* consacre au Salon [57]. Grand magazine des classes bourgeoises, la revue attribuait toujours, lors des salons de printemps, quelques pages aux artistes académiques en vogue. Dans un esprit manifeste de dérision, on se moque ici, à la fois des douze artistes dont les œuvres sont reproduites (« il y manque malheureusement la couleur », précise-t-on en avant-propos) et des critiques attenantes citées en légendes (« appréciations des écrivains d'art les plus notables »). Le sarcasme s'adresse directement à ces critiques auxquels on avait accordé toute autorité pour juger de la valeur des œuvres d'art et qui abusent de la crédulité du public. Dans la crise des codes d'appréciation de l'œuvre d'art, les critères énoncés par la critique, consacrant la nouveauté et la rupture, s'éloignent des codes de valeurs académiques prônant le renouvellement des canons du passé. C'était aller trop loin que Louis Vauxcelles, dans le *Gil Blas*, reconnaisse les talents de Cézanne, de Matisse, de Manguin. La rupture était prononcée entre le public et la critique :

« Le public à part soi a trouvé que les choses allaient trop loin. La critique l'a stupéfié, il n'a plus su que penser. On lui a tant dit qu'il n'y entendait rien qu'il ne peut plus distinguer une croûte d'un chef-d'œuvre [58]. »

Trop souvent, le baptême du fauvisme par le critique Louis Vauxcelles se confond avec l'existence réelle d'un phénomène artistique qui trouve un jalon, évidemment essentiel, de son développement au Salon d'Automne de 1905 : la reconnaissance publique et l'identification d'un groupe d'artistes entérinent l'apparition du fauvisme.

L'artiste et le critique participent à la mise en œuvre de l'événement du Salon d'Automne de 1905 qui ajoute à la nouveauté la dimension historique d'épisode marquant. Il est aussi révélateur d'une crise profonde, celle d'un public qui a perdu ses repères et ne reconnaît pas dans le mouvement perpétuel de la scission novatrice un critère de valeur fixe. Mais une révolution était en marche, le Salon d'Automne fut le champ de bataille où la jeune génération de « l'élan vital » et de la Belle Époque terrassait celle du décadentisme « fin de siècle ».

CLAUDINE GRAMMONT

1 Arsène Alexandre dans *Le Figaro*, Gustave Geoffroy dans *Le Journal*, Thiebault Sisson, dans *Le Temps*, Louis Vauxcelles dans le Supplément du *Gil Blas*.
2 «Mets ta jupe en cretonne
Et ton bonnet mignonne !
Nous allons rire un brin
De l'art contemporain
Et du Salon d'Automne»,
Apollinaire, «Le Salon d'Automne», *Je dis tout*, octobre 1907, *in* «Chroniques d'art», Bibliothèque de la Pléiade, 1994, p. 83-93.
3 Louis Vauxcelles, «Le Salon d'Automne», *Gil Blas*, 14 octobre 1904.
4 La vague de Sécessions, munichoise et viennoise voulait réhabiliter l'œuvre et l'artiste sous la bannière d'une nouvelle esthétique de l'art et de la vie vécue comme une unité. Cette vague allait se répandre dans toute l'Europe vers 1900 en rapport avec le mouvement de l'Art Nouveau.
5 Frantz Jourdain, *Le Salon d'Automne*, 1926, Paris, p. 28.
6 En 1905, une section était consacrée à l'art japonais, en 1906, le salon présentait l'art russe, en 1907, l'art belge, et en 1910 était présentée une exposition des arts décoratifs munichois.
7 Louis Vauxcelles, «La clôture du Salon d'Automne», *Gil Blas*, 22 novembre 1906.
8 En 1903, sont exposées 40 œuvres de Gauguin, en 1904, une salle est consacrée à Cézanne, mais aussi à Puvis de Chavannes, Odilon Redon, Renoir et Toulouse-Lautrec.
9 Élie Faure, «Préface», *Société du Salon d'Automne : catalogue de peinture, dessin, sculpture, gravure, architecture et art décoratifs*, Paris, Grand Palais, 1905.
10 Desvallières est chargé du placement en 1904, Charles Plumet en 1905.
11 Roger Marx, «Le Salon d'Automne», *Chronique des arts*, 7 novembre 1903 p. 283-284.
12 Louis Vauxcelles, «Le boulevard : le jury de peinture», *Gil Blas*, 17 septembre 1908.
13 Lorsqu'en 1905 Bussy lui demande de soutenir son envoi au salon, Matisse lui répond : «Je ne sais si le jury sera aussi féroce réaliste que tu le prévois, je crois surtout qu'il sera très conventionnel, c'est-à-dire qu'il sera peut-être, comme toujours d'ailleurs, difficile de lui faire admettre autre chose que ce qu'il sera dit à l'avance devoir être convenable», lettre de Matisse à Bussy, 19 septembre 1905, Archives du Musée du Louvre.
14 Michel Puy, «Les Fauves», *La Phalange*, 15 novembre 1907, p. 456.
15 En 1905, Marquet, Matisse et Manguin sont sociétaires.
16 «Le jury a cette année fait preuve d'une exceptionnelle sévérité envers ces gens, candides ou cyniques, qui mettent l'impressionnisme à la portée de la bourgeoisie et exploitent comme une marque de fabrique la technique d'un Sisley ou d'un Pissarro», Louis Vauxcelles, Supplément au *Gil Blas*, 17 octobre 1905.
17 Lettre de Matisse à Signac, 28 septembre 1905, citée par Pierre Schneider, *Henri Matisse*, Paris, 1984, p. 85.
18 714 *Jeune Femme en robe japonaise au bord de l'eau*, 715 *Fenêtre ouverte*, 716 *Nature morte*, 717 *Matinée d'été*, 718 *Femme au chapeau*,

719 *Japonaise*, 720 *Marine (pêcheur)*, 721 *Marine (bateaux)*, 722 *Baigneuses*, aq., 723 *La Promenade*, aq.
19 *Femme au chapeau*, peint d'après Madame Matisse, peu après son retour de Collioure, remplace *Le Port d'Abail* que Matisse souhaitait initialement envoyer.
20 «Mes toiles n'ont pas eu de succès et si je n'avais été du comité et très soutenu par des amis, elles n'auraient pas été acceptées», *cf.* lettre de Matisse à Signac, 28 septembre 1905, *ibid.*
21 436 *Portrait*, 437 *Chêne liège (paysage)*, 438 *Vue de Collioure (paysage)*, 439 *Port de pêche (paysage)*, 440 *Le Séchage des voiles (paysage)*, 441 *Fragment décoratif*, past., 442 *Péniches*, past., 443 *Une rue de Collioure*, past., 444 *Vieilles-maisons à Collioure*, past.
22 Cité dans André Derain, *Lettres à Vlaminck*, Paris, 1994, p. 170.
23 *Cf.* Louis Vauxcelles, «Le Salon d'Automne», Supplément au *Gil Blas*, 17 octobre 1905.
24 Au Salon d'Automne de 1904, la salle XVII réunissait Matisse, Manguin, Marquet et Camoin, *cf.* Louis Vauxcelles, Gil Blas, 14 octobre 1904.
25 1576 *La Vallée de la Seine à Marly*, 1577 *La Maison de mon père*, 1578 *Crépuscule*, 1579 *Le Jardin*, 1580 *L'Étang de Saint-Cucufa*.
26 1014 *La Sieste*, 1015 *Sur le balcon*, 1016 *Sous les arbres*, 1017 *Les Chênes lièges*, 1018 *Le Pré*.
27 283 *Sur la terrasse*, 284 *Agay, l'hôtel*, 285 *Agay bord de mer*, 286 *Le Port de Cassis, soleil couchant*, 287 *Le Port de Cassis, temps gris*.
28 1044 *Le Port de Menton*, 1045 *Anthéor*, 1046 *Agay*, 1047 *Le Trayas*, 1048 *Rochers rouges du Trayas*.
29 1547 *La Chemise*, 1548 *Torse*.
30 1278 *Une matinée nonchalante*, 1279 *Flânerie sous les pins*, 1280 *Souvenirs de Concarneau*, 1281 *La Cheminée modeste*.
31 1540 *Paysage d'Anthéor*, 1541 *Marine*, 1542 *Marine*, 1543 *Portrait de femme*, 1544 *Intérieur*.
32 593 *L'Arbre (soleil)*, 594 *La Petite Ville à travers les arbres (soleil et nuages)*, 595 *La Petite Ville à travers les arbres (plein soleil)*, 596 *Maisons à travers les arbres (soleil)*.
33 Yvanhoé Rambosson, «La peinture et la sculpture au Salon d'Automne», *L'Art décoratif*, novembre 1906.
34 «L'Enquête sur les tendances actuelles des arts plastiques» est publiée en trois livraisons dans le *Mercure de France* de l'été 1905. Elle interroge 56 artistes. Il faut noter, parmi les Fauves, les participations de Camoin, Dufy, Van Dongen, Rouault, Puy.
35 Voir Roger Marx, *La Revue universelle*, 1901, et *La Chronique des Arts*, 18 mars 1903, Louis Vauxcelles, *Gil Blas*, 14 octobre 1904.
36 Louis Vauxcelles, «Le Salon des Indépendants», *Gil Blas*, 23 mars 1905.

37 *Cf.* Louis Vauxcelles, «Le problème du Salon d'Automne», Gil Blas, 15 septembre 1904.
38 Louis Vauxcelles, «Notes d'art, MM. Manguin, Matisse, Marquet», *Gil Blas*, 2 mai 1904 ; et «Exposition Camoin, Matisse, Manguin, Marquet», *Gil Blas*, 7 mai 1905.
39 Louis Vauxcelles, «Le Salon d'Automne», Supplément au *Gil Blas*, 17 octobre 1905.
40 *Ibid.*
41 *Ibid.*
42 Paul Lancien, «Réflexions sur le Salon d'Automne», *La Rénovation esthétique*, novembre 1905, p. 17-22.
43 Péladan, «Le Salon d'Automne», *La Revue hebdomadaire*, octobre 1905. Le même remarque apparaît dans les articles de Mauclair, *L'Art décoratif*, décembre 1905. et Denis, «De Gauguin, de Whistler et de l'excès de théories», *L'Ermitage*, 15 novembre 1905.
44 Péladan, *op. cit.*
45 Marcel Nicolle, *Journal de Rouen*, 20 novembre 1905
46 Étienne Charles, *Le Petit Dauphinois*, 25 octobre 1905
47 Étienne Charles, *op. cit.*
48 Henri Fauché, «Le Salon d'Automne», *Le Petit Caporal*, 21 octobre 1905.
49 Péladan, *op. cit.*
50 Étienne Charles, *op. cit.*
51 Maurice Denis, «De Gauguin, de Whistler et de l'excès de théories», *L'Ermitage*, 15 novembre 1905.
52 Fagus, «Au Salon d'Automne», *L'Occident*, novembre 1905, p. 250-259.
53 Camille Mauclair, «Le Salon d'Automne», *La Revue bleue*, 21 octobre 1905.
54 Maurice Denis, *op. cit.*
55 André Gide, «Promenade au Salon d'Automne», *Gazette des Beaux-Arts*, 1er décembre 1905.
56 G. Jean-Aubry, «Le Salon d'Automne de 1905», *Le Havre*, p. 1-45, s. d.
57 «Le Salon d'Automne», numéro spécial de *L'Illustration*, 4 novembre 1905.
58 Camille Mauclair, «La jeune peinture française et ses critiques», *La Revue*, 15 décembre 1905, p. 506-523.

**Louis Vauxcelles,
«Le Salon d'Automne»,
Supplément au *Gil Blas*,
17 octobre 1905**
Salle VII. MM. Henri Matisse, Marquet,
Manguin, Camoin, Girieud, Derain,
Ramon Pichot.
Salle archi-claire, des oseurs, des outranciers,
de qui il faut déchiffrer les intentions,
en laissant aux malins et aux sots le droit de
rire, critique trop aisée. Et c'est tout un lot
d'Indépendants, Marquet et compagnie,
groupe qui se tient aussi fraternellement
serré que, dans la précédente génération,
Vuillard et ses amis.
Abordons, sans tarder, M. Matisse.
Il a du courage, car son envoi
– il le sait, de reste – aura le sort d'une vierge
chrétienne livrée aux fauves du Cirque.
M. Matisse est l'un des plus robustement
doués des peintres d'aujourd'hui,
il aurait pu obtenir de faciles bravos :
il préfère s'enfoncer, errer en des recherches
passionnées, demander au
pointillisme plus de vibrations,
de luminosité. Mais le souci de la forme
souffre.
M. Derain effarouchera ; il effarouche
aux Indépendants. Je le crois plus affichiste
que peintre. Le parti pris de son imagerie
virulente, la juxtaposition facile des
complémentaires sembleront à certains
d'un art volontiers puéril ; reconnaissons,
cependant, que ses *Bateaux* décoreraient
heureusement le mur d'une chambre
d'enfant.
M. de Vlaminck épinalise ! [...]
M. Manguin : progrès énorme ; Indépendant
sorti des pochades et qui marche résolument
vers le grand tableau. Trop de relents
de Cézanne encore ; mais la griffe
d'une puissante personnalité, toutefois.
Au centre de la salle, un torse d'enfant
et un petit buste en marbre, d'Albert Marque,
qui modèle avec une science délicate.
La candeur de ces bustes surprend
au milieu de l'orgie des tons purs :
Donatello chez les fauves... [...]

**Camille Mauclair,
«Le Salon d'Automne»,
La Revue bleue,
21 octobre 1905**
Vous trouverez dans deux petites salles
un groupement de toiles colorées par
MM. Flandrin, Matisse, Marquet, Puy,
de Vlaminck, Pichot : et vous y verrez trop
aisément ce que le désir d'étonner et le
dogme de l'improvisation à outrance
peuvent conseiller à certains yeux devant
la nature, à certaines mentalités devant le
style, la technique et le goût.
Ces deux salles feront rire les visiteurs qui
s'en tiennent à l'aspect extérieur d'une
exposition de peinture...

**Péladan,
La Revue hebdomadaire,
octobre 1905**
[...] Les élèves de Gustave Moreau,
Desvallières, Piot, Rouault, conduisent
des sans-culottides de la palette. Vraiment,
le vénérable maître a bien fait de mourir.
Que dirait-il, lui, l'homme du mythe et du
songe [...] en voyant ses fils esthétiques
ouvrir un salon anarchique ? Je ne jette pas
cette épithète au hasard, et faute d'une
autre ; je la choisis pour rendre sensible le
procédé de ces peintres. Le noir ne construit
pas sa phrase : il dit : moi aimer peinture
beaucoup, amusement regarder.

**Marcel Nicolle,
Journal de Rouen,
20 novembre 1905**
[...] Nous arrivons ainsi à la salle la plus
stupéfiante de ce Salon fertile, cependant,
en étonnements. Ici, toute description,
tout compte rendu, comme toute critique,
deviennent également impossibles, ce qui
nous est présenté n'ayant – à part les matériaux employés – aucun rapport avec de la
peinture ; des bariolages informes ; du bleu,
du rouge, du jaune, du vert, des taches de
coloration crue juxtaposées au petit bonheur ; les jeux barbares et naïfs d'un enfant
qui s'exerce avec la boîte de couleurs dont
on lui fit don pour ses étrennes.

**Charles Morice,
«Le Salon d'Automne»,
Mercure de France,
1er décembre 1905**
[...] Vous savez comme la presse a répété
pour son compte et multiplié les gestes
dédaigneux du président pour le Salon
d'Automne. Dans des illustrés qui ont
l'univers pour clientèle on s'est plu à
travestir quelques-unes des plus
intéressantes œuvres exposées ou,
ironiquement, perfidement, à donner les
pires pour les plus significatives.
Ce fut un petit scandale [...].
Tous, à bien peu d'exceptions près, sont
préoccupés du sens décoratif de l'art ;
presque tous ne retiennent plus de
l'impressionnisme qu'un conseil général de
se plaire à la peinture claire et d'étudier
directement, scrupuleusement la nature.

**Étienne Charles,
«Le Dauphiné au Salon d'Automne»,
Le Petit Dauphinois,
25 octobre 1905**
[...] Il y a vraiment à ce Salon des choses
qui sont un défi au bon sens et à la raison.
[...] Il n'est vraiment pas possible que des
gens comme MM. Matisse, Derain, Manguin,
Le Beau, Bouche, Vlaminck, et beaucoup
d'autres qui composent la majorité de ce
Salon, ne soient pas des pince-sans-rire
admirables s'offrant notre tête pour
leur plus grande joie, ou des déments
caractérisés. Il y a là des paysages et des
figures qu'un enfant de six ans signerait ;
il y en a qu'il se refuserait à reconnaître
comme pouvant sortir de sa main, car il y a
des toiles dont il est absolument impossible
de dire ce qu'elles représentent.

**Maurice Denis,
«De Gauguin, de Whistler
et de l'excès de théories», *L'Ermitage,*
15 novembre 1905**
[...] C'est l'école de Matisse qui paraît la plus
vivante, la plus nouvelle et la plus discutée.
Dès l'entrée de la salle qui lui est consacrée,
à l'aspect de paysages, de figures, d'étude
ou de simples schémas, tous violemment
colorés, on s'apprête à scruter les intentions,
à connaître les théories ; on se sent en plein
dans le domaine de l'abstraction.
Sans doute, comme dans les plus ardentes
divagations de Van Gogh, quelque chose

subsiste de l'émotion initiale de nature.
Mais ce qu'on trouve surtout en particulier
chez Matisse, c'est de l'artificiel ;
[...] c'est de la peinture hors de
toute contingence, la peinture en soi,
l'acte pur de peindre. [...]
Ce que vous faites Matisse c'est de la
dialectique : vous partez de l'individuel
et du multiple : et par la *définition*, comme
disaient les néo-platoniciens, c'est-à-dire
par l'abstraction et la généralisation,
vous arrivez à des idées, à des noumènes
de tableaux.

**André Gide,
«Promenade au Salon d'Automne»,
Gazette des Beaux-Arts,
1er décembre 1905**
[...] Je suis resté longtemps
dans cette salle. J'écoutais des gens
qui passaient, et lorsque j'entendais crier
devant Matisse : «c'est de la folie !»
j'avais envie de répliquer : «Mais non,
Monsieur ; tout au contraire. C'est un
produit de théories.» Tout s'y peut déduire,
expliquer ; l'intuition n'y a que faire.
Sans doute quand M. Matisse peint le
front de cette femme couleur pomme et
ce tronc d'arbre rouge franc, il peut nous
dire : «c'est parce que... »
Oui, raisonnable cette peinture, et raisonneuse même plutôt.

**Paul-Jean Toulet,
«Au Salon d'Automne»,
La Vie parisienne, 21 octobre
et 11 novembre 1905**
Par contraste, allez voir cette curieuse
et criarde petite salle dont on dirait
que la peinture exposée y est obtenue
par un mélange de cires à bouteilles
et de plumes de perroquet.

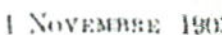

294 — N°   L'ILLUSTRATION   1 NOVEMBRE 1905

LE SALON D'AUTOMNE

On nous a dit : « Pourquoi L'Illustration, qui consacre chaque année aux traditionnels Salons du printemps tout un numéro, affecte-t-elle d'ignorer le jeune Salon d'automne ? Vos lecteurs de province et de l'étranger, exilés loin du Grand Palais, seraient heureux d'avoir au moins une idée de ces œuvres de maîtres peu connus, que les journaux les plus sérieux (le Temps lui-même) leur ont si chaleureusement vantées. »

Nous rendant à ces raisons, nous consacrons ici deux pages à reproduire de notre mieux une douzaine de toiles marquantes du Salon d'automne. Il y manque malheureusement la couleur ; mais on pourra du moins juger le dessin et la composition. Si quelques lecteurs s'étonnent de certains de nos choix, qu'ils veuillent bien lire les lignes imprimées sous chaque tableau : ce sont les appréciations des écrivains d'art les plus notables, et nous nous retranchons derrière leur autorité. Nous remarquerons seulement que, si la critique, autrefois, réservait tout son encens aux gloires consacrées et tous ses sarcasmes aux débutants et aux chercheurs, les choses ont vraiment bien changé aujourd'hui

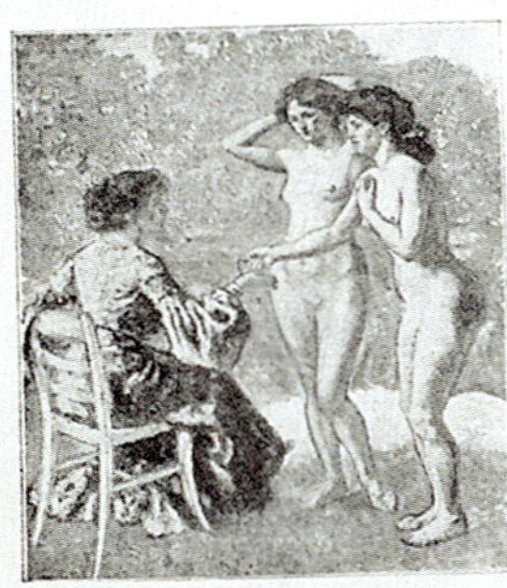

CHARLES GUERIN. — Baigneuses.

Dans le clan des jeunes, Guérin est un des premiers qui se soient frayé une voie neuve... Les transcriptions de la forme féminine qui constituent son envoi principal ont ceci de très particulier qu'elles sont à la fois familières, extrêmement réalistes, et pourtant sans vulgarité. Elles se relèvent d'une ingénuité de sentiment qui, dans une très forte mesure, les stylise...
THIÉBAULT-SISSON, *le Temps.*

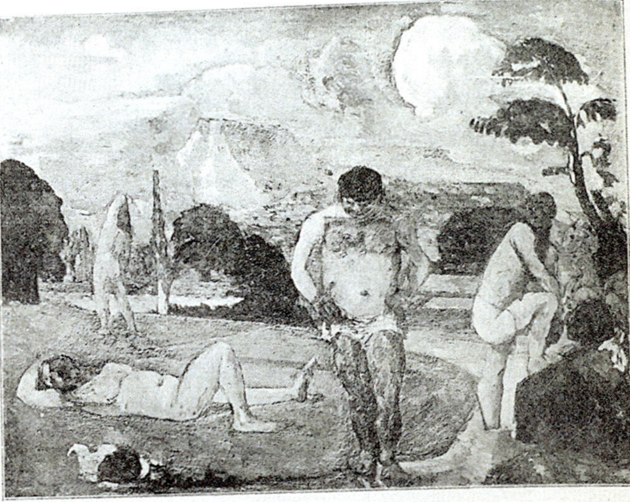

PAUL CÉZANNE. — Les Baigneurs.

Paul Cézanne donne une sensation d'harmonie, de gravité. La nature est, chez Cézanne, solennelle et éternelle... Je ne puis m'empêcher de voir, en ce singulier et si simple artiste, une des plus belles incarnations de l'art de peindre... J'ai, devant ces œuvres si pures, la sensation de me trouver devant des aspects à jamais fixés... Je crois que cette peinture traversera les temps. Sa beauté est profonde et sereine...
GUSTAVE GEFFROY, *le Journal.*

Cézanne : le public va-t-il comprendre enfin ce langage rude et haut qu'on ne parle guère à ses oreilles ?... Il est temps que s'impose l'âpre grandeur de cette œuvre inégale, mais toujours émouvante... *Les Baigneurs* michelangesques sous un ciel obscur d'été orageux...
LOUIS VAUXCELLES, *Gil Blas.*

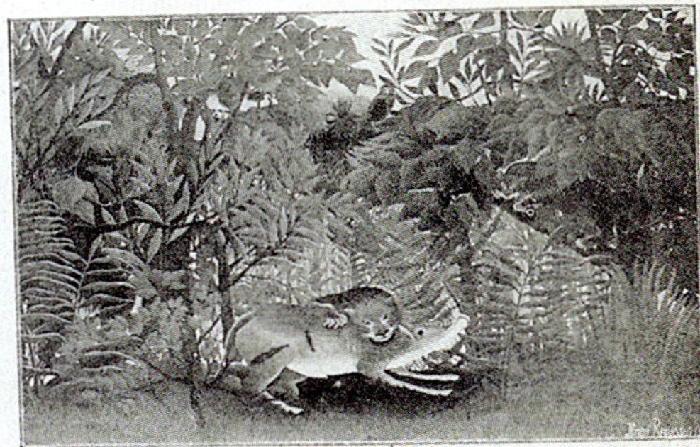

HENRI ROUSSEAU. — Le lion, ayant faim, se jette sur l'antilope.

Ancien douanier en retraite, M. Henri Rousseau, auquel les Salons des Indépendants firent fête autrefois pour sa naïveté miraculeuse et sa gaucherie non apprise, a été accueilli avec un pieux respect au Salon d'automne, où la toile reproduite ici occupe une place d'honneur.
C'est une miniature persane agrandie, transformée en un énorme décor, non dépourvu d'ailleurs de mérite...
THIÉBAULT-SISSON, *le Temps.*

M. Rousseau a la mentalité rigide des mosaïstes byzantins, des tapissiers de Bayeux ; il est dommage que sa technique ne soit pas égale à sa candeur. Sa fresque n'est pas du tout indifférente : je concède que l'antilope du premier plan s'adorne à tort d'un museau de brochet ; mais le soleil rouge et l'oiseau apparu parmi les feuillages témoignent d'une rare ingéniosité décorative.
LOUIS VAUXCELLES, *Gil Blas.*

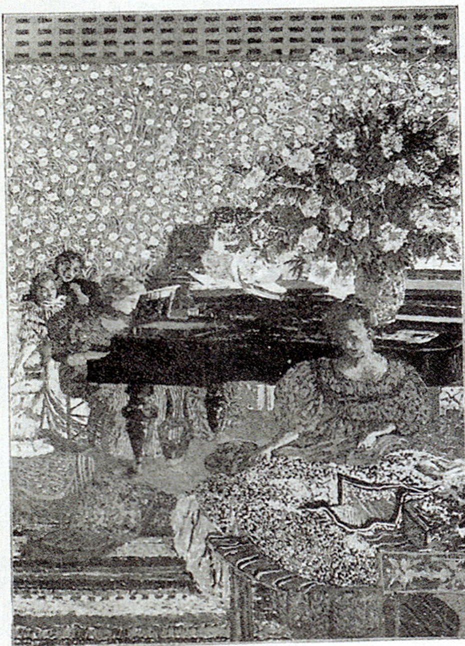

J.-E. VUILLARD. — Panneau décoratif.

... Un des plus beaux peintres que ces dernières années nous aient révélés ; ses harmonies sont une perpétuelle fête pour le regard.
ARSÈNE ALEXANDRE, *le Figaro.*

Ces paysages sont reposants, ces intérieurs silencieux et quiets, propices infiniment à l'étude, aux douces rêveries... J'envie l'homme opulent et raffiné qui pourra les contempler à loisir, de son fauteuil, en tournant les pages de quelque livre très attachant.
GUSTAVE BABIN, *l'Echo de Paris.*

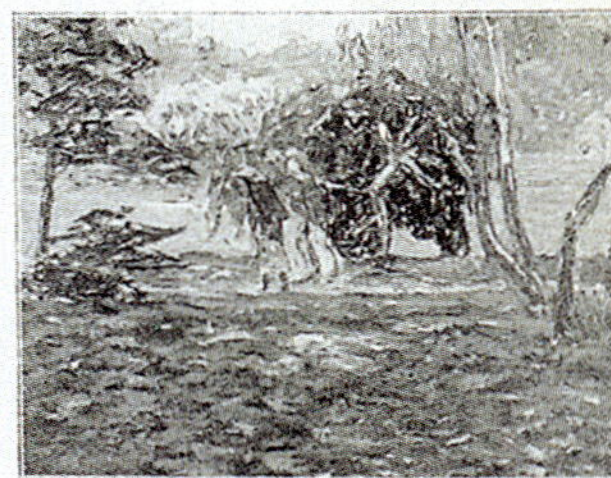

ALCIDE LE BEAU. — Le long du lac (Bois de Boulogne).

Il est tout un groupe qui continue le mouvement impressionniste avec talent, mais sans assez changer la forme générale et l'aspect particulier des choses déjà vus par des peintres tels que Monet et Sisley. Ainsi MM. Maufra,... Alcide Le Beau (qui, lui, voisine, cette fois, avec Van Gogh). Ils savent peindre et ils exposent de belles toiles : on ne peut que leur demander de découvrir la nature pour leur compte.
GUSTAVE GEFFROY, *le Journal.*

Il a élargi puissamment sa manière, rejette les détails superflus ; sa vision du *Bois de Boulogne*, les lacs où voguent les cygnes noirs sont d'une couleur qui séduit infiniment. L'envoi de M. Le Beau est un des plus marquants du Salon.
LOUIS VAUXCELLES, *Gil Blas.*

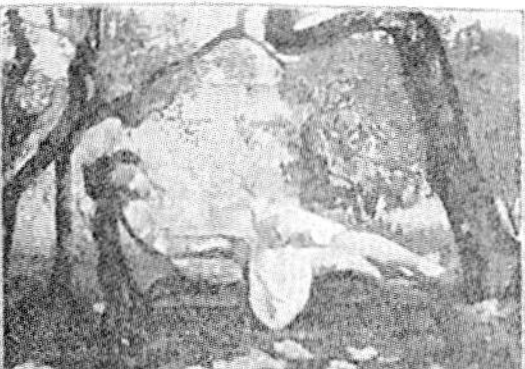

HENRI MANGUIN. — La Sieste.

M. Manguin : progrès énorme ; indépendant sorti des pochades et qui marche résolument vers le grand tableau. Trop de relents de Cézanne encore, mais la griffe d'une puissante personnalité toutefois. De quelle lumière est baignée cette femme à demi nue qui sommeille sur un canapé d'osier !

Louis Vauxcelles, *Gil Blas.*

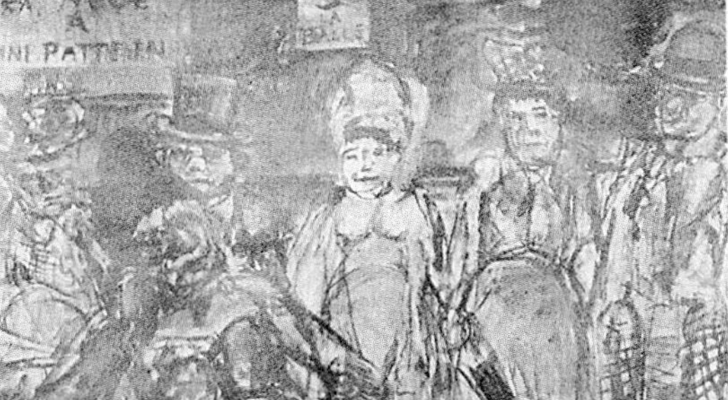

GEORGES ROUAULT. — Forains, Cabotins, Pitres.

Il est représenté ici par une série d'études ce forains dont l'énergie d'accent et la robustesse de dessin sont extrêmes. Rouault a l'étoffe d'un maître et je serais tenté de voir là le prélude d'une période d'affranchissement que des créations originales et des travaux définitifs marqueront.

Thiébault-Sisson *le Temps.*

M. Rouault éclaire, mieux que l'an passé sa lanterne de caricaturiste à la recherche des filles, forains, cabotins, pitres, etc.

Gustave Geffroy, *le Journal.*

M. Rouault... âme de rêveur catholique et misogyne.

Louis Vauxcelles, *Gil Blas.*

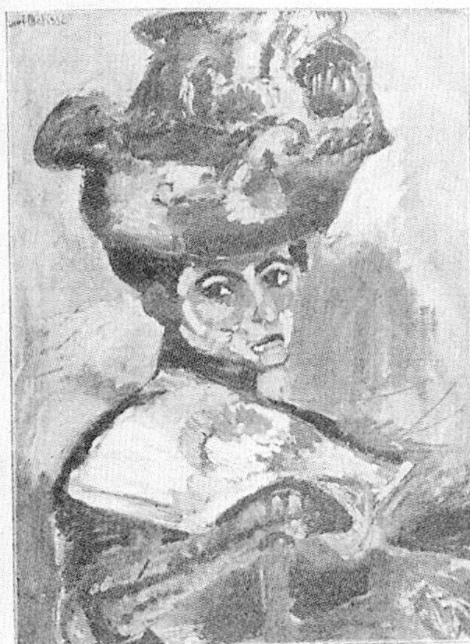

HENRI MATISSE. — Femme au chapeau.

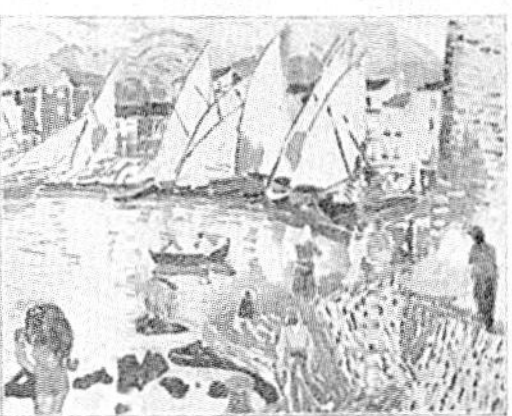

ANDRÉ DERAIN. — Le séchage des voiles.

M. Derain effarouchera... Je le crois plus affichiste que peintre. Le parti pris de son imagerie virulente, la juxtaposition facile des complémentaires sembleront à certains d'un art volontiers puéril. Reconnaissons cependant que ses bateaux décoreraient heureusement le mur d'une chambre d'enfant.

Louis Vauxcelles, *Gil Blas.*

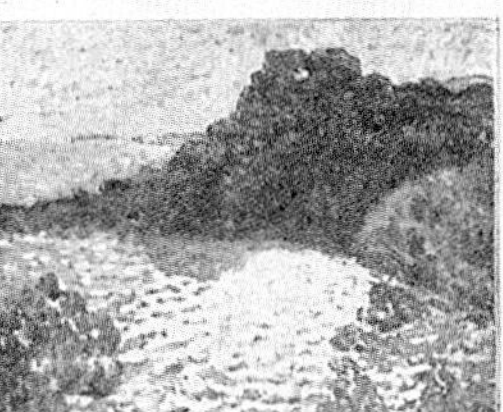

LOUIS VALTA. — Marine.

A noter encore : ... Valtat et ses puissants bords de mer aux abruptes falaises.

Thiébault-Sisson, *le Temps.*

M. Louis Valtat montre une vraie puissance pour évoquer les rochers rouges ou violacés, selon les heures, et la mer bleue, claire ou assombrie.

Gustave Geffroy, *le Journal.*

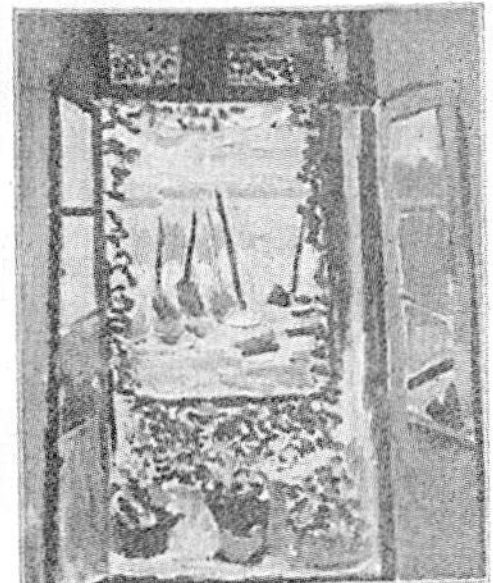

HENRI MATISSE. — Fenêtre ouverte.

M. Matisse est l'un des plus robustement doués des peintres d'aujourd'hui. Il aurait pu obtenir de faciles bravos, il préfère s'enfoncer, errer en des recherches passionnées, demander au pointillisme plus de vibrations de luminosité. Mais le souci de la forme souffre.

Louis Vauxcelles, *Gil Blas.*

M. Henri Matisse, si bien doué, s'est égaré comme d'autres en excentricités coloriées, dont il reviendra de lui-même, sans aucun doute.

Gustave Geffroy, *le Journal.*

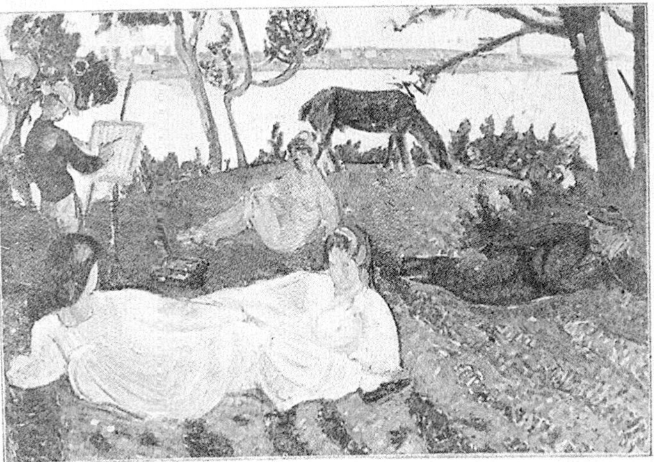

JEAN PUY. — Flânerie sous les pins.

... M. Puy, de qui un nu au bord de la mer évoque le large schématisme de Cézanne, est représenté par des scènes de plein air où les volumes des choses et les êtres sont robustement établis.

Louis Vauxcelles, *Gil Blas.*

Chronologie

La chronologie est prioritairement centrée sur le fauvisme historique à partir de recherches effectuées dans les archives. Partant des années où se tissent les liens d'amitié (Matisse/Marquet, Dufy/Friesz, Derain/Vlaminck), elle réunit les éléments biographiques, les expositions personnelles et les principales manifestations collectives, ainsi que les extraits de correspondances et de critiques les plus saillants. Concernant les « Fauves d'Europe », ont été privilégiés les réseaux artistiques rayonnant à partir de Dresde, Munich, Berlin, Bruxelles, Londres, Prague, Moscou, Budapest, etc., dans leurs interrelations et leur relations avec Paris. Sont mentionnés notamment les voyages, les séjours des artistes et les principales manifestations collectives. L'élargissement jusqu'à la guerre permet de replacer l'évolution des diverses composantes des « Fauves d'Europe ».

Ont été consultés les archives privées ou publiques et les fonds documentaires suivants :

Les Archives : Henri Matisse, Paris, et Henri Manguin, Avignon, ainsi que Charles Camoin, Paris ; André Derain, Chambourcy ; Alexandre Mercereau, Paris ; Jean Puy, Lyon ; Paul Signac, Paris ; André Valtat, Choiseul, et Maurice de Vlaminck, en dépôt au musée de Chartres.

Les Fonds : Ambroise Vollard, Archives du Louvre ; Apollinaire, Bibliothèque nationale, Paris ; Louis Vauxcelles, Raoul Dufy/Berthe Weill, Bibliothèque d'art et d'archéologie Jacques Doucet ; Salon des Indépendants, Paris, et The Getty Institute of Research, Los Angeles.

Parmi les sources publiées doivent être cités : Donald E. Gordon, *Modern Art Exhibitions, 1900-1916*, Munich, Prestel Verlag, 1974, ainsi que la thèse de doctorat de Rémi Labrusse, *Matisse. La condition de l'image ;* les catalogues d'exposition : *The Fauve Landscape (1904-1908)*, LACMA, 1990, *Matisse 1904-1917*, Paris, Musée national d'Art moderne, Centre Georges-Pompidou, 1993, complétées par les plus récentes monographies, ouvrages généraux et catalogues dont on trouvera les références dans la « Sélection bibliographique ».

Chronologie établie par Jacqueline Munck, pour le fauvisme historique, et par Gérard Audinet, pour les «Fauves d'Europe», sous la direction de Suzanne Pagé.

1898

18 avril

Mort de Gustave Moreau (né en 1826). Matisse, Marquet, Manguin et, pendant quelques semaines, Camoin ont suivi son enseignement. *(ill. 1)*

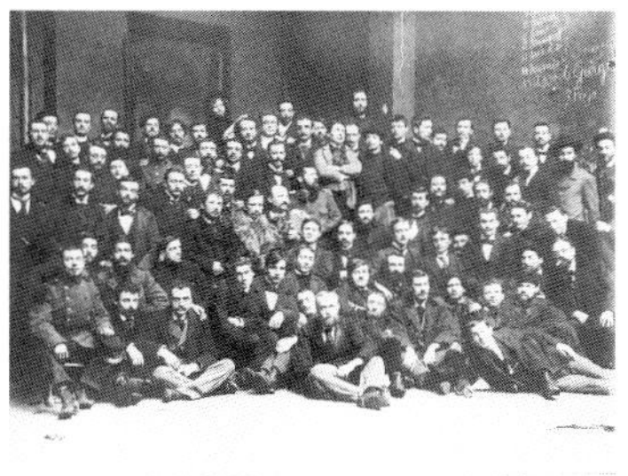

ill. 1
Atelier de Gustave Moreau à l'École des beaux-arts en décembre 1897, anonyme,

9 mai-10 juin

Exposition Paul Cézanne, galerie Vollard, Paris.

Edvard Munch séjourne en mai à Paris ; expose au Salon des Indépendants. *(ill. 2)*

Mai-juillet

Le livre de Signac, *D'Eugène Delacroix au néo-impressionnisme,* est publié par épisodes dans la *Revue blanche* (puis en volume en 1899). Il affirme des divisionnistes qu'« ils ont la passion féconde de la lumière, de la couleur et

de l'harmonie », préparant « sa palette » au « coloriste triomphateur » de l'avenir (p. 157). Le livre aura une importance théorique capitale pour les futurs Fauves.

6 juin

Henri Evenepoel (né en 1872) (élève de Gustave Moreau), critique les toiles de Corse que lui soumet son ami Matisse :
« *Je trouve que c'est de la* peinture exaspérée [...]. *Tu es un être doué d'un œil extraordinaire ! Mais pour moi, tu joues avec sa santé*[1] *!* »

Fin mai

André Valtat voit Georges Daniel de Monfreid[2] à Saint-Clément, séjourne à Agay et rend visite à Auguste Renoir à Cagnes-sur-mer. Il expose à Berlin chez H. Kessler[3].

Albert Marquet présente Charles Camoin à Matisse, de retour de Corse[4].

Kees Van Dongen est depuis six mois à Paris pour un court séjour ; Félix Fénéon le remarque à la XVe exposition des peintres impressionnistes et symbolistes à la galerie Le Barc de Boutteville, rue Le Pelletier (Paris IXe).

André Derain s'inscrit à l'Académie Camillo à Paris, rue de Rennes, où corrige Eugène Carrière (né en 1849). Il fréquente Albert Marquet et Georges Linaret qui lui présente Georges Rouault (né en 1871)[5].

Jean Puy, élève de Tony Tollet à Lyon, s'inscrit à l'Académie Julian à Paris et à l'Académie Camillo. Il y rencontre les anciens élèves de Gustave Moreau[6].

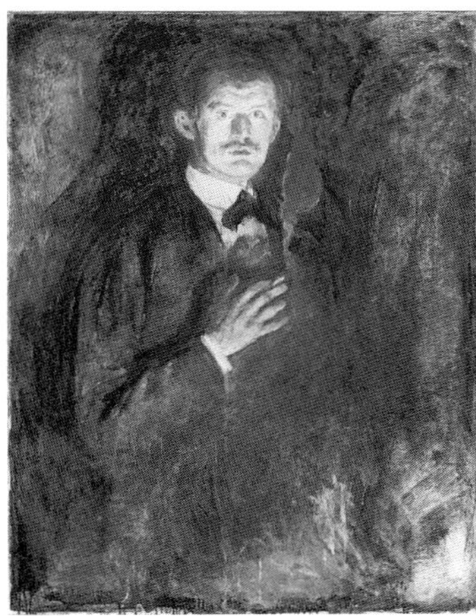

ill. 2
Edvard Munch, *Autoportrait à la cigarette,* c. 1895. Nasjonalgalleriet, Oslo.

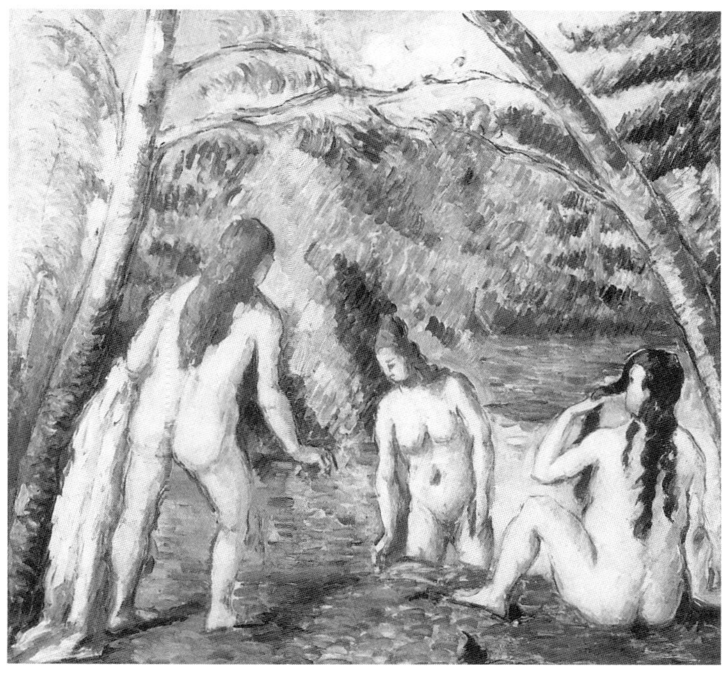

1899

Mai

Exposition Cézanne, galerie Vollard, Paris, 40 œuvres.
Valtat s'installe à Agay dans l'Estérel. Il rencontre Paul Signac lors de l'exposition de groupe que ce dernier organise à Paris, galerie Durand-Ruel[7].

25 juin

Henri Manguin et Jeanne Carette, son épouse et modèle, s'installent 61, rue Boursault, à Paris[8]. Dans son atelier travaillent Marquet, Matisse, Puy.

Fin septembre

Van Dongen s'installe à Paris, rue Ordener (XVIIIe). Pour survivre, il se fait lutteur, démonte des baraques foraines, croque des portraits pour quelques francs.

Octobre

Raoul Dufy obtient une bourse de la ville du Havre pour étudier à l'École des beaux-arts de Paris ; il a rencontré son compatriote du Havre, Émile Othon Friesz, en 1894, lui-même boursier depuis 1897.

En novembre, il est admis, comme Friesz, dans l'atelier de Léon Bonnat (1833-1922). Il loge 9, rue Campagne-Première. Visite les galeries parisiennes, notamment Durand-Ruel[9].

Matisse acquiert chez Ambroise Vollard une version des *Baigneuses*, 1879-1882 *(ill. 3)* de Cézanne et une sculpture de Rodin. Il échange avec le marchand une de ses peintures contre un portrait de Gauguin.

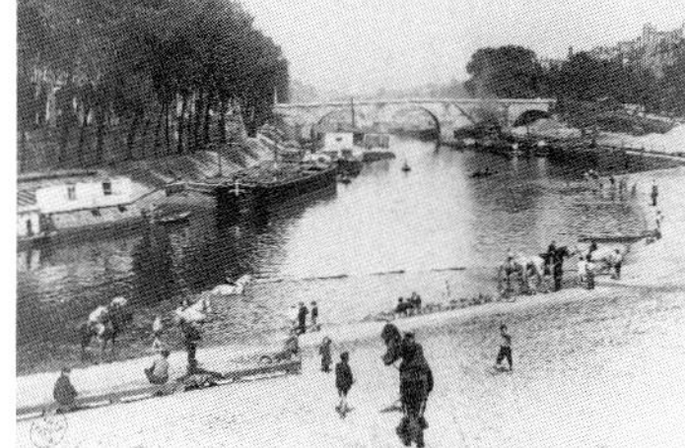

ill. 3
Paul Cézanne, *Les Trois Baigneuses*, 1879-1882, Musée du Petit Palais, Paris.

ill. 3 bis
Le Point du jour, Paris.

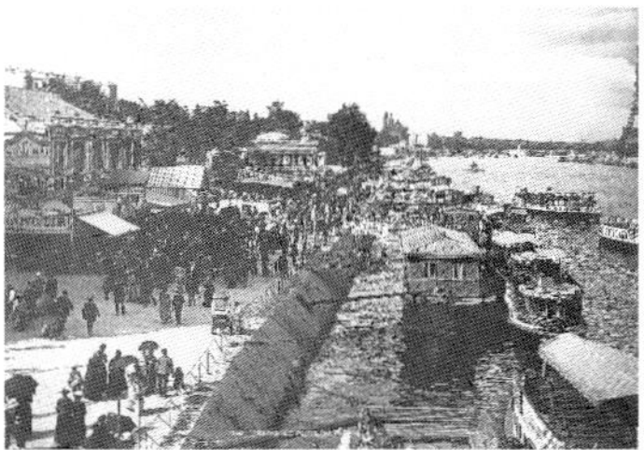

ill. 3 ter
Le pont Marie et à gauche l'île Saint Louis.

1900

Février
Gustave Fayet, collectionneur et président de la Société des beaux-arts de Béziers, commande une toile à Matisse. Il organise le salon artistique annuel, y présente un tableau de Gauguin [10]. Matisse aurait rencontré Fayet soit chez le collectionneur Maurice Fabre, soit chez Odilon Redon.

Ier-31 mars
VIIe exposition de la Libre Esthétique de Bruxelles.
Valtat, Signac, Roussel y participent.

19 mars-5 avril
Exposition Georges Seurat, Paris, Revue Blanche (53 numéros).

15 avril-15 octobre
Exposition internationale universelle, Grand Palais (œuvres de Amiet, Ensor, Burnes-Jones, Van Dongen, Gallen-Kallela, G. Giacometti, Hodler, Knopff, Klimt, Kupka, Maurer, Picasso, Rouault, Segantini, Toorop, Werenskiold, etc.).

Séjour de Valtat à Magagnosc. Auguste Renoir le met en rapport avec Ambroise Vollard qui devient son marchand [11].

18 juillet
Maurice De Vlaminck, au cours d'une permission de quinze jours, fait la connaissance de Derain dans le train qui les ramène à Chatou [12].

Septembre 1900
Vlaminck est libéré, après trois ans de service militaire. Cycliste, violoniste pour gagner sa vie, il joue dans l'orchestre Marchetti, à l'Exposition de 1900, et le soir dans des cafés-concerts, puis au Théâtre du Château-d'Eau [13].

Fin septembre
Pablo Picasso (né en 1881) séjourne pour la première fois à Paris.

Dufy partage l'appartement de Friesz à Montmartre, 12, rue Cortot, où habitent aussi Suzanne Valadon et son fils Utrillo. *(ill. 4)*

Van Dongen donne des illustrations pour les journaux satiriques (*L'Indiscret*, *Le Rire*, *Gil Blas*, *Rab'lais*, *L'Assiette*

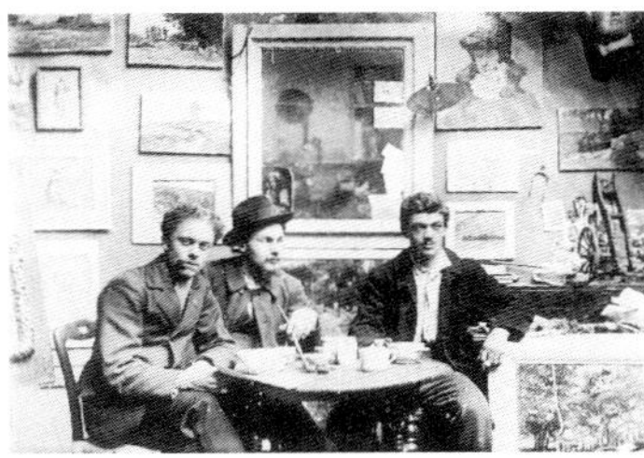

ill. 4
L'atelier d'Othon Friesz à Paris en 1900.
De gauche à droite, Raoul Dufy, [non identifié], Othon Friesz.

au beurre, *Frou-Frou*[14]). Félix Fénéon le fait entrer à la *Revue blanche* dont il est rédacteur en chef et à laquelle collaborent aussi Signac, Bonnard et Marquet.

Octobre
Gauguin envoie à Monfreid, à Saint-Clément, «toute la sculpture en bois de Tahiti» (réception le 22 mars 1901) [15].

5-25 décembre
XVIe exposition des Artistes indépendants. Jean Puy y expose trois toiles d'influence divisionniste.

Derain et Vlaminck louent un atelier commun dans l'ancien restaurant Levanneur, sur l'île de Chatou. Ils y reçoivent les peintres de La Noé et Othon Friesz [16].

1901

Retour en Hongrie de Rippl-Rónai qui séjournait à Paris depuis 1887.

15-31 mars
La galerie Bernheim-Jeune organise la première rétrospective Vincent Van Gogh (71 numéros).

Vlaminck voit dans sa peinture «en même temps qu'un sens révolutionnaire, un sentiment presque religieux de l'interprétation de la nature». Faute de moyens financiers suffisants, il ne peut acquérir des paysages [17].

Derain présente Matisse à Vlaminck lors d'une visite de l'exposition [18]. Matisse possédait un dessin de Van Gogh, *Meules*, 1888, que lui avait offert John Russel lors de son séjour à Belle-Île, avec Émile Wery, en 1897 [19]. *(ill. 5)*

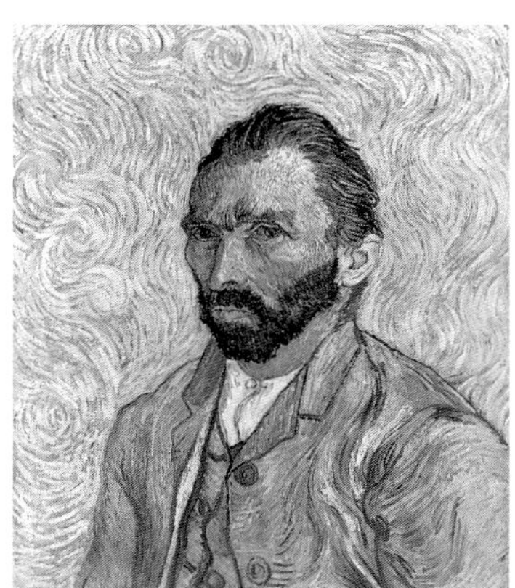

ill. 5
Vincent Van Gogh, *Autoportrait,* 1889-1890, Musée d'Orsay, Paris.

Printemps
Sécession, III, Berlin : cinq œuvres de Van Gogh sont exposées.

Matisse, Derain, Jean Puy travaillent ensemble chez le peintre Jean Biette, partageant le modèle italien Bevilacqua [20].

20 avril-21 mai
Paris, Grandes Serres, Salon des Artistes indépendants (Cézanne, Ensor, Marquet, Matisse, Puy, Valtat, etc.).

Mai
Raoul Dufy fait la connaissance d'Albert Marquet [21].

Fin mai
De retour à Paris, Picasso s'installe boulevard de Clichy.

Mai-juin
IIe exposition organisée à Béziers par Fayet (Cézanne, Degas, Fantin-Latour, Fayet, Gauguin – 4 toiles et la sculpture *Oviri* –, Lautrec, Monfreid, Picasso, Redon, Valtat, etc.).

Maurice Fabre, dans sa préface du catalogue, écrit de Gauguin :
«Comment se fait-il qu'un artiste aussi princier soit encore méconnu? Est-ce la barbare sauvagerie de son caractère, l'intransigeance de son orgueil qui éloignent les admirateurs? C'est une injustice qu'un avenir prochain réparera [22]. *»*

Juin
Pere Manach présente Picasso à Ambroise Vollard qui organise l'exposition «Iturrino & Picasso», à partir du 25 juin (64 peintures), texte de Gustave Coquiot. *(ill. 6)*

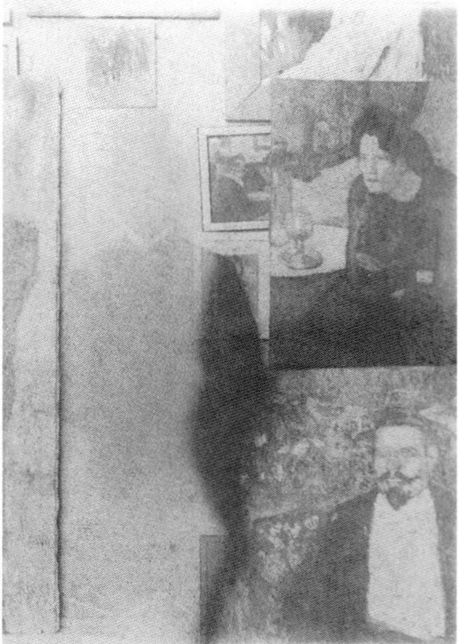

ill. 6
Pablo Picasso, *Autoportrait dans l'atelier,* Paris, 1901, épreuve au gélatino-bromure d'argent, Archives du Musée Picasso, Paris.

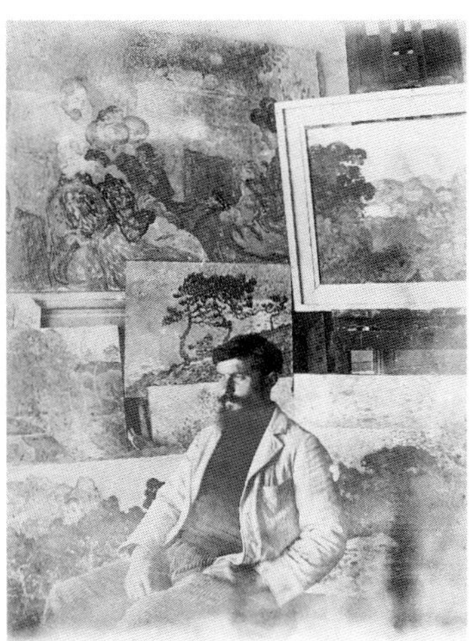

ill. 7
Louis Valtat dans son atelier,
vers 1902-1903. Archives L. A. Valtat

Pendant l'été, Derain séjourne en Bretagne, à Belle-Île.

Septembre
Gauguin quitte Tahiti pour les Marquises.

Derain – qui avait songé partir au Maroc – est affecté pour le service militaire à Commercy (Meuse).

26 octobre
Van Dongen illustre entièrement le numéro spécial de *L'Assiette au beurre*, consacré à la vie des prostituées : « Petite histoire pour petits et grands nenfants »[23].
Il expose au Salon de la Société nationale des beaux-arts.

Valtat expose galerie Durand-Ruel ainsi qu'au Salon des Artistes indépendants[24]. *(ill. 7)*

Ouverture de la galerie Berthe Weill, rue Victor-Massé.

Décembre
Gebäude der Secession, Vienne, XII Kunstausstellung (Amiet, Munch, etc.).

1902

Friesz effectue son service militaire à Paris et conserve son atelier, rue Cortot.

20 avril-30 juin
Exposition de la Société nationale des beaux-arts, Grand Palais (Bereny, Carrière, Denis, Hodler, Kupka – arrivé à Paris en 1896 – Nonell).

29 mars-5 mai
Salon des Artistes indépendants, Grandes Serres (Cézanne (3), Manguin (9), Marquet (10), Matisse (6), Puy (10), Valtat (2), etc.).

Printemps
Sécession, V, Kunstausstellung, Berlin. Munch y présente 28 œuvres dont le cycle de *La Frise de la vie*.

Juin
Exposition Paul Signac, galerie l'Art nouveau (123 numéros).

Van Dongen entre en contact avec Eugène Druet[25].

2 août-5 octobre
Exposition de la Société des arts du Havre (Braque, Dufy, Friesz, Seyssaud).

Valtat voyage en Italie, découvre Florence et Venise puis retourne dans le Midi.

Septembre-octobre
Exposition « Moderni francouzské umeni », à la Société des artistes Mánes, Prague, centrée sur l'impressionnisme.

Novembre
Dufy rencontre Berthe Weill (1865-1951), qui devient son marchand[26].

1903

19 janvier
Exposition, galerie Berthe Weill (Dufy, Metzinger, etc.) ; Dufy habite 15, rue Victor-Massé.

Picasso repart pour Barcelone.

Février
Valtat fréquente Paul Signac à Saint-Tropez.

Félix Fénéon présente Van Dongen à Maximilien Luce, membre du comité de la Société des Artistes indépendants dont le salon annuel – sans jury ni récompense – est largement ouvert aux peintres néo-impressionnistes ; Paul Signac, le théoricien du divisionnisme, en sera le vice-président[27]. *(ill. 8)*

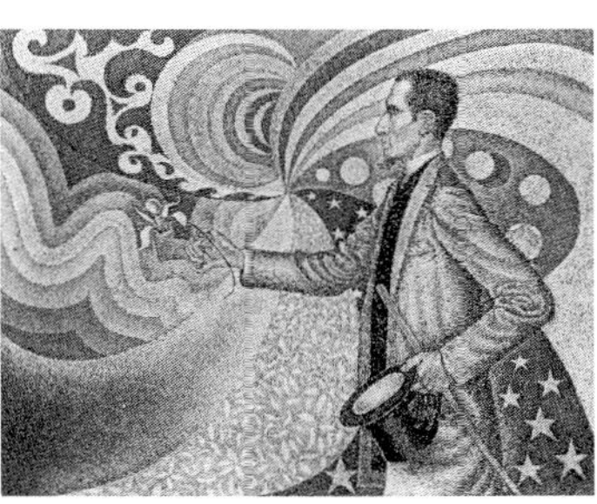

ill. 8
Signac, *Portrait de Fénéon* sur l'émail d'un fond rythmique de mesures et d'angles de tons et de teintes, 1890, collection particulière.

20 mars-25 avril
Salon des Artistes indépendants (Camoin, Friesz, Manguin, Marquet, Matisse, Signac…). Edvard Munch présente huit peintures (dont *Hérédité*, 1897-1899). Dufy y expose pour la première fois.

Jamais encore cette exposition n'a compté plus d'adhérents. Elle comprend 2 500 envois, alors que l'année dernière elle n'en réunissait que 1 900. Quelle est la raison de cette affluence ? C'est qu'un public très avisé s'y rend en foule, curieux qu'il est des tentatives nouvelles qui s'y manifestent et que parmi ces visiteurs il y a beaucoup d'acheteurs. Ceux-ci en 1902 ont laissé tomber 30 000 francs dans l'escarcelle des peintres indépendants.
Le Petit Parisien, 20 mars

[…] J'y relève les noms de Seurat, Signac, Valtat […]. Une salle spéciale est remplie par des toiles chatoyantes où les lumières et les couleurs jouent hardiment et que le vocabulaire moderne a baptisées de « tachistes » et de « pointillistes »… Est-il besoin de répéter quel talent déploient MM. Paul Signac, Luce, Henri Matisse, Cross, pour faire triompher une cause qui n'a pas besoin d'être plaidée ?
Léon Riotor, « Les Artistes indépendants », *Le xixe Siècle,* 23 mars

[…] Entre MM. Matisse, Manguin, […] et M. Marquet surtout (lequel s'affirme avec une autorité grandissante) et les meilleurs coloristes des Indépendants, la concordance des aspirations est flagrante. Sans contredit, la méditation des vieux maîtres préconisée par G. Moreau, ainsi que les ouvrages de M. Cézanne, ont suggéré aux dernières générations l'amour de la forte peinture, la passion du ton riche, éclatant, posé sur la toile par larges aplats. […]
Roger Marx, « La Chronique des arts et de la curiosité », 28 mars, p. 103

8 mai
Décès de Paul Gauguin dont la nouvelle ne sera connue que plusieurs mois plus tard[28].

Conférence en Tchécoslovaquie de Frantisek Salda, « La beauté nouvelle, sa genèse et son caractère », publiée par la revue *Voné smery* (Tendances libres), prônant « le raccourci, la concentration, la simplification, la rigueur », et ayant pour modèles Daumier, Van Gogh, Gauguin, Cézanne et Munch.

Le peintre Alexej von Jawlensky voyage en Normandie et à Paris.

Mai-juin
Exposition d'art islamique au musée des Arts décoratifs, pavillon de Marsan (849 numéros).

7 juillet
Matisse à Manguin :
« […] *je travaille il est vrai mais pas très tranquillement et si je pouvais,*

1903

j'enverrais la peinture à tous les diables. C'est peu satisfaisant et trop peu rénumérateur [29]. »

31 juillet
Matisse à Bussy (peintre et ancien élève de Moreau) :
« Tu me parles d'aller dans le Midi. C'est hélas mon plus beau rêve, mais mon cher, sans argent que veux-tu faire ? Je crois que j'y travaillerais deux fois plus que dans le Nord où l'hiver est mauvais comme lumière. [...] [30]. »

10 août
De Lesquielles, Matisse écrit à Manguin et à Marquet qui séjournent à la Percaillerie (Cotentin) :
« Je souffre surtout de ne pouvoir travailler davantage avec ma raison, ça va bien un moment mais je suis obligé de constater qu'elle est fort courte et l'instinct prend le dessus et me lâche malheureusement avant la fin de mon tableau… [31]. »

Août-septembre
Dufy séjourne à Martigues. À l'automne, il rencontre Georges Braque dans l'atelier de Léon Bonnat [32].

1er octobre
Marquet mentionne à Manguin la liste officielle des noms « du jury chargé de [les] recaler. Truchet, Jourdain, Véry, Desvallières, Besson, Arman-Jean » [33].

Octobre
De Marquet à Manguin :
« Je t'envoie ce que j'ai reçu du Salon d'Automne, je n'ai pas d'autres renseignements. Es-tu décidé à y envoyer ? Matisse ne m'a pas répondu à ce sujet. J'espère d'ailleurs le voir ces jours-ci [...] [34]. »

31 octobre-6 décembre
Fondation du Salon d'Automne. Eugène Carrière en est le président d'honneur, Frantz Jourdain le président. Parmi les membres d'honneur, des critiques, des collectionneurs, un conservateur : Arsène Alexandre, Leonce Benedite, Gustave Geffroy,

Gustave Kahn, Henri Lapauze, Camille Mauclair, Octave Maus, Olivier Saincère. Neuf cent quatre-vingt-dix œuvres sont réunies dont 589 peintures [Manguin (3), Marquet (3), Matisse (2) Rouault (5)]. Une « exposition de quelques œuvres de Gauguin » est présentée en hommage à l'artiste (8 œuvres). *(ill. 9)*
Publication de *Tout pour ça, mœurs décadentes*, roman grivois de Vlaminck, illustré par Derain.

4-28 novembre
Exposition Gauguin, galerie Ambroise Vollard (40 numéros).

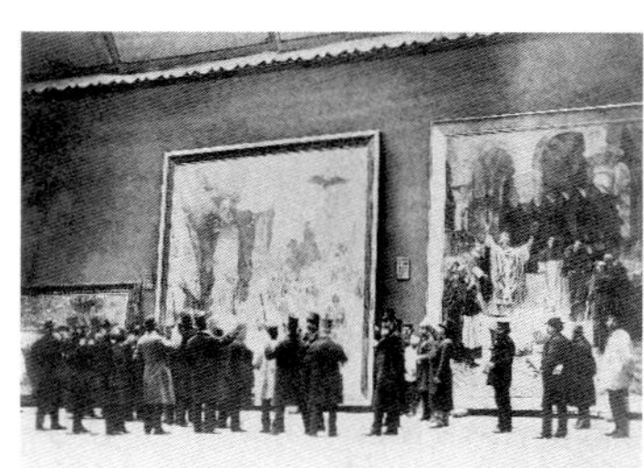

ill. 9
Inauguration du Salon d'Automne, Paris, 1903.

1904

Le marchand allemand Wilhelm von Uhde s'installe à Paris.

À Moscou, renouveau de l'intérêt pour l'icône à travers *La Trinité de l'Ancien Testament* de Roublev qui révèle, après son nettoyage, ses couleurs d'origine.

Janvier
Ouverture de la galerie Eugène Druet, rue du Faubourg-Saint-Honoré. Matisse se souvient l'avoir connu « alors qu'il était marchand de vins place de l'Alma. Rodin y prenait ses repas et faisait faire à Druet des photographies. [...] » [35].

20 janvier-20 février
Peintures, pastels et aquarelles, galerie Berthe Weill [Dufy (7), etc.] [36].

31 janvier
Jean Puy et Manguin travaillent ensemble sur le modèle [37].

Février
Exposition Gauguin, galerie Vollard.

21 février-24 mars
XXe Salon des Indépendants, Grandes Serres. 2 395 œuvres [Camoin (6), Van Dongen (6), Dufy (6), Friesz (5), Girieud (6), Manguin (6), Marquet (5), Matisse (6), Metzinger (6), Munch (6), Puy (6), Vallotton (6), Valtat (3), Van Dongen (6)].

Rétrospective Paul Cézanne (dont 30 peintures). Valton, président, Signac, vice-président, Matisse secrétaire adjoint.

On constate, chez la plupart, outre l'ignorance de leur métier, ce qui n'a rien de surprenant ni d'ailleurs de décourageant, une négligence vraiment excessive, une espèce de laisser-aller déconcertant, un dédain inquiétant de tout ce qui constitue l'art. Tout cela sent le travail hâtif, bâclé ; très peu d'observations consciencieuses, réfléchies, raisonnées ; beaucoup de brutalités faciles ; des oppositions incohérentes de couleur, des simplifications puériles de dessin, presque partout un mépris exagéré de la forme.
Les Arts de la vie,
mars, non signé

Quels progrès aussi chez Matisse qui répudiant les malsaines adresses d'école et les gaucheries voulues, prend possession de sa personnalité en des études sincères et probes où il atteint parfois une réelle puissance (*Allée au bois de Boulogne*).
Marquet oriente ses efforts dans une voie parallèle, sans que sa production ressemble à celle de Matisse ; c'est que nous sommes ici en présence d'une personnalité très affirmée déjà. [...] Manguin fait preuve d'un louable souci des valeurs et des volumes. Ses natures mortes, ses intérieurs sont consciencieusement vus, soigneusement construits. [...] Les pointillistes [...] ne font pas d'adeptes et semblent réduits à se pasticher eux-mêmes.
[...] Même chez Munch dont il ne faut pas trop se hâter de rire malgré ses extravagances et qui trouverait un heureux emploi de son talent dans l'art apppliqué (céramique, vitrail, etc.).
« Les Artistes indépendants »,
Revue de l'art pour tous, mars-avril

La contribution des étrangers est très importante aux Indépendants : Suédois, Allemands, Hollandais [...]. Munch, Lemmen, Dairo de Regoyo [...] et M. Van Dongen, qui conduit le visiteur à Rotterdam, en des coins singuliers, dont il exprime avec force le caractère.
Charles Saunier,
« Revue universelle »,
Littérature et beaux-arts, 1er avril

L'impressionnisme s'éternise au-delà de sa vraie vie. Ce n'est plus aujourd'hui qu'une formule, une recette entre les mains des habiles. [...]. L'art décoratif et l'art expressif se sont fièrement maintenus en face de l'impressionnisme avec de puissants artistes [...]. Mais ce qui, longuement germé, s'épanouit enfin et s'impose à l'évidence, c'est la lassitude d'une formule accomplie et épuisée, c'est le besoin de nouveau [...], disons : la reprise de la tradition par le retour aux principes. [...]
Un autre étranger, le Norvégien Munch. Celui-ci, c'est la force, la

fougue, aussi la fantaisie, aussi la vérité, au courant de tout, personnel, triste jusqu'à la plus noire amertume, gai jusqu'au fou rire, ses paysages, de mauvais rêves ; ses portraits, de sinistres caricatures. Son travail est hâtif et juste, toutefois, on n'a pas le sentiment qu'il dépense toute sa force ou plutôt qu'il fasse tout son effort dans chacune de ses œuvres, et on en garde un regret. [...] C'est toute la Hollande, M. Kees Van Dongen, avec tous les contrastes savoureux du génie néerlandais : quoi de plus finement subtil que le canal à Delfshaven ? quoi de plus gaîment gros que ce coin de bal masqué, où l'on voit un vieux monsieur se pencher, comme pour respirer des fleurs, sur le corsage décolleté d'une femme sans beauté.
Les fleurs de Pierre Girieud, les paysages d'Henri Matisse [...]. On pourrait dans l'analyse de ces œuvres, préciser les tendances, dirai-je complémentaires de l'art en ce temps. Pas un de ces artistes qui ne garde l'empreinte de l'impressionnisme et qui, plus ou moins consciemment, ne s'efforce de s'en dégager, [...] oscillant de l'observation à l'interprétation, de l'art réaliste à l'art décoratif et dépensant dans cet effort beaucoup de talent. [...] Parmi ceux-ci Jean Puy, un nom à retenir, un nom d'artiste. Ses recherches indiquent de hautes directions, son exécution témoigne d'une vision pure et d'une belle conscience. Le Paysage désigné sous ce titre, *Un bois silencieux,* semble d'un élève direct de Gauguin, [...] Raoul Dufy nous avait déjà montré, en des expositions particulières, ses études du pont Louis-Philippe et de la rue Lepic. Nous avons revu avec plaisir ces recherches d'un impressionnisme traditionnel déjà, mais qui sont d'un peintre adroit et sincère.

Charles Morice, « Le XXe Salon des Indépendants », *Le Mercure de France,* mai, p. 405 à 419

Gestel et Sluijters, à Paris, de janvier à mars, voient les œuvres des futurs Fauves (Van Dongen, etc.) au Salon des Indépendants.

24 février
Création, à l'initiative d'André Level, de l'association La Peau de l'Ours [38].

25-29 mars
XIe exposition de la Libre Esthétique, Bruxelles, « Peintres impressionnistes » (Bonnard, Cézanne, Cross, Degas, Denis, Gauguin, Seurat, Signac, Valtat, etc.), texte d'Octave Maus.

Avril
Pablo Picasso s'installe au Bateau-Lavoir, 13, rue Ravignan.

2-30 avril
Exposition de groupe, galerie Berthe Weill : Camoin (7 œuvres), Manguin (8), Marquet (6), Matisse (6) et Puy (8), etc. ; texte de Roger Marx.

12 avril
Ouverture, au pavillon de Marsan et à la Bibliothèque nationale, de l'exposition des Primitifs français ; la Bibliothèque nationale présente les manuscrits à peintures, du XIIIe au XVIe siècle. *(ill. 10)*

Entre avril et juillet
Matisse, Cross, Signac, etc. visitent l'exposition des Primitifs français.

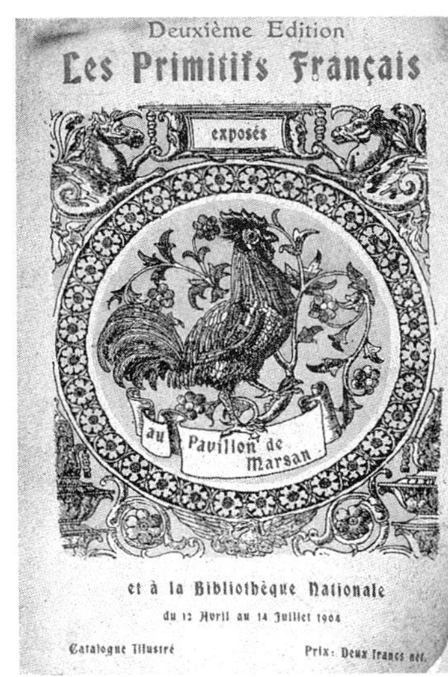

ill. 10
Catalogue de l'exposition « Les Primitifs français ».

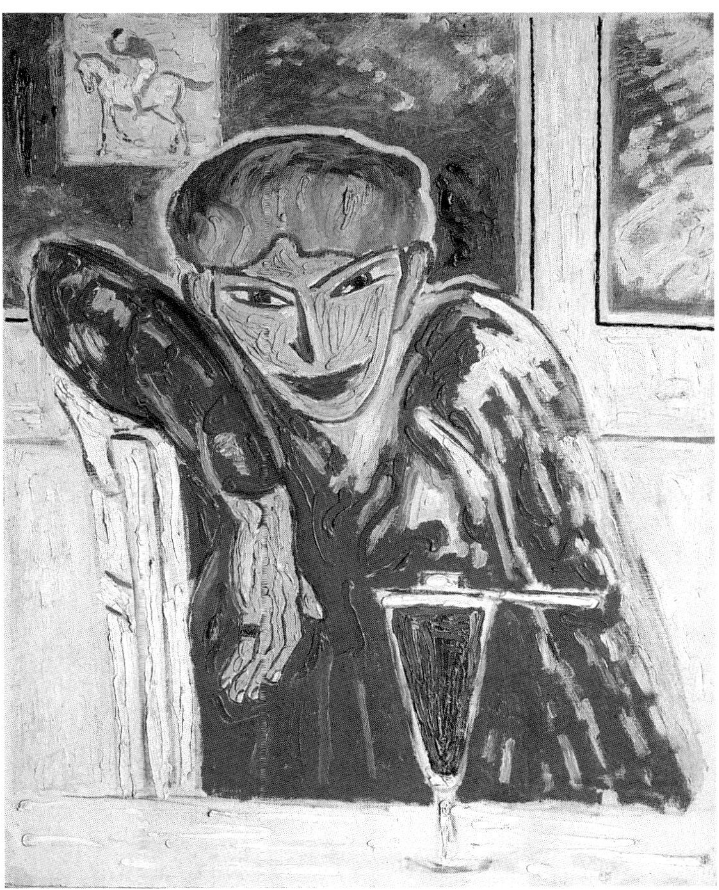

ill. 11
Alexis Merodack-Jeaneau, *Le Garçon à l'absinthe,* galerie Matignon 32, Paris.

20 avril-15 mai
Quarante-six tableaux d'Othon Friesz, Paris, galerie des Collectionneurs.

Parution à Stuttgart de *Die Entwicklungsgeschichte der modernen Kunst* (*Histoire de l'évolution de l'art moderne*) de Julius Meier-Graefe.

Jawlensky voit pour la première fois une toile de Gauguin.

25 avril
Lettre de Kandinsky à Gabriele Münter :
« Il faut que je plonge attentivement en moi-même pour juger de l'effet des couleurs sur mon âme [...] J'ai pas mal avancé sur la question et je devine assez bien le chemin à suivre. Sans exagérer, je peux affirmer que si j'arrive à bout de cette tâche, j'ouvrirai à la peinture la voie d'une évolution nouvelle, belle et porteuse d'infinies possibilités. Je suis sur une nouvelle piste, que seuls quelques grands maîtres ont pressentie de temps en temps et qui un jour ou l'autre sera reconnue [39]. »

Mai
Premier numéro de la revue *Tendances nouvelles* dont le peintre Alexis Merodack-Jeaneau est le fondateur [40]. Exposition de groupe en juin, rue Laffitte (Delaunay, Girieud, Kandinsky, Matisse…). *(ill. 11)*

9 mai-4 juin
Exposition « Trente-sept vues de la Tamise (1902-1904) de Claude Monet », galerie Durand-Ruel, texte d'Octave Mirbeau.

10 mai
Vollard vend à K. E. Osthaus, pour le musée Folkwang à Hagen (Wesphalie) (8 700 francs), des œuvres de Maillol, Denis et Gauguin [41].

Signac écrit à Matisse :
« Votre lettre me rejoint à Venise (aujourd'hui !) (oh ! les Tintoretto de la Scuola de San Rocco) ! Je serai très heureux de vous voir tous à St-Tropez et m'empresse de vous renseigner [42]. »

1er-18 juin
Première exposition personnelle de Matisse (45 toiles et un dessin, de 1897 à 1903), galerie Vollard, préface de Roger Marx.

Lors d'une permission, Derain visite l'exposition Matisse en même temps

1904

que celle des *Vues de Londres* de Claude Monet, comme en témoigne une lettre à Vlaminck :

> « *Quant à Claude Monet, en dépit de tout je l'adore, à cause de ses erreurs même. [...] Mais, en somme, n'a-t-il pas raison de rendre avec sa couleur fugitive et peu durable, l'impression naturelle qui n'est qu'une impression et qui ne dure pas, et ne peut-il pas ainsi augmenter la caractéristique de sa peinture ? Moi, je chercherais autre chose, ce qui au contraire a du fixe, de l'éternel, du complexe. Je souffre beaucoup pour cette maudite peinture ! À savoir s'il faut dénicher les complexités de la vie ou synthétiser le Moi-même pour le manifester* [43]. »

Il ajoute à propos de Matisse :
> « *Il est très calé c'est incontestable.* »

Juin-octobre
Manguin et sa famille séjournent à La Percaillerie, dans le Cotentin.

Dufy peint à Fécamp avec Marquet, Berthe Weill est au Havre et à Sainte-Adresse.

Braque quitte Paris, passe l'été en Bretagne (au Pouldu) et en Normandie.

Camoin est à Marseille, puis visite Naples, Capri, Rome. À Paris, Marquet travaille aux illustrations de *Bubu de Montparnasse* de Charles-Louis Philippe.

Peploe se joint à Fergusson (qui a étudié en 1898 chez Colarossi) pour passer l'été en France.
Émile Bernard publie dans *L'Occident* un article sur Cézanne :

> « *Paul Cézanne considère qu'il est deux plastiques, l'une sculpturale ou linéaire, l'autre décorative ou coloriste. Ce qu'il nomme la plastique sculpturale serait amplement signifié par la Vénus de Milo. Ce qu'il nomme plastique décorative se rattache à Michel-Ange, à Rubens. L'une de ces*

plastiques, servile, l'autre, libre, l'une dans laquelle le contour l'emporte, l'autre dans laquelle domine la saillie, la couleur et la fougue. Ingres est de la première, Delacroix est de la seconde. Tout se résume en ceci avoir des sensations et traduire la nature [44]. »

12 juillet-15 octobre
Matisse passe l'été près de la maison de Signac, à la Ramade, à Saint-Tropez [45]. Il lit l'article d'Émile Bernard sur Cézanne, emprunté à Signac. *(ill. 12)*

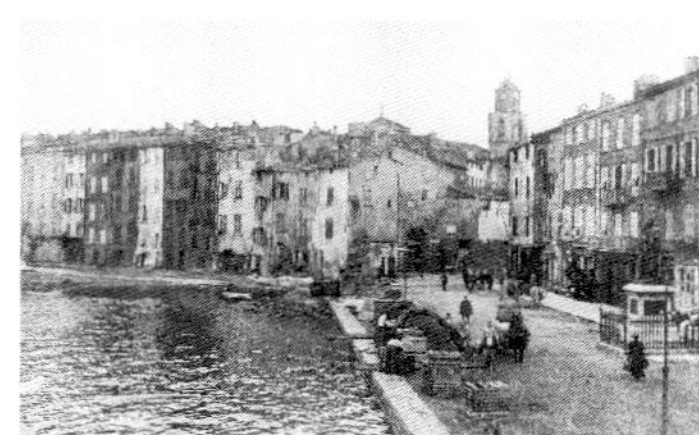

ill. 12
Vue de Saint-Tropez.

29 juillet
Marquet écrit à Manguin, à propos des études :

> « *Fais-en beaucoup car on pourra en exposer tant qu'on voudra au Salon d'Automne et faire chacun une petite exposition particulière* [46]. »

8 août
Marquet écrit à Manguin avoir reçu de Matisse des «lettres désolées» de Saint-Tropez [47].

25 août
Vollard note : « À Monsieur Van de Velde, Weimar, l'achat pour le compte de M. Le Baron de Mutzenbecker » d'œuvres de Cézanne, Gauguin, Seurat, Valtat, etc. [48].

2 septembre
Matisse à Manguin :

> « *[...] Je n'ai qu'une toile de 15, faite au coucher du soleil. Je crois que la peinture va me rendre fou. [...] Moi je ne suis pas content et je ne rapporte rien. [...] (Je viens de croquer la patronne du café que jusqu'ici j'avais trouvée très jolie et je remarque qu'en la dessinant je*

n'ai pris que tout ce qu'elle avait de laid) [49]. »

Début septembre
Matisse fait la connaissance de Félix Fénéon.

Il écrit à Marquet que ses fonds s'épuisent, indiquant avoir visité Agay et Menton et fait six tableaux ; il aurait souhaité passer davantage de temps avec Cross. Matisse conseille à Marquet d'acheter un exemplaire de *L'Occident* de juillet 1904 : « Les propres paroles de Cézanne : "Organiser ses sensations" – "Moduler" et "Ne pas moduler". Tu pourras couper le n° pour le lire. C'est très intéressant [50]. »

7 septembre
Henri-Edmond Cross écrit à Théo van Rysselberghe :

> « *Nous sommes allés à Saint-Tropez. Matisse l'anxieux, le follement anxieux ! Vous comprendrez aisément que j'étais aussi content de bavarder avec lui que j'étais ravi, mais pour des raisons opposées, de constater la confiance en soi de notre ami Signac* [51]. »

23 septembre
Derain est libéré du service militaire et rentre à Chatou ; «plein d'allant et d'espoir», il s'inscrit à l'Académie Julian à Paris. Avec Vlaminck, il peint à Chatou, au Pecq, etc. [52]. Derain rencontre Guillaume Apollinaire, le croisant parfois dans le train [53]. Il commence une collection éclectique d'art populaire et de «curiosités» [54]. *(ill. 13-14-15)*

Automne
Matisse commence à travailler, d'après *Le Goûter*, à la dernière version de *Luxe, calme et volupté.*

Arrivée de Béla Czóbel à Paris ; il s'inscrit à l'Académie Julian et rencontre Derain ; arrivée de son compatriote hongrois Vilmos Perlrott Csaba.

Octobre
Othon Friesz emménage 18, impasse du Maine.

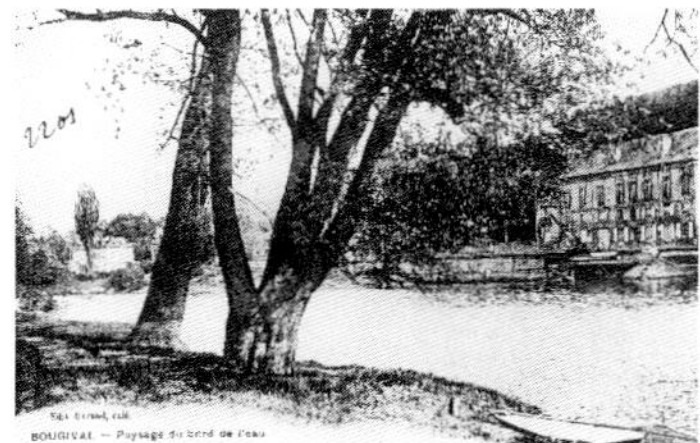

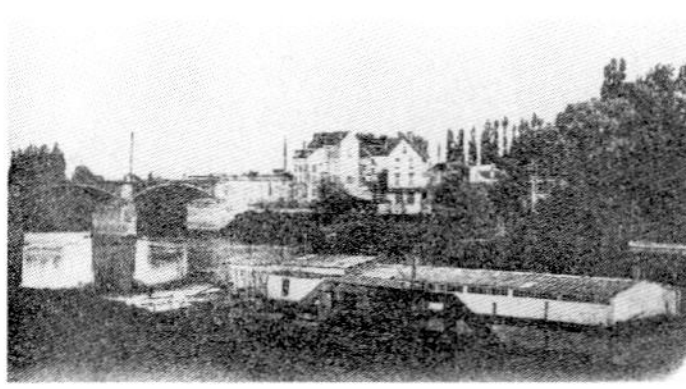

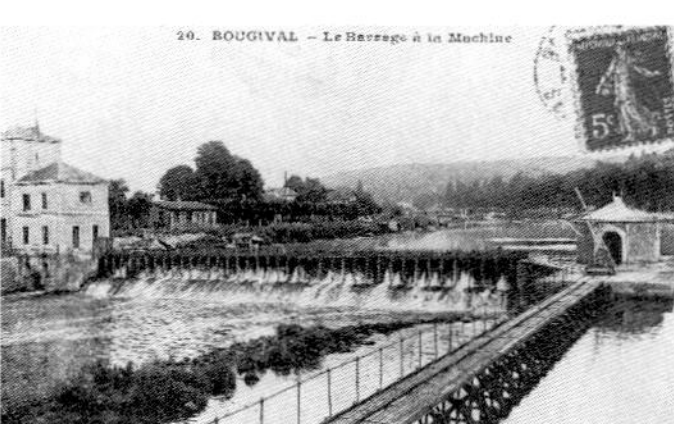

ill. 13
Bougival vers 1900, Paysage au bord de la Seine.

ill. 14
Le pont et l'île de Chatou.

ill. 15
Bougival vers 1900, Le barrage à la Machine.

4 octobre
Manguin arrive à Saint-Tropez [55] ; rencontre Paul Signac.

15 octobre-15 novembre
IIe Salon d'Automne, Petit Palais (1 317 peintures et sculptures de 380 artistes). Des salles particulières sont consacrées à Cézanne (42 œuvres), Puvis de Chavannes (43 dessins, pastels et caricatures), Odilon Redon, Pierre-Auguste Renoir et Toulouse-Lautrec.

Œuvres de Camoin (7), Robert Delaunay (1), Van Dongen (2), Friesz (4), Girieud (2), Kandinsky (9 aquarelles et 9 lithographies), Marquet (10), Matisse (13 peintures et 2 sculptures), Metzinger (3), Puy (5), Valtat (3), etc.

L'État achète des peintures de Camoin, Marquet et Matisse. Pour la première fois, le Salon présente des photographies [56].

Participation de l'étranger, abondante et diverse M. Van Dongen (*L'Attelage*), M. Kandinsky, M. Kousnetzoff. [...] Les aquarelles et les lithographies de M. Kandinsky font souvenir du village russe et des humbles et touchants ouvrages qu'on y vit rassemblés, lors de la dernière Exposition universelle ; les sujets fort simples, accessibles à tous, inspirés tour à tour de la nature ou de la légende, sont traduits par une technique adéquate, elle-même simple, naïve et rude.
Roger Marx, « Salon d'Automne 1904 », *La Revue universelle*

Après le 15 octobre
Leo Stein, installé à Paris depuis 1902 avec sa sœur Gertrude (27, rue de Fleurus), voit au Salon d'Automne l'œuvre de Matisse qui lui fait « la plus forte impression, mais pas la plus agréable [57] ».

24 octobre-24 novembre
Exposition de groupe, galerie Berthe Weill (Dufy, Girieud, Picasso).

Séjour de Dufy à Marseille et à Martigues [58].

15-25 novembre
Exposition Van Dongen, galerie Vollard, 105 peintures et 20 dessins à l'aquarelle, catalogue par Félix Fénéon.

Novembre
Kandinsky séjourne cinq jours à Paris avant de partir pour Tunis [59].

Vollard consigne dans son registre (janvier-décembre 1904) ses ventes d'octobre et novembre à Morosov (Pissarro), à Stein (Gauguin, Cézanne, Denis, Renoir), à Chtchoukine (Gauguin) et à Von Rath (Gauguin) [60].

2 décembre
Camoin décrit à Matisse l'une de ses visites chez Cézanne, à Aix-en-Provence :
« Je le retrouve à sa campagne écrasant du vert Véronèse sur sa

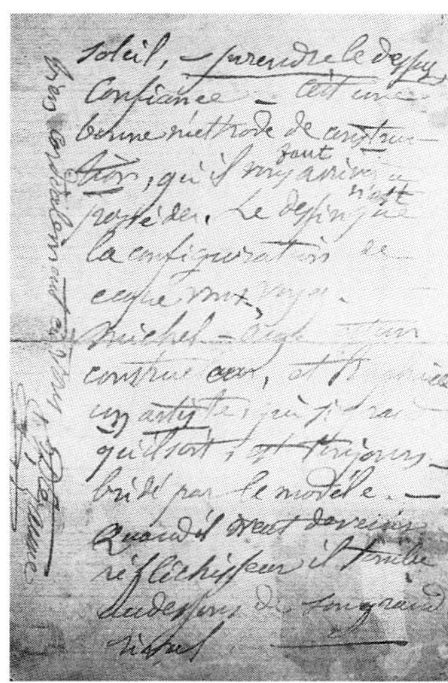

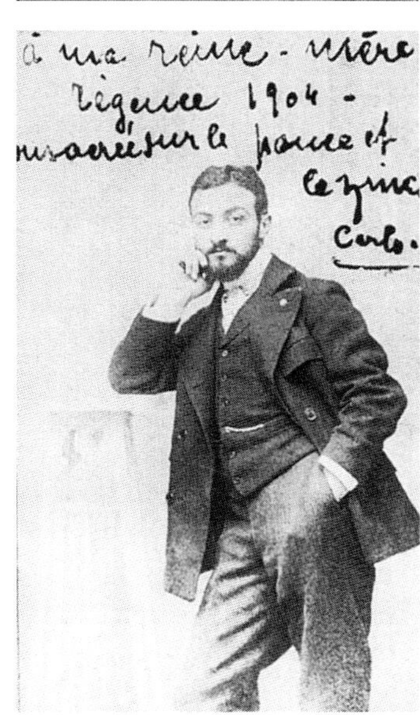

ill. 16
Lettre de Cézanne à Camoin, 1904, collection particulière.

ill. 17
Charles Camoin, c. 1904, dédicacé « À ma reine-mère », collection particulière.

palette. [...] Voyez, il faut faire des tableaux, composer comme l'ont fait les maîtres, non pas comme les Impressionnistes qui découpent un morceau de nature au hasard [...] [61]. » (ill. 16 et ill. 17)

6 décembre
Le comité des Artistes indépendants se réunit pour le renouvellement du bureau : Valton, président ; M. Signac et M. Piot, vice-présidents, M. A. Seguin, secrétaire, M. Matisse, secrétaire adjoint, M. Périnet, trésorier, M. André Mellerio, délégué à la presse.

Manguin, Marquet, Matisse et Puy peignent dans l'atelier parisien de Manguin (série de nus dans l'atelier).

17-31 décembre
Exposition Signac, galerie Druet. Dufy la visite [62] ainsi que Matisse, frappé par la luminosité des tableaux.

24 décembre
Matisse, Manguin, Marquet passent Noël ensemble. à Paris [63].

1905

20 janvier-20 février
Exposition de groupe, galerie Berthe Weill (Van Dongen, Dufy, etc.) [64].

C'est une joie des yeux que de passer une heure dans la petite galerie Weill où, depuis quelques années déjà, exposent d'excellents artistes des Indépendants et du Salon d'Automne. Je sais, en cette galerie des Lautrec curieux et rares, des Henri Matisse, des Marquet, et de délicates sanguines de Granié et d'Helleu.
Voici aujourd'hui, les œuvres de MM. Avelio Torrent, Deltombe, Van Dongen.
Louis Vauxcelles, « Notes d'art », *Gil Blas,* 27 janvier

Avant février
Lors d'une visite à Chatou, Matisse conseille à Derain et à Vlaminck d'exposer au Salon des Indépendants. À propos de Vlaminck, Matisse note qu'il « insistait sur l'emploi de couleurs absolument pures, sur un vermillon qui était absolument vermillon, ce qui l'obligeait par conséquent à intensifier les autres parties du tableau » [65].

Février
Matisse présente Derain à Vollard.

5 février-2 mars
Exposition Edvard Munch, au SVU Mánes, Prague (121 numéros) : grand impact sur les jeunes artistes, déplaçant leur intérêt de l'impressionnisme vers un souci d'expression.

21 février-24 mars
XIIe exposition de la Libre Esthétique, Bruxelles (Ensor, Evenepoel, Emil Nolde, Toorop, etc.), texte d'Octave Maus.

25 février-25 mars
Exposition de groupe, galerie Berthe Weill : Van Dongen (10), Dufy (5)…

Février
Matisse découvre chez Fayet, à Paris, sa collection de peintures et de sculptures de Gauguin [*Oviri*] [66]. (ill. 18)

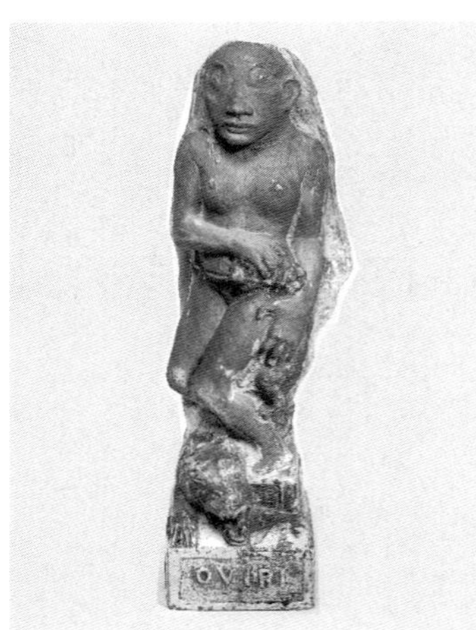

ill. 18
Paul Gauguin, *Oviri*. Grès cérame, 1994,
Musée d'Orsay, Paris.

Exposition de groupe, galerie Pratt et
Magnier, 4, rue de Lille.

C'est aujourd'hui au Salon d'Automne,
aux Indépendants ou bien en d'étroites
boutiques peu fréquentées des snobs
que se rencontrent les maîtres de
demain, je ne parle pas de Vuillard, de
Bonnard, de Bussy qui sont déjà fort
prisés mais d'Auguste [*sic*] Marquet, de
Henri Matisse, d'Alcide le Beau [...].
Louis Vauxcelles, *Gil Blas,*
22 février 1905

Mars
Premier numéro de la revue symboliste *Vers et Prose*, fondée par Paul Fort.
Matisse est au nombre des souscrip-
teurs. Soirées du mardi à *La Closerie
des lilas.*

À cette date, Camoin habite 13, carrefour de l'Odéon, Friesz, 15, place Dauphine, Marquet 25, quai des Grands-
Augustins, non loin de chez Matisse. Puy
habite 56, avenue de Clichy et Vlaminck,
21, boulevard des Ormes à Rueil.

21 mars-8 avril
Exposition Henri-Edmond Cross, galerie Druet, texte d'Émile Verhaeren.

Avant le 24 mars
Derain et Vlaminck rencontrent Signac
lors de leur dépôt d'œuvres pour le
Salon des Indépendants.

24 mars-30 avril
XXIe Salon des Indépendants, Grand
Palais. L'exposition comprend 4 269
peintures de 669 artistes, dont les
rétrospectives de Seurat (43 peintures
et dessins) et de Van Gogh (45 peintures
et dessins). Matisse prête l'un de ses
dessins de Van Gogh. Sont présents :
Camoin (7 œuvres), Cézanne (10),
Delaunay (8), Derain (8), Van Dongen
(7), Dufy (8), Friesz (8), Girieud (1), Manguin (8), Marquet (8), Matisse (8), Metzinger (8), Munch (8), Puy (8), Rouault
(8), Valtat (3) et Vlaminck (8). *(ill. 19)*

Grâce à Signac, vice-président du salon,
Matisse, secrétaire adjoint, est désigné
à la commission d'accrochage (avec
Bonnard, Camoin, Laprade, Luce, Manguin, Marquet, Metzinger, Puy, Vallotton) [67].

Les Indépendants [...], sur cette exposition la critique professionnelle va
s'exercer… d'autres parleront des
« harmonies en rouge majeur » de
Valtat [...] et apprécieront l'effort
« inquiet et chercheur » de Matisse ou
de son élève Manguin.
Matisse, un inquiet et un chercheur
paraît-il aussi. Il n'est pas d'artiste
dont il n'ait essayé de s'assimiler les
procédés. Nous avons tout vu de lui,

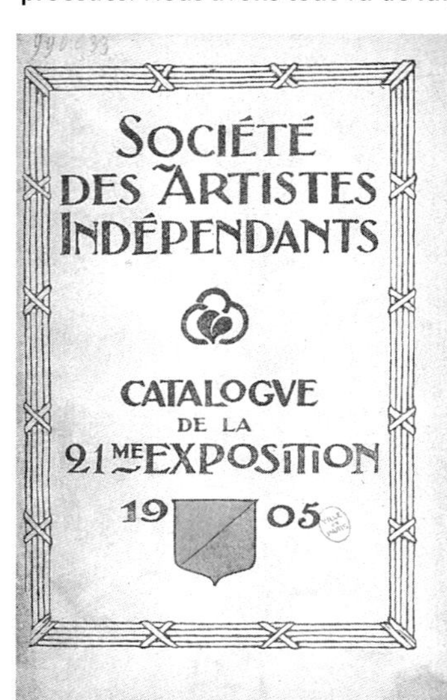

ill. 19
Catalogue de la XXIe exposition du Salon des
Indépendants, 1905.

natures mortes d'après Cézanne, où
il n'oubliait pas même la boîte au
lait bancale, ou le bol penché
accentuant la ressemblance, dessins
comme de Rodin, harmonies
empruntées à des monotypes de
Degas, et pour compléter le tout,
aujourd'hui, un grand tableau au
petit point, qui pourrait être de
Cross, présenté dans une collerette
de papier comme un bouquet de fête
ou un gigot de dimanche.
M. Matisse a une solide réputation
d'inquiétude, faite par ses amis, à
soutenir ; tout ceci explique qu'il
cherche soigneusement à bannir la
cohérence de son œuvre, mais qu'il
entraîne dans cette voie M. Manguin, doué comme lui, et peut-être
plus, de superbes qualités de couleur, c'est là que je sache chose
inutile et la voie de l'inquiétude est
dangereuse lorsqu'on possède assez
de qualités pour peindre avec sérénité.
Maurice Delcourt,
Le Libertaire, 27 mars

M. Seurat dont on expose une collection rétrospective… M. Metzinger,
pointilliste en confettis gros comme
des pièces de dix sous ; M. Signac,
comme des pièces de 20 ; M. Valtat,
comme des pièces de 100, M. van
Dongen enfin, par tubes entiers, et
tous réussissent à faire une nature
qui, je vous assure ne se voit pas tous
les jours… Quant à M. Puy, il expose
un portrait d'Italienne nue, qui ressemble furieusement à une grossière
ébauche de terre cuite retirée des
boues du Vésuve.
Felix d'Anner, « Choses d'art »,
L'Intransigeant, 28 mars

Des réalistes, beaucoup de réalistes.
L'Intérieur, La Rue Bouterie à Marseille
de Ch. Camoin ont des qualités de
solidité, d'habileté de facture [...].
Marquet dans ses vues des quais de
la Seine affirme une fois de plus sa
vision cahotée, vive et dure des effets
de désolation. De la dureté aussi chez
Puy, qui prend un caractère assez
puissant dans son portrait d'Italienne
nue comme faite d'un bois mal
dégrossi [...]. Manguin qui montre

dans des toiles comme son atelier
qu'il sait rendre avec force et sobriété
la tristesse dénudée des intérieurs
[...].
Maximilien Girieud, « Au Salon des
Indépendants », *Le Soir,* 2 avril

La 20e exposition offre cette année
un intérêt exceptionnel (4 269 œuvres). [...] On ne s'ennuiera pas au
spectacle d'une *Noce à la campagne*
de M. Henri-Julien Rousseau, de
la *Tentation de Saint Antoine* de
M. Girieux [*sic*], [...], de *Luxe, calme
et volupté* de M. Henri Matisse [...].
C'est de quoi donner à un neuras-
thénique pour trois semaines de
franche hilarité. Il n'y a pas de
meilleure cure pour le spleen.
Anonyme, *Le Républicain
des Ardennes,* 8 avril

Plus robustes et aussi plus para-
doxales sont les qualités de M. André
Derain, de Chatou. C'est évidemment
un admirateur de Van Gogh. Peintes
avec force couleurs pures, vermillon,
vert et violet, ses vues du port du
Pecq, de Bougival et de Port-Marly
ne laisseront pas d'intimider les
profanes et d'intéresser les vrais
artistes… Citons aussi les études de
M. Giraudel, de Saint-Germain, et les
paysages de M. de Vlaminck, de
Rueil. C'est assez pour faire voir que
les artistes de notre région ont cette
année fourni aux Indépendants un
apport nombreux et intéressant.
L. B., *Écho de la Seine-et-Oise,* Saint-
Germain-en-Laye, 9 avril

Je ne sais si H. Matisse a pensé à donner une leçon aux néo-impressionnistes en leur montrant qu'un vrai
coloriste pouvait faire tout de suite
aussi bien qu'eux. En tous cas, il y a
réussi. Et c'est ainsi que la plupart
prendront la chose. Dans sa para-
phrase du vers de Baudelaire « Luxe,
Calme, Volupté », je vois bien qu'il a
voulu rendre une impression d'exotisme luxuriant et de richesse nonchalante, mais je ne saisis pas la
nécessité d'accommoder pour cela
des nus de Cézanne au procédé exagéré du contraste et de la division
impitoyable des tons. À quoi bon

aller s'embarrasser de formules scientifiques quand on est naturellement un délicieux coloriste ? Certes on s'étonne de ne pas voir enfin Henri Matisse, avec tant de savoir, réussir à imprimer une marque définitive aux choses qu'il touche [...]. Avec ce sens exquis de l'arabesque et de la couleur, Henri Matisse est un charmeur, mais, en s'en allant, on remâche comme à regret le mot du vieux Montaigne : « ondoyant et divers… ».

Maxime Girieud, *Le Soir,* 11 avril

2 avril
Exposition de groupe, galerie Berthe Weill (Dufy, Camoin, Marquet, Van Dongen… [68]).

6 avril
Dîner Rodin à *La Closerie des lilas*. « Cette réunion sera un dîner [à] 3 F par tête et je crois que l'issue sera au Salon dont Rodin serait le pionnier. Matisse, Marquet, Camoin, enfin tous les camarades y seront [69]. »

6-29 avril
Exposition de groupe, galerie Berthe Weill (Camoin, Manguin, Matisse, Marquet, etc.) [70].

28 avril
Leo Stein, acquéreur à l'issue du Salon des Indépendants d'un nu de Manguin, souhaite rencontrer l'artiste [71].

Mai
Exposition Amiet, galerie Richter, Dresde (présentée à Zurich en février, elle attire l'attention du futur groupe Die Brücke).

9 mai
Manguin est à la villa Demière, à Malleribes, près de Saint-Tropez.

14 mai
Marquet est à Saint-Tropez, après une étape à Marseille.

Vers le 15 mai
De Nice, le peintre Francis Jourdain écrit à Manguin :
« Je vous raconterai [...], de quelle mauvaise volonté Dujardin-

Baumetz fait preuve à l'égard de notre pauvre Salon d'Automne très compromis [72]. »

16 mai-jusqu'à la semaine du 4 septembre
Matisse est à Collioure, après s'être arrêté, faute d'argent, à Perpignan [73]. *(ill. 20-21)*

20 mai
Matisse, de l'auberge de Dame Rousette, écrit à Manguin :
« Marquet est-il à Saint Tropez ? [...] Comment vous trouvez-vous ? [...] As-tu vu Signac et Cross ? Nous, nous sommes bien. [...] J'ai loué sur le quai qu'on appelle "le faubourg" une chambre qui a vue sur la mer où je travaille à mon aise. J'ai comme fréquentation celle d'un peintre des Indépendants, ami de Luce, qui s'appelle Terrus et qui est très agréable comme camarade [...] [74]. »

Marquet écrit à Camoin, de Saint-Tropez :
« [...] La fameuse Côte d'Azur n'est qu'un bateau, en fait d'azur il y a de la pluie et du vent. Heureusement qu'on ne s'embête pas quand même, c'était la fête du pays, nous avons dansé la farandole avec le père Manguin et la mère Signac. Il y a près du port un endroit où tu pourras trouver de délicieux modèles et pas cher lorsque tu viendras, tâche d'amener le beau temps. Il y a aussi de merveilleux paysages à faire. [...] [75]. »

22 mai
Matisse et Terrus rendent visite à Maillol, à Banyuls. Ce jour-là, Matisse rencontre Georges Daniel de Monfreid et Louis Bausil.

28 mai
Camoin est à Marseille, avant de partir pour Cassis ; Marquet, qui logeait chez Manguin [76], s'installe au port de Saint-Tropez.

6 juin
Matisse écrit à Marquet avoir fait deux petites esquisses à l'huile, quelques

aquarelles dont « trois ne sont pas mauvaises », et quelques croquis. Trouvant la région « épatante », il l'encourage à la visiter [77].

7 juin
Fondation du groupe Die Brücke, à Dresde : Bleyl, Heckel, Kirchner, Schmidt-Rottluff.

9 juin ; Manguin voit Signac, Van Rysselberghe et Cross [78].

12 juin
Marquet écrit à Camoin habiter « un hôtel qui donne sur le port, qui est merveilleux et bien amusant. [...] J'ai commencé à travailler depuis peu de jours, je n'en ai pas foutu besef ».

Monfreid note « attendre Terrus et Matisse qui arrivent par le train ». Sont aussi présents à Saint-Clément le peintre Louis Bausil, M. et Mme Dumas, M. et Mme Calmel (installés à Béziers ils ont possédé *Le Rêve* ou *Te Reriora* de Gauguin, revendu à Fayet en 1903). Matisse voit chez Monfreid la sculpture sur bois de Gauguin de Tahiti [79] ; Derain n'est pas là, contrairement à ce qui a été souvent écrit.

18 juin
Signac écrit à Matisse à Collioure :
« [...] Je pense souvent à votre tableau [Luxe, calme et volupté]. *Et je l'aime de plus en plus. On reproche à notre touche de n'être*

pas "expressive" ; mais n'exprime-t-elle pas ce que nous voulons "pureté, contraste, dégradé" aussi bien que la touche de Delacroix et de Monet exprime ce qu'ils recherchent : mouvement [80]. »

Fin juin
Derain écrit à Matisse « être bien seul dans [s]es idées, ce dont je souffre beaucoup en ce moment, mon ardeur s'est beaucoup relâchée vu le manque d'émotions. Et pensez-vous un peu si je serais heureux de pouvoir vous rejoindre mais mes parents ne l'entendent pas ainsi, pour eux je dois partager leur vie ou gagner la mienne [...]. Écrivez-moi une carte postale sur laquelle vous me priez instamment de vous rejoindre en me le conseillant pour mon travail [81] ».

25 juin
Matisse « enjoint » Derain à venir le rejoindre à Collioure :
« Je ne saurais trop insister pour vous persuader qu'un séjour ici vous est absolument nécessaire pour votre travail – vous y seriez dans les conditions les plus avantageuses et vous tirerez des bénéfices pécuniaires sur le travail que vous y ferez. Je suis certain que si vous m'écoutez vous vous en trouverez bien c'est pourquoi je vous le répète encore, venez [...] [82]. »

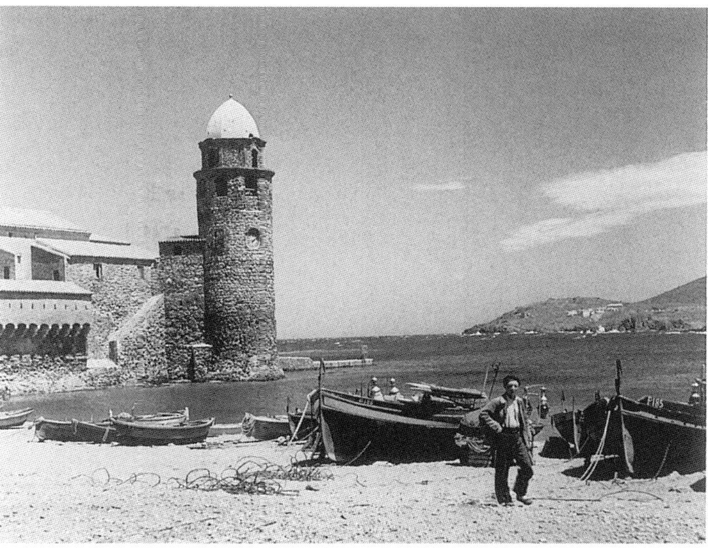

ill. 20
Le « phare » de Collioure, photographie Henri Matisse, Succession H. Matisse, Photo Archives Matisse, D. R.

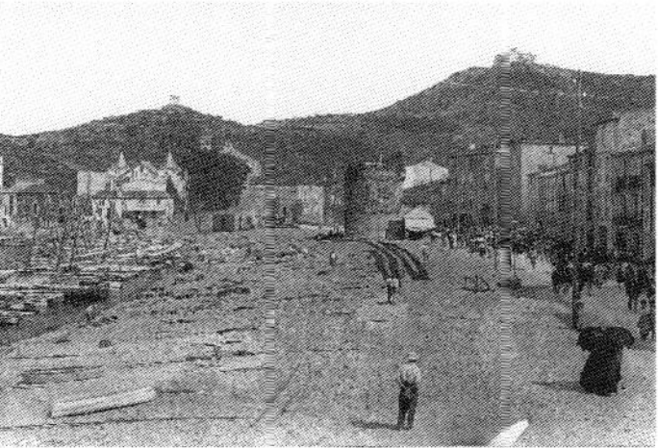

ill. 21
Collioure, La plage et le faubourg.

1905

De Chatou, il écrit à Matisse le 28 juin :
«Une nouvelle qui vous surprendra, c'est celle de ma prochaine arrivée parmi vous. [...] soit lundi, mardi ou mercredi[83]. »

28 juin
Camoin, avec Marquet à Saint-Tropez, écrit à Matisse :
«[...] C'est à Cassis que je me suis arrêté ces jours passés et je n'y ai fait qu'une toile. Je suis venu à Saint-Tropez dans l'intention de me rattraper et le temps passe ici à sucer des pailles en attendant le soleil. [...] Nous te raconterons cela par nos croquis et l'étude que nous avons entreprise. [...] je voudrais terminer les deux ou trois études entreprises pour poursuivre ma route vers Agay. Marquet en fera sans doute autant. [...] Les Signac, Manguin et J. Nau t'adressent, ainsi qu'à ta femme, leurs bonnes amitiés [...][84]. »

Entre le 3 et le 5 juillet
Derain arrive à Collioure et s'installe à l'*Hôtel de la Gare*. Il travaille avec Matisse, dans le quartier du Boramar, dans une maison appartenant à Paul Soulier, viticulteur[85].

Exposition Othon Friesz en compagnie d'autres artistes à la galerie Prath et Magnier.

Braque séjourne au Havre et à Honfleur avec le sculpteur Manolo (Manuel Martinez Hugué) et le critique Maurice Raynal[86]. *(ill. 22)*

Othon Friesz visite Anvers.

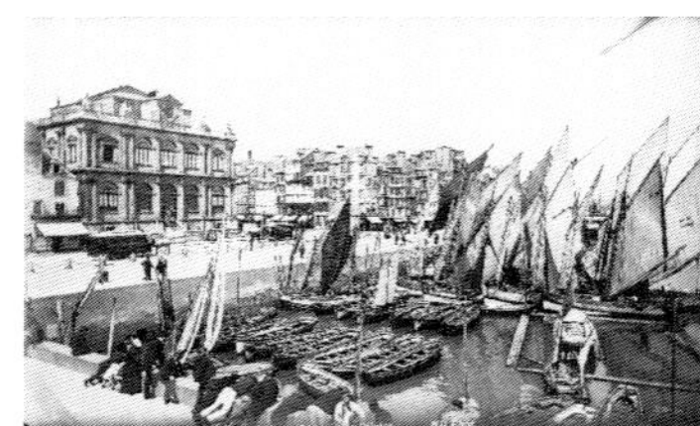

ill. 22
Le Havre, L'Anse des pilotes.

10 - 17-18 juillet
Lettre de Henri-Edmond Cross à Matisse
«Votre port de Collioure se présente fort bien en tant que croquis linéaire, ordonnance, équilibre m'y paraissent parfaits ; à vous de conserver ces qualités en y mettant couleurs et valeurs. (ill. 23) Je crois qu'il faut se méfier des constructions exclusivement linéaires au début de la conception d'une œuvre. Il faudrait percevoir tout d'abord le résultat final qui est, dans le cas qui nous occupe, la couleur. [...] Dans votre tableau Luxe, calme et volupté, *les petites figures n'ayant pas été conçues comme des centres d'harmonie mais, me semble-t-il, comme un surajoutage linéaire y jouent un rôle contrariant au lieu d'ajouter à l'harmonie de l'ensemble. De sorte qu'à la distance voulue, le tableau existe par les éléments "couleurs, contrastes, etc." de votre conception initiale. Le charme des figures ne se sent que tout près [...]. En un mot, il eût fallu, à mon sens, que ces figures fussent des centres d'harmonie comme le sont les différents objets qui constituent le décor*[87]. »

Derain écrit à Vlaminck :
*«Je n'ai pas une minute à moi [...], ce pays-ci, ce sont des gens, la tête bronzée avec des couleurs de peau chrome, orange, culottée ; des barbes noires bleutées.
Ce sont des femmes, de très beaux gestes, avec des caracos noirs, des mantes ; puis des poteries rouges, vertes ou grises, des ânes, des bateaux, des voiles blanches, des barques multicolores. Mais c'est la lumière, une lumière blonde, dorée, qui supprime les ombres. C'est un travail affolant. Tout ce que j'ai fait jusqu'ici me semble stupide. [...] J'ai été en Espagne. J'étais fou. [...] Des églises avec des sculptures en bois qui feraient pâlir Vlaminck lui-même. Des architectures avec de la couleur, puis des gueules. Ah là là...*[88]»

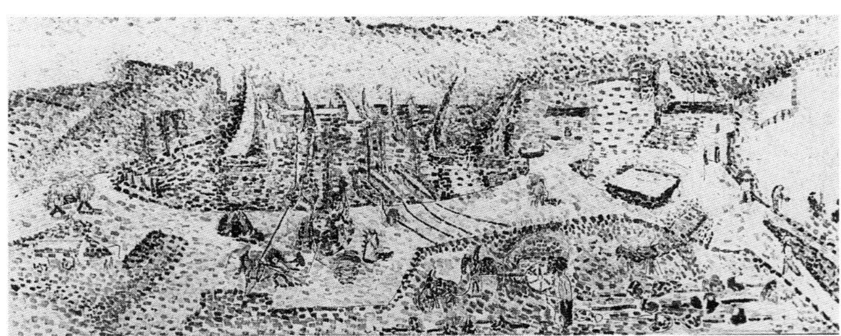

ill. 23
Matisse, *Port d'Abaill*, 1905, collection particulière, Photo Archives Matisse, D. R.

ill. 24
Vue d'Agay.

13-23 juillet
Marquet et Camoin séjournent au *Grand Hôtel* d'Agay. *(ill. 24)*

13 juillet
Carte d'Amélie Matisse à Jeanne Manguin :
« ... M. Derain est avec nous depuis une huitaine et avec mon mari ils travaillent ferme malgré la forte chaleur. [...][89]. »

14 juillet
Matisse écrit à Signac :
«Avez-vous trouvé dans mon tableau de Baigneuses [exposé ensuite au Salon des Indépendants sous le titre *Luxe, calme et volupté*] *une harmonie parfaite entre le caractère du dessin et le caractère de la peinture ? Selon moi, ils me paraissent totalement différents l'un de l'autre et même absolument contradictoires. L'un, le dessin, dépend de la plastique linéaire ou sculpturale, et l'autre, la peinture, dépend de la plastique colorée. Résultat : la peinture, surtout divisée, détruit le dessin qui tire toute son éloquence du contour. »*

Il ajoute avoir fait des esquisses et des aquarelles qui lui seront utiles plus tard à Paris[90].

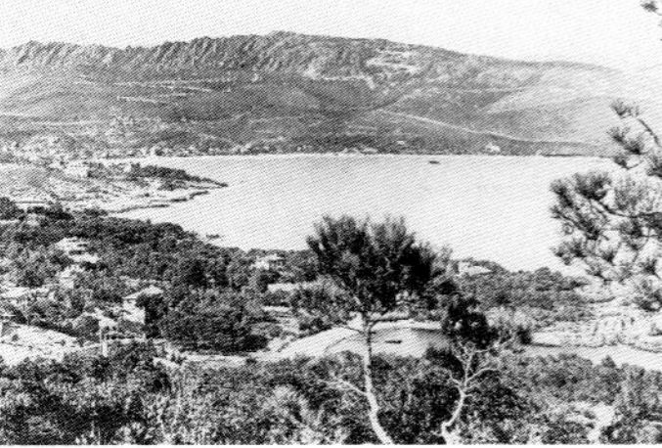

Dufy répond pendant l'été à l'*Enquête* de Charles Morice[91]. Été-automne : il séjourne à Marseille et à Martigues. Son marchand Eugène Blot l'abandonne.

21 juillet
Marquet est à Agay avec Camoin :
«Nous t'avons vainement attendu, lundi passé ? Nous quittons demain Agay pour Anthéor. C'est de plus en plus beau. »
Le 28, Manguin les a rejoints[92].

28 juillet
De Collioure, Derain écrit à Vlaminck avoir :
*«donc deux grands points, sur lesquels mon voyage m'aura beaucoup servi :
1° Une nouvelle conception de la lumière qui consiste en ceci : la négation de l'ombre. Ici, les lumières sont très fortes, les ombres très claires. L'ombre est tout un monde de clarté et de luminosité qui s'oppose à la lumière du soleil, ce qu'on appelle des reflets. Nous avions, jusqu'à présent, négligé tout cela tous les deux et, dans l'avenir, pour la composition, c'est un regain d'expression. 2° Savoir, dans le voisinage du travail de Matisse, extirper tout ce que la division du ton avait dans*

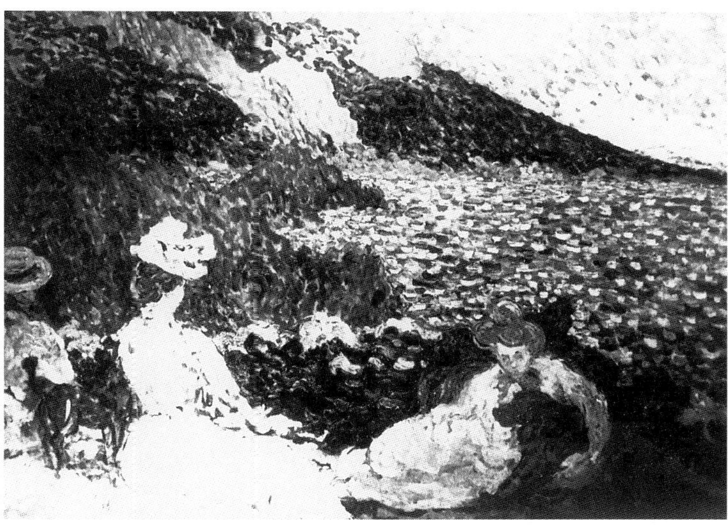

ill. 26
Valtat, *Femmes au bord de la mer*,
collection particulière.

ill. 27
Henri-Edmond Cross, *L'Air du soir*, 1894,
Musée d'Orsay, Paris.

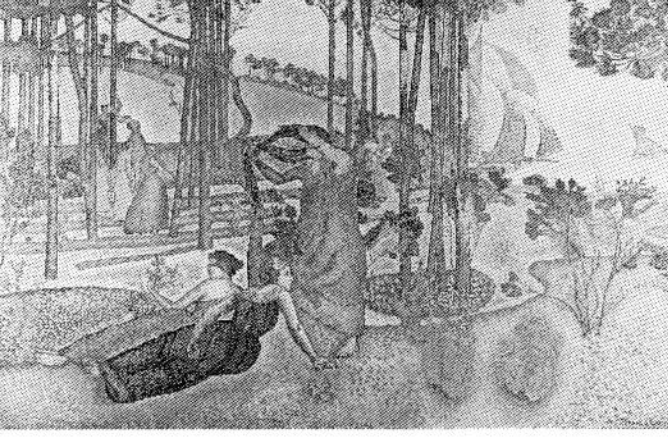

la peau. Il continue, mais moi, j'en suis complètement revenu et je ne l'emploie presque plus. C'est logique dans une tapisserie ou dans un panneau lumineux et harmonieux. Mais cela nuit à ces choses qui tirent leur expression des inharmonies intentionnelles. C'est en somme un monde qui se détruit de lui-même quand on le pousse à l'absolu. Je me hâte de revenir à mon travail des Indépendants qui est somme toute le plus logique à mon point de vue et qui concorde parfaitement avec mon besoin d'expression. Je voudrais aussi reprendre mon travail "sur l'huile" parce que les événements de chaque jour ne font que solidifier mes idées premières. [...] À part cela, très chic, la mer devant la montagne. Derrière, un coloris qui ne te plairait peut-être pas, mais très monté en couleur. Cette couleur m'a foutu dedans. Je me suis laissé aller à la couleur pour la couleur. J'ai perdu mes anciennes qualités. [...][93] *» (ill. 25)*

ill. 25
André Derain, lettre à Vlaminck du 28 juillet
1905, collection particulière.

Fin juillet-début août
De retour à Paris après un voyage en Italie, Francis Jourdain propose d'aider Camoin, Marquet et Manguin pour leurs envois au Salon d'Automne et leur inscription.

5 août
Derain écrit à Vlaminck :
« Je me surmène la cervelle et j'ai des résultats inférieurs aux résultats précédents. [...] La Peinture, vois-tu, il n'y a pas de types calés ; [...] la littérature, idem. Ce sont de petits cercles, de petites chapelles et rien d'humain, jamais rien d'humain. [...] Je crois qu'à force d'être dégoûtés par tant de cabotinage, nous pourrions écrire quelque chose d'humain, forger une transposition véritable. [...] Je suis peintre. Je suis l'artiste stupide, placé hors la loi, hors les gens, hors le monde, l'être hybride. Je me prends à regretter le soldat de l'année dernière qui inscrit ses souliers sur les routes d'une façon précise. [...] J'aurai, pour mon retour, trente toiles de faites, vingt dessins et une cinquantaine de croquis. Je suis satisfait de la quantité, mais non de la qualité. Et cet hiver, suivant ma situation pécuniaire, je me promets de travailler bien tranquille. [...] Je reviendrai à Paris, le 1er septembre. Si il n'y avait pas eu ce sacré Salon d'Automne, je ne serais pas revenu du tout. [...] je sens que, d'ici peu, je parviendrai peut-être à cette tranquillité morale que je désire tant[94] *».*

10 août-mi-août
Les Manguin et les Signac se promènent à bicyclette sur la Côte d'Azur (Anthéor, Agay, Menton).

Marquet voyage seul le long de la côte méditerranéenne, jusqu'à Menton.

De Cassis, Camoin écrit à Marquet :
« [...] Quant à la peinture, ça ne va pas vite, depuis mon arrivée, je suis sur les mêmes toiles [...] j'aurais voulu passer à Aix pour voir le père Cézanne[95] *».*

14 août
Signac cite à Matisse les huit lignes de l'article d'Émile Bernard sur Cézanne que celui-ci lui a demandées en juillet :
« Le dessin et la couleur ne sont point distincts au fur et à mesure que l'on peint, l'on dessine ; plus la couleur s'harmonise, plus le dessin se précise. Quand la couleur est à sa richesse, la forme est à sa plénitude. [...][96] *».*

16 août
De Menton, Marquet annonce à Camoin son départ pour Paris à la fin du mois ; le 21 août il lui précise n'« avoir rien foutu ici*[97] *».*

22 août
Manguin écrit à Matisse être déçu de ne pas avoir achevé davantage de tableaux durant l'été, et avoir vu Signac régulièrement.

Camoin, Girieud, Puy, etc., ont répondu à l'*Enquête* de Charles Morice.

À Angers, Alexis Merodack-Jeaneau, fondateur des *Tendances nouvelles*, organise, salle Chemellier, la Ire exposition de l'Union internationale des beaux-arts, des lettres, des sciences et de l'industrie[98].

Semaine du 4 septembre
Matisse et sa famille rentrent à Paris ; Derain le précède, passant par L'Estaque, Agay et Marseille.

Avant le 8 septembre
À Paris, Marquet vend trois tableaux. Il voit ceux de Matisse et Derain peints à Collioure et écrit à Manguin qu'ils « ont fait des choses épatantes[99] ».

13 septembre
Fénéon rend visite à Matisse et voit son travail de Collioure : « quarante aquarelles, une centaine de dessins et quinze toiles ».

14 septembre
Matisse écrit à Signac que Marquet et Camoin sont rentrés de la Côte d'Azur :
« J'aime leur travail, bien qu'à vrai dire il soit plutôt l'opposé du mien[100] *».*

Signac achète à Matisse *Luxe, calme, volupté*, lui demandant conseil pour l'encadrer, dans sa salle à manger, avec une toile de Cross (*L'Air du soir*, Paris, musée d'Orsay) et une de Valtat (*Femmes au bord de la mer*, coll. part.)[101]. (ill. 26-27)

Septembre
Matisse a vendu sept tableaux depuis son retour à Paris. Il confie à Simon Bussy :
« [...] Je suis en ce moment attelé à un tableau de 1,5 m sur 40 cm représentant le Port de Collioure (Pyr.-Orient.) où je viens de séjourner quatre mois. J'ai obtenu un sursis du Salon d'Automne et je dois me dépêcher pour arriver à temps ; comme je fais des petits

1905

points, c'est assez long, surtout qu'il ne sont pas toujours réussis du premier coup. À part ça tout va bien surtout ces jours-ci car je viens de vendre un tableau assez important qui était exposé au Salon des Indépendants que j'avais baptisé "Luxe, Calme et Volupté" Baudelaire, l'invitation au voyage, je crois, à moins que ça ne soit la pièce qui précède ou celle qui suit. C'était aussi du petit point ; ce qui a fait que c'est Signac qui me l'a acheté, ça se comprend. Du reste quand tu viendras tu verras mon nouveau travail, garanti bon teint. Je serai à Paris probablement pour l'ouverture du Salon et j'espère qu'alors nous pourrons nous voir un peu [102]. »

Automne
Cross écrit à Matisse :
« […] Votre inquiétude, votre sensibilité, je les comprends si bien ! [...] elles sont pour l'artiste de douloureuses mais utiles facultés. […] Vous êtes peintre, peintre-né, […] vous avez choisi autrefois la voie la plus indépendante, la seule noble. […] La description que vous me faites de votre "Arcadie" est séduisante mais purement littéraire. J'aurais bien aimé quelques notes sur l'harmonie des teintes et des lignes que vous avez dû pressentir […] [103]. »

28 septembre
Matisse informe Signac que des œuvres de Camoin, Manguin et Marquet ont été acceptées au Salon d'Automne (Vauxcelles a déjà cité dans Gil Blas celles peintes à Saint-Tropez par Manguin) ; à propos de ses propres œuvres il écrit :
« Si je n'avais pas été du comité et fortement appuyé par des amis, elles n'auraient pas été acceptées [104]. »

Octobre
Matisse loue un atelier dans le couvent des Oiseaux, 56, rue de Sèvres, qu'il garde jusqu'au printemps 1908 ; il commence à y peindre Le Bonheur de vivre.

18 octobre-25 novembre
IIIe Salon d'Automne, Grand Palais (1 625 œuvres de 397 artistes). Rétrospectives Ingres (dont le Bain turc) (ill. 28-29), Manet et exposition de dessins d'Outamaro. Dans la salle VII : œuvres de Camoin (5), Derain (9), Manguin (5), Marquet (5), Matisse (10) et Vlaminck (5). Dans la salle III : œuvres de Puy (4) avec celles des Nabis plus anciens et celles de Bonnard et de Vuillard. Dans la salle XVI sont accrochées les œuvres de Rouault (3) ; dans la salle XV, Valtat (6) avec Kandinsky

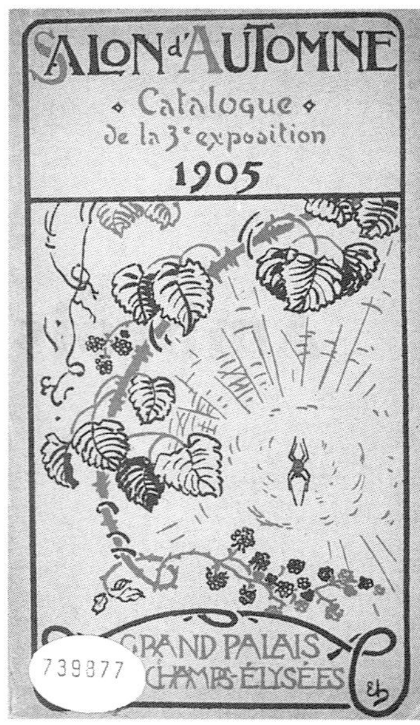

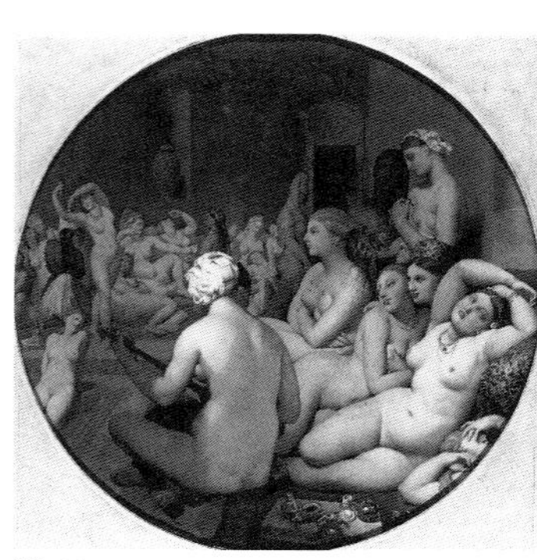

ill. 28
Catalogue de la IIIe exposition du Salon d'Automne, Grand Palais des Champs-Élysées, 1905.

ill. 29
Jean-Dominique Ingres, Le Bain turc, 1863, Musée du Louvre, Paris.

(12) et Alexej von Jawlensky (6), Othon Friesz (4) ; Béla Czóbel (3) ; Dufy n'expose pas.

Renoir est président d'honneur du Salon. Émile Loubet, président de la République, refuse d'inaugurer le Salon.

Braque est impressionné par les œuvres de Matisse et de Derain. Hans Purrmann vient de Munich à Paris pour voir la rétrospective Manet au Salon. Saisi par les œuvres de Matisse, il en voit d'autres chez Leo et Gertrude Stein, où il est introduit par le peintre américain Maurice Sterne.

Voyage de Jawlensky en Bretagne et à Paris où il rencontre Matisse.

21 octobre-20 novembre
Exposition de groupe, galerie Berthe Weill : Camoin (6), Derain (5), Dufy (15), Manguin (7), Matisse (6) et Vlaminck (5), etc.

« **Voyez les paysages vigoureux emplis d'air et de lumière [que] MM. Marquet, Matisse, Manguin, Camoin ont rapportés du Midi. Vous aimerez la robustesse du premier [...]. J'ai critiqué certaines vues d'Agay, de Troyes, d'Anthéor, de M. Marquet. Ici, je retrouve ses qualités de coloriste et de constructeur. [...] M. Matisse, qui s'égare parfois en recherches d'une outrance difficile à pénétrer, s'avère, dans ses envois de la galerie Weill, analyste de la vie des objets, peintre d'intimités, de natures mortes, de fleurs. Son Guitariste est de premier ordre.**
M. Raoul Dufy est en constant progrès. Il compose plus largement et sait ensoleiller des feuillages. [...] MM. Derain et de Vlaminck persistent en leurs effets virulents de tonalités crues, où revit obstinément le souvenir de Cézanne. Je n'y vois, pour ma part, que des juxtapositions de complémentaires et d'harmoniques qui, parfois, me heurtent et même me choquent. Mais, patience, ces imagiers terribles garderont leur sensibilité et

leur fougue, tout en acquérant plus de science [...].**
Louis Vauxcelles, « Exposition Marquet, Manguin, Camoin, Matisse, galerie Berthe Weill, La vie artistique », Gil Blas, 26 octobre

Berthe Weill se souvient :
« [...] les fauves commencent à apprivoiser les amateurs. [...] Dufy m'ayant exprimé le désir de faire partie de ce groupe, j'accepte et en fais part à Matisse qui, furieux contraste avec la jovialité de Vlaminck : "Ah ! non ! ce petit jeune homme qui veut se faufiler parmi nous, nous n'en voulons pas ! mettez-le dans l'autre salle si vous voulez." Pas commode, notre cher espoir ! Dufy est donc du groupe sans en être, tout en y étant ; il a sa petite exposition particulière dans l'autre salle [105]. »

23 octobre: Gertrude Stein et Etta Cone retournent au Salon d'Automne [106].

Après l'achat de La Femme au chapeau, Leo Stein est présenté à Matisse par l'intermédiaire de Manguin. Il le trouve en train de travailler au Bonheur de vivre.

Novembre
Exposition Van Gogh, galerie Arnold, Dresde, qui impressionne les membres de la Brücke.

19 novembre
Matisse démissionne de ses fonctions au jury du Salon d'Automne [107].

23 octobre-11 novembre
Exposition «Une saison», 19 œuvres de Van Dongen, galerie Druet.

Arsène Alexandre, dans Le Figaro, parle d'une «démonstration d'une formule nouvelle », Morice dans le Mercure de France, Vauxcelles dans le Gil Blas, Wiessing dans l'Algemeen Handelsblad du 1er novembre 1905 assurent que « les toiles de Van Dongen ouvrent une voie nouvelle dans l'art», l'opinion est presque unanime, établissant la réputation du peintre [108].

Mais il s'agit aujourd'hui d'un jeune et hardi artiste hollandais, Kees Van Dongen qui a la spécialité de décrire d'un mouvement endiablé, les mouvements frénétiques, tourbillons de fêtes foraines, la joie populacière et la folie des kermesses montmartroises. [...] Ce paysagiste se grise de soleil et de reflets ; il peint à midi en plein août d'où ces orgies torrentielles de lumière, de chaleur, de couleur [...] et les trois quarts du tableau sont accaparés, absorbés par le ciel [...]. Je lui reprocherai certaines exagérations d'intensité qui faussent l'effet au lieu de le renforcer. Ses dessins fort apparentés aux schémas d'Henri Matisse, donnent l'impression que l'artiste voudrait, à peine le fusain saisi, avoir déjà terminé son œuvre ; ce n'est plus de l'impressionnisme, mais si je puis dire, de l'«instantanéisme».

> Louis Vauxcelles, «Exposition Kees Van Dongen», *Gil Blas,* 26 octobre

23 novembre

Ambroise Vollard achète à Derain tout son atelier [109] en même temps que celui de Jean Puy avec qui il négocie un contrat pour sa future production.

25 novembre

Camoin arrive à Martigues pour l'hiver.

1er-31 décembre

Exposition à la galerie Prath et Maynier (Van Dongen, Manguin, Marquet, Matisse).

2 décembre

Camoin a vu Cézanne, peignant « sur le motif [110] ».

Décembre

Van Dongen loue un atelier au Bateau-Lavoir, 13, rue Ravignan, face à Picasso *(ill. 30)* ; il vit rue Girardon, reçoit Vlaminck, se lie avec Derain.

Passionné de danse, il fréquente assidûment les bals (Moulin de la Galette) ; Nini, prostituée rencontrée vers la fin de 1905, et qui deviendra son modèle, lui facilite l'accès des coulisses.

Fin 1905

Marquet signe un contrat avec Eugène Druet.

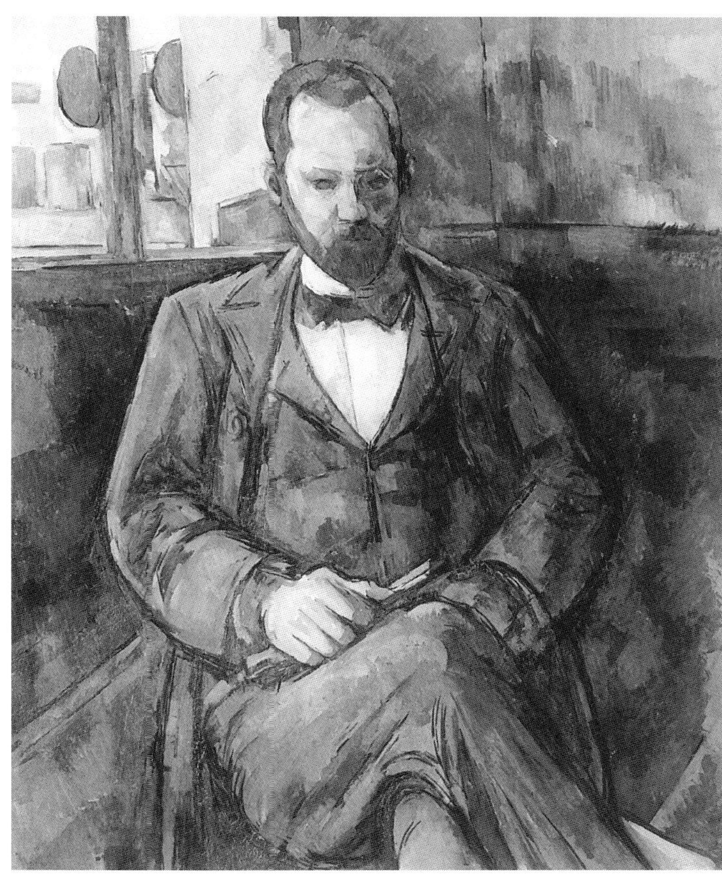

ill. 31
Paul Cézanne, *Portrait d'Ambroise Vollard,* 1899, Musée du Petit Palais, Paris.

Ambroise Vollard
(1865-1939)

Marchand des plus célèbres artistes impressionnistes et post-impressionnistes (Renoir, Cézanne, Gauguin, Redon), il est aussi celui de la génération des Nabis (Valtat, Bonnard, Denis). En 1901, il est le premier à exposer Picasso à Paris s'intéressant à la colonie espagnole de la capitale mais aussi à Rouault, à Maillol, etc. En 1904, il organise la première exposition personnelle de Matisse (dont il acquiert des peintures en 1904 et 1906). Dès la fin 1905, il investit sur la jeune génération, devient le marchand de Derain, de Puy et, en 1906, de Vlaminck et de Manguin. Puissant promoteur de l'avant-garde, il assure grâce à son réseau en France la diffusion des œuvres dans les galeries parisiennes (Bernheim-Jeune, Druet, Dru, etc.) et lors des rendez-vous annuels des salons (Salon des Indépendants, Salon d'Automne, Cercle d'art moderne du Havre). En Europe, il s'appuie sur ses homologues et ses intermédiaires, Cassirer à Berlin, Miethke à Vienne, Nesmes à Budapest, Riabouchinsky à Moscou. Il envoie régulièrement des œuvres aux grandes manifestations internationales (Sécession de Berlin, Libre esthétique de Bruxelles, Salon de la Toison d'Or de Moscou (en 1908 et 1909, organisé par A. Mercereau). L'examen des carnets de la galerie atteste du volume financier important des transactions tant en France, avec les grands collectionneurs (Gustave Fayet, le prince de Wagram, les Stein, etc.), qu'à l'étranger (Osthaus, Havemeyer, les barons Mutzenbecher et Bodenhausen, Chtchoukine, Morosov, Van de Velde, Reinhort (Winterthur), etc.).

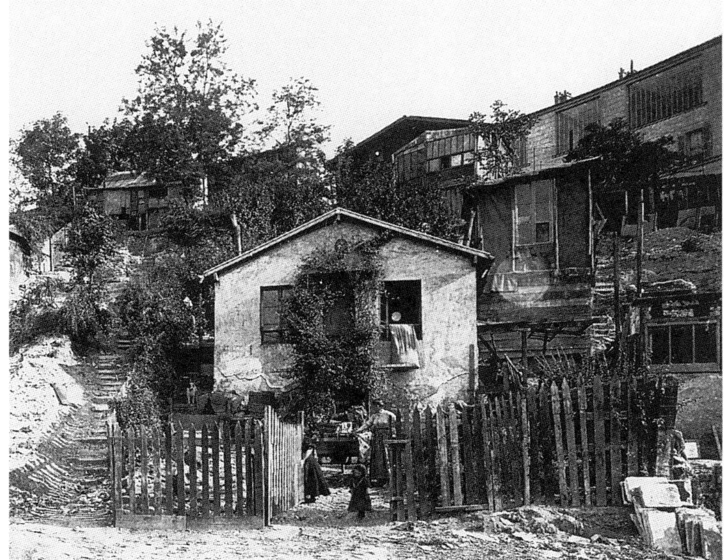

ill. 30
Montmartre, le Bateau-lavoir, c.1904, à droite « Le Maquis ».

1906

Élisabeth Epstein emmène Jawlensky chez Manguin. Il peint en 1906 dans le sud de la France et à Sausset.

Collaboration du céramiste André Methey avec les artistes de la galerie Vollard [111].

Janvier
Signac critique le *Bonheur de vivre* de Matisse :

> *«Une toile de 2,5 m, entourée d'étranges silhouettes par un trait aussi épais que votre pouce. Puis il a couvert la chose entière de couleurs plates, lisses, qui, bien que pures, vous donnent la nausée.* [...] [112] »*

15 janvier
Etta Cone, introduite par Sarah Stein réalise ses premiers achats chez Matisse.

21 janvier
Octave Maus est à Paris pour sélectionner des œuvres pour l'exposition de la Libre Esthétique. Encouragé par le peintre Van Rysselberghe, il y invite Matisse, Manguin, Camoin et les autres Fauves [113].

29 janvier
Gustave Fayet acquiert chez Vollard trois paysages de Derain [114] et, régulièrement, des œuvres de Matisse.

Février
Amiet, Nolde, Pechstein rejoignent la Brücke.

22 février-25 mars
XIIIe exposition de la Libre Esthétique, Bruxelles : Camoin (4 œuvres), Manguin (3), Marquet (6), Matisse (7)..., texte du catalogue par O. Maus.

28 février-15 mars
Exposition Odilon Redon, galerie Durand-Ruel (53 numéros).

6-17 mars
Derain effectue un séjour à Londres, à la demande de Vollard [115]. Il réside 65, Blenheim Crescent, dans Holland Park. Il peint le portrait de Bartolomeo Savona (1881-1959) [116], un étudiant ita-

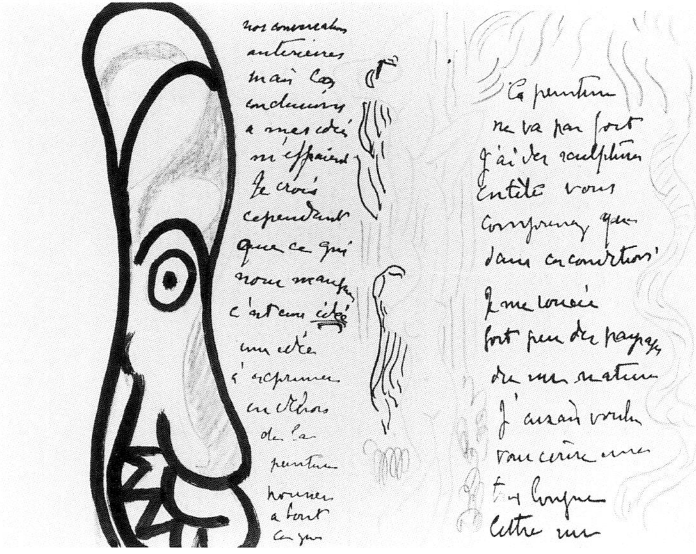

ill. 32
André Derain, lettre à Matisse, 15 mars 1906, Succession H. Matisse, Photo Archives Matisse, D. R.

ill. 33
La Tamise et Tower Bridge.

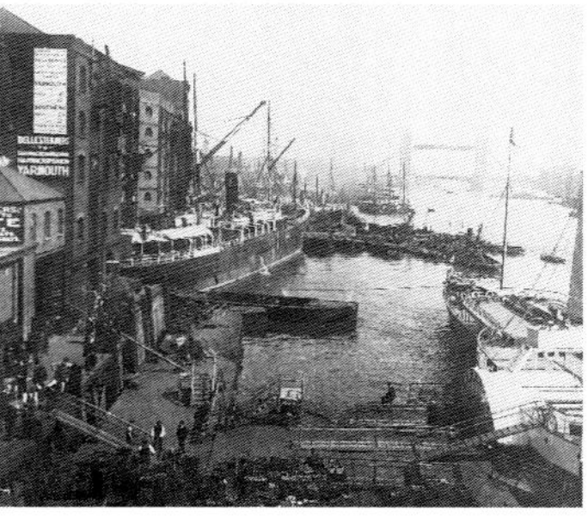

lien qui lui sert d'interprète. Il visite à plusieurs reprises le British Museum, «*Là sont entassés pêle-mêle pour ainsi dire, suivez-moi bien, les Chinois, les Nègres de la Guinée, de la Nouvelle-Zélande, de Hawaï, du Congo, les Assyriens, les Égyptiens, les Étrusques, Phidias, les Romains, les Indes. [...] J'ai vu le monde entier, même plus que si j'y avais vécu, car chaque forme, dans son langage universel, m'a enseigné les aspirations, les idées d'autres races, d'autres temps [...]. J'ai donc agrandi ma conscience par autre chose que des mots. Des sensations seules, définies avec, par des formes, des couleurs* [117]. »

À la National Gallery, Derain remarque Rembrandt, Uccello, «voit Turner» :

« *[...] Il faut absolument sortir du cercle où nous ont enfermés les réalistes [...].* » (ill. 32 et 33)

19 mars
Braque rencontre Matisse et Derain à l'inauguration du Salon des Indépendants [118].

19 mars-7 avril
Exposition Matisse, galerie Druet (55 peintures, 3 sculptures, aquarelles, lithographies, gravures sur bois des années 1897 à 1906). Revenu de Londres, Derain l'aide pour l'accrochage.

Girieud évoque une de ses visites chez Druet :

> « *Je regardais ses toiles avec un amateur auprès de qui je les défendais, lorsque Matisse vint se mêler à notre entretien et devant*

une plage rouge il dit : "vous vous étonnez sans doute de voir une plage de cette couleur, en réalité elle était de sable jaune, je me rendis compte que je l'avais peinte avec du rouge, le lendemain, j'essayais avec du jaune. Ça n'allait plus du tout, c'est pourquoi j'ai remis du rouge" [119]. » (ill. 34)

20 mars-30 avril
Salon des Indépendants, Serres de la Ville, 5 552 œuvres de 842 artistes sont présentées : Cézanne (10 peintures), Matisse (1 : *Le Bonheur de vivre*), Braque (7), Camoin (8), Béla Czóbel (8), Delaunay (8), Derain (3), Van Dongen (8), Dufy (8), Friesz (8), Girieud (8), Manguin (8), Marquet (8), Metzinger (8), Perlott Csaba, Valtat (8) et Vlaminck (8). Munch (6) expose dans la même salle que Marquet, Manguin, Puy, Vlaminck, Van Dongen (ill. 35).

Luce, Manguin, Albert Marque, Marquet, Matisse, Metzinger, Signac, etc. font partie de la commission d'accrochage ; Friesz est membre du comité exécutif.

La visite de cette exposition est sinon instructive, du moins fort amusante. Elle indique chez la plupart de ceux qui y ont pris part un singulier mépris de

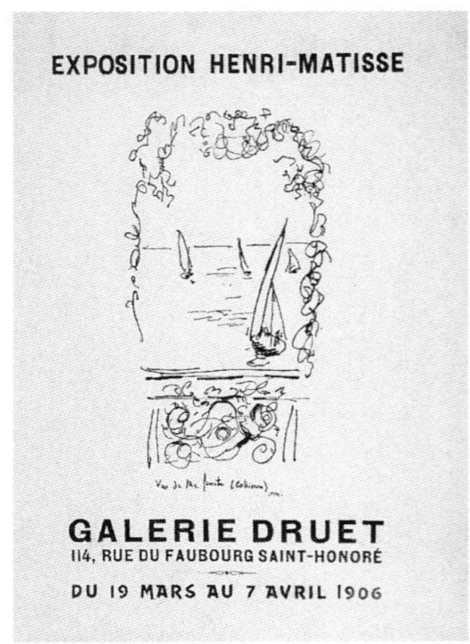

ill. 34
Catalogue de l'exposition Henri Matisse à la galerie Druet, 19 mars au 7 avril 1906.

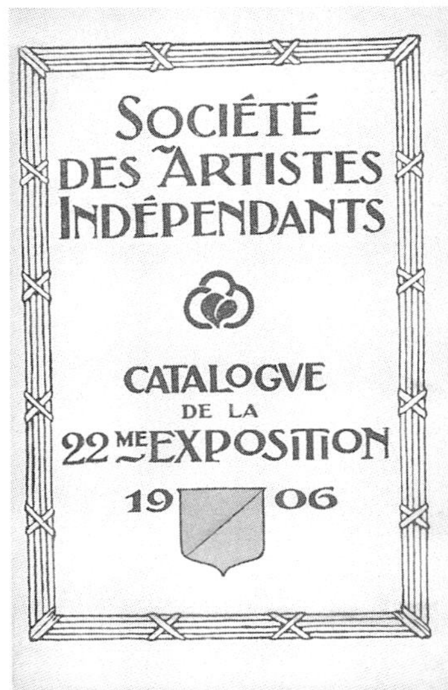

ill. 35
Catalogue de la XXIIe exposition du Salon des Indépendants, 1906.

l'esthétique et de l'harmonie. On est aveuglé dès les premiers pas par un étrange assemblage de couleurs criardes, de même que par la vulgarité, pour ne pas dire plus, de la majorité des sujets. Je n'en veux tout d'abord pour preuve que certaine composition exposée par M. Henri Matisse sous le titre : *Le Bonheur de vivre*. Qui voudrait du bonheur à ce prix ? Les figures ne sont indiquées que par des contours informes et le fond du tableau reste à l'état d'intention. [...] Plus loin, dans l'autre serre, une femme aux chairs rouges, jaunes et vertes, reposant sur un sofa écossais, œuvre de M. Manguin, vaut d'être étudiée au point de vue de la plastique et du coloris. Les paysages de cet artiste ne le cèdent en rien à ses figures. Une vue de Saint-Tropez fera croire que l'on se trouve en pays sauvage, car une femme y est représentée demi-nue allaitant un enfant au bord de la mer… C'est un véritable défi au bon sens que le panneau intitulé *À la Galette* par M. Van Dongen. Je ne puis le qualifier que de barbouillage… Jetons un regard en passant ?..., sur une étrange étude de nu par M. Valtat.

Georges Bal, « À la Société de Artistes indépendants », *New York Herald*, 20 mars

Les huit numéros de M. Henri Manguin font hurler, [...] il est pourtant parmi eux deux petits paysages de note éclatante qui prouvent un savoir averti. Qui sait si M. Manguin n'est pas de ceux que demain consacrera ? Les Maurice de Vlaminck accotés aux Kees Van Dongen excitent la grande hilarité des plaisantins ; ces derniers ont tort, et ils ont raison aussi car si les peintres ont un talent évident, ils le dépensent en des toiles d'une exubérance de couleurs et d'une invention torturée qui ne vont pas sans quelque ridicule.

Albert Lantoine, « L'art à Paris, XXIIe Salon des Indépendants », Fédération artistique, 25 mars

C'est avec un magnifique sang-froid que Henri Matisse s'est payé notre tête aux Indépendants, en nous proposant l'énigme sans mystère d'une toile, dont on ne saurait exactement conjecturer le but : l'attente du peintre n'est d'ailleurs pas déçue car son envoi est le succès de fou rire du salon.
[...] Devant Louis Valtat, nous ne pouvons oublier qu'il y eut naguère, pour notre joie, un Van Gogh.
[…] Je ne puis me défendre d'un certain dépit, quand je vois un peintre aussi bien doué que Kees Van Dongen – il l'a indubitablement prouvé – se livrer à des clowneries du goût le plus douteux, dans un but que je ne saurais deviner. Permettra-t-il que dans l'atmosphère montmartroise s'évanouissent tous ses dons ?
Le Samedi de Bruxelles, 28 avril

21 mars
Ambroise Vollard acquiert l'ensemble de l'atelier de Manguin [120].

Printemps
Au moment du Salon des Indépendants et de l'exposition Matisse chez Druet, Gertrude Stein, sœur de Leo, organise la rencontre de Matisse et de Picasso. Apollinaire note : « Stein ne voit en ce moment que deux peintres, Matisse et Picasso [121]. »

Derain adresse de Chatou à Bartolemeo Savona, en Italie, un texte manuscrit en vue d'une publication, « Le peintre moderne et la peinture », probablement rédigé en avril :
« L'art dans cette situation n'est pas didactique comme on l'a cru, parce que l'art ne peut être actuellement abaissé à l'enseignement sinon il cesse d'être art pour être une science. C'est-à-dire que si l'on veut exprimer une idée on aurait sans doute plus vite fait de l'écrire que de peindre un tableau. Si l'on veut représenter quelque chose, une photographie remplira ce but avec une exactitude mécanique. »
« L'art n'est certainement pas mort pour cela mais il cessera d'être objectif pour devenir pur et non plus être l'image d'objets mais l'image de sentiments [122]. »

D'une écriture confuse, le manuscrit de Derain semble prolonger le dialogue théorique établi avec Matisse dès l'été 1905, poursuivi lors de son séjour londonien ; on y relève l'ambition d'une « peinture pure », et celle d'« échapper au cercle réaliste ».

23 mars
Vollard note avoir vendu au baron de Bodenhausen, à Essen, des œuvres de Derain, Puy et Manguin [123] ; le 29, il expédie « à Hoffmanstall onze tableaux de Derain pour communication ». Il vend à M. de Murzenbecker des œuvres de Renoir, Bonnard et Valtat [124].

27 mars
Mort d'Eugène Carrière.

24 avril
Matisse vend à Vollard vingt tableaux et études [125], le 27, le marchand vend à « Serge Stchoukine un Gauguin vendu quatre mille francs », le 30, à Lucas de Mangcuy un lit sculpté par Derain [126].

À la fin du mois, Vollard, à Rueil, acquiert toutes les œuvres de l'atelier de Vlaminck pour six mille francs [127].

Derain loue un atelier à Montmartre, Villa Les Fusains, 22, rue Tourlaque.

4 mai
Vollard vend à Havemeyer (Cézanne, Degas, etc.) et à Chtchoukine pour trente mille francs d'œuvres de Cézanne et Gauguin [128]. Le 7, il achète douze toiles à Vlaminck, le 11, vingt-sept tableaux à Picasso [129].

10-26 mai
Matisse, à Perpignan depuis le 5 mai, part visiter l'Algérie (Alger, Biskra, Constantine, Batna). Il ne rapporte qu'un seul paysage :
« Je vais foutre le camp sans avoir rien fait [130]. »

À Manguin, il écrit :
« […] J'ai revu Collioure avec plaisir. Avant de partir en Algérie je l'avais trouvé fade mais en revenant il m'a donné une envie de peindre à tout déchirer. […] Je suis exclusivement pris par la peinture [131]. »

24 mai au 17 juin
Rétrospective Van Dongen (62 peintures et 11 dessins), au Kunstkring de Rotterdam, puis à Zwolle à la VVV-Société d'harmonie [132].

22 mai
Kandinsky et Gabriele Münter arrivent à Paris puis s'installent à Sèvres (jusqu'en juin 1907) [133].

26 mai- 30 juin
Première exposition du Cercle de l'art moderne, Le Havre (œuvres de Braque, Derain, Dufy, Friesz, Manguin, Marquet, Matisse, Puy, Valtat, Vlaminck, etc.), texte du catalogue par Le Sieutre.

Neuf fondateurs sont à l'origine du Cercle de l'art moderne (dont Charles Braque et Georges Jean-Aubry). Braque, Dufy et Friesz font partie du comité. Vlaminck vend deux tableaux ainsi que Matisse (dont *La Plage rouge*, 1905). Le 31, Friesz informe Manguin du succès de l'exposition et annonce son départ pour Anvers [134]. *(ill. 36)*

Juin
Signac presse Manguin de venir à Saint-Tropez.

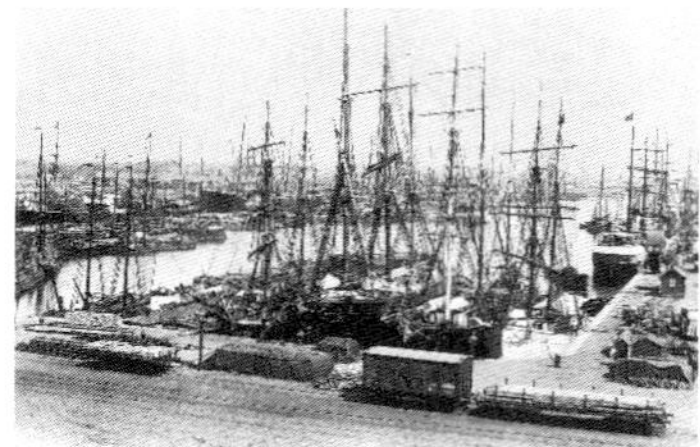

ill. 36
Anvers, le port.

12 juin-11 septembre
Braque et Friesz sont à Anvers [135], Puy est
à Doëlan et à Bénodet jusqu'en juillet.

Fin juin
Dans une lettre à Manguin, Matisse écrit
avoir vendu à Vollard des œuvres
anciennes pour 2 100 francs et ajoute :
> *« 2° affaires avec Druet, ca 2 000
> (tableaux nouveaux) 3° mon grand
> tableau* [Le Bonheur de vivre] *est
> placé chez les Stein, rue de Fleurus. »*
Il rapporte avoir vendu à un Russe
appelé Chtchoukine une grande nature
morte, trouvée sur la cheminée de son
atelier, ainsi qu'un dessin (100 francs)
et deux lithographies [136].

Début juillet
Marquet, à Paris, est impatient d'aller
peindre au Havre [137]. *(ill. 37)*

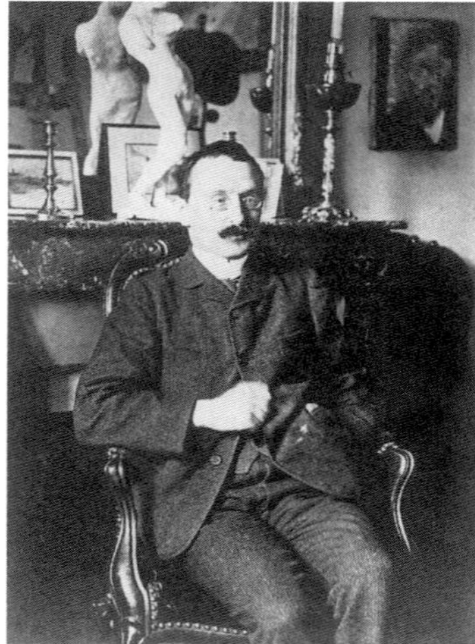

ill. 37
Albert Marquet en 1906. À l'arrière-plan,
une sculpture de Matisse, Documentation
du Musée d'Art moderne, Centre Georges-
Pompidou, Paris.

Signac visite Marseille avec Camoin.
Celui-ci ira en Corse plus tard dans
l'été.

Pendant l'été, Béla Czóbel retourne
dans la colonie d'artistes de Nagybánya, en Hongrie, où il répand l'influence du fauvisme.

12 juillet
De Saint-Clair, près du Lavandou,
Matisse écrit à Manguin :
> *« Quand viens-tu à Collioure ?* [...]
> *Tu fais des choses épatantes
> m'écrit Cross. »*
Manguin et sa famille arrivent à Col-
lioure le même jour [138].

13-17 juillet
Marquet rejoint Dufy au Havre. Ils peignent à Sainte-Adresse.

Août
Derain visite l'Auvergne, puis Béziers,
Narbonne, Marseille. Il s'arrête à
L'Estaque. Il écrit à Vlaminck, à Cha-
tou :
> *« Je me sens m'orienter vers
> quelque chose de meilleur où le
> pittoresque compterait moins que
> l'année dernière pour ne soigner
> que la question peinture. »*

Retour de Van Dongen à Paris, à Montmartre, rue Lamarck [139].

Juillet ou début août
Dufy et Marquet vont à Trouville, Honfleur, Dieppe et Fécamp. *(ill. 38)*

15-21 septembre
Manguin apprend par Marquet qu'il
doit être membre du jury du Salon
d'Automne ; il le presse de rentrer à
Paris. Il n'est pas là à temps pour sié-
ger au jury. Le 20, de Collioure, Matisse
lui écrit :
> *« C'est ennuyeux de lâcher une
> occasion de combat comme celle-là
> quand on désirait l'accepter à un
> moment de lutte comme le
> nôtre* [140]. *»*

Mi-septembre-octobre
Braque est à Paris après avoir séjourné
avec Friesz dans les environs de Durtal
(Dufy s'y rend aussi) [141].

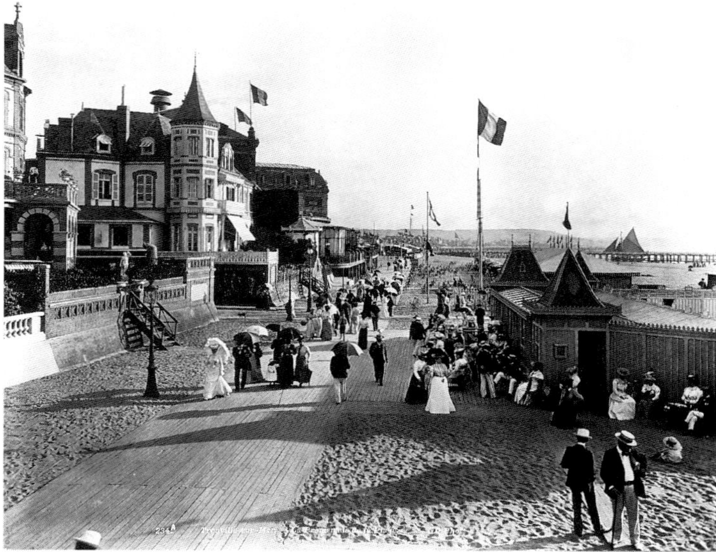

ill. 38
Trouville-sur-Mer, la Promenade de la plage.

24 septembre-fin décembre
Première exposition des peintres de Die
Brücke à la Lampen Fabrik Seifert
(fabrique de lampes) à Dresde.

Matisse rentre à Paris pour le Salon
d'Automne. Il acquiert une statuette
congolaise vili durant l'automne, à la
boutique du Père Sauvage. Il est probable que l'intérêt de Vlaminck,
Derain, Matisse pour la statuaire noire
date de l'année 1906 et non de 1905
comme Vlaminck le suggère dans ses
Souvenirs [142]. *(ill. 39)*

Octobre
Dufy s'installe 15, quai de Conti ; Vlaminck
habite 20, avenue Victor-Hugo à Rueil.
Exposition Dufy, galerie Berthe Weill.

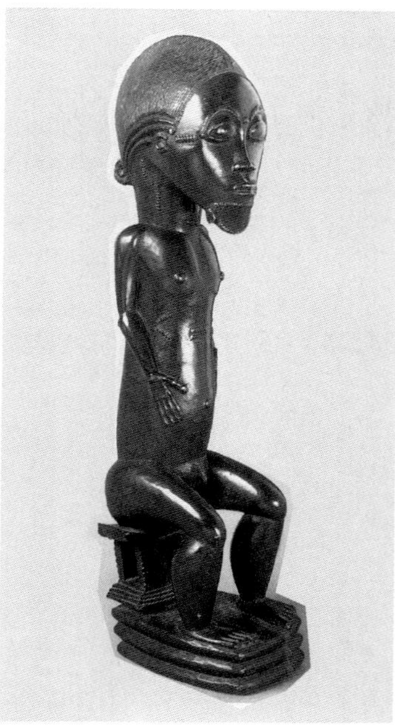

ill. 39
Statue baoulé de la collection Vlaminck,
Musée d'Art moderne de la Ville de Paris.

6 octobre-15 novembre
IVe Salon d'Automne, Grand Palais
(1 805 œuvres de 532 artistes).
Rétrospectives Carrière, Courbet et
Gauguin.

Camoin (5 œuvres), Czóbel (6), Delaunay (2), Derain (8), Van Dongen (3),
Dufy (7), Friesz (4), Manguin (6), Marquet (8), Matisse (5), Metzinger (2),
Puy (10), Valtat (10) et Vlaminck (7).
(ill. 40)

[...] la salle où quelques jeunes gens
se groupent autour du déconcertant
et changeant M. Henri Matisse, lequel,
avec ses indéniables dons de coloriste,
continue, en employant, semble-t-il,
de nouveaux moyens, à montrer la
plus intégrale indifférence pour les
données de la réalité. [...] M. Raoul
Dufy a de la verve dans ses notations
de foules en plein soleil, de drapeaux
claquants ou de murs couverts d'affiches ; et M. Othon Friesz a des qualités analogues. Mais ne ressemblent-
elles pas à des instantanés pris au
hasard, ces vives études caractérisées
par la trivialité du motif et par une
exécution qui se satisfait de quelques
taches multicolores et sans lien, laissant voir entre elles le fond de la
toile ? Travaillant à Trouville, M. Dufy
plante son chevalet devant une palis-
sade bariolée qui lui cache la plage
et la mer. Il est curieux d'observer l'attrait que semblent avoir plusieurs de
nos jeunes artistes, et non des moins
bien doués, les couleurs crues,
simples et vives des drapeaux flottant
au vent dans une rue pavoisée. J'ai
déjà cité le 14 juillet de M. Ottmann,
peintre dont le talent est infiniment
plus nuancé. Le même motif a séduit
Albert Marquet. Bien qu'on retrouve
chez lui des procédés analogues à

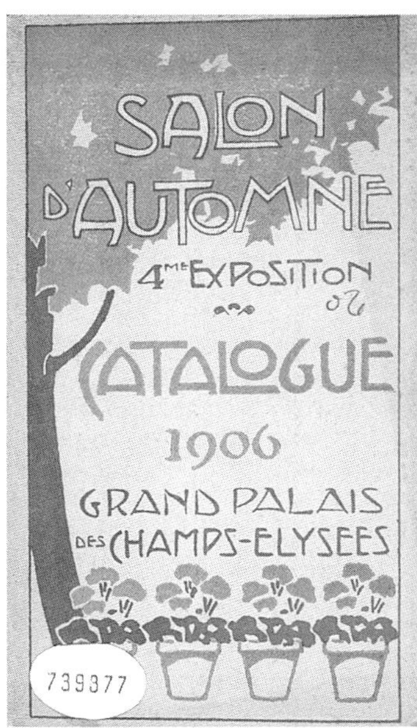

ill. 40
Catalogue de la IVe exposition du Salon
d'Automne, 1906.

ceux de M. Dufy, le ciel blanc d'un de
ses meilleurs tableaux étant tout
entier fourni par la toile, sauf une
salissure grise et deux petits traits
bleus, on n'ose pas lui reprocher, non
plus qu'à MM. Vuillard et Bonnard
chez qui elle persiste encore, cette
affectation de ne pas «couvrir la
toile».
> Paul Jamot, «Salon d'Automne»,
> *La Gazette des Beaux-Arts,*
> décembre

Cette peinture voudrait être hardie,
audacieuse, elle ne décèle qu'une
pauvreté affligeante. Elle décèle aussi
une impossibilité rare, tous ces novateurs sont copiés, détrônés par quelqu'un. Et, j'imagine que ce n'est pas
sans intention que l'on a mis près
d'eux l'exposition rétrospective de
Gauguin.
Autre théoricien, M. Dufy, il promet-
tait mieux. M. Derain se cherche à
travers Cézanne, Gauguin et Van
Gogh. M. Matisse, ce Frégoli, continue à se trouver chez les autres.
M. Vlaminck a un sens très sage, très
pompier du paysage, mais il a déni-
ché un pot de bleu.

M. Manguin avait sans doute du goût
de la peinture d'atelier, très calme,
de la bonne petite figure couchée. Et
maintenant, il veut crier avec les
autres mais il trahit un goût de rose
bien bourgeois. On n'échappe pas à
sa destinée… Celle de M. Friesz était
d'accommoder au pumpernickel les
colorations les plus violentes de ses
camarades.
Section des mélancoliques
des calmes
des doux
malades en observation
anciens
comateux
résignés
convalescents
maniaques
arriérés.
> Pierre Veber, *New York Herald,*
> 5 octobre

Une importante exposition d'art russe
(«Deux siècles d'art russe») – 750
œuvres, dont 36 icônes anciennes –
est organisée par Diaghilev au sein du
Salon d'Automne; le peintre Larionov
l'accompagne (Bakst, Gontcharova,
Jawlensky, Kandinsky, Kontchalovski,
Larionov, etc. y présentent leurs
œuvres); pour cette occasion, Ivan
Morosov, qui possède de nombreuses
peintures orientalistes russes (Vrubel,
Kouznetsov, ou Sarian, *Rue à Constan-
tinople,* 1910) prête à Diaghilev sa collection. «L'art russe s'était assimilé l'influence occidentale; il va maintenant
avec les ballets, organisés avec peut-
être plus de retentissement par Dia-
ghileff, agir à son tour sur l'art français, et on peut dire, contribuer à son
renouvellement comme avait fait l'art
japonais dans l'essor de l'impressionnisme [143]. »

22 octobre
Décès de Paul Cézanne à Aix-en-
Provence.

5 novembre
Vollard consigne la vente à Chtchoukine d'œuvres de Gauguin [144].

Le même jour, Druet vend à
Chtchoukine *La Dame à la terrasse* de
Matisse.

Novembre
Exposition Camoin, Derain, Manguin,
Matisse, Puy, galerie Berthe Weill (pas
de catalogue).

Exposition des peintres néo-impres-
sionnistes français, galerie Arnold,
Dresde, dont Seurat, Signac, Gauguin,
Van Gogh.

Novembre 1906-printemps 1907
Matisse retourne à Collioure, où sa
famille le rejoint en novembre; il voit
fréquemment Maillol à Banyuls-sur-
Mer et travaille d'après les revues de
mode *Mes modèles* et *L'Humanité féminine* [145].

Décembre
IIe exposition de Die Brücke, présen-
tant des gravures sur bois à la Lampen
Fabrik Seifert à Dresde.

14 décembre
Matisse écrit à Manguin (à Paris pour
l'hiver), à propos de sa peinture:
> «Tes éléments sont bien nets, on ne
> peut discuter de leur qualité
> intrinsèque mais je ne vois pas ce
> qu'ils expriment une fois réunis.
> Prenons un bleu ou un rouge,
> exprime-t-il soit un ton local, soit
> un ton harmonique. La réunion de
> tous les tons d'un de tes tableaux
> ne constitue pas une expression.»

Matisse l'incite à en discuter avec
Derain et Puy Ces réflexions constituent les prémisses de ce que Matisse
développera deux ans plus tard dans
les «Notes d'un peintre» [146].

Marquet s'installe 29, place Dauphine.
La galerie Druet lui assure un verse-
ment annuel de quatre mille francs [147].

1907

Friesz est à Honfleur, Dufy, à La
Ciotat [148].

14 janvier-10 février
Exposition de groupe, galerie Berthe
Weill: Delaunay, Metzinger, etc.

20 janvier
Dans sa lettre de vœux adressée à
Matisse, Derain écrit:
> «*Signac triomphe chez Bernheim.*
> *[…] Pour moi j'ai peu travaillé,*
> *très peu, cet hiver. [...] J'ai causé*
> *beaucoup, j'ai écouté encore*
> *davantage. Ce que j'ai cru*
> *ressentir de ces conversations*
> *c'est surtout que ce n'est pas*
> *encore à notre génération*
> *qu'échouera [sic] le bonheur de*
> *se mouvoir dans ce monde*
> *extrêmement pur qui semble*
> *découler a priori des idées de la*
> *transposition et ses conclusions.*
> *Nous sommes encore nous-*
> *mêmes les ouvriers de la*
> *première heure. [...] Je pars à*
> *Londres ces jours-ci pour peu de*
> *temps* [149]. » *(ill. 41)*

30 janvier
Derain à Matisse:
> «*Naturellement je dévore les*
> *musées. Et pour le moment dans*
> *mon esprit Rembrandt est le coq.*
> *[…] il est des peintres de grand*
> *talent que nous, peintres nous-*
> *mêmes, nous ne devons faire que*
> *regarder parce qu'ils ferment la*
> *peinture avec eux [...]. Je pense*
> *sincèrement que, pour nous, nous*
> *devons tendre vers le calme. [...]*
> *Le calme, c'est la certitude; la*
> *beauté doit donc être une*
> *aspiration au calme. Je serai*
> *rentré à Paris le 2 ou le*
> *10 février* [150]. »

Février
Matisse, son épouse et Terrus circulent
dans le Roussillon.

Van Dongen regagne pour six mois les
Pays-Bas, Fénéon – directeur de la
section d'art contemporain chez
Bernheim-Jeune – lui demande des
œuvres de Van Gogh pour une exposition [151].

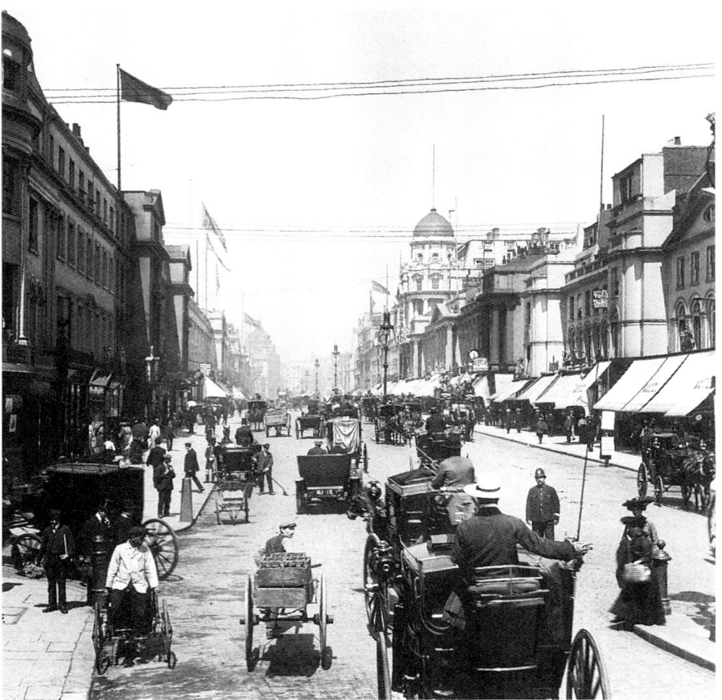

ill. 41
Regent Street, Londres.

11-23 février
Exposition Marquet, galerie Druet (39 œuvres).

Gertrude et Leo Stein acquièrent six tableaux de Matisse, galerie Druet [152]. *(ill. 42)*

22 février
Daniel Henry Kahnweiler arrive à Paris, avec l'intention d'ouvrir une galerie.

Mars
Vlaminck expose chez Vollard des peintures et des céramiques.

Mars-avril
Exposition Gauguin (72 œuvres), Marquet (7), Matisse (4), Puy (7), Signac (4), Valtat (8), galerie Miethke, à Vienne, texte de Rudolf Adalbert Meyer.

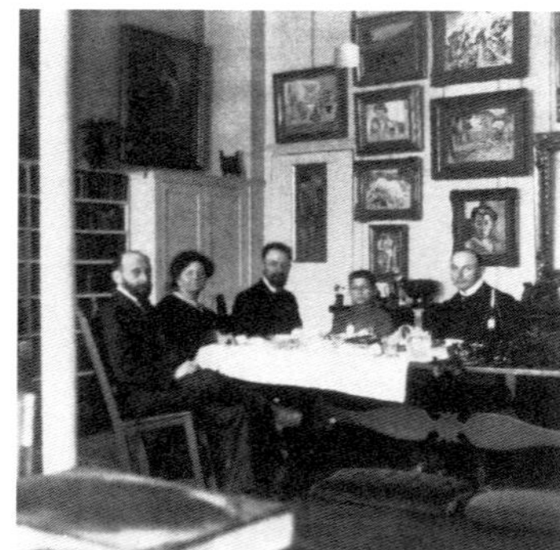

ill. 42
Michael et Sarah Stein, Henri Matisse, Allan Stein et Hans Purrmann chez les Stein, c. 1908, The Baltimore Museum of Art, The Cone Archives, Baltimore.

3 mars-3 avril
XIVe exposition de la Libre Esthétique, Bruxelles : Derain – 4 vues de Londres, par la suite présentées à la Toison d'Or, à Moscou –, Friesz (5), Girieud (6), Vlaminck (5), etc., texte de O. Maus.

20 mars-30 avril
Salon des Indépendants, serres du Cours-la-Reine, Grand Palais (5 406 œuvres de 1 055 artistes). *(ill. 43)*

Une rétrospective est consacrée à Cézanne.

Matisse, membre de la commission d'accrochage, expose *Nu bleu, souvenir de Biskra* (Baltimore Museum of Art, Cone Collection) sous le titre *Tableau n° III*, avec cinq œuvres sur papier ; Derain, les *Baigneuses*, trois tableaux de L'Estaque et un portrait ; Braque, six tableaux, dont cinq peints à L'Estaque l'automne précédent. Uhde en acquiert cinq, le sixième l'est par Kahnweiler [153]. D'autres sont présents : Dufy (6 œuvres), Marquet (3), Delaunay, (6), Camoin (6), Auguste Chabaud (6), Czóbel (6), Girieud (6), Herbin (6), Kandinsky (6), Metzinger (6), Puy (6) et Valtat (6).

Matisse, Fauve-chef ; M. Derain, Fauve sous-chef ; MM. Othon Friesz et Dufy, Fauves à la suite ; M. Girieud, Fauve indécis, distingué, italianisant ; M. Czóbel, Fauve inculte, hongrois ou polonais ; M. Bérény, apprenti fauve ; et M. Delaunay (14 ans, élève de M. Metzinger…) enfantelet fauvicule…

Parlons sérieusement. Arrêtons-nous devant M. Matisse. J'avoue ne pas comprendre. Une femme nue, laide, étendue dans l'herbe d'un bleu opaque, sous des palmiers […] mais le dessin ici m'apparaît rudimentaire et le coloris cruel : le bras droit de la nymphe hommasse est plat et pesant ; le hanchement du corps déformé détermine une arabesque de feuillage à moins que ce ne soit l'incurvation du feuillage qui motive la courbe de la femme. Il y a là un effort tendant vers l'abstrait, qui m'échappe totalement. […] Les simplifications barbares de M. Derain ne me choquent pas moins : des marbrures cézanniennes verdoient sur le torse de baigneuses enfoncées dans une eau terriblement indigo. […].
    Louis Vauxcelles, *Gil Blas,* 20 mars

[…] Ne voyons qu'une plaisanterie d'atelier dans l'étude de femme nue de M. Henri Matisse, qui porte au catalogue le titre peu significatif du *tableau n° III* : une femme contournée, contorsionnée, étendue sur une herbe bleue, bleue elle-même, aussi étrangement construite que bizarrement peinte. Deux dessins de femmes nues montrent que M. Henri Matisse dit quand il lui plaît modeler parfaitement une forme féminine. A-t-il donc complètement désappris le dessin et que sont devenus les belles qualités de coloriste pour qui, en ces dernières années, il s'imposait à l'attention ?
M. Derain n'est guère moins ahurissant, vu ses baigneuses aux chairs de ton brique ou orange, zébrées de furieuses membranes rouges et vertes, sa femme aux cheveux rouges, aux bas bleus, aux yeux de folie, ses paysages où l'on ne distingue plus aucune forme et dont le bariolage est faussement criard.
M. Georges Braque, M. Othon Friesz, M. Raoul Dufy, prétendent indiquer des paysages par le moyen de sommaires arabesques où le rouge, le vert, le bleu, toujours employés en tons purs, se heurtent dans un choc effroyable. B. Bèle Gobel [sic] a des portraits d'enfants, de femmes nues, des paysages où rien n'est équilibré,

où toutes les formes sont d'une construction fantaisiste et dont la couleur n'est qu'une hurlante diaprure.
[…] M. Robert Delaunay a pris à M. Metzinger son procédé de peinture par petits carrés et se livre à des travaux de mosaïque.
[…] Les paysages largement aérés, chaudement et très harmonieusement colorés d'une facture solide de M. Camoin, impressionniste assagi et pondéré…
    Étienne Charles, «Le Salon des Artistes indépendants», *La Liberté,* 22 mars

L'Écossais Fergusson s'installe à Paris, des tendances «fauves» apparaissent dans sa peinture.

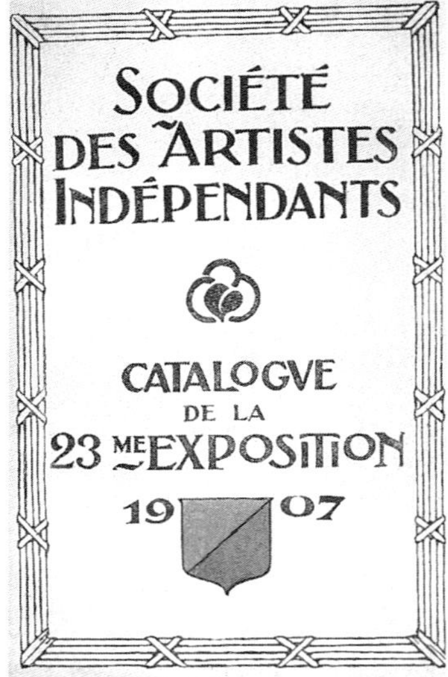

ill. 43
Catalogue de la XXIIIe exposition du Salon des Indépendants, 1907.

25 mars-6 avril
Exposition Camoin, Cézanne, Derain, Dufy, Friesz, Manguin, Marquet, Matisse, Puy, galerie Bernheim-Jeune.

30 mars
Exposition de groupe (Camoin, Cézanne, Derain, Dufy, Friesz, Manguin, Marquet, Matisse et Puy), galerie Berthe Weill.

Avril
Vlaminck publie, *Âmes de mannequins*, les éditeurs refusent les illustrations de Derain.

2 avril-10 mai
Camoin, Friesz et Marquet visitent Londres [154].

4 avril
Vollard vend à W. Udhe deux œuvres de Jean Puy (*Personnage nu couché* et une marine) [155] ; en mai, il vend un Valtat à Morosov [156].

Mai
Ouverture de la galerie Kahnweiler, 28, rue Vignon ; dès avril, il entrait en contact avec Derain et Matisse à l'occasion du Salon des Indépendants [157], puis avec Picasso, Friesz, Braque.

Exposition d'art français, Budapest, Nemzeti Salon (Bernard, Cézanne, Courbet, Denis, Gauguin, Manet, Marquet, Matisse, Puy, Seurat, Signac, Valtat, Van Gogh…) ; des salles sont organisées par couleur, rouge, bleu, gris.

Mai-septembre
Du Havre, Braque et Friesz partent pour le sud de la France (La Ciotat, Cassis) [158].

Manguin est à Saint-Tropez, Puy, à Bénodet, Dufy, au Havre ; depuis avril, Matisse est à Collioure.

Derain part pour Cassis, passant par Marseille il voit « une vraie course de taureaux : « fin et dégoûtant » [159].

Début juin
IIe exposition du Cercle de l'art moderne au Havre, avec notamment Braque (2 œuvres), Derain (2), Manguin (2), Marquet (2), Matisse (2), Vlaminck (2), texte de Fernand Fleuret.

Camoin visite Séville et Grenade, Marquet est à Fontainebleau, espérant partir avant la fin du mois.

Les Stein acquièrent plusieurs œuvres de la collection Fayet par l'intermé-

diaire de Fénéon. Manguin signale à Matisse « un nouvel Allemand » (Kahnweiler), rue Vignon, qui paye les prix demandés pour les tableaux de Braque, Friesz, Marquet et Puy [160].

Derain a « vu des Braque, c'est du Guillaumin un ton plus haut », écrit-il à Matisse [161]. *(ill. 44)*

Courant juin, Matisse passe une semaine avec Derain. Alors que lui-même « traverse une crise », Matisse « rajeunit. Il est gai comme un pinson et à l'air de ne douter de rien. Girieud habite ici, Braque est à côté avec Friez [sic]. Tous les Indépendants sont dans la région. [...] J'ai plusieurs grands tableaux en tête. Mais ce n'est rien. Les Friez et les Braque sont très heureux. Leur idée est jeune et leur semble neuve [162] ». « Quant à Girieud, c'est un guignol, il ne m'a pas montré ses toiles. Et moi exprès je lui montrais tous les jours. [...] Il y avait une dizaine d'Adam et Ève et des chemins de croix, etc. L'Italie le ravage [163]. »

Juillet
De Collioure, Matisse envoie plusieurs peintures à Fénéon [164].

14 juillet-mi-août
Matisse voyage en Italie (Fiesole, chez Leo et Gertrude Stein, Florence, Sienne, Arezzo, Ravenne, Padoue, Venise).

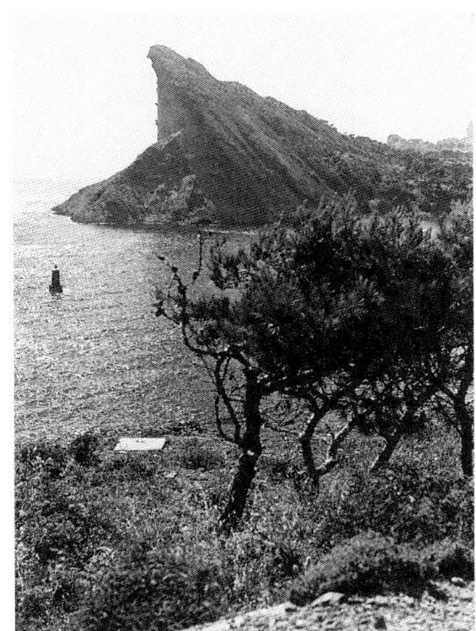
ill. 44
La Ciotat, le Bec de l'Aigle.

À son retour, il écrit à Fénéon son enthousiasme [165] pour « l'art parfait de Piero della Francesca », vu à Arezzo, les Giotto de Padoue, les Uccello et Andrea del Castagno de Florence, les Primitifs, notamment, les Duccio de Sienne [166].

15 juillet-mi-août
Marquet est à Londres.

20 juillet
Derain envoie à Vollard un récapitulatif de comptes dans lequel il détaille notamment deux envois de toiles de Londres (26 toiles) [167]. *(ill. 45)*

23 juillet
Derain écrit à Vlaminck :
> « J'ai vu Matisse une seconde fois. Il est passé avec sa femme, ici, se rendant en Italie. Il m'a montré les photos de ses toiles ; c'est tout à fait épatant. Je crois qu'il franchit la porte du septième jardin, celui du bonheur [168]. »

Août
Retour de Van Dongen à Paris 35, rue Lamarck.

Septembre
Braque et Friesz rentrent du Midi. À Paris, Matisse va presque tous les jours travailler la céramique dans l'atelier de Methey, à Asnières.

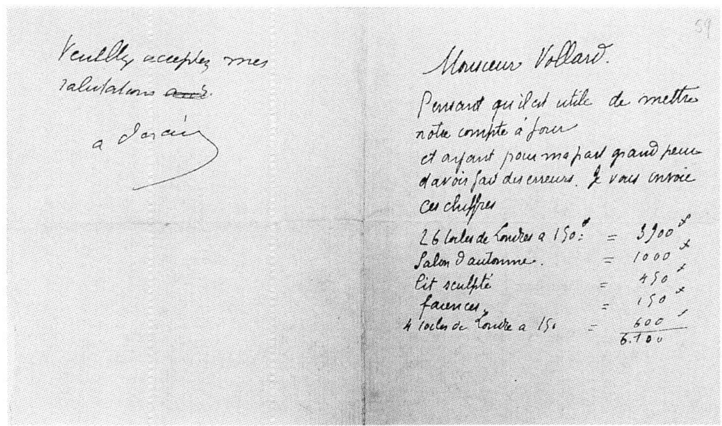
ill. 45
Récapitulatif de comptes adressé par Derain à Vollard, Cassis, été 1907, Archives des Musées nationaux, Paris.

Exposition de peintures et de gravures de Die Brücke au salon d'art Richter, Dresde.

1er septembre-15 octobre
Salon des peintres divisionnistes italiens, organisé par la Galerie d'art de Milan, serre de l'Alma. Boccioni y participe.

Septembre-novembre
Exposition « Francouzsti impressionisté », SVU Mánes, Prague, incluant des œuvres post-impressionnistes et certains « Fauves » : Bernard, Bonnard, Cézanne, Cross, Degas, Gauguin, Marquet, Signac, Valtat, etc. [169].

5 octobre
Vollard vend à Morosov des œuvres de Cézanne, Gauguin, Valtat, Derain, Vlaminck [170].

Braque séjourne à L'Estaque [171]. *(ill. 46)*

À Paris, Kupka étudie Chevreul et commence à rédiger *La Création dans les arts plastiques* (publication en 1923).

1er-22 octobre
Salon d'Automne, Grand Palais. Rétrospective Paul Cézanne, exposition d'art belge et ensemble de dessins de Rodin.

Matisse expose notamment *Le Luxe I* (début 1907, Paris, musée national d'Art moderne) *(ill. 47)* – *La Coiffure*

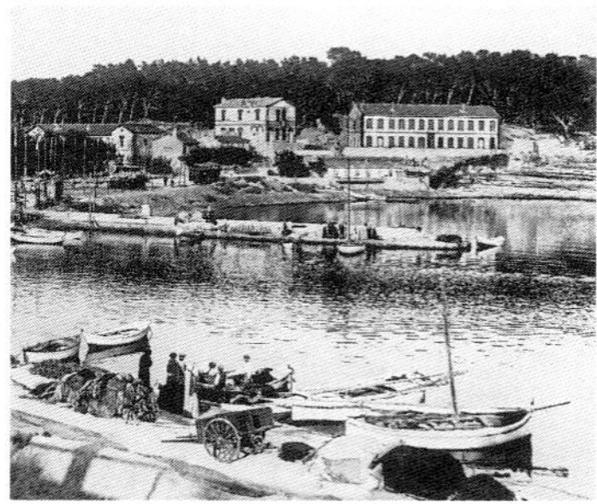

ill. 46
L'Estaque, le port.

(1907, Stuttgart, Staatsgalerie) est refusée –, Derain, cinq tableaux, dont trois paysages, et ceux peints à Cassis, Braque, un tableau, Dufy (2), Camoin (7), Chabaud (5), Czóbel (2), Delaunay (1), Friesz (5), Girieud (3), Herbin (2), Le Fauconnier (2), Kandinsky (12), Manguin (4), Marquet (2), Metzinger (2), Münter (6), Valtat (6) et Vlaminck (6).

M. Matisse exhibe un grand panneau, *Le Luxè (I),* qui déchaîne passablement de discussions ; je dis passablement, parce qu'il m'a paru tout de même – est-ce habitude ou désintérêt – que le temps des invectives était passé. [...] Ce trait hypnotique et chevrotant adapté par M. Matisse comme le seul sans doute qui puisse inscrire sans trahison les errements de la sensibilité ; le coloriage est agréable bien que plat, et les rapports heureux encore qu'assez élémentaires. Cela cause une impression bizarre : de loin on est attiré, car ces ondes de couleur sans représentation définie font sur le mur un joli jeu, on s'approche, et sitôt le charme s'évapore, de là dépit. Suivant l'humeur, le temps ou l'ami qui vous accompagne on développe celui de ces sentiments qui paraît le plus propice ou facile à défendre, et l'on s'en va, devisant jusqu'à ce que quelque chose d'autre vous accroche par de plus solides affirmations [...], on lâche les «devenirs» et les subtilités s'évanouissent, car le besoin de certitude est inhérent à l'espèce, et la certitude en art n'est que dans l'exprimé. [...] Autour de lui gravitent, avec des bonheurs divers, M. Vlaminck, particu-

lièrement heureux cette année avec *ses bords de mer,* Friesz, bien amorphe, Lehmann, Derain, Dufy, etc.

Félix Vallotton,
«Au salon d'Automne»,
La Grande Revue, 25 octobre

[...] Quant à Matisse, si l'on ne considérait que l'ensemble des toiles qu'il exposait, leur aspect général fut simple, heureux, et en quelque point inégalable. Si dans une toile comme *Le Luxe,* il avait consenti à enlever à ses figures ce côté croquis qui subsistait, il en aurait fait une œuvre pleine de grandeur. [...]
Le mérite de Matisse, en effet, en dehors de son œuvre propre, est d'avoir créé une discipline. Les peintres qui le précédaient donnaient généralement trop aux taches, aux impressions rapides, à des accords fragiles et charmants. Matisse a proclamé la valeur de la tenue, il a rejeté les peintres vers la base des études, vers l'observation lente et patiente. Alors que d'autres prenaient surtout des notes, autour de lui on a travaillé. [...]
Nous louerons les Fauves de s'être adonnés à un travail de critique des formes, d'épreuve du coloris, d'avoir continué l'œuvre de contrôle et d'analyse de leurs devanciers, et d'avoir contribué à un ensemble d'études, qui peut-être demain serviront de base à la constitution d'une nouvelle tradition.

Michel Puy, «Les fauves»,
La Phalange, 15 novembre [172]

Octobre
Jawlensky vient à Paris pour le Salon d'Automne, avant de partir pour Marseille. Amiet et Giovanni Giacometti voient la rétrospective Cézanne et les œuvres des Fauves.

21 octobre
Karl Ernst Osthaus (1874-1921) acquiert la *Nature morte aux asphodèles* de Matisse (musée Folkwang, Hagen), premier musée à posséder une œuvre de l'artiste. En novembre, sept peintures de Matisse y seront présentées dans une exposition de natures mortes [173].

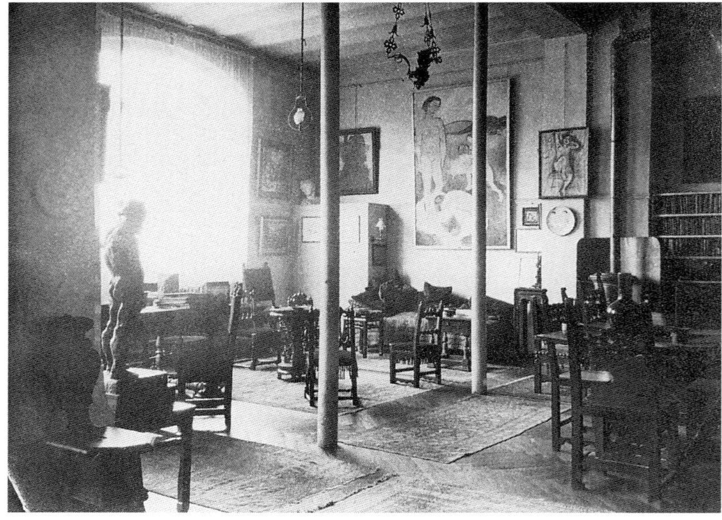

ill. 47
L'appartement de Michael et Sarah Stein en 1908 (au fond *Luxe I*, prêté par Matisse), Succession H. Matisse, Photo Archives Matisse, D. R.

24 octobre-10 novembre
Exposition à la galerie Eugène Blot : Manguin (8), Marquet (10) et Puy (14), texte de Louis Vauxcelles.

4-16 novembre
Exposition Othon Friesz (39 œuvres peintes en Normandie, en Belgique ou près de Marseille), galerie Druet, texte de Fernand Fleuret.

Novembre
Kahnweiler achète un ensemble de toiles à Van Dongen [174].

Max Pechstein, membre de Die Brücke à Dresde, arrive à Paris à la fin de l'année. Il entre en rapport avec Hans Purrmann et Kees Van Dongen, invitant ce dernier à adhérer à Die Brücke.

Décembre
La Phalange publie un entretien de Matisse avec Apollinaire. En fait, il s'agit de celui que Mécislas Golberg avait demandé durant l'été à Matisse pour ses *Cahiers.* Les questions avaient été suggérées par Golberg qui, mourant, avait demandé à Apollinaire de l'aider pour en assurer la publication [175].

Chez Gertrude Stein, Chtchoukine admire les œuvres de Matisse. Durant

l'automne, l'artiste a échangé avec Picasso *Portrait de Marguerite* contre *Vase, bol et citron,* œuvres peintes en 1907.

XIVᵉ Sécession, Berlin (Heckel, Kandinsky, Matisse, Munch, Nolde, Purrmann, Schmidt-Rottluff, Van Gogh, Van Rysselberghe, Puy, Valtat…).

10-31 décembre
Exposition de groupe, galerie Blot : Marquet (4), Matisse (2), Picasso (2), Puy (2), etc.

Friesz signe un contrat avec Eugène Druet [176].

16 décembre-4 janvier 1908
Portraits d'hommes, galerie Bernheim-Jeune (Manguin, Marquet, Matisse, Puy, Valtat, V. Dongen, etc.).

1908

1er-11 janvier
Exposition Kees Van Dongen (64 œuvres), journal *Le Télégramme*, Toulouse [177].

Janvier
Ouverture de l'Académie Matisse, au couvent des Oiseaux, rue de Sèvres. De cette année datent les achats importants d'œuvres par Chtchoukine et Morosov.

Expositions Van Gogh galerie Bernheim-Jeune (100 numéros) et, du 6 au 18, à la galerie Druet (35 numéros).

30 janvier
Vollard vend au musée de Staedel de Francfort des œuvres de Vlaminck et de Maillol [178].

Voyage de Munch : Berlin, Cologne, Paris, Copenhague.

Mars
Exposition Vlaminck, galerie Vollard.

Exposition Viénok-Stephanos, Saint-Pétersbourg (Jawlensky, Lentoulov…).

2-28 mars
Exposition Kees Van Dongen, galerie Kahnweiler (27 numéros), texte de Saint-Georges de Bouhélier.

Van Dongen écrit à Kahnweiler :
« Je vous ai déjà parlé de cette Brücke, je ne sais pas ce que c'est. [...] Si le transport, etc., est gratuit vous pourriez peut-être envoyer de mes choses là-bas ? Je connais je crois Monsieur Emil Richter qui m'a été présenté par Fénéon il y a quelques années. Il m'avait invité d'exposer mais cela ne s'est pas fait [179]. *» (ill. 48)*

Printemps
XVIIIe exposition Saint-Luc, Stedelijk Museum, Amsterdam. Les « modernes » commencent à apparaître comme un groupe formé autour du luminisme d'Amsterdam (Mondrian, Gestel, Sluijters).

Exposition du MIENK (Magyar Impresszionistak és Naturalistak Köre, Cercle

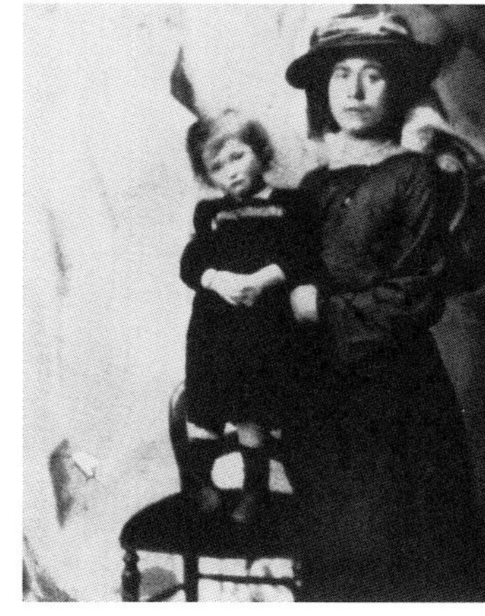

ill. 48
Fernande Olivier et Dolly Van Dongen devant *Les Demoiselles d'Avignon*, Archives Galerie Leiris, Paris.

des impressionnistes et naturalistes hongrois), Nemzetí Szalon, Budapest (Czóbel, Ziffer).

20 mars-2 mai
Salon des Indépendants, serres du Cours-la-Reine : Braque (5), Camoin (6), Chabaud (6), Czóbel (5), Derain (8), Van Dongen (6), Manguin (6), Marquet (6), Munch (4), Pechstein (3), Puy (3) et Vlaminck (6). Derain est membre du comité exécutif. Matisse n'expose pas.

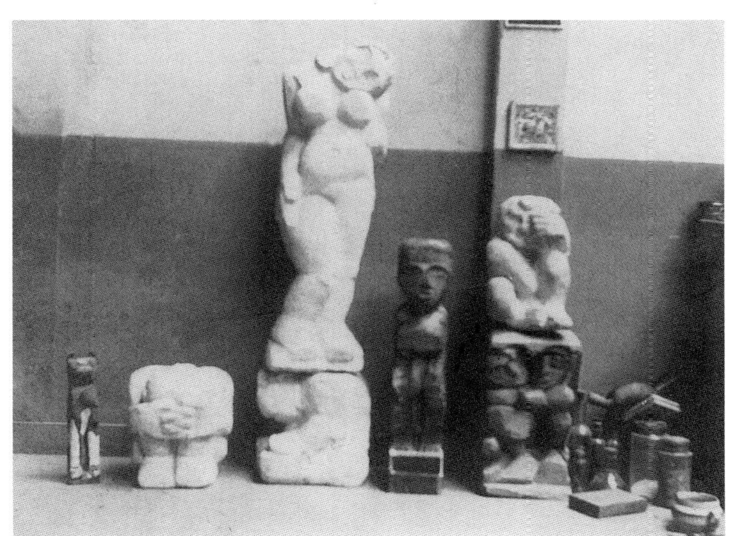

ill. 49
L'atelier de Derain à Montmartre, c. 1908, Archives G. Taillade.

Kandinsky et Münter présentent chacun six gravures.

Mars-mi-avril
Dufy, à La Ciotat, voit Charles Camoin et Fernand Fleuret, puis s'installe à L'Estaque, où Braque le rejoint [180].

Printemps
Matisse occupe un nouvel atelier, 33 bd des Invalides. Le 20, il y reçoit le critique Gelett Burgess (qui prépare un article sur l'avant-garde parisienne, « The Wild Beasts », publié dans *The Architectural Record*, aux États-Unis, en 1910). Le 27, avec Ynes Aymes, Burgess rend visite à Braque et le 29 à Picasso. Il rencontre également Derain *(ill. 49)* et Czóbel.

« It was Matisse who took the first step in to the undiscovered land of the ugly » note le critique (« C'est Matisse qui s'est engagé le premier sur les terres inexplorées du laid » [181]).

6-18 avril
Exposition Charles Camoin, galerie Kahnweiler (27 peintures et dessins).

6-25 avril
Exposition Matisse, Little Galeries of the Photo-Secession, Galerie 291, Fifth Avenue, New York (dessins, aquarelles et gravures) [182].

15 avril-30 juin
XVIIIe exposition de la Société nationale des beaux-arts, Grand Palais (Brancusi, Duchamp-Villon, Kupka, Ozenfant, Severini, etc.).

18 avril-24 mai
Premier salon de la Toison d'Or, Galerie Trétiakov, à Moscou [183], organisé par Riabouchinsky et Alexandre Mercereau : Braque (5 œuvres), Derain (6), Van Dongen (4), Friesz (3), Girieud (7), Manguin (2), Marquet (3), Matisse (5), Metzinger (5), Puy (3), Valtat (2)…

Premières peintures primitivistes de Gontcharova, Larionov, Saryan, etc..

Dans son compte rendu de l'exposition, Igor Grabar écrit dans le n° 2 de *Vessy (La Balance)* :
« […] On regarde avec plaisir les cimaises de Larionov et on est heureux de voir que le "Français" n'est pas plus mal que les "matissiens" exposés à ses côtés. Mais cela ne se produit que lorsque les toiles larionoviennes sont peintes par Larionov, quand c'est Gontcharova qui le fait c'est à vomir. Pourquoi a-t-il donc fallu accrocher ce bric-à-brac à une bonne exposition [184] *? »* (ill. 50)

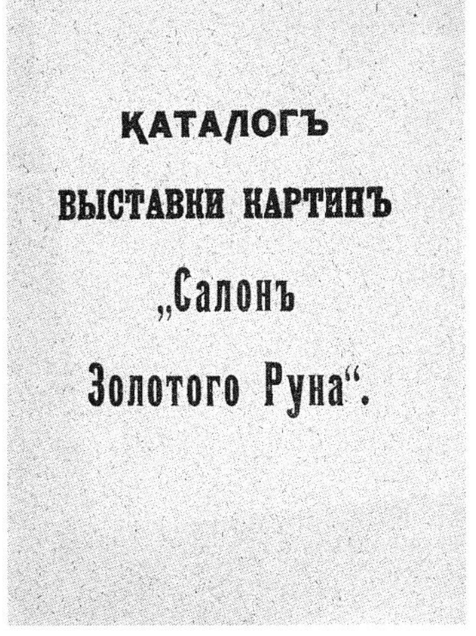

ill. 50
Catalogue de la Ire exposition de la La Toison d'Or, décembre 1908.

1908

28 avril
Vollard vend à Chtchoukine des œuvres de Gauguin et de Matisse [185].

29 avril
Vollard vend à Ivan Morosov des peintures de Cézanne, Degas, Gauguin, Puy, Picasso et Vlaminck [186].

Mai-fin novembre
Derain séjourne à Martigues. Braque est au Havre jusqu'à la fin mai, puis il va à L'Estaque [187].

XVe Sécession, Berlin (Marquet, Munch, Van Dongen…).

Juin
IIIe exposition du Cercle de l'art moderne, Hôtel de Ville, Le Havre (Braque, Derain, Van Dongen, Dufy, Friesz, Marquet, Matisse et Vlaminck), texte de Guillaume Apollinaire, « Les trois vertus plastiques » :
*« La pureté, l'unité et la vérité
maintiennent sous leurs pieds la
nature terrassée. […]
Chaque divinité crée à son image,
ainsi des peintres. […]
Avant tout, les artistes sont des
hommes qui veulent devenir
inhumains. Ils cherchent
péniblement les traces de
l'inhumanité, traces que l'on ne
rencontre nulle part dans la
nature. Elles sont la vérité
et en dehors d'elles nous ne
connaissons aucune réalité. […] »*

Marquet et Manguin voyagent à travers l'Italie. À la mi-juin, Matisse est en Allemagne avec Purrmann (Spire, Munich, Nuremberg, Heidelberg). Jean Puy est à Bénodet [188].

Jawlensky (qui a acquis au printemps *La Maison du Père Pilon* de Van Gogh), Kandinsky, Münter et Werefkin passent l'été à Murnau.

IIe exposition du groupe Osma (les Huit) au Topic Salon à Prague (Benes, Filla, Kubista, Prochazka, etc.).

Juillet-août
Exposition Van Gogh, Amiet, Giacometti, Künstlerhaus, Zurich.

Juillet-8 août
Fondation de l'Allied Artists' Association, à l'initiative du critique Frank Rutter et première exposition, Royal Albert Hall, Londres (Vanessa Bell, Bevan, Gilman, Ginner, Innes, Lamb, Maurer, Peploe, Sickert, Wolmark, Camoin, Diriks, Friesz, Girieud, Guérin, Laprade, Manguin, Marquet, Redon, Roussel, Rouault, Sérusier, Vallotton, etc.).

3-20 juillet
Exposition de groupe, galerie Druet : Camoin (2 œuvres), Friesz (3), Manguin (3), Marquet (3), etc.

Pavel Mouratov écrit dans la revue *Rousskaïa mysl* que la « galerie » Chtchoukine, « le plus puissant promoteur des courants artistiques occidentaux en Russie », « exerce l'influence la plus décisive sur les destinées de la peinture russe ».

Entre août et septembre, Derain voit Picasso à La Rue-des-Bois, près de Creil. Marquet peint à Poissy.

Exposition de peintures et de gravures de Die Brücke, salon d'art Richter, Dresde (Van Dongen, Friesz, Marquet et Vlaminck).

1er-23 septembre
Exposition de peinture française organisée par le peintre Pechstein en Allemagne – itinérante jusqu'à la fin 1909 (Derain, Van Dongen, Camoin, Friesz, Girieud, Marquet, Picasso, Puy, Vlaminck).

Fin septembre
Matisse revient d'Espagne avec Marquet [189].

Ouverture de la nouvelle galerie Druet, rue Royale.

1er octobre-8 novembre
Salon d'Automne, Grand Palais.

Rétrospectives El Greco, expositions Maurice Denis, Monticelli, Piot. Présentation annexe des « Arts finlandais ». Œuvres de Camoin (5), Chabaud (2), Czóbel, Derain (6), Friesz (6), Girieud (7), Kandinsky (4 gravures), Kontchalovski (4), Le Fauconnier (1), Matisse (11), Manguin (1), Marquet (6), Münter (7 gravures), Puy (5), Valtat (6) et Vlaminck (6).

Marquet (vice-président) et Matisse refusent les toiles de Braque.

Ils ont mille fois raison, – M. Matisse ou M. Friesz, M. Girieud ou M. Derain, – d'aller résolument vers la géométrie, source de toute composition, de toute ordonnance, de tout style, c'est le programme et la morale de cette exposition. […] M. Derain s'entend à équilibrer les masses et il est parfaitement légitime qu'il réduise la figure humaine à ses volumes essentiels. Il y a toujours une part de vérité dans les grossières simplifications de l'art barbare : le malheur est qu'il n'y en a guère dans celles de M. Derain. Ses déformations ne sont que des difformités : c'est tout le contraire de ce qu'il faudrait. […] M. Othon Friesz […] se souvient de Cézanne et de ce *Bain* que le maître exposa lui-même au Salon d'Automne. […] Le point de vue de ces artistes auxquels je joins MM. Manguin, Puy, Van Dongen est trop discuté, et l'intérêt de leurs recherches est assez artistique pour qu'on ne déplore pas des erreurs qui empêchent de les défendre pleinement. […] On déforme, on ne réforme pas. […] Je ne puis guère parler que de celui des aspects de M. Matisse où je pense qu'on peut le mieux reconnaître son vrai talent ; et je doute qu'il y ait au Grand Palais une œuvre plus forte que la Nature morte au camaïeu bleu. C'est un morceau de peinture, tout au contraire du panneau décoratif, et d'une intensité magnifique. Tout y a été vu et conçu d'un coup, tout ressort à la fois et saisit l'œil. Ici, ce que l'artiste a négligé ne pouvait qu'affaiblir l'effet qu'il a rendu. Je ne sais rien de plus concret et de plus direct. Et je me demande ce qu'il cherche ailleurs, dans le domaine de l'abstraction pure.
Adrien Bovy, Le Salon d'Automne,
***La Grande Revue,* 10 octobre**

[…] Devons-nous abandonner l'espoir de voir M. Matisse nous donner la grande composition que ses recherches de rythme semblaient faire présager, et devons-nous le considérer seulement comme un beau peintre de morceaux pleins de saveur, comme un esprit qui a su engager la peinture dans une voie attachante et belle, mais qui semble ralentir son pas au moment où le sentier vient retrouver par un mouvement naturel la grande voie de la composition picturale ?
[…] Cette année ce désir se dégage mieux encore. […]
Depuis longtemps ce désir hante Derain. J'ai déjà dit ma vive sympathie pour cet esprit hautain, dédaigneux des agréments épris de subtilité et de synthèse : le même esprit qui me le fit louer me force aujourd'hui à exprimer la crainte de voir ce peintre s'abuser dans des recherches trop spéculatives ; le système du problème résolu ne suffit point à donner naissance à une œuvre d'art. […] Ce Salon d'Automne aura été pour Friesz la juste et digne récompense de dix années de labeur ardent, de recherches volontaires, de sensibilité contenue. […] Manguin amalgame des influences : Cézanne après Renoir. […] Jean Puy parle en des paysages une langue austère et sobre qui ne va point sans beauté […]. Camoin ! Ce méridional charmant. […] De Vlaminck tente […] de faire de la composition : combien il est plus intéressant quand il ne se réclame que de ses dons étonnants de coloriste né qui jongle avec le vermillon et le vert Véronèse comme si c'étaient d'honnêtes teintes neutres !
Kees Van Dongen s'affirme plus maître de sa vision et de son expression : *Liverpool Light House*, Rotterdam, est une des toiles les plus personnelles, les plus expressives du Salon d'Automne ; l'atmosphère des cirques, des arènes de luttes, des beuglants caractéristiques n'a pas de plus pénétrant visionnaire que M. Van Dongen. […]

Georges Jean-Aubry,
« Le Salon d'Automne »,
***L'Art moderne,* 1er novembre**

Octobre
Vollard voit Picasso et Matisse [190].

20-30 octobre
Exposition Raoul Dufy, Toulouse, *Le Télégramme*, organisée par Charles Malpel.

De L'Estaque, il écrit à Berthe Weill :
« Ne me refusez pas votre aide. J'en ai besoin, il faut que je rentre, j'en ai assez. [...] Je n'ai personne ici [191]*. »*

9-28 novembre
Exposition Braque, galerie Kahnweiler (27 œuvres, dont *Tête de femme*, 1908, musée d'Art moderne de la Ville de Paris), texte de Guillaume Apollinaire :
« L'avenir dira quelle part d'influence ont eue dans cette évolution des exemples magnifiques comme celui d'un Cézanne, le labeur solitaire et acharné d'un Picasso, la rencontre inopinée d'un Matisse et d'un Derain, précédée de celle d'un Derain et d'un Vlaminck [...]. »

15 novembre-12 décembre
Retrospective Van Dongen, galerie Bernheim-Jeune (88 œuvres), texte de Marius et Ary Leblond.

Décembre
XVIe Sécession, Berlin (Bonnard, Heckel, Kirchner, Kandinsky, Matisse, Munch, Nolde, Pechstein, Schmidt-Rottluff, Werefkin, etc.).

11-31 décembre
Exposition de groupe, galerie Berthe Weill (Manguin, Marquet, Mathan, Matisse, Puy, etc.).

21 décembre-15 janvier
Exposition, galerie Notre-Dame-des-Champs, organisée par Wilhelm Uhde (Braque, Derain, Dufy, Herbin, Metzinger, Pascin, Picasso, Sonia Terk).

25 décembre
Matisse publie les «Notes d'un peintre» dans *La Grande Revue* :
« Ce que je poursuis par-dessus tout, c'est l'expression. [...]

L'expression pour moi ne réside pas dans la passion qui éclatera sur un visage ou qui s'affirmera par un mouvement violent. Elle est dans toute la disposition de mon tableau : la place qu'occupent les corps, les vides qui sont autour d'eux, les proportions, tout cela y a sa part. [...] Je veux arriver à cet état de condensation des sensations qui fait le tableau. [...] Ce qui m'intéresse le plus, ce n'est ni la nature morte, ni le paysage, c'est la figure. C'est elle qui me permet le mieux d'exprimer le sentiment pour ainsi dire religieux que je possède de la vie. » (ill. 51)

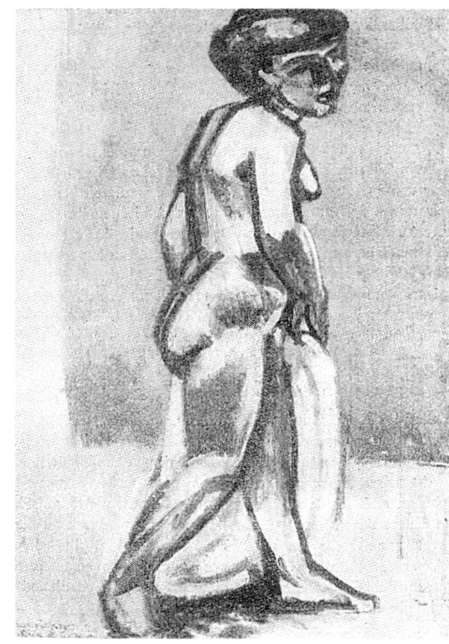

ill. 51
Illustration de l'article de Matisse « Notes d'un peintre », *La Grande Revue*, décembre 1908.

Fin décembre
Matisse voyage à Berlin pour préparer l'exposition de janvier 1909, galerie Paul Cassirer.

Avec Purrmann, il rend visite à Karl Ernst Osthaus à Hagen, dans son *Hohenhof* que vient d'achever Van de Velde ; Matisse y voit son panneau de céramique, *Nymphe et Satyre*, installé dans le jardin d'hiver [192].

Kirchner et Corinth voient la peinture de Matisse[193].

21 décembre 1908-15 [?] janvier 1909
Exposition Friesz, Manguin, Marquet, Mathan, Puy, Van Dongen, galerie Druet.

Van Dongen quitte la galerie Kahnweiler [194].

1909

Janvier
À Munich, fondation de la NKVM (Neue Künstlervereinigung Munchen) autour de Kandinsky (premier président), Jawlensky, Werefkin, Münter, etc.

Louis Réau signe dans *La Grande Revue* un article (« L'art français et la Russie », t. LVIII, p. 166-170) où il fait l'éloge de collectionneurs russes et en particulier de Chtchoukine :
« Par la salle Cézanne et la salle Gauguin, le pèlerin s'achemine vers la salle Matisse, qui est la révélation suprême, et il se trouve en face d'une quinzaine d'œuvres de ce peintre si ardemment discuté qui a le don de faire grincer les dents à des gens d'ordinaire assez calmes, tandis qu'il enthousiasme jusqu'au paroxysme quelques collectionneurs d'avant-garde. M. Stouchkine est un de ces "emballés". »

6-11 janvier
Exposition Sluijters, Mondrian, Spoor, Stedelijk Museum, Amsterdam.

Janvier-février
IIe Salon de la Toison d'Or, Moscou. Alexandre Mercereau publie un important article consacré à Matisse dans la revue, incluant la traduction en russe des « Notes d'un peintre ».

Les sections russe et française ne sont pas séparées; l'accent est mis sur les Fauves : Braque (4 œuvres, dont *Nu debout*), Derain (6), Vlaminck (4), Friesz (3), Gontcharova (13), Larionov (14), Le Fauconnier (4), Manguin (3), Marquet (3), Matisse (6), Saryan (11), Van Dongen (5), etc.

Chtchoukine commande à Matisse la décoration de sa cage d'escalier (deux grandes toiles), qui doit rivaliser avec celle de Maurice Denis (*Histoire de Psyché*) pour le salon de musique de Morosov (5 panneaux arrivés en 1908 et complétés par 8 panneaux supplémentaires, après le voyage de Denis sur place, en 1909).

Février-mars
IIe exposition MIENK, Nemzeti Szalon, Budapest (Czigany, Hatvay, Kernstock,

1909

Marfy, Orban, Rippl-Rónai, Tihanyi). D'autres artistes hongrois, dont Czóbel, quittent le MIENK, créent le groupe Keresok (Les Chercheurs, rebaptisé groupe des Huit en 1911) et organisent des expositions en province.

6 mars
Publication de la traduction du *Manifeste futuriste* de Marinetti en Russie – paru le 20 février 1909 dans *Le Figaro* –, dans le n° 54 de *Nacha Gazeta*.

Mars-avril
Exposition Viénok-Stephanos organisée par les frères Bourliouk, Saint-Pétersbourg.

7 mars-12 avril
XVIe exposition de la Libre Esthétique, Bruxelles (Bonnard, Cross, Denis, Laprade, Manguin, Signac, Valtat, etc.).

25 mars-5 mai
Salon des Indépendants, Orangerie des Tuileries : Amiet, Braque, Camoin, Chabaud, Delaunay, Vlaminck, Dufy, Friesz, Girieud, Manguin, Marquet, Matisse, Metzinger, Nonell, Puy, Severini, Valtat, Van Dongen, etc. ; Kandinsky expose deux peintures.

11 avril-16 mai
XIXe exposition Saint-Luc, Stedelijk Museum, Amsterdam, une salle est réservée aux luministes : Mondrian, Sluijters, Gestel.

Schmidt-Rottluff travaille à un projet d'exposition commune avec Edvard Munch, qui n'aboutit pas.

Mai-juin
Première saison des Ballets russes à Paris, au Châtelet.

15 juin-15 juillet
Exposition Die Brücke, galerie Richter, Dresde.

Jawlensky fait la connaissance des frères Bourliouk.

Kandinsky, Werefkin, Jawlensky passent leur deuxième été ensemble à Murnau. Gabriele Münter y acquiert une maison.

Juillet
IIe exposition Allied Artists' Association, Royal Albert Hall, Londres (dont Kandinsky).

8 septembre
Marquet est à Tanger avec Camoin.

1er octobre-8 novembre
Salon d'Automne (Boccioni, Camoin, Chabaud, Vlaminck, Van Dongen, Girieud, Kandinsky, Le Fauconnier, Manguin, Marquet, Matisse, Metzinger, Münter, Puy, Severini, Valtat, etc.).

Dans *Art News*, le peintre Fergusson publie un compte rendu du Salon parlant des «matisséistes».

14 octobre
À Kristiana, Christian Krohg, qui a vécu à Paris de 1897 à 1908, publie «Matissemen» dans la revue *Dagen Nyst*. Il évoque Munch comme le père du matissisme[195]. *(ill. 52)*

29 novembre
Van Dongen signe un contrat de sept ans avec la galerie Bernheim-Jeune.

1er-15 décembre
Première exposition de la NKVM, galerie Tannhauser, Munich, puis à Brno

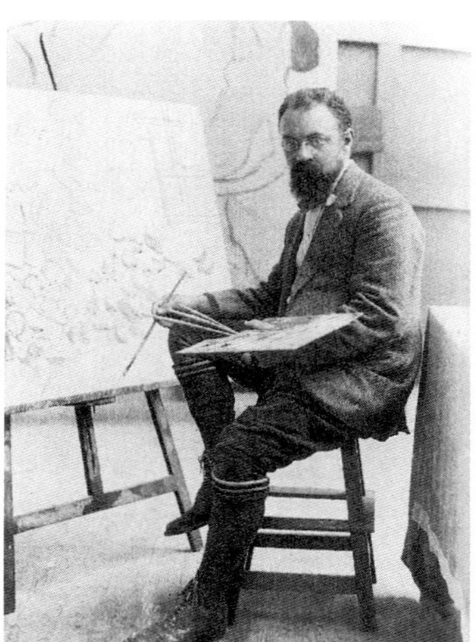

ill. 52
Matisse devant *La Danse I*, atelier d'Issy-les-Moulineaux, automne 1909, Documentation du Musée national d'Art moderne, Centre Georges-Pompidou, Paris.

et itinérante dans plusieurs villes d'Allemagne (Girieud, Hofer, Jawlensky, Kandinsky, Münter, Werefkin, etc.).

15 décembre-15 janvier 1910
Exposition Amiet et Giacometti qui succède à celle de la NKVM, galerie Tannhauser, Munich[196].

17 décembre-6 février 1910
Premier salon d'art international Vladimir Izdebski, Odessa, Kiev, Saint-Pétersbourg, Riga. Aux côtés de dessins d'enfants, 776 œuvres sont exposées : Balla, Bonnard, Braque, Denis, Friesz, Girieud, Gleizes, Jawlensky, Kandinsky, Laprade, Larionov, Le Fauconnier, Lentoulov, Machkov, Manguin, Marcoussis, Marquet, Matisse, Metzinger, Münter, Redon, Rouault, Rousseau, Signac, Van Dongen, Werefkin, etc.

Séjour du peintre russe Machkov en France.
Invité par Hans Purrmann, Dufy rejoint Friesz à Munich.

1910

9 janvier
Conférence du peintre Karoly Kernstock, «L'art investigateur», présentant le programme des Huit au cercle Galilée, à Budapest. Troisième exposition du MIENK.

9 janvier-13 février
IIIe salon de La Toison d'Or, Moscou, exclusivement russe (Gontcharova, Kontchalovski, Larionov, Machkov, etc.).

Janvier
Kandinsky, dans sa «Lettre de Munich, II», parue dans le n° 4 de la revue *Apollo*, publie un compte rendu de la première exposition de la NKVM à Munich.

Kazimir Malévitch (installé à Moscou depuis 1905) commence une série de gouaches «néoprimitivistes fauves», sensiblement influencées par Gauguin (à travers Gontcharova), Matisse et le loubok.

Munch poursuit la décoration de l'université de Kristiana.

Séjour à Paris, durant deux mois, de Bohumil Kubista. Il réalise ses premières peintures «cubo-expressionnistes» et écrit à Benes :

> *«La couleur n'est qu'une chose relative en art, et une réaction contre elle va intervenir. Braque et Picasso vont avoir une très grande influence. Nous ne devons pas nous intéresser uniquement à la couleur, mais plutôt pousser encore plus loin. Si tu avais vu Picasso, tu parlerais peut-être différemment. La couleur n'a pas seulement une tonalité, mais elle a aussi une valeur, c'est-à-dire une propriété lumineuse. »*

Février-mars
Exposition des Indépendants, Cercle Mánes, Prague, coorganisée par Kubista (Braque, Camoin, Derain, Vlaminck, Friesz, Girieud, Manguin, Marquet, Matisse, Puy, Van Dongen…[197]).

Séjournant à Paris, les peintres tchèques Filla, Gutfreund et Capek sont influencés par le cubisme.

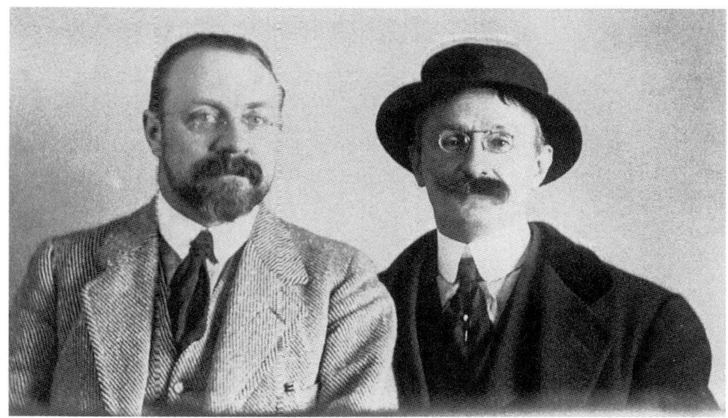

ill. 53
Henri Matisse et Albert Marquet à Munich. Documentation du Musée national d'Art moderne, Centre Georges-Pompidou, Paris.

Arrivée à Paris de Vincenc Kramar pour un séjour de trois ans. Il y réunit, avec Kahnweiler, une importante collection d'œuvres cubistes.

5 février-6 mars
Exposition de peinture hongroise, « Ungarische Maler », Ausstellungsgebaude, Berlin.

14 février-5 mars
Exposition Matisse, galerie Bernheim-Jeune (65 peintures de 1895 à 1910, 26 dessins).

Avril-mars
Exposition « Nemzetkozi Impresszionista Kiallitas », Budapest (Cézanne, Cross, Courbet, Degas, Denis, Gauguin, Maillol, Manet, Matisse – 2 œuvres appartenant à des collectionneurs hongrois –, Monet, Picasso, Puy, Redon, Renoir, Rippl-Rónai, Rouault, Toulouse-Lautrec, Van Dongen, Van Gogh, Vuillard, etc.).

12 mars-17 avril
XVIIe exposition de la Libre Esthétique, Bruxelles (Camoin, Cross, Gauguin, Laprade, Manguin, Marquet, Matisse, Roussel, Seurat, Signac, Valtat, Vuillard, etc.).

24 mars
À Moscou, l'exposition d'un soir de Natalia Gontcharova à la Société d'esthétique libre déclenche un scandale. La police confisque les toiles pour indécence.

18 mars-1er mai
Salon des Indépendants, Paris : Chabaud, Vlaminck, Dufy, Friesz, Kontchalovski, Manguin, Marquet, Matisse, Munch, Puy, Van Dongen, Valtat, etc.

24 avril-juin
XXe exposition Saint-Luc, Stedelijk Museum, Amsterdam (dont Mondrian et Sluijters) : triomphe du luminisme.

Mai-juin
Exposition Gallen-Kallela et Munch, Cercle Mánes, Prague.

Mai-août
Première exposition de la Neue Secession, galerie Macht, Berlin, créée à l'ini-tiative de Pechstein après l'exclusion de 27 artistes par la Sécession berlinoise, dont Nolde. Les peintres de Die Brücke en deviennent membres.

6 juin
Roger Fry rend visite à Matisse.

Juin
Exposition « Modern French Art », organisée par R. Dell, Brighton Art Gallery, Londres (Bonnard, Cézanne, Derain – deux vues de Londres –, Denis, Flandrin, Friesz, Gauguin, Matisse, Redon, Puy, Sérusier, Signac, Vallotton, Vuillard, Vlaminck).

Été
Deuxième voyage à Paris de Gestel.

Mondrian devient membre du bureau de l'association Moderne Kunstkring, créée avec Sluijters, Spoor, J. Toorop. Il rompt avec l'association Saint-Luc.

16 juillet-9 octobre
IIe exposition Sonderbund Westdeutscher Künstler, Düsseldorf, Städtischer Kunstpalast (Bonnard, Braque, Camoin, Cross, Denis, Derain, Vlaminck, Friesz, Girieud, Jawlensky, Kirchner, Manguin, Matisse, Nolde, Pechstein, Picasso, Purrmann, Puy, Roussel, Schmidt-Rottluff, Signac, Van Dongen, Vuillard, etc.).

Pierre Girieud et Le Fauconnier deviennent membres de la NKVM.

Été à Murnau de Jawlensky avec Kandinsky.

Septembre
Exposition Die Brücke, galerie Arnold, Dresde (Amiet, Heckel, Kirchner, Müller, Pechstein, Schmidt-Rottluff, etc.).

1er-14 septembre
IIe exposition de la NKVM, Moderne Galerie, Munich, itinérante en 1910-1911 : Braque, D. et V. Bourliouk, Derain, Vlaminck, Girieud, Haller, Jawlensky, Kandinsky, Le Fauconnier, Münter, Picasso, Rouault, Van Dongen, Werefkin, etc. À cette occasion Kandinsky écrit à Münter :
> « Ce qui est particulièrement agréable c'est que l'on parle autant de nous à Paris, ce que nous devons évidemment à Le Fauconnier[193] ».

Début octobre [jusqu'au 14]
Voyage de Matisse et Marquet avec Purrmann à Munich en vue de visiter l'exposition d'art islamique. Matisse visite également la collection de Hugo von Tschudi. *(ill. 53)*

Octobre-décembre
IIe exposition de la Neue Secession, Berlin (gravures).

Octobre-novembre
À Moscou, Kandinsky prononce le 18 octobre une conférence, version abrégée de « Du spirituel dans l'art » dont il achève la rédaction ; il rencontre Larionov, Gontcharova, Kontchalovski, Machkov et Lentoulov pour des échanges avec la NKVM de Munich.

1er octobre-8 novembre
Salon d'Automne, Grand Palais (Camoin, Chabaud, Vlaminck, Kandinsky, Kontchalovski, Manguin, Marquet, Matisse, Münter, Puy, Valtat, Van Dongen).

21 novembre
Kandinsky écrit à Gabriele Münter après sa visite chez Chtchoukine :
> « Hier, j'étais pendant presque deux heures à la galerie Chtchoukine. [...] grande collection de Gauguin, de nombreux bons Van Gogh, de beaux Cézanne et enfin beaucoup de Matisse, notamment très récents. J'ai dit quelque chose et bien. D'ailleurs, j'ai convaincu Chtchoukine qu'il doit acheter le tout dernier Picasso, ce dont il avait peur. [...] J'ai dit du bien aussi de Matisse, qui avait un peu surpris quelques dames et un musicien, et j'ai terminé en disant : au fond, Matisse, c'est déjà du passé. Cela l'a impressionné et Chtchoukine a écouté avec intérêt[199]. »

8 novembre-15 janvier 1911
Première des deux expositions organisées par Roger Fry, « Manet and the Post-Impressionists », Grafton Galleries, Londres [Cézanne (18), Gauguin (46), Van Gogh (21), Matisse (11), Derain (3), Vlaminck (8), Cross (2), Denis (4), Flandrin (4), Friesz (7), Girieud (5), Herbin (4), Laprade (5), Maillol (3), Manet (6), Manguin (4), Marquet (4), Picasso (7), Puy (1), Redon (3), Rouault (6), Sérusier (5), Seurat (2), Signac (3), Vallotton (4), Valtat (1)].

Peploe s'installe à Paris.

Début décembre
Chtchoukine a reçu les deux panneaux de Matisse, *La Danse* et *La Musique* :
> « *Vos panneaux sont arrivés et placés. L'effet n'est pas mauvais. [...] j'espère de les aimer un jour. J'ai pleine confiance en vous. Le public est contre vous mais l'avenir est à vous*[200]. »

Le 14, il ajoute :
> « *Hier j'ai vu un peintre de Munich, M. Kandinsky, il admire énormément votre nature morte qui est chez M. Chud* [Von Tschudi][201]. »

Décembre
IIe salon de Vladimir Izdebski, Odessa (œuvres des frères Bourliouk, Exter, Gontcharova, Jawlensky, Kandinsky, Kontchalovski, Larionov, Lentoulov, Machkov, Münter, Werefkin)[202].

10 décembre-janvier 1911
Première exposition du Valet de Carreau (dont les frères Bourliouk, Larionov, Kandinsky, Malévitch, Popova, Lentoulov, Kontchalovski, Falk, Machkov) ; Alexandre Mercereau y invite les Fauves et les cubistes français : Matisse, Picasso, Léger, Gleizes, Le Fauconnier, Delaunay, Lhote, Gris, Friesz.

1911

Janvier-février

Exposition de groupe, galerie Paul Cassirer, Berlin (Braque, Derain, D. Bourliouk, Vlaminck, Girieud, Jawlensky, Kandinsky, Le Fauconnier, Münter, Picasso, Rouault, Van Dongen, Werefkin).

Février-avril

IIIe exposition de la Neue Secession, galerie Maximilian Macht, Berlin (Heckel, Kirchner, Müller, Nolde, Pechstein, Schmidt-Rottluff, etc.) ; Kirchner s'installe à Berlin, chez Pechstein.

À la suite de l'achat d'un Van Gogh par la Kunsthalle de Brême, Carl Vinnen publie un tract, à Iéna, « Ein Protest deutscher Kunstler » (Une protestation d'artistes allemands), contre les influences étrangères (et en particulier française) sur l'art allemand, auquel répondent en août les peintres de l'avant-garde (Kandinsky, Macke, Marc, etc.), « Im Kampf um die Kunst » (En combat pour l'art).

18 février

Scission au sein du SVU Mánes à Prague et création du Skupina vytvarnych umelcu (Groupe des artistes plasticiens) qui devient le principal représentant du cubisme en Europe centrale.

Séjour à Prague de Kirchner et Müller ; ils se lient avec Kubista qui devient membre de Die Brücke, en 1911-1912, et invitent les jeunes artistes tchèques à la Neue Secession de Berlin.

18 mars-23 avril

XVIIIe exposition de la Libre Esthétique, Bruxelles (Cross, Denis, Marquet, Vuillard, Wouters…).

Avril

Scission au sein du Valet de Carreau que Larionov et Gontcharova jugent trop soumis à l'exemple de Cézanne et à la peinture européenne. Fondation de La Queue d'Âne (1911-1912) qui prône un néo-primitivisme s'inspirant de l'art populaire russe.

Avril-mai

IIe exposition du groupe des Huit, Budapest, Nemzeti Szalon.

21 avril-13 juin

Salon des Indépendants (Camoin, Chabaud, Cross, Delaunay, Vlaminck, Dufy, Kandinsky, Kontchalovski, Kupka, Matisse, Machkov, Mondrian, Van Dongen, etc.).

Printemps

XXIIe Sécession, Berlin (Braque, Derain, De Vlaminck, Dufy, Friesz, Manguin, Marquet, Picasso, Puy, Van Dongen, Sluijters, etc.).

Troisième voyage à Paris de Gestel (avec Sluijters), provoquant son évolution vers le cubisme.

Exposition Van Dongen, organisée par l'Association Saint-Luc, Amsterdam.

Été

József Nemes-Lamperth, encore étudiant à l'Académie des beaux-arts de Budapest, peint à Nagybánya.

Juillet

IVe exposition Allied Artists' Association, Royal Albert Hall, Londres (Kandinsky, Kontchalovski, Machkov…).

Premier numéro de *Rhythm* créé par Middleton Murry et Michael Sadler, dont Fergusson est le directeur artistique jusqu'en novembre 1912.

Automne

Exposition d'art norvégien, à Helsinki, avec les élèves de Matisse.

Amiet se rend à Munich où il rencontre Kandinsky chez Pechstein.

Mondrian expose des œuvres à Nantes et à Paris, où il se rend pour préparer l'exposition du Moderne Kunstkring.

6 octobre-5 novembre

Première exposition Moderne Kunstkring, Stedelijk Museum, Amsterdam (Braque, Derain, Vlaminck, Dufy, Friesz, Herbin, Le Fauconnier, Manguin, Mondrian, Picasso, Puy, Redon, Sluijters, Jan et Charley Toorop, Van Dongen, etc.), qui marque l'introduction du cubisme aux Pays-Bas et la fin du luminisme.

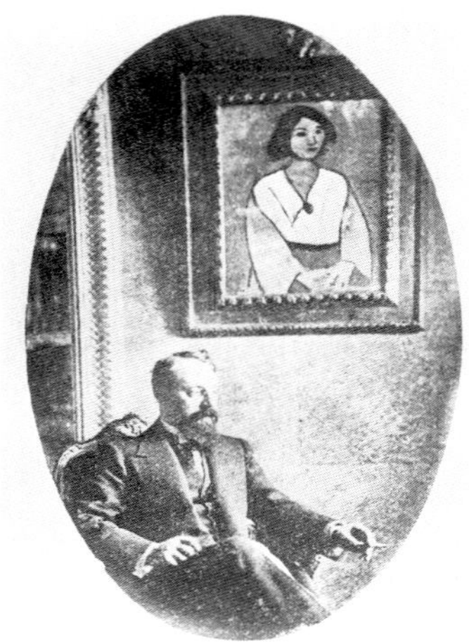

ill. 54
Henri Matisse à Moscou chez Chtchoukine, 1911 (au mur, *La Dame en vert*), Succession H. Matisse, Photo Archives Matisse, D. R.

19 octobre-10 novembre

Voyage de Matisse en Russie, avec Chtchoukine, à Saint-Pétersbourg, puis à Moscou (23 octobre) ; il habite chez Chtchoukine, voit l'installation de ses panneaux *La Danse* et *La Musique* et visite la collection de Morosov. *(ill. 54)*

Octobre

« Kunst unserer Zeit in Kölner Privatbesitz », Wallraf-Richartz Museum, Cologne (Amiet, Derain, Vlaminck, Friesz, Kandinsky, Marc, Manguin…).

Jawlensky vient à Paris pour le Salon d'Automne. Il revoit Matisse, Girieud et rencontre Van Dongen.

18 novembre-31 janvier 1912

IVe exposition de la Neue Secession, Berlin (Girieud, Heckel, Jawlensky, Kandinsky, Kirchner, Kubista, Le Fauconnier, Marc, Müller, Münter, Nolde, Pechstein, Schmidt-Rottluff, Werefkin, etc.).

Décembre

IIIe exposition de la NKVM, Munich (Girieud, Jawlensky, Werefkin, etc.).

Kandinsky quitte la NKVM et fonde le Blaue Reiter avec Franz Marc.

Hiver

Mondrian s'installe à Paris, jusqu'à l'été 1914, s'intéressant surtout aux cubistes.

15 décembre-1er janvier 1912

Première exposition à la galerie Tannhauser, Munich (D. et V. Bourliouk, Delaunay, Kandinsky, Macke, Marc, Münter, Schönberg, etc.).

À la fin de l'année, publication chez Piper (avec la date de 1912) de *Du spirituel dans l'art* (Munich).

1912

Janvier

Jawlensky quitte la NKVM. Il rencontre Paul Klee et Emil Nolde.

IIe exposition du Valet de Carreau, Moscou : les frères Bourliouk, Kandinsky, Jawlensky, Lentoulov, Exter, Koulbine… sont confrontés aux artistes français : Picasso, Le Fauconnier, Friesz, Matisse, Gleizes, Léger, Derain, Van Dongen… et allemands, Kirchner, Macke, Marc, Münter, Heckel, etc.

Janvier-février

Exposition Norwegische Künstler, Kunsterbund Hagen, Vienne (Munch, Sorensen).

12 février-avril

IIe exposition du Blaue Reiter, galerie Hanz Goltz, Munich (Braque, Delaunay, Derain, Vlaminck, Gontcharova, Heckel, Helbig, Kandinsky, Kirchner, Klee, Larionov, Macke, Malévitch, Marc, Münter, Nolde, Pechstein, Picasso, etc.).

9 mars-4 avril

XIXe exposition de la Libre Esthétique, Bruxelles (Bonnard, Van Dongen, etc.).

Année de grande production pour le Belge Wouters, voyage à Paris, Cologne et Düsseldorf.

12 mars-avant le 12 avril

La galerie Der Sturm ouvre avec quatre expositions : Der Blaue Reiter, Franz Flaum, Oskar Kokoschka, Expressionisten (Braque, les frères Bourliouk, Delaunay, Derain, Vlaminck, Dufy, Friesz, Gontcharova, Kandinsky, Kirchner, Marc, Münter, Pechstein, etc.).

20 mars-16 mai

Kandinsky (*Improvisation*, nos 24, 25, 26), Kontchalovski, Kupka (*Plans colorés*), Machkov, Mondrian, Munch (gravures) exposent aux Artistes indépendants, Paris.

24 mars-21 avril

Exposition du groupe La Queue d'Âne, Moscou (Gontcharova, Larionov, Malévitch, Chagall, Tchechenko, etc.).

Avril

Exposition Die Brücke, Galerie Fritz Gurlitt, Berlin (Amiet, Heckel, Kirchner,

Müller, Pechstein, Schmidt-Rottluff, etc.). Le groupe quitte la Neue Secession en juillet.

7 avril-fin juin
Exposition Leipziger Jahresausstellung 1912, Leipzig, Verein LIA (Beckmann, Friesz, Gauguin, Klee, Manguin, Marquet, Matisse, Müller, Pechstein, Picasso, Van Gogh, Werefkin…).

12 avril-mai
Der Sturm, IIe exposition, Berlin (Braque, Delaunay, Derain, Vlaminck, Dufy, Friesz, Kandinsky, Marc…).

Mai
Publication de l'*Almanach* du Blaue Reiter. En novembre 1911, Kandinsky avait écrit à Matisse pour lui demander «quelques réflexions sur l'art[203]» :
«Il paraîtra au commencement de 1912 sous ma direction une œuvre sur l'art (moderne et du temps passé), qui est en rapport direct avec l'esprit de l'époque que nous voyons commencée [sic]. C'est-à-dire avec la "nouvelle" époque du Spirituel qui était oublié au XIXe mais qui était en même temps cette "nécessité intérieure", qui était toujours la vraie source de l'art vrai, vivant. Les collaborateurs sont les artistes eux-mêmes. Pas de critiques, pas d'«interprêteurs» d'art, qui font le public et jugent des choses, qu'ils ne peuvent pas comprendre.»

Il souhaite aussi reproduire *La Danse* de la collection Chtchoukine.

25 mai-30 septembre
Voyage de Munch à Paris, avant de se rendre à Cologne pour le Sonderbund.

Exposition Sonderbund Internationale Kunstausstellung, Cologne, Städtische Ausstellungshalle (Derain, Vlaminck, Filla, Friesz, Giovanni Giacometti, Heckel, Kandinsky, Kirchner, Kubista, Manguin, Marc, Marquet, Matisse, Mondrian, Munch, Nolde, Pechstein, Picasso, Schmidt-Rottluff, Van Dongen…) : présentation des œuvres «par pays», quelques salles sont monographiques. Munch est en vedette avec

32 peintures ainsi que Picasso (16), Signac (18) et Cross (18). Des hommages sont consacrés à Van Gogh (125), Cézanne (26) et Gauguin (25).

Amiet y représente la Suisse. Il y fait enfin la connaissance de Heckel et de Kirchner et rencontre Munch. Giacometti y montre deux peintures.

Juin [?]-2 juillet
« Moderne Kunst : Plastik, Malerei, Graphik », Museum Folkwang, Hagen (Heckel, Jawlensky, Kandinsky, Kirchner, Maillol, Manet, Marc, Matisse, Müller, Munch, Nolde, Pechstein, Schmidt-Rottluff, Signac, Van Dongen, Van Gogh, etc.).

7-31 juillet
« Moderner Bund », Zurich, Kunsthaus (Amiet, Delaunay, G. Giacometti, Kandinsky, Marc, Matisse, Münter…).

Juillet
V[e] exposition Allied Artists' Association, Royal Albert Hall, Londres (Kandinsky, Machkov…).

Septembre-novembre
IIe exposition du Skupina vytvarnych umelcu, à l'Obecni dum, Prague (Derain, Filla, Friesz, Gutfreund, Heckel, Kirchner, Müller, Schmidt-Rottluff, Sima, Spala, etc.).

Kubista publie «La base spirituelle de l'âge moderne ».

Septembre
Exposition d'art belge, galerie Der Sturm, Berlin. Wouters y participe[204].

3 octobre
« Exhibition of Pictures by J. D. Fergusson, A. E. Rice and Others », The Rhythm Group, Statfford Gallery, Londres (groupe d'artistes évincés de la Second Post-Impressionists Exhibition – dont Fergusson, Peploe, Rice, Ethel Wright).

5 octobre-31 décembre
Second Post-Impressionists Exhibition, Grafton Galleries, Londres, organisée par Roger Fry (Vanessa Bell, Bonnard, Braque, Cézanne, Chabaud, Derain,

Vlaminck, Friesz, Fry, Girieuc, Gontcharova, Gore, Grant, Herbin, Larionov, Lhote, Marquet, Matisse, Pétrov-Vodkine, Picasso, Puy, Van Dongen, etc.).

Novembre-9 décembre
Exposition Giovanni Giacometti, Kunsthaus, Zurich.

Exposition Amiet et Giacometti, galerie Tannhauser, Munich.

Novembre-décembre
IIIe exposition du groupe des Huit, Budapest, Nemzeti Szalon. Signes de désagrégation progressive du groupe.

1913

17 février-15 mars
New York, Armory of the Sixty-Ninth Regiment, Armory Show (Braque, Camoin, Cézanne, Chabaud, Delaunay, Derain, Vlaminck, Dufy, Friesz, Kandinsky, Kirchner, Marquet, Matisse, Munch, Picasso, Signac). Exposition itinérante du 24 mars au 15 avril à Chicago, Art Institute of Chicago et Boston, Copley Hall, du 28 avril au 18 mai.

3 mars-2 avril
Exposition à Moscou : Braque, Derain, Vlaminck, Konchalovski, Lentulov, Machkov, etc.

27 mai
Dissolution de Die Brücke.

12 octobre-16 janvier 1914
Post-Impressionist and Futurist Exhibition, Londres, Doré Galleries : (Camoin, Chabaud, Delaunay (*L'Équipe de Cardiff*), Derain, Friesz, Marquet, Matisse, etc.).

1 Matisse séjourne en janvier à Londres, pour son voyage de noces, puis en Corse. *Cf.* lettre d'Evenepoel à Matisse, Archives Matisse. Le 15 juin, dans une lettre d'Evenepoel à son père, il précise : «J'ai revu également mon ami Matisse, retour de Corse, pour quelques jours ! Il m'en a rapporté d'extraordinaires études peintes par un impressionniste épileptique et fou !» (Evenepoel, *Lettres à mon père*, t. II, inv. 19429.334, p. 248 ; Spurling, p. 168 et suiv.).
2 Catalogue *Valtat*, Bordeaux, Musée des Beaux-Arts, 1997, p. 26.
3 *Ibid.*, p. 165.
4 Catalogue *Camoin*, Marseille, 1997. Matisse offre à Marquet deux études d'*Oliviers*.
5 Catalogue *Derain*, Musée d'Art moderne de la Ville de Paris, 1994.
6 « Ce fut l'affaire Dreyfus qui me fit quitter Tony Tollet. Des discussions violentes avaient troublé l'atelier. [...] À la rentrée d'octobre, nous fûmes informés que l'atelier ne rouvrirait pas» (Archives Puy, Lyon).
7 Valtat Jean, *Louis Valtat, catalogue de l'œuvre peint, 1869-1952*, t. I, Ides et Calendes, 1977. *Cf. Valtat*, Bordeaux, *op. cit.*, p. 165.
8 J.-P. Manguin, *Henri Manguin, catalogue raisonné*, p. 405.
9 *Dufy*, Lyon-Barcelone, 1999, p. 227.
10 *Le Roussillon à l'origine de l'art moderne*, p. 16 et p. 81.
11 Ces achats le mettent à l'abri des soucis financiers, lors de son mariage avec Suzanne Noël.
12 *Derain, op. cit.*, 1994.
13 *Vlaminck, le peintre et la critique*, 1987, p. 334.
14 *Van Dongen, le peintre*, Musée d'Art moderne de la Ville de Paris, 1990.

15 *Le Roussillon à l'origine de l'art moderne, op. cit.*, p. 18.

16 *Derain, le peintre du «trouble moderne»*, Musée d'Art moderne de la Ville de Paris, 1994.

17 Cité dans Vlaminck, *op. cit.*, 1987, p. 334 ; *Portraits avant décès*, p. 31. De Commercy, Derain écrit à Vlaminck : « Il y a bientôt un an que nous avons vu Van Gogh, et, vraiment son souvenir me hante sans cesse. Je vois de plus en plus le sens véritable chez lui » (Derain, *Lettres à Vlaminck, op. cit.*, p. 75).

18 Voir aussi EPA, p. 95, note 44, ainsi que les rares propos de Matisse sur Van Gogh («amateur de crépons japonais»), qui le rangent, aux côtés de Cézanne et de Gauguin, parmi ceux qui ont restitué «à la couleur son pouvoir émotif» (EPA, p. 199).

19 H. Spurling, *The Unknown Matisse, 1869-1908*, 1998, p. 138.

20 Archives Jean Puy, Lyon.

21 *Dufy*, Lyon-Barcelone, 1999, p. 227.

22 *Le Roussillon à l'origine de l'art moderne, op. cit.*, p. 19 et p. 58.

23 *Van Dongen, le peintre*, catalogue, Musée d'Art moderne de la Ville de Paris, 1990.

24 Thiébault-Sisson lui reproche «le très grand tort de donner dans les procédés de Van Gogh, et de s'en souvenir à l'excès» («Choses d'art -Peinture de jeunes», *Le Temps*, 16 novembre 1901).

25 Clement, *Fauve, A Source Book, op. cit.*

26 *Raoul Dufy, op. cit.*, 1999, p. 227 ; *cf.* Berthe Weill : «Un jeune blondin, frisé, l'air heureux d'être au monde, me présente un joli pastel, *La Rue de Norvins* dont il demande 30 francs ; je le lui achète : c'est mon premier contact avec Raoul Dufy, en novembre 1902» (*Pan dans l'œil*, 1933, p. 84).

27 *Van Dongen*, catalogue, Musée d'Art moderne de la Ville de Paris, 1990.

28 Le 23 août, Monfreid note : «Reçu la nouvelle, en revenant du bain, que Gauguin est mort aux îles Marquises», (*Le Roussillon à l'origine de l'art moderne, op. cit.*, p. 18 et *cf.* lettre du 29 août 1903 de Vollard à Monfreid – Ms 421).

29 Archives J.-P. Manguin.

30 Lettre de Lesquielles-Saint-Germain (Aisne). Matisse a assisté à une séance du procès de Thérèse et Fréderic Humbert où ses beaux-parents sont appelés à témoigner. *Cf.* Spurling, *op. cit.*, p. 264-266.

31 Archives J.-P. Manguin.

32 Zürcher, *op. cit.*, 1988, p. 283, et *Dufy*, Lyon-Barcelone, 1999, p. 227.

33 Archives J.-P. Manguin.

34 *Ibid.*

35 Matisse, EPA, p. 87.

36 Weill, *art. cit.*, 1933, p. 94.

37 Carte postale de Tahiti, écrite à Paris (Archives J.-P. Manguin). Durant l'hiver, Puy et Manguin peignent *La Petite Savoyarde* et, probablement, *La Croupe* (Kunsthalle, Brême).

38 Onze membres sont réunis pour la constitution d'une collection de tableaux, indivise pendant dix ans, moyennant une cotisation annuelle de 250 francs. André Level est introduit auprès de Matisse par un ancien élève de Gustave Moreau, René Piot. Cité dans le catalogue *Matisse, op. cit.*, 1993, p. 62, et le catalogue *Girieud, op. cit.*, Marseille, 1996, p. 98.

39 Cité par Hahl-Fontaine, p. 172.

40 *Girieud, op. cit.*, Marseille, 1996, p. 98. Les Tendances nouvelles étaient «une sorte d'association, où chacun versait une somme de 200 francs, donnant droit à l'exposition permanente dans la bou-tique de la Mère Chausson, rue Laffitte, mais celle-ci n'eut qu'une courte durée».

41 Ms 421, f° 55.

42 Selon C. Bock, *op. cit.*, p. 63, Matisse avait été encouragé à entreprendre ce séjour à Saint-Tropez lors du dernier Salon des Indépendants par Bonnard, Vuillard, Roussel (tous trois venaient d'y aller) ou Cross.

43 *Cf. Derain, op. cit.*, 1994, p. 140, et note 1. *Cf.* aussi, Derain, *Lettres à Vlaminck, op. cit.*, p. 175 (lettre datée à tort de 1906).

44 *Cf. Conversations avec Cézanne*, édition critique présentée par P.-M. Doran, Macula, 1978, p. 35-37.

45 Matisse quitte Paris le 12 juillet. *Cf.* lettre de Marquet à Manguin qui séjourne alors à la Percaillerie et lettre de Matisse à Manguin du 11 juillet 1904 : «Je pars demain pour Saint-Tropez avec ma femme et mon gosse. Marquet reste à Paris [...]» (Archives J.-P. Manguin).

46 Archives J.-P. Manguin.

47 *Matisse, op. cit.*, 1993, p. 64.

48 Ms 421, f° 71 : «2 Natures mortes, Cézanne, 1 toile de Gauguin Scène à Tahiti, [...] 1 toile de Valtat, Femme dans un fauteuil [...]. »

49 Il poursuit : «Tu vois comme je dois être pénible à fréquenter en ce moment. Je pense retourner à Paris bientôt, sera-ce dans 8 jours ou dans 15 ? Nous avons encore 50 francs à dépenser ici. [...] Marquet m'a dit il y a quelques jours que Bubu était tombé à l'eau. Serait-ce possible?» (Archives J.-P. Manguin ; lettre partiellement reproduite dans H. Spurling, *op. cit.*, p. 271).

50 Archives Marquet, Fondation Wildenstein, cité in *Fauve Landscape, op. cit.*, p. 64.

51 *Matisse*, 1993, p. 64, repris de Barr, New York, 1951.

52 *Derain, op. cit.*, 1994, p. 437.

53 *Cf.* lettre non datée de Derain à Apollinaire : «Mon cher Appollinaire [sic], Je suis bien ennuyé mais j'ai engagé mon dimanche pour la volupté que je voudrai champêtre selon une promesse déjà trop ancienne. Il me sera donc impossible de vous voir demain. S'il m'est possible, je dirais à Wlaminck [sic] d'aller vous voir. Et moi j'espère vous rencontrer dans la semaine au train.»

54 Voir à ce sujet M. Parke-Taylor, «André Derain : les copies de l'*Album fauve*», Cahiers du MNAM, vol. 5, 1980.

55 Archives J.-P. Manguin.

56 Gordon, *op. cit.*, et *Fauve Landscape, op. cit.*

57 *Matisse, op. cit.*, 1993, p. 65.

58 *Raoul Dufy, op. cit.*, 1999, p. 227.

59 *Girieud*, Marseille, 1996, p. 99.

60 Ms 421 (4, 10). Plusieurs œuvres de Gauguin vendues à Chtchoukine venaient d'Arsène Alexandre.

61 Dans une lettre du 9 décembre, Cézanne l'encourage à réagir aux influences : «Quel que soit le maître que vous préfériez, ce ne doit être pour vous qu'une orientation» (*Camoin, op. cit.*, Marseille, p. 185). De même, il dit à Émile Bernard : «Le Louvre est le livre où nous apprenons à lire. Nous ne devons cependant pas nous contenter des belles formules de nos illustres devanciers. Sortons-en pour étudier la belle nature, selon notre tempérament personnel» (*Conversations avec Paul Cézanne, op. cit.*, p. 45, voir aussi p. 59).

62 *Raoul Dufy, op. cit.*, 1999, p. 227.

63 Archives J.-P. Manguin. Jean Puy écrit à Manguin : «La présente pour vous informer que nous n'irons pas au réveillon ce soir, bien que nous ayons promis à Matisse. [...] J'ai grand plaisir à causer avec tous les amis de notre groupe, mais le milieu de la foule joyeuse me navre [...] à lundi au travail, n'est-ce pas?»

64 Weill, *art. cit.*, 1933, p. 114.

65 Matisse, EPA. *Cf.* note 18.

66 *Le Roussillon à l'origine de l'art moderne, op. cit.*, p. 62, p. 18.

67 Sur la question des achats faits par l'État, la Ville de Paris et les particuliers à l'issue du Salon, *cf.* catalogue *Morosov and Shchkin - The Russian Collectors* (Essen, Folkwang Museum, 1993, p. 104) ; Marcel Giry, «Le curieux achat fait à Derain et Vlaminck» (*L'Œil*, septembre 1976) et «Le Salon des Indépendants de 1905» ; M. Hoog, «La direction des Beaux-Arts et les Fauves», *cf.* également « Bibliographie ».

68 Weill, *art. cit.*, 1933, p. 117.

69 Archives J.-P. Manguin. *Cf.* lettre de Henri Lebasque à Manguin.

70 La galeriste note : «Camoin est, pour l'instant, celui qui, pour la vente, vient en tête ; en second, Marquet» (*Pan dans l'œil, op. cit.*, 1933).

71 Archives J.-P. Manguin.

72 *Ibid.*

73 Lettre du 15 mai de Matisse à Manguin, lui demandant 100 francs (Archives J.-P. Manguin).

74 *Ibid.* et *Matisse, op. cit.*, 1993, p. 66.

75 *Camoin*, Marseille, *op. cit.*, 1998.

76 Lettre de Camoin à Marquet et Manguin : «J'attends pour partir la visite de Van Rysselberghe pour qui j'ai cherché un modèle. De là je m'arrêterai probablement à Toulon. [...] » (Archives J.-P. Manguin).

77 Archives Marquet, *Fauve Landscape, op. cit.*, p. 74, *Matisse, op. cit.*, 1993, p. 66.

78 Lettre de Manguin à Matisse (Archives Matisse).

79 Archives Monfreid, cité dans *Le Roussillon à l'origine de l'art moderne, op. cit.*, p. 20.

80 Archives Matisse. Lettre citée partiellement par Françoise Cachin, *Paul Signac*, 1971, et *cf.* R. Labrusse, *Matisse, la condition de l'image*, Gallimard, 1999.

81 Archives Matisse.

82 *Derain*, 1994, *op. cit.*, p. 112 et note 8.

83 Lettres de Derain à Matisse, Archives Matisse.

84 Archives Matisse, D. Giraudy, 1971, p. 10, et *Correspondance entre Charles Camoin et Henri Matisse*, Lausanne, La Bibliothèque des Arts, 1997, préface de Claudine Grammont, p. 18-19.

85 Catalogue *Matisse, Derain à Collioure, été 1905*, Musée de Collioure, 1989, et *Le Roussillon à l'origine de l'art moderne, op. cit.*

86 *Fauve Landscape, op. cit.*, p. 72.

87 Archives Matisse, et R. Labrusse, *op. cit.*

88 *Lettres à Vlaminck* (juillet 1905), *op. cit.*, p. 159

89 Archives J.-P. Manguin.

90 Schneider, *Matisse*, Flammarion, 1984, p. 98 et note 18, p. 118.

91 « Enquête sur les tendances actuelles des arts plastiques », parue en trois livraisons dans le *Mercure de France* (1er août, 15 août et 1er septembre 1905).

92 Archives J.-P. Manguin.

93 Lettre de Derain à Vlaminck, Archives Vlaminck.

94 *Ibid.*, *Lettres à Vlaminck, op. cit.*, p. 165.

95 Archives Marquet, Paris, Fondation Wildenstein.

96 Archives Matisse et *Matisse, op. cit.*, 1993, p. 68.

97 Archives Camoin.

98 *Girieud, op. cit.*, 1996, p. 100.

99 Archives J.-P. Manguin.

100 Matisse, *op. cit.*, 1993, p. 69.

101 «Je voudrais que ces toiles n'aient pas l'air de tableaux pendus au mur mais de décorations de murailles» (lettre de Signac à Matisse, non datée) (Archives Matisse, cité par R. Labrusse, *op. cit.*).

102 Musée du Louvre, Correspondance Matisse-Simon Bussy, Archives du Louvre.

103 Archives Matisse, R. Labrusse, *op. cit.*

104 Archives Signac, Schneider, *op. cit.*, p. 188, *Fauve Landscape, op. cit.*, p. 79.

105 B. Weill, *art. cit.*, 1933, p. 119.

106 Claribel Cone décrit par la suite la salle fauve : «Les murs étaient couverts de toiles représentant ce qui me sembla alors être une émeute de couleurs âpres et surprenantes, au dessin rudimentaire et irrégulier, des distorsions et des exagérations, d'une composition primitive et simple comme faite par un enfant. [...] Nous nous demandions si ces choses devaient être prises au sérieux» (dans *Fauve Landscape, op. cit.*).

107 Archives Matisse.

108 *Van Dongen retrouvé, op. cit.*, p. 63.

109 «89 peintures et 80 dessins pour 3 300 francs» [Archives Vollard, Ms 421 (2, 3), f° 57].

110 *Correspondance Matisse-Camoin*, 1998, *op. cit.*

111 *Cf.* Derain, 1994, p. 334-339 et «La céramique fauve», *Cahiers Henri Matisse*, Musée Matisse, Nice-Cimiez, 1996.

112 Lettre de Signac à Charles Angrand (Archives Angrand), Bock, *op. cit.*, p. 124, Matisse, *op. cit.*, 1993, p. 72.

113 Maus informe Manguin qu'il a sélectionné trois de ses peintures, dont *La Sieste*, 1905, à la galerie Druet et chez Bernheim-Jeune. Archives J.-P. Manguin, cité dans *Fauve Landscape, op. cit.*, p. 82, et Herbert, *Neo-impressionnism*, Salomon R. Guggenheim Museum, New York, 1968, p. 247.

114 Ms 421 (5, 1), f° 17 : achat 500 francs : « nos 4397-4395-4396-4397, 56 x 27, *Village toits rouge* ; 4395, 54 x 65, *Village toits verts* ; 4396, 38 x 55 *Bateaux*. ». Fayet achète le 25 février, chez Matisse, un lot d'aquarelles. À l'automne 1906, il a seize toiles de Matisse, dont cinq acquises le 4 octobre chez Druet et présentées au Salon d'Automne, parmi lequelles la *Nature morte au tapis rouge et noir* (musée de l'Ermitage, Saint-Pétersbourg).

115 La chronologie de ce premier séjour est confirmée aujourd'hui (voir *infra*, janvier 1907). Le 8 mars, Derain écrit à Matisse : «J'avais hâte de vous causer après la diversité tumultueuse de mes impressions. Les émotions qu'on peut éprouver devant une ville semblable à Paris [...] » ; en 1994, nous pensions encore qu'un premier voyage pouvait avoir eu lieu fin 1905, peu de temps après l'achat de son atelier par Vollard, le 29 novembre 1905, *cf.* Derain, *op. cit.*, 1994, p. 140-153, et *Lettres à Vlaminck, op. cit.*, 1994, p. 171-174.

116 *Cf.* Grasso F., «A Palermo un Derain del periodo fauve », *Sicilia*, 1958, p. 44-47, et Verdi R., «A Newly Discovered Portrait by André Derain», *The Burlington Magazine*, mai 1998, p. 325-327.

117 Lettre de Derain à Matisse, non datée, Archives Matisse, citée par Rémi Labrusse, *op. cit.*, 1999.

118 *Fauve Landscape, op. cit.*

119 *Matisse, op. cit.*, 1993, p. 73, *Girieud, op. cit.*, 1996, p. 102.

120 «142 tableaux et un carton de dessins». Le même jour, il a «acheté à Puy 4 tableaux des Indépendants». Il consigne : «Manguin chèque 4 000 francs billets à ordre pour 3 000 pour un lot de

tableaux. Tout son atelier. » Le 24, Manguin signe un reçu comprenant la liste des œuvres vendues [dont : n° 33 *Fête de Saint-Tropez*, n° 17 *La Coiffure*, n° 73 *Liseuse*, n° 90 *Portrait de Ravel* » (f° 119)]. Peintures de Puy du Salon : les numéros « 4149, 4148, 4146, 4143, pour la somme de douze cents francs » [ms 421 (5, 1), f° 52, f° 53].
121 Cité dans *Fauve Landscape, op. cit.*
122 Texte de Derain à B. Savona, 1906, collection particulière.
123 « Marqué précédemment un Derain pour 300 frs, un Puy des Indépendants "femme couchée", 1 000 frs, un Manguin 300 fr, un Valtat 1 000 frs de la Secession (total 3 500), Baron de Bodenhausen à Essen, Hôtel Essener Hof Allemagne » [ms 421 (5, 1), f° 55].
On retrouve à plusieurs reprises le nom d'importants collectionneurs allemands, notamment de peinture post-impressionniste. Sur ce sujet, *cf. Signac et la libération de la couleur*, 1997, p. 197-199.
124 Ms 421 (5, 1).
125 « Payé à Matisse Henri chèque 2 200 francs [...] » [ms 421 (51], f° 77].
126 Ms 421 (5, 1), f° 81. La pratique de la sculpture par Derain est liée à sa découverte, à Londres, des arts primitifs présentés au British Museum. Il semble que Vollard ait gardé ou racheté ce meuble, lequel figure dans la vente réalisée, galerie Charpentier, en 1957.
127 Fin mai, il lui achète 48 études pour 1 200 francs [ms 421 (5, 1), f° 101].
128 « Paysage bleu Cézanne, Tête de Cézanne et des fresques, figures ? de Gauguin » [ms 421 (5, 1), f° 83].
129 Ms 421 (5, 1), f° 85, f° 89. Le 11 mai, Picasso signe un « Reçu de Monsieur Vollard / pour 27 tableaux / la somme de 2000 fr. ». Picasso écrit à Vollard : « [...] j'ai été chez vous pour vous voir. Les deux tableaux qui étaient chez moi sont chez mon ami Van Dongen, 13, rue Ravignan - 2 Laprade - pouvez les envoyer chercher quand vous voudrez. Voici mon adresse / Provincia de Lerida, por Solsona en Gosol, Espagne » [ms 421 (2, 2), Correspondance, f° 196-197].
130 Carte postale de Matisse à Derain, cachet Constantine Biskra, 18 mai 1906, in *L'Amour, la Mémoire*, Catalogue de vente, Drouot, octobre 1992.
131 Carte de Matisse à Manguin, juin 1906 (Archives J.-P .Manguin).
132 Gordon, *op. cit.*, p. 167.
133 Kandinsky avait rencontré Purrmann, élève et ami de Matisse, alors qu'ils étaient élèves dans l'atelier de Franz von Stuck. Il est possible que Kandinsky rencontre les Stein à Paris par l'intermédiaire de Purrmann. *Cf. Fauve Landscape*, p. 91, et *Matisse, op. cit.*, 1993, p. 76.
134 Ms 421, f° 114. Archives J.-P Manguin. *Fauve Landscape, op. cit.*, p. 92. Le 17 mai, Vollard a envoyé « au Havre 12 tableaux. 2 Derain - 2 Vlaminck - 2 Puy - 2 Marquet - 2 Laprade - 2 Bonnard [pour] l'Exposition du Cercle des arts » [ms 421 (5, 1), f° 93-94] et Friesz vient chercher des tableaux à la galerie.
135 Ils résident au Lusthof Frascati, Vlaamsch-Hoofd bij Antwerp, du 12 juin au 12 juillet, et à la pension Rosalie van der Auwera, Saint Anna Vlaamsch-Hoofd, du 11 août au 10 septembre. *Picasso et Braque, op. cit.*, p. 335, Freeman, *op. cit.*, p. 92
136 Archives J.-P. Manguin. Cité dans *Fauve Landscape, op. cit., Matisse, op. cit.*, 1993, p. 76.
137 *Fauve Landscape, op. cit.*
138 Archives J.-P. Manguin.
139 *Van Dongen retrouvé, op. cit.*, p. 70 et 228.
140 Archives J.-P .Manguin, *Matisse, op. cit.*, 1993, p. 77.
141 Chez le peintre Alexis Axilette, *Picasso et Braque, op. cit.,* p. 335.
142 *Fauve Landscape, op. cit.,* et Spurling, *op. cit.*, p. 171. En 1929, Vlaminck rapporte avoir découvert l'art nègre dès 1905. Il a acquis deux statuettes (l'une du Dahomey, l'autre de Côte-d'Ivoire) en payant les consommations à des clients d'un café d'Argenteuil. Vlaminck affirme aussi avoir reçu deux masques et une statue de Côte-d'Ivoire d'un ami de son père, avoir vendu cinquante francs le masque à Derain après que celui-ci l'avait vu au-dessus de son lit.
143 Arsène Alexandre, *L'Art russe de 1906 à 1932*, Galerie La Renaissance, 1932, p. 11. Pour la référence de cet article, *cf.* R. Labrusse, *op. cit.*
144 Ms 421 (5, 1). « Gauguin, *Couronne de Marguerite, Maternité* et la *Femme à la cigarette* pour 21 000 F. » Le 16, Vollard achète à Picasso six tableaux, mille francs [ms 421 (5, 1), agenda 1907, f° 182].
145 *Matisse, op. cit.*, 1993, p. 78, *Le Roussillon à l'origine de l'art moderne, op. cit.*, p. 28.
146 Archives J.-P. Manguin, *Matisse, op. cit.*, 1993, p. 78.
147 *Fauve Landscape, op. cit.*
148 Lettre du 21 janvier de Dufy à Berthe Weill : « J'ai trouvé des coins qui ne sont pas ceux que Friesz a peints et qui me plaisent davantage. [...]», Bibliothèque d'art et d'archéologie, Paris, Fonds J. Doucet, correspondance Dufy-Berthe Weill.
149 Archives Matisse, Kellermann, *op. cit.*, 1992, *Matisse, op. cit.*, 1993, p. 78. Derain fait allusion au vernissage de l'exposition Signac qui se tient du 21 janvier au 2 février 1907, galerie Bernheim-Jeune.
150 Lettre de Derain à Matisse, de Londres, datée du 30 janvier 1907 (Archives Matisse). La chronologie des voyages londoniens de Derain peut désormais être rétablie grâce à ses lettres adressées à Matisse. Le premier voyage a lieu du 6 mars au 17 ou 20 mars 1906 ; le second, pendant une semaine, du 29 janvier à début février 1907 ; cela est corroboré par les carnets de comptes de Vollard et les reçus signés par l'artiste pour ses *Vues de Londres, cf. infra*, 20 juillet 1907.
151 *Van Dongen retrouvé*, Rotterdam-Lyon-Paris, 1997, p. 70 et 228.
152 Une partie de la transaction se faisant en échange de tableaux de Maurice Denis, de Henri Fantin-Latour et d'Adolphe Monticelli. *Cf. Fauve Landscape, op. cit.*
153 *Cf.* catalogue *Picasso et Braque, op. cit.*, 1990.
154 Marquet écrit à Manguin : « Le Nord ne me vaut plus rien. Enrhumé, plein de rhumatismes et fatigué, je reviendrais de suite si je n'avais encore tant de choses à voir. Pourtant le temps est beau, quoique frais, et la vie ici est bien amusante. » Archives Manguin, *Fauve Landscape, op. cit..*
155 Ms 421 (5, 2), 1907.
156 Ms 421 (5, 2).
157 Il propose à Derain d'acheter *La Jetée de L'Estaque* (localisation inconnue) ; le marchand a vu chez Puy des aquarelles et souhaiterait en acquérir ; le 22 avril, Matisse écrit aussi à Kahnweiler pour la vente (200 francs) d'un dessin exposé au Salon (n° 1242). Archives Kahnweiler-Leiris, *Matisse, op. cit.*, 1993, p. 79, *Derain, op. cit.*, p. 411.
158 *Picasso et Braque, op. cit.*, p. 337.
159 Archives Vlaminck, Derain, *Lettres à Vlaminck, op. cit.*, p. 180. *Cf* auss lettre de Derain à Matisse : « Je suis à Cassis, Hôtel Cendrillon. j'ai passé 6 jours pleins à Marseille. J'en rapporte deux grandes compositions dans ma tête. [...]» (Archives Matisse).
160 Archives J.-P. Manguin, cité dans *Fauve Landscape, op. cit.*
161 Lettres de Derain à Matisse, 8 et 15 juillet (Archives Matisse).
162 Archives Vlaminck, Derain, *Lettres à Vlaminck, op. cit.*, 1994, p. 189. Braque et Friesz voient Derain le 9 juillet.
163 Archives Matisse.
164 Le 7 : « Je vous enverrai cette semaine les tableaux suivants : Une fleur (200), Le Bain (400), La Musique (400) ; Tête d'expression, La Coiffure ou la toilette (900) [...] ». Le 15, Fénéon en accuse réception, il y a un sixième tableau, *Les Aloès*. Archives Matisse.
165 Schneider, *op. cit.*, 1970, p. 53.
166 Voir Barr, *op. cit.*, p. 83.
167 Ms 421 (2, 3), f° 59, reproduit dans *Derain, op. cit.*, 1994, p. 140.
168 Archives Vlaminck, dépôt au musée de Chartres. L'allusion à cette seconde visite de Matisse permet d'émettre l'hypothèse d'une première visite courant juin, *cf. supra*
169 Le 6 août, Vollard a consigné l'« expédition à l'exposition de Prague par Michel et Kimbell de 23 tableaux » [ms 421 (5, 2), 1907].
170 Ms 421, agenda de la galerie (5, 2), 1907 : « Cézanne, 1 nature morte, 17 000, Cézanne, 1 paysage, 13 000 ; Gauguin, *Fête champêtre*, 8 000 ; 6 Valtat, 5 800 ; 1 Derain, 600 ; 1 Vlaminck, 600 ; Reçu 45 000 fr. » Le 10 octobre, il note avoir « remis à Chartschosky, expéditeur de M. Morosoff les tableaux de Cézanne, *Nature morte* 3564 et *Paysage* 3561 ; de Valtat, *Mer à Anthéor, Jeunes filles aux chapeaux*, Banyuls-sur-Mer ». Le 16, il remet à Derain 200 francs. « 1 Derain, 1 Gauguin, en tout 7 tableaux. »
171 *Picasso et Braque, op. cit.*, 1990, p. 339.
172 Le critique, frère du peintre Jean Puy, écrit le premier article entièrement consacré aux Fauves qu'il défend dès l'apparition du groupe.
173 Matisse, *op. cit.*, 1993, p. 81.
174 *Cf.* Assouline, *Kahnweiler l'homme de l'art*, p. 64
175 «Voudriez-vous m'accorder pour le numéro de septembre 2 ou 3 pages – autant que vous voudrez du reste – expliquant votre esthétique, la défendant et la confirmant par des reproductions de vos œuvres et de celles de Friesz et des autres qui vous suivent » (lettre de Golberg à Matisse, Archives Matisse, voir H. Spurling, *op. cit.*, p. 398-401).
176 Robert Martin, *Émile Othon Friesz. L'œuvre peint*, I, Aittouarès, Paris, 1995, p. 20.
177 L'exposition est organisée par le critique Charles Malpel, *Van Dongen retrouvé, op. cit.*, 1997, et catalogue *Toulouse et l'art moderne*, Toulouse, 1991.
178 « 150 fr le Vlaminck et 1 000 fr un bronze de Maillol » [ms 421 (5, 3)]. Le 14 février, il a « expédié au musée de Staedel, Francfort, 1 Gauguin 300 fr, 1 Van Gogh 300 fr, 1 Maillol 400 fr, 1 Vlaminck 250 fr. À recevoir 1 150 francs ».
179 *Donation Leiris-Kahnweiler*, catalogue, Paris, Musée national d'Art moderne.
180 *Raoul Dufy, op. cit.,*, 1999, p. 228.
181 Gelett Burgess, « The Wild men of Paris », *The Architectural Record*, mai 1910, traduit de l'anglais, Matisse, 1993, p. 84.
182 Matisse, *op. cit.*, 1993, p. 83. Voir aussi Alfred Stieglitz, *Camera Work. The Complete Illustrations, 1903-1917*, Taschen, 1997, p. 81-83.
183 Dès le 27 mars, Vollard préparait l'envoi d'œuvres de Derain, Valtat et Maillol à Moscou.
184 Compte rendu de Grabar, cité par Basner, dans Boissel, p. 188.
185 Ms 421 (5, 3) : «Vendu à S. Stchoukine à Moscou les tableaux suivants : Gauguin, *Les Cavaliers*, 8 000 fr, Gauguin, *La Femme aux fleurs*, 8 000 fr, Matisse, *Nature morte*, 800 fr, Matisse, *Paysage*, 800 fr. T = 17 600 francs.»
186 Ms 421 (5, 3) : «Cézanne, *La Jeune Fille au…?*, 20 000, Gauguin, *La Femme au…*, 8 000, Gauguin, *Le Gros Arbre*, 8 000, Gauguin, *Le Bouquet de fleurs*, 8 000, Puy, *L'Été*, 1 200, Picasso, *Les Deux Saltimbanques*, 300, Degas, *Danseuses*, 4 500, Vlaminck, *Bord de Seine*. Pour un total 50 000 francs. »
187 Archives Kahnweiler-Leiris, *Fauve Landscape, op. cit.*
188 Ms 421 (2, 2), Correspondance, lettre à Vollard du 28 juin, f° 203.
189 *Matisse, op. cit.*, 1993, p. 86 ;
190 Ms 421 (5, 3).
191 Lettre de Dufy à Berthe Weill, Bibliothèque d'art et d'archéologie, Paris, Fonds J. Doucet (manuscrits et autographes).
192 Osthaus, qui fréquente Purrmann, à Paris, depuis 1905, achète des Gauguin, Cézanne, Van Gogh, Seurat, Signac et, en particulier, Cross ; ses principaux marchands sont Bernheim-Jeune et Druet. En 1907, il achète ses premiers Matisse : la *Nature morte aux asphodèles* (1907), *La Berge* (1907, détruite), les *Baigneuses à la tortue*, en décembre 1908.
193 Matisse, *op. cit.*, 1993, p. 88.
194 *Donation Leiris-Kahnweiler*, Musée national d'Art moderne, p. 78.
195 Cité par Trygve Nergaard, *Scandinavian Modernism*.
196 Jawlensky écrit : « Une fois l'exposition terminée, comme nous étions en train de décrocher les tableaux, Cuno Amiet et Giacometti arrivèrent pour accrocher les leurs. Je me souviens encore très bien d'Amiet nous disant : "après votre exposition cela va être dur pour nous". »
197 Le 31 décembre 1909, Vollard avait remis « pour l'exposition Mánes de Prague, pour M. Rudolf Kepl, sept tableaux » de Vlaminck et de Jean Puy [ms 421 (5, 4)].
198 Cité par Hahl-Fontaine, *op. cit.*, p. 132.
199 *Cf.* correspondance avec Münter, in Hahl-Fontaine, p. 134.
200 Lettre de Chtchoukine à Matisse. Archives Matisse.
201 *Ibid.* Archives Matisse.
202 Sans référence dans le catalogue *Paris-Moscou*, p. 35. En 1910. Larionov, Gontchavora, Machkov, Kontchalovski sont qualifiés de «nos Matisse russes».
203 Archives Matisse, lettre de Kandinsky à Matisse, 27 novembre 1911, cité par R. Labrusse, *op. cit.*
204 «Au commencement de l'hiver, il y aura une exposition belge à Berlin, organisée par la galerie Giroux en échange d'une exposition de fauves allemands à Bruxelles» (lettre de Rik Wouters à Simon Lévy, 29 juillet 1912, citée dans Olivier Berlnaud, Stefann Hautekerte, *Rik Wouters, jalons d'une vie*, Anvers, 1994).

Biographies et notices des œuvres

AVERTISSEMENT

Les œuvres sont classées par ordre alphabétique des artistes puis chronologique. Leur numéro renvoie à leur ordre d'apparition dans le catalogue.

Une courte biographie introduit chaque artiste. Pour les Français, ces biographies s'arrêtent à la date qui marque leur éloignement du fauvisme, le plus souvent en 1908. Pour les « Fauves d'Europe », parfois moins connus en France, elles ont été développées dans le temps, jusqu'à la guerre, en accentuant les interrelations.

Les notices des œuvres obéissent à deux partis pris. Afin de ne pas les alourdir, n'ont été retenues, pour les Fauves français, que les expositions ayant trait au fauvisme proprement dit et les grandes monographies. Les renvois bibliographiques, aussi complets que possible pour la période du fauvisme historique, se limitent, pour les années plus récentes, aux catalogues raisonnés et ouvrages de référence, à l'exclusion des articles critiques. Pour les « Fauves d'Europe », ne sont mentionnées que les expositions antérieures à 1914 et celles qui ont tenté, à des degrés divers, une mise en perspective internationale. Cependant, chaque fois que cela était possible, on a renvoyé à un ouvrage de référence – catalogue raisonné ou de collection – où l'on trouvera une notice complète de l'œuvre. Établies par Jessica Castex, les notices prennent en compte les informations communiquées par les prêteurs.

CUNO AMIET
(Soleure, 1868 - Oschwand, 1961)
De 1884 à 1886, il étudie la peinture avec un peintre local puis à l'Académie des beaux-arts de Munich, de 1886 à 1888. En 1887, début d'une longue amitié avec Giovanni Giacometti ; ils vont étudier à Paris, à l'Académie Julian (Bouguereau), de 1888 à 1892. Amiet passe un an à Pont-Aven, en 1892-1893, avec Bernard, Seguin, Sérusier, O'Connor. Rentré en Suisse en 1893, il rencontre Hodler avec qui il se lie. Il expose avec lui et Giacometti, au Kunsthaus de Zurich, en 1898. Cette année-là, il s'installe à Oschwand. En 1899, il obtient une médaille de bronze à l'Exposition universelle de Paris. En 1904, il expose à la Sécession viennoise et commence à se détourner de l'influence de Hodler. En 1905, il a une exposition personnelle au Kunstlerhaus et à la galerie Richter de Dresde qui retient l'attention des jeunes artistes de la Brücke, ceux-ci l'invitent à participer à la première exposition du groupe en 1906 (il en restera membre jusqu'à la dissolution). En 1907, il se rend à Paris avec Giacometti pour voir la rétrospective Cézanne. En 1907 et 1908, il expose au Salon des Indépendants à Paris. En 1908, il expose de nouveau avec la Brücke ; Klee et Jawlensky viennent le voir à Oschwand. Sa participation à de nombreuses manifestations internationales en 1909 à Vienne et à Munich, en 1910, à Berlin, Leipzig, Budapest, Zurich et Dresde en fait l'un des artisans de l'introduction de la modernité en Suisse et l'un des acteurs des échanges européens. Il se rend en 1911 à Munich où il rencontre Kandinsky. En 1912, il participe à de nombreuses expositions à l'étranger et notamment au Sonderbund de Cologne.

■ 180
Cuno Amiet
Le Chapeau violet (Portrait de Gertrud Müller)
Der violette Hut (Bildnis Gertrud Müller), 1907
Huile sur toile, 60,5 x 54 cm
Monogrammé et daté en bas à droite : *CA 07*
Kunstmuseum Solothurn, Soleure, collection Dübi-Müller.
N° inv. : C80. 89
Historique
Achat à l'artiste en 1908 par Gertrud Müller.
Fondation Dubi-Müller, Kunstmuseum Soleure, 1964.
Bibliographie
Dübi-Müller-Stiftung, Josef Müller Stiftung,
Zurich, Schweizerisches Institut für Kunstwissenshaft, Solothurn, Kunstmuseum, 1981, n° 7, p. 28, reprod. p. 29.
Expositions
Cuno Amiet und die Maler der Brücke, Zurich, Kunsthaus, Berlin, Brücke Museum, 1979, n° 57, pl. 23.
Cuno Amiet, Vevey, Musée Jenisch, 11 mai-13 août 1995, reprod. coul. n° 41.

■ 183
Cuno Amiet
Paysage d'été
Sommerlandschaft, 1907
Huile sur toile, 60,5 x 49,5 cm
Aargauer Kunsthaus, Aarau
N° inv. : 1065 (1958)
Expositions
Cuno Amiet und die Maler der Brücke, Zurich, Kunsthaus, Berlin, Brücke Museum, 1979, n° 55.
Berge, Blicke, Belvedere, Kunst in der Schweiz von der Aargauer Kunsthaus Aarau, Francfort, Schirn Kunsthalle, 1er mars-1er juin 1997, reprod. coul. n° 51.

■ 184
Cuno Amiet
Ferme à Oschwand
Hof auf Oschwand ; Bauernhaus auf Oschwand, 1907
Huile sur toile, 99 x 91 cm
Monogrammé et daté en bas à droite : *CA 07*
Collection particulière
Expositions
Cuno Amiet, Vevey, Musée Jenisch, 11 mai-13 août 1995, reprod. coul. n° 44.
Signac et la libération de la couleur,
De Matisse à Mondrian, Münster, Westfälisches Landesmuseum für Kunst und Kulturgeschichte, 1er décembre 1996-16 février 1997, Musée de Grenoble, 9 mars-25 mai 1997, Weimar, Kunstsammlungen, 15 juin-31 août 1997, Münster, Éditions Tertium, Ostfildern Westfälisches Landesmuseum für Kunst Kulturgeschichte, 1997, Paris, Éditions de la Réunion des musées nationaux, 1997, reprod. coul. n° 113, p. 335.

UMBERTO BOCCIONI
(Reggio de Calabre, 1882 - Vérone, 1916)
De 1901 à 1905, il étudie à Rome où il se lie d'amitié avec Severini. Ensemble, ils sont initiés au divisionnisme par Balla. En août 1906, il se rend à Paris. En 1907, il s'installe à Venise, puis à Milan et à Munich, pour la Sécession, enfin à Paris, en octobre, pour le Salon des peintres divisionnistes italiens. En 1908, il rencontre Previati. En 1909, il expose au Salon d'Automne, à Paris, dans la section « Art moderne italien ». Il abandonne le symbolisme pour adhérer au futurisme et prend part à la rédaction du *Manifeste des peintres futuristes* et du *Manifeste technique de la peinture futuriste*, en 1910. La même année, en juillet, il a sa première exposition personnelle à la Ca'Pesaro, à Venise. En novembre 1911, il se rend à Paris pour la préparation de l'exposition futuriste qui aura lieu en février 1912, chez Bernheim-Jeune (et sera itinérante en Europe) ; Severini l'introduit auprès des cubistes et d'Apollinaire. En 1912, il se rend à Londres et à Berlin et séjourne à Paris où il est de nouveau en 1913 et a une exposition personnelle à la galerie La Boétie.

■ 127
Umberto Boccioni
Idole moderne
Idolo Moderno, 1911
Huile sur panneau, 60 x 58,4 cm
Signé et daté en bas à gauche : *U. Boccioni 1911*
Estorick collection of modern Italian art, Londres
Historique
Collection particulière, Bâle.
Collection Nell Walden en dépôt au Kunstmuseum, Bâle.
Collection Borchardt, Berlin.
Acquis par Eric Estorick à la Marlborough Fine Art, Londres, 1955.
Bibliographie
Palazzeschi, Aldo et Bruno, *L'Opera Completa di Boccioni,*
Milan, Rizzoli Editore, coll. Classici dell'arte, 1969, ill. n° 130, Tav. XXXVII.
Expositions
La Mostra d'Arte Libera, Milan, avril-mai, 1911.
Les Peintres Futuristes Italiens, Paris, Galerie Bernheim-Jeune, 5-24 février 1912, n° 8.
Exhibition of works by Italian Futurists painters, Londres, The Sackville Gallery, mars 1912, n° 8.
Zweite Ausstellung : Die Futuristen, Berlin, Galerie Der Sturm, 21 avril-31 mai 1912, n° 8.
Der Sturm, Berne, Kunstmuseum, 1944-1945, n° 241.
Expressionists, Zurich, Kunsthaus, 1945, n° 11.
Collection Nell Walden, Bâle, Kunsthalle, 1946, n° 201.
Modern Art in Britain, 1910-1914, Londres, Barbican Art Gallery, 20 février-26 mai 1997, Merrell Holberton Publishers-Barbican Art Gallery, 1997, reprod. coul. p. 59, n° 15.

GEORGES BRAQUE
(Argenteuil, 1882 - Paris, 1963)
Il passe sa jeunesse au Havre, où sa famille est
fixée depuis 1890. En 1899, il entre en apprentissage chez son père, entrepreneur de peinture
en bâtiment puis chez un peintre décorateur.
Après son service militaire en 1902, il s'installe
à Paris à Montmartre et fréquente brièvement,
en 1903, l'atelier de Léon Bonnat à l'École des
beaux-arts. Il découvre les toiles fauves au Salon
d'Automne de 1905. Au printemps 1906, il fonde
avec son père, Charles Braque, Othon Friesz et
Raoul Dufy, le Cercle de l'art moderne du Havre
et participera à ses trois expositions (1906,1907
et 1908). Il expose au Salon des Indépendants
de 1906. Il passe l'été à Anvers avec Friesz et,
ensemble, ils réalisent leurs premiers essais fauves.
Il séjourne à L'Estaque d'octobre 1906 à février
1907 puis participe au Salon des Indépendants.
En mai 1907, il est, avec Friesz, à La Ciotat puis
à L'Estaque, de septembre à novembre. Kahnweiler devient son marchand et l'introduit
auprès de Picasso, Apollinaire et ses amis du
Bateau-Lavoir. Les œuvres réalisées à l'automne
témoignent d'une inflexion cézannienne qui le
conduit à un changement radical. Après le refus
de ses peintures au Salon d'Automne de 1908
par Matisse, il a une exposition particulière chez
Kahnweiler. Il expose le grand *Nu debout* au
Salon de la Toison d'Or à Moscou, en 1909.

■ 89
Georges Braque
L'Olivier près de L'Estaque, Circa 1906
Huile sur toile, 50 x 61 cm
Signé en bas à gauche : *G. Braque*
Musée d'Art moderne de la Ville de Paris
N° inv. : AMVP 2521
Historique
Donation Henry-Thomas, 1984.
Bibliographie
Contensou, B., Molinari, D., Briot, M.-O.,
*Chefs-d'œuvre du musée d'Art moderne de la
Ville de Paris,* Paris-Musées et Société des
amis du musée d'Art moderne, 1985, n° 3,
reprod. coul. p. 23.
Zürcher, Bernard, *Braque, vie et œuvre,*
Fribourg, Office du livre, 1988, n° 14, reprod.
coul. p. 24.
Zürcher, Bernard, *Les Fauves,* Paris, Hazan,
1995, reprod. coul. p. 169.
*L'Estaque naissance du paysage moderne
1870-1910,* Marseille, Musée Cantini, 25 juin-
25 septembre 1994, Musée de Marseille-
Réunion des musées nationaux, 1994, ill.
coul. n° 89, p. 111.
Expositions
Paris, Galerie Pierre Loeb, 1973.
*La Collection Germaine Henry-Robert Thomas,
Peintures, sculptures et objets d'art XIXe-XXe siècle,*
Paris, Caisse nationale des monuments
historiques, 1974, reprod. coul. p. 28.
Belgique, Musée d'Ixelles, 1978, n° 30,
reprod. coul. pl. 1.
Moscou-Paris, Moscou, Musée Pouchkine,
1980.
*Braque dans les collections publiques
françaises,* Paris, Musée national d'Art
moderne, 1982, reprod. n. b. p. 202.
Autour du « Fée Électricité » de Dufy, Paris,
Musée de l'Orangerie, 1987.
Georges Braque, Martigny, Fondation
Pierre Gianadda, 1992, reprod. coul. p. 51.
Georges Braque, rétrospective, Saint-Paul-de-
Vence, Fondation Maeght, 5 juillet-15 octobre
1994, reprod. coul. p. 45, ill. 13.

■ 90
Georges Braque
Paysage à L'Estaque, automne 1906
Huile sur toile, 50,8 x 60,3 cm (avec cadre)
Signé et daté en bas à droite : *G Braque 06*
New Orleans Museum of Art, Bequest of
Victor K. Kiam, La Nouvelle Orléans
N° inv. : 77.284
Historique
Collection Victor K. Kiam.
New Orleans Museum of Art, legs de Victor
K. Kiam au, 1953.
Bibliographie
Caraco, Edward, *New Orleans Museum of Art
Handbook,* New Orleans Museum of Art,
1995, p. 77.
Reff, Theodore, *The Reaction Against
Fauvism : The Case of Braque from Picasso
and Braque : Pioneering Cubism,* New York,
Museum of Modern Art, 1991.
Expositions
Salon des Indépendants, Paris, Serres du Cours
la Reine, 20 mars-30 avril 1907.
*Le Fauvisme français et les débuts de
l'expressionnisme allemand,* Paris, Musée
national d'Art moderne, 1966, n° 6.
The Fauve Landscape, Los Angeles, Los
Angeles County Museum of Art, New York,
The Metropolitan Museum of Art, Londres,
Royal Academy of Arts, 1990-1991, reprod.
coul. p. 98, ill. 112.
*L'Estaque naissance du paysage moderne
1870-1910,* Marseille, Musée Cantini, 25 juin-
25 septembre 1994, Musée de Marseille-
Réunion des musées nationaux, 1994,
reprod. coul. n° 22, p. 174.

■ 91
Georges Braque
Paysage de L'Estaque, octobre 1906
Huile sur toile, 60,2 x 73,2 cm
Signé et daté en bas à droite : *G Braque 06*
L'Annonciade, Musée de Saint-Tropez
N° inv. : D1955.1.44
Historique
Legs Grammont aux musées nationaux pour
le musée de Saint-Tropez, 1955.
Bibliographie
Duthuit, Georges, *Les Fauves,* Genève,
Éditions des Trois Collines, 1949, reprod.
p. 158.
Ferrier, Jean-Louis, *Les Fauves, le règne de la
couleur,* Paris, Pierre Terrail, 1992, reprod.
coul. p. 175.
Freeman, Judi, *Le Paysage fauve,* Paris,
Éditions Abbeville, 1991, reprod. coul. p. 270,
ill. 280.
Hope, Henry R., *Georges Braque,* New York,
Museum of Modern Art, 1949, reprod. p. 21.
Laufer, Fritz, *Georges Braque,* Berne, Alfred
Scherz Verlag, 1954, reprod. coul. p. 1.
Monery, Jean-Paul, *Le Musée de l'Annonciade,
Saint-Tropez,* Paris, Fondation Paribas, Ville
de Saint-Tropez, Réunion des musées
nationaux, 1993, reprod. coul. p. 76.
Negri, Renata, *Matisse e i fauves,* Milan, Fratelli
Fabri Editori, 1969, reprod. coul. p. 79.
Pouillon, Nadine, Monod-Fontaine, Isabelle,
Braque, œuvres de Georges Braque 1882-1963,
Paris, Collections du musée national d'Art
moderne, 1982, p. 202, reprod. coul. p. 21.
Whitfield, Sarah, *Le Fauvisme,* Paris, Thames
and Hudson, coll. «L'univers de l'art», 1997,
reprod. n. b. p. 142, ill. 118.
Zürcher, Bernard, *Les Fauves,* Paris, Hazan,
1995, reprod. coul. p. 166.

Expositions
Georges Braque, Paris, Galerie Kahnweiler,
8-28 novembre 1908, n° 3.
Georges Braque, Cleveland, The Museum
of Art, 25 janvier-13 mars 1949, New York,
The Museum of Modern Art, 29 mars-12 juin
1949, reprod. p. 21.
Le Fauvisme, Paris, Musée national d'Art
moderne, juin-septembre 1951, n° 17.
Georges Braque, Berne, Kunsthalle,
24 avril-31 mai 1953, Zurich, Kunsthaus,
7 juin-19 juillet, 1953.
Georges Braque, Le Havre, Nouveau
Musée des Beaux-Arts, 15 avril-31 mai 1967.
L'Art moderne dans les musées de province,
Paris, Grand Palais, 3 février-24 avril 1978,
n° 29.
Georges Braque, Saint-Paul-de-Vence,
Fondation Maeght, 5 juillet-30 septembre
1980, p. 29, n° 8.
Georges Braque, Paris, Musée national d'Art
moderne, Centre Georges-Pompidou
17 juin-27 septembre 1982.
*L'Estaque naissance du paysage moderne
1870-1910,* Marseille, Musée Cantini,
25 juin-25 septembre 1994, Musée de
Marseille-Réunion des musées nationaux,
1994, reprod. coul. n° 24, p. 175.

■ 87
Georges Braque
L'Estaque, automne 1906
Huile sur toile, 46 x 55 cm
Signé et daté en bas à gauche :
G Braque 06
Collection particulière, Suisse
Historique
Galerie Malingue, Paris.
Bibliographie
Freeman, Judi, *Le Paysage fauve.* Paris,
Éditions Abbeville, 1991, reprod. coul. p. 233,
ill. 248.
Expositions
Les Fauves, Peintures de 1903 à 1908, Paris,
Galerie de France, 1942.
Le Fauvisme, Paris, Musée national d'Art
moderne, 1951.
Georges Braque en Europe, Bordeaux Galerie
des Beaux-Arts, Strasbourg, Musée d'Art
moderne, 1982, ill. p. 81, n° 7.
Manguin parmi les Fauves, Martigny,
Fondation Gianadda, 1983, ill. p. 74, n° 26.
Georges Braque 1882-1963, Barcelone, Musée
Picasso, 1986-1987, ill. p. 79, n° 8.
G. Braque, Martigny Fondation Gianadda,
1992, ill. p. 45, n° 8
*L'Estaque naissance du paysage moderne
1870-1910,* Marseille, Musée Cantini 25 juin-
25 septembre 1994, Musée de Marseille-
Réunion des musées nationaux, 1994, ill.
n. b. 133, p. 147, et reprod. coul. n° 26,
p. 176.
Georges Braque, rétrospective, Saint-Paul,
Fondation Maeght, 5 juillet-15 octobre 1994,
reprod. coul. p. 37, ll. n° 9.
The Fauves, Sydney, The Art Gallery of
New South Wales, 8 décembre 1995-
18 février 1996, Melbourne, National Gallery
of Victoria, 29 février-13 mai 1996,
reprod. coul. p. 30 (détail), reprod. coul. p. 41,
n° 5.
The Joy of Color, The Merzbacher Collection,
Jérusalem, The Israel Museum,
octobre 1998-février 1999, Jérusalem,
The Israel Museum and DuMont Buchverlag,
Cologne, 1998, reprod. coul. p. 65, n° 14.

■ 100
Georges Braque
Bateaux sur la plage, L'Estaque, automne
1906
Huile sur toile, 49,5 x 70,1 cm
Signé et daté en bas à gauche : *G Braque 06*
Los Angeles County Museum of Art, Gift of
Anatole Litvak
N° inv. : 53.55.1
Historique
Collection Anatole Litvak.
Los Angeles County Museum of Art, don
d'Anatole Litvak, 1953.
Bibliographie
Ryan, Judith (sous la direction de), *Van Gogh,
His Sources, Genius, and Influence,* National
Gallery of Victoria, 1993, p. 119.
Umbro, Apollonio, *Fauves and Cubists,* New
York, Crown Publications, reprod. p. 21.
Expositions
*Le Fauvisme français et les débuts de
l'expressionnisme allemand,* Paris,
Musée national d'Art moderne, 15 janvier-
6 mars 1966, Munich, Haus der Kunst,
26 mars-15 mai 1966, reprod. n. b. p. 42,
n° 7.
The Fauve Landscape, Los Angeles,
Los Angeles County Museum of Art,
New York, The Metropolitan Museum of Art,
Londres, Royal Academy of Arts, 1990-1991,
reprod. coul. p. 46, ill. 53.
*L'Estaque naissance du paysage moderne
1870-1910,* Marseille, Musée Cantini,
25 juin-25 septembre 1994, Musée de
Marseille-Réunion des musées nationaux,
1994, reprod. coul. n° 26, p. 177.

■ 88
Georges Braque
Le Port de L'Estaque, automne 1906
Huile sur toile, 60,5 x 73 cm
Signé et daté en bas à gauche : *G Braque 06*
Statens Museum for Kunst, Copenhague
N° inv. : KMS 7384
Historique
Collection R. Ludin, Paris.
Monsieur Lebel, Paris.
Manufacturer dr. jur. Knud Abildgaard,
Copenhague.
Ny Carlsbergfondet.
Don Ny Carlsbergfondet au Statens Museum
for Kunst, 1986.
Bibliographie
Crespelle, Jean-Paul, *Les Fauves,* Genève,
1962, reprod. p. 52.
Ferrier, Jean-Louis, *Les Fauves, le règne de la
couleur,* Paris, Pierre Terrail, 1992, reprod.
coul. p. 178 (détail) et 179.
Giry, Marcel, *Le Fauvisme, ses origines, son
évolution,* Neuchâtel, Ides et Calendes, 1981,
reprod. coul. p. 148, ill. 68.
Raaschou Nielsen, Inge Vibeke,
Fransk Modernisme, Copenhague, 1996,
p. 16-18.
Youngna, Kim, *The Early Works of Georges
Braque, Raoul Dufy and Othon Friesz : The Le
Havre Group of Fauvist Painters,* The Ohio
State University, Ph. D. dissertation, 1980
(U.M.I. 1990), reprod. p. 153.
Zürcher, Bernard, *Les Fauves,* Paris, Hazan,
1995, reprod. coul. p. 170-171.
*L'Estaque naissance du paysage moderne
1870-1910,* Marseille, Musée Cantini,
25 juin-25 septembre 1994, Musée de
Marseille-Réunion des musées nationaux,
1994, ill. n. b. 177, p. 229.

Expositions
Georges Braque, Berne Kunsthalle, 25 avril-
31 mai 1953, n° 10, Zurich, Kunsthaus, juin-
juillet 1953, n° 7.
The Fauve Landscape, Los Angeles, Los
Angeles County Museum of Art, New York,
The Metropolitan Museum of Art, Londres,
Royal Academy of Arts, 1990-1991, reprod.
coul. 274, ill. 285.
Georges Braque, rétrospective, Saint-Paul,
Fondation Maeght, 5 juillet-15 octobre 1994,
reprod. coul. p. 47, ill. 14.

■ **99**
Georges Braque
Port de L'Estaque, automne 1906
Huile sur toile, 50 x 61 cm
Signé en bas à gauche : *G Braque*
Fondation Fridart
Historique
Jacques Dubourg, Paris.
Collection particulière, Paris.
Alex, Reid and Lefevre Ltd, Londres.
Collection particulière.
Bibliographie
Ferrier, Jean-Louis, *Les Fauves, le règne de la
couleur*, Paris, Pierre Terrail, 1992, reprod.
coul. p. 176.
Freeman, Judi, *Nineteenth and Twentieth-
Century Masterworks : The Fridart Foundation
Collection*, Fridart Foundation, 1998, reprod.
coul. p. 56.
Giry, Marcel, *Le Fauvisme, ses origines, son
évolution*, Neuchâtel, Ides et Calendes, 1981,
reprod. n. b. p. 185, ill. 90.
Whitfield, Sarah, *Le Fauvisme*, Paris, Thames
and Hudson, coll. « L'univers de l'art », 1997,
reprod. n. b. p. 143, ill. 120.
*L'Estaque naissance du paysage moderne
1870-1910*, Marseille, Musée Cantini, 25 juin-
25 septembre 1994, Musée de Marseille-
Réunion des musées nationaux, 1994, ill.
coul. 83, p. 106.
Expositions
Paris, Galerie Tronche, 1963.
The Fauves, Toronto, Art Gallery of Ontario,
1975, n° 21.
Sounds of Colour, Londres, Arts Council of
Great Britain, 1985.
The Fauve Landscape, Los Angeles, Los
Angeles County Museum of Art, New York,
The Metropolitan Museum of Art, Londres,
Royal Academy of Arts, 1990-1991, reprod.
coul. p. 47, ill. 55.
Fauvism and Modern Japanese Painting, Aichi,
Aichi Prefectural Museum of Art, 30 octobre-
20 décembre 1992, Kyoto, The National
Museum of Modern Art, 5 janvier-14 février
1993, Tokyo, The National Museum of Modern
Art, 24 février-28 mars 1993, Aichi, Prefectural
Museum of Art, 1992, reprod. coul. p. 39, n° 3.
Georges Braque, rétrospective, Saint-Paul,
Fondation Maeght, 5 juillet-15 octobre 1994,
reprod. coul. p. 43, ill. 12.
The Fauves, Sydney, The Art Gallery of New
South Wales, 8 décembre 1995-18 février
1996, Melbourne, National Gallery of
Victoria, 29 février-13 mai 1996, reprod. coul.
p. 39, n° 4.
Fauvism «Wild Beasts», Tel-Aviv, Tel Aviv
Museum of Art, 6 juin-31 août 1996, p. 27, n° 4.
*Die Explosion der Farbe Fauvismus und
Expressionismus 1905-1911*, Ingelheim,
Internationale Tage, 26 avril-28 juin 1998,
Mayence, Verlag Hermann Schmidt, 1998,
reprod. coul. p. 44 et 119.

■ **93**
Georges Braque
Maison derrière les arbres, 1906-1907
Huile sur toile, 37,5 x 45,7 cm
Signé en bas à droite : *G Braque*
The Metropolitan Museum of Art, collection
Robert Lehman, New York
N° inv. : 1975.1.159
Historique
Acquis par Robert Lehman à Paris au début
des années 1950.
Donation Robert Lehman au musée, 1953.
Bibliographie
Crespelle, Jean-Paul, *Les Fauves*, Neuchâtel,
Ides et Calendes, 1962, p. 53.
Giry, Marcel, *Le Fauvisme, ses origines, son
évolution*, Neuchâtel, Ides et Calendes, 1981,
reprod. coul. p. 213, ill. 100.
Müller, Joseph-Émile, *Fauvism*, New York,
Washington, 1967, p. 132, 133, fig. 134.
Szabo, G., *The Robert Lehman Collection,
A Guide*, New York, The Metropolitan
Museum of Art, 1975, n° 109, p. 95.
Expositions
Les Fauves, New York, The Museum of
Modern Art, 1953, n° 15.
*Exposition de la Collection Lehman de New
York*, Paris, Musée de l'Orangerie, 1957, n° 62.
The Fauve Landscape, Los Angeles, Los
Angeles County Museum of Art, New York,
The Metropolitan Museum of Art, Londres,
Royal Academy of Arts, 1990-1991, reprod.
coul. p. 272, ill. 283.
*L'Estaque naissance du paysage moderne
1870-1910*, Marseille, Musée Cantini, 25 juin-
25 septembre 1994, Musée de Marseille-
Réunion des musées nationaux, 1994,
reprod. coul. n° 23, p. 174.
Fauves, The Art Gallery of New South Wales,
8 décembre 1995-18 février 1996, Melbourne,
National Gallery of Victoria, 29 février-13 mai
1996, Sydney, The Art Gallery of New South
Wales, 1995, Londres, Thames and Hudson
Ltd, 1995, reprod. coul. p. 43, n° 6.

■ **92**
Georges Braque
Paysage à La Ciotat, été 1907
Huile sur toile, 54 x 65,4 cm
Signé et daté en bas à droite : *G Braque 06*
Collection particulière, Suisse
Historique
Collection Nippon Autopolis.
Expositions
The Fauve Landscape, Los Angeles, Los
Angeles County Museum of Art, New York,
The Metropolitan Museum of Art, Londres,
Royal Academy of Arts, 1990-1991, reprod.
coul. p. 239, ill. 255.
The Joy of Color, The Merzbacher Collection,
Jérusalem, The Israel Museum, octobre 1998-
février 1999, Jérusalem, The Israel Museum
and DuMont Buchverlag, Cologne, 1998,
reprod. coul. p. 69, n° 16.

CHARLES CAMOIN
(Marseille, 1879 - Paris, 1965)
De 1892 à 1894 il vit à Paris. En 1898, il s'inscrit
à l'École des beaux-arts de Paris dans l'atelier
de Gustave Moreau où il rencontre Henri
Manguin, Albert Marquet et, à la fin de l'année,
Henri Matisse. En novembre 1900, il part pour
le service militaire, est muté à Avignon en janvier 1902. À partir de 1903, il participe régulièrement au Salon des Indépendants, au Salon
d'Automne à partir de 1904 et aux expositions
organisées dans la galerie Berthe Weill. Cette
même année, il rend visite à Cézanne, avec qui
il entretient une correspondance depuis 1902.
Durant l'été 1905, il se rend à Marseille, Cassis,
Saint-Tropez, Agay. Au Salon d'Automne, ses
toiles se trouvent placées, avec celles des fauves
dans la salle VII. En 1906, il séjourne en Corse,
participe à la première exposition du Cercle
d'art moderne du Havre (ainsi qu'aux deux suivantes, en 1907 et 1908), à la XIIIe exposition de
la Libre Esthétique à Bruxelles et passe l'été à
Marseille. En 1907, il visite Londres en compagnie d'Albert Marquet et d'Othon Friesz et
voyage en Espagne. En 1908, il séjourne dans le
Midi, à Cassis et La Ciotat ; exposition personnelle chez Kahnweiler.

■ **111**
Charles Camoin
La Fille endormie ou *La Saltimbanque au
repos*, Saint-Tropez, été 1905
Huile sur toile, 65 x 81 cm
Signé et daté en bas à droite : *Camoin 1903*
Musée d'Art moderne de la Ville de Paris
N° inv. : AMVP 450
Historique
Collection Van der Velde, Le Havre.
Collection Réquin, Paris.
Acquis par le musée, 1956.
Bibliographie
Giraudy, Danielle, *Charles Camoin, sa vie, son
œuvre*, Éditions La Savoisienne de Marseille,
1972, reprod. n. b. p. 53.
Expositions
Salon des Indépendants, Paris, Grand Palais,
1939.
Salon d'Automne, Paris, Grand Palais, 1962.
Charles Camoin, Nice, Palais de la
Méditerranée, 1971, n° 67.
Les Peintres de la couleur en Provence,
Marseille, Musée Cantini, Lisbonne,
Fondation Viera da Silva, Paris, Orangerie du
Luxembourg, 1995.
Charles Camoin rétrospective 1879-1965,
Lausanne, Fondation de l'Hermitage, 27 juin-
5 octobre 1997, Marseille, Musée Cantini,
25 octobre 1997-18 janvier 1998, Réunion
des musées nationaux, 1997, reprod. coul.
p. 103, ill. 27.

■ **106**
Charles Camoin
Bord de mer à Agay, circa 1905
Huile sur toile, 65 x 81 cm
Collection particulière.
Historique
Collection du Docteur E. V. Schnapper,
Francfort. Galerie Druet, Paris.
Expositions
Charles Camoin, rétrospective 1879-1965,
Lausanne, Fondation de l'Hermitage, 27 juin-
5 octobre 1997, Marseille, Musée Cantini,
25 octobre 1997-18 janvier 1998, Réunion
des musées nationaux, 1997, reprod. coul.
p. 106, ill. 31.

AUGUSTE CHABAUD
(Nîmes, 1882 - Graveson, 1955)
Il passe son enfance à Avignon où, en 1897, il
s'inscrit à l'École des beaux-arts. En 1899, il
entre à l'École des beaux-arts de Paris dans
l'atelier Cormon, il fréquente également l'Académie Carrière – où il rencontre Henri Matisse,
Jean Puy, André Derain – et l'Académie Julian.
En 1901, la ruine familiale l'oblige à s'embar-
quer comme pilotin et de 1903 à 1906 il effectue son service militaire dans l'artillerie
coloniale. En 1907, il participe pour la première
fois au Salon des Indépendants et au Salon
d'Automne, présentant des œuvres apparentées au fauvisme au moment où la plupart des
protagonistes s'en éloignent ; il continuera d'y
participer chaque année. Il ne cessera jusqu'en
1912, date de sa première exposition personnelle à Paris chez Bernheim-Jeune de se partager entre Graveson et Paris où il est en
relation avec l'artiste Ferguson. Il mène une
existence retirée, à l'écart de la scène artistique.

■ **109**
Auguste Chabaud
Yvette, 1907-1908
Huile sur carton marouflé sur bois parqueté,
53,5 x 38,5 cm
Signé en bas à gauche : *A. Chabaud*
Cachet de la signature en bas à gauche
Musée d'Art moderne, Troyes
Historique
Atelier de l'artiste à Graveson ; acquis en 1985
par la Ville de Troyes, avec la participation du
FRAM de Champagne-Ardenne.
Bibliographie
Arroye, Jean, *Auguste Chabaud/maître à venir*,
Ménestrel, juillet-octobre 1983, reprod. p. 13-14.
Charmet, Raymond, *Auguste Chabaud*, 1973, p. 35.
Expositions
Centenaire d'Auguste Chabaud (1882-1955),
Avignon, Palais de Papes, 1982, n° 64.
Auguste Chabaud - Rétrospective, Troyes,
Musée d'Art moderne, 1989, n° 17.
Auguste Chabaud (1882-1955), Sarrebruck,
Saarland Museum, 4 avril-16 mai 1993,
Wuppertal, Von der Heydt-Museum, 30 mai-
18 juillet 1993, Munich, Städtische Galerie im
Lenbachhaus, 15 septembre-24 octobre 1993,
Düsseldorf, Sarrebruck, Saarland Museum,
Düsseldorf, Autoren und Richter Verlag, 1993,
reprod. coul. p. 86, n° 39.

■ **110**
Auguste Chabaud
Hôtel-Hôtel, 1907-1908
Huile sur papier marouflé sur panneau
parqueté, 38,5 x 53,5 cm
Signé en bas à droite : *A. Chabaud*
L'Annonciade, musée de Saint-Tropez
N° inv. : 1985, 1.1
Historique
Acquis en 1985 par la Ville de Saint-Tropez,
avec l'aide du FRAM.
Bibliographie
Charmet, Raymond, *Auguste Chabaud*, Paris,
Bibliothèque des Arts, 1973, reprod. coul. p. 19.
Monery, Jean-Paul, *Le Musée de l'Annonciade,
Saint-Tropez*, Paris, Fondation Paribas, Ville
de Saint-Tropez, Réunion des musées
nationaux, 1993, reprod. coul. p. 80.
Expositions
Centenaire d'Auguste Chabaud, Avignon,
Palais des Papes, 1982, n° 60.
Les Peintres fauves de Provence, Saint-Tropez, Musée
de l'Annonciade, 1984, n° 22, reprod. p. 51.

Marseille au XIXᵉ siècle, Marseille, Musée des Beaux-Arts, 15 novembre 1991-15 février 1992. *Les Peintres de la couleur, 1875-1920*, Marseille, Hôtel de la région PACA, 28 janvier-28 avril 1995, Paris, Musée du Luxembourg, 1995.

BÉLA CZÓBEL
(Budapest, 1883 - Budapest, 1976)
En 1902, il étudie à l'école libre de Nagybánya et suit les cours de l'Académie des beaux-arts de Munich jusqu'en 1903, puis il vient à Paris, à l'Académie Julian. Cette même année, il participe au Salon national à Budapest. En 1905, il expose au Salon d'Automne à Paris. En 1906, il retourne à Nagybánya durant l'été; ses toiles ont un grand impact sur les jeunes peintres qui y sont réunis ; il leur transmet la connaissance du fauvisme. En 1907, première exposition personnelle, à la galerie Berthe Weill, à Paris. Cette même année et en 1908, il travaille aussi dans la colonie d'artistes du peintre Karoly Kernstok, à Nyergesujfalu. Il est membre du groupe Nyolcak. Cette même année, il est parmi ceux que Gelett Burgess interviewe comme faisant partie des « fauves de Paris ». Il vit aux Pays-Bas durant la guerre de 14-18, où il travaille dans l'école fondée par Le Fauconnier, à Bergen, évoluant alors vers le cubisme. La plupart de ses peintures de la période fauve ont disparu durant la Première Guerre mondiale.

■ 165
Béla Czóbel
Peintres à la campagne, 1906
Huile sur toile, 79 x 79,5 cm
Signé en bas à droite : *Béla Czóbel.*
Centre Georges-Pompidou, Paris
Musée national d'Art moderne/Centre de création industrielle. N° inv. : JP. 940 P
Historique
Sans doute peint durant l'été 1906, dans la colonie d'artistes de Nagybánya.
Don de l'artiste à l'État en 1934 (?); inventorié à partir de 1940 dans les collections du Jeu de Paume.
Musée national d'Art moderne, Paris.
Bibliographie
Freeman, Judi, *The Fauve Landscape,* Los Angeles, Los Angeles County Museum of Art, New York, The Metropolitan Museum of Art, Londres, Royal Academy of Arts, 1990-1991, reprod. n. b. p. 260, ill. 276.
Expositions
Les Fauves de 1904 à 1908, Paris, Galerie Bing, 15-30 avril 1927.
L'Art de Paris 1904-1914, Duisburg, Wilhem Lehmbruck Museum, 1965.
Budapest, 1869-1914, Modernité hongroise et peinture européenne, Dijon, Musée des Beaux-Arts, 2 juillet-8 octobre 1995, reprod. coul. n° 90, p. 215.

■ 169
Béla Czóbel
Garçons assis – Ülö fiúk, circa 1906-1907.
Huile sur toile, 67 x 97 cm
Signé en haut à droite : *Czóbel.*
Janus Pannonius Múzeum, Pécs. N° inv. : 78 150
Historique
Janus Pannonius Múzeum de Pécs, 1978, échangé avec le musée Rippl-Rónai, Kaposvár.
Expositions
Nagybánya Müvészete [L'Art de Nagybánya], Budapest, Magyar Nemzeti Galéria, 14 mars-20 octobre 1996.

ROBERT DELAUNAY
(Paris, 1885 - Montpellier, 1941)
Il s'initie à la peinture de 1902 à 1904 dans les ateliers du décorateur de théâtre Eugène Ronsin à Belleville. Cette expérience sera déterminante pour ses recherches sur les propriétés de la couleur et sur l'intégration de la peinture à l'architecture. En 1904, il participe au Salon des Indépendants, présentant des œuvres exécutées en Bretagne, de facture impressionniste. Il découvre au Salon d'Automne de 1905 les œuvres fauves. En 1906, il rencontre Jean Metzinger au Salon des Indépendants et adopte une touche divisionniste en mosaïque. Au Salon d'Automne de 1906, il présente deux œuvres influencées par le divisionnisme. En 1907, il participe à une exposition collective chez Berthe Weill, rencontre Apollinaire et expose au Salon des Indépendants des œuvres que la critique rapproche de celles des Fauves. Il expose pour la dernière fois au Salon d'Automne. En 1908, il découvre les œuvres cubistes de Braque et de Picasso à la galerie Kahnweiler. Il rencontre Sonia Terk en 1909, année marquant son intérêt pour les théories de la couleur qui le mèneront à l'orphisme. Invité aux expositions du Blaue Reiter en 1911 et 1912, Delaunay exercera une influence notable en Allemagne.

■ 113
Robert Delaunay
Nature morte au perroquet, 1907
Huile sur toile marouflée sur panneau parqueté, 81 x 65 cm
Signé et daté en bas à gauche : *Robert 07*
Musée d'Unterlinden, Colmar
N° inv. : 88. R. P. 71
Historique
Acquis à la vente Louis Carré, Paris, le 27 avril 1978.
Bibliographie
Habasque, Guy, «Catalogue de l'œuvre de Robert Delaunay», *Robert Delaunay, du cubisme à l'art abstrait,* Paris, Service d'édition et de vente des publications de l'Éducation nationale, 1957, n° 36. Vente Louis Carré du 27 avril 1978, ill.
Expositions
The Early Delaunay, New York, Sidney Janis Gallery, 1948-1949, n° 1.
Ausstellung Robert Delaunay, Berne, Kunsthalle, 1951, n° 5.
Robert Delaunay, Leverkusen, Städisches Museum Morsbroich, Mannheim, 1956, p. 1-3, n° 12.
Triumph der Farbe, die Europäischen Fauves, Schaffhausen, Museum zu Allerheiligen, 5 juillet-13 septembre 1959, Berlin, Nationalgalerie der Ehemals Staatlichen Museen, Orangerie der Schlosses Charlottenburg, 20 septembre-15 novembre 1959, n° 75.
Robert et Sonia Delaunay, Tokyo, Musée national d'Art moderne, 1979, n° 6.
Robert et Sonia Delaunay, Lisbonne, Fondation C. Gulbenkian, Madrid, Fondation Juan March, 1982, n° 4.
Robert et Sonia Delaunay, Le Centenaire, Paris, Musée d'Art moderne, 1985, p. 52, n° 8, fig. p. 52.
Sonia et Robert Delaunay, Berne, Kunstmuseum, 1991-1992, p. 32, n° 12, fig. p. 32.
Robert Delaunay, Saint-Tropez, Musée de Saint-Tropez, 1997, p. 149, fig. p. 28.

Robert Delaunay, 1906-1914, de l'impressionnisme à l'abstraction, Paris, Centre Georges-Pompidou, Musée national d'Art moderne / Centre de création industrielle, 3 juin-16 août 1999, reprod. coul. p. 102.

SONIA DELAUNAY-TERK
(Sara Ilinitchna Stern, Odessa, 1885 - Paris, 1979)
Née en Ukraine, elle passe son enfance et son adolescence à Saint-Pétersbourg, chez son oncle maternel qui l'a adoptée et dont elle prend le nom (Terk). De 1903 à 1905, elle étudie à Karlsruhe. En 1905, elle s'installe à Paris et fréquente l'Académie de la Palette. C'est à partir de 1907 que ses œuvres dénotent un caractère fauve. En 1908, elle participe à une exposition réunissant Braque, Dufy Derain, Picasso, à la galerie Notre-Dame-des-Champs que dirige le critique allemand Wilhelm Uhde qu'elle épouse en 1909. En 1910, elle divorce, puis épouse Robert Delaunay. En 1912, elle réalise ses premiers *Contrastes simultanés.* En 1913, elle participe au *Erser Deutscher Herbstsalon,* à la galerie Der Sturm, à Berlin.

■ 199
Sonia Delaunay-Terk
Philomène, 1907
Huile sur toile, 92 x 54,5 cm
Signé et daté en bas à droite : *Sonia Terk/Delaunay/1907*
Centre Georges-Pompidou, Paris
Musée national d'Art moderne / Centre de création industrielle
N° inv. : AM 1976-947
Historique
Acquis par le Fonds national d'art contemporain, 1914.
Attribué en 1976 au Musée national d'Art moderne.
Bibliographie
Chefs-d'œuvre du musée national d'Art moderne, Paris, Centre Georges-Pompidou, 1982, n° 9, reprod. coul.

■ 208
Sonia Delaunay-Terk
Nu jaune, 1908
Huile sur toile, 65 x 98 cm
Signé et daté en bas à droite : *Sonia Terk 1908*
Musée des Beaux-Arts, Nantes
N° inv. : 8889
Historique
Acquis par la Ville de Nantes, 1987.
Bibliographie
Damase, Jacques, *Sonia Delaunay, Paris,* Galerie de Varenne, 1971, reprod. coul. p. 21. Duchting, Hajo, *Robert und Sonia Delaunay : Triumph der Farbe,* Cologne, Benedikt Taschen, 1993, n° 12, reprod. coul. p. 12.
Expositions
Sonia Delaunay, Grenoble, Musée de Grenoble, janvier-mars 1974, reprod. coul. p. 8.
Robert et Sonia Delaunay, Paris, Musee d'Art moderne de la Ville de Paris, 1987, reprod. coul. p. 177.

ANDRÉ DERAIN
(Chatou, 1880 - Garches, 1954)
De 1898 à 1899, Derain fréquente l'Académie Carrière où il fait la connaissance de Matisse et de Jean Puy. Il rencontre Maurice de Vlaminck en juillet 1900 et loue avec lui un atelier dans un bâtiment de l'ancien hôtel-restaurant Levanneur dans l'île de Chatou. De septembre 1901 à septembre 1904, il fait son service militaire et entame alors une correspondance avec Vlaminck. À son retour, il peint à ses côtés, à Chatou et dans les environs. Il suit également les cours de l'Académie Julian. En 1905, il participe pour la première fois au Salon des Indépendants, passe l'été à Collioure où il rejoint Matisse. Il expose au Salon d'Automne dans la salle VII ; Ambroise Vollard achète l'ensemble de son atelier. Dès lors, il participera régulièrement à ces deux salons et exposera chez Berthe Weill. Il fait deux brefs voyages à Londres que l'on peut désormais situer en mars 1906 et en janvier-février 1907. En 1906, il participe à la première exposition du Cercle de l'art moderne du Havre ainsi qu'aux deux suivantes, en 1907 et 1908. En 1906, il loue un atelier à Montmartre et entre en contact avec Picasso, achète à Vlaminck un masque fang. L'été, il séjourne le plus souvent dans le Midi, à L'Estaque en 1906, à Cassis en 1907. En 1907, il participe à la XIVᵉ exposition de la Libre Esthétique à Bruxelles. En 1908, il prend part au premier Salon de la Toison d'Or à Moscou. Il séjourne de mai à novembre à Martigues, où Raoul Dufy, Georges Braque et Othon Friesz se trouvent aussi. Ses toiles témoignent alors d'une évolution vers une simplification et une rigueur constructive.

■ 4
André Derain
Portrait de Matisse, été 1905
Huile sur toile, 46,6 x 34,9 cm
Signé en bas à droite : *a. Derain*
Tate Gallery, Londres. Purchased with the assistance from the Knapping Fund, the National Art, the Collections Fund and the Contemporary Art Society and private subscribers, 1958.
N° inv. : T00165
Historique
Collection Amélie Matisse, Paris.
Acquis par le musée en 1958.
Bibliographie
Alley, Ronald, *The Tate Gallery's Collection of Modern Art,* 1981, reprod. p. 166.
Barr, Alfred H., *Matisse : his Art and his Public,* New York, The Museum of Modern Art, 1951, 2ᵉ éd., 1974.
Cabanne, Pierre, *André Derain,* Paris, Somogy, 1990, reprod. coul. p. 24.
Elderfield, John, *The «Wild Beasts» Fauvism and Its Affinities,* New York, The Museum of Modern Art, 1976, reprod. n. b. p. 14, et reprod. coul. en page de couverture.
Ferrier, Jean-Louis, *Les Fauves, le règne de la couleur,* Paris, Pierre Terrail, 1992, reprod. coul. p. 61.
Fiala, Vlastimil, *André Derain,* Prague, 1962, n° 9.
Giry, Marcel, *Le Fauvisme, ses origines, son évolution,* Neuchâtel, Ides et Calendes, 1981, reprod. coul. p. 96, ill. 34.
Kellermann, Michel, *André Derain, Catalogue raisonné de l'œuvre peint,* t. I (1895-1914), Paris, Galerie Schmit, 1992, n° 365, reprod. coul. p. 222, n. b. p. 227.
Leymarie Jean, *Le Fauvisme,* Genève, Skira,

1987 (première édition en 1959), reprod.
coul. p. 55.
Müller, Joseph-Émile, *Le Fauvisme*, Paris,
Fernand Hazan, 1967, n° 72.
Zürcher, Bernard, *Les Fauves*, Paris, Hazan,
1995, reprod. coul. p. 129.
Expositions
Les Sources du XXᵉ siècle, Paris, Musée
national d'Art moderne, 1961, n° 126,
reprod.
Derain, Édimbourg, Royal Scottish Academy,
19 août-17 septembre 1967, Londres, Royal
Academy, 30 septembre-5 novembre 1967,
n° 119, reprod. n. b. p. 98.
*André Derain, le peintre du «trouble
moderne»*, Paris, Musée d'Art moderne de la
Ville de Paris, 18 novembre 1994-19 mars
1995, Paris-Musées, n° 30, reprod. coul.
p. 129.
Fauves, Sydney, The Art Gallery of New South
Wales, 8 décembre 1995-18 février 1996,
Melbourne, National Gallery of Victoria,
29 février-13 mai 1996, Sydney, The Art
Gallery of New South Wales, 1995, Londres,
Thames and Hudson Ltd, 1995, n° 16, reprod.
coul. p. 69.

■ **6**
André Derain
Portrait de Vlaminck, circa 1905
Huile sur papier, 41 x 33 cm
Collection particulière, en dépôt permanent
au musée des Beaux-Arts de Chartres
Historique
Godelieve et Edwige de Vlaminck (filles de
l'artiste).
Bibliographie
Crespelle, Jean-Paul, *Les Fauves*, Neuchâtel,
Ides et Calendes, 1962, reprod. n° 25.
Diehl, Gaston, *Derain*, Paris, Flammarion,
1964, reprod. p. 19.
Duthuit, Georges, *Les Fauves*, Genève,
Éditions des Trois Collines, 1949, reprod.
Elderfield, John, *The «Wild Beasts» Fauvism
and Its Affinities*, New York, The Museum of
Modern Art, 1976, reprod. n. b. p. 15.
Ferrier, Jean-Louis, *Les Fauves, le règne de la
couleur*, Paris, Pierre Terrail, 1992, reprod.
coul. p. 62.
Giry, Marcel, *Le Fauvisme, ses origines, son
évolution*, Neuchâtel, Ides et Calendes, 1981,
reprod. coul. p. 97, ill. 35.
Hilaire, Georges, *Derain*, Genève, 1959,
reprod. coul. pl. 30.
Kellermann, Michel, *André Derain, Catalogue
raisonné de l'œuvre peint*, t. I (1895-1914),
Paris, Galerie Schmit, 1992, n° 368, reprod.
n. b. p. 228.
Leymarie Jean, *Le Fauvisme*, Genève, Skira,
1987 (première édition en 1959), reprod.
coul. p. 37.
Müller, Joseph-Émile, *Le Fauvisme*, Paris,
Fernand Hazan, 1967, reprod. n° 67.
Whitfield, Sarah, *Le Fauvisme*, Paris, Thames
and Hudson, coll. «L'univers de l'art», 1997,
reprod. n. b. p. 86, ill. 68.
Zürcher, Bernard, *Les Fauves*, Paris, Hazan,
1995, reprod. coul. p. 80.
Expositions
Les Fauves, Paris, Galerie Charpentier, 7 mars-
31 mai 1962, reprod. n° 25.
Derain, Marseille, Musée Cantini, 6 juin-
1ᵉʳ septembre 1964, reprod. n. b. n° 13.
*André Derain, le peintre du «trouble
moderne»*, Paris, Musée d'Art moderne de la
Ville de Paris, 18 novembre 1994-19 mars

1995, Paris-Musées, 1994, n° 36, reprod. coul.
p. 101.
Fauves, Sydney, The Art Gallery of
New South Wales, 8 décembre 1995-
18 février 1996, Melbourne, National
Gallery of Victoria, 29 février-13 mai 1996,
Sydney, The Art Gallery of New South Wales,
1995, Londres, Thames and Hudson
Ltd, 1995, n° 14, reprod. coul. p. 65.
«Fauvism - Wild Beasts», Tel-Aviv, Tel Aviv
Museum of Art, 6 juin-31 août 1996, n° 13,
reprod. coul. p. 45.
André Derain 1904-1912, Barcelone,
Musée Picasso, 18 mars-29 juin 1997, n° 5,
reprod. coul. p. 46.
Les Fauves et la critique, Turin, Palazzo
Bricherasio, 5 février-16 mai 1999,
Lodève, Musée de Lodève, 28 mai-
26 septembre 1999, Milan, Electra, 1999,
n° 25, reprod. n. b. p. 218, reprod. coul.
p. 111.

■ **20**
André Derain
Le Phare de Collioure, 1905
Huile sur toile, 32,5 x 40,5 cm
Signé en bas à gauche : *A. Derain*
Musée d'Art moderne de la Ville de Paris
N° inv. : AMVP 2531
Historique
Collection Germaine Henry et Robert
Thomas, Paris.
Donation Henry-Thomas, 1976.
Bibliographie
Apollonio, Umbro, *Fauves et Cubistes*, Paris-
Bergame, 1959, reprod. coul. p. 26.
Cabanne, Pierre, *André Derain*, Paris, Somogy,
1990, reprod. coul. p. 32.
Ferrier, Jean-Louis, *Les Fauves, le règne
de la couleur*, Paris, Pierre Terrail, 1992,
reprod. coul. p. 76.
Freeman, Judi, *Le Paysage fauve*, Paris,
Éditions Abbeville, 1991, reprod. coul.
p. 160, ill. 167.
Giry, Marcel, *Le Fauvisme, ses origines, son
évolution*, Neuchâtel, Ides et Calendes, 1981,
reprod. n. b. p. 131, ill. 58.
Herbert, James D., *Fauve Painting, The
Making of cultural Politics*, New Haven-
Londres, Yale University Press, 1992,
reprod. coul. p. 43, p. 91.
Kellermann, Michel, *André Derain, Catalogue
raisonné de l'œuvre peint*, t. I (1895-1914),
Paris, Galerie Schmit, 1992, n° 58, reprod.
n. b. p. 35.
Lee, Jane, *Derain*, Oxford, The Phaidon Press,
1990, reprod. coul. p. 2-3.
Zürcher, Bernard, *Les Fauves*, Paris,
Hazan, 1995, reprod. coul. p. 86.
*L'Estaque naissance du paysage moderne
1870-1910*, Marseille, Musée Cantini,
25 juin-25 septembre 1994, Musées de
Marseille-Réunion des musées nationaux,
1994, ill. coul. 79, p. 101.
*Signac et la libération de la couleur - De
Matisse à Mondrian*, Münster, Westfälisches
Landesmuseum für Kunst und
Kulturgeschichte, 1ᵉʳ décembre 1996-
16 février 1997, Musée de Grenoble,
9 mars-25 mai 1997, Weimar,
Kunstsammlungen, 15 juin-31 août 1997,
Münster, Éditions Tertium, Ostfildern
Westfälisches Landesmuseum für Kunst
und Kulturgeschichte, 1997, Paris,
Éditions de la Réunion des musées
nationaux, 1997, fig. 4, p. 156.

André Derain 1904-1912, Barcelone, Musée
Picasso, 18 mars-29 juin 1997, fig. 5, p. 19.
Expositions
Le Fauvisme, New York, Sydney Janis Gallery,
1950.
Le Fauvisme, Rennes, Musée des Beaux-Arts,
avril-mai 1952, n° 19.
La Collection Germaine Henry-Robert Thomas,
Paris, Caisse nationale des monuments
historiques et des sites, 1974, reprod. coul.
n° 25.
La Donation Germaine Henry-Robert Thomas,
Paris, Musée d'art moderne de la Ville de
Paris, 1976, reprod. coul. n° 18.
Paintings from Paris, Oxford, Norwich,
Manchester, Coventry, 1978, reprod. coul. n° 9.
Hommage à André Derain, 1880-1954, Paris,
Musée d'Art moderne de la Ville de Paris, 17
décembre 1980-8 mars 1981, reprod. coul. p. 11.
*André Derain, le peintre du « trouble moderne
»*, Paris, Musée d'Art moderne de la Ville de
Paris, 18 novembre 1994-19 mars 1995,
Paris-Musées, 1994, n° 17, reprod. coul.
p. 122.
Les Fauves et la Critique, Turin, Palazzo
Bricherasio, 5 février-16 mai 1999, Lodève,
Musée de Lodève, 28 mai-26 septembre
1999, Milan, Electra, 1999, n° 26, reprod.
n. b. p. 218, reprod. coul. p. 113.

■ **21**
André Derain
Pêcheurs à Collioure, 1905
Huile sur toile, 46 x 54 cm
Signé en bas à droite : *a. Derain*
Collection particulière
Historique
Galerie Berggruen, Paris.
Perls Galleries, New York.
Collection particulière.
Mrs Bence-Jones, Londres.
Bibliographie
Elderfield, John, *The « Wild Beasts »
Fauvism and Its Affinities*, New York,
The Museum of Modern Art, 1976, reprod.
n. b. p. 50.
Freeman, Judi, *Nineteenth and Twentieth-
Century Masterworks : The Fridart Foundation
Collection*, Fridart Foundation, 1998, reprod.
coul. p. 20.
Kellermann, Michel, *André Derain, Catalogue
raisonné de l'œuvre peint*, t. I (1895-1914),
Paris, Galerie Schmit, 1992, reprod. n. b.
p. 34, n° 56.
Expositions
*Derain, An Exhibition of Paintings, Drawings,
Sculpture and Theatre Designs*, Édimbourg,
Royal Scottish Academy, 19 août-17
septembre 1967, Londres, Royal Academy,
30 septembre-5 novembre 1967, reprod. n. b.
n° 10.
Les Fauves, Londres, Reid and Lefevre Gallery,
16 novembre-21 décembre 1978, reprod.
coul. n° 3.
The Fauve Landscape, Los Angeles,
Los Angeles County Museum of Art,
New York, The Metropolitan Museum of Art,
Londres, Royal Academy of Arts, 1990-1991,
reprod. coul. p. 12, ill. 1.
*Post-Impressionism : Cross-Currents in
European Painting*, Londres, Royal Academy,
1979-1980, n° 73.
*Impressionism : Cross-Currents in European
and American Painting 1880-1906*,
Washington, D.C., National Gallery of Art,
1980, n° 167.

*André Derain, le peintre du «trouble
moderne»*, Paris, Musée d'Art moderne de la
Ville de Paris, 18 novembre 1994-19 mars
1995, Paris-Musées, 1994, n° 24, reprod. coul.
p. 117.
Fauves, Sydney, The Art Gallery of New South
Wales, 8 décembre 1995-18 février 1996,
Melbourne, National Gallery of Victoria,
29 février-13 mai 1996, Sydney, The Art
Gallery of New South Wales, Londres, Thames
and Hudson Ltd, 1995, n° 18, reprod. coul.
p. 73.
«Fauvism - Wild Beasts», Tel-Aviv, Tel Aviv
Museum of Art, 6 juin-31 août 1996, n° 14,
reprod. coul. p. 47.
*Signac et la libération de la couleur - De
Matisse à Mondrian*, Münster, Westfälisches
Landesmuseum für Kunst und
Kulturgeschichte, 1ᵉʳ décembre 1996-
16 février 1997, Musée de Grenoble, 9 mars-
25 mai 1997, Weimar, Kunstsammlungen,
15 juin-31 août 1997, Münster, Éditions
Tertium, Ostfildern Westfälisches
Landesmuseum für Kunst und
Kulturgeschichte, 1997, Paris, Éditions de la
Réunion des musées nationaux, 1997,
reprod. coul. p. 162, n° 62.
Les Fauves et la Critique, Turin, Palazzo
Bricherasio, 5 février-16 mai 1999, Lodève,
Musée de Lodève, 28 mai-26 septembre
1999, Milan, Electra, 1999, n° 28, reprod.
n. b. p. 218, reprod. coul. p. 117.

■ **22**
André Derain
Portrait du peintre Étienne Terrus, été 1905
Huile sur toile, 65,4 x 49,5 cm
Signé en bas à gauche : *a. Derain*
Columbus Museum of Art, Colombus, Ohio
N° inv. : CMA #91.001.11
Historique
Étienne Terrus, Perpignan.
Mme Comte (fille du modèle).
Sam Salz, New York.
Howard and Babette L. Sirak.
Don de Howard D. and Babette L. Sirak, the
Donors to the Campaign for Enduring
Excellence, and the Derby Fund, au musée,
1991.
Bibliographie
«Étienne Terrus II», *Revue Confluent*, n° 182,
mars-avril 1993.
Expositions
Fauves, Sydney, The Art Gallery of New South
Wales, 8 décembre 1995-18 février 1996,
Melbourne, National Gallery of Victoria,
29 février-13 mai 1996, Sydney, The Art
Gallery of New South Wales, 1995, Londres,
Thames and Hudson Ltd, 1995, n° 23, reprod.
coul. p. 83.
*1894-1908 : le Roussillon à l'origine de l'art
moderne*, Perpignan, Salle Maillol, Palais des
Congrès, 4 juillet-27 septembre 1998,
Montpellier, Indigène Éditions, 1998, reprod.
coul. p. 23.

■ **23**
André Derain
Autoportrait à la casquette, 1905
Huile sur toile, 33 x 25,5 cm
Collection particulière
Historique
Atelier de l'artiste, Chambourcy.
Collection Alice Derain, Chambourcy.
Michel Kellermann, Paris.
Alex Reid and Lefevre Gallery, Londres.

The Fine Arts Investment Trust, Vaduz,
Lichtenstein.
Minou Holding SA, Panama.
Bibliographie
Cabanne, Pierre, *André Derain*, Paris, Somogy,
1990, reprod. coul. p. 34.
Kellermann, Michel, *André Derain, Catalogue
raisonné de l'œuvre peint*, t. I (1895-1914),
Paris, Galerie Schmit, 1992, n° 369, reprod.
coul. p. 230, n. b. p. 231.
Expositions
Derain, Paris, Musée national d'Art moderne,
11 décembre 1954-30 janvier 1955, n° 106,
non reprod.
Rétrospective André Derain, São Paulo,
IIe Biennale du musée d'Art moderne, 1955,
cat. n° 124.
Derain, Marseille, Musée Cantini, 6 juin-
1er septembre 1964, n° 18, non reprod.
(35 x 28 cm).
Derain, Paris, Galerie Schmit, 12 mai-20 juin
1976, reprod. coul. pl. 12, p. 25.
Londres, Alex Reid and Lefevre Ltd, 1981.
Van Gogh en de moderne Kunst 1890-1914,
Essen, Museum Folkwang, 1990, 10 août-
4 novembre 1990, Amsterdam, Rijksmuseum
Vincent Van Gogh, 16 novembre 1990-18
février 1991, pl. 101, reprod. coul. p. 277.
Fauvism and Modern Japanese Painting, Aichi,
Prefectural Museum of Art, 30 octobre-
20 décembre 1992, Kyoto, The National
Museum of Modern Art, 5 janvier-14 février
1993, Tokyo, The National Museum of Modern
Art, 24 février-28 mars 1993, Aichi, Prefectural
Museum of Modern Art, 1992, n° 10, reprod.
coul. p. 46.
*André Derain, le peintre du «trouble
moderne»*, Paris, Musée d'Art moderne de la
Ville de Paris, 18 novembre 1994-19 mars
1995, Paris-Musées, 1994, n° 38, reprod. coul.
p. 111.
André Derain (1880-1954), Madrid, Museo
Thyssen-Bornemisza, 4 avril-23 juillet 1995,
n° 1, p. 208.
André Derain 1904-1912, Barcelone, Musée
Picasso, 18 mars-29 juin 1997, n° 13, reprod.
coul. p. 54.

■ **24**
André Derain
*Portrait d'Henri Matisse
(Matisse dans l'atelier)*, 1905
Huile sur toile, 93 x 52,5 cm
Musée Matisse, Nice
N° inv. : 63.4.1
Historique
Collection Henri Matisse.
Don des enfants de l'artiste au musée, 1963.
Bibliographie
Elderfield, John, *The «Wild Beasts» Fauvism
and Its Affinities*, New York, The Museum of
Modern Art, 1976, reprod. n. b. p. 16.
Girard, Xavier, *Chefs-d'œuvre du musée
Matisse*, Réunion des musées nationaux,
coll. «Cahiers Henri Matisse», n° 7, 1991,
reprod. coul. p. 53.
Kellermann, Michel, *André Derain, Catalogue
raisonné de l'œuvre peint*, t. I (1895-1914),
Paris, Galerie Schmit, 1992, n° 370, reprod.
Vlaminck n. b. p. 231.
Oppler, Ellen C., *Fauvism Reexamined*,
thèse, Université de Columbia, 1969 ;
publication à New York, Garlang Publishing,
1976, fig. 111.
Zürcher, Bernard, *Les Fauves*, Paris, Hazan,
1995, reprod. coul. p. 84.

Whitfield, Sarah, *Le Fauvisme*, Paris, Thames
and Hudson, coll. «L'univers de l'art», 1997,
reprod. n. b. p. 6, ill. 1.
Expositions
Derain, Édimbourg, Royal Scottish Academy,
19 août-17 septembre 1967, Londres, Royal
Academy, 30 septembre-5 novembre 1967,
reprod. n. b. p. 16, n° 7.
Hiroshima, Nishinomya, Kumamoto,
Tokushima, 1981, n° 83, reprod.
*André Derain, le peintre du « trouble
moderne»*, Paris, Musée d'Art moderne de la
Ville de Paris, 18 novembre 1994-19 mars
1995, Paris-Musées, 1994, n° 32, reprod. coul.
p. 127.
André Derain 1904-1912, Barcelone, Musée
Picasso, 18 mars-29 juin 1997, n° 12, reprod.
coul. p. 53.

■ **25**
André Derain
Bateaux à Collioure, 1905
Huile sur toile, 60 x 73 cm
Signé en bas à gauche : *a. Derain*
Kunstsammlung Nordrhein-Westfalen,
Düsseldorf
N° inv. : Nr. 1029
Historique
Ambroise Vollard, Paris.
Vente Hôtel Drouot, Paris, 5 mars 1941,
n° 48.
Collection particulière, Paris.
Lefevre Gallery, Londres.
Acquis par le musée en 1965.
Bibliographie
Cabanne, Pierre, *André Derain*, Paris, Somogy,
1990, reprod. coul. p. 29.
Duthuit, Georges, «Les Fauves», *Cahiers d'art*,
n° 3, IV, 1930, reprod. p. 135.
Ferrier, Jean-Louis, *Les Fauves, le règne de la
couleur*, Paris, Pierre Terrail, 1992, reprod.
coul. p. 77.
Kellermann, Michel, *André Derain, Catalogue
raisonné de l'œuvre peint*, t. I (1895-1914),
Paris, Galerie Schmit, 1992, reprod. n. b.
p. 34, n° 55.
Murken-Altrogge, Christa, *Barfuss in die
Kunst. Moderne Malerei anschauloch erklärt*,
Münster, 1980, p. 18, reprod. coul. 19.
Schmalenbach Werner, *Bilder des
20 Jahrunderts, Die Kunstammlung
Nordrhein-Westfalen Dusseldorf*, Düsseldorf,
1986, n° 1, p. 367.
Whitfield, Sarah, *Le Fauvisme*, Paris, Thames
and Hudson, coll. «L'univers de l'art», 1997,
reprod. n. b. p. 71, ill. 55.
Zürcher, Bernard, *Les Fauves*, Paris, Hazan,
1995, reprod. coul. page de couverture et
p. 88-89.
Expositions
Derain, Édimbourg, Royal Scottish Academy,
19 août-17 septembre 1967, Londres, Royal
Academy, 30 septembre-5 novembre 1967,
n° 11, reprod. n. b. p. 18.
*Vom Licht zur Farbe-Nachimpressionnistische
Malerei zwischen 1886 und 1912*, Düsseldorf,
Kunsthalle, 1977, n° 37, reprod. p. 37.
*20 Meisterwerke der Klassichen Moderne aus
der Kunstsammlung Nordrhein-Westfalen*,
Düsseldorf, Wanderzanstellung durch 12
Städte Nordrhein-Westfalens, 1978-1982,
p. 9-10, reprod. coul. p. 40.
Van Gogh en de moderne Kunst 1890-1914,
Essen, Folkwang Museum, Amsterdam, Van
Gogh Museum, 1990, n° 100, reprod.
The Fauve Landscape, Los Angeles, Los

Angeles County Museum of Art, New York,
The Metropolitan Museum of Art, Londres,
Royal Academy of Arts, 1990-1991, reprod.
coul. p. 181, ill. 182.
*André Derain, le peintre du «trouble
moderne»*, Paris, Musée d'Art moderne de la
Ville de Paris, 18 novembre 1994-19 mars
1995, Paris-Musées 1994, n° 20, reprod. coul.
p. 113.
Fauves, Sydney, The Art Gallery of New South
Wales, 8 décembre 1995-18 février 1996,
Melbourne, National Gallery of Victoria,
29 février-13 mai 1996, Sydney, The Art
Gallery of New South Wales, 1995, Londres,
Thames and Hudson Ltd, 1995, n° 19, reprod.
coul. p. 75.
*Signac et la libération de la couleur - De
Matisse à Mondrian*, Münster, Westfälisches
Landesmuseum für Kunst und
Kulturgeschichte, 1er décembre 1996-
16 février 1997, Musée de Grenoble, 9 mars-
25 mai 1997, Weimar, Kunstsammlungen,
15 juin-31 août 1997, Münster, Édit ons
Tertium, Ostfildern Westfälisches
Landesmuseum für Kunst und
Kulturgeschichte, 1997, Paris, Éditions
de la Réunion des musées nationaux, 1997,
reprod. coul. p. 163, n° 63.

■ **26**
André Derain
*Bateaux dans le port, Collioure
(Bateaux au port de Collioure)
(Bateaux à Collioure)*, 1905
Huile sur toile, 72 x 91 cm
Signé en bas à gauche : *a. Derain*
Collection particulière, Suisse
Historique
Ambroise Vollard, Paris.
M. et Mme Fritz Gigy, Berne.
Vente Christie's, Londres, *Impressionist and
Modern Paintings and Sculpture*, 26 juin 1989,
cat. n° 28.
Bibliographie
Bachelard, Patrice, *Derain, un fauve pas
ordinaire*, Paris, 1994, reprod. p. 26-27.
Diehl, Gaston, *Derain*, Paris, Flammarion,
1964, ill. p. 25.
Ferrier, Jean-Louis, *Les Fauves, le règne de la
couleur*, Paris, Pierre Terrail, 1992, reprod.
coul. p. 79.
Fiala, Vlastimil, *André Derain*, Prague, 1962,
reprod. n. b. pl. 1.
Hilaire, Georges, *Derain*, Genève, Pierre
Cailler, 1959, p. 189, reprod. coul. pl. 46.
Jedlicka, Gotthard, *Fauvismus*, Zurich, 1960.
reprod. n. b. pl. 35.
Kalitina, N. (sous la direction de), *André
Derain*, Leningrad, Aurora Art Publishers,
1976, reprod. n. b. p. 124.
Kellermann, Michel, *André Derain, Catalogue
raisonné de l'œuvre peint*, t. I (1895-1914),
Paris, Galerie Schmit, 1992, reprod. n. b.
p. 33, n° 53, reprod. coul. p. 39.
Sutton, Denys, *A. Derain*, Londres, The
Phaidon Press, 1959, p. 147, n° 11.
Zürcher, Bernard, *Les Fauves*, Paris, Hazan,
1995, reprod. coul. p. 91.
*L'Estaque naissance du paysage moderne
1870-1910*, Marseille, Musée Cantini, 25 juin-
25 septembre 1994, Musées de Marseille-
Réunion des musées nationaux, 1994, ill.
coul. 77, p. 101.
Fauves, Sydney, The Art Gallery of New South
Wales, 8 décembre 1995-18 février 1996,
Melbourne, National Gallery of Victoria,

29 février-13 mai 1996, Sydney, The Art
Gallery of New South Wales, 1995, Londres,
Thames and Hudson Ltd, 1995, fig. 3, p. 76.
Expositions
Le Fauvisme, New York, Sidney Janis Gallery,
1950.
Die Fauves und die Zeitgenossen, Berne,
Kunsthalle, 29 avril-29 mai 1950, n° 22 (sous
le titre : *Port*).
Les Fauves, Venise, XXVe Biennale interna-
tionale d'art, 8 juin-15 octobre 1950, n° 96.
André Derain, Genève, Musée de l'Athénée,
16 juillet-6 octobre 1959, n° 17, non reprod.
*Chefs-d'œuvre des collections suisses de Manet
à Picasso*, Paris, Orangerie des Tuileries, 1967,
n° 147.
André Derain, Nagoya, Nagoya City Museum,
Tokyo, Takashimaya Art Gallery, Osaka,
Takashimaya Art Gallery, Kyoto, Takashimaya
Art Gallery, avril-juillet 1981, n° 3, reprod.
coul. p. 33.
Manguin parmi les Fauves, Martigny,
Fondation Gianadda, juin-septembre 1983,
reprod. coul. p. 86, n° 34.
The Fauve Landscape, Los Angeles, Los
Angeles County Museum of Art, New York,
The Metropolitan Museum of Art, Londres,
Royal Academy of Arts, 1990-1991, reprod.
p. 74, ill. 82.
Fauvism and Modern Japanese Painting, Aichi,
Prefectural Museum of Art, 30 octobre-
20 décembre 1992, Kyoto, The National
Museum of Modern Art, 5 janvier-14 février
1993, Tokyo, The National Museum of
Modern Art, 24 février-28 mars 1993, Aichi,
Prefectural Museum of Modern Art, 1992,
n° 12, reprod. coul. p. 49.
*André Derain, le peintre du «trouble
moderne»*, Paris, Musée d'Art moderne de la
Ville de Paris, 18 novembre 1994-19 mars
1995, Paris-Musées, 1994, n° 25, reprod. coul.
p. 123.
The Joy of Color, The Merzbacher Collection,
Jérusalem, The Israel Museum, octobre 1998-
février 1999, Jérusalem, The Israel Museum
and DuMont Buchverlag, Cologne, 1998,
reprod. coul. p. 56, n° 10.

■ **27**
André Derain
*Le Port de Collioure
(Port de Collioure, le cheval blanc)*, été 1905,
Huile sur toile, 72 x 91 cm
Signé en bas à gauche : *A. Derain*
Musée d'Art moderne-Donation Pierre et
Denise Lévy, Troyes
N° inv. : MNPL57
Historique
Collection particulière, France.
Collection Pierre Lévy, Troyes (avant 1939).
Donation Pierre et Denise Lévy au musée,
1982.
Bibliographie
Cabanne, Pierre, *André Derain*, Paris, Somogy,
1990, reprod. coul. p. 28.
Dunoyer de Segonzac, André, *A. Derain*, Paris,
Éditions d'art du Lion, 1961, reprod.
Elderfield, John, *The «Wild Beasts» Fauvism
and Its Affinities*, New York, The Museum of
Modern Art, 1976, reprod. n. b. p. 50.
Giry, Marcel, *Le Fauvisme, ses origines, son
évolution*, Neuchâtel, Ides et Calendes, 1981,
reprod. n. b. p. 130, ill. 57.
Herbert James D., *Fauve Painting, The Making
of Cultural Politics*, New Haven-Londres, Yale
University Press, 1992, reprod. coul. 41, p. 89.

Hilaire, Georges, *Derain*, Genève, Pierre Cailler, 1959, reprod. pl. 16.
Kellermann, Michel, *André Derain, Catalogue raisonné de l'œuvre peint*, t. I (1895-1914), Paris, Galerie Schmit, 1992, reprod. n. b. p. 37, n° 62.
Leymarie, Jean, *Le Fauvisme*, Genève, Skira, 1987 (première édition en 1959), reprod. coul. p. 53.
Müller, Joseph-Émile, *Le Fauvisme*, Paris, Fernand Hazan, 1967, reprod. n° 78.
Rewald, John, *Les Fauves*, New York, 1952, reprod. p. 23.
Sutton, Denys, *A. Derain*, Londres, The Phaidon Press, 1959, reprod. n° 11.
Whitfield, Sarah, *Le Fauvisme*, Paris, Thames and Hudson, coll. «L'univers de l'art», 1997, reprod. coul. p. 69, ill. 53.
Zürcher, Bernard, *Les Fauves*, Paris, Hazan, 1995, reprod. coul. p. 86.
Donation Pierre et Denise Lévy, I, Peintures, Troyes, Musée d'Art moderne, 1988, reprod. coul. p. 49, reprod. n. b. p. 43, n° 55.
L'Estaque naissance du paysage moderne 1870-1910, Marseille, Musée Cantini, 25 juin-25 septembre 1994, Musées de Marseille-Réunion des musées nationaux, 1994, ill. coul. 80, p. 102.
Signac et la libération de la couleur - De Matisse à Mondrian, Münster, Westfälisches Landesmuseum für Kunst und Kulturgeschichte, 1er décembre 1996-16 février 1997, Musée de Grenoble, 9 mars-25 mai 1997, Weimar, Kunstsammlungen, 15 juin-31 août 1997, Münster, Éditions Tertium, Ostfildern Westfälisches Landesmuseum für Kunst und Kulturgeschichte, 1997, Paris, Éditions de la Réunion des musées nationaux, 1997, fig. 5, p. 161.
Expositions
Die Fauves und die Zeitgenossen, Berne, Kunsthalle, 29 avril-29 mai 1950, n° 15 (*Petit Port*).
Autour de 1900, Paris, Galerie Charpentier, 1950, n° 70.
Le Fauvisme, Paris, Musée national d'Art moderne, juin-septembre 1951, reprod. p. 18.
Les Fauves, New York, Museum of Modern Art, Minneapolis, Minneapolis Institute of Arts, San Francisco, San Francisco Museum of Art, Toronto, The Art Gallery of Toronto, 1952-1953, reprod. n° 36 (daté 1907).
Triumph der Farbe; Die Europaïschen Fauves, Schaffhausen, Museum zu Allerheiligen, Berlin, Nationalgalerie der Ehemals Staatlichen Museen, Orangerie des Schlosses Charlottenburg, 1959, n° 27.
Derain, Marseille, Musée Cantini, 6 juin-1er septembre 1964, reprod. n. b. n° 14.
Derain, Édimbourg, Royal Scottish Academy, 19 août-17 septembre 1967, Londres, Royal Academy, 30 septembre-5 novembre 1967, reprod. p. 21, n° 14.
André Derain, Rome, Villa Médicis, 12 novembre 1976-23 janvier 1977, reprod. n. b. p. 71, n° 3.
Troyes, 1977, reprod. p. 50, n° 28.
Donation Pierre Lévy, Paris, Orangerie des Tuileries, 16 février-16 avril 1978, reprod. n. b. p. 61, n° 37.
The Fauve Landscape, Los Angeles, Los Angeles County Museum of Art, New York, The Metropolitan Museum of Art, Londres, Royal Academy of Arts, 1990-1991, reprod. coul. p. 159, ill. 165.

André Derain, le peintre du «trouble moderne», Paris, Musée d'Art moderne de la Ville de Paris, 18 novembre 1994-19 mars 1995, Paris-Musées, 1994, n° 29, reprod. coul. p. 121.

■ **28**
André Derain
Le Séchage des voiles (Bateaux de pêche), 1905
Huile sur toile, 82 x 101 cm
Signé en bas à droite : *a. Derain*
Musée d'État des Beaux-Arts Pouchkine, Moscou
N° inv. : 3377
Historique
Acquis par Ivan Morosov en 1907 à la galerie Vollard, Paris.
Collection Ivan Morosov, Moscou jusqu'en 1919.
Deuxième musée de la Nouvelle Peinture occidentale, Moscou (1919-1923).
Musée d'État de la Nouvelle Peinture occidentale, Moscou (1923-1948).
Musée Pouchkine, Moscou.
Bibliographie
Escholier, R., *La Peinture française du XXe siècle*, Paris, 1937, reprod. p. 49.
Ettinger, P., «Die Modernen Franzosen in den Kunstsammlungen Moskaus», *Der Cicerone*, 1926, reprod. p. 42.
Fénéon, F., «M. Ivan Morosoff», *Le Bulletin de la vie artistique*, 1re année, n° 11, 1er mai 1920, reprod. n. b. p. 332.
Ferrier, Jean-Louis, *Les Fauves, le règne de la couleur*, Paris, Pierre Terrail, 1992, reprod. coul. p. 80.
Fiala, Vlastimil, *André Derain*, Prague, 1962, reprod. pl. 15.
Gueorguievskaïa, E., *La Peinture française au musée Pouchkine*, 1980, reprod. coul. pl. 269.
Kalitina, N. (sous la direction de), *André Derain*, Leningrad, Aurora Art Publishers, 1976, reprod. coul. pl. 1, p. 124.
Kellermann, Michel, *André Derain, Catalogue raisonné de l'œuvre peint*, t. I (1895-1914), Paris, Galerie Schmit, 1992, reprod. n. b. p. 37, n° 61.
Réau, L., *L'Art français dans les musées russes*, Paris, 1929, n° 800, reprod. p. 105.
Sterling, Ch., *Musée de l'Ermitage. La peinture française de Poussin à nos jours*, Paris, 1957, reprod. n. b. p. 168, pl. n° 128.
Zürcher, Bernard, *Les Fauves*, Paris, Hazan, 1995, reprod. coul. p. 82.
L'Illustration, n° 3271, 4 novembre 1905, reprod. coul.
Catalogue de la galerie de peintures du musée des Beaux-Arts Pouchkine, Moscou, 1961, p. 71 (en russe).
André Derain 1904-1912, Barcelone, Musée Picasso, 18 mars-29 juin 1997, fig. 6, p. 19.
Expositions
Salon d'Automne, Paris, Grand Palais, 18 octobre-25 novembre 1905, n° 440.
The Fauve Landscape, Los Angeles, Los Angeles County Museum of Art, New York, The Metropolitan Museum of Art, Londres, Royal Academy of Arts, 1990-1991, reprod. coul. 251, ill. 266.
Morozov and Shchukin. The Russian Collectors, Essen, Folkwang Museum, Moscou, Musée Pouchkine, Saint-Pétersbourg, Musée de l'Ermitage, 1993-1994, reprod. coul. (en anglais, allemand, russe).
André Derain, le peintre du «trouble

moderne», Paris, Musée d'art moderne de la Ville de Paris, 18 novembre 1994-19 mars 1995, Paris-Musées, 1994, n° 22, reprod. coul. p. 118.

■ **29**
André Derain
Les Montagnes à Collioure (Paysage de Collioure), 1905
Huile sur toile, 81,3 x 100,3 cm
Signé en bas à gauche
National Gallery of Art, Washington, John Hay Whitney Collection
N° inv. : 1982.76.4
Historique
Probablement acquis auprès de l'artiste par Ambroise Vollard, au plus tard en 1935.
Paul Pétridès, Paris.
Knoedler and Co, New York et Sidney, Janis Gallery, New York, juin 1951.
John Hay Whitney, New York, 1951.
Don John Hay Whitney, 1982.
Bibliographie
Diehl, Gaston, *Derain*, Paris, Flammarion, 1991, reprod. p. 16.
Duthuit, Georges, «Les Fauves», *Cahiers d'art*, n° 3, IV, 1930, reprod. n. b.
Elderfield, John, *The «Wild Beasts» Fauvism and Its Affinities*, New York, The Museum of Modern Art, 1976, reprod. coul. p. 47.
Ferrier, Jean-Louis, *Les Fauves, le règne de la couleur*, Paris, Pierre Terrail, 1992, reprod. coul. p. 82-83.
Herbert, James D., *Fauve Painting, The Making of Cultural Politics*, New Haven-Londres, Yale University Press, 1992, reprod. n. b. 9, p. 36.
Kellermann, Michel, *André Derain, Catalogue raisonné de l'œuvre peint*, t. I (1895-1914), Paris, Galerie Schmit, 1992, n° 64, p. 38.
Leymarie, Jean, *Le Fauvisme,*, Genève, Skira, 1987 (première édition en 1959), reprod. coul. p. 54, reprod. p. 76.
Müller, Joseph-Émile, *Le Fauvisme*, Paris, Fernand Hazan, 1967, reprod. n° 65.
Whitfield, Sarah, *Le Fauvisme*, Paris, Thames and Hudson, coll. «L'univers de l'art», 1997, reprod. n. b. p. 79, ill. 64.
Zürcher, Bernard, *Les Fauves*, Paris, Hazan, 1995, reprod. coul. p. 91.
European Paintings : An Illustrated Catalogue, Washington, National Gallery of Art, 1985, reprod. 129.
Expositions
Les Fauves, New York, Museum of Modern Art, 8 octobre-4 janvier 1952, Minneapolis, Minneapolis Institute of Arts, San Francisco, San Francisco Museum of Art, Toronto, The Art Gallery of Toronto, 1952-1953, reprod. p. 23.
Triumph der Farbe; Die Europaïschen Fauves, Schaffhausen, Museum zu Allerheiligen, Berlin, Nationalgalerie der Ehemals Staatlichen Museen, Orangerie des Schlosses Charlottenburg, 1959, n° 31, reprod.
The John Hay Whitney Collection, Londres, The Tate Gallery, 1960-1961, n° 19, reprod.
Aspects of Twentieth-Century Art, Washington, National Gallery of Art, 1983, n° 42, reprod. 55, n° 40.
The Fauve Landscape, Los Angeles, Los Angeles County Museum of Art, New York, The Metropolitan Museum of Art, Londres, Royal Academy of Arts, 1990-1991, p. 76-77, 277, ill. coul. 87.

André Derain, le peintre du «trouble moderne», Paris, Musée d'Art moderne de la Ville de Paris, 18 novembre 1994-19 mars 1995, Paris-Musées, 1994, n° 28, reprod. coul. p. 39.
André Derain 1904-1912, Barcelone, Musée Picasso, 18 mars-29 juin 1997, n° 8, reprod. coul. p. 49.

■ **30**
André Derain
Vue de Collioure (Collioure, le village et la mer), 1905
Huile sur toile, 60,2 x 73,5 cm
Signé en bas à droite : *Derain*
Scottish National Gallery of Modern Art, Édimbourg
N° inv. : GMA 1280
Historique
Collection Renou, Paris.
Collection Albert Blaizot, Paris.
Galerie de France, Paris.
Ritter Collection, New York, vers 1950-1951.
Vente Ritter Collections, Sotheby's Parke-Bernet Galleries, New York, 25 octobre 1972, n° 38.
The Waddington Galleries, Londres.
Acquis par le musée en 1973.
Bibliographie
Kellermann, Michel, *André Derain, Catalogue raisonné de l'œuvre peint*, t. I (1895-1914), Paris, Galerie Schmit, 1992, n° 76, reprod. n. b. p. 46.
Expositions
Les Fauves, Dallas, Museum of Contemporary Art, 29 janvier-16 mars 1959.
Fauves and Expressionnists, New York, Leonard Hutton Gallery, 18 avril-12 juin 1968.
The Fauve Landscape, Los Angeles, Los Angeles County Museum of Art, New York, The Metropolitan Museum of Art, Londres, Royal Academy of Arts, 1990-1991, reprod. coul. p. 29, ill. 25.
André Derain, le peintre du «trouble moderne», Paris, Musée d'Art moderne de la Ville de Paris, 18 novembre 1994-19 mars 1995, Paris-Musées, 1994, n° 27, reprod. coul. p. 117.

■ **31**
André Derain
Paysage au bord de la mer : la Côte d'Azur près d'Agay, 1905
Huile sur toile, 54,6 x 65,2 cm
Signé en bas à gauche : *Derain*
Musée des Beaux-Arts du Canada, Ottawa
N° inv. : MBAC 5880
Historique
Henri Kapferer, Paris.
Van Wisselingh and Co, Amsterdam.
Acquis en 1952 par la National Gallery of Canada-Musée des Beaux-Arts du Canada, Ottawa.
Bibliographie
Boggs, J. S., *The National Gallery of Canada*, Toronto, Oxford University Press, 1971, reprod. n. b. p. 58.
Duthuit, Georges, *Les Fauves*, Genève, Éditions des Trois Collines 1949, reprod p. 32.
Hilaire, Georges, *Derain*, Genève, Pierre Cailler, 1959, reprod. n. b. pl. 47.
Hubbard, R. H., *The National Gallery of Canada. Catalogue of Paintings and Sculpture : Modern European Schools*, vol. 2, Toronto, 1959, reprod. p. 22.

Kelder, D., «L'héritage de l'impressionnisme», *Les Sources du XXe siècle*, n° 244, 1986, reprod. coul.
Kellermann, Michel, *André Derain, Catalogue raisonné de l'œuvre peint*, t. I (1895-1914), Paris, Galerie Schmit, 1992, reprod. n. b. p. 41, pl. 65 (*Bord de mer à Cassis*).
Müller, Joseph-Émile, *Le Fauvisme*, Paris, Fernand Hazan, 1967, pl. 66, reprod. n. b. p. 79.
Expositions
Derain, Marseille, Musée Cantini, 6 juin-1er septembre 1964, reprod. n. b. pl. 27.
Le Fauvisme français et les débuts de l'expressionnisme allemand, Paris, Musée national d'Art moderne, 15 janvier-6 mars 1966, Munich, Haus der Kunst, 26 mars-15 mai 1966, reprod. n. b. p. 67, n° 27.
The Fauves, Toronto, Art Gallery of Ontario, 1975, reprod. n. b. p. 26, n° 12.
The Fauve Heritage, Edmonton, 1977, reprod. et couverture. coul.
The Fauve Landscape, Los Angeles, Los Angeles County Museum of Art, New York, The Metropolitan Museum of Art, Londres, Royal Academy of Arts, 1990-1991, reprod. coul. p. 183, ill. 184.
L'Estaque naissance du paysage moderne 1870-1910, Marseille, Musée Cantini, 25 juin-25 septembre 1994, Musées de Marseille-Réunion des musées nationaux, 1994, n° 20, reprod. coul. p. 172.
André Derain, le peintre du «trouble moderne», Paris, Musée d'Art moderne de la Ville de Paris, 18 novembre 1994-19 mars 1995, Paris-Musées, 1994, n° 34, reprod. coul. p. 69.
André Derain 1904-1912, Barcelone, Musée Picasso, 18 mars-29 juin 1997, n° 10, reprod. coul. p. 51.

■ 39
André Derain
Effets de soleil sur l'eau, Londres
1906
Huile sur toile, 80,5 x 100 cm
Signé en bas à gauche : *Derain*
L'Annonciade, musée de Saint-Tropez
N° inv. : 1962.1.3
Historique
Collection de la Société d'application téléphonique (Grammont).
Acquis par la Ville de Saint-Tropez en 1962.
Bibliographie
Chroniques du XXe siècle, comptes-rendus du Salon d'Automne, 1905, reprod. coul. p. 75.
Derain, André, *Lettres à Vlaminck*, Paris, Éditions Flammarion, 1955.
Cabanne, Pierre, *André Derain*, Paris, Somogy, 1990, reprod. p. 49.
Crespelle, Jean-Paul, *Les Fauves*, Neuchâtel, Ides et Calendes, 1962, reprod. coul. n° 30.
Diehl, Gaston, *Derain*, Paris, Flammarion, 1991, reprod. coul. p. 29.
Duthuit, Georges, *Les Fauves*, Genève, Editions des Trois Collines, 1949, reprod. coul. p. 735.
Elderfield, John, *The «Wild Beasts» Fauvism and Its Affinities*, New York, The Museum of Modern Art, 1976, reprod. coul. p. 19.
Ferrier, Jean-Louis, *Les Fauves, le règne de la couleur*, Paris, Pierre Terrail, 1992, reprod. coul. p. 5 (détail) et 71.
Giry, Marcel, *Le Fauvisme, ses origines, son évolution*, Neuchâtel, Ides et Calendes, 1981, reprod. coul. p. 169, ill. 80.

Hilaire, Georges, *Derain*, Genève, Pierre Cailler, 1959, reprod. coul. pl. 70.
Kellermann, Michel, *André Derain, Catalogue raisonné de l'œuvre peint*, t. I (1895-1914), Paris, Galerie Schmit, 1992, n° 111, reprod. n. b. p. 70, reprod. coul. p. 71.
Leymarie, Jean, *Le Fauvisme*, Genève, Éditions Albert Skira, 1959 (rééd. 1987), reprod. coul. p. 49.
Monery, Jean-Paul, *Le Musée de l'Annonciade, Saint-Tropez*, Paris, Fondation Paribas, Ville de Saint-Tropez, Réunion des musées nationaux, 1993, reprod. coul. p. 75.
Müller, Joseph-Émile, *Le Fauvisme*, Paris, Fernand Hazan, 1967, n° 79, reprod. coul.
Negri, Rena, *Matisse e i fauvism*, Milan, Fratelli Fabri, 1960, reprod. coul. p. 66.
Negri, Rena, *Matisse e i fauves*, Milan, Fratelli Fabri, 1969, reprod. coul. p. 66.
Sutton, Denys, *Derain*, Londres, Thames and Hudson, 1988.
Whitfield, Sarah, *Le Fauvisme*, Paris, Thames and Hudson, coll. «L'univers de l'art», 1997, reprod. coul. p. 109, ill. 80.
Zürcher, Bernard, *Les Fauves*, Paris, Hazan, 1995, reprod. coul. p. 118.
L'Estaque naissance du paysage moderne 1870-1910, Marseille, Musée Cantini, 25 juin-25 septembre 1994, Musées de Marseille-Réunion des musées nationaux, 1994, ill. coul. 88, p. 110.
Fauves, Sydney, The Art Gallery of New South Wales, 8 décembre 1995-18 février 1996, Melbourne, National Gallery of Victoria, 29 février-13 mai 1996, Sydney, The Art Gallery of New South Wales, 1995, Londres, Thames and Hudson Ltd, 1995, fig. 1, p. 102.
Expositions
Les Fauves, New York, Sidney Janis Gallery, 1950, n° 12.
Die Fauves, Berne Kunsthalle, 1950, n° 31, non reprod.
Derain, Paris, Musée national d'Art moderne, 11 décembre 1954-30 janvier 1955, n° 11.
Exposition Derain pour le 10e anniversaire de sa mort, Marseille, Musée Cantini, 1964, n° 23.
Le Fauvisme français et les débuts de l'expressionnisme allemand, Paris, Musée national d'Art moderne, 15 janvier-6 mars 1966, Munich, Haus der Kunst, 26 mars-12 mai 1966, reprod. coul. p. 67, n° 26.
The Fauve Landscape, Los Angeles, Los Angeles County Museum of Art, New York, The Metropolitan Museum of Art, Londres, Royal Academy of Arts, 1990-1991, n° 208, reprod. coul. p. 200, ill. 208.
André Derain, le peintre du «trouble moderne», Paris, Musée d'Art moderne de la Ville de Paris, 18 novembre 1994-19 mars 1995, Paris-Musées, 1994, n° 39, reprod. coul. p. 147.
André Derain (1880-1954), Madrid, Museo Thyssen-Bornemisza, 1995, n° 9, p. 210.
André Derain 1904-1912, Barcelone, Musée Picasso, 18 mars-29 juin 1997, n° 15, reprod. coul. p. 56.

■ 40
André Derain
Big Ben, Londres, 1906
Huile sur toile, 79 x 98 cm
Signé en bas à gauche : *a. Derain*
Musée d'Art moderne, donation Pierre et Denise Lévy, Troyes
N° inv. : MNPL 103

Historique
Ambroise Vollard, Paris.
M. Renou, Paris.
Max Kaganovitch, Paris 1946.
Pierre Lévy, Troyes.
Donation Pierre et Denise Lévy au musée, 1982.
Bibliographie
Cabanne, Pierre, *André Derain*, Paris, Somogy, 1990, reprod. p. 36.
Crespelle, Jean-Paul, *Les Fauves*, Neuchâtel, Ides et Calendes, 1962, reprod. pl. XXIX.
Elderfield, John, *The «Wild Beasts» Fauvism and Its Affinities*, New York, The Museum of Modern Art, 1976, reprod. n. b. p. 39.
Ferrier, Jean-Louis, *Les Fauves, le règne de la couleur*, Paris, Pierre Terrail, 1992, reprod. coul. p. 16 et 17.
Giry, Marcel, *Le Fauvisme, ses origines, son évolution*, Neuchâtel, Ides et Calendes, 1981, reprod. coul. p. 143, ill. 63.
Kalitina, N. (sous la direction de), *André Derain*, Leningrad, Aurora Art Publishers, 1976, reprod. p. 11.
Kellermann, Michel, *André Derain, Catalogue raisonné de l'œuvre peint*, t. I (1895-1914), Paris, Galerie Schmit, 1992, n° 77, reprod. n. b. p. 51.
Sutton, Denys, *A. Derain*, Londres, The Phaidon Press, 1959, n° 12.
Whitfield, Sarah, *Le Fauvisme*, Paris, Thames and Hudson, coll. «L'univers de l'art», 1997, reprod. n. b. p. 107, ill. 78.
Zürcher, Bernard, *Les Fauves*, Paris, Hazan, 1995, reprod. coul. p. 117.
Donation Pierre et Denise Lévy, I, Peintures, Troyes, Musée d'Art moderne, 1988, reprod. coul. p. 67, reprod. n. b. p. 43, n° 56
L'Estaque naissance du paysage moderne 1870-1910, Marseille, Musée Cantini, 25 juin-25 septembre 1994 Musées de Marseille-Réunion des musées nationaux, 1994, ill. n. b. 172, p. 277.
Expositions
Londres, Lefevre Gallery, mars 1928, n° 2.
Works by Derain, New York, Knoedler and Co, décembre 1930-janvier 1931, n° 6.
Paris, 1955, n° 4, reprod.
André Derain, Londres, Wildenstein Gallery, avril-mai 1957, n° 5.
Triumph der Farbe; Die Europaïscher Fauves, Schaffhausen, Museum zu Allerheiligen, Berlin, Nationalgalerie der Ehemals Staatlichen Museen Orangerie des Schlosses Charlottenburg, 1959, n° 33.
André Derain, dessins, gouaches, Paris, Galerie Lucie Weill, 14 octobre-19 novembre 1960, n° 128.
Derain Before 1915, Houston, Museum of Fine Arts, 30 novembre 1961-14 janvier 1962 (sans catalogue).
Derain, Marseille, Musée Cantini, 6 juin-1er septembre 1964 n° 17.
André Derain 1880-1954, New York, Hirsch and Adler Galleries, 20 octobre-21 novembre 1964, n° 6, reprod.
Quarante tableaux d'une collection privée, Paris, Galerie Knoedler, 1965, n° 6.
Matisse und seine Freunde. Les Fauves, Hambourg, Kunstverein, 1966, n° 16, reprod. pl. VI.
Derain, Édimbourg, Royal Scottish Academy, 19 août-17 septembre 1967, Londres, Royal Academy, 30 septembre-5 novembre 1967, n° 17, reprod.
Neo-Impressionism, New York, The Solomon

R. Guggenheim Museum, 1968, n° 155, reprod. p. 211.
Le Fauvisme en France, Malines, Centre culturel, septembre-novembre 1969, n° 19, reprod.
Derain, Paris, Galerie Knoedler, juin-juillet 1971, n° 2, reprod.
The Impressionists in London, Londres, Hayward Gallery, janvier-mars 1973, n° 53, reprod. p. 73.
Derain, connu et inconnu, Albi, Musée Toulouse-Lautrec, juin-septembre 1974, n° 3, reprod.
André Derain, Rome, Villa Médicis, 12 novembre 1976-23 janvier 1977, n° 5, reprod. p. 73.
André Derain, Paris, Galeries nationales du Grand Palais, 15 février-11 avril 1977, n° 4, reprod.
Troyes, 1977, n° 29, reprod. n. b. p. 51 et coul. p. 13.
Donation Pierre Lévy, Paris, Orangerie des Tuileries, 16 février-16 avril 1978, reprod. n. b. p. 63, n° 38.
André Derain, Marcq-en-Barœul, Fondation Anne et Albert Prouvost, 10 octobre 1981-10 janvier 1982, n° 4.
The Fauve Landscape, Los Angeles, Los Angeles County Museum of Art, New York, The Metropolitan Museum of Art, Londres, Royal Academy of Arts, 1990-1991, reprod. p. 186, ill. 186.
André Derain, le peintre du «trouble moderne», Paris, Musée d'Art moderne de la Ville de Paris, 18 novembre 1994-19 mars 1995, Paris-Musées, 1994, n° 41, reprod. coul. p. 143.
André Derain 1904-1912, Barcelone, Musée Picasso, 18 mars-29 juin 1997, n° 14, reprod. coul. p. 55.

■ 41
André Derain
Westminster, 1906
Huile sur toile, 81,5 x 100 cm
Signé en bas à gauche : *Derain*
L'Annonciade, musée de Saint-Tropez.
N° inv. : D 1955. 1. 48
Historique
Legs Grammont aux musées nationaux pour le musée de Saint-Tropez, 1955.
Bibliographie
Ferrier, Jean-Louis, *Les Fauves, le règne de la couleur*, Paris, Pierre Terrail, 1992, reprod. coul. p. 69.
Freeman, Judi, *Le Paysage fauve*. Paris, Éditions Abbeville, 1991, reprod. coul. p. 283, ill. 295.
Kellermann, Michel, *André Derain, Catalogue raisonné de l'œuvre peint*, t. I (1895-1914), Paris, Galerie Schmit, 1992, n° 78, reprod. coul. p. 47, n. b. p. 51.
Monery, Jean-Paul, *Le Musée de l'Annonciade, Saint-Tropez*, Paris, Fondation Paribas, Ville de Saint-Tropez, Réunion des musées nationaux, 1993, reprod. coul. p. 74.
Expositions
Paris, *Salon d'Automne*, 6 octobre-15 novembre 1906, n° 438.
Exposition Derain pour le 10e anniversaire de sa mort, Marseille, Musée Cantini, 1er juin-20 septembre 1964.
Le Fauvisme français et les débuts de l'expressionnisme allemand, Paris, Musée national d'Art moderne, 15 janvier-6 mars 1966, Munich, Haus der Kunst, 26 mars-

12 mai 1966, reprod. n. b. p. 66, n° 25.
Fauves, Sydney, The Art Gallery of New South Wales, 8 décembre 1995-18 février 1996, Melbourne, National Gallery of Victoria, 29 février-13 mai 1996, Sydney, The Art Gallery of New South Wales, 1995, Londres, Thames and Hudson Ltd, 1995, n° 25, reprod. coul. p. 87.

■ 42
André Derain
Le Port de Londres, 1906
Huile sur toile, 81 x 100 cm
Signé en bas, à gauche : *Derain*
Collection particulière
Historique
Ambroise Vollard, Paris, collection particulière
Bibliographie
Duthuit, Georges, *Les Fauves*, Genève, Éditions des Trois Collines, 1949, reprod. p.136.
Hilaire, Georges, *André Derain*, Genève, Pierre Cailler, 1959.
Kellermann Michel, *André Derain, Catalogue raisonné de l'œuvre peint*, t. I (1895-1914), Paris, Galerie Schmit, 1992, n° 101, reprod. p. 58 et p. 65
Expositions
André Derain, Tokyo, Osaka, Kyoto, Nagoya, 9 avril-5 juillet 1981, n° 8, reprod.

■ 43
André Derain
Le Pont de Charing Cross, Londres (Le Pont de Hungerford à Charing Cross), 1906
Huile sur toile, 80,3 x 100,3 cm
Signé en bas à gauche : *a. Derain*
National Gallery of Art, Washington, John Hay Whitney Collection
N° inv. : 1982.76.3
Historique
Ambroise Vollard, Paris.
Acquis entre 1932-1938 par Madame Kaethe Perls à Paris.
Paul Guillaume, Paris.
Alex Reid and Lefevre Ltd, Londres, 1927.
Galerie Étienne Bignou, Paris, 1931.
Knoedler and Co, New York, 1932.
Walter R. Chrysler Jr, New York, vers 1932.
Vente Parke-Bernet Galleries, New York, 16 février 1950.
Julius H. Weitzner, Londres.
John Hay Whitney, New York.
Don John Hay Whitney à la National Gallery of Art, Washington, 1982.
Bibliographie
Diehl, Gaston, *Derain*, Paris, Flammarion, 1964, p. 11, reprod. coul. (sous le titre *Pont de Westminster*)
Duthuit, Georges, « Les Fauves », IV, *Cahiers d'art*, n° 3, 1930, reprod. p. 132.
Elderfield, John, *The « Wild Beasts » Fauvism and Its Affinities*, New York, The Museum of Modern Art, 1976, reprod. n. b. p. 80.
Ferrier, Jean-Louis, *Les Fauves, le règne de la couleur*, Paris, Pierre Terrail, 1992, reprod. coul. p. 66.
Freeman, Judi, *Le Paysage fauve*. Paris, Éditions Abbeville, 1991, reprod. coul. p. 193, ill. 198.
Herbert, James D., *Fauve Painting, The Making of Cultural Politics*, New Haven-Londres, Yale University Press, 1992, reprod. coul., p. 22.

Kellermann, Michel, *André Derain, Catalogue raisonné de l'œuvre peint*, t. I (1895-1914), Paris, Galerie Schmit, 1992, n° 88, reprod. n. b. p. 56 (*Londres : le pont de Hungerford à Charing Cross*).
Whitfield, Sarah, *Le Fauvisme*, Paris, Thames and Hudson, coll. « L'univers de l'art », 1997, reprod. coul. p. 108, ill. 79.
Zürcher, Bernard, *Les Fauves*, Paris, Hazan, 1995, reprod. coul. p. 121.
Signac et la libération de la couleur – De Matisse à Mondrian, Münster, Westfälisches Landesmuseum für Kunst und Kulturgeschichte, 1er décembre 1996-16 février 1997, Musée de Grenoble, 9 mars-25 mai 1997, Weimar, Kunstsammlungen, 15 juin-31 août 1997, Münster, Éditions Tertium, Ostfildern Westfälisches Landesmuseum für Kunst und Kulturgeschichte, 1997, Paris, Éditions de la Réunion des musées nationaux, 1997, fig. 7, p. 165.
Expositions
Salon de la Toison d'Or, Moscou, 18 avril-24 mai 1908, n° 35 à n° 38, reprod. n. b.
Works by Derain, New York, Galerie Knoedler and Co, décembre 1930-janvier 1931, n° 6.
An Exhibition of Paintings by André Derain, Cincinatti, Cincinatti Art Museum, 1930-1931, n° 18, reprod. n. b.
Collection of Walter P. Chrysler, Jr, Richmond, Virginia Museum of Fine Arts, 1940.
Les Fauves, New York, Museum of Modern Art, Minneapolis, Minneapolis Institute of Arts, San Francisco, San Francisco Museum of Art, Toronto, The Art Gallery of Toronto, 1952-1953, reprod.
Pictures Collected by Yale Alumni, New Haven, Yale University Art Gallery, 1956, n° 128, reprod.
The John Hay Whitney Collection, Londres, The Tate Gallery, 1960-1961, n° 20, reprod.
The Impressionnists in London, Londres, Hayward Gallery, 1973, reprod. n. b. n° 55.
Aspects of Twentieth-Century Art, Washington, National Gallery of Art, 1978, n° 39, reprod. 54.
The John Hay Whitney Collection, Washington, The National Gallery of Art, 1983.
André Derain, le peintre du « trouble moderne », Paris, Musée d'Art moderne de la Ville de Paris, 18 novembre 1994-19 mars 1995, Paris-Musées, 1994, n° 45, reprod. coul. p. 148.
Fauves, Sydney, The Art Gallery of New South Wales, 8 décembre 1995-18 février 1996, Melbourne, National Gallery of Victoria, 29 février-13 mai 1996, Sydney, The Art Gallery of New South Wales, 1995, Londres, Thames and Hudson Ltd, 1995, n° 28, reprod. coul. p. 93.
André Derain 1904-1912, Barcelone, Musée Picasso, 18 mars-29 juin 1997, n° 18, reprod. coul. p. 59.

■ 44
André Derain
La Tamise et Tower Bridge, 1906
Huile sur toile, 66,5 x 99 cm
Signé en bas à gauche : *a. Derain*
Fondation Fridart
Historique
Ambroise Vollard, Paris.
Étienne Bignou, Paris.
Alex Reid and Lefevre Gallery, Londres.
David Eccles, Londres.

Emil Georg Bührle, Zurich, 1955.
Dr Fritz Nathan, Zurich, 1960-1961.
John Mac Aulay, Toronto.
Alex Reid and Lefevre, Londres.
Collection particulière.
Bibliographie
Freeman, Judi, *Nineteenth and Twentieth-Century Masterworks : The Fridart Foundation Collection*, Fridart Foundation, 1998, reprod. coul. p. 8 (détail) et p. 24.
Hilaire, Georges, *Derain*, Genève, Pierre Cailler, 1959, reprod. n. b. pl. 25.
Kellermann, Michel, *André Derain, Catalogue raisonné de l'œuvre peint*, t. I (1895-1914), Paris, Galerie Schmit, 1992, n° 100, reprod. n. b. p. 64 (*Le Port de Londres*).
Signac et la libération de la couleur - De Matisse à Mondrian, Münster, Westfälisches Landesmuseum für Kunst und Kulturgeschichte, 1er décembre 1996-16 février 1997, Musée de Grenoble, 9 mars-25 mai 1997, Weimar, Kunstsammlungen, 15 juin-31 août 1997, Münster, Éditions Tertium, Ostfildern Westfälisches Landesmuseum für Kunst und Kulturgeschichte, 1997, Paris, Éditions de la Réunion des musées nationaux, 1997, fig. 4, p. 303.
Expositions
The Thames 1907 by André Derain, Londres, Alex Reid and Lefevre, 1937, n° 1.
Dokumenta, Kassel, 1955, n° 40.
Les Fauves, Londres, Lefevre Gallery, 1978, n° 6, reprod. coul.
The Fauve Landscape, Los Angeles, Los Angeles County Museum of Art, New York, The Metropolitan Museum of Art, Londres, Royal Academy of Arts, 1990-1991, reprod. coul. p. 285, ill. 297 (*La Tamise. Londres*).
Fauvism and Modern Japanese Painting, Aichi, Prefectural Museum of Art, 30 octobre-20 décembre 1992, Kyoto, The National Museum of Modern Art, 5 janvier-14 février 1993, Tokyo, The National Museum of Modern Art, 24 février-28 mars 1993, Aichi, Prefectural Museum of Modern Art, 1992, n° 16, reprod. coul. p. 54.
André Derain, le peintre du « trouble moderne », Paris, Musée d'Art moderne de la Ville de Paris, 18 novembre 1994-19 mars 1995, Paris-Musées, 1994, n° 47, reprod. coul. p. 150 (*La Tamise, Londres*).
Fauves, Sydney, The Art Gallery of New South Wales, 8 décembre 1995-18 février 1996, Melbourne, National Gallery of Victoria, 29 février-13 mai 1996, Sydney, The Art Gallery of New South Wales, 1995, Londres, Thames and Hudson Ltd, 1995, n° 31, reprod. coul. p. 99.
« Fauvism-Wild Beasts », Tel-Aviv, Tel Aviv Museum of Art, 6 juin-31 août 1996, n° 16, reprod. coul. p. 51.

■ 45
André Derain
Les Remorqueurs (Bateaux sur la Tamise), 1906
Huile sur toile, 65 x 100 cm
Signé en bas à droite : *Derain*
Collection particulière
Historique
Ambroise Vollard, Paris.
Collection particulière.
Bibliographie
Cabanne, Pierre, *André Derain*, Paris, Somogy, 1990, reprod. p. 38.

Diehl, Gaston, *Derain*, Paris, Flammarion, 1964, reprod. coul. p. 54.
Giry, Marcel, *Le Fauvisme, ses origines, son évolution*, Neuchâtel, Ides et Calendes, 1981, reprod. coul. p. 166, ill. 77.
Hilaire, Georges, *Derain*, Genève, Pierre Cailler, 1959, reprod. n. b. pl. 29.
Kellermann, Michel, *André Derain, Catalogue raisonné de l'œuvre peint*, t. I (1895-1914), Paris, Galerie Schmit, 1992, n° 99, reprod. n. b. p. 64 (*Le Port de Londres*).
Expositions
Les Fauves, Paris, Galerie Charpentier, 7 mars-31 mai 1962, n° 31, reprod.
Derain, Marseille, Musée Cantini, 6 juin-1er septembre 1964, n° 25, reprod.
André Derain, Tokyo-Osaka-Kyoto-Nagoya, 9 avril-5 juillet 1981, n° 7, reprod. coul.
Fauvism and Modern Japanese Painting, Aichi, Prefectural Museum of Art, 30 octobre-20 décembre 1992, Kyoto, The National Museum of Modern Art, 5 janvier-14 février 1993, Tokyo, The National Museum of Modern Art, 24 février-28 mars 1993, Aichi, Prefectural Museum of Modern Art, 1992, n° 17, reprod. coul. p. 55.
André Derain, le peintre du « trouble moderne », Paris, Musée d'Art moderne de la Ville de Paris, 18 novembre 1994-19 mars 1995, Paris-Musées, 1994, n° 46, reprod. coul. p. 151 et reprod. n. b. p. 411.
Fauves, Sydney, The Art Gallery of New South Wales, 8 décembre 1995-18 février 1996, Melbourne, National Gallery of Victoria, 29 février-13 mai 1996, Sydney, The Art Gallery of New South Wales, 1995, Londres, Thames and Hudson Ltd, 1995, n° 32, reprod. coul. p. 100.

■ 46
André Derain
Pont de Charing Cross (Le Pont de Westminster) (Londres : le quai Victoria)
1906
Huile sur toile, 81 x 100 cm
Signé en bas à droite : *Derain*
Musée d'Orsay, Paris, donation Max et Rosy Kaganovitch, 1973
N° inv. : RF 1973-16
Historique
Ambroise Vollard, Paris.
Max et Rosy Kaganovitch, Paris (achat en vente publique à Paris, Drouot, 1932, en dépôt à partir de 1968 au Kunsthaus de Zurich).
Donation Max et Rosy Kaganovitch au Jeu de Paume, 1973.
Bibliographie
Adhémar, H., Dayez, A., *Musée du Louvre, musée de l'Impressionnisme, Jeu de Paume*, 1973, reprod. n. b. p. 127.
Cabanne, Pierre, *André Derain*, Paris, Somogy, 1990, reprod. coul. p. 35.
Carrà, Massimo, *Derain*, Milan, Fratelli Fabbri, 1966, reprod. coul. pl. IV.
Compin, I., Roquebert, A., *Catalogue sommaire illustré des peintures du musée du Louvre et du musée d'Orsay*, t. III, 1986, reprod. n. b. p. 218.
Compin, I., Lacambre, G., Roquebert, A., *Catalogue sommaire illustré des peintures du musée d'Orsay*, t. I., 1990, reprod. n. b. p. 163.
Diehl, Gaston, *Derain*, Paris, Flammarion, 1964, reprod. coul. p. 10 (daté 1905).

Duthuit, Georges, *Les Fauves*, Genève, Éditions des Trois Collines 1949, reprod. p. 53 (daté 1905).
Ferrier, Jean-Louis, *Les Fauves, le règne de la couleur,* Paris, Pierre Terrail, 1992, reprod. coul. p. 73.
Fiala, Vlastimil, *A. Derain*, Prague, 1962, reprod. pl. 10.
Hilaire, Georges, *Derain*, Genève, Pierre Cailler, 1959, reprod. n. b. pl. 33 (daté 1906).
Kalitina, N. (sous la direction de), *André Derain*, Leningrad, Aurora Art Publishers, 1976, reprod. n. b. p. 10.
Kellermann, Michel, *André Derain, Catalogue raisonné de l'œuvre peint*, t. I (1895-1914), Paris, Galerie Schmit, 1992, n° 93, reprod. n. b. p. 61 (*Londres : le quai Victoria*).
Leymarie, Jean, *Le Fauvisme*, Genève, Skira, 1987, reprod. coul. p. 67 (première édition en 1959, p. 98-99).
Zürcher, Bernard, *Les Fauves*, Paris, Hazan, 1995, reprod. coul. p. 120.

Expositions
Salon d'Automne, Paris, 6 octobre-15 novembre 1906, n° 438.
Salon de la Toison d'or, Paris, 18 avril-24 mai 1908, reprod. n. b. p. 37.
Die Fauves und die Zeitgenossen, Berne, Kunsthalle, 29 avril-29 mai 1950, n° 16, non reprod.
Les Sources du XXᵉ siècle, Paris, Musée national d'Art moderne, 1960-1961, n° 129, non reprod.
The Fauve Landscape, Los Angeles, Los Angeles County Museum of Art, New York, The Metropolitan Museum of Art, Londres, Royal Academy of Arts, 1990-1991, reprod. coul. p. 195, ill. 200.
André Derain, le peintre du «trouble moderne», Paris, Musée d'Art moderne de la Ville de Paris, 18 novembre 1994-19 mars 1995, Paris-Musées, 1994, n° 51, reprod. coul. p. 153.
André Derain (1880-1954), Madrid, Museo Thyssen-Bornemisza, 1995, n° 10, p. 210.
André Derain 1904-1912, Barcelone, Musée Picasso, 18 mars-29 juin 1997, n° 17, reprod. coul. p. 58.
Les Fauves et la Critique, Turin, Palazzo Bricherasio, 5 février-16 mai 1999, Lodève, Musée de Lodève, 28 mai-26 septembre 1999, Milan, Electra, 1999, n° 35, reprod. n. b. p. 220, reprod. coul. p. 133.

■ **47**
André Derain
Londres : la Tamise au pont de Westminster, 1906
Huile sur toile, 65 x 75 cm
Signé en bas à droite : *Derain*
Collection particulière, courtesy Galerie Daniel Malingue, Paris
Historique
Galerie Bing, Paris.
Mme Marcelle Bourdon, Paris.
Sidney Janis Gallery, New York.
Wildenstein Gallery, New York.
Ira Haupt, New York.
Fine Arts Associates, New York.
Mr and Mrs Charles Zadok, New York.
Vente Sotheby's, Londres, 22 juin 1965, n° 14.
Lady Edith Wolfson, Londres.
Vente Sotheby's, Londres, 2 décembre 1986, n° 47.
Collection particulière, États-Unis.

Bibliographie
Cailler, Pierre, *André Derain*, Genève, Pierre Cailler, 1959, coll. «Arts documents», n° 109, reprod. p. 2.
Diehl, Gaston, *Derain*, Paris, Flammarion, 1991, reprod. coul. p. 31.
Kellermann, Michel, *André Derain, Catalogue raisonné de l'œuvre peint*, t. I (1895-1914), Paris, Galerie Schmit, 1992, n° 84, reprod. coul. p. 48, n. b. p. 54.

Expositions
L'École de Paris 1900-1950, Londres, Royal Academy of Arts, 13 janvier-7 mars 1951, n° 2, reprod.
Le Fauvisme, Paris, Musée national d'Art moderne, juin-septembre 1951, p. 20, n° 42.
Derain, Marseille, Musée Cantini, 6 juin-1ᵉʳ septembre 1964, n° 22, reprod. (dimensions erronées).
Les Fauves, Kanazawa, Musée départemental d'Ishikawa, 28 septembre-27 octobre 1974, reprod. coul. n° 15.
The Fauve Landscape, Los Angeles, Los Angeles County Museum of Art, New York, The Metropolitan Museum of Art, Londres, Royal Academy of Arts, 1990-1991, reprod. coul. p. 188, ill. 188.
Maîtres impressionnistes et modernes, Paris, Galerie Daniel Malingue, 19 mai-9 juillet 1994, reprod. coul. n° 8.
Fauves, Sydney, The Art Gallery of New South Wales, 8 décembre 1995-18 février 1996, Melbourne, National Gallery of Victoria, 29 février-13 mai 1996, Sydney, The Art Gallery of New South Wales, 1995, Londres, Thames and Hudson Ltd, 1995, n° 27, reprod. coul. p. 91.

■ **101**
André Derain
Bateaux de pêche à L'Estaque, 1906
Huile sur toile, 73 x 92 cm
Signé en bas à gauche : *Derain*
Collection particulière
Historique
Ambroise Vollard, Paris.
Collection particulière.
Bibliographie
Cabanne, Pierre, *André Derain*, Paris, Somogy, 1990, reprod. p. 44.
Herbert, James D., *Fauve Painting, The Making of Cultural Politics*, New Haven-Londres, Yale University Press, 1992, reprod. n. b. n° 39, p. 86.
Hilaire, Georges, *Derain*, Genève, Pierre Cailler, 1959, reprod. n. b. pl. 17.
Freeman, Judi, *Le Paysage fauve*, Paris, Éditions Abbeville, 1991, reprod. coul. p. 158, ill. 164.
Kalitina, N. (sous la direction de), *André Derain*, Leningrad, Aurora Art Publishers, 1976, reprod. p. 125.
Kellermann, Michel, *André Derain, Catalogue raisonné de l'œuvre peint*, t. I (1895-1914), Paris, Galerie Schmit, 1992, n° 113, reprod. coul. p. 72, n. b. p. 73.
Fauves, Sydney, The Art Gallery of New South Wales, 8 décembre 1995-18 février 1996, Melbourne, National Gallery of Victoria, 29 février-13 mai 1996, Sydney, The Art Gallery of New South Wales, 1995, Londres, Thames and Hudson Ltd, 1995, fig. 1, p. 76.

Expositions
Les Fauves, Paris, Galerie Charpentier, 7 mars-31 mai 1962, n° 21, reprod.
André Derain, Tokyo, Takashimaya Art Gallery,

Osaka, Takashimaya Art Gallery, Kyoto, Takashimaya Art Gallery, Nagoya, Nagoya City Museum, avril-juillet 1981, n° 5, reprod.

■ **114**
André Derain
La Danse, circa 1905
Huile et détrempe sur toile, 185 x 228,5 cm
Fondation Fridart
Historique
Léon Pédron, Paris.
Vente Hôtel Drouot, Paris, 2 juin 1927, lot n° 12, reprod. (*Fresque hindoue*).
M. Renould, Paris.
Knoedler and Co Inc., New York.
Vente Parke-Bernet Galleries, New York, 14 octobre 1965, n° 131.
Pedro Vallenilla Echeverría, Caracas, Venezuela.
Galerie Marcel Bernheim, Paris.
Collection particulière.
Bibliographie
Ball, Susan L., «The Early Figural Painting of André Derain, 1905-1914. A Re-evaluation», *Zeitschrift für Kunstgeschichte*, n° 1, 1980, n° 2, p. 84.
Diehl, Gaston, *Derain*, Paris, Flammarion, 1964, reprod. coul. pl. 5 (daté 1905-1906).
Elderfield, John, *The «Wild Beasts» Fauvism and Its Affinities*, New York, The Museum of Modern Art, 1976, reprod. coul. p. 115.
Freeman, Judi, *Nineteenth and Twentieth-Century Masterworks : The Fridart Foundation Collection*, Fridart Foundation, 1998 reprod. coul. p. 27.
Herbert, James D., *Fauve Painting, The Making of Cultural Politics*, New Haven-Londres, Yale University Press, reprod. coul. 71, p. 138.
Giry, Marcel, «Une composition de Derain dite *La Danse*», *Archives de l'art français*, Société de l'histoire de l'art français, 1978.
Giry, Marcel, *Le Fauvisme, ses origines, son évolution*, Neuchâtel, Ides et Calendes, 1981, reprod. coul. p. 216, ill. 113.
Hilaire, Georges, *Derain*, Genève, Pierre Cailler, 1959, reprod. n. b. n° 50.
Kellermann, Michel, *André Derain, Catalogue raisonné de l'œuvre peint*, t. I (1895-1914), Paris, Galerie Schmit, 1992, n° 374, reprod. n. b. p. 233.
Lee, Jane, *Derain*, The Phaidon Press, 1990, reprod. n° 4.
Sutton, Denys, *A. Derain*, Londres, The Phaidon Press, 1959, reprod. n° 15.
Watkins, N., *Matisse*, 1984, reprod. n. b. pl. 79, p. 99.
Whitfield, Sarah, *Le Fauvisme*, Paris, Thames and Hudson, coll. «L'univers de l'art», 1997, reprod. n. b. p. 159, ill. 133.
Zürcher, Bernard, *Les Fauves*, Paris, Hazan, 1995, reprod. coul. p. 145.

Expositions
Derain, Musée national d'Art moderne, Paris, 1954-1955, reprod. pl. 5 (daté 1909), n° 19.
Derain before 1915, Houston, Museum of Fine Arts, 30 novembre 1961-14 janvier 1962 (sans catalogue).
Derain, Édimbourg, Royal Scottish Academy, 19 août-17 septembre 1967, Londres, Royal Academy, 30 septembre-5 novembre 1967, reprod. n. b. p. 26, n° 19.
L'Expressionnisme européen, Munich, Haus der Kunst, 1970.
The Fauves, Toronto, Art Gallery of Ontario, 14 avril-11 mai 1975, reprod. coul. p. 27, n° 13.

Primitivism in Modern Art : Affinity of the Tribal and the Modern, New York, Museum of Modern Art, 1984-1985, vol. 1, reprod. coul. p. 217.
The Fauve Landscape, Los Angeles, Los Angeles County Museum of Art, New York, The Metropolitan Museum of Art, Londres, Royal Academy of Arts, 1990-1991, reprod. coul. p. 30-31, ill. 26.
André Derain, le peintre du «trouble moderne», Paris, Musée d'Art moderne de la Ville de Paris, 18 novembre 1994-19 mars 1995, Paris-Musées, 1994, n° 55. reprod. coul. p. 134-135.
André Derain (1880-1954), Madrid, Museo Thyssen-Bornemisza, 1995, n° 13, p. 211.
Fauves, Sydney, The Art Gallery of New South Wales, 8 décembre 1995-18 février 1996, Melbourne, National Gallery of Victoria, 29 février-13 mai 1996, Sydney, The Art Gallery of New South Wales, 1995, Londres, Thames and Hudson Ltd, 1995, n° 35, reprod. coul. p. 54 (détail), p. 107.
«Fauvism-Wild Beasts», Tel-Aviv, Tel Aviv Museum of Art, 6 juin-31 août 1996, n° 19, reprod. coul. p. 59 (détail), p. 57.
André Derain 1904-1912, Barcelone, Musée Picasso, 18 mars-29 juin 1997, n° 23, reprod. coul. p. 64 et p. de couverture (détail).
Die Explosion der Farbe Fauvismus und Expressionismus 1905-1911, Ingelheim, Internationale Tage, 26 avril-28 juin 1998, Mayence, Verlag Hermann Schmidt, 1998, reprod. coul. p. 20-21 et p. 121.

■ **115**
André Derain
Trois personnages assis dans l'herbe, 1906
Huile sur toile, 38 x 55 cm
Signé en bas à droite : *a. Derain*
Musée d'Art moderne de la Ville de Paris
N° inv. : AM 471
Historique
Dr Maurice Girardin, Paris.
Legs Girardin au musée, 1953.
Bibliographie
Cabanne, Pierre, *André Derain*, Paris, Somogy, 1990, reprod. coul. p. 45.
Carrà, Massimo, *Derain*, Milan, Fratelli Fabbri, 1966, reprod. coul. pl. 5.
Elderfield, John, *The «Wild Beasts» Fauvism and Its Affinities*, New York, The Museum of Modern Art, 1976, reprod. n. b. p. 120.
Ferrier, Jean-Louis, *Les Fauves, le règne de la couleur,* Paris, Pierre Terrail, 1992, reprod. coul. p. 87.
Hilaire, Georges, *Derain*, Genève, Pierre Cailler, 1959, reprod. n. b. n° 50.
Kellermann, Michel, *André Derain, Catalogue raisonné de l'œuvre peint*, t. I (1895-1914), Paris, Galerie Schmit, 1992, n° 364, reprod. n. b. p. 226.
Müller, Joseph-Émile, *Le Fauvisme*, Paris, Fernand Hazan, 1967, reprod. n. b. n° 152.
Whitfield, Sarah, *Le Fauvisme*, Londres, Thames and Hudson, coll. «L'univers de l'art», 1997, reprod. coul. p. 123, ill. 95.
Zürcher, Bernard, *Les Fauves*, Paris, Hazan, 1995, reprod. coul. p. 146.

Expositions
Étape de l'art contemporain : les Fauves, Paris, Galerie des Beaux-Arts, 1934, n° 12.
Autour de 1900, Paris, Galerie Charpentier, 1950, n° 75.
Le Fauvisme français et les débuts de l'expressionnisme allemand, Paris, Musée

national d'Art moderne, 15 janvier-6 mars 1966, Munich, Haus der Kunst, 26 mars-15 mai 1966, reprod. n. b. p. 72, n° 32.
Le Bateau-lavoir, Paris, Musée de Montmartre, 1967.
À la rencontre de Matisse, Saint-Paul-de-Vence, Fondation Maeght, 1969, n° 146.
Le Fauvisme en France, Malines, Centre culturel, septembre-novembre 1969, n° 20.
Paris-Berlin 1900-1933, Paris, Musée national d'Art moderne, 1978, n° 65, p. 52, reprod. n. b.
Hommage à André Derain 1880-1954, Paris, Musée d'Art moderne de la Ville de Paris, 17 décembre 1980-8 mars 1981, reprod. coul. p. 13.
André Derain, le peintre du «trouble moderne», Paris, Musée d'Art moderne de la Ville de Paris, 18 novembre 1994-19 mars 1995, Paris-Musées, 1994, n° 57, reprod. coul. p. de couverture et p. 137.

■ **118**
André Derain
Paysage à Cassis (Paysage au lac), 1907
Huile sur toile, 60,9 x 50,8 cm
New Orleans Museum of Art, gift of William E. Campbell, La Nouvelle-Orléans
N° inv. : 53.6
Historique
Daniel Henry Kahnweiller, Paris.
Dr Fritz Rotman, Suisse.
Perls Gallery, New York.
William E. Campbell, La Nouvelle-Orléans.
Don de William E. Campbell au musée, 1977.
Bibliographie
Caraco, Edward, *New Orleans Museum of Art Handbook*, La Nouvelle-Orléans, New Orleans Museum of Art, 1995, p. 78.
Ferrier, Jean-Louis, *Les Fauves, le règne de la couleur*, Paris, Pierre Terrail, 1992, reprod. coul. p. 84.
Kellermann, Michel, *André Derain, Catalogue raisonné de l'œuvre peint*, t. I (1895-1914), Paris, Galerie Schmit, 1992, n° 145, reprod. n. b. p. 91.
Zürcher, Bernard, *Les Fauves*, Paris, Hazan, 1995, reprod. coul. p. 181.
André Derain 1904-1912, Barcelone, Musée Picasso, 1997, p. 66.
Expositions
André Derain, Berlin, Galerie Flechtheim, avril 1929, n° 1.
The Fauve Landscape, Los Angeles, Los Angeles County Museum of Art, New York, The Metropolitan Museum of Art, Londres, Royal Academy of Arts, 1990-1991, reprod. coul. p. 50, ill. 58.
André Derain, le peintre du «trouble moderne», Paris, Musée d'Art moderne de la Ville de Paris, 18 novembre 1994-19 mars 1995, Paris-Musées, 1994, n° 63, reprod. coul. p. 66, 162.
André Derain 1904-1912, Barcelone, Musée Picasso, 18 mars-29 juin 1997, n° 25, reprod. coul. p. 66.

■ **116**
André Derain
Baigneuses (Baignade), 1908
Huile sur toile, 180 x 225 cm
Signé en bas à droite : *a. Derain*
Collection particulière
Historique
Daniel Henry Kahnweiler, Paris (n° 2269, *Baignade*, daté 1908).
Vente Hôtel Drouot, Paris, 9 juin 1928, n° 40, reprod. n. b.

Bibliographie
Ball, Suzan, «The Early Figural Paintings of André Derain, 1905-1910. A Re-evaluation», *Zeitschrifte für Kunstgeschichte*, n° 1, 1980, reprod. n° 10, p. 93.
Carrà, Carlo, *A. Derain*, Rome, Valori Plastici, 1921, reprod. n. b.
Hilaire, Georges, *Derain*, Genève, Pierre Cailler, 1959, reprod. n. b. p. 68.
Kellermann, Michel, *André Derain, Catalogue raisonné de l'œuvre peint*, t. I (1895-1914), Paris, Galerie Schmit, 1992, n° 387, reprod. n. b. p. 240.
Salmon, André, *A. Derain*, Paris, NRF, 1923, reprod. n. b. p. 19.
Sutton, Denys, *A. Derain*, Londres, The Phaidon Press, 1959, reprod. n. b. pl. 20.
André Derain 1904-1912, Barcelone, Musée Picasso, 18 mars-29 juin 1997, fig. 11, p. 29.
Expositions
Salon d'Automne, Paris, 1er octobre-8 novembre 1908, n° 533.
Internationale Kunstausstellung, Dresde, 1926.
André Derain, le peintre du «trouble moderne», Paris, Musée d'Art moderne de la Ville de Paris, 18 novembre 1994-19 mars 1995, reprod. coul. p. 171, n° 71.

■ **117**
André Derain
Paysage aux Martigues (Martigues), 1908
Huile sur toile, 100 x 81 cm
Signé en bas à droite : *A. Derain*
Hokkaido Museum of Modern Art, Sapporo
Historique
Daniel-Henry Kahnweiller, Paris (n° 2027, *Paysage*, daté 1908).
Collection Masquilier, Paris.
Vente Hôtel Drouot, Paris, 26 novembre 1929, n° 63.
Galerie Renou et Poyet.
Salon Takahata, Osaka
Acquis par le musée, 1982.
Bibliographie
Cabanne, Pierre, *André Derain*, Paris, Somogy, 1990, reprod. coul. p. 53.
Hilaire, Georges, *Derain*, Genève, Pierre Cailler, 1959, reprod. n. b. pl. 65.
Kellermann, Michel, *André Derain, Catalogue raisonné de l'œuvre peint*, t. I (1895-1914), Paris, Galerie Schmit, 1992, n° 147, reprod. coul. p. 86, n. b. p. 92.
Expositions
Cinquante tableaux importants d'André Derain, Paris, Galerie Charpentier, mai-septembre 1955, n° 1, reprod. n. b.
Derain, Paris, Galerie Schmit, 12 mai-20 juin 1976, pl. 17, reprod. coul. p. 35.
Fauvism and Modern Japanese Painting, Aichi, Prefectural Museum of Art, 30 octobre-20 novembre 1992, Kyoto, The National Museum of Modern Art, 5 janvier-14 février 1993, Tokyo, The National Museum of Modern Art, 24 février-28 mars 1993, n° 87, reprod. coul. p. 133.
André Derain, le peintre du «trouble moderne», Paris, Musée d'Art moderne de la Ville de Paris, 18 novembre 1994-19 mars 1995, reprod. coul. p. 43, 163, n° 74.
André Derain 1904-1912, Barcelone, Musée Picasso, 18 mars-29 juin 1997, n° 34, reprod. coul. p. 75.

RAOUL DUFY
(Le Havre, 1877 - Forcalquier, 1953)
Dufy fréquente l'école municipale des beaux-arts du Havre à partir de 1893. Il arrive à Paris en novembre 1899 et s'inscrit à l'École des beaux-arts dans l'atelier de Léon Bonnat, où il retrouve son compatriote Othon Friesz. Il fait la connaissance d'Albert Marquet. Il partage l'atelier de Friesz rue Campagne-Première (1900-1902) puis rue Cortot (1902). Il expose au Salon de la Société des artistes français en 1901 puis au Salon des Indépendants et, dès cette année, à la galerie Berthe Weill. La découverte, au Salon des Indépendants de 1905, de *Luxe, calme et volupté* de Matisse l'amène à abandonner l'impressionnisme au profit d'une peinture construite par la couleur. Il passe l'été 1905 à Marseille et à Martigues. En 1906, il participe à la création du Cercle de l'art moderne du Havre et à ses expositions (1906, 1907 et 1908). Durant l'été 1906, il peint aux côtés de Marquet en Normandie, à Trouville, au Havre, à Sainte-Adresse. C'est au Salon d'Automne de 1906 qu'il présente ses premières toiles fauves ; la même année, il a une première exposition personnelle à la galerie Berthe Weill. En 1908, Georges Braque le rejoint à L'Estaque. Ses peintures trahissent, sous l'influence de Cézanne, une évolution vers le cubisme. En 1909, sur l'invitation du peintre allemand Hans Purrmann, il se rend à Munich avec Othon Friesz.

■ **74**
Raoul Dufy
Rue pavoisée au Havre, circa 1906
Huile sur toile, 65 x 46 cm
Signé en bas à gauche : *Raoul Dufy*
Collection particulière, courtesy Barbara Divver Fine Art
Historique
Mme Rosalind Rubin, New York.
Leonard Hutton Gallery, New York.
Collection particulière, États-Unis.
Galerie Beyeler, Bâle.
Bibliographie
Laffaille, Maurice, *Raoul Dufy, Catalogue raisonné de l'œuvre peint*, t. I, Genève, Éditions Motte, 1972, cat. n° 219, reprod. n. b. p. 192.
Expositions
Fauves and Expressionists, New York, Leonard Hutton Galleries, 18 avril-12 juin 1968, p. 65, n° 13, p. 2, ill. coul. pleine page.

■ **75**
Raoul Dufy
Le 14 Juillet au Havre, 1906
Huile sur toile, 46,5 x 38 cm
Signé en bas à droite : *Raoul Dufy*
Collection particulière
Historique
Collection Adolphe Menjou, Beverly Hills.
Wildenstein and Company, New York.
Franck Sinatra, Palm Springs, Californie.
Collection particulière.
Bibliographie
Freeman, Judi, *Nineteenth and Twentieth Century Modern Masterworks : The Fridart Foundation Collection*, Fridart Foundation, 1998, reprod. coul. p. 61.
Laffaille, Maurice, *Raoul Dufy, Catalogue raisonné de l'œuvre peint*, t. I, Genève, Editions Motte, 1972, reprod. n. b. p. 193.
Expositions
Raoul Dufy, San Francisco, San Francisco Museum of Art, 12 mai-4 juillet 1954, Los

Angeles County Museum, 1954, n° 9.
Sounds of Colour, Londres, Arts Council of Great Britain, 1982.
Manguin parmi les Fauves, Martigny, Fondation Pierre Gianadda, 4 juin-4 septembre 1983, reprod. coul. p. 93, n° 40.
Raoul Dufy, Londres, Art Council of Great Britain, 1983-1984, n° 13.
The Fauve Landscape, Los Angeles, Los Angeles County Museum of Art, New York, The Metropolitan Museum of Art, Londres, Royal Academy of Arts, 1990-1991, reprod. coul. p. 38, ill. 38.
Fauvism and Modern Japanese Painting, Aichi, Prefectural Museum of Art, 30 octobre-20 décembre 1992, Kyoto, The National Museum of Modern Art, 5 janvier-14 février 1993, Tokyo, The National Museum of Modern Art, 24 février-28 mars 1993, Aichi, Prefectural Museum of Modern Art, 1992, n° 20, reprod. coul. p. 59.
Fauves, Sydney, The Art Gallery of New South Wales, 8 décembre 1995-18 février 1996, Melbourne, National Gallery of Victoria, 29 février-13 mai 1996, Sydney, The Art Gallery of New South Wales, 1995, Londres, Thames and Hudson Ltd, 1995, n° 42, reprod. coul. p. 129.
Fauvism «Wild Beasts», Tel-Aviv, Tel Aviv Museum of Art, 6 juin-31 août 1996, n° 30, reprod. coul. p. 81.
Die Explosion der Farbe Fauvismus und Expressionismus 1905-1911, Ingelheim, Internationale Tage, 26 avril-28 juin 1998, Mayence, Verlag Hermann Schmidt, 1998, reprod. coul. p. 11 et p. 128.

■ **76**
Raoul Dufy
14 Juillet, 1906
Huile sur toile, 44 x 37 cm
Signé en bas à gauche : *Raoul Dufy*
Collection particulière, courtesy Fondation Pierre Gianadda, Martigny
Historique
Charles Malpel, Toulouse, 1907.
Collection particulière, France.
Alphonse Bellier, Paris.
Bibliographie
Courthion, Pierre, *Raoul Dufy*, Genève, Pierre Cailler, 1951, pl. 25.
Laffaille, Maurice, *Raoul Dufy, Catalogue raisonné de l'œuvre peint*, t. I, Genève, Éditions Motte, 1972, cat. n° 212, reprod. n. b. p. 184.
Leymarie, Jean, *Le Fauvisme*, Genève, Skira, 1987 (première édition en 1959), p. 15.
Malpel, Charles, *Notes sur l'art d'aujourd'hui et peut-être de demain*, Paris, Grasset, Toulouse, Privat, 1910, ill.
Werner, Alfred, *Dufy*, Paris, Éditions du Cercle d'art, 1985, p. 18.
Expositions
Le Salon toulousain, Toulouse, La Dépêche, 1907.
Raoul Dufy, Le Télégramme, 20-30 octobre 1908.
Raoul Dufy, Genève, Musée d'Art et d'Histoire, 14 juin-28 septembre 1952, n° 2.
Raoul Dufy, 1877-1953, Paris, Musée national d'Art moderne, juin 1953, n° 14.
Raoul Dufy, Londres, The Tate Gallery, 9 janvier-7 février 1954, n° 29.
Raoul Dufy, Bâle, Kunsthalle, 22 avril-7 juin 1954, n° 7.
Dufy, Lyon, Musée de Lyon, Festival de Lyon-Charbonnières, 24 juin-30 novembre 1957, n° 9.

Triumph der Farbe, Die Europaischen Fauves, Schaffhausen, Museum zu allerheiligen, 5 juillet-13 septembre 1959, Berlin, Nationalgalerie, Orangerie der Schloss Charlottenburg, 20 septembre-15 novembre 1959, n° 49.
Les Fauves, Paris, Galerie Charpentier, 1962, n° 48.
Hommage à Raoul Dufy, Nice, Galerie des Ponchettes, 1963, n° 6, pl. 5.
Le Fauvisme français et les débuts de l'expressionnisme allemand, Paris, Musée national d'Art moderne, 15 janvier-6 mars 1966, Munich, Haus der Kunst, 26 mars-15 mai 1966, n° 38, pl. 82.
Raoul Dufy, Hambourg, Kunstverein, 1967-1968, Essen, Museum Folkwang, 18 février-14 avril 1968, n° 14, pl. 28.
Raoul Dufy, 1877-1953, Munich, Haus der Kunst, 30 juin-30 septembre 1973, n° 11.
Raoul Dufy, séries et séries noires, Martigny, Fondation Pierre Gianadda, 24 janvier-1er juin 1997, n° 9.
Raoul Dufy, Lyon, Musée des Beaux-Arts-Musée de l'Imprimerie, 28 janvier-18 avril 1999, Barcelone, Musée Picasso-Musée du Textile et de l'Industrie, 29 avril-11 juillet 1999, reprod. coul. p. 71, n° 17.

■ 80
Raoul Dufy
La Plage de Sainte-Adresse, 1906
Huile sur toile, 53,5 x 65 cm
Signé en bas à droite : *Raoul Dufy*
Collection particulière, courtesy Galerie Cazeau-Béraudière
Historique
Collection Ritter, New York.
Vente, New York, Parke Bernet, 25 octobre 1972, n° 39, reprod. coul.
Collection particulière, Paris.
Collection particulière, Paris.
Galerie Cazeau-Béraudière, 1996.
Bibliographie
Laffaille, Maurice, *Raoul Dufy, Catalogue raisonné de l'œuvre peint*, t. IV, Genève, Éditions Motte, 1977, n° 1794, reprod. p. 303.
Expositions
Les Fauves, Dallas, Museum for Contemporary Arts, 29 janvier-16 mars 1959.
Paintings from The Ritter Collection, New York, Fine Art Association, 1969.
Summer Exhibition, New York, Brooklyn Museum, 1971-1972.
Raoul Dufy, Lyon, Musée des Beaux-Arts-Musée de l'Imprimerie, 28 janvier-18 avril 1999, Barcelone, Musée Picasso-Musée du Textile et de l'Industrie, 29 avril-11 juillet 1999, reprod. coul. p. 78.

■ 98
Raoul Dufy
Les Barques aux Martigues, 1907
Huile sur toile, 54 x 65 cm
Signé en bas à droite : *R. Dufy*
Collection particulière
Historique
Galerie Bernheim-Jeune, Paris.
Collection particulière.
Bibliographie
Ferrier, Jean-Louis, *Les Fauves, le règne de la couleur*, Paris, Terrail, 1992, p. 191.
Freeman, Judi, *Nineteeth and Twentieth Century Modern Masterworks : The Fridart Foundation Collection*, Fridart Foundation, 1998, reprod. coul. p. 69.

Laffaille, Maurice, *Raoul Dufy, Catalogue raisonné de l'œuvre peint de 1895 à 1915*, t. I, Genève, Éditions Motte, 1972, reprod. n. b. p. 283, n° 342.
Zürcher, Bernard, *Les Fauves*, Paris, Hazan, 1995, reprod. coul. p. 184.
L'Estaque naissance du paysage moderne 1870-1910, Marseille, Musée Cantini, 25 juin-25 septembre 1994, Musées de Marseille-Réunion des musées nationaux, 1994, ill. n. b. 186, p. 232.
Expositions
Raoul Dufy 1877-1953, Londres, Galerie Wildenstein, 1975, n° 6.
Raoul Dufy, Art Council of Great Britain, 1984, n° 19.
The Fauve Landscape, Los Angeles, Los Angeles County Museum of Art, New York, The Metropolitan Museum of Art, Londres, Royal Academy of Arts, 1990-1991, reprod. p. 53, ill. 62.
Fauvism and Modern Japanese Painting, Aichi, Prefectural Museum of Art, 30 octobre-20 décembre 1992, Kyoto, The National Museum of Modern Art, 5 janvier-14 février 1993, Tokyo, The National Museum of Modern Art, 24 février-28 mars 1993, Aichi, Prefectural Museum of Modern Art, 1992, n° 26, reprod. coul. p. 65.
Fauves, Sydney, The Art Gallery of New South Wales, 8 décembre 1995-18 février 1996, Melbourne, National Gallery of Victoria, 29 février-13 mai 1996, Sydney, The Art Gallery of New South Wales, 1995, Londres, Thames and Hudson Ltd, 1995, n° 50, reprod. coul. p. 145.
Fauvism «Wild Beasts», Tel-Aviv, Tel Aviv Museum of Art, 6 juin-31 août 1996, reprod. coul. p. 87, n° 33.
Raoul Dufy, séries et séries noires, Martigny, Fondation Pierre Gianadda, 24 janvier-1er juin 1997, n° 13, reprod. coul.
Raoul Dufy, Lyon, Musée des Beaux-Arts-Musée de l'Imprimerie, 28 janvier-18 avril 1999, Barcelone, Musée Picasso-Musée du Textile et de l'Industrie, 29 avril-11 juillet 1999, reprod. coul. p. 99.

■ 81
Raoul Dufy
Les Régates, 1907-1908
Huile sur toile, 54 x 65 cm
Signé en bas à droite : *Raoul Dufy*
Musée d'Art moderne de la Ville de Paris
N° inv. : AMVP 2089
Historique
Collection Dr Maurice Girardin, Paris.
Legs Girardin à la Ville de Paris, Musée du Petit Palais, 1953.
Musée d'Art moderne de la Ville de paris, 1961.
Bibliographie
Laffaille, Maurice, *Raoul Dufy, Catalogue raisonné de l'œuvre peint de 1895 à 1915*, t. I, Genève, Éditions Motte, 1972, reprod. n. b. p. 150, n° 170.
Expositions
Autour de 1900, Paris, Galerie Charpentier, 1950.
Raoul Dufy, Montevideo, 1977, Bogota, Museo National, 1978.
Œuvres de Raoul Dufy, peintures, aquarelles, dessins. Collections de la Ville de Paris, Paris, Musée d'Art moderne de la Ville de Paris, 1977, n° 6, reprod. n. b. p. 36.
Raoul Dufy, Londres, The Hayward Gallery, 1983-1984, reprod. n. b. n° 20.

Raoul Dufy, Saint-Tropez, Musée de l'Annonciade, 1987, reprod. coul. n° 15.
The Fauve Landscape, Los Angeles, Los Angeles County Museum of Art, New York, The Metropolitan Museum of Art, Londres, Royal Academy of Arts, 1990-1991, reprod. coul. 214, ill. 223.
Raoul Dufy, peintre et décorateur de la modernité, Tokyo, Musée d'Art d'Isetan, Nagoya, Musée d'Art de Matsuzakaya, Hiroshima, Musée des Beaux-Arts, Osaka, Musée d'Art de Daimaru, Hiratsuka, Musée d'Art, 1995, reprod. coul. n° 4.

■ 97
Raoul Dufy
L'Apéritif, 1908
Huile sur toile, 59 x 72,5 cm
Signé en bas à droite : *R. Dufy*.
Musée d'Art moderne de la Ville de Paris
N° inv. : AMVP 1672
Historique
Collection Dr Maurice Girardin, Paris
Legs Girardin à la Ville de Paris, 1953.
Musée du Petit Palais, 1953-1961.
Musée d'Art moderne de la Ville de Paris, 1961.
Bibliographie
Elderfield, John, *The «Wild Beasts» Fauvism and Its Affinities*, New York, Museum of Modern Art, 1976, reprod. n. b. p.132.
Laffaille, Maurice, *Raoul Dufy, Catalogue raisonné de l'œuvre peint*, t. I, Genève, Éditions Motte, 1972, reprod. p. 207, n° 239.
Müller, Joseph-Émile, *Le Fauvisme*, Paris, Fernand Hazan, 1967, p. 123.
Perez-Tibi, Dora, *Dufy*, Paris, Flammarion, 1989, p. 37-39.
Whitfield, Sarah, *Fauvism*, Londres, Thames and Hudson, 1991, **p.** 198.
Chefs-d'œuvre du musée d'Art moderne de la Ville de Paris, Paris, Paris-Musées et les Amis du musée d'Art moderne, 1985, reprod. p. 133.
L'Estaque naissance du paysage moderne 1870-1910, Marseille, Musée Cantini, 25 juin-25 septembre 1994, Musées de Marseille-Réunion des musées nationaux, 1994, ill. n. b. 13, p. 24.
Expositions
Le Fauvisme français et les débuts de l'expressionnisme allemand, Paris, Musée national d'Art moderne, 15 janvier-6 mars 1966, Munich, Haus der Kunst, 26 mars-15 mai 1966, n° 49, reprod. n. b. p. 93.
Matisse und seine Freunde : les Fauves, Hambourg, Kunstverein, 1966, n° 31
Raoul Dufy 1877-1953, Bordeaux, Galerie des Beaux-Arts, 1970, n° 24.
Raoul Dufy, Marcq-en-Barœul, Fondation Anne et Albert Prouvost, Septentrion, 1976, n° 6.
Raoul Dufy, Montevideo, 1977, Bogota, Museo Nacional, 1978, n° 4.
Projets de Dufy pour la « Fée Electricité », Paris, Orangerie des Tuileries, 1987.
Raoul Dufy, Lyon, Musée des Beaux-Arts-Musée de l'Imprimerie, 28 janvier-18 avril 1999, Barcelone, Musée Picasso-Musée du Textile et de l'Industrie, 29 avril-11 juillet 1999, reprod. coul. p. 105, n° 39.

JOHN DUNCAN FERGUSSON
(Leith, 1874 - Glasgow 1961)
Il abandonne vite l'école d'art d'Édimbourg pour peindre librement. Il fait un premier séjour à Paris en 1898 et s'inscrit à l'Académie Colarossi. Il voyagera en France pratiquement chaque été, à partir de cette date. Vers 1900, il se lie d'amitié avec Peploe. Il s'installe à Paris en 1907. Autour de lui et du peintre américain Anne Estelle Rice se constitue un groupe fauve anglo-américain qui disposera d'une revue baptisée *Rhythm* (été 1911-novembre 1912 ; le titre est un hommage à Bergson). Fondée par John Middleton-Murry et Michael Sadleir, Fergusson en est le directeur artistique. Le groupe, qui n'a pas la faveur de Roger Fry, organise, en concurrence à la Second Post Impressionist Exhibition, sa propre exposition en octobre 1912, à la Stafford Gallery de Londres.

■ 185
John Duncan Fergusson
Au soleil
In the Sunlight, 1907
Huile sur toile marouflée sur bois, 43,3 x 37,7 cm
Inscription, signé et daté au verso :
J. D. Fergusson Paris
City of Aberdeen Art Gallery and Museums, Aberdeen.
Historique
T. et R. Annan, marchands d'art à Glasgow.
Acquis par le musée, 1951.
Bibliographie
Billcliffe, Roger, *The Scottish Colourists*, Londres, John Murray, 1989 (reéd. en 1998), reprod. coul. n° 29.

n°187
John Duncan Fergusson
Portrait d'Anne Estelle Rice
Portrait of Anne Estelle Rice, circa 1908
Huile sur panneau, 66,5 x 57,5 cm
Scottish National Gallery of Modern Art, Édimbourg
N° inv : GMA 1247
Historique
Mme Margaret Morris Fergusson.
Acquis par le musée, 1971.
Expositions
Stafford Gallery, Londres, 1912, n° 21.
Gruetzner Robins, Anna, *Modern Art in Britain, 1910-1914*, Londres, Barbican Art Gallery, 20 février-26 mai 1997, Merrell Holberton Publishers, Barbican Art Gallery, Londres, 1997, reprod. coul. p. 110, n° 37.

■ 186
John Duncan Fergusson
Le Chapeau bleu, Closerie des Lilas
The Blue Hat, Closerie des Lilas, 1909
Huile sur toile, 76,2 x 76,2 cm
Inscription au verso : *J. D. FERGUSSON/1909*
City Art Centre : City of Edinburgh Museums and Galleries, Édimbourg
Historique
Acquis par le musée de Margaret Morris Fergusson, veuve de l'artiste (Fonds Jean F. Watson), 1962.
Bibliographie
Gruetzner Robins, Anna, *Modern Art in Britain, 1910-1914*, Londres, Barbican Art Gallery, 20 février-26 mai 1997, Merrell Holberton Publishers, Barbican Art Gallery, Londres, 1997, reprod. coul. p. 110, n° 38.

■ 191
John Duncan Fergusson
Le Voile persan, 1909
Huile sur bois, 51, 2 x 45,9 cm
Inscription au verso : *le voile persan*
Signé et daté en bas au verso : *J. D.
FERGUSSON 1909*
Hunterian Art Gallery, University of Glasgow
Historique
Vente Morrison, McChlery and Co, Glasgow,
19 septembre 1962, lot 39.
Legs George Smith au musée, 1997.
Expositions
Glasgow, Hunterian Gallery, 1988, n° 14.

■ 190
John Duncan Fergusson
Royan, 1910
Huile sur toile, 27 x 35 cm
Hunterian Art Gallery, University of Glasgow
N° inv. : GLAHA 43489
Historique
T. et R. Annan, marchands d'art à Glasgow.
Legs Gilbert Hinnes au musée, 1971.
Bibliographie
Billcliffe, Roger, *The Scottish Colourists*, Londres,
J. Murray, 1989, reprod. coul. n° 34.
Expositions
Colour, Rhythm and Dance, Scottish Arts
Council Tour, Glasgow, Art Gallery, Dundee Art
Gallery, Édimbourg, City of Edinburgh Art
Centre, Aberdeen, Aberdeen Art Gallery, 1985-
1986, n° 72.
Emily Carr in France, Vancouver Art Gallery,
1991, n° 50.

EMIL FILLA
(Chopyne, 1882 - Prague, 1953)
De 1903 à 1906, il étudie à l'Académie des
beaux-arts de Prague. Il participe à la création
du groupe expressionniste Osma (les Huit) et aux
deux expositions de 1907 et 1908. Il se rend
régulièrement à Paris. Dès 1910, il s'oriente vers
le cubisme. Il rejoint le cercle SVU Mánes de
Prague. En 1911, il publie *Volné smery* [Direc-
tions libres] et quitte l'association Manes pour
participer à la fondation du *Skupina vytvarnych
umelcu* [Groupe des artistes plasticiens] (groupe
cubiste). Durant la guerre de 14-18, il se réfugie
aux Pays-Bas et milite pour l'indépendance
tchèque.

■ 161
Emil Filla
Autoportrait à la cigarette
Autoportrét s cigaretou, 1908
Huile sur carton, 66 x 50 cm
Národní galerie v Praze, Prague
N° inv. : 0-8042
Historique
Donation de Vincenc Kramář
au musée.
Bibliographie
Lamac, Miroslav, *Le Cubisme tchèque*,
Centre Georges-Pompidou, Paris,
Flammarion, 1992, ill. coul. p. 50.
Expositions
Czech Modernism 1900-1945, Houston, 1989,
n° PS12.
Expresionimus. A Ceské Umeni,
Narodni Galerie v Praze, 15 décembre
1994-19 mars 1995, reprod. coul. p. 49,
n° 12.

■ 159
Emil Filla
Portrait de l'écrivain Uher
Podobizna spisovatele Uhra, 1908
Huile sur carton, 68,8 x 54,4 cm
Signé et daté en bas à gauche : *Emil
Filla/1908 Dubrovnik*
Moravská galerie v Brne, Brno
N° inv. : A. 521
Historique
Acquis par le musée, 1926.
Expositions
Expresionimus. A Ceské Umeni, Narodni
Galerie v Praze, 15 décembre 1994-19 mars
1995, reprod. coul. p. 49, n° 13.

OTHON FRIESZ
(Le Havre, 1879 - Paris, 1949)
Il s'inscrit en 1892 à l'École des beaux-arts du
Havre où il fait la connaissance de Dufy. Il suit
de 1897 à 1903 l'enseignement de Léon Bonnat
à l'École des beaux-arts de Paris où il rencontre
Henri Matisse, Georges Rouault, Charles Camoin,
de l'atelier de Gustave Moreau. Il partage son atelier avec Raoul Dufy, rue Campagne-Première
(1900-1902) puis rue Cortot au Bateau-Lavoir
(1902). À partir de 1903, il expose régulièrement
au Salon des Indépendants, puis au Salon
d'Automne à partir de 1904. En 1905, ses
tableaux, encore sous l'influence de l'impressionnisme, sont placés dans la salle VI du Salon
d'Automne. En 1905, il a, comme Matisse, un
atelier au couvent des Oiseaux. Durant l'été, il
séjourne à Anvers avec Georges Braque, son compatriote. Il participe à la création du Cercle de
l'art moderne du Havre et à ses trois expositions
(1906, 1907 et 1908). En juin 1907, il rejoint
Braque à L'Estaque puis à La Ciotat, en août.
Cette même année, il signe un contrat avec
Druet. À l'automne 1907, il s'éloigne du fauvisme.

■ 82
Othon Friesz
Anvers - Le Port, été 1906
Huile sur toile, 60 x 73 cm
Signé en bas à droite : *Othon Friesz 06*
Collection Larock Granoff, Paris
Historique
Galerie Charpentier, Paris, 1954, n° 124.
Drouot, Tajan, Paris, 21 juin 1995, n° 8.
Collection Larock Granoff, Paris.
Expositions
Les Fauves, Paris, Galerie Charpentier, 1952.
Die Fauves, Berlin, 1959, n° 59 (dans le
catalogue).
*Die Explosion der Farbe Fauvismus und
Expressionismus 1905-1911*, Ingelheim,
Internationale Tage, 26 avril-28 juin 1998,
Mayence, Verlag Hermann Schmidt, 1998,
reprod. coul. p. 40 et 131.

■ 83
Othon Friesz
Le Port d'Anvers, été 1906
Huile sur toile, 54 x 65 cm
Signé et daté en bas à gauche : *Othon Friesz 06*
Musée d'Art moderne et d'Art contemporain
de la ville de Liège
Historique
Acquis en 1939 par le musée d'Art moderne
de Liège.
Bibliographie
Ferrier, Jean-Louis, *Les Fauves, le règne de la
couleur,* Paris, Pierre Terrail, 1992, reprod.
coul. p. 165.

Giry, Marcel, *Le Fauvisme, ses origines, son
évolution*, Neuchâtel, Ides et Calendes, 1981,
reprod. n. b. p. 184, ill. 89.
Zürcher, Bernard, *Les Fauves*, Paris, Hazan,
1995, reprod. coul. p. 153.
Expositions
The Fauve Landscape, Los Angeles, Los
Angeles County Museum of Art, New York,
The Metropolitan Museum of Art, Londres,
Royal Academy of Arts, 1990-1991, reprod.
coul. p. 93, ill. 104.

■ 94
Othon Friesz
Paysage de La Ciotat, 1907
Huile sur toile, 92, 5 x 60,5 cm
Signé et daté en bas à droite : *Othon Friesz, 07*
Collection particulière
Historique
Hôtel des ventes, Bourg-en-Bresse, 9 juin
1991.
Bibliographie
Martin, Robert, Aittouarès, Odile, *Emile Othon
Friesz. L'œuvre peint*, t. I, Paris, Éditions
Aittouarès, 1995, reprod. coul. p. 64, n°46.

■ 95
Othon Friesz
Paysage à La Ciotat, 1907
Huile sur toile, 65 x 81 cm
Signé et daté en bas à droite :
Othon Friesz, 07
Musée d'Art moderne, donation Pierre
et Denise Lévy, Troyes
N° inv. : MNPL 164
Historique
Collection Pierre et Denise Lévy.
Donation Pierre et Denise Lévy à l'État
français en 1976, Musée d'Art moderne de
Troyes, 1982.
Bibliographie
Diehl, Gaston, *Les Fauves*, 1943, ill. 6.
Elderfield, John, *The «Wild Beasts» Fauvism
and Its Affinities*, New York, The Museum of
Modern Art, 1976, reprod. coul. p. 127.
Ferrier, Jean-Louis, *Les Fauves, le règne de la
couleur,* Paris, Pierre Terrail, 1992, reprod.
coul. p. 166.
Freeman, Judi, *Le Paysage fauve*. Paris, Éditions
Abbeville, 1991, reprod. n. b. p. 234, ill. 251.
Gauthier, Maximilien, *Othon Friesz*, Genève,
1957, reprod. pl. XXIV.
Giry, Marcel, *Le Fauvisme, ses origines, son
évolution*, Neuchâtel, Ides et Calendes, 1981,
reprod. coul. p. 195, ill. 97.
Leymarie, Jean, *Le Fauvisme*, Genève, 1959,
reprod. p. 108.
Martin, Robert, Aittouarès, Odile, *Emile Othon
Friesz. L'œuvre peint*, t. I, Paris, Éditions
Aittouarès, 1995, reprod. n. b. p. 124.
Müller, Joseph-Émile, 1956, reprod. p. 65.
Whitfield, Sarah, *Le Fauvisme*, Paris, Thames
and Hudson, coll. «L'univers de l'art», 1997,
reprod. n. b. p. 139, ill. 114.
Zervos, C., *Histoire de l'art contemporain*,
Paris, 1938, p. 134.
Zürcher, Bernard, *Les Fauves*, Paris, Hazan,
1995, reprod. coul. p. 174.
Donation Pierre et Denise Lévy, I, *Peintures*,
Troyes, Musée d'Art moderne, 1988, reprod.
n. b. p. 103, n° 163.
*L'Estaque naissance du paysage moderne
1870-1910*, Marseille, Musée Cantini, 25 juin-
25 septembre 1994, Musées de Marseille-
Réunion des musées nationaux, 1994, ill.
coul. 86, p. 109.

Expositions
Paris, Galerie Charpentier, 1950.
Le Fauvisme, Paris, Musée national d'Art
moderne, 1951.
*Les Sources du XXᵉ siècle, les arts en Europe de
1884 à 1914*, Paris, Musée national d'Art
moderne, 1960-1961.
L'Expressionnisme européen, Munich, Haus
der Kunst, Paris, 1970.
Donation Pierre Lévy, Paris, Orangerie des
Tuileries, Éditions de la Réunion des musées
nationaux, 16 février-16 avril 1978, n° 165,
reprod. p. 122.

■ 96
Othon Friesz
La Ciotat, 1907
Huile sur toile, 65 x 80 cm
Signé en bas à droite : *Othon Friesz*
Collection particulière
Historique
Mme Friesz.
Kaethe Perls, Paris.
Perls Galleries, New York.
Herman Cooper, New York.
Kadeto Corporation, New York.
Collection particulière.
Bibliographie
Elderfield, John, *«The Wild Beasts» : Fauvism
and Its Affinities*, New York, The Museum of
Modern Art, 1976, p. 91.
Freeman, Judi, *Nineteenth and Twentieth
Century Modern Masterworks : The Fridart
Foundation Collection*, Fridart Foundation,
1998, reprod. coul. p. 72.
Whitfield, Sarah, *Le Fauvisme*, Paris, Thames
and Hudson, coll. «L'univers de l'art», 1997,
reprod. coul. p. 144, ill. 122.
Zürcher, Bernard, *Les Fauves*, Paris, Hazan,
1995, reprod. coul. p. 173.
Expositions
International Expressionism, New York,
Marlborough-Gerson Gallery, 1968, n° 14.
Sounds of Colour, Londres, Arts Council of
Great Britain, 1982.
The Fauve Landscape, Los Angeles, Los
Angeles County Museum of Art, New York,
The Metropolitan Museum of Art, Londres,
Royal Academy of Arts, 1990-1991, reprod.
coul. p. 103, ill. 119.
Fauvism and Modern Japanese Painting, Aichi,
Prefectural Museum of Art, 30 octobre-
20 décembre 1992, Kyoto, The National
Museum of Modern Art, 5 janvier-14 février
1993, Tokyo, The National Museum of
Modern Art, 24 février-28 mars 1993, Aichi,
Prefectural Museum of Art, 1992,
n° 29, reprod. coul. p. 68.
Fauves, Sydney, The Art Gallery of New South
Wales, 8 décembre 1995-18 février 1996,
Melbourne, National Gallery of Victoria,
29 février-13 mai 1996, Sydney, The Art
Gallery of New South Wales, 1995, Londres,
Thames and Hudson Ltd, 1995, n° 54, reprod.
coul. p. 155.
Fauvism «Wild Beasts», Tel-Aviv, Tel Aviv
Museum of Art, 6 juin-31 août 1996, n° 38,
p. 97.

LEO GESTEL
(Woerden, 1881 - Blaricum, 1941)
Il acquiert sa première formation dans l'atelier familial de peinture et de décoration de son oncle qui a connu Van Gogh. En 1900, il commence des études à l'Académie d'Amsterdam et travaille comme illustrateur dans les journaux. En 1904, il séjourne trois mois à Paris, avec Sluijters. Il expose pour la première fois, en 1905, à l'association Saint-Luc d'Amsterdam. En 1908, il obtient une bourse de deux ans qui lui permet de travailler en toute indépendance ; Son œuvre va s'inscrire dans le luminisme qui s'affirme, autour de Mondrian et de Sluijters, aux expositions de 1908 et 1909 de Saint-Luc. Ce mouvement cherche à représenter la sensation de la lumière en utilisant couleurs vives et touches néo-impressionnistes. Fin 1909, début 1910, il rejoint le Moderne Kunstkring, fondé par Spoor, Sluijters, Mondrian et Jan Toorop. En 1910, puis en 1911, il se rend à nouveau à Paris où il découvre le cubisme, dont il offre une synthèse personnelle, avant de s'orienter vers l'expressionnisme de l'École de Bergen.

■ 178
Leo Gestel
Nu couché
Liggend naakt, 1908
Huile sur carton, 36 x 62 cm
Signé et daté en bas à gauche : *Leo Gestel 1908*
Hannema-de Stuers Fundatie, Heino/Wijhe
N° inv. : 2079
Historique
Acquis par le musée, du marchand d'art Bennewitz, La Haye, 1956.
Bibliographie
Contrast and Connections, A Guide, Twentieth Century Painting and Sculpture, Hannema-de Stuers Foundation, Heino/Wijhe, The Netherlands, 1991, ill. coul. p. 15.
Expositions
Meesters van het licht, Luministische schilderkunst in Nederland en Duitsland, Rotterdam, Kunsthal, 28 septembre-8 décembre 1996, Zwolle, Waanders Uitgevers, reprod. coul. p. 68.

■ 179
Leo Gestel
Jour d'automne
Herfstdag, 1909
Huile sur toile, 50 x 65 cm
Rijksmuseum Vincent Van Gogh, Amsterdam, dépôt permanent du Rijksdienst Beeldende Kunst, La Haye
N° inv. : R 1700
Historique
Collection P. Boendermaker, Bergen.
Expositions
Leo Gestel, schilder en tekenaar, Laren, Singer Museum, 28 novembre 1993-30 janvier 1994, n° 33.
La Beauté exacte, de Van Gogh à Mondrian, Paris, Musée d'Art moderne de la Ville de Paris, 25 mars-17 juillet 1994, n° 35, reprod. coul. p. 98.

GIOVANNI GIACOMETTI
(Stampa, 1868 - Glion, 1933)
En 1886, il étudie la peinture à l'école des arts décoratifs de Munich où, l'année suivante, il fait la connaissance d'Amiet. En 1881, ils décident de poursuivre leurs études à Paris et, dès octobre, s'inscrivent à l'Académie Julian. Il reste à Paris jusqu'en 1891. En 1894, à Maloja, il rencontre Segantini qui aura dès lors une influence sur son œuvre. Il voit régulièrement Amiet qui, après un an passé à Pont-Aven, lui fait partager son expérience. En 1900, il expose au sein de la représentation suisse à l'Exposition universelle de Paris. À partir de 1905, il travaille de nouveau dans une grande proximité avec Amiet et commence à se libérer de l'influence de Segantini. En 1906, il a une exposition au Kunstlerhaus de Zurich. En 1907, il se rend avec Amiet à Paris, pour la rétrospective Cézanne du Salon d'Automne; ils copient ensemble des œuvres de Van Gogh. En 1908, il expose avec Amiet à l'exposition de la Brücke, conjointe à celle des Fauves français, galerie Richter à Dresde. En 1909, la galerie Tannhauser présente ses œuvres à Munich. Il rencontre Jawlensky. En 1911, il participe à la Sécession berlinoise. En 1912, exposition personnelle au Kunsthaus de Zurich et présentation de deux œuvres à l'exposition du Sonderbund de Cologne.

■ 182
Giovanni Giacometti
Au bord du lac
In riva al lago, 1907
Huile sur toile, 101 x 65 cm
Monogrammé en bas à gauche
Collection particulière
Historique
Ancienne collection Josef Müller.
Bibliographie
Giovanni Giacometti ,1868-1933, Winterthur, Kunstmuseum, Lausanne, Musée cantonal des Beaux-Arts, Chur, Bündner Kunstmuseum, 1996-1997, reprod. coul. p. 244.
Expositions
La Mamma a Stampa, Annetta-Gesehen von Giovanni und Alberto Giacometti, Zurich, Kunsthaus, Chur, Bündner Kunstmuseum, 1990-1991, n° 20, reprod. coul. p. de couverture et p. 59.
Kunst über Grezen, Die Klassische Moderne von Cézanne bis Tinguely und die Weltkunst-aus der Schweiz gesehen, Prestel Verlag, Munich, Londres, New York, und Haus der Kunst, Munich, 1999, reprod. coul. n° 73, p. 112.

■ 181
Giovanni Giacometti
Vue de Capolago
Blick über Capolago auf den Silsersee, circa 1907
Huile sur toile, 51,5 x 60 cm
Monogrammé en bas à gauche
Musée d'Orsay, Paris
N° inv. : RF 1997-15
Historique
Oscar Miller, Biberist.
Vente Sotheby's, Zurich, 10 décembre 1996, n° 118.
Collection particulière, Suisse.
Acquis par le musée grâce à la participation de M. Philippe Meyer, 1997.
Expositions
Giovanni Giacometti ,1868-1933, Winterthur, Kunstmuseum, Lausanne, Musée cantonal des Beaux-Arts, Chur, Kunstmuseum, 1996-1997, reprod. coul. en page de couverture et p. 244.

NATALIA SERGUÉÏEVNA GONTCHAROVA
(Nagaiévo, province de Toula, 1881 - Paris, 1962)
Issue de la petite noblesse russe, elle entre à l'École de peinture, de sculpture et d'architecture de Moscou, en 1898, où elle est élève de Troubetskoy, un disciple de Rodin. Elle y rencontre Larionov qui deviendra son compagnon et, à partir de 1900, commence à exposer dans différents salons et manifestations de l'avant-garde russe (Stephanos, en 1907, La Toison d'Or, en 1908 et 1909). Elle participe aussi à Paris, à l'exposition russe du Salon d'Automne de 1906, organisée par Diaghilev. Elle prend part à la création du groupe cézanniste fauve du Valet de Carreau, à Moscou, en 1910, qu'elle quittera avec Larionov en 1911, revendiquant un retour aux sources de l'art populaire russe contre l'influence dominante de la peinture française. Ils fondent alors La Queue d'Âne, puis La Cible en 1913. Elle a fait plusieurs fois l'objet de rejets critiques : en 1910, des œuvres exposées à l'occasion d'une conférence de Biély sont confisquées et elle est accusée d'outrage aux bonnes mœurs ; de nouveau, en 1912, ses œuvres à thèmes religieux exposées à La Queue d'Âne sont censurées. La même année, elle participe à l'exposition du Blaue Reiter à Munich et à la Second Post-Impressionist Exhibition de Londres. En 1913, elle commence à travailler pour les Ballets russes et en 1914 vient à Paris où elle a une rétrospective conjointe avec Larionov chez Paul Guillaume. En 1915, avec Larionov, elle se fixe définitivement à Paris.

■ 197
Natalia Gontcharova
Les Lutteurs, 1909-1910
Huile sur toile, 118,5 x 103 cm
Inscription au verso de la toile : «*Mich. Larionow / Les lutteurs / M. Larionof,*»
Centre Georges-Pompidou, Paris
Musée national d'Art moderne / Centre de création industrielle
N° inv. : AM 1988-878
Historique
Atelier Moscou.
Années 20, immatriculation par le musée de la Culture picturale, Moscou.
Fin des années 20, restitution à l'artiste (Paris), par Lev Jeguine.
Collection Mikhaël Larionov.
Collection Tomilina-Larionov, Paris.
Donation de l'État soviétique à l'État français en 1988.
Bibliographie
Boissel, Jessica, *Nathalie Gontcharova, Michel Larionov et les collections du musée national d'Art moderne*, Paris, Musée national d'Art moderne, Centre Georges-Pompidou, 21 juin-18 septembre 1995, n° 10, p. 30-31.
Expositions
2e Salon Izdebsky : salon international de tableaux, sculptures et dessins, Odessa, 1910, n° 95, non reproduit.
Exposition de tableaux de N. S. Gontcharova, Moscou, salon de peintures, 1913, n° 439, non reprod.
Natalia Gontcharova, 1900-1913, Saint-Pétersbourg, Bureau artistique de N. E. Dobytchina, 1914, n° 22, non reproduit.

ERICH HECKEL
(Döbeln, 1885 - Radolfzell, 1970)
Il fait ses études à Chemnitz où, en 1901, il se lie avec Schmidt-Rottluff. En 1904, il s'inscrit en architecture à l'école technique supérieure de Dresde où il rencontre Kirchner et Bleyl. Le 7 juin 1905, il fonde avec ces derniers et Schmidt-Rottluff le groupe la Brücke. Il en est secrétaire et trésorier. Il rencontre Pechstein, ce dernier adhère au groupe ainsi qu'Amiet. En 1907, il rend visite au collectionneur d'art moderne (notamment français) et primitif Karl Ernst Osthaus. De juillet à octobre, il peint à Dangast avec Schmidt-Rottluff, de même que l'été suivant. En 1909, il voyage en Italie et, durant l'été, peint avec Kirchner dans la région des lacs de Moritzburg. En 1910, il est à Berlin au printemps et de nouveau à Moritzburg, avec Kirchner et Pechstein, puis à Dangast, avec Pechstein et Schmidt-Rottluff. En 1911, il passe l'été sur la Baltique à Prerow et rejoint Kirchner à Moritzburg, en août. À l'automne, il s'installe à Berlin avec les autres artistes de la Brücke. En 1912, il rencontre Franz Marc et expose avec le Blaue Reiter; il participe à l'exposition du Sonderbund de Cologne. Le 27 mai 1913, dissolution de la Brücke.

■ 139
Erich Heckel
Les Toits rouges
Rote Dächer (Häusergruppe, Dangast), 1909
Huile sur toile, 67,5 x 75,5 cm
Signé et daté en bas à gauche : *E. Heckel 09*
Signé et daté au verso en noir : *Erich Heckel 1909*
Signature et inscription au dos du cadre supérieur : *Erich Heckel : Häusergruppe*
Collection particulière, Suisse
Historique
Gustav Ferdinand Jung Collection, Hagen.
Vente, 8 juin 1996, Berlin, Villa Grisebach, n° 19, ill.
Bibliographie
Wietek, Gerhard, *Maler der Brücke in Dangast von 1907 bis 1912*, Oldenburg, Kunstverein, 1957, n° 73.
Expositions
The Joy of Color, the Merzbacher Collection, Jérusalem, The Israel Museum, octobre 1998-février 1999, Jérusalem, The Israel Museum and DuMont Buchverlag, Cologne, 1998, reprod. coul. p. 89, n° 23.

ALEXEJ VON JAWLENSKY
(Alexei Guéorguiévitch Jawlensky, Torjok, 1864 - Wiesbaden, 1941)
Issu d'une famille de la petite noblesse militaire, il commence une carrière de soldat, tout en suivant des études artistiques, se faisant affecter, en 1889, à Saint-Pétersbourg pour suivre les cours de Riépine à l'Académie. En 1891, il rencontre Marianne von Werefkin, peintre, qui deviendra sa compagne. En 1896, après un voyage en Allemagne, en Belgique, en Hollande et à Londres et Paris, il quitte l'armée et s'installe à Munich avec Werefkin. Il s'inscrit à l'atelier libre d'Anton Azbé, où il se lie avec Kandinsky, en 1897. En 1902, il expose pour la première fois à la Sécession berlinoise. En 1903, il va de nouveau à Paris et en Normandie. En 1904, il découvre Gauguin. En 1905 et 1906, il peint en Bretagne, à Carantec, et se rend à Paris où il participe au Salon d'Automne avec Kandinsky. À Munich, il se lie avec Verkade, peintre nabi ayant connu Gauguin. Il semble qu'il vienne de nouveau à Paris en 1907, pour la rétrospective Cézanne avant d'aller à Marseille. (Il est possible qu'il ait rencontré Matisse dès 1905 mais il n'existe aucun document prouvant qu'il ait travaillé dans l'atelier de Matisse en 1907, comme cela est parfois affirmé – Jawlensky l'a toujours nié.) En 1908, il acquiert une peinture de Van Gogh. Durant l'été, il fait un premier séjour à Murnau pour peindre avec Werefkin, Kandinsky et Münter, qui sera suivi d'un second séjour, à l'été 1909 ; il est alors le vecteur principal des relations avec la scène française. Cette année-là, il participe à la fondation de la NKVM (Nouvelle Association des Artistes de Munich), dont la première exposition a lieu, en décembre, à la galerie Tannhauser. En 1910, il fait la connaissance de Franz Marc qu'il présente à Kandinsky. En 1911, il a sa première exposition personnelle à Brême ; à l'automne, il est à Paris où il rencontre Matisse, Girieud, Van Dongen. De retour à Munich, il reste membre de la NKVM jusqu'en 1912, après la scission de Kandinsky qui donne lieu à la création du Blaue Reiter. En 1913, il participe au Erster Deutscher Herbstsalon, à la Galerie Der Sturm à Berlin.

■ **144**
Alexej von Jawlensky
Le Jardin d'Andreas - Carantec
Andreas Garten - Carantec, 1905
Huile sur carton, 59 x 52 cm
Signé en bas à gauche : *A. Jawlensky*
Signature et inscription au verso : *1905 N. 22 V. L.*
Enregistré dans les archives photographiques de l'artiste sous le titre : *Carentec-Bretagne*
Collection particulière
Historique
Atelier de l'artiste.
Collection particulière.
Bibliographie
Jawlensky, Maria, Pieroni-Jawlensky, Lucia, Jawlensky, Angelica, *Alexej von Jawlensky, Catalogue Raisonné of the Oil Paintings*, vol.1, *1890-1914*, Munich, Verlag C. H. Beck, 1991, reprod. n. b. p. 104 et coul. p. 114, ill. 103.
Signac ou la libération de la couleur - De Matisse à Mondrian, Münster, Westfälisches Landesmuseum für Kunst und Kulturgeschichte, 1er décembre 1996-16 février 1997, Musée de Grenoble, 9 mars-25 mai 1997, Weimar, Kunstsammlungen, 15 juin-31 août 1997, Münster, Éditions

Tertium, Ostfildern Westfälisches Landesmuseum für Kunst Kulturgeschichte, 1997, Paris, Éditions de la Réunion des musées nationaux, 1997, fig. 1, p. 248.

■ **143**
Alexej von Jawlensky
Le Bossu
Der Bucklige, 1905
Huile sur carton, 52,5 x 49,5 cm
Signé en bas à gauche : *A. Jawlenski* et en bas à droite : *A. J*
Inscription au verso : *Der Bucklige 1905, Bretagne, V. K. Nr. 83*
«Enregistré dans les archives photographiques de l'artiste sous le titre : *Buckliger Matrose, Bretagne*»
Städtische Galerie im Lenbachhaus, Munich N° inv. : G 13107
Historique
Galerie Bayeler, Bâle.
Acquis par le musée avec les Fonds du legs Gabriele Münter, 1963.
Bibliographie
Jawlensky, Maria, Pieroni-Jawlensky, Lucia, Jawlensky, Angelica, *Alexej von Jawlensky, Catalogue Raisonné of the Oil Paintings*, vol. 1, *1890-1914*, Munich, Verlag C. H. Beck, 1991, reprod. coul. p. 95, n° 82.
Expositions
A Futuristák és Expressionisták Kiállitásának, Budapest, Nemzeti Szalon, 1913, n° 33.
Van Gogh und die Moderne, Essen, Museum Folkwang, 1990, n° 166, reprod. coul. p. 139, Amsterdam, Rijksmuseum Vincent Van Gogh, 1990-1991, n° 128, reprod. coul. p. 324.

■ **145**
Alexej von Jawlensky
La Côte près de Carantec
Kuste bei Carantec, 1905-1906
(Ancien titre : *Côte méditerranéenne - Mittelmeerküste*, 1907)
Huile sur carton, 47,5 x 50,5 cm
Signé en bas à gauche : *A. Jawlensky*
Enregistré dans les archives photographiques de l'artiste sous le titre *Carentec-Bretagne* et daté *1905*
Bayerische Staatsgemäldesammlungen, Staatsgalerie moderner Kunst, Munich N° inv. : 15256
Historique
Collection Otto Stangl, Munich.
Legs Etta et Otto Stangl au musée, 1990.
Bibliographie
Jawlensky, Maria, Pieroni-Jawlensky, Lucia, Jawlensky, Angelica, *Alexej von Jawlensky, Catalogue Raisonné of the Oil Paintings*, vol. 1, *1890-1914*, Munich, Verlag C. H. Beck, 1991, reprod. coul. p. 156, ill. 175.
Expositions
Mostra dell'Espressionismo, Florence, Palazzo Strozzi, XXVII Magio Fiorentino, 1964, n° 98, ill. 55.
Le Fauvisme français et les débuts de l'expressionnisme allemand, Paris, Musée national d'Art moderne, 15 janvier-6 mars 1966, Munich, Haus der Kunst, 26 mars-15 mai 1966, n° 163, reprod. p. 232.
Fauvisme in de europese kunst, Malines, Cultureel centrum burgemeester Antoon Spinoy, 1969, n° 122.
Paris-Berlin, 1900-1933, Paris, Musée national d'Art moderne, 1978, ill. p. 89.
Umgang mit Vorbildern. Jawlensky und die

französische Kunst bis 1913, Munich-Baden-Baden, 1983, cat. expo. *Alexej Jawlensky*, p. 76, ill. n° 5.
Sammlung Stangl, von Klee bis Pliakoff, Munich, 2 décembre 1993-13 février 1994, Munich, Staatgalerie moderner Kunst, édition Carla Schulz-Hoffmann, 1993, reprod. coul. n° 2, p. 65.

■ **146**
Alexej von Jawlensky
Soir d'été à Murnau
Sommerabend in Murnau, 1908-1909
Huile sur carton, 33,2 x 45,1 cm
Signé en bas à gauche : *A. Jawlensky*
Inscrit au verso : *Redfern Gallery, 14 octobre 1960 acheté par Dr Roethel*
Cachet : Städtische Galerie im Lenbachhaus
Städtische Galerie im Lenbachhaus, Munich N° inv. : G 13109
Historique
Redfern Gallery, Londres.
Gabriele Münter.
Don de Gabriele Münter au musée, 1960.
Bibliographie
Jawlensky, Maria, Pieroni-Jawlensky, Lucia, Jawlensky, Angelica, *Alexej von Jawlensky, Catalogue Raisonné of the Oil Paintings*, vol. 1, *1890-1914*, Munich, Verlag C. H. Beck, 1991, reprod. coul. p. 175, ill. 204.
Expositions
Alexej Jawlensky, Baden-Baden, Kunsthalle, mai-juin 1983, n° 49, reprod. p. 160.

■ **150**
Alexej von Jawlensky
Tête inclinée
Gesenkter Kopf, 1909
Huile sur carton, 64,5 x 53,5 cm
Signé en bas à gauche : *A. Jawlensky*
Numéroté au verso : N. 25
Intitulé, signé et daté au verso
Collection particulière, Allemagne
Historique
Vente Stuttgarter Kunstkabinett, 20-21 mai 1960, lot 219, pl. coul. 21.
Collection particulière, Suisse.
Ellen Melas Kyriazi, Lausanne.
Collection particulière, États-Unis.
Vente Sotheby's, New York, 10 mai 1988, lot 32, reprod. coul.
Bibliographie
Jawlensky, Maria, Pieroni-Jawlensky, Lucia, Jawlensky, Angelica, *Alexej von Jawlensky, Catalogue Raisonné of the Oil Paintings*, vol. 1, *1890-1914*, Munich, Verlag C. H. Beck, 1991, reprod. coul. p. 218, ill. 254.
Expositions
Neue Sezession, IV, Berlin, Ausstellung, 1911-1912, n° 88.
A Futuristák és Expressionisták Kiállitásának, Budapest, Nemzeti Szalon, 1913, n° 57.

■ **151**
Alexej von Jawlensky
Schokko
(Schokko mit Tellerhut), circa 1910
Huile sur carton contrecollé sur toile, 74,9 x 64,8 cm
Signé en haut à gauche : *A. J.*
Inscription au verso [253]
Collection particulière
Historique
Collection de l'artiste.
Leonard Hutton Galleries, New York.

Bibliographie
Jawlensky, Maria, Pieroni-Jawlensky, Lucia, Jawlensky, Angelica, *Alexej von Jawlensky, Catalogue Raisonné of the Oil Paintings*, vol. 1, *1890-1914*, Munich, Verlag C. H. Beck, 1991, reprod. coul. p. 250, ill. 318.
Marcadé, Jean-Claude, *L'Avant-Garde russe*, Paris, Flammarion, 1995, reprod. coul. pl. XVII.
Expositions
Alexej von Jawlensky, Madrid, Fundación Juan March, Barcelone, Museo Picasso, mars-septembre 1992, n° 36, reprod. coul. p. 61.
Figures du Moderne, l'expressionnisme en Allemagne 1905-1914, Paris, Musée d'Art moderne de la Ville de Paris, novembre 1992-mars 1993, n° 221, reprod. coul. 227.
Von der Brücke zum Blauen Reiter-Farbe, Form und Ausdruck in der deutschen Kunst von 1905 bis 1914, Dortmund, Museum am Ostwall, septembre-décembre 1996, reprod. coul. p. 183.

WASSILY KANDINSKY
(Moscou, 1866 - Neuilly-sur-Seine, 1944)
Après des études de sciences économiques et de droit, il commence à enseigner à l'université de Moscou en 1893. En 1896, il est frappé par une des *Meules* de Monet et va désormais se consacrer à la peinture. Il s'installe à Munich où il étudie à l'atelier libre d'Anton Azbé – où en 1897, il rencontre Jawlensky – puis Franz von Stuck, à l'Académie, en 1900. En 1901, il est cofondateur du groupe Phalanx au sein duquel il enseigne jusqu'en 1904 et organise des expositions d'art moderne qui le mettent en contact avec la scène internationale. À partir de 1904 et jusqu'en 1910, il expose tous les ans au Salon d'Automne à Paris. À la fin de l'année 1904, il séjourne en Italie, puis fait de nombreux voyages de la Hollande à la Tunisie, de l'Italie à la Russie. Il rencontre Matisse en 1905 à Paris où il s'installe en 1906, pour un an, avec Gabriele Münter. En 1906, il envoie des gravures à la seconde exposition de la Brücke. En 1908, il effectue avec Münter, Jawlensky et Werefkin, un premier séjour à Murnau, près de Munich. En 1909, il participe à la fondation de la NKVM (Nouvelle Association des Artistes de Munich) ; il séjourne à nouveau à Murnau où Münter achète une maison ; il publie *Xylographies* aux éditions Tendances nouvelles à Paris. À partir de cette année-là il expose à l'Allied Artists' Association à Londres ; le critique Michael Sadler collectionne ses œuvres et entre en correspondance avec lui. En janvier 1911, il rencontre Franz Marc ; en décembre, il quitte la NKVM qui refuse d'exposer *Composition V*, jugée trop abstraite et organise la première exposition du Blaue Reiter (Cavalier bleu). En 1912, il publie *Du spirituel dans l'art*, organise la deuxième exposition du Blaue Reiter et publie l'*Almanach* (pour lequel il demande – sans succès – à Matisse d'écrire un article) ; il a sa première exposition personnelle à la galerie Der Sturm à Berlin. En 1913, il participe à l'Armory Show, à New York, et au Erster Deutscher Herbstsalon, à la galerie Der Sturm à Berlin ; il publie *Klänge*.

■ 149
Wassily Kandinsky
Paysage d'automne aux bateaux
Herbstlandschaft mit Booten, 1908
Huile sur carton, 71,5 x 97,5 cm
Signé en bas à gauche : *Kandinsky*
Inscription au verso : *Kandinsky Tutzing*
Collection particulière, Suisse
Historique
Vente de l'atelier Herbslöh, Neue Kunstler
Vereinigung Munchen, 15 mars 1911
Dr Epstein (Moscou), Munich
Galerie Nirendorf, Berlin
Galerie Rusche, Cologne
Fritz Kaufmann, Scarsdale
Collection privée, New York
Bibliographie
Roethel, Hans K., Benjamin, Jean K., *Catalogue raisonné de l'œuvre peint*, vol. 1, *1900-1915*, Éditions Karl Flinker, Paris, 1982, n° 245, p. 235.
Expositions
The Joy of Color, The Merzbacher Collection, Jérusalem, The Israel Museum, octobre 1998-février 1999, Jérusalem, The Israel Museum and DuMont Buchverlag, Cologne, 1998, reprod. coul. p. 129, n° 40.

■ 148
Wassily Kandinsky
Murnau - Paysage avec arc-en-ciel
Murnau - Landschaft mit Regenbogen, été 1909
Huile sur carton, 32,8 x 42,8 cm
Signé en bas à gauche en noir : *KANDINSKY*
Inscrit au verso par Münter : *KANDINSKY*
Städtische Galerie im Lenbachhaus, Munich
N° inv. : GMS 41
Historique
Donation Gabriele Münter au musée, 1957.
Bibliographie
Endicott Barnett, Vivian, Friedel, Helmut, *Vasily Kandinsky, A Colorful Life, The Collection of the Lenbachhaus, Munich*, Cologne, Dumont, 1995 (publié à l'occasion de l'exposition à Munich, Lenbachhaus, 29 novembre 1995-10 mars 1996), reprod. coul. p. 232, n° 291.
Roethel, Hans K., Benjamin, Jean K., *Catalogue raisonné de l'œuvre peint*, vol. 1, *1900-1915*, Éditions Karl Flinker, Paris, 1982, n° 310, ill.

■ 153
Wassily Kandinsky
Détail de Composition II
Fragment zu Komposition II, 1910
Huile sur carton, 57 x 47,5 cm
Signé et daté en bas à droite : *KANDINSKY 910*
Inscription au verso : «*KANDINSKY - SKIZZE zu Composition 2 (fragment)*»
Cadre peint par Kandinsky
Collection particulière, Suisse
Historique
Nina Kandinsky, Paris.
Collection particulière, Allemagne (1972-1982).
Vente Christie's, 19 mai 1982, New York, lot 29, ill.
Bibliographie
Barnett, Vivian E., *Kandinsky at the Guggenheim*, New York, 1983, ill. n. b. p. 81, fig. b.
Grohmann, Will, *Wassily Kandinsky, Leben und Werk*, Cologne, 1958, p. 345, ill. n. b. n° 622, p. 401.
Hahl-Koch, Jelena, *Kandinsky*, Stuttgart, 1993, ill. fig. 206, p. 164.
Roethel, Hans K., Benjamin, Jean K., Roethel, Hans K., Benjamin, Jean K., *Catalogue raisonné de l'œuvre peint*, vol. 1, *1900-1915*, Éditions Karl Flinker, Paris, 1982, n° 325, ill. n. b. p. 304.

Expositions
Moderner Bund, Zurich, Kunsthaus, 1912, n° 73.
The Joy of Color, The Merzbacher Collection, Jérusalem, The Israel Museum, octobre 1998-février 1999, Jérusalem, The Israel Museum and DuMont Buchverlag, Cologne, 1998, reprod. coul. p. 133, n° 42.

■ 154
Wassily Kandinsky
Murnau - Le jardin II
Murnau - Garten II, 1910
Huile sur carton, 67 x 51 cm
Titré au verso : *Garten 1912*
Collection particulière, Suisse
Historique
Gabriele Münter, Murnau.
Galerie Ferdinand Möller, Berlin (*Dorf am Berghang* [*Sonnenblumen*]).
Walter von Scheven, Krefeld.
David Somerset, Marlborough, Londres.
Bibliographie
Grohmann, Will, *Wassily Kandinsky*, Leben und Werk, Cologne, 1958, p. 331, ill. n. b. n° 37, p. 352.
Hahl-Koch, Jelena, *Kandinsky*, Stuttgart, 1993, ill. fig. 157, p. 124.
Roethel, Hans K., Benjamin, Jean K, Roethel, Hans K., Benjamin, Jean K., *Catalogue raisonné de l'œuvre peint*, vol. 1, *1900-1915*, Éditions Karl Flinker, Paris, 1982, n° 340, ill. n. b. p. 320 (reproduit à l'envers).
Expositions
Von der Brücke zum Blauen Reiter. Farbe, Form und Ausdruck in der deutschen Kunst von 1905 bis 1914, Dortmund, Museum am Ostwall der Stadt Dortmund, 15 septembre-15 décembre 1996.
Farben-Klänge, Bâle, Fondation Beyeler, 5 avril-3 mai 1998, n° 11.
The Joy of Color, The Merzbacher Collection, Jérusalem, The Israel Museum, octobre 1998-février 1999, Jérusalem, The Israel Museum and DuMont Buchverlag, Cologne, 1998, reprod. coul. p. 135, n° 43.

■ 155
Wassily Kandinsky
Ange du Jugement dernier
Engel des Jüngsten Gerichts, 1911
Huile sur carton, 64 x 50 cm
Collection particulière, Suisse
Historique
Gabriele Münter, Murnau.
M. et Mme Hans Hofmann, Munich et New York.
Stephen Hahn Inc., New York.
Searle Collection.
Vente Christie's, 10 mai 1989, New York, lot 20, ill, Searle Collection.
Bibliographie
Hahl-Koch, Jelena, *Kandinsky*, Stuttgart, 1993, ill. fig. 199, p. 160.
Roethel, Hans K., Benjamin, Jean K., *Catalogue raisonné de l'œuvre peint*, vol. 1, *1900-1915*, Éditions Karl Flinker, Paris, 1982, reprod. coul. n° 407, ill. n. b. p. 392.
Christie's International Magazine, juillet-août 1989, ill. p. 43.
Expositions
Farben-Klänge, Bâle, Fondation Beyeler, 5 avril-3 mai 1998, n° 17.
The Joy of Color, The Merzbacher Collection, Jérusalem, The Israel Museum, octobre 1998-février 1999, Jérusalem, The Israel Museum and DuMont Buchverlag, Cologne, 1998, reprod. coul. n° 44 p. 137.

ERNST LUDWIG KIRCHNER
(Aschaffenburg, 1880 - Davos, 1938)
Il commence ses études à Chemnitz puis, en 1901, s'inscrit en architecture à l'école technique supérieure de Dresde où il rencontre Fritz Bleyl. Pendant l'hiver 1903-1904, il étudie la peinture à Murich. En 1904, de retour à Dresde, il fait la connaissance de Heckel et de Schmidt-Rottluff. Le 7 juin 1905, il fonde avec ces derniers et Bleyl le groupe la Brücke dont, l'année suivante, il grave le programme sur bois. En 1907, il peint pendant l'été avec Pechstein. En 1908, il décore son atelier de peintures murales, de batiks et de meubles sculptés inspirés par les arts primitifs; il participe en septembre, à l'exposition de la Brücke qui a lieu en même temps que celle des artistes français (notamment fauves). En 1909, il voit chez Cassirer avec Pechstein, à Berlin, l'exposition Matisse en janvier et celle de Cézanne en décembre; il peint l'été dans la région des lacs de Moritzburg avec Heckel. En 1910, il travaille chez Pechstein à Berlin, puis à nouveau l'été avec lui et Heckel à Moritzburg. En 1911, il voyage en Bohême où il rencontre Kubista qu'il invite à devenir membre de la Brücke; en octobre, il s'installe à Berlin où il fonde avec Pechstein le MUIM (Institut pour l'enseignement moderne de la peinture). En 1912, il participe à la deuxième exposition du Blaue Reiter à Munich et à l'exposition du Sonderbund de Cologne, dont il décore la chapelle avec Heckel. En 1913, il participe à l'Armory Show à New York; il rédige la *Chronique* de la Brücke, qui, mécontentant ses compagnons, en provoque la dissolution le 27 mai.

■ 133
Ernst Ludwig Kirchner
Deux nus roses au bord du lac - Nus de Moritzburg
Zwei rosa Akte am See - Moritzburger Akte, 1909-1920
Huile sur toile, 90 x 120 cm
Signé au verso
Titre au verso du cadre : *Moritzburger Akte*
Collection particulière, Suisse
Historique
Collection G. et P. Se inka.
Bibliographie
Gordon, Donald, *Ernst Ludwig Kirchner*, Munich, 1968, n° 285.
Expositions
The Joy of Color, The Merzbacher Collection, Jérusalem, The Israel Museum, octobre 1998-février 1999, Jérusalem, The Israel Museum and DuMont Buchverlag, Cologne, 1998, reprod. coul. p. 85.

■ 132
Ernst Ludwig Kirchner
Fränzi à la chaise sculptée
Fränzi vor geschnitztem Stuhl, 1910
Huile sur toile, 71 x 49,5 cm
Reste de signature en bas à droite
Fondation Collection Thyssen-Bornemisza, Madrid
N° inv. : 1961.8
Historique
Collection Roman Norbert Ketterer
Collection Thyssen-Bornemisza, 1961.
Fondation Thyssen-Bornemisza, Madrid, 1993.
Bibliographie
Gordon, Donald, *Ernst Ludwig Kirchner*, Munich, 1968, n° 122, p. 64-66.

Henze, Anton, *Ernst Ludwig Kirchner. Leben und Werk*, Stuttgart, 1980, p. 24.
Expositions
Le Fauvisme français et les débuts de l'expressionnisme allemand, Paris, Musée national d'Art moderne, 15 janvier-6 mars 1966, Munich, Haus der Kunst, 26 mars-15 mai 1966, reprod. n. b. p. 280, n° 204.
Ernst-Ludwig Kirchner 1880-1938, Berlin, Nationalgalerie, 1979-1980, n° 82.
Expressionism, Masterpieces from the Thyssen-Bornemisza Collection, Fondation Thyssen-Bornemisza, Electra, 1989, reprod. coul. p. 31, n° 6.
Kirchner Fränzi ante una silla tallada 1910. Contextos de la Colección permanente, Madrid, Museo Thyssen-Bornemisza, 1997.

PIOTR PÉTROVITCH KONTCHALOVSKI
(Slaviansk, province de Kharkov, 1876 - Moscou, 1956)
Il fait des études de dessin à Kharkov et à Moscou, avant de compléter sa formation à l'Académie Julian, à Paris, en 1897-1898, puis à l'Académie des beaux-arts de Saint-Pétersbourg de 1899 à 1907. Il conservera des liens avec Paris où il séjourne et participe au Salon des Indépendants et au Salon d'Automne de 1908. En 1910, il est un des fondateurs du Valet de Carreau et en restera un membre actif jusqu'au début des années vingt.

■ 206
Piotr Kontchalovski
La Danse espagnole, 1910
Huile sur toile, 138 x 108 cm
Signé et daté au verso : *1910*
115 Kontchalovsky
Musée national Russe, Saint-Pétersbourg
N° inv. : GS-954
Historique
Acquis par le musée de la famille de l'artiste, 1995.

■ 207
Piotr Kontchalovski
Course de taureaux (esquisse), 1910
Huile sur toile, 59, 5 x 73,3 cm
Galerie d'État Trétiakov, Moscou
N° inv. : 8615
Historique
Collection I. Issadjanov.
Fonds des musées d'État, Moscou
Galerie Trétiakov, 1927.
Bibliographie
Marcadé, Jean-Claude, *L'Avant-Garde russe*, Flammarion, 1995, reprod. n. b. p. 60.
Expositions
L'Art russe et soviétique de la fin du XIXᵉ au début du XXᵉ siècle, Tachkent, Kouïbychev, 1981, p. 31.

■ 204
Piotr Kontchalovski
Autoportrait en gris, 1911
Huile sur toile, 141,5 x 112,5 cm
Monogrammé en haut à gauche : *P. K.* [en cyrillique]
Galerie d'État Trétiakov, Moscou
N° inv. : 10944
Historique
Collection I. Issadjanov.
Musée de la Culture picturale, Moscou.
Galerie Trétiakov, Moscou, 1928.

Bibliographie
Nikolski, V., *P. Kontchalovski*, Moscou, 1936.
Serafimovitch Manine, Vitali, *L'Art russe 1900-1935. Tendances et mouvements*, Philippe Sers Éditions, 1989, reprod. coul. p. 76.
Pospelov, Gleb, *Valet de Carreau. Primitif et le folklore citadin dans la peinture moscovite des années 1910*, Moscou, 1990.
Expositions
Valet de Carreau, Moscou, 1912, n° 92-93, Saint-Pétersbourg, 1913, n° 7.
La Peinture russe contemporaine, Petrograd, 1916, n° 80.
Paul Cézanne et l'Avant-garde russe au début du XXe siècle, Saint-Pétersbourg, 1998, p. 227, n° 40.

BOHUMIL KUBISTA
(Vlckovice, 1884 - Prague, 1918)
Il étudie à l'École des arts décoratifs de Prague de 1903 à 1904, puis à l'Académie des beaux-arts de 1904 à 1905. En 1906, il complète sa formation à Florence. De retour à Prague, il participe, en 1907, à la fondation du groupe expressionniste Osma (les Huit) et aux deux expositions du groupe en 1907 et 1908. En 1909-1910, il séjourne à Paris où il se montre déjà attiré par le cubisme dont il sera l'un des promoteurs à Prague, notamment à travers une œuvre critique importante. Il rejoint le cercle SVU Mánes en 1911, puis participe avec Filla à la fondation du Skupina vytvarnych umelcu [Groupe des artistes plasticiens], mais sans en devenir membre. Cette même année, il est invité par le groupe la Brücke à exposer à la Neue Secession. En 1912, il participe à l'exposition du Sonderbund de Cologne. Enrôlé dans l'armée en 1913, il est démobilisé en 1918 et meurt de l'épidémie de grippe espagnole.

■ **162**
Bohumil Kubista
Autoportrait avec pardessus
Vlastní podobizna v haveloku, circa 1908
Huile sur toile, 92 x 66 cm
Non signé, non daté
Státní galerie v Zlíne, Zlin
Bibliographie
Lamac, Miroslav, *Le Cubisme tchèque*, Centre Georges-Pompidou, Paris, Flammarion, 1992, ill. coul. p. 87.
Expositions
Expresionimus. A Ceské Umeni, Narodní Galerie v Praze, 15 décembre 1994-19 mars 1995, reprod. coul. p. 72, n° 10.
Prague 1900-1938, capitale secrète des avant-gardes, Dijon, Musée des Beaux-Arts, 15 juin-13 octobre 1997, reprod. coul. p. 85, n° 91.

■ **160**
Bohumil Kubista
Autoportrait en bleu
Modry autoportrét, 1909
Huile sur toile, 51,5 x 43 cm
Západoceská Galerie v Plzni, Pilsen
Bibliographie
Lamac, Miroslav, *Le Cubisme tchèque*, Centre Georges-Pompidou, Paris, Flammarion, 1992, ill. coul. p. 71.
Expositions
Expresionimus. A Ceské Umeni, Narodní Galerie v Praze, 15 décembre 1994-19 mars 1995, reprod. coul. p. 67, n° 1.

■ **163**
Bohumil Kubista
Le Fumeur, autoportrait
Kurák, Vlastní podobizna, 1910
Huile sur toile, 69 x 51 cm
Signé en haut à droite : *Kubista B. 1910*
Národní Galerie v Praze, Prague
N° inv. : 0-9363
Historique
Acquis par le musée, 1952.
Bibliographie
Lamac, Miroslav, *Le Cubisme tchèque*, Centre Georges-Pompidou, Paris, Flammarion, 1992, ill. coul. p. 91.
Expositions
Expresionimus. A Ceské Umeni, Narodní Galerie v Praze, 15 décembre 1994-19 mars 1995, reprod. coul. p. 72, n° 11.

FRANTISEK KUPKA
(Opocno, 1871 - Puteaux, 1957)
Après avoir été apprenti sellier, broyeur de couleurs, peintre d'enseignes et de figures de saints, il commence à suivre des cours à l'école des arts appliqués de Jaromer, puis à l'Académie de Prague, en 1888. Diplômé, en 1891-1892, il complète sa formation à l'Académie de Vienne. En 1896, il s'installe à Paris ; il gagnera sa vie en dessinant pour les journaux humoristiques et satiriques et comme illustrateur de livres. En 1905-1906, il a une exposition itinérante en Bohême et en Moravie. En 1906, il s'installe à Puteaux en même temps que Jacques Villon ; il participe pour la première fois au Salon d'Automne. En 1908-1910, il peint la série des *Gigolettes*. Il rédige des notes pour son ouvrage *La Création dans les arts plastiques*, et expose en 1912 des toiles abstraites au Salon d'Automne.

■ **157**
Frantisek Kupka
La Gamme jaune, 1907
Huile sur toile, 79 x 79 cm
Signé et daté en bas à droite : *Kupka, 1907*
Centre Georges-Pompidou, Paris
Musée national d'Art moderne / Centre de création industrielle
N° inv. : AM 4165-P
Historique
Collection Reitz, Vienne.
Racheté par l'artiste.
Don de Eugénie Kupka en 1963 au musée national d'Art moderne, Paris.
Bibliographie
Diehl, Gaston, *Les Fauves*, Paris, 1971, p. 76.
La Collection du musée d'Art moderne, Paris, Centre Georges-Pompidou, 1986, reprod. coul. p. 329.
Rocher, *Renaissance contemporaine*, octobre 1910.
Salmon, A., *Paris-Journal*, 30 septembre 1910.
The Art News, 15 octobre 1910.
Warnod, A., *Comoedia*, septembre 1910.
Expositions
Salon d'Automne, Paris, Grand Palais, 10 octobre-8 novembre 1910, n° 676.
Mostra dell'Espressionismo, Florence, Palazzo Strozzi, XXVII Magio Fiorentino, 1964, n° 348, ill. p. 148.
Frantisek Kupka, 1871-1957, ou l'invention d'une abstraction, Musée d'Art moderne de la Ville de Paris, 22 novembre 1989-25 février 1990, reprod. coul. p. 143, n° 75.
Prague 1900-1938, Capitale secrète des avant-gardes, Dijon, Musée des Beaux-Arts, 15 juin-13 octobre 1997, reprod. coul. p. 86, n° 92.

■ **158**
Frantisek Kupka
Le Goût de Gallien (La Môme à Gallien),
(La chanteuse de cabaret), 1909
Huile sur toile, 108 x 100 cm
Signé en bas à droite : *Kupka*
Národní galerie v Praze, Prague
N° inv. : 0 3836
Historique
Acquis par l'État tchécoslovaque, 1946.
Expositions
Salon des Indépendants, Paris, Grand Palais, 10 octobre-8 novembre 1911, n° 28.
Frantisek Kupka, 1871-1957, ou l'invention d'une abstraction, Musée d'Art moderne de la Ville de Paris, 22 novembre 1989-25 février 1990, reprod. coul. p. 153, n° 85.
Expresionismus. A Ceské Umeni, Národní Galerie v Praze, 15 décembre 1994-19 mars 1995, reprod. coul. p. 77, n° 1.

■ **164**
Frantisek Kupka
Les Touches de piano. Le lac, 1909
Huile sur toile, 79 x 72 cm
Signé en bas à gauche : *Kupka*
Národní Galerie v Praze, Prague
N° inv. : 0 3790
Historique
Don de l'artiste au musée, 1946.
Expositions
Frantisek Kupka, 1871-1957, ou l'invention d'une abstraction, Musée d'Art moderne de la Ville de Paris, 22 novembre 1989-25 février 1990, reprod. coul. p. 133, n° 67.

MIKHAÏL FIODOROVITCH LARIONOV
(Tiraspol, 1881 - Fontenay-aux-Roses, 1964)
Il étudie à l'École de peinture, de sculpture et d'architecture de Moscou de 1898 à 1910. Il y rencontre Gontcharova qui devient sa compagne. Il travaille d'abord dans une veine impressionniste et expose à Moscou et Saint-Pétersbourg ; il participe à l'exposition russe du Salon d'Automne en 1906 ; à cette occasion, il voyage à Paris. Il prend part aux expositions Stephanos, en 1907, et Viénok-Stephanos, en 1908 à Moscou. À partir de 1909, les œuvres qu'il expose au Salon de la Toison d'Or témoignent, par leurs sujets populaires, d'une orientation vers ce qui va devenir le néo-primitivisme. En 1910-1911, il accomplit son service militaire qui lui inspire une suite de toiles sur le thème du soldat. En décembre 1910, il participe à la création du Valet de Carreau. Accentuant ses emprunts à l'art populaire, il rompt avec les «cézannistes fauves» du Valet de Carreau, fin 1911, et crée La Queue d'Âne en 1912. Cette année-là il participe à la deuxième exposition du Blaue Reiter. Il produit ses premières œuvres rayonnistes dont il fait une exposition-manifeste, «La Cible», en 1913. En 1914, avec Gontcharova, ils séjournent à Paris pour les Ballets russes et ont une rétrospective commune chez Paul Guillaume. En 1915, ils se fixent définitivement à Paris.

■ **210**
Mikhaïl Larionov
Le Boulanger, 1909
Huile sur toile, 107 x 102 cm
Signé et intitulé en cyrillique au revers :
M. F. Larionov, Le boulanger
Fondation Collection Thyssen-Bornemisza, Madrid

Historique
Collection Mme Alexandra Larionov, Paris.
Bibliographie
Marcadé, Jean-Claude, *L'Avant-Garde russe, 1907-1927*, Paris, Flammarion, 1995, ill. coul. p. 37.
Expositions
Exposition d'un jour, Moscou, 1911, n° 89.
La Queue d'Âne, Moscou, 1912.
L'Union de la jeunesse, Saint-Pétersbourg, 1912, n° 119.
Berlin, Der Sturm, 1913, n° 74.
Larionov-Gontcharova, Paris, Galerie Paul Guillaume, 1914, n° 22.
Maîtres modernes de la collection Thyssen-Bornemisza, Paris, Musée d'Art moderne de la Ville de Paris, 23 octobre 1985-5 janvier 1986, Collection Thyssen-Bornemisza et Electra International, 1985, reprod. coul. p. 68.

■ **209**
Mikhaïl Larionov
Portrait d'un athlète (Vladimir Bourliouk), 1910
Huile sur toile, 132 x 104 cm
Signé au verso : *Larionow*
Musée des Beaux-Arts, Lyon
N° inv. : 1967-245
Historique
Famille de l'artiste.
Acquis par le musée auprès de la veuve de l'artiste, 1967.
Bibliographie
Boissel, Jessica, « *Une exposition nommée "Valet de Carreau", Moscou, 1910-1911*, à propos du *"Portrait d'un athlète"* de Larionov, *Bulletin des musées et monuments lyonnais*, 1997, n° 3, p. 40-49.
Durey, Philippe (sous la direction de), *Le Musée des Beaux-Arts de Lyon*, Paris, Musées et monuments de France, Albin Michel, 1988, p. 116.
Marcadé, Jean-Claude, *L'Avant-Garde russe 1907-1927*, Paris, Flammarion, 1995, p. 58-59.
Expositions
Valet de Carreau, Moscou, décembre 1910-janvier 1911, n° 103 (?).
L'Art moderne dans les musées de province, Paris, Grand Palais, 3 février-24 avril 1978, n° 144.

HENRI LE FAUCONNIER
(Hesdin, 1881 - Paris, 1946)
Arrivé à Paris en 1901, il étudie à l'Académie Julian à partir de 1905. Il participe au Salon d'Automne en 1907 et 1908. En 1908-1909, il séjourne à Ploumanach en Bretagne. La même année, il rencontre chez le critique Mercereau Delaunay, Gleizes, Metzinger et Léger et s'oriente vers une simplification des formes et une gamme chromatique limitée. Exposant avec les cubistes au Salon d'Automne de 1910, il devient membre du groupe de Puteaux l'année suivante. En 1909, il devient membre de la Nouvelle Association des Artistes de Munich (NKVM), fondée par Kandinsky et est invité à la deuxième exposition en 1910. Il participe au deuxième Salon de la Toison d'Or en 1909 à Moscou et, en 1910, au premier Salon d'art international d'Izdebski à Odessa, Kiev, Saint-Pétersbourg, Riga.

■ **215 (p. 405)**
Henri Le Fauconnier
La Petite Écolière, 1907
Huile sur toile, 73 x 92,5 cm
Signé et daté en bas à droite : *Le Fauconnier 07*
Musée de l'Ermitage, Saint-Pétersbourg
N° inv. : 8889
Historique
Acquis par N. P. Riabouchinsky, Moscou,
à l'exposition de *La Toison d'Or*, 1908.
Collection Tchetverikova, Moscou.
Musée d'État d'Art moderne occidental, 1940
Musée de l'Ermitage, Saint-Pétersbourg,
1948.
Bibliographie
Kosténévitch, Albert, *From Monet to Matisse*,
Leningrad, 1989, n° 225, p. 496.
Kosténévitch, Albert, *French Art Treasures at
the Hermitage*, New York, 1999, p. 271, 274.
*The Hermitage. Catalogue of Western
European Painting*, vol. 1 : *Italy, Spain,
France, Switzerland*, Leningrad, 1976, p. 272.
Expositions
Salon d'Automne, Paris, Grand Palais,
1er-22 octobre 1907, n° 1061.
Toison d'Or, Moscou, Galerie Trétiakov,
18 avril-24 mai 1908, n° 115.

ARISTARKH VASSILIÉVITCH LENTOULOV
*(Nijniéié Lomovo, province de Penza, 1882 -
Moscou, 1943)*
Il commence ses études dans sa région natale, à
l'école d'art de Penza, puis à Kiev. Fixé à Moscou,
il est parmi les membres fondateurs, en 1910,
du groupe cézanniste fauve du Valet de Carreau.
En 1911-1912, il se rend à Paris, fréquente
l'Académie de la Palette chez Le Fauconnier ;
voyage en France et en Italie où il s'intéresse au
futurisme. En 1912-1913, il expose à Paris.

■ **203**
Aristarkh Lentoulov
Autoportrait, 1909
Huile sur toile, 83 x 83 cm
Musée national Russe, Saint-Pétersbourg
N° inv. : J-8240
Historique
Acquis auprès de l'artiste par l'intermédiaire de la
Section des arts plastiques (IZO) du Commissariat
au peuple pour l'éducation en 1920.
Bibliographie
Red in Russian Art, The State Russian
Museum, Saint-Pétersbourg, Palace Edition,
1997, reprod. coul. p. 85.
Makovski, S., «Bilans artistiques», *Apollon*,
1910, n° 7, p. 30-31.
Expositions
Salon de Vladimir Izdebski, Odessa, 1909-
1910, Kiev-Saint-Pétersbourg-Riga, 1910,
n° 327.

ILIA IVANOVITCH MACHKOV
*(Mikhaïlovskoé, province de Saratov, 1881 -
Moscou, 1944)*
Né dans un village cosaque, il vient faire ses
études à l'École de peinture, de sculpture et
d'architecture de Moscou dans les ateliers de
Korovine, de Sérov et de L. Pasternak. En 1904,
il ouvre un atelier privé à Moscou, qu'il tiendra
jusqu'à la Révolution. Il voyage beaucoup, en
Turquie, en Égypte, en Espagne, en Italie, en
Allemagne et surtout en France. En 1910, il participe à la création du Valet de Carreau ; il est
très lié à Kontchalovski et tous deux exerceront
une influence notable sur les débuts de
Malévitch et de Tatline. Son œuvre porte la
marque du fauvisme et du cézannisme, liés au
néo-primitivisme. En 1911, il participe aux
Indépendants à Paris. De 1911 à 1917, il expose
avec les membres du groupe du Monde de l'Art
à Saint-Pétersbourg. En 1912, il expose à l'Allied
Artists' Association, à Londres, en même temps
que Kandinsky.

■ **200**
Ilia Machkov
Portrait de madame Varvara Vinogradova,
1909
Huile sur toile, 144 x 128 cm
Signé et daté en haut à gauche : *Illya
Machkov 1909* (en cyrillique)
Galerie d'État Trétiakov, Moscou
N° inv. : 10942
Historique
Musée de la Culture picturale.
Galerie Trétiakov, 1929.
Bibliographie
Bolotina, Irina, *Illya Machkov*, Moscou, 1977,
n° 90.
Expositions
Valet de Carreau, Moscou, 1910-1911,
n° 150.
La Peinture russe contemporaine, Petrograd,
1916, n° 6.
Illya Machkov, rétrospective, Moscou, 1956,
p. 15.
Paul Gauguin et l'avant-garde russe, Ferrare,
1995.

■ **201**
Ilia Machkov
Portrait d'un garçon à la chemise ornée, 1909
Huile sur toile, 119,5 x 80 cm
Signé en haut à gauche : *Ilya Machkov*
Intitulé et daté au verso sur une étiquette,
mars 1909
Étiquette de l'exposition de l'Association des
peintres du Valet de Carreau, n° 49
Étiquette du musée de la Culture artistique
(MKhK), n° 203
Musée national Russe, Saint-Pétersbourg
N° inv. : JB-1499
Historique
Acquis auprès de l'artiste par l'intermédiaire
de la Section des arts plastiques (IZO), du
Commissariat au peuple pour l'éducation,
1920.
Musée de la Culture artistique (MKhK).
Musée national Russe, 1926.
Bibliographie
Carandente, Giovanni (sous la direction de),
Arte Russa e Sovietica 1870-1930,
Milan, Fabbri Editori, 1989, reprod.
coul. 251.
Red in Russian Art, Saint-Pétersbourg, The
State Russian Museum, Palace Edition, 1997,
reprod. coul. p. 86.

Expositions
Valet de carreau, Moscou, 1910-1911, n° 151,
sous le titre *Portrait de jeune garçon*.
Salon 2 de Vladimir Izdebski, Odessa, 1910-1911,
n° 316, sous le titre *Portrait de jeune garçon*.
Paris-Moscou, Paris, Musée national d'Art
moderne, 1979, Éditions du Centre Pompidou-
Éditions Gallimard, reprod. n. b. p. 111.

■ **205**
Ilia Machkov
Portrait de femme avec des faisans, 1911
Huile sur toile, 177 x 133 cm
Signé en bas à droite : *Ilya Machkov*
Musée national Russe, Saint-Pétersbourg
N° inv. : JB-1240
Historique
Acquis chez l'artiste par l'intermédiaire de la
Section des arts plastiques (IZO) du Commis-
sariat au peuple pour l'éducation en 1920.
Bibliographie
Carandente, Giovanni (sous la direction de),
Arte Russa e Sovietica 1870-1930, Milan,
Fabbri Editori, 1989, reprod. coul. 253.
Expositions
Le Monde de l'art, Moscou, 1911, n° 146.
Association des peintres du Valet de Carreau,
Saint-Pétersbourg, 1913, n° 217, sous le titre
Portrait de madame F. Y. Hesse.
Les Peintres pour les camarades combattants,
Moscou, 1914, n° 130, sous le titre *Portrait
Hesse*.

KAZIMIR SÉVÉRINOVITCH MALÉVITCH
(Kiev, 1878 - Leningrad, 1935)
Il vit d'abord en Ukraine où il est marqué par
le mode de vie et l'art populaires. En 1905, il
s'installe à Moscou où il fréquente l'atelier privé
de Roehrberg. Jusqu'en 1910, il expose de
façon épisodique des œuvres qui tiennent de
l'impressionnisme, du symbolisme et de l'Art
Nouveau. En 1910, il se révèle par une série de
grandes gouaches néo-primitivistes fauves où
peut se lire la synthèse personnelle de sources
très variées : celle d'une artiste comme
Gontcharova et, à travers elle, de Gauguin, ou
encore de Matisse auquel il emprunte la souplesse des contours, le tout sur une base formée par l'art populaire (loubok, enseignes,
etc.). On peut y lire les prémisses du cubo-futurisme dont il sera l'un des principaux représentants. Jusqu'en 1914, il participe aux
grandes expositions de l'avant-garde, l'Union
de la Jeunesse, le Valet de Carreau, en 1910, La
Queue d'Âne, en 1912, La Cible, en 1913. En
1912, il prend part à la deuxième exposition
du Blaue Reiter à Munich. En 1913, il met en
scène et crée les décors cubo-futuristes pour
l'opéra de Matiouchine *La Victoire sur le soleil*.

■ **202**
Kazimir Malévitch
Autoportrait, 1910-1911
Détrempe, aquarelle, encre de Chine, laque
sur papier, 46,2 x 41,3 cm
Musée national Russe, Saint-Pétersbourg
N° inv. : R-56720
Historique
Acquis auprès de l'artiste par l'intermédiaire
de la Section des arts plastiques (IZO) du
Commissariat au peuple pour l'éducation.
Musée de la Culture picturale (MJK), Moscou.
Musée de la Culture artistique, Leningrad
(MKKh), 1922.
Musée national Russe, 1926.

Bibliographie
Marcadé, Jean-Claude, *Malevitch*, Casterman,
1990, reprod. coul. p. 52.
Expositions
Premier Salon de Moscou, Moscou, 1911, sous
le titre : *Portrait*, n° 348, ou sous le titre :
Portrait M.K.S., n° 349.

■ **213**
Kazimir Malévitch
Baigneur, 1911
Gouache sur papier, 105 x 69 cm
Signé en bas à droite en cyrillique : *Kasimir
Malevitch*
Stedelijk Museum, Amsterdam
N° inv. : A 7653
Historique
Hugo Häring, Biberach an der Riß, Bavière, 1927.
Acquis par le musée auprès de Hugo Häring,
1958.
Bibliographie
Collectif, *Malevitch, artiste et théoricien*, Paris,
Flammarion, 1990, reprod. coul. n° 29.
Marcadé, Jean-Claude, *Malevitch*, Casterman,
1990, reprod. coul. p. 57.

■ **211**
Kazimir Malévitch
Homme portant un sac, 1911-1912
Gouache sur papier, 88 x 71 cm
Signé en bas à droite en cyrillique : *Kasimir
Malevitch*
Stedelijk Museum, Amsterdam
N° inv. : A 7651
Historique
Hugo Häring, Biberach an der Riß, Bavière,
1927.
Acquis par le musée auprès de Hugo Häring,
1958.
Bibliographie
Marcadé, Jean-Claude, *Kasimir Malévitch,
1878-1978*, Actes du Colloque international
tenu au Centre Georges-Pompidou, 4 et 5 mai
1978, Paris, Musée national d'Art moderne,
Cahiers des avant-gardes-L'Âge d'homme,
1979, reprod. n. b. n° 53.
Marcadé, Jean-Claude, *Malevitch*, Casterman,
1990, reprod. coul. 65.

■ **212**
Kazimir Malévitch
Le Jardinier, 1911-1912
Gouache sur papier, 91 x 70 cm
Signé en bas à droite en cyrillique : *Kasimir
Malevitch*
Stedelijk Museum, Amsterdam
N° inv. : A 7652
Historique
Hugo Häring, Biberach an der Riß, Bavière,
1927.
Acquis par le musée auprès de Hugo Häring,
1958.
Bibliographie
Collectif, *Malevitch, artiste et théoricien*,
Paris, Flammarion, 1990, reprod.
coul. n° 35.
Marcadé, Jean-Claude, *Malevitch*, Casterman,
1990, reprod. coul. 63.

PHILIP ANDRÉÏÉVITCH MALIAVINE
(Kazanka, province de Samara, 1869 - Bruxelles, 1940)
À seize ans il devient moine, peintre d'icônes, dans un monastère du mont Athos. De retour en Russie, il s'inscrit dans la classe de Répine à l'Académie de Saint-Pétersbourg. Il se rend à Paris pour l'Exposition universelle de 1900. Il y retourne en 1906, alors qu'il participe à l'exposition russe du Salon d'Automne, organisée par Diaghilev. Il fait partie du groupe du Monde de l'Art. Il expose à la Biennale de Venise en 1907.

■ 198
Philip Maliavine
Paysannes, 1905
Huile sur toile, 205 x 159 cm
Musée national Russe, Saint-Pétersbourg
N° inv. : J 1914
Historique
Collection du Prince Chtcherbatov, Moscou. Entré au musée en 1930.
Expositions
Union des peintres russes, Saint Petersbourg, 1905, n° 196, (*Les jeunes filles*), Moscou, n° 189.
Salon d'Automne. Exposition de l'Art russe, Paris, 1906, n° 340, ill. p. 58 (sous le titre *Femmes en rouge*).
Russische Kunstausstellung, Berlin, 1906, n° 280.
VII Esposizione Internazionale d'Arte della cittá di Venezia, Venise, 1907, Premiate Officine Grafiche C. Ferrari, 1907, ill. p. 102.
Red in Russian Art, Saint-Pétersbourg, The State Russian Museum, Palace Edition, 1997, reprod. coul. p. 83.

HENRI MANGUIN
(Paris, 1874 - Saint-Tropez, 1949)
En 1894, il est admis dans l'atelier de Gustave Moreau où il rencontre Henri Matisse et Albert Marquet. Il expose régulièrement au Salon des Indépendants à partir de 1902 et au Salon d'Automne dès sa création, en 1903. En 1904, il découvre Saint-Tropez et se lie avec Signac. Durant l'hiver 1904, Matisse, Marquet et Puy peignent dans son atelier de la rue Boursault. En 1905, il s'installe en juin à Saint-Tropez, à la Villa Demière. Il expose dans la salle VII du Salon d'Automne et participe à des expositions chez Druet et chez Vollard, qui deviendra son marchand au printemps suivant. En 1906, il fait un séjour à Cavalière et va avec Matisse à Collioure. En 1907, il a une exposition chez Druet. En 1908, il voyage avec Marquet en Italie.

■ 102
Henri Manguin
Saint-Tropez, le coucher de soleil, automne 1904
Huile sur toile, 81 x 65 cm
Signé en bas à droite : *Manguin*.
Collection particulière, France
Historique
Acquis auprès de l'artiste par Ambroise Vollard en 1906.
Galerie Moos, Genève.
Collection particulière, Lausanne.
Wally Findlay, Paris, Chicago.
Bibliographie
Ferrier, Jean-Louis, *Les Fauves, le règne de la couleur*, Paris, Pierre Terrail, 1992, reprod. coul. p. 130.

Manguin, Lucile et Claude (sous la direction de), *Henri Manguin, Catalogue raisonné de l'œuvre peint*, Neuchâtel, Ides et Calendes, 1980, reprod. n. b. p. 75, n° 116.
Expositions
Les Fauves, Oklahoma, Art Center, 1967, p. 14, reprod.
Manguin parmi Les Fauves, Martigny, Fondation Pierre Gianadda, 4 juin-4 septembre 1983, reprod. coul. p. 45.
The Fauve Landscape, Los Angeles, Los Angeles County Museum of Art, New York, The Metropolitan Museum of Art, Londres, Royal Academy of Art, 1990-1991, reprod. coul. p. 34, ill. 29.
Henri Manguin, 1874-1949, Lumière du Midi, Sète, Musée Paul-Valéry, juillet-septembre 1994, reprod. coul. n° 2.
Gustave Moreau y su legado, Mexico, Centro cultural Arte Contemporáneo, A. C., octobre 1994-janvier 1995, reprod. coul. p. 331, p. 356, cat. 29.
Fauves, Sydney, The Art Gallery of New South Wales, 8 décembre 1995-18 février 1996, Melbourne, National Gallery of Victoria, 29 février-13 mai 1996, Sydney, The Art Gallery of New South Wales, 1995, Londres, Thames and Hudson Ltd, 1995, n° 59, reprod. coul. p. 167.
Les Fauves et la Critique, Turin, Palazzo Bricherasio, 5 février-16 mai 1999, Lodève, Musée de Lodève, 28 mai-26 septembre 1999, Milan, Electra, 1999, reprod. coul. p. 59.

■ 108
Henri Manguin
La Sieste
(Le Rocking-Chair, Jeanne), villa Demière, Saint-Tropez, été 1905
Huile sur toile, 89 x 117 cm
Signé en bas à droite : *Manguin*
Villa Flora, Winterthur
Historique
Acquis auprès de l'artiste par Eugène Druet en 1905 (Druet : n° 2557).
J. de Rohozinski, Paris.
Arthur Hahnloser, Winterthur, Suisse, 1921.
Collection particulière, Suisse, circa 1937.
Bibliographie
Cabanne, Pierre, *Henri Manguin*, Neuchâtel, Ides et Calendes, 1964, p. 156, n° 9, ill. p. 25.
Diehl, Gaston, *Les Fauves*, Paris, Nouvelles Éditions Françaises, 1971, p. 7, reprod.
Freeman, Judi, *Le Paysage fauve*. Paris, Éditions Abbeville, 1991, reprod. coul. p. 249, ill. 264.
Manguin, Lucile et Claude (sous la direction de), *Henri Manguin, Catalogue raisonné de l'œuvre peint*, Neuchâtel, Ides et Calendes, 1980, reprod. coul. p. 18, reprod. n. b. p. 95, n° 176.
«Le Salon d'Automne», *L'Illustration*, 4 novembre 1905, p. 295, reprod.
Expositions
Salon d'Automne, Paris, Grand Palais des Champs-Élysées, 18 octobre-25 novembre 1905, n° 1014.
Manguin, Paris, Galerie Druet, 1910, n° 1, reprod.
Manguin, Neuchâtel, Musée des Beaux-Arts, 1964, n° 36, reprod.
La Cage aux Fauves du Salon d'Automne 1905, Paris, Galerie de Paris, 1965, n° 11 (*Sous les arbres*).

Henri Manguin, Düsseldorf, Städtische Kunsthalle, 1969, n° 29, reprod.
Henri Manguin, Berlin, Neuer Berliner Kunstverein, 1970, n° 29, reprod.
Künstlerfreunde um Arthur und Hedy Hahnloser-Bühler, Winterthur, Kunstmuseum, 1973, n° 126, reprod.
Henri Manguin, Saint-Tropez, Chapelle de la Miséricorde, 1976, n° 79, reprod.
Manguin parmi Les Fauves, Martigny, Fondation Pierre Gianadda, 4 juin-4 septembre 1983, n° 12, reprod. coul. p. 53.

■ 105
Henri Manguin
Jeanne à l'ombrelle, Cavalière, printemps-été 1906
Huile sur toile, 61 x 50 cm
Signé en bas à droite : *Manguin*
Kunshalle, Bielefeld
N° inv. : B 286
Historique
Collection Mme Henri Manguin, Saint-Tropez, 1949.
Collection particulière, Paris.
Collection Stewart Granger, États-Unis.
Acquis par le musée, 1967.
Bibliographie
Cabanne, Pierre, *Henri Manguin*, Neuchâtel, Ides et Calendes, 1964, pl. 157, n° 19, ill. coul. p. 45.
Crespelle, Jean-Paul, *Les Fauves*, Neuchâtel, Ides et Calendes, 1962, pl. 85.
Crespelle, Jean-Paul, *Fauves und Expressionisten*, Munich, 1963, n° 85.
Diehl, Gaston, *Les Fauves*, Paris, Nouvelles Éditions Françaises, 1971, p. 100.
Manguin, Claude et Lucile, *Henri Manguin, Catalogue raisonné de l'œuvre peint*, Neuchâtel, Ides et Calendes, 1980, reprod. n. b. n° 211, p. 106.
Katalog der Gemälde, Bielefeld, Kunsthalle der Stadt Bielefeld, 1968, n° 94, reprod. coul. p. 66.
Expositions
Ausstellung Französischer Künstler, Munich, Francfort, Dresde, Karlsruhe, Stuttgart, 1906-1907, n° 83.
Manguin, Paris, Galerie Brame, 1954, n° 5.
Manguin, Genève, Galerie Motte, 1958, n° 22.
Manguin, Aix-en-Provence, Galerie L. Blanc, 1961, n° 5.
Manguin, tableaux Fauves, Paris, Galerie de Paris, 1962, n° 16.
Manguin, Neuchâtel, Musée des Beaux-Arts, 1964, n° 50, reprod.
Henri Manguin, Düsseldorf, Städtische Kunsthalle, 1969, reprod. coul. n° 32 et page de couverture.
Henri Manguin, Berlin, Neuer Berliner Kunstverein, 1970, n° 34, reprod. en page de couverture.
Naturbetrachtung-Naturentfremdung, Stuttgart, Württembergischer Kunstverein, p. 306-307, reprod. p. 117.
The Fauve Landscape, Los Angeles, Los Angeles County Museum of Art, New York, The Metropolitan Museum of Art, Londres, Royal Academie of Arts, 1990-1991, n° 322, reprod. coul. p. 305.
Die Explosion der Farbe Fauvismus und Expressionismus 1905-1911, Ingelheim, Internationale Tage, 26 avril-28 juin 1998, Mayence, Verlag Hermann Schmidt, 1998, reprod. coul. p. 48 et 133.

FRANZ MARC
(Munich, 1880 - Verdun, 1916)
Ayant reçu une éducation religieuse, il songe d'abord à être pasteur avant de renoncer à sa vocation pour devenir peintre. Il s'inscrit à l'Académie de Munich en 1900. En 1903, lors d'un voyage à Paris, il découvre l'impressionnisme. Il y fait un second séjour en 1907 et s'enthousiasme pour Gauguin et Van Gogh et découvre aussi les Fauves. En 1910, il écrit une critique élogieuse de la seconde exposition de la NKVM qui le met en contact avec Jawlensky, puis en janvier 1911 avec Kandinsky. Des liens étroits se tissent avec ce dernier et ensemble ils préparent l'*Almanach* du Blaue Reiter ; en décembre, lors de la scission de la NKVM, ils donnent le nom de *Blaue Reiter* à la contre-exposition qu'ils organisent. En 1912, il rencontre à Berlin les peintres de la Brücke qu'il invite à participer à la deuxième exposition du Blaue Reiterà laquelle figurent aussi Braque, Delaunay, Derain, Vlaminck, ainsi que Gontcharova, Larionov, Malévitch. Il se rend à Paris où il rencontre Delaunay, Le Fauconnier, Apollinaire.

■ 156
Franz Marc
Chevreuil dans la forêt II
Reh im Walde II, 1912
Huile sur toile, 110 x 81 cm
Signé en bas à droite : *Marc*
Städtische Galerie im Lenbachhaus, Munich
N° inv. : G 13321
Historique
Bernhard Koehler-Stiftung, 1965.
Bibliographie
Gollek, Rosel, *Der Blaue Reiter im Lenbachhaus München*, Munich, Städtische Galerie im Lenbachhaus-Prestel Verlag, 1982, reprod. coul. n° 319.
Schardt, I, 1912-1917, p. 90, ill. p. 93.
Expositions
Franz Marc, Francfort, Kunstsalon Schames, septembre 1912, n° 16.
Der Blaue Reiter, 1908-1914, Bâle, Wegbereiter und Zeitgenossen, Kunsthalle, Bâle, 21 janvier-26 février 1950, n° 206.
The Blue Rider Group, An exhibition Organized with the Edimburg Festival Society by the Arts Council of Great Britain, Londres, The Tate Gallery, 30 septembre-30 octobre 1960, Édimbourg, 1960, n° 179, ill.

ALBERT MARQUET
(Bordeaux, 1875 - Paris, 1947)
Il arrive à Paris en 1890 et suit à partir de 1894 l'enseignement de Gustave Moreau à l'École des beaux-arts. Il y rencontre Charles Camoin, Henri Manguin, Henri Matisse. À partir de 1899, il peint à Arcueil et au jardin du Luxembourg des paysages hauts en couleurs. À la mort de Gustave Moreau il s'inscrit à l'Académie Eugène Carrière où il fait la connaissance d'André Derain et de Jean Puy. Il expose régulièrement au Salon des Indépendants à partir de 1901, à la galerie Berthe Weill à partir de 1902, ainsi qu'au Salon d'Automne à partir de sa création en 1903. En 1905 il signe un contrat d'exclusivité avec Eugène Druet, partagé avec la galerie Bernheim-Jeune, l'année suivante. Il passe l'été 1905 dans le Midi, à Saint-Tropez et Cassis, où il retrouve Manguin, Valtat et Camoin. Au Salon d'Automne de 1905, ses toiles se trouvent placées dans la salle VII. À l'été 1906, il travaille avec Raoul Dufy au Havre, à Sainte-Adresse, à Trouville. Il expose à la première manifestation du Cercle de l'art moderne du Havre ainsi qu'aux deux suivantes, en 1907 et 1908. En 1907, se tient sa première exposition personnelle à la galerie Druet et il fait un bref séjour à Londres. En janvier 1908, il s'installe quai Saint-Michel dans l'atelier que vient de quitter Matisse. En 1909, il participe au Salon de la Toison d'Or à Moscou, puis voyage en Allemagne et en Italie durant l'été.

■ 85
Albert Marquet
Quai du Louvre, 1905
Huile sur toile, 65 x 80 cm
Signé en bas à droite : *Marquet*
Fondation Fridart
Historique
Galerie Schmit, Paris.
Bibliographie
Freeman, Judi, *Nineteenth and Twentieth-Century Masterworks : The Fridart Foundation Collection*, Fridart Foundation, 1998, reprod. coul. p. 44.
Expositions
Marquet, Paris, Galerie Schmit, 1967, n° 19.
The Fauve Landscape, Los Angeles, Los Angeles County Museum of Art, New York, The Metropolitan Museum of Art, Londres, Royal Academy of Arts, 1990-1991, reprod. coul. p. 308, ill. 324.
Fauvism and Modern Japanese Painting, Aichi, Aichi Prefectural Museum of Art, 30 octobre-20 décembre 1992, Kyoto, The National Museum of Modern Art, 5 janvier-14 février 1993, Tokyo, The National Museum of Modern Art, 24 février-28 mars 1993, Aichi, Prefectural Museum of Art, 1992-1993.

■ 79
Albert Marquet
La Passerelle à Sainte-Adresse, 1905
Huile sur papier marouflé sur toile, 50 x 61 cm
Signé en bas à droite : *Marquet*
Fondation Fridart
Historique
Dr A.-M. Boulard, Créteil.
Galerie Schmit, Paris.
Bibliographie
Freeman, Judi, *Nineteenth and Twentieth-Century Masterworks : The Fridart Foundation Collection*, Fridart Foundation, 1998, reprod. coul. p. 46.

Giry, Marcel, *Le Fauvisme, ses origines, son évolution*, Neuchâtel, Ides et Calendes, 1981, reprod. n. b. p. 175, ill. 84.
Whitfield, Sarah, *Le Fauvisme*, Paris, Thames and Hudson, coll. «L'univers de l'art», 1997, reprod. coul. p. 127, ill. 101.
Zürcher, Bernard, *Les Fauves*, Paris, Hazan, 1995, reprod. coul. p. 159.
Expositions
Albert Marquet, Zurich, Kunsthaus, 1948, n° 24.
Les Fauves, Venise, XXVe Biennale internationale d'art, 8 juin-15 octobre 1950, n° 34.
Le Fauvisme, Paris, Musée national d'Art moderne, 1951, n° 83.
Marquet, A Loan Exhibition of Marquet, New York, Wildenstein and Co, 1953, n° 19.
Marquet, Vevey, Musée Jenisch, 1953, n° 13.
Les Fauves, Paris, Galerie Charpentier, 1962, n° 80.
Albert Marquet, Bordeaux, Galerie des Beaux-Arts, 1975, n° 22.
The Fauves, Sydney, The Art Gallery of New South Wales, 8 décembre 1995-18 février 1996.
Fauvism «Wild Beasts», Tel-Aviv, Tel Aviv Museum of Art, 6 juin-31 août 1996, p. 115, n° 47.

■ 73
Albert Marquet
Le 14 Juillet au Havre, 1906
Huile sur toile, 81 x 65 cm
Signé en bas à gauche : *Marquet*
Musée Albert-André, Bagnols-sur-Cèze, donation Besson
N° inv. : 450
Historique
Galerie Eugène Druet, Paris.
Eugène Blot, Paris.
Georges Besson, Paris.
Don de Georges Besson aux Musées nationaux, 1963.
Dépôt au musée de Bagnols-sur-Cèze, 1970.
Bibliographie
Besson, Georges, «Marquet», *Les Cahiers d'aujourd'hui*, Paris, 1925, 1920, pl. 8.
Chassé, Charles, *Les Fauves et leur temps*, Paris, 1963, reprod. coul. pl. 10 et page de couverture.
Daulte, François, Marquet, Marcelle, *Marquet*, Lausanne, La Bibliothèque des Arts, 1953, reprod. coul. pl. 10.
Elderfield, John, *The « Wild Beasts » Fauvism and Its Affinities*, New York, The Museum of Modern Art, 1976, reprod. n. b. p. 76.
Ferrier, Jean-Louis, *Les Fauves, le règne de la couleur*, Paris, Pierre Terrail, 1992, reprod. coul. p. 111.
Freeman, Judi, *Le Paysage fauve*. Paris, Éditions Abbeville, 1991, reprod. coul. p. 38, ill. 40.
Giry, Marcel, *Le Fauvisme, ses origines, son évolution*, Neuchâtel, Ides et Calendes, 1981, reprod. n. b. p. 201, ill. 101.
Jourdain, Francis, *Marquet*, Paris, Le Cercle d'Art, 1959, reprod. p. 67.
Marquet, Marcelle, *Marquet, Voyages*, «Rythmes et couleurs», Lausanne-Paris, La Bibliothèque des Arts, 1968, p. 6, reprod. coul. pl. 2.
Roger-Marx, Claude, «Marquet», *Gazette des Beaux-Arts*, Paris, n° 905, mars 1939, I, p. 177, fig. 1.
Zürcher, Bernard, *Les Fauves*, Paris, Hazan, 1995, reprod. coul. p. 43.

Expositions
Salon d'Automne, Paris, Grand Palais, 6 octobre-15 novembre 1906, n° 1130.
Les Maîtres de l'art Indépendant, Musée du Petit Palais, Paris, juin-octobre 1937, n° 6.
Albert Marquet, Zurich, Kunsthaus, juin-août 1948, n° 29, pl. 11.
Albert Marquet, Paris, Musée national d'Art moderne, octobre-décembre 1948, n° 19, pl. II.
Exposition Marquet, Vevey, Musée Jenisch, 13 juin-13 septembre 1953, n° 17.
La Collection Georges et Adèle Besson, Paris, Musée du Louvre, 11 décembre 1964-8 février 1965, n° 72, reprod. p. 48.
Albert Marquet, Bordeaux, Galerie des Beaux-Arts, 9 mai-7 septembre 1975, n° 30, reprod. coul. p. 34.
Albert Marquet, 1875-1947, Lausanne, Fondation de l'Hermitage, 1988, reprod. coul. et n. b. p. 181, n° 25.

■ 78
Albert Marquet
La Fête nationale au Havre, 1906
Huile sur toile, 65 × 81 cm
Signé en bas à droite : *Marquet*
Villa Flora, Winterthour
Historique
Bernheim-Jeune, Lausanne, 1913.
Collection Dr Arthur Hahnloser, 1913.
Collection M. et Mme Charles Jäggli Hahnloser.
Bibliographie
Chassé, Charles, *Les Fauves et leur temps*, Paris, 1963, p. 79.
Hahnloser-Ingold, Margit, Perucchi-Petri, Ursula, *Villa Flora, Winterthur : Aus der Sammlung Arthur und Hedy Hahnloser-Bühler*, Schaffhausen, 1995, n° 41, reprod. coul. p. 49.
Jedlicka, G., *Der Fauvismus*, Zurich, 1961, reprod. 35.
Expositions
Die Hauptwerke der Sammlung Hahnloser Winterthur, Lucerne, Kunstmuseum, 1940, n° 66.
Albert Marquet, Zürich, Kunsthaus, 1948, n° 30.
Winterthurer Privatbesitz II, Winterthur, Kunstmuseum, 1949, n° 134.
Marquet, Vevey, Musée Jenish, 1953, n° 18.
Triumph der Farbe, Die Europäischer Fauves, Schaffhausen, Muzeum zu Allerheiligen, Berlin, Orangerie Schloss Charlottenburg, 1959, n° 41.
Albert Marquet, Hambourg, Kunstverein, 1964-1965, n° 24, reprod. couleur 25.
Chefs-d'œuvre des collections suisses de Manet à Picasso, Paris, Musée de l'Orangerie, 1967, n° 152.
Centenaire Marquet, Paris, Bordeaux 1975-1976.
Albert Marquet, 1875-1947, Lausanne, Fondation de l'Hermitage, 1988, reprod. en page de couverture, n° 17.
Die Explosion der Farbe Fauvismus und Expressionismus 1905-1911, Ingelheim, Internationale Tage 26 avril-28 juin 1998, Mayence, Verlag Hermann Schmidt, 1998, reprod. coul. p. 17.

■ 77
Albert Marquet
Sergent de la Coloniale, circa 1906
Huile sur toile, 90 x 71 cm
The Metropolitan Museum of Art, collection Robert Lehman, New York
N° inv. : 1975. 1. 192

Historique
Mme Albert Marquet, Paris.
Donation Robert Lehman au musée en 1953.
Bibliographie
Fels, F., *L'Art vivant*, Genève, 1950, p. 185.
Szabo, G., *The Robert Lehman Collection, A Guide*, New York, The Metropolitan Museum of Art, 1975, p. 100, n° 111.
Vauxcelles, Louis, *Le Fauvisme*, Genève, Pierre Cailler, 1958, reprod. coul. p. 73.
Fauves, The Art Gallery of New South Wales, 8 décembre 1995-18 février 1996, Melbourne, National Gallery of Victoria, 29 février-13 mai 1996, Sydney, The Art Gallery of New South Wales, 1995, Londres, Thames and Hudson Ltd, 1995, fig. n. b. p. 184.
Expositions
A Collectors' Exhibition, New York, The Knoedler Galleries, 1950, n° 23.
Les Fauves, New York, The Museum of Modern Art, 1953, p. 46, n° 78.
Fifty Paintings, 1905-1913, Buffalo, Albright Art Gallery, 1955, n° 32.
Exposition de la Collection Lehman de New York, Paris, Musée de l'Orangerie, 1957, p. 54, n° 69.
Albert Marquet, 1875-1947, San Francisco, San Francisco Museum of Art, 1958, p. 10, n° 21.
Fauvism, New York, Washington, 1967, p. 96, 100-101.
Albert Marquet, A Loan Exhibition, New York, Wildenstein, 1971, n° 12.
Albert Marquet, Bordeaux, Galerie des Beaux-Arts, 9 mai-7 septembre 1975, Paris, Orangerie des Tuileries, 24 octobre 1975-5 janvier 1976, p. 90.

■ 84
Albert Marquet
La Seine au Pont-Neuf, effet de brouillard Pont sur la Seine (Pont-Neuf), circa 1906
Huile sur toile, 65 x 81 cm
Signé en bas à droite : *Marquet*
Musée des Beaux-Arts, Nancy
N° inv. : 65.2.72
Historique
Legs de Mme Henri Galilée au musée, 1965.
Bibliographie
Ferrier, Jean-Louis, *Les Fauves, le règne de la couleur*, Paris, Pierre Terrail, 1992, reprod. coul. p. 122-123.
Zürcher, Bernard, *Les Fauves*, Paris, Hazan, 1995, reprod. coul. p. 25.
Jourdain, Francis, *Albert Marquet*, Paris, 1959, p. 218, reprod. p. 106.
Pétry, Claude, *Le Musée des Beaux-Arts de Nancy*, Nancy, 1989, reprod. p. 92.
«Collection du musée des Beaux-Arts de Nancy», *Regards*, Paris, Réunion des musées nationaux, 1999.
Expositions
Les Maîtres de l'art Indépendant, 1895-1937, Paris, Petit Palais, 1937, n° 2.
La Collection H. Galilée, Nancy, Musée des Beaux-Arts, 1946, n° 67.
La Collection H. Galilée, Nancy, Musée des Beaux-Arts, 1961, n° 65.
The Fauve Landscape, Los Angeles, Los Angeles County Museum of Art, New York, The Metropolitan Museum of Art, 1990, reprod. coul. p. 9.

■ 86
Albert Marquet
Paris en hiver. Quai Bourbon, 1907
Huile sur toile, 65 x 81 cm
Musée d'État des Beaux-Arts Pouchkine,
Moscou
N° inv. : N 3390
Historique
Acquis par Ivan Morosov en 1907 à la Galerie
Druet, Paris.
Collection Ivan Morosov, Moscou jusqu'en
1919.
Deuxième musée de la Nouvelle Peinture
occidentale.
Musée des Beaux-Arts Pouchkine,
Moscou,1919-1923.
Bibliographie
De Monet à Picasso, Milan, Electa, 1996.
Expositions
Salon des I ndépendants, Paris, 1907.
Moscou, 1955.
Leningrad, 1956.
Moscou, 1958.
Leningrad, 1959.
Tokyo, Kyoto, 1966-1967, n° 11.
Odessa, Kharkov, 1967-1968.
Budapest, 1978.
Nachkent, Frounze, 1982-1983.

HENRI MATISSE
(Le Cateau-Cambrésis, 1869 - Paris, 1954)
En 1887, il commence à Paris des études de
droit, et devient clerc d'avoué à Saint-Quentin
en 1889. En 1891, il décide de se consacrer à la
peinture et s'inscrit à l'Académie Julian. Il suit
également les cours de Gustave Moreau de
1892 à 1897 à l'École des beaux-arts, où il se lie
avec Albert Marquet, Henri Manguin ainsi que
Simon Bussy. En 1898, il voyage à Londres puis
en Corse. Il rencontre Jean Puy et André Derain
à l'Académie Carrière en 1899. Il expose au
Salon des Indépendants, chez Berthe Weill dès
1902 et au Salon d'Automne à partir de 1903.
En juin 1904, se tient sa première exposition
personnelle à la galerie Ambroise Vollard. Il
passe l'été à Saint-Tropez sur l'invitation de
Signac. Il présente au Salon des Indépendants
de 1905 *Luxe, calme et volupté*, peint sous l'influence de Signac. Il séjourne de mai à septembre à Collioure où Derain l'a rejoint en
juillet. Au Salon d'Automne de 1905, ses peintures sont exposées dans la salle VII et sont au
centre de la critique. La *Femme au chapeau* est
achetée par Gertrude Stein et son frère Leo. Il
participe à la XIIIe exposition de la Libre
Esthétique à Bruxelles. Au Salon des Indépendants de 1906, il présente *Le Bonheur de
vivre*, acquis par Leo Stein, et déclenche à nouveau la critique ; il a une exposition personnelle chez Druet. Au printemps, il fait la
connaissance de Picasso et voyage en Algérie.
De retour à Collioure en juin, il y reste jusqu'au
début du mois d'octobre. Il participe au Salon
d'Automne avec cinq toiles et achète son premier objet africain (une statuette vili). Il expose
au Salon des Indépendants de 1907 *Nu bleu :
souvenir de Biskra*, sous le titre *Tableau n° III*,
peint à Collioure. Il repart pour Collioure en
avril. En septembre, il est de retour à Paris
après un voyage en Italie. En janvier 1908, il
ouvre une Académie au couvent des Oiseaux
immédiatement fréquentée par des artistes
internationaux, notamment scandinaves, hongrois... Ses principaux collectionneurs sont les
Stein, Osthaus à Hagen, Oskar et Margaret Moll,
Ivan Morosov et Sergueï Chtchoukine. Matisse
voyage à plusieurs reprises en Allemagne entre
1907 et 1910. Fin 1908, il expose chez Paul
Cassirer à Berlin, à la Sécession berlinoise et
refuse d'adhérer à la Brücke. Il publie en
décembre les « Notes d'un peintre » dans *La
Grande Revue* (traduites en allemand). En juin
1909, un numéro spécial de *La Toison d'Or* lui
est consacré avec la traduction des « Notes d'un
peintre ». Il participe au Salon de la Toison d'Or
à Moscou. Il s'installe à Issy-les-Moulineaux. Il
se consacre à la réalisation des deux grands
panneaux que lui a commandés Chtchoukine
pour son hôtel particulier de Moscou, *La Danse*
et *La Musique*. En février-mars 1910, il a une
exposition personnelle à la galerie Bernheim-
Jeune. En octobre de la même année, il visite
à Munich, avec Marquet, une grande exposition d'art islamique. Au même moment, l'exposition de *La Danse* et de *La Musique* au Salon
d'Automne provoque un tollé. Chtchoukine
accepte cependant les deux panneaux. Début
1911, Matisse séjourne en Andalousie. En
novembre, il est à Moscou pour l'installation
de ses œuvres dans la demeure de
Chtchoukine. En 1912, Kandinsky lui demande
un article pour l'*Almanach* du Blaue Reiter ;
Matisse décline sa proposition. En 1913, il
participe à l'Armory Show, à New York.

■ 2
Henri Matisse
Nu dans l'atelier, 1899
Huile sur papier marouflé sur toile,
65, 5 x 50 cm
Bridgestone Museum of Art, Ishibashi
Foundation, Tokyo
Historique
Hosokawa Moritatsu, Tokyo.
Ishibashi Shin'ichi, Tokyo.
Ishibashi Shojiro.
Ishibashi Foundation.
Bibliographie
Elderfield, John, *The «Wild Beasts» Fauvism
and Its Affinities*, New York, The Museum of
Modern Art, 1976, ill. n. b. p. 22.
Whitfield, Sarah, *Le Fauvisme*, Paris, Thames
and Hudson, coll. «L'univers de l'art», 1997,
reprod. n. b. p. 19, ill. 7.
Zürcher, Bernard, *Les Fauves*, Paris, Hazan,
1995, reprod. coul. p. 19.
Expositions
*Le Fauvisme français et les débuts de
l'expressionnisme allemand*, Paris, Musée
national d'Art moderne, 15 janvier-6 mars
1966, Munich, Haus der Kunst, 26 mars-
15 mai 1966, reprod. n. b. n° 79.
Fauvism and Modern Japanese Painting, Aichi,
Prefectural Museum of Art, 30 octobre-
20 décembre 1992, Kyoto, The National
Museum of Modern Art, 5 janvier-14 février
1993, Tokyo, The National Museum of
Modern Art, 24 février-28 mars 1993, Aichi,
Prefectural Museum of Art, 1992, reprod.
coul. p. 80.
*Captivated by Western Art : Fifteen Japanese
Art Collectors, 1890-1940*, Tokyo, Bridgestone
Museum of Art, 1997, n° 41.

■ 3
Henri Matisse
Le Jardin du Luxembourg, circa 1901
Huile sur toile, 59,5 x 81,5 cm
Signé en bas à droite : *Henri Matisse*
Musée de l'Ermitage, Saint-Pétersbourg
N° inv. : 9041
Historique
Galerie Druet.
Collection Sergueï Chtchoukine, 1907.
Premier musée de la Peinture occidentale
moderne, Moscou, 1918-1923.
Musée d'Art moderne occidental,
Moscou, 1923-1948.
Musée de l'Ermitage, 1948.
Bibliographie
Barskaya, Anna, Kosténévitch, Albert, *French
Painting. Mid-Nineteenth to Twentieth
Century. The Hermitage. Catalogue of Western
painting*, Saint-Pétersbourg, Musée de
L'Ermitage, Moscou, Florence, 1991, n° 174.
Flam, Jack, *Henri Matisse,1869-1954*, Cologne,
Könemann, 1994, édition française, reprod.
coul. p. 58, pl. 10.
Giry, Marcel, *Le Fauvisme, ses origines, son
évolution*, Neuchâtel, Ides et Calendes, 1981,
reprod. n. b. p. 39, ill. 11.
Izerghina, A., *The Hermitage. Leningrad.
Twentieth Century French Masters*, Prague,
1970, n° 16.
Izerghina, A., *Henri Matisse. Peintures et
sculptures dans les musées soviétiques*,
Leningrad, Éditions Aurora, 1978, 2e édition
1990, n° 9.
Izerghina, A., Barskaya, A., *French Painting.
Second Half of the 19th Century to the Early
20th Century. The Hermitage Leningrad*,

Leningrad, Musée de l'Ermitage, 2e édition,
1982, n° 150.
Kosténévitch, Albert, *Ot Monet do Picasso.
Francuzskaja zhivopis*, Leningrad, Musée de
l'Ermitage, 1989, n° 182.
Kosténévitch, Albert, Semyonova, Natalia,
Collecting Matisse, Moscou, Paris, 1993, ill.
p. 70 (édition française : *Matisse et la Russie*).
Sjtjukin, *Catalogue des tableaux de la
collection de M. Serge Stschoukine* (texte en
français et en russe), 1913, n° 113.
*The State Museum of Modern Western Art.
Contemporary French Art* (en russe), Moscou,
catalogue du State Museum of Modern
Western Art, 1928, n° 309.
*The Hermitage. Catalogue of Western
European Painting*, vol. 1 : *Italy, Spain,
France, Switzerland* (en russe), Leningrad,
1976, p. 277.
Expositions
*Henri Matisse : Painting, Sculpture, Graphic
Arts and Letters* (en russe), Moscou, Musée
Pouchkine, Leningrad, Musée de l'Ermitage,
1969, p. 10, n° 8.
Henri Matisse ze sbírek sovetskych muzeí,
Prague, Národni Galerie, 1969-1970, n° 3.
Henri Matisse, Zurich, Kunsthaus, 15 octobre
1982-16 janvier 1983, Düsseldorf, Städtische
Kunsthalle, 30 janvier-4 avril 1983, reprod.
coul. n° 9.
*Matisse : Peintures et dessins du musée
Pouchkine et du musée de l'Ermitage*, Lille,
Musée des Beaux-Arts, 1986, n° 4.
Matisse, retrospective, Nagoya, Nagoya City Art
Museum, Hiroshima, Hiroshima Museum of
Art, Kasama, Kasama Art Museum, 1991,
n° 7.
Henri Matisse : A Retrospective, New York,
Museum of Modern Art, 24 septembre 1992-
12 janvier 1993, reprod. coul. p. 120, n° 38.
Henri Matisse, 1869-1954 (en russe), Moscou,
Musée Pouchkine, Saint-Pétersbourg,
L'Ermitage, 1993, n° 10.
*Morosow und Schtschukin-Die russischen
Sammler. Monet bis Picasso*, Essen, Museum
Folkwang, Moscou, Musée Pouchkine, Saint-
Pétersbourg, l'Ermitage, 1993-1994, n° 94.
Henri Matisse Four Great Collectors,
Copenhague, Statens Museum for Kunst,
22 janvier-24 mai 1999, n° 3, reprod. coul.
p. 24, 35, 200.

■ 1
Henri Matisse
Luxe, calme et volupté, Paris, quai Saint-
Michel, automne-hiver 1904
Huile sur toile, 98, 5 x 118, 5 cm
Signé en bas à droite : *Henri Matisse*
Musée d'Orsay, Paris
Dépôt du musée national d'Art moderne
N° inv. : DO 1985-1
Historique
Collection Paul Signac, Saint-Tropez,
septembre 1905-1935.
Collection Ginette Cachin-Signac, Saint-
Tropez et Paris.
Collection particulière.
Acquis par dation par le musée national d'Art
moderne, 1982.
Dépôt au musée d'Orsay le 25 mars 1985.
Bibliographie
Apollinaire, Guillaume, « Henri Matisse »,
La Phalange, n° 18, 15 décembre 1907
Denis, Maurice, *La Réaction nationaliste*,
L'Ermitage, 15 mai 1905, p. 196-197.
Elderfield, John,*The «Wild Beasts» Fauvism*

and Its Affinities, New York, The Museum of Modern Art, 1976, ill. coul. p. 25.
Ferrier, Jean-Louis, *Les Fauves, le règne de la couleur*, Paris, Pierre Terrail, 1992, reprod. coul. p. 36.
Flam, Jack, *Henri Matisse, 1869-1954*, Cologne, Könemann, 1994, édition française, reprod. coul. p. 61, pl. 13.
Freeman, Judi, *Le Paysage fauve*, Paris, Éditions Abbeville, 1991, reprod. coul. p. 168, ill. 175, reprod. n. b. p. 245, ill. 260 (détail).
Girieud, Maxime, «Au Salon des Indépendants», *Le Soir*, 11 avril 1905.
Giry, Marcel, *Le Fauvisme, ses origines, son évolution*, Neuchâtel, Ides et Calendes, 1981, reprod. coul. p. 59, ill. 18.
Herbert, James D., *Fauve Painting, The Making of Cultural Politics*, New Haven-Londres, Yale University Press, reprod. coul. 55, p. 113.
Morice, Charles, «Le XXIe Salon des Indépendants», *Mercure de France*, 15 avril 1905, p. 542-543.
Schneider, Pierre, *Matisse*, Paris, Flammarion, 1984, reprod. coul. p. 198-199.
Schneider, Pierre, Cowart, Jack, Elderfield, John, Kosténévitch, Albert, Coyle, Laura, *Matisse au Maroc. Peintures et dessins, 1912-1913*, Paris, Éditions Adam Biro, 1990, ill. n. b. p. 188, fig. 94.
Sembat, Marcel, *Henri Matisse*, Paris, Éditions de la Nouvelle Revue Française, « Les Peintres français nouveaux », I, 1920, p. 6.
Sembat, Marcel, *Génius*, 1920, p. 192.
Vauxcelles, Louis, «Le Salon des Indépendants», *Gil Blas*, 23 mars 1905.
Whitfield, Sarah, *Le Fauvisme*, Paris, Thames and Hudson, coll. «L'univers de l'art», 1997, reprod. coul. p. 50, ill. 31.
Zürcher, Bernard, *Les Fauves*, Paris, Hazan, 1995, reprod. coul. p. 50.
Henri Matisse : A Retrospective, New York, Museum of Modern Art, 24 septembre 1992-12 janvier 1993, reprod. n. b. p. 33, coul. p. 131, n° 50.
Fauvism and Modern Japanese Painting, Aichi, Prefectural Museum of Art, 30 octobre-20 décembre 1992, Kyoto, The National Museum of Modern Art, 5 janvier-14 février 1993, Tokyo, The National Museum of Modern Art, 24 février-28 mars 1993, Aichi, Prefectural Museum of Art, 1992, ill. n. b. p. 22.
L'Estaque naissance du paysage moderne 1870-1910, Marseille, Musée Cantini, 25 juin-25 septembre 1994, Musées de Marseille-Réunion des musées nationaux, 1994, ill. coul. 70, p. 90.
Fauves, Sydney, The Art Gallery of New South Wales, 8 décembre-1995-18 février 1996, Melbourne, National Gallery of Victoria, 29 février-13 mai 1996, Sydney, The Art Gallery of New South Wales, 1995, Londres, Thames and Hudson Ltd, 1995, reprod. coul. p. 17, fig. n° 3.
Signac et la libération de la couleur - De Matisse à Mondrian, Münster, Westfälisches Landesmuseum für Kunst und Kulturgeschichte, 1er décembre 1996-16 février 1997, Weimar, Kunstsammlungen, 15 juin-31 août 1997, Münster, Éditions Tertium, Ostfildern Westfälisches Landesmuseum für Kunst und Kulturgeschichte, 1997, Paris, Éditions de la Réunion des musées nationaux, 1997, ill. coul. p. 37, fig. 5.
Matisse, «La révélation m'est venue de l'Orient», Rome, Musei Capitolini, 20 septembre 1997-20 janvier 1998, Florence, Artificio Edizioni Srl, 1997, ill. coul. p. 104.
Matisse et l'Antiquité, Nice, Musée Matisse, avril-août 1999, reprod.

Expositions

Salon des Indépendants, Paris, Grandes Serres de la Ville de Paris, 24 mars-30 avril 1905, n° 2771.
Le Fauvisme français et les débuts de l'expressionnisme allemand, Paris, Musée national d'Art moderne, 15 janvier-6 mars 1966, Munich, Haus der Kunst, 26 mars-15 mai 1966, reprod. coul. p. 147, n° 89.
Henri Matisse. Exposition du centenaire, Paris, Grand Palais, avril-septembre, 1970, Paris, Réunion des musées nationaux, 1970, reprod. n. b. p. 141, n° 55.
Henri Matisse, Zurich, Kunsthaus, 15 octobre 1982-16 janvier 1983, Düsseldorf, Städtische Kunsthalle, 30 janvier-4 avril 1983, reprod. coul. n° 11.
Henri Matisse, 1904-1917, Paris, Centre Georges-Pompidou, 25 février-21 juin 1993, reprod. coul. p. 137, reprod. n. b. p. 419.

■ **5**
Henri Matisse
André Derain, Collioure, été 1905
Huile sur toile, 39,4 x 28,9 cm
Signé en bas à droite : *HM*
The Tate Gallery, Londres. Purchased with assistance from the Knapping Fund, the National Art-Collections Fund and the Contemporary Art Society and private subscribers, 1954
N° inv. : 6241

Historique

Galerie Druet, Paris, 1908.
Collection Michael et Sarah Stein, Paris, 1908.
Greta et Oskar Moll, Berlin, 1914-1917 (?).
1917-1918, Michael et Sarah Stein.
Collection Christian Tetzen-Lund, Copenhague, 1918.
Vente Copenhague, Franske og Skandinaviske Billeder tilhørende Tetzen-Lund Samlinger, 18-19 mai 1925, cat. n° 26 (sous le titre *Buste d'un Maroquin*), non vendu.
Galerie Pierre Loeb, Paris, décembre 1927-juillet 1928.
Collection W. Rees Jeffreys, Wivelsfield Green (Sussex), 1928-1954.
Vente Christie's [Collection Jeffreys], Londres, acquis par la Tate Gallery, 26 novembre 1954, cat. n° 113.

Bibliographie

Duthuit, Georges, *Les Fauves*, Genève, 1949, p. 42.
Elderfield, John, *The «Wild Beasts» Fauvism and Its Affinities*, New York, The Museum of Modern Art, 1976, ill. n. b. p. 14 et coul. en page de couverture.
Ferrier, Jean-Louis, *Les Fauves, le règne de la couleur*, Paris, Pierre Terrail, 1992, reprod. coul. p. 54.
Flam, Jack, *Matisse. The Man and His Art, 1896-1918*, Ithaca, Cornell University Press, Londres, Thames and Hudson, 1986, p. 124, ill. n° 113.
Flam, Jack, *Henri Matisse, 1869-1954*, Cologne, Könemann, 1994, édition française, reprod. n. b. p. 48.
Gottlieb, Lennart, «Tetzen-Lunds samling-om dens historie, indhold og betydning», *Kunst og Museum*, X, 1934, p. 48, n° 22 (avec le titre *Buste d'un maroquin*).
Schneider, Pierre, *Matisse*, Paris, Flammarion, 1984, p. 239, note 56, p. 409.
Whitfield, Sarah, *Le Fauvisme*, Paris, Thames and Hudson, coll. «L'univers de l'art», 1997, reprod. n. b. p. 86, ill. 67.
Zürcher, Bernard, *Les Fauves*, Paris, Hazan, 1995, reprod. coul. p. 128.

Expositions

Henri Matisse, Paris, Galerie Bernheim-Jeune, 1910, n° 28 (sous le titre *Portrait*).
Henri Matisse (Sammlung des Herrn Michel Stein in Paris), Berlin, Kunstsalon Fritz Gurlitt, juillet-août 1914, n° 7 (sous le titre *Männer Bildnis*).
Henri Matisse. Udstilling af hans Arbejder, Copenhague, 1924, n° 40 (avec le titre *Mandsportret, brystbillede*).
Matisse, 1869-1954, Londres, Hayward Gallery, 3 juillet-8 septembre 1968, n° 32.
Four Americans in Paris. The Collections of Gertrude Stein and Her Family, New York, Museum of Modern Art, 1970-1971, Margaret Potter Edition, pl. 9.
Henri Matisse, Zurich, Kunsthaus, 15 octobre 1982-16 janvier 1983, Düsseldorf, Städtische Kunsthalle, 30 janvier-4 avril 1983, reprod. coul. n° 17.
Manguin parmi Les Fauves, Martigny, Fondation Pierre Gianadda, 4 juin-4 septembre 1983, reprod. coul. p 16.
Henri Matisse : A Retrospective, New York, Museum of Modern Art, 24 septembre 1992-19 janvier 1993, reprod. coul. p. 139, n° 53.
Henri Matisse, 1904-1917, Paris, Centre Georges-Pompidou, 25 février-21 juin 1993, reprod. coul. p. 140.
Fauves, Sydney, The Art Gallery of New South Wales, 8 décembre-1995-18 février 1996, Melbourne, National Gallery of Victoria, 29 février-13 mai 1996, Sydney, The Art Gallery of New South Wales, 1995, Londres, Thames and Hudson Ltd, 1995, n° 73, reprod. coul. p. 201.
Henri Matisse Four Great Collectors, Copenhague, Statens Museum for Kunst, 22 janvier-24 mai 1999, n° 50, reprod. coul. p. 28, 122, 257.

■ **7**
Henri Matisse
La Plage rouge, Collioure, été 1905
Huile sur toile, 33 x 40,6 cm
Signé en bas à gauche : *Henri Matisse*
Fondation Fridart

Historique

Galerie Druet, Paris.
Collection particulière, Paris.
Vente Paris, Hôtel Drouot, *Tableaux modernes* [...] composant la collection de Monsieur D..., 3 avril 1925, n° 23, non reprod.
Galerie Bernheim-Jeune, Paris, avril-novembre 1925 ;
Galerie Paul Rosenberg, New York, 1er décembre 1925.
Pierre Matisse Gallery, New York.
Collection Wright S. Ludington, Santa Barbara, 1er août 1944-1992.
Vente New York, Sotheby's, *Impressionist and Modern Paintings, Drawings and Sculpture, Part I*, 10 novembre 1992, n° 23, reprod.

Bibliographie

Duthuit, Georges, *Les Fauves*, Genève, 1949, reprod. p. 194.

Freeman, Judi, *Le Paysage fauve*, Paris, Éditions Abbeville, 1991, reprod. coul. p. 91, ill. 102.
Freeman, Judi, *Nineteenth and Twentieth-Century Modern Masterworks : The Fridart Foundation Collection*, Fridart Foundation, 1998, reprod. coul. p. 11.

Expositions

Henri Matisse, Paris, Galerie Druet, 19 mars-7 avril 1906, n° 39.
Le Havre, Cercle de l'art moderne, 1906.
Matisse, Beverly Hills, Frank Perls Gallery, 1952.
Matisse, 1869-1954, Londres, Hayward Gallery, 1968, n° 30.
Henri Matisse. Exposition du centenaire, Paris, Grand Palais, avril-septembre, 1970, Paris, Réunion des musées nationaux, 1970, reprod. n. b. p. 144, n° 64.
Henri Matisse : A Retrospective, New York, The Museum of Modern Art, 1992.
Henri Matisse, 1904-1917, Paris, Centre Georges-Pompidou, 25 février-21 juin 1993, reprod. coul. p. 157, reprod. n. b. p. 424.
Fauves, Sydney, The Art Gallery of New South Wales, 8 décembre-1995-18 février 1996, Melbourne, National Gallery of Victoria, 29 février-13 mai 1996, Sydney, The Art Gallery of New South Wales, 1995, Londres, Thames and Hudson Ltd, 1995, n° 70, reprod. coul. p. 195.
Fauvism «Wild Beasts», Tel-Aviv, Tel Aviv Museum of Art, 6 juin-31 août 1996, n° 50, reprod. coul. p. 121.
Die Explosion der Farbe Fauvismus und Expressionismus 1905-1911, Ingelheim, Internationale Tage, 26 avril-28 juin 1998, Verlag Hermann Schmidt Mainz, 1998, reprod. coul. p. 46 et 137.

■ **8**
Henri Matisse
Les Toits de Collioure (Vue de Collioure), circa 1905.
Huile sur toile, 59,5 x 73 cm
Signé en bas à gauche : *H. Matisse*
Musée de l'Ermitage, Saint-Pétersbourg
N° inv. : 8997

Historique

Galerie Bernheim-Jeune, Paris, 1908.
Collection Serguéï Chtchoukine, Moscou, 1908.
Nationalisée par les autorités soviétiques en 1918.
Premier musée de la Peinture occidentale moderne, Moscou, 1919-1922.
Musée d'État d'Art moderne occidental, Moscou, avril 1922-1948.
Musée de l'Ermitage, 1948.

Bibliographie

Barr, Alfred H., *Matisse : His Art and His Public*, New York, The Museum of Modern Art, 1951, 2e éd., 1974, p. 25, 92.
Barskaya, Anna, Kosténévitch, Albert, *French Painting. Mid-Nineteenth to Twentieth Century. The Hermitage. Catalogue of Western Painting*, Saint-Pétersbourg, Musée de l'Ermitage, Moscou, Florence, 1991, n° 175.
Dauberville, Michel et Guy-Patrice, *Henri Matisse chez Bernheim-Jeune*, Paris, 1995, I, n° 66.
Diehl, Gaston, *Henri Matisse*, Paris, 1954, p. 34, 45.
Ferrier, Jean-Louis, *Les Fauves, le règne de la couleur*, Paris, Pierre Terrail, 1992, reprod. coul. p. 34.

Flam, Jack, *Henri Matisse, 1869-1954*, Cologne, Könemann, 1994, édition française, reprod. coul. p. 64, pl. 16.
Freeman, Judi, *Le Paysage fauve*, Paris, Éditions Abbeville, 1991, reprod. coul. p. 155, ill. 161.
Fry, Roger, *Henri Matisse*, Londres-Paris, 1931, New York, 1935, pl. 9.
Izerghina, A., *The Hermitage. Leningrad. Twentieth Century French Masters*, Prague, 1970, n° 11.
Izerghina, A., *Henri Matisse. Peintures et sculptures dans les musées soviétiques*, Leningrad, 2e éd., 1990, n° 11.
Izerghina, A., Barskaya, A., *French Painting. Second Half of the 19th Century to the Early 20th Century. The Hermitage*. Leningrad, Leningrad, Musée de l'Ermitage, 2e éd., 1982, n° 155.
Kosténévitch, Albert, *Ot Monet do Picasso. Francuzskaja zhivopis'*, Leningrad, Musée de l'Ermitage, 1989, nos 185, 186.
Kosténévitch, Albert, Semyonova, Natalia, *Collecting Matisse*, Moscou, Paris, 1993 (édition française : *Matisse et la Russie*), p. 72-76, 164.
Sjtjukin, *Catalogue des tableaux de la collection de M. Serge Stschoukine* (texte en français et en russe), 1913, n° 111.
Sterling, Charles, *Musée de l'Ermitage. Les peintures de Poussin à nos jours*, Paris, 1957, p. 168.
Whitfield, Sarah, *Le Fauvisme*, Paris, Thames and Hudson, coll. «L'univers de l'art», 1997, reprod. coul. p. 65, ill. 47.
Zürcher, Bernard, *Les Fauves*, Paris, Hazan, 1995, reprod. coul. p. 87.
The State Museum of Modern Western Art. Contemporary French Art (en russe), Moscou, catalogue du musée d'État d'Art moderne occidental, 1928, n° 312.
The Hermitage. Catalogue of Western European Painting, vol. 1 : *Italy, Spain, France, Switzerland* (en russe), Leningrad, 1976, p. 277.
Matisse, «La révélation m'est venue de l'Orient», Rome, Musei Capitolini, 20 septembre 1997-20 janvier 1998, Florence, Artificio Edizioni Srl, 1997, ill. coul. p. 110.
Signac et la libération de la couleur - De Matisse à Mondrian, Münster, Westfälisches Landesmuseum für Kunst und Kulturgeschichte, 1er décembre 1996-16 février 1997, Musée de Grenoble, 9 mars-25 mai 1997, Weimar, Kunstsammlungen, 15 juin-31 août 1997, Münster, Éditions Tertium, Ostfildern Westfälisches Landesmuseum für Kunst und Kulturgeschichte, 1997, Paris, Éditions de la Réunion des musées nationaux, 1997, ill. coul. p. 301, fig. 2.

Expositions
Paris, Galerie Druet, 1906, n° 36 (sous le titre *Vue de Collioure, matin*).
Moscou, Palais Troubetskoy, résidence de Serguéï Chtchoukine, 1909-1918.
Henri Matisse, Londres, Hayward Gallery, 1968, n° 35.
Henri Matisse : Painting, Sculpture, Graphic Arts and Letters. Exhibition in Honour of the Artist's Birth (en russe), Moscou, Musée Pouchkine, Leningrad, Musée de l'Ermitage, 1969, p. 10-11, n° 11.
Henri Matisse. Exposition du centenaire, Paris, Grand Palais, avril-septembre, 1970, Paris, Réunion des musées Nationaux, 1970, reprod. n. b. p. 145, n° 69.

Henri Matisse (en japonais), Tokyo, The National Museum of Modern Art, Kyoto, The National Museum of Modern Art, 1981, n° 19.
Matisse : Peintures et dessins du musée Pouchkine et du musée de l'Ermitage, Lille, Musée des Beaux-Arts, 1986, n° 5.
Henri Matisse : Pinturas y dibujos de los museos Pushkin de Moscu y del Ermitage de Leningrad, Barcelone, Museo Picasso, Madrid, Museo del Prado, 1988-1989, n° 3.
Matisse, retrospective, Nagoya, Nagoya City Art Museum, Hiroshima, Hiroshima Museum of Art, Kasama, Kasama Art Museum, 1991, n° 10.
Henri Matisse : A Retrospective, New York, Museum of Modern Art, 24 septembre 1992-19 janvier 1993, reprod. coul. p. 144, n° 62.
Henri Matisse, 1904-1917, Paris, Centre Georges-Pompidou, 25 février-21 juin 1993, reprod. coul. p. 169, reprod. n. b. p. 428, n° 22.
Henri Matisse, 1869-1954 (en russe), Moscou, Musée Pouchkine, Saint-Pétersbourg, Musée de l'Ermitage, 1993, n° 12.

■ 9
Henri Matisse
Jeune fille (femme) à l'ombrelle, Collioure, 1905
Huile sur toile, 46,2 x 37,3 cm
Signé en bas à droite : *Henri Matisse*
Musée Matisse, Nice
N° inv. : 63.2.14
Historique
Atelier de l'artiste.
Don des enfants de l'artiste au musée en exécution du legs verbal de Mme Henri Matisse, 1960.
Bibliographie
Aragon, Louis, *Henri Matisse, Roman*, Paris, 1971, t. I, pl. XLIII, p. 308.
Elderfield, John, *The «Wild Beasts» Fauvism and Its Affinities*, New York, The Museum of Modern Art, 1976, ill. n. b. p. 51.
Flam, Jack, *Matisse. The Man and His Art, 1896-1918*, Ithaca, Cornell University Press, Londres, Thames and Hudson, 1986, ill. n° 123, p. 132.
Ferrier, Jean-Louis, *Les Fauves, le règne de la couleur*, Paris, Pierre Terrail, 1992, reprod. coul. p. 37.
Girard, Xavier, «Chefs-d'œuvre du musée Matisse, Nice», *Cahiers Henri Matisse*, n° 7, RMN, 1991, p. 48-51.
Gowing, Lawrence, *Matisse*, Londres, Thames and Hudson, New York, Oxford University Press, 1979, fig. n° 32, p. 44.
Gowing, Lawrence, *Matisse*, «World of art», Londres, Thames and Hudson, 1979, p. 49.
Mannering, Douglas, *The Art of Matisse*, Londres, New York, Sydney, Toronto, 1982, reprod. p. 22.
Mario, Luzi, Carrà, Massimo, *L'opera di Matisse dalla rivolta fauve all'intimismo 1904-1928*, Milan, 1971, n° 50, reprod. p. 87.
Schneider, Pierre (Introduction), *Tout l'œuvre peint de Matisse, 1904-1928*, Paris, édition revue et complétée par X. Deryng, 1982, n° 50, reprod.
Schneider, Pierre, *Matisse*, Paris, Flammarion, 1984, p. 325.
Selz, Jean, *Henri Matisse*, Paris, 1964, reprod. p. 11.
Watkins, Nicholas, *Matisse*, Oxford, 1984, ill. n° 39, p. 59.
Expositions
Henri Matisse, Knokke-le-Zoute, Albert Plage, La Réserve, 1952, n° 14, reprod. p. 20.

Henri Matisse. Rétrospective, Los Angeles, UCLA Art Gallery, 5 janvier-27 février 1966, Chicago, Art Institute, 11 mars-24 avril 1966, Boston, Museum of Fine Arts, 11 mai-26 juin 1966, reprod. p. 47.
Matisse, 1869-1954, Londres, Hayward Gallery, 3 juillet-8 septembre 1968, n° 29, reprod p. 162.
Henri Matisse. Exposition du centenaire, Paris, Grand Palais, avril-septembre, 1970, Paris, Réunion des musées nationaux, 1970, reprod. n. b. p. 142, n° 58.
Matisse, en retrospektiv udstilling, Copenhague, Statens Museum for Kunst, 10 octobre-29 novembre 1970, n° 15, reprod.
Henri Matisse, Rome, Académie de France, 24 novembre 1978-28 janvier 1979, n° 4, reprod. p. 69.
Matisse, huiles, gouaches découpées, dessins, sculptures, Bâle, Galerie Beyeler, juin-septembre 1980.
Matisse, oleos, dibujos, gouaches découpées, esculturas y libros, Madrid, Fundación Juan March, octobre-décembre 1980.
Henri Matisse (en japonais), Tokyo, The National Museum of Modern Art, 20 mars-17 mai 1981, Kyoto, The Museum of Modern Art, 26 mai-19 juillet 1981, n° 15, reprod. p. 39 et p. 168.
Manguin parmi Les Fauves, Martigny, Fondation Pierre Gianadda, 4 juin-4 septembre 1983, reprod. coul. p. 111.
Henri Matisse, Stockholm, Moderna Museet, 3 novembre 1984-6 janvier 1985, n° 8, reprod. p. 18.
Henri Matisse, Humleboek, Louisiana Museet, 1984-1985, n° 11, reprod. p. 15.
Matisse : Ajaccio-Toulouse, 1898-1899, Une saison de peinture, Toulouse, Musée Paul-Dupuy, 9 octobre-15 décembre 1986, Nice, Galerie des Ponchettes, 19 décembre 1986-30 janvier 1987, n° 31, reprod. p. 103.
Henri Matisse. Matisse et l'Italie, Venise, Ala Napoleonica e Museo Correr, 30 mai-18 octobre 1987, Milan, Arnoldo Mondadori, 1987, reprod. coul. p. 62.
Japon, 1987-1988, n° 19, reprod.
Signac et la libération de la couleur - De Matisse à Mondrian, Münster, Westfälisches Landesmuseum für Kunst und Kulturgeschichte, 1er décembre 1996-16 février 1997, Musée de Grenoble, 9 mars-25 mai 1997, Weimar, Kunstsammlungen, 15 juin-31 août 1997, Münster, Éditions Tertium, Ostfildern Westfälisches Landesmuseum für Kunst und Kulturgeschichte, 1997, Paris, Éditions de la Réunion des musées nationaux, 1997, reprod. coul. p. 153, n° 56.

■ 10
Henri Matisse
Collioure, rue du Soleil, 1905
Huile sur toile, 46 x 55 cm
Signé en bas à gauche : *H. Matisse*
Musée Matisse, Le Cateau-Cambrésis
N° inv. : 1996-3-4
Historique
Atelier de l'artiste.
Collection particulière.
Achat du Conseil général du Nord avec le concours du FRAM et du Fonds du patrimoine.
Bibliographie
Bernadi, François, *Matisse et Derain à Collioure, été 1905*, Musée de Collioure, 1989, p. 25.

Flam, Jack, *Matisse. The Man and His Art, 1896-1918*, Ithaca, Cornell University Press, Londres, Thames and Hudson, 1986, ill. 110, p. 123.
Guadagnini, Walter, *Matisse*, Paris, Librairie Gründ, 1993, reprod. p. 78.
Izerghina, A., *Henri Matisse. Peintures et sculptures dans les musées soviétiques*, Leningrad, Éditions Aurora, 1978, 2e éd., 1990, ill. p. 127.
Marchiori, Giuseppe, *Matisse*, Paris, 1967, ill. n° 9, p. 14.
Schneider, Pierre, *Matisse*, Paris, Flammarion, 1984.
Schneider, Pierre, Cowart, Jack, Elderfield, John, Kosténévitch, Albert, Coyle, Laura, *Matisse au Maroc, Peintures et dessins, 1912-1913*, Paris, Éditions Adam Biro, 1990, ill. coul. p. 23, fig. 21.
Expositions
Henri Matisse, Lucerne, Musée des Beaux-Arts, 1949.
Les Fauves, Venise, XXVe Biennale internationale d'art, 8 juin-15 octobre 1950, n° 30.
Matisse, Aix-en-Provence, Pavillon Vendôme, 1960, n° 7.
Les Fauves, Paris, Galerie Charpentier, n° 97, reprod.
Henri Matisse. Exposition du centenaire, Paris, Grand Palais, avril-septembre 1970, Paris, Réunion des musées nationaux, 1970, reprod. n. b. p. 145, n° 68.
Henri Matisse, Zurich, Kunsthaus, 15 octobre 1982-16 janvier 1983 Düsseldorf, Städtische Kunsthalle, 30 janvier-4 avril 1983, reprod. coul. n° 13.
Henri Matisse, Stockholm, Moderna Museet, 1984-1985, n° 10, reprod.
Henri Matisse, Humlebaek, Louisiana Museet, 1985, n° 14.
Henri Matisse-Matisse et l'Italie, Venise, Ala Napoleonica e Museo Correr, 30 mai-18 octobre 1987, Milan, Arnoldo Mondadori, 1987, reprod. coul. p. 64.
The Fauve Landscape, Los Angeles County Museum of Art, New York, The Metropolitan Museum of Art, Londres, Royal Academy of Arts, 1990-1991, reprod. coul. p. 70, ill. 77.
Matisse, Brisbane, Queensland Art Gallery, Camberra, National Gallery of Australia, Melbourne, National Gallery of Victoria, 1995, n° 25, reprod. p. 181.
Henri Matisse, Collioure, rue du Soleil, 1905, Le Cateau-Cambrésis, Musée Matisse, décembre 1995-janvier 1996, reprod. coul. sur la page de couverture de la plaquette.
Signac et la libération de la couleur - De Matisse à Mondrian, Münster, Westfälisches Landesmuseum für Kunst und Kulturgeschichte, 1er décembre 1996-16 février 1997, Musée de Grenoble, 9 mars-25 mai 1997, Weimar, Kunstsammlungen, 15 juin-31 août 1997, Münster, Éditions Tertium, Ostfildern Westfälisches Landesmuseum für Kunst und Kulturgeschichte, 1997, Paris, Éditions de la Réunion des musées nationaux, 1997, n° 57, reprod. coul. p. 155.

■ **11**
Henri Matisse
Montagnes - Collioure, 1905
Aquarelle sur papier, 20,3 x 27 cm
Collection particulière
Historique
Atelier de l'artiste.
Collection particulière.
Bibliographie
Schneider, Pierre, *Matisse,* Paris, Flammarion,
1984, reprod. coul. p. 225.
Expositions
*1894-1908 : Le Roussillon à l'origine de l'art
moderne,* Perpignan, Salle Maillol, Palais des
Congrès, 4 juillet-27 septembre 1998,
Montpellier, Indigène Éditions, 1998, reprod.
coul. 86.

■ **12**
Henri Matisse
Le Port de Collioure, 1905
Crayon et aquarelle sur papier, 20,7 x 27,1 cm
Collection particulière
Historique
Atelier de l'artiste.
Collection particulière.
Expositions
*1894-1908 : Le Roussillon à l'origine de l'art
moderne,* Perpignan, Salle Maillol, Palais des
Congrès, 4 juillet-27 septembre 1998,
Montpellier, Indigène Éditions, 1998, reprod.
coul. p. 9.

■ **13**
Henri Matisse
Collioure, barques au faubourg, 1905
Crayon et aquarelle sur papier, 20,2 x 28,8 cm
Collection particulière
Historique
Atelier de l'artiste.
Collection particulière.
Expositions
*1894-1908 : Le Roussillon à l'origine de l'art
moderne,* Perpignan, Salle Maillol, Palais des
Congrès, 4 juillet-27 septembre 1998,
Montpellier, Indigène Éditions, 1998, reprod.
coul. p. 88.

■ **14**
Henri Matisse
La Moulade (La Côte, Collioure), Collioure,
été 1905
Huile sur panneau, 24,2 x 32,3 cm
Signé en bas à gauche : *Henri-Matisse*
Collection particulière, courtesy Barbara
Divver Fine Art
Historique
Galerie Bernheim-Jeune, Paris, 1907-1910.
Collection Alphonse Kann, Paris et Saint-
Germain-en-Laye.
Galerie Bernheim-Jeune, Paris, 1925-1927.
Percy Moore Turner, Londres, 1927.
Collection Sydney Burney, Londres.
Collection Rex de C. Nan Kivell, Londres,
1968-1977.
Galerie Beyeler, Bâle, 1977-1978.
Knoedler Gallery, New York, 1978.
Harold Diamond, New York, 1979.
Heinz Berggruen, 1986.
Acquavella Galleries, New York.
Barbara Divver Fine Art, New York.
Bibliographie
Carrà, Massimo, Schneider, Pierre, *Tout
l'œuvre peint de Matisse, 1904-1928,* Paris,
Flammarion, 1982, reprod. coul. p. 87, n° 55.
Kapos, Martha, *The Post-Impressionists.*

A Retrospective, New York, Beaux-Arts
Éditions, 1993, reprod. coul. p. 23.
Schneider, Pierre, *Matisse,* New York, Rizzoli,
1984, p. 215.
Expositions
Paris, Galerie Bernheim-Jeune, février 1911,
n° 28.
Fauves and Expressionists, New York, Leonard
Hutton Galleries, 18 avril-12 juin 1968,
reprod. coul. p. 40, n° 73 (sous le titre
Collioure).
*Matisse, 1869-1854 : A Retrospective
Exhibition,* Londres, Hayward Gallery, Arts
Council of Great Britain, 1968, reprod. p. 78,
n° 31.
Henri Matisse, Exposition du centenaire, Paris,
Grand Palais, avril-septembre 1970 reprod.
p. 144, n° 65 (sous le titre *La Moulade)*
Collection Berggruen, Genève, Musée d'Art et
d'Histoire, 16 juin-30 octobre 1988, reprod.
coul. p. 131 (sous le titre *La Côte, Collioure).*
The Fauve Landscape, Los Angeles County
Museum of Art, New York, The Metropolitan
Museum of Art, Londres, Royal Academy of
Arts, 1990-1991, reprod. coul. 23, ill. 15.
Henri Matisse : A Retrospective, New York,
Museum of Modern Art, 24 septembre 1992-
19 janvier 1993, reprod. coul. p. 140, n° 55
(sous le titre *La Moulade)*
Henri Matisse, 1904-1917, Paris, Centre
Georges-Pompidou, 25 février-21 juin 1993,
reprod. coul. p. 151.

■ **15**
Henri Matisse
La Moulade, Collioure, été 1905
Huile sur toile, 28,2 x 35,5 cm
Signé en bas à gauche : *Henri-Matisse*
Collection particulière
Historique
Collection Charles Vignier, Paris.
Vente Paris, Hôtel Drouot, *Tableaux modernes
[...] composant la collection de Monsieur Ch.
V...,* 21 mai 1931, n° 26 (sous le titre *Bords
de la Méditerranée).*
Collection Pierre Matisse, New York.
Collection Mme Marcel Duchamp.
Bibliographie
*Signac et la libération de la couleur - De
Matisse à Mondrian,* Münster, Westfälisches
Landesmuseum für Kunst und
Kulturgeschichte, 1er décembre 1996-
16 février 1997, Musée de Grenoble, 9 mars-
25 mai 1997, Weimar, Kunstsammlungen,
15 juin-31 août 1997, Münster, Éditions
Tertium, Ostfildern Westfälisches
Landesmuseum für Kunst und
Kulturgeschichte, 1997, Paris, Éditions de la
Réunion des musées nationaux, 1997, ill.
coul. p. 309, fig. 12.
Expositions
Henri Matisse, 1904-1917, Paris, Centre
Georges-Pompidou, 25 février-21 juin 1993,
reprod. coul. p. 155.
*Matisse, «La révélation m'est venue de
l'Orient»,* Rome, Musei Capitolini,
20 septembre 1997-20 janvier 1998, Florence,
Artificio Edizioni Srl, 1997, n° 8, reprod. coul.
p. 107.

■ **16**
Henri Matisse
Marine (La Moulade), Collioure, été 1905
Huile sur carton monté sur bois
26,1 x 33,7 cm
Signé en bas à gauche : *Henri Matisse*

San Francisco Museum of Modern Art,
bequest of Mildred B. Bliss
Historique
Galerie Druet, Par s.
Collection Michae et Sarah Stein, Paris,
26 novembre 1908 ou 12 janvier 1909.
Collection M. et Mme Robert Woods Bliss,
Washington.
Collection Mildred B. Bliss.
Legs de Mildred B. Bliss au musée en 1969.
Expositions
Henri Matisse, Paris, Galerie Druet, 19 mars-
7 avril 1906, n° 36 ou n° 37.
Henri Matisse, Paris, Galerie Bernheim-Jeune,
1910, n° 38 ou n° 39 (sous le titre *Marine).*
Henri Matisse. Exposition du centenaire, Paris,
Grand Palais, avril-septembre, 1970, Paris,
Réunion des musées nationaux, 1970,
reprod. n. b. p. 14-, n° 66.
The Fauve Landscape, Los Angeles County
Museum of Art, New York, The Metropolitan
Museum of Art, Londres, Royal Academy of
Arts, 1990-1991, reprod. coul. 152, ill. 159.
Henri Matisse : A Retrospective, New York,
Museum of Modern Art, 24 septembre 1992-
19 janvier 1993, reprod. coul. p. 140, n° 56.
Henri Matisse, 1904-1917, Paris, Centre
Georges-Pompidou, 25 février-21 juin 1993,
reprod. coul. p. 153.
Fauves, Sydney, The Art Gallery of New South
Wales, 8 décembre-1995-18 février 1996,
Melbourne, National Gallery of Victoria,
29 février-13 mai 1996, Sydney, The Art
Gallery of New South Wales, 1995, Londres,
Thames and Hudson Ltd, 1995, n° 71, reprod.
coul. p. 197.

■ **17**
Henri Matisse
Marine (Bord de mer), Collioure, été 1905
Huile sur carton monté sur bois, 24,5 x 32,4 cm
Signé en bas à droite : *Henri Matisse*
Museum of Modern Art, San Francisco,
bequest of Mildred B. Bliss
Historique
Galerie Druet, Paris.
Collection Michael et Sarah Stein, Paris,
26 septembre 1908 ou 12 janvier 1909.
Collection M. et Mme Robert Woods Bliss,
Washington.
Collection Mildred B. Bliss.
Legs de Mildred B. Bliss au musée en 1969.
Bibliographie
Sembat, Marcel, *Henri Matisse,* Paris, Éditions
de la Nouvelle Revue Française, «Les peintres
français nouveaux», I, 1920, p. 6-7.
Schneider, Pierre, *Matisse,* Paris, Flammarion,
1984, reprod. coul. p. 215.
Whitfield, Sarah, *Le Fauvisme,* Paris, Thames
and Hudson, coll. «L'univers de l'art», 1997,
reprod. n. b. p. 75, ill. 60.
Zürcher, Bernard, *Les Fauves,* Paris, Hazan,
1995, reprod. coul. p. 79.
*Matisse, «La révélation m'est venue de
l'Orient»,* Rome, Musei Capitolini,
20 septembre 1997-20 janvier 1998, Florence,
Artificio Edizioni Sr , 1997, ill. coul. p. 108.
Expositions
Henri Matisse, Paris, Galerie Druet, 19 mars-
7 avril 1906, n° 36 ou n° 37.
Henri Matisse, Paris, Galerie Bernheim-Jeune,
1910, n° 38 ou n° 39 (sous le titre *Marine)*
Henri Matisse. Exposition du centenaire, Paris,
Grand Palais, avril-septembre, 1970 Paris,
Réunion des musées nationaux, 1970,
reprod. n. b. p. 145 n° 67.

The Fauve Landscape, Los Angeles County
Museum of Art, New York, The Metropolitan
Museum of Art, Londres, Royal Academy of
Arts, 1990-1991, reprod. coul. 313, ill. 331.
Henri Matisse : A Retrospective, New York,
Museum of Modern Art, 24 septembre 1992-
19 janvier 1993, reprod. coul. p. 140, n° 54.
Henri Matisse, 1904-1917, Paris, Centre
Georges-Pompidou, 25 février-21 juin 1993,
reprod. coul. p. 149, reprod. n. b. p. 423.
Fauves, Sydney, The Art Gallery of New South
Wales, 8 décembre-1995-18 février 1996,
Melbourne, National Gallery of Victoria,
29 février-13 mai 1996, Sydney, The Art
Gallery of New South Wales, 1995, Londres,
Thames and Hudson Ltd, 1995, n° 72, reprod.
coul. p. 199.

■ **18**
Henri Matisse
Intérieur à Collioure (La sieste), Collioure, 1905
Huile sur toile, 60 x 73 cm
Signé et daté en bas à droite : *Henri Matisse
1905*
Collection particulière, Suisse
Historique
Galerie Druet, Paris
Collection Delfant.
Galerie Siegfried Rosengart, Lucerne.
Collection Bernhard Mayer, Zurich.
Collection particulière, Ascona.
Bibliographie
Diehl, Gaston, *Matisse,* Paris, 1954, pl. 31.
Durozoi, Gérard, *Matisse,* Paris, 1989, reprod.
p. 57.
Elderfield, John, *The «Wild Beasts» Fauvism
and Its Affinities,* New York, The Museum of
Modern Art, 1976, ill. n. b. p. 56.
Essers, Volkmar, *Henri Matisse, 1869-1954,
Meister der Farbe,* Cologne, 1986, reprod. p. 11.
Ferrier, Jean-Louis, *Les Fauves, le règne de la
couleur,* Paris, Pierre Terrail, 1992, reprod.
coul. p. 40-41 (détail).
Giry, Marcel, *Le Fauvisme, ses origines, son
évolution,* Neuchâtel, Ides et Calendes, 1981,
reprod. coul. p. 93, ill. 31.
Leymarie, Jean, *Le Fauvisme,* Genève, 1959
(2e éd., 1987), reprod. p. 3.
Müller, Joseph-Emile, *Le Fauvisme,* Paris,
Hazan, 1967, reprod. n° 33, p. 49.
Raynal, Maurice, *Histoire de la peinture
moderne, Matisse, Munch, Rouault,* Genève,
1950, reprod. p. 21.
Russell, John, *The Birth of a Wild Beast,*
Horizon XVIII, 3, New York, 1976, p. 4-17,
reprod. p. 11.
Selz, Jean, *Matisse,* Paris, 2e éd., reprod. p. 19.
Zürcher, Bernard, *Les Fauves,* Paris, Hazan,
1995, reprod. coul. p. 96.
Expositions
Henri Matisse, Paris, Galerie Druet, 1906, n° 4
(sous le titre *Intérieur à la fillette)*
Sonderbund Internationale Kunstausstellung,
Cologne, Städtische Ausstellungshalle, 1912,
n° 260.
Henri Matisse, Bâle, Kunsthalle, 1931, n° 10.
Henri Matisse, Lucerne, Kunstmuseum, 1949,
n° 30.
Les Fauves, Berne, Kunsthalle, 1950, n° 93, pl. III.
Henri Matisse, New York, The Museum of
Modern Art, Cleveland, The Cleveland
Museum of Art, Chicago, The Art Institute of
Chicago, San Francisco, San Francisco
Museum of Art, 1951-1952, n° 12.
Triumph der Farbe, Die Europäischen Fauves,
Schaffhausen, Muzeum zu Allerheiligen,

Berlin, Orangerie Schloss Charlottenburg, 1959, n° 3.
Les Sources du XXᵉ siècle, Paris, Musée d'Art moderne, 1960-1961, n° 431.
Chefs-d'œuvre des collections suisses de Manet à Picasso, Lausanne, Palais de Beaulieu (Exposition nationale suisse), 1964, n° 170, reprod.
Chefs-d'œuvre des collections suisses de Manet à Picasso, Paris, Orangerie des Tuileries, 1967, n° 154, reprod.
Matisse, huiles, gouaches découpées, dessins, sculptures, Bâle, Galerie Beyeler, 1980, n° 2, Madrid, Fundación Juan March, 1980, n° 6, reprod.
Henri Matisse, Zurich, Kunsthaus, 15 octobre 1982-16 janvier 1983, Düsseldorf, Städtische Kunsthalle, 30 janvier-4 avril 1983, reprod. coul. n° 15.
Manguin parmi Les Fauves, Martigny, Fondation Pierre Gianadda, 4 juin-4 septembre 1983, reprod. coul. p. 25.
The Fauve Landscape, Los Angeles County Museum of Art, New York, The Metropolitan Museum of Art, Londres, Royal Academy of Arts, 1990-1991, reprod. coul. p. 71, ill. 78.
Henri Matisse : A Retrospective, New York, Museum of Modern Art, 24 septembre 1992-19 janvier 1993, reprod. coul. p. 142, n° 60.
Henri Matisse, 1904-1917, Paris, Centre Georges-Pompidou, 25 février-21 juin 1993, reprod. coul. p. 165, reprod. n. b. p. 427.
The Joy of Color, The Merzbacher Collection, Jérusalem, The Israel Museum, octobre 1998-février 1999, Jérusalem, The Israel Museum and DuMont Buchverlag, Cologne, 1998, reprod. coul. p. 52 et p. 55 (détail).

■ 19
Henri Matisse
Vue de Collioure, l'église, Collioure, été 1905
Huile sur toile, 33 x 41,2 cm
Signé en bas à droite : *H. M.*
Collection particulière
Historique
Collection Edward Steichen (don de l'artiste vers 1908).
Collection Kate Rodina Steichen, 1962.
Succession Kate Rodina Steichen.
Vente Sotheby's, New York, *Impressionist and Modern Paintings Drawings and Sculpture*, *Part. 1*, 7 mai 1991, n° 21, reprod. (non vendu).
Bibliographie
Elderfield, John, *The «Wild Beasts» Fauvism and Its Affinities*, New York, The Museum of Modern Art, 1976, ill. n. b. p. 52.
Herbert, James D., Fauve Painting, The Making of Cultural Politics, New Haven-Londres, Yale University Press, 1992, reprod. n. b. 42, p. 90.
Luzi, Mario, Carrà, Massimo, *L'opera di Matisse : dalla rivolta « fauve » all'intimismo, 1904-1928*, Milan, 1971, n° 34, p. 87, reprod.
Schneider, Pierre, *Matisse*, Paris, Flammarion, 1984, reprod. coul. p. 205.
Expositions
Henri Matisse, Paris, Galerie Druet, 19 mars-7 avril 1906, n° 38 (sous le titre *Vue de Collioure, l'église*) ?
Henri Matisse. Exposition du centenaire, Paris, Grand Palais, avril-septembre, 1970, Paris, Réunion des musées nationaux, 1970, reprod. n. b. p. 144, n° 63.
Recent Acquisitions, New York, The Museum of Modern Art, 1974.
Matisse in the Collection of the Museum of

Modern Art, New York, Museum of Modern Art, 1978-1979, p. 40, reprod.
Henri Matisse, 1904-1917, Paris, Centre Georges-Pompidou, 25 février-21 juin 1993, reprod. coul. p. 147, reprod. n. b. p. 423.
Henri Matisse, Brisbane, Queensland Art Gallery, 29 mars-14 mai 1995, Canberra, National Gallery of Australia, 27 mai-9 juillet 1995, Melbourne, National Gallery of Victoria, 20 juillet-3 septembre 1995.
Signac et la libération de la couleur - De Matisse à Mondrian, Münster, Westfälisches Landesmuseum für Kunst und Kulturgeschichte, 1ᵉʳ décembre 1996-16 février 1997, Musée de Grenoble, 9 mars-25 mai 1997, Weimar, Kunstsammlungen, 15 juin-31 août 1997, Münster, Éditions Tertium, Ostfildern Westfälisches Landesmuseum für Kunst und Kulturgeschichte, 1997, Paris, Éditions de la Réunion des musées nationaux, 1997, n° 58, reprod. coul. p. 157.

■ 38
Henri Matisse
La Gitane (Buste de femme), Paris, début 1906
Huile sur toile, 55 x 46 cm
Signé en bas à gauche : *Henri-Matisse*
L'Annonciade, musée de Saint-Tropez
N° inv. : D 1955 1. 5
Historique
Galerie Druet, Paris, 1906.
Collection Michael et Sarah Stein, Paris, au moins depuis 1910.
Collection Georges Bernheim, Paris.
Galerie Bernheim-Jeune, Paris, 17 octobre 1928.
Collection Georges Grammont, Paris, vers 1936-1955.
Legs Grammont à l'État pour le musée de l'Annonciade, 1955.
Bibliographie
Block, Catherine C., *Henri Matisse and Neo-Impressionism 1898-1908*, Ann Arbor, UMI Research Press, 1981, p. 98.
Diehl, Gaston, *Henri Matisse*, Éditions Pierre Tisné, reprod. coul. pl. 27.
Duthuit, Georges, *Les Fauves*, Genève, Éditions des Trois Collines, 1949, reprod. p. 199.
Elderfield, John, *The «Wild Beasts» Fauvism and Its Affinities*, New York, The Museum of Modern Art, 1976, ill. n. b. p. 64.
Ferrier, Jean-Louis, *Les Fauves, le règne de la couleur*, Paris, Pierre Terrail, 1992, reprod. coul. p. 8 et 9.
Flam, Jack, *Matisse. The Man and His Art, 1896-1918*, Ithaca, Cornell University Press, Londres, Thames and Hudson, 1986, reprod. p. 149, n° 141.
Grünewald, Isaac, *Henri Matisse*, Stockholm, Wahlström and Wildstrand Editions, 1944, reprod. p. 23.
Guillaud, Jacqueline et Maurice, *Matisse, le rythme et la ligne*, Paris-New York, 1987, reprod. coul. pl. 24.
Leymarie, Jean, *Le Fauvisme*, Éditions d'art Albert Skira, 1959, p. 120.
Luzi, Mario, *L'Opera di Matisse*, Classici dell'Arte, *Dalla rivolta Fauve al intimismo*, reprod. coul. pl. 12, n° 80.
Marchiori, Giuseppe, *Matisse*, La Bibliothèque des Arts, p. 37.
Guichard-Meilli, Jean, Henri *Matisse*, son oeuvre, son univers, Paris, Fernand Hazan, 1967, reprod. p. 217.
Monery, Jean-Paul, *Le Musée de L'Annonciade*,

Saint Tropez, Paris, Fondation Paribas, Ville de Saint-Tropez, Réunion des musées nationaux, 1993, reprod. coul. p. 64.
Müller, Joseph-Émile, Le Fauvisme, Paris, Fernand Hazan, 1967, p. 47-48.
Negri, Renata, *Matisse e i fauves*, Milan, Fratelli Fabri, 1969, reprod. coul. p. 63.
Schneider, Pierre, *Henri Matisse*, Flammarion, 1984, cité mais non reproduit p. 262.
Vauxcelles, Louis, *Le Fauvisme*, Genève, Pierre Cailler, 1958, reprod. coul. pl. face p. 64.
Whitfield, Sarah, *Le Fauvisme*, Paris, Thames and Hudson, coll. «L'univers de l'art», 1997, reprod. coul. p. 178, ill. 154.
Zürcher, Bernard, *Les Fauves*, Paris, Hazan, 1995, reprod. coul. p. 132.
Henri Matisse Four Great Collectors, Copenhague, Statens Museum for Kunst, 22 janvier-24 mai 1999, reprod. n. b. p. 144, fig. 35, p. 146, fig. 39.
Expositions
Henri Matisse, Paris, Galerie Druet, 19 mars-7 avril 1906, n° 2.
Henri Matisse, Paris, Galerie Bernheim-Jeune, 12-22 février 1910, n° 37.
Henri Matisse (Sammlung des Herrn Michel Stein in Paris), Berlin, Kunstsalon Fritz Gurlitt, juillet-août 1914, n° 9.
Les Fauves, Venise, XXVᵉ Biennale internationale d'art, 8 juin-15 octobre 1950, n° 46.
Cinquante ans de peinture française dans les collections particulières de Cézanne à Matisse, Paris, Musée des Arts décoratifs, 1952, n° 104.
Matisse, Aix-en-Provence, Pavillon Vendôme, 1960, n° 104.
Les Sources du XXᵉ siècle, Paris, Musée d'Art moderne, 1960, n° 433.
Matisse et ses amis, Hambourg, Kunstverein, 1966, reprod. p. 17, n° 76.
Le Fauvisme français et les débuts de l'expressionnisme allemand, Paris, Musée national d'Art moderne, 15 janvier-6 mars 1966, Munich, Haus der Kunst, 26 mars-12 mai 1966, Hambourg, Musée des Beaux-Arts, 25 mai-10 juillet 1966.
Exposition internationale de Montréal, Montréal, Pavillon français, avril-octobre 1967, reprod. n. b. p. 153, n° 95.
Henri Matisse, 1904-1917, Paris, Centre Georges-Pompidou, 25 février-21 juin 1993, reprod. coul. p. 179, reprod. n. b. p. 429.

■ 34
Henri Matisse
Esquisse pour « Le Bonheur de vivre », Paris, automne-hiver 1905-1906
Huile sur toile, 40,6 x 54,6 cm
The San Francisco Museum of Modern Art, bequest of Elise S. Haas
Historique
Collection Michael et Sarah Stein.
Bibliographie
Elderfield, John, *The «Wild Beasts» Fauvism and Its Affinities*, New York, The Museum of Modern Art, 1976, ill. n. b. p. 52.
Schneider, Pierre, *Matisse*, Paris, Flammarion, 1984, reprod. coul. p. 240.
Whitfield, Sarah, *Le Fauvisme*, Paris, Thames and Hudson, coll. «L'univers de l'art», 1997, reprod. coul. p. 146, ill. 123.
Henri Matisse, 1904-1917, Paris, Éditions du Centre Georges-Pompidou, 1993, reprod. n. b. 41.
Expositions
Henri Matisse. Exposition du centenaire, Paris, Grand Palais, avril-septembre, 1970, Paris,

Réunion des musées nationaux, 1970, reprod. n. b. p. 148, n° 72.
Henri Matisse : A Retrospective, New York, Museum of Modern Art, 24 septembre 1992-12 janvier 1993, reprod. n. b. p. 55, reprod. coul. p. 152, n° 72.

■ 33
Henri Matisse
Nu dans la forêt (Nu assis dans le bois)
Collioure, été 1906
Huile sur bois, 40,5 x 32,5 cm
Signé en bas à droite : *Henri-Matisse*
The Brooklyn Museum, Gift of George F. Of
N° inv. : acc# 52.150
Historique
Galerie Druet, Paris.
Acheté par Michael et Sarah Stein pour George F. Of, 21 juin 1907.
Collection George F. Of, New York, 1907-1951.
Don de George F. Of au Brooklyn Museum, 1952.
Bibliographie
Elderfield, John, *The «Wild Beasts» Fauvism and Its Affinities*, New York, The Museum of Modern Art, 1976, ill. n. b. p. 101.
Ferrier, Jean-Louis, *Les Fauves, le règne de la couleur*, Paris, Pierre Terrail, 1992, reprod. coul. p. 220.
Flam, Jack, *Matisse, The Man and His Art 1896-1918*, Ithaca, Cornell University Press, Londres, Thames and Hudson, 1986, p. 166.
Freeman, Judi, *Le Paysage fauve*, Paris Éditions Abbeville, 1991, reprod. coul. p. 26, ill. 22.
Expositions
Henri Matisse, New York, The Little Galleries of the Photo Secession, Gallery 291, 6-25 avril 1908.
International Exhibition of Modern Art, Armory Show, New York, Armory of the 69ᵗʰ Regiment, 17 février-15 mars 1913, n° 1065, Chicago, n° 250, Boston, n° 131 (sous le titre *Study*).
Henri Matisse : A Retrospective, New York, Museum of Modern Art, 24 septembre 1992-19 janvier 1993, reprod. coul. p. 156, n° 78.
Henri Matisse, 1904-1917, Paris, Centre Georges-Pompidou, 25 février-21 juin 1993, reprod. coul. p. 185, reprod. n. b. p. 429.

■ 32
Henri Matisse
La Pastorale (Nymphes et faune), Collioure, été 1906
Huile sur toile, 45,7 x 57,2 cm
Signé en bas à droite : *Henri-Matisse*
Musée d'Art moderne de la Ville de Paris
N° inv. : AM 1192
Historique
Atelier de l'artiste.
Galerie Bernheim-Jeune, Paris, en 1931.
Collection Dr Maurice Girardin, Paris.
Legs Girardin à la Ville de Paris, 1953.
Musée du Petit Palais, Paris, 1953-1961.
Musée d'Art moderne de la Ville de Paris, 1961.
Bibliographie
Barr, Alfred H., *Matisse : His Art and His Public*, New York, The Museum of Modern Art, 1951, 2ᵉ éd., 1974, reprod. p. 319.
Elderfield, John, *The «Wild Beasts» Fauvism and Its Affinities*, New York, The Museum of Modern Art, 1976, ill. n. b. frontispice.
Ferrier, Jean-Louis, *Les Fauves, le règne de la*

couleur, Paris, Pierre Terrail, 1992, reprod. coul. p. 49.
Flam, Jack, *Matisse. The Man and His Art, 1896-1918,* Ithaca, Cornell University Press, Londres, Thames and Hudson, 1986, p. 166-167.
Freeman, Judi, *Le Paysage fauve,* Paris, Éditions Abbeville, 1991, reprod. coul. p. 27, ill. 23.
Herbert, James D., Fauve Painting, The Making of Cultural Politics, New Haven-Londres, University Press, 1992,n reprod. n. b. 57 p. 115.
Kahn, Gustave, «Lettre à un exposant du Salon d'Automne», *La Phalange,* 15 octobre 1906, p. 368-371.
Lassaigne, Jacques, *Matisse,* Skira, 1959, reprod. p. 45.
Mario, Luzi, Carrà, Massimo, *L'opera di Matisse dalla rivolta fauve all'intimismo 1904-1928,* Milan, 1971, n° 33, p. 30-31, reprod.
Zürcher, Bernard, *Les Fauves,* Paris, Hazan, 1995, reprod. coul. p. 51.

Expositions
Henri Matisse retrospective, UCLA Art Galleries, Chicago, The Art Institute, Boston, Museum of Fine Arts, 1966, n° 21.
À la rencontre de Matisse, Saint-Paul, Fondation Maeght, 1969, reprod. p. 23.
En retrospektiv udstilling, Copenhague, Statens Museum for Kunst, 1970, n° 20, reprod.
Henri Matisse, Zurich, Kunsthaus, 15 octobre 1982-16 janvier 1983, Düsseldorf, Städtische Kunsthalle, 30 janvier-4 avril 1983, reprod. coul. n° 16.
Henri Matisse : A Retrospective, New York, Museum of Modern Art, 24 septembre 1992-19 janvier 1993, reprod. coul. p. 155, n° 76.
Henri Matisse, 1904-1917, Paris, Centre Georges-Pompidou, 25 février-21 juin 1993, reprod. coul. p. 187, reprod. n. b. p. 430.

■ 36
Henri Matisse
Autoportrait, Collioure, 1906
Huile sur toile, 55 x 46 cm
Signé en bas à gauche : Henri-Matisse
Statens Museum for Kunst, collection
J. Rump, Copenhague
N° inv. : KMSr78
Historique
Collection Michael et Sarah Stein, Paris, 1906.
Greta et Oskar Moll, Berlin, 1914-1917.
Collection Christian Tetzen-Lund, Copenhague, 1920-1924.
Ny Carlsberg Fondation, Copenhague. En dépôt à la Ny Carlsberg Glyptotek, octobre 1924-1926.
Collection Johannes Rump, Copenhague (acquis par échange), novembre 1926.
Don au Statens Museum for Kunst, Copenhague, 19 janvier 1928.
Bibliographie
Apollinaire, Guillaume, «Henri Matisse», *La Phalange,* n° 18, 15 décembre 1907, reprod. Barr, Alfred H., *Matisse : His Art and His Public,* The Museum of Modern Art, 1951, 2e éd., 1974, ill. p. 333.
Benjamin, Roger, *Matisse's «Notes of a Painter» : Criticism, Theory and Context, 1891-1908,* Ann Arbor, 1987, p. 129.
Diehl, Gaston, *Henri Matisse,* Paris, 1954, p. 46, 48, 136, 153, ill. 38.
Duthuit, Georges, *Les Fauves,* Genève, 1949, ill. p. 61.

Elderfield, John, *The «Wild Beasts» Fauvism and Its Affinities,* New York, The Museum of Modern Art, 1976, ill. n. b. p. 148.
Ferrier, Jean-Louis, *Les Fauves, le règne de la couleur,* Paris, Pierre Terrail, 1992, reprod. coul. p. 55.
Flam, D. Jack, *Matisse, on Art,* Oxford, 1973, p. 158, note 1.
Flam, Jack, *Matisse. The Man and His Art, 1896-1918,* Ithaca, Cornell University Press, Londres, Thames and Hudson, 1986, fig. 181.
Flam, Jack, *Matisse on Art,* Berkeley-Los Angeles, 1995, p. 131, 189, ill. p. 127.
Grünewald, Isaac, *Matisse och expressionismen,* Stockholm, 1944, ill. 19 p. 137.
Hind, G. Lewis, *The Consolations of a Critic,* Londres, Adam Charles Block, 1911, p. 80-81.
Hind, G. Lewis, *The Post-impressionists,* Londres, Methuen and Co, 1913, p. 40-41, 45-47.
Levy, Rudolf, «Matisse», *Genius,* II, 1920, reprod p. 186.
Pach, Walter, «The Point of View of the Moderns», *The Century Magazine,* avril 1914, p. 192-193 (repris dans Karpel, Bernard, *The Armory Show,* New York, Arno Press, 1972).
Raaschou-Nielsen, Inge Vibeke, *Fransk modernisme. Hovedvœrker pa Statens for Kunst,* Copenhague, 1996, p. 95-97, ill. 31.
Schacht, Roland, *Henri Matisse,* Dresde, 1922, p. 19, reprod.
Sembat, Marcel, *Matisse et son œuvre,* Paris, Éditions de la Nouvelle Revue Française, «Les peintres français nouveaux», I, 1920, reprod. p. 23 (sous le titre *Portrait du peintre,* appartenant à MM. Tetzen-Lund et Trygve Sagen).
Schneider, Pierre, *Matisse,* Paris, Flammarion, 1984, reprod. coul. p. 276, p. 417, note 72.
Swane, Leo, «Matisse i Tetzen Lunds samling», *Tilskueren,* vol. 39, II, Copenhague, 1922, p. 208, reprod.
Swane, Leo, *Matisse,* Stockholm, 1944, p. 53, ill. 1.
Swane, Leo, *Matisse,* Stockholm, 1945, p. 56-57, ill. 1.
Thomsen, Oluf, *Chr. Tetzen-Lunds Samling af moderne fransk Malerkunst,* Copenhague, 1934, n° 53, ill. 40.
Zahle, Erik, *Fransk Maleri efter 1900,* Copenhague, 1938, p. 8, ill. 1.
Zürcher, Bernard, *Les Fauves,* Paris, Hazan, 1995, reprod. coul. p. 127.
Matisse, «La révélation m'est venue de l'Orient», Rome, Musei Capitolini, 20 septembre 1997-20 janvier 1998, Florence, Artificio Edizioni Srl, 1997, p. 120, 356, ill. coul. p. 122.
J. Rumps Samling af moderne fransk Kunst, Copenhague, Statens Museum for Kunst, 1929, Leo Swane, 1929, p. 47, n° 78 (daté 1907).
Zerkalo [The Mirror], 1911, n° 45, reprod.
Expositions
Portraits d'hommes, Paris, Galerie Bernheim-Jeune, 16 décembre 1907-4 janvier 1908, n° 64 (sous le titre *Son portrait*).
Henri Matisse (Sammlung des Herrn Michel Stein in Paris), Berlin, Kunstsalon Fritz Gurlitt, juillet-août 1914, n° 13, reprod. (sous le titre *Selbstbildnis,* daté 1907).
Henri Matisse. Udstilling af hans Arbejder, Copenhague, 1924, n° 24.
Matisse. En retrospektiv udstilling, Copenhague, Statens Museum for Kunst, 1970, Hanne Finsen, n° 21.
Henri Matisse : A Retrospective, New York,

Museum of Modern Art, 24 septembre 1992-19 janvier 1993, reprod. coul. p. 163, n° 88.
Henri Matisse, 1904-1917, Paris, Centre Georges-Pompidou, 25 février-21 juin 1993, reprod. coul. en page de couverture, p. 199, reprod. n. b. p. 433.
Johannes Rump. Portrœtaf en samler, Copenhague, Statens Museum for Kunst, 1994-1995, Lennart Gottlieb, n° 165.
Harald Giersing. Maleri. Ord. Musik., Copenhague, Statens Museum for Kunst, Arhus, 1996, Lennart Gottlieb, n° 31.
Henri Matisse and Great Danish Collectors (texte en russe), Saint-Pétersbourg, Musée de l'Ermitage, 1998, Kasper Monrad, n° 19.
Henri Matisse Four Great Collectors, Copenhague, Statens Museum for Kunst, 22 janvier-24 mai 1999, n° 67, reprod. coul. p. 10 (détail), fig. 1, 28, 30, 286.

■ 37
Henri Matisse
Vaisselle et fruits sur un tapis rouge et noir
Collioure, été 1906
Huile sur toile, 61 x 73 cm
Signé en bas à gauche : Henri-Matisse
Musée de l'Ermitage, Saint-Pétersbourg
N° inv. : 8998
Historique
Galerie Druet, Paris.
Collection Gustave Fayet, Paris, 4 octobre 1906-mars 1907.
Collection Aghion, 11 mars 1907-mai 1908.
Galerie Druet, Paris, 5 mai 1908.
Collection Serguei Chtchoukine, Moscou, 4 juin 1908-1918.
Nationalisé par les autorités soviétiques en 1918.
Premier musée de la Peinture occidentale moderne, Moscou avril 1919-1922.
Musée d'État d'art moderne occidental, Moscou, avril 1922-1948.
Musée de l'Ermitage, Leningrad, 1948.
Bibliographie
Barr, Alfred H., *Matisse : His Art and His Public,* New York, The Museum of Modern Art, 1951, 2e éd., 1974, p. 24.
Barskaya, Anna, Kosténévitch, Albert, *French Painting. Mid-Nineteenth to Twentieth Century. The Hermitage. Catalogue of Western painting,* Saint-Pétersbourg, Musée de L'Ermitage, Moscou-Florence, 1991, n° 177.
Izerghina, A., *Henri Matisse. Peintures et sculptures dans les musées soviétiques,* Leningrad, Éditions Aurora, 1978, 2e éd., 1990, n° 13.
Izerghina, A., Barskaya, A., *French Painting. Second Half of the 19th Century to the Early 20th Century. The Hermitage Leningrad,* Leningrad, 2e éd., 1982, n° 156.
Kosténévitch, Albert, *Ot Monet do Picasso. Francuzskaja zhivopis',* Leningrad, L'Ermitage, 1989, n° 187.
Kosténévitch, Albert, Semyonova, Natalia, *Collecting Matisse,* Moscou, Paris, 1993 (édition française : *Matisse et la Russie*), p. 78, 161, non reproduit.
Tugendchold, Yakov, «La collection française de Stschoukine», *Apollon,* n° 1-2, 1914, p. 42.
Schneider, Pierre, Cowart, Jack, Elderfield, John, Kosténévitch, Albert, Coyle, Laura, *Matisse au Maroc. Peintures et dessins, 1912-1913,* Paris, Éditions Adam Biro, 1990, ill. n. b. p. 236, fig. 120.
Sterling, Charles, *Musée de l'Ermitage. Les peintures de Poussin à nos jours,* Paris, 1957, p. 171.

Catalogue des tableaux de la collection Serguei Stschoukine, Moscou, 1913, n° 106.
The State Museum of Modern Western Art. Contemporary French Art (en russe), Moscou, 1928, n° 311.
The Hermitage. Catalogue of Western European Painting, vol. 1 : *Italy, Spain, France, Switzerland* (en russe), Leningrad, 1976, p. 277.
Signac et la libération de la couleur - De Matisse à Mondrian, Münster, Westfälisches Landesmuseum für Kunst und Kulturgeschichte, 1er décembre 1996-16 février 1997, Musée de Grenoble, 9 mars-25 mai 1997, Weimar, Kunstsammlungen, 15 juin-31 août 1997, Münster, Éditions Tertium, Ostfildern Westfälisches Landesmuseum für Kunst und Kulturgeschichte, 1997, Paris, Éditions de la Réunion des musées nationaux, 1997, ill. coul. p. 307, fig. 7.
Expositions
Salon d'Automne, Paris, Grand Palais, 6 octobre-15 novembre 1906, n° 1172 (sous le titre *Nature morte, tapis rouge*).
Moscou, Palais Troubetskoy, résidence de Serguei Chtchoukine ouverte au public le dimanche, 1908-1918.
Henri Matisse ze sbírek sovetskych muzeí, Prague, Národni Galerie, 1969-1970, n° 4.
Henri Matisse, 1904-1917, Paris, Centre Georges-Pompidou, 25 février-21 juin 1993, reprod. coul. p. 195, reprod. n. b. p. 431.
Matisse, «La révélation m'est venue de l'Orient», Rome, Musei Capitolini, 20 septembre 1997-20 janvier 1998, Florence, Artificio Edizioni Srl, 1997, n° 12, reprod. coul. p. 115.
Henri Matisse Four Great Collectors, Copenhague, Statens Museum for Kunst, 22 janvier-24 mai 1999, n° 6, reprod. coul. p. 24, 38, 203.

■ 35
Henri Matisse
Portrait de Marguerite, Collioure, hiver 1906-1907
Huile sur toile, 65 x 54 cm
Inscription en haut à gauche : MARGUERITE
Musée Picasso, Paris
N° inv. : RF 1973-77
Historique
Collection Pablo Picasso, 1907-1973 (échangé avec Matisse contre *Vase, bol et citron* de Picasso, 1907).
Donation de Jacqueline Picasso et Paul Picasso à l'État, 1973.
Musée du Louvre, Paris, 1973-1984.
Musée Picasso, Paris, 1984.
Bibliographie
Arp, Hans, *Neue Französische Malerei,* Leipzig, Verlag der Weissen Bücher, 1913, reprod. (sous le titre *Bildnis*).
Barr, Alfred H., *Matisse : His Art and His Public,* New York, The Museum of Modern Art, 1951, 2e éd., 1974, p. 96.
Duthuit, Georges, *Les Fauves,* Paris, Éditions Albert Skira, 1949, p. 216,117.
Freeman, Judi, *Le Paysage fauve,* Paris, Éditions Abbeville, 1991, reprod. n. b. p. 106, ill. 122.
Henri Matisse, Zurich, Kunsthaus, 15 octobre 1982-16 janvier 1983, Düsseldorf, Städtische Kunsthalle, 30 janvier-4 avril 1983, reprod. n. b. p. 28.
Oppler, Ellen C., *Fauvism Reexamined,* New York, Garland Publishings, 1976, p. 151-153.

Whitfield, Sarah, *Le Fauvisme*, Paris, Thames and Hudson, coll. «L'univers de l'art», 1997, reprod. n. b. p. 173, ill. 149.
Expositions
Henri Matisse, Paris, Galerie Bernheim-Jeune, 14 au 14 février 1910, reprod. p. 4.
Sonderbund Internationale Kunstausstellung, Cologne, Städtische, 25 mai-30 septembre 1912.
Henri Matisse, Zurich, Kunsthaus Zurich, 15 octobre 1982-16 janvier 1983, Dusseldorf, Stadtlische Kunsthalle, 29 janvier 1983-4 avril 1983, ill. 2, p. 28.
Donation Louise et Michel Leiris-collection Kahnweiler-Leiris, Paris, Centre Georges-Pompidou, 22 novembre 1984-28 janvier 1985.
Henri Matisse : A Retrospective, New York, Museum of Modern Art, 24 septembre 1992-19 janvier 1993, reprod. coul. p. 98.
Henri Matisse, 1904-1917, Paris, Centre Georges-Pompidou, 25 février-21 juin 1993, reprod. coul. p. 217, n. b. p. 440.
Matisse, «La révélation m'est venue de l'Orient», Rome, Musei Capitolini, 20 septembre 1997-20 janvier 1998, Florence, Artificio Edizioni Srl, 1997, n° 15, reprod. coul. p. 121.
Picasso collectionneur, Paris, Musée Picasso, 23 juin-27 septembre 1999, n° 49, p. 161.

■ **119**
Henri Matisse
Nu debout (Une baigneuse) (Nu au linge), Collioure, novembre 1906-1907
Huile sur toile, 92 x 65 cm
Signé et daté en bas à gauche :
Henri Matisse 1907
Tate Gallery, Londres
Historique
Atelier de l'artiste.
Collection Dikran Khan Kelekian, Paris.
Galerie Bernheim-Jeune, Paris, 25 novembre 1916 - 1919.
Collection Marius de Zayas, New York, 2 juin 1919.
Galerie Ferargil, New York.
Collection Arthur B. Davies, New York.
Vente New York, American Art Association, The Arthur B. Davies Art Collection, 16-17 avril 1929, n° 433, reprod. sous le titre *Une baigneuse*.
Knoedler Gallery, New York.
Collection Quincy A. Shaw McKean, Pride's Crossing (Mass.).
Valentine Gallery, New York.
Collection Mme Carlos Martins, Rio de Janeiro, 1950.
Galerie Beyeler, Bâle.
Collection G. David Thompson, Pittsburgh.
Galerie Beyeler, Bâle, 1959 - 1960.
Achat par le musée, 1960.
Bibliographie
Barr, Alfred, *Matisse, His Art and His Public*, New York, The Museum of Modern Art, 1951, p. 95.
Desvallières (dans *Matisse*, 1908), *La Grande Revue*, 25 décembre, p. 732, reprod. p. 734.
Mercereau, 1909, La Toison d'Or, n° 6, p. II, reprod. p. 10.
Gowing, Lawrence, *Henri Matisse*, Londres, Thames and Hudson, 1979, p. 73.
Herbert, James D., *Fauve Painting : The Making of Cultural Politics*, New Haven-Londres, Yale University Press, 1992, reprod. n.b. p. 149, ill. 77.

Expositions
Henri Matisse, 1904-1917, Paris, Centre Georges Pompidou, 25 février-21 juin 1993, n° 41.

■ **120**
Henri Matisse
Nu bleu : «souvenir de Biskra» (*Tableau n° III*), Collioure, début 1907
Huile sur toile, 92 x 142,5 cm
Signé en bas à droite : *Henri-Matisse*
The Baltimore Museum of Art.
The Cone Collection, Formed by Dr Claribel Cone and Miss Etta Cone of Baltimore.
N° inv. : 1950. 228
Historique
Collection Leo Stein, Paris, 1907-1913.
Collection Alphonse Kann, Paris.
Collection Georges de Zayas, Paris.
Marius de Zayas Gallery, New York, 1920.
Collection John Quinn, New York, décembre 1920-1924.
Succession John Quinn, 1924-1926.
Vente Paris, Hôtel Drouot, *Tableaux modernes provenant de la collection John Quinn*, 28 octobre 1926, n° 61, reprod. (sous le titre *Femme nue couchée*).
Dr Claribel Cone et Etta Cone, Baltimore, octobre 1926-1929.
Collection Etta Cone, Baltimore, septembre 1929-1949.
Legs d'Etta Cone au Baltimore Museum of Art, 1950.
Bibliographie
Burgess, Gelett, « The Wild Men of Paris», *The Architectural Record*, mai 1910.
Cortissoz, Royal, «The Post-Impressionist Illusion», *The Century Magazine*, n° 6, avril 1913, p. 812.
Cox, Kenyon, «The New Art : On Cubism and Futurism», *The New York Sunday Times*, 16 mars 1913 (repris dans Frederick James Gregg, *For and Against*, Association of American Painters and Sculptors, New York, 1913, p. 35-36, 39).
Eddy, Arthur Jerome, *Cubists and Post-Impressionism*, Chicago, A. C. McClurg and Co, 1914, p. 157.
Elderfield, John, *The «Wild Beasts» Fauvism and Its Affinities*, New York, The Museum of Modern Art, 1976, reprod. n. b. p. 117.
Flam, Jack, *Henri Matisse, 1869-1954*, Cologne, Könemann, 1994, édition française, reprod. coul. p. 87, pl. 23.
Freeman, Judi, *Le Paysage fauve*, Paris, Éditions Abbeville, 1991, reprod. n. b. p. 209, ill. 221.
Herbert D. James, *Fauve Painting, The Making of Cultural Politics*, New Haven-Londres, Yale University Press, 1992, reprod. coul. 75, p. 147.
Kahn, Gustave, *L'Aurore*, 1907.
Lhote, André, «Une exposition Matisse», *La Nouvelle Revue Française*, 1er juillet 1919 (repris dans *La Peinture, le Cœur et l'Esprit*, Paris, Denoël, 1933, p. 32-33).
Mac Bride, Henry, «New Matisse on Exhibition», *New York Herald*, 12 décembre 1920, p. 2.
Malpel, Charles, «Le Salon des Indépendants», *Le Télégramme*, printemps 1907, Toulouse (repris dans Malpel, Charles, *Notes sur l'art d'aujourd'hui et peut-être de demain*, Toulouse, Privat, Paris, Grasset, 1910, t. I, p. 45).
Mather, Frank Jewett, «Newest Tendencies in Art», *The Nation*, 6 mars 1913, p. 504, 509,

512 (repris dans Bernard Karpel, New York, Edition The Armory Show, Arno Press, 1972).
Mather, Frank Jewett, *The Independent*, 6 mars 1913, p. 504, 509, 512.
Mather, Franck Jewell, «Old and New Art», *The Nation*, 1913 (repris dans Frederick James Gregg, *For and Against*, Association of American Painters and Sculptors, New York, 1913, p. 57-58).
Philpot, A. J., «Marvels of Modernity in the Name of Art», *Boston Globe*, 28 avril 1913, p. 8.
Sembat, Marcel, *Henri Matisse*, Paris, Éditions de la Nouvelle Revue Française, « Les peintres français nouveaux », I, 1920, reprod. p. 35 (sous le titre *L'Odalisque*, collection Alphonse Kann, Paris).
Schneider, Pierre, *Matisse*, Paris, Flammarion, 1984, reprod. coul. p. 251.
Stein, Gertrude, «Henri Matisse», *Camera Work*, n° spécial, août 1912, reprod. pl. 1.
Street, Jukian, «Why I Became a Cubist», *Everybody's Magazine*, juin 1913, p. 818-819 (repris dans Bernard Karpel, Edition The Armory Show, New York, Arno Press, 1972).
Vauxcelles, Louis, «Le Salon des Indépendants», *Gil Blas*, 20 mars 1907.
W. H. D., *Boston Evening Transcript*, 28 avril 1913, p. 12.
Whitfield, Sarah, *Le Fauvisme*, Paris, Thames and Hudson, 1997 (traduction française), reprod. n. b. p. 185, n° 160.
Zürcher, Bernard, *Les Fauves*, Paris, Hazan, 1995, reprod. coul. p. 131.
New York Tribune, 17 février 1913, reprod. p. 7 (photo d'accrochage).
Chicago Daily News, 24 mars 1913, p. 4.
Die Explosion der Farbe Fauvismus und Expressionismus 1905-1911, Ingelheim, Internationale Tage, 26 avril-28 juin 1998, Mayence, Verlag Hermann Schmidt, 1998, ill. n. b. p. 96.
Matisse, «La révélation m'est venue de l'Orient», Rome, 20 septembre 1997-20 janvier 1998, Florence, Artificio Edizioni Srl, 1997, ill. coul. p. 80.
Expositions
Salon des Indépendants, Paris, Serres du Cours la Reine, 20 mars-30 avril 1907, n° 5247 (sous le titre *Tableau n° III*).
Exposition collective, Berlin, Galerie Paul Cassirer, décembre 1908.
International Exhibition of Modern Art, «The Armory Show», New York, Armory of the 69th Regiment, 17 février-15 mars 1913, n° 411 (sous le titre *La Femme bleu* [sic], Chicago, The Art Institute, 24 mars-16 avril 1913, n° 248 (sous le titre *The Blue Woman*), Boston, Copley Hall, Copley Society of Boston, 28 avril-18 mai 1913, n° 248).
Paintings by Matisse, New York, Marius de Zayas Gallery, 6-25 décembre 1920.
Exhibition of Works by Henri Matisse, New York, Brummer Gallery, 25 février-15 mars 1924, n° 2.
Memorial Exhibition of Representative Works Selected from the John Quinn Collection, New York, Art Center, 7-30 janvier 1926, n° 36.
Matisse, Paris, Galerie Georges Petit, 1931, n° 17.
Matisse, Bâle, Kunsthalle, 1931, n° 15.
Henri Matisse : Retrospective Exhibition, New York, The Museum of Modern Art, 3 novembre-6 décembre 1931, n° 15.
Summer Exhibition, Baltimore, Baltimore Museum of Art, 1934.
Henri Matisse : Retrospective Exhibition,

Philadelphie, Philadelphia Museum of Art, 1948, n° 15, ill.
Pictures for a Picture of Gertrude Stein as a Collector and Writer on Art and Artists, New Haven, Yale University Art Gallery, février-mars 1951, n° 18, p. 29, Baltimore, Baltimore Museum of Art, avril 1951.
Matisse : Retrospective Exhibition, New York, Museum of Modern Art, 1952, Cleveland, Cleveland Museum of Art, Chicago, The Art Institute, San Francisco, San Francisco Museum of Art, 1952.
Henri Matisse. Exposition du centenaire, Paris, Grand Palais, avril-septembre, 1970, Paris, Réunion des musées nationaux, 1970, reprod. n. b. p. 157, n° 84.
Henri Matisse : A Retrospective, New York, Museum of Modern Art, 24 septembre 1992-12 janvier 1993, reprod. n. b p 7, coul. p. 167, n° 93.
Henri Matisse, 1904-1917, Paris, Centre Georges-Pompidou, 25 février-21 juin 1993, reprod. coul. p. 207, reprod. n. b. p. 435.

■ **123**
Henri Matisse
Le Luxe I
(Le Luxe, esquisse)
Collioure, été 1907
Huile sur toile, 210 x 138 cm
Signé en bas à gauche : *H. M.*
Centre Georges-Pompidou, Paris
Musée national d'Art moderne / Centre de création industrielle
N° inv. : AM 2586 P
Historique
Atelier de l'artiste.
Achat des Musées nationaux à l'artiste, 1945.
Bibliographie
Apollinaire, Guillaume, «Henri Matisse», *La Phalange*, n° 8, 15 décembre 1907, reprod.
Barr, Alfred H., *Matisse : His Art and His Public*, New York, The Museum of Modern Art, 1951, 2e éd., 1974, p. 96.
Desvallières, Georges, «Au Salon d'Automne», *La Grande Revue*, 1er octobre 1907, p. 741.
Elderfield, John, *The «Wild Beasts» Fauvism and Its Affinities*, New York, The Museum of Modern Art, 1976, reprod. coul. p. 113.
Ferrier, Jean-Louis, *Les Fauves, le règne de la couleur*, Paris, Pierre Terrail, 1992, reprod. coul. p. 31 et 213.
Flam, Jack, *Matisse : the Man and His Art 1896-1918*, Ithaca, Cornell University Press, Londres, Thames and Hudson, 1986, p. 207-216.
Giry, Marcel, *Le Fauvisme, ses origines, son évolution*, Neuchâtel, Ides et Calendes, 1981, reprod. n. b. p. 199, ill. 99.
Gowing, Lawrence, *Henri Matisse*, Londres, Thames and Hudson, 1979, p. 68.
Guichard-Meili, Jean, *Henri Matisse, son oeuvre, son univers*, Paris, Fernand Hazan, 1967, p. 60.
Hind, G. Lewis, *The Consolations of a Critic*, Londres, Adam Charles Block, 1911, p. 45-46.
Jean-Aubry, Georges, «La peinture au Salon d'Automne», *L'Art moderne*, n° 43, 27 octobre 1907.
Jedlicka, Gotthard, *Der Fauvismus*, Zurich, Büchergilde Gutenberg, 1961, p. 25-26.
Malpel, Charles, «Le Salon d'Automne à Paris», *Le Télégramme*, Toulouse, automne 1907.
Müller, Joseph-Émile, Le Fauvisme, Paris, Fernand Hazan, 1967, p. 46-47.

Thiébault-Sisson, François, «Le Salon
d'Automne», *Le Petit Temps*, 1er octobre 1907,
p. 1.
Schneider, Pierre, *Matisse*, Paris, Flammarion,
1984, reprod. coul. p. 94.
Vallotton, Félix, «Au Salon d'Automne», *La
Grande Revue*, 25 octobre 1907, p. 920.
Vauxcelles, Louis, «Le Salon d'Automne», *Gil
Blas*, 30 septembre 1907.
Whitfield, Sarah, *Le Fauvisme*, Paris, Thames
and Hudson, coll. «L'univers de l'art», 1997,
reprod. n. b. p. 203, ill. 169.
Zürcher, Bernard, *Les Fauves*, Paris, Hazan,
1995, reprod. coul. p. 140.
Henri Matisse Four Great Collectors,
Copenhague, Statens Museum for Kunst,
22 janvier-24 mai 1999, reprod. coul. p. 168
fig. 47.
Expositions
Paris, Salon d'Automne, Paris, Grand Palais,
1er-22 octobre 1907, n° 758 (sous le titre *Le
Luxe, esquisse*).
*Le Fauvisme français et les débuts de
l'expressionnisme allemand*, Paris, Musée
national d'Art moderne, 15 janvier-6 mars
1966, Munich, Haus der Kunst, 26 mars-15
mai 1966, reprod. n. b. n° 97.
Henri Matisse. Exposition du centenaire, Paris,
Grand Palais, avril-septembre, 1970, Paris,
Réunion des musées nationaux, 1970,
reprod. n. b. p. 159, n° 85.
*L'Art en France, un siècle d'inventions (du
fauvisme aux années quatre-vingt)*, Moscou,
Musée Pouchkine, 27 mars-9 mai 1989, Saint
Pétersbourg, musée de l'Ermitage, juin-
septembre 1989.
Henri Matisse : A Retrospective, New York,
Museum of Modern Art, 24 septembre 1992-
19 janvier 1993, reprod. coul. p. 176, n° 102.
Matisse et Baudelaire : Fleurs du mal : Le
Cateau Cambresis, Musée Matisse, 27 juin-
27 septembre 1992.
Henri Matisse, 1904-1917, Paris, Centre
Georges-Pompidou, 25 février-21 juin 1993,
reprod. coul. p. 229, reprod. n. b. p. 442.

■ **124**
Henri Matisse
Le Luxe II, 1907-1908
Caséine sur toile, 209,5 x 139 cm
Signé en bas à droite : *HENRI-MATISSE*
Statens Museum for Kunst, Copenhague,
collection J. Rump
N° inv. : K MSr 76
Historique
Acquis en 1917 par Johannes Rump auprès
de l'artiste par l'intermédiaire de la Galerie
Charles Vildrac, Paris.
Donation Rump au musée, 1928.
Bibliographie
Barr, Alfred H., *Matisse : His Art and His
Public*, New York, The Museum of Modern
Art, 1951, 2e éd., 1974, reprod. p. 341.
Basler, Adolph, *Henri Matisse*, Leipzig, 1924,
reprod.
Bock, Catherine C., *Henri Matisse and Neo-
Impressionism 1898-1908*, Ann Arbor, 1981,
p. 99.
Diehl, Gaston, *Henri Matisse*, Paris, 1954,
p. 34, 50, 100.
Elderfield, John, *The «Wild Beasts» Fauvism
and Its Affinities*, New York, The Museum of
Modern Art, 1976, ill. n. b. p. 135.
Ferrier, Jean-Louis, *Les Fauves, le règne de la
couleur*, Paris, Pierre Terrail, 1992, reprod.
coul. p. 30 et 33.

Flam, Jack, *Matisse : The Man and His Art
1896-1918*, Ithaca, Cornell University Press,
Londres, Thames and Hudson, 1986, fig. 210.
Flam, Jack, *Henri Matisse, 1869-1954*,
Cologne, Könemann, 1994, édition française,
reprod. coul. p. 88, pl. 24.
Giry, Marcel, *Le Fauvisme, ses origines, son
évolution*, Neuchâtel, Ides et Calendes, 1981,
reprod. n. b. p. 199, ill. 100.
Raaschou-Nielsen, Inge Vibeke, *Fransk
modernisme. Hovdværker på Statens Museum
for Kunst*, Copenhague, 1996, p. 101-103, pl.
33.
Schneider, Pierre, *Matisse*, Londres, 1984.
Swane, Leo, *Matisse*, Stockholm, 1944, fig. 7.
Swane, Leo, *Matisse*, Copenhague, 1945, fig. 7.
Zahle, Erik, *Fransk Maleri efter 1900*,
Copenhague, 1938, p. 8, 9, pl.15.
Zürcher, Bernard, *Les Fauves*, Paris, Hazan,
1995, reprod. coul. p. 142.
Wanscher, Wilhelm, «Grønningen», *Politiken*,
29 janvier 1924.
J. Rumps Samling af moderne fransk Kunst,
Copenhague, Statens Museum for Kunst,
1929, cat. n° 76.
Moderne udenlandsk kunst, Copenhague,
Statens Museum for Kunst, 1964, cat. n° R 76.
Œuvres de Henri Matisse, Paris, Musée
national d'Art moderne, Centre Georges-
Pompidou, 1989, p. 34, fig. a.
Johannes Rump. Portrat of a samler,
Copenhague, Statens Museum for Kunst,
1994-1995, p. 73.
*Matisse, «La révélation m'est venue de
l'Orient»*, Rome, Musei Capitolini,
20 septembre 1997-20 janvier 1998,
Florence, Artificio Edizioni Srl, 1997,
ill. n. b. p. 33.
Expositions
The Second Post-Impressionist Exhibition,
Londres, Grafton Galleries, 5 octobre-
31 décembre 1912, cat. n° 32.
International Exhibition of Modern Art,
«The Armory Show», New York, Armory
of the 69th Regiment, 17 février-15 mars 1913,
cat. n° 407, Chicago, Art Institute of Chicago,
24 mars-15 avril 1913, cat. n° 244, Boston,
Copley Society of Boston, Copley Hall, 28 avril-
18 mai 1913, cat. n° 125.
Grønningens udstilling 1924, Copenhague,
Den Frie Udstillings Bygning, janvier-février
1924, cat. n° 179.
Henri Matisse. Udstillings af hans Arbejner,
Copenhague, Ny Carlsberg Glyptotek,
septembre 1924, Stockholm, Oslo, cat. n° 32.
Matisse, En retrospektiv udstilling,
Copenhague, Statens Museum for Kunst,
1970, cat. n° 24.
Henri Matisse : A Retrospective, New York,
Museum of Modern Art, 24 septembre 1992-
19 janvier 1993, reprod. coul. p. 177, n° 103.
Harald Giersing. Maleri. Ord Musik, Arhus-
Copenhague, Statens Museum for Kunst,
1996-1997, cat. n° 32.
*Die Epocheder Moderne. Kunst im 20.
Jarhundert. The Age of Modernism. Art in the
20th Century*, Berlin, Martin-Gropius-Bau,
Éditions Christos M. Joachimedes and
Norman Rosenthal, 1997, cat. n° 5.
Henri Matisse and Great Danish Collectors,
Saint-Pétersbourg, Musée de l'Ermitage,
1998, cat. n° 27.
Henri Matisse Four Great Collectors,
Copenhague, Statens Museum for Kunst,
22 janvier-24 mai 1999, n° 75, reprod. coul.
p. 19, fig. 9, 30, 191, 298.

■ **121**
Henri Matisse
L'Espagnole au tambourin, Paris, début 1909
Huile sur toile, 92 x 73 cm
Signé et daté en bas à gauche : *Henri-
Matisse/1909*
Musée d'État des Beaux-Arts Pouchkine,
Moscou
N° inv. : 3297
Historique
Galerie Bernheim-Jeune, Paris, 1909.
Collection Sergueï Chtchoukine, Moscou,
1909-1918.
Nationalisé par les autorités soviétiques en
1918.
Premier musée de la Peinture occidentale
moderne, Moscou, 1919-1922.
Musée d'État d'Art moderne occidental,
Moscou, 1922-1948
Transféré en 1948 au musée des Beaux-Arts
Pouchkine, Moscou
Bibliographie
Barr, Alfred H., *Matisse : His Art and His
Public*, New York, The Museum of Modern
Art, 1951, 2e éd., 1974, p. 106, 130, ill. 352.
Dauberville, Michel et Guy-Patrice, *Henri
Matisse chez Bernheim-Jeune*, Paris, 1995, I,
n° 90, p. 456.
Diehl, Gustave, *Matisse*, Paris, 1954, p. 46.
Faure, Élie, Romains, Jules, Vildrac, Charles,
Werth, Léon, *Henri Matisse*, Paris, G. Grès,
1920, reprod. pl. 8.
Izerghina, A., *Henri Matisse. Peintures et
sculptures dans les musées soviétiques*,
Leningrad, Éditions Aurora, 1978, 2e éd.,
1990, n° 24.
Kosténévitch, Albert Semyonova, Natalia,
Collecting Matisse, Moscou, Paris, 1993
(édition française : *Matisse et la Russie*),
p. 96, 98.
Mercereau, Alexandre, «Henri Matisse et la
peinture contemporaine», *La Toison d'Or*,
n° 6, 1909, p. III, reprod.
Sjtjukin, *Catalogue des tableaux de la
collection de M. Serge Stschoukine* (texte en
français et en russe), 1913, n° 102.
Sterling, Charles, *Musée de l'Ermitage*.
Les peintures de Poussin à nos jours, Paris,
1957, p. 179, reprod. 145.
*Masterpieces from the Pushkin Museum of
Fine Arts* (en russe), Moscou, Musée
Pouchkine, 1986, p. 115.
Henri Matisse Four Great Collectors,
Copenhague, Statens Museum for Kunst,
22 janvier-24 mai 1999, n° 15, reprod.
coul. p. 25, 47, 215 (œuvre non exposée).
Expositions
Salon des Indépendants, Paris, Jardin des
Tuileries, 25 mars-2 mai 1909, n° 1100
(sous le titre *L'Espagnole*).
Moscou, Palais Troubetskoy, résidence
de Sergueï Chtchoukine ouverte au public
le dimanche, 1909-1918.
*French Art of the Fifteenth through the
Twentieth Century*, Moscou, Musée
Pouchkine, 1955, p. 45.
*French Art of the Twe'th through the Twentieth
Century*, Leningrad, Musée de l'Ermitage,
1956, p. 38.
*Henri Matisse : Painting, Sculpture, Graphic
Arts and Letters. Exhibition in Honour of the
Centenary of the Artist's Birth* (en russe),
Moscou, Musée Pouchkine, Leningrad,
Musée de l'Ermitage, 1969, n° 23.
Henri Matisse. Exposition du centenaire, Paris,
Grand Palais, avril-septembre, 1970, Paris,

Réunion des musées nationaux, 1970,
reprod. n. b. p. 166, n° 92.
Henri Matisse : A Retrospective, New York,
Museum of Modern Art, 24 septembre 1992-
19 janvier, reprod. coul. p. 196, n° 115.
Henri Matisse, 1904-1917, Paris, Centre
Georges-Pompidou, 25 février-21 juin 1993,
reprod. coul. p. 253.
*Morosow und Schtschukin-Die russischen
Sammler. Monet bis Picasso*, Essen, Museum
Folkwang, Moscou, Musée Pouchkine,
Saint-Pétersbourg, Musée de l'Ermitage,
1993-1994, n° 103.

■ **122**
Henri Matisse
Nu à l'écharpe blanche, Paris, 1909
Huile sur toile, 116,5 x 89 cm
Signé et daté en bas à droite : *Henri-Matisse 09*
Statens Museum for Kunst, Copenhague,
J. Rump Collection
N° inv. : KMSr 81
Historique
Galerie Bernheim-Jeune, Paris, 1909-1912.
Guy Cholet, Paris.
La comtesse Vitali-Cholet hérite de l'œuvre
à la mort de son frère en 1916.
Christian Tetzen-Lund, 1917.
Acheté par Johannes Rump à une vente
Tetzen-Lund le 19 mai 1925.
Donation Rump au musée en 1928.
Bibliographie
Barr, Alfred H., *Matisse : His Art and His
Public*, New York, The Museum of Modern
Art, 1951, 2e éd., 1974, p. 132, note 5, 163,
540.
Danneskiold-Samsøe, Sophus, «Fransk Kunst i
København i Efteraaret 1918», *Vor Tid*, 1918,
p. 854, 863, reprod.
Dauberville, Michel et Guy-Patrice, *Henri
Matisse chez Bernheim-Jeune*, Paris, 1995, I,
p. 460, n° 92.
Diehl, Gustave, *Matisse*, Paris, 1954, p. 49.
Elderfield, John, *Pleasuring Painting :
Matisse's Feminine Representations*, Londres,
1995, ill. 20, p. 30.
Flam, Jack, *Matisse. The Man and His Art,
1896-1918*, Ithaca, Cornell University Press,
Londres, Thames and Hudson, 1986, ill.
n° 266.
Flam, Jack, *Henri Matisse, 1869-1954*,
Cologne, Könemann, 1994, édition française,
p. 122.
Gordon, Donald E., *Modern Art Exhibitions
1900-1916*, Munich, 1974, t. I, p. 315, ill.
1835, t. II, p. 852.
Haüser, Henrik, «Ein dänischer Sammler»,
Der Cicerone, vol. 10, mai 1918, p. 164.
Hoppe, Ragnar, *Städer och konstnärer.
Resebrev och essäer om konst*, Stockholm,
1931, reprod. p. 201.
Swane, Leo, Thomsen, Oluf, Giersing, Harald,
Bjerg, Johs. C., Danneskiold-Samsøe, Sophus,
*Moderne Kunst og Sindssygdom. Svar til
Professor Salomonsen*, Copenhague, 1919,
frontispice.
Swane, Leo, *Matisse*, Stockholm, 1944, p. 61,
89, ill. 18.
Swane, Leo, *Matisse*, Stockholm, 1945, p. 67,
96, ill. 18.
Henri Matisse, 1904-1917, Paris, Centre
Georges-Pompidou, 25 février-21 juin 1993,
p. 114.
Johannes Rump. Portret af en samler,
Copenhague, Statens Museum for Kunst,
1994-1995, p. 85.

Expositions
Exposition Henri Matisse, Paris, Galerie Bernheim-Jeune, Paris, 14 février-5 mars 1910, n° 56 (*Nu à l'écharpe blanche*).
Sonderbund Austellung, Düsseldorf, Kunstpalast, 1910, n° 82.
The Second Post-Impressionist Exhibition, Londres, Grafton Galleries, 5 octobre-31 décembre 1912, n° 9 (avec le titre *La Pose du nu*).
Neue Kunst. Sommerschau, Munich, Galerie Hans Goltz, 1914, n° 45 (avec le titre *Nu à l'écharpe blanche*).
Tetzen-Lund's collection, tous les lundis pendant l'hiver, 1917-1924.
Henri Matisse. Udstilling af hans Arbejder, Ny Carlsberg Glyptotek, Copenhague, septembre 1924, n° 34.
Matisse. En retrospektiv udstilling, Copenhague, Statens Museum for Kunst, 1970, n° 26.
Henri Matisse : A Retrospective, New York, Museum of Modern Art, 24 septembre 1992-19 janvier 1993, reprod. coul. p. 199, n° 118.
Johannes Rump. Portret af en samler, Copenhague, Statens Museum for Kunst, Lennart Gottlieb, 1994-1995, n° 167.
Henri Matisse and Great Danish Collectors (texte en russe), Saint-Pétersbourg, Musée de l'Ermitage, 1998, Kasper Monrad, n° 21.
Henri Matisse Four Great Collectors, Copenhague, Statens Museum for Kunst, 22 janvier-24 mai 1999, n° 69, reprod. coul. p. 29, 30, 161, 180, fig. 53, 290.

■ **125**
Henri Matisse
La Danse II
(La Danse, panneau décoratif), Issy-les-Moulineaux, fin 1909-été 1910
Huile sur toile, 260 x 391 cm
Signé et daté en bas à droite : *Henri-Matisse, 1910*
Musée de l'Ermitage, Saint-Pétersbourg
N° inv. : 9673
Historique
Commande de Sergueï Chtchoukine à l'artiste, mars 1909.
Collection Serguei Chtchoukine, Moscou, 1910-1918 (arrivé à Moscou le 17 décembre 1910)
Nationalisée par les autorités soviétiques en 1918.
Premier musée de la Peinture occidentale moderne, Moscou, 1919-1922.
Musée d'État d'Art moderne occidental, Moscou, 1922-1948.
Musée de l'Ermitage, Leningrad, 1948.
Bibliographie
Apollinaire, Guillaume, «Vernissage d'automne», *L'Intransigeant*, 1er octobre 1910.
Apollinaire, Guillaume, «Le Salon d'Automne», *Poésie*, automne 1910.
Apollinaire, Guillaume, *Apollinaire on Art. Essays and Reviews, 1902-1918*, New York, 1960, p. 125.
Aragon, Louis, *Henri Matisse, a Novel*, Londres, 1971-1972, vol. 1, p. 276, vol. 2, p. 234.
Barr, Alfred H., *Matisse : His Art and His Public*, New York, The Museum of Modern Art, 1951, 2e éd., 1974.
Barskaya, Anna G., Kosténévitch, Albert, *French Painting. Mid-Nineteenth to Twentieth Century. The Hermitage. Catalogue of Western Painting*, Saint-Pétersbourg, Musée de l'Ermitage, Moscou, Florence, 1991, n° 192.

Benois, Alexandre, «Lettres sur l'art. Impressions moscovites», *Retch*, 17 février 1911.
Bidou, Henry, «Le Salon d'Automne», *Gazette des Beaux-Arts*, novembre 1910, p. 370.
Caffin, Charles H. , *The Story of French Painting*, New York, The Century and Co, 1911, p. 214-216.
Chevliakov, «U Matissa», *Rannieie Outro*, n° 246, 26 octobre 1911.
Courthion, Pierre, «Matisse et la Danse», *XXe siècle, Hommage à Henri Matisse*, Paris, 1970, p. 6.
Diehl, Gaston, *Henri Matisse*, Paris, 1954, p. 52-55.
Dorgelès, Roland, «Le prince des Fauves», *Fantasio*, 1er décembre 1910, p. 300.
Duthuit, Georges, *Les Fauves*, Genève, 1949, p. 225.
Eddy, Arthur Jerome, *Cubists and Post-Impressionism*, Chicago, A. C. McClurg and Co, 1914, p. 43-44.
Elderfield, John, *Matisse in the Collection of the Museum of Modern Art*, New York, The Museum of Modern Art, 1978, p. 54-58, 185-187.
Estienne, Charles, «Des tendances de la peinture moderne : entretien avec M. Henri Matisse», *Les Nouvelles*, 12 avril 1909, p. 62-63.
Faure, Élie, Romain, Jules, Vildrac, Charles, Werth, Léon, *Henri Matisse*, Paris, Crès, 1920, reprod. pl. 10.
Ferrier, Jean-Louis, *Les Fauves, le règne de la couleur*, Paris, Pierre Terrail, 1992, reprod. coul. en page de couverture, p. 43.
Flam, Jack, *Matisse : The Man and His Art, 1896-1918*, Ithaca, Cornell University Press, Londres, Thames and Hudson, 1986, p. 254-257.
Flam, Jack, *Henri Matisse, 1869-1954*, Cologne, Könemann, 1994, édition française, reprod. coul. p. 116, pl. 35.
Flam, Jack, *Matisse on Art,* Los Angeles, Éditions Berkeley, 1995, p. 116-118, 203.
F. M., «Le Salon d'Automne», *L'Art et les Artistes*, 1910, n° 68, novembre, p. 80.
Fontainas, André, «Le Salon d'Automne», *L'Art moderne*, 15 octobre 1910, p. 329-330.
Fry, Roger, «The Automn Salon», *The Nation*, 29 octobre 1910, p. 194.
Hind, G. Lewis, *The Post of Impressionnists*, Londres, Methuen and Co, 1913, p. 49-51.
Izerghina, A., *The Hermitage, Leningrad, Twentieth Century French Masters*, Prague, 1970, cat. n° 27.
Izerghina, A., *Henri Matisse. Paintings and Sculptures in Soviet Museums*, Leningrad, 1978 (2e éd., 1990, également en version française et allemande), n° 29.
Izerghina, A., Barskaya, A., *French Painting. Second Half of the 19th Century to the Early 20th Century*, Leningrad, Musée de l'Ermitage, 1982 (2e éd.), n° 169.
Kandinsky, Wassily, «Uber die Forme Frage», *Der Blaue Reiter*, Munich, Piper und Co, 1912, p. 98, reprod. p. 38. Traduction française, *L'Almanach du Blaue Reiter*, Paris, Klinksieck, 1981, p. 234.
Kosténévitch, Albert, «*La Danse* and *La Musique* by Henri Matisse. A New Interpretation», *Apollo*, 1974, p. 504-513.
Kosténévitch, Albert, *Ot Monet do Picasso. Francuzkaja zhivopis'*, Leningrad, Musée de l'Ermitage, 1989, n° 203, n° 204.
Kosténévitch, Albert, Semyonova, Natalia, *Collecting Matisse* (édition française : *Matisse et la Russie*), Moscou-Paris, 1993, p. 16-23.

Mercereau, A., «Henri Matisse i sovremennaja zjivopis» (Henri Matisse and Modern Painting), *Zolotoje runo,* 1909, n° 6.
Migeon, Gaston, «Impressions d'art en Russie», *Le Journal des débats*, 29 janvier 1914.
Morice, Charles, «Le Salon d'Automne», *Mercure de France*, novembre 1910, p. 88.
Mourey, Gabriel, «La leçon du Salon d'Automne», *Paris-Journal*, 13 novembre 1910.
Neff, John Hallmark, «Matisse and Decoration : The Shchukin Panels», *Art in America*, vol. 63, 1975, n° 4, p. 38-48.
Purrmann, Hans, «Aus der Werkstatt Henri Matisse», *Kunst und Künstler*, n° 5, 1922, p. 167.
Rude, Léopold, «Le Salon d'Automne», *Gil Blas*, 30 septembre 1910.
Rusakov, Jurij, «Matisse in Russia in the Automn of 1911», *The Burlington Magazine*, 1975, p. 284-291.
Russel, John, *The World of Matisse*, New York, 1969.
Schneider, Pierre, «The Striped Pajama Icon», *Art in America*, 1975, n° 4, p. 76-82.
Schneider, Pierre, *Matisse*, Paris, Flammarion, 1984, reprod. coul. p. 285.
Sembat, Marcel, «Henri Matisse», *Les Cahiers d'aujourd'hui*, n° 4, avril 1913, p. 192-193.
Sembat, Marcel, *Matisse et son œuvre*, Paris, 1920, p. 9.
Skrotzki, P., «Iz Parija», *Odesskii listok*, n° 267, 20 novembre 1910.
Sterling, Charles, *Musée de l'Hermitage. Les peintures de Poussin à nos jours*, Paris, 1957, p. 176-178.
Swane, Leo, «Matisse i Tetzen Lunds samling», *Tilskueren*, vol. 39, Copenhague, 1922, p. 214.
Swane, Leo, *Matisse*, Copenhague, 1945.
Tugendchold, Yakov, «Osennij Salon» [Salon d'Automne], *Apollon*, n° 12, 1910, p. 27, 30, 31.
Tugendchold, Yakov, «La collection française de Stschoukine», *Apollon*, n° 1-2, 1914, p. 27, 41.
Werenskiold, Marit, *The Concept of Expressionism. Origin and Metamorphoses*, Oslo, 1984, fig. 6.
Zervos, Christian, «Notes sur la formation et le développement de l'œuvre de Henri Matisse», *Cahiers d'art*, VI, n° 5-6, 1931, p. 246, 276, 298, 304.
Catalogue des tableaux de la collection Sergeï Stschoukine, Moscou, 1913, n° 98.
«Henri Matisse», *Jivoie Slovo*, n° 35, 31 octobre 1911.
The State Museum of Modern Western Art. Contemporary French Art (en russe), catalogue du musée, Moscou, 1928, n° 325.
The Hermitage, Catalogue of Western European Painting, vol. 1, *Italy, Spain, France, Switzerland,* catalogue du musée (en russe), Leningrad, 1976, p. 278.
Matisse, «La révélation m'est venue de l'Orient», Rome, Musei Capitolini, 20 septembre 1997-20 janvier 1998, Florence, Artificio Edizioni Srl, 1997, ill. coul. p. 35.
Henri Matisse Four Great Collectors, Copenhague, Statens Museum for Kunst, 22 janvier-24 mai 1999.
Expositions
Salon d'Automne, Paris, Grand Palais, 1er octobre-8 novembre 1910, n° 536.
Moscou, Palais Troubetskoy, résidence de Serguei Chtchoukine, ouverte au public le dimanche, 1919-1918.

Henri Matisse : Painting, Sculpture, Graphic Arts and Letters, Moscou, Musée Pouchkine, Leningrad, Musée de l'Ermitage, 1969, p. 15, 17, n° 28.
Henri Matisse. Exposition du centenaire, Paris, Grand Palais, avril-septembre, 1970, Paris, Réunion des musées nationaux, 1970, reprod. n. b. p. 171, n° 101.
Henri Matisse : A Retrospective, New York, Museum of Modern Art, 24 septembre 1992-12 janvier 1993, reprod. n. b. p. 46, reprod. coul. p. 204, n° 125.
Henri Matisse, 1904-1917, Paris, Centre Georges-Pompidou, 25 février-21 juin 1993, reprod. coul. p. 279, reprod. n. b. p. 461.
Henri Matisse, 1869-1954, Moscou, Musée Pouchkine, Saint-Pétersbourg, Musée de l'Ermitage, 1993 (en russe), n° 35.
Morosow und Schtschukin-Die russischen Sammler. Monet bis Picasso, Essen, Museum Folkwang, Moscou, Musée Pouchkine, Saint-Pétersbourg, Musée de L'Ermitage, 1993-1994, n° 100.
Henri Matisse Four Great Collectors, Copenhague, Statens Museum for Kunst, 22 janvier-24 mai 1999, n° 20, reprod. coul. p. 25, 52, 220.

JEAN METZINGER
(Nantes, 1883 - Paris, 1956)
Après des études à Nantes, il s'installe à Paris en 1903. Il participe au Salon d'Automne en 1904 avec des œuvres à caractère impressionniste. En 1905, il s'initie au divisionnisme. L'année suivante, il rencontre Robert Delaunay et le familiarise à cette technique. Les œuvres présentées aux Salons d'Automne de 1907 et 1908 confirment cette tendance à caractère fauve. Dès 1908, il s'oriente vers le cubisme et écrit l'année suivante « Notes sur la peinture » dans la revue *Pan*. En 1911, au Salon des Indépendants, ses œuvres se trouvent placées dans la fameuse salle IV, qui consacre le cubisme, et il publie en 1912, avec Albert Gleizes, l'essai théorique *Du cubisme*.

■ **112**
Jean Metzinger
Méditation, circa 1907
Huile sur toile, 92 x 66 cm
Signé en bas à gauche : *J. Metzinger*
Collection particulière
Historique
Acquis en 1953 par le propriétaire.

PIET MONDRIAN
(Piet Cornelis Mondriaan, Amersfoort, 1872 - New York, 1944)
Très tôt, il se destine au professorat de dessin et poursuit son apprentissage auprès de son oncle, Frits Mondriaan, peintre de l'École de La Haye. En 1892, il s'inscrit à l'Académie d'Amsterdam, tout en hésitant à devenir pasteur. S'il choisit la peinture, c'est avec l'espoir de « changer le monde ». Travaillant dans la tradition de l'École de La Haye, à partir de 1900, il privilégie le motif des arbres. En mai 1908, sa participation avec Sluijters et l'importante présentation des œuvres divisionnistes de Jan Toorop, à l'exposition de Saint-Luc, marquent la naissance du luminisme qui restitue la sensation de la lumière à travers la technique du dessous coloré sur lequel s'impriment les touches juxtaposées. En septembre, il se rend à Domburg en Zélande, où il rencontre Toorop qui y fait figure de chef d'école. En janvier 1909, il expose au Stedelijk Museum d'Amsterdam avec Sluijters et Spoor (vers la fin du mois Toorop se joint à eux) ; cette exposition voit l'affirmation du style divisionniste fauve de Mondrian. En mai, il devient membre de la société théosophique des Pays-Bas après avoir lu Edouard Shuré, Helena Blavatsky et Rudolf Steiner. Il retourne à Domburg et peint des paysages de mer où il « se détourne peu à peu des choses naturelles ». En juillet, il devient membre de la Société des Artistes Indépendants de Paris ; en novembre, il prend part à la création du Moderne Kunstkring (Cercle d'art moderne) à Amsterdam avec Kickert, Sluijters et Toorop qui en est président. En janvier 1911, il présente deux œuvres à la Société des Amis des Arts, à Nantes, et en avril participe au Salon des Indépendants à Paris où il passe dix jours début juin. En octobre de la même année, il participe à la préparation de l'exposition du Moderne Kunstkring, à Amsterdam, où sont montrées des œuvres de Braque, Derain, Dufy, Le Fauconnier, Picasso… Marqué par cette première présentation aux Pays-Bas du cubisme, vers lequel il s'oriente, il s'installe en janvier 1912 à Paris, où il francise son nom en Mondrian.

■ 171
Piet Mondrian
Arbres au bord du Gein
Bomen langs het Gein, 1907-1908
Huile sur carton, 69 x 112 cm
Signé en bas à droite : *Piet Mondriaan*
Hannema-de Stuers Fundatie, Heino/Wijhe
N° inv. : 2178
Historique
Don de l'artiste à un négociant.
Collection Pieter de Dood.
Acquis par le musée du marchand d'art Pieter de Dood, Amsterdam, 1954.
Bibliographie
Blok, C., *Piet Mondrian : een catalogus van zijn werk in Nederlands openbaar bezit*, Amsterdam, Meulenhoff, 1974, n° 144.
Jaffé, H. L. C., *Piet Mondrian*, Paris, Cercle d'Art, 1970, ill. 43, p. 28.
Ottolenghi, M. G., *Tout l'œuvre peint de Piet Mondrian*, Paris, Flammarion, 1976, n° 192.
Welsh, Robert P., *Piet Mondrian's Early Career, The «Naturalistic» Periods*, thèse écrite en 1965, Garland Publishing, New York-Londres, 1977, ill. 144.
Welsh, Robert P., *Catalogue Raisonné of the Naturalistic Works (Until Early 1911)*, V+K

Publishing/Inmerc, Blaricum-Paris, Cercle d'Art, 1998, ill. A 658.
Contrast and Connections Hannema-de Stuers Foundation, Heino, Pays-bas, 1991, reprod. coul. p. 15.
Expositions
Vincent Van Gogh en de Moderne Kunst 1890-1914, Essen, Museum Folkwang, 11 août-4 novembre 1990, n° 94, Amsterdam, Vincent Van Gogh Museum, 16 novembre 1990-18 février 1991, n° 72.
La Beauté exacte, Art. Pays-Bas, XXe siècle, de Van Gogh à Mondrian, Paris, Musée d'Art moderne de la Ville, 25 mars-17 juillet 1994, reprod. coul. p. 107, n° 110.
Meesters van het licht, Luministische schilderkunst in Nederland en Duitsland, Rotterdam, Kunsthal, 28 septembre-8 décembre 1996, Zwolle, Waanders Uitgevers, reprod. coul. p. 74.

■ 172
Piet Mondrian
Dune I
Duin I, 1909
Huile sur carton, 30 x 40 cm
Signé en bas à gauche : *P. Mondriaan*
Gemeentemuseum, La Haye
N° inv. : SCH-1971-0133 Blok 179
Historique
Acheté à l'artiste par S. B. Slijper, Blaricum.
Dépôt au musée entre 1956 et 1971.
Legs Slijper au musée, 1971.
Bibliographie
Welsh, Robert P., *Catalogue Raisonné of the Naturalistic Works (Until Early 1911)*, V+K Publishing/Inmerc, Blaricum-Paris, Cercle d'Art, 1998, ill. A 701.
Expositions
Mondrian from Figuration to Abstraction, Tokyo, Seibu Museum of Art, 1987, reprod. coul. p. 105.

■ 173
Piet Mondrian
Paysage de mer, 1909-1910
Huile sur carton, 34,5 x 50,5 cm
Signé en bas à gauche : *P. Mondriaan*
Gemeentemuseum, La Haye
N° inv. : SCH-1971-0132 Blok 180
Historique
Acheté à l'artiste par S. B. Slijper, Blaricum.
En dépôt au musée entre 1955 et 1971.
Legs Slijper au Musée, 1971.
Bibliographie
Welsh, Robert P., *Catalogue Raisonné of the Naturalistic Works (until early 1911)*, V+K Publishing/Inmerc, Blaricum-Paris, Cercle d'Art, 1998, ill. A 695.
Expositions
Piet Mondrian 1872-1944, La Haye, Haags-Gemeentemuseum, 18 décembre 1994-30 avril 1995, Washington, National Gallery of Art, 11 juin-4 septembre 1995, New York, Museum of Modern Art, 1 octobre 1995-23 janvier 1996, reprod. coul. p. 109, n° 20.

■ 174
Piet Mondrian
Fermier de Zélande
Zeeuws (CH) E Bœr, 1909-1910
Huile sur carton, 69 x 53 cm
Monogrammé en bas à gauche : *P M*
Gemeentemuseum, La Haye
N° inv. : SCH-1971-0140 Blok 170

Historique
Dr J. F. S. Esser (1910-1946) (?).
Héritiers du Dr J. F. S. Esser (1946-1949).
Vente Mak van Waa♥, Amsterdam, 14 juin 1949, lot 276.
Collection S. B. Slijper, Blaricum (n° inv : 919).
En dépôt au musée entre 1954 et 1971.
Legs Slijper au musée, 1971.
Bibliographie
Welsh, Robert P., *Catalogue Raisonné of the Naturalistic Works (Until Early 1911)*, V+K Publishing/Inmerc, Blaricum-Paris, Cercle d'Art, 1998, ill. A 625.
Expositions
St. Lucas, Amsterdam, avril-juin 1910, n° 487.
Meesters van het licht, Luministische schilderkunst in Nederland en Duitsland, Rotterdam, Kunstha , 28 septembre-8 décembre 1996, Zwolle, Waanders Uitgevers, reprod. coul. p. 72.

EDVARD MUNCH
(Løten, 1863 - Oslo, 1944)
Jeune, il est marqué par la mort de sa mère, en 1868, et de sa sœur, en 1877. En 1879, il commence des études d'ingénieur. En 1881, il s'inscrit à l'École royale d'art et de dessin de Christiana (ancien nom d'Oslo). Il devient vite chef de file de la jeune peinture norvégienne. En mai 1885, il séjourne pour la première fois à Paris. En 1890, il retourne à Paris où il étudie avec Bonnat à l'École des beaux-arts. En 1892, à l'exposition de l'Union des artistes berlinois, sa salle est fermée et le scandale le rend célèbre. En 1893, il commence à travailler à la *Frise de la vie*. En 1896, à Paris, il fréquente les Mardis de Mallarmé et les peintres Nabis, en juin il présente une exposition à la galerie l'Art Nouveau dont Strindberg rend compte dans la *Revue Blanche*. L'année suivante, il expose dix tableaux de la *Frise de la vie* au Salon des Indépendants, à Paris, puis vingt-huit à la Sécession de Berlin, en 1902. En 1903, à Paris, il expose de nouveau au Salon des Indépendants dont il devient sociétaire; il y expose à nouveau en 1904, 1905, 1906 – où il est accroché avec Manguin, Marquet, Puy, Van Dongen, V aminck –, 1908 et 1910 qui marque sa dernière exposition à Paris. Il signe en 1904 un contrat avec Cassirer à Berlin et expose à la Sécession de Vienne. En 1905, son exposition de Prague connaît un grand retentissement. Il fait des tentatives de désintoxication alcoolique en Allemagne où il rencontre les expressionnistes allemands de la Brücke (Nolde, Schmidt-Rottluff avec lequel un projet d'exposition n'aboutira pas). En 1908, à la suite d'une grave dépression, il est soigné pendant un an dans la clin que du Dr Jacobson, à Copenhague. Il retourne en Norvège en 1909. Il ne voyage presque plus et se consacre au projet de décoration de l'université de Christiana. En 1912, une salle importante lui est consacrée à l'exposition du Sonderbund, à Cologne. En 1913, il participe à l'Armory Show à New York.

■ 128
Edvard Munch
La Vigne vierge rouge
Rød Villvin, 1898-1900
Huile sur toile, 119,5 x 121 cm
Signé en haut à gauche : *E. Munch*
Munch-Museet, Oslo
N° inv. : MM M 503

Historique
Legs de l'artiste à la ville d'Oslo.
Bibliographie
Stang, Ragna, *Edvard Munch, Människan och konstnären*, Oslo, Forum, 1977, reprod. coul. p. 111, n° 134.
Expositions
Sonder-Ausstellung von Edvard Munch, Dresde, Dresdner Kunst-Salon, 1900.
Edvard Munchs udstilling, Christiania, Hollaendergården, 1901.
Edvard Munchs udstilling, Christiania, Dioramalokalet, 1910.
Kollectiv-Ausstellung Edvard Munch, Munich, Tannhauser Moderne Gallerie, 1912.
Edvard Munch, Essen, Museum Folkwang, 18 septembre-8 novembre 1987, Zurich, Kunsthaus, 19 novembre 1987-14 février 1988, reprod. coul. n° 50.
Visions du Nord, Lumière du monde, Lumière du ciel, Paris, Musée d'Art moderne de la Ville de Paris, 7 février-17 mai 1998, Paris-Musées, 1998, reprod. coul. p. 265, n° 113.

■ 129
Edvard Munch
La Mort de Marat
Marats død, 1906
Huile sur toile, 70 x 100 cm
Munch Museet, Oslo
N° inv. : MM M 183
Historique
Legs de l'artiste à la ville d'Oslo.
Bibliographie
Bøe, Alf, *Edvard Munch*, Barcelone, Ediciones Poligrafa, 1989 (version anglaise, allemande, française, espagnole, japonaise), reprod. n° 105.
Expositions
Munch et la France, Paris, Musée d'Orsay, 24 septembre 1991-5 janvier 1992, Oslo, Munch, 27 janvier-21 avril 1992, reprod. coul. p. 310, ill. n° 181.

■ 130
Edvard Munch
Autour de la table
Rundt bordet, 1906
Huile sur toile, 76 x 96 cm
Signé en haut à droite : *E. Munch 1906*
Munch-Museet, Oslo
N° inv : MM M 181
Historique
Legs de l'artiste à la ville d'Oslo.
Bibliographie
Eggum, Arne, *Edvard Munch : Paintings Sketches and Studies*, Londres, Thames and Hudson, 1984, reprod. n° 299, p. 192.
Expositions
Salon des Indépendants, Paris, mars-avril 1906, n° 5465.
Edvard Munch-Malningar, Stockholm, Konstnärhuset, 1913.
Kollektiv-Ausstellung Edvard Munch, Berlin, Gurlitt Kunst-Salon, 1914.
Munch et la France, Paris, Musée d'Orsay, 24 septembre 1991-5 janvier 1992, Oslo, Munch, 27 janvier-21 avril 1992, reprod. coul. p. 300, n° 32.

■ 131
Edvard Munch
Le Meurtrier
Mörderen, 1910
Huile sur toile, 94 x 154 cm
Signé en bas à droite : *E. Munch*

Munch-Museet, Oslo
N° inv. : MM M 793
Historique
Legs de l'artiste à la ville d'Oslo.
Expositions
Edvard Munch, Essen, Museum Folkwang,
18 septembre-8 novembre 1987, Zurich,
Kunsthaus, 19 novembre 1987-14 février
1988, reprod. coul. n° 86.
*Visions du Nord, Lumière du monde, Lumière
du ciel,* Paris, Musée d'Art moderne de la Ville
de Paris, 7 février-17 mai 1998, Paris-Musées,
1998, reprod. coul. p. 271, n° 119.

GABRIELE MÜNTER
(Berlin, 1977 - Murnau, 1962)
En 1901, elle suit les cours de l'Association des
femmes-peintres de Munich (l'Académie leur
étant fermée) puis, en 1902, s'inscrit à l'école de
la Phalanx dans la classe de Kandinsky dont elle
partage la vie à partir de 1904. En 1905, elle
voyage à l'étranger, notamment en Italie.
Ensemble, ils séjournent à Paris de 1906 à 1907,
année où elle expose au Salon des Indépendants
et au Salon d'Automne, comme elle le fera à
nouveau les deux années suivantes. En 1908,
elle peint avec Kandinsky, Jawlensky et Werefkin
à Murnau où elle acquiert l'année suivante une
maison. Elle se montre très attentive aux expressions de l'art populaire bavarois (meubles peints,
peinture sous verre) et aux dessins d'enfants. En
1909, elle prend part à la création de la NKVM
et aux expositions qu'elle organise notamment
en 1910 avec une participation internationale
(Braque, Derain, Van Dongen). Elle quitte la
NKVM avec Kandinsky en décembre 1911 et participe aux expositions du Blaue Reiter. En 1913,
elle a une exposition personnelle à la galerie Der
Sturm à Berlin.

■ 147
Gabriele Münter
Paysage (Coucher du soleil sur le Staffelsee)
Sonnenuntergang über dem Staffelsee, 1908
Huile sur carton, 33 x 40,6 cm
Collection particulière, Suisse
Historique
Leonard Hutton Galeries, New York.
Vente Sotheby's, New York, 14 mai 1997,
n° 226, ill.
Expositions
The Joy of Color, The Merzbacher Collection,
Jérusalem, The Israel Museum, octobre 1998-
février 1999, Jérusalem, The Israel Museum
and DuMont Buchverlag, Cologne, 1998,
reprod. n° 59, p. 172.

■ 152
Gabriele Münter
Portrait de Marianne von Werefkin
Bildnis Marianne von Werefkin, 1909
Huile sur carton, 81 x 55 cm
Signé en bas à droite : *Münter*
Inscription de la main de Gabriele Münter au
verso : «Gabriele Münter, Bildnis Marianne
von Werefkin, Wahrscheinlich 1909»
Städtische Galerie im Lenbachhaus» Munich
N° inv. : G 13321
Historique
Don de l'artiste.
Bibliographie
Gollek, Rosel, *Der Blaue Reiter im
Lenbachhaus München*, Munich, Städtische
Galerie im Lenbachhaus-Prestel Verlag, 1982,
reprod. coul. n° 385.

Expositions
The Blue Rider Group, Londres, Édimbourg,
1960, n° 199.
Kandinsky and His Friends, Malborough,
Londres, 1966, n° 105.
*Paris-Berlin, Rapports et contrastes
France/Allemagne, 1900 à 1933*, Paris, Centre
Georges-Pompidou, 12 juin-6 novembre
1978, ill. p. 89.
Gabriele Münter 1877-1962, Munich,
Städtische Galerie im Lenbachhaus,
novembre 1992-février 1993, ill. coul. 63.

JÓZSEF NEMES-LAMPERTH
(Budapest, 1891 - Satoraljaujhely, 1924)
Il suit d'abord les cours du soir à l'école des arts
appliqués, en 1911-1912, avant d'étudier à
l'Académie des beaux-arts de Budapest, mais
travaille dans un esprit très indépendant,
avec un style vigoureux, coloré et expressif.
L'année suivante, il participe à l'exposition
«Muveszhatz» [«anti-salon»]. Il travaille à
Nagybánya durant l'été 1911 mais il n'en subsiste que quelques dessins. En 1913, il se rend
à Paris. Mobilisé en 1914, il est réformé en
1915 après avoir été blessé et avoir subi un
choc psychologique. En 1916, il se joint aux
activistes hongrois dans le cercle de la revue
MA.

■ 170
Jószef Nemes-Lamperth
Autoportrait
Önarckép, 1911
Huile sur toile, 74,5 x 59,2 cm
Signé en bas à gauche : *Nemes Lampérth
József*
Magyár Nemzeti Galéria, Budapest
N° inv. : MNG 65.28 T
Historique
Acquis en 1965.
Expositions
L'Art en Hongrie 1905-1930. Art et révolution,
Saint-Étienne, Musée d'Art et d'Industrie,
4 janvier-4 février 1980, Paris, Musée d'Art
moderne de la Ville, 22 octobre 1980-
4 janvier 1981, reprod. n. b. p. 38, n° 131.
*Standing in Tempest. Painters of the
Hungarian Avant-garde 1908-1930*, Santa
Barbara, Santa Barbara Museum of Art, 1991.
Ungarn-Avantgarde im 20. ahrhundert, Neue
Galerie der Stadt Linz, 1998.

EMIL NOLDE
(Emil Hansen, Nolde, 1867 - Seebül, 1956)
Il suit d'abord une formation de sculpteur sur
bois et travaille dans une fabrique de meubles
avant de suivre les cours de l'école des arts
appliqués de Karlsruhe. En 1889, il s'installe
à Berlin. En 1890, il est professeur au musée
des Arts décoratifs de Saint-Gall, poste qu'il
abandonne en 1898 pour se consacrer à la
peinture. En 1899, il vient à Paris où il s'inscrit à l'Académie Julian. En 1900 il s'installe à
Copenhague, puis à Berlin, en 1901 ; c'est
alors qu'il prend le nom d'Emil Nolde. En
1906, il rencontre le collectionneur Karl Ernst
Osthaus, à Hagen ; il devient membre de la
Brücke, expose à la Sécession de Berlin et
passe l'été dans l'île d'Alsen avec Schmidt-
Rottluff. En 1907, il séjourne à Dresde ; il
expose au Folkwang Museum de Hagen, à la
Sécession berlinoise et aux expositions de la
Brücke qu'il quitte à la fin de l'année. En
novembre, à Berlin, il rencontre Munch. En
1910, une de ses œuvres est refusée par la
Sécession berlinoise. Sa lettre de protestation
provoque son exclusion, ce qui entraîne la
création de la Nouvelle Sécession. En 1911, il
rencontre Ensor à Bruxelles ; il entreprend la
rédaction du livre *Les Expressions artistiques
des peuples primitifs*. En 1912, il participe à la
deuxième exposition du Blaue Reiter et au
Sonderbund de Cologne. En 1913, il fait partie d'une mission en Océanie.

■ 140
Emil Nolde
Mer d'automne VII
Herbstmeer VII, 1910
Huile sur toile, 60 x 70 cm
Inscription sur le châssis : *Emil Nolde :
Herbstmeer*
Stiftung Seebül Ada und Emil Nolde,
Neukirchen
Historique
Legs, 1956.
Bibliographie
Urban, Martin, *Emil Nolde, Catalogue
Raisonné of the Oil Paintings*, vol. 1, *1895-
1914*, Londres, Sotheby's Publications,
1987, n° 395, reprod. coul. p. 333, n. b.
p. 340.
Expositions
Kiel, Kunsthalle, décembre 1912.

■ 142
Emil Nolde
Bateaux à vapeur fumant
Qualmende Dampfer, 1910
Huile sur toile, 57,5 x 71 cm
Inscription au verso à la craie bleue :
Qualmende Dampfer
Stiftung Seebül Ada und Emil Nolde,
Neukirchen
Historique
Legs, 1956.
Bibliographie
Urban, Martin, *Emil Nolde, Catalogue
Raisonné of the Oil Paintings*, vol. 1,
1895-1914, Londres, Sotheby's Publications,
1987, reprod. n. b. p. 292 et reprod. coul.
p. 302, n° 333.
Expositions
Emil Nolde, Kiel, Kunsthalle, décembre 1912.
Mostra dell'Expressionismo, Florence, Palazzo
Strozzi, 1964, n° 428.
Painters of the Brücke, Londres, Tate Gallery,
n° 14.

Expressionnisme allemand, Marseille, Musée
Cantini, 1965, n° 52.
Emil Nolde, Lugano, Museo d'Arte Moderna,
13 mars-5 juin 1994, Milan, Electa, 1994,
n° 21

■ 141
Emil Nolde
Mer d'automne XIX
Herbstmeer XIX, 1911
Huile sur toile, 72,5 x 86,5 cm
Signé en bas à droite : *Emil Nolde*
Inscription au verso du châssis :
Herbstmeer XIX
Stiftung Seebül Ada und Emil Nolde,
Neukirchen
Historique
Legs, 1956.
Bibliographie
Urban, Martin, *Emil Nolde, Catalogue
Raisonné of the Oil Paintings*, vol. 1,
1895-1914, Londres, Sotheby's Publications,
1987, reprod. n. b. p. 403, n° 466.

MAX PECHSTEIN
(Zwikau, 1881 - Berlin, 1955)
Il étudie à l'école des arts appliqués, puis à
l'Académie de Dresde. Il en sort avec le prix de
l'État de Saxe, en 1906. Il fait la connaissance
de Heckel et devient membre de la Brücke
cette même année. En 1907, il peint durant
l'été avec Kirchner, près de Dresde, puis voyage
en Italie en tant que lauréat du prix de l'État
de Saxe. À son retour, il séjourne à Paris pendant neuf mois (1907-1908). Il présente trois
toiles au Salon des Indépendants et est alors
en contact avec les Fauves, en particulier Van
Dongen et Derain (selon certains auteurs, il
aurait vu l'atelier de Matisse) et organise l'exposition de peinture française (Derain, Van
Dongen, Friesz, Picasso…) qui a lieu en même
temps que celle de la Brücke, galerie Richter,
à Dresde, en septembre 1908et sera itinérante
en Allemagne ; en octobre, il s'installe à Berlin.
En 1909, il devient membre de la Sécession
qu'il quitte en 1910 pour fonder la Nouvelle
Sécession que rejoindront les autres membres
de la Brücke. En 1912, il est exclu du groupe
pour avoir exposé seul à la XXIVᵉ Sécession. En
1912, il participe à l'exposition du Sonderbund
à Cologne.

■ 134
Max Pechstein
Dans la forêt près de Moritzburg
Im Wald bei Moritzburg, 1909
Huile sur toile, 68 x 78 cm
Monogrammé et daté en bas à droite : *HMP
1909*
Inscription au verso : «Wiesenrand 400/
Pechstein/Wilmersdorf/Offenbacherstr. 8»
Brücke-Museum, Berlin
Historique
Elsa Dœbbeke.
Collection particulière, Düsseldorf, 1950.
Leonard Hutton Galleries, New York.
Expositions
*Figures du Moderne, l'expressionnisme en
Allemagne, Dresde, Munich, Berlin, 1905-
1914*, Paris, Musée d'Art moderne de la Ville
de Paris, 18 novembre 1992-14 mars 1993,
reprod. coul. p. 138.

■ **135**
Max Pechstein
Au bord de la prairie près de Moritzburg
Wiesenrand bei Moritzburg, 1910
Huile sur toile, 70,2 x 80,3 cm
Monogrammé et daté en bas à droite : *HMP 1910*
Inscription au verso : *Wiesenrand 400/Pechstein/Wilmersdorf/Offenbacherster. 8*
Collection particulière, courtesy Ivor Braka Ltd, Londres
Historique
Elsa Dœbbeke.
Collection particulière, Düsseldorf, 1950.
Leonard Hutton Galleries, New York.
Expositions
Figures du Moderne, l'expressionnisme en Allemagne, Dresde, Munich, Berlin, 1905-1914, Paris, Musée d'Art moderne de la Ville de Paris, 18 novembre 1992-14 mars 1993, reprod. coul. p. 138, n° 106.

■ **136**
Max Pechstein
Le Marché aux chevaux
Pferdemarkt, 1910
Huile sur toile, 70 x 81 cm
Signé du monogramme et daté en bas, à droite : *HMP 1910*.
Inscription au verso : *Pferdemarkt 1910 M. Pechstein*
Collection Carmen Thyssen-Bornemisza, Madrid
N° inv. : 1961.16
Historique
Collection de l'artiste.
Nationalgalerie, Berlin.
Pr Edgar Horstmann, Hambourg.
Collection Roman Norbert Ketterer.
Collection Thyssen-Bornemisza, 1961.
Expositions
Le Fauvisme français et les débuts de l'expressionnisme allemand, Paris, Musée national d'Art moderne, 15 janvier-6 mars 1966, Munich, Haus der Kunst, 26 mars-15 mai 1966, reprod. n. b. p. 339, n° 255.
Expressionism, Masterpieces from the Thyssen-Bornemisza Collection, Fondation Thyssen-Bornemisza-Electra, 1989, reprod. coul. p. 17.
Max Pechstein, The Paintings, Berlin, Brücke Museum, Tübingen, Kunsthalle, 1996-1997.

JOHN SAMUEL PEPLOE
(Édimbourg, 1871 - Édimbourg, 1935)
Après avoir commencé des études à l'Académie d'Édimbourg, il s'inscrit à l'Académie Colarossi et à l'Académie Julian à Paris. À partir de 1904, il vient peindre en France durant l'été en compagnie de Fergusson. En 1910, il le rejoint à Paris où il s'installe jusqu'en 1912. Il participe alors au groupe fauve anglo-américain réuni autour de Fergusson et de Rice. Il séjourne à nouveau avec Fergusson à Cassis en 1913.

■ **188**
John Samuel Peploe
Bateaux à Royan
Boats at Royan, 1910
Huile sur toile, 27 x 34,9 cm
Scottish National Gallery of Modern Art, Édimbourg
Historique
Legs du Dr R. A. Lillie, 1977.

Bibliographie
Gibbon Williams, Andrew, Brown, Andrew, *The Bigger Picture*, Londres, BBC Books, 1993, reprod. coul. p. 170.
Macmillan, Duncan, *Scottish Art 1460-1990*, Édimbourg, Mainstream, 1990, reprod. coul. pl. 264, p. 316.
Expositions
S. J. Peploe, Édimbourg, Scottish National Gallery of Modern Art, 26 juin-8 septembre 1985.
Scottish Art Since 1900, Édimbourg, Scottish National Gallery of Modern Art, 17 juin-24 septembre 1989, Londres, Barbican Art Gallery, 8 février-16 avril 1990, n° 285.
The Bigger Picture : A History of Scottish Art, Glasgow, McLellan Galleries, 14 janvier-4 avril 1994.
The Peploe Show, Kirkcaldy, Museum and Art Gallery, 26 juillet-10 octobre 1998.

■ **189**
John Samuel Peploe
Royan, 1910
Huile sur panneau, 29 x 35 cm
Lord et Lady Irvine of Laig
Bibliographie
Billcliffe, Roger, *The Scottish Colourists*, Londres, John Murray, 1989 (réédité en 1998), reprod. coul. n° 35.

VILMOS PERLROTT CSABA
(Békéscsaba, 1880 - Budapest, 1955)
Il séjourne pour la première fois à Nagybanya en 1903 où il peindra tous les étés, jusqu'en 1909. Encouragé par Karoly Ferenczy, il obtient une bourse en 1904 qui lui permet d'étudier à Paris, à l'Académie Julian. À partir de 1907, il expose au Salon d'Automne. Il compte parmi les premiers élèves de l'Académie Matisse qu'il fréquente jusqu'en 1910 (il a mentionné par erreur dans ses souvenirs y avoir été dès 1906). Il évolue cependant rapidement vers le cubisme qu'il appliquera à des tableaux religieux. En 1911, il voyage en Espagne. L'année suivante, il participe à l'exposition du jubilé de Nagybánya.

■ **167**
Vilmos Perlrott Csaba
Portrait de Sándor Ziffer, circa 1908
Huile sur toile, 100,5 x 81 cm
Signé en bas à droite : *Guillaume Perlrott*
Magyár Nemzeti Galéria, Budapest
N° inv : MNG 8617
Historique
Acquis par le musée, 1947.
Expositions
Nagybányai Jubiláris képkiállítás, Nagybanya, 1912.
Lights and Colours. Artists' Colony in Nagybánya, Bucarest, Muzeul National de Arta al Romanei, 1999.

PABLO PICASSO
(Málaga, 1881 - Mougins, 1973)
Il étudie dans les écoles des beaux-arts de La Corogne, puis Barcelone et Madrid. En 1899, il fréquente les réunions de *Els Quatre Gats* à Barcelone où il expose en 1900. À partir d'octobre 1900, pour l'Exposition universelle, il fait plusieurs séjours à Paris, jusqu'en 1904, année où il s'installe au Bateau-Lavoir. En juin 1901, il a une exposition chez Vollard qui sera le grand marchand des Fauves, «Iturrino et Picasso». À cette date, il peint des œuvres d'un coloris et d'une ligne très expressionnistes qu'il abandonnera par la suite. Il se lie avec Van Dongen, Derain et rencontre Matisse en 1906, grâce à l'entremise de Gertrude Stein. En 1907, il peint *Les Demoiselles d'Avignon*. Il fait la connaissance de Braque.

■ **126**
Pablo Picasso
Gustave Coquiot, été 1901
Huile sur toile, 100 x 81 cm
Signé en bas à droite : *Picasso*
Centre Georges-Pompidou, Paris, Musée national d'Art moderne / Centre de création industrielle
En dépôt au musée Picasso, Paris
N° inv. : JP 652 P
Historique
Portrait exécuté à la suite de la rencontre du peintre et du critique à l'occasion d'une exposition chez Ambroise Vollard.
Don de Mme Coquiot, 1933.
Musée national d'Art moderne.
Dépôt au Musée Picasso, Paris, depuis le 12 mars 1985.
Bibliographie
Boudaille, Georges, Daix, Pierre, *Picasso, 1900-1906, Catalogue raisonné de l'œuvre peint*, Neûchatel, Ides et calendes, 1966, cat. V. 64, reprod.
Zervos, Christian, *Pablo Picasso, I, Œuvres de 1895 à 1906*, Paris, Cahiers d'art, 1957, n° 84, reprod. p. 42.
Expositions
Picasso, Paris, Galerie Georges Petit, 16 juin-30 juillet 1932.
Picasso, Lyon, Musée, 1953.
Picasso, Marseille, Musée Cantini, 11 mai-3 juillet 1959.
Picasso, Londres, The Tate Gallery, 6 juillet-18 septembre 1960.
Le Bateau-Lavoir, Paris, Musée Jacquemart-André, 28 octobre-1975-28 janvier 1976.
P. Picasso, A Retrospective, New York, Museum of Modern Art, 22 mai-16 septembre 1980.
Picasso, Madrid, 5 novembre-27 décembre 1981.
Picasso 1881-1973, Exposicio Antologica, Barcelone, Musée Espagnol, janvier-février 1982.
Montmartre, les ateliers du génie, Paris, Grand Palais, Salon des Indépendants, mars 1983.
Max Jacob et Picasso, Quimper, Musée des Beaux-Arts, 21 juin-30 août 1994, Paris, Musée Picasso, 30 novembre 1994-6 février 1995, cat. n° 3, reprod. coul. p. 2.
Picasso, The Early Years 1892-1906, Washington, National Gallery of Arts, 30-mars-27 juillet 1997, Boston, Museum of Fine Arts, 10 septembre 1997-4 janvier 1998, reprod. coul. p. 145, n° 3.
Pablo Picasso, Taipei National Museum of History, 28 septembre 1998-20 janvier 1999.

JEAN PUY
(Roanne, 1876 - Roanne, 1960)
Il est admis à l'École des beaux-arts de Lyon en 1897. À Paris, en 1899, il fréquente l'Académie Julian (Jean-Paul Laurens) et l'atelier Carrière où il rencontre Henri Matisse, André Derain et Manguin. À partir de 1900, il expose régulièrement au Salon des Indépendants. L'hiver 1904, il peint avec Henri Matisse et Albert Marquet dans l'atelier d'Henri Manguin à Paris. En 1905, il expose chez Berthe Weill, participe au Salon d'Automne. Associé alors par la critique aux Fauves, Vollard devient son marchand. Il participe en 1906 au Salon de la Libre Esthétique à Bruxelles, à la première exposition du Cercle d'art moderne du Havre et en 1908 et 1909 à la Toison d'Or, à Moscou.

■ **107**
Jean Puy
Flânerie sous les pins, 1905
Huile sur toile, 80 x 115 cm
Signé et daté en bas à droite : *J. Puy 1905*
Collection du musée Paul-Dini, Villefranche-sur-Saône
Historique
Ancien fonds Ambroise Vollard.
Vente Vollard, 1992.
Galerie Olivier Houg, Lyon.
Bibliographie
Oppler, Ellen C., *Fauvism Reexaminated*, Londres-New York, Garland Publishing Inc., 1976.
Zürcher, Bernard, *Les Fauves*, Paris, Hazan, 1995, reprod. coul. p. 99.
«Le Salon d'Automne», *L'Illustration*, 4 novembre 1905, p. 295, reprod.
Les Amis de Jean Puy, bulletin n° 1, octobre 1988, reprod. p. 3.
Expositions
Salon d'Automne, Paris, Grand Palais des Champs-Élysées, 18 octobre-25 novembre 1905, n° 1279.
Paris, Galerie Vollard, 1907.
Un Fauve en Bretagne, Morlaix, 1995, cat. p. 16.
Les Fauves et la Critique, Turin, Palazzo Bricherasio, 5 février-16 mai 1999, Lodève, Musée de Lodève, 28 mai-26 septembre 1999, Milan, Electra, 1999, reprod. coul. p. 105.

TYKO SALLINEN
(Nurmes, 1879 - Helsinki, 1955)
Fils de tailleur, il exerce la même activité que son père jusque dans les premières années de sa formation artistique à Helsinki, en 1902, puis au Danemark, en 1904-1905. Il expose pour la première fois à Helsinki en 1906. Deux ans plus tard, il obtient une bourse de la Société d'art finnoise qui lui permet de séjourner à Paris, durant neuf mois, en 1909. Il s'inscrit à l'Académie Vitty mais reste indépendant. À son retour, il peint à Helsinki et à Sortavala, mais la plupart de ses œuvres sont détruites dans un incendie en 1910. Il travaille intensément à Sortavala de 1910 à 1911 et est en mesure de participer à la Finska Konstföreningens Vårexposition en 1912, où il présente des toiles fortement colorées. *Les Lavandières* et le *Nu*, très critiqués, provoquent un débat dans la presse à propos de la peinture « expressionniste » dont l'apparition marque, en Finlande, une rupture et un engagement dans la modernité. Porte-parole des jeunes artistes au sein de l'Association des artistes de Finlande, il entre en conflit avec Gallen-Kallela qui l'en fait exclure. Sallinen part alors aux États-Unis où il trouve un emploi d'illustrateur. Il rentre en Finlande à l'automne 1913. En 1914, il fait un second séjour en France, interrompu par la guerre.

■ 192
Tyko Sallinen
Nu
Alaston, 1911
Huile sur toile, 85 x 66,5 cm
Signé en bas à droite : *Sallinen/-11*
The Finnish National Gallery Ateneum, Helsinki
N° inv. : A II 1034
Historique
Acquis par Hallonblad,1914.
Bibliographie
Colliander, Tito, *Sallinen*, Helsinki, 1948, p. 300, reprod. p. 209.
Bäcksbacka, L., *T. K. Sallinen*, Helsinki, 1960, reprod. p. 27.
Saarikivi, Sakari, *Sallinen*, Helsinki, 1960, reprod. p. 35.
Expositions
Finska Konstföreningens Varexposition, Helsinki, Ateneum, 1912, n° 144.
Ruokokoski ja Sallinen, Helsinki, Salon Strindberg, 1914, n° 6.
XXVIIe Biennale de Venise, Venise, 1954, n° 2.

■ 193
Tyko Sallinen
Les Lavandières
Pyykkärit, 1911
Huile sur toile, 154 x 136 cm
Signé en bas à droite : *Sallinen/-11*
The Finnish National Gallery Ateneum, Helsinki
N° inv. : A II 1083
Historique
Acquis à Gosta Stenman par Hoving, 1916.
Bibliographie
Colliander, Tito, *Sallinen*, Helsinki, 1979, p. 149-154.
Expositions
Finska Konstföreningens Varexposition, Helsinki, Ateneum, 1912, n° 143.
Baltiska Utställningen i Malmö, 1914, n° 3430.
XXVIIe Biennale, Venise, 1954, n° 1.
L'Horizon inconnu. L'art en Finlande, 1870-1920, Strasbourg, Musées de Strasbourg, Lille, Palais des Beaux-Arts, Helsinki, Ateneum, 1999, ill. 249, p. 246-247.

KARL SCHMIDT-ROTTLUFF
(Rottluff, 1884 - Berlin, 1976)
Karl Schmidt fait la connaissance de Heckel au lycée de Chemnitz, en 1902. En 1905, il étudie à l'école technique supérieure de Dresde et participe à la création de la Brücke, dont il aurait proposé l'appellation nietzschéenne ; il prend alors le nom de Schmidt-Rottluff. En 1906, il séjourne chez Nolde et l'invite à faire partie du groupe. Il prend aussi contact avec Munch dans ce but, mais en vain. En 1907, il peint l'été à Dangast avec Pechstein et Heckel. En 1909, il projette une exposition avec Munch qui ne se fera pas. L'année suivante, il prend un atelier à Hambourg où il travaille l'hiver. Il voit l'exposition Munch et prend part à la Nouvelle Sécession à Berlin, ville dans laquelle il s'installe en 1911. L'année suivante, il fait la connaissance de Franz Marc et participe à l'exposition du Sonderbund de Cologne.

■ 137
Karl Schmidt-Rottluff
Coin de village
Dorfecke, 1910
Huile sur toile, 87 x 95 cm
Signé et daté en bas à gauche : *S-Rottluff 1910*
Inscription au verso : *Schmidt-Rottluff «Dorfecke» Ölgem*
Brücke-Museum, Karl und Emy Schmidt-Rottluff-Stiftung, Berlin
Historique
Städtische Kunstsammlungen Chemnitz.
Mis en vente par les nazis en 1939, non vendu.
Julius et Henny Droste, Hambourg.
Dr Schröder, Lübeck.
Sammlung Neu, Buenos Aires.
Hanna Bekker vom Rath.
Bibliographie
Moeller, M., *la Brücke*, Munich, Hirmer, 1995, reprod. coul. p. 41.
Expositions
Karl Schmidt-Rottluff, Der Maler, Düsseldorf, Städtische Kunsthalle, 10 octobre-6 décembre 1992, Chemnitz, Städtische Kunstsammlungen, 10 janvier-27 mars 1993, Berlin, Brücke-Museum, 15 avril-18 juillet 1993, reprod. coul. p. 57, n° 16.

■ 138
Karl Schmidt-Rottluff
Entrée
Einfahrt, 1910
Huile sur toile, 77 x 85,5 cm
Signé et daté en bas à gauche :
S-Rottluff 1910
Inscription de l'artiste sur le châssis
Collection particulière, Suisse
Historique
Martha Rauert, Hochkamp (Allemagne).
Vente Christie's, Londres, 13 octobre 1994, lot 112, ill.
Bibliographie
Grohmann, Will, *Karl Schmidt-Rottluff*, Stuttgart, 1956, p. 283, ill. n. b. p. 255.
Wietek, Gerhard, *Karl Schmidt-Rottluff in Hamburg und Schleswig-Holstein*, Neumünster, 1984, n° 39, ill. p. 167.
Kindlers Malerei-Lexikon, ill.
Staat und der Kunst, Festschrift zur 10, Verleihung des Grossen Kunstpreises des Landes Nordrhein-Westfalen, 1962, ill. p. 58.

Expositions
Le Fauvisme français et les débuts de l'expressionnisme allemand, Paris, Musée national d'Art moderne, 15 janvier-6 mars 1966, Munich, Haus der Kunst, 26 mars-15 mai 1966, ill. coul. p. 353, n° 267.
Schmidt-Rottluff Retrospektive, Brême, Kunsthalle, 16 juillet-10 septembre 1989, Munich, Städtische Galerie im Lenbachhaus, 27 septembre-3 décembre 1989, reprod. coul. n° 21 (cat. 60).
Von der Brücke zum Blauen Reiter. Farbe, Form und Ausdruck in der deutschen Kunst von 1905 bis 1914, Dortmund, Museum am Ostwallder Stadt Dortmund, 15 septembre-15 décembre 1996.
The Joy of Color, The Merzbacher Collection, Jérusalem, The Israel Museum, octobre 1998-février 1999, Jérusalem, The Israel Museum and DuMont Buchverlag, Cologne, 1998, reprod. coul. p. 82, n° 20, p. 83 (détail).

JAN SLUIJTERS
(Bois-le-Duc, 1881 - Amsterdam, 1957)
Il étudie dès 1897 à l'école normale pour l'enseignement du dessin, puis à l'Académie des beaux-arts d'Amsterdam. En 1902, il devient membre de l'association d'artistes Saint-Luc, au sein de laquelle il expose. Prix de Rome en 1904, il séjourne trois mois à Paris avec Leo Gestel avant de voyager en Italie et en Espagne. Il réside à nouveau à Paris de 1906 à 1907. Il est enthousiasmé par les Fauves (en particulier par son compatriote Van Dongen) dont il voit les œuvres au Salon d'Automne. S'engageant dans le modernisme, sa bourse de prix de Rome n'est pas renouvelée. Rentré au Pays-Bas, il peint avec Mondrian, sur le motif, de 1907 à 1909. Ses œuvres pointillistes participent à la création du luminisme en 1908-1909 qui se manifeste à l'exposition de Saint-Luc. Il expose avec Mondrian et Spoor au Stedelijk Museum d'Amsterdam. À partir de cette année-là, il se fixe à Laren. En 1910, il collabore avec Gestel et Mondrian notamment à la création du Moderne Kunstring [Cercle d'art moderne]. 1911 marque l'introduction du cubisme aux Pays-Bas et la fin du luminisme. Sluijters quitte le Moderne Kunstkring en 1912 et reprend certains traits du cubisme avant de revenir vers 1915 aux portraits intimistes. Son importante rétrospective au Stedelijk Museum d'Amsterdam en 1915 lui apporte un grande notoriété dans son pays.

■ 175
Jan Sluijters
Paysage de dune
Duinlandschap, 1909
Huile sur toile, 40,5 x 50 cm
Collection Drs K. G. Smit-Schulting
Expositions
Meesters van het licht, Luministische schilderkunst in Nederland en Duitsland, Rotterdam, Kunsthal, 28 septembre-8 décembre 1996, Zwolle, Waanders Uitgevers, reprod. coul. p 42.

■ 176
Jan Sluijters
Autoportrait
Zelfportrer, 1911
Huile sur toile, 50 x 40 cm
Caldic Collectie, Rotterdam

Historique
J. Sluijters Jr, Hilversum.
Expositions
Meesters van het licht, Luministische schilderkunst in Nederland en Duitsland, Rotterdam, Kunsthal, 28 septembre-8 décembre 1996, Zwolle, Waanders Uitgevers, reprod. coul. p. 42.
Jan Sluijters, Schilder met verve, Laren, Singer Museum, 31 janvier-25 avril 1999, Zwolle, Wanders Uitgevers, reprod. coul. p. 137, n° 155.

■ 177
Jan Sluijters
Nu debout devant un fond jaune
Staand naakt teguen geel fond, 1911
Huile sur toile, 105,5 x 63 cm
Signé et daté : *1911 Jan Sluijters*
Collection particulière, Pays-Bas
Historique
Acheté par Kunsthandel Ivo Bowman à la famille Sluijters.
Expositions
Jan Sluijters, Schilder met verve, Laren, Singer Museum, 31 janvier-25 avril 1999, Zwolle, Wanders Uitgevers, reprod. coul. p. 84, n° 101.

VLADIMIR EVGRAFOVITCH TATLINE
(Moscou, 1885 - Moscou, 1953)
Fils d'ingénieur, il passe sa jeunesse à Kharkov. Très jeune, il s'engage comme mousse dans la marine marchande russe et voyage. De 1904 à 1908, il suit les cours de l'École d'art de Penza, puis, de 1909 à 1910, ceux de l'École de peinture, de sculpture et d'architecture de Moscou ; il s'initie à la peinture d'icône. Entre 1911 et 1914, il participe à l'Union de la jeunesse et à La Queue d'Âne des œuvres qui s'inscrivent dans le néo-primitivisme et montrent très vite une utilisation du cézannisme géométrique qui conserve un usage intense de la couleur. Le voyage à Paris au début de 1914 et rencontre Picasso. De retour à Moscou, il crée ses premiers reliefs et contre-reliefs.

■ 214
Vladimir Tatline
Nu féminin, 1913
Huile sur toile, 143 x 108 cm
Signé et daté en bas à gauche : *Tatlin* (en cyrillique) *913*
Galerie d'État Trétiakov, Moscou
N° inv. : 17332
Historique
Acquis par le musée auprès de l'artiste, 1934.
Bibliographie
Jadova, Larissa, *Tatlin*, Budapest, 1984.
Pounine, Nikolaï, *Tatlin (contre cubisme)*, Petrograd, 1921.
Vladimir Tatlin, Leben, Werk Wirkung, Cologne, 1993, p. 120, 361.
Expositions
Valet de Carreau, Moscou, 1912, n° 138, Saint-Pétersbourg, 1913, n° 324 (sous le titre *Composition de la nue*).
Paris-Moscou, Paris, Musée national d'Art moderne, 1979, Éditions du Centre Pompidou-Gallimard, reprod. coul. p. 141.
Moscou-Paris, Moscou, Musée d'État des Beaux-Arts Pouchkine, 1981, vol. 1, p. 308.
Les Chefs-d'œuvre de l'art russe avant la Révolution, Moscou, Galerie Trétiakov, 1992.
Vladimir Tatlin Retrospective, Düsseldorf, Baden-Baden, Moscou, Saint-Pétersbourg,

1993-1994, p. 60, n° 230.
Vladimir Tatlin, Barcelone, 1995, n° 21.
Paul Cézanne et l'Avant-Garde russe, Saint-
Pétersbourg, Musée de l'Ermitage, 1998,
p. 239, n° 30.

LOUIS VALTAT
(Dieppe, 1869 - Paris, 1952)
Il passe son enfance à Versailles. En 1887, il est
admis à l'École des beaux-arts de Paris. Il fréquente aussi l'Académie Julian en même temps
que Sérusier, Denis, Ranson. Il se lie avec
Bonnard et Georges d'Espagnat. Il participe
pour la première fois au Salon des Indépendants en 1893. Il rencontre Georges-Daniel
de Monfreid, puis séjourne plusieurs mois à
Arcachon. À partir de 1898, il passe l'hiver à
Agay où il s'est fait construire une maison, «Le
Roucas rou». Ambroise Vollard devient son
marchand en 1899. Sa *Marine*, exposée au
Salon d'Automne de 1905, bien que ne se trouvant pas accrochée dans la salle VII, est reproduite dans *L'Illustration* du 4 novembre qui
l'apparente au groupe fauve. Il expose régulièrement au Salon des Indépendants et au
Salon d'Automne. Il participe aux trois expositions du Cercle de l'art moderne du Havre
(1906, 1907 et 1908).

■ 104
Louis Valtat
Les Rochers rouges de l'Estérel, 1900-1901
Huile sur toile, 65 x 81, 5 cm
Signé en bas à droite : *L. Valtat*
Collection particulière
Historique
Ancienne collection Paul Signac.
Expositions
Louis Valtat, Paysages de l'Esterel, Saint-
Tropez, Musée de L'Annonciade, 8 juillet-
2 octobre 1989, n° 3, reprod. p. 11.

■ 103
Louis Valtat
*Les Rochers rouges d'Agay, la pointe
du Dramont*, circa 1903
Huile sur toile, 54 x 65 cm
Monogrammé en bas à droite : *L.V.*
Drs G. J. Beijer, Belgique
Historique
Galerie Durand-Ruel, Paris.
Lanaken, collection G. J. Beijer.
Expositions
*Louis Valtat (1869-1952), Exposition
rétrospective*, Bordeaux, Galerie des Beaux-
Arts, 19 mai-27 août 1995, reprod. coul. p. 98,
pl. XXII, n° 45.

KEES VAN DONGEN
(Delfohaven [Pays-Bas], 1877 - Monaco, 1968)
En 1894, il s'inscrit à l'Académie des beaux-arts
de Rotterdam. Arrivé à Paris en 1897, il s'y installe définitivement en 1899. De 1900 à 1903,
il réalise des dessins pour les journaux satiriques *Le Rire*, *L'Assiette au beurre*, etc. Il rencontre Fenéon qui l'introduit à la *Revue
blanche*. En 1904, il expose pour la première
fois au Salon des Indépendants et au Salon
d'Automne auxquels il participera régulièrement. La même année se tient une exposition
personnelle chez Vollard. Il envoie deux œuvres
au Salon d'Automne de 1905 ; elle ne sont pas
accrochées avec celles des Fauves. Il s'installe
au Bateau-Lavoir à la fin de l'année ou au
début de 1906, face à l'atelier de Picasso. En
1908, il expose à Düsseldorf à la galerie
Flechtheim, est invité à la manifestation de la
Brücke à Dresde et au Salon de la Toison d'Or
à Moscou. Kahnweiler lui organise une exposition personnelle. En 1910, il participe à des
expositions internationales à Kiev, Prague,
Berlin, Budapest, Saint-Pétersbourg, Düsseldorf
et Munich. En 1911, son exposition à la galerie
Bernheim-Jeune organisée par Fénéon rencontre un vif succès.

■ 66
Kees Van Dongen
Torse
(*L'Idole*)
(*Portrait de Guus*), 1905
Huile sur toile, 92 x 81 cm
Signé au centre à droite : *van Dongen*
Fondation Fridart
Historique
Georges Grammont, Paris.
Charles-Auguste Girard.
M. et Mme Pomaret, Aix-en-Provence.
Ellen Kyriazi, Londres.
Bibliographie
Chaumeil, Louis, *Van Dongen, l'homme et
l'artiste, la vie et l'œuvre*, Genève, Pierre
Cailler, 1967, reprod. coul. III.
Devroye, Anne, *L'Œuvre de Kees Van Dongen
jusqu'en 1920*, thèse de l'École du Louvre,
1984, n° 74 (tapuscrit).
Ferrier, Jean-Louis, *Les Fauves, le règne
de la couleur*, Paris, Pierre Terrail, 1992,
reprod. coul. p. 21 (détail) et 22.
Freeman, Judi, *Nineteenth and Twentieth
Century Modern Masterworks : The Fridart
Foundation Collection*, Fridart Foundation,
1998, reprod. coul. p. 78.
Giry, Marcel, *Le Fauvisme, ses origines,
son évolution*, Neuchâtel, Ides et Calendes,
1981, p. 134.
Kyriazi, Jean Mélas, *Van Dongen et le
fauvisme*, Lausanne, Paris, 1971, pl. 28, p. 74.
Kyriazi, Jean Mélas, *Le Nu féminin dans l'École
de Paris*, Lausanne, 1975, p. 63.
Lejard, André, *Le Nu dans la peinture
française*, Paris, Flammarion, 1947,
ill. 61.
Expositions
Salon d'Automne, Paris, Grand Palais,
18 octobre-25 novembre 1905, n° 1548.
Van Dongen, Paris, Galerie Bernheim-Jeune,
25 novembre-12 décembre 1908, n° 50.
Salon d'Automne, Paris, 1er octobre-
8 novembre 1909, n° 435 (*L'Idole*).
Kees Van Dongen, Berlin, Paul Cassirer,
juin-juillet 1919, n° 12.
Van Dongen, Nice, Galerie des Ponchettes,
1959, n° 11.

Van Dongen, Paris Musée national d'Art
moderne, 13 octobre-25 novembre 1967,
Rotterdam, musée Boijmans Van Beuningen,
8 décembre 1967-28 janvier 1968, n° 21.
Hommage à Van Dongen, Marseille Musée
Cantini, juin-septembre 1969, n° 16.
Kees Van Dongen, Rotterdam, Musée
Boijmans Van Beuningen, 17 décembre
1989-11 février 1990, n° 5.
Kees Van Dongen, le peintre, 1877-1968, Paris,
Musée d'Art moderne de la Ville de Paris,
22 mars-17 juin 1990, Paris-Musées, 1990,
reprod. coul. p. 103.
Fauves, Sydney, The Art Gallery of New South
Wales, 8 décembre 1995-18 février 1996,
Melbourne, National Gallery of Victoria,
29 février-13 mai 1996, Sydney, The Art
Gallery of New South Wales, 1995, Londres,
Thames and Hudson Ltd, 1995, n° 35, reprod.
coul. n° 38.

■ 67
Kees Van Dongen
Portrait de Fernance, 1905
Huile sur toile, 100 x 81 cm
Signé en bas à gauche : *Van Donger*.
Collection particulière
Historique
Galerie Bourdon, Paris.
André Fried, Paris.
Jean Forges, Paris.
Bibliographie
Chaumeil, Louis, *Van Dongen, l'homme et
l'artiste, la vie et l'œuvre*, Genève, Pierre
Cailler, 1967, reprod. n. b n° 47, pl. 36.
Crespelle, Jean-Pau , *Les Fauves*, Neuchâtel,
Ides et Calendes, 1962, ill. 68.
Ferrier, Jean-Louis, *Les Fauves, le règne de la
couleur*, Paris, Pierre Terrail, 1992, reprod.
coul. p. 144 et 218.
Gindertae Fratelli, F. V., *Modigliani et
Montparnasse*, Fabbri Editori, 1978, reprod.
coul. p. 69, pl. XVIII
Giry, Marcel, *Le Fauvisme, ses origines, son
évolution*, Neuchâtel, Ides et Calendes, 1981,
reprod. coul. p. 121 ill. 50.
Kyriazi, Jean Mélas, *Van Dongen et le fauvisme*,
Lausanne-Paris, Paris, 1971, pl. 39.
Maubert, Frank, *La Peinture moderne, du
fauvisme à nos jours*, Paris, Nathan, 1979,
reprod. coul. p. 21.
Richardson, John, *A Life of Picasso*, vol. I,
1881-1906, New York, Random House, 1996,
reprod. n. b. p. 377.
Zürcher, Bernard, *Les Fauves*, Paris, Hazan,
1995, reprod. coul. p. 133.
Expositions
Kees Van Dongen, Paris, Galerie de Berri,
15 octobre-15 novembre 1953.
Van Dongen, Nice, Galerie des Ponchettes,
1959, n° 13.
Triumph der Farbe; Die Europäischen Fauves,
Schaffhausen, Museum zu allerheiligen,
5 juillet-13 septembre 1959, Berlin,
Nationalgalerie der Ehemals Staatliche,
Musée de l'Orangerie Charlottenburg,
20 septembre-15 novembre 1959, n° 78.
Les Fauves, Paris, Galerie Charpentier 1962,
n° 121.
Van Dongen, Lyon, Musée des Beaux-Arts,
juin-octobre 1964, n° 13.
Kees Van Dongen, Rotterdam, Musée
Boijmans Van Beuningen, 17 décembre
1989-11 février 1990, n° 6.
Kees Van Dongen, Le Peintre 1877-1968, Paris,
Musée d'Art moderne de la Ville de Paris,

22 mars-17 juin 1990, Paris-Musées, 1990,
reprod. coul. p. 106.
*Van Dongen retrouvé, l'œuvre sur papier,
1895-1912*, Rotterdam, Musée Boijmans Van
Beuningen, 2 novembre 1996-5 janvier 1997,
Lyon, Musée des Beaux-Arts, 23 janvier-6 avril
1997, Paris, Institut Néerlandais, 17 avril-8
juin 1997, Réunion des musées nationaux-
Seuil, 1996, reprod. coul. p. 246, n° 130.

■ 65
Kees Van Dongen
Daniel Henry Kahnweiler, 1907
Huile sur toile, 65 x 54 cm
Signé en haut à droite : *Van Dongen*
Musée du Petit Palais, Genève
N° inv. : 7225
Historique
Galerie Kahnweiler, Paris.
Galerie Bernheim-Jeune, Paris.
Collection Schick.
Jacques Moyse, Paris.
Oscar Ghez, Genève.
Bibliographie
Assouline, Pierre, *L'Homme de l'art -
D. H. Kahnweiler*, Balland, 1988, reprod.
p. 272-273.
Bougault, Valérie, *Paris Montparnasse, à
l'heure de l'art moderne, 1910-1940*, Paris,
Pierre Terrail, 1996, reprod. p. 143.
Chaumeil, Louis, *Van Dongen, l'homme et
l'artiste, la vie et l'œuvre*, Genève, Pierre
Cailler, 1967, reprod. coul. pl. XIII.
Diehl, Gaston, *Les Fauves*, Paris, Nouvelles
Éditions Françaises, 1971, reprod. p. 48.
Diehl, Gaston, *Van Dongen*, New York,
Crown Publishers Inc., 1968, reprod. p. 25.
Elderfield, John, *The « Wild Beasts » Fauvism
and Its Affinities*, New York, The Museum
of Modern Art, 1976, reprod. n. b. p. 66.
Ferrier, Jean-Louis, *Les Fauves, le règne
de la couleur*, Paris, Pierre Terrail, 1992,
reprod. coul. p. 157.
Freeman, Judi, *Le Paysage fauve*. Paris,
Éditions Abbeville, 1991, reprod. n. b. p. 100,
ill. 116.
Monod-Fontaine, Isabelle, *Donation Louise et
Michel Leiris*, Collection Kahnweiler-Leiris,
Paris, Musée national d'Art moderne, 1984,
reprod. p. 96.
Müller, Joseph-Émile, *Fauvism*, Thames and
Hudson, reprod. p. 138.
Richardson, John, *A Life of Picasso, 1907-1917,
The Painter of Modern Life*, New York,
Random House, 1996, reprod. p. 107.
Warnod, Jeanine, *Le Bateau-Lavoir*, Paris,
Les Presses de la Connaissance, «Témoins et
Témoignages/Histoire», 1975, reprod. p. 105.
Warnod, Jeanine, *Picasso au Bateau-Lavoir*,
Éditions Mayer, 1986, reprod. p. 71.
Zürcher, Bernard, *Les Fauves*, Paris, Hazan,
1995, reprod. coul. p. 192.
Expositions
Van Dongen, Nice, Galerie des Ponchettes,
1959, n° 14.
Exposition Van Dongen, Genève, Musée Rath,
30 octobre-29 novembre 1959, n° 37.
L'Espressionismo, Florence, Palazzo Strozzi,
mai-juin 1964, Florence, Vallechi Editore,
1964, n° 48, reprod. n. b. p. 30.
*Le Fauvisme français et les débuts de
l'expressionnisme allemand*, Paris, Musée
national d'Art moderne, 15 janvier-6 mars
1966, Munich, Haus der Kunst, 26 mars-
15 mai 1966, reprod. n. b. p. 180, n° 118.
Van Dongen, Paris, Musée national d'Art

moderne, 13 octobre-26 novembre 1967,
Rotterdam, Musée Boijmans Van Beuningen,
8 décembre 1968-28 janvier 1969, reprod.
n° 46.
Le Bateau-Lavoir, Paris, Musée Jacquemart-
André, 1975, p. 105.
*Paris-Berlin, Rapports et contrastes
France/Allemagne, 1900 à 1933*, Paris,
Centre Georges-Pompidou, 12 juin-
6 novembre 1978, n° 56.
Kees Van Dongen, 1877-1968, Saint-Tropez,
Musée de l'Annonciade, 6 juillet-30
septembre 1985, Toulouse, Réfectoire des
Jacobins, octobre-novembre 1985, reprod.
n° 18.
Kees Van Dongen, Rotterdam, Musée
Boijmans Van Beuningen, 17 décembre
1989-11 février 1990, reprod. n° 14.
Kees Van Dongen, le peintre, 1877-1968, Paris,
Musée d'Art moderne de la Ville de Paris,
22 mars-17 juin 1990, Paris-Musées, 1990,
reprod. coul. p. 129.
Valtat et les Fauves, Genève, Musée du Petit
Palais, 1992.
*La Collection Kahnweiler - De Gris, Braque,
Léger, Klee à Picasso*, Düsseldorf,
Kunstmuseum, 1994-1995, p. 203, reprod.
*Montmartre vivant de Toulouse-Lautrec à
Utrillo*, Genève, Musée du Petit Palais,
15 février-30 mai 1996, reprod. p. 21.
«Fauvism - Wild Beasts», Tel-Aviv, Tel Aviv
Museum of Art, 6 juin-31 août 1996, n° 23,
reprod. coul. p. 67.
Vom Licht zur Form, Mannheim, Städtischen
Kunsthalle, 12 octobre 1997-18 janvier 1998,
reprod. n° 42.

■ 68
Kees Van Dongen
Le Hussard
(*Liverpool Light House*)
(*Scène devant une boîte de nuit à Rotterdam*),
circa 1907
Huile sur toile, 100 x 81 cm
Signé en haut à gauche : *Van Dongen*
Fondation Fridart
Historique
Pierre M. Bloch, Paris.
Commandant Courmouls, Paris.
Vente Palais Galliera, Paris, 12 mars 1964, lot
n° 36.
Marlborough Fine Art, Londres.
Collection particulière.
Bibliographie
Chaumeil, Louis, «Van Dongen et le
fauvisme», *Art de France*, n° 1, 1961, p. 386.
Chaumeil, Louis, *Van Dongen, l'homme et
l'artiste, la vie et l'œuvre*, Genève, Pierre
Caillier, 1967, reprod. n. b. n° 21.
Elderfield, John, *The «Wild Beasts» Fauvism
and Its Affinities*, New York, The Museum of
Modern Art, 1976, reprod. n. b. p. 64.
Ferrier, Jean-Louis, *Les Fauves, le règne de la
couleur*, Paris, Pierre Terrail, 1992, reprod.
coul. p. 153.
Freeman, Judi, *Nineteenth and Twentieth
Century Modern Masterworks : The Fridart
Foundation Collection*, Fridart Foundation,
1998, reprod. coul. p. 81.
Zürcher, Bernard, *Les Fauves*, Paris, Hazan,
1995, reprod. coul. p. 136.
Expositions
Salon d'Automne, Paris, Grand Palais,
1er octobre-8 novembre 1908, n° 580.
Van Dongen, Paris, Galerie Bernheim-Jeune,
25 novembre-12 décembre 1908, n° 40.

Van Dongen, Paris, Bernheim-Jeune,
6-24 juin 1911, n° 1.
Les Fauves und die Zeitgenossen, Berne,
Kunsthalle, 29 avril-29 mai 1950, n° 19.
Les Fauves, Paris, Galerie Charpentier, 1962,
n° 124.
Van Dongen, Paris, Musée national d'Art
moderne, 13 octobre-25 novembre 1967,
Rotterdam, Musée Boijmans Van Beuningen,
8 décembre 1967-28 janvier 1968, n° 47.
Kees Van Dongen, Musée Boijmans Van
Beuningen, 17 décembre 1989-11 février
1990.
Kees Van Dongen, le peintre,1877-1968, Paris,
Musée d'Art moderne de la Ville de Paris,
22 mars-17 juin 1990, Paris-Musées, 1990,
reprod. coul. p. 71 et en page de couverture.
Fauves, Sydney, The Art Gallery of New South
Wales, 8 décembre 1995-18 février 1996,
Melbourne, National Gallery of Victoria,
29 février-13 mai 1996, Sydney, The Art
Gallery of New South Wales, 1995, Londres,
Thames and Hudson Ltd, 1995, n° 40, reprod.
coul. p. 123.
«Fauvism - Wild Beasts», Tel-Aviv, Tel Aviv
Museum of Art, 6 juin-31 août 1996, n° 22,
reprod. coul. p. 65.
*Van Dongen retrouvé, l'œuvre sur papier,
1895-1912*, Rotterdam, Museum Boijmans
Van Beuningen, 2 novembre 1996-5 janvier
1997, Lyon, Musée des Beaux-Arts, 23 janvier-
6 avril 1997, Paris, Institut Néerlandais,
17 avril-8 juin 1997, Réunion des musées
nationaux-Seuil, 1996, reprod. coul. p. 237,
n° 123.

■ 70
Kees Van Dongen
Femme au chapeau vert, circa 1907
Huile sur toile, 91 x 72 cm
Signature en bas à gauche : *Van Dongen*
Fondation Socindec, courtesy Fondation
Pierre Gianadda, Martigny
Historique
Moderne Galerie Tannhauser, Munich.
Galerie Moos, Genève.
Bibliographie
Collection Louis et Evelyn Franck, Martigny,
Fondation Pierre Gianadda, Vaduz,
Fondation Socindec, 1998, reprod.
coul. p. 81.
Expositions
Kees Van Dongen, le peintre, 1877-1968,
Paris, Musée d'Art moderne de la Ville de
Paris, 22 mars-17 juin 1990, Paris-Musées,
1990, reprod. coul. p. 125.

■ 72
Kees Van Dongen
Danseuse
(*La Danseuse rouge*), 1907-1908
Huile sur toile, 98 x 80 cm
Signé en haut à gauche : *Van Dongen*
Intitulé et signé au verso : *Van Dongen*.
Danseuse
Musée de l'Ermitage, Saint-Pétersbourg
N° inv. : 9129
Historique
Acquis par Riabouchinsky à l'exposition de la
Toison d'Or en 1909.
Collection K. K. Mazourine, Moscou,
1913.
6e musée Prolétarien, Moscou, 1918.
Musée d'État d'Art moderne occidental,
Moscou, 1923-1948.
Musée de l'Ermitage, 1948.

Bibliographie
Ferrier, Jean-Louis, *Les Fauves, le règne de la
couleur*, Paris, Pierre Terrail, 1992, reprod.
coul. p. 152.
Kosténévitch, Albert, *From Monet to Matisse*,
Leningrad, 1989, n° 257, p. 501.
Kosténévitch, Albert, *French Art Treasures at
the Hermitage*, New York, 1999, p. 283, 287.
*Catalogue of the State Museum of Modern
Western Art*, Moscou, 1928, n° 180.
*The State Hermitage. Western European
Painting*. Catalogue I, Leningrad, 1976,
p. 258.
Expositions
Toison d'Or, Moscou, Galerie Trétiakov,
24 janvier-28 février 1909, n° 34, p. 16,
reprod.
Van Dongen, Paris, Musée national
d'Art moderne, 13 octobre-26 novembre
1967, Rotterdam, Musée Boijmans Van
Beuningen, 8 décembre 1967-28 janvier
1968, n° 164.
Paris-Moscou, 1900-1930, Paris, Centre
Georges-Pompidou, 1979, reprod. n. b.
p. 101, p. 526.
Moscou-Paris, 1900-1930, Moscou, Musée
d'État des Beaux-Arts Pouchkine,
1981, p. 307.

■ 69
Kees Van Dongen
Femme lippue
[*Tête de femme*], 1909
Huile sur toile, 55 x 46 cm
Signé en haut à droite : *Van Dongen*
Musée d'Art moderne, Villeneuve-d'Ascq,
donation Geneviève et Jean Masurel, Paris,
1979.
N° inv. : 979.4.122
Historique
Galerie Kahnweiler, Paris.
Roger Dutilleul, 1909.
Jean Masurel, Paris.
Bibliographie
Diehl, Gaston, *Van Dongen*, Paris,
Flammarion, coll. : «Les maîtres de la
peinture moderne», 1968, pl. coul. p. 37.
Persin, Patrick-Gilles, Thierry, Solange, *Daniel
Henry Kahnweiler, l'aventure d'un grand
marchand*, Paris, Bibliothèque des Arts, 1990,
p. 49.
Warnod, Jeanine, *Le Bateau-Lavoir, 1892-
1914*, Paris, Les Presses de la Connaissance,
1975.
Expositions
Autour de 1900, Paris, Galerie Charpentier,
1950, n° 174 (sous le titre *La Fille lippue*, daté
1905).
Le Bateau-Lavoir, berceau de l'art moderne,
Paris, Musée Jacquemart-André,
octobre 1975-janvier 1976, n° 17.
Le Bateau-Lavoir, Tokyo, Nihenbashi,
Mitsukoshi, 12 au 12 avril 1977, Osaka,
Mitsukoshi, 3-15 mai 1977, n° 54, reprod.
Tenroonstelling Bateau-Lavoir,
Gand, Museum voor Schone Kunsten,
6 octobre-12 novembre 1978, n° 10,
reprod. n. b. p. 26.
*Donation Jean et Geneviève Masurel à la
Communauté urbaine de Lille*, Paris, Musée
du Luxembourg, 14 mars-25 mai 1980,
n° 125, reprod. p. 25, 130.
*Donation Jean et Geneviève Masurel à la
Communauté urbaine de Lille*, Villeneuve-
d'Ascq, Musée d'Art moderne, 1984, reprod.
coul. p. 205, n° 193.

■ 71
Kees Van Dongen
*En la Plaza, femmes à la balustrade
(Palco de la Plaza de los toros)*, 1910-1911
Huile sur toile, 81 x 100 cm
Signé en haut à gauche : *Van Dongen*
L'Annonciade, musée de Saint-Tropez
N° inv. : 1962.1.1.
Historique
Collection de la Société d'application
téléphonique.
Acquis par la ville de Saint-Tropez en 1962.
Bibliographie
Chaumeil, Louis, *Van Dongen, l'homme et
l'artiste, la vie et l'œuvre*, Genève, Pierre
Caillier, 1967, reprod. coul. pl. XIX.
Diehl, Gaston, *Van Dongen*, Flammarion,
1968, rééd. 1976, reprod. coul. en page de
couverture, reprod. p. 27.
Dorival, Bernard, *Les Peintres du XXe siècle,
Nabis, Fauves, Cubistes*, Paris, Éditions Tisné,
1957, reprod. p. 61.
Hoog, Michel, «Repères pour Van Dongen»,
La Revue de l'art, n° 12, 1971, reprod. p. 96.
Hild, Éric, *Catalogue du musée de
l'Annonciade*, Saint-Tropez, 1989, p. 263-264.
Monery, Jean-Paul, *Le Musée de l'Annonciade,
Saint-Tropez*, Paris, Fondation Paribas, Ville
de Saint-Tropez, Réunion des musées
nationaux, 1993, reprod. coul. p. 78-79
(détail).
Expositions
Van Dongen, Paris, Galerie Bernheim-Jeune,
6-24 juin 1911, n° 19.
Art francès d'avant-guarda, Barcelone, Galerie
Dalman, 1920, n° 84.
*Le Fauvisme français et les débuts de
l'expressionnisme allemand*, Paris, Musée
national d'Art moderne, 15 janvier-6 mars
1966, Munich, Haus der Kunst, 26 mars-
15 mai 1966, reprod. n. b. p. 181, n° 119.
Van Dongen, Paris, Musée national d'Art
moderne, 13 octobre-25 novembre 1967,
Rotterdam, Musée Boijmans Van Beuningen,
8 décembre 1967-28 janvier 1968, n° 75.
*Paris-Berlin, Rapports et contrastes
France/Allemagne, 1900 à 1933*, Paris, Centre
Georges-Pompidou, 12 juin-6 novembre
1978, reprod. p. 57, n° 375.
Paris, Musée national d'Art moderne, juillet-
septembre 1983.
Van Dongen, 1877-1968, Saint-Tropez, Musée
de l'Annonciade, 6 juillet-30 septembre 1985,
Toulouse, Réfectoire des Jacobins, octobre-
novembre 1985, n° 33.
Kees Van Dongen, le peintre, 1877-1968, Paris,
Musée d'Art moderne de la Ville de Paris,
22 mars-17 juin 1990, Paris-Musées, 1990,
reprod. coul. p. 211.

MAURICE DE VLAMINCK
(Paris, 1876 - La Tourillière, 1958)
Né à Paris, d'un père flamand et d'une mère lorraine, il passe son enfance au Vésinet. Coureur cycliste et violoniste, il se consacre à la peinture après sa rencontre avec André Derain en juillet 1900. L'exposition de Van Gogh à la galerie Bernheim-Jeune en 1901 est pour lui une révélation qui se confirmera lors du Salon des indépendants de 1905. Il loue avec lui un atelier dans un des bâtiments de l'ancien hôtel-restaurant Levanneur, sur l'île de Chatou. Derain est absent durant son service militaire de septembre 1901 à septembre 1904. Il publie deux romans, *D'un lit dans l'autre* (1902) et *Tout pour ça* (1903) illustrés par Derain. En 1905, il expose pour la première fois au Salon des Indépendants et au Salon d'Automne dans la salle VII ; dès lors il y participera régulièrement. En avril 1906, Vollard achète son atelier, Vlaminck lui réservant désormais sa production, ce qui le libère de ses obligations alimentaires. Il prend part en 1907 à la XIVe exposition de la Libre Esthétique à Bruxelles. À partir de 1908, il s'éloigne du fauvisme et aborde une période cézannienne.

■ 61
Maurice de Vlaminck
Portrait de Guillaume Apollinaire,
circa 1904-1905
Huile sur carton marouflé sur toile,
54 x 44,5 cm
Signé en bas à gauche : *Vlaminck 03*
Los Angeles County Museum of Art, Los Angeles, gift of Marion Smooke in memory of Nathan Smooke.
N° inv. : AC 1992.285.1
Historique
Paul Petridès, Paris.
M. et Mme Crawford A. Black, New York, c. 1906.
Perls Galleries, New York.
M. et Mme James J. Shapiro, New York.
John et Paul Herring and Co, New York.
Marion et Nathan Smooke, Beverly Hills.
Don Marion Smooke au musée, 1992.
Bibliographie
Freeman, Judi, *Le Paysage fauve*, Paris, Éditions Abbeville, 1991, reprod. coul. n. b. p. 112, ill. 124.
Expositions
The Inner Circle, Milwaukee, Milwaukee Art Center, 1966, n° 96.
Vlaminck. His Fauve Period, New York, Perls Galleries, 9 avril-11 mai 1968, reprod. coul. n° 1, p. 8.
Fauves, Sydney, The Art Gallery of New South Wales, 8 décembre 1995-18 février 1996, Melbourne, National Gallery of Victoria, 29 février-13 mai 1996, Sydney, The Art Gallery of New South Wales, 1995, Londres, Thames and Hudson Ltd, 1995, n° 81, reprod. coul. p. 219.

■ 48
Maurice de Vlaminck
Restaurant de la Machine à Bougival (Le Restaurant à Marly-le-Roi), circa 1905.
Huile sur toile, 60 x 81,5 cm
Signé en bas à droite : *Vlaminck*
Musée d'Orsay, Paris, donation Max et Rosy Kaganovitch, 1973
N° inv. : RF 1973-26
Historique
Collection Max et Rosy Kaganovitch, Paris.

Dépôt au Kunsthaus, Zurich, 1968.
Donation Max et Rosy Kaganovitch au Jeu de Paume, 1973.
Musée d'Orsay, 1986.
Bibliographie
Collectif, *Chronologie impressionniste 1863-1905*, Paris, Réunion des musées nationaux, 1981.
Ferrier, Jean-Louis, *Les Fauves, le règne de la couleur*, Paris, Pierre Terrail, 1992, reprod. coul. p. 101.
Freeman, Judi, *Le Paysage fauve*, Paris, Éditions Abbeville, 1991, reprod. n. b. p. 17, ill. 3.
Herbert, D. James, *Fauve Painting, The Making of Cultural Politics*, New Haven-Londres, Yale University, 1992, reprod. coul. 7 p. 25.
Giry, Marcel, «Le curieux achat fait à Derain et à Vlaminck au Salon des Indépendants de 1905 ou deux tableaux retrouvés», *L'Œil*, n° 254, septembre 1976.
Reidemeister, Leopold, *Auf den Spuren der Maler der Ile de France*, Berlin, Propyläen Verlag, 1963, p. 178.
Rosenblum, Robert, *Les Peintures du musée d'Orsay*, Paris, Nathan, 1989.
Zürcher, Bernard, *Les Fauves*, Paris, Hazan, 1995, reprod. coul. p. 68-69.
Vlaminck. Peintures, 1900-1945, Paris, 1947, pl. VI.
Expositions
Les Fauves, Berne, Kunsthalle, 29 avril-29 mai 1950, n° 114.
Œuvres choisies du XXe siècle, Paris, Galerie Max Kaganovitch, 25 mai-20 juillet 1951, n° 52.
Les Fauves, New York, Museum of Modern Art, 1953.
Œuvres choisies du XXe siècle, Paris, Galerie Max Kaganovitch, 1962.
Collection Max et Rosy Kaganovitch, Moscou, Musée Pouchkine, Leningrad, Musée de l'Ermitage, été 1978, reprod. coul. dans un fascicule rédigé en russe.

■ 50
Maurice de Vlaminck
Berges de la Seine à Chatou, circa 1905
Huile sur toile, 59 x 80 cm
Signé en bas à gauche : *Vlaminck*
Musée d'Art moderne de la Ville de Paris
N° inv. : AMVP 2587
Historique
Germaine Henry et Robert Thomas, Saint-Étienne.
Donation Henry-Thomas au musée, 1976.
Bibliographie
Diehl, Gaston, *Les Fauves, œuvres de Braque, Dufy, Derain, Friesz, Marquet, Matisse, Van Dongen, Vlaminck*, Paris, Éditions du Chêne, 1943, pl. XII.
Ferrier, Jean-Louis, *Les Fauves, le règne de la couleur*, Paris, Pierre Terrail, 1992, reprod. coul. p. 104.
Herbert, James D., *Fauve Painting*, New Haven-Londres, Yale University Press, 1992, reprod. coul. p. 55.
Whitfield, Sarah, *Le Fauvisme*, Paris, Thames and Hudson, coll. «L'univers de l'art», 1997, reprod. coul. p. 122, ill. 94.
Zürcher, Bernard, *Les Fauves*, Paris, Hazan, 1995, reprod. coul. p. 44.
Musée d'Art moderne de la Ville de Paris, Guide général, Paris-Musées, 1998, reprod. coul. p. 17.

Expositions
Les Fauves, Venise, XXVe Biennale internationale d'art, 8 juin-15 octobre 1950, n° 50.
Fauves et Expressionnistes, New York, Galerie Leonard Hutton, 1968.
Moscou-Paris, Musée Pouchkine, 1981.
La Collection Germaine Henry, Robert Thomas, Paris, Caisse nationale des monuments historiques et des sites, 1974.
La Donation Germaine Henry-Robert Thomas, Paris, Musée d'Art Moderne de la V Ile de Paris, 1976, reproc. coul. n° 124.
La « Fée Électricité » de Raoul Dufy, Paris, Musée de l'Orangerie, 1987.
Vincent Van Gogh und die Moderne, Essen, Musée Folkwang, Amsterdam, Rijksmuseum Vincent Van Gogh, 1991, reprod.
Fauves, Sydney, The Art Gallery of New South Wales, 8 décembre 1995-18 février 1996, Melbourne, National Gallery of Victoria, 29 février-13 mai 1996, Sydney, The Art Gallery of New South Wales, 1995, Londres, Thames and Hudson Ltd, 1995, n° 82, reprod. coul. p. 221.
Signac et la libération de la couleur - De Matisse à Mondrian, Münster, Westfälisches Landesmuseum für Kunst und Kulturgeschichte, 1er décembre 1996-16 février 1997, Musée de Grenoble, 9 mars-25 mai 1997, Weimar, Kunstsammlungen, 15 juin-31 août 1997, Münster, Éditions Tertium, Ostfildern Westfälisches Landesmuseum für Kunst und Kulturgeschichte, 1997, Paris, Éditions de la Réunion des musées nationaux, 1997, reprod. coul. p. 151, n° 55.

■ 51
Maurice de Vlaminck
Bateaux sur la Seine, 1906
Huile sur toile, 54,3 x 65,4 cm
Signé en bas à gauche : *Vlaminck*
The Metropolitan Museum of Art, Collection Robert Lehman, New York
N° inv. : 1975. 1. 219
Historique
Donation Robert Lehman au musée en 1975.
Bibliographie
Crespelle, Jean-Paul, *Les Fauves*, Neuchâtel, Ides et Calendes, 1962, pl. 61.
Giry, Marcel, *Le Fauvisme, ses origines, son évolution*, Neuchâtel, Ides et Calendes, 1981, reprod. coul. p. 120 ill. 49.
Sauvage, Marcel, *Vlaminck, sa vie et son message*, Genève, Pierre Cailler, 1956, p. 72.
Sindona, E., *Galleria della Pittura Europea*, Milan, 1961, p. 247.
Szabo, G., *The Robert Lehman Collection, A Guide*, New York, The Metropolitan Museum of Art, 1975, p. 101, n° 110.
Whitfield, Sarah, *Le Fauvisme*, Paris, Thames and Hudson, coll. « L'univers de l'art », 1997, reprod. n. b. p. 119, ill. 90.
Expositions
Paintings, Drawings, and Sculpture, Collected by Yale Alumni, New Haven, Yale University Art Gallery, 1960, n° 79, p. 76-77.
Vlaminck. His Fauve Period, New York, Perls Galleries, 9 avril-11 mai 1968, n° 21.
Profil du Metropolitan Museum of Art de New York de Ramsès à Picasso, Bordeaux, Galerie des Beaux-Arts, 1981, p. 128, n° 156.
Impressionism ; Post Impressionism ; XIX and XX Century Painting from the Robert Lehman Collection of the Metropolitan Museum of Art, Oklahoma City, Oklahoma Museum of Art, 1983, p. 84-85.

French Masterpieces : XIX and XX Century Paintings and Drawings from The Robert Lehman Collection of The Metropolitan Museum of Art, Copenhague, Ordrupgaard, 1986, n° 71.

■ 52
Maurice de Vlaminck
Le Pont de Chatou (Les Bateaux-lavoirs), 1906
Huile sur toile, 54 x 73 cm
Signé en bas à gauche : *Vlaminck*
N° inv D 1955. 1. 19
L'Annonciade, musée de Saint-Tropez.
Historique
Legs Grammont à l'État pour le musée de l'Annonciade, 1955.
Bibliographie
Elderfield, John, *The « Wild Beasts » Fauvism and Its Affinities*, New York, The Museum of Modern Art, 1976, n° 108.
Freeman, Judi, *Le Paysage fauve*. Paris, Éditions Abbeville, 1991, reprod. n. b. p. 125, ill. 129.
Monery, Jean-Paul, *Le Musée de l'Annonciade, Saint-Tropez*, Paris, Fondation Paribas, Ville de Saint-Tropez, Réunion des musées nationaux, 1993, reprod. coul. p. 72.
Seltz, Jean, *Vlaminck*, Flammarion, coll. «Les Maîtres modernes», 1962, reprod. coul. p. 25.
Zürcher, Bernard, *Les Fauves*, Paris, Hazan, 1995, reprod. coul. p. 36.
Expositions
L'Art moderne dans les musées de province, Paris, Grand Palais, 3 février-24 avril 1978, n° 293.
Les Fauves, Paris, Grand Palais, Salon d'Automne, 31 octobre-2 décembre 1979.
Fauves, Sydney, The Art Gallery of New South Wales, 8 décembre 1995-18 février 1996, Melbourne, National Gallery of Victoria, 29 février-13 mai 1996, Sydney, The Art Gallery of New South Wales, 1995, Londres, Thames and Hudson Ltd, 1995, n° 88, reprod. coul. p. 233.
Fauvism «Wild Beasts», Tel-Aviv, Tel Aviv Museum of Art, 6 juin-31 août 1996, reprod. coul. p. 143, n° 61.
Les Fauves et la Critique, Turin, Palazzo Bricherasio, 5 février-16 mai 1999, Lodève, Musée de Lodève, 28 mai-26 septembre 1999, Milan, Electra, 1999, reprod. coul. p. 143.

■ 53
Maurice de Vlaminck
Châtaigniers à Chatou, circa 1906
Huile sur toile, 60 x 73 cm
Signé en bas à gauche : *Vlaminck*
Musée d'Art moderne, Troyes, donation Pierre et Denise Lévy
Historique
Collection Kahnweiler.
Achat à M. Lafaille en décembre 1950.
Donation Pierre et Denise Lévy à l'État français en 1976.
Musée d'Art moderne de Troyes, 1982.
Bibliographie
Herbert D. James, *Fauve Painting, The Making of Cultural Politics*, New Haven-Londres, Yale University Press, 1992, reprod. coul. 3 p. 20.
Ferrier, Jean-Louis, *Les Fauves, le règne de la couleur*, Paris, Pierre Terrail, 1992, reprod. coul. p. 91.

Sauvage, Marcel, *Vlaminck, sa vie et son message*, Genève, Pierre Cailler, 1956, reprod. *Donation Pierre et Denise Lévy*, I, *Peintures*, Troyes, Musée d'Art moderne, 1988, reprod. n. b. p. 197, n° 334.
Expositions
Le Fauvisme, Paris, Musée national d'Art moderne, 1951, n° 139.
Triumph der Farbe, Die Europäischen Fauves, Schaffhausen, Muzeum zu Allerheiligen, Berlin, Nationalgalerie der ehemals Staatlichen Museen,Orangerie Schloss Charlottenburg, 20 septembre-15 novembre 1959, n° 19.
Matisse und Seine Freunde Les Fauves, Hambourg, Kunstverein, 1966, n° 102, reprod. pl. LXXVIII.
L'Expressionnisme européen, Munich, Haus der Kunst, Paris, 1970, reprod. n° 73.
Maurice de Vlaminck, Paris, Galerie Pétridès, 1975.
Donation Pierre Lévy, Paris, Orangerie des Tuileries, 16 février-16 avril 1978, n° 270, reprod. p. 207.

■ **54**
Maurice de Vlaminck
La Vallée de la Seine à Carrière, 1906
Huile sur toile, 54,1 x 65,2 cm
Signé en bas à droite : *Vlaminck*
Staatsgalerie Stuttgart
N° inv. : 2797
Historique
Acquis par le musée en 1967.
Expositions
The Fauve Landscape, Los Angeles, Los Angeles County Museum of Art, New York, The Metropolitan Museum of Art, Londres, Royal Academy of Arts, 1990-1991, reprod. coul. p. 89, ill. 100.

■ **55**
Maurice de Vlaminck
La Route, circa 1906
Huile sur toile, 65 x 81 cm
Signé en bas à gauche : *Vlaminck*
Collection particulière, courtesy of Ivor Braka ltd Londres
Historique
Marcel François, Paris.
Collection particulière.
Expositions
Fauves, Sydney, The Art Gallery of New South Wales, 8 décembre 1995-18 février 1996, Melbourne, National Gallery of Victoria, 29 février-13 mai 1996, Sydney, The Art Gallery of New South Wales, 1995, Londres, Thames and Hudson Ltd, 1995, n° 92, reprod. coul. p. 241.

■ **56**
Maurice de Vlaminck
Paysage près de Chatou, 1906
Huile sur toile, 60,5 x 73,5 cm
Signé en bas à gauche : *Vlaminck 1906*
Stedelijk Museum, Amsterdam
N° inv. : A 22588
Historique
Legs de Mme Helge Spechter-Höxbroe Amsterdam au musée, 1963.
Bibliographie
Elderfield, John, *The « Wild Beasts » Fauvism and Its Affinities*, New York, The Museum of Modern Art, 1976, reprod. n. b. p. 72.
Ferrier, Jean-Louis, *Les Fauves, le règne de la couleur*, Paris, Pierre Terrail, 1992, reprod. coul. p. 100.

Giry, Marcel, *Le Fauvisme, ses origines, son évolution*, Neuchâtel, Ides et Calendes, 1981, reprod. n. b. p. 81, ill. 28.
Whitfield, Sarah, *Le Fauvisme*, Paris, Thames and Hudson, coll. «L'univers de l'art», 1997, reprod. n. b. p. 125, ill. 97.
Zürcher, Bernard, *Les Fauves*, Paris, Hazan, 1995, reprod. coul. p. 67.
Expositions
The Fauve Landscape, Los Angeles, Los Angeles County Museum of Art, New York, The Metropolitan Museum of Art, Londres, Royal Academy of Arts, 1990-1991, reprod. coul. p. 21, ill. 12.

■ **57**
Maurice de Vlaminck
Les Ramasseurs de pommes de terre, 1905-1907
Huile sur toile, 46 x 55,3 cm
Signé en bas à droite : *Vlaminck.*
Collection particulière, Suisse
Historique
Galerie Paul Pétridès, Paris.
Jourt, Paris.
Robert Lehman, New York.
Vente Christie's, Londres, 27 juin 1988, lot 24A.
Vente Sotheby's, New York, lundi 16 novembre 1998, *Impressionist and Modern Art*, Part I, reprod. coul. n° 63.
Bibliographie
Genevoix, Maurice, *Vlaminck, l'homme et l'œuvre*, Paris, Flammarion, 1954, reprod. n. b. p. 48.
Expositions
Les Fauves, New York, Museum of Modern Art, Minneapolis, Minneapolis Institute of Arts, Toronto, The Art Gallery of Toronto, San Francisco, Museum of Modern Art, 1953, n° 149.

■ **58**
Maurice de Vlaminck
Paysage au bois mort, circa 1906
Huile sur toile, 65 x 81 cm
Signé en bas à gauche : *Vlaminck*
Fondation Fridart
Historique
Louis Renault, Paris.
Galerie de France, Paris.
Collection particulière.
Bibliographie
Ferrier, Jean-Louis, *Les Fauves, le règne de la couleur*, Paris, Pierre Terrail, 1992, reprod. coul. p. 103.
Freeman, Judi, *Nineteenth and Twentieth-Century Masterworks : The Fridart Foundation Collection*, Fridart Foundation, 1998, reprod. coul. p. 39.
Whitfield, Sarah, *Le Fauvisme*, Paris, Thames and Hudson, coll. «L'univers de l'art», 1997, reprod. n. b. p. 129, ill. 103.
Expositions
Les Fauves, Tokyo, Asahi-Shimbun Press, 1965, n° 84.
Vlaminck. Rétrospective, Paris, Galerie Paul Pétridès, 1975.
Sounds of Colour, Londres, Arts Council of Great Britain, 1982
Fauvism and Modern Japanese Painting, Aichi, Aichi Prefectural Museum of Art, 30 octobre-20 décembre 1992, Aichi, Prefectural Museum of Art, 1992.
Fauves, Sydney, The Art Gallery of New South Wales, 8 décembre 1995-18 février 1996, Melbourne, National Gallery of Victoria,

29 février-13 mai 1996, Sydney, The Art Gallery of New South Wales, 1995, Londres, Thames and Hudson ltd, 1995, n° 91, reprod. coul. p. 8 (détail), p. 239.
Fauvism «Wild Beasts», Tel-Aviv, Tel Aviv Museum of Art, 6 juin-31 août 1996, reprod. coul. p. 145, n° 62.

■ **60**
Maurice de Vlaminck
Le Cirque, 1906
Huile sur toile, 60,3 x 73 cm
Signé en bas à gauche : *Vlaminck*
Collection particulière
Historique
Collection Pr Dr W. Hadorn, Berne.
Bibliographie
Apollonio, Umbro, *Fauves et Cubistes*, Paris, Flammarion, 1959, reprod. coul. p. 24.
Elderfield, John, *The « Wild Beasts » Fauvism and Its Affinities*, New York, The Museum of Modern Art, 1976, reprod. coul. p. 57.
Ferrier, Jean-Louis, *Les Fauves, le règne de la couleur*, Paris, Pierre Terrail, 1992, reprod. coul. p. 106-107.
Sauvage, Marcel, *Vlaminck, sa vie et son message*, Genève, Pierre Cailler, 1956, reprod. p. 32.
Matisse-Munch-Rouault (Fauvismus und Expressionismus), Genève, Skira Kunstgeschichte, 1950, pleine page, reprod. coul. p. 35.
Expositions
Triumph der Farbe, Die Europäischen Fauves, Schaffhausen, Museum zu Allerheiligen, 5 juillet-13 septembre 1959, Berlin, , Orangerie des Schlosses Charlottenburg, 20 septembre-15 novembre 1959, cat. n° 18, reprod. coul.
Vlaminck, Berne, Kunstmuseum, 4 février-3 avril 1961, cat. n° 134.

■ **62**
Maurice de Vlaminck
Le Havre, les bassins, circa 1906
Huile sur toile, 78,7 x 97,7 cm
Signé en bas à gauche : *Vlaminck.*
Mr and Mrs Herbert Klapper
Historique
Ambroise Vollard, Paris.
Kootz Gallery, New York.
Paul Tishman, New York, vente Sotheby's, Londres, 12 juin 1963, lot 110.
Vente Sotheby's, Londres, 27 juin 1989, lot 26.
Impressionist and Modern Art, Part I, New York, vente sotheby's, 13 novembre 1997, lot 139.
Bibliographie
Genevoix, Maurice, *Vlaminck, l'homme et l'œuvre*, Paris, Flammarion, 1954, p. 43 (*Remorqueurs au Havre*, 1907).
Expositions
Dufy, Rouault, Vlaminck, Bâle, Kunsthalle, 1938, n° 76.

■ **49**
Maurice de Vlaminck
Les Écluses à Bougival, 1908
Huile sur toile, 54 x 65 cm
Signé en bas à gauche : *Vlaminck*
Daté au revers : *1908*.
Cachet sur le châssis : *A peau de l'ours*
Musée des Beaux-Arts du Canada, Ottawa
N° inv. : MBAC 5783
Historique
Acquis par le musée auprès de E. J. van Wisselingh and Co, Amsterdam, 1951.

Bibliographie
Ferrier, Jean-Louis, *Les Fauves, le règne de la couleur*, Paris, Pierre Terrail, 1992, reprod. coul. p. 99.
Expositions
Vlaminck, Dallas, Museum for Contemporary Arts, décembre 1958-13 avril 1959.
Le Fauvisme français et les débuts de l'expressionnisme allemand, Paris, Musée national d'Art moderne, 15 janvier-6 mars 1966, Munich, Haus der Kunst, 26 mars-15 mai 1966, reprod. n. b. p. 200, n° 136.
The Fauve Heritage, Edmonton, Edmonton Art Gallery, août-novembre 1977.
The Fauve Landscape, Los Angeles, Los Angeles County Museum of Art, 7 octobre-30 décembre 1990, New York, The Metropolitan Museum of Art, 14 février-5 mai 1991, reprod. coul. p. 122, ill. 128.

■ **59**
Maurice de Vlaminck
Le Pesage, 1905-1907
Huile sur toile, 50 x 65 cm
Signé en bas à droite : *Vlaminck*.
Signé et intitulé au verso
Collection particulière
Historique
Ancienne collection L. Bourdon, Paris.
Bibliographie
Genevoix, Maurice, *Vlaminck, l'homme et l'œuvre*, Paris, Flammarion, 1954, reprod. p. 47 (sous le titre *Le Pesage à Longchamp*)
Sauvage, Marcel, *Vlaminck, sa vie et son message*, Genève, Pierre Cailler, 1956, reprod. n° 33.
Vauxcelles, Louis, *Le Fauvisme*, Genève, Pierre Cailler, 1958, reprod. coul. p. 48.
Expositions
Le Fauvisme, Paris, Musée d'Art moderne, juin-septembre 1951, n° 136, reprod. p. 42.
Les Fauves, Paris, Galerie Charpentier, 1962, n° 133.
Œuvres choisies, Paris, Galerie Max Kaganovitch, 5 mai-6 juin 1964, reprod. n° 70.
Dessins, aquarelles, tableaux, scupltures des XIX e et XXe siècles, Paris, Galerie Max Kaganovitch, 4 mai-18 juin 1966, n° 108.
Maîtres impressionnistes et modernes, Paris, Galerie Daniel Malingue, 25 octobre-22 décembre 1990, reprod. coul. n° 8.

■ **64**
Maurice de Vlaminck
Nature morte, 1905
Huile sur toile, 53 x 72 cm
Signé en bas à gauche : *Vlaminck*
Fondation Fridart
Historique
Ambroise Vollard, Paris.
Galerie Beyeler, Bâle.
Bibliographie
Elderfield, John, *The « Wild Beasts » Fauvism and Its Affinities*, New York, The Museum of Modern Art, 1976, reprod. n. b. p. 147.
Freeman, Judi, *Nineteenth and Twentieth-Century Masterworks : The Fridart Foundation Collection*, Fridart Foundation, 1998, reprod. coul. p. 31.
Whitfield, Sarah, *Le Fauvisme*, Paris, Thames and Hudson, coll. «L'univers de l'art», 1997, reprod. n. b. p. 201, ill. 168.

Expositions
Les Fauves, Tokyo, Asahi-Shimbun Press,
1965, n° 80.
The Fauves, Toronto, The Art Gallery
of Ontario, 1975, n° 17.
Sounds of Colour, Londres, Arts Council
of Great Britain, 1982.
Fauves, Sydney, The Art Gallery of New South
Wales, 8 décembre 1995-18 février 1996,
Melbourne, National Gallery of Victoria,
29 février-13 mai 1996, Sydney, The Art
Gallery of New South Wales, 1995, Londres,
Thames and Hudson ltd, 1995, n° 85, reprod.
coul. p. 227.
Fauvism «Wild Beasts», Tel-Aviv, Tel Aviv
Museum of Art, 6 juin-31 août 1996, reprod.
coul. p. 133, n° 56.

■ **63**
Maurice de Vlaminck
Nature morte aux citrons, 1907
Huile sur bois, 50,5 x 65 cm
Signé en bas à gauche : *Vlaminck*
Collection particulière
Historique
Sidney Janis, New York.
M. and Mme Leigh Block, Chicago.
Galerie des Arts anciens et modernes.
The Norton Simon Foundation, Pasadena.
Alex Reid and Lefevre, Londres.
The Fine Arts Investment Trust, Vaduz,
Lichtenstein.
Bibliographie
Sauvage, Marcel, *Vlaminck, sa vie, son
message,* Genève, 1956, n° 53, reprod.
*Selected Paintings at The Norton Simon
Museum,* New York, Scala/Philip Wilson
Publishers ltd, 1980, reprod. p. 126.
Expositions
Les Fauves, New York, Museum of Modern
Art, 1952, n° 151.
Vlaminck, Dallas, Museum for Contemporary
Art, 1959.
Vlaminck. His Fauve Period, New York, Perls
Galleries, 9 avril-11 mai 1968, reprod. coul.
n° 16, p. 23.
*Selections from the Norton Simon Inc.
Museum of Art,* Princeton, Princeton
University Art Museum, 1972, n° 57.

RIK WOUTERS
(Malines, 1882 - Amsterdam, 1916)
Il apprend d'abord le métier d'ébéniste auprès
de son père. À partir de 1897, il suit des études
académiques à Malines, puis à Bruxelles. De
1900 à 1904 il est avant tout sculpteur. En 1909,
il fait la connaissance du peintre strasbourgeois
Simon Lévy qui lui fait connaître Cézanne et va
ainsi déterminer son évolution artistique
marquée par une sensibilité à la couleur. En
1912, il a un contrat avec la galerie Giroux à
Bruxelles ; si se rend à Paris au printemps – où
il voit enfin les œuvres de Cézanne – et à
Cologne où il visite l'exposition du Sonderbund.
En septembre 1912, il participe à une exposition d'artistes belges à la galerie Der Sturm, à
Berlin (dans le cadre d'un échange avec une
exposition de «fauves allemands» chez Giroux
en décembre). En 1914, se tient son exposition
personnelle à la galerie Giroux (présentée
ensuite au Salon d'art contemporain d'Anvers).
Son œuvre aura une grande influence sur les
artistes belges regroupés au sein du fauvisme
brabançon.

■ **194**
Rik Wouters
*Portrait de Rik Wouters au cigare, veste bleue,
chapeau gris*
*Portret van Rik Wouters met sigaar, blauwe
jas, grijze hœd,* 1913
Huile sur toile, 67 x 55,8 cm
Koninklijk Museum voor Schone Kunsten, Anvers
N° inv. : 2062
Historique
Acquis par le musée auprès de Mme Georges
Giroux, 1927.
Bibliographie
Bertrand, Olivier, *Rik Wouters les peintures/De
Schilderijen*, Anvers, Petraco-Pandora, 1999,
reprod. coul. p. 180, n° 155.
Goyens de Heusch, Serge, *L'Impressionnisme
et le Fauvisme en Belgique*, Anvers, Fonds
Mercator, 1998, reprod. coul. p. 366.
Expositions
Rik Wouters. La figure humaine, Malines,
Cultureel Centrum A. Spinoy, 31 janvier-
11 avril 1999, n° 48, reprod. coul. p. 67.

■ **195**
Rik Wouters
Le Ravin B, novembre-décembre 1913
Huile sur toile, 135,5 x 140,8 cm
Cachet sur le châssis : *Vierge Folle 12*
Collection particulière, courtesy Belgian Art
Research Institute, Olivier Bertrand.
Historique
Peint à Boitsfort.
Jean Vanderlinden, Anvers.
Philippe Vanderlinden.
Bibliographie
Bertrand, Olivier, *Rik Wouters les peintures/De
Schilderijen*, Anvers, Petraco-Pandora, 1999,
reprod. coul. p. 175, n° 153.
Expositions
Rik Wouters, Bruxelles, Galerie Georges
Giroux, 20 février-4 mars 1914, n° 23.
Salon L'Art contemporain, Anvers,
Stadsfeestzaal, 7 mars-5 avril 1914, n° 22.

■ **196**
Rik Wouters
Les Rideaux rouges, été 1913
Huile sur toile, 100,5 x 80,7 cm
Collection particulière, courtesy Belgian Art
Research Institute, Olivier Bertrand

Historique
Peint à Boitsfort.
Auguste Vermeylen.
Acquis lors de l'exposition *Rik Wouters,*
Bruxelles, Galerie Georges Giroux, 1914, 600 F.
Pierre Vermeylen, Bruxelles.
Vente Sotheby's, Londres, 25 juin 1985, n° 23,
ill.
Bibliographie
Bertrand, Olivier, *Rik Wouters les peintures/De
Schilderijen*, Anvers, Petraco-Pandora, 1999,
reprod. coul. p. 162, n° 141.
Expositions
Rik Wouters, Bruxelles, Galerie Georges
Giroux, 20 février-4 mars 1914, n° 23.
Salon l'Art Contemporain, Anvers,
Stadsfeestzaal, 7 mars-5 avril 1914, n° 22.

SANDOR ZIFFER
(Eger, 1880 - Nagybánya, 1962)
Il entre à l'école des arts appliqués de
Budapest, en 1895. En 1900, il se rend à
Munich pour étudier l'histoire de l'art mais
s'inscrit aussi à l'Académie et dans l'atelier
d'Anton Azbé. Il étudie ensuite auprès de
Simon Hollosy et expose avec ses élèves en
1904 à Budapest. En 1906, il rencontre Béla
Czóbel qui l'incite à se rendre à Nagybánya et
à Paris, il envoie un autoportrait au Salon des
Indépendants. Au Salon d'Automne de 1906 où
expose son compatriote Czóbel et les Fauves
français, il est particulièrement frappé par l'exposition Gauguin. Il participe à la première
exposition du MIENK en 1908. En 1910, il s'installe à Nagybánya.

■ **166**
Sandor Ziffer
Autoportrait
Önarckép, circa 1908
Huile sur toile, 41 x 30 cm
Signé en bas à gauche : *Ziffer Sándor*
Janus Pannonius Múzeum, Pécs
N° inv. : 73.205
Historique
Acquis par le Janus Pannonius Múzeum, Pécs,
auprès de Mme Bodori Tamásné, 1973.
Expositions
Vystava Osmy a Aktivistu, Prague.
Nagybánya Müvészete [l'Art de Nagybánya],
Budapest, Magyar Nemzeti Galéria, 14 mars-
20 octobre 1996.

■ **168**
Sandor Ziffer
Paysage à la barrière, 1910
Huile sur toile, 97,5 x 110 cm
Signé en bas à droite : *Ziffer Sándor 1910*
Magyar Nemzeti Galéria, Budapest
N° inv. : 60.26 T
Historique
Acquis en 1960.
Expositions
L'Art 1900 en Hongrie, Paris, Musée du Petit
Palais, 1976.
Nagybánya Müvészete [l'Art de Nagybánya],
Budapest, Magyar Nemzeti Galéria, 14 mars-
20 octobre 1996.
*Lights and Colours. Artists' Ciony in
Nagybánya*, Bucarest, Muzeul National de
Arta al Romanei, 1999.

Bibliographie sélective

OUVRAGES GÉNÉRAUX

Chassevent, Louis, *Les Artistes indépendants, 21e - 24e exposition*, Paris, Issoire, 4 fasc., 1905-1908.

Mauclair, Camille, *La Crise de la laideur en peinture, Les Trois crises de l'art actuel*, Fasquelle, 1906.

Malpel, Charles, *Notes sur l'art d'aujourd'hui et peut-être de demain*, Paris, Grasset, 2 tomes, 1910.

Puy, Michel, *Le Dernier État de la peinture*, Paris, Union française du livre, 1910.

Salmon, André, *La Jeune Peinture française*, Paris, Société des Trente, 1912.

Kandinsky, Wassily, *Uber Die Forme Frage*, Der Blaue Reiter, Munich, Piper & Co, 1912.

Coquiot, Gustave, *Cubistes, Futuristes, Passéistes*, Paris, Librairie Ollendorff, 1914.

Denis, Maurice, *Théories, 1890-1910. Du Symbolisme et de Gauguin vers un nouvel ordre classique*, Paris, L. Rouart et J. Watelin, 1920 (éd. originale, Bibliothèque de l'Occident, 1912).

Coquiot, Gustave, *Les Indépendants, 1884-1920*, Paris, 1921.

Fels, Florent, *Propos d'artistes*, Paris, La Renaissance du Livre, 1925.

Vlaminck, Maurice (de), *Tournant dangereux*, Paris, 1929.

Weill, Berthe, *Pan!... dans l'œil... ou trente ans dans les coulisses de la peinture contemporaine, 1900-1930*, Librairie Lipschutz, 1933.

Vollard, Ambroise, *Souvenirs d'un marchand de tableaux*, Albin Michel, 1937.

Vlaminck, Maurice (de), *Portraits avant décès*, Paris, 1942.

Diehl, Gaston, *Les Fauves, œuvres de Braque, Derain, Dufy, Friesz, Marquet, Matisse, Van Dongen, Vlaminck*, Paris, Éd. du Chêne, 1943.

Dorival, Bernard, *Les Étapes de la peinture française contemporaine*, tome I: *De l'Impressionnisme au Fauvisme, 1883-1905*, Paris, Gallimard, 1943.

Dorival, Bernard, *Les Étapes de la peinture française contemporaine*, tome II: *Le Fauvisme et le Cubisme, 1905-1911*, Paris, Gallimard, 1943.

Diehl, Gaston, *Les Fauves, œuvres de Braque, Derain, Dufy...*, Éd. du Chêne, 1948.

Turpin, Georges, *Panorama de la peinture française au XXe siècle*, tome I: *Les Fauves, les Cubistes et leurs Contemporains*, Paris, La Revue moderne des arts et de la vie, 1948.

Duthuit, Georges, *Les Fauves, Braque, Derain, Van Dongen, Dufy, Friesz, Manguin, Marquet, Matisse, Puy, Vlaminck*, Genève, Éd. des Trois Collines, 1949.

Raynal, Maurice, *Histoire de la peinture moderne*, vol. 2, *Matisse, Munch, Rouault, Fauvisme et Expressionnisme*, Genève, Skira, 1950.

Derain, André, *Lettres à Vlaminck*, introduction par Maurice de Vlaminck, Flammarion, 1955.

Salmon, André, *Souvenirs sans fin: Première Époque (1903-1908), Deuxième Époque (1908-1920)*, Paris, 1955 et 1956.

Müller, Joseph-Émile, *Le Fauvisme, étude biographique et critique*, Paris, Hazan, 1956.

Salmon, André, *Le Fauvisme*, Paris, Aimery-Somogy, 1956.

Dorival, Bernard, *Les Peintres du XXe siècle*, I: *Nabis, Fauves, Cubistes*, Paris, P. Tisné, 1957.

Vauxcelles, Louis, *Le Fauvisme, étude biographique et critique*, Genève, Pierre Cailler, 1958.

Leymarie, Jean, *Le Fauvisme, étude biographique et critique*, Genève, Skira, 1959.

Jedlicka, Gotthard, *Der Fauvismus*, Zurich, Bücher Gilde Gutenberg, 1961.

Apollinaire, Guillaume, *Apollinaire. Chroniques d'art 1902-1918*, textes réunis avec préface et notes par L. C. Breunig, Gallimard, 1960.

Crespelle, Jean-Paul, *Les Fauves*, Lausanne, Ides et Calendes, 1962.

Chassé, Charles, *Les Fauves et leur temps*, Lausanne-Paris, La Bibliothèque des Arts, 1963.

Crespelle, Jean-Paul, *Montmartre vivant*, Hachette, 1964.

Müller, Joseph-Émile, *Modern Painting, II - Gauguin to the Fauves*, New York, Tudor Publishing Co, 1965.

Stein, Gertrude, *The Autobiography of Alice B. Toklas*, Londres, Penguin Modern Classic, 1966.

Muller, Joseph-Émile, *Fauvism*, Londres, Thames and Hudson; New York, Praeger, 1967.

Laude, Jean, *La Peinture française (1905-1914) et l'art nègre, Contribution à l'étude des sources du fauvisme et du cubisme*, Klincksieck, 1968.

Gordon, Donald E., *Ernst Ludwig Kirchner, Mit einem kritischen Katalog sämtlicher Gemälde*, Munich, Prestel Verlag, 1968.

Hoog, Michel, *La Peinture et la Gravure: fauvisme et expressionnisme*, Paris, Éd. Gallimard, Encyclopédie de la Pléiade, 1969.

Potter, Margaret, *Four Americans in Paris: The Collections of Gertrude Stein and Her Family*, New York, MOMA, 1970.

Diehl, Gaston, *Les Fauves*, Paris, Nouvelles Éditions Françaises, 1971.

Cowart, William John, *Ecoliers to Fauves: Matisse, Marquet, Manguin. Drawings, 1890-1906*, Michigan, Ann Arbor, 1972.

Matisse, Henri, *Écrits et propos sur l'art*, texte, notes et index établis par Dominique Fourcade, Paris, Hermann, 1972 (cité en abrégé EPA).

Softriffer, Kristian, *Expressionism and Fauvism*, New York-Toronto, McGraw-Hill, 1972.

Olivier, Fernande, *Picasso et ses amis*, Paris, 1973.

Gordon, Donald E., *Modern Art Exhibitions, 1900-1916*, Munich, Prestel Verlag, 1974.

Denvir, Bernard, *Fauvism and Expressionism*, Thames and Hudson, 1975.

Oppler, Ellen Charlotte, *Fauvism Reexamined*, Library of Congress, 1976.

Salter, Elizabeth, *The Lost Impressionist: A Biography of John Peter Russel*, Londres, 1976.

Signac, Paul, *D'Eugène Delacroix au néo-impressionnisme*, introduction et notes par Françoise Cachin, Hermann, 1978.

Gosling, Nigel, *Paris 1900-1914: The Miraculous Years*, Weidenfeld and Nicolson, 1978.

Youngna, Kim, *The Early Works of Georges Braque, Raoul Dufy and Othon Friesz: The Havre Group of Fauvist Painters*, Ohio State University, 1980.

Bock, Catherine, *Henri Matisse and Neo-Impressionism, 1898-1908*, Michigan, Ann Arbor, UMI Research Press, 1981.

Giry, Marcel, *Le Fauvisme, ses origines, son évolution*, Neuchâtel, Ides et Calendes, 1981.

Granoff, Katia, *Ma vie et mes rencontres avec Bouche, Chagall, Laprade, Friesz, de La Patellière, Chabaud, Ozenfant, Monet, Guitton*, Paris, Éd. Christian Bourgeois, 1981.

Lebensztejn, Jean-Claude, *Zig Zag*, Flammarion, 1981.

Gollek, Rosel, *Der Blaue Reiter im Lenbachhaus München*, Munich, Städtische Galerie im Lenbachhaus-Prestel Verlag, 1982.

Vollard, Ambroise, *Souvenirs d'un marchand de tableaux*, Paris, 1984.

Hlusicka, Jiri, *Ceské moderni malirstvi v Moravské Galerii v Brne, I (obdobi 1890-1919)*, Brno, Blok, 1984.

Dagen, Philippe, *La Peinture en 1905. L'«enquête sur les tendances actuelles des arts plastiques» de Charles Morice*, Paris, Lettres modernes, 1986.

Benjamin, Roger, *Matisse's « Notes of a Painter»: Criticism, Theory and Context, 1891-1908*, Michigan, Ann Arbor, 1987.

Leymarie, Jean, *Fauvism*, Genève, Skira, 1987.

Assouline, *Daniel Henry Kahnweiler, L'Homme de l'art*, Balland, 1988.

Lamac, Miroslav, *Osma a Skupina, vytvarnych umelecu, 1907-1917*, Prague, Odeon, 1988.

Billcliffe, Roger, *The Scottish Colourists*, Londres, John Murray, 1989 (réédité en 1998).

Marcadé, Jean-Claude, *Malévitch*, Paris, Nouvelles Éditions Françaises, 1990.

Ungersma Halperin, Joan, *Félix Fénéon. Art et anarchie dans le Paris fin de siècle*, Yale University Press, 1988, Gallimard, 1991.

Herbert, James D., *Fauvism and After: The Politics of French Cultural Unity*, New Haven, Yale University, 1989.

Freeman, Judi (sous la direction de), *Le Paysage fauve, Matisse, Derain, Braque et leur cercle (1904-1908)*, Paris, Abbeville, 1990.

O'Laoghaire, Niamh, *The Influence of Van Gogh on Matisse, Derain and Vlaminck, 1900-1910*, Toronto University, 1990.

Whitfield, Sarah, *Fauvism*, Londres, Thames and Hudson, 1990.

Ferrier, Jean-Louis, *Les Fauves, Le règne de la couleur, Matisse, Derain, Vlaminck...*, Paris, Pierre Terrail, 1992.

Herbert, James D., *Fauve Painting: The Making of Cultural Politics*, New Haven, Yale University Press, 1992.

Michaud, Éric, *La Fin du salut par l'image*, Critiques d'art, CNAP et Éditions Jacqueline Chambon, 1992.

Soulier, Paul, Dr Seriziat, *Études sur Collioure et ses environs*, Perpignan, 1992.

Clement, Russel, *Les Fauves: A Sourcebook*, Connecticut, Westport, Greenwood Press, 1994.

Coquio, Catherine, *Mécislas Golberg (1869-1907): Passant de la pensée. Une anthropologie politique et poétique au début du siècle*, Maisonneuve et Larose, p. 270-285, 1994.

Dagen, Philippe, *Pour ou contre le fauvisme*, Paris, Somogy, 1994.

Derain, André, *Lettres à Vlaminck*, Paris, texte établi et annoté par Philippe Dagen, Flammarion, 1994.

Evenepoel, Henri, *Lettres à mon père* (vol. 1 : 1892-1895 ; vol. 2 : 1896-1899), Bruxelles, Danielle Derrey-Capon, 1994.

Pernoud, Emmanuel, *L'Estampe des Fauves, une esthétique du contraste*, Paris, Hermann, 1994.

Salmon, André, *Souvenirs sans fin*, Gallimard, 1955, Gallimard, 1994.

Stein, Gertrude, *Autobiographie d'Alice B. Toklas*, 1933, Gallimard, 1994.

Vlaminck, Maurice (de), *Portraits avant décès*, Flammarion, 1943, Flammarion, 1994.

Brodskaia, Nathalie, *Les Fauves, Musée de l'Ermitage, Saint-Pétersbourg, Musée des Beaux-Arts Pouchkine, Moscou*, Bournemouth, Parkstone, 1995.

Gautherie-Kampka, Annette, *Les Allemands du Dôme: la colonie allemande de Montparnasse dans les années 1903-1914*, Berne, 1995.

Marcadé, Jean-Claude, *L'Avant-Garde russe 1907-1927*, Paris, Flammarion, 1995.

Zürcher, Bernard, *Les Fauves*, Paris, Hazan, 1995.

Wineapple, Brenda, *Sister Brother Gertrude and Leo Stein*, Londres, 1996.

Correspondance entre Charles Camoin et Henri Matisse, texte et notes de Claudine Grammont, Lausanne, 1997.

Roque, Georges, *Art et science de la couleur. Chevreul et les peintres de Delacroix à l'abstraction*, Éditions Jacqueline Chambon, 1997.

Freeman, Judi, *The Fridart Foundation Collection*, published by The Fridart Foundation, 1998.

Garb, Tamar, *Bodies of Modernity. Figure an Flesh in fin-de-siècle France*, Thames and Hudson, 1998.

Dagen, Philippe, *Le Peintre, le Poète, le Sauvage. Les voies du primitivisme dans l'art français*, Flammarion, 1998.

Goyens de Heusch, Serge, *L'Impressionnisme et le Fauvisme en Belgique*, Anvers, Fonds Mercator, 1998.

Lebensztejn, J.-C., *Annexes - De l'œuvre d'Art*, Bruxelles, éditions La Part de l'Œil, 1999.

CATALOGUES D'EXPOSITION

Pour les expositions personnelles ou collectives organisées pendant les «années fauves», se reporter à la chronologie et à Donald E. Gordon, *Modern Art Exhibitions, 1900-1916*, t. I et II, Munich, Prestel Verlag, 1974.

Les Fauves, 1904-1908, Paris, Galerie Bing, 1927.

An Exhibition of Paintings by André Derain, Cincinnati, Museum of Art, 1930-1931.

Seurat et ses amis: la suite de l'impressionnisme, préface de Paul Signac, Paris, Beaux-Arts et Gazette des Beaux-Arts, 1933-1934.

Les Fauves. L'Atelier de Gustave Moreau, Paris, Galerie des Beaux-Arts et la Gazette des Beaux-Art, 1934.

Les Chefs-d'œuvre du musée de Grenoble, Paris, Petit Palais, 1935.

Les Fauves, New York, Marie Harriman Gallery, 1941.

Les Fauves, peintures de 1903 à 1908, Paris, Galerie de France, 1942.

Triomphe de la couleur, Néo-impressionistes-Fauves-Cubistes-Jeunes coloristes, Paris, Galerie de Berri, 1945.

Cent chefs-d'œuvre des peintres de l'École de Paris, Paris, Galerie Charpentier, 1946.

Chatou, Paris, Galerie Bing, 1947.

Mostra dei Fauves, Venise, XXVe Biennale, 1950.

Les Fauves, Braque, Derain, Dufy..., Berne, Kunsthalle, 1950.

Les Fauves, New York, Sidney Janis Gallery, 1950.

Le Fauvisme, Paris, Musée national d'Art moderne, 1951.

Rythmes et couleurs, Lausanne, Musée cantonal des Beaux-Arts, 1952.

Le Fauvisme, Rennes, Musée des Beaux-Arts, 1952.

Les Fauves I: Nabis, Fauves, Cubistes, New York, The Museum of Modern Art, 1952-1953.

Les Fauves, New York, The Museum of Modern Art, 1953.

Biennale de Venise, Venise, 1954.

Manguin, peintre du fauvisme, Paris, Hector Brame, 1954.

Cinquante tableaux importants d'André Derain, Paris, Galerie Charpentier, 1955.

Premières étapes de la peinture moderne, Marseille, Musée Cantini, 1955.

L'Œuvre de Vlaminck, du fauvisme à nos jours, Paris, Galerie Charpentier, 1956.

Den of Wild Beasts Chicago Art Institute, 1956.

André Derain, Londres, Wildenstein, 1957.

Succession Ambroise Vollard, Paris, Galerie Charpentier, 1957

Les Fauves, Dallas, Museum for Contemporary Arts, 1959.

Les Fauves, tableaux fauves, Bâle, Galerie Beyeler, 1959.

Triumph der Farbe, die Europäischen Fauves, Berlin, Nationalgalerie, 1959.

Valtat, Dieppe, Musée de Dieppe, 1959.

Les Sources du XXe siècle: les arts en Europe de 1884 à 1914, Paris, Musée national d'Art moderne, 1960-1961.

Gustave Moreau et ses élèves, Marseille, Musée Cantini, 1962.

Les Fauves, Paris, Galerie Charpentier, 1962.

Manguin, tableaux fauves, Paris, Galerie de Paris, 1962.

Valtat et ses amis, Besançon, Musée des Beaux-Arts de Besançon, 1964.

Les Fauves, Tokyo, Takashimaya, 1964.

Expressionismo, pittura, scultura, architettura, Florence, Palazzo Strozzi, 1964.

La Cage aux fauves - Salon d'Automne 1905, Paris, Galerie de Paris, 1965.

Quarante tableaux d'une collection privée, Paris, M. Knoedler and Cie, 1965.

Le Fauvisme français et le début de l'expressionnisme allemand, Paris, Musée national d'Art moderne; *Der französische Fauvismus und der deutsche Frühexpressionismus*, Munich, Haus der Kunst, 1966.

Paris-Prague, 1906-1930, Paris, Musée national d'Art moderne, 1966.

Matisse und seine Freunde - Les Fauves, Hamburg, Kunstverein, 1966.

Moderne Kunst IV, Lugano, Ketterer, 1966.

Autour du fauvisme, Valtat et ses amis, Charleroi, Palais des Beaux-Arts, 1967.

Fauves et Cubistes, Paris, Galerie Romanet Rive-Gauche, 1967.

Kees Van Dongen, Saint-Tropez, Musée de l'Annonciade; Toulouse, Réfectoire des Jacobins, 1968.

Neo-impressionism. New York, Solomon R. Guggenheim Museum, 1968.

Fauves and Expressionists, New York, Leonard Hutton Galleries, 1968.

Fauvisme in de Europese Kunst, Mechelen (Malines), Cultureel Centrum burgmeester Anton Spinoy, 1969.

Louis Valtat, Retrospective centenaire, Genève, Petit Palais, 1969.

Les Fauves, Bâle, Galerie Beyeler, 1969.

L'Expressionnisme européen, Paris, Musée national d'Art moderne, 1970.

The Fauves, New York, Sidney Janis Gallery, 1970.

Four Americans in Paris: The Collections of Gertrude Stein and Her Family, Museum of Modern Art, 1970.

Henri Matisse. Exposition du centenaire, Paris, Grand Palais, 1970.

Delacroix et le Fauvisme, Paris, Musée Delacroix, 1971.

Fauves et Cubistes, rétrospective de la Société des artistes indépendants, Paris, Grand Palais, 1972.

Louis Valtat, Paris, Galerie Wally F. Findlay, 1972.

Künstlerfreunde um Arthur und Hedy Hahnloser Bühler, Winterthur, Kunstmuseum, 1973.

Les Fauves, Osaka, Galeries Seibu Takatsuki, 1974.

La Collection Germaine Henry-Robert Thomas, Paris, Caisse nationale des Monuments historiques et des sites, 1974.

The Fauves, Toronto, Art Gallery of Ontario, 1975.

Albert Marquet, 1875-1947, Bordeaux, Galerie des Beaux-Arts; Paris, Musée de l'Orangerie, 1975-1976.

Le Fauvisme en Normandie, Deauville, Salle des Fêtes, 1976.

The Wild Beasts: Fauvism and Its Affinities, New York, Museum of Modern Art, 1976.

Vom Licht zur Farbe: Nachimpressionistische Malerei zwischen 1886 und 1912, Düsseldorf, Städtische Kunsthalle, 1977.

Les Fauves, Braque, Derain, Matisse, De Vlaminck, Londres, The Lefevre Gallery, 1978.

Donation Pierre et Denise Lévy, Paris, Orangerie des Tuileries, 1978.

Paris-Berlin: Rapports et contrastes France-Allemagne, 1900-1933, Musée national d'Art moderne, 1978.

Le Fauvisme brabançon, Bruxelles, Crédit communal de Belgique, 1979.

Les Fauves, Salon d'Automne, Paris, Grand Palais, 1979.

Othon Friesz, Le Havre, Musée des Beaux-Arts, 1979.

Pablo Picasso, A Retrospective, New York, The Museum of Modern Art, 1980.

L'Art en Hongrie, 1905-1930, art et révolution, Saint-Étienne, Musée d'Art et d'Industrie ; Paris, Musée d'Art moderne de la Ville de Paris, 1980.

Albert Marquet : Rétrospective, Charleroi, Palais des Beaux-Arts, 1981.

Dübi-Müller-Stiftung, Josef Müller-Stiftung, Kataloge Schweizer Museen und Sammlungen 6, Solothurn (Soleure), Kunstmuseum-Schweizerisches Institut für Kunstwissenschaft, 1981.

Peintres fauves et cubistes, Braque, Derain, Matisse, De Vlaminck, Cholet, Musée des Arts, 1981-1982.

Nabis und Fauves, : Zeichnungen, Aquarelle, Pastelle aus Schweizer Privatbesitz, Zurich, Kunsthaus, 1982-1983.

Manguin parmi les fauves, Martigny, Fondation Pierre Gianadda, 1983.

Le Fauvisme des Provençaux, Saint-Tropez, Musée de l'Annonciade, 1984.

Du réalisme au surréalisme en Belgique, Albi, Musée Toulouse-Lautrec, 1985.

Maîtres du XXe siècle, Fauvisme, École de Paris, jusqu'à nos jours, Tokyo, Fujikawa Galleries, 1986.

Matisse : Ajaccio-Toulouse, 1898-1899. Une saison de peinture, Toulouse, Musée Paul Dupuy ; Nice, Galerie des Ponchettes, 1986.

Vlaminck : le peintre et la critique, Chartres, Musée des Beaux-Arts, 1987.

Les Œuvres fauves de Raoul Dufy, Saint-Tropez, Musée de l'Annonciade, 1987.

André Derain Paintings, Drawings, New York, Grace Borgenicht Gallery, 1987.

Mondrian from Figuration to Abstraction, Londres, Thames and Hudson, 1987 (accompagnant une exposition itinérante au Japon).

L'Impressionnisme et le Fauvisme en Belgique, Ixelles, Musée d'Ixelles, 1988.

Albert Marquet, 1875-1947, Lausanne, Fondation de l'Ermitage, 1988.

Jean Puy, Roanne, Musée de Roanne, 1988.

Kees van Dongen, 1877-1968, Saint-Tropez, Musée de l'Annonciade, 1988.

Les Demoiselles d'Avignon, vol. 1, Paris, Musée Picasso, 1988.

Henri Manguin, 1874-1949, Paris, Musée Marmottan, 1988-1989.

Karl Schmidt-Rottluff. Retrospective, cat. par Gunther Thiem et Armi Zweite, Kunsthalle Bremen, 1989, Städtische Galerie im Lenbachhaus, Munich, 1989.

Kees Van Dongen, Rotterdam, Museum Boijmans Van Beuningen, 1989.

Louis Valtat, Paysages de l'Estérel, Saint-Tropez, Musée de l'Annonciade, 1989.

Matisse et Derain à Collioure, été 1905, Collioure, Musée de Collioure, 1989.

Scandinavian Modernism, Painting in Denmark, Finland, Iceland, Norway and Sweden, 1910-1920, Göteborgs Konstmuseum, Göteborg, 1989 (itinérante).

Gravures fauves et expressionnistes, Paris, Galerie Berggruen, 1989.

Twentieth Century Modern Masters. Exposition de la collection Jacques et Natasha Gelman, New York, The Metropolitan Museum of Art, 1989-1990.

Frantisek Kupka (1897-1957) ou l'invention d'une abstraction, Musée d'Art moderne de la Ville de Paris, 1989-1990.

Czech modernism 1900-1945, The Museum of Fine Arts, Houston, 8 octobre 1989-1990.

Van Dongen, le peintre, Paris, Musée d'Art moderne de la Ville de Paris, 1990.

Vincent Van Gogh and Early Modern Art, Essen, Museum Folkwang, avril-novembre 1990.

The Fauve Landscape, Los Angeles, County Museum of Art ; Londres, Royal Academy, 1990.

Vincent Van Gogh en de Moderne Kunst, 1890-1914, Amsterdam, Rijksmuseum, 1990-1991.

Ipotesi Helvetia, Un certo Espressionismo, Pinacoteca comunale Casas Rusca, Locarno, 1991.

Charles Camoin et Saint-Tropez, Saint-Tropez, Musée de l'Annonciade, 1991.

1900, Toulouse et l'art moderne, Toulouse, Musée Paul Dupuy, 1991.

Henri Matisse : A Retrospective, New York, MOMA, 1992.

Signac et Saint-Tropez, 1892-1913, Saint-Tropez, Musée de l'Annonciade, 1992.

Lamac, Miroslav, *Le Cubisme tchèque*, Centre Georges-Pompidou, Paris, Flammarion, 1992.

Fauvism and Modern Japanese Painting, Nagoya, Aichi Prefectural Museum of Art, 1992.

L'Expressionnisme en Allemagne. Dresde, Munich, Berlin, Paris, Musée d'Art moderne de la Ville de Paris, 1992.

Munch et la France, Musée d'Orsay, Paris, 1991 ; Musée Munch, Oslo, 1992.

Autour du fauvisme, Granville, Musée Richard Anacréon, décembre 1992-septembre 1993.

Henri Matisse, 1904-1917, Paris, Musée national d'Art moderne, Centre Georges-Pompidou, 1993.

Morozov and Shchukin : The Collectors, Essen, Museum Folkwang ; Moscou, Pushkin Museum ; Saint-Pétersbourg, Ermitage, 1993-1994.

Van Gogh to Matisse, Masterpieces from the Cone Collection of the Baltimore Museum of Art, 1993-1994.

L'Estaque, Marseille, Musée Cantini, 1994.

La Beauté exacte, Art, Pays-Bas, XXe siècle, de Van Gogh à Mondrian ; Musée d'Art moderne de la Ville de Paris, 1994.

Gustave Moreau y su legado, Mexico, Centro d'arte contemporaneo, 1994.

Georges Braque, Rétrospective, Saint-Paul, Fondation Maeght, 1994.

Terrus, Elne, Musée Terrus, 1994.

Masterpieces from the David Rockefeller Collection, New York, The Museum of Modern Art, 1994.

André Derain : le peintre du « trouble moderne », Paris, Musée d'Art moderne de la Ville de Paris, Madrid, Fondation Thyssen-Bornemisza, 1994-1995.

Expresionismus. A Ceské Umeni, Narodni Galerie v Praze, 1994-1995.

Retrospective Louis Valtat, Bordeaux, Musée des Beaux-Arts, 1995.

Budapest 1869-1914. Modernité hongroise et peinture européenne, Musée des Beaux-Arts, Dijon, 1995.

Nathalie Gontcharova, Michel Larionov et les collections du Musée national d'Art moderne (Jessica Boissel), Musée national d'Art moderne, Centre Georges-Pompidou, Paris, 1995.

Endicott Barnett, Vivian ; Friedel, Helmut, *Vasily Kandinsky, a Colorful Life, the Collection of the Lenbachhaus, Munich*, Cologne, Dumont, 1995 (publié à l'occasion de l'exposition à Munich, Lenbachhaus, 1995).

Fauves, Sydney, The Art Gallery of New South Wales, 1995, The Tel Aviv Museum of Art, 1996.

Cézanne, Paris, Grand Palais ; Londres, Tate Gallery ; Philadelphia Museum of Art, 1995-1996.

La Céramique fauve, Nice, Musée Matisse, Bruges, Fondation Saint-Jean, 1996.

Meesters van het licht, Luministische schilderkunst in Nederland en Duitsland, Kunsthal, Rotterdam, 1996 (itinérante).

Jean Puy, Un fauve en Bretagne, Morlaix, Musée des Jacobins, 1996.

Pierre Girieud, Marseille, Musée Cantini, 1996.

André Derain, 1904-1912, Barcelone, Musée Picasso, 1997.

Morozov and Shchukin : The Collectors, Essen, Museum Folkwang ; Moscou, Pushkin Museum ; Saint-Pétersbourg, Ermitage, 1993-1994.

Signac et la libération de la couleur - De Matisse à Mondrian, Münster, Grenoble, Musée de Peinture et Sculpture, 1997.

Van Dongen retrouvé, œuvres sur papier, 1895-1912, Rotterdam, Musée Boijmans Van Beuningen, Lyon, Musée des Beaux-Arts, Paris, Institut Néerlandais, 1997.

Prague 1900-1938, Capitale secrète des avant-gardes, Musée des Beaux-arts, Dijon, 1997.

Modern Art in Britain 1910-1914, Barbican Art Gallery, Londres, 1997 (cat. éd. par Merrell Holberton, Londres).

Giovanni Giacometti, 1868-1933, Kunstmuseum, Winterthur, 1er septembre-24 novembre 1996 ; Musée cantonal des Beaux-Arts, Lausanne ; Bündner Kunstmuseum, Coire, 1997.

Picasso, The Early Years, 1892-1906, Washington, National Gallery of Art, 1997.

Rétrospective Charles Camoin, Marseille, Musée Cantini, 1997-1998.

Matisse : «La révélation m'est venue de l'Orient», Rome, Musées capitolins, 1997-1998.

Albert Marquet, Lodève, Musée Fleury, 1998.

Lumière du monde. Lumière du ciel, Musée d'Art moderne de la Ville de Paris, 1998.

Die Explosion der Farbe, Fauvismus und Expressionismus, 1905 bis 1911, Ingelheim, 1998.

Le Roussillon à l'origine de l'art moderne, 1894-1902, Perpignan, Musée Rigaud, 1998.

The Origins of Modern Art in France, 1880-1939, Singapour, Musée d'Art de Singapour, 1998.

Oscar Miller, Sammler und Wegbereiter der Schweizer Moderne, Kunstmuseum, Solothurn (Soleure), 1998.

The Joy of Color, Collection Merzbacher, Jérusalem, The Israel Museum, 1998.

Raoul Dufy, Lyon, Musée des Beaux-Arts, Barcelone, Musée Picasso, 1999.

Rik Wouters, De Menselijke Figuur/La Figure humaine, Cultureel Centrum, Mechelen (Malines), 1999 (cat. éd. par Snoeck-Ducaju & Zoon-Pandora).

Les Fauves et la Critique, Lodève, Turin, Palazzo Brichesario, Lodève, Musée Fleury, 1999.

R. Delaunay, 1906-1914, De l'impressionisme à l'abstraction, Musée national d'Art moderne, Centre Georges-Pompidou.

ARTICLES

Kahn, Gustave, « Les réponses des symbolistes», *L'Événement*, 28 septembre 1886.

Signac, Paul, « D'Eugène Delacroix au néo-impressionnisme », *Revue Pan*, juillet 1898.

Goldwater, Robert John, « The Fauves, Brücke, Blaue Reiter », *Major European Art Movements*, 1900, p. 43-90.

Roger, Marx, « Exposition Henri Matisse », *La Chronique des arts et de la curiosité*, juin 1904, n° 4, p. 195.

Bernard, Émile, «Paul Cézanne», *L'Occident*, juillet 1905.

Leblond, Marius-Ary, «L'art sauvage», *Les Arts de la vie*, août 1904, n° 8.

Faure, Élie, « Le Salon d'Automne », *Les Arts de la vie*, novembre 1904, n° 11, p. 293.

Monod, François, « Le Salon d'Automne », *Art et décoration*, 1905, p. 198-210.

Vauxcelles, Louis, « Le Salon des Indépendants », *Gil Blas*, 23 mars 1905.

Leblond, Marius-Ary, « À propos des Indépendants », *Les Arts de la vie*, avril 1905, n° 16, p. 232-242.

Roger, Marx, « Le Salon des artistes indépendants », *La Chronique des arts et de la curiosité*, avril 1905, n° 13, p. 99-102.

Morice, Charles, « Le 22e Salon des Indépendants », *Mercure de France*, 15 avril 1905.

Monod, François, « Le 21e Salon des Indépendants », *Art et Décoration*, supplément, mai 1905.

Lepeseur, « L'anarchie artistique, Les indépendants », *La Rénovation esthétique*, juin 1905.

Mauclair, Camille, « Le Salon d'Automne », *Revue politique et littéraire*, octobre 1905, n° 21.

Charles, Étienne, « Le Salon d'Automne », *La Liberté*, 17 octobre 1905.

Fauche, Henri, « Le Salon d'Automne », *Le Petit Caporal*, 21 octobre 1905.

Roger, Marx, « Le vernissage du Salon d'Automne », *Les Chroniques des arts et de la curiosité*, 21 octobre 1905, p. 267-268.

Toulet, Jean, « Au Salon d'Automne de 1905 », *La Vie parisienne*, 21 octobre et 11 novembre 1905.

Vauxcelles, Louis, «Exposition Kees Van Dongen», *Gil Blas*, 26 octobre 1905, p. 2.

Vauxcelles, Louis, « La vie artistique - Exposition Marquet, Manguin, Camoin, Matisse », *Gil Blas*, 26 octobre 1905.

Guillemot, Maurice, « Le 3e Salon d'Automne », *L'Art et les Artistes*, novembre 1905, n° 8, p. 49-60.

« **Le Salon d'Automne** », numéro spécial de *L'Illustration*, 4 novembre 1905.

Denis, Maurice, « De Gauguin, de Whistler et de l'excès des théories », *L'Ermitage*, 15 novembre 1905.

Nicolle, Marcel, *Journal de Rouen*, 20 novembre 1905.

Gide, André, « Promenade au Salon d'Automne », *Gazette des Beaux-Arts*, 1er décembre 1905, in *Œuvres complètes*, t. IV.

Morice, Charles, « Art moderne », *Mercure de France*, 1er décembre 1905, p. 451.

Morice, Charles, « Le Salon d'Automne », *Mercure de France*, 1er décembre 1905.

Mauclair, Camille, « La peinture et la sculpture au Salon d'Automne », *L'Art décoratif*, décembre 1905, n° 87, p. 220-240.

Vauxcelles, Louis, « Le Salon des Indépendants », *Gil Blas*, 20 mars 1906.

Morice, Charles, « Le 22e Salon des Indépendants », *Mercure de France*, 15 avril 1906, p. 534-544.

Maus, Octave, « Le Salon des Indépendants », *L'Art moderne*, 29 avril 1906.

Vauxcelles, Louis, « Au Grand Palais, Le Salon d'Automne », supplément de *Gil Blas*, 5 octobre 1906.

Kahn, Gustave, « Lettre à un exposant du Salon d'Automne », *La Phalange*, octobre 1906.

Fontainas, André, « Le Salon d'Automne », *L'Art moderne*, 21 octobre 1906.

Morice, Charles, « La IVe exposition du Salon d'Automne », *Mercure de France*, 1er novembre 1906.

Jamot, J.-Paul, « Salon d'Automne », *Gazette des Beaux-Arts*, décembre 1906, p. 456-484.

Denis, Maurice, « Le soleil », *L'Ermitage*, 15 décembre 1906.

Georges, Waldemar, « Le mouvement Fauve », *L'Art vivant*, 15 mars 1907.

Vauxcelles, Louis, « Le Salon des Indépendants », *Gil Blas*, 20 mars 1907.

Morice, Charles, « Le XXIIIe Salon des Indépendants. Art moderne », *Le Mercure de France*, 15 avril 1907.

Vauxcelles, Louis, « Le Salon d'Automne », *Gil Blas*, septembre 1907.

Denis, Maurice, « Cézanne », *L'Occident*, septembre 1907.

Apollinaire, Guillaume, « Le Salon d'Automne », *Je dis tout*, octobre 1907.

Klingsor, Tristan, « Le Salon d'Automne », *La Phalange*, 15 octobre 1907.

Zamacois, Miguel, « La vie de Paris - Au Salon d'Automne », *Le Figaro*, 23 octobre 1907.

Vallotton, Félix, « Au Salon d'Automne », *La Grande Revue*, 25 octobre 1907.

Rouart, Louis, « Reflexions sur le Salon d'Automne », *L'Occident*, novembre 1907.

Hepp, Pierre, « Petites expositions », *La Chronique des arts et de la curiosité*, 9 novembre 1907.

Puy, Michel, « Les Fauves », *La Phalange*, 15 novembre 1907.

Apollinaire, Guillaume, « Henri Matisse », *La Phalange*, 15 décembre 1907.

Hepp, Pierre, « Exposition Van Dongen », *La Chronique des arts et de la curiosité*, 1908.

Denis, Maurice, « Liberté épuisante et stérile », *La Grande Revue*, 10 avril 1908.

Apollinaire, Guillaume, « Le Salon des Indépendants », *La Revue des lettres et des arts*, 1er mai 1908.

Vauxcelles, Louis, « Au Grand Palais - Le Salon d'Automne », *Gil Blas*, 30 septembre 1908.

Hepp, Pierre, « Le Salon d'Automne de 1908 », *La Gazette des Beaux-Arts*, 1er novembre 1908.

Jean-Aubry, Georges, « Les jeunes - Le Salon d'Automne - Art moderne », 1er novembre 1908.

Morice, Charles, « La sixième exposition du Salon d'Automne - Art moderne », *Mercure de France*, 1er novembre 1908.

Vaudoyer, Jean-Louis, « Exposition Van Dongen », *La Chronique des arts et de la curiosité*, novembre 1908, n° 37 p. 387-388.

Matisse, Henri, « Notes d'un peintre », *La Grande Revue*, 25 décembre 1908.

Goujon, Pierre, « Le Salon d'Automne », *Gazette des Beaux-Arts*, 1909, II, p. 374.

Denis, Maurice, « De Gauguin et de Van Gogh au classicisme », *L'Occident*, mai 1909

Mercereau, Alexandre, «Henri Matisse et la peinture contemporaine», *La Toison d'or*, 1909, n°6.

Schnerb, J.-F., « Exposition Henri Matisse », *La Chronique des arts et de la curiosité*, février 1910, n° 8, p. 59.

Burgess, Gelett, « The Wild Men of Paris », *Architectural Record*, mai 1910.

Makowski, S., «Peintres français de la collection Yvan Morosoff», n°2-3, *Apollon*, 1912.

René, Jean, « Exposition Van Dongen », *La Chronique des arts et de la curiosité*, 1913, p. 35.

Tugenhold, Yakov, «La collection française de Stschoukine», *Apollon*, 1914.

Clouzot, Henri, « Le père Soulier », *Le Carnet des artistes*, décembre 1917, n° 21.

Purrmann, Hans, « Aus der Werkstatt Henri Matisse », *Kunst und Künstler*, février 1922, p. 167-176.

Rey, Robert, « Paul Gauguin », *L'Art vivant*, 15 mars 1927.

Waldemar, Georges, « Le Mouvement Fauve », *L'Art vivant*, 15 mars 1927.

Salmon, André, « Les Fauves et le fauvisme », *L'Art vivant*, 1er mai 1927, p. 321-324.

Vlaminck, Maurice, « Fauves et Cubistes », *L'Art vivant*, 1er janvier 1929.

Duthuit, Georges, « Le Fauvisme », *Les Cahiers d'art*, 1929, n° 5.

Duthuit, Georges, « Le Fauvisme (II) », *Les Cahiers d'art*, 1929, n° 6.

Duthuit, Georges, «Le Fauvisme», *Les Cahiers d'art*, 1929, n° 10.

Duthuit, Georges, « Le Fauvisme (IV) », *Les Cahiers d'art*, 1930, n° 5.

Huygue, René, « Matisse et la couleur », *Formes*, janvier 1930, n° 1, p. 5-11.

Bove, E., « Georges Braque », *Formes*, mars 1930, n° 3.

Grossmann, R., « Matisse et l'Allemagne », *Formes*, avril 1930, n° 4, p. 4.

Fleuret, Fernand, « Le peintre de la joie, Raoul Dufy », *Formes*, décembre 1930, n° 10, p. 5-6.

Duthuit, Georges, « Le Fauvisme (Fin) », *Les Cahiers d'art*, 1931, VI, 2, p. 78-82.

Waldemar, Georges, « Le message de Derain », *Formes*, 1931, n° 19, p. 145.

Waldemar, Georges, « Dualité de Matisse », *Formes*, juin 1931, n° 16, p. 94-95.

Bazin, Germain, « Van Dongen », *L'Amour de l'art*, mai 1933, n° 5, p. 125-128.

Cassou, Jean, «Henri Matisse», *L'Amour de l'art*, mai 1933, n° 5, p. 108-112.

Cogniat, Raymond, « Autour de Matisse et de Bonnard », *L'Amour de l'art*, mai 1933, n° 5, p. 115-124.

Huyghe, René, « Le Fauvisme: les coloristes. Introduction », *L'Amour de l'art*, mai 1933, n° 5, p. 98-102.

Roger-Marx, Claude, « Raoul Dufy », *L'Amour de l'art*, mai 1933, n° 5, p. 113-115.

Salmon, André, « Naissance du Fauvisme », *L'Amour de l'art*, mai 1933, n° 5, p. 103-106.

Lehmann, Léon, « L'art vécu - Souvenirs du temps des Fauves », *Beaux-Arts*, août 1935.

« Ces pauvres fauves de 1905 », *Beaux-Arts*, 25 juin 1937.

Bonjean, J., « L'époque fauve de Braque », *Beaux-Arts*, 18 février 1938, p. 4.

Lassaigne, Jacques, «Les origines du fauvisme», *Panorama des arts 1947*, Somogy, 1948, p. 60-65.

Sutton, Denys, «The Fauves», *Burlington Magazine*, septembre 1950, p. 263-265.

Barr, Alfred H., « Matisse, Picasso and the Crisis of 1907 », *Magazine of Art*, mai 1951, n° 44, p. 163-170.

Vauxcelles, Louis, «Le Fauvisme Chatou», *Art-Documents*, juillet-août 1951, p. 4-6.

Dorival, Bernard, « Fauves: The Wild Beasts Tamed », *Art News Annual*, 1952-1953, p. 98-129, 174-176.

Vlaminck, Maurice (de), « Avec Derain, nous avons créé le Fauvisme », *Jardin des arts*, juin 1955, n° 8.

Daulte, François, « Marquet et Dufy devant les mêmes sujets », *Connaissance des arts*, novembre 1957.

Chaumeil, Louis, « Van Dongen et le fauvisme », *Art de France*, 1961, p. 386-389.

Dorival, Bernard, « L'art de la Brücke et le Fauvisme », *Art de France*, Paris, 1961, n° 1, p. 381-385.

Schneider, Pierre, « Four Fauves », *Art News*, septembre 1962, n° 61 : 15, p. 49-50.

Chasse, Charles, « L'histoire du fauvisme revue et corrigée », *Connaissance des arts*, octobre 1962, n° 128, p. 54-59.

Hoog, Michel, « La Direction des Beaux-Arts et les Fauves, 1903-1905 », Notes et documents, *Art de France*, 1963, p. 563-66.

Rosset, David, « Les Fauves dans les collections suisses », *Galerie des arts*, mai 1964, n° 16, p. 22-26.

Giry, Marcel, « Le Salon d'Automne 1905 », *L'Information d'histoire de l'art*, janvier-février 1968, p. 16-25.

Giry, Marcel, « Observations sur la période fauve et la période pré-cubiste de Picasso », *Bulletin de la Faculté des Lettres de Strasbourg*, mai-juin 1968.

Giry, Marcel, « À propos d'un tableau d'Othon Friesz au Musée national d'Art moderne », *La Revue du Louvre et des Musées de France*, 20, 1970, n° 3, p. 68-70.

Giry, Marcel, « Matisse et la naissance du fauvisme », *Gazette des Beaux-Arts*, mai-juin 1970, p. 331-344.

Giry, Marcel, « Le Salon des Indépendants de 1905 », *L'Information d'histoire de l'art*, mai-juin 1970, p. 110-114.

Giry, Marcel, « Le Salon des Indépendants de 1905 », *L'Information de l'histoire de l'art*, janvier-février 1971, p. 110-114.

Hoog, Michel, « Repères pour Van Dongen », *La Revue de l'art*, 1971, n° 12, p. 93-97.

Lebensztejn, Jean-Claude, « Sol », Scolies, *Cahiers de Recherches de l'École normale supérieure*, Paris, PUF, 1971, vol. 1, p. 95-122 ; «Sol» 2, 1972, p. 88-114.

Giry, Marcel, « Le Style géométrique dans la peinture vers 1907. Contribution au problème du Fauvisme comme source du Cubisme », Actes du Colloque d'histoire de l'art contemporain tenu au musée d'Art et d'Industrie, Travaux IV, *Le Cubisme*, CIERE, 1973, Saint-Étienne, 19-20-21 novembre, 1971.

Hoog, Michel, « Les "Demoiselles d'Avignon" et la peinture à Paris en 1907-1908 », *Gazette des Beaux-Arts*, octobre 1973.

Dorra, Henri, « The "Wild Beasts": Fauvism and Its Affinities at the Museum of Modern Art », *Art Journal*, 36, 1976, p.50-54.

Goldin, Amy, « Forever Wild: A Pride of Fauves », *Art in America*, 64, mai-juin 1976, p. 90-95.

Baldwin, Carl R., « The Fauves: Reflections on an Exhibition, a Catalogue, and a History », *Arts Magazine*, 50, juin 1976, p. 99-102.

Hobhouse, Janet, « The Fauve Years: A Case of Derailments », *Art News*, 75: 6, été 1976, p. 47-50.

Russel, John, « The Birth of a Wild Beast », *Horizon*, 18, été 1976, p. 4-17.

Spalding, Frances, « The "Wild Beasts": Fauvism and Its Affinities », Review of the exhibition at the Museum of Modern Art, *Connoisseur*, 192, juillet 1976, p. 241.

Lampert, Catherine, « The Wild Beasts », *Studio international*, 192, juillet-août 1976, p. 78-79.

Giry, Marcel, « Le curieux achat fait à Derain et Vlaminck au Salon des Indépendants de 1905 ou deux tableaux retrouvés », *L'Œil*, septembre 1976, n° 254.

Giry, Marcel, « Ingres et le fauvisme », *Bulletin du Musée Ingres*, 1980, n° 47-48, p. 56-60.

Golding, John, « Fauvism and the School of Chatou: Post-Impressionism in Crisis », *Proceedings of the British Academy*, 66, 1980, p. 85-102.

Parke-Taylor, Michael, « Copies de l'album fauve », *Les Cahiers du musée national d'Art moderne*, 1980, n° 5, 4e trimestre.

Giry, Marcel, « La période fauve de Braque », *L'Œil*, juin 1982, n° 323, p. 32-39.

Dagen, Philippe, « L'exemple égyptien : Matisse, Derain et Picasso entre fauvisme et cubisme (1905-1908) », *Bulletin de la Société historique de l'art français*, 1984.

Werth, Margaret, « Engendering Imaginary Modernism : Henri Matisse's Bonheur de vivre », *Genders*, 1990, n° 9, p. 49-74.

Costa, Vanina, « La nature fauve », *Beaux-Arts Magazine*, décembre 1990, n° 85, p. 76-87.

Kramer, Hilton A., « Fauvism sans Matisse », *Modern Painters*, été 1991, 4-2, p. 18-21.

Pleynet, Marcelin, « Fonction et disparition du tableau dans l'œuvre d'Henri Matisse », *Les Cahiers Henri Matisse*, 1992, n° 5, p. 29-43.

Benjamin, Roger, « The Decorative Landscape, Fauvism, and the Arabesque of Observation », *Art Bulletin*, 75, juin 1993, n° 2, p. 295-316.

MONOGRAPHIES - CATALOGUES RAISONNÉS

Besson, Georges, *Marquet*, Paris, 1920.

Fels, Florent, *Vlaminck*, Paris, Marcel Seheur, 1928.

Barr, Alfred H. Jr., *Matisse: His Art and His Public*, New York, 1951.

Escholier, Raymond, *Matisse, ce vivant*, Paris, 1956.

Marquet, Marcelle, *Marquet*, Paris, 1952.

Diehl, Gaston, *Henri Matisse*, Paris, 1954.

Genevoix, Maurice, *Vlaminck*, Paris, 1954.

Compin, Isabelle, *Henri-Edmond Cross*, Paris, 1964.

Chaumeil, Louis, *Van Dongen, l'homme et l'artiste - La vie et l'œuvre*, Genève, Pierre Cailler, 1967.

Leymarie, Jean, *Picasso, métamorphoses et unité*, Skira, 1971.

Kyriasi, Jean-Melas, *Van Dongen et le Fauvisme*, Lausanne, Bibliothèque des Arts, 1971.

Giraudy, Danielle, *Camoin : sa vie, son œuvre*, Paris, 1972.

Charmet, Raymond, *Auguste Chabaud*, Paris, La Bibliothèque des Arts, 1973.

Werner, Alfred, *Dufy*, New York, 1973.

Blok, Cor, *Piet Mondriaan, een catalogus van zijn werk in Nederlands openbaarbezit*, Amsterdam, Meulenhoff, 1974.

Diehl, *Van Dongen*, Flammarion, 1976.

Kyriasi, Jean-Melas, *Van Dongen après le fauvisme, Du fauvisme à nos jours*, Lausanne, Harmonies et Couleurs, 1976.

Laffaille, Maurice, *Raoul Dufy. Catalogue raisonné de l'œuvre peint*, tome I, Genève, 1977.

Stang, Ragna, *Edvard Munch. Människan och konstnären*, Oslo, Forum, 1977.

Valtat, Jean, et Valtat, Louis, *Catalogue de l'œuvre peint, 1869-1952*, tome I, Ides et Calendes, 1977.

Manguin, Lucile et Claude, *Henri Manguin. Catalogue raisonné de l'œuvre peint*, Neuchâtel, 1980.

Martin, Alvin, *Georges Braque: Stylistic Formation and Transition, 1900-1909*, Harvard University, 1980.

Sainsaulieu, Marie-Caroline, *Henri Manguin. Catalogue raisonné de l'œuvre peint*, Neuchâtel, 1980.

Roethel, Hans K., **Benjamin**, Jean K., *Kandinsky. Catalogue raisonné de l'œuvre peint*, vol. I, 1900-1915, Paris, éditions Karl Flinker, 1982.

Schneider, Pierre, *Matisse*, Flammarion,
1984.

Flam, Jack D., *Matisse: The Man and his Art*,
1869-1918, Londres, 1986.

Urban, Martin, *Emil Nolde, Catalogue
Raisonné of the Oil-Paintings*, vol. I : *1895-
1914*, Londres, Sotheby's Publications, 1987.

Flam, Jack D., *Matisse: A Retrospective*,
New York, 1988.

Perez-Tibi, Dora, *Dufy*, Paris, Flammarion,
1989.

Lee, Jane, *Derain*, Oxford, 1990.

Bois, Yves-Alain, *Matisse and Arch-Drawing,
Painting as Model,* Cambridge, Massachussets,
MIT Press, 1990.

Cabanne, Pierre, *André Derain*, Paris, Somogy,
1990.

Mathieu, Pierre-Louis, *Tout l'œuvre peint de
Gustave Moreau*, Paris, 1991.

Richardson, John, *A life of Picasso* (vol. 1 :
1881-1906 ; vol. 2 : *The Painter of Modern Life,
1907-1917*), Londres, New York, 1991 et 1996.

Kellermann, Michel, *André Derain. Catalogue
raisonné de l'œuvre peint,* vol. 1, *1895-1914*,
Paris, Éditions Galerie Schmit, 1992.

Hahl-Fontaine, Jelena, *Kandinsky*, s. l.,
Marc Vokar éditeur, 1993.

Bertrand, Olivier, *Rick Wouters. Les Peintures /
De Schilderijen* (catalogue raisonné), Anvers,
Pandora, 1995.

Flam, Jack D., *Matisse on Art*, University
of California Press, 1995.

Barou, Jean-Pierre, *Matisse, ou Le Miracle
de Collioure*, Montpellier, 1997.

Martin, Robert et **Aittovarès**, Odile, *Émile
Othon Friesz. L'Œuvre peint*, édition Aittovarès,
Paris, 1995.

Bock-Weiss, Catherine C., *Henri Matisse. A
Guide to Research*, New York, Londres, Garland
Publishing, 1996.

Golberg, Itzhak, *Jawlensky ou le visage promis*,
L'Harmattan, 1998.

Spurling, Hilary, *The Unknown Matisse,
1869-1908*, Londres, Hamish Hamilton, 1998.

Welsch, Robert P., *Pietr Mondrian.Catalogue
Raisonné of the Naturalistic Works (until early
1911)*, V+K Publishing/Inmerc, Blaricum,
Cercle d'Art, Paris, 1998.

Labrusse, Rémi, *Matisse. La condition
de l'image*, Paris, Gallimard, 1999.

Conception graphique : Atalante, Paris
Secrétariat de rédaction : Marc Kopylov
Suivi éditorial : Sandrine Bailly, Florence Jakubowicz,
avec l'aide de Flamine de Beauregard
Fabrication : Sabine Brismontier, Catherine Ojalvo

Cet ouvrage est composé en Ocean Sans
Photogravure : Offset 3000, Bondoufle
Impression, reliure : Imprimerie Snoeck, Gand (Belgique)
Papier : Allegro mat sat 135 g

© Paris-Musées, 1999
Éditions des musées de la Ville de Paris
28, rue Notre-Dame-des-Victoires
75002 Paris

Diffusion Actes Sud
Distribution UD-Union Distribution
F7 5845

ISBN 2-87900-463-2
Dépôt légal : octobre 1999

Couverture : Atalante, Paris

Achevé d'imprimer sur les presses de l'imprimerie Snoeck à Gand
(Belgique) en octobre 1999.